INVESTMENTS

12th Edition

投资学

（原书第12版）

[美] **滋维·博迪**（Zvi Bodie） **亚历克斯·凯恩**（Alex Kane） **艾伦·J. 马库斯**（Alan J. Marcus） 著

波士顿大学 加利福尼亚大学 波士顿学院

汪昌云 张永冀 译

机械工业出版社
CHINA MACHINE PRESS

本书是由三名美国知名学府的著名金融学教授撰写的优秀著作，是美国顶级商学院和管理学院的首选教材，在世界各国都有很大的影响，被广泛使用。本书系统介绍了关于投资学的各项知识，涵盖了资产组合理论与实践，资本市场均衡，固定收益证券，证券分析，期权、期货与其他衍生证券，以及投资组合管理等内容。第 12 版进行了大量更新，观点权威，阐述详尽，结构清楚，设计独特，语言生动活泼，读者易于理解，内容上注重理论与实践的结合，力争让读者对本书内容学以致用，从而提升本书的实践和应用价值。

本书适合作为经济类、金融类和管理类专业学生修读“投资学”课程的教材，也可以作为从业人员了解金融业基础知识的参考资料。

Zvi Bodie, Alex Kane, Alan J. Marcus

Investments, 12th Edition

ISBN 978-1-260-01383-2

北京市版权局著作权合同登记　图字：01-2022-6780 号。

图书在版编目（CIP）数据

投资学 ： 原书第 12 版 / （美）滋维·博迪（Zvi Bodie），（美）亚历克斯·凯恩（Alex Kane），（美）艾伦·J. 马库斯（Alan J. Marcus）著 ； 汪昌云，张永冀译. -- 北京 ： 机械工业出版社，2025. 6.

ISBN 978-7-111-78546-0

Ⅰ. F830. 59

中国国家版本馆 CIP 数据核字第 2025SN6125 号

机械工业出版社（北京市百万庄大街 22 号　邮政编码 100037）

策划编辑：王洪波　　责任编辑：王洪波　高天宇

责任校对：卢文迪　王文凭　张雨霏　马荣华　景　飞　　责任印制：张　博

北京机工印刷厂有限公司印刷

2025 年 8 月第 1 版第 1 次印刷

214mm×275mm · 50 印张 · 1276 千字

标准书号：ISBN 978-7-111-78546-0

定价：129. 00 元

电话服务
客服电话：010-88361066
010-88379833
010-68326294

封底无防伪标均为盗版

网络服务
机　工　官　网：www. cmpbook. com
机　工　官　博：weibo. com/cmp1952
金　书　网：www. golden-book. com
机工教育服务网：www. cmpedu. com

The Translator's Words 译者序

本书距第10版中文译本已有8年多，其间全球金融市场快速扩张，金融行业亦经历着深刻变化。传统的金融理论正经受着史无前例的质疑。可能没有任何一个行业像金融业一样，理论创新到实践应用的转化过程会如此迅速。金融产品和交易机制的不断创新使得这个行业10年前的知识在今天看来已经略显陈旧。博迪等教授加紧了书中内容的更新，力求贴近金融实践。在此背景下，滋维·博迪、亚历克斯·凯恩和艾伦·J. 马库斯三人撰写的《投资学》第12版应运而生。

博迪版《投资学》作为全美商学院投资学课程的首选教材，自1990年首版问世以来，随着金融市场的发展而历久弥新。除了内容的与时俱进，本书配套编写了丰富的习题集，相应地，向教师提供习题答案、教辅材料及教学手册。美方出版商McGraw Hill公司制作了丰富的网络教学资源，以满足教学的多样化需求。本书还是CFA考试的官方指定参考用书。书中的两位作者在特许金融分析师协会从事研究，章节后提供了习题和CFA考题，对学生获取CFA认证资格也具有一定价值。因此，本书面世至今，在世界范围内被广泛采用，成为现代投资理论传播的重要途径。

1999年第4版《投资学》首次引入中国，无论是在高等院校还是在金融业界均得到了读者的广泛认可和好评。它不仅是读者了解投资的入门读物，同时是金融从业人员必备的案前工具书。26年来，昔日的莘莘学子，今天已成长为中国金融市场的中流砥柱。

我国证券投资业历史虽短，但发展速度惊人。自20世纪90年代初沪深证券交易所建立以来，股票市场从零起步，现已发展成市值规模仅次于美国的第二大股票市场。2024年末，我国上市公司数量达5 392家，股票市值规模近86万亿元，公募基金的规模突破32万亿元。投资者群体规模居世界之首，个人股票账户开户数达到3.7亿。我国期货市场交易量多年来以两位数平均增幅成长，在全球十大最活跃的期货合约中，中国期货交易所交易的合约占据了半壁江山。中国证券市场在过去几年间经历了一轮快速发展和变革。2019年6月，科创板正式开板，至2024年底，科创板上市公司数量已达581家；2021年9月，旨在服务创新性中小企业的北京证券交易所正式设立，至2024年末已有上市公司262家。2023年3月，我国开启了对资本市场具有深远影响的全面注册制改革，旨在通过市场化、法治化的方式优化资本市场资源配置，提升市场透明度和效率，促进市场健康发展。尽管我国的资本市场在提升股东回报能力、推进法治化规范化建设方面还有进一步提升的空间，但毋庸置疑，我国资本市场正面临着前所未有的发展机遇，证券投资业正在规范中走向成熟。

第12版以美国金融市场百年发展为基础，其中不仅有丰富的现代投资金融理论，还包括成熟市场在产品创新、风险控制方面的历史经验。第12版的引进为指导投资决策、深化中国金融市场改革提供了极好的理论支持与经验参考，为探索和建立中国特色投资学理论奠定了重要基础。

对于一门不断对创新进行总结的学科，它在专业词汇、用语习惯上尚未形成标准规范是翻译过程中最大的困难之处。我们力求保持与学术界、金融业界一致的用语惯例。即便如此，其间依然存在着许多分歧巨大的用词与表述。

第 12 版体系完整、内容丰富，鉴于国内高校投资学课程的学习时间多为一学期（16 周~18 周），授课教授在一个学期内详尽讲授第 12 版所有内容十分困难，教学过程中可能需要根据实际情况有选择地挑选主要章节细致讲授，部分章节简明扼要介绍，有些章节留给学生自学。我们分两种情况对内容选择提出参考性意见。对于金融、投资以及财务管理专业的学生，投资学课程一般是专业基础课，第 1~13 章可以作为教学重点内容，第 14~16 章内容在固定收益证券课程有深入讨论，第 20~23 章内容在金融衍生工具或金融工程课程中有深入讨论，这些章节的知识在本课程教学中只需要单独安排 1 周课时进行介绍性讲授，第 17~19 章以及第 24~28 章可以留给学生自学。对于非金融类专业学生，由于没有其他类相关课程，建议教师重点讲授第 5~16 章和第 20~23 章。第 1~4 章涉及的投资环境、金融市场和金融机构，可压缩课时进行概览性讲解，其余部分留给学生自学。此外，我们建议教师及学生更多地运用丰富的网络教学资源来提高教学效果。译者看来，利用 Excel 工具建立投资决策模型，不仅可以加深学生对理论的理解，还可以提高其动手能力，对今后的投资实践大有裨益。

第 12 版翻译的主体工作由汪昌云和张永冀完成。参与第 12 版部分章节翻译的人员如下（按姓氏拼音排序）：陈子暄、何若兮、韩昊哲、李璐、李运鸿、刘晓明、刘悦、孟子菲、欧阳琛、吕五格、王晨宇、王行健、王子悦、王玉琪、王昱懿、杨心竹和张希卓。汪昌云和张永冀对全部译稿进行了统改、校对和定稿。

在此对所有为本书翻译工作付出了辛勤劳动的同学、老师以及机械工业出版社的王洪波编辑表示衷心感谢。对于译文中还存在的不足之处，欢迎读者批评指正。

汪昌云　张永冀

About the Authors 作者简介

滋维·博迪

滋维·博迪（Zvi Bodie）是波士顿大学的荣誉退休教授。他于麻省理工学院获得博士学位，曾在哈佛商学院、麻省理工斯隆管理学院担任金融学教授。博迪教授在养老金和投资策略领域的前沿专业期刊上发表过多篇文章。2007 年，美国退休收入行业协会（Retirement Income Industry Association，RIIA）授予他应用研究终身成就奖。

亚历克斯·凯恩

亚历克斯·凯恩（Alex Kane）于纽约大学斯特恩商学院获得博士学位。他曾在东京大学经济系、哈佛商学院、哈佛肯尼迪政府学院做过访问教授，并在美国国家经济研究局担任助理研究员。凯恩教授在金融和管理类期刊上发表过数篇文章，主要研究领域是公司理财、投资组合管理和资本市场。

艾伦·J. 马库斯

艾伦·J. 马库斯（Alan J. Marcus）教授就职于波士顿学院卡罗尔管理学院。他于麻省理工学院获得经济学博士学位，曾在麻省理工斯隆管理学院和 Athens 工商管理实验室担任访问教授，并在美国国家经济研究局担任助理研究员。马库斯教授在资本市场以及投资组合领域发表过多篇文章。此外，他还从事了广泛的咨询工作，为新产品研发、公用事业产品定价提供专业建议。他曾经在美国联邦住房贷款抵押公司（房地美）工作两年，负责研究开发抵押贷款定价模型和信用风险评价模型。目前担任 CFA 研究基金会顾问委员。

译者简介 About the Translators

汪昌云

现任中国人民大学金融学教授，博士生导师，教育部“长江学者”特聘教授。曾任中国人民大学财政金融学院应用金融系主任、中国人民大学中国财政金融研究中心主任、汉青经济与金融高级研究院院长。2007 年获国家杰出青年科学基金资助，2013 年入选“百千万人才工程”国家级人选，2014 年享受国务院政府特殊津贴。主要从事金融衍生工具、资产定价、中国资本市场等领域的研究，在国际高质量金融期刊发表论文 50 余篇，其中 30 余篇被 SSCI 收录。

张永冀

北京理工大学管理学院会计系副教授，博士生导师，EMBA 项目主任，入选第九期全国税务领军人才、首批财政部高层次财会人才素质提升工程，中国会计学会工科分会常务理事。厦门大学理学学士，中国人民大学财务与金融系博士，北京大学光华管理学院会计系博士后，美国普渡大学统计系联合培养博士。在金融和财务类的高质量期刊上发表过 40 余篇文章。

Preface 前　　言

在过去的三十年中，投资行业经历了翻天覆地的变化，并且发生了一场具有历史意义的金融危机。在此期间，金融市场的大幅扩张部分归因于证券化和信用增强方面的创新，这些创新催生了新的交易策略。而这些策略的可行性又得益于通信和信息技术的发展，以及投资理论的进步。

金融危机也根植于快速发展背后机制的不完善。大量证券创新采用了过高的杠杆并夸大了风险转移策略的有效性。在监管宽松及缺乏透明度的市场背景下风险并没有被充分认识，而这一体系中大型机构的不稳定因素也被掩盖。我们的教材与时俱进地反映了过往金融市场的发展与变化。

本书主要为投资分析课程撰写。编写的基本原则是将真实的资料按照核心知识框架进行整理后呈现给读者。作者尽可能将不必要的数学和技术细节剔除，重点在于培养学生和从业人员建立投资直觉以面对职业生涯中不断涌现出的新理念与挑战。

本书涉及投资者当前普遍关注的主要话题，能帮助读者在面对大众媒体或更为专业的金融期刊上的议题或讨论时，具有明辨洞察力。无论你立志成为职业投资人，还是成功的个人投资者，在当今日新月异的环境中，这样的能力尤为重要。

尽管我们旨在向读者提供最具实用性的材料，但三位作者均从事金融经济学学术研究，导致书中内容都具有很强的理论性。资本资产定价模型、套利定价模型、有效市场假说、期权定价模型以及现代金融研究领域的其他重要结论不仅代表了引人入胜的理论成果，对成功投资者的实践同样具有极强的指导性。

为了与实践靠得更近，我们还尝试与特许金融分析师（CFA）协会保持一致。CFA 协会除了推动金融领域研究，还向欲获取 CFA 资格的考生提供培训和认证考试。CFA 课程涉及的核心知识取得了杰出学者和行业实践者的一致共识，为投资从业所必备。

本书的许多特色都与 CFA 课程保持一致。几乎每章末都包含部分 CFA 往年考题。第 3 章节选了 CFA 职业道德和职业行为准则部分内容。第 28 章在讨论投资者和投资过程问题时，我们提供了 CFA 的一整套系统性框架，涵盖了投资者目标、最终投资策略约束等方面的内容。章节末习题部分由全球领先的备考机构 Kaplan Schweser 提供。

在第 12 版中，我们继续系统性地提供大量 Excel 表格，以便读者更加深入研究金融概念。这些表格能让你像专业投资者一样使用复杂的分析工具来解决现实问题，表格可以从麦格劳-希尔官网（www.mhhe.com/Bodie12e）获取。

基本理念

尽管金融环境在不断变化，但许多基本原则依然重要。我们相信基本原则应该贯穿并驱动整个学习过程，而且关注少数几个中心思想可以简化对复杂知识的学习。这些原则对于理解未来金融市场中的证券交易和金融工具创新来说至关重要。基于此，本书在确立写作理念时，强调参考现代金融学核心理论而非经验性总结。

本书贯穿始终的一个理念是：证券市场是接近有效的，大多数证券的定价取决于它们的风险和收益属性。在竞争性的金融市场，几乎找不到免费的午餐。这个简单的观察结果成为投资策略制定过程中的重要前提。我们对投资策略的讨论都是在有效市场假说的框架下进行的，然而市场的有效程度永远是一个没有终点的讨论（本书用了整整一章来讨论行为金融对有效市场假说的挑战）。我们希望本书的讨论在这一闪烁着传统智慧光芒的投资领域中表达出具有建设性的批判观点。

特色主题

本书围绕以下几个主题展开。

（1）本书的第一个中心主题是，一般认为，在美国这样发展成熟、接近信息有效的市场中，参与者基本不能获得免费的午餐。第二个主题为风险与收益的权衡，这仍然属于“没有免费的午餐”的范畴，它是指获得高收益永远需要承担更高的投资风险。然而，这个观点留下了一些未回答的问题：应如何衡量一项资产的风险？如何计量风险与期望收益的权衡关系？运用现代投资组合理论来解决这些问题，这也是本书的一个编写原则。现代投资组合理论关注有效分散投资组合的技术和含义，我们不仅关注分散投资对投资组合风险的影响，同时关注有效分散投资为合理计量风险及风险收益关系所带来的启示。

（2）本书更加注重资产配置的相关内容。我们选择这个侧重点有两个理由：首先，资产配置是每个投资者确实经历的过程。一开始你可能将所有资金都存放在银行账户中，接着你开始考虑如何将一部分资金投入风险稍高的资产中，以获得更高的收益。在这一步中，考虑的风险资产类别有股票、债券、房地产等。这就是一项典型的资产配置决策。其次，资产类别配置的重要性远高于证券选择决策的重要性。资产配置是投资组合风险收益特征的首要决定因素，所以在学习投资决策时也应放在首要位置来考虑。

（3）相比其他投资学教材，本书对期货、期权以及其他衍生证券的讲解更加广泛和深入。金融衍生品市场已经成为整个经济环境中至关重要、不可或缺的一个组成部分。不论你立志成为专业的金融从业者还是成功的个人投资者，都需要对衍生品市场有精深的了解。

第12版的变化

下面列出的是第12版中的一些变化和调整。这并不是一幅详尽的路线图，而是针对第11版的增减和变化做出一个概览性说明。

第1章　投资环境

本章新增了金融科技和加密货币的相关内容。

第2章　资产类别与金融工具

本章更新了有关LIBOR丑闻的内容，同时也提出了在未来几年内可能实施的LIBOR的替代方案。

第3章　证券是如何交易的

本章已针对市场微观结构的发展进行了更新，包括指定做市商的相关替换。

第5章　风险与收益入门及历史回顾

本章进行了广泛的重组和充分的精简。关于利率的材料和对风险-收益关系的历史证据的讨论得到了统一。

第 7 章　有效分散化

本章广泛地改写了关于风险集合、风险共享和时间分散化的讨论，更加强调理论的直觉性理解。

第 9 章　资本资产定价模型

本章增加了更多关于资本资产定价模型的扩展讨论，特别是工资收入和其他非财务性收入对风险收益权衡的影响。

第 10 章　套利定价理论与风险收益多因素模型

本章现在包含多因素证券市场线估计和实现的明确说明，以及有关聪明的贝塔的新内容。

第 11 章　有效市场假说

本章增加了新近发现的市场异象的资料，例如波动率、应计项目、增长和盈利能力等内容。

第 12 章　行为金融与技术分析

本章更新并扩展了有关行为偏差的材料，这些行为偏差刻画了投资者的决策特征。

第 13 章　证券收益的实证证据

本章增加了对期望收益决定因素（特性还是因素敏感性）辩论的相关讨论。

第 18 章　权益估值模型

本章涵盖了更多关于增长机会的例子和讨论，还包括了对 Shiller 市盈率（周期性调整市盈率）的讨论。

第 24 章　投资组合业绩评价

本章改进了 M^2 和 T^2 度量的推导和动机，它们试图根据更易于解释的元素来重述夏普比率和特雷诺测度。本章还扩展了在解释已公布的投资业绩时对选择性偏差的讨论。

第 26 章　对冲基金

本章已更新，以包含有关高频对冲基金策略的更多资料。

第 28 章　投资政策与特许金融分析师协会结构

本章增加了有关线上退休规划的材料，并扩展且优化整合了有关各种投资者面临的目标和约束的资料。

组织与内容

本书的七大部分是相互独立的，可以安排多种教学顺序。由于本书所提供的资料足够两个学期来学习，所以只用一个学期授课的老师需要对教学内容进行取舍。

第一部分是绪论，主要对金融环境做了系统性的介绍。我们讨论了金融市场中的主要参与者，对在市场中交易的证券种类做了概览性的介绍，并解释了证券是如何、在何处进行交易的。我们同时也深入地讨论了共同基金以及其他投资公司的角色，而这些公司正成为我们个人投资者越来越重要的投资渠道。此外，最重要的一点在于，我们讨论了金融市场如何全方位影响全球经济，就像我们在 2008 年金融危机中所看到的那样。

对于第一部分所提供的资料，授课老师应该尽早将各个项目分配到学期各阶段中。这些项目可能要求学生细致地分析某一类特定证券。许多授课老师都愿意让学生参与到某种投资游戏中，本书在这些章节中所提供的资料将有助于这一活动的开展。

第二部分和第三部分包括现代投资组合理论的核心内容。第 5 章对风险和收益进行了总体的探讨，对历史收益长期遵循风险和收益的权衡原则进行了相应的介绍，并介绍了股票收益分布的相关内容。我们在第 6 章中更加细致地关注投资者的风险偏好及其在资产配置过程中的表现。在接下来的第 7 章和第 8 章，我们分别讨论了有效分散化（第 7 章）以及利用指数模型来实施投资组合最优化的过程（第 8 章）。

在介绍了第二部分现代资产组合理论以后，我们在第三部分中对该理论风险资产期望收益的均衡结构做了探讨。第 9 章介绍了资本资产定价模型。第 10 章对多因素风险以及套利定价理论做了介绍。第 11 章介绍并讨论了有效市场假说理论以及支持和反对有效市场假说的实证证据。第 12 章介绍了行为金融学对市场理性的批判。最后我们以第 13 章“证券收益的实证证据”对第三部分做了总结，该章包括风险收益关系的实证证据以及流动性对资产定价的影响。

第四部分是对证券估值相关内容的介绍。该部分对固定收益证券——债券的价格与收益（第 14 章）、利率期限结构（第 15 章）以及债券资产组合管理（第 16 章）做了介绍。第五部分和第六部分主要与权益证券和衍生证券内容相关。如果你的课程着重点在证券分析并且不对资产组合理论进行介绍，那么你可以直接从第一部分跳到第四部分，本书依然可以保持教学内容的连贯性。

最后，第七部分介绍了对投资组合经理来说较为重要的几个论题，包括投资组合业绩评价、投资的国际分散化、主动型投资组合管理以及在投资组合管理过程中的协议等实际问题。该部分还包括一章有关对冲基金的内容。

Brief Contents 简明目录

第五部分　证券分析

第六部分　期权、期货与其他衍生证券

第七部分　应用投资组合管理

Contents 目录

第四部分　固定收益证券

第五部分　证券分析

第六部分　期权、期货与其他衍生证券

PART

1

第一部分

绪 论

第 1 章

投资环境

投资是指当前投入资金或其他资源以期望在未来获得收益的行为。例如，人们购买股票并期望带来未来收益，就是因为这项投资可以补偿相对应的货币时间价值和风险。你投入时间来学习投资学也是一项投资，因为你放弃了当前的休闲时间或是通过工作赚钱的可能。你期望通过未来职业生涯的发展以补偿你在这门课上所付出的时间和努力。尽管这两类投资在很多方面都不相同，但它们具有一个重要的共同点，这也是所有投资的共性，那就是：投资者放弃现在有价值的东西以期望未来获益。

本书会帮助你成为一名视野开阔的投资实干家。尽管本书的重点是证券投资（如股票、债券、衍生品合约等），但我们讨论的大部分内容适用于各种类型的投资分析。本书将介绍各类证券市场组织的发展背景，适用于债券市场和股票市场的估值技术和风险管理原理，以及构建投资组合的基本原理。

本章主要介绍三个方面的内容，它们将为你接下来的学习奠定良好的基础。在进入“投资”这一主题之前，我们将首先介绍金融资产在经济中的作用。这部分内容主要包括金融资产，以及金融资产与那些实实在在为消费者提供产品和服务的实物资产之间的关系，并解释金融资产在发达经济中起到至关重要作用的原因。

在介绍了这些背景知识之后，我们将讨论投资者在构建投资组合时所面临决策的类型。这些决策都是在高风险伴随高收益的环境下做出的，因此很少会有因定价失误而导致价格明显低估的情况。风险和收益的权衡以及金融资产的有效定价是投资过程中的中心主题，本章将简要介绍它们的含义，这些内容在以后的章节中将有更详尽的阐述。

最后，本章将介绍证券市场的组织形式和各种类型的证券市场参与者。自 2007 年爆发并于 2008 年达到顶峰的金融危机形象地描绘了金融系统和实体经济的联系。在具体实例中，本章简要地介绍了这次金融危机的起源以及它带给我们的关于系统性风险的反思。

1.1 实物资产与金融资产

一个社会的物质财富最终取决于该社会经济的生产能力，即社会成员创造产品和服务的能力。这种生产能力是经济体中**实物资产**（real asset）的函数，实物资产包括土地、建筑物、机器以及可用于生产产品和提供服务的知识等。

与实物资产相对应的是**金融资产**（financial asset），如股票和债券。这些证券不过是几张纸，或者更普遍的是一些计算机录入的条目，它们并不会直接增加一个经济体的生产能力。但是，在发达经济社会，这些证券代表了持有者对实物资产所产生收入的索取权（或对政府收益的索取权）。我们即使没有自己的汽车厂（实物资产），仍然可以通过购买福特汽车或丰田汽车的股份来分享汽车生产所产生的收入。

实物资产为经济创造净利润，而金融资产则确定收益或财富在投资者之间的分配方式。投资者购买企业发行的证券，企业就可以用筹集到的资金购买实物资产，如厂房、设备、技术和原料等。因此，投资者投资证券的收益最终来源于企业通过发行证券所筹集的资金购买实物资产所产生的利润。

通过比较美国家庭资产负债表（见表 1-1）和美国国内净资产的构成（见表 1-2），我们可以发现实物资产和金融资产之间存在明显的区别。家庭财富包括银行存款、企业股票和债券等金融资产。这些证券一方面构成家庭的金融资产，另一方面又形成发行者的负债。例如：一张丰田汽车的债券对投资者来说是一项资产，因为它代表投资者对债券本金和利息的索取权；但对丰田汽车来说却是一项负债，因为它意味着丰田负有偿还本息的义务。当我们汇总家庭和企业所有的资产负债表时，金融资产和金融负债互相抵销，仅剩下实物资产作为经济的财富净值。国民财富包括建筑物、设备、存货和土地等。[㊀]

表 1-1 美国家庭资产负债表

资产	金额（10 亿美元）	比例（%）	负债与净资产	金额（10 亿美元）	比例（%）
实物资产			**负债**		
不动产	28 816	23.5	抵押贷款	10 437	8.5
耐用消费品	5 411	4.4	消费信贷	3 865	3.2
其他	628	0.5	银行和其他贷款	1 207	1.0
实物资产总额	34 855	28.4	其他	219	0.2
			负债总额	15 727	12.8
金融资产					
存款	12 442	10.1			
人寿保险	1 647	1.3			
养老保险	26 069	21.3			
公司权益	18 106	14.8			
非公司权益	13 044	10.6			
共同基金份额	8 764	7.1			
债权型证券	6 210	5.1			
其他	1 521	1.2			
金融资产总额	87 802	71.6	净资产	106 929	87.2
资产总额	122 657	100.0		122 657	100.0

注：由于四舍五入，竖列各项之和可能与总额略有差异。

资料来源：*Flow of Funds Accounts of the United States*, Board of Governors of the Federal Reserve System, September 2018.

㊀ 你或许有此疑问，为何表 1-1 中家庭持有的实物资产总额是 34.855 万亿美元，远低于表 1-2 中美国国内净资产总额 72.683 万亿美元。其中一个主要原因是企业持有的实物资产（如财产、厂房和设备等）包含在家庭部门的金融资产中，主要以股东权益和其他股票市场投资的形式存在；另一个原因是表 1-1 中权益和股票投资的价值是以市场价值衡量的，而表 1-2 中的厂房和设备的价值是以重置成本计量的。

概念检查 1-1

下面的资产是金融资产还是实物资产?

a. 专利权
b. 租赁合同
c. 客户商誉
d. 大学教育
e. 一张 5 美元的票据

表 1-2 美国国内净资产的构成

资产	金额（10 亿美元）
非住宅型房地产	22 642
住宅型房地产	32 539
设备和软件	9 350
存货	2 741
耐用消费品	5 411
总额	72 683

注：由于四舍五入，竖列各项之和可能与总额略有差异。

资料来源：*Flow of Funds Accounts of the United States*, Board of Governors of the Federal Reserve System, September 2018.

虽然本书将以金融资产为重点，但是我们要记住：金融资产的优劣最终取决于实物资产的表现。

1.2 金融资产

金融资产通常可以分为三类：固定收益型、权益型和衍生金融资产。**固定收益型金融资产**［fixed-income security，或称为**债券**（debt securitiy）］是承诺支付固定的，或按某一特定公式计算的现金流。例如，公司债券向债券持有者承诺每年支付固定的利息。而浮动利率债券向债券持有者承诺的收益则会随当前利率的变化而变化。例如，某种债券可能会向持有者承诺按美国国库券利率上浮 2%来支付利息。除非债券发行方宣告破产，否则债券持有者将获得固定收益或按某一特定公式计算的收益。因此，固定收益型金融资产的收益受发行方财务状况的影响最小。

固定收益型金融资产的期限和支付条款多种多样。**货币市场**（money market）中交易的债券具有期限短、流动性强且风险小等特点，如美国国库券和银行存单。相反，**资本市场**（capital market）以长期债券交易为主，如长期国债，以及联邦代理机构、州和地方政府、公司发行的债券等。这些债券中，有的违约风险较低，相对比较安全（如长期国债），而有的风险相对较高（如高收益债券或“垃圾”债券）。此外，这些长期债券在偿付条款和防范发行者破产条款的设计上有很大差异。本书将在第 2 章涉及此类证券，并在第 9~10 章深入分析债券市场。

与债券不同，普通股或**权益**（equity）型金融资产代表了证券持有者对公司的所有权。权益型证券持有者未被承诺任何的特定收益，但他们可以获得公司分配的股利，且拥有相应比例的公司实物资产的所有权。如果公司经营成功，权益价值就会上升；如果公司经营失败，权益价值就会下降。因此，权益投资绩效与公司经营成败密切相关，其风险高于债券投资。本书将在之后的章节讨论股权市场和权益证券估值。

衍生证券（derivative security），如期权和期货合约的收益取决于其他资产（如债券和股票）的价格。例如，若英特尔公司的股价一直低于每股 50 美元的行权价格，其**看涨期权**（call option）价值为零，但当股价高于行权价格时，看涨期权就会变得非常有价值。[㊀]之所以将这类证券称为衍生证券，是因为其价值取决于其他资产的价格，如英特尔公司看涨期权的价值取决于其股票的价格。其他主要的衍生证券还包括期货和互换合约。本书将在第 22 章和第 23 章讨论此类证券。

㊀ 看涨期权是在期权到期日或之前按约定行权价格买入股票的权利。若英特尔公司股价低于每股 50 美元，那么以每股 50 美元购买该股票的权利会变得无人问津。但若在期权到期之前英特尔公司股价高于每股 50 美元，期权持有者就会以每股 50 美元的价格购入股票，这项权利就会被行使。

衍生证券已成为投资环境中不可或缺的一部分，规避风险是其最主要的用途之一，或者说通过衍生证券的投资可以将风险转移给其他方。利用衍生证券规避风险的现象在金融市场中非常普遍，各种衍生金融资产每日的交易额可达上万亿美元。但衍生证券经常被喻为金融市场的“双刃剑”，很多投资者围绕其特点开展了大量高风险的投机活动。一旦投机失利，就会引发巨额损失甚至是市场的剧烈波动。尽管这些损失引起了人们越来越多的关注，但这只是其中一种意外情况，衍生证券更多还是被作为有效的风险管理工具来对冲风险的。在投资组合构建乃至整个金融系统中，衍生证券将继续发挥至关重要的作用。本书后面的章节会继续讨论这一话题。

此外，投资者和公司还会参与到其他金融市场。从事国际贸易的公司会定期将美元和其他货币来回兑换。仅在伦敦，将近 2 万亿美元的货币每天在外汇市场上交易。投资者还可直接投资于特定的实物资产。数十种商品如玉米、小麦、天然气、黄金、白银等在纽约、芝加哥的商品交易所交易。

商品和衍生品市场给予了企业调整其暴露于各种商业风险敞口的机会。例如，一家建筑公司可以通过购买铜期货合约来锁定铜价，从而降低原材料价格突然上涨的风险。只要社会经济中存在着不确定性，便有投资者会对此产生交易兴趣，或许是投机，或许是平抑风险，相应地就会诞生市场以满足此类投资者的交易需求。

1.3 金融市场与经济

我们之前说过，实物资产决定了经济中的净财富，金融资产仅代表了人们对实物资产的索取权。但是，金融资产和使金融资产得以交易的金融市场在发达经济中起着至关重要的作用。正是金融资产使我们可以创造经济中的大部分实物资产。

1.3.1 金融市场的信息作用

股价是投资者对公司当前业绩和未来前景综合评价的反映。当市场对公司更为乐观时，股价上升。此时，公司更容易筹集资金，投资也会变得更加活跃。在市场经济中，证券价格通常在资本配置中发挥着主要作用，引领着资本流向最具增长潜力的企业和领域。

通过股票市场来配置资本的过程有时候是无效的。有些公司在短期内可能会很“火”（例如 2000 年时的互联网泡沫），大量资金涌入，但转眼几年又迅速衰落。

这种配置过程就是资源的严重浪费。我们必须明确效率的标准到底是什么。没有人可以完全预测出哪种商业冒险一定会成功或失败。因此，我们没有理由要求市场永远都对。股票市场只不过在适当的时间鼓励资本流向那些正处于风口的企业。那些训练有素、聪明、勤奋的专业人士会对这一风口做出独立的判断。股价是各方判断的集中体现。

你甚至可能会怀疑市场在资源配置中的作用。如果带有这样的疑问，可以设想一下其他可能的替代选择。是中央计划经济会更少犯错，还是由国会来制定决策会更加合理？丘吉尔说过一句话：市场可能不是好的资本配置方式，但人类已尝试的其他方式更糟。

1.3.2 消费时机

在经济社会中，有的人挣的钱比花的钱多，有些人花的钱比挣的钱多。那么我们怎样才能把购买力从高收入期转移到低收入期呢？一种方法是通过购买金融资产来“储存”财富。在高收入期，我们可以把储蓄投资股票、债券等金融资产，然后在低收入期卖出这些金融资产以供消费。

这样我们就可以调整一生的消费时机以获得最大的满足。因此，金融市场可以使人们的现实消费与现实收入相分离。

1.3.3 风险分配

事实上，所有实物资产都有一定的风险。例如，当丰田汽车公司投资建造工厂时，没有人确切地知道这些工厂可以产生的未来现金流。金融市场和在金融市场上交易的各种金融工具可以使偏好风险的投资者承担风险，而使厌恶风险的投资者规避风险。例如，丰田汽车公司向公众发行股票和债券以筹集资金来建造工厂，那么乐观或风险承受力较强的投资者就会购买股票，而保守的投资者则会购买债券。因为债券承诺了固定的收益，风险较小，而股票持有者需要承担较大的经营风险，同时也会获得潜在的更高的收益，这样资本市场便把投资的固有风险转移给了愿意承担风险的投资者。

这种风险分配方式对于需要筹集资金以支持其投资活动的公司而言也是有利的。当投资者可以选择满足自身特定“风险-收益”偏好的证券时，每种证券都可以以最合适的价格出售，这加速了实物资产证券化的进程。

1.3.4 所有权和经营权的分离

许多企业的所有者和经营者是同一个人，这种简单的组织形式非常适合小企业，事实上，这也是工业革命前最常见的一种企业组织形式。然而，在市场全球化和生产规模迅速发展的今天，企业对规模和资本的需求急剧增加。例如，埃克森美孚的资产负债表显示其 2018 年房地产、厂房和设备的总价值约为 2 500 亿美元，资产总额接近 3 500 亿美元。规模如此之大的企业不可能简单地以业主经营的形式存在。实际上，埃克森美孚拥有成千上万个股东，每个股东对公司的所有权与他们持有的股份成比例。

这么多人显然不可能全部参与到公司的日常管理中。事实上，股东们的做法是：他们共同选举产生一个董事会，然后由董事会负责聘请并监督公司的管理层。这种结构意味着公司的所有者和管理者不是同一个人，公司也因此获得了业主经营企业形式下无法达到的稳定性。例如，如果股东不想继续持有公司的股份，他们可以将股份出售给其他投资者，而这一行为并不会影响公司的管理。因此，金融资产以及在金融市场上买卖这些金融资产的能力使所有权和经营权很容易地分离开。

如何才能使公司各类股东（从持有上千万股的养老基金到仅持有 1 股的小投资者）就公司目标达成一致呢？金融市场再次提供了行动指南：所有股东都会赞成管理层追求提升股票价值的经营战略，因为这会增加他们的财富，从而使他们可以更好地追求个人目标（无论这些目标是什么）。

管理层真的会努力使公司价值最大化吗？我们很容易发现他们会从事一些并非使股东价值最大化的活动，例如组建自己的集团，为保住自己的职位而避免投资风险项目，或是过度消费奢侈品（如乘坐私人飞机等），这些额外付出的成本大多由股东承担。由于管理层可能会追求个人利益最大化而不是股东价值最大化，因此管理层和股东之间存在着潜在的利益冲突，这种冲突叫作**代理问题**（agency problem）。

许多管理机制应运而生，是为了缓解潜在的代理问题。第一种机制是将管理层的薪酬与公司经营业绩挂钩。高层管理者薪酬中的一大部分是以股票期权的形式存在的，这意味着股票价格上涨不仅会给股东带来利益，同样会使高层管理者从中获利（当然，我们现在已经知道过度使用期权也会产生代理问题，管理层可以操纵信息在短期内支撑股价，这样他们便有机会在股价回落到反映公司真实价值之前将其变现）。第二种机制是由董事会解雇那些表现不好的管理者（即便有时候董事会被认为是管理层的保护者）。第三种机制是由外部证券分析师和大型机构投资者（如共同基金、养老基金）密切监督公司，使那些业绩差的管理者的日子不那么好过（这些大型投资机构持有美国上市公司半数以上的股权）。

在最后一种机制中，糟糕的业绩有可能使现有董事会丧失对公司的控制权。如果董事会不严格监督管理层，那么从原则上讲股东可以重新选举产生新的一届董事会。股东可以通过发起一场代理权争夺战来获得足够的代理权（代表其他股东投票的权利），以控制公司并选举产生新的董事会。但是历史上这种威胁通常来说非常小，发起代理权之争的股东必须动用自己的资金，而管理层却可以使用公司的资金来进行防御，因此大多数代理权之争都会以股东失败告终。

然而，近年来，随着所谓的激进投资者的数量增加，代理权之争的成功比率有所提高。这些财大气粗的投资者（通常是对冲基金）会找出他们认为在某些方面管理不善的公司，买入这些公司的大量股份，然后争夺董事会席位、实施具体改革。

除了代理权争夺之外，真正的收购威胁来自其他公司。如果一家公司观察到另一家表现不佳，它可以收购表现不佳的公司并以自己的团队取代其管理层。此时出于对业绩改善的良好预期，股价通常会上涨，而这又激励了公司加入收购活动中。

【例 1-1】　激进投资者和公司控制

以下是一些知名的激进投资者，以及他们最近的举措：

- Trian 公司的 Nelson Peltz：在通用电气董事会获得了一个席位，并向公司施压要求削减成本；通过股票回购向股东返还资本，并缩减公司规模。
- Pershing Square 公司的 William Ackman：推动制药公司 Valeant 和 Allergan 的合并。
- Third point 公司的 Dan Loeb：试图更换金宝汤的整个董事会，并加速金宝汤剥离和重组陷入困境的业务部门，最终获得提名两名新董事会成员的权利。
- Carl Icahn：最早期、最活跃、最具斗志的激进投资者之一，向 Lyft 投资 1 亿美元，帮助其在共享出行行业争夺市场份额。
- Cevian Capital 的 Christer Gardel：Cevian Capital 是欧洲最大的以激进投资闻名的公司，在沃尔沃、ABB 公司和丹斯克银行持有大量股份。

1.3.5　公司治理和公司伦理

前面已经阐述了证券市场在资本优化配置方面起着重要作用，为了更有效地发挥这种作用，证券市场必须有一定的透明度以使投资者做出正确的投资决策。如果企业误导公众对其前景的预期，那么很多决策都会出错。

尽管已经有很多机制来平衡股东和管理者之间的利益，但是在 2000—2002 年似乎充斥着无休止的丑闻，这反映了在公司治理和公司伦理方面存在着危机。例如，世通公司不当地将费用归类为投资，从而虚增利润 38 亿美元。真相曝光以后，美国发生了有史以来最大的一例破产案。美国第二大破产案是安然公司利用现在已臭名昭著的“特殊目的科目”将债务从其账簿中转移，同样向公众呈现了具有误导性的财务状况。不幸的是，这样的公司并不止一两家，其他公司像来德爱、南方保健、环球电信、奎斯特通信等也操纵并错报其账户达几十亿美元。丑闻并不仅限于美国，意大利牛奶公司帕玛拉特声称有48亿美元的银行存款，但实际上并不存在。这些案例说明代理问题和激励问题远没有被解决。

同期发生的其他丑闻还包括股票分析师做出的带有系统性误导和过度乐观的研究报告（他们乐观的分析是为了换取有关公司对未来投资银行业务的承诺，而且分析师的薪酬并不取决于他们分析的准确性和洞察力，而是取决于他们在获得投资银行业务方面所起的作用）。除此以外，还有将首次公开发行募集的资金分给公司执行官以作为对其贡献的补偿，或是承诺将未来的业务返给 IPO 经理的丑闻。

那么被认为是公司监督者的审计师呢？由于近期业务的变化使事务所发现咨询业务比审计业务更有利可图，因此激励机制同样被扭曲了。例如，安然公司的审计师亚瑟·安达信为安然提供咨询服务的收入远远多于其提供的审计服务。考虑到亚瑟·安达信为确保其咨询收入最大化，那么他和其他审计师在审计工作中过于宽松也就不足为怪了。

为了应对接二连三的伦理丑闻，美国国会于2002年通过了《萨班斯-奥克斯利法案》（通常被称为 SOX 法案）以加强公司治理方面的监管和信息披露。例如，法案要求公司要有更多的独立董事，即不在公司任职（或附属于管理者）的董事。法案还要求首席财务官亲自为公司财务报表担保，并设立监督委员会监督上市公司的审计工作，禁止审计师为客户提供其他服务。

1.4 投资过程

投资组合可简单理解为所投资产的集合。投资组合确定以后，通过出售现有证券并购入新证券，或投入额外资金扩大投资组合规模，或出售证券缩小投资组合规模，都可以使原来的投资组合更新或重构。

投资资产可以分为股票、债券、不动产、商品等。投资者在构建投资组合时，需要做出两类决策：**资产配置**（asset allocation）决策和**证券选择**（security selection）决策。资产配置决策是指投资者对这些资产大类的选择，证券选择决策是指在每一资产大类中选择特定的证券。

“自上而下”的投资组合构建方法是从资产配置开始的。例如，某人目前将所有的钱都存放于一个银行账户，那么他首先要决定整个投资组合中股票、债券等所占的比例。这样，投资组合的大特点就确定了。例如，自1926年以来，大型公司普通股的平均年收益率一直高于12%，而美国短期国库券的平均年收益率却低于4%。另外，股票风险相对较大，其年收益率（根据标准普尔500指数）从最低的-46%到最高的55%不等。相比而言，美国短期国库券是无风险的，因为购买时你就已经知道可以获得的利率。因此，如何在股票市场和国库券市场之间配置将会对投资组合的收益和风险产生很大的影响。一个自上而下的投资者首先会确定如何在大类资产之间进行配置，然后才会确定在每一类资产中选择哪些证券。

证券分析（security analysis）包括对可能包含在投资组合中的特定证券进行估值。例如，投资者可能会问：默克和辉瑞哪家公司的股价更有吸引力？债券和股票都需要根据其对投资者的吸引力进行估值，但是，股票估值要比债券估值难得多，因为股票的价格通常对发行公司的状况更敏感。

与“自上而下”的投资组合构建方法相对应的是“自下而上”的投资组合构建方法。使用“自下而上”的方法时，投资组合的构建是通过选择那些具有价格吸引力的证券而完成的，不需要过多地考虑资产配置。这种方法可能会使投资者无形中把赌注全押向经济的某一领域。例如，投资组合最终可能会集中于某一行业或某一地区，或是集中于某种不确定性。但是，“自下而上”的方法确实可以使投资组合集中在那些最具投资吸引力的资产上。

1.5　市场是竞争的

金融市场的竞争非常激烈，有成千上万位才华横溢、天赋异禀的分析师们皓首穷经地在证券市场寻找低估资产。这种竞争意味着我们应该能理解证券市场几乎没有“免费午餐”，即价值被明显低估的证券。没有“免费午餐”隐含了几层含义，下面将分析其中的两点。

1.5.1　风险-收益权衡

投资者投资是为了获得预期的未来收益，但是这种收益很难准确地预测。所有的投资都伴随着风险，实际获得的收益几乎总是偏离投资期初我们预期的收益。例如，标准普尔 500 指数在 1931 年下跌了 46%（是自 1926 年以来最糟糕的一年），在 1933 年上涨了 55%，我们可以确定投资者在这两年年初肯定没有预测到股市的这种极端变化。

如果其他条件相同，投资者会偏向于期望收益[⊖]最高的投资，这是很自然的。但是，没有“免费午餐”这个原则告诉我们其他条件不可能相同。想要获得更高的期望收益，就要承担更大的投资风险。如果某些资产不承担额外的风险便可以获得更高的期望收益，那么投资者就会疯狂抢购这些高收益资产，这样的结果是这类资产的价格大幅攀升。此时投资者会认为这些资产价格过高，投资吸引力下降，原因是购买价格越高，期望收益（每 1 美元投资所能获得的利润）越低。如果一些资产被认为具有吸引力，其价格将继续上涨，直至其期望收益与风险相适应。这时，投资者可以获得一个与风险相适应的收益率，但不会更高。类似地，如果收益和风险相互独立，那么投资者会抛售高风险资产，使这些资产价格下跌（但是期望收益率会上升），直至跌到它们有足够的吸引力可以再次被纳入投资组合中。因此，我们可以得出这样一个结论：证券市场中存在**风险-收益权衡**（risk-return trade-off），高风险资产的期望收益率高于低风险资产的期望收益率。

当然，以上讨论中还有几个问题没有解决。我们应如何度量资产的风险？如何量化风险-收益权衡？有人认为资产风险与其收益的波动性有关，但这种猜测并非完全正确。当把某一资产加入投资组合中时，我们需要考虑资产之间的相互作用以及资产多样化对整个投资组合风险的影响。多样化意味着投资组合中包含多种资产，而每一种资产对投资组合风险的影响都是有限的。本书在之后的章节将讨论资产多样化对投资组合风险的影响，合理度量风险的含义以及风险与收益之间的关系。这些都是现代投资组合理论的主题，该理论的两位创始人哈里·马科维茨和威廉·夏普因此获得了诺贝尔经济学奖。

1.5.2　有效市场

没有“免费午餐”的另一层含义：不要期望在证券市场发现价值被明显低估的资产。本书在之后的章节将对“金融市场可以快速有效地处理所有相关信息”（即证券价格反映了投资者可以获得的关于证券价值的所有信息）这一假说进行探讨。根据该假说，因为投资者可以获得有关证券的新信息，因此证券价格可以及时迅速做出调整，与市场对证券价值的估值相等。如

⊖ 期望收益不是投资者认为他们必须获得的收益，也不是他们最可能获得的收益。期望收益是指所有可能结果的平均，有些结果的概率可能比其他结果高。期望收益率是所有可能的经济情景下的平均收益率。

果这一假说成立，价值被明显低估或高估的证券将不会存在。

“有效市场假说”暗含了一个有趣的问题，即如何在主动型投资管理策略和被动型投资管理策略中进行选择。**被动型管理**（passive management）主张持有高度多样化的投资组合，无须花费精力或其他资源进行证券分析以提高投资绩效。**主动型管理**（active management）是试图通过发现错误定价的证券或把握投资时机（例如当某一股票看涨时增加买入量）来提高投资绩效。如果市场是有效的，而且价格反映了所有相关信息，或许采取被动型管理策略会更好，无须白费资源去猜测竞争对手的心思。

如果将有效市场假说极端化，那么进行主动的证券分析就变得没有意义了，只有傻瓜才会投入资源去主动地分析证券。然而，如果不进行持续的证券分析，证券价格最终会偏离“正确”的价值，这又会激励证券专家重操旧业。因此，即便在金融市场这样一个竞争激烈的环境中，我们也只能发现“近似有效”的市场，那些勤奋并且有创造力的投资者仍然可以发现获利机会。在第 11 章中，我们审视了对有效市场假说的这些挑战，这也激发了我们在第七部分中对主动型管理的讨论。然而，我们通常必须在讨论证券分析和投资组合构建时，考虑到市场“近似有效”的可能性。

1.6 市场参与者

纵观整个金融市场，主要有三类参与者：

（1）公司。公司是净借款人，它们筹集资金并将其投资于厂房和设备等，这些实物资产所产生的收益用于支付投资者（公司发行证券的购买者）收益。

（2）家庭。家庭通常是净储蓄者，它们购买那些需要筹集资金的公司所发行的证券。

（3）政府。政府可能既是借款人又是投资者，取决于税收和政府支出之间的关系。自第二次世界大战以来，美国政府通常是财政赤字，说明其税收低于政府支出。因此，政府不得不借款来填补财政赤字。发行短期国库券、票据和债券是政府向市场筹集资金的主要形式。相反，政府在 20 世纪 90 年代末期实现了财政盈余，从而有能力清偿一些债务。

公司和政府不会将其全部或大部分证券直接出售给个人。例如，约一半的股票由大型金融机构（如养老基金、共同基金、保险公司和银行等）持有，这些金融机构处于证券发行者（公司）和证券最终所有人（个人投资者）之间，因此，它们被称为金融中介。同样，公司不会直接向公众推销证券，而是聘请代理人（称为投资银行）代表它们与公众接洽。下面将讨论这些中介的作用。

1.6.1 金融中介

家庭希望用储蓄进行有价值的投资，但是大多数家庭的财务资产规模太小而不能直接投资。首先，有意提供小额贷款的个人投资者不可能通过在地方报纸上刊登公告来寻找理想的借款人；其次，个人投资者不可能通过多样化借款人降低风险；最后，个人投资者没有能力评估并监督借款人的信用风险。

在这样的背景下，**金融中介**（financial intermediary）应运而生，成为联系借款人和投资者的桥梁。金融中介包括银行、投资公司、保险公司和信贷联盟等。这些金融机构通过发行证券筹集资金以购买其他公司发行的证券。

例如，银行将吸收的存款贷给其他借款人，向借款人索要的利率与支付给储户的利率之差成为银行的利润来源。这样，借款人和投资者便无须直接联系，银行起到中介的作用。当借款人和投资者各自独立寻找共同的中介时，借贷双方的匹配问题就会迎刃而解。

金融中介区别于其他商业机构的主要特点在于其资产和负债大多数是金融性的。表 1-3 是美国商业银行（金融中介最主要的形式之一）的汇总资产负债表。可以看出，该资产负债表只包含极少数的实物资产，与非金融企业的汇总资产负债表（见表 1-4）相比，非金融企业的实物资产约占总资产的一半。导致差距如此悬殊的原因在于金融中介仅仅是把资金从一个部门转移到另一个部门。事实上，这些金融中介的主要社会功能就是将家庭储蓄输送到企业。

表 1-3　美国商业银行的汇总资产负债表

资产	金额（10 亿美元）	比例（%）	负债与净资产	金额（10 亿美元）	比例（%）
实物资产			**负债**		
设备和厂房	126.7	0.7	存款	13 468.7	76.8
其他不动产	7.6	0.0	借款和其他借入资金	1 201.5	6.9
实物资产总额	134.3	0.8	联邦基金和回购协议	252.2	1.4
			其他	626.6	3.6
			负债总额	15 549.0	88.7
金融资产					
现金	1 832.2	10.5			
投资证券	3 633.3	20.7			
贷款和租赁	9 733.3	55.5			
其他金融资产	1 036.1	5.9			
金融资产总额	16 234.9	92.6			
其他资产					
无形资产	391.7	2.2			
其他	771.9	4.4			
其他资产总额	1 163.6	6.6	净资产	1 983.8	11.3
资产总额	17 532.8	100.0		17 532.8	100.0

注：由于四舍五入，竖列各项之和可能与总额略有差异。

资料来源：Federal Deposit Insurance Corporation，www.fdic.gov，October 2018.

表 1-4　美国非金融企业的汇总资产负债表

资产	金额（10 亿美元）	比例（%）	负债与净资产	金额（10 亿美元）	比例（%）
实物资产			**负债**		
设备和软件	7 590	16.7	债券和抵押贷款	6 810	15.0
不动产	13 607	29.9	银行贷款	1 095	2.4
存货	2 481	5.5	其他贷款	1 519	3.3
实物资产总额	23 678	52.1	贸易债务	2 595	5.7
			其他	8 145	17.9
			负债总额	20 165	44.4
金融资产					
现金和存款	1 396	3.1			
有价证券	2 958	6.5			
贸易和消费信贷	3 430	7.5			
其他	14 003	30.8			
金融资产总额	21 786	47.9	净资产	25 299	55.6
资产总额	45 464	100.0		45 464	100.0

注：由于四舍五入，竖列各项之和可能与总额略有差异。

资料来源：*Flow of Funds Accounts of the United States*，Board of Governors of the Federal Reserve System，September 2018.

其他类型的金融中介还包括投资公司、保险公司和信贷联盟等。这些机构在发挥中介职能时具有以下共同优点：第一，通过聚集小投资者的资金可以为大客户提供贷款；第二，通过向众多客户贷款可以分散风险，因此可以提供单笔风险很高的贷款；第三，通过大量业务来储备专业知识，并可以利用规模经济和范围经济来评估、监控风险。

聚集并管理众多投资者资金的**投资公司**（investment company）也产生于规模经济。目前的问题在于大多数家庭投资组合的规模有限，不能覆盖各种各样的证券，而购买多家公司少量股票的经纪佣金和分析成本非常高。共同基金具有大规模交易和投资组合管理的优势，投资者享有与他们的投资额成比例的投资基金份额，这种机制解决了小投资者的难题，使他们愿意向共同基金的运营者支付管理费用。

投资公司也专门为那些具有特定目标的大型投资者设计投资组合。相比而言，共同基金占领的是零售市场。共同基金与投资公司的区别在于：共同基金的投资理念是吸引大量客户。

与共同基金类似，对冲基金同样替许多客户管理资产，但它主要服务于机构投资者，如养老金、捐赠基金或高净值人群。对冲基金会采用高风险复合投资策略，保留投资收益的一部分以作为管理费用，而共同基金仅是按照管理资产规模收取固定比例的费用。

规模经济也可以解释为什么越来越多的投资者愿意接受投资公司的分析服务。实时资讯提供商、数据库服务商以及经纪公司的分析服务均参与分析研究工作，然后它们再将信息卖给大客户群。于是这种组织应运而生，因为投资者需要信息，而自己亲自收集很不经济。如此一来赚钱的机会就产生了：一家公司可以为许多客户提供这种服务并收取费用。

1.6.2 投资银行

规模经济和专业化为金融中介创造了获利机会的同时，也为那些向企业提供专门服务的公司带来了盈利机会。公司大部分资金都是通过向公众发行证券（如股票和债券等）来筹集的，但频率并不高，专门从事此类业务的**投资银行**（investment bank）可以以低成本（低于在公司内部保留证券发行部门的成本）向公司提供这项服务。在这个过程中，投资银行被称为承销商。

投资银行在证券发行价格、利率等方面为公司提供建议，然后再由投资银行负责在**一级市场**（primary market，新证券向公众发行的市场）销售证券，之后投资者可以在**二级市场**（secondary market）买卖一级市场发行的证券。

自 20 世纪以来很长一段时间，根据美国法律规定，投资银行和商业银行必须相互独立，尽管这些规定在 1999 年被彻底废除，但直到 2008 年，久负盛名的“华尔街”还是主要由大型独立的投资银行（如高盛、美林、雷曼兄弟等）组成，但这种独立的格局在 2008 年戛然而止。美国所有主要的投资银行要么被并入商业银行，要么宣告破产，要么重组为商业银行。专栏华尔街实战 1-1 是对这些事件的介绍。

华尔街实战 1-1 区分商业银行与投资银行的业务模式

直到 1999 年，《格拉斯-斯蒂格尔法》还在禁止银行同时从事吸收存款和承销证券的业务，换句话说，它迫使投资银行和商业银行分离。《格拉斯-斯蒂格尔法》被废除以后，许多大型商业银行开始转型为“全能型银行”（可以同时提供商业银行和投资银行服务）。一些商业银行完全是从零开始设立自己的投资银行部，但大多数是通过兼并来实现业务扩张的，例如，大通曼哈顿收购 J. P. 摩根组建了摩根大通。类似的还有花旗集团收购所罗门美邦，从而可以为客户提供财富管理、经纪业务、投资银行业务和资产管理等服务。欧洲大部分地区没有商业银行和投资银行必须分离的强制要求，因此，瑞士信贷、德意志银行、汇丰银行和瑞士银行等大型银行一直以来都是“全能型银行”。然而在美国，直至 2008 年，独立的投资银行一直都充满活力，如高盛、摩根士丹利、美林和雷曼兄弟等。

2008 年，投资银行业受到巨大的冲击，许多投资银行因持有大量的抵押贷款支持证券而遭受巨额损失。2008 年 3 月，濒临破产的贝尔斯登被并入摩根大通。9 月 14 日，同样因抵押贷款而遭受重大损失的美林与美国银行达成收购协议。第 2 天，由于无法找到有能力并且有意愿的收购方，雷曼兄弟也因巨额损失而宣告破产，这是美国有史以来最大的破产案例。第 2 周，两家幸存下来的独立投资银行——高盛和摩根士丹利，决定转型为传统型商业银行股份有限公司，这样做的结果是它们将成为美联储等国家银行监管部门的监管对象，而且要遵守关于商业银行在资本充足率等方面更严格的规定。高盛和摩根士丹利认为转型是值得的，因为通过转型它们可以获得商业银行所具有的高稳定性，尤其是通过转型它们可以获取银行存款来支持其运营，而且可以拥有从美联储紧急借款的能力。以上这些并购和转型促成了投资银行业的终结，但不是投资银行业务的终结，这些服务将由大型“全能型银行”来提供。

今天，随着《格拉斯-斯蒂格尔法》被废除，金融界再次展开关于商业银行和投资银行是否有必要分业经营的大讨论。《多德-弗兰克法案》对银行的活动施加了新的限制。例如，沃尔克法则（以美联储前主席保罗·沃尔克的名字命名）禁止银行“自营交易”，即银行通过自己的账户交易证券，并限制其在对冲基金或私募股权基金的投资。该法则旨在限制银行业潜在承担的风险。尽管沃尔克法则的限制性没有《格拉斯-斯蒂格尔法》那么强，但两者的出发点都是认为应该对享受联邦担保的银行所能从事的活动类型加以限制。

自营交易是投资银行的核心业务，商业银行在这一交易上的受限，将可能使两种银行业务模式再次分离。然而，这些限制措施引发了来自银行业的抵制，银行业认为这会导致银行顶尖交易员流向对冲基金，从而造成人才流失。2018 年，新的立法对除了大型银行外的所有银行豁免了《多德-弗兰克法案》中的部分法规，这实际上相当于部分废除了该法案。

1.6.3 风险投资与私募股权

虽然大型公司在投资银行的帮助下可以直接从股票和债券市场募集资金，但那些尚未公开发行证券、规模较小、成立时间较短的公司就难有此选择。初创公司唯有依赖银行贷款或吸引那些愿意获取该公司所有权份额的股权投资者。我们将这种投资于早期阶段的股权投资称为**风险投资**（venture capital）。**风险投资**来源于专门的风险投资基金、富有的个人（天使投资人）或养老基金等机构。

大多数风险投资基金采取有限合伙的组织形式。基金管理人以自有资金和从其他有限合伙人（如养老基金）处募集的资金投资。风险投资基金的投向多种多样。基金管理人往往会向被投公司的董事会派驻成员代表以帮助被投公司招聘高级经理、提供经营建议。风险投资基金会收取管理费以管理投资。一定时间后（例如 10 年），基金会被清算，收益将分配给投资者。

风险投资人通常在初创公司的日常管理中发挥积极作用，但积极的投资人会更多地专注陷入财务危机的公司，收购之后进行业绩整改，后期再卖出获利。总体来说，聚焦于非上市公司的股权投资通常被称为**私募股权**（private equity）投资。

1.6.4 金融科技与金融创新

本节重点介绍了金融市场中的主要参与者，从中可以看出，当市场参与者的需求创造盈利机会时，市场往往会发展出相应的服务以满足这些需求。有时，这些创新是由技术进步推动的，使得原本不可行的金融产品成为可能。金融科技是技术在金融市场中的应用，它已经改变了金融行业的许多方面。

尽管我们此前主要关注金融中介机构，但允许个人直接互动的技术也催生了一些金融去中介化现象。例如，P2P 借贷就是一种可以直接连接借款人和贷款人的技术，不需要商业银行等中介机构的参与。该市场的主要参与者之一是 LendingClub，其网站允许借款人申请最高 4 万美元的个人贷款或最高 30 万美元的商业贷款。潜在借款人会获得信用评分，而贷款人（该公司称之为“投资者”）可以决定是否参与该贷款。LendingClub 本身并不提供资金，而是通过其平台提供借款人和贷款人的信息，并促成他们直接交易。

加密货币是另一个挑战传统中心化金融网络的科技案例。比特币、以太坊等加密货币提供了一种绕过信用卡、借记卡或支票等传统渠道的支付系统。这些货币所依赖的区块链技术理论上可以提供更快的交易速度、更高的安全性以及更强的匿名性。因此，这些支付和记账系统未来可能会在金融体系中占据更重要的地位。专栏华尔街实战 1-2 将进一步探讨加密货币和区块链技术。

华尔街实战 1-2　加密货币

我们都习惯于那些记录在中心化“账本”中的金融交易。例如，您的信用卡公司会维护一份记录或数据库，记载您通过其网络进行的所有消费和付款。您的银行则保存着存款和取款的账本。证券交易所也维护着股票买卖双方的交易账本。这些账本之所以被称为中心化，是因为它们由某个特定的受信任方负责管理和托管数据库。从本质上讲，这类账本不允许匿名交易，并且可能成为黑客攻击的目标。正因如此，账本的管理者必须在诚信和效率两方面都值得信赖。

相比之下，诸如比特币或以太坊等加密货币采用分布式账本技术，这意味着交易记录分布在由互联计算机组成的网络中。不存在单一的管理者对其进行控制，也没有可供潜在黑客攻击的单一目标。相反，该网络通过建立协议机制，使新交易能够被安全地添加至公共账本。交易各方的身份可被隐藏，从而实现完全匿名。该账本本质上是一个记录在“区块链”中的交易列表，每笔交易都会生成带时间戳的区块更新。网络中的每个参与者均可获取完整的账本副本。将区块链分布在分散的网络中，使得任何黑客都更难攻击其完整性。当账本公开时，既难以绕过已达成共识的历史交易记录，也无法对其进行篡改——最关键的是，这种体系完全不需要中心化账本所依赖的核心要素，即可信管理者。

区块链技术的应用范围远不止于加密货币，但它特别适合安全的数字交易。比特币于 2009 年问世，随后出现了许多其他加密货币；截至 2018 年，市场上已存在约 1 600 种不同的加密货币。但大多数加密货币的总市值远小于比特币或以太坊。

加密货币作为传统货币和支付系统替代方案的潜力仍然不明朗。其中一个问题是价格波动性，这使得它难以成为可靠的价值储存手段。2018 年，1 个比特币的美元价值从接近 2 万美元跌至不足 3 500 美元。另一个问题是交易验证需要消耗大量能源，导致成本高昂。此外，与传统信用卡网络相比，加密货币的交易验证速率仍然微不足道。这些问题限制了加密货币作为交换媒介的效用。最后，由于担心匿名交易被用于逃税或促进非法商品贸易，各国政府已开始表现出对这些市场监管的更大兴趣。尽管存在这些挑战，这项技术仍处于发展初期，支持者预测它将彻底改变当今的金融格局。

加密货币的一个变体是通过首次代币发行（ICO）发行的数字代币。ICO 是一种众筹方式，初创企业通过出售数字代币来筹集资金。这种代币是一种加密货币形式，最终可用于购买该初创企业的产品或服务。然而，一旦发行后，这些代币就能像其他数字货币一样在投资者之间买卖，从而产生对其价值的投机行为。鉴于这种特性，有人认为这些代币实际上是企业发行的证券，因此应受美国证券交易委员会监管。部分国家（如韩国）已全面禁止 ICO 活动。可以预见的是，这些代币的法律地位在未来几年将发生重大变化。

1.7　2008 年的金融危机

本章已经给出了金融系统的大体框架以及金融界与实业界的部分联系。2008 年的金融危机以一种惨痛的方式说明了这两个领域的密切关系，这一部分将简单地介绍此次金融危机，并试图从中吸取一些教训，以便于更深入地理解金融系统性风险的影响。本部分内容比较复杂，在此只做简单介绍，当各位更深入地学习以后，可以再做更详尽的分析。

1.7.1　金融危机前夕

2007 年年初，大多数评论员无论如何也不会相信在未来两年内全世界的金融系统将面临自大萧条以来最严重的危机。当时的经济似乎还在不断走强。上一次宏观经济的重大威胁来自 2000—2002 年的高科技泡沫，美联储对那次初露头角的经济衰退的反应是积极降低利率。从图 1-1 中可以看出 2001—2004 年美国短期国库券利率显著下降，LIBOR[㊀]（伦敦银行同业拆借利率）也相继下调。这些举措最终取得了成功，使得那次经济衰退的表现短暂且温和。

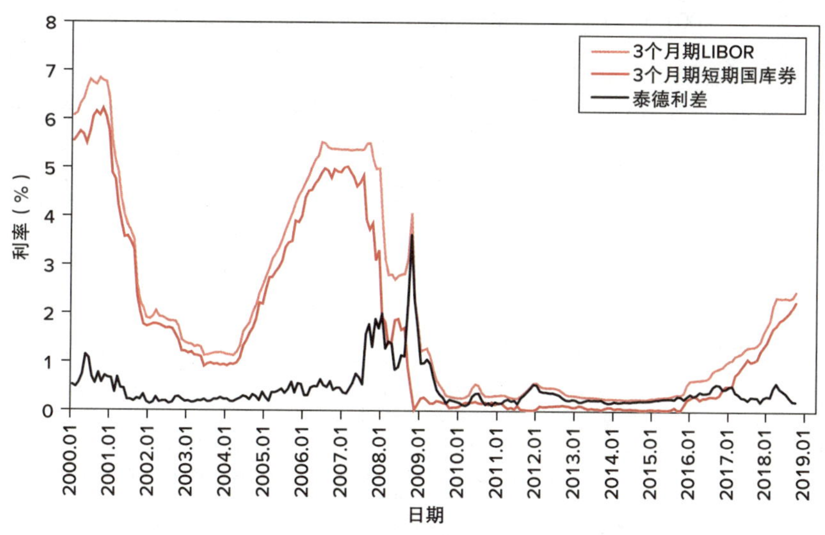

图 1-1　LIBOR、美国短期国库券利率以及泰德利差

到 2005 年前后，经济已有明显好转。尽管股票市场在 2001—2002 年大幅度下跌，但是从图 1-2 中可以看出股票市场在 2003 年年初已经开始止跌回升，且几年后完全恢复到高科技危机之前的水平。同样重要的是，银行领域恢复了正常。银行领域通常用 LIBOR 与美国短期国库券利率（美国政府借款利率）之差（通常称为泰德利差[㊁]）来衡量信用风险，该利差在 2007 年年初<1%（见图 1-1 最底部的曲线），说明银行领域对违约风险或者说“交易对手”风险的担忧非常少。

事实上，在这次经济衰退中，货币政策（在过去 30 年里使用得更频繁）取得的巨大成功催生了一个新术语——“大稳健”，用来形容最近的经济周期（尤其是经济衰退）比起过去更为温和。有些评论员甚至宣称我们已经进入了宏观经济政策的黄金时代，经济周期的规律已被我们掌控。

㊀ LIBOR 代表伦敦银行同业拆借利率，是非美（主要以伦敦为主）银行间拆借市场上以美元计价的贷款的利率。期限 3 个月的贷款通常使用该利率。LIBOR 与美国联邦基金利率密切相关。美国联邦基金利率是指美国银行间互相拆借的利率，通常是隔夜利率。

㊁ 泰德（TED）代表 Treasury-Eurodollar spread，此处的欧洲美元利率（Eurodollar rate）实际上是指 LIBOR。

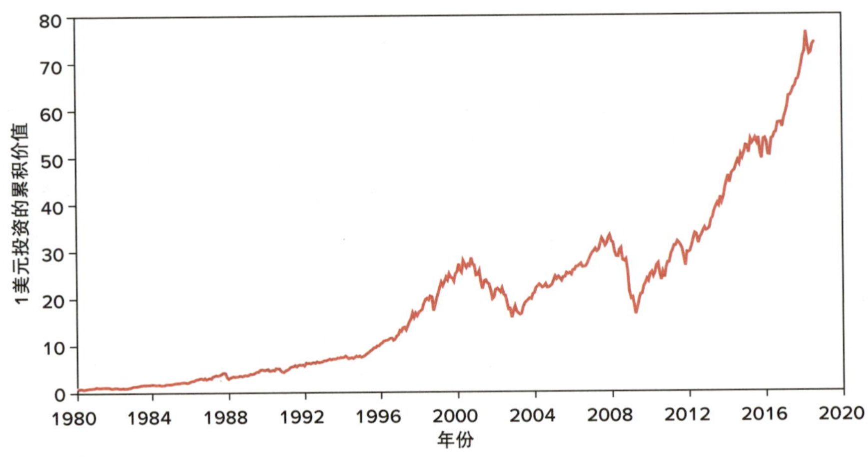

图 1-2 标准普尔 500 指数的累积收益

低利率和经济稳定使房地产出现历史性繁荣。从图 1-3 中可以看出 20 世纪 90 年代末房地产价格开始明显上升，且 2001 年以后利率的大幅下降使得房地产价格加速上升，在 1997 年后的 10 年里变成了原来的 3 倍。

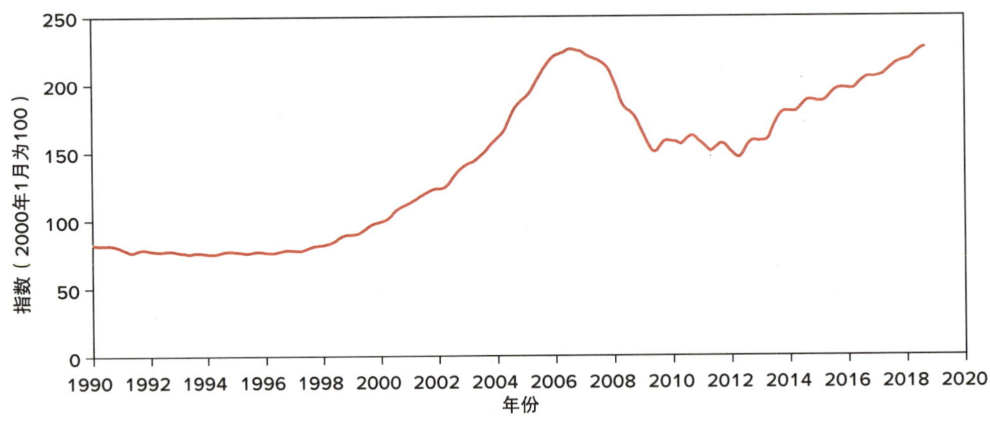

图 1-3 美国住房价格的凯斯–席勒指数

但是，宏观经济政策在降低风险方面的过分自信，经济从高科技危机中的快速恢复，以及利率降低使房地产空前繁荣，这些因素播下了 2008 年经济崩溃的种子。一方面，美联储的低利率政策导致大多数投资的收益率降低，投资者渴望高收益率的替代投资。另一方面，经济的稳定和投资者日益增长的自负使他们对风险的容忍度进一步提高。这在不断膨胀的证券化抵押市场最明显。

1.7.2 住房融资的变化

1970 年以前，大多数抵押贷款由当地金融机构提供，如附近的储蓄银行和信贷联盟。人们在买房时贷款，然后在很长一段时间（通常是 30 年）内偿还，因此传统储蓄机构的主要资产就是这些住房贷款的组合，而主要负债是储户的存款。当房利美（FNMA，联邦国民抵押贷款协会）和房地美（FHLMC，联邦住房贷款抵押公司）开始从贷款发起者手中购买抵押贷款并将它们捆绑在一起形成资产池，使其可以像其他金融资产一样交易时，这种格局开始改变。这些资产池实质上代表的是对相应抵押贷款的索取权，后来它们被称为抵押支持证券，这个过程被称为**证券化**（securitization）。房利美和房地美很快成为抵押贷款市场的巨头，它们大约购买了一半私人抵押贷款。

图 1-4 展示了抵押支持证券的现金流从最初借款人（房主）流向最终投资者的过程。贷款的最初提供者（或发起者）（如房屋互助协会）向房主提供 100 000 美元的住房贷款，房主需要在未来的 30 年内偿还本金和利息（P&I），然后贷款提供者把这些抵押贷款卖给房利美和房地美以回收贷款成本。贷款提供者会继续代替房利美和房地美每月从房主那里收取偿还金额，扣除少量服务费后的偿还金额将转交给房利美和房地美。房利美和房地美又把这些贷款汇总起来形成抵押支持证券并卖给养老基金和共同基金等投资者。通常情况下代理机构（房利美和房地美）会为每个资产池中的贷款提供信用担保或违约担保，它们把现金流转交给最终投资者时扣取担保费用。因为抵押贷款现金流从房主传递到提供者，再从提供者传递到房利美或房地美，最后由房利美或房地美传递给投资者，因此抵押支持证券又被称为**传递证券**（pass-through security）。

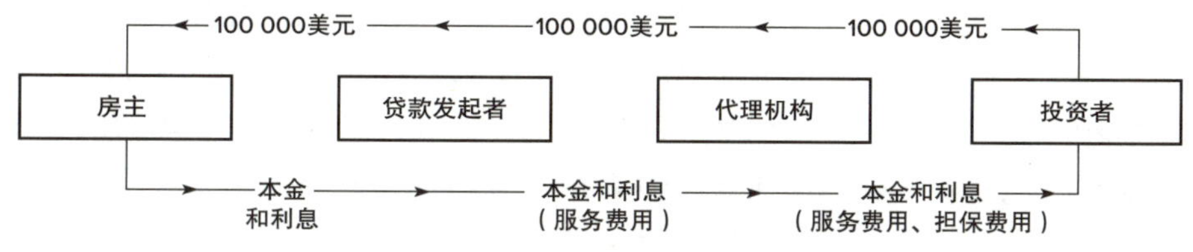

图 1-4 抵押支持证券的现金流

最近 10 年，大多数证券化的抵押贷款由房利美和房地美持有或担保。这些抵押贷款的风险很低，意味着符合证券化条件的贷款金额不能很大，且房主必须达到贷款标准以确保他们有能力偿还借款。例如，贷款金额占住房价值的比例不能超过 80%。但是证券化向抵押投资者提供了一个新的有利可图的市场："源于分配"（而不是"源于持有"）的商业模式。

符合条件的贷款几乎全部通过房利美和房地美汇集，一旦证券化模型形成，将产生一种新产品：由私营企业提供，以不符合条件且违约风险高的次级贷款为支持的证券化产品。私营转递证券的投资者要承担更大的风险，因为房主违约的可能性更大，这是私营转递证券与政府转递证券最大的区别之一。因此只要这些贷款可以出售给投资者，抵押贷款的发起者就不会花费大量精力进行尽职调查。当然，投资者不可能与借款人直接联系，也不可能专注于确保贷款的质量。相反，他们依靠的是借款人持续的信用评分。

先向"简易型贷款"再向"无文档贷款"的发展趋势开始显现，对借款人还贷能力的验证越来越弱，其他次级贷款担保标准迅速降低。例如，允许的住房贷款杠杆（贷款金额占住房价值的比例）明显提高。常用的"搭载贷款"（把第二笔贷款置于第一笔贷款之上）使贷款-价值比率迅速上升。当住房价格下降到低于贷款余额时，很多房主则会拒绝还贷。

可调整利率抵押贷款（ARM）也日益普及。这些贷款向借款人提供一个很低的初始利率（也被称为"诱惑利率"），但最终这些利率会被重新设定为市场利率，如短期国库券利率加 3%。在初始利率的诱惑下，许多借款人会最大化自身的借款金额，但是，一旦利率重新设定，他们每月的还款金额就会大增，尤其是在市场利率上升的情况下。

尽管这些风险显而易见，但是最近 10 年持续上涨的房价似乎使投资者得意忘形，人们普遍相信不断上涨的房价会使表现不佳的贷款摆脱困境。然而，从 2004 年开始，通过再融资来解救贷款的能力开始下降。首先，高利率使可调整利率抵押贷款的借款人承受了很大的还款压力。其次，如图 1-3 所示，房价在 2006 年左右达到最高点，因此房主运用已形成的住房权益进行再融资的能力下降。2007 年住房贷款违约率开始激增，抵押支持证券的损失也开始迅速增加，危机向更严重的方向发展。

1.7.3 抵押贷款衍生工具

有人可能会问：谁愿意购买这些高风险的次级贷款？证券化、重组和信用增级已经给出了这个问题的大部分答案。新型的风险转移工具使投资银行可以从最初发行的“垃圾”贷款中挑出 AAA 级证券。担保债务凭证（CDO）是这些最终变为“垃圾”的创新产品中最重要的一种产品。

担保债务凭证把信用风险（即违约风险）集中在某一类投资者身上，从而使其他投资者可以相对较少地承担信用风险。其理念是通过把资产池分为高低级别排出对贷款还款金额索取权的优先次序，这种高低级别被称为份额。高级份额享有对还款金额的优先索取权，只有当高级份额收到所有相应的份额后，低级份额才可以享有对还款金额的索取权。[⊖]例如，如果一个资产池被分为两类份额，其中 70% 为高级份额，30% 为低级份额，那么还款金额的前 70% 将被全额支付给高级份额，也就是说只要资产池的违约率在 30% 以下，高级份额就不会有风险。即使资产池中包括高风险的次级贷款，违约率超过 30% 的可能性也极低，因此高级份额通常被主要的信用评级机构（如穆迪、标准普尔和惠誉）授予最高评级，如 AAA 级，从而有大量的 AAA 级证券从低利率的抵押贷款资产池中被挑选出来，本书在之后的章节将会更详细地讨论担保债务凭证。

当然，现在我们知道这种评级是错误的。抵押贷款证券这种高低级的结构给高级份额带来的保护要远远低于投资者的预期。人们对高级份额的普遍理解是：如果组成资产池的抵押贷款来自不同的地理区域，那么整个资产池的违约率不可能超过高级份额投资者所能承受的损失水平。但是，如果整个国家的房价一起下跌，所有地区的违约率都会上升，那么通过跨地区来分散风险的目的将不会实现。

为什么评级机构会明显低估这些次级证券的风险呢？首先，违约率是使用不具有代表性的历史时期的数据估计的，该历史时期的特点是房地产市场蓬勃发展，宏观经济异常繁荣。其次，评级分析师根据历史违约经验推断新型的借款人资产池的违约率，但这种资产池没有首付，其中还包括还款数额激增的贷款和简易型或无文档贷款（也称为“骗子贷款”）。考虑到市场发生的深刻变化，历史违约经验事实上是不起作用的。再次，人们对区域多样化在降低风险方面的能力过度乐观。

最后，代理问题日益明显。证券发行者而非购买者向评级机构支付证券评级费用，因此评级机构面临来自证券发行者的压力，因为证券发行者可以“货比三家”去寻找评判条件更宽松的评级机构。

概念检查 1-2

房利美和房地美把抵押贷款集中起来打包为证券，并由它们为这些证券进行担保。相反，没有机构为次级抵押支持证券进行担保，因此投资者需要承担更高的违约风险。这两种管理和分配违约风险的方式哪种更好？

⊖ 担保债务凭证和其他相关证券有时候被称为结构化产品。“结构化”是指初始现金流被分割并根据相关的规定在份额之间重新进行分配。

1.7.4 信用违约互换

与担保债权凭证市场相同，**信用违约互换**（credit default swap，CDS）市场在这一时期也迅速发展。信用违约互换实质上是一种针对借款人违约的保险合同，本书第 14 章将对此进行更详细的讨论。信用违约互换的购买方每年支付保金（类似于保险费用）以使其规避信用风险。信用违约互换成为信用增级的一种替代方法，它似乎允许投资者购买次级贷款并且可以保证其安全性。但是在实践中，一些信用违约互换的发行方加大了它们需要面对的信用风险，却没有足够的资金来支撑这些合约。例如，大型保险公司美国国际集团（AIG）自己就卖出了价值 4 000 多亿美元的基于次级抵押贷款的信用违约互换合约。

1.7.5 系统性风险的上升

截至 2007 年，金融系统已经表现出一些令人担忧的特点。许多大型银行和相关的金融机构都实施了一项有利可图的融资计划：把低利率的短期资本融资投资于流动性差但收益率更高的长期资产[⊖]。但是这种商业模式非常危险：主要依靠短期借款作为资金支持，这些公司需要不断再融资（即借款到期后再借入其他资金），或者是出售流动性较差的资产组合，但这在面临财务压力时是很难实现的，而且这些机构的杠杆率都很高，几乎没有额外资金来应对损失。因为即使是很小的资产组合损失也可能使其净资产变为负值，这样就不会有人愿意给它们延长贷款期限或是借款了。

金融机构脆弱性的另一个原因是很多投资者依靠如 CDO 的结构化产品实现“信用升级”。这些资产池中的很多资产流动性差、估值难，且高度依赖于对其他贷款表现的预测。在经济长期低迷时，加上评级较低，这些资产很难卖出去。

这种新的金融模型充满了**系统性风险**（systemic risk），当一个市场产生问题并波及其他市场时，整个金融系统可能会崩溃。当银行等投资者的资金受限并担心进一步遭受损失时，它们会理性地选择囤积资金而非借给客户，这会使其客户的资金问题继续加剧。

1.7.6 靴子落地

至 2007 年秋，住房价格普遍下降（见图 1-3），抵押贷款拖欠率持续上升，股票市场也开始大幅下挫（见图 1-2）。很多大量投资于抵押贷款的投资银行也开始摇摇欲坠。

这场金融危机在 2008 年 9 月达到顶峰。9 月 7 日，大型联邦抵押贷款机构房利美和房地美进入接受管理程序，这两家机构都持有大量的次级贷款支持证券（本书第 2 章将有更详细的介绍）。作为美国住房和抵押贷款金融行业的两大支柱，房利美和房地美的失败将金融市场置于恐慌之中。截至 2008 年 9 月第 2 周，雷曼兄弟和美林已毫无疑问地处于破产边缘。9 月 14 日，在政府再次居中调解和提供损失保护政策的帮助下，美林被美国银行收购。9 月 15 日，未能获得同等待遇的雷曼兄弟提交了破产保护申请。9 月 17 日，联邦政府借给美国国际集团 850 亿美元，理由是美国国际集团的失败将给银行业带来巨大的冲击，因为它持有联邦政府大量的信用担保凭证（即信用违约互换合约）。9 月 18 日，美国财政部首次宣布将投入 7 000 亿美元购买“有毒

⊖ 流动性是指投资者将投资变现的速度和灵活程度。非流动资产（如不动产）想要快速出售非常困难，而且快速出售时的价格可能远远低于正常情况下出售的价格。

的”抵押担保证券。

雷曼兄弟的破产对货币市场上的短期贷款造成了灾难性的后果。雷曼兄弟通过发行短期债务（称为商业票据）借了大量资金。商业票据的主要客户之一是货币市场上的共同基金，共同基金投资于短期、高流动性的债务。当雷曼兄弟倒闭时，持有雷曼兄弟大量AAA级票据的Reserve Primary货币市场基金遭受了严重的投资损失，以至于其净值降到每份额1美元以下。[㊀]恐慌在其他具有类似风险敞口的基金中蔓延，美国货币市场基金的客户纷纷赎回资金，大量资金从商业票据涌向安全性更高、流动性更好的短期国库券，最终使短期金融市场停止运转。

信用市场的冻结否定了可以将金融危机限定在华尔街的这种判断。曾经依赖于商业票据市场的大型公司已无法筹集到短期资金，银行同样很难筹集到资金（见图1-1，用于衡量银行偿付恐慌的泰德利差在2008年飙升）。由于银行不愿意或不能够给客户扩大信用，很多依赖于银行贷款的小企业无法筹集到正常的营运资金。资金匮乏的公司不得不迅速缩减业务规模，失业率急剧上升，经济进入几十年以来最糟糕的时期。金融市场上的动荡已经波及实体经济，同华尔街一样，“主街”也陷入长期的痛苦中。

危机并不局限于美国。全球的住房市场都在下跌，欧洲政府不得不出手拯救它们的银行，而这些政府本身也负债累累。随着救助银行的成本增加，政府偿还自己债务的能力受到质疑。这样，银行业危机就陷入了主权债务危机。

希腊受到的打击最为严重。希腊政府债务约为4 600亿美元，远高于其年度国内生产总值。2011年，它的债务拖欠总额约为1 300亿美元。最终欧盟、欧洲中央银行和国际货币基金组织提供了一系列救助方案。

1.7.7 《多德-弗兰克法案》

金融危机之后，要求华尔街改革的呼声不绝于耳，最终促成了2010年《多德-弗兰克华尔街改革和消费者保护法案》(Dodd-Frank Wall Street Reform and Consumer Protection Act，简称《多德-弗兰克法案》）的诞生。

法案要求在银行资本、流动性和风险管理等方面加强监管，降低金融机构“大而不倒”问题出现的可能性和对金融系统稳定性的威胁。通过向大型金融机构征费建立“清算基金”，用于对濒临破产的金融机构的破产清算，确保相关成本由金融业界而不是纳税人承担。

法案还要求提高衍生品市场的透明度。例如，将信用违约互换合约标准化，这样它们就可以移到交易所交易，它们的价格就可以在一个有深度的市场确定，损失和盈利可以每天结算。强制性的逐日保证金要求可以防止信用违约互换参与者持有超出自身承受能力的风险，交易所交易也可以帮助分析参与者在该市场上的风险敞口。

在一项相关措施中，该法案要求大型银行进行年度压力测试，模拟银行是否有足够的资本金来承受特定的经济压力，例如，重大衰退、利率大幅上升或流动性严重下降。到目前为止，额外的资本金要求以及更保守的贷款和投资已经改善了风险敞口。

法案同时引入沃尔克法则，该法则以美联储前主席保罗·沃尔克的姓氏命名。沃尔克法则限制大型金融机构的自营交易业务，限制了银行在对冲基金、私募股权基金中的投资比例。

㊀ 通常情况下，货币市场基金几乎没有投资风险，且可以将资产价值维持在每份额1美元，因此投资者把它们视为支票账户的近似替代物。在这件事情发生之前，从未出现过其他货币基金跌破面值的情况。

在《多德-弗兰克法案》中提出了设立金融稳定监督委员会。该委员会由财政部牵头，成员还包括其他九家监管机构。该机构的主要职责是防范和识别系统性金融风险，认定可能对金融系统构成威胁的大型综合性金融机构，并向美联储建议对该类金融机构执行更严格的资本、杠杆及其他规定。

信用评级机构的激励问题也是一个痛点。很少有人对被评级的企业付费给评级公司的机制满意。《多德-弗兰克法案》提出在证券交易委员会下设信用评级办公室监管信用评级机构。

最近的立法使得《多德-弗兰克法案》部分倒退。2018 年，美国国会通过了《经济增长、监管救济和消费者保护法案》，使大多数中小银行免受《多德-弗兰克法案》的影响，包括压力测试。一些大型银行（但不是最大的银行）不再被视为“具有系统重要性”，这带来了更密切的监管和更高的资本金要求。《经济增长、监管救济和消费者保护法案》还免除了小银行的沃尔克法则。《多德-弗兰克法案》仍然受到一些美国国会议员的抨击，未来的修正当然是可能的。抛开这些可能的修正不谈，这场危机无疑明确了金融体系在实体经济运行中的重要作用。

1.8　全书框架

本书共分为七个部分，各部分之间相对独立，因此可以随意安排学习顺序。第一部分介绍了金融市场、金融工具和证券交易，还包括对共同基金的描述。

第二部分和第三部分包含了现代投资组合理论的核心。第二部分首先大致介绍了风险和收益以及资本市场历史带给我们的教训，然后重点描述投资者的风险偏好、资产配置过程、有效分散化和投资组合优化。

第三部分研究了资产组合理论中风险与收益的权衡。这部分内容主要介绍资本资产定价模型、如何用指数模型实现它以及关于风险和收益的更高级模型。此外，本部分还介绍了有效市场假说，并从行为科学角度评论了基于投资者理性的相关理论。本部分的最后一章是关于证券收益的实证证据。

第四部分到第六部分涵盖了证券分析和证券估值的相关内容。第四部分介绍了债务市场，第五部分介绍了权益市场，第六部分介绍了衍生工具，如期权和期货合约。

第七部分是对主动投资管理的介绍，解释了投资者不同的投资目标和约束条件将如何形成不同的投资策略。这一部分将讨论在近似有效市场中投资管理的作用以及如何评价追求主动型策略的经理的绩效，还说明了投资组合构建原则为什么可以延伸到全球环境中，并讨论了对冲基金行业。

小结

1. 实物资产创造财富，金融资产代表对财富的索取权，金融资产决定如何在投资者之间分配实物资产的所有权。
2. 金融资产分为固定收益型、权益型和衍生金融资产。自上而下的投资组合构建方法的起点是资产配置决策，即将资金在大类资产之间进行分配，然后在大类资产中选择具体证券。
3. 金融市场中的竞争使得风险与收益相互权衡，期望收益率更高的证券意味着投资者将承担更大的风险。然而，风险的存在意味着在投资期初实际收益率与期望收益率可能会相去甚远。证券分析师之间的竞争会促进金融市场向信息有效的方向发展，即价格反映了所有关于证券价值的可获得信息。被动投资策略在近似有效市场上是有效的。

4. 金融中介汇集投资者的资金并进行投资。这种中介服务是存在需求的，因为小型投资者不能有效地收集信息、多样化并监控投资组合。金融中介把自有的证券出售给小型投资者，然后用筹集到的资金再进行投资，最后把获得的收益偿还给小型投资者，并从中赚取价差。
5. 投资银行提高了公司融资的效率，投资银行在新发行证券的定价和推销方面具有专业优势。截至2008年年末，美国所有主要的独立的投资银行都并入了商业银行，或是重组为商业银行股份公司。在欧洲，全能型银行从来未被禁止，大型银行通常既包括商业银行部门又包括投资银行部门。
6. 2008年的金融危机说明了系统性风险的重要性。控制系统性风险的措施包括：提高透明度以使交易商和投资者可以评估对手的风险；提高资本充足率以避免交易参与者由于潜在损失而破产；频繁结算收益或损失以避免某机构的累积损失超出其承受能力；制定有助于阻止承担过度风险的激励措施；由评估证券风险的机构进行更准确的风险评估。

习题

1. 金融工程曾经遭到质疑，被认为仅仅是对资源的重新洗牌。批评家认为：把资源用于创造财富（即创造实物资产）而非重新分配财富（即捆绑和分拆金融资产）或许更好。评价这种观点。从各种基础证券中创造一系列的衍生证券是否带来了好处？
2. 为什么证券化只能发生在高度发达的证券市场上？
3. 在经济中，证券化和金融中介的作用之间有什么关系？证券化过程对金融中介有什么影响？
4. 尽管我们说实物资产组成了经济中真正的生产能力，但是很难想象一个现代的经济社会中没有发达的金融市场和多样化的证券。如果没有可以进行金融资产交易的市场，那么美国经济的生产能力将受到什么影响？
5. 公司通过在一级市场上发行股票从投资者那里筹集资金，这是否意味着公司的财务经理可以忽视二级市场上已发行股票的交易情况？
6. 假设全球的房价都涨了一倍
   a. 社会因此变得更富有了吗？
   b. 房主更富有了吗？
   c. 你对a和b给出的答案一致吗？会不会有人因为这种变化变得更糟？
7. Lanni Products是一家新成立的计算机软件开发公司，它现有价值30 000美元的计算机设备以及股东投入的20 000美元现金。识别下列交易中的实物资产和金融资产。这些交易有没有创造或减少金融资产？
   a. 公司取得一笔银行贷款，得到50 000美元现金，并签发了一张票据承诺3年内还款。
   b. 公司把这笔钱以及自有的20 000美元投入新型财务计划软件的开发中。
   c. 公司把该软件出售给微软，微软将以自己的品牌进行销售。公司收到微软的1 250股股票作为收益。
   d. 公司以每股100美元的价格将微软股票出售，用所获得的部分资金偿还银行贷款。
8. 重新考虑第7题中的Lanni Products公司。
   a. 若在其获得银行贷款后立即编制资产负

债表，实物资产占总资产的比例是多少？

b. 若在其投入 70 000 美元开发软件产品后再编制资产负债表，实物资产占总资产的比例是多少？

c. 若在其接受微软的股份后再编制资产负债表，实物资产占总资产的比例是多少？

9. 回顾表 1-3 美国商业银行的汇总资产负债表，实物资产占总资产的比例是多少？对于非金融企业（见表 1-4）而言，这一比例是多少？为什么会有这种差别？

10. 图 1-5 描述了某期美国黄金支持证券。

 a. 该证券是在一级市场还是在二级市场发行的？

 b. 该证券是基础资产还是衍生资产？

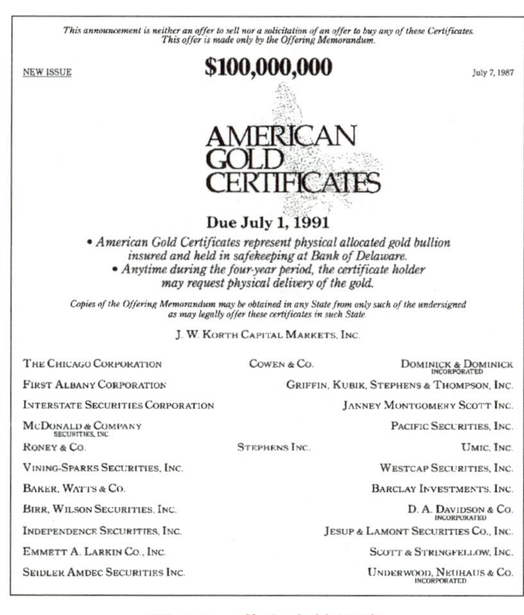
This announcement is neither an offer to sell nor a solicitation of an offer to buy any of these Certificates.
This offer is made only by the Offering Memorandum.

NEW ISSUE　**$100,000,000**　July 7, 1987

AMERICAN GOLD CERTIFICATES

Due July 1, 1991

- *American Gold Certificates represent physical allocated gold bullion insured and held in safekeeping at Bank of Delaware.*
- *Anytime during the four-year period, the certificate holder may request physical delivery of the gold.*

Copies of the Offering Memorandum may be obtained in any State from only such of the undersigned as may legally offer these certificates in such State.

J. W. Korth Capital Markets, Inc.

The Chicago Corporation　Cowen & Co.　Dominick & Dominick Incorporated
First Albany Corporation　Griffin, Kubik, Stephens & Thompson, Inc.
Interstate Securities Corporation　Janney Montgomery Scott Inc.
McDonald & Company Securities, Inc　Pacific Securities, Inc.
Roney & Co.　Stephens Inc.　Umic, Inc.
Vining-Sparks Securities, Inc.　Westcap Securities, Inc.
Baker, Watts & Co.　Barclay Investments, Inc.
Birr, Wilson Securities, Inc.　D. A. Davidson & Co. Incorporated
Independence Securities, Inc.　Jesup & Lamont Securities Co., Inc.
Emmett A. Larkin Co., Inc.　Scott & Stringfellow, Inc.
Seidler Amdec Securities Inc.　Underwood, Neuhaus & Co. Incorporated

图 1-5　黄金支持证券

11. 讨论下列形式的管理层薪酬在缓和代理问题（管理层和股东之间的潜在利益冲突）方面的优点和缺点。

 a. 固定工资。

 b. 公司股票，但是必须持有 5 年。

 c. 与公司利润挂钩的工资。

12. 我们发现大型机构投资者或债权人的监督是减少代理问题的一种方法。为什么个人投资者没有同样的动机去监督公司的管理层？

13. 请举出 3 种金融中介的例子，并解释它们如何在小型投资者和大型资本市场或公司之间起到桥梁作用。

14. 自 1926 年以来，大型股票的平均投资收益率超过短期国库券 7% 的收益率，为什么还有人投资短期国库券？

15. 与“自下而上”的投资方式相比，“自上而下”的投资方式有什么优缺点？

16. 你看到一本书的广告，广告中声称这本书可以指导你在没有任何资金投入的情况下获得 100 万美元的无风险收益，你会购买这本书吗？

17. 为什么金融资产是家庭财富的组成部分，却不是国家财富的组成部分？为什么金融资产仍与经济社会的物质福利有关？

18. 华尔街上的金融机构把交易利润的一部分支付给交易商作为报酬，这将对交易商承担风险的意愿产生什么影响？这种行为将导致什么代理问题？

19. 金融系统如何改革才可以降低系统性风险？

概念检查答案

1-1 a. 实物资产

 b. 金融资产

 c. 实物资产

 d. 实物资产

 e. 金融资产

1-2 核心问题是监督贷款质量（包括发放时及发放后）的激励问题。很显然，房利美和房地美有动机去监督它们所担保的贷款的质量，而且它们与抵押贷款发起者持续的关系也使它们有机会评估过去的记录。在次级贷款市场上，承担违约风险的证券（或是由这些证券支持的担保债务凭证）投资者不愿意投资那些与违约率不相称的贷款。如果他们了解自己承担的违约风险，那么他们会在支付的价格（会相应地下降）中强加对抵押贷款发起者和服务商的限制条件。事实上，他们愿意持有这些高风险的证券说明他们并没有意识到自己所承担的风险有多大，对房价过度乐观的推测或是信用报告机构有偏的评估或许误导了他们。原则上，对违约风险的排序可以保证对抵押贷款发起者进行适当的约束，但在实践中，房利美和房地美的信息优势或许使它们成为违约风险更好的承担者。我们从中得到的教训是：信息和透明度是保证市场良好运转的前提条件。

第 2 章

资产类别与金融工具

第 1 章中我们已经学过，构建投资组合时首先要决定分配到各个资产大类中的资金比例，如货币市场基金、银行存款、长期债券、股票，甚至房地产和贵金属等，这个过程叫作资产配置。在每一资产大类中选择具体的资产进行投资，这一过程叫作证券选择。

每一资产大类都包含多种证券，而且每一小类的资产种类也多种多样。本章的学习目标是了解各大类资产的主要特点，为达成这一目标，本章将根据每一资产大类依次介绍各种金融工具。

金融市场通常被分为**货币市场**（money market）和**资本市场**（capital market）。货币市场工具主要包括期限短、变现能力强、流动性好、风险低的债务证券。货币市场工具有时被称为现金等价物，或简称为现金。相反，资本市场主要由期限较长、风险较大的证券组成。资本市场上的证券种类远远多于货币市场，因此又可以将资本市场进行细分：债券市场、权益市场以及期权与期货衍生证券市场。

本章将首先介绍货币市场工具，然后介绍债务证券和权益证券。因为市场基准组合在构建和评估投资组合时起到重要作用，本章还将分析各种股票市场指数的结构。最后本章介绍期权、期货和互换合约的衍生证券市场。

2.1 货币市场

货币市场由变现能力极强的超短期债务证券组成。大多数这类证券的交易面值很大，所以个人投资者没有实力购买，但是个人投资者可以通过购买货币市场基金参与相关的投资。

2.1.1 短期国库券

短期国库券（T-bill 或 bill）是所有货币市场工具中变现能力最强的，它代表了一种最简单的借款形式：政府通过向公众出售国库券筹集资金，投资者以到期价值（面值）的一定折扣购入国库券，当国库券到期时，政府按面值从持有者手里赎回，购买价格与面值之差构成投资者的投资收益。

短期国库券的期限分为 4 周、13 周、26 周和 52 周。个人可以直接在一级市场上拍卖取得，也可以在二级市场上从政府证券交易商那里购入。短期国库券的流动性非常强，可以很容易地转化成现金，而且交易成本低，也没有多大的价格风险。大多数货币市场工具的最低交易面值是 100 000 美元，而短期国库券的最低交易面值只有 100 美元，不过更常见的交易面值是 10 000 美元。此外，短期国库券的收益可以免除所有的州和地方税，这是短期国库券区别于其他货币市场工具的又一特征。

美国短期国库券						
到期日	到期天数	买方报价收益率（%）	卖方报价收益率（%）	变化	基于卖方报价的收益率（%）
2019-01-15	12	2.270	2.260	−0.018	2.293
2019-02-19	47	2.368	2.358	0.020	2.398
2019-05-09	126	2.388	2.378	−0.012	2.431
2019-07-18	196	2.370	2.360	−0.043	2.424
2019-12-05	336	2.415	2.405	−0.105	2.494

图 2-1 美国部分短期国库券的收益率

资料来源：*The Wall Street Journal Online*, January 3, 2019.

图 2-1 列出了美国部分短期国库券的收益率。财经报纸并不提供每种国库券的价格，它提供的是基于这些价格计算出的收益率。从图 2-1 中可以看到与买方报价和卖方报价相对应的收益率。**卖方报价**（ask price）是指从证券交易商手中买入一张国库券时必须支付的价格。**买方报价**（bid price）是指将一张国库券卖给交易商时所能收到的价格，它略低于卖方报价。**买卖价差**（bid-ask spread）是指卖方报价和买方报价之间的差额，它是交易商的利润来源。注意：图 2-1 中的买方收益率高于卖方收益率，这是因为价格与收益率之间成反比例关系。

图 2-1 中的前两种收益率是按银行贴现法计算的，即到期值或面值的贴现率是按年计算的（一年以 360 天计）。以 2019 年 5 月 9 日到期，距到期日还剩 126 天的国库券为例，对应于“卖方报价”的收益率是 2.378%，通过计算 2.378%×(126/360)=0.832 3%，意味着交易商愿意按面值折扣 0.832 3%的价格将这种国库券出售。因此，面值为 10 000 美元的国库券的出售价格是 10 000 美元×(1−0.008 323)=9 916.77 美元。类似地，按“买方报价”的收益率 2.388%计算，10 000 美元×[1−0.023 88×(126/360)]=9 916.42 美元，即交易商愿意以每张 9 916.42 美元的价格买入这种国库券。

利用银行贴现法计算收益率已经有很长的历史，但它至少存在两方面的不足：第一，它假设一年只有 360 天；第二，它以面值为基础而非以投资者的购买价格为基础计算收益率。㊀投资者按卖方报价购入该国库券并持有至到期日，在 126 天里这种国库券涨了 10 000 美元/9 916.77 美元−1=0.839 3%，把这个收益率转换为按 365 天计算的年度收益率：0.839 3%×365/126=2.431%，这便是表中最后一列“基于卖方报价的收益率”所对应的数值，被称为**债券等值收益率**（bond-equivalent yield）。

2.1.2 大额存单

大额存单（certificate of deposit，CD）是一种银行定期存款，不能随时提取，银行只在大额存单到期时才向储户支付利息和本金。但是，面额超过 100 000 美元的大额存单通常是可以转让的，也就是说所有者可以在大额存单到期前将其出售给其他投资者。短期大额存单的变现能力很强，但 3 个月期以上的大额存单流动性则会大打折扣。大额存单被联邦存款保险公司视为一种银行存款，当银行出现偿债能力危机时，其持有者可获得最高 25 万美元的保额。

2.1.3 商业票据

知名的大型公司通常不会直接向银行借款，而是发行短期无担保债务票据，这种票据叫作

㊀ 在计算机产生之前，为了简化计算就会产生这两种“误差”。基于面值的整数计算贴现率要比基于购买价格简单得多，而且按一年 360 天来计算收益率也相对容易，因为 360 是许多数字的偶数倍。

商业票据（commercial paper）。商业票据由一定的银行信用额度支持，这样可以保证借款者在票据到期时有足够的现金来清偿（如果需要的话）。

商业票据的期限可长达 270 天，期限通常在 1 个月或 2 个月以内，面值一般是 100 000 美元的倍数，因此小型投资者不能直接投资商业票据，只能通过货币市场上的共同基金投资。

商业票据被认为是一种相当安全的资产，因为公司的经营和财务状况在 1 个月这么短的时间内是可以监督并预测的。

商业票据通常由非金融公司发行，金融危机前的几年中，诸如银行这样的金融公司开始大量发行资产支持商业票据，这是一种短期商业票据，用于筹集资金来投资其他资产，而反过来这些资产再作为商业票据的担保品，因此这些票据被贴上“资产支持”的标签。2007 年夏初，当次级抵押贷款的违约率不断上升时，这种行为带来了很多问题，随着已发行商业票据的到期，银行发现它们无法再发行新的商业票据进行融资。

2.1.4　银行承兑汇票

银行承兑汇票（banker’s acceptance）是指由银行客户向银行发出在未来某一日期支付一笔款项的指令，期限通常是 6 个月内。此时，银行承兑汇票类似于远期支票。当银行背书承兑后，银行开始负有向汇票持有者最终付款的责任，此时的银行承兑汇票可以像其他任何对银行的债权一样在二级市场上交易。银行承兑汇票以银行信用代表交易者信用，因而被认为是一种非常安全的资产。在国际贸易中，交易双方互不知晓对方信用情况时，银行承兑汇票得到了广泛的使用。像短期国库券一样，银行承兑汇票在面值的基础上折价销售。

2.1.5　欧洲美元

欧洲美元（Eurodollar）是指国外银行或美国银行的国外分支机构中以美元计价的存款。由于这些银行或分支机构位于美国境外，因此它们可以不受美联储的监管。尽管被冠以“欧洲”二字，但这些账户并不是必须设在欧洲的银行中，欧洲只是美国本土以外首先接受美元存款的地区。

大多数欧洲美元存款是数额巨大且期限短于 6 个月的定期存款。欧洲美元大额存单是欧洲美元定期存款的一种衍生品，它与美国国内银行的大额存单相似，唯一的区别在于它是银行非美分支机构（如伦敦分支机构）的负债。公司也会发行欧洲美元债券，即在美国以外以美元计价的债券。但是由于期限太长，欧洲美元债券不被视为货币市场的一部分。

2.1.6　回购和逆回购

政府证券的交易商使用**回购协议**（repurchase agreement，repo 或 RP）作为一种短期（通常是隔夜）借款手段。交易商把政府证券卖给投资者，并签订协议在第 2 天以稍高的价格购回。协议约定的价格增幅为隔夜利息。通过这种方式，交易商从投资者那里借款一天，政府证券在其中充当抵押品。

定期回购本质上与普通回购一样，只是定期回购的期限可以超过 30 天。因为有政府证券作为担保，因此在信用风险方面回购协议被认为是非常安全的。逆回购是回购的一种镜像。在逆回购中，交易商找到持有政府证券的投资者买入证券，并约定在未来的某一日期以稍高的价格售回给投资者。

2.1.7 联邦基金

像我们把钱存在银行一样，银行会把钱存在美联储中。美联储中的每一家会员银行都要在美联储设立一个准备金账户，且账户要保证最低余额，最低余额的标准取决于银行客户的存款总额。准备金账户中的资金叫作**联邦基金**（federal fund，或 fed fund）。总有一些银行准备金账户中的余额高于最低金额，其他银行（尤其是位于纽约和其他金融中心的大型银行）的准备金则常常不足。准备金不足的银行可以向拥有超额准备金的银行借款。这类借款通常是隔夜交易，这种银行间拆借的利率叫作联邦基金利率。

尽管联邦基金市场设立的初衷是为银行之间转移准备金余额以达到监管要求提供一种途径，但现在该市场已经发展成为许多大型银行利用联邦基金筹资的一种工具了。因此，联邦基金利率是金融机构间超短期借款的利率。尽管大多数投资者不能参与到联邦基金市场，但是联邦基金利率的高低逐渐成为一个货币政策松紧的度量指标。

2.1.8 经纪人拆借

通过支付保证金形式购买股票的个人投资者可以向经纪人借款来支付股票，而经纪人可能又向银行借款，并协定只要银行需要则将即时归还借款。这种借款的利率通常比短期国库券的利率高出 1%。

2.1.9 伦敦银行同业拆借市场

伦敦银行同业拆借利率（London interbank offered rate，LIBOR）是欧洲货币市场上短期借款的主要利率，也作为很多金融交易的参考利率。LIBOR 旨在反映银行间借款的利率。尽管近年来此类银行间借款大幅减少，LIBOR 仍然是很多金融合约的关键基准利率，特别是较长期限的合约。例如，公司借款利率可能是在 LIBOR 的基础上加 2%的浮动利率。数百万亿美元规模的贷款、抵押贷款以及衍生品合约都采用这种利率计价方式。

LIBOR 以及类似的欧洲银行同业拆借利率（European interbank offer rate，Euribor）和东京银行同业拆借利率（Tokyo interbank offer rate，Tibor）以其主要货币报价，报价期限从隔夜到几个月不等。然而它们都是基于银行报出的利率，而不是实际交易利率。随着近年来银行间借款减少，加上 2012 年曝出的 LIBOR 市场丑闻，市场迫切需要寻找 LIBOR 的替代品。

英国监管机构决定在 2021 年前逐渐废除 LIBOR。他们提出名为英镑隔夜银行平均利率（sterling overnight interbank average rate，SONIA）的替代利率。SONIA 是实际交易的隔夜利率。美国监管机构建议使用国库券回购协议利率取代美元 LIBOR。

2012 年曝出的人为操纵 LIBOR 的丑闻震动了整个金融市场，并显示出基于调查的基准利率存在重要缺陷。华尔街实战 2-1 讨论了相关事件。

华尔街实战 2-1 LIBOR 的人为操纵丑闻

LIBOR 最初只是银行间同业拆借利率的一项调查结果，但很快就成为被广泛接受的短期利率指导基准。超过 500 万亿美元的衍生品合约收益与其绑定，还有数万亿美元与 LIBOR 挂钩的浮动利率贷款和债券在市场中流通。LIBOR 采用多种币种进行报价，如美元、日元、欧元和英镑等，期限从 1 天到 1 年不等，以 3 个月最为常见。

然而，LIBOR 并非实际借款利率，仅是“预计”借款利率的调查结果，这使得它容易被操纵。多家大型银行会报告它们认为的银行间市场借款利率。在剔除极端值后，根据样本均值估算 LIBOR。

随着时间的推移，有些问题显现出来。首先，银行报告的利率可能低于它们实际的借款利率，以体现其强大的融资能力；而其他的调查结果却显示这些银行的借款利率会更高。此外，LIBOR 似乎并没有及时反映当前的市场状况。即便其他利率波动剧烈，大多数 LIBOR 报价却保持不变，而且 LIBOR 利差与其他信用风险度量指标，如信用违约互换利差呈现了出奇的低相关性。更糟糕的是，参与咨询报价的银行合谋操纵 LIBOR 以提高其衍生品交易利润。交易员使用电子邮件和短信互相通气，让对方知悉期望更低或更高的利率报价。这一非正式卡特尔的成员实际上建立了一个“人情银行”，以根据它们的交易头寸，互相帮助将调查平均值向上或向下调整。

目前为止，政府已经向几家大型银行开出了超过 60 亿美元的罚单：德意志银行 25 亿美元，瑞银 15 亿美元，苏格兰皇家银行 11 亿美元，荷兰合作银行 10 亿美元，法国兴业银行 6 亿美元。但政府罚款可能只是序曲，与这些银行进行衍生品对手盘交易或有贷款往来的私人诉讼将纷至沓来，只要是利率与 LIBOR 挂钩的业务都可能牵涉其中。

有许多改革建议被提出并已经实施：英国银行家协会不仅负责 LIBOR 的调查结果公布，也负有对 LIBOR 的监管责任；扩大调查银行样本规模，以使合谋更加困难；LIBOR 报价中不活跃的货币和期限（更容易合谋）已经被取消；更具有实质性的建议是，使用基于可以核实的实际交易利率替换基于调查的利率。英国监管机构决定在 2021 年前逐渐废除 LIBOR。LIBOR 的两个主要替代利率是英国市场的隔夜利率，即英镑隔夜银行平均利率，以及美国国库券回购协议利率。

这些建议留下了一系列重要问题没能解决。如果 LIBOR 被淘汰，那么到期日超过 2021 年的基于 LIBOR 的长期合约将如何处理？例如，LIBOR 是可调利率抵押贷款的最常见的基准利率，而大部分此类抵押贷款期限为 30 年。另外 SONIA 只是一个隔夜利率，那么对于较长期限的贷款，用什么替代 LIBOR 作为基准利率？

2.1.10 货币市场工具的收益率

尽管货币市场证券的风险很低，但并不是完全没有风险。货币市场证券承诺的收益率高于无风险的短期国库券，部分原因是其风险相对较高。此外，许多投资者要求高流动性，他们宁愿接受收益率低但可以快速低成本变现的短期国库券。如图 2-2 所示，联邦基金一直以来持续支付高于短期国库券的风险溢价，且该溢价随经济危机的爆发而增加，如两次因石油输出国组织（OPEC）动荡而引发的能源价格波动、1987 年股市崩盘、1998 年长期资本管理公司倒闭，

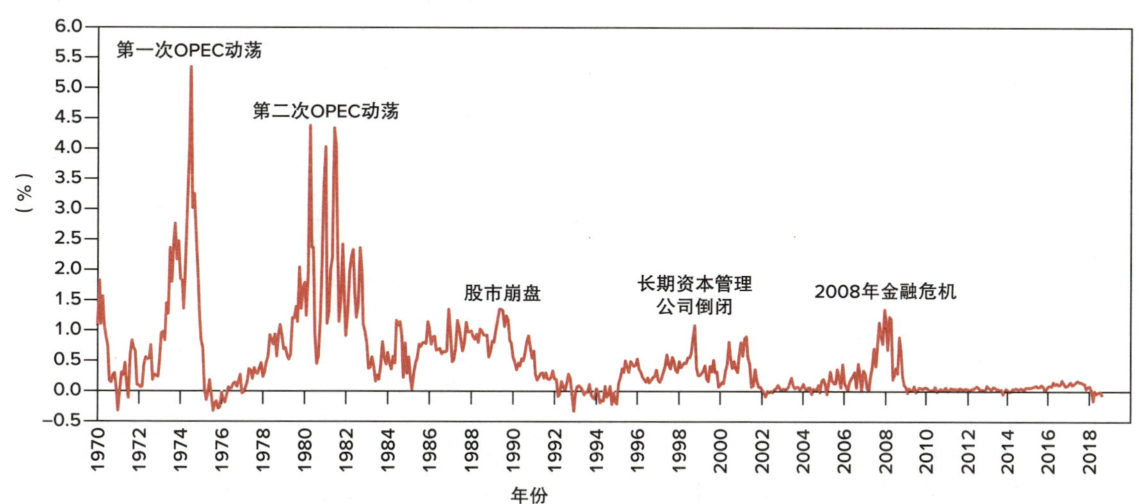

图 2-2　联邦基金利率与短期国库券利率之差

以及 2008 年金融危机等。回顾第 1 章中的图 1-1，我们发现泰德利差，即 LIBOR 与短期国库券利率之差，在金融危机时也达到最高点。

2.1.11 货币市场基金

货币市场基金是一种对货币市场工具进行投资的共同基金。货币市场基金是投资者投资货币市场的主要渠道之一。在 2019 年年初，货币市场基金的总资产超过 3 万亿美元。虽然对于投资者来说，货币市场基金的风险非常低，但是金融危机对其市场产生了重大冲击。华尔街实战 2-2 讨论了金融危机的后果。

如今，人们对货币市场的信用风险更加关注，因此投资者对优质基金和政府基金进行了区分。政府基金持有短期国库券或机构证券。优质基金还持有其他货币市场工具，例如，商业票据或大额存单。因此，它们的风险略高，并且提供较高的收益率。我们将在第 4 章中再次讨论这些基金。

华尔街实战 2-2 货币市场基金与 2008 年的金融危机

货币市场基金是一种共同基金，对货币市场上的短期债务工具进行投资，2008 年，这些基金的投资总额约为 26 000 亿美元。它们被要求只能持有高质量的短期债务：平均期限短于 3 个月。由于采用这种保守的投资组合，货币市场基金的价格风险很低。投资者通常可以针对其在基金中所享有的份额获得开具支票的特权，他们把货币市场基金作为银行账户的近似替代物。这种做法是可行的，因为货币市场基金几乎总能将每份份额的价格维持在 1 美元，并以利息的形式向投资者支付投资收益。

到 2008 年，只有一只货币市场基金的价格曾跌破每份 1 美元。2008 年 9 月 15 日雷曼兄弟申请破产保护时，许多购买了其大量商业票据的基金都遭受了严重损失。第 2 天，Reserve Primary 货币市场基金（最早的货币市场基金）的每份价格跌到了 0.97 美元。

当投资者意识到货币市场基金正遭受巨大的信用危机时，市场上出现了严重的挤兑现象。为了避免进一步的资金流出，美国财政部宣布将为愿意支付一定数额保险费用的货币市场基金提供联邦保险，该项目类似于联邦存款保险公司的银行保险业务。资金外流的危险终于平息了。

然而，华尔街货币市场基金的动荡已经波及“主街”。货币市场基金管理者担心会有进一步的投资者挤兑，甚至连短期投资也不敢做，从而导致对商业票据的需求迅速枯竭。曾经可以以 2%的利率借款的企业现在不得不支付高达 8%的利率，而且商业票据市场也处于崩溃边缘。这些市场曾经是企业短期融资（用于从工资到存货的各种支出）的主要来源。货币市场的进一步崩溃可能对经济产生更广泛、更恶劣的影响。为了结束恐慌和稳定货币市场，联邦政府决定为货币市场基金投资提供担保。担保安抚了投资者，平缓了市场情绪，却将政府推向了潜在的高达 3 万亿美元的负债边缘，相当于当时货币市场基金持有的全部资产规模。

为了降低这些基金的运营风险，美国证券交易委员会随后进行了一系列改革。机构货币市场基金（是服务机构而不是个人投资者）需要根据其资产价值“浮动”其基金份额价格，而不是维持固定的每份 1 美元的价格。在危机期间，当基金份额价格被维持在不可持续的 1 美元水平时，这一措施减弱了投资者竞相成为第一个提现者的动机。此外，如果基金资产下跌超过 30%，则基金管理人有权限制赎回或征收高达 2%的赎回费。最后，规则要求提高透明度，更多地披露资产价值、投资组合构成和流动性。

2.2 债券市场

债券市场由长期借款或债务工具组成，这些工具的期限比在货币市场上交易的要长。该市场主要包括中长期国债、公司债券、市政债券、抵押证券和联邦机构债券等。

有时候人们认为这些工具组成了固定收益资本市场，因为它们中的大多数承诺支付固定的收入流或是按特定公式来计算收入流。但实际上根据这些公式计算出来的收益并不是固定的，因此，“固定收益”这个词用得并不十分恰当，把这些证券称为债务工具或债券更简单直接。

2.2.1 中长期国债

美国政府主要通过发行**中期国债**（treasury note）和**长期国债**（treasury bond）进行融资。中期国债的期限最长为 10 年，长期国债的期限为 10~30 年不等，它们的面值可以为 100 美元，但是交易中更常见的面值是 1 000 美元。中期国债和长期国债都是每半年支付一次利息，叫作**息票支付**（coupon payment），该名称源于计算机出现之前，投资者依次撕下附在债券后面的息票交给发行者索取利息。

图 2-3 是一张中长期国债行情列表。表中阴影部分的中长期国债于 2029 年 8 月到期，其买入价为 132.726 6，十进制版为 $132\frac{93}{128}$。最小的刻度尺寸，即债券市场的价格增量，一般是每一基点 1/128。虽然债券通常以 1 000 美元的面值进行交易，但价格以面值的百分比报价。因此，买入价应解释为面值的 132.726 6%，或者对于 1 000 美元面值的债券，买入价应为 1 327.266 美元。同样，该债券可以出售给交易商的卖出价是面值的 132.789 1%，或者应为 1 327.891 美元。1.140 6 的变化意味着当天的收盘价从前一天的收盘价上涨了面值的 1.140 6%$\left(相当于一个点的 1\frac{18}{128}\right)$。最后，基于卖出价的到期收益率为 2.578%。

到期日	息票利率（%）	买入价	卖出价	变化	基于卖出价的到期收益率（%）
2019-02-15	2.750	100.039 1	100.054 7	0.007 8	2.256
2021-04-30	2.350	99.750 0	99.765 6	0.234 4	2.354
2023-05-15	1.750	97.453 1	97.468 8	0.476 6	2.364
2029-08-15	6.125	132.726 6	132.789 1	1.140 6	2.575
2036-02-15	4.500	125.468 8	125.531 3	1.539 1	2.637
2048-08-15	3.000	101.898 4	101.929 7	1.539 1	2.902

图 2-3 美国中长期国债行情列表

资料来源：the *Wall Street Journal Online*, January 3, 2019.

概念检查 2-1

观察图 2-3 中将于 2048 年 8 月到期、票面利率为 3% 的长期国债，其买方报价、卖方报价和到期收益率分别是多少？其前一交易日的卖方报价是多少？

财经媒体中报道的**到期收益率**（yield to maturity）是在半年收益率的基础上翻倍计算出来的，而不是将两个半年按复利方法计算的。这意味着使用单利方法计算的年收益率是一种年化百分比利率（APR）而非有效年收益率，这里的年化百分比利率也叫作**债券等值收益率**（bond equivalent yield）。本书在之后的章节将对到期收益率进行详细阐述。

2.2.2 通货膨胀保值债券

构建投资组合时最好的做法是从风险最小的证券开始。世界上许多国家的政府（包括美国政府）都发行过与生活成本指数相关的债券以使其国民可以有效地规避通货膨胀风险。

在美国，通货膨胀保值债券被称为 TIPS（treasury inflation-protected security）。这种债券的

本金需要根据消费者物价指数（CPI）的增幅按比例进行调整，因此它们可以提供不变的实际货币（经过通货膨胀调整后的）收益流。TIPS 债券的收益率是一种实际利率或是经过通货膨胀调整后的利率，本书在之后的章节将对 TIPS 债券进行更详尽的阐述。

2.2.3 联邦机构债券

一些政府机构会自己发行证券进行融资，这些机构成立的初衷是向那些美国国会认为无法通过正常的私人渠道获取充分信用的特定领域提供信用。

主要的抵押贷款机构有联邦住房贷款银行（FHLB）、联邦国民抵押贷款协会（FNMA，房利美）、政府国民抵押贷款协会（GNMA，吉利美）、联邦住房贷款抵押公司（FHLMC，房地美）。联邦住房贷款银行将发行债券筹集的资金借给储蓄和贷款机构，再由这些机构把款项贷给需要住房抵押贷款的个人。

尽管没有明确地说明联邦机构的债务由联邦政府担保，但是长期以来人们普遍认为如果联邦机构濒临破产，政府一定会伸出援手。这种观点在 2008 年 9 月当房利美和房地美面临严重的财务困境时得到了验证。当两家公司处于破产边缘时，政府开始干涉、接管，并指定由相关的联邦住房金融机构接管这两家公司，事实上这是有利于公司债券的。本章稍后将讨论导致这次接管的事项。

2.2.4 国际债券

有许多公司从国外借款，也有许多投资者购买国外发行的证券。除美国国内资本市场外，主要以伦敦为中心的国际资本市场正蒸蒸日上。

欧元债券是一种以发行国以外的货币计价的债券。例如，在英国发行的以美元计价的债券叫作欧洲美元债券。类似地，在日本国外发行的以日元计价的债券叫作欧洲日元债券。由于欧洲的货币被称为欧元，“欧元债券”这个名称可能会引起误解，因此最好将欧元债券视为国际债券。

与以外币计价的债券相对应，许多公司在国外发行以本国货币计价的债券。例如，扬基债券是一种非美发行者在美国发行的以美元计价的债券。类似地，武士债券是指由非日发行者在日本发行的以日元计价的债券。

2.2.5 市政债券

市政债券（municipal bond）是由州和地方政府发行的债券。市政债券类似于长期国债和公司债券，区别是市政债券的利息收入无须缴纳联邦所得税，在发行州也无须缴纳州和地方税。但当债券到期或投资者以高于买方报价将债券售出时，必须缴纳资本利得税。

市政债券通常分为两类：**一般责任债券**（general obligation bond）和**收入债券**（revenue bond）。一般责任债券完全由发行者的信用支撑（即课税能力）；而收入债券是为特定项目筹资而发行的，并由该项目获得的收入或运作该项目的特定市政机构担保。收入债券的发行者通常是机场、医院、公路和港口管理机构等。很明显，收入债券的违约风险高于一般责任债券。图 2-4 描绘了两类市政债券的债务总额。

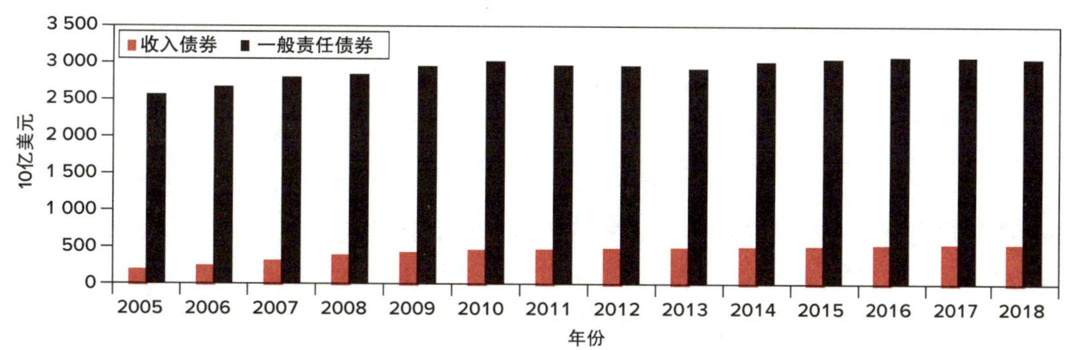

图 2-4 免税的两类市政债券的债务总额

资料来源：*Flow of Funds Accounts of the United States*, Board of Governors of the Federal Reserve System, September, 2018.

产业发展债券（industrial development bond）是一种为企业筹措资金的债券，如为私营企业筹集资金建设厂房。事实上，这种以鼓励私营企业发展为目的的债券使企业可以获得像市政当局那样的免税借贷，但是联邦政府限制这类证券的发行量。[㊀]

与长期国债一样，市政债券的期限变动范围非常大。很大一部分市政债券是以短期**待付税款票据**（tax anticipation note）的形式发行的，目的是在实际收取税款前筹集支出资金。其他市政债券都是长期的，用于支持大型资本投资，期限可长达 30 年。

免税是市政债券最主要的特点。由于投资者无须为利息所得支付联邦税和州税，因此他们愿意接受这类收益率较低的债券。

投资者在应税债券和免税债券之间选择时，需要比较每种债券的税后收益。要想做出准确比较，就必须计算税后收益率，这样才能清楚地说明所得税和已实现的资本利得。但在实际操作中，通常使用一种简单方法：假设用 t 表示投资者的边际税率等级（联邦与州的合并税率），r 表示应税债券的税前收益率，那么 $r(1-t)$ 即表示这些债券的税后收益率。[㊁]如果该值超过了市政债券的收益率 r_m，则投资者应购买应税债券。否则，投资者应购买免税的市政债券。

另一种比较方法是计算使应税债券税后收益率与市政债券收益率相等的应税债券利率。为了计算该值，首先假定两种债券的税后收益率相等，然后计算市政债券的**应税等值收益率**（equivalent taxable yield），这就是应税债券与市政债券的税后收益率相等时应税债券需支付的税前利率。

$$r(1-t)=r_m \tag{2-1}$$

或

$$r=r_m/(1-t) \tag{2-2}$$

因此，市政债券收益率除以 $1-t$ 即为应税等值收益率。表 2-1 给出了一些通过市政债券收益率和税率计算出的应税等值收益率。

㊀ 注意，尽管产业发展债券通常是免税的，但若将筹集的资金用于以营利为目的的企业项目，则必须缴纳最低税额。

㊁ 联邦税与州税合并后的总税率取决于州税是否能在联邦层面抵扣。对于采取标准扣除的个人而言，州税并不会对联邦税产生影响。同时，对于那些已经在州税和地方税中享受了最高 1 万美元扣除的人，州税也不会影响他们的联邦税。对于这些投资者来说，合并税率就是联邦税率和州税率的总和。例如，如果你的联邦税率为 28%，州税率为 5%，那么你的合并税率就是 33%。然而，如果州税（在边际上）可以从联邦税中抵扣，那么合并税率就会反映出州税实际上减少了联邦应税收入。这些投资者所支付的联邦税是基于利息×$(1-t_{州})$的。对于 1 美元的所得，税后收益为$(1-t_{联邦})\times(1-t_{州})$。本例中，1 美元的税后收益为$(1-0.28)\times(1-0.05)=0.684$，因此，合并税率为 $1-0.684=0.316$，即 31.6%。

表 2-1 与免税市政债券收益率对应的应税等值收益率

边际税率（%）	市政债券收益率（%）					边际税率（%）	市政债券收益率（%）				
	1%	2%	3%	4%	5%		1%	2%	3%	4%	5%
20	1.25	2.50	3.75	5.00	6.25	40	1.67	3.33	5.00	6.67	8.33
30	1.43	2.86	4.29	5.71	7.14	50	2.00	4.00	6.00	8.00	10.00

表 2-1 经常出现在免税共同债券基金的营销资料中，因为它向高税率等级的投资者证明了市政债券可以提供非常诱人的应税等值收益率，这可以根据式（2-2）计算出来。若应税等值收益率超过了应税债券的实际收益率，则对投资者而言持有市政债券更有利。注意，投资者的税率等级越高，应税等值收益率越高，市政债券的免税特性就越有价值。因此，高税率等级的投资者更倾向于持有市政债券。

运用式（2-1）或式（2-2）也可以计算出投资者处于何种税率等级时，持有应税债券和市政债券是无差别的。把式（2-2）变形，可以得出使两种债券税后收益率相等的临界税率等级。通过变形，得到

$$t=1-\frac{r_{\mathrm{m}}}{r} \tag{2-3}$$

因此，收益率之比$\frac{r_{\mathrm{m}}}{r}$是决定市政债券收益率的关键因素。该比率越高，临界税率等级越低，就会有更多的投资者倾向于持有市政债券。图 2-5 是 20 年期市政债券与 Baa 评级公司债券的收益率之比。公司债券和市政债券的违约风险在一定范围内是可比的，但会随时间波动。例如，这一比例在 2011 年急剧上升，可能反映了当时市场对美国几个州、市经济状况的担忧，导致了信用利差的扩大。

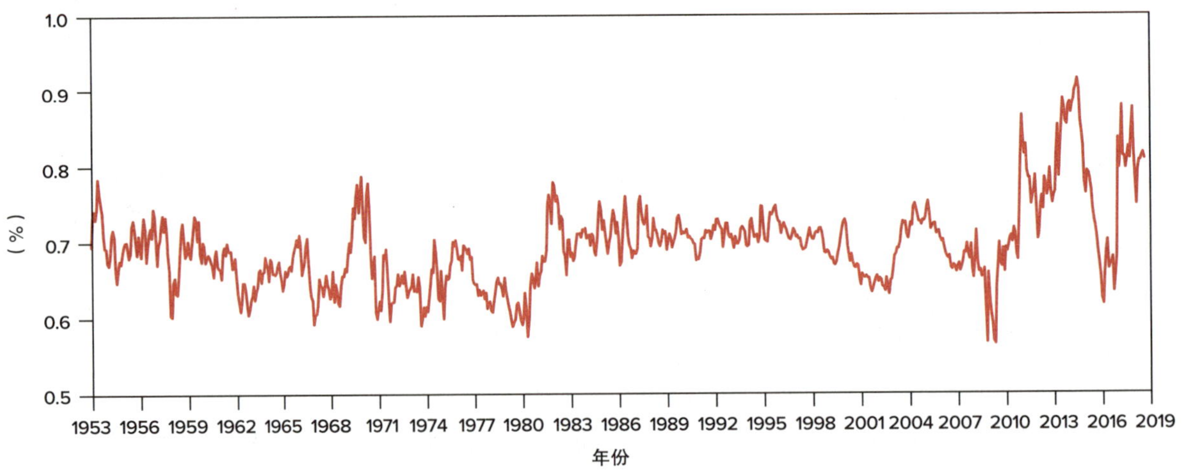

图 2-5 20 年期市政债券与 Baa 评级公司债券的收益率之比

资料来源：www.federalreserve.gov.

【例 2-1】 应税债券收益率与免税债券收益率的比较

从图 2-5 中可以看出，近 70 年来，免税债券与应税债券的收益率之比围绕 0.70 上下波动。这对临界税率等级（即投资者的税率等级一旦超过该值，持有免税债券将带来更高的税后收益率）意味着什么？根据式（2-3），若投资者的税率等级（联邦税加上州税）超过 1−0.70 =

0.30，即 30%，持有市政债券将获得更高的税后收益率。但需要注意，准确把握这些债券的风险差异极其困难，因此临界税率等级只能是一个近似值。

概念检查 2-2

假设你的联邦与州的合并税率是 30%，那么你会倾向于持有收益率为 6% 的应税债券还是收益率为 4% 的免税债券？该免税债券的应税等值收益率是多少？

2.2.6　公司债券

发行公司债券是私营企业直接向公众借款的融资方式。公司债券在结构上与中长期国债相似：它们通常每半年向持有者支付一次利息，到期时偿付本金。公司债券与国债最主要的区别在于违约风险的不同，本书在之后的章节将详细阐述风险问题，在此只区分抵押债券、无抵押债券（或称为信用债券）以及次级债券。抵押债券是指公司违约时有担保物支持的债券；无抵押债券则没有任何担保物支持；次级债券是指公司违约时，对资产的求偿权位于其他债券之后的债券。

公司债券有时候会附有选择权。可赎回债券赋予公司按规定价格从持有者手中回购债券的选择权。可转换债券赋予债券持有者将债券转换成规定数量股票的选择权。本书在之后的章节将详细讨论这些选择权。

2.2.7　住房抵押贷款支持证券和资产支持证券

利用住房抵押贷款支持证券，几乎所有人都可以投资抵押贷款的投资组合，住房抵押贷款支持证券也成为固定收益市场最主要的组成部分之一。正如第 1 章所述，住房抵押贷款支持证券既代表了对抵押贷款资产池的求偿权，也代表了由该资产池做担保的一项负债。这种求偿权代表了抵押贷款的证券化，抵押贷款的贷款者发放贷款，然后将这些贷款打包并在二级市场销售。具体来讲，他们销售的是抵押贷款被偿还时其对现金流的求偿权。贷款发起者继续为这些贷款服务，负责收取本金和利息并转交给抵押贷款的购买者。因此，住房抵押贷款支持证券也叫转递证券。大多数转递证券由符合标准的抵押贷款组成，即这些贷款在被房利美和房地美购买之前要满足特定标准（针对借款者信用的标准）。然而，在金融危机爆发的前几年中，大量次级抵押贷款（向财务状况较差的借款者发放的风险较大的贷款）被打包并被“私营”发行者销售。图 2-6 说明了金融危机前机构和私营住房抵押贷款支持证券的爆炸式增长。

为了使低收入家庭也能买得起房子，房利美和房地美被鼓励购买次级抵押贷款资产池。正如我们在第 1 章中所看到的，这些贷款最终都变成了灾难，银行、对冲基金和其他类型的投资者共遭受了几万亿美元的损失，房利美和房地美则由于购买次级抵押贷款资产池而损失了几十亿美元。从图 2-6 中可以看出，私营住房抵押贷款支持证券市场在 2007 年之后快速萎缩。由于房利美和房地美按照新的协议缩减住房抵押贷款支持证券的规模，联邦机构发行的住房抵押贷款支持证券市场也急转直下。同时，现有贷款资产池中健康的贷款被全部还清，违约的贷款在资产池中被移出。

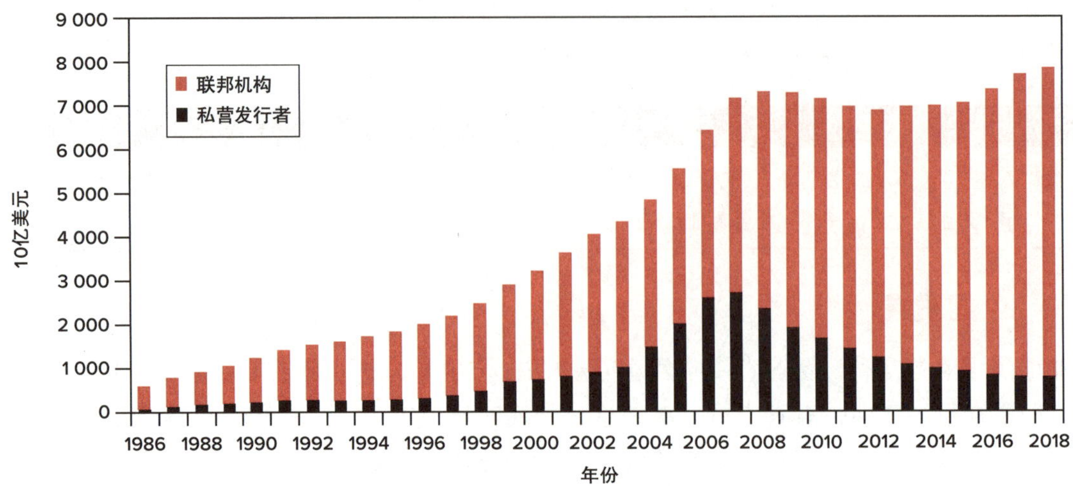

图 2-6 住房抵押贷款支持证券余额

资料来源：Securities Industry & Financial Markets Association，www. sifma. org，October，2018.

最近几年，市场上的操作变得更为谨慎保守，尤其是最终借款者需要严格符合相关信用标准。尽管存在一些问题，但没有人相信资产证券化会就此终止。事实上，资产证券化在众多信贷领域已经越来越普遍，例如，汽车贷款、助学贷款、房屋净值贷款、信用卡贷款甚至私营企业的负债现在经常被打包为转递证券在资本市场上交易。图 2-7 描绘了自 1996 年以来资产支持证券（住房抵押贷款支持证券除外）的快速增长情况。在 2007 年之前的十年中，资产支持证券市场规模扩大了 5 倍。金融危机爆发后，资产支持证券的市场规模大幅下降，但存量规模依然是巨大的。

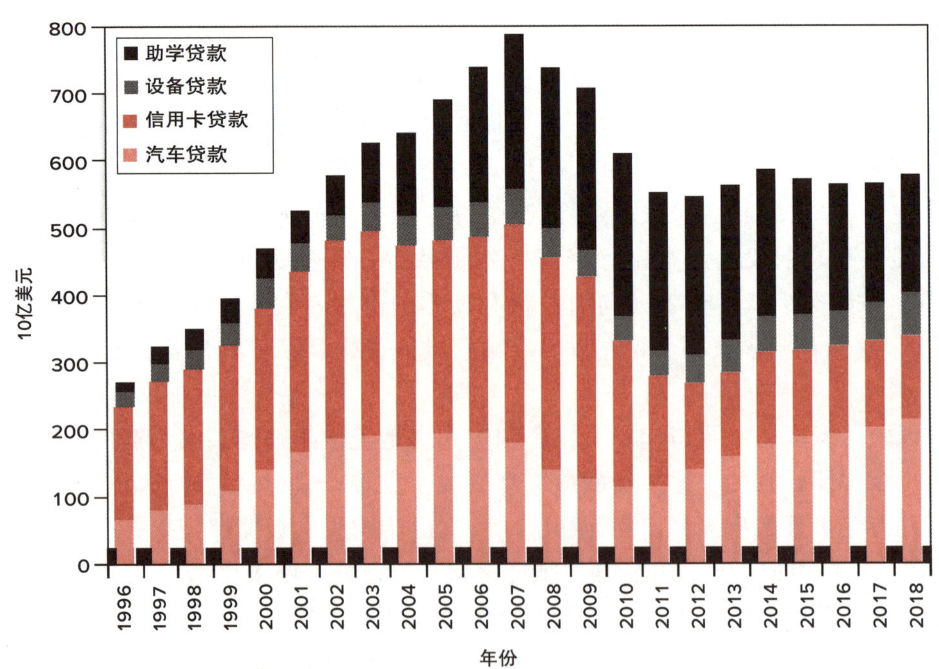

图 2-7 资产支持证券（住房抵押贷款支持证券除外）的余额

资料来源：Securities Industry & Financial Markets Association，www. sifma. org.

2.3 权益证券

2.3.1 代表所有权股份的普通股

普通股（common stock）又称为权益证券或**权益**（equity），代表对公司的所有权份额。每份普通股都赋予其所有者在年度股东大会上对任何公司治理事务的一份投票权，同时也代表了对公司财务利益的一份索取权。[⊖]

公司由股东选举出的董事会控制。董事会每年只召开几次会议，董事会推选负责公司日常事务运作的管理层，管理层有权做出大部分经营决策，无须报董事会批准。董事会的责任是监督管理层以确保其行为可以实现股东利益最大化。

董事会成员由年度股东大会选举产生，无法参加股东大会的股东可以通过投票委托书（proxy）授权其他方以自己的名义进行投票。管理层通常会征集这种投票委托书以获得大部分投票代理权，这样一来它们就可以有适度的自由裁量权按自己认为合适的方式运作公司，无须受到来自实际拥有公司所有权的股东的日常监督。第 1 章中我们已经说过，所有权和经营权的分离会导致“代理问题”的产生，即经理人追求的目标与股东利益最大化相违背。但是有许多机制可以缓和这种代理问题，例如：薪酬激励计划，即将经理人的薪酬与公司业绩挂钩；董事会的内部监督以及证券分析师、债权人和大型机构投资者的外部监督；代理权争夺战的威胁，即不满经营现状的股东试图取代现有的管理团队，以及被其他公司兼并的威胁。

多数大型公司的普通股可以在一个或多个股票交易所自由买卖。股票不能公开交易的公司叫作封闭式持股公司，这类公司的所有者会积极参与管理，因此，它们通常不会面临被兼并的威胁。

2.3.2 普通股的特点

普通股作为一种投资工具有两大主要特点：**剩余追索权**（residual claim）和**有限责任**（limited liability）。

剩余追索权是指股东对公司资产和收益的追索权位于最后一位。当公司清算资产时，普通股股东只有在其他追索人如税务部门、公司员工、供应商、债券持有者和其他债权人等都得到补偿后，才能对剩余资产享有追索权。对于未处于清算中的公司，普通股股东只对扣除利息和税收之后的运营收益享有追索权。公司管理层可以将剩余收益以现金股利的形式发放给股东，也可以将其再投资到公司的业务中以增加股票价值。

有限责任是指公司经营失败时，股东的最高损失是其原始投资额。与非公司制企业不同的是，债权人对公司股东的个人财产（如房子、汽车、家具等）不享有追索权，股东最大的损失也不过是手中的股票变得一文不值，他们个人对公司的债务不负有任何责任。

> **概念检查 2-3**
>
> a. 如果你购买 100 股 IBM 的股票，你将享有什么权利？
>
> b. 通过此项投资，第 2 年你最多赚多少钱？
>
> c. 如果你购买该股票时每股为 115 美元，第 1 年你最多损失多少钱？

⊖ 公司有时会发行两种普通股，一种享有投票权，而另一种不享有投票权。由于这种无投票权的普通股限制了所有者的权利，因此其售价低于有投票权的普通股。

2.3.3 股票市场行情

图 2-8 是纽约证券交易所部分股票的交易数据。纽约证券交易所是投资者买卖股票的主要市场之一。

公司名称	股票代码	收盘价（美元）	涨跌（美元）	成交量（股）	52周最高价（美元）	52周最低价（美元）	股利（美元）	股息收益率（%）	P/E	自年初涨幅（%）
Herbalife Nutrition	HLF	57.94	−1.39	1 149 773	60.41	34.16	1.20	2.07	47.75	−1.71
Herc Holdings	HRI	26.86	−0.71	389 826	72.99	24.16	…	…	3.10	3.35
Heritage Insurance Holdings	HRTG	14.57	−0.38	81 929	19.15	12.85	0.24	1.65	22.01	−1.02
Hersha Hospitality Trust Cl A	HT	16.59	0.16	732 879	24.16	16.50	1.12	6.75	…dd	−5.42
Hershey	HSY	106.24	0.80	1 145 889	114.63	89.10	2.89	2.72	22.00	−0.88
Hertz Global Holdings	HTZ	13.27	−0.77	2 965 201	25.14	13.01	…	…	2.24	−2.78
Hess Corp.	HES	42.39	0.15	5 969 511	74.81	35.59	1.00	2.36	…dd	4.67
Hess Midstream Partners	HESM	17.87	0.25	47 899	24.51	16.17	1.43	8.00	14.60	5.24
Hewlett Packard Enterprise	HPE	13.18	−0.28	11 756 695	19.48	12.09	0.45	3.41	11.46	−0.23

图 2-8 纽约证券交易所部分股票行情

资料来源：*WSJ Online*, January 4, 2019.

为了更清楚地解释图 2-8，我们将以好时公司（Hershey）为例进行说明。表中给出了它的股票代码（HSY）、收盘价（106.24 美元）、较前一交易日的涨跌（0.80 美元），当天的成交量约为 114 万股。表中还给出了过去的 52 周中交易的最高价和最低价，“股利”列中 2.89 的意思是上一季度的股利是每股 0.722 5 美元，即每年的股利为每股 0.722 5×4＝2.89 美元，年度股息收益率（即每美元股票投资得到的股利）为 2.89/106.24＝0.027 2，即 2.72%。

股利收益只是股票投资收益中的一部分，股票的投资收益还包括**资本利得**（capital gain），即股价上涨或损失。低股利公司通常被期望提供更高的资本利得，否则投资者将不会在投资组合中持有其股票。浏览一下图 2-8，你会发现不同公司的股利收益率差别很大。

市盈率［price-earning（P/E）ratio］是指当前股价与上一年每股收益之比。市盈率表示投资者必须为公司创造的每美元收益而支付的价格。以好时公司为例，其市盈率是 22.00。不同公司的市盈率差别也很大。图 2-8 中没有报告部分公司的股利收益率或市盈率，这是因为这些公司没有发放股利，或是其上一年的每股收益为零或负数。我们将在本书之后的章节中详细阐述市盈率。最后，从图中还可以看出好时公司的股价自年初跌了 0.88%。

2.3.4 优先股

优先股（preferred stock）具有权益和债务的双重特征。像债券一样，它向持有者承诺每年支付固定的收益，从这个角度讲，优先股类似于无限期的债券，即永久债券。另一个与债券相似的特点是：优先股没有赋予其持有者参与公司决策的权利。但是，优先股是一种权益投资，公司保留向优先股股东支付股利的自主权，支付股利并不是公司的合同义务。此外，优先股股利通常是累积的，也就是说，优先股股利可以累积，公司向普通股股东支付股利之前需要首先全部付清优先股股利。与优先股不同的是，对于债券，公司有义务向持有债券的债权人支付利息，若无法支付，公司会进入破产程序。

优先股与债券在税收方面也有区别。由于向优先股股东支付的是股利而非利息，因此对公司来说不可抵税。但公司计算应税收益时可以扣除从国内公司收到的 50%股利，因此优先股不可抵税的这种劣势被部分抵消了。很多公司进行固定收益投资时都会选择优先股。

尽管公司破产时，优先股对公司资产的追索权位于债券之后，但是优先股的收益率通常较低。这可能是由于优先股股利可以免税，否则按常理来推，优先股的风险高于债券，则应提供更高的收益率。但是对于个人投资者而言，他们不能享受优先股股利 50%的免税政策，因此优先股相对于其他投资而言并没有那么大的吸引力。

与公司债券类似，优先股的发行形式也多种多样。有的优先股可以由发行公司赎回，叫作可赎回优先股；有的优先股可以按一定比例转换为普通股，叫作可转换优先股；还有的优先股股利与当前市场利率相关联，它与浮动利率债券类似，叫作浮动利率优先股。

2.3.5　存托凭证

美国存托凭证（American depositary receipt，ADR）是一种在美国市场上交易的代表国外公司所有权份额的凭证。每张存托凭证都与某一国外公司的部分股份相对应。推出存托凭证的目的是使国外公司更容易满足美国注册证券的要求。存托凭证是美国投资者投资海外公司股票最常用的方式。

2.4　股票市场指数与债券市场指数

2.4.1　股票市场指数

道琼斯工业平均指数的每日行情是晚间新闻报道的主要内容之一。尽管该指数是世界最著名的股票市场绩效衡量标准，但它只是标准之一。此外，衡量债券市场表现的指数也有很多。

国际贸易和投资所扮演的角色日渐重要，这使得其他的一些股票市场指数也成为大多数新闻报道的内容，如东京日经指数和伦敦金融时报指数等股票市场指数也很快成为家喻户晓的指数。

2.4.2　道琼斯工业平均指数

道琼斯工业平均指数（DJIA，最早可以追溯到 1896 年）以 30 家大型绩优公司股票为成分股，其悠久的历史大概可以解释它在人们心中的重要地位（1928 年之前，道琼斯工业平均指数仅包含 20 只成分股）。

最初，道琼斯工业平均指数是其成分股价格的简单平均数，即把该指数包含的 30 只成分股的价格加起来再除以 30。因此，道琼斯工业平均指数变化的百分比即为 30 只股票平均价格变化的百分比。

指数计算方法说明：道琼斯工业平均指数变化的百分比即 30 只成分股每只股票仅持有 1 股的投资组合收益率（不包括股利），该投资组合的价值等于 30 只股票的价格之和。由于 30 只股票平均价格变化的百分比等于 30 只股票价格之和变化的百分比，因此指数和投资组合每天的变动是一样的。

由于道琼斯工业平均指数相当于一个由 30 只成分股且每只股票仅持有 1 股组成的投资组合，投资于每家公司的金额与该公司的股价成比例，因此道琼斯工业平均指数被称为**价格加权平均**（price-weighted average）指数。

【例 2-2】 价格加权平均指数

参见表 2-2 中的数据，该表假设道琼斯工业平均指数中只包括两只成分股，比较两只成分股每只股票仅持有 1 股的投资组合的价值变化以及价格加权平均指数的变化。股票 ABC 的股价最初为每股 25 美元，后来涨到每股 30 美元；股票 XYZ 的股价最初为每股 100 美元，后来跌到每股 90 美元。

表 2-2 构建股票价格指数的数据

股票名称	初始价格（美元）	最终价格（美元）	股票数量（百万股）	发行在外股票的初始价值（百万美元）	发行在外股票的最终价值（百万美元）
ABC	25	30	20	500	600
XYZ	100	90	1	100	90
总计				600	690

投资组合：初始价格 = 25+100 = 125（美元）

最终价格 = 30+90 = 120（美元）

投资组合价格变化的百分比 = −5/125 = −0.04 = −4%

指数：初始指数 = (25+100)/2 = 62.5

最终指数 = (30+90)/2 = 60

指数变化的百分比 = −2.5/62.5 = −0.04 = −4%

投资组合的价格和指数都下降了 4%。

我们发现，价格加权平均指数在确定指数绩效时赋予高价股更高的权重。例如，尽管股票 ABC 的价格涨了 20%，股票 XYZ 的价格仅跌了 10%，但是指数却下降了。这是因为股票 ABC 价格上涨 20%（每股 5 美元）所增加的价值小于股票 XYZ 下跌 10%（每股 10 美元）造成的价值减少。该投资组合中投资于股票 XYZ 的金额是投资于股票 ABC 的 4 倍，因为 XYZ 的股价是 ABC 股价的 4 倍。由此我们可以得出结论：高价股票在价格加权平均指数中起主导作用。

你可能会对此有疑问，道琼斯工业平均指数是其所包含的 30 只成分股的价格平均数，为何它还可以达到 24 000 点（2019 年年初）。当发生股票分拆、股利派发超过 10%，或 30 只成分股中任意一只股票被其他股票取代时，道琼斯工业平均指数不再等于 30 只股票的价格平均数，因为计算指数的过程需要做出调整。一旦发生上述事件，计算平均价格的除数会被调整以消除这些事件对指数的影响。

【例 2-3】 股票分拆和价格加权平均指数

假设将一股 XYZ 分拆为两股，那么其价格会下降为每股 50 美元，但我们并不希望道琼斯工业平均指数下降，因为这有可能被错误地理解为股票市场价格的普遍下降。因此发生股票分拆时，需要减小除数以使指数维持在原来的水平。股票分拆后构建股票价格指数的数据如表 2-3 所示。

表 2-3 股票分拆后构建股票价格指数的数据

股票名称	初始价格（美元）	最终价格（美元）	股票数量（百万股）	发行在外股票的初始价值（百万美元）	发行在外股票的最终价值（百万美元）
ABC	25	30	20	500	600
XYZ	50	45	2	100	90
总计				600	690

我们可以通过下面的计算过程得出新的除数：股票分拆前，指数 = 125/2 = 62.5；股票分拆后，XYZ 的价格下降为每股 50 美元，那么必须找到一个新的除数 d 以确保指数不变。通过下面的方程可以求出新的除数 d：

$$\frac{\text{ABC 的股价+XYZ 的股价}}{d}=\frac{25+50}{d}=62.5$$

通过计算可以得出，除数 d 由原来的 2.0 变为现在的 1.2。

由于指数分拆使 XYZ 的股价下降，那么价格加权平均指数中两只股票的相对权重也会发生变化。因此，指数的收益率会受股票分拆的影响。

期末，ABC 的股价变为每股 30 美元，XYZ 的股价变为每股 45 美元，这与表 2-2 中 XYZ 的−10%收益率相同。重新计算的价格加权平均指数 = (30+45)/1.20 = 62.5，因此，指数没有发生变化，收益率为零，而不是在没有股票分拆情况下计算出的−4%。

股票分拆使 XYZ 在指数中所占的相对权重下降了，这是因为 XYZ 的初始价格降低了。由于 XYZ 的市场表现相对较差，其权重下降后指数的绩效反而会上升。这个例子说明，价格加权平均指数中隐含的权重因素具有随意性，它是由股票价格而非市值（股票价格乘以发行在外的股票数量）决定的。

同股票分拆需要重新计算除数一样，在道琼斯工业平均指数成分股中，当一家公司被另一家股价完全不同的公司代替时，也需要重新计算除数以确保指数不变。到 2019 年为止，用以计算道琼斯工业平均指数的除数已经下降到 0.147 5。

由于道琼斯工业平均指数中包含的成分股较少，因此一定要确保这些成分股能够代表广泛的市场。为了充分反映经济的变化，道琼斯工业平均指数的成分股变动频繁。表 2-4 列出了 1928 年道琼斯工业平均指数成分股的构成情况以及 2019 年的构成情况。该表展示了在过去 90 多年里美国经济发生惊人变化的证据，在 1928 年曾被认为是蓝筹股的许多公司已不复存在，曾经作为美国经济支柱的行业也已让位给当时无法想象的其他行业。

表 2-4　1928 年和 2019 年道琼斯工业平均指数的成分股

1928 年的成分股	2019 年的成分股	股票代码	行业	入选成分股的年份
莱特航空	3M	MMM	多元化行业	1976
联合化学	美国运通	AXP	消费金融	1982
美国北方	苹果	AAPL	电子设备	2015
胜利唱机	波音公司	BA	航天和国防业	1987
国际镍	卡特彼勒	CAT	建筑业	1991
国际收割机	雪佛龙	CVX	石油和天然气	2008
西屋电气	思科系统	CSCO	建筑业	1991
得克萨斯湾硫黄	可口可乐	KO	饮料行业	1987
得州公司	迪士尼	DIS	广播和娱乐业	1991
标准石油（新泽西）	杜邦公司	DWDP	化工业	1935
通用电气	埃克森美孚	XOM	石油和天然气	1928
美国烟草	高盛	GS	投行	2013
西尔斯罗巴克	家得宝	HD	家具建材零售业	1999
通用汽车	英特尔	INTC	半导体行业	1999
克莱斯勒	IBM	IBM	计算机服务	1979

（续）

1928 年的成分股	2019 年的成分股	股票代码	行业	入选成分股的年份
大西洋精炼	强生	JNJ	制药业	1997
派拉蒙影视公司	摩根大通	JPM	银行业	1991
伯利恒钢铁	麦当劳	MCD	餐饮业	1985
通用铁路信号	默克公司	MRK	制药业	1979
麦克货车	微软	MSFT	软件行业	1999
联合碳化物	耐克	NKE	服饰	2013
美国冶炼	辉瑞	PFE	制药业	2004
美国制罐	宝洁	PG	日用品行业	1932
Postum 公司	旅行者	TRV	保险业	2009
纳什汽车	联合健康	UNH	健康保险行业	2012
美国制糖	联合技术	UTX	航天航空业	1939
古德里奇	威瑞森	VZ	通信业	2004
无线电公司	维萨	V	电子支付	2013
伍尔沃斯公司	沃博联	WBA	制药业	2018
美国钢铁	沃尔玛	WMT	零售业	1997

概念检查 2-4

假设表 2-2 中股票 XYZ 的价格上涨到每股 110 美元，股票 ABC 的股价下跌到每股 20 美元，计算包含两只股票的价格加权平均指数的变动百分比，并将其与这两只股票各 1 股组成的投资组合的收益率进行比较。

2.4.3 标准普尔 500 指数

与道琼斯工业平均指数相比，标准普尔 500 指数在两个方面有所改进：一是其涵盖的成分股范围更广，包括 500 只股票；二是它是**市值加权指数**（market-value-weighted index）。以例 2-2 中的股票 XYZ 和股票 ABC 为例，标准普尔 500 指数赋予股票 ABC 的权重将是股票 XYZ 的 5 倍，因为 ABC 发行在外的股票市值是 XYZ 的 5 倍，分别为 5 亿美元和 1 亿美元。

标准普尔 500 指数是通过计算 500 只成分股的总市值和前一交易日这些股票的总市值得出来的，从一个交易日到下一个交易日总市值的增长百分比即为指数增长的百分比。指数的收益率与包含全部 500 只股票且投资金额与各股票市值成比例的投资组合的收益率相等，当然，指数的收益率并没有反映公司支付的现金股利。

实际上，现在大多数指数使用的是市值加权修正法。该方法不是根据每只股票的总市值，而是根据每只股票公众持股的市值，即投资者可以自由买卖的股票的市值来赋予权重的。例如，在计算权重时不包括那些由创始家族和政府持有股票的市值，因为该部分投资者实际上无法自由买卖这些股票。在日本和欧洲区分这一点尤为重要，因为在这些地区，投资者无法自由交易股份的比例更高。

【例 2-4】 市值加权指数

为了说明市值加权指数是如何计算的，让我们回顾一下表 2-2，发行在外股票的最终市值是 6.9 亿美元，初始价值是 6 亿美元。假设随意给定由股票 ABC 和股票 XYZ 组成的市值加权指数的初始值，如 100，那么年末时该指数等于 100×(690/600) = 115。指数的增长比例说明，若某一投资组合包含这两只股票，且对各股票的投资额与其市值成正比关系，那么该投资组合的收益率为 15%。

与价格加权指数不同，市值加权指数赋予股票 ABC 更高的权重。价格加权指数赋予高价股票 XYZ 更高的权重，因此当 XYZ 的股价下跌时，价格加权指数下降；而市值加权指数赋予高市值股票 ABC 更高的权重，因此当价格加权指数下降时，市值加权指数反而上升了。

通过表 2-2 和表 2-3 我们还可以发现，市值加权指数不受股票分拆的影响。无论是否发生股票分拆，XYZ 的市值都从 1 亿美元降到了 9 000 万美元，因此股票分拆与指数的表现无关。

市值加权指数和价格加权指数的共同优点是它们都直接反映了投资组合的收益率。若投资者购买指数中包含的所有股票，且每一只股票的投资金额与其市值成正比，那么市值加权指数的变动恰好反映了该投资组合的收益情况；同样，若投资者仍购买所有成分股，且每一只股票的购买数量相等，则价格加权指数的变动恰好反映了该投资组合的收益情况。

概念检查 2-5

重新考虑概念检查 2-4 中的股票 ABC 和股票 XYZ，计算市值加权指数的变动百分比，并将其与包含 500 美元的股票 ABC 和 100 美元的股票 XYZ 的投资组合（即指数投资组合）的收益率进行比较。

现在，投资者可以很容易地购买指数投资组合。一种方式是购买与各种指数对应的共同基金，这些共同基金的股票组合与标准普尔 500 指数或其他指数中的成分股持有比例相当。这种类型的共同基金叫作**指数基金**（index fund），指数基金的收益率等于相应指数的收益率，它为权益投资者提供了一种低成本的被动投资策略。另一种方式是购买交易所交易基金，它是一种按基金单位进行交易的股票投资组合，其交易就像买卖个股一样方便。现有的交易所交易基金既包括覆盖面极广的全球市场指数，也包括覆盖面狭窄的行业指数。

2.4.4 其他美国市值加权指数

纽约证券交易所除了发布工业、公共事业、运输业和金融业等行业股票指数外，还发布一种包括所有纽约证券交易所上市股票的市值加权综合指数。全美证券交易商协会推出了一种涵盖纳斯达克市场交易的 3 000 多种股票的指数。纳斯达克 100 指数是综合指数中由较大公司组成的一个指数，但它占据了总市值的很大一部分。

截至目前，涵盖范围最广的美国股票指数是威尔希尔 5000 指数，它是一种几乎包括美国全部交易活跃股票的市值加权指数。该指数的成分股一度超过 5 000 只，但现如今，成分股已不足 4 000 只。CRSP（芝加哥大学证券价格研究中心）也发布了类似的综合指数。

2.4.5 等权重指数

市场表现有时会用指数中每只股票收益率的等权重平均值来衡量。这种平均方法赋予每种收益率相同的权重，即对指数中每只股票的投资金额相等。这种赋权方法与价格加权法（要求对每只股票的投资数量相同）和市值加权法（要求对每只股票的投资金额与其市值成正比）均不相同。

与价格加权指数和市值加权指数不同的是，等权重指数不符合买进-持有的投资组合策略。回顾表 2-2，假设你对股票 ABC 和股票 XYZ 分别投资了等额资金，一年之后股票 ABC 的价格涨了 20%，股票 XYZ 的价格跌了 10%，你的投资组合将不再是等权重的，此时股票 ABC 占有更大的权重。为了使投资组合恢复到等权重状态，你需要卖出部分股票 ABC 或再购入一些股票 XYZ。为了使投资组合的收益率与等权重指数的收益率一致，上述平衡的重建措施是必要的。

2.4.6 美国国外及国际股票市场指数

全球金融市场的发展包括金融市场指数的构建。其中比较知名的指数包括日本日经指数（Nikkei）、英国富时指数（FTSE）、德国综合指数（DAX）、中国香港恒生指数（Hang Seng）和加拿大多伦多股市指数（TSX）等。

摩根士丹利资本国际（MSCI，又译明晟）是全球领先的指数编制公司，它构建了 50 多个国家以及许多地区性的金融市场指数。表 2-5 列出了部分由摩根士丹利资本国际计算的指数。

表 2-5 摩根士丹利资本国际计算的指数示例

地区指数		国家或地区指数	
发达市场指数	新兴市场指数	发达市场指数	新兴市场指数
欧澳远东指数（EAFE）	新兴市场指数（EM）	澳大利亚	巴西
欧洲指数	亚洲新兴市场指数	奥地利	智利
欧洲货币联盟指数（EMU）	远东新兴市场指数	比利时	中国大陆
远东指数	拉美新兴市场指数	加拿大	哥伦比亚
Kokusai 指数（除日本外的世界指数）	东欧新兴市场指数	丹麦	捷克共和国
北欧指数	欧洲新兴市场指数	芬兰	埃及
北美指数	欧洲和中东新兴市场指数	法国	希腊
		德国	匈牙利
太平洋地区指数		中国香港	印度
世界指数		爱尔兰	印度尼西亚
		以色列	韩国
除美国以外的世界指数		意大利	马来西亚
		日本	墨西哥
		荷兰	摩洛哥
		新西兰	秘鲁
		挪威	菲律宾
		葡萄牙	波兰
		新加坡	俄罗斯
		西班牙	南非
		瑞典	中国台湾
		瑞士	泰国
		英国	土耳其
		美国	

资料来源：MSCI，www. msci. com.

2.4.7 债券市场指数

就像股票市场指数提供整个股市的表现指南一样，债券市场指数可以衡量各类债券市场的表现。其中最著名的三大债券市场指数分别是美林指数、巴克莱指数（曾经是雷曼兄弟指数）和花旗指数。图 2-9 列示了 2018 年美国固定收益证券市场的构成情况。

由于债券交易不频繁，难以获得可靠的最新价格，因此债券市场指数的最主要问题是很难计算债券的实际收益率。在实际中，许多价格必须通过债券估值模型估计，但这些“模型”得出的价格很可能与实际市场价值不同。

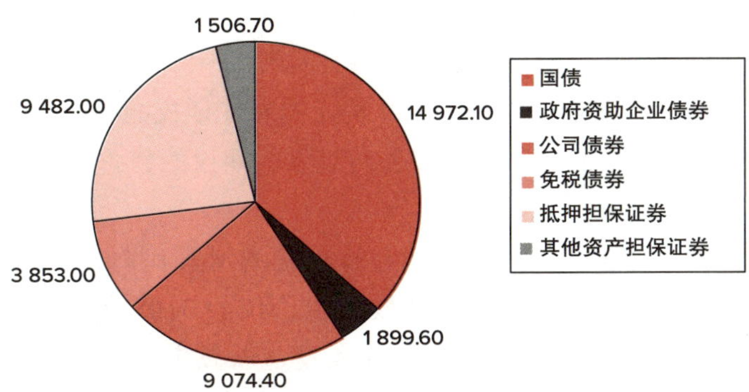

图 2-9 美国固定收益证券市场构成（单位：10 亿美元）

资料来源：Securities Industry & Financial Markets Association，www.sifma.org October，2018.

2.5 衍生工具市场

期权、期货及其相关衍生品合约提供的收益依赖于其他资产的价值，如商品价格、债券价格、股票价格或市场指数的价值。因此，这些金融工具也被称为**衍生资产**（derivative asset），它们的价值随其他资产价值的变化而变化。

2.5.1 期权

看涨期权（call option）赋予其持有者在到期日或到期日之前以特定价格［即**行权价格**（exercise price 或 strike price）］购买某种资产的权利。例如，一份 1 月到期的行权价格为 100 美元的微软公司股票的看涨期权，赋予其持有者在 1 月到期日或到期日之前以每股 100 美元的价格购买微软公司股票的权利。每份期权合约可以购买 100 股股票，但报价是每股的价格。看涨期权的持有者并不是必须要行权，只有当资产的市场价格超过行权价格时行权才是盈利的。

当市场价格高于行权价格时，看涨期权的持有者会以行权价格买入资产，获得的收益等于市场价格与行权价格之差。当市场价格低于行权价格时，看涨期权的持有者不会行权。若期权合约到期时仍未行权，则该期权终止并不再具有价值。因此，看涨期权在股票价格上涨时可以提供较高的收益，看涨期权的盛行会向市场传递一种牛市信号。

相反，**看跌期权**（put option）赋予其持有者在到期日或到期日之前以特定的价格出售某种资产的权利。例如，一份 1 月到期的行权价格为 100 美元的微软公司股票的看跌期权赋予其持有者在 1 月到期日或到期日之前以每股 100 美元的价格卖出微软公司股票的权利，即使到时微软公司股票的价格低于每股 100 美元。当标的资产价格增加时，看涨期权的收益增加；当标的资产价格下降时，看跌期权的收益增加。只有当标的资产的市场价格低于行权价格时，看跌期权的持有者才会行权。

表 2-6 2019 年 1 月 2 日微软公司股票期权的价格

到期月	行权价格	看涨期权	看跌期权
18-1-2019	95	7.65	0.98
18-1-2019	100	3.81	2.20
18-1-2019	105	1.45	4.79
8-2-2019	95	9.50	2.86
8-2-2019	100	5.60	3.92
8-2-2019	105	3.08	6.35

注：当天微软公司的股票价格为每股 101.51 美元。

资料来源：Compiled from data downloaded from Yahoo! Finance.

表 2-6 展示了 2019 年 1 月 2 日微软公司股票期权的报价情况，当天微软公司的股票价格为每股 101.51 美元，前两列分别

是各种期权的到期月和行权价格。该表包括行权价格从 95 美元到 100 美元以及 105 美元，到期月分别为 2019 年 1 月和 2 月的多种看涨期权和看跌期权。

例如，2019 年 2 月到期行权价格为每股 100 美元的看涨期权的最新成交价为 5. 60 美元。意思是以每股 100 美元的行权价格购买 1 股微软公司股票的期权的售价是 5. 60 美元，因此，每份期权合约（100 股）的售价为 560 美元。

从表 2-6 中可以发现，看涨期权的价格随行权价格的增加而降低。例如，同样为 2019 年 2 月到期但行权价格为每股 105 美元的看涨期权的售价仅为 3. 08 美元。这是合情合理的，因为付出高价购买股票的权利相对而言价值较低。相反，看跌期权的价格随行权价格的增加而增加。2019 年 2 月，以 100 美元售出 1 股微软公司股票的期权价格为 3. 92 美元，而以 105 美元售出 1 股微软公司股票的期权价格为 6. 35 美元。

期权价格还随期限的增长而增加。很明显，相对于在 2019 年 1 月 18 日以每股 100 美元购买微软公司股票的权利而言，投资者更倾向于在 2 月 8 日之前以同样的价格购买该公司股票的权利。到期时间更久的期权价格更高。例如，行权价格同为每股 100 美元的看涨期权，2 月到期的价格为 5. 60 美元，而 1 月到期的价格仅为 3. 81 美元。

概念检查 2-6

某投资者购买了行权价格为每股 105 美元、2019 年 1 月到期的微软公司股票的看涨期权，假设到期时股票价格为每股 109 美元，那么该投资者的收益或损失是多少？若该投资者购买的是看跌期权，其收益或损失又将是多少？

2. 5. 2 期货合约

期货合约是指在规定的交割日或到期日按约定的价格对某一资产（有时候是其现金价值）进行交割的合约。持有多头头寸（long position）的交易者承诺在交割日购买资产，而持有空头头寸（short position）的交易者承诺在合约到期时出售资产。

表 2-7 是 2019 年 1 月 3 日芝加哥交易所中玉米期货合约的行情数据。每份期货合约的标的物均为 5 000 蒲式耳[⊖]玉米，表中每一行给出了不同到期月的期货合约的详细价格。第一行是离到期最近的合约，将于 2019 年 3 月到期，最终成交价是每蒲式耳 3. 802 5 美元。

表 2-7 芝加哥交易所中玉米期货合约的价格（2019 年 1 月 3 日）

到期月	最终价格（美元）	变化（美元）	最高价格（美元）	最低价格（美元）
2019 年 3 月	3. 802 5	0. 750 0	3. 807 5	3. 797 5
2019 年 5 月	3. 880 0	0. 500 0	3. 880 0	3. 875 0
2019 年 7 月	3. 950 0	0. 250 0	3. 952 5	3. 945 0
2019 年 9 月	3. 970 0	0. 000 0	3. 970 0	3. 965 0
2019 年 12 月	4. 007 5	−0. 500 0	4. 010 0	4. 002 5
2020 年 3 月	4. 097 5	0. 000 0	4. 100 0	4. 095 0

资料来源：www. cmegroup. com.

多头头寸的交易者从价格的上涨中获利。假设期货合约到期时，玉米的售价是每蒲式耳 3. 822 5 美元，而在 2019 年 1 月 3 日签订期货合约的多头头寸交易者在合约到期时则可以按每蒲式耳 3. 802 5 美元购入玉米，而当时的玉米市价是每蒲式耳 3. 822 5 美元。

由于每份期货合约的标的物都是 5 000 蒲式耳玉米，因此，多头头寸交易者的利润等于 5 000×(3. 822 5−3. 802 5) = 100（美元）。相反，空头头寸交易者必须按约定的价格售出 5 000 蒲式耳玉米，其损失等于多头头寸交易者的利润。

⊖ （英）1 蒲式耳 = 36. 27L，（美）1 蒲式耳 = 35. 24L。

看涨期权与期货合约中多头头寸的区别在于：前者赋予投资者以约定价格购买某一资产的权利，而后者则是按约定价格购买某一资产的义务。期货合约强迫多头方必须按交割价格购入资产，而看涨期权赋予其持有者一种以行权价格购买资产的权利，只有有利可图时期权持有者才会行使权利。

显然，如果期货价格与看涨期权的行权价格相等，则持有看涨期权的投资者比期货合约的多头头寸交易者处于更有利的位置。当然，这种优势只有在同一价格下才存在，投资者必须购买看涨期权，而期货合约的签订无须任何成本。期权的购买价格叫作“期权费”。仅当有利可图时期权持有者才会行使权利，因此期权费是对期权出售者的一种补偿。同样，看跌期权与期货合约中空头头寸的区别在于前者赋予投资者按约定价格出售某一资产的权利，而后者则是按约定价格出售某一资产的义务。

小结

1. 货币市场证券是极短期的债务证券，其变现能力强且信用风险相对较低。期限短和信用风险低的特点使货币市场证券只能获得最小的资本利得或损失。这类证券交易面值很大，但可以通过货币市场基金间接购买。
2. 美国政府通常通过发行中长期国债来借款。中长期国债是一种息票支付债券，设计上与息票支付形式的公司债券相似，通常以面值或接近面值的价格发行。
3. 市政债券与其他债券的最大区别在于其免税的特征，市政债券的利息收入（不包括资本利得）免征联邦所得税。市政债券的应税等值收益率等于$\frac{r_m}{1-t}$，其中 r_m 表示市政债券的收益率，t 表示投资者的边际税率等级。
4. 抵押转递证券是将抵押贷款打包的资产池。转递证券的所有者从借款者那里获得本金和利息。抵押贷款的发起者起到服务的作用，即把收到的本金和利息转交给抵押贷款的购买者。联邦机构通常会为抵押转递证券担保，但私营机构发行的抵押转递证券得不到这种担保。
5. 普通股代表对公司的所有权份额。每一股普通股都赋予其所有者对公司治理事务的一份投票权，并可以按持股比例享有公司派发的股利。股票或权益所有者享有对公司收益的剩余追索权。
6. 优先股通常在公司的生命周期内支付固定的股利，它类似于终身年金。但是，公司无力支付优先股股利并不意味着公司将会破产，未支付的股利将被累积起来。新型的优先股包括可转换优先股和浮动利率优先股。
7. 有许多股票市场指数可以衡量整个市场的业绩。道琼斯工业平均指数是最悠久、最闻名的指数，它是一种价格加权指数。如今，市场上还有许多覆盖面广泛的市值加权指数，主要包括标准普尔 500 指数、纳斯达克指数、威尔希尔 5000 指数，以及许多非美股票市场指数。
8. 看涨期权是在到期日或到期日之前以规定的行权价格购买某一资产的权利，而看跌期权是在到期日或到期日之前以规定的行权价格出售某一资产的权利。随着标的资产价格的上涨，看涨期权的价值将增加，而看跌期权的价值将减少。
9. 期货合约是在到期日以合同规定的价格购买或出售某一资产的义务。当标的资产的价值上涨时，承诺购买资产的多头头寸方将获利，而承诺出售资产的空头头寸方将遭受损失。

习题

1. 优先股与长期债务证券的相似点是什么？其与权益证券的相似点又是什么？
2. 为什么有时把货币市场证券称为“现金等价物”？
3. 下面哪一项对回购协议的描述是正确的？
   a. 出售证券时承诺将在特定的日期按确定的价格回购这些证券。
   b. 出售证券时承诺将在不确定的日期按确定的价格回购这些证券。
   c. 购买证券时承诺将在特定的日期购买更多的同种证券。
4. 如果发生严重的经济衰退，你预期商业票据的收益率与短期国库券的收益率之差将如何变化？
5. 普通股、优先股以及公司债券之间的主要区别是什么？
6. 为什么与低税率等级的投资者相比，高税率等级的投资者更倾向于投资市政债券？
7. 回顾图2-3，观察将于2048年8月到期的长期国债。
   a. 你需要支付多少钱来购买这样一张证券？
   b. 它的利率是多少？
   c. 该国债当前的收益率是多少？
8. 假设某一中期国债每6个月的收益率是2%，且该国债恰好还剩6个月到期。那么你预期一张6个月期的短期国库券的售价将是多少？
9. 某公司以每股40美元的价格购入一股优先股，并在当年末以同样的价格售出，同时还获得了4美元的年末股利，假设该公司的税率等级为30%，请计算该公司的税后收益率。
10. 回顾图2-8，并查看Herbalife的股票行情。
    a. 5 000美元可以购买多少股股票？
    b. 这些股票一年可以给你带来多少股利收入？
    c. Herbalife的每股收益是多少？
    d. 该公司前一交易日的收盘价是多少？
11. 下表中有3只股票A、B、C，其中P_t表示t时刻的股价，Q_t表示t时刻发行在外的股票数量，股票C在上一期由一股分拆成两股。

股票名称	P_0	Q_0	P_1	Q_1	P_2	Q_2
A	90	100	95	100	95	100
B	50	200	45	200	45	200
C	100	200	110	200	55	400

    a. 计算第1期（$t=0$到$t=1$）3只股票的价格加权指数的收益率。
    b. 第2年，价格加权指数的除数将会发生什么变化？
    c. 计算第2期（$t=1$到$t=2$）的收益率。
12. 用第11题的数据，计算3只股票的下列指数在第1期的收益率。
    a. 市值加权指数。
    b. 等权重指数。
13. 某投资者的联邦税和州税的合并税率为30%，若公司债券提供6%的收益率，要想使该投资者偏好市政债券，市政债券应提供的收益率最低为多少？
14. 某短期市政债券的收益率为4%，当投资者的税率等级分别为0、10%、20%和30%时，该市政债券的应税等值收益率分别为多少？
15. 若某一共同基金正试图开发一只与覆盖面广泛的等权重指数相关的指数基金，那么它会面临什么问题？
16. 下列各项中哪种证券的售价将会更高？
    a. 利率4%的10年期长期国债和利率5%的10年期长期国债。
    b. 期限为3个月，行权价格是每股40美元的看涨期权和期限为3个月，行权价格是每股35美元的看涨期权。

c. 行权价格是每股 50 美元的看跌期权和标的物为行权价格是每股 60 美元的另一只股票的看跌期权（股票和期权的其他相关特点均相同）。

17. 参见表 2-7 中玉米期货合约的行情表。假如你购买了一份将于 2019 年 3 月交割的期货合约，若该期货合约在到期月的收盘价为 4.06 美元，你将获利多少？

18. 回顾表 2-6 并观察微软公司股票的期权，假设你购买了一份行权价格为每股 100 美元将于 1 月到期的看涨期权。
   a. 假设 1 月微软公司的股价为每股 103 美元，你会行权吗？你的收益将是多少？
   b. 若你买入的是行权价格为每股 95 美元、1 月到期的看涨期权，情况会怎样？
   c. 若你买入的是行权价格为每股 105 美元、1 月到期的看跌期权，情况又会怎样？

19. 为什么看涨期权在其行权价格高于标的股票的价格时，售价依然为正？

20. 某一看涨期权和某一看跌期权的标的股票均为 XYZ，两者的行权价格均为每股 50 美元，期限均为 6 个月。若投资者以 4 美元的价格购入看涨期权，当股票价格分别为下列水平时，投资者的收益将各是多少？若投资者以 6 美元的价格购入看跌期权，当股票价格分别为下列水平时，投资者的收益又将各是多少？
   a. 40 美元　b. 45 美元　c. 50 美元
   d. 55 美元　e. 60 美元

21. 说明看跌期权与期货合约中空头头寸的区别。

22. 说明看涨期权与期货合约中多头头寸的区别。

CFA 考题

1. 优先股的收益率经常低于债券的收益率，原因是______。
   a. 优先股的机构评级通常更高
   b. 优先股的所有者对公司收益享有优先追索权
   c. 当公司清算时优先股的所有者对公司资产享有优先追索权
   d. 公司收到的大部分股利收入可以免除所得税

2. 某市政债券的利率为 6.75%，按面值进行交易，某纳税者的联邦和州的合并税率为 34%，该市政债券的应税等值收益率是多少？

3. 若预期股市将会大幅增长，股票指数期权市场上的下列哪项交易的风险最大？
   a. 出售一份看涨期权
   b. 出售一份看跌期权
   c. 购买一份看涨期权
   d. 购买一份看跌期权

4. 短期市政债券的收益率为 4%，应税债券的收益率为 5%，当你的税率等级分别为以下情况时，哪一种债券可以提供更高的税后收益率？
   a. 0　b. 10%　c. 20%　d. 30%

5. 免税债券的利率为 5.6%，应税债券的利率为 8%，两种债券均按面值销售，当投资者的税率等级为多少时投资两种债券是无差别的？

概念检查答案

2-1　该债券的买方报价为 101.898 4%，即为面值的 101.898 4%，或者说 1 018.984 美元，卖方报价为 101.929 7%，或者说 1 019.297 美元，卖方报价对应的收益率为 2.902%。卖方报价较前一交易日上涨了 1.539 1，因此前一交易日的卖方报价应为 100.390 6，或者说 1 003.906 美元。

2-2 6%的应税债券收益率等于 4.2%[=6%×(1−0.30)] 的税后收益率，因此你会更倾向于持有应税债券。免税债券的应税等值收益率等于 5.71% [= 4%/(1 − 0.30)]，因此，要与收益率 4%的免税债券具有相等的税后收益，应税债券的收益率应为 5.71%。

2-3 a. 你将获得 IBM 派发的与你所持股份成比例的股利，并享有在其股东大会上投票的权利。

b. 你的潜在收益是无限的，因为 IBM 的股价没有上限。

c. 你的投资额为 11 500（美元）[=115×100]，在有限责任条件下，这就是你可能承担的最大损失。

2-4 价格加权指数从 62.5[=(100+25)/2] 涨到了 65[=(110+20)/2]，收益率为 4%。若对每只股票投资一股，初始投资额为 125 美元，后来涨到了 130 美元，收益率为 4%（即 5/125），等于价格加权指数的收益率。

2-5 市值加权指数的收益率是通过计算股票投资组合的价值增值得出的。这两只股票的初始市值为 1+5=6（亿美元），后来跌到了 1.1+4=5.1（亿美元），损失了 0.9/6= 0.15，即 15%。指数投资组合的收益率是股票 XYZ 和股票 ABC 分别占 1/6 和 5/6 的加权平均收益率（权重与相对投资额成比例）。因为 XYZ 的收益率为 10%，ABC 的收益率为−20%，则指数投资组合的收益率为$\frac{1}{6}\times10\%+\frac{5}{6}\times(-20\%)=-15\%$，等于市值加权指数的收益率。

2-6 该看涨期权的到期收益为每股 4 美元，期权成本为每股 1.45 美元，因此每股收益为 2.55 美元。而看跌期权到期时将变得没有价值，投资者的损失为看跌期权的成本，即每股 4.79 美元。

第 3 章

证券是如何交易的

本章将概括介绍美国和其他国际性证券交易场所及不同交易所中多样化的证券交易机制——从交易者直接协商交易到完全由计算机处理的自动指令交易。

股票首次向公众发行即该证券的首次公开交易，因此，我们将首先介绍投资银行是如何将证券推销给公众的，然后对已发行证券是如何交易的进行概括性阐述，并着重介绍交易商市场、电子交易市场和专家做市商市场。介绍过这些背景知识之后，本章将对比纽约证券交易所、纳斯达克以及多家全电子交易市场不同的交易机制以及跨市场一体化交易的影响。

此外，本章还将讨论几种特殊类型交易的实质，如保证金购买和股票卖空等。最后，将介绍一些证券交易方面的规则，包括内幕交易法，以及证券市场作为自律性组织在金融环境中所起的作用。

3.1　公司如何发行证券

公司一般可以通过发行债券或股票为投资项目筹措资金。这些新发行的证券由投资银行推销给公众，该市场叫作**一级市场**（primary market）。证券一经发行，投资者便希望可以将其交易。若你持有苹果公司的股票，或许会考虑将部分股票出售给其他投资者以获取现金。然而，这种交易对苹果公司总的股票数量并没有影响。投资者交易已发行证券的市场叫作**二级市场**（secondary market）。

公司通常会选择在证券交易所如纽约证券交易所、纳斯达克股票市场上市交易其股票。这些公司被称为上市公司、公有公司或公众公司。当股票仅被较少的管理层和投资者持有时，这样的公司被称为私人控股公司，虽然股东的所有权同样由持股比例决定，但是其手中的股票不会在公开的交易所中买卖。大部分私人控股公司相对较为年轻，不满足在公开市场发行股票的条件，但这并非私人控股公司不转变为上市公司的全部理由，在一些私人控股公司的控制人看来，这种简单的私营组织形式更有利于企业的发展，因为企业所有权掌握在公司的初创者或家族成员手中。

3.1.1　私人控股公司

私人控股公司的股东相对较少，可免于定期公开披露财务报告和其他信息。这种方式节约了资金，避免了可能有助于竞争对手的商业信息的发布，不用季度性地公告营业状况，减轻了来自股东的外部压力，从而使企业有更大的空间来追求长远的经营目标。

私人控股公司最多只能有 499 个股东，这在一定程度上限制了公司从众多投资者手中募集资金的能力。因此，多数美国大型公司都是上市公司。私人控股公司可以通过直接向少数机构投资者或高净值投资人群销售证券来募集必要的资金，这种方式叫作**私募发行**（private placement）。美国证券交易委员会的 144A 法案允许公司采用私募方式融资，而无须像公开发行那样花费大量精力准备招股说明书。通过私募方式发行的证券不能在证券交易所等二级市场公开交易（虽然大型金融机构之间可以交易未注册的证券），证券的流动性大幅降低，投资者为此支付的价格也相对较低。流动性有许多特定的含义，但通常来说，它是指在极短的时间内以合理的价格买卖资产的能力。对于流动性不足的证券，投资者会要求适当的价格折扣。

当上市公司越来越为公开的信息披露要求所困扰时，联邦的监管部门也承受着要求缓解对私人控股公司约束的压力，2012 年发布的《工商初创企业推动法案》（Jumpstart Our Business Startups，JOBS 法案），放宽了私人控股公司向美国证券交易委员会登记其普通股并提交公开报告前可以拥有的股东数量限制（从 500 人增加到 2 000 人）。该法案还放宽了私人控股公司向公众销售股份的限制。例如，为了使公司更加容易地参与面向中小投资者的融资，小规模的公司募股可以不用向美国证券交易委员会登记。

该法案还免除了《萨班斯-奥克斯利法案》（SOX 法案）第 404 条规定对于较小上市公司（年收入低于 10 亿美元的公司）需要报告公司财务控制充分性的约束。SOX 法案的这条规定因其给小公司带来过重的负担而受到批评。

3.1.2 上市公司

当一家私人控股公司计划从广泛的投资者处募集资金时，意味着它决定上市。上市公司可以把证券销售给公众，而投资者可以在证券市场中自由地交易其股票。首次发行股票给公众被称为公司的**首次公开发行**（initial public offering，IPO）。之后，公司可以回到公开市场中继续发行额外的股票。**增发**（seasoned equity offering）是指已上市公司再次发行股票的行为，苹果公司再次发售新股就是增发。

通常情况下，投资银行在股票和债券的公开发行中扮演了**承销商**（underwriter）的角色。负责推销证券的投资银行通常不止一家，而是以其中一家为主承销商、其他多家投资银行辅助承销的辛迪加组织来分担股票发行任务。

投资银行会为拟上市公司提供证券发行辅导。公司必须首先向美国证券交易委员会提交初步注册说明（即初步募股说明书），以说明发行事宜和公司前景。得到美国证券交易委员会的批准后，说明书终稿被称为**招股说明书**（prospectus），进行到这一步后，证券的发行价格就可以公布。

包销（firm commitment）是投资银行承销证券时普遍采用的方式。投资银行会先从发行公司那里购买证券，然后再把这些证券销售给公众。发行公司将证券销售给承销商的价格会低于公开发行价，该差价作为支付给承销商的佣金，因为承销商承担了无法按计划发行价格出售股票的风险。除了差价，投资银行还可能获得发行公司的普通股或其他证券。图 3-1 描绘了证券发行公司、承销商以及公众之间的关系。

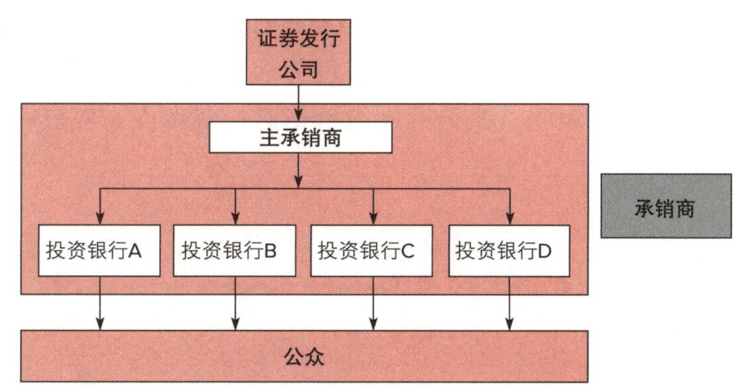

图 3-1　证券发行公司、承销商以及公众之间的关系

3.1.3　储架注册

美国证券交易委员会于 1982 年通过了 415 条款。该法案是证券发行领域的一项重要创新，允许公司在证券首次注册后的三年内逐期向公众销售证券。由于证券发行手续已事先办理，一旦公司产生实际的融资需求，只需简单的资料更新即可发行证券，几乎无须额外的文书工作。此外，证券还可以零散发行，无须大量的发行成本。由于这些证券是暂时被“束之高阁”，随时都可以发行，因此产生了“储架注册”这一术语。

> **概念检查 3-1**
>
> 为什么有必要对“储架注册”在时间上做出限制？

3.1.4　首次公开发行

投资银行负责将新证券发售给公众投资者，一旦美国证券交易委员会对注册申请做出回复并将初步招股说明书分发给了有兴趣的投资者，投资银行便会组织**路演**（road show），在全美巡回宣传即将发行的证券。承销商可借路演机会与投资者沟通证券发行的相关信息，激发潜在投资者的认购兴趣。机构投资者也会向承销商表达其购买首次公开发行证券的兴趣，这种兴趣的暗示过程叫作“预约”，赢得潜在投资者的过程叫作“建立投资者购股意愿档案”。由于经验丰富的机构投资者通常能够准确判断市场对该证券的需求以及证券发行公司的商业前景，因而“预约”过程就为证券发行公司提供了许多有价值的信息。投资银行会根据机构投资者的反馈信息调整原始的证券发行价格和发行数量。

为何投资者会向投资银行表露其对发行证券的真实兴趣？如果他们表现出漠不关心是否更有利于压低发行价格？事实上，首次公开发行股份在众多投资者之间的配售比例很大程度上取决于投资者对发行证券所表现出的兴趣程度，在这种情况下，诚信是更优的策略，会得到更多的回报。如果某投资者看好发行证券的前景，并期望获得较高的配售比例，他就有必要表露出对该证券的乐观态度。相反，为了吸引投资者建立购股意愿档案并共享信息，承销商也会向投资者提供适当的优惠。因此，首次公开发行证券的价格通常低于证券的正常市场价格，这种抑价会在股票上市首日价格的跳升中反映出来。2019 年，Lyft 的上市就是抑价发行股票的典型案例。Lyft 面向公众首次公开发行了 3 250 万股的股票，每股股票的发行价为 72 美元。上市首日的收盘价达到每股 78. 29 美元，上涨了 8. 7%。

首次公开发行的显性成本大概是募集资金的 7%，抑价也被视为公开发行股票的另一种成本。如果 Lyft 以每股 78. 29 美元的价格发行股票，投资者也明显乐于接受这一价格，Lyft 因此可能比实际多募集 8.7%的资金。在本例中，留在桌面上的钱[⊖]远远超过股票发行的显性成本。抑价发行是金融市场中的普遍现象。图 3-2 列示了世界多个国家和地区股票首次公开发行的首日平均收益率，图中的数据一致表明首次公开发行价格对投资者而言极具吸引力。

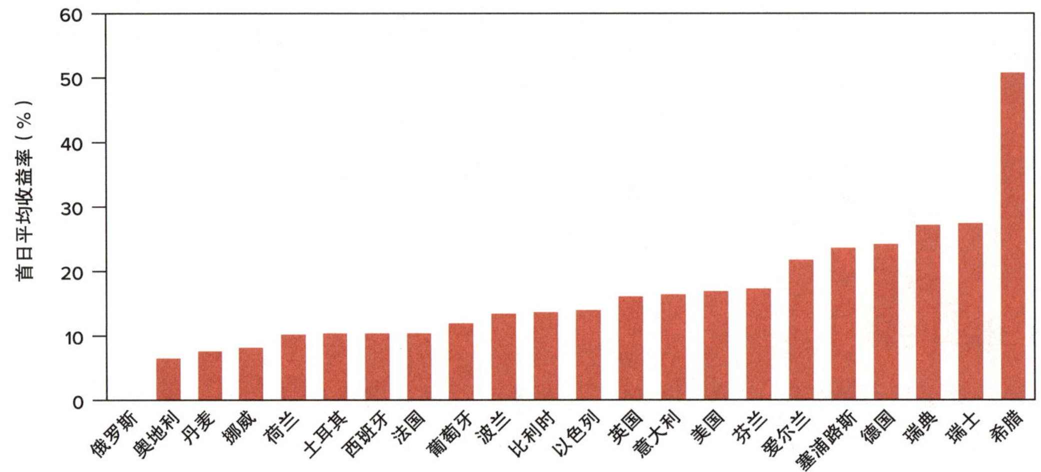

a）欧洲市场首次公开发行的首日平均收益率

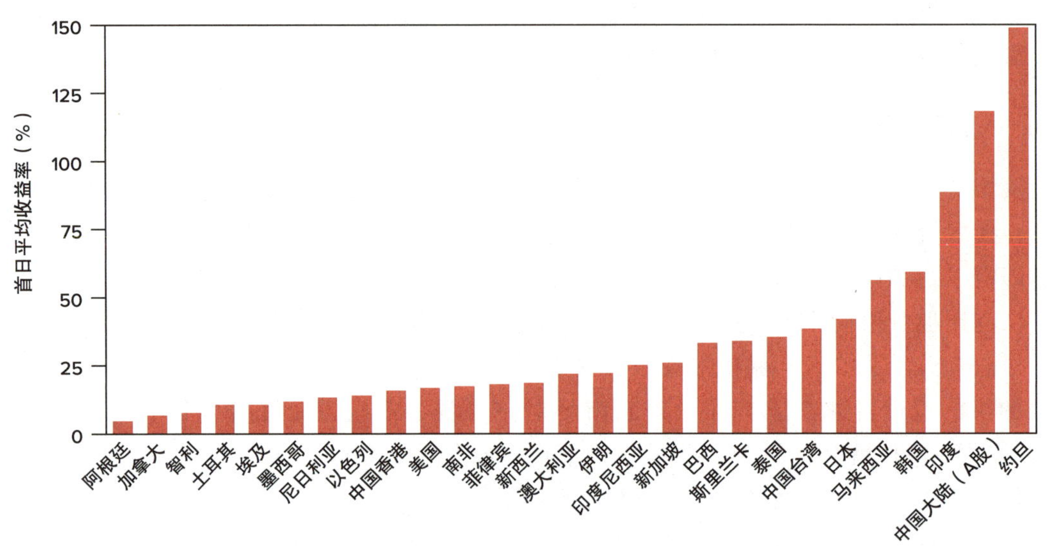

b）非欧洲市场首次公开发行的首日平均收益率

图 3-2　首次公开发行的首日平均收益率

资料来源：Professor Jay Ritter，https://site.warrington.ufl.edu/ritter/ipo-data/，2015.

为新发行的股票定价并非易事，也并非所有的首次公开发行均为抑价发行。有些股票发行后的市场表现极差。Facebook 2012 年的上市就令市场大跌眼镜。上市后一周，其股票价格就相较 38 美元的发行价下跌了 15%，5 个月后，股价仅为发行价格的 1/2。（然而，那些持有股票的人最终获利了。到了 2016 年，Facebook 的股价远远超过了 100 美元）。少数首次公开发行的股票甚至无法全部售出，承销商被迫在二级市场上低价出售未能售出的股票。因此，承销商须承

⊖ 留在桌面上的钱（left on the table），是指承销商对上市公司 IPO 定价过低，导致上市公司筹资减少。

担证券承销的价格风险。

有趣的是，尽管大多数股票在上市首日的表现极好（从 1960 年起，平均上涨 17%），但是这些股票的长期市场表现差强人意。Ritter 假定投资者在 1980—2016 年，按首日收盘价等权重买入美国所有在此期间新上市的股票并持有 3 年。这一模拟投资组合 3 年间的持有期收益率要比美国市场整体平均收益率低 18.4%，也比按照市值规模和市净率配对的对照样本组收益低 7.6%[⊖]。

3.2　证券如何交易

金融市场不断发展以满足特定交易者的需求。设想一下，如果当前并不存在有组织的金融市场，将会出现什么状况？有意投资某类金融资产的家庭必定首先去搜寻有意出售这类金融资产的其他家庭，有兴趣的投资者会集聚在一起，最终，金融市场就在这些集聚场所中诞生。位于旧伦敦城的一家叫作劳合社的俱乐部最早建立了海运保险市场，而位于曼哈顿的华尔街则成为金融世界的代名词。

3.2.1　市场的类型

我们可以把市场分为 4 种类型：直接搜寻市场、经纪人市场、交易商市场和拍卖市场。

直接搜寻市场（direct search market）　直接搜寻市场的组织性最差，买卖双方需要耗费精力搜寻交易对手。生活中时有类似的情况发生，若卖家欲出售一台旧冰箱，他需要在当地报纸或网络上刊登广告招揽买家。这类市场交易的特点是交易频次低、商品是非标准化的。专于此类市场的公司很难获利。

经纪人市场（brokered market）　组织性优于直接搜寻市场的是经纪人市场。在交易活跃的市场中，经纪人为买方和卖方提供信息并撮合交易是有利可图的。房地产市场就是一个典型的例子，经纪人掌握了大量房源和潜在买家信息，具有规模经济优势，可通过为市场参与者提供信息搜寻服务赚取佣金。特定市场上的经纪人逐渐积累了对该市场中交易资产进行估值的专业知识。

新发行的证券在一级市场被投资银行直接销售给公众，投资银行在其中就扮演了经纪人的角色，它们负责为证券发行公司寻找投资者。

交易商市场（dealer market）　当某类特定资产的交易活动日益频繁时，交易商市场便诞生了。专于某类资产的交易商用自己的账户买入这类资产，再择机将其售出，在低买高卖中赚取利润，交易商的买卖价差即为利润来源。市场参与者可以轻易从交易商处获得出售或买入某一资产的报价，交易商市场为交易者节省了信息搜寻成本。足够的市场交易量才能保证交易商有利可图。大多数的债券和外汇交易都发生在场外交易商市场。

拍卖市场（auction market）　拍卖市场是组织性最强的市场，所有交易者都聚集在同一场所（可以是真实的物理地址或信息网络）进行交易。纽约证券交易所就是一个典型的拍卖市场。相对于交易商市场而言，拍卖市场的一个显著优势是无须在交易商中寻找最优的交易报价。如果所有参与者聚

> **概念检查 3-2**
>
> 许多资产不止在一个交易市场中交易，下列资产都在哪类市场中进行交易？
>
> a. 二手车　b. 油画　c. 稀有硬币

⊖ Professor Jay Ritter's Web site contains a wealth of information and data about IPOs：http://bear.warrington.ufl.edu/ritter/ipodata.htm.

集到一起，他们便可以在价格上达成一致，从而降低买卖价差。

场外交易商市场和股票交易所同属二级市场，投资者在这些市场中可彼此买卖已经发行的证券。

3.2.2 交易指令的类型

在比较各类交易方式和竞争性证券市场之前，我们将首先介绍一下投资者在这些市场上所进行交易的指令类型。总的来说，交易指令分为两种类型：市价委托指令和价格条件指令。

市价委托指令（market order） 市价委托指令是按当前市场价格立即执行的买入或卖出指令。例如，投资者可能致电其经纪人询问苹果公司股票的市价，经纪人回电可能说明最佳的买方报价为每股 179.50 美元，最佳的卖方报价为每股 179.54 美元，意味着投资者购买 1 股苹果公司的股票需要支付 179.54 美元，出售 1 股苹果公司的股票可收到 179.50 美元，本例中的**买卖价差**（bid-asked spread）为 0.04 美元。因此，按市价委托指令买卖 100 股苹果公司股票的成交结果是按每股 179.54 美元的买入价、179.50 美元的卖出价计算的。

上述情形也可能变得较为复杂。情形一，报价实际上只代表了对一定数量股票交易的承诺，如果市价委托指令要求的交易量超过了这个数量，该指令可能需要按照多种不同的价格才能成交。例如，若市价委托指令的最佳卖价对应的股票数量仅为 300 股，而投资者希望购买 500 股，则投资者可能需要支付稍高的价格来购买额外的 200 股。图 3-3 展现了股票市场的平均市场深度（在最好的买价和卖价上可供交易的总的股票数量）。大市值的标准普尔 500 指数成分股比小市值罗素 2000 指数成分股的深度更高。市场深度被认为是流动性的另一个组成部分。情形二，其他交易者的报价指令被优先执行，这意味着投资人可能需要按更不利的价格才能成交。情形三，在指令到达之前最佳报价已发生变化，同样可能导致成交价格与发出指令时的市价不同。

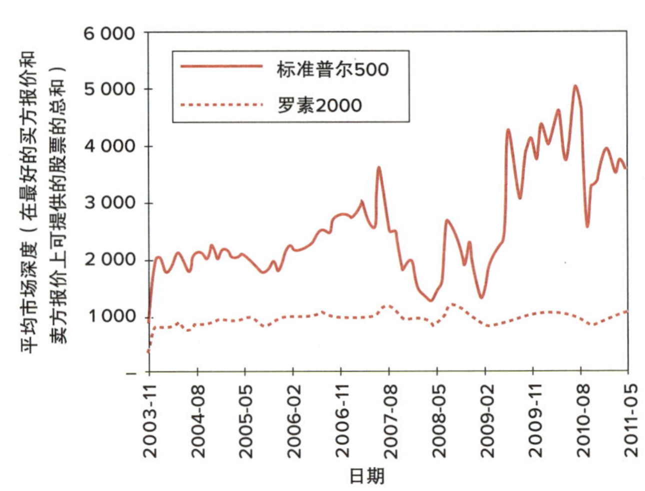

图 3-3 大公司（标准普尔 500）和小公司（罗素 2000）的平均市场深度

资料来源：James J. Angel, Lawrence E. Harris, and Chester Spatt, "Equity Trading in the 21st Century," *Quarterly Journal of Finance* 1 (2011), pp. 1-53; Knight Capital Group.

价格条件指令（price-contingent order） 投资者也可严格设定他们希望买卖证券的价格。限价买入指令嘱托经纪人在苹果公司股价降到约定价格或低于约定价格时买入某一数量的股票。相反，限价卖出指令要求经纪人在股价上涨超过约定价格时卖出一定数量的股票。等待成交的**限价指令**（limit order）的集合叫作限价指令簿。

图 3-4 列示了芝加哥期权交易所（CBOE，几个电子交易所之一，稍后详述）中微软公司股票的部分限价指令簿。可以看出，最优的指令价格位于表的顶端，即最高买方报价和最低卖方报价，其中，买方报价为 101.46 美元，卖方报价为 101.47 美元，这两个价格叫作**内侧报价**

(inside quote)。对微软公司股票而言，内侧报价差价只有 1 美分。但是，请注意，内侧报价指令的订单数量通常很小，因此，大单交易者通常需要面对更大的差价，他们无法按照内侧报价完成全部交易。

买方报价		卖方报价	
价格（美元）	数量（股）	价格（美元）	数量（股）
101.46	100	101.47	199
101.45	357	101.48	600
101.44	200	101.49	300
101.43	400	101.50	700
101.42	427	101.51	400

图 3-4　芝加哥期权交易所中微软公司股票的限价指令簿（2019 年 1 月 2 日）

资料来源：markets.cboe.com.

3.2.3　交易机制

投资者欲买卖股票时，可以向经纪公司下达指令。经纪人代表客户进行交易并收取佣金。经纪人有许多渠道来执行该笔交易，也就是说，他们有能力寻找到买家或者卖家并撮合股票交易。

总体而言，全美证券产品的交易主要依赖场外交易商市场、电子交易所和专家做市商/指定做市商市场。电子交易是目前最流行的交易方式，但是知名的交易所如纳斯达克和纽约证券交易所通常都会采用多种交易机制，因此在深入探讨某一特定市场之前，有必要先了解每类交易机制的基本操作流程。

交易商市场（dealer market）　约有 35 000 种证券在**场外交易市场**（over-the-counter market，OTC market）进行交易。成千上万的经纪人在美国证券交易委员会注册成为券商。券商根据自身意愿报出其所期望的证券买卖价格，经纪人联系报价最具吸引力的券商执行交易。

在 1971 年之前，所有的场外交易市场报价每天通过手工记录并刊登在所谓的粉单上。1971 年全美证券业协会自动报价系统（National Association of Securities Dealers，NASDAQ，即纳斯达克）创建，该市场通过计算机网络提供并更新报价，从而将经纪人和券商联系在一起。券商可以通过该网络公布其买入或者卖出某一证券愿意支付的价格（买价和卖价）。这两种价格之差（即买卖价差）是券商的利润来源。经纪人代表客户从计算机网络上查询报价，并联系报价最优的券商执行交易。

纳斯达克最初成立时，与其说它是一个交易系统，还不如说它是一个报价系统。尽管经纪人可以通过网络查询券商报价以发现最佳交易机会，但实际交易仍需要投资者的经纪人与券商直接进行谈判（通常通过电话）。但不久之后，纳斯达克迅速发展成为一个电子交易市场。此

概念检查 3-3

在以下各种情形下，你会向你的经纪人发出何种交易指令？

a. 你想购买微软公司的股票以使投资组合多样化，且你相信当前的股价已接近公允价值，因此，你希望尽快以最低成本完成交易。

b. 你想购买微软公司的股票，但你认为当前的股价相对于该公司前景而言太高，若股价可以下降 5%，你会购买该公司的股票。

c. 你认为微软公司股价已经很高了，你倾向于卖掉你持有的这些股票。但是股价波动可能导致股价短暂上涨几美元。如果股价上涨幅度达到 4 美元，那么你会认为价格过高，你将立刻卖掉这些股票。

时券商仍可通过线下方式进行报价，但大多数交易直接以电子方式成交，无须直接谈判。

电子通信网络（electronic communication network，ECN） 电子通信网络允许参与者通过计算机网络发出市场委托指令和限价指令，所有参与者都可以查看限价订单簿。图 3-4 显示了芝加哥期权交易所全球市场（CBOE Global Markets）限价订单簿实例。指令成交，即与另一个指令配对成功，可以自动执行而无须经纪人干预。例如，若恰有以每股 50 美元买入股票的订单尚未执行，那么以 50 美元/股或稍低价格卖出的指令会立即成交。因此，电子通信网络不仅仅是报价系统，还是一个真正的交易系统。

作为在美国证券交易委员会注册的经纪商，ECN 接受另类交易系统（alternative trading system，ATS）条款的约束。ECN 的用户通常是机构投资者、经纪商和做市商（发布证券买卖价格的公司并且承诺以当前发布价格至少交易 100 股）。它们可以直接在网上交易。个人投资者必须雇用作为 ECN 用户的经纪人来代表他们执行交易。

ECN 有多个优点。交易自动交叉进行，成本较低（通常低于每股 1 美分）。ECN 也因可以快速执行交易而很有吸引力。最后，ECN 为投资者提供了匿名性。

专家做市商/指定做市商（specialist/designated market maker） 做市商是指同时向公众报出买价和卖价的交易商。通过随时准备以公开报价进行交易，做市商向其他交易商提供流动性，使他们能够快速、低成本地购入或卖出股票。指定做市商是负责通过投入自身资金提供报价来帮助维持“公平和有序的市场”的做市商。交易所的指定做市商是某一特定证券的官方做市商。例如，当限价订单指令簿报价数量不足导致最高买入价和最低卖出价的价差过高时，指定做市商会用自身库存维持较低价差的买卖报价。同样，当买入和卖出订单不平衡时，指定做市商会提供交易来支持“弱势”的一方。指定做市商买卖股票有助于提高市场深度，交易所有关市场深度的相关准则规定了指定做市商以这种方式来支持市场。

指定做市商取代了过去纽约证券交易所的专业公司。作为承担责任的回报，指定做市商在交易执行方面获得一些优势。然而，与它们取代的专业公司不同，它们不能提前看到其他市场参与者的订单。

虽然纽约证券交易所的大部分交易是电子化的，但为了在市场压力较大、波动率较高的时候维持市场平稳运行，交易所的 DMM 系统提供了必要的人工干预。这些服务在开盘和收盘时以及价格波动率高时的价值是最高的。

3.3 电子交易的繁荣

纳斯达克开始建立的时候主要是场外交易市场，纽约证券交易所是专家做市商市场。但是今天，两者都是主要的电子化交易市场。新科技和新法规的交互作用促进了这一变化。新法规允许经纪人来竞争，交易商不再拥有最易流通的买卖价信息，从而使市场得以整合，允许证券以小的价格增量进行交易（称为最小报价单位）。科技帮助交易者比较所有市场的价格，交易者可以选择拥有最好价格的市场进行交易。这种竞争降低了交易执行的成本，使成本只占价值的一小部分。

1975 年，纽约证券交易所取消了固定佣金，这使经纪人可以通过降低费用进行竞争。也是在那一年，美国国会修正了证券交易法案，建立了一个新的全国市场系统，这极大地减少了交易所集中交易，增强了不同市场的竞争。这一想法最终通过集中交易报告和报价来实施，给了交易者更多的交易机会。

1994 年，纳斯达克丑闻的余波促进了日后市场的演变和整合。纳斯达克的交易者串通起来维持高的买卖价差。例如，一只股票列出买价 30 美元 – 卖价 30½美元，一个散户从交易商处买股票需要支付 30½美元，而想卖股票的客户只收到 30 美元。交易商将收下这½的价差作为利润。其他交易者也许会想要更好的价格（比如，他们可能想以 30⅛美元的价格买进股票，以 30⅜的价格卖出股票）。但是这些更好的报价并没有进入市场，因为在这个报价水平，交易商可以从虚假的大额价差上获取利润。当这一事实公之于众时，对于纳斯达克的相关诉讼也就随之而来。

为了回应这一丑闻，美国证券交易委员会颁布了一项新的交易处理法规。该法规公布了交易商的报价必须即刻反映客户的有限报价，允许他们也可以有效地和交易商竞争来促成交易。作为反垄断的一项决议，纳斯达克同意把电子交易整合到其公共显示屏中，使电子交易也参与到交易的竞争中来。这项决议通过没多久，美国证券交易委员会通过了 ATS（Alternative Trading Systems，可供选择交易系统）法规，给了电子交易所注册为证券交易所的权利。后来，它抢占了相当大的市场份额，由于这个新的竞争方式，买卖价差变小了。

1997 年，美国证券交易委员会允许最小报价单位由 1/8 降到 1/16，这使得交易成本更小。在 2001 年后不久，十进制允许最小报价单位降到了 1 美分。买卖价差又一次急剧减少。图 3-5 显示了由最小报价单位定义的 3 个显著时期估计的有效价差（交易成本）。注意随着最小报价单位数值的下降，有效差价也剧烈下降。

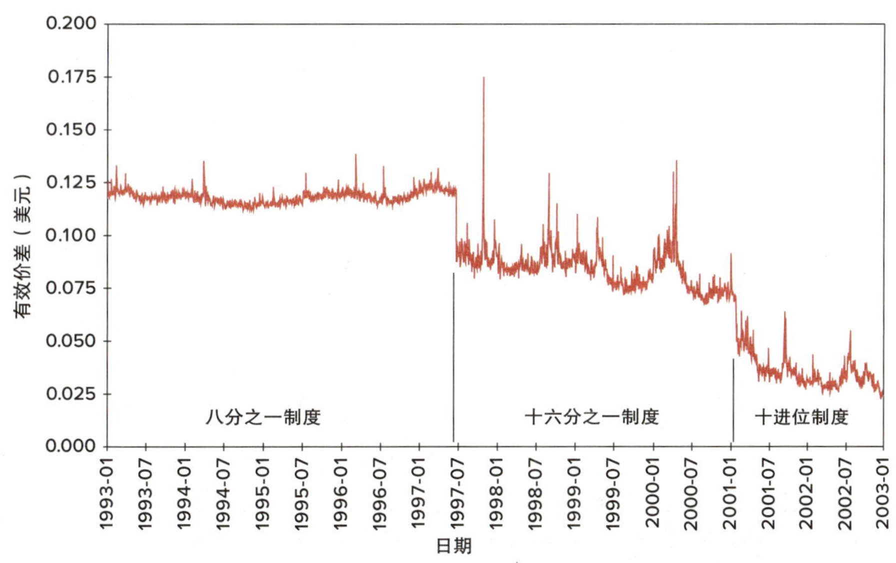

图 3-5　有效价差（用每股多少美元来衡量）随着最小报价单位（纽约证券交易所上市股票的加权平均）的下降而剧烈下降

资料来源：Tarun Chordia，Richard Roll，and Avanidhar Subrahmanyam，"Liquidity and Market Efficiency，" *Journal of Financial Economics* 87（2008），249-268. Copyright © February 2008，with permission from Elsevier.

技术同样改变了交易方式。自 1969 年首个电子交易所建立以来，到 20 世纪 90 年代，世界范围内的交易所均已采用电子交易系统。欧洲在这场变革中身先士卒，但最终美国的交易所也顺应了这一潮流。2000 年全美证券交易商协会把纳斯达克剥离出来作为一个单独的实体运营，其快速成长为大型电子交易所，集中撮合大量限价订单指令。

2005 年，美国证券交易委员会采用了全美市场体系规则并于 2007 年全面施行，旨在建立整合的一体化电子交易平台。规则要求当报价可以被自动执行时，交易所应当自动接受其他交易所的报价。在全美市场体系规则下，如果某个交易所不能够电子化处理报价，它可能会被贴上“慢速市场”的标签，而被其他交易所甩在身后。纽约证券交易所一直致力于发展做市商交易机制，这可能使其被其他交易所超越，为了应对这一挑战，它不得不向电子交易转变。全美市场体系规则下的电子交易市场整合使世界范围内的交易所短兵相接，竞争更为激烈。即便是对于在纽约证券交易所挂牌上市公司的股票，纽约证券交易所的交易垄断地位也正在丧失，它交易纽约证券交易所挂牌上市股票的份额由 75% 下降到 20%。

大多数交易都采用电子化方式，例如股票交易。债券依然在传统的交易商市场中交易。在美国，股票电子交易的份额由 2000 年的 16% 上升至 2010 年的 80%。在世界上的其他地方，电子交易普遍占据主导地位。

3.4 美国证券市场

纽约证券交易所和纳斯达克是美国两大股票市场，但是电子交易市场也在加大它的市场份额。图 3-6 展示了纽约证券交易所上市股票在纽约证券交易所和纳斯达克的主要电子交易市场，比如 BATS、NYSE Arca 和 Direct Edge 的交易量。（2013 年 8 月，BATS 和 Direct Edge 合并，成为世界上最大的证券交易所之一，称为 BATS Global Markets，之后它又被 CBOE 收购）。其他类别最近也上升了 30%，包括我们将要简短介绍的资金暗池。

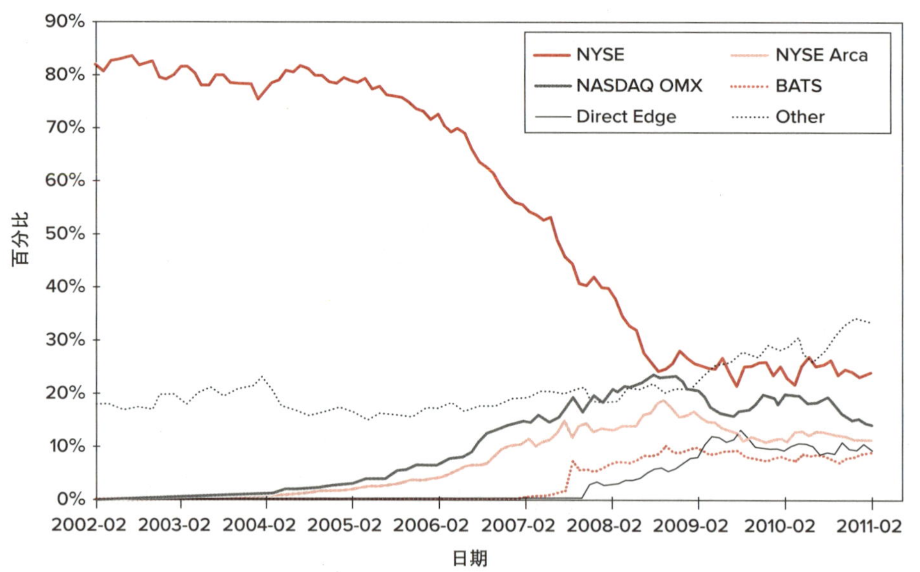

图 3-6 纽约证券交易所上市股票的市场交易份额

资料来源：James J. Angel，Lawrence E. Harris，and Chester Spatt，“Equity Trading in the 21st Century，” *Quarterly Journal of Finance* 1（2011），1-53.

3.4.1 纳斯达克

约有 3 000 家公司在纳斯达克上市。大部分交易是通过一个被称为纳斯达克市场中心的复杂交易平台来实现的。这一平台整合了纳斯达克先前的电子市场。2007 年，纳斯达克与瑞典-芬兰 OMX 集团合并，形成了纳斯达克-OMX 集团。OMX 控制着北欧和波罗的海七家证券交易所。合并后，纳斯达克-OMX 集团除拥有纳斯达克股票交易所外，还控制着多家欧洲股票交易所和一家美国衍生品交易所。

纳斯达克的会员分为三个级别。证券做市商为三级会员，也是最高级别。它们通常为金融机构，持有某种证券，并根据自身意愿提供买卖报价。三级会员可以实时将最新的买卖报价输入电子交易平台，系统保证其能够最快速地被执行。买卖价差成为其主要的利润来源。

二级会员通常为经纪人，经纪人执行客户的指令，但不会主动交易自己账户中的股票。其可以查询所有报价，但不能输入自己的报价。买卖证券的经纪人与最佳报价的做市商（三级会员）进行交易。

一级会员只能收到内侧报价（即最高买价和最低卖价），但看不到报价的股票数量。他们通常是不积极参加证券买卖但需要了解即时价格信息的投资者。

3.4.2 纽约证券交易所

就交易所的上市股票价值而言，纽约证券交易所（以下简称“纽交所”）是美国最大的**股票交易所（stock exchange）**，纽交所一天的交易规模大概有 10 亿股。2006 年，纽交所与群岛交易所合并成为一个股份有限公司，取名为纽约证券交易集团。2007 年，纽约证券交易集团又与欧洲交易所合并成为纽约欧洲交易所。2008 年纽交所又收购了美国证券交易所，把它重新命名为 NYSE Amex，它重点关注小公司。纽交所高增长板是公司的电子交易市场，也是进行大宗交易的地方。在 2013 年，纽约欧洲交易所同意购买国际交易所，它的主要业务是能源期货的交易。国际交易所决定使用纽约欧洲交易所的名字。

纽交所一直保持它的专家做市商交易系统，在交易执行中这一系统很依赖人的参与。它的小规模交易转变为电子交易始于 1976 年，这种转变通过引进 DOT（designated order turnaround）系统，随后变成可以把指令直接交给做市商的 SuperDOT 系统来实现。在 2000 年，交易所开始了 Direct+，它可以自动执行小额交易（最高 1 099 股），不需要人为介入。在 2004 年，它又开始消除 Direct+交易的规模限制。在 2006 年，这一重要的变化进程通过引进纽交所混合市场而加速，这一市场允许经纪人既可以把指令给电子交易系统也可以给专家做市商，经纪人可以从其他交易者那里找到价格可以改进的地方。混合市场既可以允许纽交所在全美市场体系规则下保持一个快速市场的评价，又可以为更复杂的交易提供人为干预的优势。相比较而言，纽交所高增长板是完全电子化的。

3.4.3 电子通信网络

随着时间的流逝，更自动化的市场就会不断扩大交易规模，这当然以牺牲不那么自动化的市场为代价，比如纽交所市场。连接到电子通信网络的经纪人都拥有一个计算机数据库，并可以在限价指令簿上输入交易指令。收到交易指令时，系统会确定是否有与之相符的指令，如果有，交易会立即执行。

最开始，电子通信网络只对其他也采用这个系统的交易者开放。但是随着 Reg NMS 的实施，电子通信网络也开始列出一些其他网络的限时指令。用这个计算机系统的交易者可以快速浏览许多电子通信网络的限时指令，并可以马上把指令转移到拥有更好价格的市场中去。这种跨市场链接已经成为高频交易的一个很重要的推动因素，高频交易者从不同市场中的特别小的转移差价中获取利润。显然交易速度在这里至关重要，电子通信网络针对它们可以提供的交易速度进行竞争。**等待时间**（latency）特指接受、处理、传送一个交易需要花费的时间。例如收购了BATS 的 CBOE Global Markets，它的通告等待时间大概是 100μs，即 0.000 1s。

3.5 新的交易策略

电子交易机制与计算机技术的密切结合已经对交易策略和工具产生了深远的影响。算法交易代表了对计算机程序的交易设定。高频交易是一类特殊的算法交易，在这一交易中，计算机程序在 1s 内启动命令，它远远快于任何人可以处理信息驱动交易的速度。

在证券市场上很多曾经由做市经纪人提供的市场流动性已经被这些高频交易者取代。但是，若高频交易者放弃市场，即在 2010 年出现的所谓闪电崩盘，流动性同样可以在一瞬间蒸发。暗池交易保持匿名，也影响了市场流动性。我们将在本节后面讲述这些新出现的术语。

3.5.1 算法交易

算法交易（algorithmic trading）利用计算机程序来做出交易决定。美国所有股票交易量中一半以上被认为是由计算机使用算法产生的。许多这些交易在利用证券价格非常小的差异，做一些适合计算机分析的大量的快速的跨市场的价格比较。在最小报价采用单位十进制之前，这些策略不可行。

一些算法交易者试图抓住并利用这些非常短期的市场趋势（短至几秒或更短的时间），这些趋势是随着公司的新信息或者（更具争议性的）关于其他交易者意图的信息不断被获取而产生的。其他交易者使用配对交易的方式，在这种方式中，一对股票（或更大群体）之间的正常价格关系似乎暂时被打乱，当它们重新排列时，就提供了微小的获利机会。还有其他交易者试图利用股票价格和股指期货合约价格之间的差异来获利。

一些算法交易涉及的活动类似于传统的做市活动。交易者试图通过买卖价差获利，在价格变化之前以买价买入然后再快速以卖价卖出。虽然这模仿了做市商在股市中给其他交易者提供流动性，但这些算法交易者不是注册做市商，因此他们没有义务维护买入和卖出报价。如果他们在一段动荡期间放弃市场，市场流动性可能会遭到极大破坏。这似乎是 2010 年 5 月 6 日股市崩盘期间的一大问题，股市遭遇剧烈波动，一天内在道琼斯指数恢复到 600 点左右之前，它平均下降了 1 000 点。当时很多人都在讨论这个惊人的和令人不安的事件。

3.5.2 高频交易

许多算法交易策略需要非常快速的交易发起和执行。**高频交易**（high-frequency trading）是算法交易的一个子集，它依靠计算机程序做出极其快速的决策。高频交易者在交易中获取非常小的利润，但是如果这些获利机会数量很多，高频交易者就可以累积更多的钱。

必须指出的是，一个高频交易策略包括了一系列的做市，它试图从买卖价差中获利。高频交易还依赖跨市场套利，其中跨市场很微小的价格差异让高频交易者在一个价格上买入证券，然后迅速以略高的价格出售它。这些策略的竞争优势在于交易者能够最快地确定和执行这些获利机会。第一个拿到买价和卖价的交易者会有巨大的获利空间。高频交易者的交易执行时间现在以毫秒为单位，甚至是微秒。这已导致交易公司把它们的交易中心建在电子交易所的计算机系统附近。当交易执行时间不到 1ms 时，对于一个交易指令，它额外花费的时间是信号从一个遥远的位置到达纽交所所需的时间，遥远的距离会使得交易执行时间变长。

为什么交易公司把交易中心建在电子交易所附近已成为一个关键的问题，可以考虑此计算。就连光也只能在 1ms 内行驶 186mile[㊀]，所以一个在芝加哥产生的指令，以光的速度传播，需要花费近 5ms 才能到达纽约。但是交易市场如今对交易执行时间的要求大大小于 1ms，所以一个从芝加哥发出的指令不可能与一个从电子交易所附近发出的指令竞争。

想想为什么，在电话出现之前，很多证券公司把它们的总部设在纽约：它们紧邻纽交所，这使它们的经纪人可以把交易更快、更有效地传达给纽交所。如今已实现交易传输电子化，但交易者为了快速执行交易而竞争激烈，这依然意味着交易者需要靠近市场（市场已经具体化为计算机服务器）。

3.5.3 资金暗池

许多大额交易商寻求匿名。他们担心，如果别人看到他们在执行大型的买入或卖出计划，其意图将会被公之于众，而价格将会向不利于他们的方向变动。超大型交易［称为**大宗交易**（blocks），通常被定义为超过 10 000 股交易］通常会被带到“大宗交易的房子”，在那儿，经纪人将会专门匹配大宗交易的买家和卖家。一些大宗交易经纪人的工作就是当出现一个报价时，判断谁可能会大宗买入或卖出。这些经纪人谨慎安排大额交易，以使其淡出公众视线，避免价格向不利于他们客户的方向移动。

今日大宗交易很大程度上已经被**暗池**（dark pool）取代，交易系统中的参与者可以掩盖他们的身份进行大额证券的买卖。限价指令不会像传统交易那样被公众看到，而交易商身份也会保密。交易只有在完成后才会报告，这限制了其他交易商预测其交易计划的可能性。

许多暗池不支持限价指令，而是简单地接受“无价订单”，以其他交易商的买价和卖价的中点为买卖双方匹配。因此这些订单类似市价委托指令。然而，由于这些指令没有出现在限价指令簿中，它们无助于“价格发现”（price discovery，即帮助价格反映证券的所有公开信息）。因此，暗池也因其加剧了市场分裂而受到批评。

许多大额交易商倾向于使用暗池，因为暗池使他们不容易受到高频交易商的影响。他们希望有个交易所，可以在其他交易商难以预测他们的交易策略的情况下进行交易。许多暗池经营者声称其排除了消息灵通的交易商，如对冲基金。然而，这种愿望并不总能实现。2011 年，暗池经营者 Pipeline LLC 被指控，因为 Pipeline LLC 让高频交易商参与其经营的暗池并预测暗池中其他参与者的交易策略。同样，在 2014 年，巴克莱银行被指控在其经营的暗池中虚报高频交易的水平。人们对于暗池能多大程度地为交易商提供保护措施而担忧。

要处理大宗交易的另一种方法是将它们分割成许多小的交易，每个交易都可以在电子交易市场被执行，这能够隐藏最终要买入或卖出大量股票的事实。这种趋势已导致平均交易规模快速下滑，现如今平均交易规模已少于 300 股。

3.5.4 债券交易

2006 年，纽约证券交易所获批将其债券交易系统的交易范围扩大到包括纽约证券交易所上市公司发行的债务。在此之前，所有债券上市之前必须进行注册，这种要求如此严苛，以至于根本无法使尽可能多的债券上市。为了使尽可能多的债券上市，纽约证券交易所将其电子债券

㊀ 1mile = 1 609.344m。

交易平台进行了延伸。

债券交易商之间的债券交易大多发生在场外交易市场，即使是在纽约证券交易所上市的债券也不例外。该市场是一个通过计算机报价系统把债券交易商联系起来的网络，这些债券交易商包括美林（现隶属于美国银行）、所罗门美邦（花旗银行的一个分部）或高盛。然而，由于这些交易商不会大量持有各种上市债券，所以它们有时无法从自己的账户中将债券销售给客户，它们甚至不会用自己的账户购买债券。现在新成立的一些电子交易平台，例如 MarketAxess，可以直接连接买卖双方。但这些平台并没有取代传统交易商市场。电子交易的一大阻碍因素是债券市场缺乏标准化。一家公司可能会发行几十种不同的债券，其差异包括票面利率、期限以及优先权。这些债券中有些可能一年内只交易几次。鉴于此，即使是电子交易平台的流动性也要依赖作为交易商的投资银行的参与，从而维持库存以与投资者订单进行匹配。然而，金融危机后，投资银行的风险承担能力有所下降，它们已经不经营相关业务了。因此在实际交易中，公司债券市场通常规模很小，随时准备交易某种债券的投资者可能非常少。债券市场通常存在一定程度的流动性风险，持有者很难随时变现手中的债券。

|华尔街实战 3-1| 2010 年 5 月的闪电崩盘

在纽约时间 2010 年 5 月 6 日 2:42，那天道琼斯工业平均指数下跌已约 300 点。市场一度表现出对欧债危机的担忧，神经已十分紧张。然后，在接下来的 5 分钟，道琼斯工业平均指数又下跌了 600 点。20 分钟后，它又收复了 600 点的大部分。除了交易活跃的市场在那一天的惊人变动，个股交易和交易所交易基金遭到了更大的破坏。安硕罗素 1000 价值型基金暂时从每股 59 美元下跌至每股 8 美分。大型咨询公司埃森哲的股份，以每股 38 美元卖出后，过了一两分钟仅以每股 1 美分成交。另一个极端是，苹果和惠普的股价暂时增加至超过每股 100 000 美元。市场显然被破坏了。

目前对于闪电崩盘的原因仍在争论不休。美国证券交易委员会在交易之后公布的报告指出价值 40 亿美元的市场指数期货合约通过共同基金被卖出。当市场价格开始暴跌时，许多算法交易程序从市场中退出，而那些留下来的就成了净卖家，进一步压低股票价格。由于这些越来越多的算法交易程序退出，流动性在这些市场上蒸发：许多股票的买家完全消失。

最后，交易中断了片刻。当它重新启动时，买家决定利用压低的股票价格，然后市场就像崩盘一样快速恢复。鉴于一天之内的波动和明显被扭曲的价格，在该价格上有些交易已经被执行，纽交所和纳斯达克决定取消所有已经执行的但偏离参考价格 60%的交易，参考价格与开盘价很接近。那些被取消交易的 70%包括了交易型开放式指数基金。

美国证监会已批准实验研究一项新的回路打破机制，当大量股票在 5 分钟内上升或下降超过 10%就停止交易 5 分钟。这样做是为了在交易者有机会发现价格是否按基本面信息移动之前，防止交易算法快速改变价格。

闪电崩盘强调了在面对算法交易制造的大量成交额变动时市场的脆弱性。高频交易者在变动时期撤出市场的潜在风险仍令人担忧，许多观察家都不相信人们未来可以避免闪电崩盘。

3.6 股票市场的全球化

图 3-7 显示了在世界各地主要证券交易所上市的公司市值。按照此标准，纽约泛欧交易所是最大的股票市场。所有主要的股票市场今天都已经实现电子化交易了。

近年来，股票市场面临的压力日益增大，这促使它们形成国际联盟或进行合并，这种压力主要来自电子交易的冲击。越来越多的交易者把股票市场当作连接他们与其他交易者的计算机网络，而且对交易者在全球范围内选择交易证券的限制也越来越宽松。在这种背景下，由交易所提供一种廉价、高效的执行指令和清算的交易机制变得越来越重要，这也证明了建立国际联盟使跨国交易成为可能，并且可以享受规模经济效应。此外，由于面临电子交易的竞争，交易所意识到它们最终需要建立提供24小时服务的国际市场和允许不同类型证券交易的平台（如同时允许股票和衍生品交易）。最后，公司希望当它们需要资金时可以进行跨国筹资。

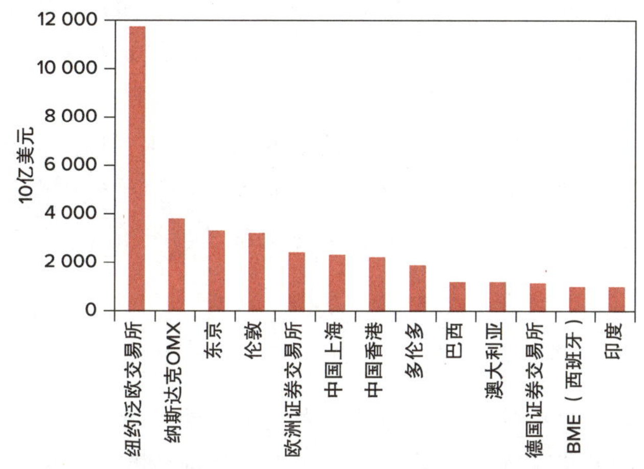

图3-7 2012年世界范围内最大的股票市场（按国内或地区内市值）

资料来源：World Federation of Exchanges，2012.

这些压力引发了全球市场合并的大趋势。经过过去20年的合并浪潮，现在行业内有几个巨型证券交易所。美国洲际交易所（Intercontinental Exchange，ICE，经营纽约泛欧交易所与几个商品期货和期权交易所）、纳斯达克（National Association of Securities Dealers Automated Quotations，NASDAQ）、伦敦证券交易所（London Stock Exchange，LSE）、德意志交易所（Deutsche Boerse）、芝加哥商品交易所（Chicago Mercantile Exchange，CME，主要经营期权和期货交易）、东京证券交易所（Tokyo Stock Exchange，TSE）和中国香港证券交易所（Hong Kong Stock Exchange，HKEX）。

相关交易所也尝试过其他合并，但被反垄断监管机构阻止。其中两次失败的合并是2011年德意志交易所和纽约泛欧交易所拟定的合并，以及2017年伦敦证券交易所和德意志交易所拟定的合并。这些合并的尝试表明相关交易所感受到了外部压力。

3.7 交易成本

证券交易的部分成本是显性的，如投资者向经纪人支付的佣金。个人投资者可以选择两类经纪人：综合服务经纪人和折扣经纪人。综合服务经纪人提供各种各样的服务，通常被称为账户执行者或财务顾问。

除提供基本服务（如执行指令、保管证券、提供保证金贷款和促成卖空等）外，经纪人通常还提供与投资决策相关的信息和建议。

综合服务经纪人通常依靠一支调研团队来分析和预测宏观经济环境以及行业和公司的微观环境，从而对相关证券的投资提出建议。许多客户完全信任经纪人，他们通过设定一个授权账户（discretionary account）将买卖决策全权委托给综合服务经纪人。在授权账户中，经纪人可以在其认为合适的情况下买入或卖出指定的证券，但他们不能提取任何资金。在这种情况下，客户需要极为信任经纪人，因为不道德的经纪人可能会“扰乱”账户，他们可能会为获取佣金而过度交易证券。

相反，折扣经纪人不提供没有必要的服务，他们只负责买卖证券、保管证券、提供保证金贷款和促成卖空。他们为其管理的证券提供的唯一信息是报价信息。近些年来，折扣经纪人服务已日益普遍，现在许多银行、储蓄机构和共同基金管理公司都为公众投资者提供这项服务，这已成为创立一站式“金融超市”发展趋势的一部分。在过去的 10 年里，股票佣金已稳步下降，嘉信理财、E*Trade 和 TD Ameritrade 等折扣经纪公司获取的佣金平均每笔交易不足 10 美元。

除了经纪人佣金这项显性交易成本，还包括隐性交易成本，即买卖价差。交易证券时，经纪人有时也是一名交易商，他们不直接索取佣金，而是从买卖价差中赚取服务费用。观察者还注意到另外一种隐性成本，即当投资者希望的交易量超过与报价相对应的交易量时，其必须做出价格让步。

3.8 保证金交易

购买证券时，投资者很容易接触到一种被称为经纪人即期贷款（broker's call loan）的债务融资方式，利用经纪人即期贷款购买证券的行为叫作以保证金购买或配资购买。

以保证金购买意味着投资者需要从经纪人那里借入部分购买股票的资金。账户中的**保证金（margin）**是由投资者提供的购买款项，剩下的购买款项是向经纪人借入的。经纪人以活期贷款利率从银行借入资金以支持这些购买行为，然后再按这个利率向投资者收取贷款利息和服务费用。所有以保证金购买的证券必须以经纪人的名义保管，因为这些证券都被视为贷款的抵押物。

联邦储备系统理事会规定了用保证金贷款购买股票的上限，当前的保证金要求比例是 50%，即购买款项中至少 50%是现金支付，剩下的可以借款。

【例 3-1】 保证金

保证金比例被定义为账户净值或权益价值与股票市值之比。下面举例说明这一概念。假设某投资者最初支付 6 000 美元购买价值 10 000 美元的股票（以每股 100 美元的价格购入 100 股），剩下的购买款项向经纪人借入，则最初的资产负债表如下：

资产（美元）		负债和所有者权益（美元）	
股票市值	10 000	向经纪人贷款	4 000
		权益	6 000

最初的保证金比例为

$$保证金比例=\frac{权益价值}{股票市值}=\frac{6\ 000}{10\ 000}=0.60=60\%$$

如果价格下降到每股 70 美元，则资产负债表变为

资产（美元）		负债和所有者权益（美元）	
股票市值	7 000	向经纪人贷款	4 000
		权益	3 000

股票价值下降导致账户中资产的价值和权益价值均随之下降，保证金比例变为

$$保证金比例=\frac{权益价值}{股票市值}=\frac{3\,000}{7\,000}=0.43=43\%$$

若例 3-1 中的股票价值跌至 4 000 美元以下，所有者权益将变为负值，这意味着股票价值已不能作为经纪人贷款的足额抵押。为了避免这种情况的发生，经纪人设定了一个维持保证金比例，若保证金比例下降到维持保证金比例以下，经纪人就会发出保证金催缴通知，要求投资者向保证金账户增加现金或证券。若投资者不履行要求，经纪人会从账户中出售证券并偿还贷款，以使保证金比例恢复到一个可接受的水平。

【例 3-2】　维持保证金

延续例 3-1 的情景，假设维持保证金比例为 30%，股票价格跌至多少时投资者将收到保证金催缴通知？

假设 P 代表股票价格，那么 100 股股票的价值为 $100P$，账户中的权益价值为 $100P-4\,000$，保证金比例为（$100P-4\,000$）/$100P$。使保证金比例等于维持保证金比例 30% 的股票价格便可以通过下式计算出来：

$$\frac{100P-4\,000}{100P}=30\%$$

通过计算得出，$P=57.14$ 美元。若股票价格跌至 57.14 美元以下，投资者将收到保证金催缴通知。

概念检查 3-4

假设例 3-2 中的维持保证金比例为 40%，则股票价格跌至多少时投资者将收到保证金催缴通知？

Excel 应用：用保证金贷款购买

在线学习中心（www.mhhe.com/bkm）包含了以下电子数据表格模型，该模型可以用来分析不同保证金水平和股价波动的影响，而且可以用来比较使用保证金贷款和不使用保证金贷款时的投资收益。为什么投资者会用保证金贷款购买证券？当投资者希望购买的证券数额超过自身所能支付的数额时他们会通过保证金贷款来购买，从而可以获得更大的上涨潜能，但也将承受更大的下跌风险。

Excel 问题

1. 假设你买 100 股股票，开始时售价为 50 美元，从经纪人处借用所需资金的 25%，即购买行为的初始保证金为 25%。你为保证金支付 8% 的利率。

a. 你自己投资了多少钱？你从经纪人那里借了多少钱？

b. 若持有 1 年到期时股价为如下数据，则你的收益率是多少？①40 美元；②50 美元；③60 美元。

2. 重复问题 1 的假定，你的初始保证金是 50%。保证金如何影响风险和收益率？

	A	B	C	D	E	F	G	H
1								
2			B栏的	期末	投资		期末	无保证金
3			操作或公式	股价（美元）	收益率		股价（美元）	收益率
4	期初股票投资	10 000.00	输入数据		-41.60%			-18.80%
5	贷款总额	10 000.00	(B4/B10)-B4	20.00	-121.60%		20.00	-58.80%
6	期初股价	50.00	输入数据	25.00	-101.60%		25.00	-48.80%
7	购买数量	400	(B4/B10)/B6	30.00	-81.60%		30.00	-38.80%
8	期末股价	40.00	输入数据	35.00	-61.60%		35.00	-28.80%
9	持有期内分红	0.60	输入数据	40.00	-41.60%		40.00	-18.80%
10	初始保证金比例	50.00%	输入数据	45.00	-21.60%		45.00	-8.80%
11	维持保证金比例	30.00%	输入数据	50.00	-1.60%		50.00	1.20%
12				55.00	18.40%		55.00	11.20%
13	保证金贷款利率	8.00%	输入数据	60.00	38.40%		60.00	21.20%
14	持有期（月）	6	输入数据	65.00	58.40%		65.00	31.20%
15				70.00	78.40%		70.00	41.20%
16	**投资收益**			75.00	98.40%		75.00	51.20%
17	股票资本利得	-4 000.00	B7*(B8-B6)	80.00	118.40%		80.00	61.20%
18	股利	240.00	B7*B9					
19	保证金贷款利息	400.00	B5*(B14/12)*B13					
20	净收入	-4 160.00	B17+B18-B19			图例		
21	初始投资	10 000.00	B4			输入数据		
22	投资收益率	-41.60%	B20/B21			计算值		

为什么投资者以保证金买入股票？当他们投资的金额大于他们实际拥有的金额时，他们就会这样做。此时，他们可能得到更高的收益，但他们也置自己于更高的风险中。

概念检查 3-5

假设在 FinCorp 的例子中，投资者仅借入 5 000 美元，年利率仍为 9%，若 FinCorp 股价上涨 30%，投资者的收益率为多少？若下降 30%，收益率为多少？若股价保持不变，收益率又为多少？

为了说明这一点，假设某投资者对 FinCorp 股票看涨，当前股价为每股 100 美元。该投资者拥有 10 000 美元资金，他预期 FinCorp 的股价在下一年度将上涨 30%。在不考虑股利的条件下，若该投资者投资 10 000 美元买入 100 股，其投资收益率将为 30%。

但是，现在假设该投资者从经纪人处另外借入 10 000 美元，也投资于 FinCorp 股票，现在总投资额变为 20 000 美元（200 股）。假设保证金贷款的年利率为 9%，如果 FinCorp 股价至年末上涨 30%，此时投资者的收益率是多少（不考虑股利）？

年末，200 股 FinCorp 股票的价值为 26 000 美元，偿还保证金贷款的本金和利息共 10 900 美元后，还剩 15 100 美元（即 26 000 美元-10 900 美元），那么本例中的投资收益率将为

$$\frac{15\ 100-10\ 000}{10\ 000}=51\%$$

这样，投资者同样进行了 10 000 美元的投资，股价同样上涨 30%，而投资收益率却增至 51%。

这样做也增加了股价下跌时的风险。假设 FinCorp 的股价不是上涨 30%，而是下跌 30%，即每股变为 70 美元。此时，FinCorp 的股票价值变为 14 000 美元，偿还 10 900 美元的贷款本金和利息后还剩 3 100 美元，此时的投资收益率是惨不忍睹的，为

$$\frac{3\ 100-10\ 000}{10\ 000}=-69\%$$

表 3-1 总结了这几种假设的可能结果。若 FinCorp 股价保持不变，那么投资者将损失 9%，即贷款成本。

表 3-1　对用保证金购买股票的说明

股价变化	年末股票价值（美元）	本息支付[①]（美元）	投资者收益率（%）
上涨 30%	26 000	10 900	51
不变	20 000	10 900	-9
下跌 30%	14 000	10 900	-69

① 假设投资者购买了价值 20 000 美元的股票，其中 10 000 美元是借来的，年利率为 9%。

3.9　卖空

通常情况下，投资者会先买入股票再把股票卖出，而卖空指令却与之完全相反。在卖空中，投资者先售出股票然后再买入股票。在这两种情况中，投资者在最初和最后都没有持有股票。

卖空（short sale）允许投资者从证券价格的下跌中获利。投资者首先从经纪人处借入股票并将其卖出，然后再买入等量相同的股票偿还借入的股票，这个过程叫作平仓空头头寸。表 3-2 比较了股票卖空[㊀]与通常情况下的股票买卖。

表 3-2　股票买卖与股票卖空的现金流

时期	行为	现金流[①]
通常情况下的股票买卖		
0	买入股票	-股票最初价格
1	收到股利，卖出股票	股利+股票最终价格
利润 =（股利+股票最终价格）-股票最初价格		
股票卖空		
0	借入股票并售出	+股票最初价格
1	偿还股利，并购入股票来偿还最初借入的股票	-（股利+股票最终价格）
利润 = 股票最初价格 -（股利+股票最终价格）		

① 负的现金流代表现金流出。

卖空者预期股价会下跌，因此他可以以低于最初卖出的价格买入股票。如果卖空者的预期是正确的，那么他将从中获取利润。卖空者不仅要向借出者偿还股票，还要支付卖空期间的所有股利。

实际操作中，通常由卖空者的经纪公司向卖空者借出股票，经纪公司以“街名”持有其他投资者的各种股票（即经纪人代表客户以经纪人自己的名义注册持有股票）。股票所有者无须知道股票被出借给卖空者。如果股票所有者希望售出股票，经纪公司可以从其他投资者处借入股票供其售出。因此，卖空期间是不确定的。但是，若经纪公司无法找到新的股票填补已售出的股票，卖空者需要立即从市场中买入股票并将其偿还给经纪公司。

最后，交易所还规定卖空的收益必须保留在经纪人的账户中，卖空者不能用这笔资金再进行投资，尽管大型机构投资者经常会收到由经纪人保管的部分卖空收益。在卖空期间，卖空者还必须向经纪人追加保证金以填补股价上涨带来的损失。

㊀ 裸卖空是传统卖空的一种变形。在裸卖空中，交易者卖出尚未借入的股票，他们假设在交割期限之前可以及时获得股票。尽管裸卖空是被禁止的，但是实施结果却参差不齐，许多公司仍从事裸卖空交易，因为它们相信在交割日来临之前它们一定可以顺利获得股票。现在，美国证券交易委员会要求卖空者在参与交易之前必须做好交割准备。

Excel 应用：卖空

在线学习中心（www. mhhe. com/bkm）包含了以下电子数据表格模型，该模型是以本书中的 Dot Bomb 公司股票为例建立的。该模型可用于分析收益、保证金催缴以及各种初始保证金比例和维持保证金比例的影响。该模型还包括最终股价与投资收益的敏感性分析。

Excel 问题

1. 假设你卖 100 股股票，最初售价是每股 100 美元。你的初始保证金比例是 50%。你的保证金账户不收利息。

a. 你需要把多少钱放到你的保证金账户？

b. 假设股票不支付股利，在 1 年持有期结束后，若股价为如下数据，你的收益率是多少？①90 美元；②100 美元；③110 美元。

2. 重复问题 1b，但现在假设股票年末支付每股 2 美元的股利。股票的收益和空头头寸的收益之间是什么关系？

	A	B	C	D	E
1					
2			B栏的	期末	投资
3			操作或公式	股价	收益率
4	期初投资	50 000.00	输入数据		60.00%
5	期初股价	100.00	输入数据	170.00	−140.00%
6	卖空股票数量	1 000	(B4/B9)/B5	160.00	−120.00%
7	期末股价	70.00	输入数据	150.00	−100.00%
8	每股股利	0.00	输入数据	140.00	−80.00%
9	初始保证金比例	50.00%	输入数据	130.00	−60.00%
10	维持保证金比例	30.00%	输入数据	120.00	−40.00%
11				110.00	−20.00%
12	**卖空收益率**			100.00	0.00%
13	股票的资本利得	30 000.00	B6*(B5–B7)	90.00	20.00%
14	支付股利	0.00	B8*B6	80.00	40.00%
15	净收入	30 000.00	B13–B14	70.00	60.00%
16	初始投资	50 000.00	B4	60.00	80.00%
17	投资收益率	60.00%	B15/B16	50.00	100.00%
18				40.00	120.00%
19	**保证金投资**			30.00	140.00%
20	按期末股价计算的保证金比例	114.29%	(B4+(B5*B6)–B14–(B6*B7))/(B6*B7)	20.00	160.00%
21				10.00	180.00%
22	需补缴保证金时的股价	115.38	(B4+(B5*B6)–B14)/(B6*(1+B10))		
23				图例	
24				输入数据	
25				计算值	

【例 3-3】 卖空

为了说明卖空机制，假设你对 Dot Bomb 公司的股票看跌，该股票的市价为每股 100 美元。现在，你要求经纪人卖空 1 000 股，经纪人会从其他客户的账户中或其他经纪人处借入 1 000 股。

从卖空中获得的 100 000 美元的现金流会贷记入你的账户。假设经纪人对卖空的保证金比例要求为 50%，这意味着你的账户中必须至少有 50 000 美元的现金或其他证券作为卖空的保证金。现假设你有价值 50 000 美元的国库券，则卖空后你的账户将变为：

资产（美元）		负债和所有者权益（美元）	
现金	100 000	Dot Bomb 股票的空头头寸（欠 1 000 股）	100 000
国库券	50 000	权益	50 000

你最初的保证金比例等于权益价值（50 000 美元）与你所欠股票价值（100 000 美元，这也是你最终必须偿还的价值）之比，即

$$保证金比例=\frac{权益价值}{所欠股票价值}=\frac{50\ 000}{100\ 000}=0.50=50\%$$

假设你最初的预期是正确的，Dot Bomb 的股价跌至每股 70 美元，你就可以轧平你的头寸并获得利润。为了填补借入的股票，你还需要买入 1 000 股 Dot Bomb 的股票。由于当前股价为每股 70 美元，那么你的购买成本仅为 70 000 美元[⊖]。由于你借入并卖出股票后你的账户被贷记了 100 000 美元，所以你的利润为 30 000 美元，正好等于股价的下跌额与卖空股票股份数的乘积。

【例 3-4】 空头头寸的保证金催缴

假设经纪人对卖空的维持保证金比例要求为 30%，这意味着你账户中的权益价值至少维持在空头头寸的 30%，那么 Dot Bomb 的股价上涨到多少时你会收到保证金催缴通知？

假设 P 表示 Dot Bomb 的股价，那么你必须偿还的股票价值便为 1 000P，此时，你账户中的权益价值为 150 000−1 000P。空头头寸的保证金比例等于权益价值与你所欠股票价值之比 =(150 000−1 000P)/1 000P，因此，P 的准确值便可以根据下式计算出来：

$$\frac{权益价值}{所欠股票价值}=\frac{150\ 000-1\ 000P}{1\ 000P}=0.3$$

通过计算可得，P=115.38 美元，即若 Dot Bomb 的股价涨至 115.38 美元以上，你便会收到保证金催缴通知，你可以选择向账户中追加现金或购买新的股票来偿还借入的股票。

现在你知道为什么止购指令总是伴随着卖空了。假设 Dot Bomb 的股价为每股 100 美元时你卖空其股票，若股价下降，你会从卖空中获利，但若股价上涨，假设涨至每股 130 美元，你将每股损失 30 美元。但是假设你在开始实施卖空的同时发出了股价为每股 120 美元的止购指令，一旦股价超过 120 美元，止购指令便会被执行，那么你的损失将被限制在每股 20 美元之内。（若股价下跌，止购指令将不会被执行。）因此，止购指令为卖空者在股价上涨时提供了保护。

概念检查 3-6

a. 若例 3-4 中 Dot Bomb 的股价涨至每股 110 美元，编制此时的资产负债表。

b. 若在 Dot Bomb 的例子中空头头寸的维持保证金比例为 40%，那么股价上涨到多少时投资者会收到保证金催缴通知？

卖空机制总是周期性受到人们的攻击，尤其是在股价下跌、经济不景气的时候，在过去的几年里从无例外。华尔街实战 3-2 对此进行了简要描述。

华尔街实战 3-2　卖空又一次陷入争议

卖空再次引火上身，尽管没有引起公开的强烈反对，但卖空一直以来饱受争议。在 18 世纪相当长的一段时间内，英国是禁止卖空的，拿破仑把卖空称为国家的敌人。在美国，人们普遍认为卖空造成了 1929 年市场的崩溃，而且，在 2008 年的金融危机中，卖空者被指责引发了贝尔斯登和雷曼兄弟两家投资银行的倒闭。2008 年 9 月，随着其他金融公司股价的大幅下跌，美国证券交易委员会暂时禁止卖空近 1 000 家金融公司的股票。类似地，英国

⊖ 注意，用保证金贷款购买时，你向经纪人借入的是数额一定的贷款，因此，该贷款的数额与股票价格无关。但是，卖空时你向经纪人借入的是数量一定的股票，因此，当股票价格发生变化时，你需要偿还的金额也在发生变化。

的金融监管机构英国金融服务监管局（Financial Services Authority）禁止卖空约 30 家金融公司的股票。与此同时，澳大利亚也开始禁止卖空。

颁布这些禁止规定的原因是：在很多情况下卖空会给股价带来毫无理由的下跌压力。首先进行卖空的投资者会编造一些导致公司股价下跌的谣言，然后把这些谣言传播出去。然而，当股价确实太高应该下降时，卖空是合法的。不过在 2008 年年末市场面临巨大压力时，人们普遍认为即使卖空是合法的，监管者也应该尽力支撑受影响的机构。

人们对卖空的敌意或许是由于他们容易混淆坏消息和传播坏消息的人。对于那些经分析认为公司被高估的投资者，卖空使他们可以在自己判断正确时获利。与其说卖空者造成股价下跌，倒不如说他们预期股价下跌，卖空者的行为仅仅是促使市场更快地反映问题公司恶化的发展前景。换句话说，卖空只是把所有信息和观点（既包括乐观的也包括悲观的）都反映在股价中的一个过程。

例如，在世通、安然、泰科等公司进入监管者的视线之前，卖空者已经对这些公司持悲观态度了。事实上，有观点认为不断兴起的卖空行为可以帮助监管者发现那些之前没有发现的舞弊行为。雷曼兄弟和贝尔斯登的倒闭是由于它们与抵押贷款相关的投资所造成的重大损失，而不是由于那些毫无根据的谣言。

学术研究证明了卖空可以促进有效市场定价的猜想。例如，对卖空某一股票的需求越大，该股票的未来收益就会越低，而且，那些采取法律行动或负面宣传威胁卖空者的公司，它们未来的收益尤其更低[①]。学术研究还证明了禁止卖空是一种可以理解但完全错误的行为，也是一种“斩杀信使”的行为。

① C. Jones and O. A. Lamont, “Short Sale Constraints and Stock Returns,” *Journal of Financial Economics*, November 2002, pp. 207-239, or O. A. Lamont, “Go Down Fighting: Short Sellers vs. Firms,” *Yale ICF Working Paper No.* 04-20, July 2004.

3.10 证券市场监管

美国的证券市场交易受到众多法律的制约，其中主要的监管法律包括 1933 年颁布的《证券法》和 1934 年颁布的《证券交易法》。1933 年的《证券法》要求对新证券发行的相关信息进行充分披露。该法案还对新证券的注册和招股说明书（详细说明公司的财务前景）的发布进行了规定。美国证券交易委员会对招股说明书或财务报表的批准并不能说明购买该公司的证券是一项好投资，美国证券交易委员会仅关心相关信息是否如实披露，投资者必须自己评估证券的价值。

1934 年颁布的《证券交易法》明确规定由美国证券交易委员会监督执行《证券法》中的相关条款。此外，该法案还扩展了《证券法》中的信息披露原则，要求已在二级市场发行证券的公司定期披露相关财务信息。

《证券交易法》还授权美国证券交易委员会负责证券交易所、场外交易市场、经纪人和交易商的注册和监管。美国证券交易委员会与其他监管机构共同负责对整个证券市场的监管，如商品期货交易委员会（Commodity Futures Trading Commission，CFTC）负责监管期货市场，而美联储全面负责美国金融系统的安全。美联储对股票和股票期权制定了保证金要求，并对银行向证券市场参与者发放的贷款做了相关规定。

1970 年颁布的《证券投资者保护法》明确规定证券投资者保护公司（Securities Investor Protection Corporation，SIPC）要保护投资者避免在其经纪公司破产时遭受损失。就像联邦存款保险公司为储户提供保护以避免其在银行破产时遭受损失一样，证券投资者保护公司保证投资者在其经纪公司破产时，可以收回其在经纪公司账户中以“街名”持有的证券，每个客户可收回的最高限额为 500 000 美元。证券投资者保护公司通过向其经纪公司会员收取“保险费”来筹集运营资金。

除联邦监管之外，证券交易还要遵守所在州的法律，这些由各州制定的关于证券交易的法律被统称为蓝天法（blue sky laws），因为这些法律的目的是让投资者对投资前景有一个清楚的认识。禁止证券交易中欺诈行为的州法案在 1933 年的《证券法》制定之前就已存在。随着 1956 年颁布的《统一证券法》的部分规定被大多数州采用，那些互不相同的州法案也开始趋于一致。

2008 年的金融危机也导致了监管政策的变化，部分内容在第 1 章中有所说明。为了保障美国金融体系的稳定性，《多德-弗兰克法案》要求组建金融稳定监督委员会（FSOC）。FSOC 主要关注大型、关联性强的银行的潜在破产风险。其有投票权的委员全部由美国主要监管机构的负责人担任，因此 FSOC 在一定程度上成为联系和协调重要监管机构的纽带。

3.10.1 自律

除政府监管外，证券市场中还存在着许多行业自律机构。其中，最主要的自律机构是金融行业监管局（Financial Industry Regulatory Authority，FINRA），它是美国最大的监管证券公司的非政府监管机构。金融行业监管局成立于 2007 年，由全美证券交易商协会与纽约证券交易所的自律监管部门合并形成，其主要任务是保护投资者和维护市场公正，包括检查证券公司，制定并实施证券交易方面的规定，为投资者和注册公司管理一个争议解决论坛。

投资专业人员协会也具有自律约束的职能。例如，特许金融分析师协会制定了专业人员的行为准则以规范具有特许金融分析师资格的从业人员的行为。专栏华尔街实战 3-3 对这些准则进行了简要概述。

华尔街实战 3-3 摘自特许金融分析师协会的执业行为准则

1. 职业操守
- 法律知识。会员和候选人必须理解、掌握并遵守所有适用的法律、法规和规章，包括特许金融分析师协会道德规范和职业行为标准。
- 独立性和客观性。会员和候选人进行执业活动时必须保持独立性和客观性。
- 曲解。会员和候选人不得有意曲解分析、建议、行动和其他专业活动。

2. 资本市场的公正性
- 非公开信息。会员和候选人不得利用非公开的重要信息。
- 市场操纵。会员和候选人不得试图歪曲价格和成交量来误导市场参与者。

3. 对客户的责任
- 诚实、审慎和谨慎。会员和候选人必须保持合理的谨慎，将客户的利益置于自身利益之上。
- 公平交易。会员和候选人在做出投资建议或进行投资活动时，必须公正、客观地与客户交易。
- 适当性。会员和候选人在做出投资建议之前，必须适当地询问客户的财务状况、投资经历和投资目标。
- 业绩陈述。会员和候选人要保证投资业绩的陈述公正、准确和完整。
- 保密。未经客户允许，会员和候选人不得公开客户信息。

4. 对雇主的责任
- 忠诚。会员和候选人必须以雇主利益为前提行事。
- 薪酬。会员和候选人在获得各方书面同意之前，不得接受来自其他方可能导致与雇主利益产生冲突的薪酬。
- 监督。会员和候选人必须监督并阻止在其监督范围内的违法违规行为。

5. 投资分析与建议
- 勤勉。会员和候选人必须保持勤勉的态度，在进行投资分析或提出投资建议时必须有充分的依据。

- 沟通。会员和候选人在分析报告中必须区分事实和观点，且必须披露投资分析过程的一般原则。

6. 利益冲突

- 冲突的披露。会员和候选人必须披露可能损害其客观性或妨碍他们履行其他职责的所有事项。
- 交易优先。为客户和雇主的交易优先于为会员和候选人利益而从事的交易。

7. 特许金融分析师协会会员和候选人的责任

- 行为。会员和候选人不得从事任何危害特许金融分析师协会或特许金融分析师登记机构的声誉或公正性的行为。

资料来源：Excerpt from "Code of Ethics and Standards of Professional Conduct," *Standards of Practice Handbook*, 11th Ed. © 2014. CFA Institute.

3.10.2 《萨班斯-奥克斯利法案》

2000—2002 年的丑闻主要集中在 3 个方面：首次公开发行股票的配售，向公众提供不实的证券分析报告和投资建议以及提供带有误导性的财务报表和会计惯例（这一点可能是最重要的）。针对这些问题，美国国会于 2002 年颁布了《萨班斯-奥克斯利法案》，该法案的主要改革内容如下：

- 成立一个上市公司会计监管委员会以监督上市公司的审计。
- 公司董事会的审计委员会中必须包含独立的财务专家。
- 首席执行官和首席财务官必须亲自保证其披露的财务报表在所有重大方面真实地反映了公司的经营成果和财务状况。若这些财务报表具有误导性，他们个人将受到处罚。遵守一般公认会计准则固然重要，但这在会计实务中是远远不够的。
- 审计师不再为客户提供除审计外的服务，以避免从咨询服务中获取利益而影响审计的质量。
- 董事会中必须包含独立董事，必须定期召开管理层不参加的董事会会议（这样可以避免管理层妨碍或影响讨论）。

近年来，人们对《萨班斯-奥克斯利法案》有很强烈的抵触情绪。许多观察者发现服从该法案的成本过于繁重，尤其是对于小公司而言，而且，该法案过于苛刻的监管制度使在国外上市的证券比在美国上市的证券更有优势。2012 年发布的《工商初创企业推动法案》免除了许多小公司在《萨班斯-奥克斯利法案》下的一些义务。此外，随着全球化进展的加快和资金跨国流动监管的放松，单一国家法规的有效性正在接受检验。

3.10.3 内幕交易

禁止内幕交易也是监管的重要内容之一。任何利用**内幕信息**（inside information）进行证券交易的行为都是违法的，内幕信息是指由高管人员、董事或大股东掌握的还未向公众披露的信息。但对内部人员的定义却很模糊，例如，首席财务官显然是内部人员，但公司最大的供应商是否属于内部人员却很难确定。供应商可以从订单数量的大幅变化上推断公司的近期前景，这使供应商可以获得一些特定的内幕信息，即便是这样，从技术上讲供应商仍不能算是内部人员。这种模糊不清的定义使证券分析师非常烦恼，因为他们的工作就是尽可能挖掘有关公司未来发展前景的信息。合法内幕信息和非法内幕信息之间的界限往往非常模糊。

美国证券交易委员会要求高管人员、董事和大股东报告他们交易自己所属公司股票的所有情况。然后，证券交易委员会会公布一份内部人员交易概要，目的是向公众披露内部人员对公司前景乐观或悲观的暗示。

内部人员确实会利用他们所掌握的信息，以下三大证据都将支持这一结论。第一，人们普遍相信内幕交易的存在。

第二，大量证据证明，那些对投资者有用的信息在向公众披露之前就已经泄露给某些交易者了。例如，宣告增加股利发放（市场认为这是关于公司前景的好消息）的公司，其股价通常在公告宣告之前几天就开始上涨。显然，某些投资者在好消息公布之前就已经利用这些消息炒作股票了。但是有时在好消息公布当天股价仍会明显上涨，这说明内部人员和其同伙没有把股价抬升到与好消息相对应的水平。

第三个证据与内部人员所获得的收益有关。研究人员曾仔细分析美国证券交易委员会发布的内部人员交易概要以评价内部人员交易的业绩。这些研究中最著名的是 Jaffee[㊀]所做的关于内部人员交易后几个月内的股票异常收益研究，他发现当买入股票的内部人员超过卖出股票的内部人员 3 倍或更多时，在接下来的 8 个月内股票的异常收益率约为 5%，而且，当卖出股票的内部人员超过买入股票的内部人员时，股票的市场表现将会很差。

小结

1. 公司通过发行证券来为其投资项目筹集所需资金，投资银行在一级市场把这些证券销售给公众。投资银行通常扮演了承销商的角色，它们从公司买入证券，又溢价销售给公众。在将证券销售给公众之前，公司必须发布一份经美国证券交易委员会批准的招股说明书，披露有关公司前景的信息。
2. 已发行的证券在二级市场进行交易，二级市场主要包括有组织的证券交易所、场外交易市场，对大宗交易而言，还要通过直接谈判达成交易。经纪公司向个人投资者提供服务，代替他们执行交易以收取佣金。
3. 交易既可以在交易商市场进行，也可以通过电子通信网络或在专家做市商/指定做市商市场进行。在交易商市场上，证券交易商报出其期望的买卖价格，个人投资者的经纪人以最优报价执行交易。在电子交易市场上，已有的最新成交簿提供了交易执行的条件，管理整个市场运行的计算机系统将自动撮合相匹配的买卖指令。
4. 纳斯达克是典型的交易商市场，交易商通过直接谈判来达成交易。纽约证券交易所是典型的专家做市商市场。现在，大多数交易是通过电子网络自动执行的。
5. 用保证金贷款购买是指通过向经纪人借款，从而可以购买更多的证券。用保证金贷款购买的证券数量比用自有资金购买的证券数量更多。用保证金贷款购买时，投资者既提高了其在股价上涨时的获利能力，也加大了其在股价下跌时的损失风险。如果保证金账户中的余额下降到规定的维持水平以下，投资者就会收到来自经纪人的保证金催缴通知。
6. 卖空是指投资者卖出其并不拥有的证券。卖空者从经纪人处借入股票并卖出，但随时都可能被要求平仓。卖空的现金所得需由经纪人保管，经纪人通常会要求卖空者存入额外的现金或证券作为保证金（即抵押品）。
7. 证券交易由美国证券交易委员会和其他政

㊀ Jeffrey E. Jaffee, "Special Information and Insider Trading," *Journal of Business* 47 (July 1974).

府机构监管，除此之外还有交易所的自我监管。许多重要的监管法规都与证券相关信息的完整披露有关。内幕交易法规禁止交易者利用内幕信息获取利益。

习题

1. 止损指令、限价卖出指令和市价委托指令之间的区别是什么？
2. 为什么近几年平均交易规模在逐渐下降？
3. 保证金交易是如何既放大上涨潜力又增加投资的下行风险的？
4. 以下陈述是否正确？如果不正确，请纠正。
   a. 投资者如果希望立刻卖出股票，应该要求其经纪人使用限价指令。
   b. 卖价低于买价。
   c. 微软公司向公众增发股票的行为被称为 IPO。
   d. ECN 是一种计算机链接，主要由证券交易商用来公布它们愿意购买或出售股票的价格。
5. 在发展中国家，流动性差的证券最可能在什么市场中交易？
   a. 经纪人市场
   b. 电子撮合交易网络
   c. 电子限价指令市场
6. 投资者 Dee 开设了一个经纪人账户，以每股 40 美元购买了 300 股 Internet Dreams 的股票，为支付购买价款，她向经纪人借款 4 000 美元，贷款利率为 8%。
   a. Dee 首次购买股票时，其账户中的保证金是多少？
   b. 若年末时股价跌至每股 30 美元，Dee 账户中的剩余保证金是多少？若维持保证金比例是 30%，她会收到保证金催缴通知吗？
   c. 她的投资收益率是多少？
7. 投资者 Old Economy 开设了一个账户，卖空了 1 000 股 Internet Dreams 的股票，最初的保证金比例是 50%（保证金账户中的钱不会获得利息）。一年后，Internet Dreams 的股价从每股 40 美元涨至每股 50 美元，且该股票已支付了每股 2 美元的股利。
   a. 账户中的剩余保证金是多少？
   b. 若维持保证金比例要求是 30%，Old Economy 会收到保证金催缴通知吗？
   c. 其投资收益率是多少？
8. 表 3-3 是专家做市商的最新成交簿，该股票上笔交易的成交价格是每股 50 美元。

表 3-3 最新成交簿

限价买入指令		限价卖出指令	
报价（美元）	股票数量	报价（美元）	股票数量
49.75	500	50.25	100
49.50	800	51.50	100
49.25	500	54.75	300
49.00	200	58.25	100
48.50	600		

   a. 若买入 100 股的市价委托指令出现，行权价格将是多少？
   b. 下一条买入股票的市价委托指令将以何种价格执行？
   c. 如果你是专家做市商，你会增加还是减少自己的股票？
9. 你对 Telecom 的股票看涨，其当前市价是每股 50 美元，你自己有 5 000 美元可进行投资，此外你又从经纪人处借入 5 000 美元，年利率为 8%。你将这 10 000 美元全部投资该股票。
   a. 若 Telecom 的股价在下一年内上涨 10%，你的投资收益率将是多少（不考虑股利）？
   b. 若维持保证金比例为 30%，Telecom 的股价跌至多少时你会收到保证金催缴通知？假设股价是瞬间变化的。
10. 你对 Telecom 的股票看跌，其当前市价是每股 50 美元，你决定卖空 100 股。

a. 若经纪人的维持保证金比例要求是空头头寸的 50%，你必须在你的经纪人账户中存入多少现金或证券？

b. 若经纪人的维持保证金比例要求是空头头寸的 30%，股价涨到多少时你会收到保证金催缴通知？

11. 假设英特尔股票的当前价格为每股 20 美元，你买入 1 000 股，其中 15 000 美元为你的自有资金，剩下的向经纪人借入，贷款利率为 8%。

  a. 若英特尔的股价瞬间变为：①22 美元；②20 美元；③18 美元，你的经纪人账户余额的变动百分比是多少？你的投资收益率与股价涨跌幅之间的关系是什么？

  b. 若维持保证金比例为 25%，股价跌至多少时你会收到保证金催缴通知？

  c. 若你最初买入股票时自有资金仅为 10 000 美元，问题 b 的答案将如何变化？

  d. 若一年后英特尔的股价变为：①22 美元；②20 美元；③18 美元，你的投资收益率分别为多少（假设你最初投资的自有资金为 15 000 美元）？你的投资收益率与股价涨跌幅之间的关系是什么？

  e. 假设一年已经过去，股价跌至多少时你会收到保证金催缴通知？

12. 假设你卖空 1 000 股英特尔公司的股票，其当前市价为每股 20 美元，你向经纪人支付 15 000 美元来建立你的保证金账户。

  a. 假设保证金账户中的钱无法获得利息，若一年后英特尔的股价变为：①22 美元；②20 美元；③18 美元，你的投资收益率分别为多少（不考虑股利）？

  b. 若维持保证金比例为 25%，股价涨至多少时你会收到保证金催缴通知？

  c. 假设英特尔公司支付每股 1 美元的年终股利，重新计算问题 a 和问题 b。其中，问题 a 中的股价不包含股利。

13. 下面是 Marriott 股票价格的部分信息：

	买方报价（美元）	**卖方报价**（美元）
Marriott	69.95	70.05

你已发出一条 70 美元的止损指令，这意味着你在向经纪人传达什么意思？考虑到当前的市场价格，你的指令会被执行吗？

14. 下面是 FinCorp 股票价格的部分信息，假设该股票在交易商市场进行交易。

买方报价（美元）	**卖方报价**（美元）
55.25	55.50

  a. 假设你已向经纪人发出一条市价委托买入指令，该指令的行权价格将是多少？

  b. 假设你已向经纪人发出一条市价委托卖出指令，该指令的行权价格将是多少？

  c. 假设你已向经纪人发出一条 55.62 美元的限价买入指令，将会发生什么？

  d. 假设你已向经纪人发出一条 55.37 美元的限价卖出指令，将会发生什么？

15. 你以保证金贷款的形式借入 20 000 美元购买迪士尼公司的股票，该股票的当前市价为每股 40 美元，账户的初始保证金比例为 50%，维持保证金比例为 35%，两天后该股票的价格跌至每股 35 美元。

  a. 此时你会收到保证金催缴通知吗？

  b. 股价下跌至多少时，你会收到保证金催缴通知？

16. 1 月 1 日，你以每股 21 美元卖空一手（即 100 股）Lowes 公司的股票。2 月 1 日，收到每股 2 美元的股利。4 月 1 日，你以每股 15 美元的价格买入股票填补卖空的股票。每笔交易你都要支付每股 50 美分的佣金。4 月 1 日，你账户的价值是多少？

CFA 考题

1. FBN 公司刚刚首次公开发行了 100 000 股股票，支付给承销商的显性费用为 70 000 美元，首次公开发行价格为每股 50 美元，但发行后立即涨至每股 53 美元。
   a. 你认为 FBN 公司这次首次公开发行的总成本是多少？
   b. 承销的总成本是承销商的利润来源之一吗？
2. 某股票的当前市价为每股 62 美元，你发出一条以每股 55 美元卖出 100 股该股票的止损指令，若股价跌至每股 50 美元，每股你将收到多少钱？
   a. 50 美元　　b. 55 美元
   c. 54.87 美元　　d. 根据已知信息无法判断

概念检查答案

3-1 引入储架注册的原因是其节约的成本超过了非即时披露的劣势，但若不对储架注册进行时间限制，则违背了蓝天法中对信息披露的相关规定，因为公司的财务状况会不断变化。

3-2 a. 二手车可在交易商市场（二手车市场或汽车特约经销商）交易；当个人在当地报纸或网站刊登广告时，二手车是在直接搜寻市场进行交易的。

b. 当客户委托经纪人代为买卖油画时，油画是在经纪人市场进行交易的；美术画廊中的油画可以在交易商市场进行交易；油画还可以在拍卖市场进行交易。

c. 稀有硬币主要是在货币商店进行交易的，这属于交易商市场；但当刊登希望买卖稀有硬币的广告时，稀有硬币是在直接搜寻市场进行交易的；稀有硬币还可以在拍卖市场进行交易。

3-3 a. 你应向经纪人发送一条市价委托指令，该指令可以被立即执行，而且市价委托指令的交易佣金最低。

b. 你应向经纪人发送一条限价买入指令，只有当股价上涨 5% 时该指令才会被执行。

c. 你应向经纪人发送一条止损指令，当股价下跌时该指令将会被执行，为避免大额损失，设定的限价应接近当前市价。

3-4 $\frac{100P-4\,000}{100P}=0.4$，得 $P=66.67$ 美元/股。

3-5 若投资者购买 150 股股票，其收益率如表 3-4 所示。

表 3-4 收益率信息

年末价格变化（%）	年末股票价值（美元）	偿还本息（美元）	投资收益率（%）
30	19 500	5 450	40.5
无变化	15 000	5 450	-4.5
-30	10 500	5 450	-49.5

3-6 a. 当 Dot Bomb 的股价涨至每股 110 美元时，你的资产负债表如表 3-5 所示。

表 3-5 资产负债表信息

资产（美元）		负债和所有者权益（美元）	
现金	100 000	Dot Bomb 股票的空头头寸	110 000
国库券	50 000	权益	40 000

b. $\frac{150\,000-1\,000P}{1\,000P}=0.4$，得 $P=107.14$ 美元/股。

第 4 章

共同基金与其他投资公司

前 3 章介绍了证券交易的机制及证券交易市场的结构。但是，通常个人投资者不会直接开立账户交易证券，而是会把资金交给证券投资公司，由它们代为管理证券。其中最重要的金融中介是开放型投资公司，更通俗地说是共同基金。本章我们将着重介绍共同基金，也会简单涉及其他类型的投资公司，如单位投资信托、对冲基金和封闭式基金。

本章将首先描述并比较各种已有的投资公司，然后考察共同基金的功能、投资类型和投资策略以及这些基金的投资成本。接下来我们简单看一看这些基金的投资业绩。我们需要考虑它们的管理费和换手率对净业绩的影响并考察跨时段投资业绩的持续性。也就是说如果共同基金过去的业绩骄人，那么它未来也会是业绩佼佼者吗？最后，本章还将讨论有关共同基金的信息来源问题，并详细介绍晨星公司的共同基金报告提供的信息。

4.1 投资公司简介

投资公司（investment company）是一种金融中介，它从个人投资者手中汇集资金再将其广泛投资于各种有潜力的证券或其他资产。隐藏在投资公司背后的关键理念是汇集资产。对于投资公司设立的资产组合，每位投资者都有与其投资数额成比例的追索权。这样，这些投资公司就为小投资者们联合协作获取大规模投资所得的利益提供了一种机制。

对投资者来说，投资公司发挥着以下几种重要功能。

（1）记账与管理。投资公司定期发布工作进度报告，记录资本利得分配情况、股利、投资及偿债情况，并可能将股东的股利及利息收入进行再投资。

（2）分散化与可分割性。通过汇集资金，投资公司使每个投资者持有许多不同证券的份额。这样它们就可以像大投资家那样行事，而这是任何单个小投资者都做不到的。

（3）专业化管理。投资公司中有全职的证券分析师和资产组合管理专家，正是他们在努力地工作，为投资者获取丰厚的投资收益。

（4）较低的交易成本。由于是以大宗交易的方式进行证券买卖的，投资公司可以大幅降低交易成本。

把个人投资者的资产都汇集在一起的同时，投资公司也需要分配投资者对这些资产的所有权。投资者购买投资公司的股份，其所有权与购买股份的数量成比例。每一股份的价值被称为

资产净值（net asset value，NAV）。资产净值等于资产减负债再除以发行在外的股份数量。

资产净值=(资产-负债)/发行在外的股份数量

【例 4-1】 资产净值

考察一个管理着价值 1.2 亿美元证券资产组合的共同基金。假设该基金欠投资顾问费 400 万美元，欠租金、应发工资及杂费 100 万美元。该基金发行在外的股份为 500 万股，则

资产净值=(12 000 万美元-500 万美元)/500 万股=23 美元/股

概念检查 4-1

考虑 2018 年 3 月先锋公司的成长收益基金的资产负债表的数据。该基金的资产净值是多少？

资产	286 626 万美元
负债	1 946 万美元
股份	6 069 万股

4.2 投资公司的类型

在美国，1940 年的《投资公司法》将投资公司分成单位投资信托与投资管理公司两类。单位投资信托的资产组合基本是固定的，因而被称为“无管理”的投资。而投资管理公司之所以这样命名，是因为它们所投资的资产组合中的证券被不断地买卖：投资组合是受管理的。受管理的投资公司还可以进一步分为开放型和封闭型。开放型公司就是我们通常所说的共同基金。

4.2.1 单位投资信托

在基金存续期间，**单位投资信托**（unit investment trust）的资金都投资在一个固定的投资组合中。为了成立一个单位投资信托，信托的发起人（通常为某家经纪公司）会购买一个证券资产组合并将其存入信托中。之后，单位投资信托销售信托中的基金份额或“单位”，这些份额或单位被称为可赎回的信托凭证。投资组合中所有的本金和收入都由基金的受托人（银行或信托公司）支付给基金持有人。

单位投资信托不需要很多的主动管理活动，一旦成立，它的资产组合的构成是固定不变的。所以这些信托被称为无管理的基金。单位投资信托往往投资于相对单一的资产类型，例如一个信托可能投资于市政债券，而另一个信托则可能投资于公司债券。投资组合的单一性与无须主动管理是密切相关的。单位投资信托为投资者提供了一个购买资产组合中某一系列特定类型资产的工具。

单位投资信托的发起人以标的资产的成本加溢价的价格出售股份获得收益。例如，一家信托购买了 500 万美元的资产，按每股 1 030 美元的价格公开出售 5 000 股（假设该信托没有负债）。这意味着单位投资信托所持有的证券的资产净值有 3%的溢价，这个 3%的溢价就是受托人设立该单位投资信托的收入。

希望变现所持有的单位投资信托股份的投资者可以按照资产净值将股份卖回给受托人。受托人要么出售资产组合中的证券获得必要的现金支付给投资者，要么将股份出售给新的投资者（仍然以资产净值加一个小的溢价出售）。单位投资信托近年来在共同基金市场逐渐失去份额。虽然共同基金市场规模增长迅猛，但单位投资信托从 1990 年的 1 050 亿美元下降到 2017 年的 850 亿美元。

4.2.2 投资管理公司

投资管理公司分为两种类型：开放式与封闭式。这两种公司的董事会都由股东选举产生，

并聘用一家管理公司对资产组合进行管理，管理公司的年费为全部资产的 0.2%~1.25%。在许多情况下，管理公司就是组织基金的那家公司。例如，富达管理与研究公司就是许多富达共同基金的发起人，负责管理基金的资产组合，确定每个富达基金的管理费用。在其他情况下，共同基金会聘用一位外部的资产组合管理人。例如，先锋公司聘用了韦林顿管理公司担任它的韦林顿基金的投资顾问。多数管理公司都签约并管理数家基金。

开放式基金（open-end fund）可以随时以资产净值赎回或发行基金股份（虽然购买与赎回都发生销售费用）。当开放式基金的投资者想要变现基金份额时，他们就以资产净值把股份再卖回给基金。相反，**封闭式基金**（close-end fund）不能赎回或发行股份，封闭式基金的投资者想要变现的话，必须将股份出售给其他投资者。封闭式基金的股份在有组织的交易所里交易，可以像其他普通股票一样通过经纪人进行买卖，因此它的价格也就与资产净值不一样了。在 2018 年年初，大约有 2 750 亿美元的资产在封闭式基金中交易。

图 4-1 是一个封闭式基金的列表。第一栏是基金名称和代号。接下来的两栏是基金最近的资产净值和收盘价。之后一栏的折价和溢价是价格与资产净值差异的百分比。注意到折价发行（用负数表示）的基金比较多。最后一栏是基于股份价格变化百分比加上股利收益的 52 周收益。

基金名称和代号	资产净值	收盘价	折价和溢价（%）	基于股份价格变化百分比加上股利收益的52周收益（%）
Gabelli Div & Inc Tr (GDV)	20.96	18.59	−11.31	−17.26
Gabelli Equity Trust (GAB)	5.34	5.20	−2.62	−8.90
General Amer Investors (GAM)	35.24	28.86	−18.10	−9.89
Guggenheim Enh Eq Inc (GPM)	7.11	6.94	−2.39	−14.67
J Hancock Tx-Adv Div Inc (HTD)	22.94	21.16	−7.76	−2.52
Liberty All-Star Equity (USA)	5.99	5.38	−10.18	−7.13
Liberty All-Star Growth (ASG)	4.96	4.46	−10.08	−10.07

图 4-1 封闭式基金

资料来源：*The Wall Street Journal Online*, January 7, 2019.

通常情况下，股份价格与资产净值偏差幅度较大，这仍然是一个尚未完全解开的谜。为了解释为什么这是个谜，我们考察某基于封闭式资产净值折价出售的基金。如果该基金要卖掉其资产组合中的所有资产，其所得收益将与资产净值相同，随即提升购买该基金的投资者的财富，而且，基金的溢价和折价随着时间的推移会逐渐消失，所以折价销售的基金会因为折价的逐渐缩减而获得更多的收益率。Pontiff 估计，一只折价 20%的基金，其期望年收益率比按资产净值[⊖]出售的基金多 6%以上。

有趣的是，尽管许多封闭式基金按资产净值折价出售，但是首次发行的基金的价格通常高于资产净值。既然这些基金股份在发行后不久就会打折销售，为什么投资者愿意购买新发行的溢价的基金？这是一个更难解的谜。

与封闭式基金相比，开放式基金的价格不能降至资产净值以下，因为这些基金的股份随时准备以资产净值的价格被赎回。当然，如果该基金有**手续费**（load），其报价就会超过资产净值。这个手续费实际上是销售费用。这种收取手续费的基金由证券经纪人或直接由共同基金集团出售。

⊖ Jeffrey Pontiff, "Costly Arbitrage: Evidence from Closed-End Funds," *Quarterly Journal of Economics* 111 (November 1996), pp. 1135-1151.

与封闭式基金不同，开放式的共同基金不在有组织的交易所中交易。相反，投资者仅仅通过投资公司以资产净值购买与变现其股份。因此，这些基金发行在外的股份数量每天都在发生变化。

4.2.3 其他投资机构

有一些中介，它们不像投资公司那样具有正式的组织或规范化的管理，然而它们的服务功能却与投资公司相似。其中3种较重要的机构为综合基金、房地产投资信托和对冲基金。

综合基金 综合基金是汇集投资者资金的合伙制企业。由管理公司如银行或保险公司来组织、管理这个合伙制企业，并收取管理费用。综合基金的典型合伙人为信托或退休账户，它们的资产组合比大多数个人投资者的大得多，但如果单独管理，资产组合的规模仍然偏小。

综合基金在形式上与开放式共同基金相似。但是综合基金发行基金单位而不是基金股份，这些基金单位以资产净值进行交易。银行或保险公司可以提供大量不同的综合基金，例如，货币市场基金、债券基金和普通股基金。

房地产投资信托 房地产投资信托与封闭式基金相似，投资信托投资不动产或有不动产担保的贷款。除发行股份外，它们通过银行借款、发行债券或抵押来筹集资金。它们中多数运用很高的财务杠杆，通常情况下的负债率达70%。

房地产投资信托有两个基本类型。产权信托直接投资不动产，抵押信托主要投资抵押与工程贷款。房地产投资信托通常由银行、保险公司或抵押公司设立，这些机构像投资公司那样提供服务并收取费用。

对冲基金 **对冲基金（hedge fund）**和共同基金一样，汇集私人投资者的资产并由基金管理公司负责投资。但是，对冲基金通常以私人合伙人的形式存在，也几乎不受证监会监管。它们一般只对富有的投资者和机构投资者开放。许多对冲基金要求投资者同意一开始就锁定基金，也就是说，在长达几年的投资期中，投资者不能收回投资。锁定允许对冲基金投资流动性不强的资产而无须考虑满足基金赎回的要求。此外，由于所受监管很宽松，对冲基金的管理者可以使用一些共同基金管理人通常不能使用的投资策略，比如大量使用衍生工具、卖空交易和财务杠杆。

对冲基金能够投资范围广泛的投资产品。各种各样的对冲基金投资衍生工具、处于财务困境中的企业、可转换债券、新兴市场、并购套利等。当觉察到投资机会转变时，有些对冲基金会从一类资产转向其他资产。

在过去的几年中，对冲基金的规模增长速度很快。1990年时受管理的基金为500亿美元左右，到2018年中期时就快速增长为3万亿美元。我们将用第26章来介绍对冲基金。

4.3 共同基金

开放式投资公司通常被称为共同基金，共同基金是当今投资公司的主要形式，其资产约占投资公司资产总额的87%。在2018年年初，共同基金行业所管理的资产价值大约有18.7万亿美元，非共同基金大约是13万亿美元。

4.3.1 投资策略

每一个共同基金都有其独特的投资策略，并记载在基金的筹资说明书中。例如，货币市场共同基金持有短期、低风险的货币市场工具（参阅第 2 章，复习一下这些证券的内容），而债券型基金持有固定收益证券。一些基金规定的投资范围更为狭窄。例如，一些债券基金主要持有国库券，另一些则主要持有住房抵押贷款支持证券。

管理公司管理着一个共同基金家族或共同基金的“综合体”。它们组织起一个基金集合，然后收取运作基金的管理费。通过对整个基金集合进行统一管理，这些公司能够很容易地为投资者在各个行业配置资产，在不同基金间转换资产，同时也从集中记账中获得好处。最著名的管理公司有富达公司、先锋公司、贝莱德公司。每一家都提供一系列具有不同投资策略的开放式共同基金。2018 年，美国有大约 8 000 家共同基金，它们是由超过 800 个基金“综合体”发起的。

根据投资策略的不同，基金通常可以分成以下几种类型：货币市场基金、股权基金、行业基金、债券基金、国际基金、平衡型基金、资产灵活配置型基金以及指数基金。

货币市场基金　货币市场基金投资于货币市场证券，如国库券、商业票据、回购协议或者大额可转让存单。其平均期限往往也就 1 个多月。货币市场基金通常提供支票簿提领功能，而且资产净值固定为每股 1 美元[⊖]，因此股份赎回时的资本利得或损失都无须交税。

货币市场基金可分为政府型与优先型。政府型基金持有短期国库券或机构证券，以及由此类证券抵押的回购协议。优先型基金持有其他货币市场工具，如商业票据或银行存单。虽然这些资产在信用风险范围内肯定是非常安全的，但它们的风险比政府债券高，在市场压力下更容易出现流动性降低的现象。在金融危机之后，优先型基金受到了部分限制，不过监管部门也允许优先型基金在严重动荡时期暂时停止受理赎回申请。

此外，优先型和政府型货币市场基金都将每股净资产价值维持在 1 美元，然而优先型基金现在必须计算和报告净资产价值。尽管资本收益或损失通常非常小，但资产净值的“浮动”已促使投资者需求从优先型基金转向政府型基金。

股权基金　股权基金主要投资于股票，资产组合管理人出于谨慎也可能持有固定收益证券或其他类型的证券。基金通常将一小部分的总资产投资于货币市场证券以满足潜在的份额赎回时的流动性需求。

传统上，我们根据股权基金对资本增值和当前收入偏好的不同来对其进行分类。收入型基金倾向于持有持续高股利派送的公司股票。成长型基金愿意舍弃当前收入，关注未来的资本利得。虽然这种基金分类方式依据的是股利和资本利得，但实际上，值得注意的更大区别在于这些基金所承担的风险。成长型股票和成长型基金通常有更大的风险，当经济状况发生变化时，它们的价格反应比收入基金要大得多。

行业基金　一些股权基金被称为行业基金，它们专门投资某个特定行业。例如，富达公司运作着数十个“选择基金”，每一个基金都投资一个特定行业，如生物技术、公共事业、贵重金属或通信业。另外有一些基金专门投资某些国家的证券。

债券基金　顾名思义，债券基金专门投资固定收益债券。然而，这一市场还给进一步细分留有很大余地。例如，各种基金可以选择专门投资公司债券、国库券、抵押证券或市政（免税）债券。当然，有些市政债券基金只投资某个特定州（甚至于某个特定城市）的债券，目的

⊖ 货币市场基金资产净值之所以维持在 1 美元，是因为它们以最低的价格投资最高质量的短期债券。基金损失巨大从而使资产净值低于 1 美元的情况极少发生。但是，2008 年 9 月，因为持有雷曼兄弟的商业票据而遭受重大损失的 Reserve Primary 货币市场基金（美国最古老的货币市场基金）的资产净值跌破 1 美元，跌到了 0.97 美元。

是满足该州居民避免缴纳地方及联邦债券利息税的需求。许多基金也按到期日进行分类，分为短期、中期和长期，也有根据发行者信用等级分类，分为很安全债券和高收益或垃圾债券。

国际基金 许多基金致力于国际市场。全球基金在全球范围内投资。相反，国际基金投资美国之外公司的证券。区域性基金投资世界某一特定区域。而新兴市场基金则投资发展中国家的公司。

平衡型基金 一些基金被设计成备选对象，供个人投资者投资整个资产组合时选择使用。这些平衡型基金以相对稳定的比例持有权益和固定收益两类证券。生命周期基金属于平衡型基金，其资产组合涵盖了从激进型（主要面向年轻投资者）到保守型（主要针对年长的投资者）的各类证券。固定资产配置型生命周期基金的股票和债券比例稳定不变，而目标期限基金会随着时间流逝以及重要时间点（比如退休）的临近将投资逐渐转向保守型资产。

许多平衡型基金实际上是基金的基金（FOF）。它们是投资在其他共同基金上的共同基金。投资股票和债券的平衡型基金的基金比例与其投资目标相符。

资产灵活配置型基金 资产灵活配置型基金与平衡型基金相似，都包含股票和债券。但是，资产灵活配置型基金可能会根据资产组合管理人对每一个板块相对业绩的预测而显著改变基金在每一个市场的配置比例。因此，这些基金强调市场时机的选择，不是一种低风险的投资工具。

指数基金 指数基金试图跟踪某个主板市场指数的业绩。这种基金购买某个指数中的证券，所购的份额与该证券在指数中所占比例相一致。例如，先锋 500 指数共同基金，就复制了标准普尔 500 股票价格指数的构成。因为标准普尔 500 股票价格指数是一个市值加权指数，所以基金所购买的每一家标准普尔 500 指数样本公司的股票数量（市值加权指数）都与那家公司现有股权的市场价值成比例。指数基金对于采用被动投资策略（不进行证券分析的投资策略）的投资者来说是一种低成本的方式，那是因为这种投资不需要分析证券。在 2018 年 25%的股票型基金都被当成指数基金。当然，指数基金也可以与非股权指数相关联。例如，先锋公司就提供了一种债券指数基金和一种不动产指数基金。

表 4-1 描述了美国共同基金的投资分类。有时，从基金的名字可以看出它的投资策略。例如，先锋公司的政府国民抵押协会基金投资于住房抵押贷款支持证券；市政中期基金（MuInt）投资于中期市政债券；高收益公司债券基金（HYCor）大部分投资于投机性或“垃圾”债券等高收益证券。但是，普通股票基金的名字极少或不能反映出自身的投资策略。例如先锋公司的温莎基金和惠林顿基金。

表 4-1 美国共同基金的投资分类

	资产（10 亿美元）	总资产百分比（%）	基金数量
股权基金			
股权激增型	2 093	11.2	1 301
世界/国际型	2 824	15.1	1 505
收益总额型	5 389	28.7	1 900
股权基金合计	10 306	55.0	4 706
债券基金			
公司债券	1 840	9.8	607
“垃圾”债券	375	2.0	242
国际型债券	491	2.6	354
政府债券	290	1.5	187
战略收入债券	405	2.2	179
州市政债券	165	0.9	312
国家市政债券	500	2.7	261
债券基金总计	4 067	21.7	2 142
混合型（债券/股票）基金	1 526	8.1	726
货币市场基金			
应税型	2 716	14.5	299
免税型	131	0.7	83
货币市场基金总计	2 847	15.2	382
总计	18 746	100.0	7 956

注：由于四舍五入，各项数字相加可能与总计略有差别。

资料来源：2018 *Investment Company Fact Book*, Investment Company Institute.

4.3.2 如何出售基金

共同基金通常有两种公开发售方式：一是通过基金承销商直接交易；二是通过代表销售商的经纪人间接交易。直接交易基金的销售渠道有邮递、各个基金办事处、电话及网站，投资者也可以直接联系基金公司来购买基金股份。

目前，约有一半的基金股份是通过销售人员售出的。经纪人或金融顾问向投资者销售基金股份并收取佣金（佣金最终会转嫁给投资者，此处不详述）。在某些情况下，基金使用“受控”销售法，即迫使销售人员只销售他们所代表的共同基金集团的基金股份。

根据经纪人的建议选择共同基金的投资者应该注意，如果经纪人收入与特定基金销售额相关联，则经纪人的建议可能会使投资者利益受损。

许多基金是通过“金融超市”销售的，“金融超市”会出售许多综合基金股份。“金融超市”与共同基金公司分享管理费用，不再另外向客户收取佣金。“金融超市”的另一优点是不论基金是否由同一个体提供，从“金融超市”中购买的所有基金都有统一的交易记录。此外，有许多人坚持认为，共同基金把加入这些“金融超市”的成本转嫁到管理费用里，从而导致费率升高。

4.4 共同基金的投资成本

4.4.1 费用结构

个人投资者选择共同基金时不仅要考虑基金所宣称的投资策略和历史业绩，还应考虑基金的管理费用和其他费用。晨星的官方网站 www. morningstar. com 对各种共同基金的几乎所有重要方面进行了比较。我们应该注意 4 种常见的费用。

运营费用 运营费用是共同基金在管理资产组合时所发生的成本，包括支付给投资管理人的管理费用和咨询费用。这些费用通常表示为所管理总资产的百分比，为 0. 2%~1. 5%。股份持有人不会收到运营费用的明细账单，但这种费用会定期从基金资产中扣除。股份持有人资产组合价值的减少可以证实这些费用确实被支付了。

2017 年美国股票型基金的平均费用率为 1. 25%，但规模较大的基金往往有较低的费用率，因此加权资产管理的平均费用率是相当小的，为 0. 59%。毫不奇怪，主动管理型基金的平均费用率比指数基金高得多，分别为 0. 78%和 0. 09%（加权资产管理）。

除了运营费用，许多基金评估并支付营销和发行费，这些费用主要支付给向公众出售基金的经纪人或金融顾问。投资者可以直接向基金发行人购买股票从而避免缴纳这些费用，但是，为了可以从经纪人那里得到建议，许多投资者愿意支付这些费用。

前端费用 前端费用是当你购买基金股份时需要支付的佣金或销售费用，这些费用主要支付给出售基金的经纪人，一般不超过 8. 5%，但在实际中很少高于 6%。低费用基金的前端费用不超过基金投资额的 3%。无费用基金无须支付销售的前端费用。前端费用明显地减少了投资额。例如，每 1 000 美元的基金，如按 6%的前端费用计算，销售费用就是 60 美元，基金投资额就只剩 940 美元了。你需要获得 6. 4%的累积净投资收益率（60/940=0. 064）才能实现盈亏平衡。

撤离费用 撤离费用是出售基金份额时的赎回或撤出费用。在大多数情况下，在投资基金之后的各年中，撤离费用每年减少 1 个百分点。这样期初撤离费用为 4%的基金，在第三年初时撤离费用就下降至 2%。这些费用的正式名称为“或有递延销售费用”。

12b-1 费用　美国证券交易委员会允许所谓的 12b-1 基金的管理人使用基金资产支付发行费用，比如广告费、宣传费（包括年度报告和招股说明书），以及支付向投资者销售基金的经纪人的佣金（这是最重要的一项）。这些 **12b-1 费用**（12b-1 fee）是根据批准实施这些计划的美国证券交易委员会的法规名称来命名的。基金可以使用 12b-1 费用代替前端费用（或者加上前端费用）来支付经纪人的佣金。与基金的运营费用一样，投资者不用直接缴纳 12b-1 费用，费用是从基金资产中扣除的。因此，若要正确计算该基金的年度费用率，必须要将运营费用和 12b-1 费用（如果有的话）相加。当前，美国证券交易委员会要求所有基金在招股说明书中包括一个概括所有相关费用的合并费用表。每年的 12b-1 费用仅限于基金年平均资产净值的 1%[㊀]。

许多基金分成几个等级，每一等级证券组合的所有权相同但是费用组合不同。例如，A 级股份可能有前端费用，而 B 级股份则收取 12b-1 费用。一般来说，A 级股份有前端费用和占比很小的 12b-1 费用，比例通常在 0.25% 左右。C 级股份的 12b-1 费用相对更高，通常为 1%，并适度收取撤离费用。I 级股份出售给机构投资者。I 级股份有时被称为 Y 级股份，不承担任何费用。[㊁]

【例 4-2】　不同等级基金的费用

表 4-2 是德莱弗斯首要成长基金 2018 年各等级基金费用情况。在选择 A 级还是 C 级时要注意前端费用和 12b-1 费用之间的权衡。I 级只出售给机构投资者，收取少量费用。

表　4-2　（%）

	A 级	C 级	I 级		A 级	C 级	I 级
前端费用	0~4.5①	0	0	12b-1 费用③	0.25	1.0	0
撤离费用	0	0~1②	0	费用率	0.7	0.7	0.7

① 取决于投资规模的大小：投资规模低于 5 万美元为 4.5%；超过 100 万美元为 0。
② 取决于持有期的长短：基金在购买后 1 年内赎回，撤离费用为 1%。
③ 包括服务费。

每一个投资者要选择最佳的费用组合。很明显，直接由共同基金发行的纯粹的无佣金无费用的基金是最便宜的选择，老练的投资者对此常常是很敏感的。然而，正如我们已经提到的那样，许多投资者愿意付费获得金融方面的建议，而且给销售基金的顾问支付佣金是最常见的支付形式，或者，投资者可以选择雇用一个只收取服务费而不收取佣金的财务管理人。这些顾问可以帮助投资者选择低费用或无费用支出的资产组合基金（自然也提供其他金融方面的建议）。近年来独立财务管理人已经越来越成为重要的基金分配渠道了。

如果你的确是通过经纪人购买基金的，选择支付佣金还是选择支付 12b-1 费用主要取决于你预期持有基金的时间长度。只有在首次购买时才需要支付佣金，而 12b-1 费用需逐年支付。因此，如果你计划长时间持有基金，只支付一次佣金可能要优于逐年支付 12b-1 费用。

4.4.2　费用与共同基金的收益

共同基金投资收益率的测度方法为单位资产净值的增减加上股利或资本利得等收入分配再

㊀ 基金销售的 12b-1 费用的最大比率是 0.75%，但是，管理人还要收取基金资产价值的 0.25% 作为服务费，提供个人服务或维持股份持有者账户。

㊁ 许多基金过去也曾推销 B 级股份。B 级股份有更高的费用率，特别是更高的撤离费用。然而，如果投资者持有 B 级股份的时间足够长（通常是 6~8 年），这些股票就会转换为 A 级股份。近年来，B 级股份越来越不常见。

除以投资期期初的资产净值。如果我们分别将期初和期末的资产净值表示为 NAV_0 和 NAV_1，那么

$$收益率=(NAV_1-NAV_0+收入和资本利得的分配)/NAV_0$$

例如，如果某只基金月初时的资产净值初始值为 20 美元，获得收入分配为 0.15 美元，资本利得为 0.05 美元，本月月末的资产净值为 20.10 美元，则本月的收益为

$$收益率=(20.10-20.00+0.15+0.05)/20.00=0.015=1.5\%$$

请注意，收益率的这种测度方法忽略了所有的佣金（如购买基金的前端费用）。

基金收益率也受基金的相关费用例如 12b-1 费用的影响。这是因为，这些费用定期从资产组合中扣除，减少了资产净值。因此，基金的收益率等于标的资产组合的总收益率减去总费用率。

【例 4-3】　费用和净收益

为了说明费用是如何影响收益率的，现考察一项年初资产为 1 亿美元、发行在外的股份为 1 000 万股的基金。该基金投资于一种无任何收入但价值按 10%增长的股票资产组合，费率（包括 12b-1 费用在内）为 1%。那么，投资者在该项基金中的收益率为多少？

期初的资产净值等于 1 亿美元/0.1 亿股=10 美元/股。在不考虑费用的情况下，基金的资产将增长到 1.1 亿美元，资产净值将增至 11 美元/股。然而，该基金的费率为 1%。因此需要从基金中扣除 100 万美元支付这些费用，剩余的资产组合的价值只有 1.09 亿美元了，并且，资产净值现在等于 10.9 美元/股。此时，该项基金的收益率只有 9%，它等于资产组合的总收益率减去总费用率。

费用会对基金业绩产生很大影响。表 4-3 是一位投资者的投资情况，他期初持有 1 万美元，有 3 种投资机会，每只基金的费前年收益率均为 10%，但费率结构存在差异。表 4-3 显示了各只基金在不同时间跨度下的累积收益。基金 A 的总运营费用为 0.25%，没有手续费，没有 12b-1 费用。这可以代表像先锋公司这样的低成本基金发起者。基金 B 没有手续费，但有 0.75%的管理费用和 0.5%的 12b-1 费用。这种费率水平在主动管理的股权基金中非常典型。最后，基金 C 有 0.8%的管理费用，没有 12b-1 费用，但是购买的时候要支付 6%的前端费用。

表 4-3　成本对投资业绩的影响（单位：美元）

	累积收益（所有股利均进行再投资）		
	基金 A	基金 B	基金 C
初始投资[①]	10 000.00	10 000.00	9 400.00
5 年	15 922.92	15 210.60	14 596.24
10 年	25 353.93	23 136.23	22 664.92
15 年	40 370.85	35 191.60	35 193.90
20 年	64 282.18	53 528.53	54 648.80

注：1. 基金 A 没有手续费，有 0.25%的运营费用。
2. 基金 B 没有手续费，有 1.25%的运营费用。
3. 基金 C 有 6%的前端费用和 0.8%的运营费用。
4. 所有基金费前年收益率均为 10%。

① 表示如果有前端费用，此为扣除该费用之后的投资收益。

概念检查 4-2

某股权基金出售的 A 类股份有 4%的前端费用，出售的 B 类股份每年有 0.5%的 12b-1 费用和撤离费用（初始费率为 5%，投资者持有投资组合满 1 年，费率下降 1%，持有满 5 年，费率为 0）。假设基金投资组合扣除运营费用之后的年收益率为 10%。将 1 万美元分别投资于股份 A 和股份 B，1 年、4 年、10 年之后出售时的价值是多少？在投资期末，哪种费率结构具有较高的净收益？

请注意，低成本的基金 A 具有高收益的优势，而且，投资期越长，这种优势越明显。

尽管费用会对净投资业绩产生很大影响，但有时候共同基金的投资者很难准确计算出真实的费用。这是因为实践中往往会用**软货币酬金**（soft dollar）支付某些费用。投资组合管理人通过使基金和某个经纪人达成交易，从而从该经纪公司获得软货币酬金。基于这些软货币酬金，该经纪人将支付共同基金的某些费用，例如数据库、计算机硬件或者股票报价系统费用等。软货币酬金安排意味着股票经纪人将部分交易佣金返还给了基金。用软货币酬金支付的购买费用不包括在基金费用中，所以有大量软货币酬金安排的基金可能会在公告中人为地压低费率。但是，为了获得软货币酬金“回扣”，基金可能向经纪人支付了不必要的高佣金。较高的交易佣金会影响净投资业绩，而非公告中显示的费率。

4.5 共同基金所得税

在美国的税收制度下，共同基金的投资收益具有“转手性质”，这意味着税赋仅由共同基金的投资者而不是基金本身承担。只要基金满足几个要求，投资收益就被认为是转手给投资者，最明显的要求是几乎所有的投资收益都要分配给投资者。基金的短期资本利得、长期资本利得以及股利都会转手给投资者，就好像投资者直接获得投资收益一样。

对个人投资者来说，转手投资收益有一个明显的劣势。如果你亲自管理投资组合，对任何证券，你可以决定什么时候实现资本利得和损失，因此，你可以决定变现时间从而有效管理税赋。但是，当你通过共同基金投资时，投资组合中证券的销售时间不在你的控制之下，从而削弱了你的税赋管理能力。[⊖]

投资组合换手率高的基金，其“税收无效率”尤其明显。换手率是投资组合的交易量与其资产的比率。它度量了投资组合中资产每年被替换的比例。例如，一个 1 亿美元的投资组合，若出售了价值 5 000 万美元的某些证券并购买了等价值的其他证券，那么其换手率是 50%。高换手率意味着资本利得和损失出现。因此，投资者无法确定变现时间，也无法统筹管理税赋。

近年来，股权基金管理的加权平均资产的换手率一般在 50%左右。相比较而言，像指数基金这样的低换手率基金，其换手率可能低至 2%，这样既保证了税收效率又节约了交易成本。然而，在过去十年中，加权平均资产的换手率大幅下降，2017 年降至 30%。这种下降在一定程度上可能反映了从主动管理型基金向指数基金的转变。

美国证券交易委员会的相关规定要求基金披露投资组合换手率对应的税收影响。基金必须在其招股说明书中披露过去 1 年、5 年和 10 年期间的税后收益，包含业绩数据的营销

概念检查 4-3

某投资者持有一个当前价值为 100 万美元的投资组合。在一年当中，该投资者以每股 200 美元的价格出售了 400 股联邦快递公司的股份，以每股 50 美元的价格出售了 1 600 股思科公司的股份。又以这部分资金购买了 1 000 股每股价格为 160 美元的 IBM 公司的股份。

a. 该投资组合的换手率是多少？

b. 如果联邦快递公司的股份是以每股 175 美元购入，思科公司的股份是以每股 40 美元购入，并且该投资者的资本利得税率是 20%，基于以上交易，该投资者今年应交的税款是多少？

⊖ 通常每一年或每半年向股份持有者支付一次共同基金的资本利得和股利，这产生了一个投资者必须要注意的有趣问题，即刚刚购买共同基金股份的投资者可以获得他购买基金股份之前交易的资本利得分配（并且在此分配上纳税）。在年底进行分配时，这一问题尤其值得注意。

报告还必须包括税后业绩。计算税后收益时应假定投资者处于联邦最高税率等级，并将分配给投资者的应纳税收入和资本收益考虑进来。

4.6　交易所交易基金

1993 年引入的**交易所交易基金**（exchange-traded fund，ETF）是共同基金的一个分支，它使投资者可以像交易股票一样运作指数投资组合。第一只交易所交易基金是代码为“蜘蛛”的 SPDR，即标准普尔存托凭证。这是一只单位投资信托，持有的投资组合与标准普尔 500 指数成分股相匹配。共同基金只在每个交易日末计算资产净值时进行交易，与此不同的是，投资者可以全天交易“蜘蛛”，就像交易股票一样。“蜘蛛”引发了许多相似的产品，例如“钻石”（基于道琼斯工业平均指数，DIA），“Cubes”（基于纳斯达克 100 指数，QQQ）以及“WEBS”（世界股权基准股，即外国股票市场指数投资组合中的股份）。到 2018 年，大约有 3.4 万亿美元投资于 1 800 多只美国的交易所交易基金。

图 4-2 显示了交易所交易基金自 1998 年以来的快速增长。该市场的领导者是贝莱德，其基金使用的产品名称是 iShares。该公司的数十只股票指数基金都发行了交易所交易基金，其中包括许多的美国股票指数基金、国际和单一国家基金，以及美国和全球范围的行业基金。贝莱德还推出了几只债券的交易所交易基金和黄金、白银等大宗商品的交易所交易基金。有关这些基金的更多信息，请访问 www.iShares.com。

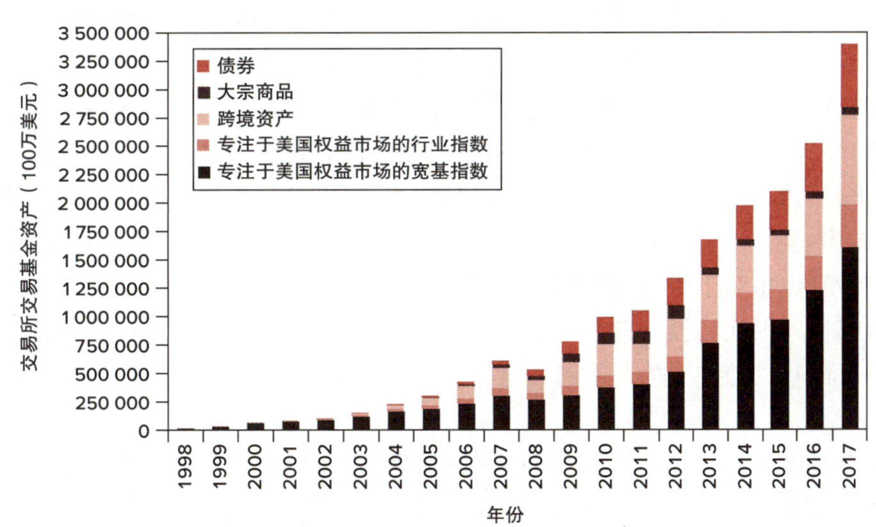

图 4-2　美国交易所交易基金的增长

资料来源：2018 *Investment Company Fact Book*, Investment Company Institute.

直到 2008 年，大多数交易所交易基金要求跟踪特定指数，交易所交易基金跟踪大盘指数仍然在行业中占主导地位。从 2008 年开始，美国证券交易委员会批准了具有其他投资目标的所谓主动管理型交易所交易基金，例如专注于价值、成长、股利收益率、流动性、近期表现或波动性等特征的交易所交易基金。这些基金保持公开透明，因为它们必须每天披露投资组合的构成。截至 2017 年年末，美国证券交易委员会共注册有 194 家主动管理型交易所交易基金。

目前已有几十个行业有了交易所交易基金。如图 4-2 所示，大宗商品、债券和跨境交易所交易基金的规模已经相当庞大。图 4-3 显示，交易所交易基金已经占据了投资公司管理的资产中的很大一部分。

最近的一项创新是不保持公开透明的主动管理型交易所交易基金，它与主动管理的共同基金一样，试图跑赢被动管理的指数基金。如果这些基金必须每天报告投资组合持仓情况，竞争对手就可以利用它们的交易计划从中获利。2014 年，美国证券交易委员会允许伊顿万斯（Eaton Vance）推出一种主动管理的“非透明”交易所交易基金，该交易所交易基金被要求每季度只报告一次其投资组合组成，与共同基金披露其投资组合持股的频率相同。该产品名为 Next-Shares，于 2016 年开始交易。贝莱德等其他公司也表示有兴趣发行非公开透明的交易所交易基金。但迄今为止，这些产品只占整个交易所交易基金市场的很小一部分。

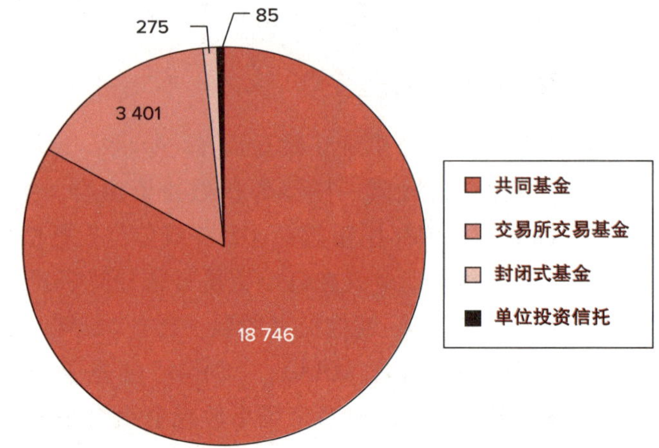

图 4-3 2017 年投资公司管理的资产（10 亿美元）

资料来源：2018 *Investment Company Fact Book*, Investment Company Institute.

其他更奇异的证券被称为合成交易所交易基金，例如交易所交易票据（ETN）和交易所交易车辆（ETV）。它们都是名义上的债务证券，但是收益与指数表现相关。通常这些指数衡量的是流动性的表现，很少被交易，所以交易所交易基金给了投资者把它们纳入其资产组合的机会。然而，不像直接投资于这些资产，交易所交易基金需要与投资银行达成一个“完全收益交换”，银行拿到相对固定的费用，然后同意支付指数的交易所交易基金的收益。这些都是有争议的，因为当投资银行处在财务压力中时，它们可能无法履行其义务，让投资者拿不到他们被承诺过的收益，这让交易所交易基金暴露在风险中。

交易所交易基金相对于传统的共同基金而言有几大优势。首先，共同基金的资产净值每天只能进行一次报价，因此，投资者在基金中的股份每天只能交易一次。相反，交易所交易基金可以持续交易，而且，与共同基金不同的是，交易所交易基金可以像股票一样卖空或用保证金买入。

交易所交易基金也有优于共同基金的潜在税收优势。当大量共同基金投资者赎回股份时，共同基金必须出售证券以满足这些赎回。这会产生资本利得税，并且会转嫁给剩下的股份持有者。相反，当小投资者想要赎回在交易所交易基金中的头寸时，他们仅需把股份出售给其他交易者，基金无须出售任何现有投资组合。大投资者可以将交易所交易基金的股份换成潜在投资组合中的股份，这种赎回形式也避免了缴税。

交易所交易基金也比共同基金成本更低。购买交易所交易基金的投资者从经纪人那里购买而不是直接从基金购买。因此，基金节省了直接向小投资者销售的成本。这种费用的减少降低了管理费用。

然而，交易所交易基金也存在一些缺点。首先，尽管投资者可以免费从无销售费用的共同基金处购买股份，但投资者必须通过经纪商购买交易所交易基金，并且要支付一定的费用。此外，由于交易所交易基金作为证券进行交易，其价格可能会偏离资产净值，至少在短期内会如此，而且这些价格差异很容易抵消掉交易所交易基金原本所具有的成本优势。虽然这些差异通常非常小，但在市场压力较大时，它们可能会毫无预兆地大幅波动。第 3 章简要讨论了 2010 年 5 月 6 日所谓的“闪电崩盘”事件，当时道琼斯工业平均指数在 7 分钟内下跌了 583 点，当日累计下跌近 1 000 点。值得注意的是，该指数在接下来的 10 分钟内又回升了 600 多点。在经历了如此剧烈的波动之后，证券交易所取消了许多在当时被认为是扭曲价格下成交的交易。在那一天，大约 1/5 的交易所交易基金是以低于其收盘价一半的价格成交的，而交易所交易基金在所有被取消的交易中约占 2/3。

在这一事件中至少暴露了两个问题。首先，当市场不能正常运转时，很难衡量交易所交易基金投资组合的资产净值，尤其是对于那些追踪流动性较差资产的交易所交易基金而言。而且，加剧这一问题的是，一些交易所交易基金可能仅由极少数的经纪商提供支持。如果这些经纪商在市场动荡期间退出市场，交易所交易基金的价格可能会大幅波动。

4.7　共同基金投资业绩：初步探讨

我们之前发现，对个人投资者来说，共同基金的一个好处是能够将投资组合委托给专业投资人管理。投资者通过资产配置决策保持对整个资产组合主要特征的控制权，每个投资者选择投资到债券基金、权益基金和货币市场基金的比例，但是可以把每个投资组合中特定的证券选择权留给每个基金的管理人。股份持有者希望这些投资组合管理人能获得好于自己的投资业绩。

共同基金投资的业绩究竟怎样呢？这个看似容易的问题非常难以回答，因为我们没有一个可以评价业绩的标准。例如，我们显然不想将股权基金的投资业绩与货币市场基金的投资业绩进行比较。这两个市场风险的巨大差异表明年投资业绩和平均业绩都会有很大差异。我们预期股权基金的平均业绩会超越货币市场基金，以作为对投资者在股权基金投资所承担额外风险的补偿。考虑到共同基金管理人所承担风险的水平，我们如何确定他们的业绩是否达到标准？也就是说，评价投资业绩合适的标准是什么？

恰当地测度投资组合风险并使用这种测度来选择一个合适的标准是一项极其困难的任务。本书的第二部分和第三部分的全部内容都是关于投资组合风险的合理测度和风险收益的权衡的。因此，在本章中，我们会忽略不同基金间风险差异这些比较微妙的问题，使用非常简单的业绩衡量标准，先来看一下基金的业绩问题。我们会在第 11 章中重新讨论这个话题，到时，调整投资组合各种风险的风险敞口之后，我们会更深入地考察共同基金的业绩。

这里，我们将威尔希尔 5000 指数的收益率看作股权基金管理人业绩的标准。回顾一下第 2 章的内容，这一指数是几乎所有交易活跃的美国股票的价值加权指数[⊖]。威尔希尔 5000 指数的表现是评价专业管理人的一个有用标准，因为它符合一个简单的被动投资策略：按照流通股的市场价值所占比例购买指数中的所有股票。此外，即使对小投资者来说，这也是一个可行的战略，因为先锋公司提供了一个复制威尔希尔 5000 指数业绩的指数基金。将威尔希尔 5000 指数作为评价标准，我们可以这样设置评价投资组合管理人业绩的问题：一个典型的主动管理股权共同基金的业绩如何与简单复制股票市场主要指数构成的被动管理投资组合的业绩进行比较？

⊖ 威尔希尔指数一度包含 5 000 多只股票。但与 20 年前相比，如今公开上市的公司要少得多，因为许多公司要么合并，要么倒闭，要么私有化，从交易所退市。这些消失的公司并没有被新上市的公司取代，因为近年来 IPO 的数量大幅下降。

将威尔希尔 5000 指数与专业管理的共同基金两者的业绩进行随机比较，其结果令从事主动管理的基金管理人失望。图 4-4 显示，1971—2018 年的 48 年间，其中 29 年分散化投资股权基金的平均收益率逊色于威尔希尔 5000 指数收益。该指数的平均年收益率为 10.9%，比共同基金高 1%[⊖]。

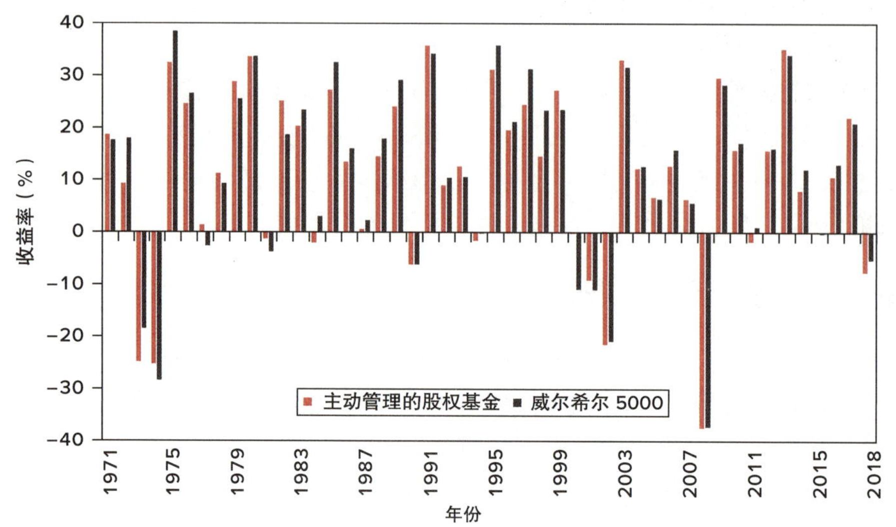

图 4-4 主动管理的股权基金与威尔希尔 5000 指数收益率（1971—2018 年）

资料来源：For Wilshire returns, see www.wilshire.com. For active fund returns, see *SPIVA U.S. Scorecard*, S&P Dow Jones Indices Research.

这个结果看起来让人吃惊。毕竟，期望专业投资管理人的业绩超过“持有指数化投资组合”这样一个简单的规则是非常合理的。但事实是，我们有充分的理由预料到这样一个结果。我们会在第 11 章有效市场假说中详细探讨这个问题。

当然，有人会认为管理人有好坏之分，并且好的管理人的业绩能够持续超越指数。为了检验这种想法，我们调查了某一年表现良好的管理人次年能否保持其业绩。某一年的突出业绩是完全取决于运气（因此是随机的）还是取决于技能（因此会一年一年持续下去）？

为了回答这个问题，可以分析一下股权共同基金投资组合大样本的业绩，根据总投资收益将基金分成两组，并且考察前一期投资收益排名靠前的基金在后一期是否仍然会表现良好？

表 4-4 显示了 2016 年“优胜基金”（即业绩表现为前 50% 的基金）在 2017 年继续“优胜”的比例，然后对于那些 2017 年的“优胜基金”，在 2018 年再次“优胜”的比例。一方面，如果业绩表现完全取决于技能，并不存在随机性，我们预计将看到 100% 的持续性占比，因为业绩位于前 50% 的基金将继续位于前 50%。另一方面，假设基金在某一年的表现完全是随机的，那么到下一个阶段保持业绩表现基本上就像抛硬币一样。此时预计持续 1 年优胜表现的基金有 50%，而持续 2 年优胜的基金只有 25%（即 50% 的 50%）。事实上，实际的基金表现情况要比假设基金在某一年的表现是随机的要更弱一些。

⊖ 当然，真正的基金会产生交易成本，但是指数不会，所以要公平地比较主动管理的基金与被动投资的威尔希尔 5000 指数两者的收益，首先要估计相关成本减少指数收益。先锋公司的全部股票市场指数投资组合跟踪威尔希尔 5000 指数，收取 0.10% 的费率，并且，因为它几乎不参与交易，所以交易成本很低。因此，将指数收益减少 0.15% 是合理的。这种收益的减少不会改变指数收益比股权基金收益高的结果。

表 4-4　投资业绩的持续性（业绩表现前 50%的股权基金在后续两年的维持情况）

	截至 2016 年 3 月业绩位于前 50%的基金数量	下一年度（2016 年 4 月至 2017 年 3 月）业绩仍位于前 50%的基金占比（%）	后两个年度（2016 年 4 月至 2018 年 3 月）业绩仍位于前 50%的基金占比（%）
所有本土股权基金	1 114	34.6	16.3
大市值风格的股权基金	428	38.3	22
小市值风格的股权基金	260	49.6	13.5

资料来源：Soe, A., and Liu, B., "Does Past Performance Matter? The Persistent Scorecard," *S&P Dow Jones Indices*, July 2018.

其他研究表明，差的业绩比好的业绩更可能持续下去。[⊖]这个观点有其合理之处：要辨别导致投资业绩持续性较差的基金的特征很容易，如显著的高费率以及高换手率所带来的交易成本。但是要揭开成功选择股票的秘密就很难了。（如果容易的话，我们都成为富翁啦！）因此，往往只有较差的基金业绩会持续保持下去。这表明虽然辨别未来的绩优基金依然是一项艰苦的任务，但考察业绩历史数据的真正价值是为了避免选择业绩差的基金。

概念检查 4-4

假设你观察了 400 位投资组合管理人的投资业绩，并根据某一年的投资收益排序。20%的管理人确实技术高超因此排名前 50%，但其他排名前 50%的管理人纯粹靠运气。你认为今年排名前 50%的管理人明年会有多少仍然排名前 50%？

4.8　共同基金的信息

招股说明书是查找共同基金信息的首选。美国证券交易委员会要求招股说明书在“投资目标声明”中简单阐述基金的投资目的和政策，并详细描述投资策略和风险。同时也要介绍一下基金的投资顾问和投资组合管理人。招股说明书也在费率表中列示了购买基金份额的成本，前端费用、撤离费用等销售费用以及管理费用、12b-1 费用等年运营费用。

基金还有另外两种提供信息的渠道：补充信息表格（SAI），也称为招股说明书的 B 部分。该表包括会计年度末投资组合中的证券一览表，经审计后的财务报表以及基金管理人的情况。但是，与基金招股说明书不同，除非投资者特别要求，否则他们不会收到补充信息表格；业内常笑言补充信息表格代表“一些常被忽略的事情”。基金的年报也包括投资组合的构成、财务报表以及在上一个报告期间影响基金业绩的因素。

要从数以千计的共同基金中选择最适合某种特殊需要的基金是很困难的。有的出版社出版了共同基金信息“百科全书”为投资者的基金选择过程提供帮助。晨星公司网站（www.morningstar.com）和雅虎网站（finance.yahoo.com/funds）是优质的信息来源。投资公司协会（www.ici.org）、全国共同基金联盟、封闭式基金协会、单位投资信托每年联合出版一本《共同基金指导》，该书涵盖了费用以及基金公司的联系方式等信息。为了阐明可获得的基金信息范围，我们在图 4-5 中列示了晨星公司对富达麦哲伦基金（Fidelity Magellan Fund）的分析报告。

左边的“Performance”（业绩）表报告了基金过去几年的季度收益，并估计了基金更长远的收益情况。在标+/- Index 的行中，你可以与标准指数（标准普尔 500 指数）和类别指数（罗素 1000 指数）的收益率相比较，也可以比较组内百分等级。中间列报告了费用和支出数据，以及一些基金风险和收益特点的度量。（我们将会在本书的第二部分继续讨论这些度量。）与风险

⊖ 参见例子：Mark M. Carhart, "On Persistence in Mutual Fund Performance," *Journal of Finance* 52 (1997), 57-82. 卡哈特的研究还解决了生存偏差，业绩更好的基金会留在交易中，因此也会留在样本中。我们将在第 11 章中继续讲述他的研究。

相比，该基金提供了比较良好的收益，它赢得了晨星 4 星评级，但它的 10 年期表现令人失望。当然我们都习惯了这种免责声明“过去的业绩并不是未来业绩的可靠保证”，但晨星的星级评价却是货真价实的。与免责声明相符合，过去的结果确实对未来表现的预测能力很小，详见表 4-4。

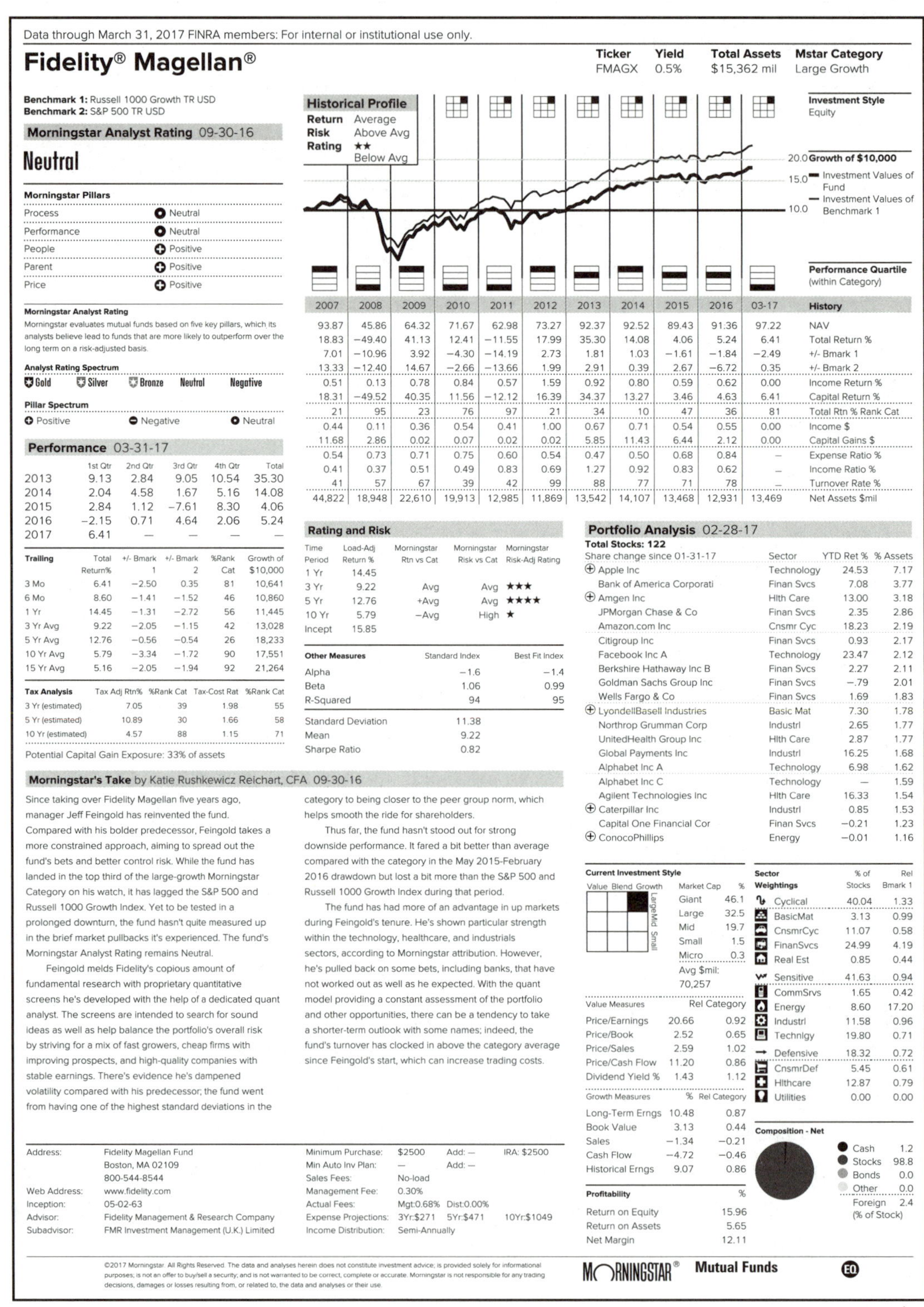

Data through March 31, 2017 FINRA members: For internal or institutional use only.

Fidelity® Magellan®

Ticker	Yield	Total Assets	Mstar Category
FMAGX	0.5%	$15,362 mil	Large Growth

Benchmark 1: Russell 1000 Growth TR USD
Benchmark 2: S&P 500 TR USD

Morningstar Analyst Rating 09-30-16

Neutral

Morningstar Pillars

Process	Neutral
Performance	Neutral
People	Positive
Parent	Positive
Price	Positive

Morningstar Analyst Rating
Morningstar evaluates mutual funds based on five key pillars, which its analysts believe lead to funds that are more likely to outperform over the long term on a risk-adjusted basis.

Analyst Rating Spectrum
Gold　Silver　Bronze　Neutral　Negative

Pillar Spectrum
Positive　Negative　Neutral

Historical Profile
Return　Average
Risk　Above Avg
Rating　★★ Below Avg

	2007	2008	2009	2010	2011	2012	2013	2014	2015	2016	03-17	History
	93.87	45.86	64.32	71.67	62.98	73.27	92.37	92.52	89.43	91.36	97.22	NAV
	18.83	−49.40	41.13	12.41	−11.55	17.99	35.30	14.08	4.06	5.24	6.41	Total Return %
	7.01	−10.96	3.92	−4.30	−14.19	2.73	1.81	1.03	−1.61	−1.84	−2.49	+/- Bmark 1
	13.33	−12.40	14.67	−2.66	−13.66	1.99	2.91	0.39	2.67	−6.72	0.35	+/- Bmark 2
	0.51	0.13	0.78	0.84	0.57	1.59	0.92	0.80	0.59	0.62	0.00	Income Return %
	18.31	−49.52	40.35	11.56	−12.12	16.39	34.37	13.27	3.46	4.63	6.41	Capital Return %
	21	95	23	76	97	21	34	10	47	36	81	Total Rtn % Rank Cat
	0.44	0.11	0.36	0.54	0.41	1.00	0.67	0.71	0.54	0.55	0.00	Income $
	11.68	2.86	0.02	0.07	0.02	0.02	5.85	11.43	6.44	2.12	0.00	Capital Gains $
	0.54	0.73	0.71	0.75	0.60	0.54	0.47	0.50	0.68	0.84	—	Expense Ratio %
	0.41	0.37	0.51	0.49	0.83	0.69	1.27	0.92	0.83	0.62	—	Income Ratio %
	41	57	67	39	42	99	88	77	71	78	—	Turnover Rate %
	44,822	18,948	22,610	19,913	12,985	11,869	13,542	14,107	13,468	12,931	13,469	Net Assets $mil

Performance 03-31-17

	1st Qtr	2nd Qtr	3rd Qtr	4th Qtr	Total
2013	9.13	2.84	9.05	10.54	35.30
2014	2.04	4.58	1.67	5.16	14.08
2015	2.84	1.12	−7.61	8.30	4.06
2016	−2.15	0.71	4.64	2.06	5.24
2017	6.41	—	—	—	—

Trailing	Total Return%	+/- Bmark 1	+/- Bmark 2	%Rank Cat	Growth of $10,000
3 Mo	6.41	−2.50	0.35	81	10,641
6 Mo	8.60	−1.41	−1.52	46	10,860
1 Yr	14.45	−1.31	−2.72	56	11,445
3 Yr Avg	9.22	−2.05	−1.15	42	13,028
5 Yr Avg	12.76	−0.56	−0.54	26	18,233
10 Yr Avg	5.79	−3.34	−1.72	90	17,551
15 Yr Avg	5.16	−2.05	−1.94	92	21,264

Tax Analysis	Tax Adj Rtn%	%Rank Cat	Tax-Cost Rat	%Rank Cat
3 Yr (estimated)	7.05	39	1.98	55
5 Yr (estimated)	10.89	30	1.66	58
10 Yr (estimated)	4.57	88	1.15	71

Potential Capital Gain Exposure: 33% of assets

Rating and Risk

Time Period	Load-Adj Return %	Morningstar Rtn vs Cat	Morningstar Risk vs Cat	Morningstar Risk-Adj Rating
1 Yr	14.45			
3 Yr	9.22	Avg	Avg	★★★
5 Yr	12.76	+Avg	Avg	★★★★
10 Yr	5.79	−Avg	High	★
Incept	15.85			

Other Measures	Standard Index	Best Fit Index
Alpha	−1.6	−1.4
Beta	1.06	0.99
R-Squared	94	95
Standard Deviation	11.38	
Mean	9.22	
Sharpe Ratio	0.82	

Portfolio Analysis 02-28-17

Total Stocks: 122

Share change since 01-31-17	Sector	YTD Ret %	% Assets
⊕ Apple Inc	Technology	24.53	7.17
Bank of America Corporati	Finan Svcs	7.08	3.77
⊕ Amgen Inc	Hlth Care	13.00	3.18
JPMorgan Chase & Co	Finan Svcs	2.35	2.86
Amazon.com Inc	Cnsmr Cyc	18.23	2.19
Citigroup Inc	Finan Svcs	0.93	2.17
Facebook Inc A	Technology	23.47	2.12
Berkshire Hathaway Inc B	Finan Svcs	2.27	2.11
Goldman Sachs Group Inc	Finan Svcs	−.79	2.01
Wells Fargo & Co	Finan Svcs	1.69	1.83
⊕ LyondellBasell Industries	Basic Mat	7.30	1.78
Northrop Grumman Corp	Industrl	2.65	1.77
UnitedHealth Group Inc	Hlth Care	2.87	1.77
Global Payments Inc	Industrl	16.25	1.68
Alphabet Inc A	Technology	6.98	1.62
Alphabet Inc C	Technology	—	1.59
Agilent Technologies Inc	Hlth Care	16.33	1.54
⊕ Caterpillar Inc	Industrl	0.85	1.53
Capital One Financial Cor	Finan Svcs	−0.21	1.23
⊕ ConocoPhillips	Energy	−0.01	1.16

Current Investment Style
Value　Blend　Growth　Large Mid Small

Market Cap	%
Giant	46.1
Large	32.5
Mid	19.7
Small	1.5
Micro	0.3

Avg $mil: 70,257

Value Measures		Rel Category
Price/Earnings	20.66	0.92
Price/Book	2.52	0.65
Price/Sales	2.59	1.02
Price/Cash Flow	11.20	0.86
Dividend Yield %	1.43	1.12

Growth Measures	%	Rel Category
Long-Term Erngs	10.48	0.87
Book Value	3.13	0.44
Sales	−1.34	−0.21
Cash Flow	−4.72	−0.46
Historical Erngs	9.07	0.86

Profitability	%
Return on Equity	15.96
Return on Assets	5.65
Net Margin	12.11

Sector Weightings	% of Stocks	Rel Bmark 1
Cyclical	40.04	1.33
BasicMat	3.13	0.99
CnsmrCyc	11.07	0.58
FinanSvcs	24.99	4.19
Real Est	0.85	0.44
Sensitive	41.63	0.94
CommSrvs	1.65	0.42
Energy	8.60	17.20
Industrl	11.58	0.96
Technlgy	19.80	0.71
Defensive	18.32	0.72
CnsmrDef	5.45	0.61
Hlthcare	12.87	0.79
Utilities	0.00	0.00

Composition - Net

Cash	1.2
Stocks	98.8
Bonds	0.0
Other	0.0
Foreign (% of Stock)	2.4

Morningstar's Take by Katie Rushkewicz Reichart, CFA 09-30-16

Since taking over Fidelity Magellan five years ago, manager Jeff Feingold has reinvented the fund. Compared with his bolder predecessor, Feingold takes a more constrained approach, aiming to spread out the fund's bets and better control risk. While the fund has landed in the top third of the large-growth Morningstar Category on his watch, it has lagged the S&P 500 and Russell 1000 Growth Index. Yet to be tested in a prolonged downturn, the fund hasn't quite measured up in the brief market pullbacks it's experienced. The fund's Morningstar Analyst Rating remains Neutral.

Feingold melds Fidelity's copious amount of fundamental research with proprietary quantitative screens he's developed with the help of a dedicated quant analyst. The screens are intended to search for sound ideas as well as help balance the portfolio's overall risk by striving for a mix of fast growers, cheap firms with improving prospects, and high-quality companies with stable earnings. There's evidence he's dampened volatility compared with his predecessor; the fund went from having one of the highest standard deviations in the category to being closer to the peer group norm, which helps smooth the ride for shareholders.

Thus far, the fund hasn't stood out for strong downside performance. It fared a bit better than average compared with the category in the May 2015-February 2016 drawdown but lost a bit more than the S&P 500 and Russell 1000 Growth Index during that period.

The fund has had more of an advantage in up markets during Feingold's tenure. He's shown particular strength within the technology, healthcare, and industrials sectors, according to Morningstar attribution. However, he's pulled back on some bets, including banks, that have not worked out as well as he expected. With the quant model providing a constant assessment of the portfolio and other opportunities, there can be a tendency to take a shorter-term outlook with some names; indeed, the fund's turnover has clocked in above the category average since Feingold's start, which can increase trading costs.

Address:	Fidelity Magellan Fund Boston, MA 02109 800-544-8544	Minimum Purchase:	$2500	Add: —	IRA: $2500
		Min Auto Inv Plan:	—	Add: —	
		Sales Fees:	No-load		
Web Address:	www.fidelity.com	Management Fee:	0.30%		
Inception:	05-02-63	Actual Fees:	Mgt:0.68%	Dist:0.00%	
Advisor:	Fidelity Management & Research Company	Expense Projections:	3Yr:$271	5Yr:$471	10Yr:$1049
Subadvisor:	FMR Investment Management (U.K.) Limited	Income Distribution:	Semi-Annually		

MORNINGSTAR® Mutual Funds

图 4-5　晨星公司分析报告

资料来源：Morningstar Mutual Funds，March 31，2017，/ 2017 © Morningstar，Inc.

有关基金业绩的更多数据请看报告最上方的图表。该线形图比较了如果在过去的 10 年把 1 万美元投资于该基金与投资两个对照指数的区别。图下方每年的方格描绘了基金这一年的相对表现。在盒子上的阴影区域显示了在同一目标下，相对于其他基金，该基金的表现落在哪一个四分点上。如果阴影带是在框的顶部，该公司在这一期间是全部公司中表现好的那 1/4，依此类推。条形图下面的表显示了基金逐年表现的历史数据。

图 4-5 下方的是晨星著名的风格箱。在这个九宫格图中，晨星从两个标准评价基金类型：一是投资组合所持有股份的发行公司的规模，根据发行在外的股权的市值来衡量；二是价值股与成长股的持股比例。晨星公司把价值股定义为股票价格与其价值的各种度量指标之比较低的股票。根据股票价格与公司收益、账面价值、销售额、现金流、股利的比率判断股票是成长型还是价值型。价值股就是那些价格比价值低的股票。相反，成长股的股票价格与其价值的各种度量指标之比较高，这使投资者坚信公司业务会快速增长以支持高股价。在图 4-5 中，带有阴影的九宫格图表明这个投资组合会持有大公司（顶行）和高增长（右栏）的股票。

最后，右侧的表格提供了关于当前投资组合组成的信息。在这里你可以找到基金最多持有的跨越各个经济部门的 20 只股票以及它们占投资组合的比重。

小结

1. 单位投资信托、封闭式基金管理公司以及开放式基金管理公司都可以归类为投资公司。从某种意义上说，单位投资信托是不用管理的。因为投资组合一旦确定将保持不变。相反，对于投资管理公司，管理人会适时改变投资组合的组成。封闭式基金的交易方式与其他证券相同，不会为投资者赎回股份。开放式基金（更多时候被称为共同基金）一经投资者要求就会以资产净值赎回股份。
2. 资产净值等于基金持有的资产减去负债再除以发行在外的股份数量。
3. 共同基金使个人投资者免于承担许多管理责任，并提供专业管理服务。它们也提供大投资者才会有的优势，例如节约交易成本。另外，基金有管理费并且会产生其他费用，这降低了投资者的收益率，而且如果投资基金，有些个人投资者无法控制资本利得实现的时机。
4. 根据投资策略的不同，共同基金可以分为货币市场基金、股权基金、行业基金、债券基金、国际基金、平衡型基金、资产灵活配置型基金、指数基金。
5. 投资共同基金的成本包括前端费用，这属于销售费用；撤离费用，是赎回费用，或许更正式一点，是或有递延销售费用；运营费用以及 12b-1 费用。12b-1 费用可以用来支付发行费用和佣金。
6. 共同基金投资组合的所得税不对基金征收。相反，只要基金符合转手性质的一定条件，收益就被认为是基金投资者赚取的。
7. 在过去 40 年，股权共同基金的平均收益率低于被动管理的指数基金（这些基金持有类似于标准普尔 500 指数和威尔希尔 5000 指数等宽基指数的投资组合），部分原因是基金管理所产生的成本，例如为挑选股票而支付的研究费用、高投资组合换手率导致的交易成本。基金业绩持续性的记录是复杂的。鲜有证据表明，表现良好的基金在未来也会表现良好。

习题

1. 你认为一只典型的开放式固定收益基金比一只固定收益单位投资信托的运营费用是高还是低？为什么？
2. 下列投资工具的比较优势分别是什么？
   a. 单位投资信托。
   b. 开放式基金。
   c. 个人自主选择的股票和债券。
3. 开放式股权基金通常会将投资组合一小部分的资产投资于流动性较强的货币市场，而封闭式基金无须在现金等价物证券市场中保持这样一个头寸。开放式基金和封闭式基金的哪些差异导致了它们投资策略的不同？
4. 平衡型基金和资产灵活配置型基金都投资于股票和债券市场。这些基金的区别是什么？
5. 为什么封闭式基金的价格可以偏离资产净值但是开放式基金不会？
6. 交易所交易基金与共同基金相比，其优势和劣势分别是什么？
7. 某开放式基金的资产净值是10.70美元/单位，前端费用是6%，那么发行价格是多少？
8. 如果某开放式基金的发行价格是12.30美元/单位，前端费用是5%，那么它的资产净值是多少？
9. Fingroup基金投资组合的组成如表4-5所示。

表 4-5 基金投资组合的组成

股票	股份数量	价格（美元）
A	200 000	35
B	300 000	40
C	400 000	20
D	600 000	25

该基金没有借入资金，目前管理费用总共为30 000美元。基金发行在外的股份数量为400万股。基金的资产净值是多少？

10. 重新考虑第9题的Fingroup基金，如果当年投资组合管理人将D股票全部卖出，以50美元/股的价格购买了200 000股E股票，以25美元/股的价格购买了200 000股F股票。投资组合的换手率是多少？
11. Closed基金是一家封闭式基金投资公司，其管理的投资组合现值为2亿美元，负债300万美元，总股份数量为500万股。
    a. 该基金的资产净值是多少？
    b. 如果基金每单位售价36美元，则其折价或溢价百分比是多少？
12. Corporate基金年初资产净值为12.50美元/单位，年末资产净值为12.10美元/单位，该基金支付了1.50美元/单位的年终收入分配和资本利得。投资者的税前收益率是多少？
13. 某封闭式基金年初资产净值是12.00美元/单位，年末资产净值为12.10美元/单位。年初时基金按资产净值的2%溢价销售。年末时基金按资产净值的7%折价销售。该基金支付了1.50美元/单位的年终收入分配和资本利得。
    a. 基金投资者本年度的收益率是多少？
    b. 持有与投资管理人相同证券的投资者本年度的收益率是多少？
14. a. 去年某基金投资业绩表现良好，其投资收益率达到了同种投资策略的所有基金的前10%。你认为它明年的业绩仍然会表现良好吗？为什么？
    b. 假设该基金是比较组中业绩最差的基金之一。你认为未来几年它的业绩还会很差吗？为什么？
15. 某共同基金年初资产为2亿美元，发行在外的总股份数量为1 000万份。该基金投资的一个股票组合的年末股利收入为200万美元。该基金投资股票组合的股价上升了 8%，但是没有出售任何股票，没有资本利得分配。基金收取 1%的 12b-1 费用，年末从投资组合资产中扣除。年初和年末的资产净值是多少？基金投资者的收益率是多少？

16. 上一年，New 基金平均每天的资产为 22 亿美元。当年该基金出售了 4 亿美元的股票同时购入了 5 亿美元的股票。那么该基金的换手率是多少？

17. 如果 New 基金的费率为 1.1%，管理费用为 0.7%。那么当年支付给基金投资管理人的费用总共为多少？其他的管理费用为多少？

18. 假设年初你以 20 美元/单位购买了 1 000 份 New 基金，前端费用为 4%。当年，该基金投资的证券的价格增长了 12%，费率为 1.2%。如果年末卖掉基金，你的收益率是多少？

19. Loaded-Up 基金收取 1.0%的 12b-1 费用以及 0.75%的运营费用。Economy 基金收取 2%的前端费用、0.25%的运营费用但是无 12b-1 费用。假设两只基金投资组合的费前年收益率为 6%。1 年、3 年、10 年之后每只基金的投资收益率各是多少？

20. City Street 基金持有一个投资组合，其资产为 45 000 万美元，负债为 1 000 万美元。

    a. 如果发行在外的股份数量为 4 400 万份，资产净值为多少？

    b. 如果一个大投资者要赎回的股份数量是 100 万份，投资组合价值、发行在外的股份数量以及资产净值会有哪些变化？

21. Investment 基金既出售 A 类股份又出售 B 类股份，A 类股份的前端费用为 6%，B 类股份每年的 12b-1 费用为 0.5%且撤离费用的费率起点为 5%，之后每年下降 1%，直到投资者持有满 5 年。假设投资组合扣除运营费用后的年收益率为 10%。如果打算 4 年后出售基金，A 类股份还是 B 类股份是你比较好的选择？如果你打算 15 年之后出售呢？

22. 如果你考虑投资一个有 4%手续费、0.5%运营费用的共同基金，或是一个有 6%利率的银行大额定期存单。

    a. 若投资 2 年，要想使投资基金比投资大额定期存单更赚钱，基金投资组合的年收益率应是多少？假设以复利计算年收益率。

    b. 若投资 6 年，情况会如何变化？为什么？

    c. 现在假设基金每年收取 0.75%的 12b-1 费用，不收取前端费用。要想使投资基金比投资大额定期存单更赚钱，基金投资组合的年收益率应该是多少？答案与投资期限有关吗？

23. 假设每次基金管理人交易股票的成本（如佣金和买卖价差）为交易额的 0.4%。若投资组合的换手率为 50%，则交易成本会使投资组合的总收益率降低多少？

24. 如果某免税市政债券投资组合的收益率是 4%，管理费为 0.6%，那么费用占投资组合收益的百分之几？如果股权基金的管理费用也是 0.6%，但是投资者预期投资组合收益率为 12%，那么费用占投资组合收益的百分之几？以上结论能否解释被动管理的单位投资信托倾向于固定收益市场的原因。

25. 假设观察 350 个投资组合管理人 5 年的投资业绩，并根据每年的投资收益将他们排列起来。5 年后，发现样本中有 11 只基金的投资收益每年都能排在前 50%，业绩持续性表明这些基金经理技能出众，有证据证明这一结论吗？

概念检查答案

4-1 $NAV=\frac{2\,866.26-19.46}{60.69}=46.91$（美元）

4-2 A 类股份扣除 4%的前端费用后的净收益为 9 600 美元。如果基金的收益率为 10%，n 年之后投资收益会增至 9 600 美元×$(1.10)^n$，B 类股份没有前端费用，但是投资者扣除 12b-1 费用后的净收益率仅为 9.5%，而且，还存在撤离费用，这将使销售收入减少一定百分比，它等于（5-持有至出售的年份），直到第 5 年撤离费用期满。相关计算结果如下表所示。

（单位：美元）

期限	A 类股份	B 类股份
	$9\,600\times(1.10)^n$	$10\,000\times(1.095)^n\times$(1-退出费用百分比)
1 年	10 560	$10\,000\times(1.095)\times(1-0.04)=10\,512$
4 年	14 055	$10\,000\times(1.095)^4\times(1-0.01)=14\,233$
10 年	24 900	$10\,000\times(1.095)^{10}=24\,782$

对于特别短的投资期限例如 1 年，A 类股份是比较好的选择。前端费用和撤离费用是相等的，但是 A 类股份无须支付 12b-1 费用。对于适中的投资期限例如 4 年，B 类股份占优势，因为 A 类股份的前端费用比 12b-1 费用高，并且撤离费用较小。对于较长的投资期限，例如 10 年或 10 年以上，A 类股份再次占优势。在这种情况下，一次性的前端费用比每年都需支付的 12b-1 费用更便宜。

4-3 a. 换手率＝每 100 万美元的投资组合中交易 160 000 美元＝16%。

b. 联邦快递公司实现的资本利得：25×400＝10 000（美元）。思科公司实现的资本利得：10×1 600＝16 000（美元），因此，资本利得税是 0.2×26 000＝5 200（美元）。

4-4 20%的管理人技术高超而排名前 50%，有 0.2×400＝80（人）。另外还有 120 位技术不高超的管理人排名前 50%，320 位管理人排名后 80%，所以技术不高超的管理人有幸进入前 50%的概率是 120/320＝0.375。因此第一年这 120 位幸运的技术不高超的管理人会有 0.375×120＝45（人）仍然排名前 50%。因此，今年排名前 50%而且在明年继续排名前 50%的管理人有 80＋45＝125（人），即 62.5%。

PART

2

第二部分

资产组合理论与实践

第 5 章

风险与收益入门及历史回顾

对投资者来说，风险可能与投资组合的期望收益同样重要。虽然关于风险与期望收益之间关系的一些理论在理性资本市场中非常流行，但是专注于市场中风险确切水平的相关理论却仍未面世，以至于目前我们只能通过历史分析来尽可能估算投资者可能面临的风险水平。

无法准确确定风险水平这样的境况并不出人意料，因为市场上投资资产的价格会随着与企业相关的财富水平的新闻和影响利率水平的宏观经济状况而不断波动变化，学术界至今没有关于这类事件发生的频率及其影响力的理论，因此也就无法确定风险的一个“自然”水平。

因难以直接观测期望收益与风险，从而使得这一问题更加复杂化。我们只能观测到事后实现了的收益率。此外，在了解历史表现的过程中我们面临着“黑天鹅”问题[⊖]。即使选取再长的历史时期，我们也无法保证历史记录涵盖了未来可能发生的最坏（最好）情况。在考虑长期投资面临风险的时候，这个难题就显得更令人生畏了。为此本章讲述从历史表现中估算期望收益与风险所需要的基本工具，并思考历史记录对未来投资活动的启示。

本章首先讨论利率和无风险资产，并且对过去 92 年美国无风险资产投资进行回顾。接着，本章介绍了风险资产，先论述了风险资产情境分析的方法和进行情境分析必要的数据支持，随后提出了研究资产组合历史收益时间序列必需的统计学工具，然后以全球视野窥探各国或地区股票、债券市场的历史收益水平。本章的最后讨论了历史记录对未来投资的启示和各种度量业界风险与收益的一般方法。

5.1 测量不同持有期的收益

在本章中，我们将研究和比较多种证券在不同投资期间内的收益率。然而，在我们能够准确进行此项研究之前，首先需要学习如何比较不同持有期下的投资收益。

我们从最简单的证券即零息债券开始。这种债券在到期日只向其所有者支付一次现金流，例如 100 美元。投资者以低于面值的价格购买债券（面值只是债券最终支付价值的术语，在这里是 100 美元），因此总收益是初始购买价格和面值之间的差额。

⊖ 黑天鹅是一种比喻，用来隐喻发生概率很小，一旦发生影响力就很大的事件。在澳大利亚发现黑天鹅之前，欧洲人只见过白天鹅并认为黑天鹅是在合理概率区间之外的，或者用统计学术语来说，相对于他们的观察“样本”来说，黑天鹅是极端的“异常值”。

如果我们称 $P(T)$ 为期限为 T 的零息债券在当期支付的价格，那么在债券的整个存续期内，投资的价值以 $100/P(T)$ 的倍数增长。在持有期内，投资价值的增长率为

$$r(T)=\frac{100}{P(T)}-1 \tag{5-1}$$

我们可以把持有期收益率写成

$$\text{持有期收益率}=r(T)=\frac{\text{价格变化}+\text{票息收入}}{P(T)}=\frac{100-P(T)+0}{P(T)}$$

毫无疑问，如果你愿意将资金进行长期投资，你就有望获得更高的总收益率。而期限较长的零息债券则会拥有较低的现值和较低的价格，因此可以提供较高的总收益率。但这一观察结果引出了一个明显的问题：我们应该如何比较不同投资期限的投资收益？答案是，我们必须将每个总收益率重新表示为一个相同期限的收益率。我们通常将投资收益表示为**有效年利率**（effective annual rate，EAR），这是指每年资金增加的百分比。

表 5-1 比较了这两种收益率。表中第 2 列显示了不同期限的、面值为 100 美元的零息债券的价格。每种零息债券的总收益率根据式 5-1 计算，计算结果列示在第 3 列。最后一列将总收益率重新表示为 EAR。

对于一年期投资来说，EAR 只是债券的总收益率，即投资价值的增长百分比，为 4.69%。对于持有期不到一年的投资，例如 6 个月，我们会计算半年的收益率。在表 5-1 的第二行，我们看到半年期收益率为 2.71%，因此我们用复利计算得到投资的年增长率 $1+\text{EAR}=1.0271^2=1.0549$，这意味着 EAR = 5.49%。

表 5-1　不同期限的，面值为 100 美元的零息债券的若干价格和收益率

持有期（年）	价格（美元）	总收益率，以持有期收益率表示（%）	给定持有期下的 EAR（%）
0.5	97.36	2.71	5.49
1	95.52	4.69	4.69
25	23.30	329.18	6

对于超过一年的投资，惯例是将 EAR 表示为与实际投资价值相同的、按年复利计算的利率。例如，表 5-1 中 25 年期债券的到期价值是初始价值的 4.291 8 倍（即 1+3.291 8），故求解得到其 EAR：

$$(1+\text{EAR})^{25}=4.2918$$
$$1+\text{EAR}=4.2918^{1/25}=1.0600$$

得出，EAR=0.06 或者 6%。

5.1.1　年利率

EAR 明确考虑了复利。相比之下，短期投资（按照惯例，持有期少于 1 年）的利率通常使用单利，忽略复利。这些被称为年化百分比利率（annual percentage rate，APR）。例如，你的信用卡账单上的 APR 是你每月信用卡未还款金额对应的月利率乘以 12。

一年有 n 次复利期间，我们可以通过先计算每期利率为 APR/n，然后按 n 期复利计算，从 APR 中得出 EAR：

$$1+\text{EAR}=\left(1+\frac{\text{APR}}{n}\right)^{n} \tag{5-2}$$

同样，我们也可以通过先找出每期利率，见式（5-3）中方括号内的项，然后乘以一年中的期数，从 EAR 中得出 APR：

$$APR = n \times [(1+EAR)^{1/n} - 1] \tag{5-3}$$

为了说明这一点，在表 5-2 的第 3 列和第 4 列中，我们使用式（5-3）来求解与 5.8%的 EAR 相对应的 APR，该 APR 具有不同的复利期间。相反，在第 5 列和第 6 列中，我们使用式（5-2）来找出 5.8%的 APR 所隐含的 EAR。

表 5-2 EAR 和 APR

期限	T	EAR=0.058		APR=0.058	
		$r(T)$	$APR=n\times[(1+EAR)^{1/n}-1]$	$r(T)$	$EAR=(1+APR/n)^n-1$
1年	1.000 0	0.058 0	0.058 00	0.058 0	0.058 00
6个月	0.500 0	0.028 6	0.057 18	0.029 0	0.058 84
3个月	0.250 0	0.014 2	0.056 78	0.014 5	0.059 27
1个月	0.083 3	0.004 7	0.056 51	0.004 8	0.059 57
1星期	0.019 2	0.001 1	0.056 41	0.001 1	0.059 68
1天	0.002 7	0.000 2	0.056 38	0.000 2	0.059 71
连续			$r_{cc}=\ln(1+EAR)=0.056\,38$		$EAR=\exp(r_{cc})-1=0.059\,71$

注：在第 3 列和第 4 列中，我们将 EAR 固定在 5.8%，并为每个持有期找到 APR。在第 5 列和第 6 列中，我们将 APR 固定在 5.8%，并求解 EAR。

【例 5-1】 EAR 与 APR

假设你必须按每月 1.5%的利率支付信用卡欠款的利息。APR 将报告为 1.5%×12=18%，但 EAR 更高，为 19.56%，因为 $1.015^{12}-1=0.195\,6$。在你还清欠款之前，欠款每月将以 1.015 的倍数增加，因此 12 个月后，欠款将变为 1.015^{12}。这就是为什么我们把 EAR 称为“有效”年利率的原因。

5.1.2 连续复利

从表 5-2 中可以明显看出，APR 与 EAR 之间的差异随着复利频率的增加而增大。这就引出了一个问题：随着复利频率的持续增加，这两种利率会相差多大？在式（5-2）中，随着 n 的无限增大，我们实际上接近于连续复利（CC），并且在连续复利的情况下，EAR 与 APR（用 r_{cc} 表示）的关系由指数函数给出：

$$1+EAR = \exp(r_{cc}) = e^{r_{cc}} \tag{5-4}$$

e 大约为 2.718 28。

为了从 EAR 中找到 r_{cc}，我们按如下方式求解式（5-4）中的 r_{cc}：

$$\ln(1+EAR) = r_{cc}$$

其中 ln( ) 是自然对数函数，即 exp( ) 的反函数。指数函数和对数函数都可以在 Excel 中使用，分别称为 EXP( ) 和 LN( )。

【例 5-2】 连续复利的利率

能产生 5.8% EAR 的连续复利的年利率 r_{cc} 为 5.638%（见表 5-2）。这几乎与每日复利的年利率相同。但对于复利频率较低的情况，例如每半年复利一次，要产生相同 EAR 所需的年利率明显较高，为 5.718%。复利频率越低，为了产生等效的有效收益，需要更高的年利率。

虽然连续复利起初可能看起来是一个数学上的麻烦，但使用这样的利率有时可以简化期望收益和风险的计算。例如，给定一个连续复利的利率，任何期限 T 的总收益率 $r_{cc}(T)$ 可以简单地表示为 $\exp(T \times r_{cc})$。换句话说，总收益率与期限 T 成正比。这比使用离散周期复利产生的指数要简单得多。

5.2　利率和通货膨胀率

概念检查 5-1

一家银行为锁定期为 3 年的 10 万美元储蓄账户提供两种利率方案：(a) 月利率为 1%，(b) 年利率为 12%，连续复利。你应该选择哪种方案？

预测利率水平及未来利率是做投资决策时诸多环节中非常重要的一环。例如，假定你的存款账户中有 10 000 美元，银行以短期利率（比如 30 天短期国库券利率）作为参照向你支付浮动的利息，而你也可以选择将这部分钱转作以固定利率支付利息的长期存款。

你的决策显然根据你对利率的未来预期而定。如果你认为利率未来会下降，你会希望通过购买期限较长的定期存单把利率锁定在当前较高的水平上。相反，如果预期利率上升，你一定会选择推迟期限较长的定期存单的购买计划。

众所周知，预测利率无疑是应用宏观经济学中最为困难的部分之一。然而即使如此，利率水平仍然由一些基本要素决定：

(1) 来自存款人（主要是家庭）的资金供给；

(2) 来自企业投资工厂车间、设备以及存货的融资需求；

(3) 经过美联储运作调整后的政府资金净需求；

(4) 预期通货膨胀率。

我们首先区分实际利率与名义利率。

5.2.1　实际利率和名义利率

利率是承诺的收益率，通常以特定货币计价，例如美元。但是，即使是以美元为单位的承诺收益率，也不一定能锁定你用投资收益所能购买商品的数量。在一年中，商品的价格可能会上涨，在这种情况下，购买力的增长将低于美元财富的增长。

例如，考虑期限为 1 年的无风险利率，假设 1 年前你在银行存了 1 000 美元，期限为 1 年，利率为 10%，那么现在你可以得到 1 100 美元现金。你投资所获得的真实收益是多少呢？这取决于现在的 1 100 美元以及 1 年前的 1 000 美元分别可以买多少东西，而消费者物价指数（CPI）衡量了城镇家庭一篮子商品服务消费的平均价格水平。

假定上一年的通货膨胀率（CPI 的变化百分率，计为 i）为 6%，一条去年价格为 1 美元的面包今年需要花费 1.06 美元。去年你可以用资金购买 1 000 条。在投资一年后，你能够买 1 100/1.06 = 1 038 条面包。因此你的购买力水平提高了 3.8%。

部分利息收入被在年末所收到美元的购买力水平下降抵消。对于 10% 的利率，在去掉 6% 购买力水平下降后，所获得的购买力净收益大约为 4%。因此我们需要辨别名义利率（钱的增值）与实际利率（购买力的增值）。

更准确地说，我们发现购买力的增长等于投资金额增长除以价格的增长。设名义利率（nominal interest rate）为 r_{nom}，实际利率（real interest rate）为 r_{real}，通货膨胀率为 i，那么可以得到

$$1+r_{\text{real}}=\frac{1+r_{\text{nom}}}{1+i}=\frac{1.10}{1.06}=1.038 \tag{5-5}$$

这个关系的粗略估计为

$$r_{\text{real}}\approx r_{\text{nom}}-i \tag{5-6}$$

总之，实际利率等于名义利率减去因通货膨胀导致的购买力损失。

式（5-5）的具体关系可以重新写为 $$r_{\text{real}}=\frac{r_{\text{nom}}-i}{1+i} \tag{5-7}$$

可以看出由式（5-6）得出的近似值高估了实际利率 $1+i$ 倍。

【例 5-3】 近似的实际利率

如果 1 年期储蓄存单的利率为 8%，预期下一年的通货膨胀率为 5%，利用近似公式可以得到实际利率 $r_{\text{real}}=8\%-5\%=3\%$，利用精确公式可以计算出实际利率 $r_{\text{real}}=\frac{0.08-0.05}{1+0.05}=0.0286$，即 2.86%。由此可以看到，近似公式得出的实际利率高估了 14 个基点（0.14%），通货膨胀率较低并采用连续复利度量时，近似公式较为准确。[⊖]

常见的固定收益投资如银行存单承诺的是名义利率。但是，由于未来的通货膨胀情况具有不确定性，即使承诺的名义利率为无风险利率，但你所获得的实际利率仍有风险。因此，你应该通过在名义利率基础上调整通货膨胀率来推测一项投资的实际期望收益率。

5.2.2 均衡实际利率

尽管经济体内存在多个不同的利率（犹如存在许多不同的债务凭证），但这些利率变化趋同，所以在经济学家眼中似乎只有一个代表性利率。三种基本因素——供给、需求和政府的干预决定了实际利率。名义利率等于实际利率加上期望通货膨胀率。

图 5-1 描绘了一条向下倾斜的需求曲线和一条向上倾斜的供给曲线，横轴代表资金量，纵轴代表实际利率。

需求曲线向下倾斜是因为实际利率低，厂商会加大其资本投资的力度。假定厂商选择投资项目是基于项目本身的投资收益率，那么实际利率越低，厂商会投资越多的项目，从而需要越多的融资。

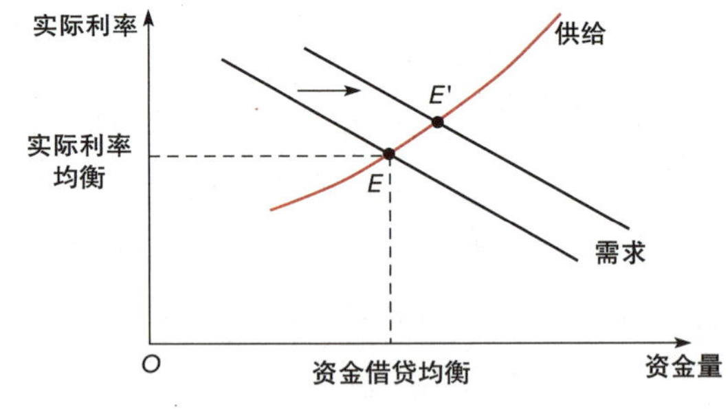

图 5-1 均衡实际利率的决定

供给曲线与需求曲线的交点形成了图 5-1 中的均衡点 E。

政府和中央银行（美联储）可以通过财政政策或货币政策向左或向右移动供给曲线和需求曲线。例如，假定政府预算赤字增加，政府需要增加借款，推动需求曲线向右平移，均衡点从

⊖ 对于连续复利率，式（5-6）是完全准确的。因为 $\ln(x/y)=\ln(x)-\ln(y)$，实际的连续复利的收益率 r_{cc}（real）可以由实际的有效年利率 r_{real} 推导出来，即

$$\begin{aligned} r_{cc}(\text{real}) &= \ln(1+r_{\text{real}})=\ln\left(\frac{1+r_{\text{nom}}}{1+i}\right)=\ln(1+r_{\text{nom}})-\ln(1+i) \\ &= r_{cc}(\text{nom})-i_{cc} \end{aligned}$$

E 点移至 E' 点。美联储可以通过扩张性货币政策来抵消这种上涨，这将使供给曲线向右偏移。

因此，虽然居民的储蓄倾向和投资项目的期望生产率（或利润率）能够影响实际利率，但是同时也受到政府财政政策或货币政策的影响。

5.2.3　利率与通货膨胀

我们通过式（5-6）可以发现资产的名义利率近似等于实际利率加通货膨胀率，因为投资者最为关心的是他们的实际收益率（即购买力的增加值），所以当通货膨胀率增加时，投资者会对其投资提出更高的名义利率要求，只有这样高的名义利率才能保证一项投资的实际收益率水平。

欧文·费雪（Irving Fisher，1930）认为名义利率应该伴随着期望通货膨胀率 $E(i)$ 的增加而增加。那么所谓的费雪等式为

$$r_{nom}=r_{real}+E(i) \tag{5-8}$$

式（5-8）表明，如果实际利率是稳定的，名义利率的变化将预测通货膨胀率的变化。式（5-8）涉及期望通货膨胀率，但是我们只能观察到实际的通货膨胀率。费雪等式的经验有效性取决于市场参与者在投资期内预测通货膨胀率的能力。

概念检查 5-2

a. 假定每年的实际利率为 3%，期望通货膨胀率为 8%，那么名义利率是多少？

b. 假定通货膨胀率将上涨 10%，但实际利率不变，那么名义利率将有什么变化？

5.2.4　税收与实际利率

税赋是基于名义收入的支出，税率则由投资者的税收累进等级决定。美国国会意识到了不断上涨的税收累进等级与通货膨胀率之间的关系（当名义利率随通货膨胀率上升时，将使纳税人面对更高的税收累进等级），便于 1986 年税制改革中建立了同价格指数挂钩的税收累进制。

同价格指数挂钩的税收累进制并没有将个人所得税完全同通货膨胀率分离，假设税率为 t，名义利率为 r_{nom}，则税后名义利率为 $r_{nom}(1-t)$。税后实际利率近似等于税后名义利率减去通货膨胀率，即

$$r_{nom}(1-t)-i=(r_{real}+i)(1-t)-i=r_{real}(1-t)-it \tag{5-9}$$

因此，税后实际利率随着通货膨胀率的上升而下降，投资者承受了相当于税率乘以通货膨胀率的通货膨胀损失。例如，假定你承担的税率为 30%，投资收益率为 12%，通货膨胀率为 8%，那么税前实际收益为 4%，在同价格指数挂钩的税收累进制下，税后实际收益率为 4%×(1-0.3)=2.8%，但是税法并没有认识到收益率中的前 8%只是用于补偿通货膨胀，而不是实际收益。你的税后名义收益率为 12%×(1-0.3)=8.4%，因此你的税后实际收益率只有 8.4%-8%=0.4%。正如式（5-9）指出，你的税后实际收益率降低了 8%×0.3=2.4%。

5.2.5　国库券与通货膨胀（1927—2018 年）

费雪等式预测，名义利率应该跟踪通货膨胀率，从而使实际利率保持相对稳定。但是，我们对实际利率的讨论表明，它将随着一些不确定性而发展。名义利率将继承通货膨胀率和实际利率的不确定性。历史记录是什么样的呢？

表 5-3 展示了 1 个月期的短期国库券的名义收益率、实际收益率和通货膨胀率的历史记录。

表 5-3 1927—2018 年短期国库券的名义收益率、实际收益率和通货膨胀率的历史记录

	平均年利率			标准差		
	短期国库券	通货膨胀率	实际值	短期国库券	通货膨胀率	实际值
全部年份	3.38	3.01	0.46	3.12	4.00	3.76
1927—1951 年	0.95	1.79	-0.47	1.24	6.04	6.33
1952—2018 年	4.29	3.46	0.81	3.13	2.84	2.12

资料来源：*Annual rates of return from rolling over 1-month T-bills*：Kenneth French；*annual inflation rates*：Bureau of Labor Statistics.

表 5-3 的第 2~4 列是三个时期的平均年利率。我们历史上最近一段时期——1952—2018 年（基本上是战后时期）的平均利率为 4.29%，显著高于早期部分的 0.95%。原因是通货膨胀是国库券利率的主要驱动因素，其在 1952—2018 年的平均值（3.46%）明显高于 1927—1951 年的 1.79%。然而，1952—2018 年的名义利率仍然很高，可以保持较高的平均实际利率 0.81%，而 1927—1951 年则为负 47 个基点（- 0.47%）。

图 5-2 说明了为什么我们以 1952 年划分样本期间。在那一年之后，通货膨胀的波动性大大降低，并且名义利率可能因此跟随通货膨胀率并得到更大幅度的调整，从而产生更加稳定的实际利益，这表现为表 5-3 最后一栏中记录的显著降低的实际标准差[⊖]。样本早期的标准差为 6.33%，后期仅为 2.12%。1952 年后实际利率的低波动率反映了通货膨胀率类似的低波动率。我们可以发现当通货膨胀率更容易预测时费雪方程式更有效，投资者可以更准确地衡量他们为获得可接受的实际收益率所要求的名义利率。

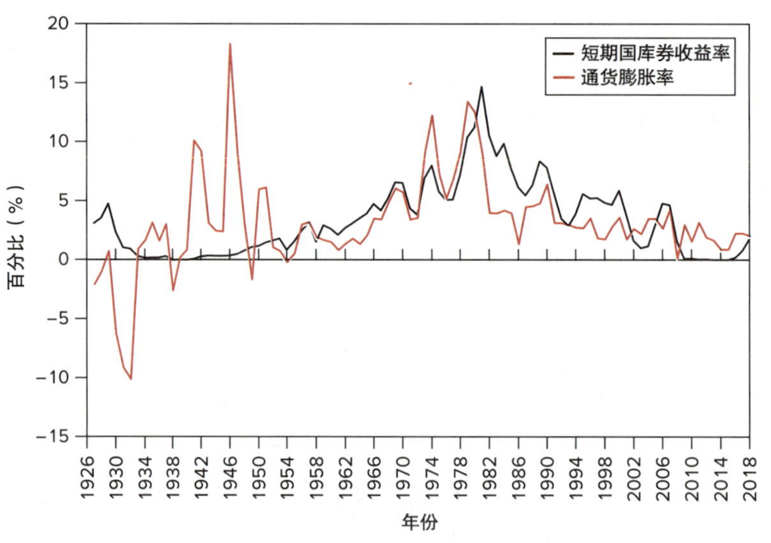

图 5-2 1926—2018 年利率和通货膨胀率

5.3 风险与风险溢价

任何投资都会涉及对未来持有期收益的不确定性，而且在许多情况下，这种不确定性相当大。投资风险的来源范围很广，从宏观经济波动到各行业不断变化的前景，再到公司特有的意外发展。在本节中，我们将开始思考如何衡量这种风险。

⊖ 我们将在本章后面介绍如何计算标准差。现在，你只需要知道它是对波动性的测量。表 5-3 显示，在 1952 年以前，实际利率的波动性很高。

5.3.1　持有期收益率

假设你正在考虑投资股票指数基金。每份额的现价为 100 美元，持有期为 1 年。实现的投资收益率由每份额年末价格和这一年的现金股利决定。

假定每份额的期末价格为 110 美元，这一年的现金股利为 4 美元。实现的收益率，也叫作**持有期收益率**（holding-period return，HPR，在这种情况下，持有期为 1 年），可以用如下公式表示：

$$\text{HPR}=\frac{\text{期末价格}-\text{期初价格}+\text{现金股利}}{\text{期初价格}} \tag{5-10}$$

本例中表示为

$$\text{HPR}=\frac{110-100+4}{100}=0.14\text{，即 }14\%$$

来自股利的收益百分比被称为**股利收益率**（dividend yield），所以股利收益率加上资本利得收益率等于持有期收益率。

5.3.2　期望收益率和标准差

1 年以后的每份基金价格和股利收入具有很大的不确定性，所以无法确定最终的持有期收益率。我们将市场状况和股票指数市场进行情境分析，将其分为四种情况，如表 5-4 所示。可能的持有期收益率列表以及相关概率被称为持有期收益率的概率分布。

表 5-4　股票指数基金持有期收益率的情境分析

	A	B	C	D	E	F	G	H	I
1									
2									
3	买价 =		$100		国库券利率 = 0.04				
4									
5									
6									
7	市场状况	概率	年末价格	现金股利	HPR	标准差	方差	超额收益率	方差
8	大好	0.25	126.50	4.50	0.3100	0.2124	0.0451	0.2700	0.0451
9	好	0.45	110.00	4.00	0.1400	0.0424	0.0018	0.1000	0.0018
10	差	0.25	89.75	3.50	−0.0675	−0.1651	0.0273	−0.1075	0.0273
11	很差	0.05	46.00	2.00	−0.5200	−0.6176	0.3815	−0.5600	0.3815
12	期望值（均值）	SUMPRODUCT(B8:B11, E8:E11) =			0.0976				
13	HPR的方差		SUMPRODUCT(B8:B11, G8:G11) =				0.0380		
14	HPR的标准差				SQRT(G13) =		0.1949		
15	风险溢价				SUMPRODUCT(B8:B11, H8:H11) =			0.0576	
16	超额收益的标准差				SQRT(SUMPRODUCT(B8:B11, I8:I11)) =				0.1949

我们怎样来评价这种概率分布？通过本书，我们将会用期望收益率 $E(r)$ 和标准差 σ 来表示收益率的概率分布。期望收益率是在不同情境下以发生概率为权重的收益率加权平均值。假设$p(s)$ 是各种情境的概率，$r(s)$ 是各种情境的持有期收益率，情境由 s 来标记，我们可以将期望收益率表达为

$$E(r)=\sum_{s}p(s)r(s) \tag{5-11}$$

将表 5-4 中的数据运用到式（5-11）中，我们会得到该股票指数基金的期望收益率为

$$\begin{aligned}E(r)&=(0.25\times0.31)+(0.45\times0.14)+[0.25\times(-0.0675)]+[0.05\times(-0.52)]\\&=0.0976\end{aligned}$$

表 5-4 表明这个结果可以很简单地由 Excel 得出，运用 SUMPRODUCT 公式先计算出一系列数字对的乘积，然后将这些乘积相加。在此，数字对是每种情境出现的概率和收益率。例如，SUMPRODUCT(B8:B11,C8:C11)函数会将 B 列中的每个元素与 E 列中的对应元素相乘，然后将这些乘积相加。在表 5-4 中，这些乘积中的每一个都将是每种情境的概率乘以该情境中的持有期收益率。这些乘积的总和即为期望收益率，见式（5-11）。

然而，对该基金的投资存在风险，实际收益率可能远高于或低于期望的平均值。市场状况为大好时，收益率会很高，达到 31%，但市场状况为很差时，收益率将令人失望地降至-52%。那么，我们如何量化这种不确定性呢？

在任何情境下的“意外”收益率是实际收益率与预期收益率之间的差额。例如，市场状况为大好时，意外收益率为 $31\%-E(r)=31\%-9.76\%=21.24\%$。市场状况为很差时，意外收益率为 $-52\%-E(r)=-52\%-9.76\%=-61.76\%$。

投资的不确定性取决于潜在意外的大小和概率。为了用一个数字来表征不确定性，我们定义了方差，用 σ^2 表示，它表示与平均值（即各种情境下期望的平均“意外”）的偏差平方的期望值。

收益率的方差（σ^2）是度量波动性的一种方法。它用于衡量可能出现的结果相对于预期值的离散程度。波动率由真实收益率和平均收益率的偏离衡量。为了防止正的偏离与负的偏离相互抵消，我们计算偏离期望收益的平方。结果的波动性越强，这些方差的均值就越大。因此，方差提供了测量结果不确定性的一种方法，也就是

$$\sigma^2=\sum_s p(s)[r(s)-E(r)]^2 \tag{5-12}$$

因此，在本例中

$$\sigma^2=0.25\times(0.31-0.0976)^2+0.45\times(0.14-0.0976)^2+0.25\times(-0.0675-0.0976)^2+0.05\times(-0.52-0.0976)^2=0.0380$$

该值使用 SUMPRODUCT 函数在表 5-4 的 G13 单元格中计算。具体而言，SUMPRODUCT(B8:B11,G8:G11) 将每种情境的概率和该情境下与均值的方差（G 列）相乘，然后将这些项相加，从而得出收益率的方差，见式（5-12）。

当计算方差时，我们将与均值的偏离程度进行平方，因此会改变计算单位。为了回到原始的计算单位，我们计算标准差作为方差的平方根。标准差在 G14 单元格中计算为

$$\sigma=\sqrt{0.0380}=0.1949=19.49\%$$

显然，困扰该指数基金潜在投资者的是市场崩盘或市场变坏的一个下跌风险，而不是市场变好带来的上涨潜力。收益率的标准差并没有区分好的市场或是坏的市场。它在两种情况下都仅仅表达的是对平均值的偏离程度。只要概率分布大致是关于平均值对称的，标准差就是一个风险的适当测度。在特殊情况下我们可以假设概率分布为正态分布（即众所周知的钟形曲线），$E(r)$ 和 σ 就可以完美地刻画出分布。

5.3.3 超额收益和风险溢价

你应该投资多少到指数基金中？在回答这个问题之前，你必须知道承担股票投资风险可以期望的收益有多高。

我们把收益表示成股票指数基金的期望持有期收益率和**无风险利率**（risk-free rate）的差值，无风险利率是当你将钱投入无风险资产例如短期国库券、货币市场基金或者银行存款时所获得的利率。我们将期望持有期收益率与无风险利率的差值称为普通股的**风险溢价**（risk premium）。在我们的例子中无风险年利率为 4%，期望指数基金利率为 9.76%，所以风险溢价为每年 5.76%。在任何一个特定的阶段，风险资产的实际收益率与实际无风险利率的差值称为**超额收益**（excess return）。因此，风险溢价是超额收益的期望值，超额收益的标准差是其风险的测度。

投资者投资股票的意愿取决于其**风险厌恶**（risk averse）水平。如果投资者是风险厌恶的，当风险溢价为零时，则不愿意对股票市场做任何投资。从理论上说，必须有正的风险溢价来促使风险厌恶的投资者继续持有现有的股票而不是将他们的钱转移到其他无风险的资产中去。

虽然情境分析解释了量化的风险和收益背后的概念，但你可能仍然想知道对于普通股票和其他证券来说怎样更加准确地估计 $E(r)$ 和 σ。历史给我们提供了敏锐的视角。由于历史上运用了各种各样的概念和统计工具来记载有价证券收益，所以首先让我们来做一个初步讨论。

概念检查 5-3

你将 27 000 美元投资于一个公司债券，每 1 000 美元面值债券售价为 900 美元。在第 2 年，1 000 美元债券能够提供的利息是 75 美元。年末债券的价格取决于当时的利率水平。下表提供了情境分析时必要的数据：

利率	概率	年末债券价格（美元）
高	0.2	850
不变	0.5	915
低	0.3	985

你的另一种投资则是国库券，它能够提供的收益率为 5%。计算每种情境的持有期收益率、$E(r)$ 和风险溢价。你投资的年末期望价值是多少？

5.4　历史收益的经验

5.4.1　时间序列与情境分析

在着眼未来的情境分析中，我们设定一组相关的情境和相应的投资收益，并对每个情境设定其发生的概率，最后计算该投资的风险溢价和标准差。相反，资产和组合的历史收益率只是以时间序列形式存在，并没有明确给出这些收益率发生的概率，因为我们只观察到日期和持有期收益率，所以必须从有限的数据中推断收益率的概率分布，或者至少是分布的一些特征值，比如期望收益率和标准差。

5.4.2　期望收益率和算术平均值

使用历史数据时，我们认为每一个观测值等概率发生。所以如果有 n 个观测值，便将式（5-11）中的 $p(s)$ 替换为 $1/n$，这时期望收益率可表示为

$$E(r)=\sum_{s=1}^{n}p(s)r(s)=\frac{1}{n}\sum_{s=1}^{n}r(s),\quad \text{即收益率的算术平均值} \tag{5-13}$$

【例 5-4】　算术平均值与期望收益率

表 5-5 显示了标准普尔 500 指数在一个连续 5 年间持有期收益率的时间序列。在样本期间，将 $n=5$ 观察期间中的每一个持有期收益率看作样本期间的年度收益率，并等概率发生，概率为 1/5，表中的 B 列使用 0.2 作为概率值，C 列显示每年持有期收益率。将式（5-13）应用在

表 5-5 的时间序列，计算可得持有期收益率与概率乘积之和等于持有期收益率的算术平均值（见 C7 和 C8）。

表 5-5 标准普尔 500 指数持有期收益率的时间序列

	A	B	C	D	E	F
1	时期	假设概率	持有期收益率	标准差	总HPR= =1+HPR	财富指数*
2	1	0.20	−0.118 9	0.019 6	0.881 1	0.881 1
3	2	0.20	−0.221 0	0.058 6	0.779 0	0.686 4
4	3	0.20	0.286 9	0.070 7	1.286 9	0.883 3
5	4	0.20	0.108 8	0.007 7	1.108 8	0.979 4
6	5	0.20	0.049 1	0.000 8	1.049 1	1.027 5
7	算术平均值	=AVERAGE(C2:C6)	0.021 0			
8	期望HPR	SUMPRODUCT(B2:B6,C2:C6)	0.021 0			
9	方差	SUMPRODUCT(B2:B6,D2:D6)		0.031 5		
10	标准差	SQRT(D9)		0.177 4		
11	标准差	STDEV.P(C2:C6)		0.177 4		
12	标准差(自由度=4)	SQRT(D9*5/4)		0.198 3		
13	标准差(自由度=4)	STDEV.S(C2:C6)		0.198 3		
14	几何平均收益	F6^(1/5)-1				0.0054
15						
16	* 财富指数是样本期初投入 1 美元的累计价值。					

例 5-4 说明了算术平均值在投资学中广泛应用的逻辑。如果每个历史收益率的时间序列都代表了真实可能的概率分布，那么从历史数据中计算得到的算术平均值就是期望收益率的恰当估计。

5.4.3 几何（时间加权）平均收益

我们看到算术平均值是期望收益率的无偏估计，那么关于整个样本期间的投资组合的实际表现，这些时间序列是如何体现的呢？我们继续运用例 5-4 来进行说明。对于比较长时期的结果，我们在后续章节中讨论。

表 5-5 中 F 列显示了第一年年初投资 1 美元在标准普尔 500 指数上的财富指数。5 年年末财富指数的数值为 1.027 5 美元。这是 1 美元的最终价值，意味着 5 年投资持有期收益率为 2.75%。

样本期间的收益表现可以用某一年化持有期收益率来衡量，由时间序列中复利终值反推而得。定义该收益率为 g，则有

$$终值=(1+r_1)\times(1+r_2)\times\cdots\times(1+r_5)=1.027\,5$$

$$(1+g)^n=终值=1.027\,5\quad（表\ 5\text{-}5\ 中单元格\ F6）\tag{5-14}$$

$$g=终值^{1/n}-1=1.027\,5^{1/5}-1=0.005\,4=0.54\%\quad（单元格\ F14）$$

$1+g$ 是时间序列的总收益 $1+r$ 的几何平均数（可以使用 Excel 中 GEOMEAN 命令），g 是年化持有期收益率。

投资者称 g 为时间加权（区别于货币加权）的平均收益率，它强调了在平均过程中每个历史收益率是等权重的。理解两种平均方法的差异十分重要，因为随着投资者购买或赎回基金份额，投资经理管理的资金规模可能会发生显著变化。在资金规模较大的时候获得的收益率对最终价值的影响要大于资金规模较小的时候获得的收益率。我们在第 24 章会讨论这种差异。

请注意，表 5-5 中的几何平均值为 0.54%，低于算术平均值 2.1%。收益率的波动性越大，算术平均值和几何平均值之间的差异就越大。如果收益率来自正态分布，那么期望差异恰好是分布方差的一半，即：

$$E[\text{几何平均值}]=E[\text{算术平均值}]-1/2\sigma^2 \tag{5-15}$$

注意：使用式（5-15）时，需要将收益率换成小数形式，而不是百分数形式。当收益率服从正态分布时，式（5-15）的拟合效果较好[⊖]。

几何平均值与算术平均值之间的差异源于正负收益率对投资组合最终价值的不对称影响。例 5-5 就说明了这种影响。

【例 5-5】　几何平均值与算术平均值

假设你在第一年的投资收益率为−20%，第二年的投资收益率为 20%，它们的算术平均值为 0。然而，在期初投资 1 美元，在第二年年末会变成 0.8×1.2=0.96 美元，意味着几何平均值为负。与第一年相比，第二年的投资基数更小。想要弥补第一年 20%的亏损，你在第二年需要达到 25%的投资收益率。

现在假设投资收益率的顺序调换，第一年的投资收益率为 20%，第二年的投资收益率为−20%。此时的算术平均值依然为 0，然而最后你的 1 美元还是会变成 0.96 美元（=1.20×0.80）。在这种情况下，第二年的投资基数大于第一年的投资基数，导致了更大的亏损。在任意一种情境下，几何平均值都小于算术平均值。

5.4.4　估计方差和标准差

当考量风险时，我们关注的是实际收益与期望收益之间发生偏离的可能性。在情景分析框架下，可通过均值周围的平方离差来定义方差，如式（5-12）所示。然而在实践中，我们很难直接观测到期望值，因此转而通过计算算术平均收益率 $\bar{r}$（即期望收益的估计值）的平方离差均值来测算方差。将式（5-12）应用于历史数据时，我们对每个观测值赋予相同概率，并以样本均值替代不可观测的 $E(r)$。因此对于包含 n 个观测值的历史数据，方差估计公式可表示为

> **概念检查 5-4**
>
> 2025 年年初投资 100 万美元于标准普尔 500 指数基金。给定 2025 年收益率为−40%，2026 年需要收益率为多少时才可以弥补 2025 年的损失？

$$\hat{\sigma}^2=\frac{1}{n}\sum_{s=1}^{n}[r(s)-\bar{r}]^2 \tag{5-16}$$

由式（5-16）估计得到的方差是有偏的，这是由于采用的是对样本算术平均值 $\bar{r}$ 的偏差，而不是未知的真实期望收益 $E(r)$，故导致了一些估计误差。这又称为自由度偏差，可以通过方差算术平均值与因子 $n/(n-1)$ 的乘积来消除误差。方差和标准差变为

$$\hat{\sigma}^2=\left(\frac{n}{n-1}\right)\times\frac{1}{n}\sum_{s=1}^{n}[r(s)-\bar{r}]^2=\frac{1}{n-1}\sum_{s=1}^{n}[r(s)-\bar{r}]^2$$

$$\hat{\sigma}=\sqrt{\frac{1}{n-1}\sum_{s=1}^{n}[r(s)-\bar{r}]^2} \tag{5-17}$$

⊖ 我们得知，度量某时段的历史收益时采用几何平均值，而估计未来收益表现时用算术平均值。问题是，如果同样的样本出现在未来，收益采用几何平均值，那么这是不是期望收益的最佳估计呢？令人惊讶的是，答案是否定的。未来的结果总是包括正的或负的偏差（与预期相比）。一连串的正的偏差相对一连串负的偏差对期末财富影响较大。正因为这种非对称性，几何平均值是对未来平均收益的低估。这个低估等于方差的一半，所以采用算术平均值来纠正这个偏差。

【例 5-6】 方差和标准差

再来看一下表 5-5。D 列显示了与算术平均值的平方偏差，单元格 D9 给出了方差为 0.031 5。这是我们五个观测值中每个结果的概率乘积之和（因为这些是历史估计值，我们认为每个结果发生的可能性相同）乘以该结果的平方偏差。最后，单元格 D10 中给出的标准差为 0.177 4，即方差的平方根。

单元格 D13 显示了标准差的无偏估计值为 0.198 3，这个值高于在单元格 D11 中获得的 0.177 4。在 Excel 中，STDEV.P 函数计算标准差时不进行任何自由度校正，与式（5-16）一致，而 STDEV.S 函数则应用校正，与式（5-17）一致。对于大样本，这种区别通常并不重要：$n/(n-1)$ 接近 1，自由度的调整变得微不足道。

5.4.5 高频数据中的均值与方差估计

观测值的频率越高是否会使估计值越准确呢？这个问题的答案令人惊讶：观测值的频率不会影响均值估计的准确性。样本时段的长度而非样本观测值的数量能改进估计的准确性。

与 120 个月的月度收益率相比，使用 10 年的年度收益率也能对期望收益率进行同样准确的估算。这是因为平均月度收益率必须与平均年度收益率相匹配，所以年内的额外观测数据并不提供关于平均收益率的额外信息。当然，如果有一个更长的样本，例如 100 年的收益率数据，且这 100 年内收益率的概率分布保持不变，那么它将比 10 年的收益率数据更能准确地估算平均收益率。这里我们可以得出一个规律：在确信数据来自同一收益率分布的前提下，应尽可能使用最长的样本。但遗憾的是，在实际应用中，旧数据可能提供的信息量较少。那么，19 世纪的收益率数据对于估算 21 世纪的期望收益率是否具有参考价值呢？很可能没有，这意味着我们在估算平均收益率的准确性方面存在一定的局限。

相反，增加样本值可提高标准差或更高阶矩的估计准确性。所以我们可以用变频观测值来提高标准差和更高阶矩的估计准确性。

标准差估计先从方差估计开始。当日度收益不相关时，月度方差可以简单相加。当月度方差相同时，年化方差等于 $\sigma_A^2=12\sigma_M^2$。[㊀]总的来说，T 个月的方差等于 T 乘以单个月的方差。所以，标准差的增长率为$\sqrt{T}$，即 $\sigma_A=\sqrt{12}\sigma_M$。均值和方差随时间段成比例增长，而标准差随时间段长度的平方根的增长而增长。

5.4.6 收益波动性（夏普）比率

既然我们能够衡量期望收益率和标准差，我们就可以开始考虑如何评估和比较不同投资组合的历史或未来表现。具体来说，它们所提供的风险-收益权衡是怎样的呢？

投资者可能对通过用有风险的投资组合替换国债而获得的期望超额收益以及由此产生的风险感兴趣。即使国债收益率并非恒定，但如果我们购买并持有至到期，我们仍然可以确切地知道在任何时期可以获得的收益率。其他投资通常需要承担一定风险，以期获得超过无风险的国

㊀ 当月度收益率之间不相关时，我们可以不关心它们之间的协方差。12 个月度收益率之和的方差等于 12 个月度方差之和。如果月度收益率之间相关，年化方差时需要调整收益率之间的序列相关性。

债收益率的收益。投资者对风险资产进行定价，以使风险溢价与期望超额收益的风险相称，因此最好通过超额收益的标准差来衡量风险，而不是总收益的标准差。

收益（风险溢价）和风险（以标准差衡量）之间的权衡重要性表明，我们可以通过投资组合的风险溢价与其超额收益率的标准差的比率来衡量其吸引力。这种收益与波动性的衡量方法最早由威廉·夏普广泛使用，因此通常被称为夏普比率。夏普比率被广泛用于评估投资经理的表现。

$$\text{夏普比率}=\frac{\text{风险溢价}}{\text{超额收益率的标准差}} \tag{5-18}$$

【例 5-7】 夏普比率

参见表 5-4，投资股票指数基金的情境分析得到 5.76% 的风险溢价，超额收益的标准差为 19.49%。这表明夏普比率等于 0.3。第 7 章中将继续讨论这种重要的度量方法，证明它在度量分散化投资组合风险-收益的权衡时是一种合适的方法，但是将其运用在单个资产比如投资组合中的单只股票时是不合适的。

概念检查 5-5

用表 5-5 中 3~5 年的年度收益率：

a. 计算算术平均收益率。

b. 计算几何平均收益率。

c. 计算收益率的标准差。

d. 计算夏普比率，假设无风险利率为 6%。

5.5 正态分布

正态分布在日常生活中频繁出现。例如，一个国家或地区全部人口的身高、体重情况都基本符合正态分布。实际上，很多由一连串随机事件构成的变量都会呈现正态分布的形态，例如在连续生产中用于向标准容器中灌 1gal（$1\text{gal}=3.78\text{m}^3$）液体的机器每次的灌装误差。同样的逻辑，如果投资者对收益的期望是理性的，那么实际收益率应该服从以此期望为均值的正态分布。

正态分布为什么是“正态”的呢？假设一个报社在生意好的一天赚 100 美元，生意不好则不赚不赔，且两种情况发生的概率各为 50%。因此，它平均每天的收益是 50 美元。我们可以据此画一个二叉树来描述所有可能发生的状况，下面的**事件树**（event tree）展示了两天生意可能发生的情况。

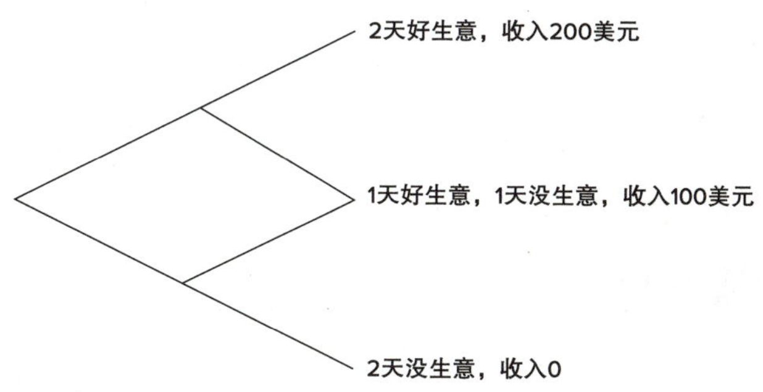

可见，两天会产生 3 种不同的结果，而 n 天会产生 $n+1$ 种情况。对于上面这个事件树，最有可能发生的情况是生意一天好、一天坏，概率为 0.5，两种极端情况发生的概率各为 0.25。

那么在经营很多天之后利润情况会是怎样的呢？比如 200 天之后，可能性达到 201 种，但是最有可能发生的还是位于正中间的结果，而且抵达这种结果的路径多了很多。比如，只有一条路径能形成连续200天惨淡生意的结果，然而100天生意兴隆、100天生意惨淡的结果却有很多种排列的可能。随着天数的增多，这样的概率分布最终会形成大家熟悉的钟形形状。

图5-3展示的是一个均值为10%、标准差为20%的正态分布。这个图形展示了在给定这些参数下各种收益率水平发生的理论概率。较小的标准差意味着可能实现的收益率水平更多地聚集在均值附近，较大的标准差则意味着可能实现的收益率水平将会更加分散。任何一个特定收益率实现的概率都由均值和标准差来决定，换句话说，一个正态分布的形态完全由其均值和标准差这两个参数来决定。

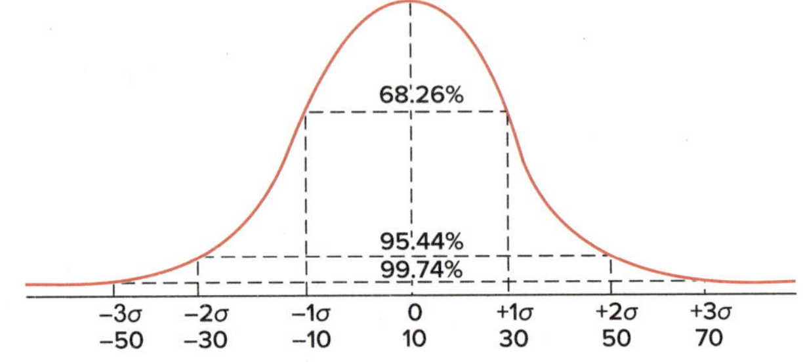

图5-3 正态分布（均值为10%，标准差为20%）

如果收益率的分布可以用正态分布来近似拟合的话，投资管理将变得更加有理有据。第一，正态分布是左右对称的，也就是说，偏离均值左右程度相同的收益率，其发生的概率是一样的。没有对称性的话，用收益率的标准差来衡量风险显然是不合适的。第二，正态分布具有稳定性，意味着对于具有正态性的不同资产，其构成组合的收益同样服从正态分布。第三，当资产或资产组合收益分布只有两个变量时，因为需要考虑的变量很少，未来的情境分析会变得简单许多。第四，当构造证券组合时，我们必须考虑证券收益率的相关性。总体来说，这种相关性是多层面的。但是如果收益率是正态分布的，收益率之间的相关性可以用相关系数来表达。这样我们在描述任何两个证券的相关性时只需估计一个参数。

实际的收益率分布需要与正态分布相似到什么程度时我们才可以使用正态分布代替收益率的实际分布呢？显而易见，收益率的分布是无法用正态分布完美代替的。比如，与正态分布不同的是，实际收益率并不会低于−100%，但这并不是说正态分布就一无是处。在其他环境中类似的问题同样存在。比如，一个新生儿的体重会去跟所有新生儿体重的分布做对比，而显然新生儿的体重并不存在零或负值。但是在这种情况下，仍然使用正态分布来表示新生儿群体的体重分布情况，因为体重的标准差和体重的均值相比起来较小，问题中出现负值的概率基本可以忽略不计[⊖]。所以，类似地，我们必须给出一定的标准来决定收益率正态假设的合理性。

【例5-8】 Excel中的正态分布函数

假定标准普尔500的月收益率近似符合均值为1%、标准差为6%的正态分布。那么在任何一个月指数收益率为负的概率是多少？使用Excel建立一个函数能很快解决这个问题。在正态分布函数中观察的结果小于临界值的概率用NORM.DIST（临界值，均值，标准差，TRUE）得到。在这个例子中想得到小于零的概率，即计算NORM.DIST(0，1，6，TRUE)=0.4338，也可以在Excel中建立标准的正态函数来求均值低于1/6个标准差的概率：NORM.S.DIST(−1/6，TRUE)=0.4338。

概念检查5-6

在例5-8中指数收益率低于−15%的概率是多少？

⊖ 实际上，均值为3958g，标准差为511g。一个负的体重的概率要在离均值7.74个标准差以外，在正态分布的假设下，这一情况发生的概率为4.97×10^{-15}，于是负的体重在实际研究中可以不用考虑。

5.6 偏离正态分布和尾部风险

由前面可以看出超额收益的正态分布大大简化了组合选择的过程。正态分布保证标准差是风险的完美度量，因此夏普比率是证券表现的完美度量。然而，很多投资者通过观察，认为资产收益对正态分布的偏离已经非常显著，不可忽视。

偏离正态分布的一个潜在重要因素是收益概率分布的不对称性。例如，如果大幅度的负收益比大幅度的正收益更有可能发生，那会怎样？衡量这种不对称性的标准度量称为分布的偏度。

正如方差是偏离平均值的平方偏差的平均值一样，偏度是偏离均值的立方偏差的平均值，表示为标准差三次幂的倍数：

$$偏度=\left[\frac{(R-\overline{R})^3}{\hat{\sigma}^3}\right]的平均值 \tag{5-19}$$

当负偏差被提升到奇数幂时，结果仍然为负。因此，偏度的负值表明极端不良结果比极端良好结果出现得更频繁。我们称这些分布为“左偏”。如果偏度为正值，则极端良好结果占主导地位，这些分布被称为“右偏”。

图 5-4 展示了正偏斜和负偏斜的分布以及对称的正态分布。请注意，负偏斜分布有一个比正态分布“更胖”的左尾，这意味着极端不良结果出现的概率更高；而正偏斜分布则有一个“更胖”的右尾。

当分布呈现正偏斜（向右偏斜）时，标准差会高估风险，因为极端的正面意外（投资者不关心这些）仍然会增加波动性的估计。相反，而且更重要的是，当分布呈现负偏斜时，标准差将会低估风险。

另一个可能重要的偏离正态分布的特征是峰度（kurtosis），它涉及极端值出现在均值两侧的可能性增加，而中等偏差的可能性则相应减小。高峰度意味着分布在尾部的概率质量比正态分布预测的要多。这些额外的概率质量是从“肩部较窄”的部分获取的，也就是说，分布在中心附近的概率质量较少。图 5-5 将一个“肥尾”分布与具有相同均值和标准差的正态分布进行了叠加比较。尽管对称性仍然保持，但标准差将低估极端事件的可能性，即大额损失以及大额收益的可能性。

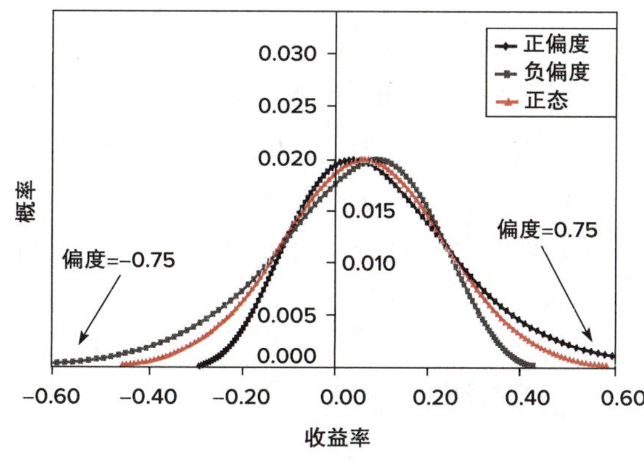

图 5-4 正态和偏度分布（均值为 6%，标准差为 17%）

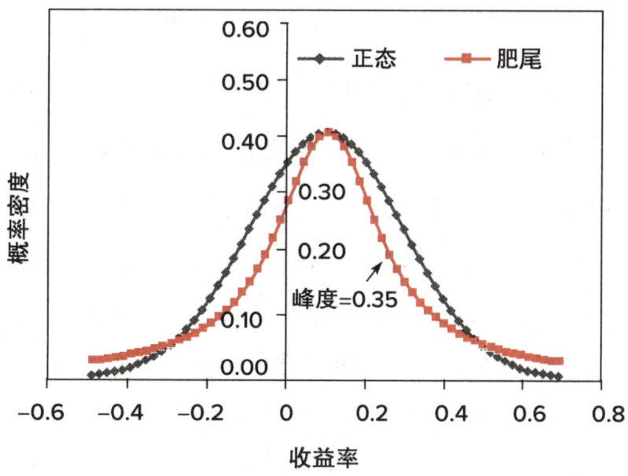

图 5-5 正态和肥尾分布（均值为 0.1，标准差为 0.2）

峰度衡量的是尾部“肥尾”的程度。它是通过将偏差提升到四次幂（表示为标准差四次幂的倍数）来计算平均值得到的。由于在计算方差时偏差只被提升到二次幂，而在计算峰度时偏差被提升到四次幂，因此峰度对极端结果更加敏感，因此它是尾部风险的自然度量，即结果出现风险的概率分布在尾部边缘部分。

$$峰度=\left[\frac{(R-\overline{R})^4}{\hat{\sigma}^4}\right]的平均值-3 \tag{5-20}$$

我们在式（5-20）中减去 3，因为对于正态分布，$\left[\frac{(R-\overline{R})^4}{\hat{\sigma}^4}\right]$的平均值是 3。因此，这个峰度的公式使用正态分布作为基准：正态分布的峰度实际上被定义为零，所以高于零的峰度表示尾部更“肥”。图 5-5 中分布的峰度为 0.35，其尾部明显较肥。

概念检查 5-7

估计表 5-5 中 5 个概率的偏度和峰度。

偏度和峰度都是对分布的标准统计刻画。除了这些度量外，从业者（特别是那些非常关注大额损失风险的人）还设计了其他更直观的下行风险度量标准。我们将讨论业界最普遍使用的 4 种测度：在险价值、预期损失、下偏标准差和极端收益频率（3-sigma）。

5.6.1 在险价值

假设你担心投资组合的最坏结果。你可能会问：“在一个相当极端的结果中，如果我的收益在分布的最低 5%或 1%，我会损失多少？”这种损失被称为在险价值（为与方差的缩写 Var 区分，表示为 VaR）。VaR 是对应于整个收益分布的极低百分位数的损失。因此，在险价值的另一个名称是分位数。一个概率分布的 q 分位数是指小于这一分位数的样本点占总体的比例为 q%。因此，当 $q=50$ 时的分位数就是中位数。从业者通常估计 1%的 VaR，它表示有 99%的收益率都将大于该值。因此，这一 VaR 实际上是 1%的最坏的情况下最好的收益率。

当投资组合的收益率为正态分布时，VaR 可以从分布的均值和标准差中直接推导出来。标准正态分布（均值为 0，标准差为 1）的 1%分位数为−2.33，因此相应的 VaR 为

$$\text{VaR}(1\%,正态分布)=均值-2.33\times标准差$$

我们可以将观测值从高到低排列以获取 VaR 的估计值，VaR 就是样本分布 1%的分位数。

5.6.2 预期损失

在评估尾部风险时，如果我们关注最坏的那 1%的情况，VaR 便是衡量不利结果的最乐观指标，因为它考虑的是所有情况中的最高收益（即最小损失）。换言之，VaR 能够告知在收益分布的第一个百分位点上的投资损失情况，但它却忽略了尾部可能存在的更大潜在损失。为了更全面地了解下行风险，我们应该关注在最坏情况下的预期损失。这一指标有两个名称：预期损失（expected shortfall，ES）或条件尾部期望（conditional tail expectation，CTE）。后者强调了这种期望是以处于分布的左尾为条件的。其中，ES 是更常用的术语。我们可以通过使用历史收益样本，识别所有观测值中最糟糕的 1%，然后取其平均值来估算 1%的预期损失。[⊖]

⊖ Jonathan Treussard 给出了正态分布下 ES 的一个公式（见“The Nonmonotonicity of Value-at-Risk and the Validity of Risk Measures over Different Horizons”，*IFCAI Journal of Financial Risk Management*，March 2007）。其公式为

$$\text{ES}=\frac{1}{0.05}\exp(\mu)N[-\sigma-F(0.95)]-1$$

其中 μ 为连续复利计算的收益率的均值，σ 是其标准差，$N(\cdot)$ 为标准正态分布的累计分布函数，F 是其逆函数。需要注意的是，虽然 VaR 和 ES 都是利用历史样本估计的无偏估计值，但是仍然可能包含很大的估计误差。

5.6.3 下偏标准差与索提诺比率

正态分布情况下用标准差作为风险的度量存在以下几个问题：①分布的非对称性要求我们独立考察收益率为负的结果；②因为无风险投资工具是风险投资组合的替代投资，因此我们应该考察的是收益对无风险投资收益的偏离而不是对平均投资收益的偏离。

下偏标准差（lower partial standard deviation，LPSD）可以解决这两个问题。其计算方法和普通标准差的计算相似，但只使用造成损失的那些样本，即它只使用相对于无风险利率负偏（而非相对于样本均值负偏）的那些收益率，像求方差一样求这些偏离样本的平方和的平均值，然后求其平方根就得到了“左尾标准差”。因此下偏标准差实际代表的是给定损失发生情况下的均方偏离。注意到这样一个值忽略了负超额收益率的频率，不同的负的超额收益率的分布可能产生相同的下偏标准差。

从业人员用下偏标准差来替代标准差，也用超额收益率对下偏标准差的比率来替代夏普比率（平均超额收益率对标准差的比率）。夏普比率的这一变形被称为**索提诺比率**（Sortino ratio）。

5.6.4 极端收益频率（3-sigma）

这里我们可以关注，与具有相同均值和标准差的正态分布相比，大额负收益率的相对发生频率。当股票价格发生大幅度变动时，我们称这种极端收益为**跳跃**（jump）。我们将观测值中收益率低于均值 3 个或更多标准差的部分，与相应正态分布中 -3σ 收益率发生的相对频率进行比较。

这一程度对于股票价格下行风险具有信息价值，实践中它在高频大样本中的作用更大。观察图 5-3，-3σ 跳跃的相对频率为 0.13%，即每 1 000 个观测值中有 1.3 次。因此，这些收益率很罕见，但当发生时，这些收益率对投资业绩有很大影响。

5.7 风险组合的历史收益

我们现在将前面介绍的内容应用于几个风险投资组合。我们先看美国短期国库券、国债和分散化的美国股票组合。美国政府向投资者违约的概率几乎为零，国库券的短期限意味着其价格相对稳定。长期美国国债的偿还也几乎确定，但是债券价格会随利率变化而变化，由此带来不小的风险。普通股是上述三个证券组合中风险最高的。作为公司的部分权益所有者，你的收益取决于公司的成败。

我们使用的股票组合包含尽可能广泛的美国股票，包括在纽约证券交易所、美国证券交易所和纳斯达克上市的股票。我们将其称为“全美市场指数”。从逻辑上说，无人管理（被动管理）的证券组合应该更多投资于大型公司股票，因此这个基础组合是价值加权的组合。公司市值（market cap）一般向右高度倾斜，存在众多小规模公司，少了巨无霸公司。因为采用价值加权，因此“全美市场指数”组合以大公司为主导。数据包括 1927 年 1 月至 2018 年 12 月的股票收益率，样本覆盖 92 年。

图 5-6 显示的是上述三个组合的年收益率分布情况。显而易见，股票收益率的波动性高于国库券和国债收益率的波动性。与股票收益率分布相比，国债收益率分布集中在中间区域，偏离的收益率较少。国库券的收益率分布更为紧凑。更为重要的是国库券收益率分布并不反映风

险的变化而反映的是无风险利率的时序变化[⊖]。任何持有国库券的人都清楚地知道国库券到期时的名义收益率，由此在较短的持有期内，收益率的变化并不能反映风险。

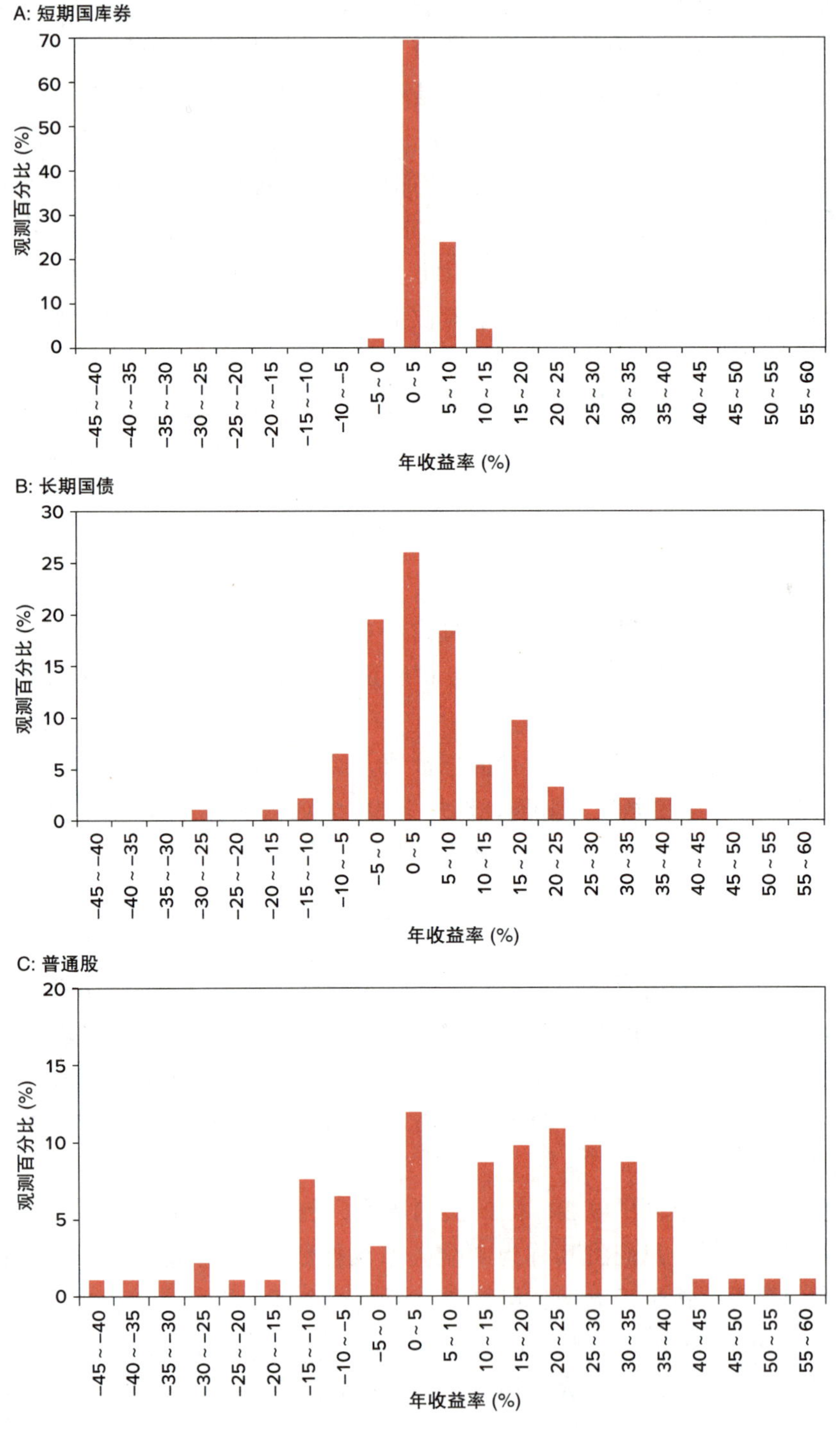

图 5-6　三个组合年收益率分布

⊖ 你可能会对图 5-6 显示的短期国库券的负利率产生疑惑。短期国库券在 1940 年左右才首次亮相。此前，商业票据的利率被用作最接近短期无风险利率的近似值。在少数情况下，商业票据的发行价格略高于面值，因此产生了略为负的利率。

收益的频率分布是一种简单直观的投资风险表述，但是我们也需要有一种量化波动性的方法，这就是收益标准差。表 5-6 表明，股票收益的样本期标准差为 20.05%，是长期国债收益标准差 11.59%的两倍，为短期国库券收益标准差的 6 倍。当然，高风险伴随着高收益。股票的超额收益（股票收益减去国库券收益）平均为 8.34%/年，为权益投资者提供了可观的风险溢价。

表 5-6　1927—2018 年主要大类资产的风险和收益

	短期国库券	长期国债	股票
平均值	3.38%	5.58%	11.72%
风险溢价	N/A	2.45	8.34
标准差	3.12	11.59	20.05
最大值	14.71	41.68	57.35
最小值	−0.02	−25.96	−44.04

表 5-6 以很长的样本期估计风险和收益的平均水平。尽管这些平均数较好地反映了未来的相应水平，但是我们应该预期到风险和收益两者都会随着时间的推移而波动。图 5-7 显示的是市场指数组合月度超额收益的年化标准差。除了大萧条期间风险水平奇高外，市场风险涨涨跌跌，并没有显示出明显的趋势。这增强了我们以历史风险估计值来预测未来风险的信心。

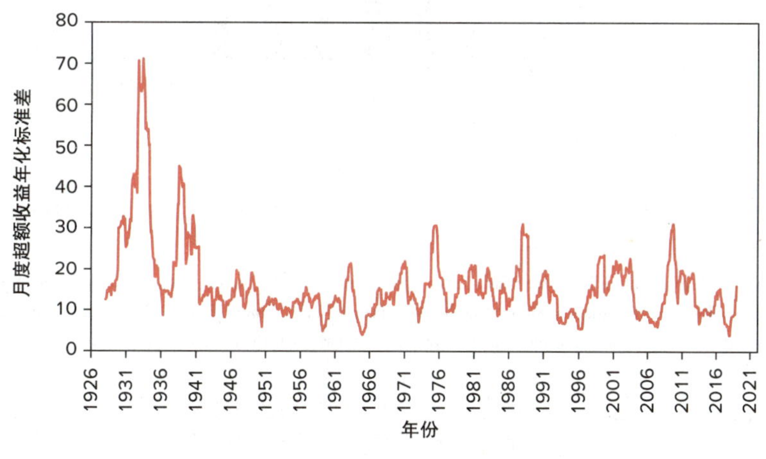

图 5-7　市场指数组合月度超额收益的年化标准差

资料来源：Authors' calculations using data from Prof. Kenneth French's Web site：http://mba.tuck.dartmouth.edu/pages/faculty/ken.french/data_library.html.

但是，正如我们在前面章节中所强调的，除非收益服从正态分布，否则标准差不足以度量风险。我们需要考虑尾部风险，即在左侧的那些概率不高但是后果显著的风险敞口。图 5-8 给出了这种风险敞口的一些证据。该图展示了 1927 年以来市场指数月度超额收益的分布频率。浅灰色的柱子表示市场指数月度超额收益，深灰色的柱子则是正态分布（与实际经验分布具有相同的均值和标准差）假设下应该发生的频率。你会发现这里的肥尾分布的一些证据：极端收益的实际频率，不管极端高收益还是极端低收益，均比正态分布下的频率高。

表 5-7 展示了更多关于股票超额收益分布的证据。这里我们用市场组合以及与之做比较的几个风格组合的月度收益数据。与其类似，在第 4 章，共同基金的表现通常也是参照具有类似投资“风格”的其他基金来评估的。风格按照两个维度定义：规模（大市值公司与小市值公司）和价值与成长。高市净率的公司被看作成长型公司，因为市场预期这类公司增长很快，以此来说明为什么股票价格相对于其每股净资产高出这么多。

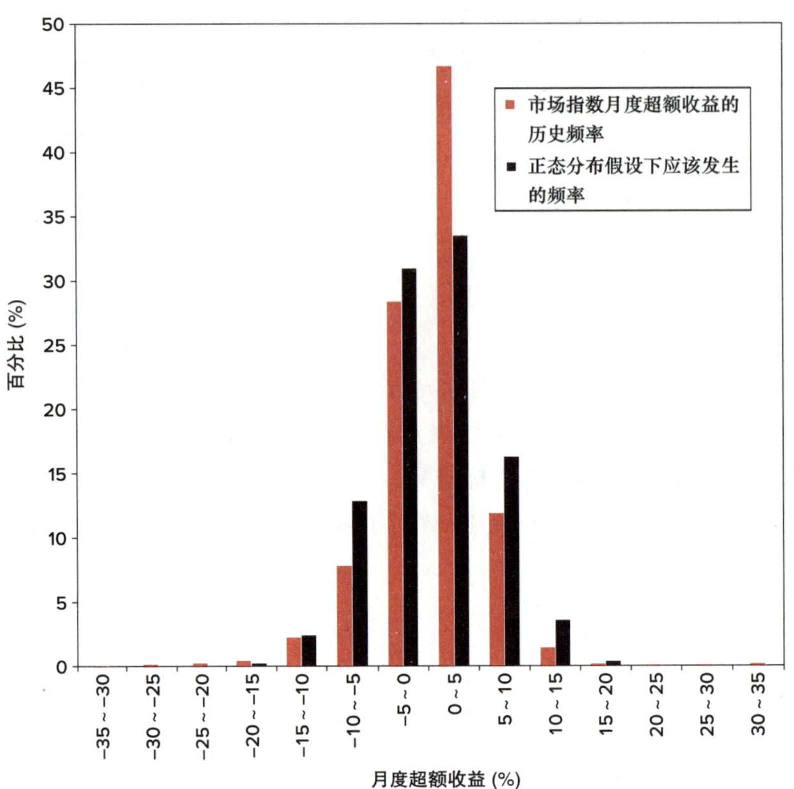

图 5-8 市场指数月度超额收益的频率分布（每组中的左侧列）相对于正态分布假设下应该发生的频率分布（每组中的右侧列）

资料来源：This frequency distribution is for monthly excess returns on the market index, obtained from Prof. Kenneth French's Web site, http://mba.tuck.dartmouth.edu/pages/faculty/ken.french/data_library.html. The returns are expressed as continuously compounded rates, as these are most appropriate for comparison with the normal distribution.

表 5-7 四种不同类型组合的月度超额收益统计

	市场指数	大市值/成长	大市值/价值	小市值/成长	小市值/价值
A. 1927—2018 年					
平均超额收益（年化）	8.29	8.07	11.69	8.99	15.38
标准差（年化）	18.52	18.35	24.70	26.06	28.21
夏普比率	0.45	0.44	0.47	0.34	0.55
下偏标准差（年化）	21.68	21.10	25.44	28.95	26.18
偏度	0.19	−0.11	1.63	0.68	2.18
峰度	7.85	5.63	18.43	7.85	22.32
VaR 1%，实际（月）	−13.61	−14.48	−19.40	−20.48	−20.57
VaR 1%，正态分布	−11.79	−11.69	−15.69	−16.80	−17.78
月收益低于平均值 3 个标准差的百分比	0.94%	0.75%	0.85%	0.85%	0.57%
预期损失（月）	−19.60	−19.80	−23.87	−24.67	−25.33
B. 1952—2018 年					
平均超额收益（年化）	7.60	7.46	10.04	7.17	13.16
标准差（年化）	14.76	15.37	16.42	22.13	18.41

（续）

	市场指数	大市值/成长	大市值/价值	小市值/成长	小市值/价值
夏普比率	0.52	0.49	0.61	0.32	0.72
下偏标准差（年化）	17.25	17.14	17.60	23.81	18.26
偏度	-0.54	-0.38	-0.32	-0.41	-0.34
峰度	1.95	1.84	2.25	2.11	3.44
VaR 1%，实际（月）	-10.71	-10.94	-12.26	-16.96	-14.97
VaR 1%，正态分布	-9.28	-9.70	-10.19	-14.26	-11.27
月收益低于平均值 3 个标准差的百分比	0.62%	0.66%	1.06%	0.93%	1.19%
预期损失（月）	-18.85	-17.78	-21.16	-24.11	-24.45

资料来源：Authors' calculations using data from Prof. Kenneth French's Web site：http://mba.tuck.dartmouth.edu/pages/faculty/ken.french/data_library.html.

以风格组合作为绩效评估的基准源于法玛（Fama）和弗伦奇（French）的一篇有影响力的论文，他们在该论文中证明公司规模和账面市值比可以预测股票收益，而且对于全世界股票市场这种收益模式都类似[㊀]。高账面市值比被解释为公司价值主要由公司现有资产而非未来成长前景创造。这些公司被称为“价值型”公司。与此相对应，低账面市值比的公司的价值则主要源于公司的广阔成长机会。给定其他条件，价值股的历史平均收益高于成长股的收益，小市值公司股票收益高于大市值公司股票收益。法玛和弗伦奇数据库包括了按照规模（大市值、小市值）和账面市值比（高、适中和低）构建的美国股票组合的收益率。[㊁]

参照法玛和弗伦奇的分组方法，我们放弃中等账面市值比的公司，并将最高 30%账面市值比的公司称为“价值型”公司，最低 30%账面市值比的公司称为“成长型”公司。按低于、高于市值中值将公司划分为大市值公司和小市值公司两组。这样我们得到 4 个对照组组合，即大市值/价值、大市值/成长、小市值/价值、小市值/成长组合。

表 5-7 A 组使用每月数据显示了整个样本期间，即 1927—2018 年。前两行显示了每个投资组合的年化平均超额收益和标准差。分散化的市场指数优于短期国库券，其年化平均超额收益为 8.29%，标准差为 18.52%，夏普比率（第三行）为 8.29/18.52 = 0.45。与法玛和弗伦奇的分析一致，小市值/价值型公司具有最高的平均超额收益率和最佳的风险-收益权衡，其夏普比率为 0.55。但是，图 5-8 警示我们实际收益可能比正态分布更加肥尾，所以我们需要考虑超出标准差的风险度量。因此，该表还提出了适用于非正态分布的若干风险度量。

这些风险度量中有一些实际上没有显示出与对称正态分布显著的偏差。偏度通常接近于零；如果下行风险比上行潜力大得多，我们预计偏度通常为负，而事实并非如此。同样，下偏标准差通常非常接近传统的标准差。最后，虽然这些投资组合的实际 1%VaR 均高于具有匹配均值和标准差的正态分布预测的 1%VaR，但实际和预测 VaR 统计值之间的差异并不大。这样看来，正态分布是实际收益分布一个不错的近似值。

然而，还有其他证据表明这些投资组合的收益分布中有肥尾。首先，请注意，峰度（分布尾部的“肥胖”的度量）是一致的。当然，投资者关注的是分布的下（左）尾；投资者在获得

㊀ “The Cross Section of Expected Stock Returns,” *Journal of Finance* 47, 427-465.

㊁ 我们使用法玛和弗伦奇的数据来构建图 5-7 和图 5-8 以及表 5-6 和表 5-7。该数据库见：http://mba.tuck.dartmouth.edu/pages/faculty/ken.french/data_library.html

极好的收益时不会晚上睡不着觉！不幸的是，这些投资组合表明收益分布的左尾与正常情况相比过多。如果超额收益是正常分布的，那么只有 0. 13%的人会比平均值低 3 个标准差。实际上，每个投资组合低于该临界值的超额收益的实际发生率至少是 0. 13%的数倍。

预期损失（ES）估计值显示为什么 VaR 只是下行风险的不完全衡量指标。表 5-7 中的 ES 是那些落在最左端观测值的平均超额收益，特别是那些低于 1%VaR 的观测值。根据定义，这个值必须比 VaR 小，因为它是所有收益中平均低于 1%的临界值。它使用了“最坏情况”的实际收益，所以 ES 是迄今为止出现在极端事件中的更好指标。

图 5-2 向我们展示了战后年代（更确切地说，1951 年之后的年份）更加可预测，至少在通货膨胀率和利率方面是这样的。这表明在 1951 年后的时期检查股票收益也可能具有指导意义，以便了解股权投资的风险和收益特征是否在最近一段时间内发生了有意义的变化。相关的统计数据在表 5-7 的 B 组中给出。考虑到通货膨胀率和利率的历史数据，这段时间实际上风险较低。在这段时间，所有五个投资组合的标准差明显较低，而我们衡量肥尾的峰度也大幅下降，VaR 也下降。而且比平均值低 3 倍标准差以上的超额收益的数量变化不一致，因为标准差在此期间较低，那些负收益也不那么显著，预期损失在这段时间较低。

图 5-8 中的频率分布、表 5-7 中的市场指数以及风格投资组合的统计数据表明了一个结论相当一致的事实。市场存在一些公认不一致的肥尾证据，所以投资者不应该把正态当作普遍现象。另外，极端收益实际上并不常见，特别是在 1951 年后。1951 年后市场指数的收益率低于平均值 3 倍标准差以上的概率为 0. 62%。正态分布预测为 0. 13%。极端不良结果的“超额”率仅为 0. 49%，或者在 204 个月（17 年）中约为一次。因此，当我们考虑构建和评估我们的投资组合时，用正态分布这样的估计是不合理的。

全球视野下的历史数据

随着全球金融市场的发展，金融市场变得越来越透明化，美国投资者正在谋求通过国际化投资使投资组合更加多元化。一些国外投资者为了降低风险，还投资于可以看作避风港的美国市场作为其本国市场投资的补充。这就相应提出了美国股市和全球股市相比，表现到底怎样的问题。

图 5-9 列出了 20 个股票市场 1900—2017 年这 100 多年间的平均超额收益率。这些国家的年度平均超额收益率为 7. 4%，中位数为 6. 6%。美国大致处于中间位置，历史风险溢价为 7. 7%。同样，美国的收益标准差（未显示）仅略低于中位数。因此，美国股票市场的表现与国际股票市场相当一致。我们可以得出初步结论，粗略估计，美国股票市场历史收益的特征同样适用更大范围内国家的风险与收益权衡。

当然，我们已经看到每年的收益存在巨大差异，因此即使是长期平均表现也会对未来收益估计带来很大干扰。对于美国大市值股票的历史平均风险溢价超过国库券 8. 29%是不是一个合理的长期预测仍然存在争论。这个争论主要围绕两个问题：第一，这一历史时期（1927—2018 年）的经济因素是否足以代表那些预测期的经济因素？第二，可获得的历史平均表现是长期预测的一个很好的标准吗？稍后我们将继续讨论这些问题。

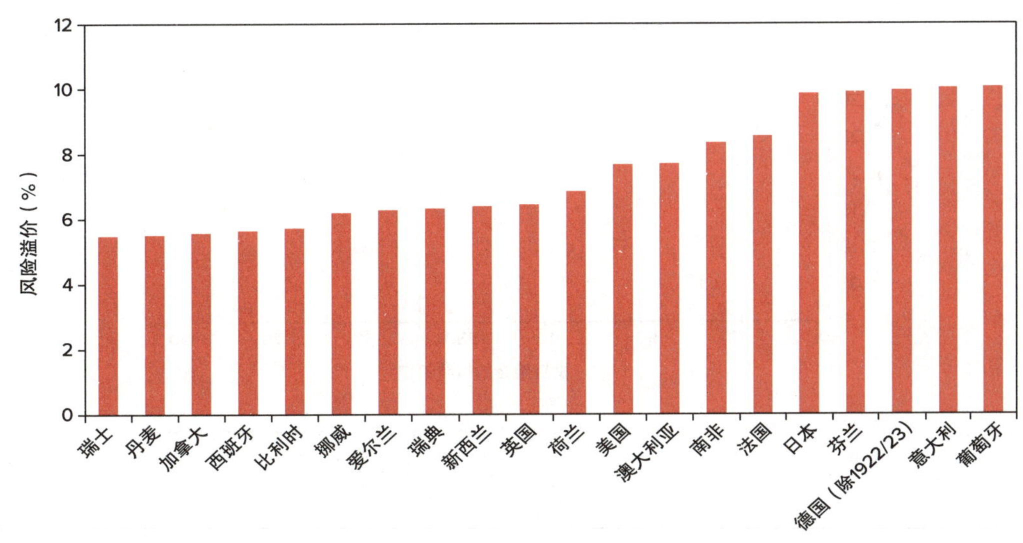

图 5-9　1900—2017 年 20 国平均超额收益率

注：德国的数据剔除了 1922 年和 1923 年的恶性通货膨胀期。

资料来源：Authors' calculations using data from E. Dimson, P. R. Marsh, and M. Staunton, Triumph of the Optimists: 101 Years of Global Investment Returns (Princeton, NJ: Princeton University Press, 2002), with updates kindly provided by Triumph's authors.

5.8　正态性与长期投资

根据历史经验，将短期收益分布近似看成对称性正态分布比较合理。即便如此，长期收益也不可能服从正态分布。如果 r_1 和 r_2 分别为两个时段的收益，服从相同的正态分布，那么两个收益的和，即 r_1+r_2，亦服从正态分布。但是两个时段的复合收益并不是两者之和，投资的资金复合增长 $(1+r_1)(1+r_2)$ 也不服从正态分布。随着投资期限延长，分布形态会发生显著变化。

举例来说，假设你今天投资 100 美元于期望月收益 1%的股票。但是实际收益与期望值存在偏差：任何一个月份的实际收益高出期望收益 2%（即 1%+2%=3%）或低于期望收益 2%（1%-2%=-1%）有着相同的概率。我们看看几个投资期后的组合收益分布情况。图 5-10 显示了相关结果。

6 个月后（见图 5-10a）可能的价值分布开始变成我们熟悉的钟形曲线。因为有更多的路径引向中间区域的值，因此中间区域值发生的概率高。20 个月后（见图 5-10b），钟形分布更明显，但是图 5-10b 显示，极端好的累积收益（股票价格超过 180 美元，累积收益高达 80%）比极端差的累积收益（股票价格跌至 82 美元，累积收益损失仅 18%）高出更多。40 个月后（见图 5-10c），这种不对称情况甚为显著。

出现上述情况源于复利。投资的增值潜力是无穷的，但是无论多少个月连续每月损失 1%，你的资金不可能变成零，因此这里存在一个最坏收益表现的极限：投资者不可能损失全部的本金。40 个月后，最好的情况下股价可以涨到 $100\times1.03^{40}=326$（美元），累积收益高达 226%，但是最差情况是股价跌至 $100\times0.99^{40}=66.9$ 美元，累积损失 33.1%。

尽管图 5-10 的概率分布是钟形的，但是明显属于非对称钟形，此分布也非正态分布。事实上，实际分布接近于**对数正态分布**（lognormal distribution）。对数正态分布意味着，股价的对数值服从正态分布。

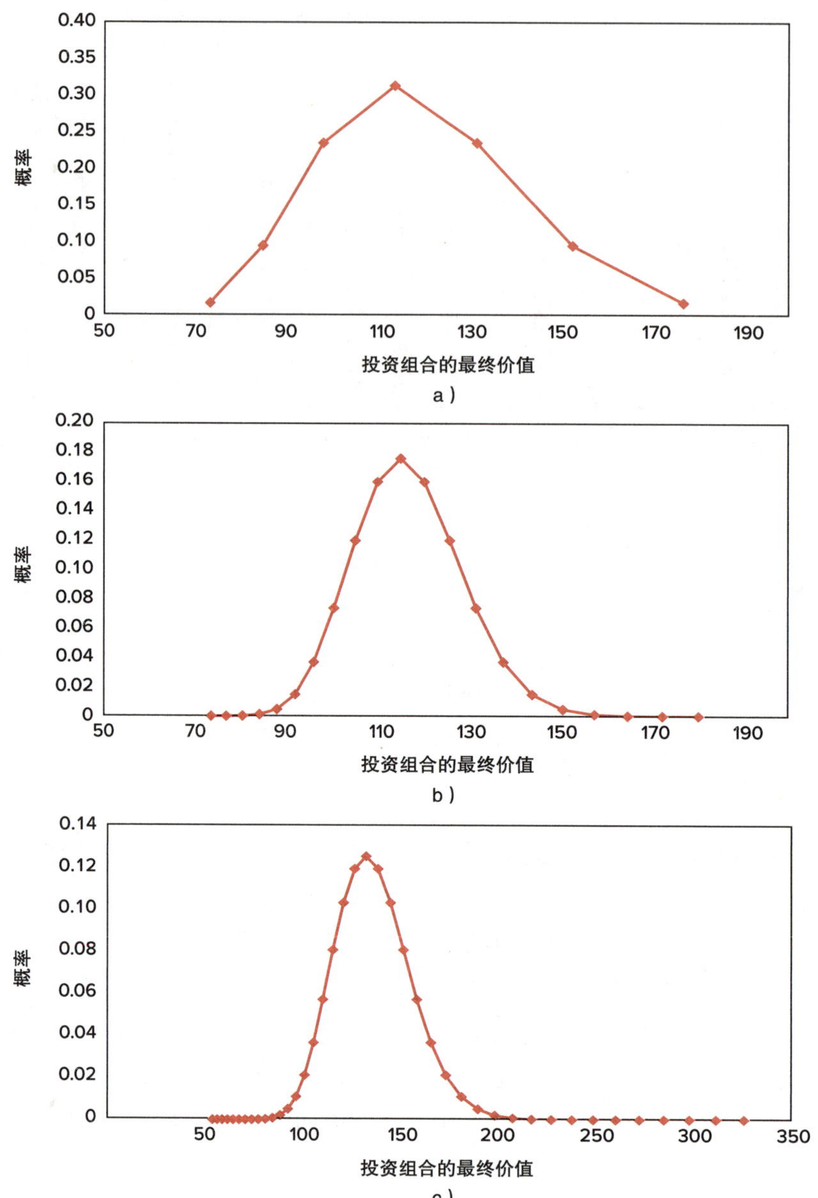

图 5-10　投资组合在不同月份后最终投资价值的频率分布（初始投资 100 美元，每个月组合增长 3%和下跌 1%的概率是相等的）

上述结果是否意味着正态分布的简单假设存在严重问题呢？其实我们有一个简单的解决问题的方法，那就是我们采用连续复利收益率而非实际收益率。如果两个月的连续复利收益率分别是 $r_{cc}(1)$ 和 $r_{cc}(2)$，那么投资资金在第一个月增长率为 $\exp[r_{cc}(1)]$，第二个月增长率为 $\exp[r_{cc}(2)]$，其中 $\exp[.]$ 是幂函数，这两个月的总增长率为 $\exp[r_{cc}(1)]\times\exp[r_{cc}(2)]=\exp[r_{cc}(1)+r_{cc}(2)]$。换句话说，以连续复利表示的两个月的收益率等于两个单月收益率的和。由此，如果月度收益服从正态分布，则多月收益亦服从正态分布[⊖]。这样，如果用连续复利收

⊖ 注意，如果我们取多月收益的对数，可得：$\ln[\exp[r_{cc}(1)+r_{cc}(2)]=r_{cc}(1)+r_{cc}(2)$，服从正态分布。所以假如连续复利收益率服从正态分布，则这个组合的最终价值是服从对数正态分布的。

益率，长期收益率也可以用正态分布刻画。而且，如果每个月收益分布相同，两个月的期望收益率等于当月期望收益率的两倍；如果收益率时间系列不相关，两个月收益的方差等于单月收益方差的两倍。㊀

我们从上述例子推广到一个长的投资期限 T，如果单期期望连续复利收益率以 $E(r_{cc})$ 表示，T 时段后的期望累积投资收益率则是 $E(r_{cc})T$，其投资组合的期望终值为 $E(W_T)=W_0\exp[E(r_{cc})T]$，累积收益的方差与投资期数成正比，即 $\text{Var}(r_{cc}T)=T\text{Var}(r_{cc})$。因此，标准差与时段的平方根成正比，即

$$\text{SD}(r_{cc}T)=\sqrt{T\text{Var}(r_{cc})}=\sigma\sqrt{T}$$

5.8.1　短期与长期风险

关于不同时段投资的风险与收益的结果似乎表明，从长时期看投资风险会下降，因为期望收益与 T 成比例增长，而标准差与$\sqrt{T}$成比例增长，这样一项长期风险投资的期望收益相对于其标准差增长更快。这是否意味着投资风险随着 T 的增加而降低呢？我们将在例 5-9 中分析这种可能性。

【例 5-9】　短期与长期的投资风险

假设投资收益每年都是独立的，期望的复合收益率为 0.05，标准差为 0.30。让我们看看投资在 1、10 和 30 年期限中的属性。这些数据都列在表 5-8 中。无论期限如何，平均年收益率均为 5%，但平均累积收益率与 T 成正比。累积收益率的标准差与 T 的平方根成比例增加。

接下来，我们看一下累积收益率为负的概率，即投资者将遭受损失的概率。对于投资 1 年的投资者而言，实际收益率必须低于平均值 0.05。这意味着低于平均收益率的 0.05/0.3=0.167 个标准差的收益率。在正态分布假设下这种结果的概率为 0.434。（有关如何计算此概率的示例，请参见例 5-8。）对于投资 10 年的投资者，平均累积连续复合收益率为 0.500，标准差为 0.949，因此，投资者只有在 10 年实际收益率低于预期值（0.500/0.949=0.527 个标准差）的情况下才会遭受损失。此结果的概率仅为 0.299。30 年后损失的概率甚至更低，达到 0.181。随着期限的扩大，平均收益增长快于标准差，因此损失概率稳步缩小。

表 5-8　不同期限下的投资风险

	投资期限			评论
	1	10	30	
平均总收益	0.050	0.500	1.500	=0.05 * T
平均收益率	0.050	0.050	0.050	=0.05
标准差总收益	0.300	0.949	1.643	=0.30 * $\sqrt{T}$
概率收益<0	0.434	0.299	0.181	假设正态分布
1%VaR 总收益	−0.648	−1.707	−2.323	连续复合收益
意味着最终财富相对：	0.523	0.181	0.098	=exp(VaR 总收益)
0.1%VaR 总收益	−0.877	−2.432	−3.578	连续复合收益
意味着最终财富相对：	0.416	0.088	0.028	=exp(VaR 总收益)

㊀ 警告：有效年利率的方差不完全等于连续复利收益率的方差。假设 σ^2 是连续复利收益率的方差，其均值为 μ，那么当收益率服从对数正态分布时有效年利率的方差为：$\text{Var}(r)=\exp[2(\mu+1/2\sigma^2)]\times[\exp(\sigma^2)-1]$。

注意：例 5-9 在一个重要方面具有误导性。损失的可能性是投资风险的不完全衡量标准。这种可能性没有考虑到潜在损失的大小，这可能导致某些可能的结果（尽管可能性极小）未被考虑在内。例如最坏情况下 30 年投资远比 1 年投资差。我们可以通过比较不同期限投资的 VaR 来更真切地看待这一点。

表 5-8 显示，一年后 1%的 VaR 导致持续复利的累计损失为 0.648，这意味着每投入 1 美元收益将下降近一半，特别是 $e^{-0.648}=0.523$。这个价值被称为“财富相对”投资（即投资组合的最终价值是初始投资资金的一部分）。30 年后 1%的 VaR 要差得多：它意味着 1 个“财富相对”是 0.098，不到 1 年 VaR 的 1/5。因此，当投资期限延长时，损失概率会下降，而潜在损失的幅度会增加，当我们观察 0.1%的 VaR 时，这种比较甚至更为极端。

尽管如此，许多观察家认为投资风险与长期投资者的关联性较低。从较长投资期限年化收益的标准差（或可能结果范围）较低的事实我们可以看到典型的证据。但是，这个示范对总收益的范围没有影响。

5.8.2 长期预测

我们之所以用算术平均收益来预测未来收益，是因为算术平均收益对相同持有期的期望收益的估计是无偏的。但是用短期的算术平均收益来预测长期累积收益将会出现偏差。这是因为对期望收益进行估计的样本误差会在长期复利计算中产生非对称性影响，且正的误差比负的误差影响更大。

Jacquier、Kane 和 Marcus 证明长期总收益的无偏预测要求计算所用的复利采用算术和几何平均收益率的加权值[㊀]。几何平均的权重系数等于预测期的长度和样本长度的比值。例如，用 90 年的历史样本预测 25 年期的投资累积收益，其无偏估计应采用的复利利率是

$$\text{几何平均值}\times\frac{25}{90}+\text{算术平均值}\times\frac{(90-25)}{90}$$

该修正大约降低了大盘股 0.5%的历史算术平均风险溢价，以及小盘股 2%的算术平均风险溢价。对未来 90 年的预测仅需要以几乎平均水平进行复利计算，投资期限越长，这个下降的值就越小。对当前投资者来说，相关的预测期取决于投资期限的长短。

小结

1. 经济学上实际利率的均衡水平取决于反映在资金供给曲线上的居民储蓄意愿以及反映在需求曲线上的企业投资固定资产、厂房设备的期望利润率水平。它也取决于政府的财政政策和货币政策。
2. 名义利率等于均衡实际利率加上预期通货膨胀率。一般而言，我们可以直接观察名义利率，通过名义利率我们需用通货膨胀率预测来推算预期实际利率。具有确定名义收益率的资产在实际收益率意义上看是有风险的，因为未来通货膨胀率具有不确定性。
3. 任何证券的均衡期望收益率是由均衡实际收益率、预期通货膨胀率和证券特有风险溢价三者相加得到的。
4. 投资者面临着风险和期望收益的权衡选择。历史数据告诉我们，低风险资产带来低收

㊀ Eric Jacquier, Alex Kane, and Alan J. Marcus, "Geometric or Arithmetic Means: A Reconsideration," *Financial Analysts Journal*, November/December 2003.

益，反之亦然。

5. 其他国家 20 世纪的历史收益率表明，与其他国家相比，美国股票收益率的历史数据并不异常。
6. 与正态分布预测相比，股票的历史收益更频繁地表现出和平均值相比有更大的偏差。然而这些对正态分布的偏差往往很小，在各种尾部风险度量标准中也并不一致，而且近年来有所下降。实际分布的下偏标准差（LPSD）、偏度和峰度量化了与正态性的偏差。
7. 尾部风险（尾部条件期望）广泛使用于 VaR 和 ES。VaR 衡量的是超过指定概率（如 1%或 5%）的损失。ES 衡量了投资组合低于某一特定价值水平的期望收益率，因此，1%的 ES 是位于分布底部 1%结果的期望值。
8. 风险投资组合在长期来看并不是安全的。投资期限越久，风险可能越大。这种看法的依据是，虽然从长期来看由于股票短期下跌的可能性变小了（所以从表面上看它似乎是安全的），但是，短期下跌的概率对于保证投资安全来说是次要的，它忽视了可能产生损失的主要因素。

习题

1. 费雪等式说明实际利率约等于名义利率与通货膨胀率的差。假设通货膨胀率从 3%涨到 5%，是否意味着实际利率的下降呢？
2. 假设有一组数据集使你可以计算美国股票的历史收益率，并可追溯到 1880 年。那么这些数据对于预测未来一年的股票收益率有哪些优缺点？
3. 如果纳尼亚股市去年的收益率为 45%，但通货膨胀率为 30%。那么纳尼亚股市中的投资者的实际收益率是多少？
4. 你有 5 000 美元准备在下一年进行投资，有 3 种选择。
   a. 货币市场基金，平均期限 30 天，年收益率为 3%。
   b. 1 年期的储蓄存单，利率为 4%。
   c. 20 年期的国库券，到期收益率为 5%。

   未来利率的预期在你的决策中起什么作用？
5. 用图 5-1 来分析以下情况对实际利率的影响。
   a. 商业不景气，对未来产品的需求变得越来越悲观，决定减少资本支出。
   b. 家庭倾向于更多储蓄，因为未来社会保障不确定性增大。
   c. 美联储在公开市场上购买国库券来增加货币供应量。
6. 你可以将 50 000 美元投资于利率为 5%的传统 1 年期银行存单，也可以投资于 1 年期与通货膨胀率挂钩的大额存单，年收益率为 1.5%加上通货膨胀率。
   a. 哪种投资更安全？
   b. 哪种投资期望收益率更高？
   c. 如果投资者预期明年通货膨胀率为 3%，哪种投资更好？
   d. 如果观察到无风险名义利率为 5%，实际利率为 1.5%，能推导出市场预期通货膨胀率是 3.5%吗？
7. 假设你对股价的预期如下表所示。

经济状况	概率	期末价格（美元）	持有期收益率（%）
繁荣	0.35	140	44.5
正常增长	0.30	110	14.0
衰退	0.35	80	−16.5

   使用式（5-11）和式（5-12）来计算持有期收益率的均值和标准差。
8. 推导票面利率为 8%的 30 年期国库券的 1 年期持有期收益率的概率分布。现以面值出售，1 年后到期收益率分布如下表所示。

经济情况	概率	到期收益率（%）
繁荣	0.20	11.0
正常增长	0.50	8.0
衰退	0.30	7.0

为了简化，假设利息为年末支付。

9. 计算随机变量 q 的标准差，其概率分布如下表所示。

q	概率
0	0.25
1	0.25
2	0.50

10. 一个股票的连续复利收益率是正态分布的，均值为 20%，标准差为 30%。在 95.44%的置信水平下，预期其实际收益率的范围是多少？参考图 5-3。
    a. −40.0%~80.0%
    b. −30%~80.0%
    c. −20.6%~60.6%
    d. −10.4%~50.4%
11. 应用表 5-7 1927—2018 年的历史风险溢价，你认为大市值/价值投资组合的预期年持有期收益率为多少？假设无风险利率为 3%。
12. 从 Kenneth French 教授的数据库网站（http://mba.tuck.dartmouth.edu/pages/faculty/ken.french/data_library.html）下载“6 portfolios formed on size and book-to-market（2×3）”的月度收益率。选择 1930 年 1 月至 2018 年 12 月的价值加权序列，把样本一分为二并且分别计算这两部分中六个投资组合收益率的均值、标准差、偏度和峰度。显示的结果在整个时期内收益率的分布是否相同？
13. 在恶性通货膨胀期间，某债券的名义持有期收益率为每年 80%，通货膨胀率为 70%。
    a. 该债券在 1 年里的实际持有期收益率是多少？
    b. 比较实际持有期收益率和近似实际利率。
14. 假定在不远的将来预期通货膨胀率为 3%，根据本章提供的历史数据，你对下列各项的预期如何？
    a. 短期国库券利率。
    b. 大市值股票的期望收益率。
    c. 股票市场的风险溢价。
15. 经济正在从严重的衰退中快速复苏，企业预计资本投资的需求量将会很大。为何这一发展影响实际利率？
16. 你面临持有期收益率的概率分布如表 5-4 所示。假设一份指数基金的看跌期权价格为 12 美元，行权价格为 110 美元，期限 1 年。
    a. 看跌期权持有期收益率的概率分布如何？
    b. 对于由一份基金和一份看跌期权构成的组合，其持有期收益率的概率分布如何？
    c. 购买看跌期权如何起到保险的作用？
17. 假设无风险利率为 6%，你打算投资 107.55 美元于 1 年期银行存单，同时购买指数基金的看涨期权，行权价格为 110 美元，期限 1 年。使用表 5-1 的情境分析，1 年后你的投资收益的概率分布如何？
18. 考虑下面长期投资数据：
    - 10 年期 100 美元面值的与通货膨胀率挂钩的零息债券的价格为 84.49 美元；
    - 一项房产预计每季度产生 2%的名义收益率，季度收益率标准差为 10%。

    a. 计算该债券年收益率。
    b. 计算该房产投资的年化连续复利风险溢价。
    c. 运用 Excel 或相关公式计算房产投资的年化超额收益率的标准差（连续复利）。
    d. 10 年后的损失概率是多少？

CFA 考题

1. 投资 100 000 美元，从下表中计算投资权益资产的期望风险溢价。

投资	概率	期望收益（美元）
权益资产	0.6	50 000
	0.4	−30 000
无风险短期国库券	1.0	5 000

2. 基于以下情境，投资组合的期望收益如何？

	市场状况		
	熊市	正常	牛市
概率	0.2	0.3	0.5
收益率（%）	−25	10	24

基于股票 X 和 Y 的情境分析（见下表），回答 3~5 题。

	熊市	正常	牛市
概率	0.2	0.5	0.3
股票 X（%）	−20	18	50
股票 Y（%）	−15	20	10

3. 股票 X 和 Y 的期望收益率是多少？
4. 股票 X 和 Y 收益率的标准差是多少？
5. 假设投资 9 000 美元于股票 X，投资 1 000 美元于股票 Y。投资组合的期望收益率是多少？
6. 3 种经济状况的概率和特定股票收益的概率如下表所示。

经济状况	概率	股票表现	给定经济状况下股票收益的概率
好	0.3	好	0.6
		正常	0.3
		差	0.1
正常	0.5	好	0.4
		正常	0.3
		差	0.3
差	0.2	好	0.2
		正常	0.3
		差	0.5

经济状况为正常但是股票表现差的概率为多少？

7. 分析师估计某股票有以下收益率分布。

经济状况	概率	收益率（%）
好	0.1	15
正常	0.6	13
差	0.3	7

股票的期望收益为多少？

概念检查答案

5-1　① $EAR=(1+0.01)^{12}-1=0.1268=12.68\%$

② $EAR=e^{0.12}-1=0.1275=12.75\%$

连续复利的 EAR 较高，故选②。

5-2　a. $1+r_{nom}=(1+r_{real})(1+i)$

$=1.03\times1.08=1.1124$

$r_{nom}=11.24\%$

b. $1+r_{nom}=1.03\times1.10=1.133$

$r_{nom}=13.3\%$

5-3　债券购买数量为 27 000/900 = 30

每种情境的相关信息如下表所示。

利率	概率	年末债券价格（美元）	持有期收益率	年末价值（美元）
高	0.2	850	(75+850)/900−1 = 0.027 8	(75+850)×30 = 27 750
不变	0.5	915	0.100 0	29 700
低	0.3	985	0.177 8	31 800
期望收益率			0.108 9	
期望年终价值				29 940
风险溢价			0.058 9	

5-4 (1+要求收益率)×(1−0.40)=1

要求收益率=0.667，即66.7%

5-5 a. 算术平均值=1/3×0.286 9+1/3×0.108 8+1/3×0.049 1=0.148 3=14.83%

b. 几何平均值=$\sqrt[3]{1.2869\times1.1088\times1.0491}$−1=0.143 9=14.39%

c. 标准差=12.37%

d. 夏普比率=(14.83−6)/12.37=0.71

5-6 收益率低于−15%这样极端差的月份的概率是非常低的：NORM.DIST（−15，1，6，TRUE）=0.003 83。或者，可以定义−15%比平均收益低16/6个标准差，利用标准正态分布函数计算NORM.S.DIST(−16/6)=0.003 83。

5-7 如果表5-5中的概率代表真实收益分布，我们可以用式（5-19）和式（5-20）得到：偏度为0.093 1，峰度为−1.208 1，然而表中的数据样本时期短，自由度偏差需要修正。SKEW(C2：C6)=0.138 7，KURT(C2：C6)=−0.283 2。

第 6 章

风险资产配置

投资组合构建通常包括两个任务：①整体投资组合由安全资产和风险资产构成，安全资产如货币市场账户或国库券，风险资产如股票；②确定整个投资组合中风险资产的组成。第一步，确定你的整体投资组合投入风险资产与无风险资产的比例，这称为资产配置决策。这就是我们将开始的投资组合理论之旅。

当然，在不了解风险投资组合的特征，尤其是风险溢价和波动性的情况下，就无法合理地做出资本配置决策，但我们首先要假设投资者了解可接受的候选风险投资组合并了解其特征。就目前而言，你可以将风险投资组合视为共同基金公司可能提供的投资组合，甚至可以将其视为股票市场指数基金。在接下来的两章中，我们将重点关注如何构建这样的投资组合。

最优资本配置部分取决于风险投资组合提供的风险-收益权衡，但它也取决于投资者对风险的态度，因此我们需要一种方法来衡量和描述风险厌恶程度，我们将展现如何通过“效用函数”来表示风险厌恶程度。投资者可以用它来对具有不同期望收益和风险水平的投资组合进行排名。通过选择具有最高效用分数的整体投资组合，投资者可以优化风险和收益之间的权衡。也就是说，它们实现了风险与无风险资产的最佳资本配置。

效用模型还揭示了如何构建最优风险投资组合的合理目标函数，从而解释了投资管理行业在不知道每个人风险容忍度时如何为具有高度分散化偏好的投资者构建可接受的投资组合。

6.1 风险与风险厌恶

在第 5 章我们介绍了持有期收益率和超额收益率。我们同样讨论了估计风险溢价（预期超额收益）和作为风险度量的收益率标准差，并通过对特定风险组合的情境分析展示了这些概念。为了强调高风险必须以高收益作为回报，我们在这里首先介绍投机和赌博的差异。

6.1.1 风险、投机和赌博

投机是指承担一定的风险并获取相应的报酬。“一定的风险”是指风险水平足够影响投资决策。“相应的报酬”是指投资有正的风险溢价，即期望收益率高于无风险利率。

赌博是“为了一个不确定的结果下注”。赌博与投机的核心差别在于赌博并没有“相应的收益”。从经济学上讲，赌博是为了享受冒险的乐趣而承担风险，而投机则是为了风险溢价而承担风险。把赌博变成投机需要有足够的风险溢价来补偿风险厌恶投资者。因此，风险厌恶和投机并不矛盾。风险溢价为零的风险投资也叫作**公平博弈**（fair game）。需要注意的是，公平博弈并没有提供补偿风险的收益，因此公平博弈等同于赌博。风险厌恶投资者会拒绝赌博，但不一定拒绝投机。

上述的重点是，即使是高风险的头寸，只要风险厌恶投资者认为风险溢价足以弥补风险，他们也可能愿意接受该头寸。因此面对更高的风险，我们应该要求相应更高的风险溢价。

6.1.2 风险厌恶和效用价值

针对各类资产历史收益进行的大量深入实证研究表明风险资产都需要风险溢价作为补偿，这说明大多数投资者都是风险厌恶型的。

风险厌恶（risk averse）的投资者会放弃公平博弈以及劣于公平博弈的投资。他们更愿意考虑无风险资产和有正风险溢价的投资品。广泛地说，在评估潜在投资品时，风险厌恶投资者会因风险大小而折减期望收益率。风险越高，折减比例就越大。有人会质疑为什么一定要假设投资者是风险厌恶的，相信多数投资者都会同意这一观点，我们会在本章附录中进行详尽的讨论。

为了阐述在众多风险水平下各种投资组合进行选择将会面临的问题，我们给出一个具体的例子进行讲解。假设无风险利率是5%，投资者面临表6-1中3种不同的投资组合。表中用风险溢价、风险水平（标准差，SD）来说明低风险短期债券（L）、中风险长期债券（M）和高风险股票组合（H）的特征。投资者会如何选择呢？

表 6-1 可供选择的风险资产组合（无风险利率为 5%）

组合	风险溢价（%）	期望收益率（%）	标准差（%）
L（低风险）	2	7	5
M（中风险）	4	9	10
H（高风险）	8	13	20

直观上，当投资组合的期望收益率更高且风险更低时，该组合将更具吸引力。但当风险随收益率一并增加时，最具吸引力的投资组合并不显而易见。这时投资者如何量化收益与风险的权衡？

我们假设投资者会根据收益和风险情况为每个资产组合给出一个效用值分数。分数越高说明这个资产组合越有吸引力。资产期望收益率越高分数越高，波动性越大分数越低。业界存在很多打分方法。金融学和特许金融分析师机构应用最多的一个效用函数是

$$U=E(r)-\frac{1}{2}A\sigma^2 \tag{6-1}$$

U是效用值，A是投资者的风险厌恶系数。系数1/2只是一个约定俗成的数值，这并不影响我们对投资者行为的刻画。式（6-1）表明效用随期望收益率的增加而增加，随风险的增加而降低，注意到例子中的投资组合会作为该投资者所能持有的全部组合，因此在正态性假设下，标准差σ将是风险的恰当度量。

注意，无风险资产的效用值就是其自身的收益率，因为其风险补偿为零。风险资产方差降低资产效用值的程度由风险厌恶系数A决定。投资者对风险厌恶程度越高（A越大），对风险要求的补偿就越高。投资者会在投资产品中选择其效用值最高的组合，专栏华尔街实战6-1会讨论财务顾问度量其客户的投资风险厌恶程度的一些方法。

【例 6-1】 通过效用分数评估投资

考虑 3 个风险厌恶程度不同的投资者：$A_1=2$，$A_2=3.5$，$A_3=5$。他们 3 人都在评价表 6-1 中的 3 个投资组合。因为无风险利率为 5%，用式（6-1）得到 3 个投资者对无风险资产的效用分数都是 0.05。表 6-2 展示了他们对每个风险资产的打分情况。每个投资者最优的选择是用粗体显示的部分。注意高风险组合 H 仅会在投资者有最低的风险厌恶系数 $A_1=2$ 时才会被选择；而低风险组合即使是最厌恶风险的投资者也不会选择。给定风险厌恶水平下，三个组合都击败了无风险资产。

表 6-2 几种投资组合对不同风险厌恶水平投资者的效用值

风险厌恶系数 (A)	资产组合 L 的效用分数 [$E(r)=0.07$；$\sigma=0.05$]	资产组合 M 的效用分数 [$E(r)=0.09$；$\sigma=0.10$]	资产组合 H 的效用分数 [$E(r)=0.13$；$\sigma=0.20$]
2.0	$0.07-1/2\times2\times0.05^2=0.0675$	$0.09-1/2\times2\times0.1^2=0.0800$	**$0.13-1/2\times2\times0.2^2=0.09$**
3.5	$0.07-1/2\times3.5\times0.05^2=0.0656$	**$0.09-1/2\times3.5\times0.1^2=0.0725$**	$0.13-1/2\times3.5\times0.2^2=0.06$
5.0	$0.07-1/2\times5\times0.05^2=0.0638$	**$0.09-1/2\times5\times0.1^2=0.0650$**	$0.13-1/2\times5\times0.2^2=0.03$

可以把风险资产的效用值看作投资者的**确定等价收益率**（certainty equivalent rate），即风险资产为达到与无风险资产相同的效用分数所需要的收益率。这个比率表示如果获得同样的效用需要多少确定的资产。确定等价收益率是比较竞争性投资组合效用价值的一种自然且直接的方法。

现在可以说，只有当一个投资组合的确定等价收益率超过无风险利率时，这个投资才是值得的。如果投资者的风险厌恶程度足够高，任何风险组合甚至风险溢价为正的组合，其效用都有可能低于无风险资产，这使得投资者拒绝风险资产组合。同时，风险厌恶程度较低的投资者可能因为在同样的风险资产组合中可以获得的效用高于无风险资产，从而愿意投资。如果风险溢价为零或负数，任何降低效用的调整都会使投资组合看起来更糟糕，所有风险厌恶投资者都会选择无风险资产。

和风险厌恶投资者相对的，是**风险中性**（risk-neutral）投资者（其中 $A=0$），这类投资者只根据风险资产的期望收益率来判断收益预期。风险的高低对风险中性投资者无关紧要，这意味着他们对风险要求的补偿为零。他们的确定等价收益率就是资产的期望收益率。

风险偏好投资者（risk lover）（其中 $A<0$）则更加愿意参加公平博弈或其他赌博，在考虑了风险的乐趣后，这种投资者上调了效用水平。风险偏好投资者总是愿意参加公平博弈，因为公平博弈的确定等价收益率高于无风险利率。

通过对投资者认为效用相同的投资组合风险和收益描点，我们可以得到投资者风险与收益的权衡。纵轴是期望收益，横轴是标准差。图 6-1 画出了资产组合 P 的风险-收益权衡情况。

资产组合 P［期望收益为 $E(r_P)$，标准差为 σ_P］，与第Ⅳ象限的所有组合相比期望收益更高，标准差更小，所以更受

概念检查 6-1

一个资产组合的期望收益率为 20%，标准差为 30%，同时短期国债提供的无风险利率为 7%，一个风险厌恶系数 $A=4$ 的投资者会在二者中如何选择？$A=2$ 的投资者呢？

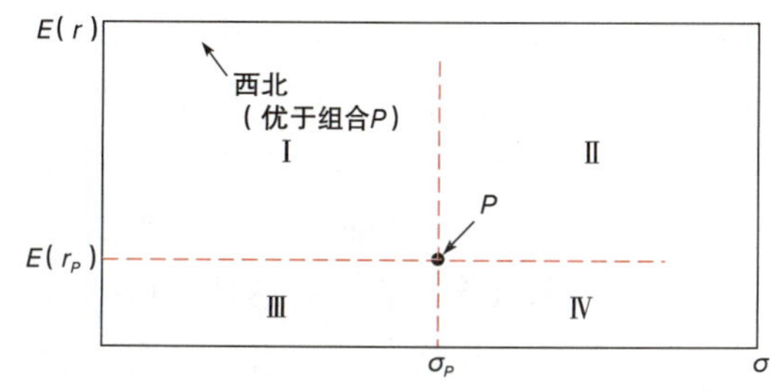

图 6-1 某投资组合 P 的风险-收益权衡

风险厌恶投资者的青睐。相反，第Ⅰ象限的所有组合都比组合 P 受欢迎，因为它们的期望收益大于或等于 $E(r_P)$，标准差小于或等于 σ_P。

这就是均值-标准差准则，或称**均值-方差准则**（mean-variance criterion，M-V）。这可以表示：如果 $E(r_A) \geqslant E(r_B)$ 与 $\sigma_A \leqslant \sigma_B$ 至少有一个条件严格成立，那么投资组合 A 优于投资组合 B。

在图 6-1 中，最受欢迎的方向是左上方向，因为这个方向提高了期望收益同时降低了方差。这意味着所有 P 点西北方向的任何组合都优于组合 P。

那么第Ⅱ象限和第Ⅲ象限的投资组合又如何呢？与组合 P 相比，这些组合的受青睐程度完全取决于投资者的风险厌恶程度。假设投资者确认了所有和 P 一样好的投资组合，从 P 点开始，效用随标准差的增加而减少，这必须以期望收益率的提高作为补偿。因此对于投资者而言，图 6-2 中的 Q 点（风险更高，期望收益也更高）和 P 点具有相同的吸引力。高风险高期望收益的组合和低风险低期望收益的组合对投资者的吸引力相同。在均值-标准差图表中，用一条曲线将这些效用相同的所有资产组合连在一起，就构成了**无差异曲线**（indifference curve），如图 6-2 所示。

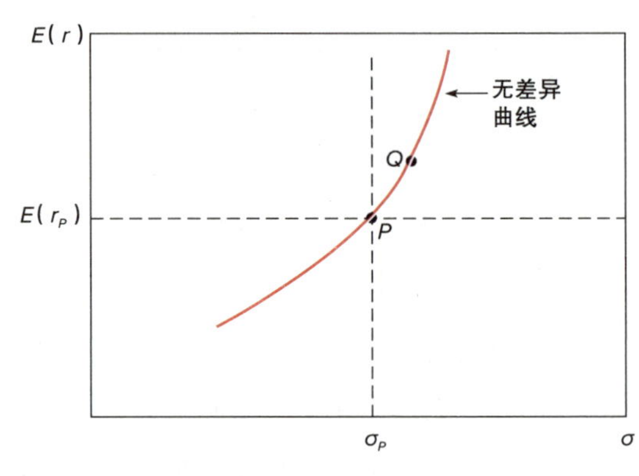

图 6-2　无差异曲线

为了检验无差异曲线上的点，我们用表 6-3 中 $A=4$ 的投资者对曲线上不同投资组合的效用值进行计算，最终得到各资产组合的效用值相同，因为更高风险（标准差）的资产组合有更高的期望收益。

概念检查 6-2

a. 与图 6-2 的无差异曲线相比，一个风险厌恶程度更低的投资者的无差异曲线会如何变化？

b. 画出过 P 点的两条无差异曲线。

表 6-3　风险厌恶系数 $A=4$ 的投资者对示例投资组合的效用值

期望收益	标准差	效用 $U=E(r)-\frac{1}{2}A\sigma^2$
0.10	0.200	0.10−0.5×4×0.04=0.02
0.15	0.255	0.15−0.5×4×0.065=0.02
0.20	0.300	0.20−0.5×4×0.09=0.02
0.25	0.339	0.25−0.5×4×0.115=0.02

6.1.3　估计风险厌恶系数

如何量化实践中观测到的风险厌恶系数呢？有一些方法可供使用。专栏华尔街实战 6-1 的调查问卷就给出了简单的区分。其他一些更复杂的调查问卷通过调查投资者对各种假设的风险情境的选择进而得到其具体的风险厌恶水平。

通过观察活跃投资者的投资账户可以发现其投资组合随时间的变化而变化。对这些投资组合风险与收益的估计，可以帮助我们从原理上推断投资者的风险厌恶系数。

最后，研究者通过跟踪观察一组对象的行为来获得风险厌恶系数的均值。这些研究的观察内容从保险选择到消费习惯，范围很广。专栏华尔街实战 6-1 讲述了风险和风险承受能力。

华尔街实战 6-1 什么样的风险水平适合你

没有风险就没有收益。大多数人非常明白他们必须承担一些风险才能获得可接受的投资组合收益。

但是你能承受多大的风险？如果你的投资变糟了，可能会危及你的退休计划，你孩子的大学教育费用，或者意外的现金需求。这些最糟糕的情况将我们的注意力集中于我们面临的不确定性。

温和地说，评估和量化风险厌恶水平是困难的，但我们需要面对这两个大问题。

首先，你可以承担多少投资风险？例如，如果你有稳定的高薪工作，你就有能力承受更大的投资损失。相反，如果你接近退休，你就不太可能根据糟糕的投资结果调整自己的生活方式。

其次，你需要考虑自己的个性，并决定你能承受多大的风险。当风险到达哪个临界点时，你晚上会睡不着觉？

为了帮助客户量化他们的风险偏好，许多金融公司设计了测验来帮助人们确定他们是保守的、稳健的还是激进的投资者。这些测验试图了解客户对风险的态度及其承受投资损失的能力。

以下是这些测验所提出的一系列问题的样本，以揭示投资者的风险承受能力。

衡量你的风险承受能力

圈出与你的答案对应的字母。

1. 2008 年股市下跌超过 30%。如果你当年持有大量股票投资，你会做以下哪一项选择？

A. 在有可能进一步下跌之前，将剩余的投资赎回

B. 既不赎回也不购买

C. 购买更多股票，判断市场因为下跌变得更便宜，因此可以更好地交易

2. 401(k) 计划中的一个基金（你的主要退休储蓄来源）的价值去年增加了 30%。你会怎么做？

A. 将你的资金转移到货币市场账户以防基金价值在未来由涨转跌

B. 坐着什么也不做

C. 将更多资产投入该基金，并推断基金价值在未来继续呈上升趋势

3. 你怎么描述你的非投资来源的收入（例如，你的工资）？

A. 非常不确定

B. 中等稳定

C. 非常稳定

4. 在月底，你会发现自己：

A. 缺少现金，不耐烦地等待你的下一个月的工资

B. 没有花掉超过工资的钱，但也没存下来多少钱

C. 有足够的资金存入你的储蓄账户

5. 你已年满 30 岁并参加公司的退休计划，你需要在 3 种基金中分配你的投资：货币市场账户、债券基金和股票基金。哪些分配方案最适合你？

A. 将所有资金投资于安全的货币市场基金

B. 在债券基金和股票基金之间平均分配资金

C. 把所有资金都放到股票基金中，推断当你退休时，股票收益的年度波动将会变得平平

6. 你是 *Let's Make a Deal* 活动的参赛者，刚刚赢了 1 000 美元。你还可以兑换两种随机支付的奖金：一种选择是掷一次硬币，如果硬币人像面在上，奖金变为 2 500 美元。另一种选择是掷两次硬币，如果两次都是硬币人像面在上，则获得 6 000 美元的收益。你会怎么做？

A. 拿着 1 000 美元的现金退出活动

B. 选择掷一次硬币

C. 选择掷两次硬币

7. 假设你有机会投资初创公司，如果公司成功，你将得到十倍的收益。但如果失败了，你将失去你的初始投资额。你认为成功的概率是 20%左右。那你愿意投资初创公司多少钱？

A. 不投资

B. 2 个月的工资

C. 6 个月的工资

8. 考虑投资初创公司就需要借钱。你愿意贷款 1 万美元来进行投资吗？

A. 不会

B. 也许会

C. 会

评估你的风险承受能力

对于每个问题，如果你回答（A），得一分，如果你回答（B）则得两分，回答（C）得三分。你的总得分越高，你的风险承受能力越强，或者相当于风险厌恶程度越低。

6.2 风险资产与无风险资产组合的资本配置

历史一方面告诉我们长期债券是比短期国债投资风险高的投资品种，而股票投资风险就更高了，但从另一方面来看，更高风险的投资也确实能提供更高的收益。投资者在这些不同类别的资产中当然不会全选或者全不选，更多的是选择部分投资短期国债，部分投资更高风险资产的组合。

最直接的方法是通过分配短期国债及其他无风险货币市场证券与风险资产之间的比例控制投资组合的风险。这种资本配置策略就是资产配置决策的一个例子——在大量投资资产种类中选择证券，而不仅仅是在每类资产中选择一些特殊证券。许多投资专家认为资产配置是投资组合构建中最重要的问题。思考下面约翰·博格的观点，这是他担任先锋集团投资公司总裁时发表的言论：

投资决策中最基本的决策在于如何分配你的资金。你愿意投入多少到股票市场，多少到债券市场？你应该持有多少现金……这一决策可以解释不同机构管理的养老金收益率差异的94%，这一发现是很惊人的。同时没有理由不相信这种决策与资产配置关系同样适用于个人投资者[⊖]。

因此，为了讨论风险-收益权衡，我们首先研究资产配置决策，决定投资组合中多少投资于无风险货币市场，多少投资于其他风险资产。

把投资者的风险资产组合用 P 表示，无风险资产组合用 F 表示。为方便解释，假设投资组合中的风险资产部分由两种共同基金构成：一种投资于股票市场，另一种投资于长期债券。现在假设给定风险资产组合，并只讨论风险资产组合和无风险资产之间的资产配置。在之后的章节我们再讨论风险资产的配置和证券选择。

当我们将资本由风险资产组合向无风险资产组合转移时，并不改变风险组合中各证券的相对比例。我们只是更偏好于无风险资产，从而降低风险组合的整体比例。

比如，假定初始投资组合的总市值为 300 000 美元，其中 90 000 美元投资于即期的货币市场基金，即无风险资产。剩余的 210 000 美元投资于风险证券——其中 113 400 美元投资于股票（E），96 600 美元投资于长期债券（B）。股票和长期债券组成了风险投资组合，E 和 B 的份额分别为 54%和 46%：

$$E: w_E = \frac{113\ 400}{210\ 000} = 0.54$$

$$B: w_B = \frac{96\ 600}{210\ 000} = 0.46$$

风险投资组合在**完整资产组合**（complete portfolio，包括无风险和风险投资）的权重记为 y。

$$y = \frac{210\ 000}{300\ 000} = 0.7(\text{风险资产})$$

$$1-y = \frac{90\ 000}{300\ 000} = 0.3(\text{无风险资产})$$

每个风险资产组合占完整资产组合的权重如下：

$$E: \frac{113\ 400}{300\ 000} = 0.378$$

$$B: \frac{96\ 600}{300\ 000} = 0.322$$

⊖ John C. Bogle. *Bogle on Mutual Funds*(Burr Ridge, IL: Irwin Professional Publishing, 1994), p. 235.

$$风险组合=E+B=0.700$$

风险组合占到完整资产组合的 70%。

【例 6-2】　风险组合

假设该投资组合的所有者为降低总体风险，希望将持有的风险投资组合权重从 0.7 降为 0.56。风险投资组合的总值降低为 0.56×300 000＝168 000（美元），这需要卖出原来 210 000 美元风险组合中的 42 000 美元，用这个部分来购买即期资产（货币市场基金）。整个无风险资产增加到 300 000×(1−0.56)＝132 000（美元）。原组合价值加上新购的货币市场基金价值为

$$90\,000+42\,000=132\,000\text{（美元）}$$

关键点在于风险资产组合中的资产比例依旧不变。由于 E 和 B 在风险投资组合中的权重分别是 0.54 和 0.46，卖出 0.54×42 000＝22 680（美元）的 E 和 0.46×42 000＝19 320（美元）的 B。在卖出后，每只股票在风险投资组合中的比例实际并无变化：

$$E：w_E=\frac{113\,400-22\,680}{210\,000-42\,000}=0.54$$

$$B：w_B=\frac{96\,600-19\,320}{210\,000-42\,000}=0.46$$

概念检查 6-3

如果你决定将投资预算的 50% 以即期资产的形式持有，那么你投资股票（E）的价值和其在整个投资中的权重是多少？

与其分别考虑风险资产 E 和 B，不如认为持有单一基金，即以固定比例持有 E 和 B。从这个角度讲，我们可以把风险资产组合看作单一的风险资产。

给定这个简化方法，可以通过改变风险资产和无风险资产的组合来降低风险，即降低 y。只要风险资产中的资产权重不发生变化，那么风险资产的收益概率分布就不发生变化，改变的只是风险资产与无风险资产构成的完整资产组合收益率的概率分布。

6.3　无风险资产

因政府有税收和控制货币供给的权力，所以只有政府才可以发行无违约风险的债券。而事实上，即使政府担保无违约风险，债券在其持有期间也不是完全没有风险的。现实世界中唯一的无风险资产是永不违约的价格指数挂钩债券。另外，无违约风险的价格指数挂钩债券也只有在期限等于投资者愿意持有的期限时，才能对实际收益率进行担保。价格指数挂钩债券因实际利率随时间变化而难以预测，所以也面临利率风险。未来实际利率不确定时，未来价格指数挂钩债券的价格就不确定。

尽管如此，在实际中仍把短期国债看作无风险资产。它们的短期性使得其价值对利率变动不敏感。投资者可以通过购买债券并持有到期来锁定短期的名义收益。另外，尽管几个星期内或几个月内通货膨胀率的走势不确定，但与股票市场的不确定性相比基本可以忽略不计。

除短期国债外，许多投资者也将宽泛的货币市场工具视为有效的无风险资产。由于期限短，所有的货币市场工具几乎都没有利率风险，而且通常几乎没有违约或信用风险。货币市场基金则持有多种此类低风险工具[㊀]，因此投资者也会将这些基金视为有效的无风险资产。正如第 4 章

㊀ 见 http://www.icifactbook.org/，美国货币市场基金资产构成统计表第 4 节内容。

所述，政府型货币基金（相对于优先型货币基金）尤其如此。

6.4 单一风险资产与单一无风险资产的投资组合

本节将研究可行的风险-收益组合。这是资产配置中的“技术性”部分：它只涉及给定广阔资本市场中投资者可以投资的机会。第 6.5 节会讨论资产配置中“个性化”部分——风险-收益可行集中个体的最优决策。

假设投资者已经确定了风险投资组合的构成，现在所要考虑的是在投资者投资预算中给风险投资组合 P 的比例 y，剩余部分 $1-y$ 分配给无风险资产 F。

定义风险组合 P 收益率为 r_P，期望收益率为 $E(r_P)$，标准差为 σ_P。无风险利率定义为 r_f。在下面的数字例子中，我们假设 $E(r_P)=15\%$，$\sigma_P=22\%$，$r_f=7\%$。因此，风险资产的风险溢价为 $E(r_P)-r_f=8\%$。

风险投资组合的投资比例为 y，无风险投资组合比例为 $1-y$，整个组合 C 的收益率 r_C 为

$$r_C=yr_P+(1-y)r_f \tag{6-2}$$

取期望值，得

$$E(r_C)=yE(r_P)+(1-y)r_f=r_f+y[E(r_P)-r_f]=7+y(15-7) \tag{6-3}$$

很容易解释这一结果：任何一个投资组合的基本收益率都是无风险利率。另外，投资组合总期望获得风险溢价，希望获取这一溢价的投资者为风险厌恶投资者。如果没有风险溢价，他们不愿意持有风险资产。

当把一个风险资产和一个无风险资产放到一个资产组合中，整个组合的标准差就是风险资产的标准差乘以它在投资组合中的比例[⊖]。由于风险投资组合的标准差为 $\sigma_P=22\%$，所以

$$\sigma_C=y\sigma_P=22y \tag{6-4}$$

这表明组合的标准差与风险资产的标准差和投资比例都是成比例的。总之，整个投资组合的期望收益率为$E(r_C)=r_f+y[E(r_P)-r_f]=7+8y$，标准差为 $\sigma_C=22y$。

下一步是在期望“收益-标准差”平面坐标系中标出给定某个 y 值投资组合的特征，如图 6-3 所示。无风险资产 F 在纵轴上，因为其标准差为零，风险资产 P 位于标准差为 22%、期望收益为 15%的坐标点上。如果投资者只选择风险资产，则 $y=1.0$，整个组合就是 P。如果选择 $y=0$，则 $1-y=1.0$，整个组合就是无风险资产 F。

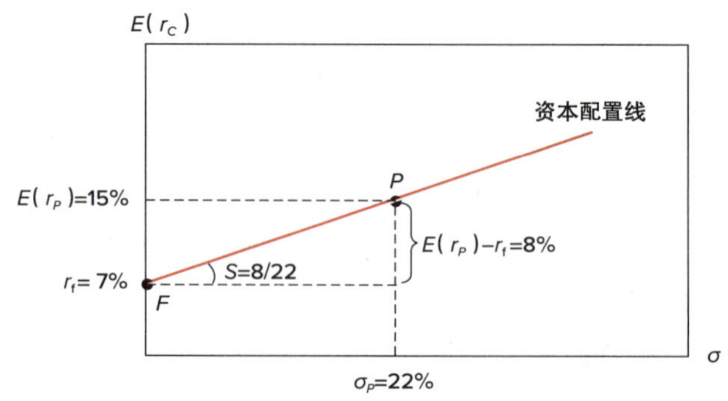

图 6-3 单个无风险资产和单个风险资产的投资可行集

当 y 落在 0 与 1 之间时，更有趣的组合会是什么样子的呢？这些组合坐标点会落在连接 F 和 P 之间的直线上。

结论非常直观。根据式（6-3），随着风险资产投资比例 y 的增加，组合期望收益率以 15%−7%=8%的速率增长；同时，根据式（6-4），标准差将以 22%的速率增长。因此，图 6-3 中直线的斜率为

⊖ 这是统计学中基本原理的一个应用：如果一个随机变量乘以一个常数，那么新变量的标准差也应由原标准差乘以该常数。在我们的讨论中，随机变量是风险资产的收益率，而常数是该资产在整个投资组合中的比例。我们将在之后的章节详细阐述投资组合的收益与风险的规则。

$$S=\frac{E(r_P)-r_f}{\sigma_P}=\frac{8\%}{22\%}=\frac{8}{22} \quad (6\text{-}5)$$

总而言之，图 6-3 中的纵截距为 7%，对应于标准差为 0 的资产（即无风险资产）的收益率。直线斜率为 8/22。因此，完整投资组合的期望收益和标准差之间的权衡关系为

$$E(r_C)=7\%+\frac{8}{22}\sigma_C \quad (6\text{-}6)$$

图 6-3 为一系列投资可行集，即一系列不同的 y 值产生的所有投资组合期望收益与标准差的配对组合。图形是以 r_f 点为起点，穿过 P 的一条直线。

这条直线被称为**资本配置线**（capital allocation line, CAL），表示对投资者而言所有可能的风险-收益组合。资本配置线的斜率记为 S，等于每增加一单位标准差整个投资组合增加的期望收益。因此，斜率也被称为**报酬-波动性比率**（reward-to-volatility ratio），或者夏普比率（Sharpe ratio）。

概念检查 6-4

任意风险资产与无风险资产组合的报酬-波动性比率（夏普比率）$S=[E(r_C)-r_f]/\sigma_C$，是否与单独风险资产的比率有所不同？本例中 $[E(r_P)-r_f]/\sigma_P$ 为 0.36。

一个投资组合在风险资产和无风险资产之间等分，即 $y=0.5$，此时的期望收益 $E(r_C)=7\%+0.5\times8\%=11\%$，意味着风险溢价为 4%，标准差 σ_C 为 $0.5\times22\%=11\%$，在直线 FP 上表示为 F 和 P 的中间点。夏普比率为 $S=4\%/11\%=0.36$，与 P 完全一致。

资本配置线上处于投资组合 P 右边的点是什么呢？如果允许利用杠杆，即投资者能够以无风险利率 7%借入钱，就可以构造出 P 右边的点。

【例 6-3】 杠杆

假定投资预算为 300 000 美元，投资者额外借入了 120 000 美元，将所有可用资金投入风险资产中。这是一个通过借款杠杆获得的风险资产头寸。这样的话，

$$y=\frac{420\ 000}{300\ 000}=1.4$$

此时 $1-y=1-1.4=-0.4$，反映出无风险资产的空头头寸。投资者不以 7%的利率借出，而是借入资金。组合的收益分布仍然呈现相同的夏普比率：

$$E(r_C)=7\%+(1.4\times8\%)=18.2\%$$

$$\sigma_C=1.4\times22\%=30.8\%$$

$$S=\frac{E(r_C)-r_f}{\sigma_C}=\frac{18.2\%-7\%}{30.8\%}=0.36$$

正如预计的，杠杆投资组合比无杠杆投资组合的标准差要高。

实际上，非政府投资者并不能以无风险利率借入资金。借款者的违约风险导致贷款者要求更高的贷款利率。因此，非政府投资者的借款成本超过 $r_f=7\%$，假设借入利率为 $r_f^B=9\%$，在这样的条件下报酬-波动性比率，也就是资本配置线的斜率将是 $[E(r_P)-r_f^B]/\sigma_P=6\%/22\%=0.27$。资本配置线在 P 点被扭曲，如图 6-4 所示。P 点的左边，投资者以 7%的利

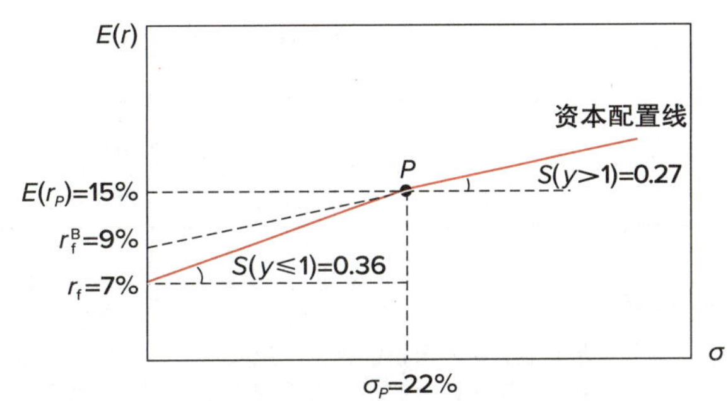

图 6-4 借贷利率不相等时的投资可行集

率借出资金，资本配置线的斜率是 0.36；P 点的右边，$y>1$，投资者以 9%的利率借入资金，资本配置线的斜率是 0.27。

> **概念检查 6-5**
>
> 假设风险资产收益率从 15%增加至 17%，如果所有其他参数保持不变，则资本配置线的斜率在 $y \leqslant 1$ 和 $y>1$ 时分别为多少？

在实际操作中，如果你在经纪人那里开立了保证金账户，借钱投资风险资产的方式将会非常容易且直接。你只需要告诉经纪人你要以“保证金”额度购买风险资产。使用的保证金额度不能超过购买资产总价值的 50%。因此，如果你的账户净值为 300 000 美元，你可以再借入 300 000 美元购买额外的股票[⊖]。这样你的风险资产头寸就达到 600 000 美元，负债为 300 000 美元，即 $y=2.0$。

6.5　风险容忍度与资产配置

前面已经说明如何建立资本配置线，即资产配置决策下所有可行的风险收益组合构成的图形。投资者必须从可行集中选择最优的组合，其决策包含了对风险和收益的权衡选择。个人投资者风险厌恶程度不同，意味着给定相同的可行集（无风险利率和夏普比率相同），不同的投资者将选择不同的头寸。特别地，越是风险厌恶的投资者越会选择更少的风险资产，更多地选择无风险资产。

一个面临无风险利率为 r_f 和期望收益为 $E(r_P)$、标准差为 σ_P 的风险资产投资者会发现，对于任意 y，组合的期望收益由式（6-3）给出：

$$E(r_C)=r_f+y[E(r_P)-r_f]$$

由式（6-4），整个组合的方差为

$$\sigma_C^2=y^2\sigma_P^2$$

投资者试图通过选择风险资产的最优配置 y 使效用最大化。效用函数由式（6-1）给出，即 $U=E(r)-\frac{1}{2}A\sigma^2$。当风险资产配置增加（$y$ 增加）时，期望收益增加，但是收益波动性也增加，因此效用可能增加也可能减少。表 6-4 展示了效用水平随 y 值变化的数据。一开始，效用随 y 增加而增加，最终随 y 增加而降低。

表 6-4　风险厌恶系数 $A=4$ 的投资者的不同风险资产比例 y 带来的效用值

(1)	(2)	(3)	(4)	(1)	(2)	(3)	(4)
y	$E(r_C)$	σ_C	$U=E(r)-\frac{1}{2}A\sigma^2$	y	$E(r_C)$	σ_C	$U=E(r)-\frac{1}{2}A\sigma^2$
0	0.070	0	0.070 0	0.6	0.118	0.132	0.083 2
0.1	0.078	0.022	0.077 0	0.7	0.126	0.154	0.078 6
0.2	0.086	0.044	0.082 1	0.8	0.134	0.176	0.072 0
0.3	0.094	0.066	0.085 3	0.9	0.142	0.198	0.063 6
0.4	0.102	0.088	0.086 5	1.0	0.150	0.220	0.053 2
0.5	0.110	0.110	0.085 8				

⊖　保证金交易要求投资者在经纪人处开立的保证金账户中维持一定的证券市值。如果证券市值低于保证金维持水平值，追加保证金的指令会被发出，要求投资者存入资金以使账户净值达到合适的水平。如果投资者没有存入经纪人要求的资金，监管要求经纪人卖出部分或全部证券，收益用于补偿要求的保证金。

图 6-5 给出了表 6-4 中效用函数的散点图。效用在 $y=0.41$ 时是最高的；当 $y<0.41$ 时，投资者愿意为更高的期望收益而增加投资风险；而当 $y>0.41$ 时，随着风险增加效用则会降低。

为了解决这一效用最大化的问题，我们把问题写作：

$$\underset{y}{\operatorname{Max}}\ U=E(r_C)-\frac{1}{2}A\sigma_C^2$$

$$=r_f+y[E(r_P)-r_f]-\frac{1}{2}Ay^2\sigma_P^2$$

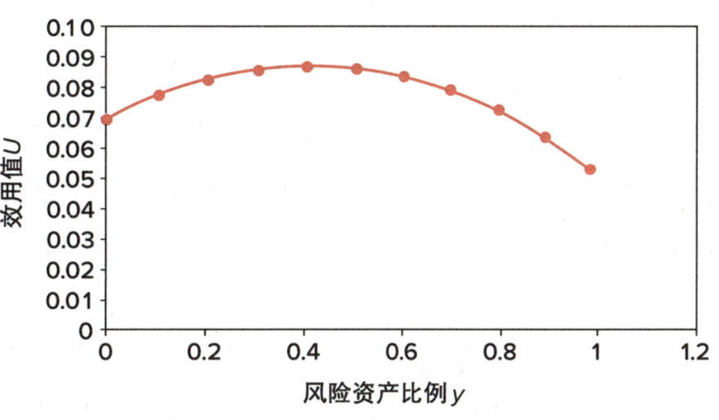

图 6-5　效用值 U 关于风险资产比例 y 的函数

学过微积分的学生知道最大化问题是使一阶导数为零。这样求解出风险厌恶投资者风险资产的最优头寸 y^* 如下：[⊖]

$$y^*=\frac{E(r_P)-r_f}{A\sigma_P^2} \tag{6-7}$$

这个解显示风险资产的最优头寸正如你所预料的那样，与风险厌恶程度和风险水平（由方差表示）有关。

【例 6-4】　资产配置

使用前述数字例子的数据 [$r_f=7\%$，$E(r_P)=15\%$，$\sigma_P=22\%$]，所有收益用小数表示，一个风险厌恶系数 $A=4$ 的投资者的最优解为

$$y^*=\frac{0.15-0.07}{4\times0.22^2}=0.41$$

换句话说，该投资者将会把投资预算的 41% 投资于风险资产，59% 投资于无风险资产，如图 6-5 所示，此时效用达到最高水平。

当预算的 41% 投资于风险资产时，整个组合的期望收益和标准差为

$$E(r_C)=7\%+[0.41\times(15\%-7\%)]=10.28\%$$

$$\sigma_C=0.41\times22\%=9.02\%$$

整个组合的风险溢价是 $E(r_C)-r_f=3.28\%$，标准差为 9.02%，注意到 3.28/9.02=0.36，这正是例子中所假设的报酬-波动性比率。

另一种解决此问题的方法是图解法。图解法利用无差异曲线进行分析。为了理解如何构造无差异曲线，考虑风险厌恶系数 $A=4$ 的一个投资者，他目前全部投资于无风险组合，收益率 $r_f=5\%$。因为这个组合的方差为零，式（6-1）告诉我们它的效用值为 0.05。当投资者投资于 $\sigma=1\%$ 的风险组合时，为了获得相同的效用，其期望收益必须上升，以弥补更高的 σ 值：

$$U=E(r)-\frac{1}{2}\times A\times\sigma^2$$

$$0.05=E(r)-\frac{1}{2}\times4\times0.01^2$$

这说明必要的期望收益为

⊖ 对 y 的一阶导数等于 $E(r_P)-r_f-yA\sigma_P^2$，使该式为零，得到式（6-7）。

$$E(r)=0.05+\frac{1}{2}\times A\times\sigma^2=0.05+\frac{1}{2}\times 4\times 0.01^2=0.050\,2 \tag{6-8}$$

对不同的 σ 重复这样的计算，可以得到效用值为 0.05 所需的 $E(r)$。这个过程将得到效用值为 0.05 时所有期望收益和风险的组合。把这些组合描点在图上便得到无差异曲线。

可以使用 Excel 表格来生成投资者的无差异曲线。表 6-5 包含了效用分别为 0.05 和 0.09，风险厌恶系数 A 分别为 2 和 4 的两个投资者的风险和收益组合。图 6-6 描绘了 $U=0.05$ 和 $U=0.09$ 时，分别取 $A=2$ 和 $A=4$ 的无差异曲线。

表 6-5 无差异曲线的数字计算

σ	$A=2$		$A=4$		σ	$A=2$		$A=4$	
	$U=0.05$	$U=0.09$	$U=0.05$	$U=0.09$		$U=0.05$	$U=0.09$	$U=0.05$	$U=0.09$
0	0.050 0	0.090 0	0.050	0.090	0.30	0.140 0	0.180 0	0.230	0.270
0.05	0.052 5	0.092 5	0.055	0.095	0.35	0.172 5	0.212 5	0.295	0.335
0.10	0.060 0	0.100 0	0.070	0.110	0.40	0.210 0	0.250 0	0.370	0.410
0.15	0.072 5	0.112 5	0.095	0.135	0.45	0.252 5	0.292 5	0.455	0.495
0.20	0.090 0	0.130 0	0.130	0.170	0.50	0.300 0	0.340 0	0.550	0.590
0.25	0.112 5	0.152 5	0.175	0.215					

注：第 2~5 列中的数据是提供指定效用值所需的期望收益。

假定任何投资者都愿意投资于更高无差异曲线上的组合，获得更高的效用。更高无差异曲线上的资本组合在给定风险水平上能够提供更高的期望收益。例如，$A=2$ 的两条无差异曲线形状相同，但是对于任意水平的风险，效用为 0.09 的那条曲线比 0.05 的那条曲线的期望收益高 4%。

图 6-6 反映出更高风险厌恶程度投资者的无差异曲线比低风险厌恶程度投资者的曲线更陡峭。更陡峭的曲线意味着投资者需要更多的期望收益来补偿同样的组合风险。

更高的无差异曲线意味着对应更高的效用水平，因此投资者更愿意在更高的无差异曲线上寻找投资组合。如图 6-7 所示，在表示可行集的资本配置线上加入无差异曲线，我们就可以得到与资本配置线相切的最高的无差异曲线，切点对应最优投资组合的标准差和期望收益。

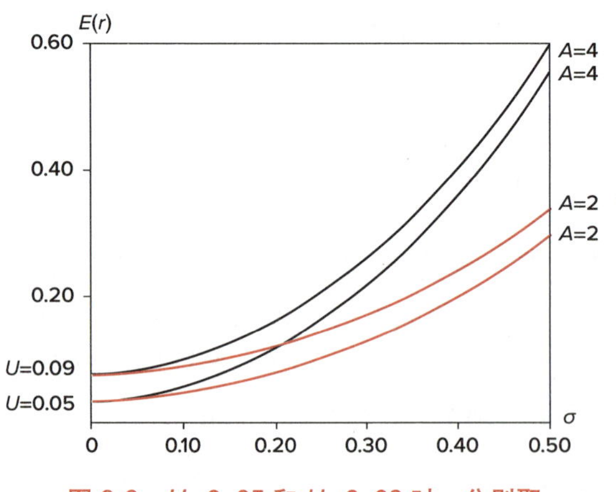

图 6-6 $U=0.05$ 和 $U=0.09$ 时，分别取 $A=2$ 和 $A=4$ 的无差异曲线

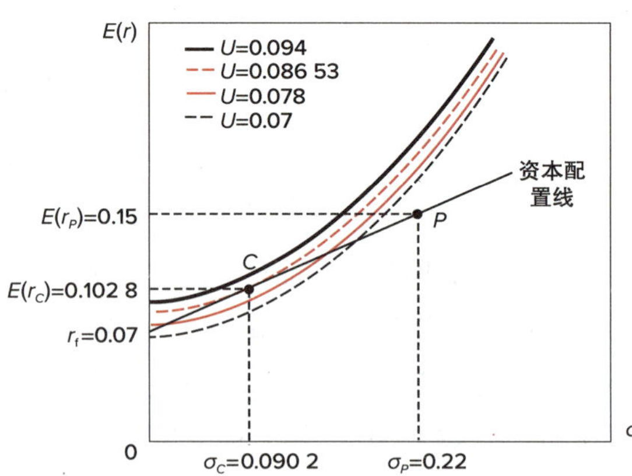

图 6-7 用无差异曲线寻找最优组合

为了证明这一点，表 6-6 给出了投资者 $A=4$ 的四条无差异曲线（效用水平分别为 0.07、0.078、0.086 53、0.094）的计算。第 2~5 列利用式（6-8）计算出了各曲线为了得到相应的效用值对不同标准差所必需的期望收益值。第 6 列由式（6-6）计算出 $E(r_C)$ 的资本配置线上各 σ 值对应的期望收益。

$$E(r_C)=r_f+[E(r_P)-r_f]\frac{\sigma_C}{\sigma_P}=7+(15-7)\times\frac{\sigma_C}{22}$$

表 6-6　四条无差异曲线和资本配置线对不同 σ 的期望收益，$A=4$

σ	$U=$ 0.07	$U=$ 0.078	$U=$ 0.086 53	$U=$ 0.094	资本配置线	σ	$U=$ 0.07	$U=$ 0.078	$U=$ 0.086 53	$U=$ 0.094	资本配置线
0	0.070 0	0.078 0	0.086 5	0.094 0	0.070 0	0.12	0.098 8	0.106 8	0.115 3	0.122 8	0.113 6
0.02	0.070 8	0.078 8	0.087 3	0.094 8	0.077 3	0.14	0.109 2	0.117 2	0.125 7	0.133 2	0.120 9
0.04	0.073 2	0.081 2	0.089 7	0.097 2	0.084 5	0.18	0.134 8	0.142 8	0.151 3	0.158 8	0.135 5
0.06	0.077 2	0.085 2	0.093 7	0.101 2	0.091 8	0.22	0.166 8	0.174 8	0.183 3	0.190 8	0.150 0
0.08	0.082 8	0.090 8	0.099 3	0.106 8	0.099 1	0.26	0.205 2	0.213 2	0.221 7	0.229 2	0.164 5
0.090 2	0.086 3	0.094 3	0.102 8	0.110 3	0.102 8	0.30	0.250 0	0.258 0	0.266 5	0.274 0	0.179 1
0.10	0.090 0	0.098 0	0.106 5	0.114 0	0.106 4						

图 6-7 画出了 4 条无差异曲线和资本配置线，图形反映出效用 $U=0.086\,53$ 的无差异曲线与资本配置线相切；切点对应了最大效用值的资产组合。切点处 $E(r_C)=10.28\%$，$\sigma_C=9.02\%$。最优投资组合的风险–收益比例是 $y^*=0.41$，这个数值和用式（6-7）得到的代数解相同。

综上所述，y^* 的决策主要取决于投资者的风险厌恶程度。

非正态收益

在前面的分析中我们假设收益呈正态分布，并以标准差作为风险度量。如前面的章节所述，偏离正态性会导致极端损失的可能性远大于正态分布的情况。这些风险敞口一般由在险价值或预期损失来衡量。

因此，对我们之前分析的一种拓展是给投资者展示在险价值和预期损失的预测值。我们把基于正态性假设下的资本配置作为分析的基础，面对肥尾分布的投资者也许会减少风险组合的资金配置，并增加无风险资产的配置。

> **概念检查 6-6**
>
> a. 如果投资者的风险厌恶系数 $A=3$，最优投资组合将会如何变化？整个组合新的期望收益 $E(r_C)$ 和标准差 σ_C 是多少？
>
> b. 假定借入利率 $r_f^B=9\%$，高于贷出利率 $r_f=7\%$，请用图形说明投资者的最优投资组合是如何受到更高借入利率的影响的？

因为有大量的观测值，凭经验就可以可靠估计金融领域中一般事件发生的概率。极端的负面事件发生概率极小，几乎不可能准确估计此类事件的概率。诚然，罕见但影响巨大的“黑天鹅”事件会导致极端负收益，因此，投资者对此很关注。我们将在后面讨论期权的章节看到这种投资者关注的证据。

6.6　被动策略：资本市场线

资本配置线由无风险资产和风险投资组合 P 导出，被动策略或主动策略决定风险资产组合 P。**被动策略**是指避免任何直接或间接证券分析的投资决策[㊀]。乍看之下被动策略显得十分简单，然而，在大型资本市场中供给和需求的力量会使这种决策成为众多投资者的最佳选择。

前面的章节中介绍了不同类型资产收益率的历史数据汇总。这些数据可以在肯尼斯·弗伦奇教授的网站上（mba.tuck.dartmouth.edu/pages/faculty/ken.french/data_library.html）获得，我们可以用这些数据来检验被动策略。

㊀ 间接证券分析是指将证券分析的职责交给中介代表，如职业的理财师。

一个合适的被动策略投资品是分散化的股票投资，比如分散化投资于美国股票市场。因为被动策略要求我们不特意收集某只股票或某几只股票的信息，而是要坚持分散化策略。一种方法是选择多样化的股票组合，这些股票反映美国经济中公司部门的价值。比如，投资微软的比例应该是微软的市值在美国上市公司总市值中的占比。

表 6-7 总结了标准普尔 500 指数在 1927—2018 年这 92 年间以及 4 个样本期的表现。该表展示了标准普尔 500 指数的平均年收益率、同期限 1 个月期国债的平均年收益率、相应的超额收益率、标准差和夏普比率。1927—2018 年的夏普比率是 0. 41。换句话说，股票投资者为每 1%的标准差获得 0. 41%的超额收益。但是我们从历史数据中推断出的风险-收益权衡并不精准。这是因为超额收益的标准差很大（20. 36%）。如此巨大的波动率，容易推断风险-收益权衡也会大幅变动。子样本内夏普比率变化接近 2 倍（0. 32~0. 62）。由此得知，在利用历史数据预测未来收益时需要非常谨慎。收益和风险-收益权衡很难预测，我们对未来权衡只能有一个大概的认知。

表 6-7 大盘股和 1 个月期国债的平均年收益率、超额收益率、标准差和夏普比率

时期	平均年收益率（%）		标准普尔 500 指数		
	标准普尔 500 指数	1 个月期国债	超额收益率（%）	标准差（%）	夏普比率
1927—2018	11. 77	3. 38	8. 34	20. 36	0. 41
1927—1949	9. 40	0. 92	8. 49	26. 83	0. 32
1950—1972	14. 00	3. 14	10. 86	17. 46	0. 62
1973—1995	13. 38	7. 26	6. 11	18. 43	0. 33
1996—2018	10. 10	2. 21	7. 89	18. 39	0. 43

我们称 1 个月期国债和一般股票指数构成的资本配置线为**资本市场线**（capital market line, CML）。被动策略产生于由资本市场线代表的一个投资可行集。

那么投资者采取被动策略投资是否合理呢？当然，在没有比较主动投资策略的成本和收益时我们是无法回答这一问题的。相关的观点如下。

首先，主动投资策略不是免费的。无论你是选择自己投入时间、资金来获取所需的信息，以形成最优的风险资产投资决策，还是把这一任务交给专业人士，主动策略的形成都比被动策略更昂贵。被动策略成本只有短期国债所需少量的佣金和支付给共同基金等市场指数基金和证券交易所的管理费用。例如，先锋公司管理着跟踪标准普尔 500 指数的组合。它购买标准普尔 500 指数中每个公司的股票，权重与公司股权在指数中的份额相同，因此便复制了市场指数的表现。这类基金的管理费用很低，因为它的管理成本很低。标准普尔 500 指数成分股包括主要的大规模、高市值的公司，而先锋指数基金，即全股票市场指数基金，则为投资者提供覆盖全美大公司、小公司、成长股、价值股的所有美国股票市场风险敞口。它与我们所称的美国股票指数很接近。

投资者采取被动策略的第二个原因是“免费搭车”的好处。如果市场中有很多积极的具有专业知识的投资者，竞买被低估的股票，竞卖被高估的股票，那么我们可以得出结论：大多数时候股价是合理的。所以，一个充分分散化的股票组合会是一个合理的投资标的，被动投资策略可能不比一般的主动投资策略差（我们在后续章节中将展开论述这一点）。前面章节中论述过，过去几十年中被动型股票指数基金的表现比大多数主动型股票基金更好，投资者越来越倾向于投资低成本、高投资绩效的股票指数基金。

总结一下，一个被动策略牵涉两个被动组合：接近于无风险的短期国债（或货币市场基金）和一个跟踪大盘指数的股票基金。代表这个策略的资本配置线称为资本市场线。根据 1927—2018 年的历史数据，该被动型风险组合的平均风险溢价为 8.34%，标准差为 20.36%，报酬-波动性比率等于 0.41。

概念检查 6-7

假设当前对美国股票市场和国债收益率的预期与 2018 年相同，但是你发现现在投资国债的比例比 2018 年有所上升。你从 2018 年以来投资者风险容忍度的变化中得出什么结论？

被动投资者根据其风险厌恶程度，将投资预算配置在各种投资工具中，可以通过分析来推导典型投资者的风险厌恶系数。从第 1 章的表 1-1 我们估计得到 68.0%的家庭财富净值投资于广义的风险资产[一]。假定这个组合和 1927 年以来标准普尔 500 指数展现的风险-收益特征相吻合，用式（6-7），我们得到：

$$y^*=\frac{E(r_M)-r_f}{A\sigma_M^2}=\frac{0.0834}{A\times 0.2036^2}=0.680$$

风险厌恶系数为

$$A=\frac{0.0834}{0.680\times 0.2036^2}=2.96$$

当然，这样的计算具有很强的主观性。我们假设一般投资者简单地认为历史平均收益和标准差是未来期望收益和标准差的最佳估计。因为一般投资者会在简单的历史基础上使用当时的有用信息进行投资，所以 $A=2.96$ 的估计并非准确的推断。即使这样，很多针对各类投资性资产的研究显示，一般投资者的风险厌恶系数在 2.0~4.0。[二]

小结

1. 投机是为了获取风险溢价而进行有风险的投资。风险溢价必须足够大，以补偿风险厌恶投资者的投资风险。
2. 公平博弈的风险溢价为零，风险厌恶投资者不会进行公平博弈。
3. 投资者对于期望收益和投资组合波动性的喜好程度可以用效用函数表示，它随着期望收益的增加而增加，随着组合方差的增加而降低。投资者的风险厌恶程度越高，对风险的补偿要求就越高。可以用无差异曲线来描述这些偏好。
4. 风险厌恶投资者对风险投资组合的需求可以用投资组合的确定等价描述。确定等价收益率是一种能够确定且与风险组合等效用的收益率。
5. 把资金从风险投资组合移至无风险资产是一种降低风险的最简单的方式。其他方法包括组合的多元化和套期保值。
6. 短期国债只是在名义上提供了一种完美的无风险资产，而且，短期国债实际收益率的标准差比其他资产如长期债券和普通股都要小，所以，出于分析的需要，把短期国债视为无风险资产。除短期国债外，货币市场基金拥有相对安全的债权，比如商业票据和银行存单，它们只有一点违约风险，这一风险与绝大多数其他风险资产的

[一] 该风险组合包括了第 1 章表 1-1 的所有资产：实物资产（34.855 万亿美元），一半的养老保险（13.035 万亿美元），公司或非公司权益（31.149 万亿美元），一半的共同基金（4.382 万亿美元）。该组合价值为 83.412 万亿美元，占家庭净财富额（122.657 万亿美元）的 68.0%。

[二] 见例 I. Friend and M. Blume, "The Demand for Risky Assets," *American Economic Review* 64 (1974)；或 S. J. Grossman and R. J. Shiller, "The Determinants of the Variability of Stock Market Prices," *American Economic Review* 71 (1981).

风险相比要小得多。方便起见，也将货币市场基金看作无风险资产。

7. 一个投资者的风险组合，可以用它的报酬-波动性比率 $S=[E(r_P)-r_f]/\sigma_P$ 表示。这个比率也是资本配置线的斜率。制图时，这条线是从无风险资产连接到风险资产，其所有组合都在这条线上。当其他条件相同时，投资者更倾向于斜率陡峭的资本配置线，因为它对任一风险水平有更高的期望收益。如果借入利率高于贷出利率，资本配置线将在风险资产点处弯曲。
8. 投资者的风险厌恶程度可以用其相应的无差异曲线斜率表示。无差异曲线表明的是在任意的期望收益和风险水平上，为弥补一个百分点的额外标准差所需要的风险溢价。风险厌恶程度较高的投资者的无差异曲线更陡，即他们在面临更大的风险时要求有更高的风险溢价补偿。
9. 最优的风险资产头寸与风险溢价成正比，与风险厌恶程度和方差成反比，即 $y^*=\dfrac{E(r_P)-r_f}{A\sigma_P^2}$。用图形表示时，这个投资组合位于无差异曲线与资本配置线的切点。
10. 被动策略不进行证券分析，把目标放在投资单一无风险资产与一个分散化的风险资产组合如标准普尔500股票投资组合上。如果2018年投资者用标准普尔500指数的平均历史收益和标准差代表他们的期望收益率和标准差，那么对于普通投资者而言持有资产的价值意味着他的风险厌恶系数 $A=2.96$。这与其他研究的结论类似，这些研究估算的风险厌恶程度在2.0~4.0的水平。

习题

1. 风险厌恶程度高的投资者会偏好哪种投资组合?
   a. 更高风险溢价。
   b. 风险更高。
   c. 夏普比率更低。
   d. 夏普比率更高。
   e. 以上各项均不是。
2. 以下哪几个表述是正确的?
   a. 风险组合的配置减少，夏普比率会降低。
   b. 借入利率越高，有杠杆时夏普比率越低。
   c. 无风险利率固定时，如果风险组合的期望收益率和标准差都翻倍，夏普比率也会翻倍。
   d. 风险组合的风险溢价不变，无风险利率越高，夏普比率越高。
3. 如果投资者预测股票市场波动性增大，股票的均衡期望收益将如何变化？参考式（6-7）。
4. 考虑一个风险组合，年末现金流为70 000美元或200 000美元，两者概率相等。短期国债利率为6%。
   a. 如果要求风险溢价为8%，你愿意投资多少钱?
   b. 期望收益率是多少?
   c. 要求风险溢价为12%呢?
   d. 比较（a）和（c）的结果，对于组合的风险溢价和价格之间的关系，你可以得出什么结论?
5. 考虑一个期望收益率为12%、标准差为18%的组合。短期国债收益率为7%。投资者仍然偏好风险资产所允许的最大风险厌恶系数是多少?
6. 画出 $A=3$ 的投资者效用值为0.05时的无差异曲线。
7. 针对 $A=4$ 的投资者，回答第6题。
8. 画出风险中性投资者效用值为0.05时的无差异曲线。
9. 风险偏好投资者的风险厌恶系数 A 是怎样的？用图形表示一个效用值为0.05的风险偏好投资者的无差异曲线。

回答习题 10～12，考虑历史数据，过去 90 年标准普尔 500 指数相对短期国债的风险溢价约为 8%，标准差为 20%，当前短期国债利率为 5%。

10. 计算组合期望收益和组合方差。投资比例如下表所示。

短期国债	标准普尔 500 指数	短期国债	标准普尔 500 指数
0	1.0	0.6	0.4
0.2	0.8	0.8	0.2
0.4	0.6	1.0	0

11. 计算效用值，假设 $A=2$，你会得到什么结果？
12. 假设 $A=3$ 呢？

回答习题 13～19，你管理一个风险组合，期望收益率为 18%，标准差为 28%，短期国债利率为 8%。

13. 你的客户选择投资 70% 于你的组合，30% 于短期国债。他的组合的期望收益率和方差是多少？
14. 假设你的风险组合的投资情况如下表所示。

股票 A	25%
股票 B	32%
股票 C	43%

那么你的客户的组合的投资比例（也包括短期国债）是怎样的？

15. 你的组合的报酬-波动性比率是多少？你客户的组合呢？
16. 画出你的组合的资本配置线，斜率是多少？
17. 假设你的客户决定按权重 y 投资于你的组合，期望收益率为 16%。
    a. y 是多少？
    b. 你的客户的组合收益标准差是多少？
18. 假设你的客户偏好在标准差不大于 18% 的情况下最大化期望收益率，那么他的投资组合是怎样的？
19. 你的客户的风险厌恶系数 $A=3.5$，他该如何投资？
20. 参见表 6-7 中的关于标准普尔 500 指数超出无风险利率的风险溢价以及风险溢价标准差数据。假设标准普尔 500 指数是你的风险投资组合。
    a. 如果 $A=4$，并假设 1927—2018 年很好地代表了未来表现的预期，你将投资多少到短期国债，多少到股票？
    b. 如果你认为 1973—1995 年才可以代表未来，你该如何投资呢？
    c. 比较 a 和 b 的答案，你能得出什么结论？
21. 考虑以下关于你的风险组合的信息，$E(r_P)=11\%$，$\sigma_P=15\%$，$r_f=5\%$。
    a. 你的客户想要投资一定比例于你的风险组合，以获得期望收益率 8%。他投资的比例是多少？
    b. 他的组合的标准差是多少？
    c. 另一个客户在标准差不超过 12% 的情况下最大化期望收益率，他投资的比例是多少？
22. 投资管理公司 IMI 使用资本市场线来提供资本配置建议。IMI 有以下预测：市场组合期望收益率为 12%，标准差为 20%，无风险利率为 5%。约翰逊寻求 IMI 的投资建议，他想要投资组合的标准差为市场组合的一半。IMI 可以为约翰逊提供怎样的期望收益率？

回答习题 23～26：假设借款利率为 9%，标准普尔 500 指数期望收益率为 13%，标准差为 25%，无风险利率为 5%，你的基金情况同习题 21 一样。

23. 考虑到更高的借款利率时画出你的客户的资本市场线，叠加两个无差异曲线：一是客户借入资金时的；二是投资于市场指数基金和货币市场基金时的。
24. 在投资者选择既不借入资金也不贷出资金时，其风险厌恶系数范围是什么（即当 $y=1$ 时）？
25. 当投资者投资你的基金而不是市场指数基

金时，回答习题23和习题24。

26. 贷出资金（$y<1$）的投资者最多愿意支付多少管理费？借入资金（$y>1$）的呢？

回答习题27～29：你估计一个跟踪标准普尔500指数的被动证券组合的期望收益率为13%，标准差为25%。你经营一个主动管理的组合，期望收益率为18%，标准差为28%，无风险利率为8%。

27. 在“收益-标准差”二维平面上画出资本市场线和你的组合的资本配置线。
   a. 资本配置线的斜率是多少？
   b. 用一段话描述你主动管理的组合较被动组合的优势。

28. 你的客户犹豫是否要将投资于你的组合的70%的资金转移到被动组合中。
   a. 你如何告诫他这种转换的坏处？
   b. 保证他获得和被动组合同等效用时的最高管理费（年末按一定投资比例收取）是多少？（提示：管理费将通过降低净期望收益从而减小资本配置线的斜率）。

29. 考虑习题19中$A=3.5$的情况：
   a. 如果他投资于被动组合，比例y是多少？
   b. 通过改变你的客户的资本配置决策（即y的选取），当他觉得投资于你主动管理的组合和被动组合没有差异时，你所能征收的最高管理费是多少？

CFA考题

用下表中的数据回答问题1～3。

效用函数数据

投资	期望收益	标准差	投资	期望收益	标准差
1	0.12	0.30	3	0.21	0.16
2	0.15	0.50	4	0.24	0.21

$$U=E(r)-\frac{1}{2}A\sigma^2,\ A=4$$

1. 根据以上效用函数，当你的风险厌恶系数$A=4$时，你会选择哪个投资？
2. 如果你是风险中性投资者呢？
3. 效用函数中的参数A代表：
   a. 投资者的收益要求。
   b. 投资者的风险厌恶程度。
   c. 确定等价收益率。
   d. 关于1个单位收益与4个单位风险交换的偏好。

根据下图回答CFA考题4～5。

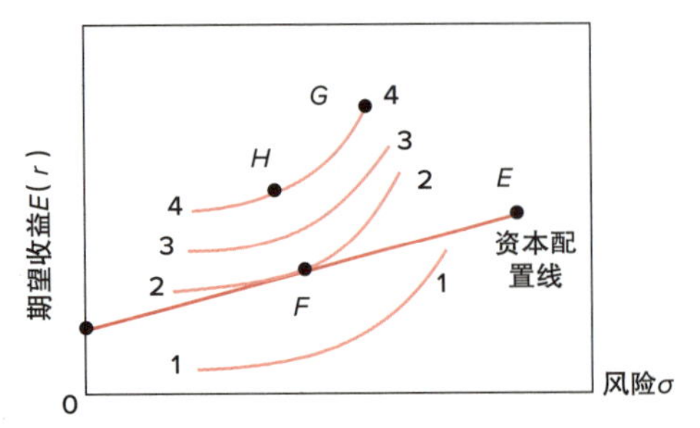

4. 哪条无差异曲线反映了投资者可以达到的最大效用水平？
5. 哪个点标出了最佳的风险投资组合？
6. 假设投资总额为100 000美元，下表中投资于股票和债券的预期风险溢价（以美元表示）是多少？

行动	概率	期望收益（美元）
投资股票	0.6	50 000
	0.4	−30 000
投资债券	1.0	5 000

7. 资本配置线由直线变成曲线是因为：
   a. 报酬-波动性比率增长。
   b. 借入资金利率高于贷出资金利率。
   c. 投资者风险容忍度降低。
   d. 组合中无风险资产比重上升。
8. 你管理着一只股票基金，其预期风险溢价为10%，预期标准差为14%。短期国债利率为6%。你的客户决定向你的基金投资60 000美元，投资于短期国债40 000美元。你的客户的组合期望收益和标准差为多少？
9. 考题8中股票基金的报酬-波动性比率是多少？

概念检查答案

6-1 应用公式，对 $A=4$ 的投资者，资产组合的效用 $U=0.2-\left(\frac{1}{2}\times4\times0.3^2\right)=0.02$，短期国债的效用 $U=0.07-\left(\frac{1}{2}\times4\times0\right)=0.07$。所以，相对于股票，投资者偏好于短期国债。对 $A=2$ 的投资者，资产组合的效用 $U=0.2-\left(\frac{1}{2}\times2\times0.3^2\right)=0.11$，短期国债的效用依旧为 0.07，风险厌恶程度低的投资者偏好于资产组合。

6-2 风险厌恶程度越低的投资者的无差异曲线越平坦。风险的增加需要增加较小的期望收益来保持效用不变。

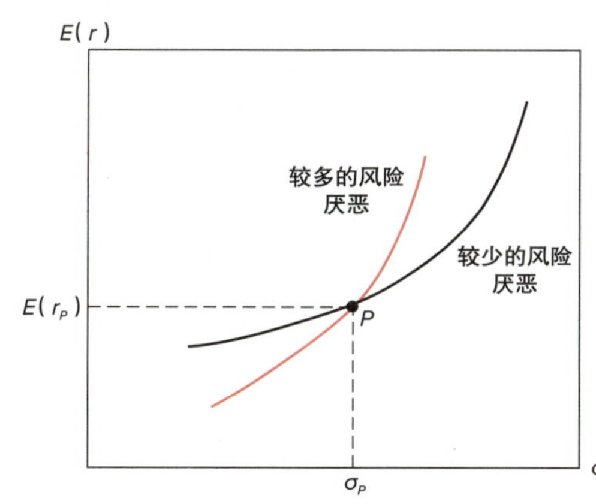

6-3 保持投资预算的 50%于即期资产，意味着你在风险组合的投资比例由 70%降到 50%，你的风险投资组合的 54%投资于股票，46%投资于债券。这样在你的全部投资组合中对股票的投资占 27%，持有的股票的美元价值为 81 000 美元。

6-4 在“期望收益-标准差”图形上，所有具有相同风险的投资组合和无风险资产组成的投资组合（比例不同）都分布在无风险利率和风险收益率之间的连线上。资本配置线的斜率处处相同，因此风险收益率对于所有这些投资组合都是相同的。严格地说，如果投资者以比例 y 投资于风险资产，其期望收益为 $E(r_P)$，标准差为 σ_P，剩余 $1-y$ 投资于收益率为 r_f 的无风险资产，则投资组合的期望收益率与标准差为

$$E(r_C)=r_f+y[E(r_P)-r_f]$$

$$\sigma_C=y\sigma_P$$

投资组合的报酬-波动性比率为

$$S_C=\frac{E(r_C)-r_f}{\sigma_C}=\frac{y[E(r_P)-r_f]}{y\sigma_P}=\frac{E(r_P)-r_f}{\sigma_P}$$

与比例 y 无关。

6-5 贷出资金利率与借入资金利率保持 7%和 9%，风险投资组合的标准差仍为 22%，但期望收益率却从 15%上升到 17%，则两段资本配置线的斜率为

贷款部分：$\frac{E(r_P)-r_f}{\sigma_P}$

借款部分：$\frac{E(r_P)-r_f^B}{\sigma_P}$

在两种情况下斜率都是增加的，贷出资金从 8/22 增到 10/22，借入资金从 6/22 增加到 8/22。

6-6 a. 参数为 $r_f=0.07$，$E(r_P)=0.15$，$\sigma_P=0.22$，一个风险厌恶程度为 A 的投资者以比例 y 投资于一个风险组合，$y=\frac{E(r_P)-r_f}{A\sigma_P^2}$。

由已知参数和 $A=3$，得 $y=\frac{0.15-0.07}{3\times0.0484}=0.55$，当风险厌恶系数由 4 降到 3，风险组合的投资权重从 41%增长到 55%时，则最佳投资组合的期望收益率和标准差增长为

$$E(r_C)=0.07+0.55\times0.08=0.114\text{（前为：0.1028）}$$

$$\sigma_C=0.55\times0.22$$

=0.121（前为：0.0902）

b. 所有投资者的风险厌恶程度使得他们愿意以100%或更低的权重持有风险组合，倾向于贷出资金而非借入资金，因此他们不受借款利率的影响。投资者的风险厌恶系数最低者持有100%的风险组合。

可以根据投资机会参数解出其风险厌恶系数。

$$y=1=\frac{E(r_P)-r_f}{A\sigma_P^2}$$

$$=\frac{0.08}{0.0484A}$$

$$A=\frac{0.08}{0.0484}=1.65$$

即 $A=1.65$。如果借款利率为7%，有着更强风险容忍度的投资者会更愿意借款（即 $A<1.65$），因此有

$$y=\frac{E(r_P)-r_f^B}{A\sigma_P^2}$$

假设一个投资者的风险厌恶系数 $A=1.1$，此时借入利率和无风险利率均为7%，这个投资者将选择投资于风险组合的比例 $y=\frac{0.08}{1.1\times0.0484}=1.50$，意味着将借入全部资金的50%。若借入利率为9%，此时 $y=\frac{0.06}{1.1\times0.0484}=1.13$，仅借入投资资金的13%。

下面的图中画出了两种投资者的无差异曲线，较陡的无差异曲线反映的是风险厌恶程度较高的投资者的情况，他选择的投资组合为 C_0，意味着贷出资金。该投资者的决定不受借入资金利率的影响。斜率较小的无差异曲线反映了有着较高风险容忍度的投资者的情况。如果借贷利率都相等，该投资者就会选择资本配置线的延伸部分 C_1 点。当贷款利率上扬时，就选 C_2 点（在发生了弯曲的资本配置线借款区域内），这说明借款比以前要少，该投资者因借款利率上升而受损。

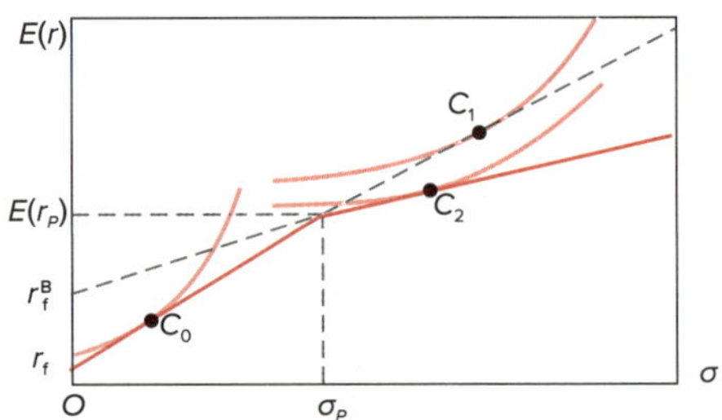

6-7 如果所有的投资参数都不变，投资者减少风险投资的唯一原因就只能是风险厌恶程度的提高。如果你认为不是这样的，那就得重新考虑原有假设的可信度。可能美国股票市场不是一个最优风险投资组合的代表，也可能投资者对国债的实际利率有一个更高的预期。

附录6A 风险厌恶、期望效用与圣彼得堡悖论

我们在这里暂时偏离讨论的主题，考察投资者是风险厌恶的这一观点背后的基本原理。风险厌恶作为投资决策中心观点的看法至少可以追溯到1738年。丹尼尔·伯努利作为出身于瑞士名门的著名数学家之一，于1725—1733年在圣彼得堡研究了下面的投币游戏。首先，参加这个游戏要先付门票。其次，抛硬币直到第一个正面出现时为止。在此之前，反面出现的次数用 n 表示，用来计算参加者的报酬 R，对于参与者有：

$$R(n)=2^n$$

在第一个正面出现之前反面一次也没出现的概率是1/2，相应的报酬为 $2^0=1$ 美元。出现一次反面然后出现正面的概率是1/4，报酬为 $2^1=2$ 美元。出现两次反面再出现正面的概率为1/2×1/2×1/2，依此类推。

表 6A-1 列出了各种结果的报酬与概率：

表 6A-1　各种结果的报酬与概率

反面	概率	报酬 = $R(n)$（美元）	概率×报酬（美元）	反面	概率	报酬 = $R(n)$（美元）	概率×报酬（美元）
0	1/2	1	1/2	3	1/16	8	1/2
1	1/4	2	1/2	⋮	⋮	⋮	⋮
2	1/8	4	1/2	n	$(1/2)^{n+1}$	2^n	1/2

所以，预期报酬为

$$E(R)=\sum_{n=0}^{\infty}\Pr(n)R(n)=\frac{1}{2}+\frac{1}{2}+\cdots=\infty$$

该游戏被称为“圣彼得堡悖论”：尽管期望报酬是无限的，但显然参加者只愿意用有限价格或适当的价格购买门票来参与这个游戏。

伯努利解决了悖论问题。他发现投资者对所有报酬的每单位美元赋予的价值是不同的。特别是，他们的财富越多，对每额外增加的美元赋予的“评价价值”就越少。可以用数学方法精确地给拥有各种财富水平的投资者一个福利值或效用值，随着财富的增多，效用函数数值也相应增大，但是财富每增加 1 美元所增加的效用逐渐减少（现代经济学家会说投资者每增加 1 美元的报酬“边际效用递减”）。一个特殊的效用函数 $\ln R$ 给报酬为 R 美元的投资者分配主观价值，报酬越多，每个美元的价值就越小。如果以这个函数衡量财富的效用，那么这个游戏的期望效用值确实是有限的，等于 0.693[㊀]。获得该效用值所必需的财富为 2 美元，因为 $\ln 2=0.693$。因此风险报酬的确定等价是 2 美元，也是投资者愿意为游戏付出的最高价格。

1964 年冯·诺依曼与摩根斯坦以完全公理体系的方式将这种方法应用于投资理论领域。避开不必要的技术细节，在这里只讨论对风险厌恶基本原理的直觉。

设想有一对双胞胎彼得和鲍尔，只是其中一个不如另一个幸运。彼得名下只有 1 000 美元，而鲍尔却拥有 200 000 美元。他们各自愿意工作多少小时去再挣 1 美元？似乎彼得（穷兄弟）比鲍尔更需要这 1 美元。所以彼得愿意付出更多的时间。也就是说，与鲍尔得到第 200 001 美元相比，彼得得到了更多的个人福利或赋予了第 1 001 美元更大的效用值。图 6A-1 用图形描述了财富与财富效用值的关系，它与边际效用递减的概念是一致的。

每个人都拥有不同的财富边际效用递减率，每增加 1 美元，财富的效用增加值随之减少。这是一个固定不变的规律。表示随着财产数量的增加每个单位的价值递减的函数称为凹函数。一个简单的例子就是中学数学中的对数函数。当然，对数函数并不适合所有的投资者，但它与我们假设的所有投资者是风险厌恶的相一致。

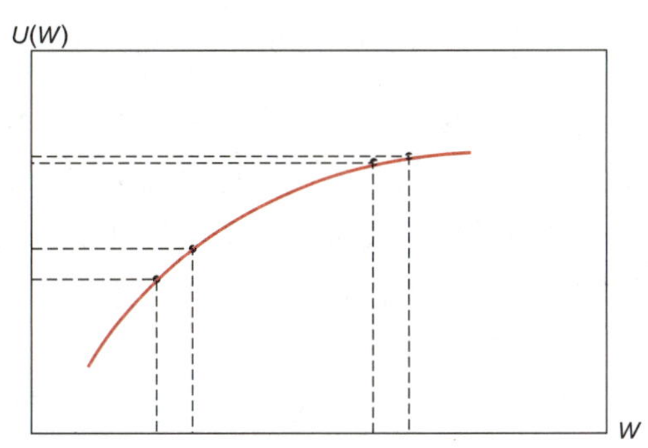

图 6A-1　对数效用函数下的财富效用

㊀ 假如我们用效用函数 $\ln(R)$ 代替美元报酬 R 来计算这个游戏的期望效用值（而非期望美元值），我们可以得到期望效用值 $V(R)$ 如下：

$$V(R)=\sum_{n=0}^{\infty}\Pr(n)\ln[R(n)]=\sum_{n=0}^{\infty}\left(\frac{1}{2}\right)^{n+1}\ln(2^n)=0.693$$

现在考虑下面的简单情境：

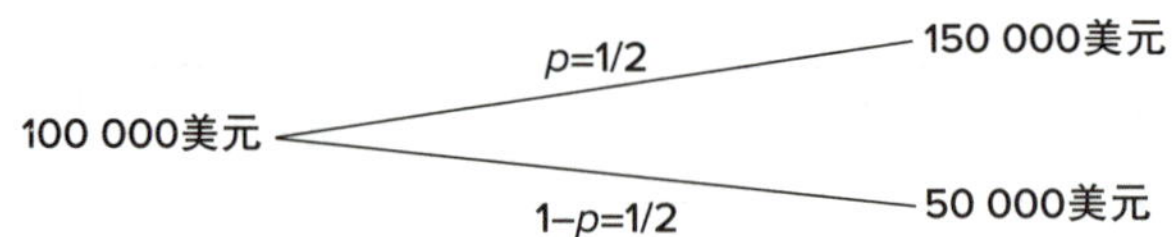

这是一个期望收益为零的公平博弈。假定图 6A-1 代表了投资者的财富效用值，且为对数效用函数。图 6A-2 显示了用数值标出的曲线。

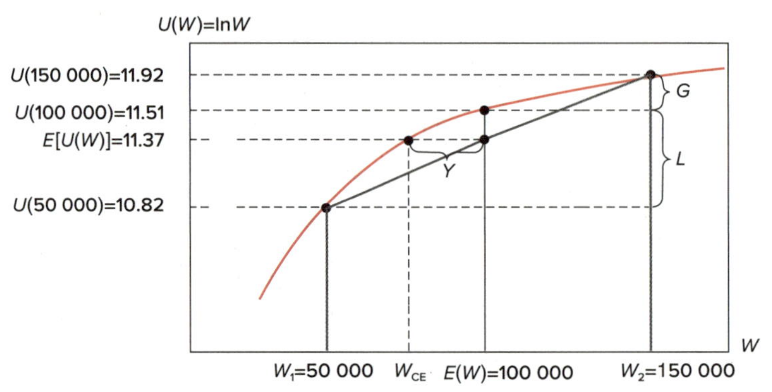

图 6A-2　公平博弈与期望效用

图 6A-2 表明因损失 5 万美元造成的效用减少超过了获利 5 万美元形成的效用增加。先考虑效用增加的情况，概率 $p=0.5$ 时，财富从 100 000 美元增加到 150 000 美元。利用对数效用函数，效用从 ln100 000 = 11.51 增加到 ln150 000 = 11.92，即图 6A-2 中的距离 G。增加的部分 $G=11.92-11.51=0.41$。按期望效用计算，增加值为 $pG=0.5\times0.41=0.21$。

现在考虑另一端效用减少的情况，在这种情况下，财富从 100 000 美元降到 50 000 美元。图中的距离 L 是效用的损失，ln100 000−ln50 000 = 11.51−10.82 = 0.69。因而，期望效用的损失为 $(1-p)L=0.5\times0.69=0.35$。它大于期望效用的增加。

我们计算风险投资的期望效用为

$$E[U(W)]=pU(W_1)+(1-p)U(W_2)=\frac{1}{2}\ln 50\,000+\frac{1}{2}\ln 150\,000=11.37$$

如果这个期望效用被拒绝，那么 1 000 000 美元的效用为 ln1 000 000 = 11.51，大于公平博弈的效用，所以风险厌恶投资者将拒绝参加公平博弈。

使用特定的投资者效用函数（例如对数效用函数）允许我们计算出风险前景的确定等价价值对于一个特定投资者的意义。这是这样一个数额：如果确定地获得，投资者会认为它与风险前景同样吸引人。

如果对数效用描述了投资者对财富的偏好，那么图 6A-2 还告诉我们：对他来说该投资的美元价值是多少。人们要问：效用值为 11.37（等于投资的期望效用）所对应的财富水平是多少？在 11.37 的水平上画出的水平线与效用曲线在 W_{CE} 点相交。这意味着：

$$\ln W_{CE}=11.37$$

即

$$W_{CE}=e^{11.37}=86\,681.87\ (\text{美元})$$

W_{CE} 就是投资的确定等价，图 6A-2 中的距离 Y 是由于风险对期望收益的向下调整。

$$Y=E(W)-W_{CE}=100\,000-86\,681.87=13\,318.13(\text{美元})$$

投资者认为稳拿的 86 681.87 美元与有风险的 100 000 美元的效用相等。因此，对他来说二者没有什么区别。

概念检查 6A-1

假定效用函数为 $U(W)=\sqrt{W}$。

a. 财富为 5 万美元与 15 万美元时的效用各是多少？

b. 如果 $p=0.5$，期望效用是多少？

c. 风险投资的确定等价价值是多少？

d. 该效用函数也表示出了风险厌恶吗？

e. 与对数效用函数比较，该效用函数表示出的风险厌恶是多还是少？

附录 6A 习题

1. 假设你拥有 250 000 美元，购买了 200 000 美元的房子并将剩余的钱投资于年收益率为 6%的无风险资产。在 0.001 的概率下，你的房子有可能会发生火灾并被烧光，从而价值变为零。在以年末财富为变量的对数效用函数下，在年初你愿意投资多少来买保险呢？(假设房子没有发生火灾，其年末价值仍然为 200 000 美元。)

2. 如果保险的方案是 1 美元保费保险 1 000 美元的价值，则投保后年末财富的确定等价价值为
   a. $\frac{1}{2}$的房屋的价值。
   b. 全部价值。
   c. 房屋价值的 $1\frac{1}{2}$倍。

附录 6A 概念检查答案

a. $U(W)=\sqrt{W}$

$U(50\ 000)=\sqrt{50\ 000}=223.61$

$U(150\ 000)=387.30$

b. $E(U)=0.5\times223.61+0.5\times387.30$

$=305.45$

c. W_{CE} 的效用是 305.45，因此：

$$\sqrt{W_{CE}}=305.45$$

$$W_{CE}=305.45^2=93\ 301\ (\text{美元})$$

d. 是，这笔风险投资的确定等价价值小于 100 000 美元的期望收益。

e. 对这一投资者而言，该笔风险投资的确定等价价值高于文中讨论的对数效用函数投资者。因此，这一效用函数表达了更低的风险厌恶。

第 7 章

有效分散化

投资的决策可以看作自上而下的过程：①风险资产和无风险资产之间的资本配置；②各类资产（如美国股票、国际股票、长期债券）间的配置；③每类资产内部的证券选择。

正如我们在第 6 章看到的，资本配置决定了投资者的风险敞口，而最优的资本配置取决于投资者的风险厌恶程度和对风险资产收益的估计。

从原理上讲，资产类别配置和具体证券选择在技术上基本相同：均着眼于寻找最优的风险资产，具体来说，就是寻找提供最优风险-收益权衡的风险资产组合，即最高的夏普比率。而在实际操作中，这却是分开的两步，投资者先确定各类资产的分配，再从这些分配中选择具体的资产。在展示如何建立最优风险资产组合之后，我们会讨论这种两步法的优点和缺点。

我们首先讨论简单资产分散化的潜在好处，然后检验有效分散化的过程；先讨论两个风险资产的情况，再讨论加入无风险资产的情况，最后讨论很多风险资产的情况。我们先学习分散化如何在不影响期望收益的条件下降低风险，然后重新检验资本配置、资产类别配置、证券选择的层次。最后，我们通过类比分散化与保险行业的运作来深入探讨分散化的效果。

我们在本章讨论的资产组合基于短期视野：即使整个投资期限很长，资产组合也可以通过调整各部分资产比重来重新平衡整个资产组合，使其持续下去。在短期中，描述长期复利收益的偏度并不存在，因此正态假设可以足够精确地描述持有期收益，那么，我们只需要考虑均值和方差。

在附录 7A 中，我们演示了如何使用 Excel 轻松建立最优风险组合。附录 7B 回顾了资产组合的统计数据，重点是协方差和相关性的度量。即使你有很好的数学功底，这部分的内容对你也是有用的。

7.1 分散化与组合风险

假设你的组合只有一只股票——数字计算机，那么你的风险来自哪里呢？你可能会想到两种不确定性。第一种来自经济状况，比如经济周期、通货膨胀、利率、汇率等，这些不确定性因素都无法准确地被预测，但它们都影响着数字计算机股票的收益率。除了这些宏观的因素，第二种不确定性来自公司自身的影响，比如研发有重大突破或者人员有重大变动，这些因素会影响数字计算机，但基本不会影响经济体中的其他企业。

现在考虑一个简单的分散化策略，你在组合中加入了更多的证券。例如，将你资金的一半投入埃克森-美孚，一半投入数字计算机。这时组合的风险会怎样呢？因为公司层面的因素对两个公司的影响不同，分散化便会降低组合风险。比如，当石油价格下降时，埃克森-美孚的股票价格遭受冲击，但是数字计算机的股票价格可能在上涨，这有利于数字计算机。这两股力量相互弥补并稳定了组合的收益。

分散化何必仅仅局限在两家公司呢？如果加入更多证券，我们便会进一步分散公司层面的因素，组合的波动性也会继续下降。最终，增加证券数量也无法再降低风险，因为实际上所有公司都受经济周期的影响，不管我们持有多少种证券都无法避免经济周期带来的风险敞口。

当所有风险都是公司特有的（见图 7-1a），分散化可以将风险降至低水平。这是因为风险来源是相互独立的，那么组合对任何一种风险的敞口都降到了可以忽视的水平。这有时被称为**保险原则**（insurance principle），因为保险公司对很多独立的风险来源做保险业务从而分散或降低了风险。（其中，保险业务中的每个保单实际上构成了保险公司的整个组合。）我们将会在第 7.5 节讨论更多关于保险原则的细节。

然而，当普遍性的风险影响所有公司时，即使分散化也无法消除风险。在图 7-1b 中，组合的标准差随着证券数量的增多而下降，但无法下降到 0。这个无法消除的风险叫作**市场风险**（market risk）、**系统性风险**（systematic risk）或**不可分散风险**（nondiversifiable risk）。相反，可以消除的风险叫作**独特风险**（unique risk）、**公司特有风险**（firm-specific risk）或**可分散风险**（diversifiable risk）。

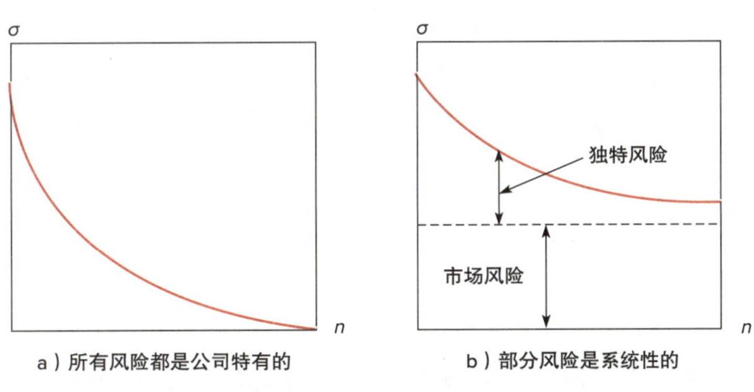

图 7-1 组合风险关于组合中股票数量的函数

这一分析来自实证研究。应用纽约证券交易所股票数据，图 7-2 展示了组合分散化的影响，报告了随机选择股票构建的等权重组合的平均标准差与组合中股票数量的函数关系。总体来说，组合风险确实随着分散化而下降，但是分散化降低风险的能力受到系统性风险的限制。

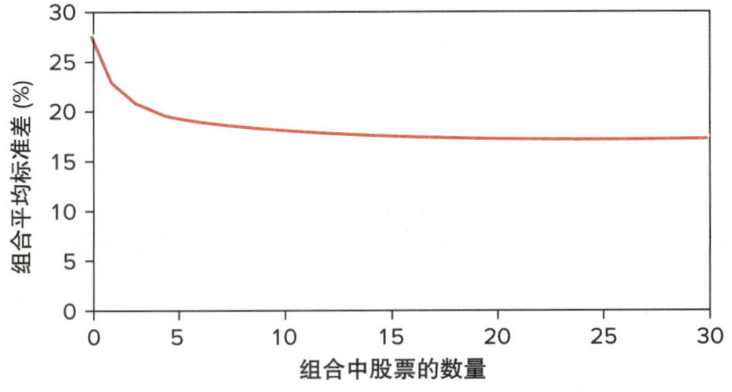

图 7-2 组合分散化的影响

注：在截至 2017 年的过去 10 年里，从纽约证券交易所随机选取一只股票构成投资组合，投资组合收益的平均标准差为 27.8%。随着投资组合中股票数量的增加，投资组合的风险迅速下降。在极限情况下，投资组合的风险（以平均标准差衡量）可以降低到只有 17.4%。

资料来源：Authors' calculations. This is an update of a figure that first appeared in Meir Statman, "How Many Stocks Make a Diversified Portfolio?" *Journal of Financial and Quantitative Analysis* 22 (September 1987).

7.2 两个风险资产的组合

前面我们分析了使用等权重证券组合的简单分散化问题，现在是研究有效分散化的时候了，给定任何期望收益，我们可以构造具有最低风险的风险资产组合。

两个风险资产构成的组合相对容易分析，其原理也可应用于多个风险资产构成的组合。所以我们讨论两个风险资产（一只专门投资长期债券的债券基金 D，一只专门投资股票的股票基金 E）构成的资产组合。表 7-1 列出了这两只基金的收益分布。

表 7-1 两只共同基金的描述性统计数据

	债券基金		股票基金
期望收益（%）	8		13
标准差（%）	12		20
协方差		72	
相关系数（ρ_{DE}）		0.30	

投资于债券基金的比例定义为 w_D，剩余的 $1-w_D$，定义为 w_E，代表投资于股票基金的比例。这个组合的收益率 r_P，是以投资比例为权重的两种证券收益率的加权平均值。

$$r_P = w_D r_D + w_E r_E \tag{7-1}$$

r_D 和 r_E 分别是债券基金和股票基金的收益率[⊖]。

组合的期望收益是两种证券期望收益的加权平均值，权重分别为其投资的比例：

$$E(r_P) = w_D E(r_D) + w_E E(r_E) \tag{7-2}$$

方差是

$$\sigma_P^2 = w_D^2\sigma_D^2 + w_E^2\sigma_E^2 + 2w_D w_E \text{Cov}(r_D, r_E) \tag{7-3}$$

可以看出组合的方差的计算方法和组合的期望收益的计算方法不同，组合的方差不是两个基金方差的加权平均。为了更好地理解组合方差，回想一个变量和它自己的协方差就是这个变量的方差：

$$\text{Cov}(r_D, r_D) = \sum_{\text{情境}} \Pr(\text{情境})[r_D - E(r_D)][r_D - E(r_D)] = \sum_{\text{情境}} \Pr(\text{情境})[r_D - E(r_D)]^2 = \sigma_D^2 \tag{7-4}$$

因此，组合方差的另一种表达方式为

$$\sigma_P^2 = w_D w_D \text{Cov}(r_D, r_D) + w_E w_E \text{Cov}(r_E, r_E) + 2w_D w_E \text{Cov}(r_D, r_E) \tag{7-5}$$

组合方差就是协方差的加权值，权重为该对资产在组合中权重的乘积。

表 7-2 展示如何用 Excel 计算组合的方差。表 7-2 的 a 部分和表 7-2 的 b 部分分别给出了协方差矩阵和交乘协方差矩阵。

表 7-2 组合方差的计算

a. 协方差矩阵 组合权重	w_D	w_E
w_D	$\text{Cov}(r_D, r_D)$	$\text{Cov}(r_D, r_E)$
w_E	$\text{Cov}(r_E, r_D)$	$\text{Cov}(r_E, r_E)$
b. 交乘协方差矩阵 组合权重	w_D	w_E
w_D	$w_D w_D \text{Cov}(r_D, r_D)$	$w_D w_E \text{Cov}(r_D, r_E)$
w_E	$w_E w_D \text{Cov}(r_E, r_D)$	$w_E w_E \text{Cov}(r_E, r_E)$
$w_D + w_E = 1$	$w_D w_D \text{Cov}(r_D, r_D) + w_E w_D \text{Cov}(r_E, r_D)$	$w_D w_E \text{Cov}(r_D, r_E) + w_E w_E \text{Cov}(r_E, r_E)$
组合方差	$w_D w_D \text{Cov}(r_D, r_D) + w_E w_D \text{Cov}(r_E, r_D) + w_D w_E \text{Cov}(r_D, r_E) + w_E w_E \text{Cov}(r_E, r_E)$	

⊖ 见附录 7B。

根据基金占投资组合权重形成的协方差矩阵，不同权重比例标注在矩阵的外沿，即第一行和列。协方差矩阵中的每个元素与不同行和列对应的权重交乘，再将各项相加，便得到了式（7-5）给出的组合方差。

表 7-2 的 b 部分展示了这一计算过程，即交乘协方差矩阵：每个协方差同时乘以边界行和列中的权重。表 7-2 中 b 部分最下面一行将所有协方差项进行加总，得到了与式（7-5）一样的计算结果。

在计算过程中，由于协方差矩阵是关于对角线对称的，即 $\text{Cov}(r_D, r_E) = \text{Cov}(r_E, r_D)$，因此，每个协方差项出现两次。

交乘协方差矩阵可应用于由多项资产构成的组合的方差计算。Excel 可以简单地实现这一计算过程。概念检查 7-1 要求你尝试计算由三项资产构成的组合的方差。通过这个专栏，你可以检查自己是否深刻理解了这个概念。

> **概念检查 7-1**
>
> a. 验证表 7-2 中组合方差的计算方法和式（7-3）是一致的。
>
> b. 考虑三只基金 X、Y 和 Z，权重为 w^X、w^Y 和 w^Z。证明组合方差是
>
> $w_X^2\sigma_X^2 + w_Y^2\sigma_Y^2 + w_Z^2\sigma_Z^2 + 2w_Xw_Y\text{Cov}(r_X, r_Y) + 2w_Xw_Z\text{Cov}(r_X, r_Z) + 2w_Yw_Z\text{Cov}(r_Y, r_Z)$

式（7-3）揭示了如果协方差为负，那么组合的方差会降低。但即使协方差为正，组合标准差仍然低于两只证券标准差的加权平均，除非两只证券是完全正相关的。

为了证明这一点，注意到协方差可由相关系数 ρ_{DE} 计算得到

$$\text{Cov}(r_D, r_E) = \rho_{DE}\sigma_D\sigma_E \tag{7-6}$$

因此

$$\sigma_P^2 = w_D^2\sigma_D^2 + w_E^2\sigma_E^2 + 2w_Dw_E\sigma_D\sigma_E\rho_{DE} \tag{7-7}$$

其他不变，当 ρ_{DE} 高时组合方差就高。当两个资产完全正相关，即 $\rho_{DE} = 1$ 时，等号右边可化简为

$$\sigma_P^2 = (w_D\sigma_D + w_E\sigma_E)^2 \tag{7-8}$$

或

$$\sigma_P = w_D\sigma_D + w_E\sigma_E \tag{7-9}$$

因此，在这种特殊情况下，两个资产完全正相关（只有在这种情况下），组合标准差就是两个资产标准差的加权平均值。在其他情况下，相关系数小于 1，使得组合标准差小于两个资产标准差的加权平均值。

一个对冲资产组合中的其他资产的相关性为负。由式（7-7）可知，这类资产能有效减少组合总风险，而且，式（7-2）显示期望收益并不受相关性影响。因此，在其他条件不变的情况下，我们总是愿意在组合中增加与组合相关性小甚至负相关的资产。

因为组合期望收益是各个资产期望收益的加权平均，而组合标准差小于各个资产标准差的加权平均，所以非完全正相关的资产组合在一起总能比单个资产提供更好的风险-收益机会。资产相关性越小，有效收益越大。

组合的标准差最低是多少呢？最低的相关系数是-1，代表完全负相关。在这种情况下，式（7-7）简化为

$$\sigma_P^2 = (w_D\sigma_D - w_E\sigma_E)^2 \tag{7-10}$$

组合标准差为

$$\sigma_P = |(w_D\sigma_D - w_E\sigma_E)| \tag{7-11}$$

当 $\rho=-1$ 时，通过求解下式可以得到完全对冲的头寸：

$$w_D\sigma_D - w_E\sigma_E = 0$$

通过求解，我们发现使得标准差为 0 的投资组合权重为

$$w_D = \frac{\sigma_E}{\sigma_D+\sigma_E}$$
$$w_E = \frac{\sigma_D}{\sigma_D+\sigma_E} = 1 - w_D \tag{7-12}$$

在此背景下，我们可以变化组合的比例来分析整个组合期望收益和标准差的变化。接下来，我们从例 7-1 开始。

【例 7-1】　组合的风险和收益

让我们把关于期望收益和标准差的计算公式应用于表 7-1 的债券基金和股票基金中。利用这些数据，组合期望收益、组合方差和组合标准差的方程为

$$E(r_P) = 8w_D + 13w_E$$
$$\sigma_P^2 = 12^2 w_D^2 + 20^2 w_E^2 + 2\times12\times20\times0.3\times w_D w_E = 144w_D^2 + 400w_E^2 + 144w_D w_E$$
$$\sigma_P = \sqrt{\sigma_P^2}$$

投资于债券基金和股票基金的投资组合比例对期望收益的影响如表 7-3 和图 7-3 所示，当投资债券基金的比例从 0 变到 1 时，组合期望收益从 13%降到 8%。

表 7-3　不同相关系数下的期望收益和标准差

w_D	w_E	$E(r_P)$	给定相关性的标准差			
			$\rho=-1$	$\rho=0$	$\rho=0.30$	$\rho=1$
0.00	1.00	13.00	20.00	20.00	20.00	20.00
0.10	0.90	12.50	16.80	18.04	18.40	19.20
0.20	0.80	12.00	13.60	16.18	16.88	18.40
0.30	0.70	11.50	10.40	14.46	15.47	17.60
0.40	0.60	11.00	7.20	12.92	14.20	16.80
0.50	0.50	10.50	4.00	11.66	13.11	16.00
0.60	0.40	10.00	0.80	10.76	12.26	15.20
0.70	0.30	9.50	2.40	10.32	11.70	14.40
0.80	0.20	9.00	5.60	10.40	11.45	13.60
0.90	0.10	8.50	8.80	10.98	11.56	12.80
1.00	0.00	8.00	12.00	12.00	12.00	12.00
			最小方差组合			
		w_D	0.6250	0.7353	0.8200	—
		w_E	0.3750	0.2647	0.1800	—
		$E(r_P)$	9.8750	9.3235	8.9000	—
		σ_P	0.0000	10.2899	11.4473	—

当 $w_D>1$，$w_E<0$ 时情况如何呢？这种情况的组合策略是卖空股票基金并将资金投入债券基金。这将会继续降低组合的期望收益。例如，当 $w_D=2$，$w_E=-1$ 时，组合期望收益降到 $2\times8+(-1)\times13=3$，即 3%，此时债券基金的价值是组合净值的两倍。

相反的情况是当 $w_D<0$，$w_E>1$ 时，这种策略需要卖空债券基金并将资金用来购买股票基金。

当然，不同的投资比例对组合的标准差也有影响。表 7-3 展示了在相关系数为 0.30 或其他值时，根据式（7-7）计算的不同组合权重时的组合标准差。图 7-4 显示了组合标准差和两只基金投资比例的关系。先看 $\rho_{DE}=0.30$ 的灰色实线，这条线显示当股票基金投资比例从 0 到 1 变动时，组合的标准差先降后升，只要在相关性不是很高㊀的情况下都是如此。当两只基金的正相关性非常高时，组合的标准差随着组合由低风险资产向高风险资产转移而上升。

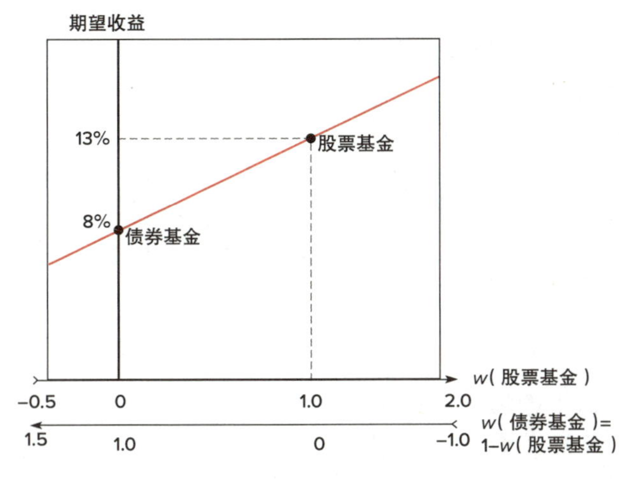

图 7-3　组合期望收益关于投资组合比例的函数

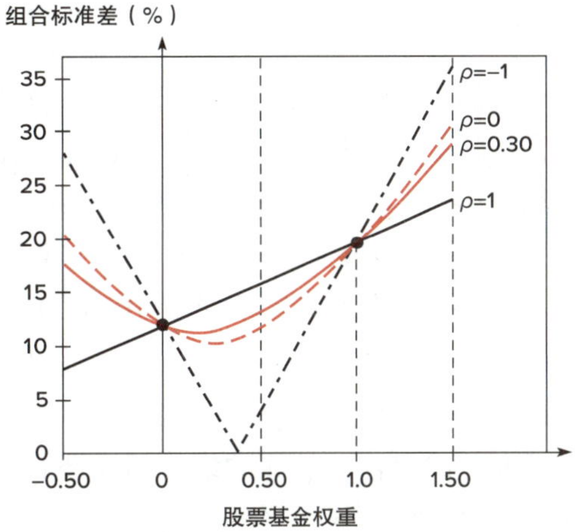

图 7-4　组合标准差关于投资组合比例的函数

那么组合标准差最低是多少呢？对于表 7-1 中的数据来说，这一最小化问题的解是㊁

$$w_{\min}(D)=0.82$$

$$w_{\min}(E)=1-0.82=0.18$$

组合标准差是

$$\sigma_{\min}=[(0.82^2\times12^2)+(0.18^2\times20^2)+(2\times0.82\times0.18\times72)]^{1/2}=11.45\%$$

即表 7-3 中 $\rho=0.30$ 一列的最后一行 σ_P 值。

图 7-4 中 $\rho=0.30$ 的线经过两个未经分散化的点，$w_D=1$ 和 $w_E=1$。注意到**最小方差组合**（minimum-variance portfolio）的标准差小于这两个点的标准差。这显示了分散化限制风险的效果。

图 7-4 中另外 3 条曲线表示：保持每个资产方差不变时，组合的风险因两个资产收益相关系数变化而变化，这 3 条曲线对应着表 7-3 中的第 4~6 列内容。

连接了 $w_D=1$ 全债券基金组合和 $w_E=1$ 全股票基金组合的黑色实线给出了 $\rho=1$ 完全正相关资产构成组合的标准差，在这种情况下分散化是没有意义的，组合标准差不过是两个标准差的加权平均。

㊀ 只要 $\rho<\frac{\sigma_D}{\sigma_E}$，持仓中全部是债券的投资组合，随着股票持仓比例的提高，组合波动率将先下降。

㊁ 这一解法利用了微积分中求极小值的方法。运用式（7-3）写出资产组合方差的表达式，用 $1-w_D$ 代替 w_E，并对 w_D 求微分，利用导数为零来求解 w_D 可以得到：

$$w_{\min}(D)=\frac{\sigma_E^2-\mathrm{Cov}(r_D,r_E)}{\sigma_D^2+\sigma_E^2-2\mathrm{Cov}(r_D,r_E)}$$

同样，利用 Excel 中的 Solver 程序来求解方差极小化问题，你可以获得一个精确的解。附录 7A 给出了资产组合优化的一个实例。

灰色虚线给出了彼此不相关的资产（$\rho=0$）构成的组合风险情况。资产相关性越小，分散化越有效，组合风险也越低（至少当两个资产都是多头头寸时）。$\rho=0$ 的最小组合标准差是 10.29%（见表 7-3），低于任意一个资产的标准差。

最后，黑色虚线说明了当两个资产完全负相关（$\rho=-1$）时可以完全对冲的情况。这时最小方差组合的解由式（7-12）给出。组合方差为 0。

$$w_{\min}(\mathrm{D};\rho=-1)=\frac{\sigma_{\mathrm{E}}}{\sigma_{\mathrm{D}}+\sigma_{\mathrm{E}}}=\frac{20}{12+20}=0.625$$

$$w_{\min}(\mathrm{E};\rho=-1)=1-0.625=0.375$$

我们可以结合图 7-3 和图 7-4 来分析组合风险与期望收益的关系。对于任意一对投资组合比例 w_{D}，w_{E}，我们从图 7-3 中得到期望收益，从图 7-4 中得到标准差。表 7-3 中每对期望收益和标准差的结果如图 7-5 所示。

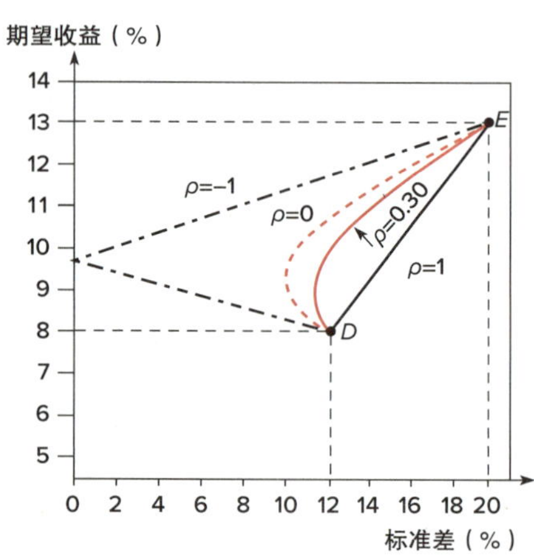

图 7-5　组合期望收益关于标准差的函数

图 7-5 中的蓝色实线是 $\rho=0.30$ 的投资组合可行集（portfolio opportunity set）。我们之所以称其为投资组合可行集，是因为它表示了两个资产构造的所有期望收益和标准差的组合。其他的线表示了不同相关系数下的情况。黑色实线说明完全正相关的资产分散化并没有意义。灰色实线、灰色虚线、黑色虚线说明分散化是有意义的。当 $\rho=-1$ 时，投资组合可行集是线性的，它表示在完全对冲的情况下分散化效果最优。

总之，尽管任何组合的期望收益是几个资产期望收益的加权平均，但标准差并不是这样的。当资产相关系数小于 1 时分散化可以带来好处，且相关性越低，好处越大。在完全负相关的情况下，存在完美的对冲机会来构造零方差组合。

概念检查 7-2

计算并画出当债券基金和股票基金相关性为 0.25 时的投资组合可行集。

假设一个投资者想要从可行集中选择最优组合，他需要考虑自身的风险厌恶程度。图 7-5 右上方的组合期望收益较高但是风险敞口也高。最优点则取决于投资者偏好。风险厌恶程度更高的投资者偏好于左下角期望收益低但是风险也相对较低[⊖]的组合。

7.3　股票、长期债券、短期债券的资产配置

在风险资产和无风险资产中选择资产配置时，投资者会自然而然地选择能够为给定波动率提供最高收益（即最高的夏普比率）的风险资产组合。夏普比率越高，给定波动率对应的期望收益越高。换种说法，即优化资产配置实际上是想找出斜率最大或夏普比率最大的资本配置线

⊖ 给定风险厌恶水平，个人可以决定提供最高效用值的组合。在第 6 章我们可以用关于期望收益和标准差的效用公式来描述效用值。组合的期望收益和标准差由两个资产在组合中的权重决定。根据式（7-2）和式（7-3），得到：

$$w_{\mathrm{D}}=\frac{E(r_{\mathrm{D}})-E(r_{\mathrm{E}})+A(\sigma_{\mathrm{E}}^2-\sigma_{\mathrm{D}}\sigma_{\mathrm{E}}\rho_{\mathrm{DE}})}{A\ (\sigma_{\mathrm{D}}^2+\sigma_{\mathrm{E}}^2-2\sigma_{\mathrm{D}}\sigma_{\mathrm{E}}\rho_{\mathrm{DE}})}$$

$$w_{\mathrm{E}}=1-w_{\mathrm{D}}$$

同样，可以利用 Excel 的 Solver 程序，以式（7-2）、式（7-3）以及 $w_{\mathrm{D}}+w_{\mathrm{E}}=1$（即所有权重之和为 1）为约束条件来最大化效用函数。

（CAL）。斜率越大的资本配置线，在给定任何波动率时对应的期望收益越大。现在我们讨论以下资产配置问题：构造包含主要资产类别的风险资产组合以达到尽可能高的夏普比率。

我们将试图优化的夏普比率定义为超过无风险利率的风险溢价除以标准差。我们以短期国库券收益率作为评价各种可能组合夏普比率的无风险利率，但也可以考虑使用货币市场的相关利率作为无风险利率。在开始讨论之前，需要指出的是，即便只包括 3 类资产（股票基金、债券基金和短期国库券），限制也不是特别大，因为这 3 类资产包括了资本市场上所有的主要资产。

7.3.1　两类风险资产的资产配置

我们的风险资产还包括债券基金和股票基金，但是我们现在也可以投资无风险的短期国库券，收益率为 5%，这时情况会怎样呢？我们先看图 7-6，图 7-6 显示了表 7-1 中债券基金和股票基金构成的可行集，数据来自表 7-1，且假设 $\rho=0.30$。

两条资本配置线分别连接 5%的无风险利率点和两个可行风险资产组合。第一条通过最小方差组合 A 得出，82%的风险资金投资于债券基金，18%投资于股票基金（见表 7-3）。组合 A 的期望收益为 8.9%，标准差为 11.45%。当短期国库券收益率为 5%时，其夏普比率，即资本配置线的斜率为

$$S_A=\frac{E(r_A)-r_f}{\sigma_A}=\frac{8.9-5}{11.45}=0.34$$

现在考虑第二条通过 *B* 点的资本配置线。组合 B 的 70%投资于债券基金，30%投资于股票基金，期望收益为 9.5%（风险溢价为 4.5%），标准差为 11.7%，其夏普比率为

$$S_B=\frac{9.5-5}{11.7}=0.38$$

这个夏普比率比用最小方差组合得到的夏普比率要高，因此组合 B 比组合 A 好。图 7-6 表明给定同一水平的标准差，组合 B 的 CAL 的期望收益高于组合 A 的 CAL 的期望收益。

但是何必止于组合 B 呢？我们可以把资本配置线继续向上旋转直到最后和投资组合可行集相切，这样可以得到最高夏普比率的资本配置线。因此，图 7-7 中那个切点组合 *P* 是最优风险组合。从图 7-7 中我们可以得到期望收益为 11%，标准差为 14.2%。

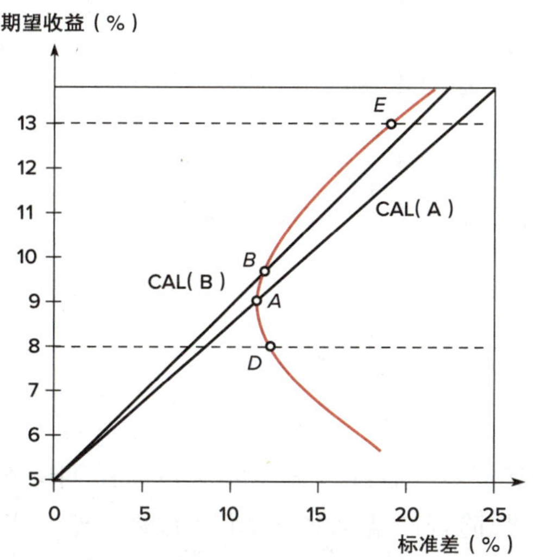

图 7-6　债券基金和股票基金的投资组合可行集与两条资本配置线

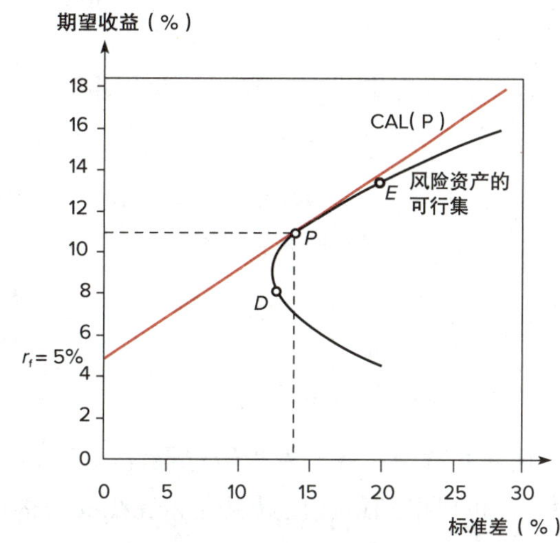

图 7-7　债券基金和股票基金的投资组合可行集、最优资本配置线和最优风险组合

在实践中，当我们试图从更多的风险资产中构造最优风险组合时，我们需要依靠 Excel 或其他计算机软件。附录 7A 中的 Excel 可以用于构造多个风险资产的有效组合。但是现在我们还是使用两个风险资产和一个无风险资产来构造组合，在这种更简单的情形下，我们可以推导出各类资产最优组合中的权重公式，并且更利于展示组合最优化的一些问题。

我们的目标是确定使资本配置线斜率最高的权重 w_D 和 w_E。因此，我们的目标函数就是夏普比率，即

$$S_P=\frac{E(r_P)-r_f}{\sigma_P}$$

对于两个风险资产的组合 P，期望收益和标准差为

$$E(r_P)=w_DE(r_D)+w_EE(r_E)=8w_D+13w_E$$

$$\sigma_P=[w_D^2\sigma_D^2+w_E^2\sigma_E^2+2w_Dw_E\text{Cov}(r_D,r_E)]^{1/2}=[144w_D^2+400w_E^2+(2\times72w_Dw_E)]^{1/2}$$

当我们最大化目标函数 S_P 时，需要满足组合权重和为 1 的约束条件，因此，我们需要求解以下优化问题：

$$\underset{w_i}{\text{Max}}S_P=\frac{E(r_P)-r_f}{\sigma_P}$$

约束条件即 $w_D+w_E=1$，这个优化问题通过相关的微积分方法即可求解。

在存在两个风险资产的情况下，**最优风险资产组合**（optimal risky portfolio）的权重由式（7-13）给出，注意式中使用的是超额收益率（一般以 R 表示），而非总收益率（一般以 r 表示）。[⊖]

$$w_D=\frac{E(R_D)\sigma_E^2-E(R_E)\text{Cov}(R_D,R_E)}{E(R_D)\sigma_E^2+E(R_E)\sigma_D^2-[E(R_D)+E(R_E)]\text{Cov}(R_D,R_E)}$$

$$w_E=1-w_D \tag{7-13}$$

【例 7-2】　最优风险资产组合

使用我们的数据，最优风险资产组合的解为

$$w_D=\frac{(8-5)\times400-(13-5)\times72}{(8-5)\times400+(13-5)\times144-(8-5+13-5)\times72}=0.40$$

$$w_E=1-0.40=0.60$$

计算得到最优风险资产组合的期望收益和标准差为

$$E(r_P)=0.4\times8+0.6\times13=11(\%)$$

$$\sigma_P=[(0.4^2\times144)+(0.6^2\times400)+(2\times0.4\times0.6\times72)]^{\frac{1}{2}}=14.2(\%)$$

最优组合资本配置线的斜率为

$$S_P=\frac{11-5}{14.2}=0.42$$

这正是组合 P 的夏普比率。注意到这个夏普比率高于所有其他可行的组合的夏普比率。

在第 6 章中，我们发现给定最优风险资产组合和其资本配置线（即给定无风险短期国库券利率），可以得到最优投资组合。现在我们构造了最优风险资产组合 P，我们可以通过组合 P 的

⊖ 两个风险资产的求解过程如下：用式（7-2）替换 $E(r_P)$，用式（7-7）替换 σ_P，用 $1-w_D$ 替换 w_E，对变换后的式子 S_P 求 w_D 的导数，令其为零，然后求出 w_D。

期望收益、标准差以及投资者的风险厌恶系数 A 来计算最优投资组合中投资风险资产的最合适比例。

【例 7-3】　最优投资组合

对于风险厌恶系数 $A=4$ 的一个投资者，其投资最优风险资产组合 P 的头寸为[⊖]

$$y=\frac{E(r_P)-r_f}{A\sigma_P^2}=\frac{0.11-0.05}{4\times 0.142^2}=0.7439 \tag{7-14}$$

因此投资者会把 74.39% 的资金投资于最优风险资产组合 P，25.61% 的资金投资于短期国库券。在组合 P 中，40% 投资于债券，60% 投资于股票，如例 7-2 所示。债券投资占比为 $yw_D=0.7439\times 0.4=0.2976$，即 29.76%。相似地，股票投资占比为 $yw_E=0.7439\times 0.6=0.4463$，即 44.63%，见图 7-8 和图 7-9。

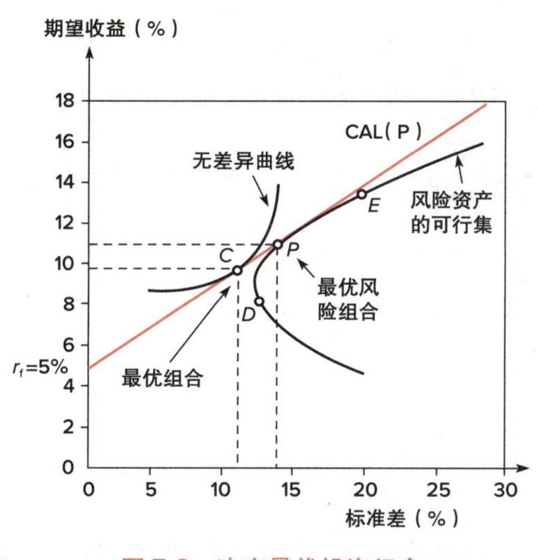

图 7-8　决定最优投资组合

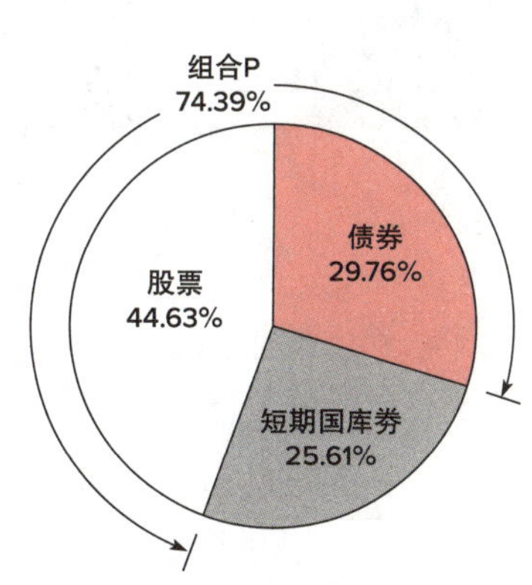

图 7-9　最优投资组合的成分

现在，投资很多风险资产的情况就比较便于理解。我们首先简要总结一下构造整个组合的步骤。

第一步：确定所有证券的特征（期望收益率、方差、协方差）。

第二步：建立风险资产组合。

- 计算最优风险资产组合 P 的权重［见式（7-13）］。
- 根据计算出的权重，计算组合 P 的期望收益和标准差［见式（7-2）和式（7-3）］。

第三步：在风险资产和无风险资产之间配置资金。

- 计算投资最优风险资产组合 P 的比例。
- 计算整个最优投资组合中各类资产的比例。

我们之前提到的两个风险资产——债券基金和股票基金，它们已经是分散化的组合。债券基金和股票基金的组合内部分散化相比单只证券（单只债券或单只股票）降低了风险。比如，过去 10 年间平均一只股票收益率的标准差约为 28%（见图 7-2）。而标准普尔 500 指数在同期的标准差则要低很多，约为 17%。这是同类资产内部分散化好处的一个证明。

⊖ 注意到式（7-14）将收益用小数表示，这在使用风险厌恶系数 A 求解资产配置时是必要的。

Excel 应用：双证券模型

随附的电子表格（见下表）可用于分析两种风险资产构成的投资组合的收益与风险。该模型计算不同证券权重配置下的期望收益率和波动率，同时求解最优风险资产组合与最小方差组合。针对各类模型输入参数，图将自动生成（见下图）。该模型允许设定目标收益率，并求解由无风险资产与最优风险资产组合构成的最优完整投资组合。本电子表格采用表 7-1 中两种证券的收益率数据（以小数而非百分数形式表示）构建，可通过 Connect 平台或课程指导教师获取。

	A	B	C	D	E	F
1	资产配置分析：风险和收益					
2						
3		期望收益率	标准差	相关系数	协方差	
4	证券1	0.08	0.12	0.3	0.0072	
5	证券2	0.13	0.2			
6	短期国库券	0.05	0			
7						
8	证券1	证券2				报酬–波动
9	的权重	的权重		期望收益率	标准差	性比率
10	1	0		0.08000	0.12000	0.25000
11	0.9	0.1		0.08500	0.11559	0.30281
12	0.8	0.2		0.09000	0.11454	0.34922
13	0.7	0.3		0.09500	0.11696	0.38474
14	0.6	0.4		0.10000	0.12264	0.40771

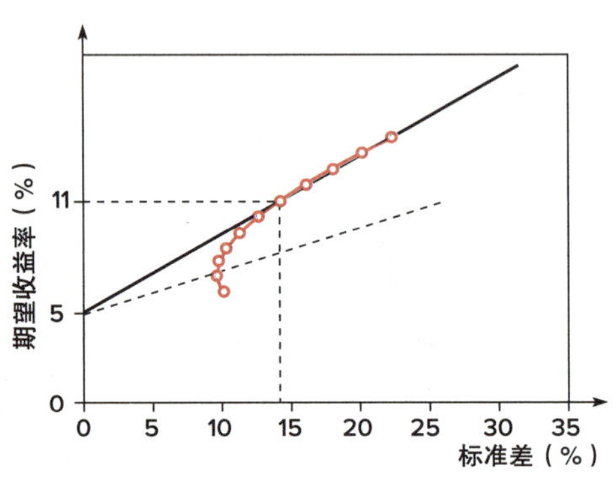

Excel 问题

假设你的目标期望收益率为 11%：

a. 提供基于该期望收益率的最低波动组合是什么样的？

b. 该组合的标准差是多少？

c. 该组合的资产构成比例如何？

概念检查 7-3

目前可供投资的证券包括股票基金 A、股票基金 B 和短期国库券，相关数据如下所示。

	期望收益（%）	标准差（%）
股票基金 A	10	20
股票基金 B	30	60
短期国库券	5	0

股票基金 A 和股票基金 B 的相关系数为−0.2。

a. 画出股票基金 A 和股票基金 B 构成的可行集。

b. 找出最优风险投资组合 P，计算期望收益和标准差。

c. 计算资本配置线的斜率。

d. 投资者风险厌恶系数 $A=5$ 时该如何投资？

7.4 马科维茨资产组合选择模型

7.4.1 证券选择

组合构造问题可以归纳为多个风险资产和一个无风险资产的情况。在两个风险资产的例子中，首先，确认可行集的风险-收益权衡；其次，通过找到使资本配置线斜率最大的投资组合权重来确认最优风险投资组合；最后，确认最优的投资组合，由无风险资产和最优风险投资组合构成。

第一步是决定投资者面临的风险-收益机会，由风险资产的**最小方差边界**（minimum-variance frontier）给出。这条边界线是在给定组合期望收益的情况下，方差最低的组合点描成的曲线。给定期望收益、方差和协方差数据，我们可以计算给定任何期望收益的最小方差组合，所描成的曲线如图 7-10 所示。

注意到所有单个资产都在该边界的右侧，至少当存在卖空机制时是这样的[⊖]。这说明由单个资产构成的风险组合不是最有效的。分散化投资可以提升期望收益并降低风险。

所有最小方差边界上最小方差组合上方的点提供最优的风险-收益权衡，因此可以作为最优组合，这一部分称为**风险资产的有效边界**（efficient frontier of risky asset）。对于最小方差组合下方的组合，其正上方就存在具有相同标准差但期望收益更高的组合。因此最小方差组合下方的点是非有效的。

第二步是包含无风险资产的最优化。与之前一样，我们寻找夏普比率最高的资本配置线，如图 7-11 所示。

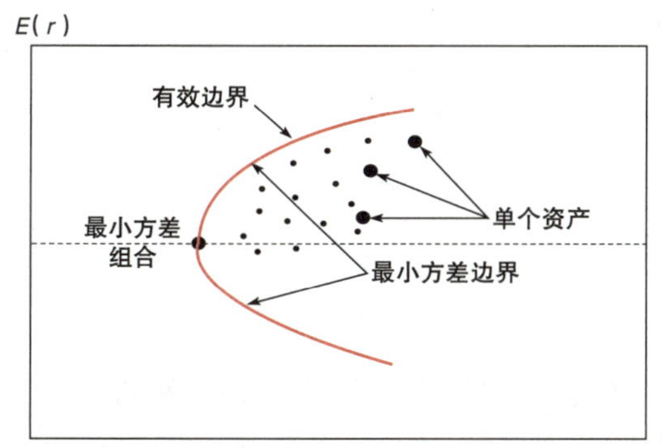

图 7-10　风险资产的最小方差边界

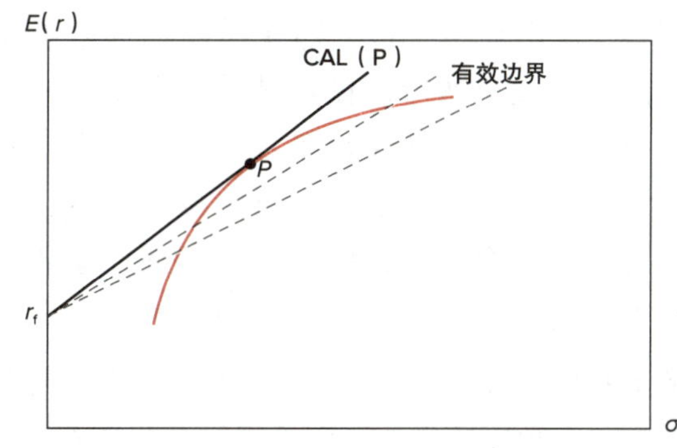

图 7-11　风险资产的有效边界和最优资本配置线

最优风险投资组合 P 生成的资本配置线是与有效边界相切的线。这条资本配置线优于其他资本配置线，因此切点是最优风险投资组合 P。

最后一步是投资者在最优风险投资组合 P 和短期国库券之间选择合适的比例构成最优投资组合，如图 7-8 所示。

现在我们考虑构造组合每一步的细节。在第一步中，进行风险-收益分析，投资经理需要每个证券的期望收益、标准差、证券间协方差矩阵的估计值。投资经理现在有 $E(r_i)$ 和 $n\times n$ 的协方差矩阵，矩阵对角线上是 n 个 σ_i^2，其余是$n^2-n=n(n-1)$ 个协方差值，且关于对角线对称，所以有 $n(n-1)/2$ 个数值需要估计。如果我们在 50 只证券中进行组合管理，则需要估计 50 个期望收益值，50 个标准差，$50\times\frac{49}{2}=1\ 225$ 个协方差。这一任务很艰巨。

完成这些估计后，任意风险组合（各资产权重为 w_i）的期望收益和方差就都可以通过协方

⊖ 当不存在卖空机制时，在同等风险下，最高期望收益的证券一定在有效边界上。有效边界上的证券，在同等收益时，方差是最小的。当存在卖空机制时，可以通过卖空低收益证券、买进高收益证券的方式构建出更高收益或更低波动性的更优组合。

差矩阵或通过下面的由式（7-2）和式（7-3）延伸的公式计算得到：

$$E(r_P)=\sum_{i=1}^{n}w_iE(r_i) \tag{7-15}$$

$$\sigma_P^2=\sum_{i=1}^{n}\sum_{j=1}^{n}w_iw_j\text{Cov}(r_i,r_j) \tag{7-16}$$

本章的附录 7A 给出了一个如何使用 Excel 进行这些计算的例子。

我们之前提到的分散化的理念已经有很长的历史了。“不要把鸡蛋放在一个篮子里”这句话早在现代金融理论出现之前就已存在。直到 1952 年，哈里·马科维茨[⊖]正式发表了包含分散化原理的资产组合选择模型，这让他获得了 1990 年的诺贝尔经济学奖。他的模型，现在通常被称为马科维茨模型，就是组合管理的第一步：确认有效的可行集，即风险资产的有效边界。

风险资产组合边界背后的核心原理是，对于任意风险水平，我们只关注期望收益最高的组合，或者说，边界是给定期望收益中风险最小的可行集。

确实，计算风险组合可行集的两种方法是等价的。我们可以查看表示这一过程的图，图 7-12 中曲线的实线部分显示了有效边界。

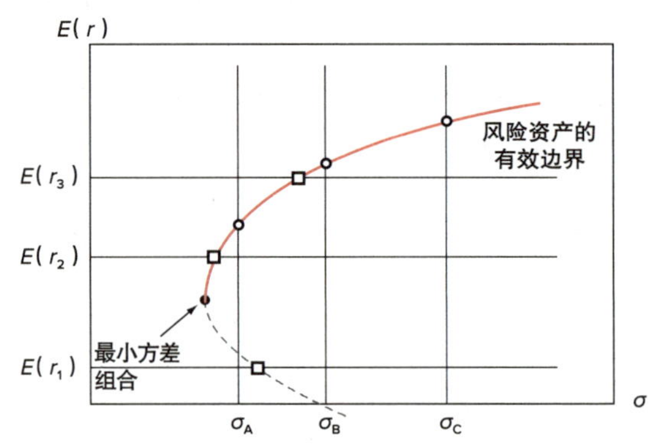

图 7-12　有效投资组合集

用方框标记的点是最小化方差程序的结果。我们首先画出约束条件，即在所需期望收益水平上的水平线。然后，我们寻找具有最低标准差的投资组合，使其在每条水平线上绘制。换句话说，我们寻找在该线上最左端（标准差最小）的投资组合。当我们为许多所需期望收益水平重复此操作并“连接点”时，最小方差边界的形状就显现出来了。然后，我们丢弃一部分边界（虚线的部分），因为它是无效的。

在另一种方法中，我们绘制一条代表标准差约束的垂直线。然后，我们考虑所有在这条线上绘制（具有相同标准差）的投资组合，并选择期望收益最高的那一个，即在这条垂直线上绘制收益最高的投资组合。通过为许多垂直线（标准差水平）重复这一过程，我们得到了用圆圈标记的点，这些点描绘出了最小方差边界的上半部分，即有效边界。

当这一步完成后，我们就有了一份有效投资组合的列表，因为优化程序的解决方案包括了投资组合中各类资产的权重，期望收益，以及标准差。

让我们重新陈述一下我们的投资组合经理截至目前所做的事情。由证券分析师生成的一系列估计值被转化为一组期望收益和协方差矩阵。这些估计值构成了**输入列表**（input list），然后被输入到优化程序中。

在我们继续进行第二步，即从边界集中选择最优风险投资组合之前，让我们考虑一个实际问题。一些客户可能会受到额外的约束。例如，许多机构被禁止进行空头交易。对于这些客户，投资经理将向优化程序添加排除负数（空头）头寸的约束。在这种特殊情况下，单一资产本身可能就是有效的风险投资组合。例如，期望收益最高的资产将是一个落在边界的投资组合，因为如果不进行空头交易，获得相同期望收益的唯一方式就是将风险投资组合中的 100%资金投资

⊖ Harry Markowitz, “Portfolio Selection,” *Journal of Finance*, March 1952.

于该资产。

约束条件远不止禁止空头交易。例如，有些客户会要求组合的最低股利收益率，此时就需要各种证券的股利收益率数据，组合优化程序中就多包含一个额外的约束条件，即组合的期望股利收益率不低于某一个值。

另外，有的约束条件是从政治或道义上排除在某一特定产业或特定国家的投资。这就是所谓的社会责任投资（SRI）。与之类似的投资被称为 ESG（聚焦于环境、社会和公司治理）。尽管这两类做法有相当多的重叠，但 SRI 投资者倾向于对投资组合的选择施加更多的绝对限制，以反映他们的道德关切，而 ESG 投资者倾向于更关注长期的、可持续的、可能会通过环境和承担社会责任的做法得到增强的可持续商业前景。

投资经理可以定制可行集以满足客户的各种愿望。当然，施加任何约束都有一定代价，即在额外约束条件下构建的有效边界，其夏普比率将低于约束较少的有效边界。客户应意识到这一代价，并应仔细考虑是否需要施加那些相关法律没有强制要求的约束条件。

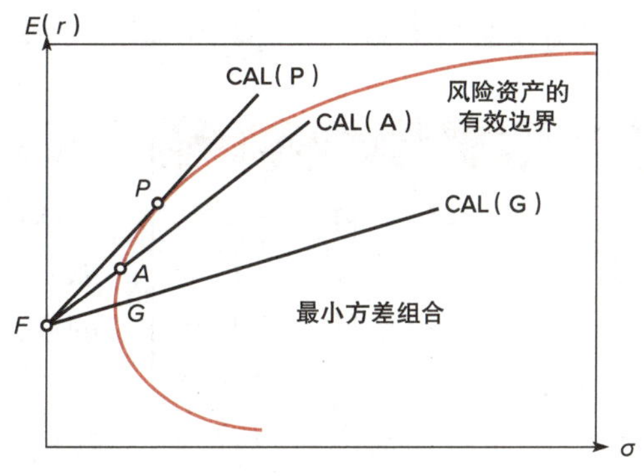

图 7-13　有效集组合和资本配置线

7.4.2　资本配置和分离特性

有了有效边界之后，可以进行第二步：引入无风险资产。图 7-13 显示了有效边界和三条资本配置线。和之前一样，把资本配置线向上旋转直到与有效边界相切，切点为最优风险组合 P，且该资本配置线的夏普比率最大。这时投资经理的任务已经完成，组合 P 是投资经理为客户找到的最优风险组合。

Excel 应用：最优资产组合

一个刻画最优资产组合的 Excel 模型可以通过 Connect 获得或者从任课老师处获得。它包含了一个和这一节内容类似的 Excel 模板。这一模型可以用来计算在存在卖空限制和不存在卖空限制的情况下，给定期望收益水平下的最优证券组合。每一组输入值都将生成相应的有效边界的图形。我们教学网站上的例子利用了这个模型和几个国家及地区的权益指数（称为 WEBS 证券）。

	A	B	C	D	E	F
1	WEBS（各国或地区权益指数）的有效边界					
2						
3						
4	WEBS	平均收益	标准差	国家或地区		
5	EWD	15.5393	26.4868	瑞典		
6	EWH	6.3852	41.1475	中国香港		
7	EWI	26.5999	26.0514	意大利		
8	EWJ	1.4133	26.0709	日本		
9	EWL	18.0745	21.6916	瑞士		
10	EWP	18.6347	25.0779	西班牙		
11	EWW	16.2243	38.7686	墨西哥		
12	S&P 500	17.2306	17.1944	美国		

Excel 问题

1. 利用 Excel 数据，推算出由 8 个国家或地区指数构建的最优风险组合。该组合收益的均值和方差是多少？

2. 上述风险组合允许卖空指数吗？引入卖空限制并重做第 1 题。解释为什么这个有约束条件的组合的风险-收益权衡的吸引力较无约束条件的组合要小。

还有一种方法可以找到最佳的风险投资组合。在这种方法中，我们要求 Excel 最大化风险投资组合 P 的夏普比率。值得一提的是，我们可以完全跳过有效边界的图形绘制，直接找到产生最陡峭资本配置线（CAL）的投资组合。Excel 程序在没有对期望收益或方差进行约束的情况下最大化夏普比率（我们只使用投资组合权重必须总和为 1.0 的约束条件）。图 7-13 显示，最大化策略是找到产生最高斜率的 CAL 的投资组合，而不考虑期望收益或标准差。期望收益和标准差可以通过将最优投资组合权重应用到式（7-15）和式（7-16）中的输入列表来轻松计算得出。虽然这种方法最后不会产生整个最小方差边界，但在许多实际应用中，只需要最优的风险投资组合。

最引人注目的结论是，投资经理将向所有客户（无论其风险厌恶程度如何）提供相同的风险投资组合 P。[㊀]客户的风险厌恶程度仅在资产分配中起作用，即选择沿着 CAL 的期望点。因此，客户之间选择的唯一差异是，风险厌恶程度更高的客户将投资更多的无风险资产，更少的最优风险资产组合。

这个结果被称为**分离特性**（separation property）。它告诉我们，投资组合选择问题可以被分解为两个独立的任务。[㊁]第一个任务，确定最优风险资产组合，是纯粹的技术问题。给定投资经理的输入列表，不论客户的风险厌恶程度如何，所有客户的最好风险资产组合是相同的。然而，第二个任务，资本分配，取决于客户的个人偏好。在这里，客户是决策者。

这里关键的问题是，投资经理为所有客户提供的最优风险组合都是组合 P。换句话说，不同风险厌恶程度的投资者会满足于由两只基金构成的市场：一只基金在货币市场进行无风险投资，另一只基金持有资本配置线与有效边界切点上的最优风险组合 P，这一结果使得职业投资管理更有效率且成本更低。这使得一家投资管理公司能够服务更多的客户而且管理成本增加得很少。

但是在实际中，不同的投资经理对证券估计的数据是不一样的，因此会得到不同的有效边界，提供不同的“最优”组合。这种偏差来自证券分析的差异。值得一提的是，通俗的 GIGO（garbage in，garbage out）原则也可以应用于证券分析。如果证券分析的质量很差，那么由被动投资的市场指数基金生成

概念检查 7-4

假设有两个投资经理分别为两家投资管理公司工作。每家公司都雇用了一批证券分析师负责构建马科维茨资产组合选择模型算法的输入列表。模型最终建立完成后，经理 A 得到的有效边界优于经理 B，所谓优于是指经理 A 的最优风险组合位于经理 B 的左上方，这样所有投资者都愿意在经理 A 的资本配置线上进行投资。

a. 造成这一现象的原因有哪些？

b. 造成这一现象是因为经理 A 比经理 B 强吗？

c. 造成这一现象是因为经理 A 的计算机设备更高级吗？

d. 如果你正为客户提出投资建议，你会建议他们把资金转移到经理 A 的投资组合吗？

㊀ 附加额外约束条件的客户，会得到另一个最优组合，这个组合会次于无附加约束条件时得到的组合。

㊁ 由 James Tobin 首次发现，“Liquidity Preference as Behavior toward Risk”，*Review of Economic Statistics* 25（Feb 1958 pp. 65-86）。

的资本配置线也都可能会优于由低质量证券分析生成的资本配置线。

一种会导致对有效边界估计几乎没有价值的特定输入列表是基于近期的证券平均收益。如果使用近期年份的证券平均收益作为未来证券收益的替代，那么这些估计中的噪声会使得出的有效边界对于投资组合构建毫无用处。

考虑一只年标准差为30%的股票。即使使用10年平均值来估计其期望收益（而10年在公司生命周期中几乎是很长的一段时间了），该估计的标准差仍将是 $30/\sqrt{10}=9.5\%$。鉴于这种不精确程度，样本平均值代表未来一年期望收益的可能性是微乎其微的。[⊖]

正如我们看到的，不同客户的最优风险组合也因其各自的约束条件而不同，比如股利收益率的约束、税费因素和其他客户偏好等。即使如此，有限数量的组合还是可以满足大量投资者的需求，这是共同基金行业的理论基础。

7.4.3　分散化的威力

第7.1节介绍了分散化的理念，但是由于系统风险的存在，分散化带来的益处有一定的限制。有了前面的工具，我们可以重新考虑这一问题，同时深入窥探分散化的威力。

重新列出式（7-16），n 个风险资产组成的组合的方差为

$$\sigma_P^2=\sum_{i=1}^{n}\sum_{j=1}^{n}w_i w_j \mathrm{Cov}(r_i,r_j)$$

考虑最简单的分散化策略，组合中每一资产都是等权重的，即 $w_i=1/n$，这时式（7-16）可写作（将 $i=j$ 的情况从求和符号中移出，$\mathrm{Cov}(r_i,r_i)=\sigma_i^2$）：

$$\sigma_P^2=\frac{1}{n}\sum_{i=1}^{n}\frac{1}{n}\sigma_i^2+\sum_{\substack{j=1\\ j\neq i}}^{n}\sum_{i=1}^{n}\frac{1}{n^2}\mathrm{Cov}(r_i,r_j) \tag{7-17}$$

定义平均方差和平均协方差为

$$\overline{\sigma}^2=\frac{1}{n}\sum_{i=1}^{n}\sigma_i^2 \tag{7-18}$$

$$\overline{\mathrm{Cov}}=\frac{1}{n(n-1)}\sum_{\substack{j=1\\ j\neq i}}^{n}\sum_{i=1}^{n}\mathrm{Cov}(r_i,r_j) \tag{7-19}$$

得出组合的方差为

$$\sigma_P^2=\frac{1}{n}\overline{\sigma}^2+\frac{n-1}{n}\overline{\mathrm{Cov}} \tag{7-20}$$

现在检验分散化的效果。当证券之间的平均协方差为零时，即所有风险都是公司特有的，由式（7-20）可知组合方差在 n 变大时趋近于零。因此，当证券间收益不相关时，分散化降低组合风险的威力是无穷的。

然而，更重要的是，经济层面的风险因素使股票收益存在正相关性。在这种情况下，当组合高度分散化后，组合方差为正。当 n 变大时，尽管公司特有的风险最终被消除了，但是等号右边第二部分趋于 $\overline{\mathrm{Cov}}$。因此高度分散化组合的风险取决于不同证券间收益率的协方差，这反过来就是经济中系统性因素的显现。

⊖ 而且，你无法通过观察更高频的收益率来避免这一问题，在第5章中我们指出用样本平均值估计期望收益的精确性取决于样本期的长短，增加样本期内的观察频率不会提高精确性。

为了进一步考察系统风险和各证券间相关性的关系，简单假设所有证券的标准差都为σ，证券间相关系数都为ρ，协方差为$\rho\sigma^2$，此时式（7-20）化为

$$\sigma_P^2=\frac{1}{n}\sigma^2+\frac{n-1}{n}\rho\sigma^2 \tag{7-21}$$

这时，证券间相关性的影响就很明显了。当$\rho=0$时，我们得到保险原理，组合方差在n变大时趋于零。然而，当$\rho>0$时，组合方差为正。实际上，当$\rho=1$时，不论n如何变化，组合方差等于σ^2，这说明分散化没有意义。在完全相关的情况下，所有风险都是系统性的。更一般的情况是，当n增大时，系统性风险保持为$\rho\sigma^2$。我们把这种限制认为是证券市场的“系统性风险”。

表7-4给出了证券数量扩大时$\rho=0$，$\rho=0.4$两种情况下的组合标准差。其中令$\sigma=50\%$。正如我们预想的那样，组合风险在$\rho=0.4$时更大。更令人吃惊的是，相关系数为正时，组合风险随着证券数量上升而下降的速度相对慢很多，因为证券间的相关性限制了分散化的空间。

表7-4　相关性和无相关性的证券等权重构造组合的风险减少

证券数量	组合权重 $w=1/n$(%)	$\rho=0$		$\rho=0.40$	
		标准差（%）	标准差减少	标准差（%）	标准差减少
1	100	50.00	14.64	50.00	8.17
2	50	35.36		41.83	
5	20	22.36	1.95	36.06	0.70
6	16.67	20.41		35.36	
10	10	15.81	0.73	33.91	0.20
11	9.09	15.08		33.71	
20	5	11.18	0.27	32.79	0.06
21	4.76	10.91		32.73	
100	1	5.00	0.02	31.86	0.00
101	0.99	4.98		31.86	

以100个证券构成的组合为例，它们彼此不相关的情况下标准差为5%，和零标准差还有一段距离。当$\rho=0.4$时，标准差很高，达到31.86%，非常接近于不可分散的系统性风险，即$\sqrt{\rho\sigma^2}=\sqrt{0.4\times50^2}=31.62$，即31.62%，说明进一步分散化也没什么意义了。

上面计算中最重要的一点是：当我们持有分散化组合时，某一证券对于整个组合风险的贡献取决于该证券和其他证券之间的协方差，并非该证券的方差。在第9章我们将会看到，这意味着风险溢价也取决于协方差而非收益的变动。

概念检查7-5

假设风险证券包括很多只股票，这些股票具有相同的分布，为$E(r)=15\%$，$\sigma=60\%$，相关系数都为0.5。

a. 一个由25只股票组成的等权重风险投资组合的期望收益和标准差是多少？

b. 要构造标准差不超过43%的组合，至少需要多少只股票？

c. 系统性风险是多少？

d. 如果可以投资短期国库券，且短期国库券的收益率为10%，资本配置线的斜率是多少？

7.4.4　资产配置和证券选择

如同之前看到的，证券选择和资产配置理论是一样的。二者都需要构造有效边界，并在有效边界上选择一个最优组合。既然这样，是否还有必要区分资产配置和证券选择呢？

答案可能在于组织的效率。一个大的投资公司可能同时投资国内市场和国际市场以及广泛的资产类别，每一种资产

类别都需要投资者具有特定的专业知识。因此，每种资产类别投资组合的管理需要去中心化，这使得在理论上虽然被视为最优，但实际上不可能在单一阶段同时优化整个组织的风险投资组合。

因此，通常的做法是独立优化每个资产类别投资组合的证券选择。与此同时，高层管理者不断更新投资公司的资产配置，调整分配给每个资产类别投资组合的投资预算。

7.4.5　最优组合和非正态收益

截至目前，我们使用的投资组合优化技术假设收益服从正态分布，即认为标准差是衡量风险的完全充分指标。然而，收益的潜在非正态性要求我们也要关注风险度量。

在第 6 章中我们提到在肥尾分布下需要重新考虑资本配置，因为此时在险价值和预期损失会很高。特别地，当预测到较高的在险价值和预期损失时，我们应当适当减少风险组合的配置。当我们选择最优风险组合时，分散化对在险价值和预期损失也是有影响的，只不过，这种情况下分散化的效果很难用正态分布情形的方法来展现。

在处理具有肥尾分布的金融风险时，一种实用的在险价值和预期损失的估计方法称为**自举法**（bootstrapping）。我们首先从潜在投资组合中每个资产的历史收益样本着手。通过从每个资产的历史收益中随机抽取一个值，计算出相应的投资组合收益率。通过重复这一随机抽样过程，我们可以基于经验数据，计算出任意数量的假设投资组合收益。生成五万个这样的投资组合收益，可以为在险价值和预期损失提供准确的估计。接着，我们可以将均值-方差最优化的投资组合的预测在险价值和预测预期损失与其他的潜在投资组合进行比较。如果其他的潜在投资组合在在险价值和预期损失指标上明显表现得更好，我们可能会倾向于选择这些投资组合，而非单纯追求均值-方差最优化的投资组合。

7.5　风险集合、风险共享与时间分散化

7.5.1　风险共享与风险集合

截至目前，我们只是设想了在“一段时间”内的组合投资，但没有说明这段时间可能有多长。似乎我们可以认为它是任何长度的，这样我们的分析就可以同样适用于短期投资和长期投资。然而，有些人认为，跨越多个时期的长期投资是“时间分散化”的，也就是说，即便市场指数在任意特定年份的表现可能逊于债券，然而根据平均法则来看，由于市场指数具有正向的风险溢价，其在长期投资中的表现肯定会优于债券。因此，这些人认为长期投资的投资者可以谨慎地将更多的资金配置到市场指数上。

上述是一个正确的观点吗？并不是。但这个问题又带来了一些微妙的问题，涉及分散化是如何运作的。因此，我们现在重新考虑分散化如何使风险降低的观点，然后说明为什么时间分散化的观点是对于投资组合分散化理论的误读。

我们首先考虑一家保险公司销售许多同质性火灾保单的情况。任何一份保单的收益都是随机的，x，其中 x 的方差是 σ^2。公司的总赔付额等于每一份保单赔付额的总和，$\sum_{i=1}^{n} x_i$。有人可能会认为，如果公司出售 n 份不相关的保单，它就可以分散几乎所有的风险。但这种观点并不完全正确。

当不同保单持有人之间的火灾风险不相关时，总赔付的方差就是单个保单方差的和（因为我们不需要担心协方差项）。因此，

$$\mathrm{Var}\left(\sum_{i=1}^{n} x_i\right) = n\sigma^2 \tag{7-22}$$

相反，所有保单平均收益的方差是

$$\mathrm{Var}\left(\frac{1}{n}\sum_{i=1}^{n} x_i\right) = \frac{1}{n^2}\times n\sigma^2 = \frac{\sigma^2}{n} \tag{7-23}$$

平均收益的标准差为 $\sigma/\sqrt{n}$。随着公司出售越来越多的保单，n 逐渐增加，而平均收益的不确定性会逐渐减小，最终接近于零。

但保险公司获得的利润真的会变得越来越安全吗？思考几秒钟，你会确信这是不可能的。暴露于额外不相关风险的保单怎么可能会降低总体风险呢？这就好比说，一个赌徒回到轮盘赌台再赌一次，就可以通过分散下注来降低他的风险。他每次下注的平均收益可能会变得更可预测，但总共赢的或输的金额肯定会更不确定。与此类似，虽然平均赔付的方差随着保单数量的增加而减小［见式（7-23）］，但总赔付的方差实际上变得更加不确定［见式（7-22）］。

因此，风险集合，即把许多独立的风险源集合在一起，只是保险业商业模式的一个重要部分。这种模式的另一个重要部分是风险共享。为了说明风险共享，假设保险公司出售 n 份保单。现在该公司上市并向投资者发行股票。假设 n 个投资者每人只购买公司股份中的一股，每人拥有公司总股份的 $1/n$。随着 n 逐渐增加，每个投资者的投资金额不变：虽然保单更多，但更大的金额被更多的股东共享。当总赔付额为 $\sum_{i=1}^{n} x_i$ 时，每个投资者风险敞口的方差为 $\mathrm{Var}\left(\frac{1}{n}\sum_{i=1}^{n} x_i\right) = \frac{1}{n^2}\times n\sigma^2 = \frac{\sigma^2}{n}$，随着 n 逐渐增加，该方差确实接近于零。

这个计算告诉我们，风险共享是风险集合的必要补充。随着越来越多的保单被集合在一起，它们被越来越多的投资者共享，从而防止任何个人的总风险随着保单数量的增加而增加。随着投保的保单越来越多，每位投资者对任何一份保单的风险敞口都会缩小。平均法则确实有效，但你必须确保，当你“分散”许多风险来源时，不要不经意地扩大你的“赌注”。

这一观点对我们理解股票投资组合的分散化也至关重要。使投资组合分散化意味着将固定投资预算分摊到许多资产上，在本章中，当我们指定投资者财富规模不变并只关注如何在不同的资产中分配这些财富时，我们使用了这个假设。如果一个专门投资于微软的 10 万美元投资组合要实现分散化，那么固定的 10 万美元就必须在微软的股票、亚马逊（以亚马逊作为一个例子）的股票以及许多其他公司的股票之间分配。目前在微软投资了 10 万美元的投资者不能通过再向亚马逊投资 10 万美元来降低总风险。这将使更多的资金处于风险中，就像出售更多的保单而不将风险分散给更多的投资者，会增加（而不是减少）保险公司收益的方差。真正的分散化需要将给定的投资预算分配到大量不同的资产上，从而限制针对任何单一证券的风险敞口。

7.5.2　时间分散化

上述分析对于时间分散化和长期投资的风险意味着什么？把一年期的股票指数投资看作公司销售了一份保单，进一步拉长你的视野，把第二年看作销售第二份保单。这对你的风险敞口

有什么影响？你每年的平均收益现在可能更容易预测，但通过将你的资金再置于风险中一年，累计收益的不确定性肯定会增加。这就像一家保险公司，只做风险集合，而不做风险共享。随着赌注的增加，风险必然增加。应该清楚的是，仅仅具有更长的期限并不能降低风险。

真正的分散化意味着暴露于风险的资金是固定的，然后将风险敞口分散到多个不确定性来源。在延长投资期限的背景下，这将要求一个投资期限为两年的投资者在两年的时间内将资金置于风险中，而不是作为一个投资期限为一年的投资者在一年的时间里将一半的资金置于风险中。这将使每年的不确定性来源的风险敞口减半，就像与另一个投资者分担风险将使每个投资者对每种政策的风险敞口减半一样。

为了说明时间分散化的谬误，让我们回顾在第 5 章中遇到的一个例子，见表 5-8。我们将假设市场收益每年独立，年平均收益为 5%，标准差为 30%。为了简化一点，我们也假设无风险利率为 0，因此，股票是否优于债券的问题等价于股票收益是否为正的问题。

使用连续复利也会带来帮助，这意味着 n 年后总收益是逐年连续复利收益的总和，总收益的方差是年方差的 n 倍，因此，标准差是年标准差的 $\sqrt{n}$ 倍。另外，平均收益的标准差是 $1/\sqrt{n}$ 的年标准差。这些实际上与我们在式（7-22）和式（7-23）中发现的关系相同。

表 7-5 显示了投资期限对风险的影响。每年的平均收益是 0.05（第 1 行），因此总收益是 0.05 乘以时间期限（第 2 行）。总收益的标准差随着投资期限的平方根成比例增长，而平均收益的标准差随着投资期限的平方根成比例下降（第 3 行和第 4 行）。由于期望平均收益固定在 5%，而标准差随着投资期限的延长而下降，随着时间期限的延长，平均收益为正的概率会增加。如果我们假设收益是正态分布的，我们就可以精确地计算出这个概率（第 5 行）。随着投资者的投资期限越来越长，获得正收益的概率接近 100%。这就是时间分散化降低风险这一观点的实质。

表 7-5 投资期限对风险的影响

	投资期限（年）			
	1	10	30	说明
1. 平均收益的均值	0.050	0.050	0.050	$=0.05$
2. 总收益的均值	0.050	0.500	1.500	$=0.05T$
3. 总收益的标准差	0.300	0.949	1.643	$=0.30\sqrt{T}$
4. 平均收益的标准差	0.300	0.095	0.055	$=0.30\sqrt{T}$
5. 概率（收益>0）	0.566	0.701	0.819	根据正态分布得出
6. 总收益的 1%在险价值	−0.648	−1.707	−2.323	连续复利的累计收益
7. 累计损失的 1%在险价值	0.477	0.819	0.902	=1−exp（第 6 行的累计收益）
8. 总收益的 0.1%的在险价值	−0.877	−2.432	−3.578	连续复利的累计收益
9. 累计损失的 0.1%的在险价值	0.584	0.912	0.972	=1−exp（第 8 行的累计收益）

但概率并不能说明全部。我们还需要探究，如果资产真实收益落在分布的左尾，资产的表现会有多差。因为总收益的标准差随着投资期限的增加而增加（第 3 行），同时在表现不佳的情况下，这种表现不佳的程度会逐渐加剧。例如，1 年期间下 1%的在险价值意味着 47.7%的累计损失，而 30 年期间下 1%的在险价值则是灾难性的 90.2%的累计损失（第 7 行）。0.1%的在险价值的表现更为极端。显然，长期投资收益并不安全，时间分散化只是一种错觉。

小结

1. 投资组合的期望收益是投资组合中各项资产的期望收益按其投资比例为权重的加权平均值。
2. 投资组合的方差是协方差矩阵各元素与投资比例权重相乘的加权总值，因此，每一项资产的方差以其投资比例的平方进行加权，任意一对资产的协方差在协方差矩阵中出现两次。所以，投资组合方差中包含着协方差的二倍权重，这是由两项资产的每一项资产投资比例乘积的和构成的。
3. 即使协方差为正，只要资产不是完全正相关的，投资组合的标准差就仍然小于组合中各项资产的标准差的加权平均值。因此，只要资产不是完全正相关的。分散化的组合就是有价值的。
4. 投资组合中一项资产相对于其他资产的协方差越大，它对投资组合方差的作用就越大。组合中完全负相关的资产具有完全对冲的功能。完全对冲的资产可以使投资组合的方差降低为零。
5. 有效边界利用图形来表示在某一特定风险水平上期望收益最大的投资组合集。理性投资者将在有效边界上选择投资组合。
6. 一个投资经理在确定有效边界时，首先要估计资产的期望收益与协方差矩阵。将这个输入列表导入能够计算最优化问题的计算机程序中，得到在有效边界上最优组合中各项资产的比例、期望收益与标准差等。
7. 通常，投资经理会得到不同的有效投资组合，因为他们的证券分析方法与证券分析结果的质量是不同的。投资经理主要在证券分析结果的质量而非管理资产的管理费上展开竞争。
8. 如果无风险资产存在，相关输入列表也是可以确定的，所有投资者都将选择在有效边界上相同的投资组合，即与资本配置线相切的投资组合。具有相同输入列表的所有投资者将持有相同的风险组合，但是他们对于风险组合和无风险资产之间的资金分配是不相同的。这一结果就是投资组合构造中的分离特性。
9. 分散化投资的核心在于将固定规模的投资组合分配到多种资产中，从而限制对单一风险来源的敞口。即使增加投资组合中的风险资产数量（导致总投资额上升）能够提高收益率的可预测性，也并不会降低绝对风险金额——因为不确定性将被施加于更大的投资基数。延长投资期限同样无法降低风险，这类似于增加资产配置数量，反而会提升总风险。同理，保险业的运作关键在于风险分担机制：通过将大量独立风险来源分散给众多投资者承担，使每个个体仅需要面对特定风险的微小敞口。

习题

1. 以下哪些因素反映了纯粹的市场风险？
   a. 短期利率上升。
   b. 公司仓库失火。
   c. 保险成本增加。
   d. 首席执行官死亡。
   e. 劳动力成本上升。
2. 在一个股票、债券和现金的资产组合中增加房地产类投资，房地产类投资收益中的哪些因素会影响组合风险？
   a. 标准差。
   b. 期望收益。
   c. 和其他资产的相关性。
3. 以下关于最小方差组合的陈述哪些是正确的？

a. 它的方差小于其他证券或组合。

b. 它的期望收益比无风险利率低。

c. 它可能是最优风险组合。

d. 它包含所有证券。

用以下数据回答习题 4～习题 10： 一个养老金投资经理考虑投资 3 个共同基金。第 1 个是股票基金，第 2 个是债券基金，第 3 个是货币基金，提供的无风险利率为 8%。股票基金和债券基金的特征如下表所示。

（%）

	期望收益	标准差
股票基金 S	20	30
债券基金 B	12	15

基金的收益率之间的相关系数为 0.1。

4. 股票基金和债券基金的最小方差投资组合的投资比例是多少？这种投资组合的期望收益与标准差各是多少？

5. 制表并画出这两种基金的投资可行集，股票基金的投资比例从 0～100% 按照 20% 的幅度增长。

6. 从无风险利率到可行集曲线画一条切线，由此得到的最优投资组合的期望收益与标准差各是多少？

7. 计算出最优风险组合下每种资产的投资比例、期望收益和标准差。

8. 最佳可行资本配置线的夏普比率是多少？

9. 投资者对他的投资组合的期望收益要求为 14%，并且是有效的，即位于最陡峭的可行资本配置线上。

   a. 投资组合的标准差是多少？

   b. 在货币基金上的投资比例，在股票基金上的投资比例以及在债券基金上的投资比例分别是多少？

10. 如果投资者只用股票基金和债券基金进行投资并且要求 14% 的收益率，那么他的组合中各类资产的投资比例是怎样的？

11. 股票提供的期望收益为 18%，标准差为 22%。黄金提供的期望收益为 10%，标准差为 30%。

    a. 由于黄金在平均收益和波动性上具有明显劣势，会有人愿意持有它吗？如果有，画图表示这样做的理由。

    b. 延续上面的数据，再假设黄金与股票的相关系数为 1，重新回答 a，画图表示为什么有人会或不会在他的投资组合中持有黄金。

    c. b 中关于黄金的期望收益、标准差、相关性的假设代表了证券市场的均衡吗？

12. 假设证券市场中有许多股票，股票 A 和股票 B 的期望收益和标准差如下表所示。

    （%）

股票	期望收益	标准差
A	10	5
B	15	10

    相关系数为 -1。

    假设可以以无风险利率借入资金，则无风险利率是多少？（提示：考虑由股票 A 和股票 B 构造无风险投资组合。）

13. 假设所有证券的期望收益、标准差和无风险利率是已知的，这时所有投资者会持有同样的最优风险组合。判断这句话是否正确。

14. 组合的标准差等于组合中资产的标准差的加权平均值。判断这句话是否正确。

15. 假设有一个项目，有 0.7 的概率使你的投资金额翻倍，有 0.3 的概率使你的投资金额减半。这项投资的风险是多少？

16. 假设你有 100 万美元，由以下两种资产来构造组合：

    a. 无风险资产，年收益为 12%；

    b. 风险资产，期望收益为 30%，标准差为 40%。

    构造的组合标准差为 30%，则期望收益是多少？

以下数据用于回答习题 17～习题 19： Corr(A, B) = 0.85；Corr(A, C) = 0.6；Corr

(A,D) = 0.45，每只股票的期望收益为8%，标准差为20%。

17. 如果你的整个组合就是股票A，你可以再加入一只股票，你的选择是哪个？
   a. 股票B
   b. 股票C
   c. 股票D
   d. 无法选择，需要更多的数据
18. 对风险厌恶程度不同的投资者来说，习题17的答案会变化吗？（并解释你的回答）
19. 假设额外投资一种股票的同时还可以额外投资短期国债，无风险利率为8%，你会改变习题17的答案吗？

下表中的数据为年化复合收益率，回答习题20和习题21。

（%）

	20世纪20年代[①]	20世纪30年代	20世纪40年代	20世纪50年代	20世纪60年代	20世纪70年代	20世纪80年代	20世纪90年代	21世纪00年代
小公司股票	-3.72	7.28	20.63	19.01	13.72	8.75	12.46	13.84	6.70
大公司股票	18.36	-1.25	9.11	19.41	7.84	5.90	17.60	18.20	-1.00
长期政府债券	3.98	4.60	3.59	0.25	1.14	6.63	11.50	8.60	5.00
短期政府债券	3.56	0.30	0.37	1.87	3.89	6.29	9.00	5.02	2.70
通货膨胀率	-1.00	-2.04	5.36	2.22	2.52	7.36	5.10	2.93	2.50

① 表中数据基于1926—1929年。

20. 将表中的数据录入Excel，计算各类资产收益率和通货膨胀率的序列相关系数，以及各类资产之间的相关系数。
21. 将表中的收益率转化为实际收益率，重复回答上一问题。

习题22~习题27的相关信息如下。 Greta是一位投资者，投资期限为1年时，其风险厌恶系数$A=3$。她在考虑投资两个组合：标准普尔500指数和一个对冲基金，两者都是1年期限的投资策略（所有收益率均为年化且连续复利）。标准普尔500指数的风险溢价预计为每年5%，标准差为20%；对冲基金的风险溢价预计为10%，标准差为35%。这两个投资组合在任何特定年份的收益与其在其他年份的收益是不相关的。对冲基金经理声称标准普尔500指数的年收益率与对冲基金的年收益率的相关系数为零，但是Greta对此持怀疑态度。

22. 计算这两个组合的风险溢价、标准差和夏普比率。
23. 假设两个组合的年收益率间的相关系数真的为零，最优投资组合的配置策略是什么？
24. Greta的资本配置是怎样的？
25. 如果两个组合年化收益率之间的相关系数为0.3，两个组合之间的协方差是多少？
26. 用相关系数0.3重新计算习题23。
27. 用相关系数0.3重新计算习题24。

CFA考题

下面的数据用于回答第1~3题：H&A公司为W养老基金管理着3 000万美元的股票投资组合。W养老基金的财务副主管琼斯注意到H&A公司在W养老基金的6个股票管理者中持续保持着最优的纪录。H&A公司管理的投资组合在过去5年中的4年的表现明显优于标准普尔500指数。唯一业绩不佳的一年带来的损失也是微不足道的。

H&A公司是“自下而上”的投资管理公司。该公司基本上避免尝试“择时市场”。它还专注于挑选个股，而不是对青睐行业的权重进行调整。在W养老基金的6位股票管理者中，除了H&A公司之外，没有明显的风格一致性。其他5位管理者管理着总值达2.5亿美元的组合，由150多只股票组成。

琼斯相信H&A公司可以在股票选择上体现出众的能力，但是受投资高度分散化的限制，H&A公司达不到高额的收益率。近几年来，H&A公司的投资组合一般包含40只股票，每只股票占基金的2%~3%。H&A公司之所以在大多数年份里表现还不错，原因在于它每年都可以找到10只获得高额收益率的股票。

基于以上情况，琼斯向W养老基金投资管理委员会提出以下计划：把H&A公司管理的投资组合限制在20只股票以内。H&A公司会对其真正感兴趣的股票投入加倍的精力，而取消对其他股票的投资。就算加上这个新的限制，H&A公司也会像以前那样自由地管理投资组合。

投资管理委员会的大多数委员都同意琼斯的观点，他们认为H&A公司确实表现出了在股票选择上的卓越能力。但是琼斯的建议与以前W养老基金的实际操作相背离，几个委员对此提出了质疑，请根据上述情况回答下列问题。

1. a. 投资20只股票的新限制会增加还是减少投资组合的风险？请说明理由。
   b. H&A公司有没有办法使投资组合中的股票数量由40只减少到20只，而同时又不会对风险造成很大的影响？请说明理由。
2. 一名委员在提及琼斯的建议时特别热心，他认为如果把股票数减少到10只，H&A公司的业绩将会更好。如果把股票减少到20只被认为是有利的，试说明为什么减少到10只反而不那么有利了。（假设W养老基金把H&A公司的投资组合与其他投资管理公司管理的组合分开考虑。）
3. 另一名委员建议，与其把每种投资组合与其他的投资组合分开考虑，不如把H&A公司管理的投资组合的变动放到整个基金的角度来考虑会更好。解释这一观点将对投资管理委员会把H&A公司的股票减至10只还是20只的讨论产生什么影响。
4. 下面哪一种投资组合不属于马科维茨描述的有效边界（见下表）？

	投资组合	期望收益（%）	标准差（%）
a.	W	15	36
b.	X	12	15
c.	Z	5	7
d.	Y	9	21

5. 下面对投资组合分散化的说法，哪些是正确的？
   a. 有效的分散化可以减少或消除系统性风险。
   b. 分散化减少投资组合的期望收益，因为它减少了投资组合的总体风险。
   c. 当把越来越多只证券加入投资组合时，总体风险一般会递减下降。
   d. 除非投资组合包含至少30只个股，否则分散化降低风险的好处不会充分显现。
6. 测度分散化投资组合中的某一证券的风险用的是什么？
   a. 特有风险
   b. 收益的标准差
   c. 再投资风险
   d. 协方差
7. 马科维茨描述的投资组合理论主要关注于什么？
   a. 系统性风险的减少
   b. 分散化对投资组合风险的影响
   c. 非系统性风险的确认
   d. 采用主动型资产管理策略以扩大收益
8. 假设一名风险厌恶投资者拥有M公司的股票，他决定在其投资组合中加入Mac公司或是G公司的股票。这三只股票的期望收益率和总体风险水平相当，M公司股票与Mac公司股票的协方差为-0.5，M公司股票与G公司股票的协方差为0.5，则投资组合风险预计为：

a. 买入 Mac 公司股票，风险会降低更多
b. 买入 G 公司股票，风险会降低更多
c. 买入 G 公司股票或 Mac 公司股票都会导致风险增加
d. 由其他因素决定风险的增加或降低

9. A、B、C 三只股票具有相同的期望收益和方差，下表为三只股票收益之间的相关系数。根据这些相关系数，风险水平最低的投资组合为：

	股票 A	股票 B	股票 C
股票 A	+1.0		
股票 B	+0.9	+1.0	
股票 C	+0.1	−0.4	+1.0

a. 平均投资于 A 和 B
b. 平均投资于 A 和 C
c. 平均投资于 B 和 C
d. 全部投资于 C

10. A、B、C 三只股票的统计数据如下表所示。

收益标准差			
股票	A	B	C
收益标准差（%）	40	20	40
收益相关系数			
股票	A	B	C
A	1.00	0.90	0.50
B		1.00	0.10
C			1.00

仅从表中信息出发，在等权重投资于 A 和 B 的投资组合与等权重投资于 B 和 C 的组合中做选择，请说明理由。

11. 斯蒂文森目前持有总规模 200 万美元的投资组合，组合情况见下表。

	价值（美元）	占总额的百分比（%）	期望年收益率（%）	年标准差（%）
短期债券	200 000	10	4.6	1.6
国内大盘股	600 000	30	12.4	19.5
国内小盘股	1 200 000	60	16.0	29.9
投资组合总和	2 000 000	100	13.8	23.1

斯蒂文森计划将很快就能到手的另外 200 万美元全部投资于指数基金，这样就可以和现在的投资组合构成很好的互补关系。特许金融分析师库普正在评估下表中的 4 种指数基金是否可以满足组合的两个标准，即维持或提高期望收益和维持或降低标准差。每种基金投资于一类资产，投资的资产没有出现在斯蒂文森持有的组合中。

指数基金	期望年收益率（%）	标准差（%）	与目前投资组合的相关性
基金 A	15	25	+0.80
基金 B	11	22	+0.60
基金 C	16	25	+0.90
基金 D	14	22	+0.65

请问库普应该向斯蒂文森推荐哪只基金？说说你选择的基金如何很好地满足了上面提到的组合的两个标准，这道题不需要计算。

12. 格蕾丝有 90 万美元完全分散化的证券投资组合。随后她继承了价值 10 万美元的 ABC 公司股票。她的财务顾问提供了如下预测信息。

	期望月收益率（%）	月收益标准差（%）
原始证券组合	0.67	2.37
ABC 公司股票	1.25	2.95

ABC 公司股票与原始证券组合的收益相关系数为 0.4。

遗产继承改变了格蕾丝的全部证券投资组合，她正在考虑是否要继续持有 ABC 公司股票。假定格蕾丝继续持有 ABC 公司股票，请计算：

a. 包括 ABC 公司股票在内的新投资组合的期望收益。
b. ABC 公司股票与原始证券组合收益的协方差。
c. 包括 ABC 公司股票在内的新投资组合的标准差。

如果格蕾丝卖掉 ABC 公司股票，她将投资于无风险的月收益率为 0.42% 的政府证券，假定她卖掉 ABC 公司股票并用卖出股票的所得购买了政府证券，请计算：

a. 包括政府证券在内的新投资组合的期望收益。

b. 政府证券收益与原证券投资组合收益的协方差。

c. 包括政府证券在内的新投资组合的标准差。

比较包括政府证券在内的新投资组合与原始证券组合的系统性风险，二者谁高谁低？

格蕾丝与丈夫商量后，考虑要卖出 10 万美元的 ABC 公司股票，买入 10 万美元的 XYZ 公司股票。这两种股票的期望收益和标准差都相等。她丈夫说，是否用 XYZ 公司股票替代 ABC 公司股票并无区别。判断她丈夫的说法是否正确，并说明理由。

格蕾丝最近和她的财务顾问说："如果我的证券投资不亏本，我就满足了。我虽然希望得到更高的收益，但我更害怕亏本。"

a. 用收益标准差作为风险衡量的标准，指出格蕾丝的这个说法的一个不合理之处。

b. 给出一个当前情况下更合适的风险衡量方法。

13. 特许金融分析师特鲁迪最近约见了一位客户。特鲁迪主要投资于几个行业的 30 多只公司股票。约见结束后，客户说："我相信你的股票选择能力，我认为你应将我的资金投资于你认为最好的 5 只股票，你明显偏爱其中几只股票，为何还要投资 30 只股票？"特鲁迪准备运用现代证券组合理论给他做解释。

a. 试比较系统性风险与公司特有风险的概念，并为这两种风险各举一个例子。

b. 评论客户的建议。说说随着证券组合中证券数量的增加，系统性风险与公司特有风险各自将如何变化。

概念检查答案

7-1 a. 第一项为 $w_D \times w_D \times \sigma_D^2$，因为这是矩阵对角上的元 σ_D^2，列上的项 w_D 和行上的项 w_D 的乘积，用这种方法对协方差矩阵的每一项进行运算，就得到 $w_D^2\sigma_D^2 + w_D w_E \text{Cov}(r_E, r_D) + w_E w_D \text{Cov}(r_D, r_E) + w_E^2\sigma_E^2$，和式（7-3）相同，因为 $\text{Cov}(r_E, r_D) = \text{Cov}(r_D, r_E)$。

b. 协方差矩阵如下：

	w_X	w_Y	w_Z
w_X	σ_X^2	$\text{Cov}(r_X, r_Y)$	$\text{Cov}(r_X, r_Z)$
w_Y	$\text{Cov}(r_Y, r_X)$	σ_Y^2	$\text{Cov}(r_Y, r_Z)$
w_Z	$\text{Cov}(r_Z, r_X)$	$\text{Cov}(r_Z, r_Y)$	σ_Z^2

组合方差由这 9 项构成：

$$\begin{aligned}\sigma_P^2 &= w_X^2\sigma_X^2 + w_Y^2\sigma_Y^2 + w_Z^2\sigma_Z^2 + \\ &\quad w_X w_Y \text{Cov}(r_X, r_Y) + w_Y w_X \text{Cov}(r_Y, r_X) + \\ &\quad w_X w_Z \text{Cov}(r_X, r_Z) + w_Z w_X \text{Cov}(r_Z, r_X) + \\ &\quad w_Y w_Z \text{Cov}(r_Y, r_Z) + w_Z w_Y \text{Cov}(r_Z, r_Y) \\ &= w_X^2\sigma_X^2 + w_Y^2\sigma_Y^2 + w_Z^2\sigma_Z^2 + 2w_X w_Y \text{Cov}(r_X, r_Y) + \\ &\quad 2w_X w_Z \text{Cov}(r_X, r_Z) + 2w_Y w_Z \text{Cov}(r_Y, r_Z)\end{aligned}$$

7-2 可行集的参数为 $E(r_D) = 8\%$，$E(r_E) = 13\%$，$\sigma_D = 12\%$，$\sigma_E = 20\%$，从标准差和相关系数我们得到协方差矩阵：

基金	D	E
D	144	60
E	60	400

总体最小方差组合为

$$w_D = \frac{\sigma_E^2 - \text{Cov}(r_D, r_E)}{\sigma_D^2 + \sigma_E^2 - 2\text{Cov}(r_D, r_E)}$$

$$= \frac{400 - 60}{(144 + 400) - (2 \times 60)} = 0.801\,9$$

$$w_E = 1 - w_D = 0.198\,1$$

期望收益和标准差为

$$E(r_P)=0.8019\times8\%+0.1981\times13\%$$
$$=8.99\%$$
$$\sigma_P=[w_D^2\sigma_D^2+w_E^2\sigma_E^2+2w_Dw_E\text{Cov}(r_D,r_E)]^{1/2}$$
$$=[(0.8019^2\times144)+(0.1981^2\times400)+(2\times0.8019\times0.1981\times60)]^{1/2}\times1\%$$
$$=11.29\%$$

对于其他投资组合，w_D 将从 0.1 增至 0.9，每次增加 0.1。w_E 从 0.9 降至 0.1，每次减少 0.1。将这些投资组合代入期望收益与标准差的相关计算式中，注意在 w_D 为 1 时，就代表单独持有债券基金，所得期望收益与标准差即为组合的期望收益和标准差，在 w_E 为 1 时，就代表单独持有股票基金，所得期望收益与标准差即为组合的期望收益与标准差，于是得到下表。

w_E	w_D	$E(r)$ (%)	σ(%)
0.0	1.0	8.0	12.00
0.1	0.9	8.5	11.46
0.2	0.8	9.0	11.29
0.3	0.7	9.5	11.48
0.4	0.6	10.0	12.03
0.5	0.5	10.5	12.88
0.6	0.4	11.0	13.99
0.7	0.3	11.5	15.30
0.8	0.2	12.0	16.76
0.9	0.1	12.5	18.34
1.0	0.0	13.0	20.00
0.1981	0.8019	8.99	11.29 最小方差组合

这样就可以画图了（图形略）。

7-3 a. 股票基金和债券基金的期望收益与标准差的计算与 7-2 相似，这里就不再赘述了。不过，你需要通过计算得出期望收益和标准差，以回答 7-3a 的问题。另外，基金之间的协方差为

$$\text{Cov}(r_A,r_B)=\rho(A,B)\times\sigma_A\times\sigma_B$$
$$=-0.2\times20\times60$$
$$=-240$$

b. 最优风险组合的权重为

$$w_A=\frac{(10-5)\times60^2-(30-5)\times(-240)}{(10-5)\times60^2+(30-5)\times20^2-30\times(-240)}$$
$$=0.6818$$
$$w_B=1-w_A=0.3182$$

期望收益 $E(r_P)=(0.6818\times10\%)+(0.3182\times30\%)=16.36\%$，标准差为 $\sigma_P=\{(0.6818^2\times20^2)+(0.3182^2\times60^2)+[2\times0.6818\times0.3182\times(-240)]\}^{1/2}=21.13(\%)$。

注意到，这里最优风险组合 P 并不是整体最小方差投资组合，整体最小方差投资组合的权重为

$$w_A=\frac{60^2-(-240)}{60^2+20^2-2\times(-240)}=0.8571$$
$$w_B=1-w_A=0.1429$$

标准差为

$$\sigma_{\min}=(0.8571^2\times20^2)+(0.1429^2\times60^2)+[2\times0.8571\times0.1429\times(-240)]^{\frac{1}{2}}$$
$$=17.57(\%)$$

这个结果要小于最优风险组合 P 的标准差。

c. 资本配置线是无风险利率与最优风险组合的连线，它代表短期国库券与最优风险组合之间的所有有效组合。资本配置线的斜率为

$$S=\frac{E(r_P)-r_f}{\sigma_P}=\frac{0.1636-0.05}{0.2113}=0.5376$$

d. 在给定风险厌恶系数 A 的条件下，投资者愿意投资到最优风险资产组合的比例为

$$y=\frac{E(r_P)-r_f}{A\sigma_P^2}=\frac{0.1636-0.05}{5\times0.2113^2}$$
$$=0.5089$$

这意味着风险厌恶系数 $A=5$ 的投资者愿意在这个最优风险组合中投入 50.89%的财产，由于 A、B 两种股票在投资组合中的比例分别为 68.18%和

31.82%，这个投资者分别投资于这两种股票的比例为34.7%和16.19%。

股票A：0.508 9×68.18%=34.70%

股票B：0.508 9×31.82%=16.19%

总计50.89%

7-4 有效边界来源于投资经理对各种投资收益的预测和对风险即协方差矩阵的估计。预测本身并不能决定结果，选择乐观估计的投资经理在碰上好的投资形势时会得到更大的收益，而在投资形势变差时的损失也会更大。能进行准确预测的投资经理能得到好的收益，投资者看到投资经理做出的曲线（预测）时，所要做的应该是了解其预测准确性的记录，从而选择预测准确的投资经理。这样进行投资组合的选择，从长远来看效果将会更好。

7-5 本题的有关参数为 $E(r)=15\%$，$\sigma=60\%$，所有股票的相关系数为0.5。

a. 投资组合的期望收益与投资组合规模无关，因为所有证券具有相同的期望收益。当 $n=25$ 时，投资组合的标准差为

$$\sigma_P=[\sigma^2/n+\rho\times\sigma^2(n-1)/n]^{\frac{1}{2}}$$

$$=[60^2/25+0.5\times60^2\times24/25]^{\frac{1}{2}}$$

$$=43.27(\%)$$

b. 因为所有股票是同质的，因此有效投资组合是等权重的，要得到标准差为43%的投资组合，需要解出 n：

$$43^2=\frac{60^2}{n}+0.5\times\frac{60^2(n-1)}{n}$$

$$1\,849n=3\,600+1\,800n-1\,800$$

$$n=\frac{1\,800}{49}=36.73$$

所以至少要37只股票的组合才能达到这一目标。

c. 当 n 变得非常大时，等权重有效投资组合的方差将减少，剩下的方差来自股票间的协方差：

$$\sigma_P=\sqrt{\rho\times\sigma^2}=\sqrt{0.5\times60^2}\times1\%=42.43\%$$

$n=25$ 时，得到系统性风险为0.84%，即25只股票的投资组合的标准差比42.43%高了0.84%；当 $n=37$ 时，投资组合的标准差为43.01%，系统性风险为0.58%，即37只股票的投资组合的标准差比42.43%高了0.58%。

d. 如果无风险利率为10%，那么不论投资组合规模为多大，风险溢价为15%−10%=5%，充分分散的投资组合的标准差为42.43%，资本配置线的斜率 $S=5/42.43=0.117\,8$。

附录7A 电子表格模型

有很多计算机程序可以用来计算有效边界，我们现在介绍使用微软Excel计算有效边界的方法。因为Excel会受到要处理的资产数量的限制，所以Excel其实不是最好的工具，但是Excel通过简单的投资组合优化工具能说明许多复杂计算机程序的运作机理。我们会发现，运用Excel计算有效边界相当简单。

运用马科维茨投资组合优化程序来实际说明国际投资的分散化。假设投资经理为美国客户服务，他想要构建下一年度的最优风险组合，包括美国大市值公司股票和6个发达国家资本市场（日本、德国、英国、法国、加拿大和澳大利亚）的股票。我们首先描述一下输入列表：风险溢价和协方差矩阵。接着，我们介绍Excel的Solver功能。最后，我们展示投资经理解决这一问题的方法。

7A.1 输入列表

经理需要编制期望收益、方差和协方差的输入列表，表 7A-1 显示了计算结果。

表 7A-1

	A	B	C	D	E	F	G	H	I	J	K	L
1	有效边界工作表											
2												
3	面板A	每个国家指数的期望超额收益（风险溢价）										
4												
5	美国	0.060										
6	英国	0.053										
7	法国	0.070										
8	德国	0.080										
9	澳大利亚	0.058										
10	日本	0.045										
11	加拿大	0.059										
12												
13	面板B	协方差矩阵										
14												
15	组合权重 风险溢价 ⟶		0.6112	0.8778	−0.2140	−0.5097	0.0695	0.2055	−0.0402			
16	↓		美国	英国	法国	德国	澳大利亚	日本	加拿大			
17	0.6112	美国	0.0224	0.0184	0.0250	0.0288	0.0195	0.0121	0.0205			
18	0.8778	英国	0.0184	0.0223	0.0275	0.0299	0.0204	0.0124	0.0206			
19	−0.2140	法国	0.0250	0.0275	0.0403	0.0438	0.0259	0.0177	0.0273			
20	−0.5097	德国	0.0288	0.0299	0.0438	0.0515	0.0301	0.0183	0.0305			
21	0.0695	澳大利亚	0.0195	0.0204	0.0259	0.0301	0.0261	0.0147	0.0234			
22	0.2055	日本	0.0121	0.0124	0.0177	0.0183	0.0147	0.0353	0.0158			
23	−0.0402	加拿大	0.0205	0.0206	0.0273	0.0305	0.0234	0.0158	0.0298			
24	1.0000		0.0078	0.0113	−0.0027	−0.0065	0.0009	0.0026	−0.0005			
25		风险溢价	0.0383									
26		标准差	0.1132									
27		夏普比率	0.3386									
28												
29	关键单元格中使用的公式											
30	单元格A17 - A23		这些单元格是组合权重，在保持权重总和为1的情况下，你可以随意设置这些单元格的权重。									
31	单元格C15		= 将A列的组合权重复制到第17行（单元格A17等依次类推）。									
32	单元格A24		=SUM(A17:A23)									
33	单元格C24		=C15*SUMPRODUCT($A17:$A23,C17:C23)									
34	单元格D24~I24		从单元格C24复制									
35	单元格C25		=SUMPRODUCT(A17:A23,$B5:$B11)									
36	单元格C26		=SUM(C24:I24)^0.5									
37	单元格C27		=C25/C26									
38												
39	面板C	有效边界上的一些点										
40			最小方差组合					最优（切线）组合				
41	风险溢价	0.0350	0.0383	0.0400	0.0450	0.0500	0.0550	0.0564	0.0575	0.0600	0.0700	0.0800
42	标准差	0.1141	0.1132	0.1135	0.1168	0.1238	0.1340	0.1374	0.1401	0.1466	0.1771	0.2119
43	夏普比率	0.3066	0.3386	0.3525	0.3853	0.4037	0.4104	0.4107	0.4106	0.4092	0.3953	0.3774
44	美国	0.5944	0.6112	0.6195	0.6446	0.6696	0.6947	0.7018	0.7073	0.7198	0.7699	0.8201
45	英国	1.0175	0.8778	0.8083	0.5992	0.3900	0.1809	0.1214	0.0758	−0.0283	−0.4465	−0.8648
46	法国	−0.2365	−0.2140	−0.2029	−0.1693	−0.1357	−0.1021	−0.0926	−0.0852	−0.0685	−0.0014	0.0658
47	德国	−0.6077	−0.5097	−0.4610	−0.3144	−0.1679	−0.0213	0.0205	0.0524	0.1253	0.4185	0.7117
48	澳大利亚	0.0588	0.0695	0.0748	0.0907	0.1067	0.1226	0.1271	0.1306	0.1385	0.1704	0.2023
49	日本	0.2192	0.2055	0.1987	0.1781	0.1575	0.1369	0.1311	0.1266	0.1164	0.0752	0.0341
50	加拿大	−0.0459	−0.0402	−0.0374	−0.0288	−0.0203	−0.0118	−0.0093	−0.0075	−0.0032	0.0139	0.0309
51	资本配置线*	0.0469	0.0465	0.0466	0.0479	0.0508	0.0550	0.0564	0.0575	0.0602	0.0727	0.0870
52	*沿资本配置线的风险溢价=组合标准差乘以最优风险组合的斜率											

面板 A（Panel A）列出了每个国家指数的风险溢价。这些估计可能以历史平均收益作为指导，正如我们在第 5 章中所讨论的那样，因为收益随时间变化很大，使用简单的历史平均收益会产生极其嘈杂的期望超额收益估计。平均收益在子期间波动很大，使得历史平均收益具有高

度不可靠的估计量。在这里，我们简单地假设投资经理通过历史平均收益的情景分析得出的每个国家指数的风险溢价是合理估计值。这些值在面板 A 的 B 列中列出。

面板 B（Panel B）是与本章前面表 7-2 类似的协方差矩阵。因为基于历史收益样本的方差和协方差估计比相应的平均收益估计更精确，所以面板 B 中的协方差可以合理地从历史收益样本中估计。我们通常使用五年左右的月收益均值来估计协方差。Excel 函数 COVARIANCE 将计算任意两个国家指数的收益时间序列之间的协方差。我们假设投资经理已经收集了每个国家指数的历史收益，输入每对收益数据，返回 COVARIANCE 函数，并获得出现在面板 B 中的相关结果。面板 B 中协方差矩阵对角线上的元素是每个国家指数收益的方差。你可以对这些结果求平方根来得到每个国家/地区的标准差。

7A. 2　运用 Excel Solver

Excel 的 Solver 是一个界面友好、功能强大的优化问题计算工具。它有 3 个部分：目标函数、决策变量和约束条件。图 7A-1 展示了 Solver 的 3 个窗口。现在的讨论涉及图 7A-1a。

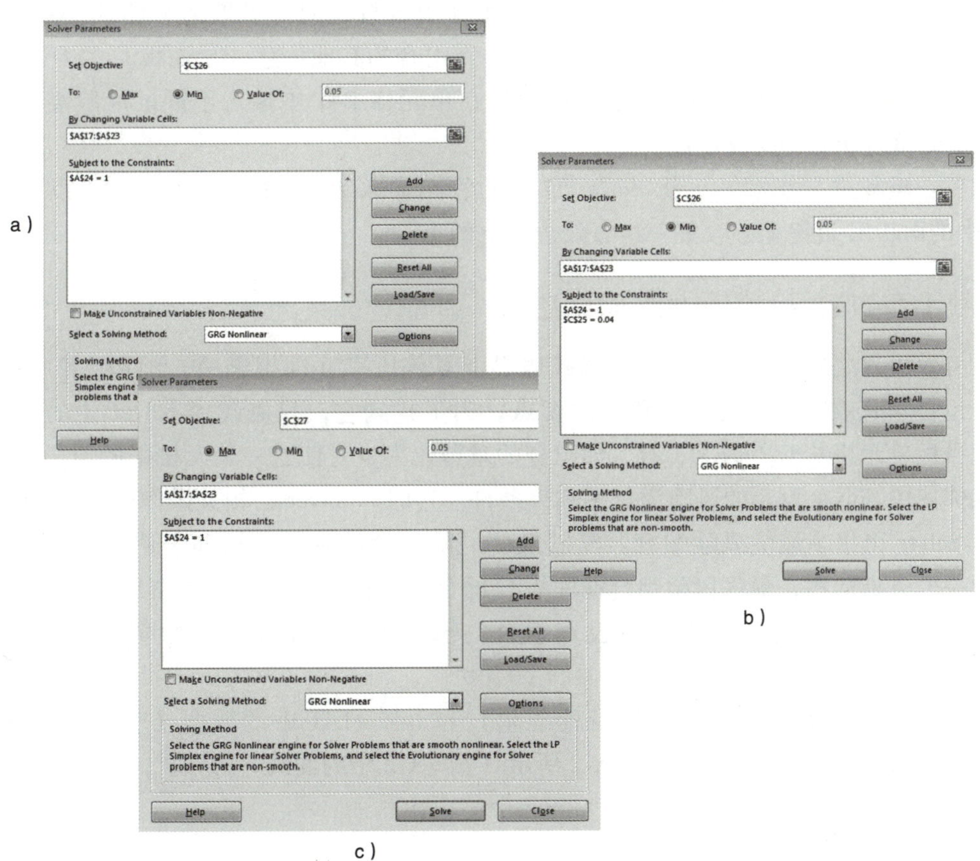

图 7A-1　Solver 对话框

上面的对话框中要求你选择目标函数的目标单元格，也就是你想要优化的变量。在图 7A-1a 中，目标单元格是 C26——投资组合的标准差。目标单元格下面，你可以选择你的目标，最大化、最小化或设置你的目标函数等于特定的值。这里选择最小化投资组合的标准差。

接下来的对话框包含决策变量。Solver 能最优化目标单元格中的目标函数。在此，输入单元格 A17~A23，人们通过调整投资组合的权重来使组合的标准差最小。

Solver 底部的约束条件框（窗口内最大的框）能够设置一些约束条件。投资组合优化中必须满足的一条是“可行性约束”，即投资组合权重之和为 1。进入约束条件框中，设定单元格 A24（权重之和）为 1。

当我们点击“Solve”时，Solver 找到最小方差投资组合的权重并将它们放在面板 B 的 A 列中。然后 Excel 计算该投资组合的超额收益和标准差。我们通过复制并保存投资组合权重及其关键统计数据（见表 7A-1 中的面板 C）。面板 C 中的单元格 C42 表明我们的输入列表可以达到的最低标准差是 11.32%。这个标准差远低于单一国家指数的最低标准差。

现在我们已准备好在有效边界找到其他点。我们将通过找到对任何目标风险溢价具有最低标准差的投资组合来实现这一过程。在此过程后，你可以很快生成整个有效边界。

步骤一：在 Solver 输入约束条件如下：单元格 C25（组合风险溢价）必须等于特定的值，比如 0.04（如图 7A-1b 所示）。现在有两个约束条件了。第一个约束条件是目标风险溢价为 0.04，第二个约束条件是权重之和为 1。让 Solver 求解，它将会用能够满足目标风险溢价且标准差最低的组合权重替换 A 列中的组合权重。这个新组合权重对应有效边界曲线上风险溢价为 4%的点。除了新组合权重，面板 C 还计算了这个新组合的其他信息（见面板 C 的 D 列）。

步骤二：对于有效边界上的其余点，可通过在单元格 E41 中输入不同的风险溢价来获得，这要求 Solver 重复求解最优化问题。

步骤三：重复进行步骤二，将 Solver 求得的答案输入表 7A-1 中的面板 C，以这种方式，表 7A-1 中的面板 C 最终能够收集一组有效边界上的点。

7A.3 找出有效边界上的最优风险组合

有了有效边界之后，最后的任务是寻找边界上夏普比率（即报酬-波动性比率）最高的组合。这个组合是有效边界和资本配置线的切点。为了找到它，只需改变 Solver 中的两个选项。第一，把目标单元格从 C26 改为 C27，即组合的夏普比率，并使这一单元格中的值最大。第二，解除上次你使用 Solver 设定的风险溢价的约束条件。这时，Solver 的相关操作如图 7A-1c 所示。

现在 Solver 得出了最优风险组合。复制最优风险组合的统计数据和它们的权重至面板 C，为了绘制一个清晰的图，最优风险组合在面板 C 的那列数据，以及其他投资组合在面板 C 的若干列数据的位置排序，应该使得所有投资组合的风险溢价从最小方差投资组合的风险溢价（3.83%）稳步增加到 8%。

以 B42~L42 中的数据（横轴，度量标准差）和 B41~L41 中的数据（竖轴，度量风险溢价）绘制出有效边界。这一结果如图 7A-2 所示（图 7A-2 中的曲线）。

7A.4 最优的资本配置线

在图 7A-2 的有效边界中添加已确认的最优风险组合的资本配置线是很有指导意义的。这一资本配置线的斜率与最优风险组合的夏普比率相等。因此，在表 7A-1 的第 51 行的单元格内输入每一列的投资组合的标准差与单元格 H43 中的最优风险组合夏普比率的乘积，这能得到资本配置线中每一个投资组合的风险溢价。以单元格 B42~L42 中的标准差作为横轴的相关信息，以单元格 B51~L51 中的数据作为纵轴的相关信息。用 Excel 绘制的资本配置线如图 7A-2 所示（图 7A-2 中的直线）。

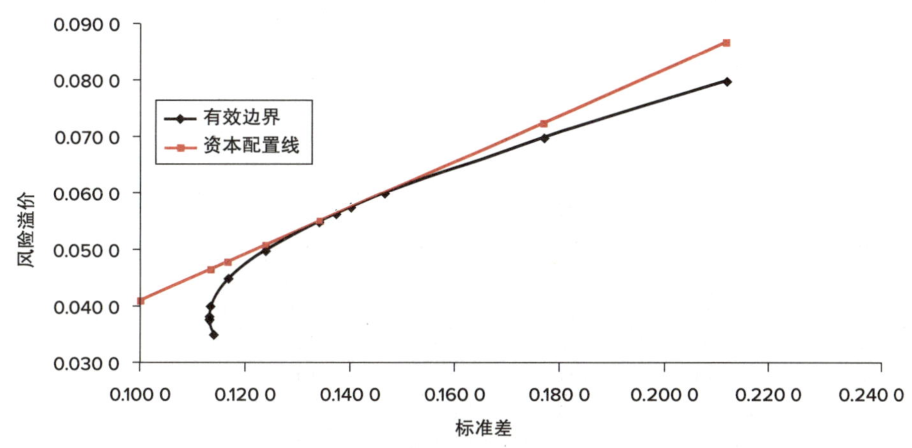

图 7A-2　用 Excel 绘制的资本配置线

7A. 5　最优风险组合和卖空约束

借助于投资经理所使用的输入列表，最优风险组合要求持有法国和加拿大国家股票指数的空头头寸（如表 7A-1 的 H 列所示）。在许多情况下，投资组合管理者被禁止持有空头头寸。如果是这样的话，需要调整投资计划。

为了调整投资计划，重复以上步骤。加入下面的约束条件：在投资组合权重列中的所有数据，A17～A23，必须大于或等于 0。你可以在你的 Excel 工作表中尝试找出有卖空约束的有效边界。

附录 7B　投资组合统计量回顾

本附录将对由两个资产组成的投资组合进行情景分析。这两个资产表示为资产 D 和资产 E（也可以认为是股票和债券），但是在附录 7B 中所使用的风险和收益参数并不一定与第 7.2 节中使用的一致。

7B. 1　期望收益

我们使用的“期望值”和“平均值”概念之间没有差异。在这个分析中将存在 n 种情景，情景 i 的收益率是 $r(i)$，概率是 $p(i)$，期望收益是

$$E(r)=\sum_{i=1}^{n}p(i)r(i) \tag{7B-1}$$

如果你想使每种情景的收益率增加 Δ，那么收益率的平均值将增加 Δ。如果你将每一种情景的收益率乘以 w，新的平均值将是原来的 w 倍。

$$\sum_{i=1}^{n}p(i)\times[r(i)+\Delta]=\sum_{i=1}^{n}p(i)\times r(i)+\Delta\sum_{i=1}^{n}p(i)=E(r)+\Delta \tag{7B-2}$$

$$\sum_{i=1}^{n}p(i)\times[wr(i)]=w\sum_{i=1}^{n}p(i)\times r(i)=wE(r)$$

【例 7B-1】　期望收益率

表 7B-1 的 C 列列出了各种债券在不同情景下的收益率。在 D 列给每一个情景的收益率加上

3%，E 列将每一情景的收益率乘以 0.4。这个表说明了如何计算 C 列、D 列和 E 列的收益率。明显可以看出，D 列增加了 3%，E 列是 C 列的 4 倍。

表 7B-1 债券的状态分析

	A	B	C	D	E	F	G
1							
2			情景收益率				
3	情景	概率	$r_D(i)$	$r_D(i)$+0.03	0.4*$r_D(i)$		
4	1	0.14	−0.10	−0.07	−0.040		
5	2	0.36	0.00	0.03	0.000		
6	3	0.30	0.10	0.13	0.040		
7	4	0.20	0.32	0.35	0.128		
8		均值	0.080	0.110	0.032		
9		单元格C8	=SUMPRODUCT($B$4:$B$7,C4:C7)				
10							
11							
12							

现在来构建一个投资组合，受一定的投资预算约束，w_D 为投资于债券的比例，w_E 为投资于股票的比例。每一种情景的投资组合收益率和它的期望收益率已由式（7B-3）确定：

$$\begin{aligned} r_P(i) &= w_D r_D(i) + w_E r_E(i) \\ E(r_P) &= \sum p(i)[w_D r_D(i) + w_E r_E(i)] \\ &= \sum p(i) w_D r_D(i) + \sum p(i) w_E r_E(i) \\ &= w_D E(r_D) + w_E E(r_E) \end{aligned} \tag{7B-3}$$

每种情景下的组合收益率是各构成部分收益率的加权平均值。权重是投资于这些资产的投资比例，即投资组合权重。投资组合的期望收益率是资产平均收益率的加权平均值。

【例 7B-2】 投资组合收益率

表 7B-2 列出了股票和债券的收益率。假定股票的权重为 0.6，而债券的权重为 0.4，每种情景下投资组合的收益率如 L 列所示。使用 SUMPRODUCT 函数，即用每一种情景的收益率乘以每一种情景的概率，然后求和，即在单元格 L8 得出了投资组合的期望收益率 0.104 0。

表 7B-2 债券和股票的情景分析

	H	I	J	K	L
1					
2			情景收益率		投资组合收益
3	情景	概率	$r_D(i)$	$r_E(i)$	0.4*$r_D(i)$+0.6*$r_E(i)$
4	1	0.14	−0.10	−0.35	−0.2500
5	2	0.36	0.00	0.20	0.1200
6	3	0.30	0.10	0.45	0.3100
7	4	0.20	0.32	−0.19	0.0140
8		均值	0.08	0.12	0.1040
9		单元格L4	=0.4*J4+0.6*K4		
10		单元格L8	=SUMPRODUCT($I $4: $I $7,L4:L7)		
11					
12					

7B.2　方差和标准差

假设在某种情景下资产的期望收益率的方差和标准差可以由下式给出[⊖]：

$$\sigma^2(r)=\sum_{i=1}^{n}p(i)[r(i)-E(r)]^2 \tag{7B-4}$$

$$\sigma(r)=\sqrt{\sigma^2(r)}$$

注意到方差项是平方项，而标准差是方差的平方根，与原来的收益相比有同样的计量单位，因此将标准差作为衡量收益波动性的工具更简便有效。

给每种情景的收益率加上一个固定的值 Δ，相应的收益率均值也增加了 Δ。因此，每一种情景相对于收益率均值的偏差并不受影响，方差和标准差都没有受影响。相反，当你给每一种情景的收益率乘以 w 时，方差则等于原来的方差乘以 w^2（标准差则等于原来的标准差乘以 w）

$$\mathrm{Var}(wr)=\sum_{i=1}^{n}p(i)\times[wr(i)-E(wr)]^2=w^2\sum_{i=1}^{n}p(i)[r(i)-E(r)]^2=w^2\sigma^2 \tag{7B-5}$$

$$\mathrm{SD}(wr)=\sqrt{w^2\sigma^2}=w\sigma(r)$$

Excel 中并不能直接算出情景分析的收益率方差和标准差。Excel 里面的 STDEV 函数和 VAR 函数是用于时间序列分析的。我们需要直接计算概率加权的平方偏差。然而，为了避免首先计算与均值的平方偏差列，我们可以通过将方差表示为两个容易计算的项之间的差来简化我们的问题：

$$\begin{aligned}\sigma^2(r)&=E[r-E(r)]^2=E\{r^2+[E(r)]^2+2rE(r)\}=E(r^2)+[E(r)]^2-2E(r)E(r)\\&=E(r^2)-[E(r)]^2=\sum_{i=1}^{n}p(i)r(i)^2-\left[\sum_{i=1}^{n}p(i)r(i)\right]^2\end{aligned} \tag{7B-6}$$

【例 7B-3】　在 Excel 中计算风险资产的方差

可以在式（7B-6）中用 SUMPRODUCT 函数计算第一个表达式 $E(r^2)$。例如，在表 7B-3 中，单元格 C21 先是通过使用该函数，用各情景发生的概率乘以资产收益率再乘以资产收益率计算。

表 7B-3　债券的情景分析

	A	B	C	D	E	F	G
13							
14			情景收益率				
15	情景	概率	$r_D(i)$	$r_D(i)+0.03$	$0.4^*r_D(i)$		
16	1	0.14	−0.10	−0.07	−0.040		
17	2	0.36	0.00	0.03	0.000		
18	3	0.30	0.10	0.13	0.040		
19	4	0.20	0.32	0.35	0.128		
20		均值	0.0800	0.1100	0.0240		
21		方差	0.0185	0.0185	0.0034		
22		标准差	0.1359	0.1359	0.0584		
23	单元格C21	=SUMPRODUCT($B$16:$B$19,C16:C19,C16:C19)-C20^2					
24	单元格C22	=C21^0.5					

⊖　资产收益率方差并不是用来衡量波动性特征值唯一的统计量，由于常用绝对偏差来替代偏差的平方，所以有时也用绝对偏差值（MAD）来度量波动性。将方差作为衡量波动性的特征值有几个原因：一是绝对值在数学意义上更加难以处理；二是偏差平方给予较大偏差更大的权重；三是当资产收益服从正态分布时，均值和方差两个特征值能够完全描述收益分布。

出 $E(r^2)$，接着减去 $[E(r)]^2$（Excel 实际操作中，注意不要忘记在单元格 C21 中减去单元格 C20 的平方），即得到方差。

投资组合收益率的方差并不像计算均值那样简单。投资组合的方差不是资产方差的加权平均值。任何情景下，投资组合收益率相对于其收益率均值的偏差可由式（7B-7）得出：

$$\begin{aligned} r_P - E(r_P) &= w_D r_D(i) + w_E r_E(i) - [w_D E(r_D) + w_E E(r_E)] \\ &= w_D[r_D(i) - E(r_D)] + w_E[r_E(i) - E(r_E)] = w_D d(i) + w_E e(i) \end{aligned} \tag{7B-7}$$

其中 d 和 e 代表与均值的偏差：

$$d(i) = r_D(i) - E(r_D)$$
$$e(i) = r_E(i) - E(r_E)$$

于是组合的方差可以表示为

$$\begin{aligned} \sigma_P^2 &= \sum_{i=1}^{n} p(i)[r_P - E(r_P)]^2 = \sum_{i=1}^{n} p(i)[w_D d(i) + w_E e(i)]^2 \\ &= \sum_{i=1}^{n} p(i)[w_D^2 d(i)^2 + w_E^2 e(i)^2 + 2w_D w_E d(i)e(i)] \\ &= w_D^2 \sum_{i=1}^{n} p(i)d(i)^2 + w_E^2 \sum_{i=1}^{n} p(i)e(i)^2 + 2w_D w_E \sum_{i=1}^{n} p(i)d(i)e(i) \\ &= w_D^2\sigma_D^2 + w_E^2\sigma_E^2 + 2w_D w_E \sum_{i=1}^{n} p(i)d(i)e(i) \end{aligned} \tag{7B-8}$$

式（7B-8）的最后一行表示一个投资组合的方差是各种资产方差的加权和（注意权重是各种资产权重的平方），加上一个额外的项，我们很快就会看到，这个项至关重要。

注意到 $d(i)e(i)$ 是两种资产收益在每种情景下相对于均值的偏差乘积，它的加权期望叫协方差，表示为 $\mathrm{Cov}(r_D, r_E)$，两个资产的协方差对投资组合的方差有很大影响。

7B.3　协方差

两个变量的协方差可表示为

$$\mathrm{Cov}(r_D, r_E) = E(d \times e) = E\{[r_D - E(r_D)][r_E - E(r_E)]\} = E(r_D r_E) - E(r_D)E(r_E) \tag{7B-9}$$

协方差是量化两个变量之间的方差的一种很好的方法。可以通过一个例子简单地了解它的运用。

假设表 7B-4 中的股票和债券有 3 种情景。情景 1：债券收益率下跌（负的偏差）而股票收益率上涨（正的偏差）。情景 2：债券收益率上涨，股票收益率也上涨。情景 3：债券收益率上涨但是股票收益率下跌。当收益率朝相反的方向变化时，如情景 1 和情景 3 中，偏差的乘积为

表 7B-4　股票和债券的三种情景

	A	B	C	D	E	F	G	H
1		收益率			均值偏差			方差之积
2	概率	债券	股票		债券	股票		
3	0.25	−2	30		−8	20		−160
4	0.50	6	10		0	0		0
5	0.25	14	−10		8	−20		−160
6	均值:	6	10		0	0		−80

负。相反，如果收益率朝相同的方向发展，如情景 2，偏差的乘积为正。乘积的大小表明某种情景中反向或同向的程度。加权平均值反映了变量在几种情景中协变的平均趋势。从表 7B-4 的最后一行中可以看到协方差是-80（单元格 H6）。

假设在某情景中股票的运行方向与债券的运行方向相同。具体来说，把情景 1 和情景 3 的股票收益率进行调换，使股票收益率在情景 1 中为-10%，在情景 3 中为 30%。这样，最终值仍然相等，但是符号是正的，即协方差是正的，为 80，反映了两个资产收益率倾向于同向变化的趋势。如果这些情景中的收益率水平发生变化，协方差的大小也会变化，通过偏差的乘积大小（绝对值）反映出来。协方差大小的变化反映了偏差的变化和协方差的强度。

如果平均的同向运动为零，因为正的乘积刚好等于负的乘积，则协方差为 0。此外，如果其中一项资产是无风险的，它与任何风险资产的协方差都为 0，因为它对于均值的偏差为 0。

利用式（7B-9）最后一行的公式通过 Excel 来计算协方差会很简单。第一部分 $E(r_D r_E)$ 可以通过 Excel 的 SUMPRODUCT 函数来计算。注意，给每个收益率加 Δ 不会改变协方差，因为对均值的偏差仍然没有改变。但是如果对其中一个变量乘以一个固定的数，协方差将会随着这个数的变化而变化。两个变量都乘以一个数则等于协方差与这两个数的乘积：

$$\mathrm{Cov}(w_D r_D, w_E r_E) = E\{[w_D r_D - w_D E(r_D)][w_E r_E - w_E E(r_E)]\} = w_D w_E \mathrm{Cov}(r_D, r_E) \qquad (7B\text{-}10)$$

式（7B-10）的协方差实际上是式（7B-8）最后一行中等号最右边的那项内容，所以投资组合方差是每项资产方差的加权之和再加上协方差的两倍乘以 $w_D w_E$。

像方差一样，协方差单位也是平方项，但是求平方根时，因为协方差可能为负数，如表 7B-4 所示，在这种情况下，可以把协方差表示为两个变量的标准差乘以两个变量的相关系数。

7B.4　相关系数

相关系数定义如下：

$$\mathrm{Corr}(r_D, r_E) = \frac{\mathrm{Cov}(r_D, r_E)}{\sigma_D \sigma_E} \qquad (7B\text{-}11)$$

相关系数一定落在［-1,1］区间中。这个结论可以通过下面的论证得到。怎样的两个变量会有最大程度的同向运动？从逻辑上说，变量与变量自身有最大程度的同向运动，下面来证明。

$$\mathrm{Cov}(r_D, r_D) = E\{[r_D - E(r_D)] \times [r_D - E(r_D)]\} = E[r_D - E(r_D)]^2 = \sigma_D^2$$

$$\mathrm{Corr}(r_D, r_D) = \frac{\mathrm{Cov}(r_D, r_D)}{\sigma_D \sigma_D} = \frac{\sigma_D^2}{\sigma_D^2} = 1 \qquad (7B\text{-}12)$$

相似地，相关系数的最小值为-1。（请读者自己证明。）

相关系数一个最重要的特点是它不会因为变量增加而变化。假设债券的收益率为 r_D，将它乘以一个常数 w_D，然后加上一个固定值 Δ。它与股票的相关系数没有受到影响：

$$\mathrm{Corr}(\Delta + w_D r_D, r_E) = \frac{\mathrm{Cov}(\Delta + w_D r_D, r_E)}{\sqrt{\mathrm{Var}(\Delta + w_D r_D)} \times \sigma_E} = \frac{w_D \mathrm{Cov}(r_D, r_E)}{\sqrt{w_D^2 \sigma_D^2} \times \sigma_E} = \frac{w_D \mathrm{Cov}(r_D, r_E)}{w_D \sigma_D \times \sigma_E} = \mathrm{Corr}(r_D, r_E)$$

（7B-13）

因为收益率之间的关系用相关系数解释给人感觉更加直观，所以有时候把协方差表示为相关系数的形式：

$$\mathrm{Cov}(r_D, r_E) = \sigma_D \sigma_E \mathrm{Corr}(r_D, r_E) \tag{7B-14}$$

【例 7B-4】 计算协方差和相关系数

表 7B-5 列示了股票收益率与债券收益率的协方差和相关系数，所用的还是与其他例子中相同的情景分析方法。协方差是使用式（7B-9）计算的。在单元格 J22 中使用的 SUMPRODUCT 函数给出了 $E(r_D r_E)$，我们从中减去 $E(r_D)E(r_E)$（即我们减去单元格 J20×单元格 K20 的结果）。然后在单元格 J23 中，通过将协方差除以资产标准差的乘积来计算相关系数。

表 7B-5 股票和债券的情景分析

	H	I	J	K	L	M
13						
14			情景收益率			
15	情景	概率	$r_D(i)$	$r_E(i)$		
16	1	0.14	−0.10	−0.35		
17	2	0.36	0.00	0.20		
18	3	0.30	0.10	0.45		
19	4	0.20	0.32	−0.19		
20		均值	0.08	0.12		
21		标准差	0.1359	0.2918		
22		协方差	−0.0034			
23		相关系数	−0.0847			
24	单元格J22	=SUMPRODUCT(I16:I19,J16:J19,K16:K19)-J20*K20				
25	单元格J23	=J22/(J21*K21)				

7B.5 投资组合方差

见式（7B-8）和式（7B-10），由债券和股票组成的投资组合方差是债券收益率的方差乘以债券投资权重的平方，加上股票收益率的方差乘以股票投资权重的平方，再加上股票与债券的相关系数［$\mathrm{Corr}(r_D, r_E)$］乘以股票的标准差（σ_E）乘以债券的标准差（σ_D）乘以股票投资权重（w_E）乘以债券投资权重（w_D）乘以 2，如式（7B-15）所示。

$$\begin{aligned}\sigma_P^2 &= w_D^2\sigma_D^2 + w_E^2\sigma_E^2 + 2w_D w_E \mathrm{Cov}(r_D, r_E) \\ &= w_D^2\sigma_D^2 + w_E^2\sigma_E^2 + 2w_D w_E \sigma_D \sigma_E \mathrm{Corr}(r_D, r_E)\end{aligned} \tag{7B-15}$$

【例 7B-5】 计算投资组合方差

投资组合方差的计算见表 7B-6。首先计算投资组合标准差。计算投资组合标准差有两种方法：第 1 种方法是通过投资组合的收益率情景分析（计算结果见单元格 E35）；第 2 种方法是使用式（7B-15）的第 1 行（计算结果见单元格 E36）。这两种方法得到的投资组合标准差结果相同，用求得的投资组合标准差即可得到投资组合方差。我们也可以试着运用式（7B-15）中的第 2 行（相关系数）来计算投资组合方差。

表 7B-6　股票和债券的情景分析

	A	B	C	D	E	F	G
25							
26							
27							
28			情景收益率		投资组合收益		
29	情景	概率	$r_D(i)$	$r_E(i)$	$0.4^*r_D(i)+0.6r_E(i)$		
30	1	0.14	−0.10	−0.35	−0.25		
31	2	0.36	0.00	0.20	0.12		
32	3	0.30	0.10	0.45	0.31		
33	4	0.20	0.32	−0.19	0.014		
34		均值	0.08	0.12	0.1040		
35		标准差	0.1359	0.2918	0.1788		
36		协方差	−0.0034		SD: 0.1788		
37		相关系数	−0.0847				
38	单元格E35 =(SUMPRODUCT(B30:B33,E30:E33,E30:E33)-E34^2)^0.5						
39	单元格E36 =((0.4*C35)^2+(0.6*D35)^2+2*0.4*0.6*C36)^0.5						

假设股票被一种无风险资产替代，则这种资产的收益率的方差为 0，同时，无风险资产收益率和债券收益率的协方差也为 0。在这种情况下，如式（7B-15）所示，投资组合标准差等于 $w_D\sigma_D$，换句话说，当我们将风险投资组合与无风险资产混合时，投资组合的标准差等于风险资产的标准差乘以该资产的投资权重。这一结果在第 6 章中被广泛使用。

第 8 章

指数模型

第 7 章介绍的马科维茨模型有两个缺点：第一，模型需要大量的估计数据来计算协方差矩阵。第二，模型无法提供对于协方差矩阵或者风险溢价的有效估计，而这又是构造有效边界所必需的。因为预测未来收益率不能完全依赖历史收益率，所以这一缺点是非常严重的。

在本章中我们引入指数模型，简化协方差矩阵的估计，强化证券风险溢价的估计。指数模型通过分解风险为系统性风险和公司特有风险，使读者了解分散化的优势和局限性。此外，指数模型允许我们测量特定证券和投资组合的风险组成部分。

本章首先描述单因素证券市场，提出证券收益的单指数模型。分析了其性质后，我们将展示如何从广泛的数据中估计指数模型，回顾这些估计值的统计数据，给出它们和投资经理面临的实际问题之间的联系。

除了简化特性，指数模型与有效边界和组合最优化的概念也保持一致。此外，它可以用来识别最优投资组合，其准确性几乎与数据密集型的马科维茨模型一样。

最后，我们用指数模型估计最优风险组合。虽然原理与第 7 章相同，但组合的收益率、协方差等特性的推导和解释更容易。我们将通过构建一个包含少量公司样本的最优风险组合来说明如何使用指数模型。这个投资组合将与根据马科维茨模型构建的相应投资组合进行比较。

8.1 单因素证券市场

8.1.1 马科维茨模型的输入列表

组合选择的成功依赖于输入数据的质量，即证券期望收益和协方差矩阵的估计。从长期来看，有效投资组合将超越那些输入列表不够可靠且因此风险-收益权衡也较差的投资组合。

假设你的证券分析师要全面分析 50 只股票，这意味着需要输入如下数据（$n=50$）：

（1）n 个期望收益的估计值。

（2）n 个方差的估计值。

（3）$(n^2-n)/2$ 个协方差的估计值。

当 $n=50$ 时，共需要输入 1 325 个估计值。

这一任务令人生畏，更别说 50 只证券构成的组合依然相对较小。$n=100$ 时，估计值增加到

5 150 个。若 $n=3\,000$，但仍少于威尔逊 5000 指数所含的股票数量，我们需要估计 450 万个以上的估计值。

应用马科维茨模型进行组合最优化的另一难题在于相关系数的估计误差会导致无意义的结果，这是因为部分相关系数的估计值相互冲突，如表 8-1 所示[㊀]。

表 8-1　部分相关系数的估计值相互冲突

资产	标准差（%）	相关系数矩阵		
		A	B	C
A	20	1.00	0.90	0.90
B	20	0.90	1.00	0.00
C	20	0.90	0.00	1.00

假设你构造的组合资产 A、B、C 的权重分别为-1、1、1，如果你使用计算组合方差的标准公式，经过计算你会得到组合方差为-200%。而方差值必须是非负的，因此我们确信相关系数的估计值相互冲突。当然，真实的相关系数矩阵一定是相互一致的，但是我们并不知道相关系数真实值，而估计值总是不准确的。相关系数的估计值互相冲突并非一眼就能看出来，所以我们应该寻找更简单的模型。

引用一个简化描述证券风险来源方式的模型让我们可以使用更少且具有一致性的风险参数和风险溢价的估计值。因为受共同经济因素影响，证券间协方差为正，这种简化模型才得以面世。一些常见的经济因素包括经济周期、利率、自然资源成本等。这些变量未预期的变化会导致整个股票市场收益率未预期的变化。通过将这种不确定性分解为系统性和公司层面的来源，我们大大简化了协方差和相关系数的估计。

8.1.2　系统性风险与公司特有风险

我们将任一股票 i 的实际收益分解为其在之前的期望值与未预料到的突发事件之和，以此来关注风险：

$$r_i=E(r_i)+\text{未预料到的突发事件} \tag{8-1}$$

股票收益中未预料到的突发事件，可能源于公司特有的意外事件，或者源于影响整个宏观经济环境的意外变化。因此，我们将收益不确定性的来源分解为关于整个宏观经济的不确定性，由一个系统性市场因子体现，称之为 m，以及关于公司特有情况的不确定性，由一个公司层面的随机变量体现，称之为 e_i。几乎所有公司都必须依赖于宏观经济条件，这是它们证券收益之间相关性的来源。

市场因子 m 可以衡量宏观经济中的未预料到的发展。例如，它可能是国内生产总值（GDP）增长与市场先前对此增长预期之间的差异。因此，它具有期望值为零的特性（随着时间的推移，这些意外事件的期望值将趋近于零），且具有标准差 σ_{m}。相比之下，e_i 只衡量企业特有的突发事件。作为一个突发事件，它的期望值也为零。注意市场因子 m 没有下标 i，因为源于整个市场的因素会影响所有证券。最重要的是 m 和 e_i 被假设为不相关：因为 e_i 是企业特有的突发事件，它独立于影响整个宏观经济的共同因素的冲击。因此，r_i 的方差有两个不相关的来源：系统性的和公司特有的。

最后，我们认识到，一些证券相比于其他证券对宏观经济冲击具有更高敏感性。例如，汽车公司相比于制药公司可能对宏观经济状况变化具有更为剧烈的反应。我们可以通过给每个公司分配一个针对宏观经济情况的敏感性系数来体现这种差别。因此，如果我们用 β_i 表示公司 i

㊀ 我们感谢 Andrew Kaplin 和 Ravi Jagannathan 所做的贡献。

的敏感性系数，则可以将任意时期每只股票的收益率写成三项之和：原始的期望收益率，常见宏观经济突发事件的影响（取决于公司对该突发事件的敏感性），以及公司特有的突发事件的影响。式（8-2）为该单因素模型（single-factor model）的表达式：

$$r_i = E(r_i) + \beta_i m + e_i \tag{8-2}$$

在式（8-2）的右边有两个不相关的随机项，因此 r_i 的总方差为

$$\sigma_i^2 = \beta_i^2 \sigma_m^2 + \sigma^2(e_i) \tag{8-3}$$

由整个宏观经济因素引起的收益方差被称为证券的系统性风险。这部分方差等于 $\beta_i^2 \sigma_m^2$，并且当企业 i 的 β 系数较高时，这部分方差也较高。“周期性”公司对市场具有更高的敏感性（更高的 β 值），因此有更大的系统性风险。公司层面的收益方差为 $\sigma^2(e_i)$。

由于单因素模型假设公司层面的突发事件之间是相互不相关的，因此任何一对证券之间协方差的唯一来源是它们对市场收益的共同依赖。因此，两家公司收益之间的协方差取决于各自对市场的敏感度，用它们的 β 系数来衡量：

$$\text{Cov}(r_i, r_j) = \text{Cov}(\beta_i m + e_i, \beta_j m + e_j) = \beta_i \beta_j \sigma_m^2 \tag{8-4}$$

将收益的变动分解为依赖于宏观经济因素与公司层面因素是令人信服的，但要起作用，我们仍然需要一个可以代表这一宏观经济因素的变量。这个变量必须是可观察到的，因此我们才可以估计其波动以及单个证券对其结果变化的敏感性。

8.2　单指数模型

由于系统性因素会影响所有股票的收益，因此一个覆盖面广泛的市场指数的收益可以可靠地代表整个宏观经济。这种方法产生了一个类似于单因素模型的模型，被称为**单指数模型**（single-index model），因为它用市场指数代替宏观经济。

8.2.1　单指数模型的回归方程

指数模型背后的直觉感知可以在图 8-1 中看到。我们从对市场指数和一种特定证券的超额

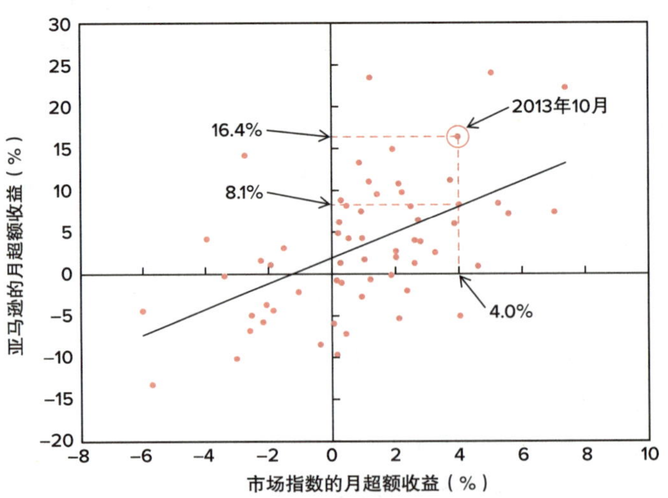

图 8-1　亚马逊相对于市场指数的散点图以及亚马逊的证券特征线，样本期为 5 年，截至 2018 年 6 月

收益历史数据的成对观测值开始[㊀]，比如亚马逊的股票。在图 8-1 中，我们有 60 对月超额收益数据，即 5 年样本中每个月都有一对数据。每个点代表一个特定月的收益。例如，2013 年 10 月，亚马逊股票的超额收益为 16.4%，而市场指数的超额收益为 4.0%。

为了描述亚马逊股票的超额收益和市场指数的超额收益之间的典型关系，我们在散点图中拟合一条直线。从这条“最佳拟合线”中可以清楚地看到，亚马逊股票的超额收益与市场指数的超额收益之间存在正相关关系。这证明了市场整体环境对亚马逊股票表现的重要性。这条线的斜率反映了亚马逊股票对市场整体环境的敏感性：这条线越陡峭，说明亚马逊股票超额收益对市场指数超额收益的变化越敏感。另外，散点图也表明，市场环境并不能说明全部：如果亚马逊股票收益与市场指数收益完全一致，那么所有的点都将完全位于这条线上。而这条线周围的点证明，公司特有的突发事件也对亚马逊股票的收益有显著影响。

我们如何确定最适合图 8-1 的线？我们用 M 表示市场指数，其超额收益为 $R_M=r_M-r_f$，标准差为 σ_M。我们用一元线性回归估计出这条直线。具体来说，我们将亚马逊股票的超额收益 $R_{Amazon}=r_{Amazon}-r_f$ 回归到市场指数的超额收益 R_M 上。更一般地，对于任何股票 i，用 $R_i(t)$ 和 $R_M(t)$ 表示第 t 月的超额收益数据对，那么指数模型可以写成如下回归方程[㊁]：

$$R_i(t)=\alpha_i+\beta_i R_M(t)+e_i(t) \tag{8-5}$$

这个方程的截距项（用 α 表示）是当市场指数超额收益为零时证券的期望超额收益，它是图 8-1 中的纵截距。图 8-1 中这条线的斜率是证券的贝塔系数 β_i。贝塔系数是市场指数收益每增加或减少 1%，单个证券收益就会增加或减少的数量，因此衡量了单个证券对市场指数的敏感性。e_i 是第 t 月公司特有的突发事件，也称为残差，均值为零。残差（正的或负的）越大，在图 8-1 的直线周围的点就越分散。

截至目前，指数模型几乎没有涉及具体的“理论”。它只是描述了市场收益与特定公司收益之间的典型关系。经济中所有股票的平均贝塔系数是 1，这是指一只股票对由所有股票组成的市场指数的变化的平均反应是 1。根据定义，市场指数的贝塔系数为 1，这是指该指数对自身变化的反应为 1。“周期性”或“激进”股票对整体经济的敏感性高于平均水平，因此贝塔系数大于 1。相反，“防御”类型的股票的贝塔系数小于 1。这些股票的收益对市场指数收益的反应小于 1。

尽管指数模型主要是描述性的，但它仍将帮助我们解决以下两个重要的理论问题。第一，我们所期望观察到的股票贝塔系数与其期望收益之间的关系是怎样的？第二，当市场处于均衡状态时，我们期望观察到的 α 值是多少？下面我们将对这些话题进行更多讨论。

8.2.2 期望收益与 β 的关系

因为 $E(e_i)=0$，将式（8-5）等号两边的收益率取期望值，得到单指数模型的期望收益与 β 的关系：

$$E(R_i)=\alpha_i+\beta_i E(R_M) \tag{8-6}$$

㊀ 在图 8-1 中我们使用超额收益而不是总收益。这是因为我们把无风险的国库券当作投资者的另一个投资品种。只有当超额收益为正时，你才会乐于将资金从无风险资产转移到风险资产。因此，衡量风险投资表现更应该使用超额收益，而不是总收益。

㊁ 从业人员通常使用“修正”的指数模型，类似于式（8-5），但它使用的是总收益而不是超额收益。这种做法在使用日频数据中最为常见。在这种情况下，国库券收益率约为每天 0.01%，因此总收益率和超额收益率几乎没有区别。

式（8-6）中等号右边的第二项说明单个证券的期望收益包括市场的期望收益，这里是指市场期望收益乘以单个证券的贝塔系数。等号右边的第二项很容易理解，因为高贝塔系数的证券对市场风险的敏感程度会被放大，因此也应该享有更高的风险溢价作为对这种风险的补偿。我们之所以称其为系统性风险溢价，是因为它源自整个市场的风险溢价，代表整个经济系统的状况。

等号右边的第一项是 α，为非市场溢价。比如，如果你认为某个证券被低估了，那么期望收益应该更高，则 α 应该更高。接着，我们会看到当证券价格处于均衡时，这类机会将在竞争中消失，α 也会趋于 0。但是现在先假设每个证券分析师对 α 的估计都不同。如果投资经理认为他可以比其他分析师在选股方面做得更好，那么他有自信能找到 α 为非零的证券。

用指数模型将单个证券期望收益分解为市场和非市场两部分，极大地简化了投资公司的宏观经济分析工作和证券分析工作。

8.2.3 单指数模型的风险和协方差

马科维茨模型的一个问题是需要估计的参数数量过多，但是指数模型大大减少了需要估计的参数数量。特别地，我们从式（8-4）中看到，任何一对股票之间的协方差是由它们对市场的共同风险敞口决定的。这一见解极大地简化了估计大量协方差的过程。利用式（8-5），我们可以从单指数模型的参数中推导出投资组合优化的以下元素。

总风险 = 系统性风险 + 公司特有风险

$$\sigma_i^2=\beta_i^2\sigma_M^2+\sigma^2(e_i)$$

协方差 = β 的乘积 × 市场指数风险

$$\text{Cov}(r_i,r_j)=\beta_i\beta_j\sigma_M^2$$

相关系数 = 与市场指数的相关系数之积

$$\text{Corr}(r_i,r_j)=\frac{\beta_i\beta_j\sigma_M^2}{\sigma_i\sigma_j}=\frac{\beta_i\sigma_M^2}{\sigma_i\sigma_M}\times\frac{\beta_j\sigma_M^2}{\sigma_j\sigma_M}=\text{Corr}(r_i,r_M)\times\text{Corr}(r_j,r_M) \tag{8-7}$$

式（8-6）和式（8-7）意味着单指数模型需要估计的参数类型只包含单个证券的 α_i、β_i 和 $\sigma(e_i)$、市场指数的风险溢价和方差。

概念检查 8-1

以下数据描绘了一个符合单指数模型的由三只股票组成的金融市场。

股票	市值（美元）	β	平均超额收益（%）	标准差（%）
A	3 000	1.0	10	40
B	1 940	0.2	2	30
C	1 360	1.7	17	50

市场指数组合的标准差为 25%，请问：

a. 市场指数组合的平均超额收益为多少？

b. 股票 A 与股票 B 之间的协方差是多少？

c. 股票 B 与市场指数组合之间的协方差是多少？

d. 将股票 B 的方差分解为系统和公司层面两部分。

8.2.4 单指数模型的估计值

单指数模型的相关信息如表 8-2 所示。

表 8-2

变量	符号
1. 当市场为中性，即超额收益 r_M-r_f 为 0 时的股票期望收益	α_i
2. 由整体市场波动带来的收益部分；β_i 是证券对市场变化的敏感度	$\beta_i(r_M-r_f)$
3. 意外事件导致的仅与单个公司有关的未预期到的收益部分（公司特有）	e_i
4. 共同宏观因素的不确定性带来的方差	σ_M^2
5. 公司特有因素的不确定性带来的方差	$\sigma^2(e_i)$

该模型需要的变量包括：

- n 个股票期望收益估计值，α_i
- n 个敏感度估计值，β_i
- n 个公司特有方差的估计值，$\sigma^2(e_i)$
- 1 个市场收益的估计值，$E(R_M)$
- 1 个宏观经济因素方差的估计值，σ_M^2

这（$3n$+2）个估计值便是单指数模型所需的数据。对于一个 50 只证券的组合，我们需要 152 个估计值而非马科维茨模型要求的 1 325 个估计值。对于美国市场约 3 400 只交易活跃的股票，我们需要 10 202 个估计值，而不是约 580 万个估计值。

可以看出，在一个有成千上万只证券的市场上，马科维茨模型需要庞大数量的估计值，而单指数模型只需要马科维茨模型所需估计值数量的一小部分。

单指数模型的另一个常被忽略但同样重要的优势是，单指数模型的简化对于证券分析中的专业化分工至关重要。如果必须直接为每对证券计算协方差项，那么证券分析师就不能按行业进行专业化分工。例如，如果一个小组专门研究计算机行业，另一个小组专门研究汽车行业，那么哪个小组有专业背景来估计戴尔公司和通用汽车公司之间的协方差呢？两个小组都不可能对它们研究之外的行业有深入的理解，从而无法对行业间共同变动做出明智判断。相比之下，单指数模型提出了一种简单的计算协方差的方法。协方差受到单一宏观经济因素的共同影响，由市场指数的方差表示，并且可以使用式（8-7）轻松估计。

但是从单指数模型假设条件得出的简化方法并不是没有成本的。单指数模型的成本来自其对资产不确定性结构上的限制。将风险简单地分为宏观和微观两个部分，过于简化了真实世界的不确定性并忽略了股票收益依赖性的重要来源。比如，二分法忽略了行业内发生的事件，这些事件影响该行业中很多公司，但是不会对宏观经济造成影响。

如果行业内两只股票（例如英国石油和壳牌石油）的残差项存在相关性，单指数模型会忽视这种相关性，并假设它为零，而马科维茨模型则会在计算投资组合方差时，考虑到所有股票对之间的完整协方差。如果我们构建最优投资组合时所选择的股票范围较小，这两种模型可能会得出截然不同的最优投资组合。根据马科维茨模型，由于英国石油和壳牌石油之间的协方差减少了它们的分散化价值，因此它们在投资组合中的权重会相对较小。对于单指数模型，如果残差间的相关性是负的，指数模型会忽略这两只股票带来的潜在分散化效应，导致根据其构建的所谓“最优”投资组合对这两只股票的配置过少。

由单指数模型得出的最优投资组合，在那些残差项存在相关性的股票占投资组合很大比例时，可能会明显不如马科维茨模型得出的最优投资组合。如果许多股票组显示出了残差项的相关性，可能更适合采用多指数模型。该模型包括额外的因素以捕捉那些额外的跨证券相关性来源，以用于投资组合分析和构建。我们将在本章后面的内容中展示残差项存在相关性的影响，并将多指数模型的讨论留到后面的章节。

概念检查 8-2

假设用单指数模型估计的股票 A 和 B 的超额收益如下：

$$R_A = 1.0\% + 0.9R_M + e_A$$

$$R_B = -2.0\% + 1.1R_M + e_B$$

$$\sigma_M = 20\%$$

$$\sigma(e_A) = 30\%$$

$$\sigma(e_B) = 10\%$$

求每只股票的标准差和它们之间的协方差。

8.2.5　指数模型和分散化

由夏普首次提出的指数模型[一]同样为投资组合分散化提供了新的视角。假设我们选择等权重 n 个证券构成的组合，每个证券的超额收益为

$$R_i=\alpha_i+\beta_i R_M+e_i$$

类似地，组合的超额收益为

$$R_P=\alpha_P+\beta_P R_M+e_P \tag{8-8}$$

当组合中股票的数量增加时，非市场因素带来的组合风险越来越小，这部分风险通过分散化逐渐被消除。然而，无论公司数量如何增加，市场风险仍然存在。

为了理解这一结果，注意这一等权重组合的超额收益为

$$R_P=\sum_{i=1}^{n}w_iR_i=\frac{1}{n}\sum_{i=1}^{n}R_i=\frac{1}{n}\sum_{i=1}^{n}(\alpha_i+\beta_iR_M+e_i)=\frac{1}{n}\sum_{i=1}^{n}\alpha_i+\left(\frac{1}{n}\sum_{i=1}^{n}\beta_i\right)R_M+\frac{1}{n}\sum_{i=1}^{n}e_i \tag{8-9}$$

比较式（8-8）和式（8-9），我们看到组合对市场的敏感度为

$$\beta_P=\frac{1}{n}\sum_{i=1}^{n}\beta_i \tag{8-10}$$

为 β_i 的平均值。组合的非市场收益为

$$\alpha_P=\frac{1}{n}\sum_{i=1}^{n}\alpha_i \tag{8-11}$$

为 α 的平均值，加上零均值变量：

$$e_P=\frac{1}{n}\sum_{i=1}^{n}e_i \tag{8-12}$$

为公司部分的平均值。因此组合方差为

$$\sigma_P^2=\beta_P^2\sigma_M^2+\sigma^2(e_P) \tag{8-13}$$

组合方差的系统性部分为 $\beta_P^2\sigma_M^2$，取决于每个证券的平均贝塔系数。这部分风险取决于组合 β 和 σ_M^2，无论组合如何分散化，都保持不变。不论持有多少股票，它们对市场的风险敞口将导致正的投资组合贝塔系数，并且都会反映在投资组合的系统性风险中。[二]

相对地，组合方差的非系统性风险为 $\sigma^2(e_P)$，来自公司层面的 e_i。因为这些 e_i 是独立的，期望值为0，所以可以说当更多的股票被加到投资组合中时，公司层面的风险会被消除，从而降低了非市场风险。这类风险因此称为可分散风险。为了更清晰地看这一问题，检验等权重组合的方差，其公司部分为

$$\sigma^2(e_P)=\mathrm{Var}\left(\frac{1}{n}\sum_{i=1}^{n}e_i\right)=\sum_{i=1}^{n}\left(\frac{1}{n}\right)^2\sigma^2(e_i)=\frac{1}{n}\sum_{i=1}^{n}\frac{\sigma^2(e_i)}{n}=\frac{1}{n}\overline{\sigma}^2(e) \tag{8-14}$$

其中 $\overline{\sigma}^2(e)$ 为公司的平均方差。因为平均非系统性方差独立于 n，当 n 变大时，$\sigma^2(e_P)$ 趋于0。

[一] William F. Sharpe, "A Simplified Model of Portfolio Analysis," *Management Science*, January 1963.

[二] 原则上，可以通过混合负 β 和正 β 资产构建一个系统性风险为0的投资组合。我们讨论的要点是，绝大多数证券具有正 β，这意味着持有大量资产的小规模持仓的高度分散化投资组合确实会有正的系统性风险。

总之，随着分散化程度的增加，投资组合的总方差就会接近系统性风险，定义为市场因素的方差乘以投资组合敏感性系数的平方 β_P^2，图 8-2 说明了这一现象。

图 8-2 显示当组合中包含越来越多的证券时，组合方差因为公司风险的分散化而下降。然而，分散化的效果是有限的，即使 n 很大，由于市场因素引起的风险仍然存在，这种风险无法被分散化。

实证分析验证了这一分析。图 7-2 说明了组合分散化对投资组合标准差的影响，这些实证结果类似于图 8-2 展示的结果。

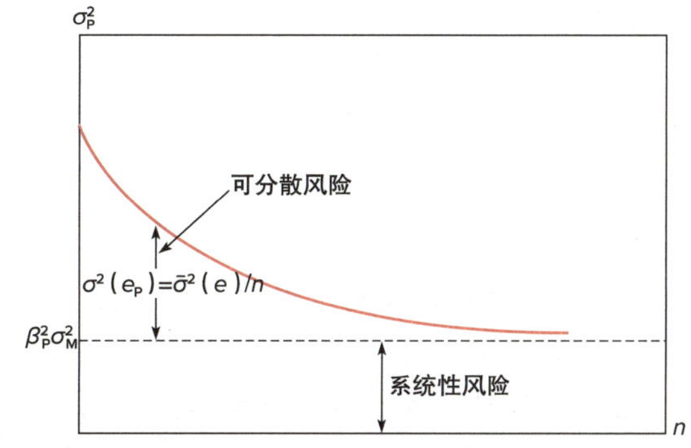

图 8-2 在单因素模型中，具有风险系数的等权重投资组合的方差，作为投资组合中包含的公司数量的函数

概念检查 8-3

对于概念检查 8-2 中的两只股票 A 和 B，假如构建一个由 A、B 股票组成的等权重投资组合，该组合的非系统性标准差为多少？

8.3 估计单指数模型

接下来我们将介绍在实际中如何估计指数模型的参数。我们使用月度频率的市场指数超额收益和特定股票超额收益的观测值。与第 5 章一样，我们将使用在交易所中交易活跃的股票的综合价值加权投资组合作为市场指数。我们将把美国国债视为无风险资产，并且将估计期限设为 5 年，截至 2018 年 6 月。

8.3.1 亚马逊的证券特征线

图 8-3 显示了这 5 年期间亚马逊公司股票的超额收益和市场指数的超额收益。与图 8-1 一致的是，图 8-3 显示亚马逊公司股票的超额收益总体上跟随市场指数超额收益，但波动幅度明显更大。事实上，市场指数投资组合在此期间的超额收益月度标准差为 2.81%，而亚马逊公司股票超额收益月度标准差为 8.06%。亚马逊公司股票超额收益的较大波动表明，其对市场指数的敏感性高于平均水平，也就是说，其 β 大于 1.0。

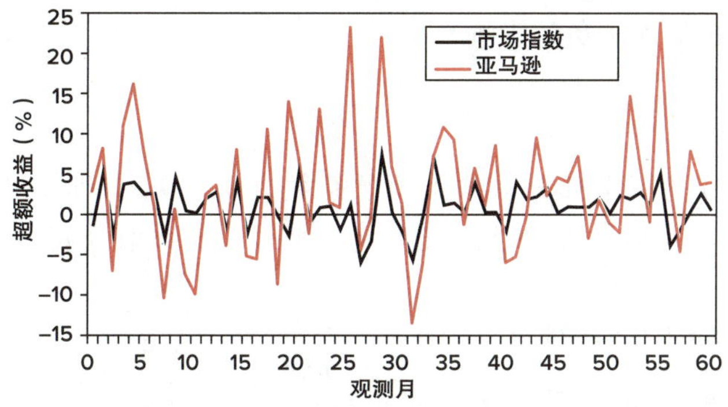

图 8-3 亚马逊和市场指数的月超额收益，样本期为 5 年，截至 2018 年 6 月

指数模型的回归如式（8-5）所示，其结果在图 8-1 中绘制。现在以亚马逊公司为例进行相关建模，公式如下：

$$R_{\text{Amazon}}(t)=\alpha_{\text{Amazon}}+\beta_{\text{Amazon}}R_{\text{index}}(t)+e_{\text{Amazon}}(t)$$

该方程描述了亚马逊公司股票超额收益与市场指数投资组合超额收益之间的（线性）关系。回归估计结果描述了一条截距为 α_{Amazon} 和斜率为 β_{Amazon} 的直线，称为亚马逊公司股票的证券特征线（SCL）。

每个点到回归线的垂直距离是该月份亚马逊公司股票超额收益的残差值，即 $e_{\text{Amazon}}(t)$。例如，在 2013 年 10 月，当市场指数超额收益为 4.0%时，回归线预测亚马逊公司股票超额收益为 8.1%，这是回归线上对应于纵轴的值（亚马逊超额收益），对应于横轴的值（市场超额收益）为 4.0%。事实上，亚马逊公司股票 10 月超额收益为 16.4%，这意味着 10 月的收益残差为 16.4%−8.1%＝8.3%。这是公司层面利好消息的证据，为亚马逊公司股票收益贡献了 8.3%。

我们使用 Excel 的回归功能估计图 8-1 中回归线的参数。部分输出结果如表 8-3 所示。

表 8-3　Excel 输出结果：亚马逊证券特征线的回归统计数据

回归统计数据				
多元回归中的 R	0.535 1			
R^2	0.286 3			
调整后的 R^2	0.274 2			
标准误差	0.068 6			
观测量	60			
	系数	**标准误差**	**t 统计量**	**P 值**
截距	0.019 2	0.009 3	2.064 5	0.043 4
市场指数	1.532 6	0.315 0	4.864 8	0.000 0

8.3.2　亚马逊证券特征线的解释力

从表 8-3 的上半部分开始，我们可以看到亚马逊公司股票超额收益与市场指数超额收益的相关性相当高（0.535），这告诉我们亚马逊公司股票超额收益通常会跟随市场指数超额收益。R^2（0.286）告诉我们，市场指数超额收益方差可以解释亚马逊公司股票超额收益方差的 28.6%左右[㊀]。调整后的 R^2（略小）修正了 R^2 的潜在偏误，这是因为我们使用了斜率（β）和截距（α）两个参数的估计值[㊁]，而不是它们不可观测的真实值。在仅有 60 个观测值时，这种偏误很小。回归的标准差是残差标准差 e。较高的标准差意味着从一个月到下一个月公司层面的突发事件具有更大的影响（正的影响和负的影响）。

8.3.3　α 估计

现在我们来看表 8-3 的下半部分。截距项的系数（0.019 2，即 1.92%/月）是样本期内亚马逊公司的 α 估计值。尽管这在经济意义上是一个很大的数值（每月近 2%），但在统计意

㊀ R^2 的计算为系统性方差与总方差之比：

$$R^2=\frac{\beta^2\sigma^2_{\text{index}}}{\beta^2\sigma^2_{\text{index}}+\sigma^2(e)}$$

㊁ 一般来说，调整后的 R^2 由未调整的 R^2 推导而来，$R^2_A=1-(1-R^2)\frac{n-1}{n-k-1}$，其中 k 是回归中自变量的数量（这里 k＝1）。而对截距的估计又损失了一个额外的自由度。

义上几乎不显著。这可以从截距项系数右边的三个统计项目看出。第一个是标准误差（0.009 3）。这是对估计的不精确程度的一种衡量。如果标准误差较大，可能估计误差的范围也相应较大。第二个是 t 统计量，它是回归参数与其标准误差的比值。t 统计量等于我们的估计值大于 0 的标准误差数量，因此可以用来评估不可观测的真实值实际上等于 0 而非估计值的概率[㊀]。如果真实值为 0，我们就不太可能观察到估计值远离 0（偏离出许多个标准误差）。所以一个很大的 t 统计量意味着真实值为 0 的概率很低。

尽管回归结果显示 α 值不等于 0，给定 t 统计量，我们仍可以使用 t 分布表（或 Excel 的 TINV 函数）来找出真实 α 值实际为 0 的概率。这也被称为显著性水平，或者如表 8-3 所示，称为 P 值。传统的统计显著性阈值为 5%，这需要 t 统计量约为 2.0。回归结果显示，亚马逊公司股票超额收益 α 的 t 统计量为 2.064 5，略高于统计显著性的阈值。在这种情况下，我们勉强可以在该置信水平下拒绝 α 真实值为 0 的假设。α 估计值的 P 值（0.043 4）表明，如果 α 真实值为 0，则获得一个绝对值为 0.019 2 的估计值的概率为 0.043 4，或 4.34%。按照惯例，如果 P 值低于 5%，则认为该结果具有统计学意义。

8.3.4　β 估计

表 8-3 中的 Excel 输出结果显示，亚马逊公司股票超额收益的 β 估计值为 1.532 6，这意味着市场指数每波动 1%，其股票价格倾向于波动 1.532 6%。亚马逊公司股票对经济的敏感度似乎高于平均水平。估计的标准误差为 0.315 0。

β 值及其标准误差产生了一个很大的 t 统计量（4.864 8），P 值几乎为 0。我们可以大胆拒绝亚马逊公司股票超额收益的 β 真实值为 0 的假设。从图 8-3 可以看出，亚马逊公司股票超额收益与市场指数超额收益明显相关。更有趣的是，t 统计量可以检验亚马逊公司的 β 值大于市场平均 β 值（为 1）的假设。这个 t 统计量可以衡量 β 的估计值偏离真实值（为 1）多少个标准误差。这里，尽管亚马逊公司股票超额收益的 β 估计值很大，但估计值的不精确性（反映在标准误差中）导致 t 统计量仅为 1.69，并不能让我们拒绝 β 真实值为 1 的假设。

$$\frac{\text{估计值}-\text{假设值}}{\text{标准误差}}=\frac{1.532\,6-1}{0.315\,0}=1.69$$

一般来说，精确性不是我们想要的。例如，如果我们想构建一个置信区间，其以 95% 的概率包含 β 不可观测的真实值，我们可以将估计值作为区间的中心，然后加减约两个标准误差。这产生了从 0.903 到 2.163 的范围，这是相当大的范围。

8.3.5　公司特有风险

亚马逊公司股票超额收益残差的标准差为 6.86%/月，或 23.76% /年。考虑到亚马逊公司已经有很高的系统性风险，这个值相当大。系统性风险的标准差为 $\beta\times\sigma$(指数) = 1.532 6×2.81% = 4.31%/月。请注意，亚马逊公司的公司特有风险大于其系统性风险，这对单只股票来说非常常见。换句话说，亚马逊公司月度收益的波动更多来自于公司特有的因素，而不是整个市场的系统性因素。

㊀ t 统计量是基于收益率服从正态分布的假设的。一般来说，如果我们通过计算正态分布变量与其假设值的差值并除以估计值的标准误差（即将差值表示为标准误差）来标准化其估计值，则得到的变量将具有 t 分布。当观测量较大时，钟形的 t 分布趋于正态分布。

指数模型回归的典型结果

表 8-4 显示了若干知名公司的指数模型估计结果。请注意，这些公司的平均 β 值是 1.01，几乎正好等于期望值 1。正如预料的那样，对宏观经济状况具有较高风险敞口的公司（如波音、亚马逊、马拉松石油），其 β 值都大于 1。那些业务对宏观经济不太敏感的公司（如金宝汤、纽蒙特矿业、麦当劳），其 β 值都小于 1。

表 8-4 指数模型估计结果：2013 年 6 月至 2018 年 6 月（60 个月，即 5 年），个股超额收益与市场指数超额收益之间关系的回归分析

股票代码	公司名	β	α	R^2	残差的标准差	β 的标准误差	α 的标准误差	调整后的 β
CPB	金宝汤	0.247	0.001	0.012	0.064	0.292	0.009	0.498
NEM	纽蒙特矿业	0.430	0.005	0.011	0.117	0.538	0.016	0.620
MCD	麦当劳	0.563	0.006	0.165	0.036	0.165	0.005	0.709
SBUX	星巴克	0.581	0.004	0.112	0.046	0.212	0.006	0.721
KO	可口可乐	0.663	−0.001	0.258	0.032	0.146	0.004	0.776
UNP	联合太平洋铁路	0.859	0.005	0.212	0.047	0.216	0.006	0.906
PFE	辉瑞	0.895	−0.000	0.367	0.033	0.153	0.005	0.930
XOM	埃克森美孚	0.920	−0.006	0.342	0.036	0.166	0.005	0.946
MSFT	微软	0.923	0.012	0.193	0.054	0.246	0.007	0.948
INTC	英特尔	0.934	0.007	0.187	0.055	0.254	0.007	0.956
GOOG	谷歌	0.960	0.008	0.209	0.053	0.243	0.007	0.973
DIS	迪士尼	1.288	−0.001	0.496	0.037	0.169	0.005	1.192
BAC	美国银行	1.357	0.003	0.270	0.063	0.291	0.009	1.238
BA	波音	1.368	0.011	0.330	0.055	0.254	0.007	1.246
AMZN	亚马逊	1.533	0.019	0.286	0.069	0.315	0.009	1.355
MRO	马拉松石油	2.632	−0.023	0.314	0.110	0.506	0.015	2.088
	平均值	1.010	0.003	0.235	0.057	0.260	0.008	1.006
	标准差	0.560	0.009	0.127	0.025	0.115	0.003	0.374

这些公司的平均 α 值几乎为 0。由于平均的非市场风险溢价为 0，我们得出的结论是，这些公司平均来看既没有过低定价，也没有过高定价。此外，在整个样本中，只有一家公司的 α 估计值是其标准误差的两倍以上（亚马逊）。换句话说，在整个样本中，α 估计值在统计意义上并不显著。

残差的标准差（表 8-4 中的第 6 列）是残差项 e 的标准差，是我们对公司特有风险的度量。注意这个风险有多高，平均每月 5.7%。这再次提醒我们分散化的重要性。任何将投资组合集中在一种或几种证券上的人都将面临巨大的风险，而这些风险其实很容易通过分散化降低。

公司特有风险的高水平也反映在 R^2 中，平均 R^2 只有 23.5%。对于这个股票样本，只有 23.5%的收益方差是由于市场因素引起的，这意味着 76.5%的收益方差是由于公司特有因素引起的。

8.4 行业指数模型

记住 α 是一种非市场风险溢价。它是投资组合中超出市场风险敞口部分的超额期望收益（正或负）。一个没有证券特别消息或内部消息的投资经理会认为证券的 α 为 0。按照式（8-6），风险溢价等于 $\beta_i R_M$。如果要预测总收益，则：

$$E(r_i)=r_f+\beta_i[E(r_M)-r_f] \tag{8-15}$$

这些预测依赖于类似表 8-3 中那样的回归所得到的 β 估计值。β 估计值有多种来源，“β 资料集”是一种常见的来源。

然而，行业 β 值的使用在一些方面通常与我们在表 8-4 中给出的分析不同。首先，行业 β 值的估计通常使用标准普尔 500 指数，而不是用覆盖面更广泛的市场指数作为市场因素的参考指标。其次，他们常在回归中使用总收益，而不是超额收益（相对短期国债收益率的偏离）。在这种方法下，行业 β 值的估计使用一个变形的指数模型，即

$$r=a+br_M+e^* \tag{8-16}$$

而不是：

$$r-r_f=\alpha+\beta(r_M-r_f)+e \tag{8-17}$$

为了理解这个变形的影响，我们可以把式（8-17）变为

$$r=r_f+\alpha+\beta r_M-\beta r_f+e=\alpha+r_f(1-\beta)+\beta r_M+e \tag{8-18}$$

比较式（8-16）和式（8-18），会看到如果在样本期 r_f 是一个常数，这两个公式有相同的自变量 r_M 和残差 e，因此两个公式中的斜率系数是相同的[㊀]。

然而，β 资料集中的截距项 α 实际上是 $\alpha+r_f(1-\beta)$ 的估计量。基于月度频率的计算，$r_f(1-\beta)$ 很小，很可能被实际股票收益的波动淹没。但值得注意的是，当 $\beta\neq1$ 时，式（8-16）中的回归截距将不等于指数模型的 α，这与使用超额收益时的情况［见式（8-17）］不同。

切记这些 α 值是事后的估计值，并不是说可以事前预测出这些 α 值。事实上，证券分析博弈本质上是在事前预测 α 值。一个结构良好的组合做多未来 α 值为正的股票，做空未来 α 值为负的股票，这样才能打败市场。这里的关键术语是“结构良好”，这意味着投资组合必须在高 α 值股票和降低风险的分散化需求之间取得平衡。下一节将讨论这种权衡取舍。

概念检查 8-4

表 8-4 显示，波音公司指数模型的 α（每月）回归估计值为 1.1%。如果在此期间的月度短期国债收益率为 0.2%，那么你会预测在标准行业 β 资料集中报告的 α 值是多少？

表 8-4 中的最后一列称为调整后的 β 值。调整 β 值的动机是：根据经验数据，贝塔系数似乎随时间推移而趋向于 1。这种现象的一个解释是直观的：公司通常为了生产特定的产品或服务而成立，新公司在很多方面，无论是技术还是管理风格，都可能比老公司更具有创新性。但随着新公司业务的发展，它的业务往往会开始多元化，新公司先是把业务扩展到相似的领域，然后把业务扩展到更广泛的领域。随着新公司的业务风格变得更加传统，它开始越来越像宏观经济中的其他公司。因此，它的贝塔系数也会随之向 1 的方向调整。

另一种解释是：我们知道所有证券的平均 β 值等于 1，因此在估计一个证券的 β 值之前，最好的预测就是其 β 值等于 1。当在一个特定样本期间估计 β 值时，不可避免地保留了一些样本误差，β 值和 1 的差距越大，存在估计误差的可能性越大，随后则更容易趋向于 1。

贝塔系数的估计值是对特定样本期的最佳预测。然而，鉴于贝塔系数有向 1 靠拢的趋势，对未来贝塔系数的预测应当在该方向上对样本估计值进行调整。

表 8-4 简单调整了 β 估计值。[㊁]方法是取样本 β 估计值和 1 进行加权：

㊀ 实际上，r_f 是随时间变化的，然而，r_f 的变动和股票市场变动相比太小，对于 β 估计微不足道。

㊁ 更复杂的方法见 Oldrich A. Vasicek, “A Note on Using Cross-Sectional Information in Bayesian Estimation of Security Betas,” *Journal of Finance* 28 (1973), pp. 1233-39.

$$调整后的\beta=\frac{2}{3}\times\beta估计值+\frac{1}{3}\times1 \quad (8\text{-}19)$$

【例 8-1】 调整后的 β

在表 8-4 中，亚马逊公司股票的 β 估计值为 1.533。因此，其调整后的 β 值为 $\frac{2}{3}\times1.533+\frac{1}{3}\times1=1.355$，向 1 的方向调整了 $\frac{1}{3}$。

在没有关于亚马逊公司的特殊信息（即设置 $\alpha=0$）的情况下，如果我们估计市场指数收益为 10%，而短期国库券收益为 4%，我们预测亚马逊公司股票的收益为

$$E(r_{\text{Amazon}})=r_f+调整后的\beta\times[E(r_M)-r_f]$$
$$=4\%+1.355\times(10\%-4\%)=12.13\%$$

预测 β

调整后的 β 可以用来理解历史数据估计的 β 不是未来 β 的最好估计值：β 有向 1 移动的趋势，这意味着我们可能要为 β 构建一个预测模型。

一个简单方法是收集不同时期 β 的数据，然后估计回归方程：

$$当前的\beta=a+b(历史的\beta) \quad (8\text{-}20)$$

得到 a 和 b 的估计值，就能运用该公式来预测未来的 β 值。

$$预测的\beta=a+b(当前的\beta) \quad (8\text{-}21)$$

然而，何必仅用这么简单的方法去预测 β 值，而不研究其他财务变量在预测 β 值方面的有效性呢？比如，如果相信公司规模和负债比率是 β 值的两个决定因素，把式（8-20）扩充为

$$当前的\beta=a+b_1(历史的\beta)+b_2(公司规模)+b_3(负债比率)$$

现在利用 a、b_1、b_2 和 b_3 的估计值来预测未来的 β 值。

该方法由罗森博格和盖伊在一项早期研究中提出[⊖]，他们还发现了下列变量也有助于预测 β。

- 代表收入的变量。
- 代表现金流的变量。
- 每股收益增长率。
- 市值（公司规模）。
- 股利收益率。
- 资产负债比率。

概念检查 8-5

比较表 8-5 中的前四个行业和后四个行业。什么特征似乎决定了调整后的 β 是正的还是负的？

罗森博格和盖伊还发现，即使在控制了公司的财务变量之后，行业分组也有助于预测贝塔系数。例如，他们发现金矿开采行业的平均 β 值比单独使用财务变量预测得到的估计值低 0.827。这并不奇怪，调整因子（−0.827）反映出金价和市场收益的相关性较低（甚至是负相关）的关系。

⊖ Barr Rosenberg and J. Guy, "Prediction of Beta from Investment Fundamentals, Parts 1 and 2," *Financial Analysts Journal*, May-June and July-August 1976.

表 8-5 展示了罗森博格和盖伊研究中一部分公司的 β 估计值和调整因子。

表 8-5 行业 β 和调整因子

行业	β	调整因子	行业	β	调整因子
农业	0.99	−0.140	建筑	1.27	0.062
医药	1.14	−0.099	机场	1.80	0.348
能源	0.60	−0.237	卡车运输	1.31	0.098
金矿开采	0.36	−0.827	消费耐用品	1.44	0.132

8.5 使用单指数模型构建投资组合

在这一部分，我们考察指数模型在组合构造中的作用。这些技术最初由杰克・特雷诺和费雪・布莱克开发，通常被称为特雷诺-布莱克模型（Treynor-Black model）[⊖]。我们的目标与前一章相同，即形成具有有效风险-收益权衡的投资组合，但考虑到指数模型所带来的简化，我们的技术将有所不同。我们将看到，指数模型在参数估计上有一定优势，并且能够简化分析步骤和促进组合分散化。

8.5.1 α 值和证券分析

单指数模型最重要的优点或许是它为宏观经济和证券分析提供了框架，这对最优组合的质量至关重要。马科维茨模型要求估计每个证券的期望收益。期望收益的估计取决于对宏观经济和公司特有事件的预测。但如果许多不同的分析师为像共同基金公司这样的大型机构进行证券分析，一个可能的结果就是宏观经济预测的不一致性，客观经济预测在一定程度上是证券期望收益的基础。

单指数模型的分析框架分离这两种收益波动的来源，减少不同分析师分析的差异。我们可以写出单指数模型框架的关键信息。

- 宏观经济分析，用于估计市场指数的超额收益。
- 统计分析，用于估计 β 系数及残差的方差 $\sigma^2(e_i)$。
- 投资经理用市场指数的超额收益和证券 β 系数的估计值来建立证券的期望收益，这不需要相关的证券分析。期望收益以证券都受市场因素影响的信息为先决条件，而不获取单个证券的特有信息。
- 证券特有收益的预测（证券的 α 值）从各种证券估值模型中得到，因此，α 值反映了私人信息带来的增量风险溢价。

式（8-6）告诉我们，单个证券的风险溢价中与证券分析无关的部分为 $\beta_i E(R_M)$。也就是说，风险溢价仅来自证券跟随市场指数的趋势。任何 α 值（即超出基准风险溢价的期望收益）都产生自证券分析中发现的一些非市场因素。

证券分析的最终结果是输入列表中的 α 值列表。估计 β 值的统计方法广为人知且标准化，因此，我们不会期望输入列表关于 β 值的这部分估计值在不同投资组合管理者之间有太大差异。相比之下，证券分析（估计 α 值）远非例行公事，因此给投资组合管理者提供了展现自己能力

⊖ Jack Treynor and Fischer Black, "How to Use Security Analysis to Improve Portfolio Selection," *Journal of Business*, January 1973.

的机会。使用指数模型来分离市场和非市场因素的溢价，我们可以确信，预测 α 值的投资组合管理者都在使用对整个市场一致的估算数据。

在组合构造中，α 值并不只是期望收益的一部分这么简单。它是告知我们某一个证券是被高估还是被低估的核心变量。考虑一只股票，我们从回归分析中得到 β 值，从证券分析中得到 α 值。我们可以轻易地找到拥有相同 β 值也就是在风险溢价中有相同系统性成分的其他证券。因此，真正决定一个证券是否有投资吸引力的是其 α 值，即它的溢价高于其跟随市场指数而产生的溢价。具有正 α 值的证券很划算，因此在整个投资组合中应该增持。相反，负 α 值的证券定价过高，在其他条件相同的情况下，它在投资组合中的权重应该降低。如果条件允许的话，较理想的策略是卖空该证券。

8.5.2 指数组合作为投资资产

假设一个投资公司的投资章程限制其仅能投资标准普尔 500 指数中的股票。假设该公司的分析资源只允许其覆盖标准普尔 500 指数中的一部分股票，如果投资组合中只有这部分股票，这个投资公司的投资经理很可能要担心其投资组合的分散化不足了。

应对分散化不足的简单方法是直接把标准普尔 500 指数作为一个投资资产纳入投资组合。从式（8-5）和式（8-6）来看，如果我们把标准普尔 500 指数看成市场指数，那么它的 β 值为 1（对自身的敏感性），没有公司特有风险，α 值为 0，即其期望收益中不包括非市场风险溢价的部分。式（8-7）显示任意证券 i 和指数的协方差为 $\beta_i\sigma_M^2$。为了区别标准普尔 500 指数与这家投资公司覆盖的 n 只股票，我们把标准普尔 500 指数命名为这家投资公司的第 $n+1$ 个资产。我们可以将标准普尔 500 指数看作当投资经理不进行证券分析时投资的一种被动型资产组合。如果投资经理愿意进行证券分析，那么他可能会构造包含该指数的主动型资产组合，得到更好的风险-收益权衡。

8.5.3 单指数模型的输入列表

构造一个组合，包含 n 家被投资公司主动研究的证券和一个被动投资的市场指数组合（例如标准普尔 500 指数），则输入列表的相关信息如下所示。

- 标准普尔 500 指数的风险溢价。
- 标准普尔 500 指数的标准差估计值。
- n 组如下估计值：①β 估计值；②证券残差的方差；③α 值（证券的 α 估计值；标准普尔 500 指数的风险溢价）。

8.5.4 单指数模型的最优风险组合

单指数模型让人们可以直接求解最优风险组合并能够分析其结果。首先，我们沿着马科维茨模型的思路，能够很容易构建最优化过程并画出在这一框架下的有效边界。

将 α 估计值和 β 估计值，以及指数组合的风险溢价，代入式（8-6）能得到 $n+1$ 个期望收益。将 β 估计值和残差方差以及指数组合的方差，代入式（8-7），可以建立协方差矩阵。给定风险溢价和协方差矩阵，可以按照第 7 章所述方法在 Excel 中实施优化程序。

虽然指数模型使我们更容易实施马科维茨模型以实现有效分散化（第 7 章的重点），但我们可以进一步描述它对于分散化是如何运作的。我们之前展示的等权重投资组合的 α、β 和残差方差是这些参数在组成证券中的简单平均值。对于其他投资组合，这些参数使用投资组合的权重，是加权平均值。具体来说，

$$\alpha_P=\sum_{i=1}^{n+1}w_i\alpha_i,\quad \text{对指数而言},\quad \alpha_{n+1}=\alpha_M=0$$

$$\beta_P=\sum_{i=1}^{n+1}w_i\beta_i,\quad \text{对指数而言},\quad \beta_{n+1}=\beta_M=1$$

$$\sigma^2(e_P)=\sum_{i=1}^{n+1}w_i^2\sigma^2(e_i),\quad \text{对指数而言},\quad \sigma^2(e_{n+1})=\sigma^2(e_M)=0 \tag{8-22}$$

目标是选择投资组合权重，w_1，…，w_{n+1}，使投资组合的夏普比率最大化。在该组合权重下，投资组合的期望收益、标准差和夏普比率为

$$E(R_P)=\alpha_P+E(R_M)\beta_P=\sum_{i=1}^{n+1}w_i\alpha_i+E(R_M)\sum_{i=1}^{n+1}w_i\beta_i$$

$$\sigma_P=[\beta_P^2\sigma_M^2+\sigma^2(e_P)]^{\frac{1}{2}}=\left[\sigma_M^2\Big(\sum_{i=1}^{n+1}w_i\beta_i\Big)^2+\sum_{i=1}^{n+1}w_i^2\sigma^2(e_i)\right]^{\frac{1}{2}}$$

$$S_P=\frac{E(R_P)}{\sigma_P} \tag{8-23}$$

这时，和标准的马科维茨模型一样，我们可以采用 Excel 中的优化程序来最大化夏普比率。然而，这并不是必须的，因为最优组合能用指数模型得到。同时，最优组合的解让人们了解证券分析组合构建中证券分析的用处。我们并不会给出每个代数步骤，而是给出我们的结论以及优化步骤的解释。

在深入研究结果之前，让我们先预览一下模型揭示的基本权衡。如果只对分散化感兴趣，将只持有市场指数。但是证券分析给我们去寻找非零 α 值证券的机会并选择不同的持有头寸。过度持有低估证券的成本是对分散化的背离，更具体地说，承担了不必要的公司特有风险。这个模型显示最优风险组合是在寻找 α 值和偏离有效分散化之间的权衡。

最优风险组合被证明是由两个组合构成的：①主动管理组合，称之为 A，由 n 个经过证券分析的证券组成（之所以称为主动管理组合，是因为其是通过主动的证券分析后构建的组合）；②市场指数组合，这是第 $n+1$ 个资产，目的是实现分散化，称之为被动管理组合并标记为组合 M。

首先假定主动管理组合的 β 值为 1，与指数相同，在这种情况下，在主动管理组合中的最优权重相当于比率 $\sigma_A/\sigma^2(e_A)$。这个比率平衡了主动管理组合的贡献（α 值）以及它对组合方差（残差方差）的贡献。类似地，指数组合的权重相当于 $E(R_M)/\sigma_M^2$，因此，主动管理组合的初始头寸（所谓“初始头寸”，是指如果 β 值等于 1）为

$$w_A^0=\frac{\dfrac{\sigma_A}{\sigma^2(e_A)}}{\dfrac{E(R_M)}{\sigma_M^2}} \tag{8-24}$$

接着，考虑主动管理组合真实 β 值情况对该头寸进行修正。对于任何水平的 σ_A^2，主动管理组合的 β 值越高，主动管理组合与被动管理组合之间的相关性越大。这意味着主动管理组合带来较少的分散化好处，在投资组合中的头寸也应该更小。相应地，主动管理组合的头寸应增加。

主动管理组合头寸的准确调整如下[㊀]：

$$w_A^* = \frac{w_A^0}{1+(1-\beta_A)w_A^0} \tag{8-25}$$

注意，当 $\beta_A=1$ 时，$w_A^*=w_A^0$。

8.5.5　信息比率

由式（8-24）和式（8-25）得到主动管理组合的最优头寸，投资于主动管理组合的权重为 w_A^*，投资于指数组合的权重为 $1-w_A^*$。我们可以计算其期望收益、标准差和夏普比率。最优风险组合的夏普比率会超过指数组合。它们的关系为

$$S_P^2 = S_M^2 + \left[\frac{\alpha_A}{\sigma(e_A)}\right]^2 \tag{8-26}$$

式（8-26）表明主动管理组合（当持有最优权重时）对整个风险组合夏普比率的贡献取决于其 α 值与残差标准差的比率。这个重要的比率称为信息比率（information ratio）。[㊁]它衡量了我们通过证券分析所能获得的超额收益（与我们在相对指数组合超配证券或低配证券时所承担的公司特有风险相比）。因此式（8-26）表明要最大化夏普比率，必须最大化主动管理组合的信息比率。结果表明，如果我们依照每种证券的比率 $\frac{\alpha_i}{\sigma^2(e_i)}$ 进行投资，那么主动管理组合的信息比率将最大化。

该结果有一个令人信服的解释：每种证券的头寸将和 α 值（投资者寻求的）与可分散风险（他们希望避免的）的比率成正比。这个比率越高，他们在主动管理组合中持有的证券就越多。按该比率计算，使得主动管理组合中的总头寸加起来为 w_A^*，每个证券的权重为

$$w_i^* = w_A^* \frac{\alpha_i/\sigma^2(e_i)}{\sum_{i=1}^{n}\frac{\alpha_i}{\sigma^2(e_i)}} \tag{8-27}$$

运用这组权重，可以得到每个证券对主动管理组合信息比率的贡献依赖于它们各自的信息比率，即

$$\left[\frac{\alpha_A}{\sigma(e_A)}\right]^2 = \sum_{i=1}^{n}\left[\frac{\alpha_i}{\sigma(e_i)}\right]^2 \tag{8-28}$$

这个模型因此揭示了信息比率在充分利用证券分析中的核心作用。某一证券的加入对主动管理组合的正面贡献是增加了非市场风险溢价，某一证券加入对组合的负面影响则是公司特有风险带来组合方差的增加。

与 α 值不同，市场部分（系统性）的风险溢价为 $\beta_i E(R_M)$，被单个证券不可分散的（市场）风险 $\beta_i^2\sigma_M^2$ 拖累。两者都受相同的 β 值的影响。这对任何证券来说都一样，因为任何具有相

㊀ 另一种思考方式：更高的 β 值意味着更高的系统性风险。因此，如果主动管理组合的总风险保持固定，β 值增加，则其剩余的风险一定更低。由于剩余的风险更低，与中性的指数策略相比，对主动管理组合过度投资的“成本”则较低，因此该投资组合的头寸会增加。

㊁ 不幸的是，关于这个术语的说法各不相同。一些作者将信息比率定义为相对于无风险资产的超额收益除以每 1 个单位的非系统性风险，使用评价比率来指代 α 相对于非系统性风险的比例。你可能还会看到在计算信息比率时，使用了相对于某些基准被动投资组合（如标准普尔 500 指数）的超额收益。我们始终将信息比率定义为 α 与残差收益的标准差的比率。

同β的证券对风险和收益两者都有相同的平衡贡献。换句话说，证券的β值既不是“罪臣”也不是“功臣”。它是一个同时影响证券风险和风险溢价的因素。

从式（8-27）可以看出，如果一个证券的α值为负，则该证券在最优风险组合中应保持空头头寸。如果禁止卖空，一个具有负α值的证券应该从 Excel 的 Solver 程序中被剔除掉，权重为零。随着具有非零α值的证券数量的增加，主动管理组合本身的分散化程度变得更高，在整个风险组合中主动管理组合的权重也将增加，相应地，市场指数组合权重将降低。

最后注意，仅当所有α值为零时，市场指数组合是一个有效的投资组合，这一点很直观。除非证券分析找到一个α值非零的证券，否则包含这个证券的主动管理组合将使得这个组合的投资吸引力降低。除了其系统性风险之外，虽然会获得市场风险溢价，但这个证券会通过公司特有风险增加组合的方差。当α值为零时，公司特有风险无法通过非市场风险溢价得到补偿。因此，如果所有证券有零α值，那么主动管理组合的最优权重为 0，市场指数组合的权重为 1。然而，当证券分析发现具有非市场风险溢价（即α值非零）的证券时，市场指数组合就不再有效了。

8.5.6　最优化过程总结

一旦证券分析完成，证券和市场指数参数的指数模型估计值就确定了，可以总结最优风险组合的构造过程如下。

第一步，计算主动管理组合中每个证券的原始权重：$w_i^0=\dfrac{\alpha_i}{\sigma^2(e_i)}$。

第二步，调整这些原始权重，使得组合权重和为 1，即 $w_i=\dfrac{w_i^0}{\sum\limits_{i=1}^{n} w_i^0}$。

第三步，计算主动管理组合的α值：$\alpha_A=\sum\limits_{i=1}^{n} w_i\alpha_i$。

第四步，计算主动管理组合的残差：$\sigma^2(e_A)=\sum\limits_{i=1}^{n} w_i^2\sigma^2(e_i)$。

第五步，计算主动管理组合中的原始权重：$w_A^0=\left[\dfrac{\alpha_A/\sigma^2(e_A)}{E(R_M)/\sigma_M^2}\right]$。

第六步，计算主动管理组合的β值：$\beta_A=\sum\limits_{i=1}^{n} w_i\beta_i$。

第七步，调整主动管理组合的原始权重：$w_A^*=\dfrac{w_A^0}{1+(1-\beta_A)w_A^0}$。

第八步，计算最优风险组合的权重：$w_M^*=1-w_A^*$；$w_i^*=w_A^*w_i$。

第九步，计算最优风险组合的风险溢价。根据市场指数组合的风险溢价和主动管理组合的α值，得出最优风险组合的风险溢价$E(R_P)=(w_M^*+w_A^*\beta_A)E(R_M)+w_A^*\alpha_A$。注意市场指数组合的$\beta$值为$w_M^*+w_A^*\beta_A$。

第十步，运用市场指数组合的方差和主动管理组合的残差计算最优风险组合的方差：$\sigma_P^2=(w_M^*+w_A^*\beta_A)^2\sigma_M^2+[w_A^*\sigma(e)_A)]^2$。

8.5.7　实例

我们可以通过使用上面提到的过程构建一个最优投资组合来说明指数模型的实现。为了保持演示的可操作性，我们将假设投资者被限制在一个“投资空间”中，该“投资空间”只包括市场指数和以下6家美国大公司：电信行业的威瑞森公司和美国电话电报公司，零售业的塔吉特公司和沃尔玛公司，以及汽车行业的福特公司和通用公司。这个例子只包含了6只被分析的股票，但是通过选择在同一行业中三对残差相关性较高的公司，我们对指数模型进行了严格的测试。这是因为模型在对协方差矩阵进行估计时忽略了残差之间的相关性。由于忽略了这种相关性，指数模型肯定会低估不同证券之间的协方差。

8.5.8　相关系数与协方差矩阵

表8-6中面板A显示了对市场指数和6种被分析证券风险参数的估计。这些证券具有巨大的公司特有风险（E列）。集中于这些（或其他）证券的投资组合将具有不必要的高波动性和较低的夏普比率。你可以从这些较高的月度残差标准差中看出分散化的必要性。

面板B显示了股票超额收益对市场指数回归之后残差的相关系数矩阵。灰色单元格显示了来自同一行业股票的相关性，两个汽车行业的股票（通用公司和福特公司）的相关性高达0.7。这与指数模型中所有残差都不相关的假设相反。当然，这些相关性在很大程度上是有意设计的，因为我们有意选择了来自同一行业的一对公司。跨行业的两家公司之间的相关性通常要小得多，行业指数（而不是同一行业的单个股票）的残差相关性的实证估计更符合指数模型。事实上，这个样本中的一些股票似乎具有负相关的残差。当然，相关性也受到统计抽样误差的影响，上述结果也可能是一种意外。

面板C展示了单指数模型的协方差［由式（8-7）得到］。市场指数和单个股票的方差显示在灰色单元格中。单个股票的方差估计值等于$\beta_i^2\sigma_M^2+\sigma^2(e_i)$。除了灰色单元格以外的单元格是协方差值，等于$\beta_i\beta_j\sigma_M^2$。

风险溢价预测　表8-6的面板D包含每只股票的α值和风险溢价的估计值。在实际投资过程中，估计这些α值本来是投资公司最核心的能力。但α值的估计在这里只扮演一个小角色，在这个领域，宏观分析和证券分析最重要。在这个例子中，我们只是用示范数值来演示组合构建的过程和可能产生的结果。你可能会奇怪为什么选择这么小的α示范数值，理由是即使证券分析揭示定价明显错误的股票，即大的α值，这些预测在相当大的程度上也受到估计误差的影响。在第27章，我们会讨论如何调整实际预测值。

最优风险组合　表8-6的面板E展示了最优风险组合的计算。现在允许卖空。注意到主动管理组合中（第55行）每个证券的权重都和对应的α值有着相同的符号。在允许卖空的情况下，主动管理组合中的头寸都相当大（如沃尔玛公司的头寸是0.6850，见单元格D48）。这是一个激进型组合，组合的α值2.42%比其组合中任何单个证券的α估计值要大得多。然而这种激进型组合也会导致一个较大的残差平方和（0.0303，相应的残差标准差为17.4%）。因此，主动管理组合的配置权重降低了［见式（8-24）］，最终达到一个适度值（0.1809，单元格C55）。这再次强调了在进行投资组合最优化时应该优先考虑分散化。

最优风险组合（将主动管理组合与市场指数组合结合）的风险溢价是6.05%，标准差是11.72%，夏普比率是0.5165（见单元格J58~J60）。通过比较，市场指数组合的夏普比率是0.4975（见

表 8-6 指数模型的实施

	A	B	C	D	E	F	G	H	I	J
1	A：可投资领域的风险参数（年化）									
2										
3		超额收益标准差	β	系统性成分标准差	残差标准差	与市场指数的相关性				
4	市场指数	0.1206	1.0000	0.1206	0.0000	1.0000				
5	沃尔玛	0.1662	0.2095	0.0253	0.1657	0.1520				
6	塔吉特	0.1925	0.5265	0.0635	0.1833	0.3298				
7	威瑞森	0.1481	0.2375	0.0286	0.1466	0.1934				
8	美国电话电报公司	0.1358	0.2981	0.0360	0.1321	0.2648				
9	福特	0.2546	1.3258	0.1599	0.1999	0.6280				
10	通用汽车	0.2973	1.6613	0.2004	0.2215	0.6739				
11										
12	B：残差相关性									
13										
14		沃尔玛	塔吉特	威瑞森	美国电话电报公司	福特	通用汽车			
15	沃尔玛	1								
16	塔吉特	0.405	1							
17	威瑞森	0.089	−0.071	1						
18	美国电话电报公司	0.193	−0.007	0.624	1					
19	福特	0.095	0.077	−0.230	−0.200	1				
20	通用汽车	0.036	0.175	−0.320	−0.309	0.699	1			
21										
22	C：指数模型协方差矩阵									
23										
24			市场指数	沃尔玛	塔吉特	威瑞森	美国电话电报公司	福特	通用汽车	
25		**Beta**	1.0000	0.2095	0.5265	0.2375	0.2981	1.3258	1.6613	
26	市场指数	1.0000	0.0145	0.0030	0.0077	0.0035	0.0043	0.0193	0.0242	
27	沃尔玛	0.2095	0.0030	0.0276	0.0016	0.0007	0.0009	0.0040	0.0051	
28	塔吉特	0.5265	0.0077	0.0016	0.0371	0.0018	0.0023	0.0102	0.0127	
29	威瑞森	0.2375	0.0035	0.0007	0.0018	0.0219	0.0010	0.0046	0.0057	
30	美国电话电报公司	0.2981	0.0043	0.0009	0.0023	0.0010	0.0184	0.0057	0.0072	
31	福特	1.3258	0.0193	0.0040	0.0102	0.0046	0.0057	0.0648	0.0320	
32	通用汽车	1.6613	0.0242	0.0051	0.0127	0.0057	0.0072	0.0320	0.0884	
33										
34										
35	D：宏观预测与 α 值预测									
36										
37	市场风险溢价		**0.06**							
38		市场指数	沃尔玛	塔吉特	威瑞森	美国电话电报公司	福特	通用汽车		
39	α	0.0000	0.0150	−0.0100	−0.0050	0.0075	0.0120	0.0025		
40	β	1.0000	0.2095	0.5265	0.2375	0.2981	1.3258	1.6613		
41	风险溢价	0.0600	0.0276	0.0216	0.0092	0.0254	0.0915	0.1022		
42										
43	E：最优风险投资组合的计算									
44										
45		市场指数	主动投资组合 A	沃尔玛	塔吉特	威瑞森	美国电话电报公司	福特	通用汽车	整体投资组合
46	$\sigma^2(e)$			0.0275	0.0336	0.0215	0.0174	0.0399	0.0491	
47	$w_i(0)^2=\alpha_i/\sigma^2(e)$		0.7975	0.5463	−0.2975	−0.2328	0.4301	0.3004	0.0509	
48	w_i		1.0000	0.6850	−0.3730	−0.2918	0.5393	0.3767	0.0639	
49	$[w_i(0)]^2$			0.4693	0.1392	0.0852	0.2908	0.1419	0.0041	
50	α_A		0.0242							
51	$\sigma^2(e_A)$		0.0303							
52	$E(R_M)/\sigma^2(M)$		4.1249							
53	$w_A(0)$		0.1933							
54	β_A		0.6441							
55	w^*（最优风险投资组合）	0.8191	0.1809	0.1239	−0.0675	−0.0528	0.0975	0.0681	0.0116	
56										
57	β	1.0000	0.6441	0.2095	0.5265	0.2375	0.2981	1.3258	1.6613	0.9356
58	风险溢价	0.0600	0.0628	0.0276	0.0216	0.0092	0.0254	0.0915	0.1022	0.0605
59	标准差	0.1206	0.1907							0.1172
60	夏普比率	0.4975	0.3295							0.5165

单元格 B60），这并不比最优风险组合低多少。这种微小的改善源于我们采用的保守的 α 预测。在探讨市场效率的第 11 章以及绩效评估的第 24 章中，我们展示了这类结果在共同基金行业中是很普遍的。当然，也有少数投资经理能够实现并确实实现了超越平均水平的投资表现。

这里有趣的问题是，指数模型产生的结果与全协方差（马科维茨）模型产生的结果的差异程度有多大。图 8-4 展示了两个模型在示例数据中的有效边界。（图 8-4 中的差异反映了协方差估计的不同，而不是投资者实际在风险与收益之间权衡的能力差异。）我们发现，实际上这两个模型的有效边界是相似的。对于保守型投资组合（波动性较低，位于图 8-4 的左侧），指数模型低估了波动性，因此高估了预期表现。对于激进型投资组合（波动性较高，位于图 8-4 的右侧），指数模型高估了波动性，因此低估了预期表现。

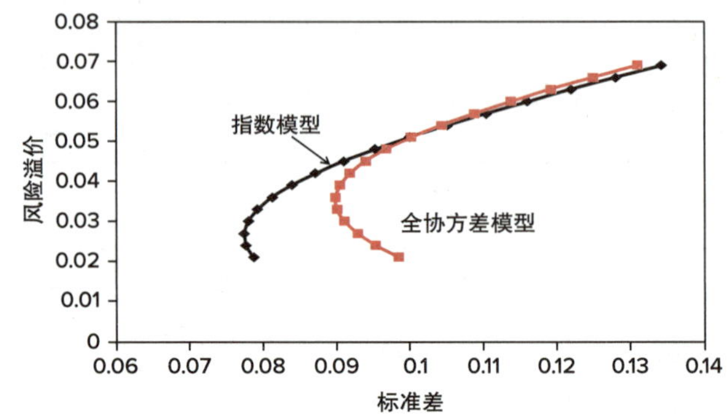

图 8-4 由指数模型和全协方差模型构建的有效边界

表 8-7 比较了两种模型得到最优风险组合的构成和预期业绩表现。使用全协方差模型得到的投资组合权重利用了残差之间的相关性。例如，沃尔玛公司的 α 值为正，塔吉特公司的 α 值为负，所以沃尔玛公司被做多，塔吉特公司被做空。因为两家公司的残差是正相关的，所以全协方差模型比指数模型显示出的沃尔玛公司的正头寸和塔吉特公司的负头寸更为极端，依赖于两家公司之间的相关性来抵消高的多头头寸和高的空头头寸带来的风险。然而，这两个模型建议的投资组合权重相差不大，而且全协方差模型的最优风险组合只是具有略高的风险溢价估计值和略高的标准差估计值，夏普比率几乎相同。即使在这个例子中，我们将指数模型应用到预期会具有相关性残差的成对公司，以此来挑战指数模型，但指数模型仍然提供了非常接近全协方差模型的结果。

表 8-7 比较从指数模型和全协方差模型得出的最优风险组合

	指数模型	全协方差模型
A. 最优风险模型的权重		
市场指数	0.82	0.90
沃尔玛	0.13	0.17
塔吉特	−0.07	−0.14
威瑞森	−0.05	−0.18
美国电话电报	0.10	0.19
亚马逊	0.07	0.08
通用汽车	0.01	−0.03
B. 组合特征		
风险溢价	0.060 5	0.063 9
标准差	0.117 2	0.123 8
夏普比率	0.516 5	0.516 3

指数模型比全协方差模型差吗 在某种程度上，指数模型肯定不如全面的全协方差模型：它附加了可能不完全准确的额外假设。但是，正如我们的例子所说明的那样，还远远不清楚指数模型在实际应用中是否会落后。

作为一个类比，考虑在回归方程中添加额外解释变量的问题。从某种意义上说，这些变量应该是无害的，因为它们只是给方程提供了额外的参数，用来拟合出统计关系。我们知道，添加解释变量在大多数情况下会增加 R^2，而在任何情况下 R^2 都不会下降。但这并不一定意味着这是更好的回归方程。[⊖]一个更好的标准是，是否包含那些既有助于提高样本内解释能力，又

⊖ 调整后的 R^2 可能会下降，增加的变量并没有足够的解释能力来弥补额外的自由度。

有助于提高样本外预测精度的变量。在添加变量时，即使是添加那些看起来很重要的变量，有时也会不利于提升预测的准确性。解释变量的预测值取决于两个方面：其系数估计的精度和其值预测的精度。当我们添加额外的解释变量时，我们在这两方面都引入了错误。因此，一个在包含解释变量方面"吝啬"的简约模型实际上可能会产生更准确的预测结果。

这个问题同样适用于用全面的马科维茨模型取代指数模型。与指数模型相比，马科维茨模型在资产协方差结构建模方面具有更大的灵活性。但如果我们不能以足够的准确性估计这些协方差，这种优势就可能只是虚幻的。使用马科维茨模型引入了数千个风险估计值。即使完整的马科维茨模型在原则上是更好的，如此大量的估计误差产生的累积效应很可能会导致其构建的投资组合实际上不如指数模型构建的投资组合。

与马科维茨模型的潜在优势相比，指数模型提供的框架具有明显的实践优势。它在分散化和证券分析方面提供了很大的帮助。

小结

1. 一个经济的单指数模型把不确定性分为系统性的（宏观的）因素和公司特有的（微观）因素。指数模型认为宏观因素可以用市场股票指数来代表。
2. 单指数模型大大减少了在马科维茨投资组合构建过程中所需要输入的数据，而且指数模型有助于证券分析中的专业化分工。
3. 根据指数模型的详细内容，投资组合或资产的系统风险等于 $\beta^2\sigma_M^2$，而两项资产的协方差为 $\beta_i\beta_j\sigma_M^2$。
4. 指数模型通过运用超额收益率的回归分析来估计。回归曲线的斜率是资产的 β 值，而截距是样本期间资产的 α 值，回归线也称为证券特征线。
5. 从业人员通常使用总收益率而不是超额收益率来估计指数模型。这使得他们估计的 α 值等于 $\alpha+r_f(1-\beta)$。
6. 随着时间的推移，β 值表现出向 1 趋近的趋势，而 β 值预测规则试图去预测这种趋势。此外，其他财务变量可以用来帮助预测 β 值。
7. 采用主动策略的最优投资组合所包含的证券，其比例与证券的 α 值成正比，与证券的公司特有方差成反比。完整风险组合是主动组合与被动市场指数投资组合的混合体。指数投资组合用来加强整体风险头寸的分散化程度。

习题

1. 为了获得有效分散化的组合，指数模型相对于马科维茨模型的优缺点是什么？
2. 管理组合时从单纯跟踪指数到主动管理的转变的优缺点是什么？
3. 公司特有风险达到什么样的程度会影响主动型投资者持有指数组合的意愿？
4. 我们为什么称 α 值为非市场收益溢价？对于采用主动投资策略的投资经理，为何高 α 值的股票更有吸引力？其他参数不变，组合成分股的 α 值上升，组合的夏普比率将如何变化？
5. 一个投资组合管理机构分析了 60 只股票并用这 60 只股票构造了均值-方差有效组合：
   a. 要构造最优组合，需要估计多少个期望收益率、方差、协方差？
   b. 如果可以合理假设股票市场的收益结构与单指数模型非常相似，则估计量为多少？
6. 表 8-8 是两只股票的估计：

表 8-8

股票	期望收益（%）	β	公司特定标准差（%）
A	13	0.8	30
B	18	1.2	40

假设市场指数标准差为 22%，无风险利率为 8%。

a. 股票 A 和 B 的标准差是多少？

b. 假设我们建立一个组合，股票 A 占 30%，股票 B 占 45%，短期国债占 25%，计算组合的期望收益、标准差、β 值和非系统性标准差。

7. 考虑图 8-5 中股票 A 和 B 的回归线。

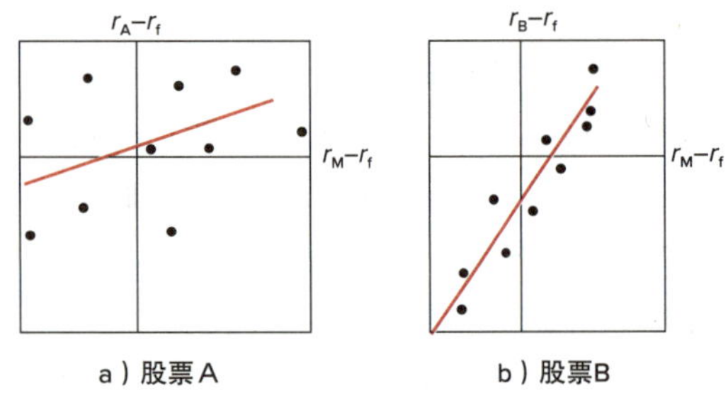

图 8-5

a. 哪只股票的公司特有风险更高？

b. 哪只股票的系统性风险更高？

c. 哪只股票的 R^2 更高？

d. 哪只股票的 α 值更高？

e. 哪只股票和市场相关性更高？

8. 考虑股票 A 和 B 的（超额收益）指数模型回归结果：

$R_A=1\%+1.2R_M$

$R^2=0.576$

残差标准差=10.3%

$R_B=-2\%+0.8R_M$

$R^2=0.436$

残差标准差=9.1%

a. 哪只股票的公司特有风险更高？

b. 哪只股票的市场风险更高？

c. 哪只股票的收益波动性更好地由市场变动来解释？

d. 如果无风险利率为 6%，而回归使用的是总收益而非超额收益，那么股票 A 的回归截距是多少？

用以下关于股票 A 和股票 B 的数据回答第 9～14 题，假设指数模型回归使用的是超额收益。

$R_A=3\%+0.7R_M+e_A$

$R_B=-2\%+1.2R_M+e_B$

$\sigma_M=20\%;R_A^2=0.20;R_B^2=0.12$

9. 每只股票的标准差是多少？

10. 将每只股票的方差分解为系统性和公司特有的两个部分。

11. 两只股票之间的协方差和相关系数是多少？

12. 每只股票与市场指数的协方差是多少？

13. 组合 P 投资 60%于股票 A，投资 40%于股票 B，重新回答问题 9、问题 10 和问题 12。

14. 组合 Q 投资 50%于组合 P，投资 30%于市场指数，投资 20%于短期国债，重新回答问题 13。

15. 一只股票的 β 估计值为 1.24。

a. “β 资料集”如何计算该股票的调整 β 值？

b. 假设你估计如下回归模型来描述 β 值随时间变化的趋势：

$$\beta_t=0.3+0.7\beta_{t-1}$$

你对明年 β 值的预测是多少？

16. 根据当前的股利水平和预期增长率，股票 A 和 B 的期望收益分别为 11%和 14%，β 值分别为 0.8 和 1.5，短期国债的利率为 6%，标准普尔 500 指数的期望收益率为 12%，年标准差分别为 10%和 11%。如果你现在持有被动的指数组合，你会选择哪只股票增加到自己的组合中？

17. 假设投资经理根据宏观预测和微观预测，得到以下输入列表（见表 8-9 和表 8-10）。

表 8-9　微观预测

资产	期望收益率（%）	β	残差标准差（%）
股票 A	20	1.3	58
股票 B	18	1.8	71
股票 C	17	0.7	60
股票 D	12	1	55

表 8-10　宏观预测

资产	期望收益率（%）	标准差
短期国库券	8	0
被动权益组合	16	23

a. 计算各股票的预期超额收益、α 值和残差方差。

b. 构建最优风险投资组合。

c. 该最优风险投资组合的夏普比率是多少？

d. 与一个纯粹的被动指数策略相比，主动组合的头寸使得夏普比率提高了多少？

e. 对于一个风险厌恶系数为 2.8 的投资者来说，整个投资组合（包括无风险资产）的构成应该是怎样的？

18. 当不允许卖空时，基于第 17 题的信息回答下列问题。

 a. 根据夏普比率，这个约束的成本是多少？

 b. 假设投资者的风险厌恶系数 $A=2.8$，投资者的效用值损失了多少？

19. 假设基于分析师过去的表现，你估计 α 的预测值和 α 的实际值之间的关系为

$$\alpha \text{ 的实际值}=0.3\times\alpha \text{ 的预测值}$$

 a. 使用经过适当调整后的 α 预测值重做问题 17。

 b. 认识到 α 的实际值和 α 的预测值之间存在的关系，对预期业绩有多大影响？

20. 假设表 8-6 第 39 行中的 α 预测值翻倍。所有其他数据保持不变。

 a. 使用最优化过程总结的步骤估算新最优组合的信息比率和夏普比率粗略估计值。

 b. 重新计算整个 Excel 实例（见第 8.5.7 节的内容），找到最优风险组合，并验证你的粗略估计值。

CFA 考题

1. 将 ABC 与 XYZ 两只股票在 2006—2010 年 5 年间的年化月收益率数据与市场指数做回归，得到如下结果（见表 8-11）。

表　8-11

统计量	股票 ABC	股票 XYZ
α	-3.2%	7.3%
β	0.6	0.97
R^2	0.35	0.17
残差标准差	13.02%	21.45%

试说明这些回归结果告诉了分析师 5 年间两只股票风险收益关系的什么信息。假定两只股票包含在一个分散化组合中，结合下列取自两个经纪商最近两年间的周数据，评价上述回归结果对风险收益关系的意义（见表 8-12）。

表　8-12

经纪商	股票 ABC 的 β	股票 XYZ 的 β
A	0.62	1.45
B	0.71	1.25

2. 假设 Baker 基金和市场指数的相关系数为 0.7，那么其总风险中有多少是非系统性的？

3. Charlottesville 国际基金和 EAFE 市场指数的相关系数为 1，EAFE 的期望收益为 11%，Charlottesville 国际基金的期望收益为 9%，无风险利率为 3%。基于这一分析，Charlottesville 国际基金的 β 是多少？

4. β 概念与下列哪个关系最紧密？

 a. 相关系数

 b. 均值-方差分析

 c. 非系统性风险

 d. 系统性风险

5. β 和标准差是不同的风险度量，原因在于 β 度量________。
   a. 非系统性风险，标准差度量总风险
   b. 系统性风险，标准差度量总风险
   c. 系统性和非系统性风险，标准差度量非系统性风险
   d. 系统性和非系统性风险，标准差度量系统性风险

概念检查答案

8-1 a. 总市场资本为 6 300 美元，所以市场指数组合的平均超额收益为

$$\frac{3\,000}{6\,300}\times10\%+\frac{1\,940}{6\,300}\times2\%+\frac{1\,360}{6\,300}\times17\%=9.05\%$$

b. 股票 A 与股票 B 间的协方差等于：

$$\text{Cov}(R_A,R_B)=\beta_A\beta_B\sigma_M^2=1\times0.2\times0.25^2=0.012\,5$$

c. 股票 B 与市场指数组合之间的协方差等于：

$$\text{Cov}(R_B,R_M)=\beta_B\sigma_M^2=0.2\times0.25^2=0.012\,5$$

d. 股票 B 的方差为

$$\sigma_B^2=\text{Var}(\beta_BR_M+e_B)=\beta_B^2\sigma_M^2+\sigma^2(e_B)$$

系统风险为 $\beta_B^2\sigma_M^2=0.2^2\times0.25^2=0.002\,5$

公司特有风险：

$$\sigma^2(e_B)=\sigma_B^2\beta_B^2\sigma_M^2=0.30^2-0.2^2\times0.25^2=0.087\,5$$

8-2 各种股票方差为 $\beta^2\sigma_M^2+\sigma^2(e)$。

股票 A：方差为 0.122 4，标准差为 35%。

$$\sigma_A^2=0.9^2\times0.20^2+0.30^2=0.122\,4$$

$$\sigma_A=35\%$$

股票 B：方差为 0.058 4，标准差为 24%。

$$\sigma_B^2=1.1^2\times0.20^2+0.10^2=0.058\,4$$

$$\sigma_B=24\%$$

协方差为 0.039 6。

$$\beta_A\beta_B\sigma_M^2=0.9\times1.1\times0.20^2=0.039\,6$$

8-3 $\sigma^2(e_P)=(1/2)^2[\sigma^2(e_A)+\sigma^2(e_B)]$

$$=1/4\times(0.30^2+0.10^2)=0.025\,0$$

标准差为 $\sigma(e_P)=0.158=15.8\%$

8-4 “β 资料集”中关于波音公司的信息显示，$\alpha=1.1\%$，$\beta=1.368$，而我们被告知 r_f 为每月 0.2%。因此 $\alpha=1.1\%+(1-1.368)\times0.2\%=1.026\%$。

在这种情况下，指数模型和 β 资料集中的 α 非常接近，因为 r_f 很小，而且 β 接近 1。

8-5 具有正的调整因子的行业总是对经济非常敏感。因为企业的经营风险高，所以它们的 β 的期望值较高。反之亦然。

PART 3

第三部分

资本市场均衡

第 9 章

资本资产定价模型

资本资产定价模型（CAPM）是现代金融经济学的奠基石之一。该模型对资产风险与其期望收益之间的关系给出了精准的预测。这一模型发挥着两个重要作用。首先，它为评估潜在投资提供了一个基准收益率。举例来说，当我们分析证券时，会十分关注某只股票在给定的风险水平下，其期望收益与其“合理”收益之间的差异。其次，该模型帮助我们对还没有上市交易资产的期望收益做出合理的估计。例如，如何对首次公开发行的股票定价？一个新的重大投资项目会对公司股票的收益率产生怎样的影响？尽管资本资产定价模型与实际验证的结论并不完全一致，但因其提供了较强的洞察力，故而仍得到了广泛应用。这个模型的各个版本都保留了一个中心结论：只有系统性风险才会有风险溢价。虽然衡量系统性风险的最佳方法很微妙，但所有更复杂的版本都可以被视作在这个基础思想上对基本资本资产定价模型的演绎。

9.1 资本资产定价模型概述

资本资产定价模型是基于风险资产期望收益均衡基础上的预测模型。哈里·马科维茨于 1952 年建立了现代投资组合管理理论。12 年后，威廉·夏普[⊖]、约翰·林特纳[⊜]与简·莫森[⊜]将其发展为资本资产定价模型。从马科维茨的投资组合管理理论发展到资本资产定价模型经历了一个较长的过程，这说明资本资产定价模型的建立是一个复杂的过程。

CAPM 基于表 9-1 中列出的两组假设。第一组涉及投资者行为，我们假设投资者在最重要的方面是相似的，特别是他们都具有共同时间期限的均值-方差优化偏好以及在使用相同的输入变量时会输出一组共同信息。第二组假设与市场结构有关。CAPM

表 9-1　CAPM 的假设

1. 投资者行为

a. 投资者是理性的，投资者行为基于均值-方差优化准则

b. 他们共同的计划期限是一个单一的时期

c. 投资者都使用相同的输入列表，这种假设通常被称为同质期限。同质期望与所有相关信息的公开可用的假设是一致的

2. 市场结构

a. 所有资产均在公共交易所公开持有和交易

b. 投资者能够以一个标准的无风险利率借贷，并且他们有能力在交易的证券上建立空头头寸

c. 没有税

d. 没有交易成本

⊖ William Sharpe, “Capital Asset Prices: A Theory of Market Equilibrium,” *Journal of Finance*, September 1964.

⊜ John Lintner, “The Valuation of Risk Assets and the Selection of Risky Investments in Stock Portfolios and Capital Budgets,” *Review of Economics and Statistics*, February 1965.

⊜ Jan Mossin, “Equilibrium in a Capital Asset Market,” *Econometrica*, October 1966.

假设市场运作良好，几乎没有交易摩擦。即使粗略考虑也会发现这些假设条件相当苛刻，我们有理由怀疑从中得出的理论是否经得起实证检验。因此，我们将在本章后面谈论当放宽这些限制性假设中的一个或多个时，该模型的预测结果可能如何变化。

尽管如此，CAPM 的基本版本依旧是一个很好的起点。虽然适当量化风险和对模型的更复杂变形的确对风险-收益权衡的预测可能不同，但基本模型的核心含义"风险溢价与系统性风险的暴露程度成正比，与公司特定风险无关"，在其拓展模型中仍然普遍有效。基于这种共性，尽管该模型存在实证上的缺点，但基本的 CAPM 仍然被广泛使用。

因此，我们首先假设所有投资者都通过有效分散化模型优化他们的投资组合。也就是说，每个投资者使用输入列表（期望收益和协方差矩阵）来绘制一个利用所有可用风险资产的有效边界，并通过绘制有效边界的切线资本配置线（CAL）来确定一个有效的风险投资组合 P，如图 9-1a 所示。由此每个投资者持有可投资范围内的证券，且其权重由马科维茨理论优化过程得出。请注意，该框架假设投资者行为均依据均值-方差优化准则；所有资产都公开在交易所交易；投资者可以以无风险利率借贷，因此可以从相切投资组合的 CAL 中选择投资组合。

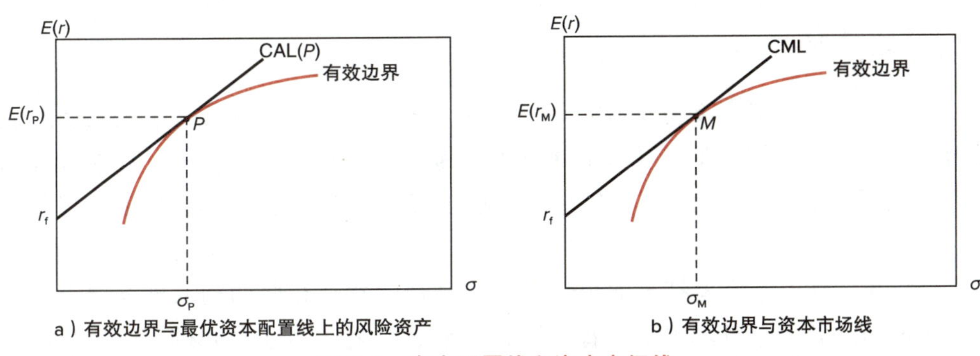

a）有效边界与最优资本配置线上的风险资产　　b）有效边界与资本市场线

图 9-1　资本配置线和资本市场线

CAPM 关注如果所有投资者共享相同的可投资领域并使用相同的输入列表来绘制其有效边界将会发生什么。使用相同的输入列表显然需要假设 1（c），但请注意，它也依赖于假设 1（b），即每个投资者都在针对相同的投资期限进行优化。它还隐含地假设投资者的选择不会受到可能影响净收益率的税率或交易成本差异的影响［假设 2（c）和 2（d）］。

9.1.1　市场组合

根据这些假设，投资者通过计算得到风险资产相同的有效边界就不奇怪了。面对相同的无风险利率［假设 2（b）］，他们会画出相同的 CAL 切线并自然地得到相同的风险组合 P。因此所有的投资者都会在每一个风险资产上选择相同的权重。这些权重是什么？

资本资产定价模型的一个重要观点是：因为市场组合是所有风险资产组合的加总，市场组合内的资产比例也是投资者的持有比例［注意这个结论依赖于假设 2（a），因为它需要所有的资产都能够交易，并被包括在投资者的组合中］。所以，如果所有投资者选择相同的风险资产组合，这个组合一定是市场组合，也就是所有可投资资产的价值加权总和。

每只股票在这个资产组合中所占的比例等于股票的市值（每股价格乘以公司股票总股数）占股票总市值的比例。[⊖]这意味着，如果通用电气公司的股票在每一个普通的风险资产组合中

⊖ 正如前面所提到的，为了方便我们使用"股票"作为整个经济中的代表，市场投资组合恰好包括经济中的所有资产。

所占的比例为1%，那么该股票在整个市场投资组合中所占的比例也是1%。这一结论对每一个投资者的风险资产组合中的任一股票都适用。作为结果，所有投资者的最优风险资产组合只是图9-1中市场投资组合的一部分而已。

因此，基于每个投资者最优风险资产组合之上的资本配置线实际上就是图9-1b所示的资本市场线。这个应用让我们能够就风险-收益权衡有更多的发挥。

现在假定投资者的最优资产组合中不包含某些公司的股票，例如不包括达美航空公司的股票，当所有投资者对达美航空公司股票的需求为零时，该股票的价格将会相应下跌。当这一股价变得异乎寻常的低廉时，相比于其他股票，它会变得对投资者有吸引力。最终，达美航空公司的股价会达到一个具有足够吸引力的价格，使达美航空公司的股票完全可以被纳入最优的股票资产组合。

这样的价格调整过程保证所有股票都被纳入最优资产组合，这说明了所有的资产都必须包括在市场投资组合中。唯一的问题在于在怎样的价位上投资者才愿意将一只股票纳入其最优资产组合。

9.1.2 被动策略是有效的

在第6章，我们定义资本市场线为资本配置线，它是由货币市场账户（或短期国债）和市场投资组合构成的，现在你大概可以清楚地看出：为什么说资本市场线是资本配置线的一个有趣特例。在资本资产定价模型的基本形式中，市场投资组合M是在有效边界上最优的切线投资组合。

在这个情形下，所有投资者持有的市场投资组合都建立在相同的输入列表之上，其中包含了证券市场中所有的相关信息。这意味着投资者无须进行复杂的证券分析，通过直接持有市场投资组合即可得到有效资产组合（当然，如果每个人都采用这样的资产组合而没有人进行证券市场分析工作的话，以上情形也就不复存在了。关于这一点，我们将在第11章有效市场假说中再做详尽的讨论）。

因此，投资于市场指数组合这样一个被动策略是有效的，我们有时把这一结论称为**共同基金原理**（mutual fund theorem）。共同基金原理就是曾在第7章讨论过的分离特性的另一种形式。如果所有投资者可以自由地选择持有市场组合，他们不会反对将所有股票替换为一个持有市场组合的单一共同基金。

概念检查 9-1

如果只有少数投资者进行证券分析，而其他人都选择持有市场投资组合M，那么证券的资本市场线对于未进行证券分析的投资者而言仍然是最有效的资本配置线吗？为什么？

在现实中，不同的投资管理者创立了很多不同于市场指数的风险资产组合。我们认为是由于投资者在选择最优资产组合时使用不同的输入列表产生了这个结果。尽管如此，共同基金原理的重要性在于一个被动投资者，不自行参与证券分析，可以将市场指数组合作为一个有效的风险资产组合的合理近似。

专栏华尔街实战9-1总结了一些关于指数基金的争论。如果被动策略是有效的，那么那些试图超越它的策略只是增加了研究和交易费用，却没带来补偿该成本的好处，从而导致了更差的结果。

华尔街实战 9-1　为什么投资指数基金

指数基金在很长一段时间内被认为是投资者可以做的最明智的投资之一。它们是成本低廉，充分分散化的投资，而且能够带来相当不错的收益，超过了大部分的主动管理型基金。在 2007 年，沃伦·巴菲特打了一个赌注为 100 万美元的赌，他认为标准普尔 500 指数基金的收益会在 10 年内超过一个主动管理型对冲基金的收益，而且他压倒性地赢了。

巴菲特的这次赌局可能已经足够说服某些人开始把指数基金加入他们的投资组合，但如果你想要更多有说服力的证据，可以继续阅读本专栏内容，从而理解什么是指数基金而且它们为什么如此受欢迎。

指数基金就是追踪市场指数（例如标准普尔 500 指数）表现的共同基金，即投资于包括股票和债券等在内的其他资产组合。有些指数是针对某些特定的板块、地区和证券交易所来制定的。这些追踪指数表现的基金包含了和指数自身几乎相同的资产及对应的投资比例。

投资指数基金主要有三种好处：大范围的分散化、低成本和相当不错的收益。

（1）大范围的分散化。投资指数基金最显然的好处就是你的投资组合立刻就分散化了。例如，一个追踪标准普尔 500 指数的指数基金有 500 种不同的资产。当你的资金投资于如此多的资产后，收益率的上升和下降幅度会比较小。

（2）低成本。费率是指共同基金向其投资者收取的年费，通常是所投资资产价值的 1%。主动管理型共同基金的费率通常高于 1%，这是考虑到基金经理在选择资产上的花费。所以，如果你投资了 10 万美元，那么你每年的费用可能超过 1 000 美元。然而，指数基金是被动管理型基金。因为他们追踪一个特定指数，所以基金经理没有做什么额外的工作，这降低了费率。其中很多指数基金收取的费用低于资产价值的 0.07%。当你在一个费率为 0.07%的指数基金投资了 10 万美元，你将支付每年 70 美元的费用，相比于 1%的费率下的 1 000 美元，这可不是少了一点半点。

自然地，指数基金的换手率比主动管理型基金更低。换手率以一年内共同基金所持有的资产被替换的比例来度量。如果那些资产卖出的价值比买入时更高，那么这两者之间的差异被称为资本利得，人们需为其缴税。这对指数基金来说不是大问题，指数基金的换手率低，每年为 1%~2%，而一些主动管理型基金的换手率可达 20%甚至更高。

（3）相当不错的收益。当巴菲特在打这个价值 100 万美元赌注的赌时，他知道，即使是最聪明的、最勤奋的基金经理也不能持续打败指数基金。依据标准普尔公司最新数据，仅 23.51%的主动管理型基金在 5 年内的表现超过了指数基金。

无论你是不是投资的新手，指数基金都是一个非常好的可加入你的投资组合的投资品种。虽然选择一个适合你的指数基金需要时间，但一旦你做到了，你就可以不用操心太多事情，让“钱生钱”。

资料来源：Kailey Fralick, “3 Reasons You Should Be Investing in Index Funds,” The Motley Fool, March 1, 2019, https://www.fool.com/investing/2019/03/01/3-reasons-you-should-be-investing-in-indexfunds.aspx. Reprinted with permission.

9.1.3　市场组合的风险溢价

在第 6 章中，我们讨论了个人投资者如何确定投资于风险资产组合的资金比例这一问题。如果所有投资者选择投资于市场组合 M 和无风险资产，我们怎样确定市场投资组合 M 中的均衡风险溢价？

回顾前面的内容可知，每位投资者投资于最优资产组合 M 的资金比例为 y，那么有：

$$y=\frac{E(r_M)-r_f}{A\sigma_M^2} \tag{9-1}$$

其中，$E(r_M)-r_f=E(R_M)$是市场组合的风险溢价（期望超额收益）。

概念检查 9-2

从过去 90 年标准普尔 500 指数数据得到如下数据：平均超额收益为 8.3%，标准差为 20.1%。

a. 如果以上数据近似地反映投资者在这段时间的预期，那么投资者的平均风险厌恶系数是多少？

b. 如果风险厌恶系数的实际值为 3.5，那么符合市场历史标准差的风险溢价是多少？

在形式简化的资本资产定价模型的经济中，无风险投资包括所有投资者之间的借入和贷出，任何借入头寸必须同时有债权人的贷出头寸来平衡。这意味着所有投资者之间的净借入与净贷出的总和为零，因此，以代表性投资者的风险厌恶系数 $\overline{A}$ 代替 A，风险资产组合的平均比例为100%，或 $\overline{y}=1$。设 $y=1$，代入式（9-1）加以整理，我们发现市场投资组合的风险溢价与其方差和平均风险厌恶水平有关。

$$E(R_{\mathrm{M}})=\overline{A}\sigma_{\mathrm{M}}^{2} \tag{9-2}$$

当投资者购买股票时，他们的需求提振了股票价格，因此降低了其期望收益和风险溢价。但是当风险溢价降低时，投资者会把他们在有风险的市场组合中的资金转投在无风险资产上。在均衡中，市场组合的风险溢价必须足够高，使得投资者愿意持有全部股票的供给。如果风险溢价过高，那么会导致投资者对股票的超额需求，从而使价格上升；如果风险溢价过低，那么会导致投资者对股票的需求不足，从而使价格下降。式（9-2）告诉我们，市场投资组合的均衡风险溢价与市场风险成正比，市场风险是通过其收益的方差来衡量的，同时也与投资者的风险厌恶水平 $\overline{A}$ 成正比。

9.1.4 单个证券的期望收益

资本资产定价模型认为，单个证券的合理风险溢价取决于单个资产对投资者所有资产组合风险的贡献程度。对于投资者而言，资产组合风险的重要性在于投资者根据资产组合风险来确定他们要求的风险溢价。

由于所有投资者都采用相同的输入列表，这意味着他们的期望收益、方差和协方差都相同，因此都会用市场组合作为最优风险组合。正如第 7 章提到的那样，我们可以用边界的协方差矩阵以及市场组合的权重来计算市场组合的方差。我们在刻画市场组合中的 n 只股票的基础上突出通用电气，从而测算出通用电气对市场组合风险的贡献。

投资组合比重	w_1	w_2	…	w_{GE}	…	w_n
w_1	$\mathrm{Cov}(R_1, R_1)$	$\mathrm{Cov}(R_1, R_2)$	…	$\mathrm{Cov}(R_1, R_{\mathrm{GE}})$	…	$\mathrm{Cov}(R_1, R_n)$
w_2	$\mathrm{Cov}(R_2, R_1)$	$\mathrm{Cov}(R_2, R_2)$	…	$\mathrm{Cov}(R_2, R_{\mathrm{GE}})$	…	$\mathrm{Cov}(R_2, R_n)$
⋮	⋮	⋮		⋮		⋮
w_{GE}	$\mathrm{Cov}(R_{\mathrm{GE}}, R_1)$	$\mathrm{Cov}(R_{\mathrm{GE}}, R_2)$	…	$\mathrm{Cov}(R_{\mathrm{GE}}, R_{\mathrm{GE}})$	…	$\mathrm{Cov}(R_{\mathrm{GE}}, R_n)$
⋮	⋮	⋮		⋮		⋮
w_n	$\mathrm{Cov}(R_n, R_1)$	$\mathrm{Cov}(R_n, R_2)$	…	$\mathrm{Cov}(R_n, R_{\mathrm{GE}})$	…	$\mathrm{Cov}(R_n, R_n)$

如前所述，我们通过将协方差矩阵的所有元素加总来计算资产组合的方差，首先要将行与列的所有资产组合权重相乘。因此，每只股票对资产组合方差的贡献率可以表示为股票所在行协方差的总和。这里每个协方差都要首先乘以每只股票所在行和列的权重。[⊖]

所以，通用电气公司股票对市场组合方差的贡献为

$$w_{\mathrm{GE}}[w_1\mathrm{Cov}(R_1,R_{\mathrm{GE}})+w_2\mathrm{Cov}(R_2,R_{\mathrm{GE}})+\cdots+w_{\mathrm{GE}}\mathrm{Cov}(R_{\mathrm{GE}},R_{\mathrm{GE}})+\cdots+w_n\mathrm{Cov}(R_n,R_{\mathrm{GE}})] \tag{9-3}$$

⊖ 替代方法是通过计算 GE 在行和列中对应元素的总和来衡量其对市场方差的贡献的。在此情形下，GE 的贡献将是式（9-3）中的两倍。我们在正文中所采取的方法在证券间分配投资组合风险贡献，确保每只股票的贡献总和与整体投资组合方差相匹配；而替代方法的总和则是整体投资组合方差的两倍。这种差异是由于双重计数造成的，即每只股票的行和列都被计入，导致矩阵中的每个条目被重复计算。无论使用哪种方法，GE 对市场方差的贡献与其市场收益的协方差成正比。

注意到方括号里的每一项都可以重新表达为 $w_i\text{Cov}(R_i,R_{\text{GE}})=\text{Cov}(w_iR_i,R_{\text{GE}})$。此外，由于协方差的可加性，方括号中的各项之和为

$$\sum_{i=1}^{n} w_i\text{Cov}(R_i,R_{\text{GE}})=\sum_{i=1}^{n}\text{Cov}(w_iR_i,R_{\text{GE}})=\text{Cov}\left(\sum_{i=1}^{n} w_iR_i,R_{\text{GE}}\right) \tag{9-4}$$

因为 $\sum_{i=1}^{n} w_iR_i=R_{\text{M}}$，所以式（9-4）表明：

$$\sum_{i=1}^{n} w_i\text{Cov}(R_i,R_{\text{GE}})=\text{Cov}(R_{\text{M}},R_{\text{GE}})$$

所以，通用电气公司股票对市场投资组合方差的贡献程度可以简单地表示为 $w_{\text{GE}}\text{Cov}(R_{\text{M}},R_{\text{GE}})$。

我们对这一结果并不感到惊讶。例如，如果通用电气公司股票与市场上其他股票的协方差为负，那么该股票对市场投资组合的贡献是“负的”：因为通用电气公司股票的收益率与市场上其他股票收益率的变动方向相反，所以与整个市场投资组合的收益率变动也相反，即通用电气公司股票使得整体投资组合收益更稳定。如果协方差是正的，那么通用电气公司股票对市场投资组合风险的贡献也是正的，即它的收益增强了其余投资组合的收益变动。[⊖]

同时可以看到，我们持有通用电气公司股票对整个市场投资组合的风险溢价的贡献为 $w_{\text{GE}}E(R_{\text{GE}})$。因此，投资通用电气公司股票的收益-风险比率可以表达为

$$\frac{\text{通用电气对风险溢价的贡献}}{\text{通用电气对方差的贡献}}=\frac{w_{\text{GE}}E(R_{\text{GE}})}{w_{\text{GE}}\text{Cov}(R_{\text{GE}},R_{\text{M}})}=\frac{E(R_{\text{GE}})}{\text{Cov}(R_{\text{GE}},R_{\text{M}})}$$

市场投资组合是切线（有效均值-方差）上的资产组合。投资于市场投资组合的收益-风险比率为

$$\frac{\text{市场风险溢价}}{\text{市场方差}}=\frac{E(R_{\text{M}})}{\sigma_{\text{M}}^2} \tag{9-5}$$

式（9-5）中的比率通常也叫**风险的市场价格**（market price of risk），因为它测度的是投资者承担投资风险时所要求的收益。注意有效组合的组成部分，比如通用电气公司的股票，我们用其对资产组合方差的贡献程度来测度风险（取决于与市场投资组合的协方差）。相反，对于有效组合本身来说，方差就是最合适的风险测度。[⊜]

均衡的一个基本原则是所有投资都应该具有相同的收益-风险比率。如果某一投资的收益-风险比率高于其他投资，投资者将会重新安排投资组合，增加那个更好的投资，避开差的投资。这一操作会给证券价格带来变动压力，直至所有资产的收益-风险比率相等。因此，通用电气公司股票的收益-风险比率应该与市场组合的收益-风险比率相等：

$$\frac{E(R_{\text{GE}})}{\text{Cov}(R_{\text{GE}},R_{\text{M}})}=\frac{E(R_{\text{M}})}{\sigma_{\text{M}}^2} \tag{9-6}$$

为了测算通用电气公司股票的合理风险溢价，我们将式（9-6）稍微变换一下得到：

⊖ 对投资组合方差的贡献为正并不意味着分散化投资是没有任何好处的。将通用电气公司的股票从投资组合中剔除会导致投资组合中的其余股票的权重增加，而这会带来更大的投资组合方差的上升。尽管每个协方差为正的证券对方差的贡献都为正，但通过将更多股票包括在投资组合中，并且降低它们的权重（即分散化投资），可以使得方差降低。注意在式（9-1）中，投资于风险组合的最优资金比例与其风险溢价和方差之比正相关，而非标准差。

⊜ 不幸的是，市场投资组合的夏普比率为 $\frac{E(r_{\text{M}})-r_f}{\sigma_{\text{M}}}$。它有时被视为风险的市场价格，但实际上它不是。风险单位是方差，所以风险的价格将收益与方差关联起来（或与增量风险的协方差关联起来）。

$$E(R_{GE})=\frac{Cov(R_{GE},R_M)}{\sigma_M^2}[E(R_M)] \tag{9-7}$$

这里 $Cov(R_{GE},R_M)/\sigma_M^2$ 衡量了通用电气公司股票对市场投资组合方差的贡献程度，是市场投资组合方差的组成部分。这一比率也叫作贝塔，用β表示。这样，式（9-7）可以表示为

$$E(r_{GE})=r_f+\beta_{GE}[E(r_M)-r_f] \tag{9-8}$$

这个**期望收益-贝塔关系**（expected return-beta relationship）就是资本资产定价模型最基本的一种表达方式。

期望收益-贝塔关系告诉我们，总期望收益率是无风险利率（对"等待"的补偿，即货币的时间价值）加上风险溢价（对"担忧"的补偿，特别是关于投资收益）的总和。此外，它对风险溢价的大小做出了非常具体的预测：它是"基准风险溢价"（指广义市场投资组合的风险溢价）与特定资产相对风险的乘积，其中特定资产相对风险通过β来衡量，即该资产对整体风险资产组合风险的贡献。

注意风险溢价不依赖于投资的总波动性。例如，某家研发新药公司的股票表现可能大获成功，也可能彻底失败，往往具有极大的波动性。但股票的投资者不会因此要求高期望收益，因为他们认识到，公司的成功在很大程度上独立于宏观经济风险和投资组合其他部分的收益，因此这种公司的股票对整体投资组合风险的贡献度较低。CAPM 预测系统性风险应被"定价"，意味着它具有风险溢价，但公司特定风险不应被市场定价。

如果期望收益-贝塔关系对任何单独资产都成立，那么它对资产的任意组合或加权平均也一定成立。假设资产组合 P 中股票 k 的权重为 w_k，k 值为 $1,2,\cdots,n$。对每只股票均引用式（9-8）的资本资产定价模型，并乘以它们各自在资产组合中所占的权重，每只股票可以得到以下等式：

$$\begin{aligned}
w_1E(r_1)&=w_1r_f+w_1\beta_1[E(r_M)-r_f]+\\
w_2E(r_2)&=w_2r_f+w_2\beta_2[E(r_M)-r_f]+\\
\cdots&=\cdots+\\
w_nE(r_n)&=w_nr_f+w_n\beta_n[E(r_M)-r_f]\\
\hline
E(r_P)&=r_f+\beta_P[E(r_M)-r_f]
\end{aligned}$$

将横线上方的各等式左右两边分别相加，得到横线下方的等式，即所有资产组合的资本资产定价模型。这里 $E(r_P)=\sum_k w_kE(r_k)$ 是资产组合的期望收益率，$\beta_P=\sum_k w_k\beta_k$ 是资产组合的贝塔值。另外，这一结果对市场组合本身也是有效的：

$$E(r_M)=r_f+\beta_M[E(r_M)-r_f]$$

事实上，$\beta_M=1$，这确实是一种重复，可以用式（9-9）来证明：

$$\beta_M=\frac{Cov(R_M,R_M)}{\sigma_M^2}=\frac{\sigma_M^2}{\sigma_M^2}=1 \tag{9-9}$$

这也证实了所有资产贝塔系数的加权平均值为 1。如果市场贝塔值为 1，并且市场投资组合是整个经济中所有资产的组合，那么所有资产的加权平均贝塔值也必定为 1。如果贝塔值大于 1，那么就意味着投资于高贝塔值的股票要承担高于市场平均波动水平的风险，而贝塔值小于 1 则意味着投资趋于保守。

值得注意的是：我们已经习惯认为管理水平较高的企业会带来高收益率。如果我们衡量的是公司在厂房和设备方面投资的收益，那么这种说法是对的，然而资本资产定价模型预测的是

对公司证券投资的收益。

我们假定所有人都认为某个公司运营良好。相应地，该公司的股票价格将会上升，结果购买该股票的股东的投资收益会随着股价的不断上升而无法取得超额收益。换句话说，证券市场价格已经反映了有关公司市场前景的一切公开信息，因此只有公司的风险（正如资本资产定价模型中 β 值所反映的一样）会影响到期望收益率。在一个运作良好的市场中，投资者想要获取较高的期望收益率必须要承担较高的风险。

> **概念检查 9-3**
>
> 假定市场投资组合风险溢价的期望值为 8%，标准差为 22%。假设一个资产组合的 25% 投资于丰田汽车公司股票，75% 投资于福特汽车公司股票，它们各自的 β 值分别为 1.10 和 1.25，那么该资产组合的风险溢价为多少？

当然，投资者不能直接看出或确定证券的期望收益率。不过，他们可以观察证券价格并通过出价来影响证券价格的变化。相比于某些投资可累计现金流，期望收益率由投资者必须支付的价格来决定。

9.1.5　证券市场线

我们可以把期望收益-贝塔关系视为收益-风险等式。证券的 β 值之所以是测度证券风险的适当指标，是因为 β 与证券对最优风险资产组合风险的贡献度成正比。

基于均值-方差准则的风险厌恶型投资者通过方差来衡量最优风险资产组合的风险。所以我们认为，单项资产的风险溢价取决于其对资产组合风险的贡献程度。股票的贝塔值衡量的是它对市场组合方差的贡献程度。因此，所要求的风险溢价是关于 β 值的函数。资本资产定价模型论证了这一点，并表明证券的风险溢价与 β 值和市场投资组合的风险溢价成正比，即证券的风险溢价等于 $\beta[E(r_M)-r_f]$。

期望收益-贝塔关系可以用图形表示为**证券市场线**（security market line，SML），如图 9-2 所示。因为市场的 β 值为 1，其斜率就是市场投资组合的风险溢价，横轴为 β 值，纵轴为期望收益率，当横轴的 $\beta=1$ 时，这一点就是市场投资组合的期望收益率。

我们认为有必要对证券市场线和资本市场线进行比较。资本市场线描绘了有效资产组合（即由风险资产和无风险资产构成的资产组合）的风险溢价是资产组合的标准差函数。标准差可以用来衡量有效分散化的资产组合，即投资者总的资产组合风险。相比较而言，证券市场线刻画的是单个风险资产的风险溢价，它是该资产风险的一个函数。可以衡量高度分散化资产组合中单个资产风险的并不是其标准差或方差，而是该资产对资产组合方差的贡献度，我们用 β 值来测度这一贡献度。证券市场线对有效资产组合和单个资产均适用。

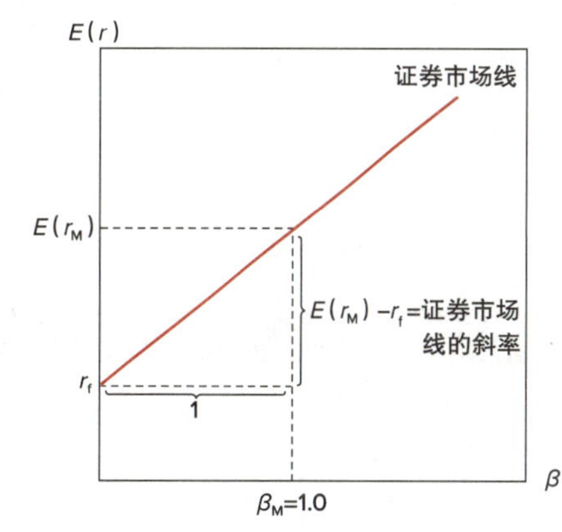

图 9-2　证券市场线

证券市场线为评估投资业绩提供了一个基准。给定一项投资的 β 值，证券市场线就能得出投资者为了补偿风险所要求的期望收益率和货币的时间价值。

由于证券市场线是期望收益-贝塔关系的几何图形表述，所以“公允定价”资产一定落在证券市场线上。也就是说，它们的期望收益率与其风险是相匹配的。根据前面所给出的假定，在均衡市场中，所有证券都必须位于证券市场线上。由此可以看出资本资产定价模型在资产管理行业中的应用。假定证券市场线是用来估计风险资产公允期望收益率的基准，证券分析旨在推算证券的实际期望收益（注意我们现在脱离简单的资本资产定价模型，来讨论某些投资者依据自己的独特分析得出的不同于其他竞争对手的一个“输入列表”）。如果一只股票被认为是好股票或者被低估的股票，那么它将提供超过证券市场线给定的公允收益率。被低估的股票期望收益率将会高于证券市场线所给出的公允收益率：在给定β值的情况下，其期望收益率高于根据资本资产定价模型所得出的收益率。被高估的股票的期望收益率低于证券市场线上所给出的公允收益率。

股票的实际期望收益率与公允期望收益率之间的差，我们称为股票的**阿尔法**（alpha），记作α。例如，如果市场期望收益率为14%，股票的β值为1.2，短期国债利率为6%，通过证券市场线计算得出的股票期望收益率为6%+1.2×(14%−6%)=15.6%。如果某投资者认为这只股票的期望收益率为17%，那么其隐含的α值为1.4%（见图9-3）。

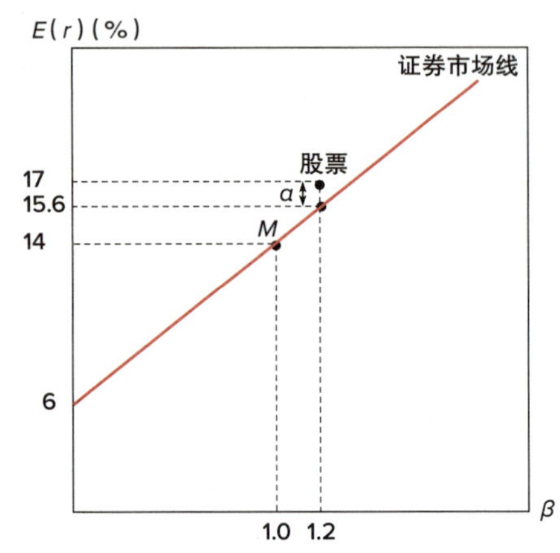

图 9-3 证券市场线和一只α值为正的股票

有人认为证券分析是找出α非零的证券。这一分析显示资产组合管理的起点是一个被动的市场指数资产组合。资产组合管理者将增加α大于零的证券的比例，减少α小于零的证券的比例。我们在第8章展示了一种按照该方法来调整资产组合中资产比例的策略（Treynor-Black模型）。

资本资产定价模型同样适用于资本预算决策。一个企业如果打算投资新项目，资本资产定价模型给出了基于β值的必要收益率，这一收益率是投资者可以接受的。管理者可以运用资本资产定价模型得到该项目的内部收益率（IRR）或“必要收益率”。

【例9-1】 资本资产定价模型的应用

资本资产定价模型的另一个应用是关于公共事业费率的确定。问题是一家受监管的公共事业企业在工厂和设备上的投资应被允许获得多高的投资收益。假设股东的初始投资是1亿美元，股票的β值为0.6，如果短期国债利率为6%，市场风险溢价为8%，那么股东投资1亿美元所要求的公允利润率为6%+0.6×8%=10.8%，或要求的公允利润额为1 080万美元。企业应该根据这一预期利润水平来确定价格。

概念检查 9-4

XYZ股票的期望收益率为12%，$\beta=1$，而ABC股票的期望收益率为13%，$\beta=1.5$。市场的期望收益率为11%，$r_f=5\%$。

a. 根据资本资产定价模型，哪只股票更值得投资？

b. 每只股票的α各是多少？画出证券市场线并在图中标出每只股票的风险-收益点和α值。

概念检查 9-5

假设无风险利率为8%，市场投资组合的期望收益率为16%，某项投资项目的β值为1.3。

a. 这一项目的必要收益率是多少？

b. 如果该项目的期望IRR=19%，是否应该投资该项目？

9.1.6　资本资产定价模型和单指数市场

指数模型认为证券收益可以由下式表达：

$$R_i = \alpha_i + \beta_i R_M + e_i \tag{9-10}$$

指数模型表明，任意一只股票已实现的超额收益等于市场因子 $\beta_i R_M$、非市场溢价 α_i 以及公司特有风险 e_i 三个已实现的超额收益之和。因为公司特有风险期望值等于 0，股票 i 的期望超额收益，即风险溢价由式（9-11）给出：

$$E(R_i) = \alpha_i + \beta_i E(R_M) \tag{9-11}$$

CAPM 的期望收益-贝塔关系为 $E(R_i)-r_f=\beta_i[E(R_M)-r_f]$。用超额收益的形式来表达，这个风险收益关系为

$$E(R_i) = \beta_i E(R_M) \tag{9-12}$$

比较式（9-11）和式（9-12），我们可以看到，根据 CAPM，每一只股票 α_i 的均衡价值为 0。CAPM 的逻辑是，股票提供超过无风险收益溢价的唯一原因是股票带来系统性风险，投资者必须得到补偿。正的 α 意味着没有风险的收益。投资者将追求正 α 的股票并抬高其价格；价格更高时，期望收益率将会更低。同样地，投资者将避开或卖空负 α 的股票，压低价格并提高其期望收益率。这种投资组合的再平衡将持续到所有 α 值都被推至 0。此时，投资者将满足于完全分散化以消除特有风险，即持有尽可能广泛的市场投资组合。当所有股票的 α 为 0 时，市场投资组合是最佳风险投资组合。[⊖]

当然，如果你用指数模型进行回归［见式（9-10）］，那么你会发现在某些特定的样本期间，一些公司会表现得更好（与投资者预期相比），因此有正的 α，而有些公司的表现会令投资者失望而且 α 为负。但如果 CAPM 是正确的，则任何一组股票的 α 估计值应该集中在 0 附近。我们将在第 11 章中提供有关此预测的证据。

9.2　资本资产定价模型的假设和延伸

从一开始我们就注意到，CAPM 是一个建立在一系列令人不安的限制性假设上的精致模型。当我们试图推广该模型以适应更现实的假设时，预测风险-收益关系会发生什么变化？在本节中，我们将回顾基本模型的一些变体。我们将通过表 9-1 中那些令人怀疑的特定假设来组织讨论。我们将发现模型的某些部分发生了重要的变化，但系统性风险和可分散风险之间的根本区别仍然存在。

9.2.1　相同的输入列表

假设 1（c）显得要求很高，但实际上并没有那么大的问题。当绝大部分的信息是公开的时，投资者对公司前景的判断一般会很一致。此外，使用不同输入列表的投资者的交易行为会相互抵消，从而使价格最终反映市场的普遍预期。我们之后会考虑部分投资者会投入资源获取私人信息，而且能从未反映该信息的价格中获利。但不论怎样，至少在没有私人信息的情况下，投资者应该会假设 α 值为 0。

⊖ 回顾第 8 章，在主动型投资组合中，α 为 0 的股票的权重为 0［参见式（8-24）］。因此，若所有的 α 都是 0，那么被动市场投资组合就是最优的风险投资组合。

另外，做空股票的障碍［假设2（b）排除了这点］会推翻上述结论。我们认识到，出于以下三个原因，做空相比做多并不那么容易操作。

（1）拥有一项资产空头头寸的投资者所背负的负债可能是无限制的，因为资产价格可能会无止境地上涨。因此一个大的空头头寸将要求数额巨大的抵押，进而这部分抵押将无法被用于投资其他风险资产。

（2）任何提供给做空者的股票数量都是有限的。投资者不能借到股票去做空的情况时有发生。

（3）很多投资公司被禁止做空操作。美国和其他一些国家甚至使用法规进一步限制做空。

为什么做空很重要？当股价高于其内在价值时，理性投资者会做空，从而抑制股价上涨。然而因为卖空存在阻碍，这种防止价格飙高到不可持续水平的市场自然行为也受到阻碍。这种价格的迅猛增长是市场调整，甚至崩溃的前兆，也是所定义的“泡沫”的一个重要组成部分。

假设1（c）的另外一个问题是税，因为两个投资者可以从同一只股票中实现不同的税后收益。针对“输入列表”的这种扭曲现象，原则上可能导致不同的税后最优风险投资组合，因此CAPM要求假设2（c）（即无税）。尽管如此，虽然CAPM扩展了对股利和资本收益征收个人所得税，但没有确凿的证据表明税是影响股票收益的主要因素。[㊀]对这一负面发现的合理解释依赖于“客户群效应”和供应效应。如果承担高税费的投资者回避高收益（股利支付）股票，从而迫使这些股票降低价格，那么不承担税费的投资者会认为这些股票是便宜货，并且增加了对这些股票的需求。另外，如果公司认为高股利收益率会降低股票价格，公司只会用股票回购代替股利，增强客户群效应，从而抵消对税费的影响。

9.2.2 无风险借贷和零β模型

违反假设2（b）的借款限制（或借款利率显著高于贷款利率）也可能给CAPM带来问题，因为借款人和贷款人会拥有不同的相切投资组合，从而得到不同的最优风险投资组合。市场投资组合将不再是每个投资者的最佳风险投资组合。默顿和罗尔[㊁]分别提出了有效边界资产组合的一系列有趣特点，其中一些如下。

（1）由两种有效边界上的投资结合而形成的任何资产组合都在其本身的有效边界上。

（2）因为每个投资者仍然会从有效边界中选择他或她的最优风险投资组合，所以市场投资组合将是各个有效投资组合的集合，因此市场投资组合本身（来自第一个特点）就是有效的。

（3）有效边界上的任一投资组合，除去其中的最小方差组合，在有效边界下半部分都存在一个与其不相关的“伴随”资产组合。由于这些“伴随”资产组合不相关，因此叫作有效组合的**零β资产组合**（zero-beta portfolio）。如果我们选择市场投资组合M和它的零β资产组合Z，那么我们可以得到如资本资产定价模型的公式：

$$E(r_i)-E(r_Z)=[E(R_M)-E(R_Z)]\frac{\mathrm{Cov}(r_i,r_M)}{\sigma_M^2}=\beta_i[E(r_M)-E(r_Z)] \tag{9-13}$$

式（9-13）类似于CAPM的证券市场线，除了将无风险利率替换为“伴随”市场组合的零

㊀ Michael J. Brennan, “Taxes, Market Valuation, and Corporate Finance Policy,” *National Tax Journal*, December 1973.

㊁ Robert C. Merton, “An Analytic Derivation of the Efficient Portfolio Frontier,” Journal of Financial and QuantitativeAnalysis, 1972. Roll, ; and Richard Roll, “A Critique of the Asset Pricing Theory’ s Tests: Part I: On Past and Potential Testability of the Theory,” *Journal of Financial Economics* 4 (1977) .

β 投资组合。费雪・布莱克[㊀]用这种性质证明了式（9-13）就是当投资者面临借入限制时资本资产定价模型的形式。

风险承受能力强的投资者希望通过借贷以提高他们在相切投资组合中的杠杆比例，但是借款能力的限制或借贷利率之间的利差阻碍了他们这样做。那些想借款并给他们的组合加杠杆的投资者，发现不可行或太昂贵时会倾向于买入高 β 而避开低 β 的股票。所以，高 β 的股票的价格会上升，风险溢价会下降。式（9-13）中，市场投资组合的风险溢价小于基本 CAPM 预测的风险溢价，因为零 β 投资组合的期望收益大于无风险利率，因此承担系统风险的收益较小。换句话说，SML 比在基本 CAPM 中更平坦。

9.2.3　工资收入与非交易性资产

要提出所有资产都是可交易的假设［假设 2（a)］，以下结论是必不可少的：市场投资组合是 CAPM 的核心，是所有投资者共同选择的风险投资组合。事实上，许多资产不可交易。私营企业是经济中的重要组成部分，但根据定义，这些企业不会进行交易。人力资本和个人的收入来源也不能交易。依据对相对规模的粗略估计，我们注意到在 2018 年，员工薪酬占国民收入的比例超过了 60%。这似乎表明人力资本的价值远远高于可交易资产的总市值。私营企业的市场价值也处于同一数量级。

这些因素表明投资者可能会得出截然不同的“最优风险投资组合”。以家族企业的所有者为例，他们的财富已经高度依赖企业的成功。出于谨慎，他们会避免进一步投资与自己行业高度相关的资产。同样，投资者应避免投资与其个人收入正相关的股票。例如，达美员工应避免投资于航空公司及相关业务。上述考虑产生的不同投资需求，可能破坏指数投资组合在均值-方差上的有效性。

从某种程度上讲，私营企业与可交易证券有着不同的风险特征。能够对冲私营企业特有风险的可交易资产组合可能面临来自私营企业主的更高需求。这种组合的资产价格相对资本资产定价模型而言较高，这些证券的期望收益相对于其系统性风险可能较低。事实上，Heaton 和 Lucas 已经证明，将私营企业主的收入引入基本的资本资产定价模型能提升模型的预测精度。[㊁]

工资收入的总量以及它的特殊性质对资本资产定价模型的有效性有着重要影响。工资收入对均衡收益的影响可以从它对个人资产组合选择的重要影响中体现。人力资本很少会被“跨期”交易，而且运用可交易证券对冲风险要比不可交易的私营企业更困难。这可能会导致对工资支出高的劳动密集型公司股票的套期保值需求：当工资收入普遍低时，这些公司会表现得很好，因此可以作为对工资收入不确定性的对冲。由此对证券价格产生的压力，可能会使这些股票的均衡期望收益率低于 CAPM 预测的水平。

在存在不同规模的个人工资收入（相对于非工资性收入）的经济体中，迈耶斯[㊂]推导出均衡的期望收益-贝塔关系式。他发现基本 CAPM 中的均值-贝塔关系必须进行以下的修正：例

㊀ Fischer Black, “Capital Market Equilibrium with Restricted Borrowing,” *Journal of Business*, July 1972.

㊁ John Heaton and Deborah Lucas, “Portfolio Choice and Asset Prices: The Importance of Entrepreneurial Risk, *Journal of Finance* 55 (June 2000). This paper offers evidence of the effect of entrepreneurial risk on both portfolio choice and the risk-return relationship.

㊂ David Mayers, “Nonmarketable Assets and Capital Market Equilibrium under Uncertainty,” in *Studies in the Theory of Capital Markets*, ed. M. C. Jensen (New York: Praeger, 1972).

如，将人力资本和金融资产一起加入市场投资组合，并要求考虑资产收益和总人力资本“投资组合”的收益的协方差。

工资收入的其他影响还与整个经济体中的风险共享的分布情况有关。例如：年轻投资者常常有很多的人力资本（因为他们在一生中还有很长的时间可以工作），但几乎没有金融资产。除非他们可以借入资金来投资，否则他们无法买很多股票。因此，中年或老年投资者承担了经济体中绝大部分的金融风险，这种金融风险集中在部分人群的情形，会导致市场风险溢价高于根据式（9-2）推断出的结果[⊖]。

一个与此相关的影响是，年轻投资者和中老年投资者对于经济风险（包括政治风险或技术冲击）的套期保值需求完全相反，从而改变了工资收入相对于企业利润的分配。那些中老年投资者持有了太多的金融资产和较少的人力资本（因为他们年龄偏大，所以剩余的工作年限更短），可能会投资于那些在人力资本收益高时表现好的公司。这些投资可以弥补他们在人力资本上由于年龄太大造成的“短缺”，但提升了这些公司的股票价格（降低了其期望收益）。这种套期保值需求，意味着投资者不再愿意持有一部分的市场投资组合，会破坏基本 CAPM 中的期望收益-方差关系。我们之后就会讲到类似的套期保值需求所带来的影响。

9.2.4 多期模型与对冲组合

假设 1（a）指出，只有财富的均值和方差对投资者而言很重要。请考虑以下问题。

第一个问题：你愿意拥有 110 万美元的财富，而石油价格为每桶 400 美元，还是拥有 100 万美元的财富，而石油价格每桶 40 美元？如果你是一个能源消费大户，那么你可能会选择较少的现金以及较低的能源价格。能源价格较低的情景能够让你在其他消费品上花费更多。

第二个问题：你愿意拥有 100 万美元的财富，10%的实际利率，还是拥有 110 万美元的财富，1%的实际利率？你可能会选择较少的财富，但投资能够获得更高的收益。在财富较少、利率较高的情况下，你的消费水平可能会更高。

第三个问题：你愿意拥有 100 万美元的财富，而市场标准差为 10%，还是拥有 110 万美元的财富，而市场标准差为 50%？你可能会想要较少的财富和更低的波动性。这样你可以更轻松地在市场指数中投入更多的财富，它会为你的整个投资组合带来更高的风险溢价。

上面的三个问题表明，投资者应该关心的不仅仅是以现金衡量的财富风险和收益，他们还应该关注财富可以为他们带来的消费水平。因此对于假设 1（a），投资者优化了他们投资组合价值的均值和方差是有问题的。该假设没有考虑到资产收益与通货膨胀或住房、能源等重要消费项目价格的相关性。它还没有考虑到对资产收益率与“投资机会集”参数之间的相关性，例如资产收益率波动性的变化。对可用于对冲这些“市场外风险”资产的额外需求，将推高其价格并降低其相对于 CAPM 的预测风险溢价。

类似的市场外风险因素将出现在多期模型中。当我们采用假设 1（b）时，我们忽略了这一因素：将投资者限制在一个共同的单期期限内。如果假设未来利率可能下降，投资者对这一事件感到不满是因为利率会降低他们在未来所取得的预期收入。当利率下降时，收益率更高的资产（例如长期债券）将对冲这种风险，从而获得更高的价格和更低的风险溢价。由于这种对冲

⊖ George M. Constantinides, John B. Donaldson, and Rajnish Mehra, “Junior Can’t Borrow: A New Perspective on the Equity Premium Puzzle,” Quarterly Journal of Economics 117 (2002), pp. 269-296.

需求，描述未来投资机会的任何参数的相关性可能违背 CAPM 中的均值-贝塔关系。

罗伯特·默顿通过设计资产定价模型，彻底改变了金融经济学，使我们能够检验这些对冲需求的影响。[㊀]在他的基本模型中，默顿放松了关于投资者的“单期”假设。他设想个人优化终生消费/投资计划，并不断调整他们的消费/投资决策，以适应财富、价格和投资机会的变化。在一个特殊情况下，当投资组合收益的不确定性是风险的唯一来源时，投资机会随时间保持不变（即无风险利率或市场投资组合或个人证券收益的概率分布没有变化）。默顿所谓的跨期资本资产定价模型（ICAPM）预测了与基本 CAPM 相同的期望收益-贝塔关系。[㊁]

但是把额外的风险来源考虑进来时，情形发生了变化。这些额外的风险分为两大类：一类是关于描述投资机会的参数发生变化，如未来无风险利率、期望收益率或市场投资组合风险。例如，实际利率会随时间变化而变化。如果实际利率在未来一个时期下降，那么投资者的财富水平在当前只能支撑一个低的实际消费水平。这可能会导致未来的消费计划，比如退休金支出，出现问题。根据一些证券的收益率随无风险利率变化而变化的程度，投资者将会选择资产组合来对冲风险，从而会抬高这些具有对冲功能的资产价格（并降低收益率）。如果投资者能找到当其他参数值（本例中的无风险利率）发生不利方向变化时收益更高的资产，他将会牺牲一些自己原计划的期望收益。

另一类额外风险的来源是可以用财富购买的消费品价格。来看一下通货膨胀风险的例子。除了名义财富的期望水平和波动性外，投资者必须关注在生活上的花费——一笔钱能买到什么。因此，通货膨胀风险是市场上重要的风险来源之一，投资者可能愿意牺牲一些期望收益来购买那些当生活费用增加时，收益率会更高的证券。这样，可以对冲这种通货膨胀风险的证券需求会影响到资产组合的选择及其期望收益。我们可以通过此结论进一步得出，对冲需求可能来自消费者支出的子行业，比如，投资者可能竞相购买能源公司股票来规避能源价格的不确定性。这类效应可能描述了任何能够对冲额外市场风险的资产。

一般来说，假设我们可以识别 K 种额外市场风险，我们就可以找到分别与之相关的 K 种对冲风险资产组合。因此，默顿的跨期资本资产定价模型的期望收益-贝塔关系等式将产生多指数形式的证券市场线：

$$E(R_i)=\beta_{iM}E(R_M)+\sum_{k=1}^{K}\beta_{ik}E(R_k) \tag{9-14}$$

其中，β_{iM} 是我们熟悉的市场指数资产组合的 β，而 β_{ik} 是第 k 种对冲资产组合的 β。这个等式表明证券 i 的风险溢价等于它对其所暴露所有相关风险来源的补偿之和。等号右边的第一项是暴露在市场风险中的风险溢价。等号右边的第二项是每个额外市场风险来源的基准风险溢价乘以与该风险源相关的证券贝塔值。因此，这个式子将单因素 SML 推广到了有多个系统性风险来源的世界。

9.2.5　基于消费的资本资产定价模型

资本资产定价模型的原理与上一节提到的对冲需求告诉我们，将注意力集中在消费上可能

㊀ 默顿的经典作品收录在 *Continuous-Time Finance*（Oxford，U. K.：Basil Blackwell，1992）。

㊁ Eugene F. Fama 也在“Multiperiod Consumption-Investment Decisions”上发表了相似的观点，*American Economic Review* 60（1970）。

有好处。这样的模型首先由马克·罗宾斯坦、罗伯特·卢卡斯和道格拉斯·布里顿提出。[一]

在一个终身消费/投资计划中，投资者必须权衡各个阶段的用于当期消费和用于支撑未来消费的储蓄与投资。当达到最优时，每增加 1 美元当前消费所带来的效用值必须等于将这 1 美元用于投资带来未来消费所产生的效用值。

假如你希望将部分储蓄配置于风险资产组合中来提高预期的消费增长率。我们如何来测度这些资产的风险？一般来说，在经济窘迫时（消费机会匮乏时）一个单位的收入对投资者的价值要高于在其经济富裕时（消费机会富裕时）一个单位收入对投资者的价值。因此一项资产与消费的增长有着正的协方差，那么从消费的角度来讲它的风险就会更大。换句话说，当消费处在很高的水平时，它的收益更大；当消费受抑制时，它的收益更低。可见，与消费的增长有着高协方差的资产拥有更高的均衡风险溢价。根据这一观点，我们可以将资产的风险溢价写作"消费风险"的函数：

$$E(R_i)=\beta_{iC}\mathrm{RP}_C \tag{9-15}$$

资产组合 C 可以被称为跟踪消费的资产组合（也叫模拟消费资产组合），即与消费增长相关性最高的资产组合；β_{iC} 表示资产 i 的超额收益 R_i 回归于模拟消费资产组合超额收益的回归系数；RP_C 是与消费不确定性相关的风险溢价，它测度的是跟踪消费资产组合的期望超额收益，即

$$\mathrm{RP}_C=E(R_C)=E(r_C)-r_f \tag{9-16}$$

我们注意到，这一结果与传统的资本资产定价模型高度相似。基于消费的资本资产定价模型（CCAPM）中，跟踪消费的资产组合类似基本资本资产定价模型中的市场投资组合，这与它关注消费机会的风险，而不是投资组合中单位价值的风险和收益一致。跟踪消费的资产组合的超额收益率同市场投资组合（M）的超额收益率起到同样的作用，两种计算方法都是线性单因素模型，区别在于模型中因子不同。

由于基于消费的资本资产定价模型与基本资本资产定价模型高度相似，一些人会怀疑它的有效性。正如并非所有资产都具有可交易性导致资本资产定价模型在实证上存在缺陷一样，基于消费的资本资产定价模型也同样存在该问题。该模型的吸引力在于它将消费对冲以及可能的投资机会的变换结合起来。当然紧密结合也要付出代价。同可以观测到每日价格的金融资产相比，消费增长数据发布的频率较低（最多每月一次），并且在测度上存在较大的误差。尽管如此，最近的研究表明[二]，这一模型相比于资本资产定价模型更能成功地解释资产的收益，这也是学习投资学的学生需要熟悉这一模型的原因。我们将在第 13 章中再来讨论基于消费的资本资产定价模型及其经验证据。

9.2.6 流动性与资本资产定价模型

最后，交易成本会抑制交易活动，这与假设 2（d）（没有交易成本）相悖。事实上这些模型都没有涉及交易活动。例如，在均衡的资本资产定价模型中，所有投资者拥有相同的信息和

[一] Mark Rubinstein, "The Valuation of Uncertain Income Streams and the Pricing of Options," *Bell Journal of Economics and Management Science* 7 (1976), pp. 407-425; Robert Lucas, "Asset Prices in an Exchange Economy," *Econometrica* 46 (1978), pp. 1429-1445; Douglas Breeden, "An Intertemporal Asset Pricing Model with Stochastic Consumption and Investment Opportunities," *Journal of Financial Economics* 7 (1979), pp. 265-296.

[二] Ravi Jagannathan and Yong Wang, "Lazy Investors, Discretionary Consumption, and the Cross-Section of Stock Returns," *Journal of Finance* 62 (August 2007), pp. 1633-1661.

相同的风险资产组合。这一结果的含义是不存在交易动机。如果所有投资者持有相同的风险资产组合，那么当新信息出现时，价格会出现相应的变化，但每个投资者依然会继续持有市场投资组合的一部分，无须发生任何资产交易。这样的假设显然与日常观察结果大相径庭。一个显而易见的答案就是投资者异质信念，即整个市场并非所有投资者都持有相同信念。投资者为获取更多的利益将会利用这些私人信息，根据不同的需求调整自己的资产组合。实际上，交易（和交易费用）对投资者来说非常重要。

资产的**流动性**（liquidity）是指资产以公允的市场价格卖出的速度及卖出的难易程度。流动性的一部分是交易费用问题，特别是指买卖价差。一部分是价格影响，即当投资者准备进行大额交易时，可能遇到价格反向变动。还有一部分是及时性——快速卖出资产而不用大打折扣的能力。相反，非流动性可以通过一个公允市场价格的折扣部分来衡量，为了使资产尽快出售，人们必须接受这种折价。具有完美流动性的资产在交易时不需要支付这种非流动性折扣。

流动性（或缺乏流动性）一直被看作影响资产价格的一个重要因素。例如，在许多法院的判例中，法院经常对那些不可公开交易的公司资产大打折扣。这可能是由于相对于大宗交易诸如房地产交易的费用来说，证券市场的交易费用微不足道，因此流动性在证券市场上通常不被认为是一个重要因素。Amihud 和 Mendelson 的论文[㊀]在这一方面取得突破性影响。今天，流动性越来越被视为影响价格和期望收益的重要因素。在这里我们仅做一个简要介绍，在第 13 章中将给出实证证据。

证券交易成本的一个重要组成部分是买卖价差。例如，在电子交易市场，限价指令订单包括“内部价差”，即在某投资者愿意卖出的最低价格与另一投资者愿意买入的最高价格之间存在的差值。有效的买卖价差也取决于期望交易的规模。大宗买卖将要求交易者更接近限价指令订单并接受不太具有吸引力的价格。电子交易市场的内部价差通常会很低，但有效价差可能会非常大，因为绝大多数限价指令只对小额交易起作用。

现在我们越来越强调信息不对称引起的价差部分。信息不对称是指交易者拥有关于某一证券价值的私人信息而他的交易对手却不知情。为了理解信息不对称为什么影响证券市场，我们考虑买进一辆二手车所面临的问题。卖家比买家掌握更多的信息，因此买家自然会考虑卖家是不是因为这辆车是“次品”而出售这辆车。[㊁]至少买家会因为担心是否支付了过高的价格而将价格调整到他愿意为这辆质量不确定的车而支付的价格。在信息不对称的极端情况下，交易可能被完全中止。同样，那些设置限价单进行买卖的交易者需要警惕那些信息更灵通的交易者，后者只有在这些限价单偏离公司内在价值时才会执行交易。

总体来说，投资者交易证券的原因有两个。一些投资者出于“非信息”动机交易证券。例如，卖家出售资产是为了提供一大笔购置资金，或仅仅是为了重新调整资产组合。这些交易并不是由证券价格私人信息驱动的，而是由可交易证券的价值驱动的，这样的交易被称为噪声交易。证券交易商在与噪声交易者的交易中赚取买卖价差从而获利，噪声交易者也被称为流动性交易者，因为他们的交易受到流动性的驱动，如对现金的需求。

㊀ Yakov Amihud and Haim Mendelson, “Asset Pricing and the Bid-Ask Spread,” *Journal of Financial Economics* 17 (1986). 有关流动性的大量文献综述可以在以下文献中找到：Yakov Amihud, Haim Mendelson, and Lasse Heje Pedersen, “Liquidity and Asset Prices,” *Foundations and Trends in Finance* 1, no. 4 (2005).

㊁ 2001 年的诺贝尔经济奖得主乔治・阿克尔洛夫（George A. Akerlof）最早研究了市场中的信息不对称问题，自此之后称之为“柠檬”问题。对于阿克尔洛夫做出的贡献的介绍可以在阿克尔洛夫的主页中找到，An Economic Theorist' s Book of Tales（Cambridge, U. K.: Cambridge University Press, 1984）。

另一种交易是由买家或卖家私人信息驱动的。当交易者相信他们拥有被错误估价的一只股票信息并希望从交易中获利时，这种交易就会发生。如果信息交易者识别出一次有利的机会，那么对这个交易的对手来说一定是不利的。信息交易者为证券交易商和下达限价指令的交易者增加了成本。一般来说，交易商在与流动性交易者交易时利用买卖价差获利，但他们在应对信息交易者时会遭受损失。同样，任何交易者的委托限价指令都会由于信息交易者的存在而面临风险。这一结果抬高了委托卖价的价格而降低了委托买价的价格，换句话说，增大了买卖价差。信息交易者影响越大，为弥补潜在损失要求的价差就越大。到头来流动性交易者承受了绝大部分信息交易的代价，因为信息不对称越严重，他们因不知情交易支付的买卖价差越大。

非流动性引致的证券价格折扣可能是惊人的，甚至远远大于买卖价差。当一个投资者在考虑一只股票的价值时，他必须预测最终卖出股票时他将获得的净价格，因此他要从他所估计的内在价值中减去由于买卖价差带来的成本。但那个买他股票的投资者，也会像这样减去当最终卖出股票时发生的成本，从而降低了他在购买股票时愿意支付的价格。同样地，这一系列中的第三个投资者也会这么想。最终，价格会反映整整一连串的预期交易费用的现值（就如同它会反映整整一连串支付的预期股利的现值）。这可能是买卖价差的好几倍。

交易成本越高，非流动性折价就越高。当然，如果投资者能以较低的价格买入股票，其期望收益率将会更高。因此，我们期望流动性较低的证券将提供较高的平均期望收益。但是非流动性溢价不需要与交易成本成正比。如果一项资产缺乏流动性，那么交易频率较高的交易者应避开该项资产，取而代之的是由很少被高昂交易成本影响的长期投资者所持有。因此在均衡中，持有期较长的投资者将会更多地持有非流动性证券，而短线投资者将会偏向于选择流动性证券。这种“客户群效应”减轻了非流动性证券的买卖价差影响。最终的结果是流动性风险溢价以递减的速度随交易成本（如用买卖价差度量）的增加而增加。

图 9-4 证实了这一预测。它展示了按买卖价差分层的股票平均月收益率。流动性最好的股票（买卖价差最低）与流动性最差的股票（买卖价差最高）之间的月收益率差距大约为 0.7%。这大约是月市场风险溢价的大小。流动性显然对资产定价非常重要。

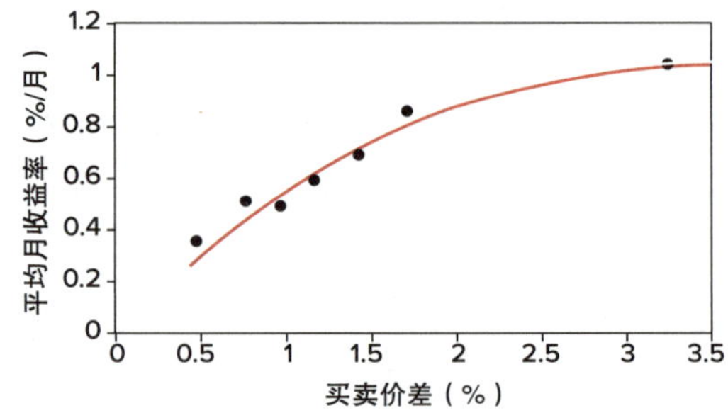

图 9-4 非流动性与平均收益的关系

资料来源：取自 Yakov Amihud and Haim Mendelson, "Asset Pricing and the Bid-Ask Spread," *Journal of Financial Economics* 17 (1986), pp. 223-249.

截至目前，我们说明了预期流动性水平可以影响价格，进而影响期望收益率。那么流动性中非预测的变化又会怎样？在某些情况下，流动性会迅速枯竭。例如，在 2008 年的金融危机中，由于许多投资者试图减少杠杆和平仓头寸，很多资产都很难找到买家。许多抵押证券都停止了交易，流动性突然枯竭。这也不是从未出现过的现象。从 1987 年的市场动荡以及 1998 年的长期资本管理公司倒闭中也可以看到市场流动性大范围降低的情况。

事实上，一些文献利用大的股票样本研究了多种流动性测度的变化情况。[⊖]换句话说，流

⊖ 看一个例子，Tarun Chordia, Richard Roll, and Avanidhar Subrahmanyam, "Commonality in Liquidity," *Journalof Financial Economics* 56 (2000), pp. 3-28, or J. Hasbrouck and D. H. Seppi, "Common Factors in Prices, Order Flows and Liquidity," *Journal of Financial Economics* 59 (2001), pp. 383-411。

动性的变动是系统性的。毫不奇怪，投资者要求对他们的流动性风险敞口进行补偿。这种额外的对承担流动性风险补偿的期望收益改变了期望收益-贝塔的关系。

在上述思路的基础上，Amihud 证明了流动性风险较大的公司有较高的平均收益。㊀后来的研究关注以“流动性 β”来度量的市场流动性风险。与传统市场 β 类似，流动性 β 衡量的是公司收益率对市场流动性变动的敏感程度（传统 β 衡量的是收益率的敏感程度）。在市场流动性下降时，能够提供较高收益的公司更能抵御流动性风险，因此其定价过高，期望收益率随之降低。事实上，正像这些理论所预测的那样，我们看到高流动性 β 的公司将会提供高的平均收益，㊁而且，这些研究表明流动性溢价与市场风险溢价大致具有相同的重要性，这说明流动性应该属于证券定价考虑的首要因素。

9.3 资本资产定价模型和学术领域

检验资本资产定价模型十分困难。我们会在第 13 章中更系统地考察这些检验。假设 2（a）（所有资产都是可交易的）让学者们如鲠在喉，因为这将要求有效组合必须包含经济体中所有的风险资产。但在现实中，我们甚至不能观测到正在交易的所有资产，更不用说那些没有在交易的资产了。资本资产定价模型的核心，即理论上的市场组合，在现实操作中更不可能被观测。

因为理论上的资本资产定价模型中市场组合无法观测，所以资本资产定价模型的检验必须建立在应用于所有可观测资产的期望收益-贝塔关系，而这些资产是基于一个可观测到的，但可能无效的股票指数组合而言的。但如果检验拒绝了这个模型，是因为模型是错的，还是因为代表真实市场的股票指数组合是错的？如果我们检验资本资产定价模型的一个变体，我们如何确定这个变体已经包括了一套全面的额外市场风险对冲组合？

你可能会问，我们从哪里可以获得用于统计检验的 β 系数。我们必须对每只股票估计这个参数，而这些估计值常常很不精确，这些误差会导致错误地拒绝模型㊂。

另一个问题，两个系数 α 与 β 以及残差都随着时间的变化而变化。资本资产定价模型中没有排除这一时间变化的可能性，但是标准回归方法却把它排除在外，因此导致错误地拒绝了模型。现在已经有一些知名的方法来处理时变参数问题。罗伯特・恩格尔因为在运用计量经济学的方法处理时变波动性问题方面取得的突出成就而获得诺贝尔奖，这些研究已经有一部分运用到金融领域中。㊃但是这些方法没有弥补资本资产定价模型的不足。

最后，β 也许并不是随着时间推移纯粹随机变化的，而是随着经济条件的变化而变化。一个“条件”资本资产定价模型允许风险和收益随着一系列描述经济状态的“条件变量”而变化。㊄同样重要的是，证券的 β 由两部分组成：一部分测度了对公司获利能力变化的敏感度；另

㊀ Yakov Amihud, “Illiquidity and Stock Returns: Cross-Section and Time-Series Effects,” *Journal of Financial Markets* 9 (2002), pp. 31-56.

㊁ L. Pástor and R. F. Stambaugh, “Liquidity Risk and Expected Stock Returns,” *Journal of Political Economy* 111 (2003), pp. 642-685, or V. V. Acharya and L. H. Pedersen, “Asset Pricing with Liquidity Risk,” *Journal of Financial Economics* 77 (2005), pp. 375-410.

㊂ Merton H. Miller and Myron Scholes, “Rates of Return in Relations to Risk: A Re-Examination of Some Recent Findings,” in *Studies in the Theory of Capital Markets*, ed. Michael C. Jensen (New York: Praeger, 1972).

㊃ 恩格尔的论文激发了 ARCH 模型的广泛应用。ARCH 代表了异方差的自回归性，这是一种表述波动随时间变化的方法，近年来有许多波动性标准用于未来波动的最优估计。

㊄ 现在有大量关于证券市场均衡的条件模型的文献。其中很多源自于 Ravi Jagannathan and Zhenyu Wang, “The Conditional CAPM and the Cross-Section of Expected Returns,” *Journal of Finance* 51 (March 1996), pp. 3-53.

一部分测量了市场贴现率变化的敏感性。这些改变使结论与以前大不相同。㊀

有一部分研究仍未有成果，即寻找组合可以对冲如式（9-14）中所含特定消费项的价格风险。目前还没有被发现对冲掉重要额外市场风险来源的组合可以显著地预测风险溢价。

如第5章中提到的那样，法玛和弗伦奇提到，规模和账面市值比具有显著解释能力。他们用式（9-14）来解释和这些性质联系在一起的组合作为对冲组合。根据这一思路，其他论文提出了很多其他的额外市场风险因子（在第10章中讨论）。但是实际上我们并不知道这些因子对冲了未来投资机会的哪些基本不确定性，这导致很多学者对实证领域中额外市场风险对冲组合的识别保持质疑态度。

学术领域达成一致的观点是，单指数资本资产定价模型是过时的。然而，我们仍然不清楚能够替代这一模型的成功拓展模型是怎样的。请继续关注未来的发展动态。

9.4 资本资产定价模型和投资行业

在很多方面，投资组合理论和资本资产定价模型已被业界接纳使用。许多专业投资者会考虑公司特有风险和系统性风险的区别，并习惯用贝塔度量系统性风险。一份广泛的调查发现大约3/4的财务经理会在估计资金成本时使用资本资产定价模型。㊁在资产管理行业，投资经理需要经常计算α。但是，投资经理的报酬很少基于α或其他理论上更合理的风险调整指标，这些内容将在后面的部分（见第24章）进行讨论。

那么模型做出的预测，即被动市场指数投资组合是共同基金公司能提供给其客户最有效的分散化投资组合，是否符合现实呢？有趣的是，因为真实的市场组合无法被观测，所以市场组合是有效的这一资本资产定价模型概念不能被检验。但是随着时间的推移，有一个事实变得愈加明显，那就是持续击败诸如标准普尔500指数这样的指数组合超出了大部分投资者的能力。

大量关于专业管理的投资组合表现的研究提供了关于市场组合有效性的间接证据。总的来说，这些研究传达的信息就是这些专业投资者的平均水平不能超越被动市场投资组合，我们将在第11章回顾这一点。事实上，近几年共同基金的平均α在扣除费用后为负。而且，历史数据无法帮助投资者识别出那些表现优异、能力出众的基金经理。那些在某一年有正的α的基金并不能在之后仍然保持该表现。

这一结果极具意义。尽管我们预计单个证券已实现的α值在0附近波动，专业管理的共同基金可以提供正的α值。拥有良好表现的基金应该将样本的α均值推高到一个正值。而他们没能这样做说明战胜被动策略是困难的，资本资产定价模型确实是最理想的选择。

从行业视角出发，一个在10年期间只有极少数专业管理人能够超越的指数投资组合，实际上完全可以被视为具有实际效用的先验有效组合，即可以被用作：（1）与证券分析的主动投资组合结合的多元化工具（第8章讨论）；（2）用于绩效评估和薪酬的基准（第24章讨论）；（3）作为裁定各种风险企业合理薪酬诉讼的手段；以及（4）在受管制行业中确定合理价格的工具，确保股东在投资中获得公允的收益率，但不会超出这一水平。

㊀ John Campbell and Tuomo Vuolteenaho, "Bad Beta, Good Beta," *American Economic Review* 94 (December 2004), pp. 1249-1275.

㊁ 参见 J. R. Graham and C. R. Harvey, "The Theory and Practice of Corporate Finance: Evidence from the Field," Journalof Financial Economics 61 (2001), pp. 187-243.

小结

1. 资本资产定价模型假定所有投资者均为单期决策者，他们在进行证券分析和寻求均值方差最优组合时都采用数据输入列表。
2. 资本资产定价模型假定证券市场处在理想状态下的含义是：
   - 证券相关信息广泛公开可得。
   - 不存在税费或其他交易成本。
   - 所有风险资产均可以公开交易。
   - 投资者可以以无风险利率借入或贷出任意额度的资产。
3. 根据以上假设，所有投资者均持有相同的风险投资组合。资本资产定价模型认为，在市场均衡时市场投资组合是唯一相切的均值方差有效组合，因此被动投资策略是有效的。
4. 资本资产定价模型中的市场投资组合是市值加权资产组合。所有证券在资产组合中所占的比重等于其市场价值占总市值的比重。
5. 如果市场投资组合是有效的且一般投资者无借入或贷出行为，则市场投资组合的风险溢价就与它的方差 σ_M^2 和平均风险厌恶系数 $\overline{A}$ 成正比，即

$$E(r_M)-r_f=\overline{A}\sigma_M^2$$

6. 资本资产定价模型认为，任意单项资产或资产组合的风险溢价为市场投资组合风险溢价与 β 系数的乘积，即 $E(r_i)-r_f=\beta_i[E(r_M)-r_f]$，其中 β 系数等于该资产与市场投资组合的协方差与市场组合方差的比率，即 $\beta_i=\frac{\text{Cov}(r_i,r_M)}{\sigma_M^2}$。
7. 在资本资产定价模型其他条件不变的情况下，不允许无风险资产的借入或贷出，简单形式的资本资产定价模型为零 β 资本资产定价模型所代替。相应地，期望收益-贝塔关系里的无风险利率为零 β 资产组合的期望收益所代替，即

$$E(r_i)=E[r_Z]+\beta_i[E(r_M)-E(r_Z)]$$

8. 资本资产定价模型中的证券市场线必须修改以考虑工资收入以及其他重要的非交易性资产因素。
9. 基本形式的资本资产定价模型假设所有投资者均是短视的。当投资者关注终身消费及遗产赠予时，并且投资者的偏好及股票收益率分布不变，市场投资组合仍然有效，基本形式的资本资产定价模型的期望收益-贝塔关系仍然适用。但是如果这种分布突然发生变化，或者投资者寻求对冲他们消费中的非市场性风险敞口，基本形式的资本资产定价模型将被多因素形式的资本资产定价模型取代，该模型中证券面临非市场性资源的风险敞口要求风险溢价来补偿。
10. 基于消费的资本资产定价模型是一个单因素模型，该模型中市场投资组合的超额收益被跟踪消费资产组合的超额收益取代。由于直接与消费相关联，该模型自然考虑了消费对冲以及投资机会的改变。
11. 资本资产定价模型中可以考虑流动性成本和流动性风险。投资者要求对预期的非流动性成本以及由此产生的相关风险进行补偿。

习题

1. 如果 $E(r_P)=18\%$，$r_f=6\%$，$E(r_M)=14\%$，那么该资产组合的 β 值等于多少？
2. 某证券的市场价格是50美元，期望收益率是14%，无风险利率为6%，市场风险溢价为8.5%。如果该证券与市场投资组合的相关系数加倍（其他保持不变），该证券的

市场价格是多少？假设该股票永远支付固定数额的股利。

3. 下列选项是否正确？并给出解释。
   a. β为零的股票提供的期望收益率为0。
   b. 资本资产定价模型认为投资者对持有高波动性证券要求更高的收益率。
   c. 你可以通过将75%的资金投资于短期国债，其余的资金投资于市场投资组合的方式来构建一个β为0.75的资产组合。

4. 下表给出两个公司的数据。短期国债收益率为4%，市场风险溢价为6%。

公司	1美元折扣店	5美元店
预测收益率（%）	12	11
收益标准差（%）	8	10
贝塔	1.5	1.0

根据资本资产定价模型，各公司的公允收益率为多少？

5. 问题4中的这两家公司的股票价格将被定性为高估、低估还是合理？

6. 如果一只股票的β为1.0，市场的期望收益率为15%，那么该股票的期望收益率为多少？
   a. 15%
   b. 大于15%
   c. 因为没有无风险利率，所以不能得出结果

7. Kaskin公司的股票β值为1.2，Quinn公司的β值为0.6。下列陈述中哪项最准确？
   a. Kaskin公司的股票比Quinn公司的股票有着更高的期望收益率。
   b. Kaskin公司的股票比Quinn公司的股票有着更高的风险。
   c. Quinn公司的股票比Kaskin公司的股票有着更高的系统性风险。

8. 假设你是一家大型制造公司的咨询顾问，该公司准备进行一个大项目，该项目税后净现金流如下。

从今往后年份（年）	税后现金流（百万美元）
0	−40
1~10	15

该项目的β为1.8，假设$r_f = 8\%$，$E(r_M) = 16\%$，该项目的净现值为多少？当NPV为负时，估计该项目的β最高可能为多少？

9. 下表给出了某证券分析师在特定市场收益情况下两只股票的期望收益率（%）。

（%）

市场收益率	激进型股票期望收益率	防守型股票期望收益率
5	−2	6
25	38	12

   a. 两只股票的β值各是多少？
   b. 如果市场收益率为5%与25%的可能性相同，两只股票的期望收益率为多少？
   c. 如果国债利率为6%，市场收益率为5%与25%的可能性相同，画出整个经济体系的证券市场线。
   d. 在证券市场线图上标出这两只股票。每只股票的α为多少？
   e. 激进型企业的管理层在具有防守型企业股票的风险特征的项目中使用的临界利率为多少？

第10~16题：如果资本资产定价模型是有效的，下列哪些情形是有可能的？并对每一种情形给出相应解释。每种情况单独考虑。

10.

资产组合	期望收益率（%）	β
A	20	1.4
B	25	1.2

11.

资产组合	期望收益率（%）	标准差（%）
A	30	35
B	40	25

12.

资产组合	期望收益率（%）	标准差（%）
无风险资产	10	0
市场组合	18	24
A	16	12

13.

资产组合	期望收益率（%）	标准差（%）
无风险资产	10	0
市场组合	18	24
A	20	22

14.

资产组合	期望收益率（%）	β
无风险资产	10	0
市场组合	18	1.0
A	16	1.5

15.

资产组合	期望收益率（%）	β
无风险资产	10	0
市场组合	18	1.0
A	16	0.9

16.

资产组合	期望收益率（%）	标准差（%）
无风险资产	10	0
市场组合	18	24
A	16	22

第 17～19 题：假设无风险利率为 6%，市场的期望收益率为 16%。

17. 一只股票当前的售价为 50 美元。每年年末将会支付每股股利 6 美元，β 值为 1.2。那么投资者预期年末该股票的售价为多少？
18. 一位投资者正准备买入一只股票，该股票预期的永久现金流为 1 000 美元，但风险不能确定。如果这位投资者认为该企业的 β 值为 0.5，那么当 β 值实际为 1 时，他实际买入的价格比该股票的真实价值高出多少？
19. 一只股票的期望收益率为 4%，那么 β 为多少？
20. 两个投资顾问在比较业绩。一个人的平均收益率为 19%，另一个人为 16%。然而前者的 β 为 1.5，后者的 β 为 1.0。
    a. 你能判断哪个投资顾问更善于选择个股吗（不考虑市场的总体趋势）？
    b. 如果短期国债利率为 6%，而这一期间的市场收益率为 14%，那么哪个投资顾问选股更出色？
    c. 如果国债利率为 3%，市场收益率为 15%，情况又是怎样的？
21. 假定短期政府债券的收益率为 5%（被认为是无风险的）。假定一个 β 值为 1 的资产组合市场要求的期望收益率为 12%，根据资本资产定价模型：
    a. 市场组合的期望收益率为多少？
    b. β 为零的股票的期望收益率为多少？
    c. 假设你正准备买入一只股票，价格为 40 美元。该股票预期在明年发放股利 3 美元，投资者预期以 41 美元的价格将股票卖出。股票风险 $\beta=-0.5$，该股票是被高估了还是被低估了？
22. 假设借入行为受限制，β 为零的资本资产定价模型成立。市场组合的期望收益率为 17%，而 β 为零的资产组合的期望收益率为 8%。那么当 β 值为 0.6 时资产组合的期望收益率是多少？
23. a. 一个共同基金的 β 值为 0.8，期望收益率为 14%。如果 $r_f=5\%$，市场组合的期望收益率为 15%，你会选择投资该基金吗？基金的 α 值为多少？
    b. 如果一个由市场指数组合和货币市场基金组成的被动投资组合的 β 值与该共同基金相同，该被动组合中两类资产的占比情况是什么样的？
24. 概述你将如何把以下因素纳入基于消费的资本资产定价模型。
    a. 流动性。
    b. 非交易性资产（你需要担心工资收入吗？）。

CFA 考题

1. a. 约翰·威尔森是奥斯汀公司的一名投资组合管理经理。对他所有的顾客，威尔森根据马科维茨模型的有效边界来进行管理。威尔森请奥斯汀的执行经理玛丽·里根来评价他的两个客户的资产组合，其客户分别是鹰牌制造公司（以下简称鹰牌）以及彩虹人生保险公司（以下简称彩虹）。两个资产组合的期望收益率有着很大的差别。里根认为彩虹资产组合实质上近似于市场组合，由此得到彩虹资产组合优于鹰牌资产组合的结论。你是否同意这一结论？用资本市场线证明你的观点。

b. 威尔森回应指出，彩虹资产组合比鹰牌资产组合的期望收益率高，因为其非系统风险要高于鹰牌资产组合。试定义非系统风险并解释你是否同意威尔森的观点。

2. 威尔森正评估两只普通股的期望收益率，它们分别是福尔曼公司和戛坦公司。他收集了以下信息：

 a. 无风险利率为5%。

 b. 市场组合的期望收益率为11.5%。

 c. 福尔曼公司股票的β为1.5。

 d. 戛坦公司股票的β为0.8。

 根据你的分析，威尔森对两只股票收益率的预测分别是福尔曼股票13.25%，戛坦股票11.25%。计算福尔曼公司和戛坦公司股票的内部收益率，并指出每只股票的价格是被高估的、公允的还是被低估的。

3. 证券市场线描绘的是________。

 a. 证券的期望收益率与其系统风险的关系

 b. 市场投资组合是最佳风险证券组合

 c. 证券收益与指数收益的关系

 d. 由市场投资组合与无风险资产组成的完美资产组合

4. 根据资本资产定价模型，假定：

 （1）市场组合期望收益率=15%

 （2）无风险利率=8%

 （3）XYZ证券的期望收益率=17%

 （4）XYZ证券的β=1.25

 下列哪项是正确的？________。

 a. XYZ的价格被高估了

 b. XYZ的价格是公允的

 c. XYZ的α为-0.25%

 d. XYZ的α为0.25%

5. 零贝塔证券的期望收益率为多少？

 a. 市场收益率

 b. 零收益率

 c. 负收益率

 d. 无风险利率

6. 资本资产定价理论认为资产组合收益可以用以下哪项提供最好的解释？

 a. 经济因素

 b. 公司特有风险

 c. 系统性风险

 d. 分散化

7. 根据资本资产定价模型，$\beta=1.0$，$\alpha=0$的资产组合的期望收益率为：________。

 a. 在r_M与r_f之间

 b. 无风险利率，即r_f

 c. $\beta(r_M-r_f)$

 d. 市场组合期望收益率，即r_M

 下表给出了两个资产组合的风险以及收益率。

资产组合	平均年收益率（%）	标准差（%）	β
R	11	10	0.5
标准普尔500指数	14	12	1.0

8. 根据上表信息在证券市场线画出资产组合R的图形，R位于：________。

 a. 证券市场线上

 b. 证券市场线的下方

 c. 证券市场线的上方

 d. 数据不足无法回答

9. 在资本市场线画出资产组合R的图形，R位于：________。

 a. 资本市场线上

 b. 资本市场线的下方

 c. 资本市场线的上方

 d. 数据不足无法回答

10. 简要说明根据资本资产定价模型，投资者持有资产组合 A 是否会比持有资产组合 B 获得更高的收益率。假定两种资产组合都已经充分分散化。

	资产组合 A	资产组合 B
系统性风险（β）	1.0	1.0
每一个证券的特有风险	高	低

11. 约翰・麦凯是一个银行信托部门的组合经理。麦凯约见了两个客户：凯文・穆雷和丽莎・约克，以评价他们的投资目标。每个客户都表示有改变他们个人投资目标的兴趣。每个客户目前都持有分散性很好的风险资产组合。
    a. 穆雷想提高他的资产组合的期望收益。说出麦凯应该采取怎样的措施才能达到穆雷想达到的目标？根据前面正文内容中提到的资本市场线说明你的建议。
    b. 约克想要降低资产组合的风险敞口，但不想有借入资金和借出资金行为。麦凯应该采取怎样的措施才能达到约克想达到的目标？根据前面正文内容中提到的证券市场线说明你的建议。

12. 凯伦・凯伊是柯林斯资产管理公司的一名组合经理，正使用资本资产定价模型来为其客户提供建议。他所在的研究部门提供了如下信息。

	期望收益率（%）	标准差（%）	β
X 股票	14.0	36	0.8
Y 股票	17.0	25	1.5
市场指数	14.0	15	1.0
无风险利率	5.0		

a. 计算每只股票的期望收益率与 α 值。
b. 分辨和判断哪只股票更适合投资者，他们分别希望：
    i. 增加该股票到一个充分分散化的股票组合中。
    ii. 作为单一股票组合持有此股票。

概念检查答案

9-1 我们用两个具有代表性的投资者代表所有人群。一个是"无信息"投资者，他不对证券进行分析，而持有市场投资组合。另一个投资者利用马科维茨理论进行证券分析来优化其资产组合，他叫作信息投资者。无信息投资者不了解信息投资者用来做出投资购买决策的信息。然而，无信息投资者知道，如果另外的那名投资者掌握相关信息，市场组合的比例总是最优的。因此，与这一比例不同就等于是无信息的赌博，总的来说，这将会降低分散化的效率，而又没有增加期望收益率作为补偿。

9-2 a. 将历史均值和标准差代入式（9-2）中，得到风险厌恶系数：

$$\bar{A}=\frac{E(r_M)-r_f}{\sigma_M^2}=\frac{0.083}{0.201^2}=2.05$$

b. 这一关系也告诉我们：根据历史的标准差数据与风险厌恶系数 3.5，风险溢价为

$$E(r_M)-r_f=\bar{A}\sigma_M^2=3.5\times0.201^2$$
$$=0.141=14.1\%$$

9-3 给定投资比例 w_{Ford}、w_{Toyota}，资产组合 β 为

$$\beta_P=w_{\text{Ford}}\beta_{\text{Ford}}+w_{\text{Toyota}}\beta_{\text{Toyota}}$$
$$=0.75\times1.25+0.25\times1.10$$
$$=1.2125$$

因为市场风险溢价为 8%，资产组合风险溢价为

$$E(r_P)-r_f=\beta_P[E(r_M)-r_f]$$
$$=1.2125\times8\%=9.7\%$$

9-4 股票的 α 值是超过资本资产定价模型所要求的收益差额。

$$\alpha = E(r) - \{r_f + \beta[E(r_M) - r_f]\}$$

$$\alpha_{XYZ} = 12\% - [5\% + 1 \times (11\% - 5\%)]$$
$$= 1\%$$

$$\alpha_{ABC} = 13\% - [5\% + 1.5 \times (11\% - 5\%)]$$
$$= -1\%$$

ABC 的点在证券市场线下方，而 XYZ 的点在证券市场线的上方，如图 9-5 所示。

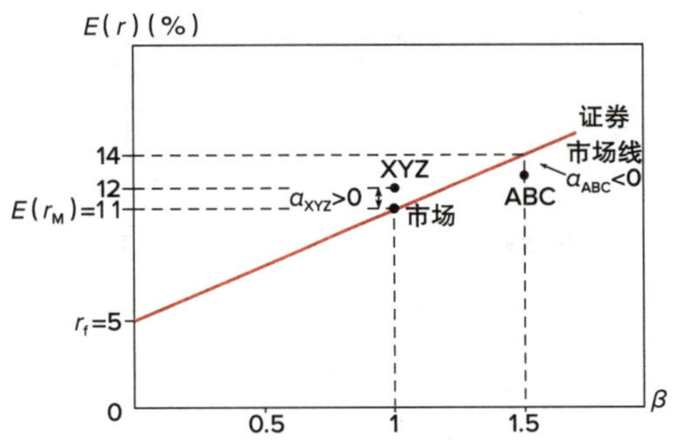

图 9-5 概念检查 9-4 的证券市场线

9-5 特定项目要求的收益率由项目的 β 值、市场风险溢价以及无风险利率决定。资本资产定价模型告诉我们，该项目可接受的期望收益率为

$$r_f + \beta[E(r_M) - r_f] = 8\% + 1.3 \times (16\% - 8\%)$$
$$= 18.4\%$$

这是该项目收益率的下限。如果该项目的 IRR 为 19%，则其可行。任何 IRR 小于或等于 18.4%的项目都应该被拒绝。

第 10 章

套利定价理论与风险收益多因素模型

利用证券之间的错误定价来赚取无风险利润的行为称为**套利**（arbitrage）。它需要同时买入和卖出等量的证券或者证券组合来赚取其中的价格差。健康运行的证券市场中不会存在套利机会也许是资本市场理论最基本的原理。如果实际证券价格中存在套利机会，则会存在很强的力量推动价格改变，并消除该套利机会。因此，证券市场必须满足“无套利条件”。

在本章中，我们将展示如何利用无套利条件及在第 8 章中介绍的因素模型来导出资本资产定价模型的证券市场线，进而更深入地了解风险与收益之间的关系。前几章介绍了如何将风险分解为市场风险和公司特有风险，我们将拓展这一方法来处理系统性风险的多层面特征。证券收益的多因素模型可以用来测度和管理许多经济领域的风险，如经济周期风险、利率或通货膨胀风险、能源价格风险等。通过这些模型，我们可以得到多因素版本的证券市场线，其风险溢价来源于多种风险因素，而每一种都有各自的风险溢价。

这种风险收益之间的平衡方法叫作**套利定价理论**（APT）。在单因素模型中，即没有额外市场风险因素的情况下，APT 所得到的期望收益-贝塔等式与 CAPM 相同。在多因素市场，即至少有 1 个额外市场风险因素时，APT 将得出与默顿跨期的 CAPM（ICAPM）相似的均值-贝塔等式。最后，我们讨论如何识别出那些可能是最为重要的风险来源的因素。这些因素会引起强烈的对冲需求，从而引出第 9 章中所介绍的多因素资本资产定价模型。以套利定价理论或资本资产定价模型为基础，均推导出多风险形式的证券市场线，从而加深我们对风险收益关系的理解。

10.1 多因素模型概述

第 8 章介绍的指数模型提供了一种分解股票风险的方法，即将风险分解为市场或系统性风险和公司特有风险。其中，系统性风险主要受宏观经济影响，而公司特有风险或特质性风险则可以通过构造投资组合的办法进行分散。在单指数模型中，市场投资组合收益反映了宏观经济因素的重要影响。在第 9 章中介绍了资产风险溢价可能也与市场外部风险因素相关，如通货膨胀，同时也与描述未来投资机会的参数变化相关，如利率、波动性、市场风险溢价和 β。例如，那些收益随通货膨胀加剧而增加的资产可用于对冲未来通货膨胀率的不确定性。当投资者对该资产需求上升时，那么资产价格就会上升，从而导致风险溢价降低。

单个证券的风险溢价应该反映它们对额外市场风险因素变化的敏感度，恰如它们相对于市

场指数的 β 决定了它们在基本的资本资产定价模型中的风险溢价。当证券可以用于对冲这些因素时，对冲需求就会使 SML 变为多因素模型，其中每个重要的风险来源都会增加一个因素。风险因素不是被这些对冲组合的收益描述（比如指数组合代表市场因素），就是更直接地被风险因素自身的变化（比如说利率或者通货膨胀率的变化）描述。

证券收益的因素模型

我们首先考察在第 8 章中介绍的单因素模型。资产收益的不确定性有两个来源：一是公共或宏观经济因素；二是公司特有因素。我们用公共因素来度量宏观经济中新信息的影响，这些新信息用于修正当下的预期，如果初始预期是理性的，那么这种修正应该平均为零。

如果用 F 表示公共因素偏离其期望值的离差，用 β_i 表示公司 i 对公共因素的敏感程度，用 e_i 表示公司特有的扰动项，由因素模型可知，公司 i 的实际收益应等于它的初始期望收益加上一项反映未预期到的宏观经济事件影响的随机变量（零期望值），再加上另一项反映公司特有事件的随机变量（零期望值）。

单因素模型（single-factor model）可以用式（10-1）来表示：

$$R_i = E(R_i) + \beta_i F + e_i \tag{10-1}$$

其中，$E(R_i)$ 为股票 i 的超额期望收益。注意，如果在任何时期宏观经济因素都为零（如宏观经济没有很大波动），证券收益等于它先前的期望收益 $E(R_i)$ 加上公司特有事件引起的随机变量。我们进一步假定非系统因素 e_i 均不相关，且与因素 F 不相关。

【例 10-1】 因素模型

假定宏观经济因素 F 反映所处的经济周期，这一指标由未预期到的国内生产总值（GDP）变化的百分比来衡量，如果普遍认为今年的 GDP 将会增长 4%，而实际上 GDP 仅仅增加 3%，那么 F 值为 -1%，代表实际增长与预期增长有 -1% 的偏离。给定股票的 β 值为 1.2，则预期的落空将造成股票收益率比之前预期的收益率低 1.2%。这一未预期到的宏观经济变化和公司特有的扰动项 e_i 一起决定股票收益对初始期望收益的偏离。

> **概念检查 10-1**
>
> 假定在式（10-1）中当前股票的期望收益率为 10%。许多宏观经济信息表明 GDP 增长率为 5% 而不是 4%。你将如何修正该股票的期望收益率？

因素模型将收益分为系统和公司两个层面是很有说服力的，但将系统性风险限定为由单因素造成的就不那么有说服力了。实际上，在第 9 章谈到将系统性风险作为风险溢价的来源时，我们注意到有许多风险来源影响市场收益的系统性或宏观经济因素，如利率或通货膨胀等的不确定性。市场收益反映了所有这些宏观因素，也反映了公司对这些因素的平均敏感程度。

如果能找到系统性风险的显式表达，则有机会发现不同的股票对不同的风险来源敏感性的差异，这使我们可以对单因素模型进行改进。不难看出，包含多个因素的**多因素模型**（multifactor model）能更好地解释证券收益。

除用于建立均衡证券定价模型之外，多因素模型还可以应用于风险管理。这一模型创造了一种衡量宏观经济风险的简化方法，并构造了投资组合来规避这些风险。

我们从分析两因素模型开始。假设两个最重要的宏观经济风险——经济周期的不确定性和利率的波动，我们用未预期到的 GDP 增长率来描述经济周期的不确定性。针对利率的波动，我们用 IR 来表示。任意股票的收益都受到宏观经济风险及其公司自身的风险影响，因此我们可以用一个两因素模型来描述某一时间段内股票 i 的收益率：

$$R_i = E(R_i) + \beta_{iGDP}\text{GDP} + \beta_{iIR}\text{IR} + e_i \tag{10-2}$$

式（10-2）右边的两个宏观经济因素构成了经济中的系统因素。正如在单因素模型中，所有的宏观经济因素的期望值都为零：这代表这些变量的变化没有被预期到。式（10-2）中每个因素的系数度量了股票收益对该因素的敏感程度。因此，该系数有时被称为**因素敏感度**（factor sensitivity）、**因子载荷**（factor loading）或**因子贝塔**（factor beta）。对于大部分公司来说，利率上升是坏消息，因此通常利率的 β 值为负。与前面一样，e_i 表示公司特有因素的影响。

为了说明多因素模型的优势，考虑两个公司，一个是服务大部分居民区的电力公司，另一个是航空公司。由于居民对电力的需求对经济周期的敏感程度不高，因此该项对 GDP 的 β 值较低，但是电力公司的股票价格可能对利率有着高敏感性。因为电力公司产生的现金流相对稳定，其现值类似于债券，与利率呈反方向变化。相反，航空公司股票对经济活动的敏感程度较高但对利率不是很敏感。因此它对 GDP 的 β 值高而对利率的 β 值低。假设有一天传出经济将扩张的消息，预期 GDP 将会增长，而利率也会上升。那么这样的“宏观消息”是好还是坏？对于电力公司，这是一个坏消息，因为它对利率更敏感。但对于航空公司，由于对 GDP 的敏感度更高，这是一个好消息。很明显，单因素模型或单指数模型不能捕捉这种宏观经济不确定性因素变化所反映的差异。

【例 10-2】　利用多因素模型进行风险评估

假设我们运用式（10-2）的两因素模型来对东北航空公司进行评估，得到如下结果：

$$R = 0.133 + 1.2(\text{GDP}) - 0.3(\text{IR}) + e$$

这告诉我们，根据现有的信息，东北航空公司的期望收益率为 13.3%，但在当前预期的基础上 GDP 每增加一个百分点，东北航空公司股票的收益率平均增加 1.2%，而对非预期的利率增加一个百分点，其股票收益下降 0.3%。

因子贝塔可以为对冲策略提供一个框架。对于想要规避风险的投资者来说需要构建一个相反的因素来抵消特有风险的影响。通常，远期合约可以用来对冲这些特有风险因素。我们将在第 22 章中详细介绍这方面的内容。

如同在第 8 章中介绍的指数模型，多因素模型仅仅是对影响证券收益的因素进行描述。在模型的表达式中并不存在什么“理论”。很明显，在式（10-2）中没有回答 $E(R)$ 的来源，换句话说，是什么决定证券的期望收益率。在这里我们需要一个均衡证券收益的理论模型，所以我们现在转向套利定价理论来确定式（10-1）和式（10-2）中的期望收益 $E(R)$。

10.2　套利定价理论

史蒂芬·罗斯[⊖]在 1976 年提出**套利定价理论**（arbitrage pricing theory，APT）。如同资本资产定价模型，套利定价理论预测了与风险期望收益相关的证券市场线，但其得出证券市场线的方式与之不同。罗斯的套利定价理论基于三个基本假设：①因素模型能描述证券收益；②市场

⊖ Stephen A. Ross, “Return, Risk and Arbitrage,” in I. Friend and J. Bicksler, eds., *Risk and Return in Finance* (Cambridge, MA: Ballinger, 1976).

上有足够的证券来分散非系统性风险；③完善的证券市场不允许任何套利机会存在。我们从其模型的简单形式入手，假定只有一个系统因素影响证券收益。一旦我们充分理解了这个模型的原理，我们很容易就可以加入其他因素来丰富我们的模型。

10.2.1 套利、风险套利与均衡

当投资者不需要进行净投资就可以赚取无风险利润时，就存在套利（arbitrage）机会。一个典型的例子就是同一只股票在两个交易所中以不同的价格交易。例如，假设 IBM 公司股票在纽约证券交易所卖 65 美元，而在纳斯达克仅仅卖 63 美元。然后你可以在纳斯达克买进 IBM 股票的同时在纽约证券交易所卖出 IBM 股票，在不动用任何资本的情况下可以赚取 2 美元/股的无风险利润。**一价定律**（law of one price）指出，如果两项资产在所有的经济性方面均相同，那它们应该具有相同的市场价格。一价定律被套利者利用：一旦发现有资产违背了这一定律，他们将进行套利活动——在价格低的地方买进资产，同时在价格高的地方卖出资产。在这一过程中，他们将促使低价市场中的资产价格上扬，而高价市场中的资产价格降低，直到套利机会消失。

这些利用一价定律的套利策略通常同时包含多空头寸。你可以买入那些相对廉价的资产，同时卖空相对来说被高估的资产。因此，投资的净头寸为零，套利是无风险的。所以，任何投资者不管其风险厌恶程度和财富水平如何，都愿意持有一个无限的头寸。由于大量的头寸使价格上涨或下跌至套利机会完全消除，证券价格将满足“无套利条件”，也就是停留在一个不存在套利机会的价格水平上。市场价格变动直到套利机会消除，这也许是资本市场理论中最基本的观点。违背一价定律是市场非理性的明显表现。

将套利与风险-收益优势论相比较可以发现，二者在均衡价格的形成上存在着重要区别。风险-收益优势论的观点认为，当均衡价格关系被打破时，投资者将在一定程度上改变他们的投资组合，这取决于他们的风险厌恶程度。所有这些有限的投资组合的改变将产生大量的买卖行为，从而重建均衡价格。相反，当套利机会存在时，每个投资者都愿意持有尽可能多的头寸，因此不需要很多投资者就会给价格带来压力使价格恢复平衡。因此，由无套利论点得出的价格的意义要大于由风险-收益优势论所得到的结论。

资本资产定价模型就是风险-收益优势论的一个典型例子，它意味着所有投资者都持有均值-方差有效投资组合。如果证券没有被正确定价，那么投资者在构建投资组合时更倾向于被低估的证券而不是被高估的证券。许多投资者改变自己的投资组合给均衡价格带来压力，尽管每个人都改变了相对较小的数量。存在大量均值-方差敏感的投资者对于资本资产定价模型来说至关重要。相反，无套利条件是指少量投资者发现投资机会并动用大量的资金在短时间内使价格恢复均衡。

从业人员并不像此处的定义一样对“套利”和“套利者”进行严格的区分。“套利者”通常表示在专业领域（如并购某目标股票）寻找定价错误的证券，而不是寻找严格意义上（无风险）的套利机会的人。这样的行为通常叫作**风险套利**（risk arbitrage），与纯套利不同。

10.2.2 单因素证券市场中的分散化投资

下面我们来看单因素市场中一个股票投资组合的风险。我们首先说明，如果一个投资组合是充分分散化的，它的公司特有风险或非因素（系统）风险将可以被分散，只剩下因素（系

统）风险。如果我们构建一个 n 只股票的投资组合，其权重为 w_i，$\sum w_i=1$，那么投资组合的收益率可以表示为

$$R_P=E(R_P)+\beta_P F+e_P \tag{10-3}$$

其中，$\beta_P=\sum w_i\beta_i, E(R_P)=\sum w_i E(R_i)$，分别是 n 个证券的 β_i 和风险溢价的加权平均值。该投资组合的非系统性风险 $e_P=\sum w_i e_i$（与 F 不相关）是 n 个证券 e_i 的加权平均值。

式（10-3）中包含了两个随机（不相关）项，因此我们可以将投资组合的方差分为系统方差与非系统方差两个方面：

$$\sigma_P^2=\beta_P^2\sigma_F^2+\sigma^2(e_P)$$

其中，σ_F^2 是因素 F 的方差。而 $\sigma^2(e_P)$ 是投资组合的非系统风险方差，可以表示为

$$\sigma^2(e_P)=(\sum w_i e_i)\text{的方差}=\sum w_i^2\sigma^2(e_i)$$

注意：在获得投资组合的非系统方差时，我们基于公司特有风险 e_i 相互独立的假设（所有资产两两之间的协方差为零），因此投资组合非系统部分 e_P 的方差是单个非系统方差与投资权重平方的加权之和。

如果投资组合是等权重的，即 $w_i=1/n$，那么非系统方差应该等于：

$$\sigma^2(e_P)=(\sum w_i e_i)\text{的方差}=\sum\left(\frac{1}{n}\right)^2\sigma^2(e_i)=\frac{1}{n}\sum\frac{\sigma^2(e_i)}{n}=\frac{1}{n}\overline{\sigma}^2(e_i) \tag{10-4}$$

式中最后一项是证券非系统方差的均值。换句话说，投资组合的非系统方差等于非系统方差的平均值除以 n。因此，当投资组合变大即 n 变大时，非系统方差趋近于 0。这就是分散化的结果。

我们可以从图 10-1 中明显地看到这一点。蓝色的点标注的是单个股票，英特尔，在五年期

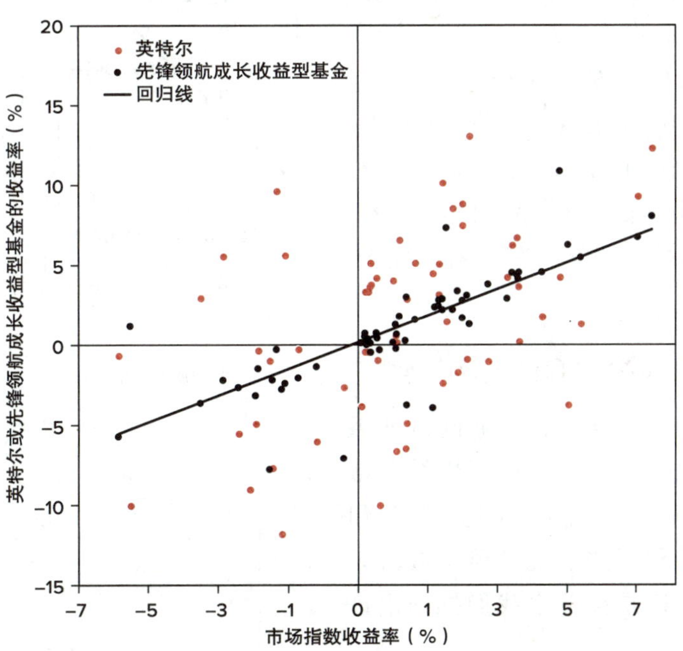

图 10-1　关于一只股票（英特尔）和一个分散化的共同基金（先锋领航成长收益型基金）的散点图

注：基金的收益率在回归线周围的分散程度要比股票小得多。

间的月度收益率。黑色的点代表的是一个分散化的股票共同基金，先锋领航公司的成长收益型基金。在样本期间，股票和基金的贝塔几乎相同。但它们的非系统性风险却存在明显差异：相比于通过分散化投资消除了大部分的残差风险的共同基金，英特尔收益率的点落在离回归线更远的地方。

> **概念检查 10-2**
>
> a. 一个投资组合投资于多种股票（n 很大）。然而，该投资组合的一半资金投资于股票 1，其余资金则等量投资于其他 $n-1$ 只股票。请问这个投资组合是充分分散的吗？
>
> b. 另一个投资组合投资于同样的 n 只股票，n 非常大。如果每只股票不是等权重的，而是一半股票占 $1.5/n$ 的权重而另一半股票占 $0.5/n$ 的权重，那么这个投资组合是充分分散的吗？

综上所述，证券的数量与系统性风险大小无关，只与平均的贝塔有关。相反，公司特有风险随着投资组合越来越分散化而变得越来越不重要。由此可以看出我们将要得到的结果。风险溢价只和无法分散掉的系统性风险有关，而公司特有风险可以被轻易消除，所以不应该要求风险溢价。

10.2.3 充分分散的投资组合

式（10-4）告诉我们，随着分散化投资，或者说，当在每个证券上所投资的比重趋于零时，非系统方差趋近于 0。我们将**充分分散的投资组合**（well-diver-sified portfolio）定义为每个权重 w_i 都足够小使得非系统方差 $\sigma^2(e_P)$ 从实际意义上看可以忽略不计的组合。

由于任何充分分散的投资组合的 e_P 的期望值为零，同时方差也趋近于零，e_P 实现的价值也因此几乎为零。重写式（10-1），我们得到充分分散的投资组合，在实践中有：

$$R_P = E(R_P) + \beta_P F$$

图 10-2a 中的实线勾画出在不同的系统性风险下，一个 $\beta_A=1$ 的充分分散的投资组合 A 的收益率情况。投资组合 A 的期望收益率为 10%，此即实线与纵轴相交的点。在该点处，宏观因素为 0，意味着没有未预期到的宏观变化。如果宏观因素是正的，投资组合的收益率将超出期望值；如果是负的，投资组合的收益率将低于期望值。因此投资组合的收益率为

$$E(R_A) + \beta_A F = 10\% + 1.0 \times F$$

将图 10-2a 与图 10-2b 相比较，图 10-2b 是一只 $\beta_s=1$ 的股票。它的非系统性风险不能被分散掉，呈现为分别分布在直线两侧的点。相反，对于充分分散的投资组合，其收益率完全由系统因素所决定。

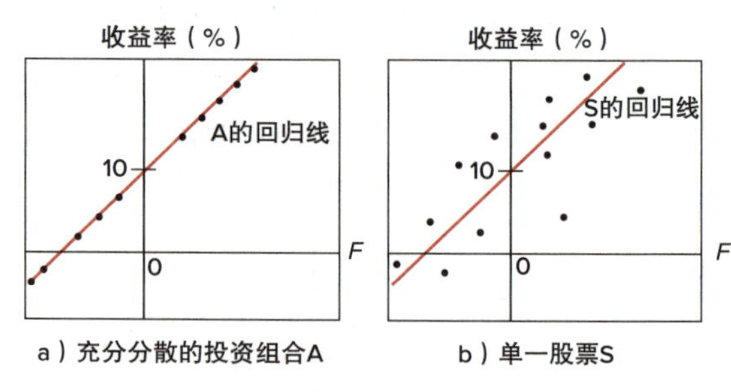

图 10-2 收益率作为宏观因素的函数

10.2.4 套利定价理论中的证券市场线

在充分分散的投资组合中，企业间的非系统风险就会被充分抵消，承担这些可以被分散掉的风险也不需要额外的收益。因此，证券组合的期望收益应当只和那些系统性风险或者系统性风险因素相关。这是接下来我们推导出证券市场线的基础。

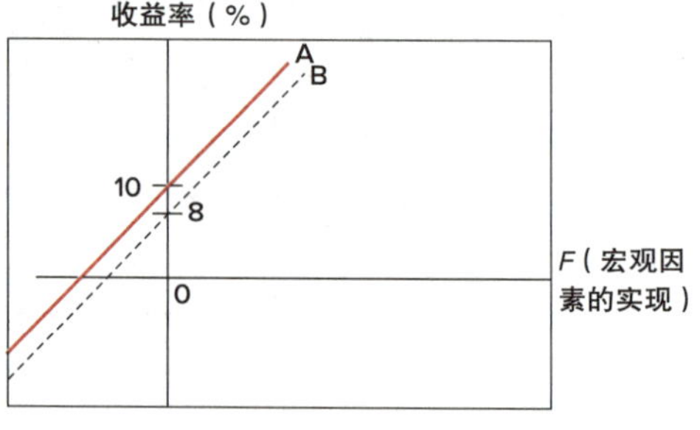

图 10-3 收益率作为宏观因素的函数：出现了一个套利机会

首先我们解释为什么所有具备相同 β 的充分分散组合必须得到相同的期望收益。图 10-3 画

出了两个组合的收益，A 和 B 的 β 都是 1，但是有不同的期望收益率：$E(r_A)=10\%$ 且 $E(r_B)=8\%$。那么投资组合 A 与 B 能一起在图中并存吗？显然不能：无论系统因素是多少，A 的收益率均高于 B，将存在套利机会。

如果以 100 万美元卖空 B 并同时买进 100 万美元的 A，对于一个净投资策略，你可以获取 2 万美元的无风险收益，如下：

$(0.10+1.0\times F)\times 100$ 万	A 的多头
$-(0.08+1.0\times F)\times 100$ 万	B 的空头
0.02×100 万 $=2$ 万	净收益

你获得的是无风险收益，因为因素风险在空头与多头头寸之间被抵消。进一步说，该投资要求净投资为零。你（和其他人）可以用无限大的投资规模追求无风险收益直至两种组合的收益差消失。因此，我们说 β 相等的充分分散的投资组合必须有相同的期望收益率，否则存在套利机会。

那么 β 值不同的投资组合呢？现在来证明风险溢价必须与 β 成比例。如图 10-4 所示，假设无风险利率为 4%，C 为一个充分分散的投资组合，β 等于 0.5，期望收益率为 6%。投资组合 C 在无风险资产到投资组合 A 的直线下方。因此，考虑一个新的投资组合 D，一半由投资组合 A 组成，另一半由无风险资产组成。投资组合 D 的 $\beta=0.5\times 0+0.5\times 1.0=0.5$，期望收益率 $=0.5\times 4\%+0.5\times 10\%=7\%$。现在投资组合 D 与投资组合 C 的 β 值相同，但有着更高的收益率。根据前面对于图 10-3 的分析，我们可以看出存在套利机会。我们可以得出结论：为了排除套利机会，所有充分分散的投资组合的期望收益率必须位于图 10-4 中从无风险资产出发的直线上。

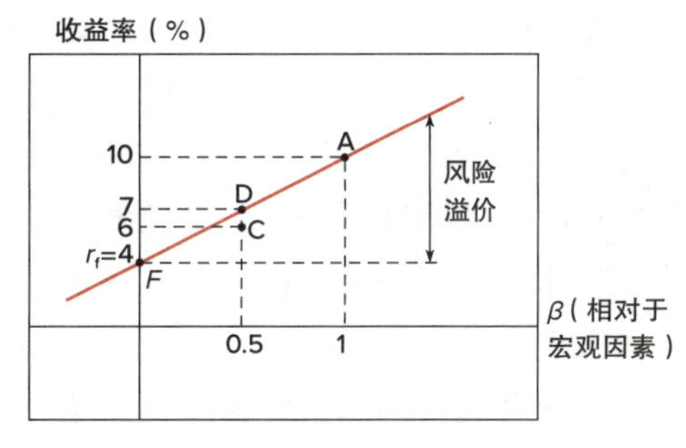

图 10-4　一个套利机会

注意到图 10-4，风险溢价确实与资产 β 成比例。风险溢价由无风险利率与该投资组合期望收益率之间的距离来表示。$\beta=0$ 时风险溢价为零，然后随着 β 的上升而上升。

图 10-4 展示了一个充分分散组合的风险溢价与其对于宏观因素上的 β 的关系。最后，我们画一条证券市场线来表现组合风险溢价和其对市场指数的 β 的关系，而非一个模糊定义的宏观因素。

其实，这一步还是很容易的。因为所有的充分分散的组合都和宏观因素完全相关。再回顾图 10-2a，我们可以看到所有充分分散的组合都正好排列在一条直线上。因此，如果市场指数是充分分散的，那么其收益也会完全反映宏观因素的价格。这就意味着，市场指数的 β 值应该对宏观因素的 β 拥有完全相同的信息含量，同样都反映了系统性风险的相对水平。

因此，一个充分分散化的组合 P，应当具有这样的超额收益[㊀]：

$$R_P=\alpha_P+\beta_P R_M \tag{10-5}$$

其中的 β_P 是指对于一个充分分散的市场指数的 β 值。

至此，我们已经知道，风险溢价是和 β 一一对应的。如果一个组合对宏观因素的 β 值是市

㊀ 你可能注意到这个从因素模型到市场指数模型的变形与我们在第 8 章做的论述实质上是一样的。在第 8 章中，我们从一个因素模型出发［式（8-2）］，并由此得到了指数模型［式（8-8）］。

场指数的两倍，那么，这个组合获得的收益应该等于市场收益的两倍。推广一下，对任意充分分散的组合 P，有：

$$E(R_P)=\beta_P E(R_M) \tag{10-6}$$

换种方式说，组合 P 的风险溢价（期望超额收益）是 β 和市场指数的风险溢价的乘积。式（10-6）就显示出了通过套利定价理论的“无套利”要求得到的应用于充分分散组合的资本资产定价模型的证券市场线。

单一资产与套利定价理论

我们已经证明，如果不存在套利机会，那么每个充分分散的投资组合的期望收益一定满足资本资产定价模型所推导出的证券市场线。那么，我们就很自然地想问，该关系是否同样存在于组合中的每一只股票？答案是肯定的。如果我们要求所有的充分分散的投资组合都满足该关系，那么我们就必须要求几乎所有单只证券的期望收益都满足同样的条件。严谨的证明可能有些难度，因此我们接下来简单阐述这一命题的逻辑。

假设所有的单一资产都不满足上述期望收益和 β 的关系，如果我们首先考虑用这些资产构造的两个充分分散的投资组合，那么我们想问，在这样任意两两资产都不满足上述条件的情况下，有没有可能这两个充分分散的投资组合反而满足该关系？这种情况发生的概率其实是很小的，除非这些资产的收益率对上述关系的偏离恰好可以互相抵消，这两个资产组合的收益才有可能出现这样的效果。

接下来，我们用这些资产构造第三个充分分散的投资组合，那么这三个组合都满足无套利的期望收益-β 关系的概率有多大呢？显然，这种情况的发生概率会更低。以此类推，再考虑第四个充分分散的投资组合，以及更多的组合呢？如果要求每个充分分散的投资组合满足这种无套利的期望收益-β 的关系，那么我们基本肯定的就是绝大部分单个资产需要满足该关系。

值得注意的是，我们之所以使用“基本肯定”这样的表述，是因为我们必须认识到，我们的结论并不等同于要求所有的资产都一定满足上述关系。这与那些分散良好的投资组合的特性有关。

当我们界定一个组合是不是充分分散的时候，我们需要确保每个单一证券都只能在组合中占有非常低的份额。因此，如果组合当中只有一个资产违背了期望收益-β 关系，那么它对于组合整体收益的影响从实际意义来看极为有限，所以也并不足以引起套利行为的发生。然而，如果有很多资产同时违背了期望收益-β 关系，那么充分分散的投资组合也就很难再满足这一关系，于是就会存在套利机会。因此，我们认为，在这种单因素主导的证券市场中，无套利条件也就基本意味着，除了一小部分单一证券可能不满足期望收益-β 关系，所有的充分分散的投资组合和绝大部分单一证券都满足期望收益-β 关系。

10. 2. 5 实践中的充分分散的投资组合

如果实践中的组合规模是有限的，什么是组合残差风险的分散化效果呢？为了说明分散化的影响，考察含有 1 000 只股票的等权重组合。如果每只股票的年化残差标准差为 $\sigma(e_i)=40\%$，那么投资组合拥有很小但是不可忽略的标准差 $40/\sqrt{1\,000}=1.26\%$。

什么是大组合？很多被广泛持有的交易所交易基金或共同基金持有数百只不同的股票，但很少有基金持有超过 1 000 只不同的股票。对于一个实际的投资组合而言，如套利定价理论中的

“充分分散”的理想状态是难以企及的。这是该理论的一个缺陷，然而即便如此，套利定价理论的证券市场线依旧是风险收益关系的良好刻画。在下一节，我们将重点讨论套利定价理论相对于 CAPM 模型在刻画风险和收益关系时的相对优势。

10.3　套利定价理论和资本资产定价模型

套利定价理论（APT）在很多方面都和资本资产定价模型（CAPM）有相似之处。APT 提供了一个收益率的基准，可以用于资本预算、证券估值或投资绩效的评估。并且，APT 强调了不可分散风险和可分散风险的差异，即 APT 可以带来风险溢价的补偿，而 CAPM 不可以。

从很多方面来讲，APT 都极具魅力。这个模型假设一个理性的资本市场不会允许套利机会的存在，而这一假设其实相当可信。即便有一部分精明的投资者发现了这个非均衡价格，如果违背了 APT 的定价关系，也会有很强的市场力量使得价格回归。而且，APT 中的期望收益-β 关系所基于的充分分散的组合，是可以通过大量的证券构造的，而不像 CAPM，需要建立在一个难以观测的包含所有资产的市场组合上。当我们将 CAPM 中不可观测的市场组合用一个广泛的、可观测的指数组合替代时，我们不再确定这个组合是否足以成为 CAPM 的资本市场线中的基准组合。

虽然 APT 有明显的优势，但也并不足以打败 CAPM。CAPM 明确阐述了对于所有证券都应服从的期望收益-β 关系，而 APT 却只能将这个关系推广到市场上的绝大多数证券，而非所有证券。因为在无套利的条件下，如果不对市场或者指数做出额外假设，我们就无法排除违背这一关系的少量证券的可能性。而且，我们已经看到了即使很大的投资组合也有不可忽略的残差风险。

最后，值得一提的是，即便 APT 和 CAPM 的出发点与推导逻辑都不同，但最后二者都推导出了同样的证券市场线。最重要的是，二者都重点区分了公司特有风险和系统性风险的差异，这也是所有现代风险收益模型的一大核心。

10.4　多因素套利定价理论

截至目前，我们仍然假设只有一种因素影响股票收益。实际上正如前面所述，系统性风险有很多来源，例如经济周期中的不确定性、利率波动、能源价格变化等。可以推测，这些因素会影响股票的风险，从而改变它的期望收益。因此我们可以推导出包含多种风险来源的多因素套利定价理论。

假定我们将式（10-1）中的单因素模型概括为两因素模型：

$$R_i = E(R_i) + \beta_{i1}F_1 + \beta_{i2}F_2 + e_i \qquad (10\text{-}7)$$

在例 10-2 中，因素 1 是 GDP 实际增长率与期望增长率之差，因素 2 是未预期到的利率变化。每个因素的期望值都为零，因为每个因素都是测度系统变量未预期到的变化而不是变量本身。相似地，公司特有因素引起的非期望收益 e_i 的期望值也为零。构建一个多因素套利定价理论与构建单因素模型相似。

套利定价理论的基准组合是**纯因素组合**（factor portfolio），即构建一个充分分散的投资组合，其中一个因素的 β 为 1，其他任何因素的 β 为 0。我们可以将每个纯因素组合都视为跟踪投资组合，即该投资组合的收益跟踪某些特殊的宏观经济风险来源的演变，而与其他的风险来源无关。构建这样的纯因素组合是非常简单的，因为相对于较少的风险因素而言，我们有大量的证券可供选择。多因素证券市场线说明，对组合产生影响的每个风险因素都对其最后的总风险溢价有其贡献，贡献量等于因素 β 与这一风险来源对因素组合的风险溢价的乘积。我们用一个例子阐述这个事实。

【例 10-3】 多因素证券市场线

假设有两个纯因素组合 1 和 2，期望收益率分别为 $E(r_1)=10\%$ 和 $E(r_2)=12\%$，且无风险利率为 4%。第一个纯因素组合的风险溢价为 $10\%-4\%=6\%$，而第二个纯因素组合的风险溢价为 $12\%-4\%=8\%$。

现在考虑一个充分分散的投资组合 A，第一个因素的 $\beta_{A1}=0.5$，第二个因素的 $\beta_{A2}=0.75$。多因素的套利定价理论表明，投资组合的总风险溢价必须等于对每一项系统性风险来源进行补偿所要求的风险溢价之和。由于风险因素 1 要求相应的风险溢价为对投资组合所产生的风险 β_{A1} 乘以投资组合中第一个因素所产生的风险溢价，因此，投资组合 A 的风险溢价对因素 1 产生的风险的补偿部分为 $\beta_{A1}[E(r_1)-r_f]=0.5\times(10\%-4\%)=3\%$，同样，风险因素 2 的风险溢价为 $\beta_{A2}[E(r_2)-r_f]=0.75\times(12\%-4\%)=6\%$。投资组合总的风险溢价应该等于 $3\%+6\%=9\%$，投资组合的总收益率为 $4\%+9\%=13\%$。

把例 10-3 中的结论一般化，注意任何投资组合 P 所面临的风险因素都由 β_{P1} 和 β_{P2} 来表示。可以构建一个与投资组合 P 相匹配的投资组合 Q，该组合由权重为 β_{P1} 的第一个因素投资组合、权重为 β_{P2} 的第二个因素投资组合以及贝塔为 $1-\beta_{P1}-\beta_{P2}$ 的国库券组成。以这种方式构建的投资组合 Q 与投资组合 P 具有相同的贝塔，其期望收益率为

$$\begin{aligned}E(r_Q)&=\beta_{P1}E(r_1)+\beta_{P2}E(r_2)+(1-\beta_{P1}-\beta_{P2})r_f\\&=r_f+\beta_{P1}[E(r_1)-r_f]+\beta_{P2}[E(r_2)-r_f]\end{aligned} \tag{10-8}$$

这就是一个两因素证券市场线，正如例 10-4 所展示的那样，只要资本市场不允许存在简单的套利机会，那么任意的有着相同贝塔值的充分分散的投资组合一定有相同的期望收益。

【例 10-4】 错误定价与套利

将例 10-3 中的数据代入，得：

$$E(r_Q)=4\%+0.5\times(10\%-4\%)+0.75\times(12\%-4\%)=13\%$$

假设例 10-3 中投资组合 A 的期望收益率为 12% 而不是 13%，这将会产生套利机会。由纯因素组合构建一个与投资组合 A 具有相同 β 的投资组合。这要求第一个纯因素组合的权重为 0.5，第二个纯因素组合的权重为 0.75，无风险资产的权重为 −0.25。这一投资组合与投资组合 A 具有相同的因素 β：第一个因素的 β 为 0.5，因为第一个因素投资组合的权重为 0.5；第二个因素的 β 为 0.75（权重为 −0.25 的无风险国库券不会影响任何一个因素的敏感性）。

现在投资 1 美元于投资组合 Q 中，并同时卖出 1 美元投资组合 A。你的净投资为零，但你的期望收益为正并且等于：

$$1\times E(r_Q)-1\times E(r_A)=1\times0.13-1\times0.12=0.01(\text{美元})$$

你的净收益也是无风险的。由于你买进 1 美元投资组合 Q 并卖出 1 美元投资组合 A，而且它们都是充分分散的投资组合并有着相同的风险 β，风险因素的风险会相互抵消。因此，如果投资组合 A 的期望收益与投资组合 Q 不同，那么你可以在净投资为零的情况下赚得无风险利润。这就是套利机会。

由于投资组合 Q 与投资组合 A 的两个风险源完全相同，因此它们的期望收益率也应该相等。所以投资组合 A 的收益率也应该为 13%。如果不是，将会出现套利机会，并且套利行为将最终使得该机会消失。㊀

我们可以得出以下结论：如果不存在套利机会，贝塔值为 β_{P1} 和 β_{P2} 的充分分散的投资组合一定有式（10-8）给出的期望收益率。

最后，把式（10-8）的多因素证券市场线扩展到单项资产，这一过程与单因素套利定价理论完全相同。除非每一个证券都可以单独地满足条件，否则式（10-8）不可能使每一个充分分散的投资组合都满足条件。因此式（10-8）表示具有多种风险源的多因素证券市场线。

前面已经指出，资本资产定价模型的一个应用就是为存在管制的公共事业提供“公允”收益率。专栏华尔街实战 10-1 中介绍了一个使用套利定价理论来确定存在管制的电力公司的资本成本。多因素套利定价理论也有相同的作用。注意，利率与通货膨胀的风险溢价的经验估计都为负值，与例 10-2 中所分析的结果相一致。

概念检查 10-3

利用例 10-3 中的纯因素组合，$\beta_1=0.2$、$\beta_2=1.4$ 的投资组合的均衡收益率为多少？

10.5 法玛-弗伦奇三因素模型

套利定价理论告诉我们如何从多个风险因素推导出多因素证券市场线。然而，我们要如何识别系统性风险最有可能的来源呢？一个方法是第 9 章中讨论的默顿多因素 CAPM。这个模型新加入的风险因素来自与消费或者投资机会相关的一系列风险。另外一种方法在当下更加流行，它旨在从实证的角度，使用公司特征来衡量不同企业对于系统性风险的暴露程度。最后选中的因素都应可以通过过去的信息很好地预测未来收益，从而也刻画了风险溢价。这一方法的典型代表就是法玛-弗伦奇（FF）三因素模型，该模型提出的几个变量主导了资产定价的实证研究㊁。

$$R_{it}=\alpha_i+\beta_{iM}R_{Mt}+\beta_{iSMB}\text{SMB}_t+\beta_{iHML}\text{HML}_t+e_{it} \tag{10-9}$$

其中㊂，SMB 代表“小减大”，即市值规模小的股票组合与市值规模大的股票组合的收益差；HML 为“高减低”，即由高账面市值比股票组合与低账面市值比股票组合的收益差。

注意：在这一模型中市场指数起着重要作用，它用于测量源于宏观经济因素的系统性风险。

选中这两个公司特征变量是因为通过长期的观察发现，公司市值（流通权益的市值）和账面市值比（每股账面价值除以股价）可以用于预测股票平均收益对资本资产定价模型的偏离。法玛和弗伦奇通过实证方法验证了这一模型：尽管 SMB 和 HML 这两个变量不是相关风险因素

㊀ 投资组合 A 的风险溢价为 9%（比标准普尔 500 指数的历史风险溢价要高），该组合看似是防御型的，因为其两个 β 都小于 1。这清楚地说明了多因素模型与单因素模型之间的一个区别。虽然在单因素市场里，高于 1 的 β 应该属于激进型，但这也并非可以预言其在一个多因素的经济体中是防御型还是激进型，因为在该经济体中，风险溢价依赖于所有风险因素的贡献之和。

㊁ Eugene F. Fama and Kenneth R. French, "Multifactor Explanations of Asset Pricing Anomalies," *Journal of Finance* 51 (1996), pp. 55-84.

㊂ 解释 SMB 和 HML 投资组合的收益有点微妙。因为两个组合的净投资均为零，即买入一个投资组合（例如，小市值公司），卖出另一个投资组合（大市值公司）。因此，无法计算每单位美元投资带来的收益。SMB 投资组合的收益其实是整体头寸平均到每单位美元投资在小市值公司，同时卖空大市值公司的投资组合带来的收益。另外，市场超额收益也是一个净投资为零的投资组合：投资在市场组合上的每一美元都来自卖空一单位美元投资的无风险收益（即以无风险利率借入 1 美元）。

的代理变量，但这些变量可以代理一些难以度量的更基本的变量。例如，法玛和弗伦奇指出，高账面市值比公司更容易陷入财务危机，而小市值公司对经济环境的变化更加敏感。因此，这些变量可以反映宏观经济风险因素的敏感度。在第 13 章中，我们将介绍更多法玛和弗伦奇的实证研究结果。

但诸如法玛-弗伦奇模型的实证方法都存在一个问题：模型中的这些市场外的风险因素无法被准确识别为某种特定的风险。这也是不少投资者担心的问题。布莱克[⊖]指出，当研究人员一遍又一遍地通过股票历史收益情况来寻找因素的时候（我们将这种行为称作数据挖掘），他们发现的很多所谓“规律”，只是偶然的。然而，法玛和弗伦奇发现，市值和账面市值比两个因素在不同时期、不同国家都能对股票的平均收益有很好的解释，因此打消了对数据挖掘的疑虑。

法玛和弗伦奇提出的以公司特征为基础的因素引发了这样一个问题，它们是否反映了一个基于市场外对冲需求的多指数跨期资本资产定价模型，或者反映了一个仍未被解释的异常情况，其中公司特征与 α 值相关。这对解释该模型来说是需要重点区分的，由于法玛-弗伦奇模型的有效性可能意味着偏离理性均衡（因为没有明显的理由偏好这些公司特征中的某一个），也可能是由于这些公司特征真的反映了一些与收益相关的风险因素。该问题仍未被解决，我们将在第 13 章中再次回顾这个问题。

10.5.1 一个三因素的证券市场线的估计和实际应用

在第 8 章中，我们估计了亚马逊公司的单指数模型。现在我们要估计一个三因素模型，并且讨论该模型对亚马逊股票的均衡期望收益率意味着什么。我们先估计亚马逊各个法玛-弗伦奇因素的贝塔。一般化单因素模型的回归方程［见式（10-1）］并拟合如下多元回归方程

$$r_{\text{Amazon},t}-r_{\text{f},t}=\alpha_{\text{Amazon}}+\beta_{\text{M}}(r_{\text{M},t}-r_{\text{f},t})+\beta_{\text{HML}}r_{\text{HML},t}+\beta_{\text{SMB}}r_{\text{SMB},t}+e_{\text{Amazon},t} \tag{10-10}$$

式（10-10）右侧的三个贝塔测量了亚马逊对三个虚拟的系统性风险的敏感度：市场指数（M），价值与成长因素（HML）和规模因素（SMB）。

表 10-1 展示了单因素模型和三因素模型的估计结果。每个回归中的截距项是样本期间亚马逊的月度阿尔法的估计值。市场指数超额收益的系数估计了亚马逊的市场风险，而 SMB 和 HML 收益率的系数估计的是其他两种额外市场风险因素的贝塔。

表 10-1 亚马逊的单因素模型和三因素模型的估计（采用月度数据，样本期间为 5 年，截至 2018 年 6 月）

项目	单因素模型		三因素模型	
	估计系数	t 统计量	估计系数	t 统计量
截距项（阿尔法）	1.916%	2.065	1.494%	1.790
$r_{\text{M}}-r_{\text{f}}$	1.533	4.865	1.612	5.866
SMB			-0.689	-2.126
HML			-1.133	-3.304
R^2	0.286		0.455	
残差标准差	6.864%		6.101%	

资料来源：作者估计。

亚马逊是一个大规模、成长型公司（账面市值比很低）。因此，它对 SMB 和 HML 的贝塔为负且统计意义上显著是不足为奇的。鉴于该统计量是显著的，三因素模型的拟合优度比单因素

⊖ Fischer Black, "Beta and Return," *Journal of Portfolio Management* 20 (1993), pp. 8-18.

模型更高且残差的标准差更低，这也不足为奇了。虽然在三因素模型中，亚马逊对市场指数的贝塔值较高，但该系统风险在一定程度上被其他两个额外市场风险因素的负贝塔值抵消了。

使用三因素模型估计期望收益需要预测两个额外市场风险以及市场风险的风险溢价。假定无风险利率 r_f 是 1%，市场风险溢价 $E(r_M)-r_f$ 是 6%，SMB 和 HML 上的风险溢价均为 2%，那么用这些基准风险溢价和表 10-1 中的贝塔估计值计算亚马逊的期望收益：

$$E(r_{\text{Amazon}})=r_f+\beta_{\text{Amazon,M}}(E(r_M)-r_f)+\beta_{\text{Amazon,SMB}}E[r_{\text{SMB}}]+\beta_{\text{Amazon,HML}}E(r_{\text{HML}})$$
$$=1\%+(1.612\times6\%)+(-0.689\times2\%)+(-1.133\times2\%)=7.028\%$$

然而，如果我们使用单因素模型的贝塔估计值计算，我们将得到

$$E(r_{\text{Amazon}})=r_f+\beta(E[r_M]-r_f)=1\%+1.533\times6\%=10.198\%$$

由于它所提供的对于 SMB 和 HML 的对冲价值相当大，亚马逊在多因素模型中的期望收益率更低，而单因素模型则忽略了这一点。

请注意，在这两种情况下，我们都没有将回归方程中的阿尔法估计值添加到期望收益的预测中。均衡期望收益仅取决于风险；而市场均衡中的阿尔法的期望值必须为零。虽然一个证券在特定样本期内的表现可能超过其基准收益（反映为正的阿尔法），但我们预计这种表现不会持续到未来。在实际中，单个公司的阿尔法几乎没有表现出在时间上的持续性。

10.5.2 “聪明的贝塔”和多因素模型

我们已经看到资本资产定价模型和套利定价理论都可以一般化为多因素的形式。这些一般化的多因素形式至少有两个重要的内涵。第一，投资者应该意识到他们的投资组合受到不止一个系统性风险的影响，而且他们需要考虑对于每个系统性风险他们想要承担多少。第二，当投资者评估投资绩效时，他们应该意识到风险溢价来自于承担了多种风险因素，而计算阿尔法时需要控制每个风险因素的影响。

一种名为“聪明的贝塔”ETF（交易所交易基金，简称 ETF）的新产品给上述两个问题带来了重大影响。这种 ETF 类似指数 ETF，但并不是用市值作为权重来跟踪一个市场指数，而旨在使投资者承担特定特征的风险因素，如价值、成长或波动性。其中，比较重要的就是法玛—弗伦奇三因素模型中的额外市场风险因素：SMB 和 HML。常见的因素还有动量（WML，赢家减去输家），是指一个买入最近表现好的股票，卖出最近表现差的股票的投资组合的收益。其他近年来被考虑的因素包括：波动性，以股票收益率的标准差衡量；质量，以高资产收益率和低资产收益率（或其他类似的盈利指标）的股票收益率之差衡量；投资，以高资产增长率和低资产增长率（或其他类似的盈利指标）的股票收益率之差衡量；股息率。

“聪明的贝塔”ETF 允许投资者使用容易交易的指数类产品，将投资组合的风险敞口定制为朝向或远离一系列额外市场风险因素。因此它非常适合一个多因素风险的环境。它也提出了一个如何合理评估投资业绩的问题。当投资者可以轻松且有效地管理多维度系统性风险来源的敞口时，用一个多因素阿尔法来衡量投资绩效可以清晰衡量证券选择得好不好。这就是式（7-13）的多因素证券市场线所传达的要点。

在这方面，Cao，Hsu，Xiao 和 Zhan 所做的有趣的初步研究[⊖]表明，自从“聪明的贝塔”

⊖ Jie Cao, Jason C. Hsu, Zhanbing Xiao, and Xintong Zhan, “Smart Beta, ‘Smarter’ Flows” (February 17, 2018). Available at SSRN: https://ssrn.com/abstract=2962479 or http://dx.doi.org/10.2139/ssrn.2962479.

ETF 问世以来，越来越多的投资者通过多因素证券市场线来衡量共同基金的表现。这些研究者的证据是，自从这些 ETF 交易活跃以来，共同基金的资金流入和流出更为紧密地追踪着多因素阿尔法，而非传统的单因素资本市场定价模型的阿尔法。

华尔街实战 10-1 利用套利定价理论确定资本成本

埃尔顿、格鲁伯和梅[⊖]利用套利定价理论推导出了电力公司的资本成本。他们假定相关风险由一些不可预测的因素构成，例如利率期限结构、利率水平、通货膨胀率、经济周期（用 GDP 衡量）、汇率水平以及他们设计的测量其他宏观风险因素的指标。

他们的第一步是估计每一风险来源的风险溢价。这一过程通过以下两步完成（在第 13 章中将进一步讨论该方法）。

第一步：估计公司大样本的"因素负荷"（如 β）。计算随机抽取的 100 只股票对于系统性风险因素的回归收益。他们用时间序列回归（如 60 个月的数据），构建了 100 个回归模型，每只股票一个。

第二步：估计每一风险因素的单位收益。将每只股票每月的收益与 5 个 β 进行回归分析。各个 β 系数是随 β 值增长而产生的额外平均收益，如以月数据为样本估计出的该风险因素的风险溢价。这些估计要受到样本误差的影响。因此，取每年 12 个月估计得到的风险溢价的平均值，这样可以降低样本误差的影响。

下表的中间一列显示了因素风险溢价。

因素	因素风险溢价	Niagara Mohawk 公司的因素 β
期限结构	0.425	1.061 5
利率	−0.051	−2.416 7
汇率	−0.049	1.323 5
经济周期	0.041	0.129 2
通货膨胀	−0.069	−0.522 0
其他宏观因素	0.530	0.304 6

注意，一些风险溢价为负值。这一结果的解释是，对于那些你不希望暴露的风险因素，风险溢价应该是正的，但对于那些你希望暴露的风险因素，风险溢价是负的。例如，当通货膨胀率上升时，你希望证券收益上升，并且可以接受那些期望收益较低的证券，此时的风险溢价为负。

因此，任何证券的期望收益与其因素 β 之间都存在以下关系：

$$r_f+0.425\beta_{期限结构}-0.051\beta_{利率}-0.049\beta_{汇率}+0.041\beta_{经济周期}-0.069\beta_{通货膨胀}+0.530\beta_{其他}$$

最后，为了获取某特定公司的资本成本，作者预测每种风险来源的公司 β，每一因素 β 乘以上表中"因素风险溢价"，加总所有的风险来源得到总的风险溢价，并加上无风险利率。

例如，对 Niagra Mohawk 公司的 β 估计值位于上表中的最后一列。因此，它的资本成本为

$$\begin{aligned}资本成本&=r_f+0.425\times1.0615-0.051\times(-2.4167)-\\&\quad 0.049\times1.3235+0.041\times0.1292-\\&\quad 0.069\times(-0.5220)+0.530\times0.3046\\&=r_f+0.72\end{aligned}$$

换句话说，Niagra Mohawk 公司每月的资本成本比每月无风险利率高 0.72%，因此它的年度风险溢价为 0.72%×12=8.64%。

小结

1. 多因素模型通过详尽地分析各种证券风险的组成，使之比单因素模型有更强的解释力。这些模型采用一些指标来描绘一系列宏观经济风险因素。
2. 我们一旦考虑多种系统性风险因素的存在，就可以得出证券市场线也是多维的结论，其中每种风险因素都对证券的总风险溢价有贡献。

⊖ Edwin J. Elton, Martin J. Gruber, and Jiaping Mei, "Cost of Capital Using Arbitrage Pricing Theory: A Case Study of Nine New York Utilities," *Financial Markets, Institutions, and Instruments* 3 (Auguse 1994), pp. 46-68.

3. 当两种或更多的证券价格可以让投资者构造一个零投资本金且能获得净利润的组合时，就出现了（无风险）套利机会。套利机会的出现将产生大规模的交易，因此会给证券价格造成压力。这种压力将会持续到价格达到不存在套利机会的水平。
4. 当证券处在不存在无风险套利机会的定价水平时，就称为满足无套利条件。满足无套利条件的价格关系是非常重要的，因为我们希望证券在现实市场中也满足这种关系。
5. 如果一个投资组合包含了大量的证券，并且每一种证券所占的比例都充分时，我们称其为充分分散的投资组合。在充分分散的投资组合中，每一种证券的比例都足够小，以至于在实际中单个证券收益率的适当变化对整个投资组合收益率的影响可以忽略不计。
6. 在单因素证券市场中，所有充分分散的投资组合都必须满足资本资产定价模型的期望收益-贝塔关系，这样才能满足无套利条件。如果所有充分分散的投资组合都满足期望收益-贝塔关系，那么除少量证券外的所有证券也都必须满足这一关系。
7. 套利定价理论不需要资本资产定价模型及其（难以观测）市场投资组合的限制性假设。这种普遍性的代价是套利定价理论不能保证所有证券在任何时候都满足套利定价理论的假设。
8. 将单因素套利定价理论一般化得到的多因素的套利定价理论适用于多种风险来源的情况。多维证券市场线预测的是证券每个风险因素的风险溢价，它等于风险因素 β 乘以因素投资组合中的风险溢价。
9. 单因素资本资产定价模型扩展到多期叫作跨期资本资产定价模型，这是一种风险收益平衡的模型，同套利定价理论一样，也能预测出多维证券市场线。跨期资本资产定价模型认为被定价的风险因素是引起大量投资者产生对冲需求的风险来源。

习题

1. 假定影响美国经济的两个因素被确定：工业生产增长率 IP 和通货膨胀率 IR。预期 IP 为 3%，IR 为 5%。某只股票的 IP 的 β 值为 1，IR 的 β 值为 0.5，当前的期望收益率为 12%。如果工业产值的实际增长率为 5%，通货膨胀率为 8%，那么修正后的股票期望收益率为多少？
2. 套利定价理论本身不决定风险溢价的因素。研究者如何决定研究哪些因素？例如，为什么工业产值是决定风险溢价的一个因素？
3. 如果套利定价理论是一个有用的理论，那么经济体中的系统性因素数量一定很小。为什么？
4. 假设有两个独立的经济因素 F_1 和 F_2。无风险利率为 6%，所有股票都包含独立的公司特有风险，标准差为 45%。组合 A 和 B 都是充分分散的，并且具有以下的性质：

投资组合	F_1 的 β 值	F_2 的 β 值	期望收益（%）
A	1.5	2.0	31
B	2.2	-0.2	27

在该经济体中，期望收益-贝塔关系是怎样的？
5. 考虑以下单因素经济中的数据。所有的投资组合都是充分分散的。

投资组合	$E(r)$	β
A	12%	1.2
F	6%	0

假设存在另一个充分分散的投资组合 E，β 为 0.6，期望收益率为 8%。套利机会是否存在？如果存在，那么套利策略是什么？
6. 假定投资组合 A 和 B 都是充分分散的，

$E(r_A)=12\%$，$E(r_B)=9\%$。如果经济中只有一个因素，而且$\beta_A=1.2$，$\beta_B=0.8$。无风险利率等于多少？

7. 假定股市收益以市场指数作为共同因素，经济体中所有股票对市场价格指数的β均为1。公司特有的收益的标准差都为30%。假设证券分析师研究20只股票，并发现其中一半股票的α值为2%，另一半股票的α值为-2%。假定证券分析师买进了100万美元等权重的正α值的股票，并同时卖出100万美元等权重的负α值的股票。
   a. 投资的期望收益（以美元表示）为多少？分析师收益的标准差为多少？
   b. 如果分析师检验了50只股票而不是20只，那么答案会是怎样的？100只股票呢？

8. 假定证券收益由单因素模型确定，即

$$R_i=\alpha_i+\beta_i R_M+e_i$$

R_i表示证券i的超额收益，R_M表示市场超额收益。无风险利率为2%。同样假设证券A、B和C，其数据如下表所示。

证券	β_i	$E(R_i)$（%）	$\sigma(e_i)$（%）
A	0.8	10	25
B	1.0	12	10
C	1.2	14	20

   a. 如果$\sigma_M=20\%$，计算证券A、B和C收益的方差。
   b. 现在假定资产的种类无限多，并且与证券A、B和C具有相同的收益特征。如果证券A是一个充分分散的投资组合，则该投资组合的超额收益方差的均值是多少？那么只有B或C组成的投资组合呢？
   c. 市场中是否存在套利机会？如何实现套利？画图分析这一套利机会。

9. 证券市场线表明，在单因素模型中证券的期望风险溢价与该证券的β成比例。假定情况不是这样的，例如，在右图中，假定期望收益的增长率大于β的增长率。

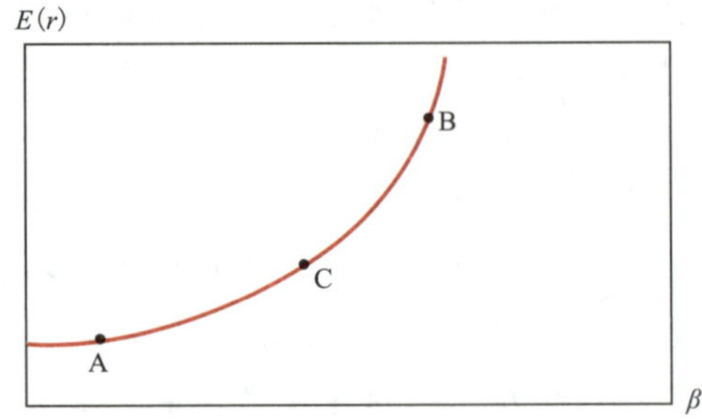

   a. 如何构建套利机会？（提示：结合投资组合A和B，并与投资于C的结果进行比较。）
   b. 一些研究人员已经对分散的投资组合的平均收益和这些组合的β与β^2的相关性进行了分析。β^2对投资收益有何影响？

10. 考虑以下特定股票证券收益的多因素（套利定价理论）模型。

因素	因素β	因素风险溢价（%）
通货膨胀	1.2	6
工业生产	0.5	8
石油价格	0.3	3

   a. 如果当前国库券收益率为6%，找出市场认为这只股票合理定价时的期望收益率。
   b. 假定下表第二列给出三种宏观因素的市场预期值，而实际值在第三列给出。计算在这种情况下该股票修正后的期望收益率。

因素	预期变化率（%）	实际变化率（%）
通货膨胀	5	4
工业生产	3	6
石油价格	2	0

11. 假定市场可以用以下三种系统性风险以及相关的风险溢价来描述。

因素	风险溢价（%）
工业生产I	6
利率R	2
消费者信心C	4

某一特定股票的收益率可以由以下方程来确定：

$$r=15\%+1.0I+0.5R+0.75C+e$$

利用套利定价理论计算股票的均衡收益。国库券利率为6%。该股票的价格被高估了还是被低估了？请解释。

12. 作为猪肉产品生产商财务管理部门的一名实习生，詹妮弗·温瑞特需要对公司的资本成本进行测算。她把这项工作看作检验她上学期学习有关套利定价理论的大好时机。她认为以下三个因素对她的工作至关重要：①类似标准普尔500指数这样的指数收益率；②利率水平，用10年期的国债收益率来表示；③猪肉价格，这对她公司的农场非常重要。她计划采用多元回归的方法来计算猪肉产品的β值及每一因素对应的风险溢价。请评价她所选择的因素，哪一个因素可能对她的公司资本成本产生影响？你能对她的选择提出改进意见吗？

利用以下信息回答第13~16题。

Orb公司有史以来都对它的投资组合采取被动的管理方式。Orb公司在过去唯一的管理模型就是资本资产定价模型。现在Orb公司要求特许金融分析师凯文·麦克拉肯使用套利定价理论进行投资。

麦克拉肯相信套利定价理论是两因素的，这两个因素是GDP变动的敏感性以及通货膨胀。麦克拉肯得出实际GDP的风险溢价为8%，而通货膨胀的风险溢价为2%。他预计Orb高增长基金对两个因素的敏感性分别为1.25和1.5。利用他的套利定价理论，他计算出基金的期望收益率。出于对比的目的，他也利用基本面分析计算了Orb高增长基金的期望收益率。麦克拉肯发现Orb高增长基金期望收益率的两个估计是相等的。

麦克拉肯咨询了另一个分析师苏权，让其利用基本面分析对Orb的大市值股票基金的期望收益率做出预计。对该基金进行管理的苏权得出了基金期望收益率比无风险利率高出8.5%的结论。随后，麦克拉肯对大市值股票基金运用套利定价理论模型。他发现对实际GDP和通货膨胀的敏感性分别为0.75和1.25。

麦克拉肯在Orb公司的领导杰·斯蒂尔斯要求麦克拉肯构建一个只受实际GDP而不受通货膨胀影响的投资组合。麦克拉肯计算了第三只基金的敏感性——Orb实业基金，其针对实际GDP和通货膨胀的敏感性分别为1.0和2.0。麦克拉肯将利用套利定价理论和Orb公司的三只基金构建一个受实际GDP影响而不受通货膨胀影响的投资组合。他把该基金称为“GDP”基金。斯蒂尔斯认为，以获取稳定收入为目的进行投资的退休客户更偏好这样的基金。麦克拉肯则认为，如果政府在未来供给侧的宏观经济政策能成功的话，这样的基金对所有客户将会是不错的选择。

13. 根据套利定价理论，无风险利率为4%，麦克拉肯的Orb高增长基金的期望收益率估计值为多少？
14. 根据苏权提供的Orb大市值股票基金的信息，对其采用麦克拉肯套利定价理论模型进行估计，存在套利机会吗？
15. 如果使用这三只基金来构造一只“GDP”基金，那么Orb实业基金所占的权重为多少？①-2.2；②-3.2；③0.3。
16. 关于斯蒂尔斯和麦克拉肯对“GDP”基金的评论，下列哪个选项是正确的________。
    a. 麦克拉肯是正确的，斯蒂尔斯是错误的
    b. 都是正确的
    c. 斯蒂尔斯是正确的，麦克拉肯是错误的
17. 假设有n只（足够多的）证券，其残差的最大方差不超过$n(\sigma_M)^2$，试着用不同的加权方式尽可能多地构建充分分散的投资组合。
18. 小公司常常在SMB（小减大）因素上有较高的载荷（较高的贝塔值）。
    a. 解释为什么会这样。
    b. 假设两个无关的小公司合并成了一个，但合并后两个单位还是各自独立经营的。那么这个合并公司的股票市场

表现会和之前两个无关的公司的投资组合的市场表现有什么不同？

c. 该合并会如何影响市值？

d. 基于法玛-弗伦奇模型，该合并公司的风险溢价和之前两个无关公司的加权平均的风险溢价有什么不同？

e. 在应用法玛-弗伦奇模型的过程中是否存在一些问题？

CFA 考题

1. 特许金融分析师杰弗里·布鲁勒利用资本资产定价模型来找出不合理定价的证券。一位财务顾问建议他用套利定价理论来代替。通过对比资本资产定价模型和套利定价理论，该顾问得出以下几点结论：
   a. 资本资产定价模型和套利定价理论都需要一个均值-方差有效的市场投资组合。
   b. 资本资产定价模型和套利定价理论都不需要假设证券收益是正态分布的。
   c. 资本资产定价模型假设一个特殊因素解释证券收益，而套利定价理论没有。

   判断该顾问的每个观点是否正确。如果不正确，给出理由。

2. 假设 X 和 Y 都是充分分散的投资组合，无风险利率为 8%。

投资组合	期望收益率（%）	β
X	16	1.00
Y	12	0.25

   根据这些内容判断投资组合 X 和 Y：______。
   a. 均处于均衡
   b. 存在套利机会
   c. 都被低估
   d. 都是公允定价的

3. 在什么条件下会产生正 α 值的净投资为零的投资组合？________。
   a. 投资组合的期望收益率为零
   b. 资本市场线是机会集的切线
   c. 不违背一价定律
   d. 存在无风险套利机会

4. 根据套利定价理论，________。
   a. 高 β 值的股票经常被高估
   b. 低 β 值的股票经常被高估
   c. 正 α 值的投资机会将很快消失
   d. 理性投资者会从事与其风险承受度相符的套利活动

5. 套利定价理论与单因素资本资产定价模型不同，原因在于套利定价理论________。
   a. 更注重市场风险
   b. 减小了分散的重要性
   c. 承认多种非系统性风险因素
   d. 承认多种系统性风险因素

6. 当违背均衡价格关系时，投资者尽可能多地持有头寸。这是________的实例。
   a. 支配性观点
   b. 均值-方差的有效边界
   c. 套利活动
   d. 资本资产定价模型

7. 与简单的资本资产定价模型相比，套利定价理论更具有潜在的优势，其特征为________。
   a. 把产量变化、通货膨胀以及利率期限结构作为解释风险收益关系的重要因素
   b. 按历史时间来测度无风险利率
   c. 对给定的资产按时间变化来衡量套利定价理论因素的敏感性变化
   d. 利用多因素市场指数而不是单因素市场指数来解释风险-收益关系

8. 与资本资产定价模型相比，套利定价理论________。
   a. 要求市场均衡
   b. 利用基于微观变量的风险溢价
   c. 确定了那些能够决定期望收益率的特定因素，并明确了它们的数量
   d. 不需要关于市场投资组合的严格假设

概念检查答案

10-1　GDP 的 β 为 1.2，同时 GDP 增长率超过预期 1%。因此你的股票期望收益率增加 1.2×1%＝1.2%。修正后的股票期望收益率应该为 11.2%。

10-2　a. 这一投资组合不是充分分散的。第一个证券的权重不会随着 n 的增大而减少。无论余下的这些投资组合的分散程度有多高，你都不能规避证券收益的公司层面的风险。

b. 这一投资组合是充分分散的。尽管一些股票有着 3 倍的权重（$1.5/n$ 与 $0.5/n$ 相比），但该权重仍然随着 n 的增大而趋于 0。该股票公司层面的风险也随着 n 的增大而趋于 0。

10-3　均衡收益率 $E(r)=r_f+\beta_{P1}[E(r_1)-r_f]+\beta_{P2}[E(r_2)-r_f]$。使用例 10-4 中的数据：

$$E(r)=4\%+0.2\times(10\%-4\%)+1.4\times(12\%-4\%)=16.4\%$$

第 11 章

有效市场假说

20 世纪 50 年代，计算机在经济学中的一个早期运用是分析时间序列数据。研究经济周期的学者认为，跟踪某些经济变量的发展可以弄清并预测经济在繁荣与衰退期发展的特征，因此股票市场价格变化自然成为其分析的对象。假定股票价格反映了公司的前景，经济表现的峰谷交替将在股价中表现出来。

莫里斯·肯德尔[⊖]在 1953 年对这一命题进行了研究。他惊异地发现股价不存在任何可预测范式。股票价格的变化似乎是随机的。无论过去股票的表现如何，股票的价格都有可能上升或者下跌。

乍一看，肯德尔的结论可能让一些经济学家感到困惑。这些结果似乎暗示着股票市场由无规律的市场心理所主导，或“动物精神”——没有任何逻辑可循。但通过进一步的研究，经济学家推翻了肯德尔的研究结论。

这个问题很快就明朗起来，股票价格的随机变化暗示着市场的运行是良好或者有效的，而不是非理性的。在本章，我们将探讨那些看似令人感到意外的结论背后的推理过程。我们会揭示分析师之间的竞争如何自然地导致市场有效性，并研究有效市场假说对投资政策的意义，同时我们也会探讨那些支持和反对市场有效性观点的事实证据。

11.1 随机游走与有效市场

假设肯德尔已经发现股票价格是可预测的，那么这对投资来说无疑是一个金矿！如果他们可以利用肯德尔方程来预测股票价格，投资者只需要简单地按照计算机模型显示的股价，在价格将要上涨时买入股票并在价格下跌时卖出股票，就可以获得无穷无尽的利润。

稍加考虑就会发现这种情况不会持续太久。例如，假设该模型很有把握地预测了 XYZ 股票的价格，目前为 100 美元/股，并将在未来的三天内大幅度上涨至 110 美元/股。那么所有的投资者通过模型预测到这一信息之后，将会做出怎样的反应？很明显，他们立即会把巨额现金投入将要上涨的股票。而持有 XYZ 股票的人不愿意将其出售。随着市场对模型预测中隐含的“好消息”的消化和反映，其净效应将表现为股票价格立即跳至 110 美元/股。这个简单的例子说明

⊖ Maurice Kendall, “The Analysis of Economic Time Series, Part I: Prices,” *Journal of the Royal Statistical Society* 96 (1953).

了为什么肯德尔努力去找出股票价格运动周期性的企图注定要失败。对好的未来表现的预测将导致当前股票好的表现，因为所有市场的参与者都试着在价格上涨之前采取行动。

更一般地，我们可以说任何用于预测股票业绩的信息都已经反映在股票价格中。一旦有信息指出某些股票的价位被低估，投资者便会蜂拥购买该股票，使得其股票价格立马上升到合理的水平，从而只能期望获得正常收益率。这里的“正常收益率”是指与股票风险相称的收益率。

然而，在给定所有已知信息之后，如果股票价格立马恢复到正常水平，那么必定只会对新信息做出上涨或下跌的反应。根据定义，新信息一定是不可预测的；如果能够预测，则可预测的信息必定是当天信息的一部分。因此，股票价格对新（即以前无法预测的）信息的变化必定是不可预测的。

这就是股票价格遵循**随机游走**（random walk）这一观点的本质，也就是说，价格的变化是随机的和不可预测的。[㊀]股价的随机波动绝非市场非理性的证据，而是明智的投资者比市场中的其他人更早地发现了相关信息并因此买入或卖出股票的必然结果。

不要把价格变化的随机性和价格水平的非理性相混淆。如果定价是理性的，则只有新信息能引起价格的变化。因此，随机游走是反映当前信息价格的自然结果。事实上，如果股票价格变化是可预测的，那么这将成为支持市场无效的毁灭性证据，因为预测价格的能力将表明所有可得到的信息并不能反映股票价格。因此，股票价格反映了所有已知信息的这种观点被称为**有效市场假说**（efficient market hypothesis，EMH）。[㊁]

图 11-1 说明了在一个有效市场内股票价格对新信息的反应。该图描绘了一些接受考察的公司样本股票价格的反应，这些公司都是被收购的目标公司。大部分公司对当前市场价格支付了大量的溢价，因此宣布收购将会引起股价的上涨。图 11-1 也表明，消息公布当天股票价格将大幅上涨。然而，从随后宣布之日起直至交易日结束那天，股票价格并没有更大的波动，这说明价格反映了包括交易当日可能的收购溢价在内的新信息。

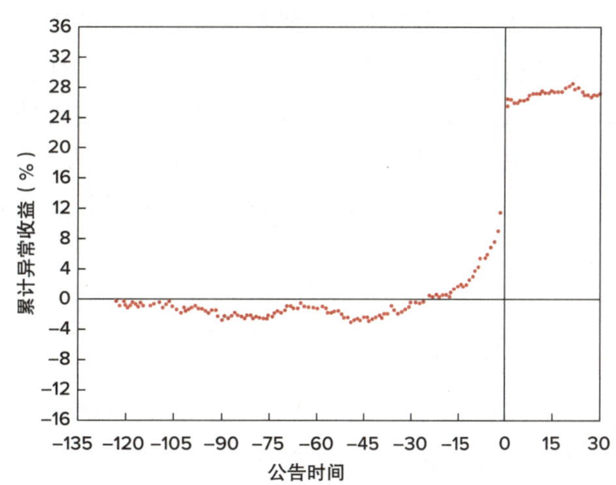

图 11-1　目标公司接管前的累计异常收益

资料来源：This is an update of a figure that appeared in Arthur Keown and John Pinkerton, “Merger Announcements and Insider Trading Activity,” *Journal of Finance* 36 (September 1981). Updates courtesy of Jinghua Yan.

日内价格是提供价格对信息迅速反应的更有力的证据。例如，Patell 和 Wolfson[㊂]研究表明，大部分股价对公司的股利以及收益公告的反应发生在公布公告的 10min 之

㊀ 实际上，在这里对这个术语的理解是有些宽泛的。严格地说，股票价格的变化特征是半鞅，即预期的价格变化应是正的、可预测的，以补偿货币的时间价值和系统风险。否则，当风险因素发生变化时，期望收益也会随着时间的变化而变化。随机游走要求股票价格的收益率是独立同分布的随机变量。然而在一般情况下，随机游走以较为宽泛的方式被予以运用，即认为价格变化基本上是不可预测的。本书对此问题的描述遵循后者。

㊁ 市场有效性不应与第 7 章提出的有效的投资组合相混淆，一个信息上有效的市场是一个能迅速反映与传播价格信息的市场；一个有效的投资组合是一个在给定的风险条件下有最高期望收益的投资组合。

㊂ J. M. Patell and M. A. Wolfson, “The Intraday Speed of Adjustment of Stock Prices to Earnings and Dividend Announcements,” *Journal of Financial Economics* 13 (June 1984), pp. 223-252.

内。Busse 和 Green 的一项研究提供了这种快速调整的一个很好的例证。他们跟踪了在 CNBC 的早间报道或午间报道中被提及公司的每分钟股票价格。[⊖]图 11-2 中时刻 0 表示该股票在午间报道中被提及的时候。上面的线是收到积极信息的股票收益率的变动情况，而底下的线表示收到负面消息时股票收益率的变动情况。注意图 11-1 上面的线调整后一直保持平稳，表示在 5min 之内市场完全消化了利好消息。而底下的线在 12min 之后才保持平稳。

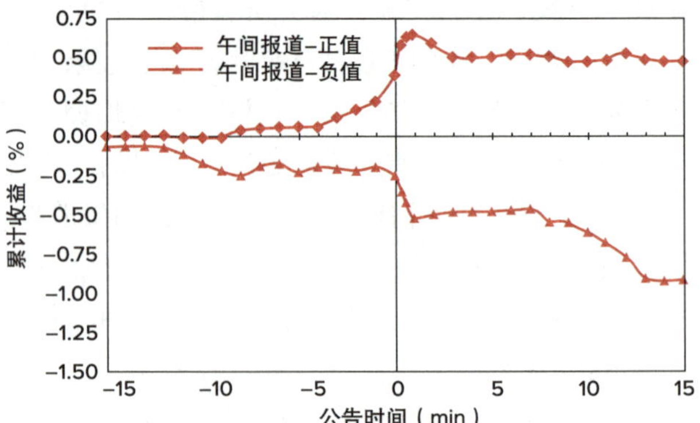

图 11-2 CNBC 午间报道反映的股票价格

注：该图反映了在 CNBC 午间报道中股票价格实时的变化。累计收益在股票被提及的 15min 前开始。

资料来源：J. A. Busse and T. C. Green, "Market Efficiency in Real Time," *Journal of Financial Economics* 65 (2002), p. 422

11.1.1 有效性来源于竞争

为什么我们期望股票价格反映“全部已知信息”呢？毕竟，如果你愿意花费时间和金钱来收集信息，你就能获得一些被其他投资者忽略的东西，这似乎是合理的。当发现和分析信息的成本非常高时，人们便期望投资分析能通过高收益率来弥补这项花费。

格罗斯曼和斯蒂格利茨[⊜]强调了这一点。他们提出，如果分析和发现新信息真的能带来高的投资收益，那么投资者愿意花费时间去做这件事。这样，在市场均衡中，有效信息收集行为应该是有用的。另外，在不同的市场中信息有效程度不同也是正常的。例如，新兴市场不如美国市场受到的关注多，在新兴市场，账户披露的要求要比美国市场的要求宽松且缺乏效率。小市值股票得不到华尔街分析师的关注，它的价格与大市值股票相比也要远离有效价格。因此，尽管我们不能说完全找不到新信息，考虑和重视市场竞争也是非常有意义的。

【例 11-1】 业绩改善的收益

考虑一家管理着 50 亿美元投资组合的投资管理基金。假定投资管理人能设计一个研究方案来使投资组合的收益率每年增加 0.1 个百分点，这个数字看上去非常小。但是这个方案将使投资组合增加 50 亿美元×0.001 的收益，即 500 万美元。因此，管理人将愿意每年投入大量资金来研究如何使股票收益率增长区区 0.1 个百分点。如此小的增长就可以换得如此多的收益，难怪专业投资组合管理人愿意花大量资金用于行业分析、计算机支持和有效性研究。因此，股票价格变化一般来说是很难预测的。

既然这么多的具有强大财力的分析师愿意花费这么多资金在研究活动上，市场中能够轻松获利的机会肯定不会多。此外，研究活动能获得的收益增长率也许非常小，只有拥有大规模的投资组合的管理者才会认为此事值得一做。

虽然从字面上看，“所有”相关信息可能不会被发现，但很可能有许多投资者在追寻大量的信息，这些信息可能会改善投资业绩。许多具有强大财力支持、薪酬高、积极的分析师之间

⊖ J. A. Busse and T. C. Green, "Market Efficiency in Real Time," *Journal of Financial Economics* 65 (2002), pp. 415-437. You can find an intraday movie version of this figure at www. bus. emory. edu/cgreen/docs/cnbc/cnbc. html.

⊜ Sanford J. Grossman and Joseph E. Stiglitz, "On the Impossibility of Informationally Efficient Markets," *American Economic Review* 70 (June 1980).

的竞争保证了（作为一个普遍的规律）股价应当处于适当的水平来反映已知的信息。

在华尔街，信息通常被看作最珍贵的商品，以致对它的竞争非常激烈。想象一下，所谓的另类数据行业已经开始兴起，它们挖掘关于企业发展前景的数据和信息，并向大型投资者兜售。例如它们会使用卫星影像来估算如沃尔玛等大型零售商平日的停车数量，进而了解其每日销售情况。有一家公司 Thanos，专注于研究来自手机的相关数据。例如，在 2018 年，它跟踪了特斯拉工厂的手机信号，并得出结论：工厂的夜间工作增加了 30%。这是特斯拉即将宣布增加产量的证据，Thanos 将这一消息卖给了其对冲基金客户。当特斯拉正式向公众宣布增加产量时，其股价上涨了 9%。据报道，Thanos 将使用类似的技术来跟踪（并向客户出售）购物中心的人流指标。有时候激烈的竞争会转变为搜寻非法内部信息。2011 年，Galleon 集团总监 Raj Rajaratnam 管理的对冲基金规模曾达 65 亿美元，因其从公司内部人员和交易者关系中获取建议，被指控参与内幕交易。虽然这些机构的行为都已经明显越界，但明确划分合法和非法的信息来源之间的界限通常是很困难的。比如，专家网络公司这一巨型的行业在过去 10 年中兴起，它可以帮助投资者获取一家公司专门的行业专家咨询的机会，并收取一定费用。在下面的案例中，我们可以看到这种专家咨询其实很容易导致内幕交易。事实上，在 SAC 的监管工作中，专家咨询就是其中非常重要的一个环节。

华尔街实战 11-1　信息时代的“媒人”

华尔街最珍贵的商品是信息，因而知情者可以为提供信息收取高额费用。一个由所谓的专家网络供应商组成的行业已经出现，他们向投资者出售对各种公司和行业有独特见解的专家的接触权限，以帮助投资者利用专家分析的信息来进行决策。这些公司被称为信息时代的“媒人”。[⊖]专家的范围通常很广泛，既可以是帮助预测特效药发布的医生，也可以是预测可能影响商品价格的天气的气象学家，还可能是能够提供关于公司和行业的专业见解的商业主管。

这里的风险在于，这些专家可能会兜售内部信息。例如，2011 年 Primary Global Research 的一名顾问因向对冲基金 SAC Capital Advisors 出售信息而被定罪。

专家公司应该只提供公共信息，以及专家的见解和观点。但是，雇用拥有内部信息的专家并对其进行高额收费的诱惑是显而易见的。美国证券交易委员会开始关注合法和非法服务之间的界限。

随着审查力度的加强，专家信息买方和卖方的合规工作都有了新的进展。专家公司现在保持着详细的记录，包括哪些专家与谁交谈过、何时进行的交谈以及讨论了什么内容。如果发生内幕交易调查，这些记录可以向监管当局公布。

然而，即使有这些保障措施，仍有可能出现问题。例如，投资者可能通过合法的服务认识一位专家，然后两人自行建立咨询关系。这种合法的牵线搭桥成为非法出售内幕消息的前奏。只要有欺骗的意愿，通常总会有应对办法。

11.1.2 有效市场假说的形式

有效市场假说通常可以分为三种形式：弱式有效、半强式有效和强式有效。这些形式通过对“全部可获得信息”的定义不同来区分。

弱式有效市场假说（weak-form EMH）认为，股价已经反映了全部能从市场交易数据中获得的信息，这些信息包括历史股价、交易量、未平仓量等。该假说认为市场的价格趋势分析是徒劳的，过去的价格资料是公开且几乎毫不费力就可以获得的。弱式有效市场假说认为如果这样

⊖ 案例可参见 “Expert Networks Are the Matchmakers for the Information Age,” *The Economist*, June 16, 2011.

的数据曾经传达了未来业绩的可靠信号，那所有投资者肯定已经学会如何利用这些信号了。随着这些信号变得广为人知，它们最终将失去价值，因为一个购买信号将会引起股票价格立刻上升。

半强式有效市场假说（semistrong-form EMH）认为，与公司前景有关的全部公开的已知信息一定已经在股价中反映出来了。除过去的价格信息之外，这些信息还包括公司生产线的基本数据、管理质量、资产负债表构成、持有的专利、利润预测以及会计实务等。此外，如果投资者能从公开可得到的资源中获取这些信息，半强式有效市场假说认为它会反映在股票价格中。

最后，**强式有效市场假说**（strong-form EMH）认为，股价反映了全部与市场相关的信息，甚至包括仅公司内部人员知道的信息。这个假说是相当极端的。很少有人会争论这样一个命题，公司管理层可以在关键信息被公布出来之前就据此在市场进行买卖以获取利润。事实上，美国证券交易委员会所从事的大部分活动都是为了阻止公司内部人员利用职务之便获取利益。1934年通过的《证券交易法》的第10b-5条限制了公司管理层、董事和大股东的市场交易行为，要求他们向证券交易委员会报告其交易情况。这些内幕人员、相关家属及其他相关人员若根据内部消息进行交易，则被视为违反了此项法规。

尽管如此，定义内幕交易并不总是十分简单的。毕竟，股票分析师也要发掘尚未广为人知的消息。正如第3章所述，私人信息与内部信息的区分有时候是很含糊的。

所有有效市场假说的一个共同点是：都提出价格应该反映可获得的信息。我们不指望交易者是超人或者市场价格总是正确的。我们总是希望得到更多有关公司前景的信息。市场价格在过去一些时候可能异常得高，在其他时候又低得荒唐。有效市场假说只是认为在给定的时间，用当前的信息，我们不能肯定今天的价格是否最终可以解释它们曾经过高或者过低。然而如果市场是理性的，我们将认为股价在平均值层面是正确的。

概念检查 11-1

a. 假定你发现某公司的高级经理投资于该公司的股票，并且获得了高额的收益。这是否违背了弱式有效市场假说？是否违背了强式有效市场假说？

b. 如果弱式有效市场假说成立，那么强式有效市场假说也一定成立吗？强式有效市场假说是否隐含了弱式有效市场假说？

11.2 有效市场假说的含义

11.2.1 技术分析

技术分析（technical analysis）本质上是寻找股价的起伏周期和预测模式。尽管技术分析师承认关于公司未来前景信息的价值，但他们相信这样的信息对构造成功的交易策略而言是不必要的。因为假如股价的反应足够慢，不管股价变动的根本原因是什么，分析师都能确定一个在调整期内被利用的方向。成功的技术分析的关键是：股价对基本供求因素反应迟钝。当然这个前提条件与市场有效性的观点相违背。

【例 11-2】 阻力水平

考虑股票XYZ，它已经以72美元交易了几个月，然后跌至65美元。如果股价最终上涨，则72美元被称为一个阻力水平，因为原先以72美元购买该股票的投资者将会急于抛出该股票。因此，当价格接近72美元时将会引起一股抛售的压力。这种活动把“记忆”传递给市场，使得过去的价格影响当前的股票前景。

技术分析师有时也被称为股市图表专家，因为他们研究过去股价的记录或图表，希望能找出可用来构造盈利的投资组合的模式。作为技术分析的一个例子，现在考察相对强势的方法。股市图表专家用近期股票的业绩与市场或同行业其他股票的业绩进行比较。相对强势法的一个简单的例子就是股价与某一市场指数（比如标准普尔 500 指数）的比率。如果该比率在一段时间内上升，则该股票显示了相对强势，因为其价格表现要比大部分市场股票要好。这样的强势大概会持续一段足够长的时间以提供获利机会。在技术分析中最常见的组成部分之一就是**阻力水平**（resistance level）和**支持水平**（support level）。这些数值是指价格很难超越或不太可能低于的水平，一般认为它们是由市场心理所决定的。

有效市场假说意味着技术分析完全无用。价格和交易量的历史数据是花费最少的历史信息。因此，从分析过去股票价格获得的信息已经在股价中得到反映。当投资者争相使用股票价格历史信息时，股价必然会被推向使期望收益率与风险恰好相抵的水平。在那个水平上没人能获得超额收益。

举例来说明这一过程，我们考虑在例 11-2 中如果市场相信 72 美元这个水平确实是股票 XYZ 的阻力水平，这一结果会怎样？没人愿意在 71.50 美元的价格上购买 XYZ 股票，那么 71.50 美元就成为阻力水平了。但是之后，采用相同的分析方法，没有人愿意在 71 美元、70 美元等水平上购买股票。阻力水平的概念成为一个逻辑回答，其简单的结果是假设承认股票以 71.50 美元的价格出售，则投资者必定以为股票会像轻易地上升一样，轻易地下跌。结果投资者愿意以 71.50 美元购买（甚至持有）该股票的事实就是他们对于在这个价位上有信心获得相当的期望收益的证据。

一个有趣的问题是，技术分析规则一旦被广泛认可，是否还继续适用。一个明智的分析师可能偶然发现一个能够获利的技术分析规则，对有效市场的检验则变成一旦这一规则的价值被揭示，该规则的价值本身是否就已经被反映在股价中。一旦一条有效的技术分析规则（或价格模式）被发现，当大量投资者试着去利用它时，它将会变得无效。在这个意义上，技术分析规则应该是自我消亡的。下面这个例子说明了这个过程。

【例 11-3】 点球成金和有效市场假说

在迈克尔·刘易斯的名著《点球成金》中以体育市场而不是金融市场为例研究了一个非有效市场。[⊖]他首先观察到，在世纪之交的棒球运动员总是被球队管理层和球探“错误定价”，因为他们用来评估球员的传统思维导致他们忽略了更好的“内在价值”衡量标准。奥克兰运动家棒球队的总经理比利·比恩的工资收入与联盟中其他资金充足的球队相比极其有限，他采用“棒球统计”（应用于棒球的统计分析）作为识别最佳人才的一种手段。他被迫采用当时非常规的战术来识别联盟最被低估的球员。“棒球统计”取得了巨大的成功：尽管奥克兰运动家队 2002 年的工资只有 4 400 万美元（相比之下，当时纽约扬基队的工资超过 1.25 亿美元！），但这支球队还是进入了季后赛，并以 20 场比赛连胜的成绩创造了美国棒球联盟的纪录。

比恩利用了一个看起来完全无效的市场，但他的创新的成功自然也导致了其他球队的模仿。体育市场无效的部分原因是缺乏球员的相关数据，一旦大家明白这一点，就都会使用大量资源来收集更多信息并对其进行分析。其他球队聘请了他们自己的分析师，整个联盟的球员评估都

⊖ Michael Lewis, *Moneyball: The Art of Winning an Unfair Game* (New York: W. W. Norton & Co., 2003).

得到了改善，奥克兰运动家队的分析优势便消失了。虽然这对创新者来说有点不公平，但这是市场摸索提高效率的必然动力。市场参与者之间的竞争最终迫使市场价格更好地反映参与者的内在价值。有用的信息可能偶尔会被忽略或使用不当，但一旦设计出更好的分析方法，它很快就会广为流传。

概念检查 11-2

如果市场上每个人都相信阻力水平，为什么这些信念没有变成自我实现的前景？

11.2.2 基本面分析

基本面分析（fundamental analysis）是利用公司的盈利、股利前景、未来利率的预期以及公司的风险评估来决定适当的股票价格。最终，它表达了一种股东将获得的每股收益的贴现值的意图。如果该价值超过了股价，基本面分析师将推荐购买该股票。

基本面分析师通常首先从对公司以往盈利进行研究和对公司资产负债表的考察开始。基本面分析师为基本面分析提供了更为详尽的经济分析，通常包括对公司管理层人员的素质、公司在行业内的地位以及该行业前景的整体评估。基本面分析师希望获得尚未被市场其他人认识到的公司的未来表现。第 17~19 章提供了详尽的基本面分析法。

有效市场假说将再次预测，大部分基本面分析也注定是要失败的。如果分析师依靠那些公开的利润和行业信息资料，那么分析师对于公司前景的评估不太可能比其他竞争者精确多少。许多消息灵通、财力雄厚的公司都会进行市场研究，在这样的竞争环境下，发掘数据不像其他研究一样简单。只有那些独具慧眼的分析师才会得到回报。

基本面分析相比于简单地确定良好运行的公司的前景要难很多。当市场中其他人也知道哪些公司的前景好时，基本面分析对于投资者来说是无意义的。如果信息已经被公开，投资者将要为购买该公司的股票付出高额的代价，因此无法获得较高的收益率。

秘密不在于确定公司是否运营良好，而在于找出相对于其他人预期来说要好的公司。类似地，经营惨淡的公司也可能成为抢手货，只要它不像其他公司股票所暗示的那么差就好了。

这就是为什么基本面分析很困难。仅仅分析公司的好坏是不够的，只有你的分析结果比你的竞争对手好才能赚取很多利润，因为市场价格已经反映了所有的公开信息。

11.2.3 主动与被动投资组合管理

截至目前，随机挑选股票很明显不太可能获得收益。投资者之间的竞争保证了任意简单的股票评估方法都被广泛利用，以至于任何由此可以发现的信息都将在股票价格中得到反映。只有那些严肃、耗时且昂贵的分析方法才能获得那些产生交易利润的独特信息。

从经济上讲，这些方法只对大规模的投资组合可行。当你只有 10 万美元进行投资时，即使业绩每年增长 1%，也只能带来每年 1 000 美元的收益，这远远不值得投入大量精力。然而，对于那些拥有 10 亿美元的管理者来说，同样实现 1%的增长将会带来每年 100 万美元的额外收入。

如果小投资者在投资组合的主动管理上不处于有利地位，那么他们该怎么办呢？小投资者可以投资共同基金。通过这样的方式聚集资源，小投资者可以获得规模经济利益。

仍然存在着许多棘手的问题。投资者是否可以确定大型共同基金有能力或资源来找出定价不当的股票？进一步来讲，任何的错误定价是不是都足以补偿主动投资管理所产生的费用呢？

有效市场假说的支持者相信，主动管理基本上是白费力气，这种花费未必值得。因此，他们提倡**被动投资策略**（passive investment strategy），该策略不试图打败市场。被动投资策略仅仅旨在不通过找出被低估或高估的股票来建立一个充分分散的证券投资组合。被动管理通常被描述为买入-持有策略。因为有效市场假说指出，当给定所有已知信息，股价处于合理水平时，频繁地买入和卖出证券是无意义的，只会浪费大笔的经纪佣金而不能提高期望的业绩。

被动管理的通常策略是构建一个**指数基金**（index fund），即被设计为能够复制包含广泛的股票指数业绩的投资组合。例如，先锋领航 500 指数基金直接依据个股在标准普尔 500 股票价格指数中的权重来持有股票，因此该基金仅反映了标准普尔 500 指数的业绩。投资于该基金的投资者通过较少的管理费用就能获得广泛的分散化。管理费用可以降至最低，因为先锋领航公司的指数基金不需要付钱给分析师来评估股票的前景，也不会因高的换手率而产生大量的交易费用。实际上，当一项主动管理基金的管理年费超过资产的 1%时，先锋领航 500 指数基金只支付不足 0.04%的费用。当前，先锋领航 500 指数基金已经是最大的股权共同基金，其资产规模在 2018 年已达到 4 300 亿美元。整个市场上，有 20%~50%的股权基金都已经指数化了。

然而，可以跟踪的指数并非只有标准普尔 500 指数。例如，由先锋领航集团发起的一些指数基金既有跟踪范围更广的全美股市 CRSP 指数、巴克莱美国综合债券指数、CRSP 美国小市值公司指数，也有覆盖欧洲和亚太地区股票市场的金融时报指数。其他一些共同基金公司会构建指数基金投资组合，但先锋领航仍然领导指数化产品的零售市场。

交易所交易基金（ETF）类似于指数化共同基金（通常价格更低）。正如第 4 章所提及的，这些充分分散的投资组合的份额也可以像单只股票的股权一样在二级市场中进行买卖。交易所交易基金通常与几大股票市场指数相匹配，如标准普尔 500 指数、威尔希尔 5000 指数，以及众多的国际或行业指数，可供那些希望持有市场的一个分散化部分，而无须进行主动的证券选择的投资者选择。

概念检查 11-3

如果所有投资者都采取被动投资策略，那么对市场有效性将会产生什么影响？

11.2.4 在有效市场中的投资组合管理的作用

如果市场是有效的，为何不干脆在《华尔街日报》上随便挑选一些股票而非要通过理性分析来挑选一个投资组合呢？这是从“证券价格是公允定价的”这一命题中得出的一个吸引人的结论，但得出这一结论并非易事。即便在完全有效的市场中，理性的投资组合管理也是非常重要的。

投资组合选择的一条原则就是分散化。即使所有股票都是公允定价的，每只股票也都面临着公司层面的风险，需要通过分散化来消除。因此，即便在有效市场中，理性证券选择也要求有一个充分分散化的投资组合，从而满足投资者对系统风险水平的要求。

理性投资政策同样要求在证券选择时考虑税负。高税负的投资者通常不愿意购买有利于低税负投资者的股票。在一个明显的水平上，免税的市政债券税前利润比较低，对高税负的投资者来说他们仍觉得购入此类证券有益，而对于低税负的投资者来说则不具有吸引力。对于处在更高层的高税负投资者来说，更微妙的是他们宁愿将他们的投资组合向资本利得方向倾斜，而不是立刻获得股利收入，因为当前的税率越高，延期实现资本利得收入就越有价值，因此这些投资者更倾向于股利较低但提供更大资本利得收入的股票。他们也会受到吸引并投资于收益对税收优惠很敏感的投资项目，如房地产投机。

理性投资组合管理的第三个争论与投资者特定风险范畴有关。例如，丰田汽车公司的一个管理者，其获得的股利依公司的利润水平而定。通常他不在汽车股上进行投资。由于其薪水由丰田汽车公司而定，该经理已经在丰田汽车公司股票上进行了大量投资，不会出现缺乏分散性的情况。一个很好的例子是，2008 年 9 月雷曼兄弟雇用当时十分著名的投资者进入他们的公司，而这些投资者自己的公司早已倒闭。公司将近 30% 的股票为 24 000 名员工所有，而他们总共在股票上失去将近 100 亿美元。

对于不同年龄的投资者应当根据其风险承受能力而提供不同的投资组合策略。例如，对于依靠存款度日的老年投资者来说，往往回避那些市值会随利率大幅度变动的大规模股权投资。由于这些投资者依靠存款度日，他们需要保留本金。相反，较为年轻的投资者将更倾向于长期债券。因为对于将来生活还很漫长的年轻人来说，稳定的收益流比保留本金更重要。

我们可以得出结论，即使在有效市场，投资组合管理也是十分有用的。投资者资金的最佳头寸随年龄、税负、风险厌恶程度以及职业因素而变化。有效市场中投资组合管理者的任务是确保投资组合满足这些需求，而不是冲击市场。

11.2.5 资源配置

截至目前，我们的焦点主要放在有效市场假说的投资意义上。偏离有效性可能产生获利机会，不过要牺牲处于信息劣势地位的交易者的利益。

然而，偏离信息有效性也会导致所有人承担无效资本配置成本。在资本主义经济中，投资于实物资产如工厂、设备和技术在很大程度上是由相应的金融资产价格所引导的。例如，如果电信设备反映的股票市场价格超过安装此类设备的花销，那么管理者有理由得出电信投资会产生正的净现值的结论。从这个角度看，资本市场定价引导了实物资源分配。

如果市场是无效的，并且证券通常被错误定价，那么资源自然被错误配置。证券被高估的公司将获得廉价的资本，而被低估的公司将放弃投资机会，因为发起投资的成本太高。因此，无效资本市场将削弱市场经济最有力的优势。作为产生错误的例子，考虑 20 世纪 90 年代的互联网泡沫，由于产生了对互联网和电信公司前景过分乐观的估计，投资者在该行业进行了过多的投资。

在取消市场作为引导资源分配的途径之前，我们需要弄清楚从市场预期中可以知道什么。特别地，你应该把价格反映所有可得信息的有效市场与完美预期的市场区分开。正如我们之前所说的，即使是“所有可得信息”也与完整的信息相去甚远，因此一般来说理性市场分析有些时候是错误的；事实上，有些时候甚至是完全错误的。

11.3 事件研究

信息有效市场概念的提出引出了一种有力的研究方法。如果证券价格反映了当前所有可得到的信息，那么价格变化也必将反映新信息。因此，人们似乎可以利用在事件发生时衡量价格的变化来测度事件的重要性。

事件研究（event study）描绘了一种实证财务研究技术，运用这一技术，观察者可以评估某一事件对该公司股票价格的影响程度。例如，股市分析师可以通过研究股利的变化来研究事件的影响。事件研究可以量化股利变化和股票收益率之间的关系。

分析一项已经公开的股利变化的影响要比看起来难得多。任何一天的股价都会对广泛的最新经济信息诸如 GDP、通货膨胀率、利率或公司盈利能力等做出反应。分离出由于特殊事件引起的那部分股价变化绝非易事。

一般的研究方法都是首先分析事件在没有发生的条件下股票收益的代理变量。事件所产生的**异常收益**（abnormal return）估计了股票的实际收益与基准收益之差。实践中的一些方法用于估计该基准收益。例如，测度异常收益的一个最简单的方法就是用股票的收益减去它所在的市场的指数收益。一个明显的改进方法则是将股票收益与根据企业规模、β 系数、近期表现以及市净率等标准相匹配的其他股票进行比较。另外，研究者利用诸如资本资产定价模型或法玛-弗伦奇三因素模型来确定常规收益。

许多研究者利用“市场模型”来估计异常收益。这一研究是建立在第 9 章我们介绍的指数模型的基础上的。回顾第 9 章，指数模型认为股票收益是由一种市场因素和一种公司层面的因素所决定的。给定 t 时间内的股票收益率 r_t，可以用以下数学表达式来表示：

$$r_t = a + br_{Mt} + e_t \tag{11-1}$$

其中，r_{Mt} 是该时间段内的市场收益率，e_t 是由公司层面因素引起的证券收益。系数 b 表示对市场收益的敏感程度，a 表示股票在市场收益为 0 时所实现的平均收益率。[⊖]因此式（11-1）将 r_t 分解为市场和公司层面因素。公司层面收益或异常收益也可以由事件引起的非期望收益来解释。

确定在给定时间内公司的异常收益需要 e_t 的估计值。因此，式（11-1）可以变为

$$e_t = r_t - (a + br_{Mt}) \tag{11-2}$$

式（11-2）有一个简单的解释：残差项 e_t 表示所研究的事件引起的那部分收益，即在已知股票对市场敏感程度的前提下，超出人们基于常规市场收益变化所得的股票收益的那部分收益。

【例 11-4】 异常收益

假定分析师估计 $a=0.05\%$，$b=0.8$。某一天市场上涨 1%，根据式（11-1）我们可以预测股票期望收益率将上涨 $0.05\%+0.8\times1\%=0.85$。如果股价实际上涨 2%，分析师推断出当天公司层面因素所引起的股价收益率上涨 $2\%-0.85\%=1.15\%$。这就是当天的异常收益。

市场模型是一个具有高度灵活性的工具，因为它可以推广到包含更丰富基准收益的模型，例如，式（11-1）中除右边的市场收益之外，还包括行业收益，以及反映某一特征指数的收益。然而，需要特别注意的是，式（11-1）中的参数的估计必须是合理的（截距 a 和斜率 b）。特别是估计参数所使用的数据必须在时间上与所观测的时间分离，以免受事件发生期内异常收益的影响。其中部分原因是市场模型本身所存在的缺陷，与公司特征相关的投资组合收益在近些年来被广泛采用作为基准收益。

我们通过分析股票（或一组股票）事件信息被市场所知而引起的收益率变动来估计该事件的异常收益。例如，在研究收购企图对目标公司股价的影响时，发布日期就是公众得知收购企图的那一天。最后，计算在发布日期前后每个公司的异常收益，并估计典型异常收益的统计显著性和幅度，以确定新消息的影响程度。

使事件研究变得复杂的一件事就是信息的泄露。泄露是指一些相关事件的有关信息在被官方公布之前就已经发布给一小部分投资者。在这种情况下，股票的价格会在官方宣布的几天或几周之内上涨（我们假设是个好消息）。这样官方发布日引起的任何异常收益就不能揭示信息

⊖ 从第 9 章中可以知道，资本资产定价模型意味着式（11-1）中的截距 a 等于 $r_f(1-\beta)$。然而，通常用这个式子对截距进行经验估计，而不是利用资本资产定价模型的值。实证拟合的证券市场线似乎比资本资产定价模型预测的要平缓（参见第 13 章），这意味着利用资本资产定价模型所获得的截距过小。

发布的全部影响。更好的考察变量是**累计异常收益**（cumulative abnormal return），即该期所有异常收益的简单加总。这样，当市场对新信息做出反应时，累计异常收益便包含了整个期间公司特有股票的全部变化。

图 11-1 显示了一个相当典型的事件研究结果。这一研究的作者着眼于在信息发布之前的信息泄露以及样本公司所采取的行动。在大多数收购中，被收购公司的持有人把他们的股票以高于股票市场价格的溢价卖给收购者。收购企图的宣布对目标公司来讲是一个好消息，因此会引起股价上升。

图 11-1 证实了这些公告的利好属性。在公布日，我们假设它为第 0 天，目标样本中的目标公司的平均累计异常收益大幅度上升，这表明公布日有大量正的异常收益。注意在公布日接下来的几天中，累计异常收益不再明显地上升或下降。这与有效市场假说一致。一旦新信息被公布，股价几乎立刻攀升来回应这一好消息。随着股价重新回到平衡状态，反映新信息的效应，在任意特定日新发生的异常收益可能为正也可能为负。事实上，对于许多样本公司来说，平均异常收益将趋于 0，因此异常收益不再显示上升或下降的趋势，这恰好是图 11-1 所显示的模式。

从公布日前几天的收益模式可以看出一些关于有效市场和信息泄露的有趣的证据。如果内幕交易规则得到了很好的遵循和执行，股价在相关信息公布之前数日不会表现出异常收益。因为在得知相关信息前，市场无法获得公司层面的特定信息。相反，在公告当日股价就会出现跳空上涨。而实际上，图 11-1 表示接管目标公司的股价在公告日 30 天之前就开始出现上涨的趋势。可能是一些市场参与者获得了泄露的信息，并在公告之前购买了股票。这样的泄露经常发生在一些事件研究当中，表示至少一些内幕交易者对规则的滥用。

实际上，美国证券交易委员会对图 11-1 所表示的模式并不是非常担心。如果内幕交易规则被严重违反，我们可能更早地看到异常收益。例如，在收购案中，收购者一旦决定其目标，异常收益很快变为正值，因为内幕交易者将立刻开始交易。当消息被公布时，内部人员已经把目标公司的股票价值提升到可以反映收购意图的水平，而到了真正的公布日时，异常收益将趋于 0。在公布日当天看到累计异常收益突然增加，表明公布的大部分信息对市场来说确实是新信息，同时股价并未已经全部反映有关收购的信息。因此，我们可以看到虽然存在泄密情况，但美国证券交易委员会对限制内幕交易人员交易有着实质性的影响。

事件分析方法已经成为被广泛接受的测量大量事件经济影响的工具。例如，美国证券交易委员会定期运用事件研究的方法来识别违反内部人员交易原则和证券法规的交易商所获得的非法收入。[㊀]该方法也适用于诈骗案，因为法庭必须判定由诈骗活动所引起的损失。

【例 11-5】 使用异常收益计算损失

假定一家市值为 1 亿美元的公司在会计丑闻出现当天遭受 4% 的异常收益的损失。然而，市场上的其他公司当天表现都很好。市场指数快速上升，基于股票和市场的正常关系，股票应该获得 2% 的收益。我们可以得出该丑闻给公司价值带来 6% 的下降，加上 2% 的收益以及实际观察到的 4% 的下跌。一些人可以推算出这家公司因丑闻蒙受的损失为 600 万美元，（在一般市场调整后）当投资者注意到该消息并对公司股票的价值重新估计时，公司的市值减少了 1 亿美元的 6%。

㊀ 关于美国证券交易委员会运用这一技术的评论，参见 Mark Mitchell and Jeffry Netter，"The Role of Financial Economics in Securities Fraud Cases: Applications at the Securities and Exchange Commission，" *The Business Lawyer* 49（February 1994），pp. 545-590.

概念检查 11-4

假设在一些数据被公布后异常收益变为负值（异常收益下降）。这违背有效市场假说了吗？

11.4　市场是有效的吗

11.4.1　争论点

有效市场假说并没有引起专业投资组合管理者很高的热情，这一点并不令人惊讶。这意味着投资管理者的活动——寻找被低估的证券只是在浪费精力，由于它浪费大量的金钱并可能产生不完美的分散投资组合，很可能对客户不利。有效市场假说在华尔街并没有被广泛地接受，并且证券分析能否提高投资业绩这一争论一直持续到今天。在讨论该假说的经验检验之前，我们必须提出可能意味着问题永远不能解决的三个问题：规模问题、选择偏见问题以及幸运事件问题。

规模问题　假设某投资经理负责管理 50 亿美元的投资组合，并且每年只可以获得 0.1%的投资增长，即 0.001×50 亿美元=0.05 亿美元的年收益。这样的经理显然值得这份薪水！作为观察者，我们能统计他的贡献程度吗？可能不行，因为 0.1 个百分点的贡献将被市场年度波动性掩盖。从 1926 年开始，充分分散的标准普尔 500 指数的年标准差已经在 20%左右。相对于这些波动而言，业绩的小幅度提升是很难被察觉的。

大家都可能认可股价非常接近公允价值这一观点，只有大型投资组合的管理者才能赚取足够的交易利润，使其对少数定价不当的利用是值得的。根据这种观点，聪明的投资管理者的行为便使市场价格向公允的水平发展。与其提出“市场是有效的吗”这样定性的问题，还不如提出更加定量的问题来替代：“市场多有效”？

选择偏见问题　假定你发现了一个确实能赚钱的投资方案。你有两种选择：要么在《华尔街日报》发表你的看法以提高自己的名誉，要么保留这个秘密以赚取一大笔钱。许多投资者都会选择后者，这给我们带来了一个疑问：是不是只有当投资者发现一个投资方案不能获得异常收益时才会将其公之于众？因此，许多有效市场观点的反对者总是把“许多技术分析不能提供投资收益”作为“这些方法的成功仅因为它没有被公之于众”的证明。这就是选择偏见问题。我们能够观察到的结果已经被预先选出来支持市场失效的观点。因此，我们无法公允地评价投资组合管理者提出成功投资方案的真实能力。

幸运事件问题　似乎在任何一个月当中，我们都能读到关于投资者和投资公司在过去取得完美投资业绩的报道。当然这些投资者的优异记录是对有效市场假说的驳斥。

然而，这一结论并不十分明显。作为对投资的一个类比，考虑用一个均匀的硬币投掷 50 次，看谁抛出的正面最多。当然，对于每个人来说期望的结果是 50%的正面和 50%的反面。如果 10 000 人参加这项比赛，出现了一两个人抛出了 75%的正面，这个结果并不奇怪。实际上，初级统计学的知识告诉我们能抛出 75%以上正面的参赛者的期望人数是 2。尽管如此，要给这些人冠以“世界抛硬币大赛冠军”的称号是愚蠢的。很明显，他们只不过是在事件发生的当天运气较好而已。

有效市场显然类似于此。在任何股票在全部信息给定的基础上是公允定价的假设下，对某一股票下注只不过是一个抛硬币游戏而已。赌赢和赌输的概率是相等的。然而，从统计学的角度来看，如果有很多投资者利用各种方案来进行公平的赌局，一些投资者将会很幸运并赢得赌局。对于每个大赢家，会有许多大输家，但我们从未听说这些输家。然而，赢家将会成为最新的股市导师并出现在《华尔街日报》上，然后他们可以通过市场分析发大财（见专栏华尔街实战 11-2）。

华尔街实战 11-2 如何保证一份成功的市场股评

假定你要向市场公布你的运气，首先要保证让杂志潜在的订阅者相信你的才华值得他们的付出，但如果你没有才华呢？答案很简单，开始写 8 篇股评。

在第一年，让你的 4 篇股评预测市场将上涨，另外 4 篇预测市场将下跌。在第二年，让你原来预测市场将上涨的股评的一半继续预测市场将上涨，而另一半预测市场将下跌。对原来预测市场将下跌的股评同样这样做。继续通过这样的方式用下表表示预测市场的趋势（U 意味着预测市场上涨，D 意味着预测市场下跌）。

年	预测							
	1	2	3	4	5	6	7	8
1	U	U	U	U	D	D	D	D
2	U	U	D	D	U	U	D	D
3	U	D	U	D	U	D	U	D

3 年之后，总有一篇股评会有一个完美的预测记录。这是由于在 3 年之后市场会出现 $2^3=8$ 种预测结果，我们的 8 篇股评涵盖了所有的预测结果。现在，我们可以简单地抹去 7 篇失败的股评，剩下的 1 篇股评与市场走势相吻合。如果我们要建立一个 4 年与市场走势完全吻合的预测，那么需要 $2^4=16$ 篇股评。可以依此类推，5 年需要 32 篇股评。

结果人们看到了你那些完全准确的股评会产生浓厚的兴趣，投入大笔的资金来迎合你的投资建议。你是幸运的，因为你从来没有研究过市场！

警告：这一方法是违法的！然而，由于存在成百上千的股评家，你可以找到一个没有任何技术、正好撞大运的股评家。一系列股评显示出他有好的预测技术。这个人就是我们在《华尔街日报》上看到的人，其他人已经被忘记了。

概念检查 11-5

比尔·米勒管理着雷格·梅森的价值信托基金，截至 2005 年，基金的表现都优于标准普尔 500 指数。米勒的投资业绩是否足以劝阻你不相信有效市场假说？如果不能，那么业绩达到什么程度才能劝阻你？现考虑在将来的 3 年里，该基金的业绩戏剧性地下降，低于标准普尔 500 指数；截至 2008 年，它 18 年的累计表现与指数的累计表现完全不同。这些是否影响到你的观点？

我们的观点是：概念检查 11-5 介绍的故事的后面一定有一个成功的投资方案。怀疑者将其称为运气，而成功者将其称为技巧。正确的检验应该能考察出成功者是否将他们的业绩在另一时期上演，但很少进行类似的检验。

带着这一点怀疑，我们来看一些对有效市场假说的经验检验。

11.4.2 弱式有效检验：股票收益范式

短期收益 有效市场的早期检验是对弱式有效市场的检验。投机者能找出让他们赚取异常收益的过去价格的走势吗？这在本质上是对技术分析的有效性的检验。

辨别股票价格趋势的一种方法就是测度股票市场收益率的序列相关性。序列相关表示股票收益与过去收益相关的趋势。正序列相关意味着正收益倾向于跟随过去的正收益（动量性）。负序列相关表示正收益倾向于被负收益跟随（反向和纠正性）。Conrad 和 Kaul[一]以及 Lo 和 Mackinlay[二]考察了纽约证券交易所股票的周收益并发现了短期

[一] Jennifer Conrad and Gautam Kaul, "Time-Variation in Expected Returns," *Journal of Business* 61 (October 1988), pp. 409-425.

[二] Andrew W. Lo and A. Craig MacKinlay, "Stock Market Prices Do Not Follow Random Walks: Evidence from a Simple Specification Test," *Review of Financial Studies* 1 (1988), pp. 41-66.

内的正序列相关。然而，周收益的相关系数都相当小，至少对于价格数据最可靠且最新的大型股票来说是这样的。因此，尽管这些研究证明了短期内有弱的价格趋势[一]，证据并没有清晰地表明存在交易机会。

虽然指数代表的市场整体的收益序列只在短期，例如一个月左右，表现出弱相关性，但在较长的时间内却显示出了更加显著的动量势能。通过对中期股票价格行为（采用 3~12 个月的持有区间）的调查，Jegadeesh 和 Titman[二]发现了股票的**动量效应**（momentum effect），即近期无论业绩好坏的股票都将持续一段时间。他们得出结论：尽管单只股票的价格是难以预测的，但最近表现较好的股票构建的投资组合所提供的赚钱机会比其他股票构建的投资组合更多。

长期收益 尽管研究表明，中短期股价收益率存在动量效应，但对长期收益（如跨越数年）的检验结果却显示长期市场整体收益在时序上体现为负的相关性。[三]这个结论支持了“趋势假说”，它认为股票市场对相关信息反应过度。这样的反应过度将会导致短期内正序列相关（动量）。随后对过度反应的纠正又引起了坏业绩跟随好业绩的情况，反之亦然。纠正意味着在一段正收益之后跟随的是负收益，结果在长期就出现负序列相关。这使股价呈现围绕着公平价值波动这一特点。

尽管这些长期结果是戏剧性的，但研究所提供的绝不是有效市场的结论性的证据。首先，这些研究不需要解释为股票市场反复无常的证据。对这种结果的另一种解释为只有市场溢价是随着时间变化的。例如，当风险溢价和期望收益上升时，股票价格会下跌。当市场继续上升至（平均）更高的收益水平上时，数据传达了股票价格恢复的迹象。过度反应和纠正的印象实际上不过是股票价格贴现率变化的理性回应。

除了显示整个股票市场长期收益过度反应之外，许多其他的研究表明，在长期，一些特别的证券的极端表现呈现反向的趋势：在过去表现最好的股票在随后时期内的业绩要比其他证券的业绩差，而在过去业绩较差的股票也会在将来超出平均收益水平。DeBondt 和 Thaler[四]以及 Chopra、Lakonishok 和 Ritter[五]发现在某期间表现差的股票在随后一段时间内将会出现大幅度反向的势头，而在当期表现较好的股票将会在接下来的一段期间内有变差的业绩表现。

例如，DeBondt 和 Thaler 的研究表明，如果将股票在近五年的表现进行排序并根据投资表现将股票分组构成投资组合，则基期“输的”投资组合（投资表现最差的 35 只股票）表现在未来三年要比“赢的”投资组合（投资表现最好的 35 只股票）平均收益高出 25%。这就是反向效应，即“输者反弹、胜者失色”，表明股票市场对相关信息过度反应。一旦过度反应被识别，极端投资表现就会出现反向。这一现象意味着反向投资策略——投资于近期表现较差而不是近

㊀ 此外，有证据表明，个别证券（如与广义市场指数相反的）的股价更容易在极短的时间内反转。例如，B. Lehmann，“Fads, Martingales and Market Efficiency,” *Quarterly Journal of Economics* 105（February 1990），pp. 1-28；and N. Jegadeesh，“Evidence of Predictable Behavior of Security Returns,” *Journal of Finance* 45（September 1990），pp. 881-898。然而，正如 Lehmann 所述，这最好可以解释为由于流动资金不足的问题，在大幅度的股价变动之后庄家调整了在股市中的仓位。

㊁ Narasimhan Jegadeesh and Sheridan Titman，“Returns to Buying Winners and Selling Losers：Implications for Stock Market Efficiency,” *Journal of Finance* 48（March 1993），pp. 65-91.

㊂ Eugene F. Fama and Kenneth R. French，“Permanent and Temporary Components of Stock Prices,” *Journal of Political Economy* 96（April 1988），pp. 24-73；James Poterba and Lawrence Summers，“Mean Reversion in Stock Prices：Evidence and Implications,” *Journal of Financial Economics* 22（October 1988），pp. 27-59.

㊃ Werner F. M. DeBondt and Richard Thaler，“Does the Stock Market Overreact?” *Journal of Finance* 40（1985），pp. 793-805.

㊄ Navin Chopra，Josef Lakonishok，and Jay R. Ritter，“Measuring Abnormal Performance：Do Stocks Overreact?” *Journal of Financial Economics* 31（1992），pp. 235-268.

期表现较好的股票的策略可以获利。

因此，整个市场和部分市场在价格行为当中都存在短期动量和长期反向形式。这种形式的一种解释是短期过度反应（这引起价格动量）可能会导致长期反向（当市场识别过去的错误）。

11.4.3 主要市场收益的预测者

一些研究证明了易观测变量具有预测市场收益的能力。例如，法玛和弗伦奇[一]证明了当股利市价比即期股利收益率高时，股票市场收益将会上升。坎贝尔和席勒[二]发现，盈利率能预测市场收益。Keim 和 Stambaugh[三]证明了诸如信用等级高与信用等级低的公司债券收益之间的差额可以帮助预测股票市场的收益。

然而，解释这一结果是非常困难的。一方面，它们可能意味着股票收益率是可以预测的，这与有效市场假说是相违背的。但更可能的是，这些变量是市场风险溢价变动的代理变量。例如，给定股利或收益预测，当风险溢价（进而是期望的市场收益）较高时，股票价格将变低，股利和收益率将变高。因此高股利和盈利率将与较高的市场收益相联系。这并不意味着与市场有效性相违背。市场收益的可预测性源于风险溢价的可预测性，而不是风险调整后的异常收益的可预测性。

法玛和弗伦奇[四]还表明：信用等级高与信用等级低的公司债券收益的差额对低等级债券的预测能力比对高等级债券更强，他们认为收益的可预测性实际上是一种风险溢价而不是市场无效性的证据。类似地，股票股利收益率帮助预测债券市场收益的事实表明，股利收益率包含两个市场的共同风险溢价而不是股票市场中的错误定价。

11.4.4 半强式有效检验：市场异象

基本面分析比技术分析利用了更为广泛的信息来构建投资组合。基本面分析有效性的调查要求了解是否能够利用证券交易历史外的可得公开信息来提高投资业绩，以此来衡量半强式有效市场假说。令人惊奇的是，一些简单的容易获得的统计数据，如股票市盈率或市场资本化率似乎能够预测异常风险调整收益，这类发现（在后面的章节还会提及）很难符合有效市场假说，因此经常被称为有效市场**异象**（anomaly）。

解释这些内容的一个困难在于：评价一项投资策略的成功与否之前，我们通常需要进行投资组合的风险调整。例如，许多研究利用资本资产定价模型来进行风险调整。然而，我们知道尽管 β 值是股票风险的一个相关描述符号，但由 β 所描述的风险与期望收益之间的此消彼长关系的测量值与资本资产定价模型所预测的结果不同（将在第 13 章中提供证据）。如果利用资本资产定价模型来进行投资组合收益的风险调整，则不恰当的调整将导致多种投资组合策略都可

[一] Eugene F. Fama and Kenneth R. French, "Dividend Yields and Expected Stock Returns," *Journal of Financial Economics* 22 (October 1988), pp. 3-25.

[二] John Y. Campbell and Robert Shiller, "Stock Prices, Earnings and Expected Dividends," *Journal of Finance* 43 (July 1988), pp. 661-676.

[三] Donald B. Keim and Robert F. Stambaugh, "Predicting Returns in the Stock and Bond Markets," *Journal of Financial Economics* 17 (1986), pp. 357-390.

[四] Eugene F. Fama and Kenneth R. French, "Business Conditions and Expected Returns on Stocks and Bonds," *Journal of Financial Economics* 25 (November 1989), pp. 3-22.

以产生高额收益，实际上这只是失效的风险调整过程。

另外，风险调整收益的检验是有效市场假说和风险调整过程的联合检验。如果一个投资组合策略能产生高额收益，那么必须确定是拒绝有效市场假说还是拒绝风险调整方法。通常，风险调整方法的前提比有效市场假说的前提更让人质疑；如果选择放弃风险调整过程，我们将无法得出关于市场有效性的结论。

Basu[㊀]的发现就是该问题的一个例子。他发现低市盈率股票比高市盈率股票的投资组合的收益率更高。即使因投资组合的 β 值而调整收益，**市盈率效应（P/E effect）**仍然起作用。这是否证实市场会根据市盈率系统性地错误定价？这对投资者而言是一个意外的极具干扰性的结论，因为市盈率分析是一个简单的过程。通过艰苦的工作和深刻的洞察可以获得超额收益，但运用如此简单的方法就能带来超额收益是不可能的。

关于市盈率与超额收益还有一种解释，即资本市场均衡模型错在没有对收益进行适当的调整。如果两家公司有相同的期望收益，风险高的股票将会以低价卖出并有低的市盈率。由于它的高风险，低市盈率也将会产生高的期望收益。因此，除非资本资产定价模型的 β 随风险充分调整，否则市盈率就可以作为风险的另外一个描述指标，如果资本资产定价模型用于估计基准业绩，市盈率将与超额收益相关。

小公司的 1 月效应　所谓的公司规模或**小公司效应（small-firm effect）**，由 Banz[㊁]首先提出（见图 11-3）。该图描绘了纽约证券交易所股票按各年度公司规模（即流通股总值）划分为 10 个组合后各组合的历史业绩。小公司在 1926—2018 年的平均年收益持续上涨。第 10 个投资组合（最大公司投资组合）与第 1 个投资组合（最小公司投资组合）的年平均收益率之差为 7.32%。当然，小公司投资组合的风险更大。但即使运用资本资产定价模型进行风险调整之后，小公司的组合仍然存在一个持续的溢价。

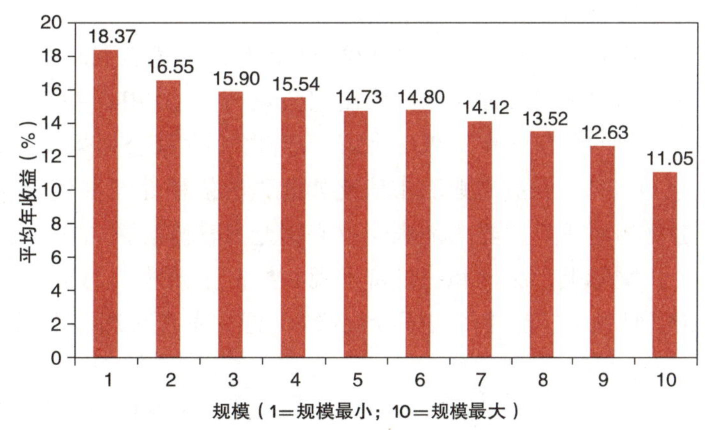

图 11-3　10 个不同规模组合的平均年收益。1926—2018 年

资料来源：Authors' calculations, using data obtained from Professor Ken French's data library at http://mba.tuck.dartmouth.edu/pages/faculty/ken.french/data_library.html.

设想投资于 100 亿美元的投资组合获得了以上规模的溢价。然而利用"投资小公司股票"这样简单的规则仍然能赚取超额收益，这太神奇了。毕竟，任何投资者都可以不需要任何花费就能衡量公司的规模。谁都不会指望付出如此小的代价就能获得如此大规模的回报。

㊀ Sanjoy Basu, "The Investment Performance of Common Stocks in Relation to Their Price-Earnings Ratios: A Test of the Efficient Market Hypothesis," *Journal of Finance* 32 (June 1977), pp. 663-682; and "The Relationship between Earnings Yield, Market Value, and Return for NYSE Common Stocks: Further Evidence," *Journal of Financial Economics* 12 (June 1983).

㊁ Rolf Banz, "The Relationship between Return and Market Value of Common Stocks," *Journal of Financial Economics* 9 (March 1981).

此后的研究（Keim[一]、Reinganum[二]、Blume 和 Stambaugh[三]）还证明了小公司效应几乎整个 1 月都会发生，实际上是 1 月的头两个星期。规模效应实际上是“小公司的 1 月效应”。

被忽略的公司效应和流动性效应 Arbel 和 Strebel[四]对小公司的 1 月效应做出了另一种诠释。由于小公司经常被大的机构交易者忽略，小公司的信息经常很难获得。这种信息的缺乏导致小公司的风险较高，但能获得较高的收益率。毕竟“名牌”公司容易受到机构投资者的密切监督，这可以保证其信息是高质量的，并可以推测人们不会购买没有良好前景的“普通”股票。

作为**被忽略的公司效应**（neglected-firm effect）的证据，Arbel[五]按照机构所持有的股票把公司分为热门、中等和被忽略的公司。实际上 1 月效应对被忽略的公司最明显。默顿[六]的文章指出被忽略的公司拥有者需要高期望均衡收益作为其对因信息受限而引起的风险的补偿。从这种角度而言，被忽略公司溢价并非严格意义上的市场无效，而是一种风险溢价。

Amihud 和 Mendelson[七]对股票收益流动性效应的研究也许与小公司效应和被忽略的公司效应都有关。他们认为，正如我们在第 9 章所提出的，投资者将对投资于需要较高交易成本的低流动性股票要求一种收益溢价。Amihud 和 Mendelson 证明，这些股票呈现很强的出现异常高风险调整收益率的趋势。由于小规模和缺乏分析的股票流动性较差，流动性效应可以作为它们异常收益的部分解释。然而，这一理论不能解释小公司的异常收益会集中于 1 月。无论如何，利用这种效应要比表面上看起来难得多。小公司股票的高额交易成本能轻易地抵消任何非常明显的异常收益。

账面市值比 法玛和弗伦奇[八]证明，公司净资产的账面市值比是证券收益有力的预测工具。法玛和弗伦奇根据账面市值比把公司分为 10 组，并考察了每组的平均月收益率。图 11-4 是这些结果的最新版本。账面市值比最高的 10 家公司平均月收益率为 16.5%，而最低的 10 家公司为 11.0%。收益对账面市值比如此强的依赖性与 β 值无关，这意味着要么是高账面市值比公司定价相对较低，要么是账面市值比充当着衡量影响均衡期望收益的风险因素的代理变量。

实际上，法玛和弗伦奇发现在控制了规模与**账面市值比效应**（book-to-market effect）之后，β 值似乎不能解释平均证券收益[九]。这一发现对理性市场是个严重的挑战，因为这似乎暗示着可

[一] Donald B. Keim, “Size Related Anomalies and Stock Return Seasonality: Further Empirical Evidence,” *Journal of Financial Economics* 12 (June 1983).

[二] Marc R. Reinganum, “The Anomalous Stock Market Behavior of Small Firms in January: Empirical Tests for Tax-Loss Effects,” *Journal of Financial Economics* 12 (June 1983).

[三] Marshall E. Blume and Robert F. Stambaugh, “Biases in Computed Returns: An Application to the Size Effect,” *Journal of Financial Economics*, 1983.

[四] Avner Arbel and Paul J. Strebel, “Pay Attention to Neglected Firms,” *Journal of Portfolio Management*, Winter 1983.

[五] Avner Arbel, “Generic Stocks: An Old Product in a New Package,” *Journal of Portfolio Management*, Summer 1985.

[六] Robert C. Merton, “A Simple Model of Capital Market Equilibrium with Incomplete Information,” *Journal of Finance* 42 (1987), pp. 483-510.

[七] Yakov Amihud and Haim Mendelson, “Asset Pricing and the Bid-Ask Spread,” *Journal of Financial Economics* 17 (December 1986), pp. 223-250; and “Liquidity, Asset Prices, and Financial Policy,” *Financial Analysts Journal* 47 (November/December 1991), pp. 56-66.

[八] Eugene F. Fama and Kenneth R. French, “The Cross Section of Expected Stock Returns,” *Journal of Finance* 47 (1992), pp. 427-465.

[九] 然而，S. P. Kothari, Jay Shanken, and Richard G. Sloan 的研究“Another Look at the Cross-Section of Expected Stock Returns,” *Journal of Finance* 50 (March 1995), pp. 185-224 发现，用年收益而不是用月收益估计 β 值时，高 β 值的证券事实上有更高的平均收益。另外，上述作者还发现，账面市值比与法玛和弗伦奇得出的结果相比变小了，用不同的样本结果是不同的。因此，他们得出的结论是：账面市值比重要性的经验案例与法玛和弗伦奇的研究结果相比可能较弱。

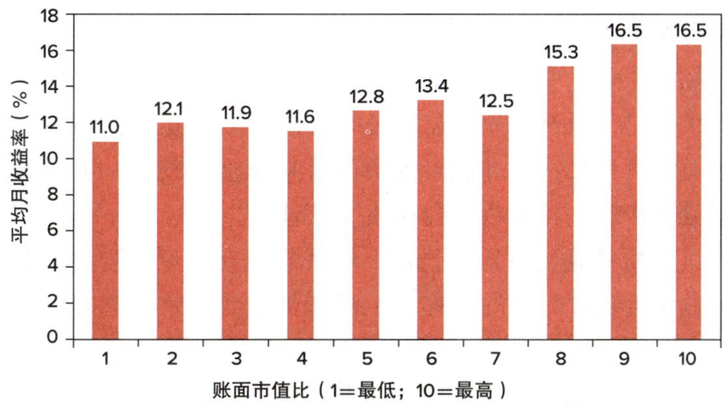

图 11-4 作为账面市值比函数的平均月收益率，1926—2018 年

资料来源：Authors' calculations, using data obtained from Professor Ken French's data library at http://mba.tuck.dartmouth.edu/pages/faculty/ken.french/data_library.html.

能影响收益的系统风险其实并不重要，然而账面市值比这一似乎不重要的因素可能具有预测未来收益的能力。

盈余公告后的价格漂移 有效市场的一个基本原则就是任何新信息都应该迅速地反映在股票价格上。因此，正如 Ball 和 Brown[㊀]所揭示的那样，实践中出现了令人费解的异象，股价对公司的盈余公告的反应明显放缓。这一结果在许多文献中得到了认同和扩展。[㊁]

盈余公告的“新闻含量”可以这样来评价，即比较公布的实际盈余与此前市场参与者所预期的盈余，二者之间的差额就是“意外盈余”（市场预期的盈余能通过华尔街分析师公布的平均盈余来大致测量，也可以通过运用趋势分析师根据过去盈利情况做出的预测来大致测量）。Rendleman、Jones 和 Latané[㊂]对公布盈余后的股价缓慢反应做出了卓有成效的研究。他们计算了大量公司的意外盈余，并根据意外盈余对它们进行排序，并以此为依据将公司分为 10 级，然后计算出每一级股票的异常收益。图 11-5 画出了每一级累计异常收益的形状。

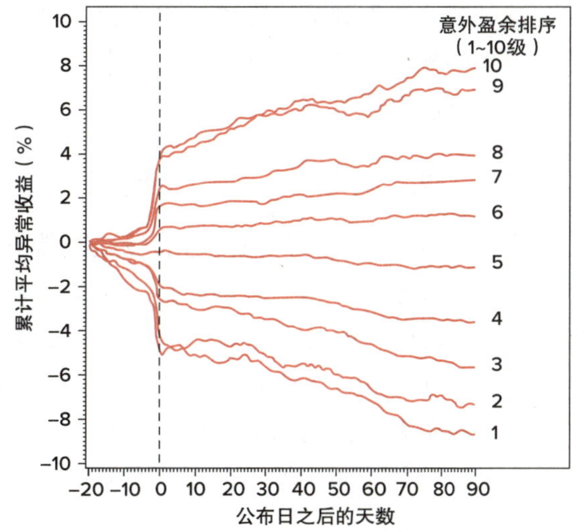

图 11-5 累计异常收益对盈余公布的反应

资料来源：R. J. Rendeman Jr., C. P. Jones, and H. A. Latané, "Empirical Anomalies Based on Unexpected Earnings and the Importance of Risk Adjustments," *Journal of Financial Economics* 10 (1982), pp. 269-287.

这一结果是戏剧性的。按意外盈余排序

㊀ R. Ball and P. Brown, "An Empirical Evaluation of Accounting Income Numbers," *Journal of Accounting* Research 9 (1968), pp. 159-178.

㊁ 有大量的文献研究这一现象，大多涉及的是过去盈余公告后价格的变化，最近研究为什么可能会变化的文献，见 V. Bernard and J. Thomas, "Evidence That Stock Prices Do Not Fully Reflect the Implications of Current Earnings for Future Earnings," *Journal of Accounting and Economics* 13 (1990), pp. 305-340, or R. H. Battalio and R. Mendenhall, "Earnings Expectation, Investor Trade Size, and Anomalous Returns Around Earnings Announcements," *Journal of Financial Economics* 77 (2005), pp. 289-319.

㊂ Richard J. Rendleman Jr., Charles P. Jones, and Henry A. Latané, "Empirical Anomalies Based on Unexpected Earnings and the Importance of Risk Adjustments," *Journal of Financial Economics* 10 (November 1982), pp. 269-287.

和异常收益之间的关系如预期一样。在盈余公布日（时间为0）出现了一个很大的异常收益（累计异常收益有一个大的增长）。如果公司的意外盈余为正，那么异常收益也为正；反之亦然。

更值得注意的结果是，通过对盈余公告公布日之后股价运动的研究发现，意外盈余为正的公司的累计异常收益继续增长，意外盈余为负的公司依然维持负的异常收益。由此说明，市场对盈余信息的反应是逐步的，异常收益会存续一段时间。

显然，一个人只要简单地等待盈余公告，然后购买有正意外盈余的公司股票，就可以获得异常收益，异象的数量会随着时间的推移而不断增加。我们最后简要提及一些可能预测股票收益的其他特征。

波动率。虽然 CAPM 理论认为特质波动率与股票收益无关，但在 3~12 个月的期间内，波动率与股票收益呈负相关。[一]

应计项目和收益质量。应计项目衡量的是收益中不反映实际现金流的部分。例如，如果一家公司赊销一件商品，它可能会报告收益，但销售的直接影响是应收账款（应计项目）而不是现金的增加。高应计项目预示着低的未来收益。[二]这有时被视为影响收益质量的一个因素，因为管理层似乎可以而且有时确实通过操纵应计项目以描绘收益的美好前景。[三]

成长性。具有更多资本投资、更快资产增长或更多近期股票发行量的成长较快的公司往往具有较低的未来收益。[四]

盈利能力。毛利润可能预示着更高的股票收益率[五]。计算毛利润时会将一些通常视为费用的项目加回来，例如广告费用或研发费用。如果这些支出能够提高未来收益，那么将其视为投资比支出可能更为恰当。

11.4.5 强式有效检验：内幕消息

内部人员通过交易他们公司的股票获得异常收益，这并不奇怪，换句话说，我们不能期望市场是强式有效的；利用内部消息进行交易是受到监管和限制的，Jaffe [六]、Seyhun [七]、Givoly 和 Palmon [八]及其他人的研究已经证明内部人员能够通过交易本公司的股票来获利。Jaffe 是证实股票价格趋势在内部人员大量买进之后上涨而在内部人员大量卖出之后下跌的最早的研究者之一。

其他投资者追随内部人员交易是否能获利？美国证券交易委员会要求所有内部人员登记他们的交易活动并公布。如果市场是有效的，完全和迅速地处理发布的交易信息，投资者会发现

[一] A. Ang, R. Hodrick, Y. Xing, and X Zhang, "The Cross Section of Volatility and Expected Returns, *Journal of Finance* 61 (2006), pp. 259-299.

[二] R. G. Sloan, "Do Stock Prices Fully Reflect Information in Accruals and Cash Flows About Future Earnings?," *Accounting Review* 71 (2006), pp. 289-315.

[三] P. R. Dechow, R. Sloan, and A. Sweeney, "Detecting Earnings Management," *Accounting Review* 70 (1995), pp. 193-225; and P. R. Dechow, R. G. Sloan, and A. P. Sweeney, "Causes and Consequences of Earnings Manipulation: An Analysis of Firms Subject to Enforcement Actions by the SEC," *Contemporary Accounting Research* 13 (1996), pp. 1-36.

[四] S. Titman, K. C. J. Wei, and F. Xie, "Capital Investments and Stock Returns," *Journal of Financial and Quantitative A-nalysis* 39 (2004), pp. 677-700; K. D. Daniel and S. Titman, "Market Reactions to Tangible and Intangible Information," Journal of Finance 61 (2006), pp. 1605-1643.

[五] R. Novy-Marx, "The Other Side of Value: The Gross Profitability Premium," *Journal of Financial Economics* 108 (2013), pp. 1-28.

[六] Jeffrey F. Jaffe, "Special Information and Insider Trading," *Journal of Business* 47 (July 1974).

[七] H. Nejat Seyhun, "Insiders' Profits, Costs of Trading and Market Efficiency," *Journal of Financial Economics* 16 (1986).

[八] Dan Givoly and Dan Palmon, "Insider Trading and Exploitation of Inside Information: Some Empirical Evidence," *Journal of Business* 58 (1985).

跟踪这些交易不能获取利润。一些网站包含了内部交易的信息。查看我们的网上学习中心（www. mhhe. com/bkm）来获取建议。

Seyhun 的研究发现，在公布日跟踪内部人员进行同向交易是徒劳的。尽管股价伴随着内部人员买入信息公告后有一定的上涨趋势，但异常收益不足以弥补巨额的交易费用。

11.4.6　异象的解释

我们怎么来解释文献里提到的越来越多的异象问题？这是否意味着整个市场是无效的，允许提供巨额获利机会的简单交易规则是存在的？或者还存在其他解释？

风险溢价还是无效的　小市值、账面市值比、动能和长期反转效应是当今实证金融学中最令人迷惑的现象。这些效应有多种解释，这些现象在某种程度上是相关的。小市值或高账面市值比股和“近期股价表现差”的公司看起来有共同的特点，即最近的几个月或几年内股价有明显的下跌。的确，一个公司可能在经历价格很大变动的情况下变成小市值公司或账面市值比变高。因此这些公司中也可能包括占比相对高的经营困难的公司。

法玛和弗伦奇[1]认为这些市场异象可以解释为风险溢价。利用前面章节所谈到的三因素模型，他们发现对市值规模和账面市值比更为敏感的股票平均收益会更高，并将高收益解释为来自与因素相关的高风险溢价。这一模型在解释证券收益上比单因素的资本资产定价模型更有力。尽管公司规模和账面市值比显然不是风险因素，但是它们可以作为更为基本的风险因素的代理变量。基于这种观点，“因素模型”对应的收益是值得关注的，例如，在许多国家基于账面市值比（特殊地，法玛-弗伦奇最小账面市值比投资组合）或公司规模（“小减大”的公司投资组合的收益）构建的投资组合确实可以预测经济周期。如图 11-6 所示，这些投资组合的收益在国内生产总值迅速增长的前几年就倾向于拥有正的收益率。我们将在第 13 章中进一步检验法玛-弗伦奇模型。

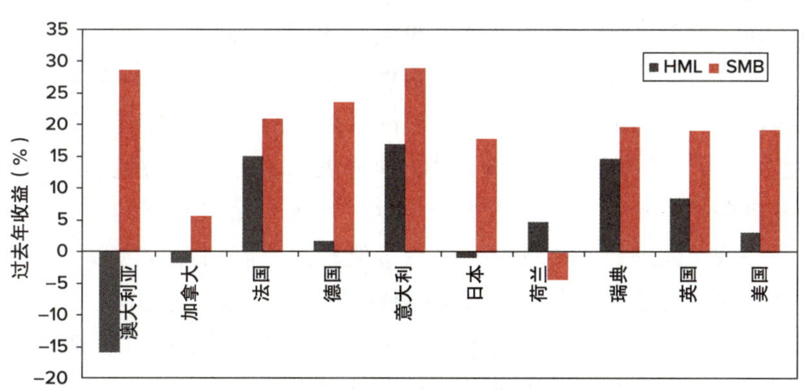

图 11-6　国内生产总值增长预测下的投资组合的收益

注：好的国内生产总值与差的国内生产总值前几年的投资组合收益的平均差值不同。正值表示宏观经济景气的情况下投资组合在头几年表现较好。HML 表示“高减低”投资组合，根据账面市值比来分类。SMB 表示“小减大”投资组合，根据公司规模分类。

资料来源：Reprinted from J. Liew and M. Vassalou, “Can Book-to-Market, Size, and Momentum Be Risk Factors That Predict Economic Growth?” *Journal of Financial Economics* 57 (2000), pp. 221-245.

Lakonishok、Shleifer 和 Vishny[2]提出了相反的解释。他们认为这些现象正是市场非理性的证

---

[1] Eugene F. Fama and Kenneth R. French, “Common Risk Factors in the Returns on Stocks and Bonds,” *Journal of Financial Economics* 33 (1993), pp. 3-56.

[2] Josef Lakonishok, Andrei Shleifer, and Robert W. Vishny, “Contrarian Investment, Extrapolation, and Risk,” *Journal of Finance* 50 (1995), pp. 541-578.

据，更特殊的是股票分析师在预测股票前景中出现的系统错误的证据。他们认为，分析师把历史业绩向未来延伸得太远了，因此过高定价的公司近期表现良好，而被低估的公司近期表现较差。当这两种极端被“更正”时，低期望增长的公司将比高期望增长的公司表现更好。

如果 Lakonishok、Shleifer 和 Vishny 是正确的，我们应该发现分析师在预测近期“赢家”与“输家”的公司收益时发生系统错误。La Porta[一]的一项研究与这个模式是相一致的，他发现分析师所预测的收益增长率低的公司股票的实际表现优于收益增长率高的公司股票。分析师似乎对低成长性公司的前景过于悲观了，而对于高成长性公司的前景又过于乐观。当这些太极端的预期被“更正”时，就会导致低预期成长性公司比高预期成长性公司表现更好。

异象还是数据挖掘 前面的文章中已经提及许多文献中所提出的异象，而这些文献还有很多。一些人会怀疑这些异象是否真的是金融市场中不能解释的难题，或者只不过是人为的数据挖掘。毕竟，如果反复地在计算机上运行过去收益的数据库并从多个角度检验股票的收益，在预测收益时总能出现一些指标。

即便认可了大部分异象不过是数据挖掘结果的这一解释，但依然存在着一些无法解释的现象。价值股，通常定义为低市盈率、高账面市值比或价格低于其历史水平的股票，似乎比明星成长股具有更高的平均收益。

说明数据挖掘问题的一个方法就是找出一组尚未被研究的数据并检查其中的那些关系在这些新数据中是否存在。这些研究表明在世界其他证券市场确实存在规模、动量、账面市值比效应。尽管这些现象被当作系统风险溢价的证据，但我们还没有充分理解这些风险的性质。

随时间变化的异象 我们之前就指出，即使没有市场是完全有效的，异象在一个运作良好的市场中应该会自己消失。了解可获利交易策略的市场参与者会试图利用异象并推动价格向消除异象利润的方向趋近。

McLean 和 Pontiff[二]对这一现象有更深入的见解。他们总结了学术研究中超过 97 个与超额收益有关的特征，并追踪每个特征的发表日期。这使得他们可以对每一个特征根据公开的日期来分别设置断点。他们得出的结论是：公开之后超额收益的消失率为 60%（比如一个特征公开前为 5%的超额收益在公开之后平均降到 2%）[三]。他们展示了那些交易量和方差随着异象增加的现象的确一般不发生在“估价过高”的股票上。这一现象与信息足够的参与者会利用新特征的错误定价这一意图一致。此外，α 的减少一般在市值较大、流动性较大以及特异性风险较低的股票上发生。这些现象正好发生在追求可靠超额收益这类交易活动比较可行的股票上。因此，即使超额收益没有完全消失，这些结论与市场随着时间推移变得愈加有效这一规律是一致的。

Chordia、Subramanyam 和 Tong[四]从很多异象中都发现了这个特征。他们关注超额收益和一些特征之间的关系，包括规模、账面市值比、动能以及换手率（可能与忽视公司效应负相关）。他们在 1993 年设置了断点，并发现很多 1993 年之前与这些特征相关的超额收益在 1993 年之后

[一] Raphael La Porta, “Expectations and the Cross Section of Stock Returns,” *Journal of Finance* 51 (December 1996), pp. 1715-1742.

[二] David R. McLean and Jeffrey E. Pontiff, “Does Academic Research Destroy Stock Return Predictability?” (October 3, 2012). AFFI/EUROFIDAI, Paris, December 2012 Finance Meetings Paper. Available at SSRN: http://ssrn. com/abstract=2156623 or http://dx. doi. org/10. 2139/ssrn. 2156623.

[三] 大约 1/4 这样的消减发生在公开日期和样本结束日期之间。作者指出这可能反映了部分超额收益的确来源于数据挖掘，而剩下的消减部分则归功于精明的投资者推动价格回归真实值的交易活动。

[四] T. Chordia, A. Subrahmanyam, and Q. Tong, “Trends in the Cross-Section of Expected Stock Returns” (May 2, 2012). Available at SSRN: http://ssrn. com/abstract=2029057 or http://dx. doi. org/10. 2139/ssrn. 2029057.

都消失了（除了账面市值比效应）。他们的解释是由于关于异象的信息在投资圈内变得广为人知，市场变得更加有效了。有趣的是，他们发现当交易活动最为廉价之时，流动性最强的股票承受的 α 降低程度最大。

11.4.7　泡沫与市场有效性

每隔一段时间，资产价格都会与均衡价值发生背离。例如，17 世纪荷兰的“郁金香热”，郁金香价格最高达到了一个熟练工人一年收入的几倍。这一现象已经成为价格超过其内在价值的投机“泡沫”的象征。当人们出现上升的预期时，价格就会持续上升，从而出现泡沫。随着越来越多的投资组合采取行动，价格也会越来越高。当然，不可避免地，最后上升将会停止，泡沫会破裂。

“郁金香热”之后不到 1 个世纪，英格兰的南海泡沫成为最著名的事件。在这个事件中，南海公司的股票价格从 1720 年 1 月的 128 英镑上涨到 5 月的 550 英镑，在 8 月最高达到 1 000 英镑，而在 9 月泡沫破裂，价格下降到 150 英镑，导致大量通过贷款购买南海公司股票的人破产。实际上，投资者愿意购买（因此抬高价格）公司的股票。经历过网络经济的兴衰以及 1995—2002[㊀]年经济繁荣的人听起来也许会很熟悉，对于 2008 年的金融危机，人们都认为是住房价格导致泡沫产生。

证券价格很难做到理性地、无偏地估计其内在价值。实际上，许多经济学家（例如著名经济学家海曼・明斯基）表明泡沫的产生很自然。在稳定和物价上涨期，投资者推断未来价格稳定并愿意承担风险。风险溢价缩水，导致资产价格进一步上涨，在自我实现周期内投资者的预期变得更加乐观。但是在最后，价格和过度的风险承担使泡沫破裂。具有讽刺意味的是，一开始培养的稳定最终导致不稳定。

但是不要着急下结论说资产的价格能进行套利，而且存在大量的交易机会。首先，泡沫只有在复盘的时候才是“明显的”。在当时，价格的上升似乎会有一个稳定的理论。例如在网络经济繁荣时期，当时许多观察者认为股票会因为技术的进步导致新的可以盈利的经济发展从而使股价上升。即使是“郁金香热”的非理性也可能在后续的引用中被夸大了。[㊁]另外，安全性评估在本质上来说是困难的。由于内在价值的估计很不准确，预计有错误定价从而持有一个巨大头寸有时可能是由于过度自信造成的。

虽然你怀疑价格实际上是“错误”的，但利用它们仍是很困难的。我们将在下面的章节中进一步探索这一话题，但现在，我们简单地指出一些对资产做出很大赌博的障碍，其中，卖空过高价格证券的成本过高以及一些潜在问题的存在使证券很难被卖空，而且很可能即使你实际上是正确的，市场也不会同意你的观点，价格在短期内依然会戏剧性地变化，从而否定你的投资组合。

11.5　共同基金与分析师业绩

我们已经说明了有效市场存在一定的问题。对投资者来说，市场有效性的问题归根结底是

㊀ 网络经济的兴起产生了长期的非理性繁荣。在这方面，可以参考一家公司在 1720 年的投资热潮中对自己的简单描述：“公司开展业务具有很大的优势，但没有人知道这种业务是什么”。

㊁ 对于这一可能性的进一步探讨，见 Peter Garber，*Famous First Bubbles*：*The Fundamentals of Early Manias*（Cambridge：MIT Press，2000），and Anne Goldgar，*Tulipmania*：*Money*，*Honor*，*and Knowledge in the Dutch Golden Age*（Chicago：University of Chicago Press，2007）。

熟练的投资者是否能持续地获得超额利润的问题，因此我们将比较市场专业人员的业绩与被动指数基金的业绩。我们将观察两类专业人员的业绩：推荐投资组合的股票市场分析师的业绩和实际管理投资组合的共同基金经理的业绩。

11.5.1 股票市场分析师

股票市场分析师历来为经纪公司工作，那么在分析他们建议的价值时就出现了一个必须迫切关注的问题：分析师往往过分地肯定其对公司前景的评价[㊀]。例如，对于1个从1（强买）到5（强卖）的推荐等级，1996年所涵盖的5 628家公司的平均推荐等级为2.04[㊁]。因此，我们不能从表面价值来做出正确的判断。相反，我们必须既看到分析师所推荐股票的相对强度，又要注意到其一致性的变化。

Womack[㊂]关注了分析师推荐的变化，并发现正面的变化经常会带来股票价格5%的上涨，而负面变化平均带来股价11%的下跌。你可能会怀疑这些价格的变化是否会反映市场对分析师提供的关于公司有利信息的认可，或只是简单地因推荐而买入或卖出的结果。Womack指出价格的冲击可能是永恒的，因此也符合分析师揭示了新的信息这一假说。Jegadeesh、Krische、Kim和Lee[㊃]也发现，一致推荐的变化与价格变化相关，但是一致推荐的水平不能预测未来股票的前景。

Barber、Lehavy、McNichols和Trueman[㊄]研究了分析师持续一致的评价水平，并发现拥有最多推荐的公司比那些拥有最少推荐的公司表现要好。但他们指出，基于分析师推荐的投资组合策略将面临很强的交易压力，这可能导致由策略引起的潜在利润的消失。

总之，有文献表明分析师确实有价值，但同时也增加了不确定性。由分析师所推荐级别提高而产生的超额收益，究竟是因为新信息的公开还是因为预期引起了投资前景的变化，又改变了投资者的需求？考虑投资者要花费的交易成本，这些分析结果是否仍然有价值？

11.5.2 共同基金经理

偶然的证据并不能支持专业管理的投资组合总能战胜市场。此外，也有一些（被允许不一致）业绩支持性的证据，表明在一个阶段业绩较好的基金管理者有在下一段时间内仍然为好管理者的趋势。这样的模式通常认为好的管理者可以比其他竞争者表现更好，并且这违背了市场价格已经反映全部市场信息的假说。

首先，我们考察大样本共同基金的风险调整收益（即α），但是市场指数可能并不适合作为共同基金业绩评价的调整基准。指数普遍采用市值加权计算，大市值公司表现主导了市场指数。例如，共同基金会配置一部分小市值公司股权，而当小市值公司表现好于大公司时，共同基金

㊀ 这个问题在未来可能不会很严重，如第3章所述，一项最近的改革会放宽有破产风险公司的利率限制，这些公司卖出股票也提供了一个区别于其他活跃公司的投资机会。

㊁ B. Barber, R. Lehavy, M. McNichols, and B. Trueman, "Can Investors Profit from the Prophets? Security Analyst Recommendations and Stock Returns," *Journal of Finance* 56 (April 2001), pp. 531-563.

㊂ K. L. Womack, "Do Brokerage Analysts' Recommendations Have Investment Value?" *Journal of Finance* 51 (March 1996), pp. 137-167.

㊃ N. Jegadeesh, J. Kim, S. D. Krische, and C. M. Lee, "Analyzing the Analysts: When Do Recommendations Add Value?" *Journal of Finance* 59 (June 2004), pp. 1083-1124.

㊄ B. Barber, R. Lehavy, M. McNichols, and B. Trueman, "Can Investors Profit from the Prophets? Security Analyst Recommendations and Stock Returns," *Journal of Finance* 56 (April 2001), pp. 531-563.

要战胜市场就比较容易；当小市值公司表现逊于大公司时，共同基金表现要优于市场就比较困难。

分析不同后续期的小股票收益可以说明基准的重要性[一]。1945—1964 年这 20 年间，小股票指数的年业绩劣于标准普尔 500 指数 4%（即根据系统风险调整后的小股票指数的 α 为-4%）。在接下来 1965—1984 年的 20 年间，小股票指数的业绩要优于标准普尔 500 指数 10%。因此，如果要考察在前一期的共同基金业绩，它们通常表现较差。这并不是因为基金管理者挑选股票的能力较差，而仅仅是因为共同基金作为一个整体比标准普尔 500 指数倾向于持有更多的小股票。要考察后一期的业绩，在风险调整的基础上，基金相对于标准普尔 500 指数看起来要好一些，因为小基金的业绩会更好。尽管这与管理者挑选股票的能力无关，但“风格选择”，即小市值股票的配置决策，确实左右了基金的整体表现。[二]

现在通常用的基准模型是一个四因素模型，即法玛-弗伦奇三因素（市场指数收益、基于规模的投资组合收益和账面市值比）加上一个动量因素（基于前一年股票收益率构建的投资组合）。α 由利用四因素构建的一个扩展模型构成，利用这些因素可以控制一个相当大范围的风格选择，可能会影响收益率。例如，成长与价值或小市值与大市值的倾向。图 11-7 展示了美国国内股票型基金的四因素 α 的经常性波动。[三]结果表示 α 的波动大致呈钟形，均值大概为负。从平均水平来看，并没有出现这些基金比它们风格调整后基准的表现要好的情况。

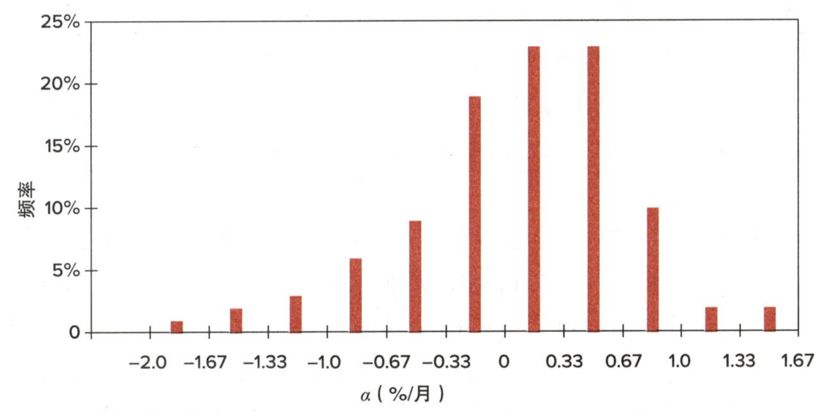

图 11-7　利用期望收益的四因素模型计算所得的共同基金 α，1993—2007 年

注：表现最好与最差的 2.5%的观测值被排除在分布之外。

资料来源：Professor Richard Evans，University of Virginia，Darden School of Business.

与图 11-7 一致，法玛和弗伦奇[四]用四因素模型来评估证券共同基金的业绩：即使在扣减费用前可以实现正 α，但这些客户在缴纳费用之后平均的 α 是负的。相似地，Wermers[五]通过控制风格组合以及共同基金持有的股票的特征来研究他们的业绩，并发现了正的总 α 在控制了费用

㊀ 这些说明和数据引用自 E. J. Elton，M. J. Gruber，S. Das，and M. Hlavka，“Efficiency with Costly Information：A Reinterpretation of Evidence from Managed Portfolios，” *Review of Financial Studies* 6（1993），pp. 1-22.

㊁ 请记住，资产配置决策通常掌握在个人投资者手中。投资者分配他们的投资组合于他们愿意持有的资产类别的基金中，并且他们可以合理期望的只是共同基金投资组合经理会在这些资产类别里有利地选择股票。

㊂ 我们衷心感谢 Richard Evans 教授提供的这些数据。

㊃ Eugene F. Fama，and Kenneth R. French. “Luck versus Skill in the Cross-Section of Mutual Fund Returns.” *Journal of Finance* 65（2010），pp. 1915-1947.

㊄ R. R. Wermers，“Mutual Fund Performance：An Empirical Decomposition into Stock-Picking Talent，Style，Transaction Costs，and Expenses.” *Journal of Finance* 55（2000），pp. 1655-1703.

和风险之后变为负的。

Carhart[一]利用相同的四因素模型重新检验了共同基金业绩一致性的问题。他发现在控制这些因素之后，在管理者之间的相对表现中，只有一个较小的持续性，而且，这种持续性在很大程度上归因于投资的费用和成本，而非总投资收益。

然而，Bollen 和 Busse[二]发现了最起码是在短期内的业绩持续性证据。他们利用四因素模型在一个季度内对一些基金的业绩进行排名，根据基期 α 把基金分为 10 个组，并观察在下一季度内基金的表现。图 11-8 说明了这一结果。实线表示在基期每组基金的平均 α（在一个季度内）。该曲线的陡峭程度体现了在排名期间基金业绩表现的显著差异。虚线表示在下一季度每组基金的平均业绩。曲线的平缓程度表示原来的业绩差距大部分都在不同程度上消失了。然而，曲线经过一个季度后仍然明显地下降了，表明一些业绩的一致性还是显而易见的。但是，这一持续性可能太小，小部分原来的业绩与共同基金客户所追求的公平业绩表现存在差异。

这一模型实际上与 Berk 和 Green[三]一个具有影响力的文献的预测相一致。他们认为拥有超额收益的熟练共同基金管理者将会吸引新的资金流入，直到管理这些额外资金所带来的额外成本和挑战使 α 降为 0。因此，技术不仅展现在超额收益中，而且表现为管理的资金规模。因此，即使管理者是熟练的，α 也只能短暂存在，正如我们在图 11-8 中所看到的那样。

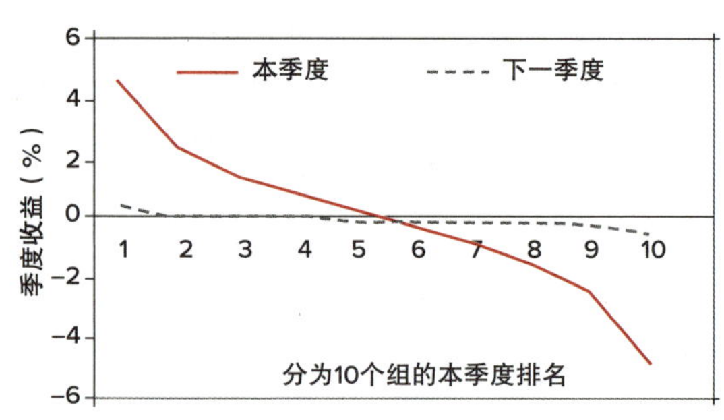

图 11-8 根据本季度和下一季度风险调整后的表现排名

Del Guercio 和 Reuter[四]为共同基金业绩提供了一个更好的解释。他们将共同基金投资者分为自己直接购买基金的人以及通过代销机构购买基金的人。这样分类的逻辑在于直接购买的那部分人会更加了解金融知识，而通过代销机构交易的那部分人一般在没有专业意见的情况下很难做出金融决策。和这一假说一致，他们的结果显示直接购买基金的投资者将资产投放在正 α 的基金上（与 Berk-Green 模型一致），但是通过代销机构购买基金的投资者一般做不到。这就使直接购买基金的人有一个很大的动机去更多地投资可以带来正 α 的投入因素，比如说有天赋的组合经理或者分析员。此外，他们还指出减去费用之后投资者直接购买的基金业绩与指数基金一样好（重申一次，这与 Berk-Green 模型一致），而通过代销机构购买的基金的业绩则明显不如前者。所以这好像说明主要从代销机构购买的主动管理共同基金平均来说业绩不好，而这种不好的业绩可以解释为一种隐性成本——信息较少的投资者需要支付费用才能从代销机构那里获取投资建议。

与权益基金管理者的广泛研究相反，债券共同基金的业绩很少有人研究。Blake、Elton 和

[一] Mark M. Carhart, "On Persistence in Mutual Fund Performance," *Journal of Finance* 52 (1997), pp. 57-82.

[二] Nicolas P. B. Bollen and Jeffrey A. Busse, "Short-Term Persistence in Mutual Fund Performance," *Review of Financial Studies* 19 (2004), pp. 569-597.

[三] J. B. Berk and R. C. Green, "Mutual Fund Flows and Performance in Rational Markets," *Journal of Political Economy* 112 (2004), pp. 1269-1295.

[四] Diane Del Guercio and Jonathan Reuter, "Mutual Fund Performance and the Incentive to Generate Alpha," *Journal of Finance*, forthcoming, 2013.

Gruber[一]检验了债券共同基金的业绩。他们发现，债券基金的业绩平均来讲比被动债券指数低很多，其数额与费用大致相当，并且没有证据表明过去的业绩可以预测将来的业绩。对于更近期的研究成果，Chen、Ferson 和 Peters（2010）发现，平均而言债券共同基金在总收益的意义上比债券指数表现得更好，但是一旦考虑减去投资者应付的费用之后，债券共同基金的表现将差于债券指数，这与证券基金的结论相似。

因此专业管理者风险调整后的业绩的证据充其量是混杂的。我们得出结论，专业管理者大致符合市场有效性的假设。专业管理者作为一个群体打败或被市场打败的数额在统计不确定性的边界内缩小。但是，有一点可以清楚的是，专业管理者的业绩优于被动策略的情况并不多见。研究表明绝大多数管理者的业绩都无法超过被动策略，就算超过被动策略，那也是很小的差距。

此外，一小部分投资巨星，如彼得・林奇、沃伦・巴菲特、约翰・坦普尔顿和乔治・索罗斯创造了与绝对有效市场不相称的傲人业绩的职业纪录。在一个名为“明星”的共同基金的仔细统计分析中，Kosowski、Timmerman、Wermers 和 White[二]得出结论，大部分拥有选取股票能力的管理者都有充足的资本来供其花费，因此他们的超额业绩将会持续一段时间。然而，诺贝尔奖获得者保罗・萨缪尔森[三]回顾了这些有名的投资者的业绩，指出绝大多数的专业基金经理的纪录提供了有说服力的证据，证明在证券市场中没有简单的策略能保证成功。

11.5.3　市场是有效的吗

有一个关于两位经济学家在街上散步的笑话：他们在人行横道上发现了 20 美元的钞票。当其中一位正要去捡它时，另一个人说：“别费劲了，如果钞票是真的，其他人肯定已经把它捡走了。”

这个教训是明显的。过分教条地相信有效市场会导致投资者的麻痹，并使人认为一切努力都是不必要的。这种极端的观点很可能是不当的。在实际中有足够的异象说明为什么要寻找明显持续定价过低的证券。

然而，大量证据也表明，任何所谓的优势投资策略都应该让人警惕。市场具有足够的竞争性，只有当信息和看法与众不同时，有优势的一方才会获得胜利，好摘的果子早就被人摘了。最后任何专业管理者都可以填补的优势差距非常小，这是统计学家都无法轻易察觉的。

我们得出结论，市场是十分有效的，但是特别勤奋、聪明或具有创造力的人实际上都可以期待得到应有的收益。

小结

1. 统计研究表明，股票价格似乎遵循随机游走的变化方式，不存在可以让投资者利用的可预期模式。这些发现目前被当作市场有效性的证据，也就是说，市场价格反映市场可得到的信息。只有新的信息能让价格移动，并且这些信息是好消息或坏消息

[一] Christopher R. Blake, Edwin J. Elton, and Martin J. Gruber, “The Performance of Bond Mutual Funds,” *Journal of Business* 66 (July 1993), pp. 371-404.

[二] R. Kosowski, A. Timmerman, R. Wermers, and H. White. “Can Mutual Fund ‘Stars’ Really Pick Stocks? New Evidence from a Bootstrap Analysis,” *Journal of Finance* 61 (December 2006), pp. 2551-2595.

[三] Paul Samuelson, “The Judgment of Economic Science on Rational Portfolio Management,” *Journal of Portfolio Management* 16 (Fall 1989), pp. 4-12.

的概率是相等的。

2. 市场参与者区别有效市场假说的三种形式：弱式有效市场假说认为，从过去的交易记录中得到的所有信息都已经反映在股票价格上了；半强式有效市场假说认为，所有公开信息已经在股价中得到了反映；强式有效市场假说（通常被人们认为是极端的）认为，包括内部消息的所有信息全部在股票价格中得到了反映。
3. 技术分析关注与股价模式和市场中买卖压力有关的代表性指标。基本面分析关注关于公司基本价值的决定因素，如当前盈利能力和发展前景等。由于这两种类型的分析都建立在公共信息的基础之上，当市场有效运作时，两者都不会产生超额利润。
4. 有效市场假说的支持者经常提倡被动投资策略而不是主动投资策略。被动投资策略就是投资者买入并持有一个包含广泛的市场指数的样本股，他们不在市场研究与经常买卖股票方面消耗资源。被动投资策略可能被裁减以适应个体投资者的要求。
5. 事件研究通过利用股票异常收益来评价特定事件的经济影响。这些研究通常显示，在事件公开宣布之前存在着一些内部消息向市场参与者泄露的情况。因此，内部人员似乎确实能在一定程度上利用这种获取信息的便利来获利。
6. 技术分析的经验研究并没有为其能够产生较好的交易利润这一假设提供证据。这个结论的一个显著特例是，建立在短期动量效应上的策略比中期策略显然更成功。
7. 一些关于基本面分析的研究的异象并没有被揭示出来，包括市盈率效应、小公司的1月效应、被忽略的公司效应、盈利宣布后价格趋势、反向效应以及净市率效应。这些异象代表了市场的无效还是代表了难以理解的风险溢价，这一切仍在争论中。
8. 专业经营的基金业绩纪录对“专业人员可以一直击败市场”这一观点的可信度几乎不起作用。

习题

1. 如果市场是有效的，那么不同时期的股票收益的相关系数将是怎样的？
2. 一个成功的公司（像微软）长期获得巨额利润，这与有效市场假说相违背吗？
3. “如果所有证券都被公允定价，所有证券都将提供相等的期望收益。”请对这句话进行评价。
4. Steady Growth Industries 在其94年内从未漏发股利。对投资者的投资组合而言，它是否更具有吸引力？
5. 在一个鸡尾酒会上，你的伙伴告诉你在过去的三年里他都在市场上获得了超额收益。假设你相信了他。你对有效市场假说是否产生动摇？
6. “变动性较强的股票表明市场不知如何进行定价。”请对这句话进行评价。
7. 为什么下列现象被称为有效市场异象？这些效应的理性解释是什么？
   a. 市盈率效应
   b. 账面市值比效应
   c. 动量效应
   d. 小公司效应
8. 如果价格像下跌一样上升，为什么投资者能从市场上获得平均正收益？
9. 下列哪一项与“股票市场是弱有效的”命题相抵触？请给出解释。
   a. 超过25%的共同基金收益优于市场平均水平
   b. 内部人员取得超额交易利润
   c. 每年1月，股票市场获得异常收益
10. 下列哪个市场无效性来源最容易被利用？
   a. 由于机构的大规模抛售致使股票价格

下跌

b. 由于交易商被严格限制进行卖空交易，股票价格被高估

c. 由于投资者对经济生产力的提高感到很乐观，股票价格被高估

11. 假定通过对股票过去价格的分析，投资者得到以下的结论。哪一个与有效市场假说的弱式有效形式相违背？并给出解释。

a. 平均收益率远远大于 0

b. 给定的一周的收益率与下一周收益率的协方差为 0

c. 在股票价格上涨 10%之后买进，然后在股票价格下跌 10%以后卖出，能够获得超额收益

d. 持有股利收益率较低的股票能够取得超过平均水平的资本利得

12. 根据有效市场假说，下列哪些陈述是正确的？

a. 未来事件能够被精准预测

b. 价格能够反映所有可得到的信息

c. 证券价格出于不可辨别的原因而变化

d. 价格不波动

13. 对下列观点进行评论。

a. 如果股票价格服从随机游走，资本市场就像赌场一样

b. 公司前景好的部分可以被预测。根据这一方面，股票价格不可能服从随机游走

c. 如果市场是有效的，你也可能根据《华尔街日报》上的股票名单来选择自己的投资组合

14. 如果市场是半强式有效市场，下列哪种方式是能赚取异常高的交易利润的合理方式？

a. 买进低市盈率的股票

b. 买进高于近期平均价格变化的股票

c. 买进低于近期平均价格变化的股票

d. 买进管理团队有着先进知识的股票

15. 假设你发现股票在发放股利前价格上涨，并获得持续的正异常收益。这是否违背了有效市场假说？

16. 如果经济周期可以预测，股票的 β 为正，那么股票的收益率也可以被预测。请对其做出评论。

17. 下列哪些现象支持或违背了有效市场假说？并简要解释。

a. 在某一年，有将近一半的由专家管理的共同基金表现优于标准普尔 500 指数

b. 投资经理在某一年有超过市场平均水平的业绩（在风险调整的基础上），很可能在下一年其业绩又超过市场平均水平

c. 1 月股票价格波动比其他月更加反复无常

d. 在 1 月公布收益要增加的公司，其股票价格在 2 月超过市场平均收益水平

e. 在某一周表现良好的股票，在下一周将表现不佳

18. 以往月份福特汽车公司股票收益率的指数模型回归分析有以下结论，这一估计在长期内固定不变：

$$r_F = 0.10\% + 1.1 r_M$$

如果市场指数上涨了 8%，而福特汽车公司股票价格上涨了 7%，福特汽车公司股票价格的异常变化是多少？

19. 国库券的月收益率为 1%，该月市场上涨 1.5%。此外，AmbChaser 公司的 β 值为 2，在过去一周令人吃惊地赢得了诉讼，并立刻获得了 100 万美元。

a. 如果 AmbChaser 公司的原始价值为 1 亿美元，那么该股票在本月的收益率为多少？

b. 如果 AmbChaser 公司获得了 200 万美元，那么 a 问的答案会是多少？

20. 在最近的一场官司中，Apex 公司控告 Bpex 公司侵犯了它的专利权。陪审团今天做出裁决。Apex 公司的股票收益率为 3.1%，Bpex 公司的股票收益率为 2.5%。

市场今天对有关失业率的消息做出反应，市场收益率为 3%。从线性回归模型的估计得出这两只股票的收益率与市场投资组合的关系如下。

Apex 公司：$r_A=0.2\%+1.4r_M$

Bpex 公司：$r_B=-0.1\%+0.6r_M$

基于这些数据，投资者认为哪家公司赢得了这场官司？

21. 投资者预测下一年的市场收益率为 12%，国库券收益率为 4%。CFI 公司股票的 β 值为 0.5，在外流通股的总市值为 1 亿美元。
    a. 根据 CAPM 理论，假定该股票被合理定价，投资者估计期望收益率为多少？
    b. 如果下一年的市场收益率的确为 10%，投资者估计股票的收益率为多少？
    c. 假定该公司在这一年里赢得了一场官司，获得了 500 万美元，公司在这一年的收益率为 10%。投资者原先预期 CFI 公司从官司中获得的金额是多少？（继续假定一年中的市场收益率为 10%。）从官司中获得的金额是唯一不确定的因素。
22. 平均成本法意味着你在每个时期购买等量金额的股票，例如，每月购买 500 美元。这种策略基于这样的想法：当股票价格低时，你每月固定的金额将能买到更多的股票，而当股票价格高时，这笔固定的金额能买到的股票就少。随着时间的平均，你会在股票价格较便宜时买到更多的股票，而在股票价格相对较贵时买到更少的股票。因此，按照这种方法的设计思路，你会表现出良好的股票市场择时能力。评价这种策略。
23. 我们知道市场会对好消息做出积极的回应，诸如经济衰退即将结束这样的好消息可以在一定程度上被预测。那么为什么我们不能预测出当经济复苏时市场将会上涨？
24. 假设 XYZ 公司运行较差。在从 1（最差）到 10（最好）的评分中，它的得分为 3。市场评估的一致结论只有 2。你会买入还是卖出该只股票？
25. 假设某一周美联储公布了一项新的货币增长政策，美国国会通过了一项法律来限制外国汽车的进口，然后福特公司新推出了一款汽车，人们认为这款汽车能从实质上增加公司的利润。那么关于市场对福特新车型的评估，投资者应该怎样评价？
26. Good News 公司刚刚宣布了它的年度盈利有所增加，然而公司股票的价格下跌了。你能给出这一现象的合理解释吗？
27. 成交量很小的小公司股票倾向于拥有正的资本资产定价模型 α。这是否违背了有效市场假说？
28. 考察图 11-9，该图展示了内幕人员买卖公司股票的日期前后获得的累计异常收益。投资者应该怎样解释这幅图？怎样看待此类事件发生前后的累计异常收益的走势？

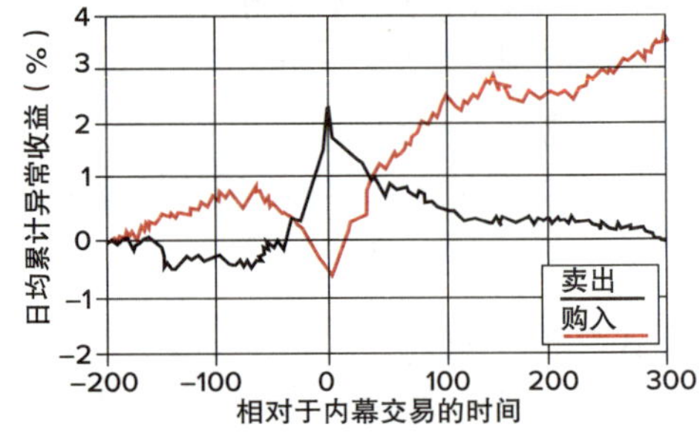

图 11-9 累计异常收益

29. 假设经济随着经济周期变动，风险溢价同样变化。例如，在经济萧条时期，人们更关注他们的工作，风险承受能力自然会降低，风险溢价会上升。在经济繁荣时期，风险承受能力上升，风险溢价会降低。
    a. 这里所描述的风险溢价的改变是否违背了有效市场假说？
    b. 上升或者下降的风险溢价怎样使股票价格出现“过度反应”，股票价格是先剧烈波动然后再恢复正常吗？

CFA 考题

1. 半强式有效市场假说认为股票价格________。
   a. 反映了以往全部价格信息
   b. 反映了全部公开可得到的信息
   c. 反映了包括内幕消息在内的全部相关信息
   d. 是可预测的
2. 假定某公司宣布给持股人发放未预测的大量现金股利。在一个有效市场中，假设没有信息泄露，我们可以预测：________。
   a. 在宣布时有异常的价格变动
   b. 在宣布前有异常的价格增加
   c. 在宣布后有异常的价格降低
   d. 在宣布前后没有异常价格变动
3. 下列哪种情况发生时会出现“随机游走”？________。
   a. 股票价格随机变化但可以预测
   b. 股票价格对新旧信息均反应迟缓
   c. 未来价格变化与以往价格变化无关
   d. 以往信息对预测未来价格是有用的
4. 技术分析的两个基本假定是证券价格能够：________。
   a. 根据新的信息逐步做出调整；研究经济环境能够预测未来市场的走向
   b. 根据新的信息迅速做出调整；研究经济环境能够预测未来市场的走向
   c. 根据新的信息迅速做出调整；市场价格由供求关系决定
   d. 根据新的信息逐步做出调整；市场价格由供求关系决定
5. 你的投资客户向你咨询关于投资组合管理的信息。他特别想知道主动基金的管理人是否可以在资本市场上持续地找到市场失效，从而创造出高于平均水平的利润又无须承担更高的风险。

   有效市场假说中的半强式有效认为所有公共可得的信息都会迅速而且准确地在证券价格上反映出来。这表明投资者在信息公布出来之后不可能从购买证券中获得超额利润，因为证券价格已经完全反映了全部的信息。
   a. 试找出两个现实中的例子以支持上述有效市场假说并给出说明。
   b. 试找出两个现实中的例子以驳斥上述有效市场假说并给出说明。
   c. 试论述投资者在半强式有效市场上仍然不能进行指数化投资的原因。
6. a. 简要说明有效市场假说的概念以及三种形式——弱式、半强式与强式，试论述现实中在不同程度上支持三种形式的有效市场假说的例子。
   b. 简述有效市场假说对以下两种投资策略的影响。
      i. 用图表进行技术分析；
      ii. 基本面分析。
   c. 简要说明投资经理在有效市场环境中的责任与作用。
7. “成长”与“价值”可以用很多方式来定义。“成长”通常是指侧重于或包含在未来具有高于平均每股收益增长率的股票的投资组合。较低的当前收益、较高的市净率和高的市盈率是这些公司的特征。“价值”通常是指侧重于或包含当期具有较低的市净率、低的市盈率、高于平均水平的股利收益和市场价格低于公司内在价值的股票的投资组合。
   a. 试找出说明在一段相当长的时间内，投资价值型股票的业绩可能超过投资成长型股票的业绩的理由。
   b. 解释为什么 a 中出现的结果在一个被普遍认为高度有效的市场上是不可能出现的。

概念检查答案

11-1 a. 高层管理人员可能获得公司的机密信息。根据这些信息，他们有能力获得对自己有益的交易，这并不奇怪。这种能力并不违背弱式有效市场假说：超额收益并不是来自对过去的价格与交易数据的分析。如果这些异常收益是来自对过去价格和交易数据的分析，则说明从这种分析中可以收集到有用的信息。这违背了强式有效市场假说，很明显一些机密信息并没有反映在股票价格当中。

b. 弱式、半强式和强式有效市场假说的信息可以用图 11-10 来表示。

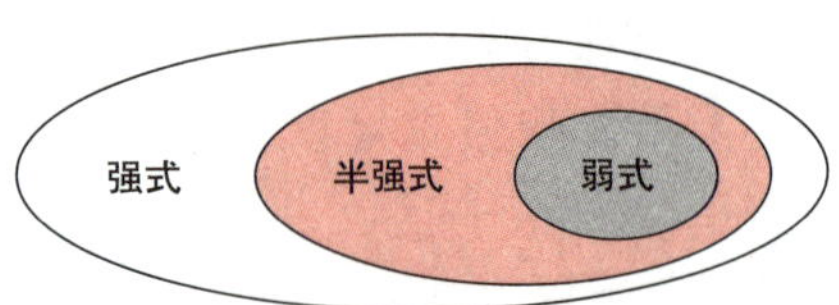

图 11-10 有效市场假说的信息

弱式有效市场假说的信息仅仅包括价格与成交量的历史信息。半强式有效市场假说除了包括弱式有效市场假说还包括所有公开得到的信息。同样，强式有效市场假说除了包括半强式有效市场假说还包括内幕信息。内幕交易是违法的。正确的推导方向是：

强式有效市场假说→半强式有效市场假说→弱式有效市场假说

相反的推导是错误的。例如，股票价格可能反映全部的历史数据（弱式有效形式），但可以不反映相关的基础性数据（半强式有效形式）。

11-2 前面的讨论中的要点是：实际上我们在观察股价趋于被称为阻力水平的价格时，可以认为股价由阻力水平所决定。如果一只股票可以以任意价格被出售，那么投资者必须相信如果股票以该价格买入，那么就可以获得一个合理的收益率。对于一只股票来说，既存在阻力水平，又可以在低于阻力水平的价格上获得合理的收益率，这在逻辑上是不可能出现的。如果认为价格是合理的，就一定要放弃有关阻力水平的假定。

11-3 如果每个人都采取被动投资策略，股价将不能再反映新的信息。这时就存在通过发现定价不当的证券来进行主动投资从而获得获利的机会。当投资者买卖此类资产时，价格又将趋于合理的水平。

11-4 累计异常收益下降违反了有效市场假说。如果可以预测到这一现象，那么获利机会就会出现：在价格预计下跌之前就卖空在事件发生日将受到影响的股票。

11-5 答案取决于投资者是否相信市场有效性，米勒在 2005 年取得了非常惊人的业绩。此外，由于存在许多基金，有些基金持续获得超额收益并不为奇。一小部分管理者拥有优良的历史业绩在有效市场上是可能存在的。“持续性研究”提供了一种更好的检验方法。在一段时间内的良好业绩是否更像是上一阶段好业绩的重复？米勒在 2005 年之后的业绩数据未能通过持续性或一致性标准。

第 12 章

行为金融与技术分析

有效市场假说有两个重要含义：第一，证券价格能完全反映投资者可获得的所有信息；第二，主动投资策略很难战胜被动投资策略（例如持有市场指数等），因为要想获得更佳的投资业绩，投资者必须得有独特的洞察力，然而在高度竞争的市场中，这几乎是不可能实现的。

不幸的是，我们很难确定证券的真实价值或内在价值，同样，要想检验价格是否与价值相匹配也非常困难。因此，大多数市场有效性检验倾向于关注主动投资策略的表现。这些检验分为两类：一类有关异象的文献发现一些投资策略可以使投资者获得超额风险调整收益（例如，投资于动量型股票和价值型股票而非热门股）；另一类文献通过研究专业的基金经理能否战胜市场来观察实际的投资结果。

这两类文献都还没有完全的定论。有关异象的文献发现有些投资策略能提供超额收益，但不能确定这些异象是反映了简单风险-收益模型没有考虑在内的风险溢价，还是仅反映了数据挖掘下的风险溢价。此外，很显然基金经理并不能通过这些异象获得超额收益，其可实现性受到质疑。

行为金融作为一个新兴学派，认为目前大多数关于投资策略的文献研究都忽略了有效市场的第一层含义——正确反映证券价格。这应该是更为重要的一个含义，因为市场经济通过价格来实现资源的有效配置。行为金融学派认为即使证券价格是错误的，投资者也很难利用这一点来获利。因此，没有发现明显成功的交易策略或交易者并不能说明市场就是有效的。

传统理论认为投资者是理性的，然而行为金融却以投资者的非理性为前提。心理学家发现了很多非理性的信息处理过程和行为，我们将对其中一些进行分析，并揭示这些非理性行为如何导致前几章提到的金融市场异象。

有些投资者试图通过这种由行为导致的错误定价来获利，我们还将讨论这些策略具有哪些局限性。如果这种套利行为的限制很严格，即使理性投资者试图利用它，错误定价也不会完全消除。之后，我们将讨论技术分析并且揭示行为金融模型如何为这些在有效市场中明显无用的技术分析提供支持。本章结尾将简要介绍这些技术分析。

12.1 来自行为学派的批评

行为金融（behavioral finance）认为传统的金融理论忽略了现实中投资者决策的过程，以及个体间的差异性[㊀]。越来越多的经济学家认为资本市场的异象是由一些非理性行为导致的，而且这些非理性行为就体现在个人投资者进行复杂决策的过程中。这些非理性行为可以分为两大类：第一，投资者通常不能正确处理信息，从而不能正确推断未来收益率的概率分布；第二，即使给定未来收益的概率分布，投资者做出的决策通常是前后矛盾的或次优的。

当然，非理性投资者的存在本身并不能导致资本市场无效。如果非理性行为能够影响证券价格，敏锐的套利者就会利用这些套利机会，使价格回归真实价值。因此，现实中套利者的行为受到限制，因此不能有效促使价格回归真实价值。

几乎所有人都认为如果证券价格是正确的（即价格等于真实价值），那么就很难获得获利机会。但是反过来说，假如套利活动的确受到限制，那么无套利的市场也不一定就是有效的。我们发现大多数关于有效市场假说的检验都针对基金经理的获利机会是否存在进行分析，并发现基金经理不能系统性地战胜采用被动投资策略的投资者，但这不一定意味着市场就是有效的。

本节首先分析一些曾被其他领域心理学家揭露过的信息处理错误。紧接着考察一些决策者的非理性行为。最后将讨论套利限制，并初步评价行为金融的争论。

12.1.1 信息处理

信息处理的错误将导致投资者对可能发生的事件的概率以及相关收益率做出错误估计，学者已经发现许多这样的偏差，在此，我们将列举最重要的四个偏差。

有限注意力，反应不足和反应过度 个体拥有有限的时间和注意力，因此可能依赖于经验法则或者“启发式”的直觉性决策过程。投资者有限的分析处理能力也可能导致他们对突出或者引人注目的信息过度反应，而对不太突出的信息反应不足。

这些局限和我们在上一章中指出的 Sloan[㊁]所报告的应计异象一致。如果投资者关注盈余公告的标题，相较而言忽视了应计管理手段（accruals management）被用来操纵盈余报告的程度，那么高应计收益（人为增加公告的盈余）预示着糟糕的未来收益率（当盈余管理的影响最终被识别的时候）。这是投资者对应计项目所含信息反应不足的一个例子。

对投资者来说，最近发生的事件通常更加突出，这种突出可以导致反应过度而非反应不足。例如，投资者对近期积极的盈余信息做出反应的时候，他们可能会过分强调其显著性并且过长地预计该表现在未来所能持续的时间。De Bondt 和 Thaler[㊂]认为这可能导致股票发行时的高市盈率（因为有很多极端乐观的投资者参与股票的询价），以及长期弱势的股价走势（因为投资者意识到自己的预测错误）。因此，高市盈率公司往往是比较差的投资选择。

过度自信 人们往往会高估自己信念和预测的准确性，并高估自己的能力。一个著名的调

㊀ 本节所讨论的问题来源于文献：Nicholas Barberis and Richard Thaler，“A Survey of Behavioral Finance，” in *Handbook of the Economics of Finance*，eds. G. M. Constantinides，M. Harris，and R. Stulz（Amsterdam：Elsevier，2003）；and David Hirshleifer，“Behavioral Finance，” *Annual Review of Financial Economics* 7（2015），pp. 133-159.

㊁ R. G. Sloan，“Do Stock Prices Fully Reflect Information in Accruals and Cash Flows About Future Earnings?，” *Accounting Review* 71（2006），pp. 289-315.

㊂ W. F. M. De Bondt and R. H. Thaler，“Do Security Analysts Overreact?” *American Economic Review* 80（1990），pp. 52-57.

查显示，瑞典有将近 90%的司机认为自己的驾驶技术超过了平均水平。有学者发现，这种过度自信也许可以解释为什么主动的投资管理比被动的投资管理更为普遍——这本身就是违反有效市场假说的异常现象。尽管市场指数越来越多地受到追捧，但在共同基金的股票账户中，只有 25%是指数基金账户。即使主动投资管理表现不佳（如前面章节所提到的，采用主动投资策略的共同基金经理的业绩表现令人失望），但主动投资管理仍占主导地位的这种现象就是投资者对自身投资能力过度自信的一种表现。

Barber 和 Odean[㊀]将股票账户中男性和女性的交易活动、平均收益进行比较，发现了一个由过度自信导致的有趣现象。他们发现男性（尤其是单身男性）一般比女性的交易更为活跃，这与一些心理学文献中提到的男性更加过度自信的现象相一致。他们还发现，频繁的交易活动预示着较低的投资业绩。根据投资组合的换手率进行排序，位于前 20%的高换手率资产要比位于后 20%的低换手率资产的收益低 7 个百分点。正如他们在文献中所提到的，交易（隐含之意是过度自信下的交易行为）有损财富。

个体过度自信所拥有的与价值相关的信息的准确性会导致价值（例如账面市值比）异象。如果投资者对反映股票基本面价值的信号反应过于强烈，那么那些信号将会导致股票价格超过其真实价值。价格相对于真实价值较高的股票更倾向于被高估，因此也是更差的投资选择。类似地，较低价格的股票更倾向于被低估。这些误差可能导致价值异象。例如高账面市值比的股票相较于低账面市值比的股票而言具有较低的平均收益率。

过度自信是一个广泛的现象，在公司金融的多个领域中出现。例如，过度自信的 CEO 更可能在并购目标公司时支付过高的费用。[㊁]正如过度自信可以削弱投资组合的获利能力，它也会导致公司在实物资产上的投资失利。

保守主义 **保守主义（conservatism）**偏差意味着投资者对最近出现的事件反应太慢（太保守）。这也意味着投资者对公司新发布的消息反应不足，以至于证券价格只能逐渐充分反映出新信息。这种偏差会导致股票市场收益的动量效应。

外推和模式识别 个体善于识别模式，有时候甚至能够感知到虚幻的模式。即使仅仅使用了有限的证据，人们也过度倾向于相信这些模式很可能刻画了总体的特征，尤其是当小样本与总体展示出其他（甚至可能是无关的）相似性的时候。这种误差被称为代表性偏差（representative bias），是指人们通常不考虑样本规模，理所当然地认为小样本可以像大样本一样代表总体，因而基于小样本过快地推断出一种模式，并推断出未来的趋势。显而易见，这种模式会导致过度反应或反应不足的异象。有利的短期盈利报告或较高的短期股票收益会使投资者对证券的长期表现充满信心，从而形成买方压力，加速证券价格的上升。最终，证券价格与其真实价值的偏离越发明显，市场开始纠正其初始错误。有趣的是，近期表现良好的股票在盈余公告前后几天会

概念检查 12-1

在第 11 章中，我们发现股票似乎表现出短期至中期的动量模式，以及长期反转现象。那么保守主义偏差和代表性偏差之间的相互作用是如何导致这种现象的呢？

㊀ Brad Barber and Terrance Odean, "Boys Will Be Boys: Gender, Overconfidence, and Common Stock Investment," *Quarterly Journal of Economics* 16 (2001), pp. 262-92, and "Trading Is Hazardous to Your Wealth: The Common Stock Investment Performance of Individual Investors," *Journal of Finance* 55 (2000), pp. 773-806.

㊁ U. Malmendier and G. Tate, "Who Makes Acquisitions? CEO Overconfidence and the Market's Reaction," *Journal of Financial Economics* 89 (July 2008), pp. 20-43.

出现反转，这说明当投资者在知道其初始判断过于极端时会开始纠正自身的错误判断。[一]

12.1.2 行为偏差

即使信息处理过程非常完美，人们也不能利用这些信息进行完全理性的决策。这种行为偏差极大地影响了投资者对风险-收益模型的构建，从而影响其对风险-收益的权衡。

框定偏差 决策似乎受到选项呈现方式的影响。例如，当一个赌注以潜在收益的风险来表述时，个人可能会拒绝这个赌注；但如果以潜在损失的风险来描述同样的赌注，他们可能会接受。换句话说，人们在面对收益时可能表现出风险规避，而在面对损失时则表现出风险寻求。然而，在很多情况下，如何将一个风险投资描述为涉及收益或损失——这种选择可能是随意的。

心理账户 **心理账户**（mental accounting）是框定偏差的一种具体形式，是指人们会将投资决策分成不同部分。例如，投资者可能会对一个账户进行高风险投资，但是在子女的教育账户中却相当保守。理性地说，将这两个账户视为投资者整个资产组合的一部分，并在统一的风险-收益框架下投资可能会更好。然而，Shefrin 和 Statman[二]指出传统金融理论和行为金融理论的一个核心区别是行为金融学方法认为投资者“在资产金字塔的不同心理账户分层”中构建其资产组合。每一层都与特定的目标相联系并对应不同程度的风险厌恶。

在另一篇文章中，Shefrin 和 Statman[三]认为心理账户与投资者偏好高股利股票的非理性偏好一致（他们觉得可以自由消费股利收入，但是不愿出售具有相同收益的其他股票而“动用原有资本”），而且投资者倾向于长时间地持有亏损的股票（因为“行为投资者”不太愿意将损失变成现实）。事实上，投资者更倾向于出售那些获得收益的股票而不是出现损失的股票，这一点与节约税费的策略恰好相反[四]。这种不愿意将损失变为现实的心理被称为处置效应。

【例 12-1】 框定偏差

想象一下抛硬币游戏，如果硬币落在反面，你将赢得 50 美元。再考虑一个场景，你获得了 50 美元的礼物，但附带了一个赌注，如果硬币落在正面，你将损失 50 美元。在这两种情况下，如果硬币落在正面，你最终都一无所有；如果落在反面，你将得到 50 美元。但前者将抛硬币描述为面临风险的收益，而后者则将抛硬币描述为面临风险的损失。这种不同的表述方式可能导致人们对风险收益的态度不同。

心理账户效应也有助于揭示股票价格的动量效应。“赌场资金效应”是指赢钱的赌徒更乐意参与新的赌博。他们认为（框定）自己是在用“赢钱账户”，即使用从赌场赢来的钱而不是自己的钱来参与赌博，因此变得更愿意冒险了。类似地，股市上涨后，人们会认为其是用“资本利得账户”中的资金来进行投资的，因此风险容忍度更高，并用更低的利率贴现未来的现金流，进一步推升了股价。

[一] N. Chopra, J. Lakonishok, and J. Ritter, “Measuring Abnormal Performance: Do Stocks Overreact?” *Journal of Financial Economics* 31 (1992), pp. 235-268.

[二] Hersh Shefrin and Meir Statman, “Behavioral Portfolio Theory,” *Journal of Financial and Quantitative Analysis* 35 (June 2000), pp. 127-151.

[三] Hersh Shefrin and Meir Statman, “Explaining Investor Preference for Cash Dividends,” *Journal of Financial Economics* 13 (1984), pp. 253-282.

[四] H. Shefrin and M. Statman, “The Disposition to Sell Winners Too Early and Ride Losers Too Long: Theory and Evidence,” *Journal of Finance* 40 (July 1985), pp. 777-90; and T. Odean, “Are Investors Reluctant to Realize Their Losses?” *Journal of Finance* 53 (1998), pp. 1775-1798.

后悔规避 心理学家发现当人们不依惯例进行决策并出现不利结果时则会更加后悔（更加自责）。例如，相对于购买蓝筹股，购买一个不知名的新成立的公司的股票并遭受相同的损失时投资者会更后悔。人们往往将投资蓝筹股造成的损失归咎于坏运气，而非糟糕的投资决策，因此不会太后悔。De Bondt 和 Thaler[㊀]认为这种后悔规避与规模效应和账面市值比效应一致。账面市值比较高的公司，其股价较低。这些“失宠”的公司，其财务处于不稳定的状态。同样，较小的不知名的公司属于非传统的投资选择，需要投资者有更大的勇气，从而要求更高的必要投资收益率。心理账户会进一步强化这种效应，假如投资者关注个股而不是整个资产组合的收益和损失，他们可能对近期表现不佳的股票表现出更大的风险厌恶，并要求更高的贴现率，从而产生了价值-股票风险溢价。

概念检查 12-2

为什么市盈率效应（之前章节提到的）可以被认为是后悔规避的一种结果？

情感和感觉 传统的组合选择模型的关注点集中在资产风险和收益上，但是行为金融同时关注情感影响，即顾客对一个潜在购买行为或者投资者对一个股票的“好”或者“坏”的感觉。例如，声誉好的公司可能在公众的感知中创造更大的情感影响，这些声誉可以来自建立对社会负责的政策，创造吸引人的工作条件，又或者是生产流行的商品。如果投资者喜欢能引起好的情感的股票，这类股票的价格就可能被推高，收益率就会相应较低。Statman、Fisher 和 Anginer[㊁]寻找了情感影响证券定价的证据。他们发现在《财富》杂志最受赞赏公司调查中排名靠前的股票（即情感倾向高的公司）比排名靠后的股票倾向于有较低的平均风险调整后的收益，这说明股价相对它们的获利能力被进一步推高了，因而这些排名靠前的公司的期望收益率会降低。

情感也可能是本土偏好的一种解释。从经验来讲，相较于一个有效分散的策略，投资者更倾向本土市场中的股票。心理学家已经表明人们偏好熟悉的环境，在该环境中他们感觉拥有更多的信息。因此，投资者们可能放弃一些分散性而聚焦于主观感觉上不确定性更低的本土市场。

前景理论 **前景理论**（prospect theory）修正了传统金融理论中理性的风险厌恶型投资者的分析描述[㊂]。图 12-1a 是对风险厌恶者的传统描述。财富越多，满意度（或效用）越高，但是增加速度递减（随着个人财富的不断增加，曲线变得越来越平坦）。那么，1 000 美元收益给投资者带来的效用的增加要小于 1 000 美元损失给投资者带来的效用的减少。因此，投资者会拒绝承担不提供任何风险溢价的风险。

图 12-1b 是对“损失厌恶”的描述。在图 12-1b 中，与图 12-1a 不同，效用取决于财富水平的变化量。在 0（当期财富没有变化）的左边，曲线是凸的而非凹的，这点有许多含义。但是许多传统效用函数认为随着财富增加，投资者的风险厌恶程度会降低。图 12-1b 所代表的函数通常会回归到当期财富这一中心点，因此排除了这种风险厌恶程度的递减，这可能有助于解释高的平均权益风险溢价。另外，在图 12-1b 中，原点左侧曲线是凸的说明当面临损失时，投资者是风险偏好者而不是风险厌恶者。与“损失厌恶”一致，人们发现在短期国库券期货合约交

㊀ W. F. M. De Bondt and R. H. Thaler, "Further Evidence on Investor Overreaction and Stock Market Seasonality," *Journal of Finance* 42 (1987), pp. 557-581.

㊁ Meir Statman, Kenneth L. Fisher, and Deniz Anginer, "Affect in a Behavioral Asset Pricing Model," *Financial Analysts Journal* 64 (2008), 20-29.

㊂ Prospect theory originated with a highly influential paper about decision making under uncertainty by D. Kahneman and A. Tversky, "Prospect Theory: An Analysis of Decision under Risk," *Econometrica* 47 (1979), pp. 263-291.

易中，如果上午的交易出现损失，投资者会在下午的交易承担更高的投资风险[一]。

a）传统的效用函数　b）前景理论的效用函数

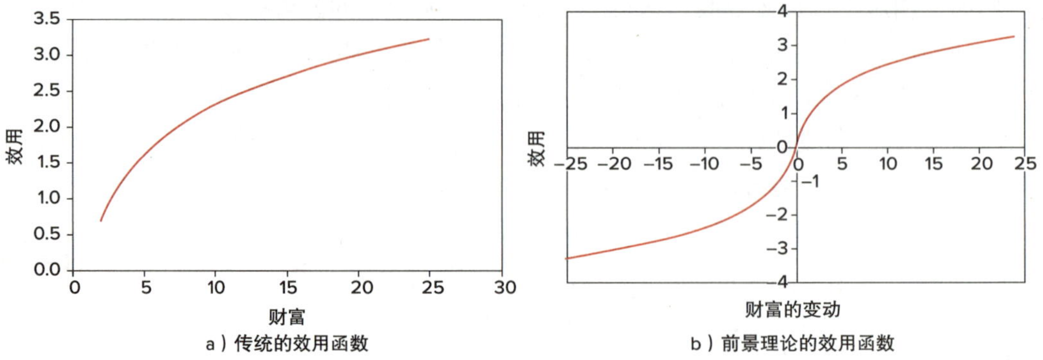

图 12-1 前景理论

注：图 12-1a 是基于财富的传统效用函数，曲线是凸的，描述的是风险厌恶型投资者；图 12-1b 描述的是对损失厌恶的投资者，财富的损失会引起财富的变化，原点的左侧是凸的，意味着投资者在面临损失时是风险偏好者。

12.1.3 套利限制

如果理性套利者能够充分利用行为投资者的失误，那么行为偏差并不会对股票的定价产生影响。追逐利润的套利者之间的交易将会纠正股票的错误定价。然而，行为学派认为在实际交易中，试图从错误定价的股票中获得利润的投资行为将受到一些因素的限制[二]。

基本面风险 假设亚马逊公司的股票被低估，购买该股票将会有一个获利的机会，但是这种获利机会并不是无风险的，因为这种市场抑价的情况有可能会继续恶化。尽管股票价格最终将回归其真实价值，但这可能在跌破投资者底线之后才出现。例如，对于一个共同基金经理来说，如果其管理的资产短期效益不佳，他就有可能失去客户（甚至是工作）。再如，对于一个交易者来说，如果市场走势不利（即使是短期不利），他就有可能耗光自己的资金。著名经济学家凯恩斯曾提出，“市场非理性维持的时间可能会长到你失去偿付能力”。这种**基本面风险**（fundamental risk）将会限制交易者追逐明显的获利机会。

【例 12-2】 基本面风险

在 2010 年，纳斯达克指数在 2 300 点上下波动。从这个角度看，指数在 2000 年曾达到5 000 点左右似乎很疯狂。那些经历过 20 世纪 90 年代末期互联网泡沫的投资者必然意识到指数被严重高估，意味着一个极好的卖出机会。但这并非是一个无风险的套利机会。当纳斯达克指数在 2000 年 1 月超过 4 000 点的时候，显而易见它也是被高估的。1 月坚信纳斯达克指数在 4 000 点被高估并且决定卖空该指数的投资者将面临巨额亏损，因为纳斯达克指数在 3 月见顶前又上涨了 1 000 点，最后在 2002 年年末降到了 1 200 点以下。虽然投资者做出的股指高估的判断被证实后给其带来了莫大的满足感，但是如果投资者在市场修正前几个月就卖空的话，就会承受巨大的损失。

[一] J. D. Coval and T. Shumway, “Do Behavioral Biases Affect Prices?” *Journal of Finance* 60 (February 2005), pp. 1-34.

[二] Some of the more influential references on limits to arbitrage are J. B. DeLong, A. Schleifer, L. Summers, and R. Waldmann, “Noise Trader Risk in Financial Markets,” *Journal of Political Economy* 98 (August 1990), pp. 704-738; and A. Schleifer and R. Vishny, “The Limits of Arbitrage,” *Journal of Finance* 52 (March 1997), pp. 35-55.

执行成本 利用被高估的股价来获利非常困难。首先，卖空证券要承担一定的成本；其次，卖空者可能在没有收到事先通知的情况下，不得不归还借入的证券，造成了卖空期限的不确定；最后，养老基金和共同基金等机构投资者不允许卖空。这些都会对套利活动形成限制，阻碍股价回归其内在价值。

模型风险 人们通常不得不担心的是，实际上，那些明显的获利机会并没有像估算的那样显著，因为投资者在估价时可能使用了错误的模型，而实际上的股票价格可能是正确的。错误定价使持有头寸成为一个很好的赌局，但却是一个很危险的赌局，这又降低了其受欢迎的程度。

12.1.4 套利限制和一价定律

当人们为行为异象的某些含义发生争论时，可以肯定的是，理性的市场必定满足一价定律（相同的资产具有相同的价格）。然而在资本市场中，我们却发现了一些违反一价定律的例子，这些例子也能很好地解释套利活动面临的限制。

“连体双婴”公司[⊖] 1907 年，皇家荷兰石油和壳牌运输合并成立了一家新公司，原来的两家公司在合并业务之后仍然独立经营，并约定以 6∶4 的比例进行利润分配，其中皇家荷兰获得 60%的现金流，壳牌运输获得 40%的现金流。正常来说，皇家荷兰的股份售价应该是壳牌运输的 1.5 倍（=60/40），但实际上并非如此。图 12-2 列出了两家公司股票的价格比值偏差度，从图 12-2 中我们可以看出，其价格比值偏差度在很长一段时间内都偏离了 1.5。

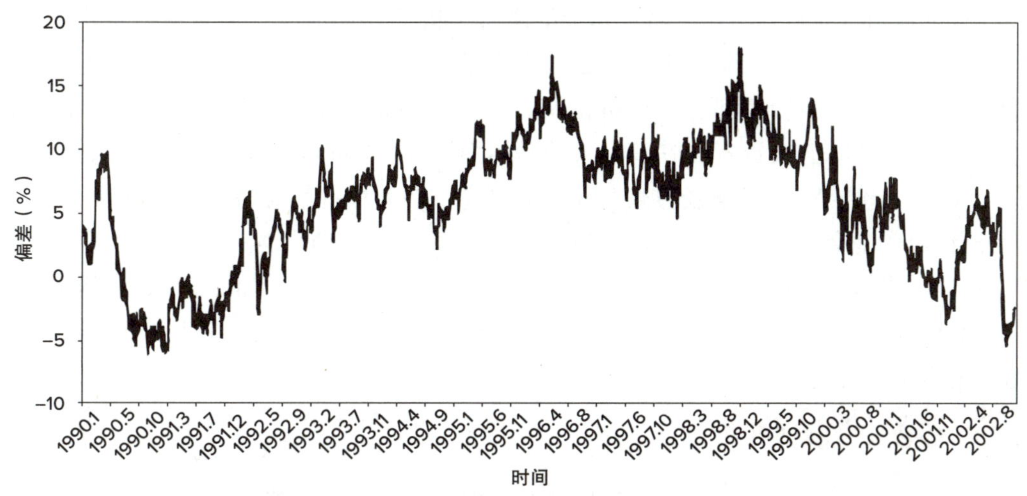

图 12-2 皇家荷兰与壳牌运输的价格比值偏差度（与平价比率的偏差）

资料来源：O. A. Lamont and R. H. Thaler, “Anomalies: The Law of One Price in Financial Markets,” *Journal of Economic Perspectives* 17（Fall 2003），pp. 191-202. Figure 1，p. 196.

那么这种错误定价是否会引起套利活动呢？当皇家荷兰与壳牌运输的价格比值大于 1.5 时，投资者为什么不购买被低估的壳牌运输，卖出被高估的皇家荷兰呢？虽然这看起来是一个非常可行的投资策略，但是如果在 1993 年 2 月当皇家荷兰股价高出正常比值 10%时，你进行了以上这样的投资，从图 12-2 中我们可以看出你将会遭受巨大的损失，因为在 1999 年皇家荷兰股价最终下跌之前，其溢价扩大到 17%。正如例 12-2 所示，这种机会会带来基本面风险。

⊖ This discussion is based on K. A. Froot and E. M. Dabora, “How Are Stock Prices Affected by the Location of Trade?” *Journal of Financial Economics* 53（1999），pp. 189-216.

股权分拆上市 股权分拆也违反了一价定律[一]。为了进一步说明这一点，我们以 3Com 公司为例，1999 年 3Com 打算将子公司 Palm 分拆。它在首次公开发行时卖出了 5%的 Palm 的股份，并宣布在接下来的 6 个月内将余下的 95%的股权通过拆分的方式出售给 3Com 的股东。每一个 3Com 的股东将在分拆过程中获得 1.5 股 Palm 的股权。

正常来说，一旦 Palm 股票开始进行交易，在拆分之前，3Com 的股价至少是 Palm 的 1.5 倍。毕竟，持有 1 股 3Com 可以获得 1.5 股 Palm 外加对盈利公司 3Com 的所有权。然而，Palm 的发行价却高于 3Com 的价格。3Com 股票的自有价值（stub value）（即每股 3Com 的价值减去其所对应的 Palm 的股权价值）等于 3Com 的股价扣除 1.5 倍的 Palm 股价。尽管 3Com 是一个每股现金资产超过 10 美元的盈利公司，但根据这种方法计算出来的 3Com 的自有价值却为负值。

此外，这种情况下存在的套利机会也很明显。为什么不买进 3Com 同时卖出 Palm 的股份？本例的套利限制是投资者已经无法卖空 Palm 了。事实上，Palm 所有可流通的股份都已被借入并卖空了，这种负的自有价值也持续了两个多月。

封闭式基金 第 4 章提到封闭式基金经常在资产净值的基础上折价或溢价出售。这也几乎违反了一价定律，因为基金的价格应该等于所持有标的资产的价格。我们之所以说“几乎违反”，是因为封闭式基金与其标的资产的价值之间也存在着一定的差别。基金发生的费用最终由投资者来支付，这些费用将降低基金的价格。此外，如果基金经理能够投资基金资产以产生正的风险调整收益，基金的价格可能会超过资产净值。

Lee、Shleifer 和 Thaler[二]认为封闭式基金的溢价和折价方式是由投资者情绪变化导致的。他们发现不同基金的折价同向变化并都与小公司股票收益相关，这表明所有基金的折价都受到投资者情绪变化的影响。投资者都想买入折价基金，卖出溢价基金，但是折价和溢价的程度有可能继续加大，这就意味着投资者面临着很大的基本面风险。Pontiff[三]认为对于很难进行套利的封闭式基金来说，其价格对资产净值的偏离程度会更高，例如那些具有特殊波动性特征的基金。

但是，封闭式基金折价的这种异象也有其合理的解释。罗斯认为即使费用和基金的异常收益都不高，封闭式基金的折价也可以与理性投资者的行为相协调[四]。他提出如果基金的股利收益率为 δ，风险调整的超额收益为 α，费用比例为 ε，利用增长率不变的股利贴现模型（见第 18 章），基金的溢价比例将为

$$\frac{\text{价格}-\text{NAV}}{\text{NAV}}=\frac{\alpha-\varepsilon}{\delta+\varepsilon-\alpha}$$

假如基金经理的业绩足够补偿费用（即 $\alpha>\varepsilon$），基金将溢价出售；反之，则折价出售。例如，假设 $\alpha=0.015$，费用比例 $\varepsilon=0.0125$，股利收益率 $\delta=0.2$，那么溢价率为 14%。但是如果市场走势对基金经理不利，假定将 α 调低到 0.005，那么

> **概念检查 12-3**
>
> 基本面风险可能受底线限制，即迫使价格和内在价值趋同。如果某基金将在 6 个月内清算，并在那时将其资产净值分配给持有人，你认为相对于封闭式基金将发生什么情况？

[一] O. A. Lamont and R. H. Thaler, “Can the Market Add and Subtract? Mispricing in Tech Carve-outs,” *Journal of Political Economy* 111 (2003), pp. 227-268.

[二] C. M. Lee, A. Shleifer, and R. H. Thaler, “Investor Sentiment and the Closed-End Fund Puzzle,” *Journal of Finance* 46 (March 1991), pp. 75-109.

[三] Jeffrey Pontiff, “Costly Arbitrage: Evidence from Closed-End Funds,” *Quarterly Journal of Economics* 111 (November 1996), pp. 1135-1151.

[四] S. A. Ross, “Neoclassical Finance, Alternative Finance and the Closed End Fund Puzzle,” *European Financial Management* 8 (2002), pp. 129-137, http://ssrn.com/abstract=313444.

溢价将很快转变成 27%的折价率。

这种分析也许能解释为什么封闭式基金经常溢价发行，因为当投资者认为 α 不足以补偿 ε 时，他们就不会购买这种基金。实际上，很多溢价基金最后都变成了折价基金，这也说明基金经理很难实现投资者的期望[㊀]。

12.1.5　泡沫与行为经济学

在例 12-2 中，20 世纪 90 年代末，美国股市疯涨，更出乎意料的是，回顾科技股占比很高的纳斯达克市场的高涨情况，其似乎存在着明显的泡沫。在 1995 年之后的 6 年时间里，纳斯达克指数的增长超过了 6 倍。美联储前主席格林斯潘曾指出互联网经济出现了非理性繁荣，后来的发展也的确如其所言：2002 年 10 月，指数下跌到峰值的 1/4，而峰值出现的时间据此不过 2.5 年。这个插曲描绘了一个非理性投资者驱动的市场，似乎正切合行为学派的观点。此外，与行为学派一致，随着互联网的繁荣，投资者越来越相信自身的投资能力（过度自信偏差）并把这种短期模式推向了长远的未来（代表性偏差），使得这种繁荣似乎能自行发展。

仅仅 5 年时间，又出现了另外一个泡沫，这一次发生在房地产。互联网泡沫导致了人们对未来高房价的预期，从而导致了大量的购房需求。不久之后，房价出现停滞并下跌，泡沫的破裂导致了后来的金融危机。

泡沫足够大的时候很容易辨别，但是在其增长过程中，很难判断价格是不是非理性的繁荣。事实上，在互联网泡沫时期，很多金融评论家认为互联网繁荣意味着新一轮的经济增长。接下来的一个例子将说明估计股票真实价值的难度[㊁]。

【例 12-3】　股市出现了泡沫吗

2000 年，标准普尔 500 指数的成分股支付的股利总计为 1.546 亿美元，假如指数的贴现率为 9.2%，股利的期望增长率为 8%，根据增长率不变的股利贴现模型（详见第 18 章），我们能得到：

$$\text{指数的价值}=\frac{\text{股利}}{\text{贴现率}-\text{增长率}}=\frac{1.546}{0.092-0.08}=128.83(\text{亿美元})$$

这个值非常接近当时成分股的价值之和，然而估算得到的价值对输入值非常敏感，输入值极小的变化就能引起估值发生非常大的变化。假如我们预期股利增长率下降到 7.4%，指数的价值为

$$\text{指数的价值}=\frac{\text{股利}}{\text{贴现率}-\text{增长率}}=\frac{1.546}{0.092-0.074}=85.89(\text{亿美元})$$

这正是 2002 年 10 月市场下跌之后的价值。在这个例子中，20 世纪 90 年代末的这种上涨与下跌似乎更符合理性行为。

然而，有证据表明互联网泡沫是由非理性行为导致的。例如，研究调查表明名字后面为“.com”的公司在这段时期的股价都出现了大幅上涨[㊂]，这种现象并不像是由理性行为造成的。

㊀ 开放式基金也承担相似的费率，可为什么折价和溢价的逻辑理论不能用于开放式基金呢？因为这些基金中的投资者能以净资产的价格赎回份额，所以份额不能以低于净资产的价格卖出。开放式基金的费用导致了收益的减少，而不是被证券化从而导致了折价。

㊁ 接下来的例子来自 R. A. Brealey，S. C. Myers，and F. Allen，*Principles of Corporate Finance*，8th ed.（New York：McGraw-Hill Irwin，2006）.

㊂ P. R. Rau，O. Dimitrov，and M. Cooper，“A Rose.com by Any Other Name，”*Journal of Finance* 56（2001），pp. 2371-2388.

12.1.6 对行为金融学派批评的评论

投资者关心是否存在获利机会，而市场异象的行为解释却没有指导我们怎样去利用非理性现象来获利。投资者关心的问题还是能否从错误定价中获得收益，行为金融学派也没有对此进行讨论。

就像我们之前强调的那样，有效市场假说的第一个含义是资本能通过证券价格进行有效配置。假如价格扭曲了，资本市场就会对资源的有效配置发出错误信号（驱动力）。在这个重要方面，无论投资策略的意义如何，对行为金融学派的批评都很重要。

金融学家就行为金融学派批评的影响力展开了激烈的争论。许多学者认为行为金融的研究方法太过松散，缺乏理论体系，结果导致任何异象都可以通过从一系列行为偏差中选择出来的非理性组合来解释。由于很容易对任何异象做出“逆转设计”，这些评论家更希望能有个统一的行为理论来解释一系列市场异象。

更为根本的是，一些评论家认为不能仅靠市场异象就否定有效市场假说。法玛[㊀]指出，一种异象的非理性与另一种异象的非理性是不相容的。例如，有些文献发现了长期纠正行为（与反应过度一致），但有些学者却发现了长期持续的异常收益（与反应不足一致）。此外，许多研究结果的统计显著性还不够，且用以比较的基准收益出现极小的偏差就会导致显著的长期超额收益。

虽然行为金融学派对投资者决策的完全理性提出的质疑已被广泛接受，但是非理性对资产价格的影响程度还存在争议。然而无论投资者的非理性行为是否影响资产价格，行为金融学派都为资产组合管理提出了几点值得考虑的地方。如果投资者能意识到信息处理和决策制定的潜在陷阱，他就能更好地避免这些错误了。有讽刺意味的是，根据行为金融学派的观点提出的政策建议却和有效市场提倡的殊途同归。例如，避免行为偏差的一个简单方法就是被动地投资指数等资产组合。不论对手是行为偏差的还是理性的，似乎都只有少数投资者能持续战胜被动投资策略。

12.2 技术分析与行为金融

技术分析试图通过发掘股票价格的波动周期和可预测的股价走势以获得优异的投资业绩。技术分析员并不否认基本面信息的价值，但是他们相信价格只会逐渐接近真实价值。如果股票的基本面发生了变化，敏锐的交易者就会利用这种调整从而达到一个新的均衡状态。

例如，得到很好例证的行为趋势之一就是**处置效应**（disposition effect），即投资者倾向于持有已亏损的投资组合，不愿意将损失变成现实。即使股票的基本价值服从随机游走，这种处置效应也会导致股票价格的动量效应[㊁]。“处置效应”使得投资者对公司股票的需求取决于股票的历史价格，这也意味着价格随着时间的推移接近其基本价值，这与技术分析的核心目标一致。

行为偏差与技术分析对交易量数据的使用一致。前面我们介绍的一个重要的行为特征是过度自信，即高估个人能力的系统性趋势。当交易者过度自信时，其交易可能较为频繁，从而导

㊀ E. F. Fama, “Market Efficiency, Long-Term Returns, and Behavioral Finance,” *Journal of Financial Economics* 49 (September 1998), pp. 283-306.

㊁ Mark Grinblatt and Bing Han, “Prospect Theory, Mental Accounting, and Momentum,” *Journal of Financial Economics* 78 (November 2005), pp. 311-339.

致了成交量与市场收益之间的相关关系[㊀]。因此，技术分析通过历史价格和成交量来指导投资策略。

最后，技术分析员认为市场的基本面会被非理性或行为因素扰乱，有时候也会受投资者情绪波动的影响。价格波动或多或少都会伴随着一个隐藏的价格趋势，从而使得投资者发现获利机会直至价格波动得到平息。

12.2.1　趋势与修正

许多技术分析员都希望能揭露市场价格的走势，即寻找价格的动量效应。动量可以是绝对的，如寻找价格的上升趋势；也可以是相对的，如寻找优于其他部门的投资机会（或维持两个部门的多头空头头寸）。相对强度指标旨在发现潜在的获利机会。

动量和移动平均　虽然我们都愿意买存在上升趋势的公司的股票，但如果这样的趋势确实存在，则要求回答一个问题，即如何识别价格的变动方向。一个流行的工具是移动平均。

股票指数的移动平均是指在一定期间内指数的平均水平。例如，50 天的移动平均线描述的是最近 50 天内股票指数的平均值。在每一天重新计算移动平均时，都需要去除旧的观测值并添加新的观测值。图 12-3 描述的是英特尔公司的移动平均线（蓝线），它只不过是一条原始价格数据（黑线）的平滑曲线。

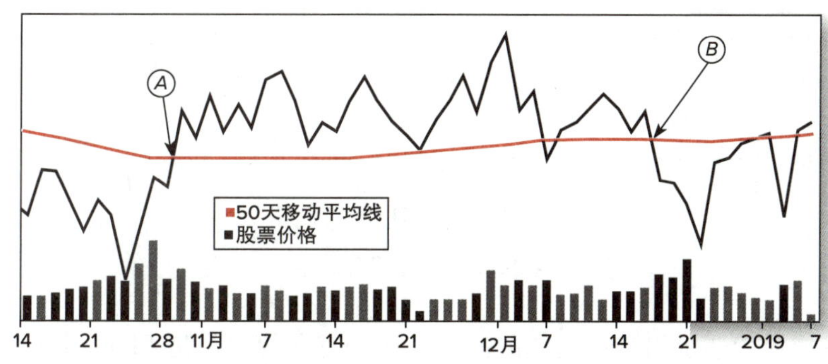

图 12-3　股票价格与 50 天移动平均线（英特尔）

资料来源：Yahoo! Finance, January 7, 2019 (finance.yahoo.com).

当股价处于下跌趋势时，移动平均线将位于价格线之上（因为计算移动平均值时包含了过去的较高价格）。相反，当股价处于上升趋势时，移动平均线将位于价格线之下。

当股票的市场价格从低位上穿突破移动平均线时，如图 12-3 中的点 A，意味着价格由下降趋势（价格线在移动平均线之下）转为上升趋势（价格线在移动平均线之上），可以认为是一个牛市信号。相反，当股票价格从高位下穿移动平均线时（如点 B），分析师会将市场动能总结为负的。

【例 12-4】　移动平均

观察以下价格数据，DJIA 是每周最后一个交易日道琼斯工业平均指数的收盘价。5 周的移动平均是前 5 周 DJIA 的平均值。例如，5 周移动平均的第一个值是第 1～5 周的指数平均，即 24 290、24 380、24 399、24 379 和 24 450 的平均；第二个值是第 2～6 周的指数平均，依次类推。

㊀ S. Gervais and T. Odean, "Learning to Be Overconfident," *Review of Financial Studies* 14 (2001), pp. 1-27.

周	DJIA	5 周移动平均	周	DJIA	5 周移动平均
1	24 290		11	24 590	24 555
2	24 380		12	24 652	24 586
3	24 399		13	24 625	24 598
4	24 379		14	24 657	24 624
5	24 450	24 380	15	24 699	24 645
6	24 513	24 424	16	24 647	24 656
7	24 500	24 448	17	24 610	24 648
8	24 565	24 481	18	24 595	24 642
9	24 524	24 510	19	24 499	24 610
10	24 597	24 540	20	24 466	24 563

图 12-4 描述的是以上 DJIA 和 5 周移动平均的值。值得注意的是，尽管 DJIA 线上升和下降的幅度很大，但由于移动平均线经过了前期指数价格的平均，相对比较平滑。根据移动平均规则，第 16 周市场将转向熊市，DJIA 线由移动平均线的上方下穿，股票价格出现下降趋势。

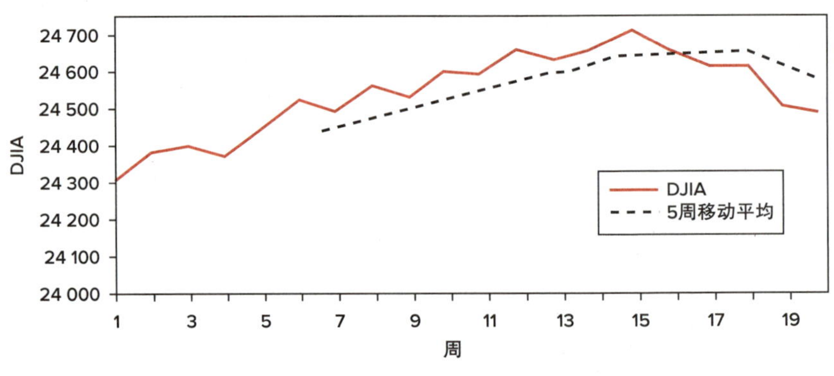

图 12-4 DJIA 和 5 周移动平均

还有其他用来捕捉股票价格潜在动能的技术，比较有名的两个是 Elliott 波理论和 Kondratieff 波理论。两者都认为存在股票市场价格的长期趋势，且被短期趋势和每日不重要的震荡干扰。Elliott 波理论将长期和短期的周期叠加，试图描述实际价格运动的复杂规律。一旦长期波被识别，投资者就会在市场长期趋势为正的时候买入。即使真实的股价演变受很大的噪声干扰，我们也可以根据该理论以及合理地解释波周期来预测股价变动的大方向。相似地，Kondratieff 波理论是以一个俄罗斯经济学家命名的波理论。这个经济学家认为宏观经济（所以与股票市场有关）在 48~60 年的周期内进行广阔的波运动。然而 Kondratieff 的论点在实证中难以评估，因为对每个国家长达 50 年的周期只有两个独立的数据点，不足以通过数据来检测理论的预测能力。

相对强势 相对强势测量的是一个证券相对于整个市场或者是特定的行业表现出众或者表现不佳的程度。相对强势是通过证券价格与行业指数价格的比率计算的。例如，丰田相对于汽车行业的相对强势将由丰田的股价与汽车行业指数的股价之比来衡量。一个上升的比率说明丰田比行业中的其他公司表现得要好。如果可以假设相对强势是随时间稳定的，那么这就是一个买入丰田的信号。

相似地，一个行业对于整个市场的相对强势可以通过行业价格指数与市场价格指数之比来计算。

宽度　市场的**宽度**（breadth）是指市场指数（反映所有股票的价格运动）的波动程度。最常用的测量方法是计算价格出现上涨的股票数量和出现下跌的股票数量之差。假如价格上涨的股票数量远远超过下跌的股票数量（《华尔街日报》会刊登这些数据，见图 12-5），意味着上涨情况很普遍，市场就被认为是强势的。

一些分析师会每天统计累计宽度数据，如表 12-1 所示。每天的累计宽度是通过将当天的净增长数量加上前一日的累计宽度得出的。随后，分析师通过观察累计宽度的方向来判断市场的整体趋势。分析师还可能使用累计宽度的移动平均线来衡量市场的整体趋势。

交易记录：成交量、价格上涨股票、价格下跌股票

市场日志

股票	NYSE	NASDAQ
上涨	1 242	936
下跌	1 742	2 128
持平	60	76
总计	3 044	3 140
成交量		
上涨	310 019 961	790 297 188
下跌	632 127 902	1 767 059 801
持平	10 145 028	13 877 189
总计	952 292 891	2 571 234 178

图 12-5　市场日志

资料来源：*The Wall Street Journal Online*, January 3, 2019.

表 12-1　宽度

交易日	上涨	下跌	净增长	累计宽度	交易日	上涨	下跌	净增长	累计宽度
1	1 302	1 248	54	54	4	1 012	1 622	−610	−348
2	1 417	1 140	277	331	5	1 133	1 504	−371	−719
3	1 203	1 272	−69	262					

注：由于一些股票的价格没有改变，所以股价上涨和下跌的股票数之和随交易日不断变动。

12.2.2　情绪指标

行为金融相当重视市场情绪，即总体的投资者乐观情绪。技术分析师也设计出多种情绪度量指标。这里对其中的一部分指标进行介绍。

Trin 统计量　市场的成交量也能用来衡量市场上涨或下跌的程度。上涨或下跌市场中投资者数量的增加被视为衡量市场走势的一个重要指标。技术分析员认为当市场上涨且成交量增加时，价格会持续上升；反之，当市场下跌且成交量较高时，价格会持续下降。

$$\text{Trin}=\frac{\text{下跌股票的成交量/下跌的股票数}}{\text{上涨股票的成交量/上涨的股票数}}$$

因此，Trin 是指下跌股票的平均成交量与上涨股票的平均成交量之比。若市场的 Trin 统计量大于 1，则被认为是熊市，因为下跌股票比上涨股票的成交量更高，即净卖压。由图 12-5 中的数据可得，NYSE 的 Trin 统计量为

$$\text{Trin}=\frac{632\ 127\ 902/1\ 742}{310\ 019\ 961/1\ 242}=1.454$$

然而，记住每个买方必定有一个对应的卖方，那么在上涨的市场中，成交量的增加（牛市）不一定意味着买方与卖方势力之间存在不平衡。例如，Trin 统计量大于 1 的市场被视为熊市，它也解释为下跌股票有较强的买方势力。

信心指数　《巴伦周刊》利用债券市场的数据构造了一个信心指数，其前提假设是债券交易者的行为能预测股票市场的走势。

信心指数（confidence index）是高评级的 10 家公司债券与中评级的 10 家公司债券的平均收益率之比。由于高评级的债券提供较低的收益率，信心指数的值总是小于 100%。若债券交易

者认为经济走势乐观，他们会对低评级的债券要求较低的风险溢价。因此，收益率差将会缩减，信心指数趋近100%。所以，高信心指数是一个牛市信号。

净做空份额 净做空份额是指当前被卖空的总股数。净做空份额的增加通常意味着看跌，这是基于做空者往往是更大、更专业的投资者的事实。因此，净做空份额的增加反映了“聪明钱”的悲观情绪，这将是有关股票前景走弱的一个警示信号。

概念检查 12-4

如果投资者对经济的悲观情绪不断蔓延，低评级债券的收益率将会上升，信心指数会下降，那么股票市场预期会下跌还是已经出现下跌？

不太常见的、看涨的观点认为，因为所有的卖空必须回补（即卖空者最终必须购买股票以归还他们借入的股票），因此净做空份额代表了未来对股票的潜在需求。随着卖空的股票被回补，购买股票产生的需求将推高股价。

看跌/看涨期权比率 看涨期权赋予投资者以固定的交割价格买入股票的权利，投资者预期股价上升。看跌期权赋予投资者以固定的价格卖出股票的权利，投资者预期股价下跌[㊀]。未平仓的看跌期权与看涨期权的比率称为**看跌/看涨期权比率**（put/call ratio），该比率一般在65%左右。看跌期权在下跌市场中表现较好，而看涨期权在上涨市场中表现较好，所以若该比率偏离其历史标准，可被视为市场情绪的信号，能预测市场走势。

该比率的改变可被视为牛市或熊市信号，许多技术分析员将该比率的增加视为熊市信号，因为这意味着有更多的看跌期权用于规避市场下跌风险。因此该比率增加是投资者悲观情绪和市场下跌的信号。然而，主张逆向投资的投资者却认为市场处于熊市时，股票存在高度抑价，是一个较好的买入时机，因此他们将看跌/看涨期权比率的上升视为牛市信号。

12.2.3 警告

对股市价格运动的研究有很多，人们识别价格波动形式的能力也显著提高。不幸的是，人们也可能会观察出实际不存在的波动形式。图12-6摘自哈利·罗伯茨的一个著名研究[㊁]，其描述的是1956年道琼斯工业平均指数的模拟价格和真实价格。在图12-6b中，市场呈现出典型的头肩顶形状，即中间的拱（头）由两肩托起。当价格指数“突破右肩”时（技术触发点），价格开始低头，是售出股票的时机。图12-6a看起来也像一种典型的股票走势图形。

然而，其中有一张图是使用随机数构成的“价格”制作的，这些构建的“价格”在走势上没有任何规律。你能分辨出哪一个来自真实价格，哪一个来自模拟价格吗？[㊂]

图12-7描述的是图12-6对应的每周股价变化。如图12-7所示，真实价格和模拟价格的随机性都很明显。

数据挖掘会促使人们发现实际上并不存在的股票走势模型。数据挖掘之后，人们总能发现一定的模式和可以获利的交易规则。如果对这些交易规则进行回测，人们会发现其对过去的交易可能有作用，但不幸的是，事后创造的理论并不能保证未来的成功。

㊀ 看跌期权和看涨期权在第2章定义过，在第20章将详细讨论。

㊁ H. Roberts, "Stock Market 'Patterns' and Financial Analysis: Methodological Suggestions," *Journal of Finance* 14 (March 1959), pp. 11-25.

㊂ 图12-6a基于真实数据，图12-6b基于模拟数据。这些构建出来的价格的走势没有任何规律，但是看起来却和图12-6a真实价格的走势很相似。

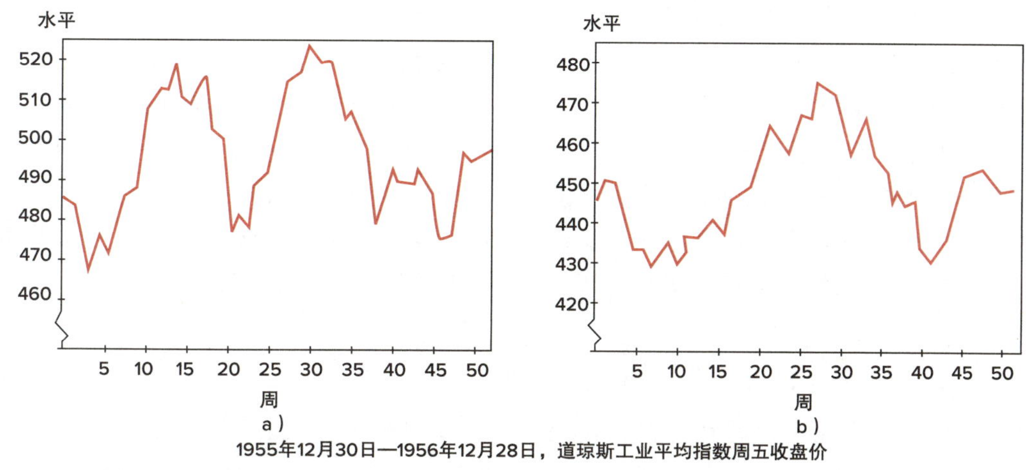

图 12-6　52 周的真实价格和模拟价格

资料来源：Harry Roberts，"Stock Market 'Patterns' and Financial Analysis：Methodological Suggestions，" *Journal of Finance* 14（March 1959），pp. 1-10.

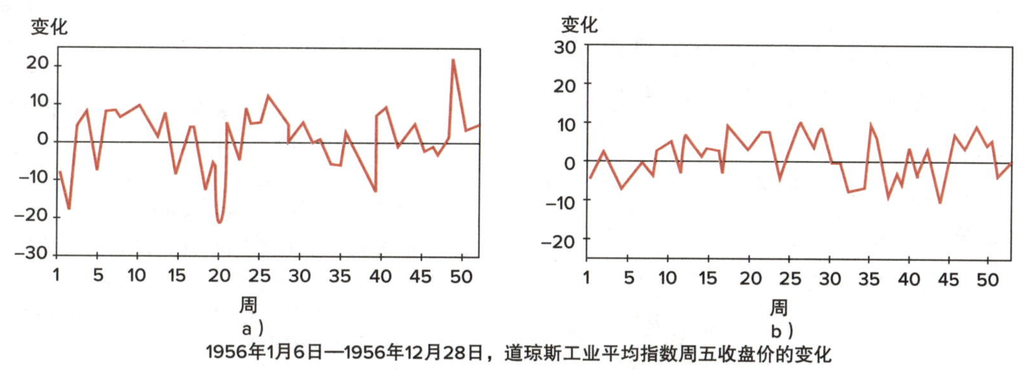

图 12-7　52 周真实价格和模拟价格变化

资料来源：Harry Roberts，"Stock Market 'Patterns' and Financial Analysis：Methodological Suggestions，" *Journal of Finance* 14（March 1959），pp. 1-10.

评价交易规则时，应该在检验数据之前判断这些规则是否合理，如果不这样的话，就很可能会根据仅对过去数据有效的规则进行交易。最困难也最关键的问题是你是否有足够的理由相信对过去有用的理论对将来仍然成立。

小结

1. 行为金融关注的是投资者进行决策时所表现出的系统性非理性行为，这些“行为偏差”与有效市场的某些异象一致。
2. 心理学文献揭露的信息处理偏差包括“启发式”的直觉性决策过程、过度自信、保守主义和代表性。行为偏差包括框定偏差、心理账户、后悔规避和损失厌恶。
3. 套利限制是指阻碍理性投资者从行为投资者引致的错误定价中获利的行为。例如，基本面风险是指即使证券被错误定价，利用这种错误定价仍然是有风险的。这限制了理性套利者持有这些证券的头寸。其他的套利限制有执行成本、模型风险、卖空成本。一价定律偶尔失效的现象也说明了套现限制的严重性。
4. 诸多套利限制意味着即使价格不等于真实

价值，仍难充分利用这些错误定价。因此，交易者不能战胜市场不足以证明市场就是有效的（价格等于内在价值）。

5. 技术分析研究股票中重复出现且可预测的价格走势，其前提假设是：股价是逐渐接近其内在价值的。当基本面改变时，敏锐的投资者就能利用这些调整使股价达到新的均衡。
6. 技术分析也会用到成交量和情绪指标，这些指标与投资者交易活动的一些行为模式相关。移动平均、相对强度和宽度可用于其他趋势策略。
7. 情绪指标包括 Trin 统计量、信心指数和看跌/看涨期权比率等。

习题

1. 试解释如何利用本章介绍的行为偏差促使技术交易规则的成功。
2. 为什么有效市场假说的倡导者认为即使许多投资者存在行为偏差，证券价格仍可能是有效的？
3. 哪些因素可能限制理性投资者利用非理性投资者行为所导致的“定价错误”的能力。
4. 即使行为偏差不影响资产的均衡价格，投资者还是需要关注行为偏差，为什么？
5. 行为金融学派和有效市场学派一致认为指数投资策略对大多数投资者来说是最优的，但理由各有不同，将其进行对比。
6. 吉尔·戴维斯不想以低于买入的价格出售其股票，她认为只要持有股票的时间长一点，股价就会回升，到时再出售。戴维斯在做决定时表现出了什么行为特点？
   a. 损失厌恶。
   b. 保守主义。
   c. 代表性。
7. 柏莉·莎朗售出股票后，不会继续关注媒体报道来追踪该股票，她担心随后股票的价格会上升。莎朗表现出了什么行为特点？
   a. 后悔规避
   b. 代表性
   c. 心理账户
8. 下列选项与后悔规避不一致的是________。
   a. 尽快售出亏损股票
   b. 雇用一位全面服务经纪人
   c. 持有亏损股票较长时间
9. 将表 12-2 右列的行为特点与左列的例子相匹配。

表 12-2

例子	行为特点
a. 当出现新证据时，投资者更新其理念的速度较慢	ⅰ. 处置效应
b. 投资者不太愿意承受由非传统的投资策略带来的损失	ⅱ. 代表性偏差
c. 与其他股票账户相比，投资者对退休账户的风险容忍度较低	ⅲ. 后悔规避
d. 投资者不太愿意出售账面亏损的股票	ⅳ. 保守主义
e. 投资者依据股票的过去表现对未来走势进行判断时，不考虑样本规模	ⅴ. 心理账户

10. 基本面风险是指什么？为什么它会导致行为偏差继续存在？
11. 数据挖掘是指什么？为什么技术分析员要小心避免这种行为？
12. 即使价格服从随机游走，也有可能不是信息有效的。解释为什么这句话是正确的以及为什么其对资本有效配置非常重要？
13. 使用图 12-7 的数据证实纳斯达克的 Trin 统计量，其是牛市信号还是熊市信号？
14. 使用图 12-7 的数据计算纳斯达克的市场宽度，其是牛市信号还是熊市信号？
15. 搜集时间跨度为几个月的标准普尔 500 指数，辨别出其基本趋势，并判断市场是处于上涨状态还是下跌状态。
16. 假设评级为 Baa 债券的收益率为 6%，评级为 Aa 债券的收益率为 5%。由于通货膨胀的影响，两者的收益率都会增加 1%，这会导致信心指数如何变化？技术分析员会将其视为牛市信号还是熊市信号？你又是如何认为的？

17. 表 12-3 列出了 Computers 公司的股价和计算机行业指数，Computers 公司是否显示出了相对强势？

表 12-3　Computers 公司历史股票价格

交易日	Computers 公司	行业指数	交易日	Computers 公司	行业指数
1	19.63	50.0	21	19.63	54.1
2	20	50.1	22	21.50	54.0
3	20.50	50.5	23	22	53.9
4	22	50.4	24	23.13	53.7
5	21.13	51.0	25	24	54.8
6	22	50.7	26	25.25	54.5
7	21.88	50.5	27	26.25	54.6
8	22.50	51.1	28	27	54.1
9	23.13	51.5	29	27.50	54.2
10	23.88	51.7	30	28	54.8
11	24.50	51.4	31	28.50	54.2
12	23.25	51.7	32	28	54.8
13	22.13	52.2	33	27.50	54.9
14	22	52.0	34	29	55.2
15	20.63	53.1	35	29.25	55.7
16	20.25	53.5	36	29.50	56.1
17	19.75	53.9	37	30	56.7
18	18.75	53.6	38	28.50	56.7
19	17.50	52.9	39	27.75	56.5
20	19	53.4	40	28	56.1

18. 用表 12-3 的数据计算 Computers 公司的 5 天移动平均，由此你能判断出买入或卖出信号吗？

19. 假设昨天标准普尔 500 指数上升了 0.48%，有 1 704 只价格下跌的股票，1 367 只价格上涨的股票。为什么即使指数上升了，技术分析员还是会担心市场走势？

20. 表 12-4 列出了价格上涨和下跌的股票数量，计算累计宽度并判断其是牛市信号还是熊市信号。

表 12-4　市场上涨和下跌数据

交易日	上涨	下跌	交易日	上涨	下跌
1	906	704	6	970	702
2	653	986	7	1 002	609
3	721	789	8	903	722
4	503	968	9	850	748
5	497	1 095	10	766	766

21. 如果在第 20 题中，第一天价格上涨股票的成交量是 530 000 000 股，价格下跌股票的成交量是 440 000 000 股，这一天的 Trin 统计量为多少？其是牛市信号还是熊市信号？

22. 给定以下数据，信心指数是上升还是下降？如何解释债券收益率的变化？

类别	今年	去年
高评级公司债券收益率	4%	7%
中评级公司债券收益率	6%	9%

23. 登录本书的在线学习平台 Connect 并点击第 12 章的链接，找出标准普尔 500 指数 5 年的周收益率：
    a. 制表并计算该指数的 26 周移动平均，假设指数的初始值为 100，每周指数等于上一周指数乘以（1+上周收益率）。
    b. 标出所有指数与移动平均的交叉点，并判断交叉点之后有多少周指数上涨，有多少周指数下跌？
    c. 标出所有指数从上下穿移动平均的点，并判断下穿之后有多少周指数上涨，有多少周指数下跌？
    d. 利用移动平均规则辨别买卖机会的效果如何？

24. 登录本书的在线学习平台 Connect 并点击第 12 章的链接，找出标准普尔 500 指数 5 年的周收益率和富达银行基金（FSRBX）5 年的周收益率。
    a. 制表并计算银行业与市场整体的相对强势。提示：与第 23 题一致，将银行业指数和标准普尔 500 指数的初始值设为 100，并用同一方法更新每周指数。

b. 标出所有相对强度指标相对5周前增长超过5%的时点，并判断在这些时点之后有多少周银行业的表现优于标准普尔500指数？有多少周银行业的表现会差于标准普尔500指数？

c. 标出所有相对强度指标相对5周前下降超过5%的时点，并判断在这些时点之后有多少周银行业的表现差于标准普尔500指数？有多少周银行业的表现优于标准普尔500指数？

d. 利用相对强度指标辨别买卖机会的效果如何？

25. 封闭式基金的价格大多会偏离其资产净值，这看似违反了一价定律。你认为是过于分散化的基金还是分散化不足的基金会有更大的偏离呢？为什么？

CFA考题

1. 丹·桑普森对其金融咨询师提出了以下投资理念。

序号	投资理念
1	投资要有较高的收益潜力和有限的风险，我倾向于比较保守的投资策略，想最小化损失，即使这样我会错过很好的增长机会
2	所有非政府类投资，只能选择处于行业主导地位且资金雄厚的公司
3	只能通过利息和现金股利来满足所有的收入需求，只能持有支付现金股利的股权证券
4	仅当对整体经济形势和公司自身增长的预期一致时才能做出投资决定
5	如果证券的价格下跌到买价之下，应该继续持有证券至其价格恢复到初始买入成本。相反，我更愿意在成功的投资上快速获利
6	我会定期指导投资的购买，包括衍生证券。这些激进的投资源于个人的研究，也许与我的投资策略不一致。我没有记录下类似这些投资的表现，但是我也曾有过一些“巨大的成功”

以上哪些投资理念能较好地描述下述行为金融概念，并对你的选择进行说明。

a. 心理账户

b. 过度自信（控制错觉）

c. 处置效应

2. 蒙蒂·弗罗斯特将所有递延所得税退休账户都投资在股票上，因其资产组合的国际投资部分历史表现很差，他将国际股权证券减持至2%，弗罗斯特的投资咨询师曾建议弗罗斯特增持国际股权证券，他做出以下陈述：

a. 由于历史表现较差，一旦这些国际股权证券的价格恢复到其初始价格，我就全部售出这些证券。

b. 大多数分散化的国际资产组合在过去5年的表现都很让人失望。然而在这段时间，XYZ国市场的表现超过了包括本国在内的其他所有市场。如果要增加国际股权证券头寸的话，我更倾向于增加XYZ国市场中的证券的头寸。

c. 国际投资本身存在着很高的风险。因此，我倾向于在我的“投机”账户（能使我成为富翁的最好机会）中购买这些证券，而不想在我的退休账户中购买，以免退休的时候“一贫如洗”。

咨询师虽然对行为金融的概念非常熟悉，但仍偏好于传统或标准的金融投资策略（现代资产组合理论）。

指出以上三个陈述表现出的行为金融概念并解释应如何用传统金融来反驳每一个陈述。

3. 路易斯和克里斯托弗·麦克林居住在英国伦敦，他们最近想租一个靠近市中心的公寓。在对麦克林的投资计划进行初始讨论时，麦克林对她的投资咨询师格兰特·韦伯做出如下陈述：

a. “过去5年我利用网络资源对住房市场进行了研究，我认为现在正是买房的最佳时期。”

b. “我不想以低于买入的价格出售我的资产组合中的任何债券。”

c. “我不会出售我公司的股票，因为我对它非常了解而且对其未来表现非常乐观。”

判断行为金融中哪些概念可以描述以上三个陈述，并解释每一个行为金融概念是如何影响麦克林的投资决策的。

4. 一个已退休的投资者在与其投资咨询师会谈时说到以下问题：

a. “我非常高兴过去两年能在皮特里股票的投资上获利，我确信这只股票在未来也会有优越表现。”

b. “我很满意皮特里股票的投资收益，因为我对这些钱有特殊的用途。也正因为如此，我想在我的退休基金账户中购买该股票。”

判断行为金融中哪些概念可以描述以上陈述。

5. 克莱尔·皮尔斯对她的生活状况和投资前景做出如下评论：

我必须供养居住在普格岛（Pogo Island）的父母。普格岛在过去两年出现飞速的经济增长和较低的通货膨胀率，专家一致预期这些良好的趋势会在未来延续下去。经济增长是由于新技术开发的自然资源的出口所导致的。

我想用我投资组合资金的10%购买普格岛政府长期债券，因为我的父母可能还会在岛上居住10年。专家预期未来不会出现较高的通货膨胀，所以我确信这些债券产生的收益足够支付我父母的生活费用，而且这些债券是以当地货币计价的，没有汇率风险。我想购买普格岛的证券，但不想扭曲长期资产的配置来达到这个目的。整体的股票、债券和其他投资的配置比例也都不能改变。因此，我打算从所持有的美国债券基金中选一个出售来筹资购买普格岛债券。我持有的高收益债券基金的价值截至目前已经下跌了5%，前景预期并不乐观，事实上，我认为其在未来可能会下跌更多，但是也有可能会很快恢复，所以我决定出售今年上涨了5%的核心债券基金，我预期这项投资带来的收益能持续下去，但是也有可能会很快消失。

如果投资完成的话，我的投资状况将处于良好状态。唯一例外的是表现较差的小市值公司基金，我计划一旦该基金的价格恢复到其初始成本就出售它。

从以上表述中辨别出三个行为金融概念并对每一个概念进行描述。讨论遵守标准或传统金融理论的投资者如何质疑这三个行为金融概念。

概念检查答案

12-1　保守主义偏差是指投资者对新信息反应太慢，导致一定的价格趋势，而代表性偏差会使得这种趋势在未来得以延续。逐渐地，当定价错误得到纠正时，就会出现价格反转。

12-2　不受欢迎的股票的价格与其真实价值替代变量（如盈利）的比值往往比较低，加之后悔规避的存在，这些股票会提供更具吸引力的收益率来促使投资者购买。因此，市盈率低的股票一般会提供更高的收益率。

12-3　在清算的时候，价格会等于资产净值，这会限制基本面风险。投资者只需多持有几个月就能从折价消除中获利。另外，当清算日临近时，折价会逐渐消失。这样就限制了折价程度加大的风险。在公告清算计划时，折价会立刻消失，或者至少折价幅度会明显降低。

12-4　当经济衰退的信息影响债券收益率的时候，也会影响股票价格，所以股票市场在信心指数预示出售时机之前就已经出现了下跌。

第 13 章

证券收益的实证证据

为什么不同的证券提供不同的期望收益？根据简单的资本资产定价模型，证券期望收益仅与一个因素相关：用贝塔衡量的证券自身的系统性风险。而其他风险度量，例如，公司特定的波动率应该是与期望收益无关的，期望收益应该与贝塔成正比。

风险收益关系的早期检验集中在模型的这些明显影响上。正如我们很快将看到，检验的结果是模棱两可的。然而，进一步的反思清楚地表明，几乎不可能对资本资产定价模型进行一锤定音的检验，这在很大程度上是因为它与包含所有资产的内在不可观察的市场投资组合密切相关。把人力资本等不可交易资产纳入考虑的范畴可能会显著影响风险-收益权衡。

此外，资本资产定价模型的变体在简单的单因素模型之后迅速出现。这些更丰富的模型表明，风险-收益关系可能受多个系统风险来源的影响。例如，未来利率、主要消费品价格或资产-收益波动的不确定性也可能产生均衡风险溢价。这意味着我们应该测试一个多因素证券市场线。

最近，研究人员开始意识到，与证券交易相关的流动性成本等和风险无关的考虑因素也可能导致期望收益的显著变化。最后，行为金融问题可能会导致证券错误定价和期望收益的离散程度变高。

这些问题为风险-收益关系的实证检验提出了一系列待处理事项。而我们仅能用简短的篇幅对这些浩瀚的文献进行简要概述。我们从单因素证券市场线的检验开始，许多今天仍在使用的基本方法都是从该检验中发展出来的。我们然后又介绍了多因素模型检验，尤其是已成为当前实证研究的主力模型的法玛-弗伦奇三因素模型及其变体。我们还展示了流动性问题可能导致不同证券的期望收益如何发生变化，这些变化与风险差异造成的期望收益的变动大致相同。最后，我们检验了基于消费的模型的实证表现，例如默顿的跨期资本资产定价模型和消费资本资产定价模型。

13.1 指数模型与单因素证券市场线

13.1.1 期望收益-贝塔关系

回顾之前的章节，如果对于一个可观测的预期有效指数 M，期望收益-贝塔关系存在，则任何证券 i 的期望收益都可以用式（13-1）表述：

$$E(r_i)=r_f+\beta_i[E(r_M)-r_f] \tag{13-1}$$

其中，$\beta_i=\dfrac{\mathrm{Cov}(r_i,r_M)}{\sigma_M^2}$。

式（13-1）表明，期望收益随着贝塔的增加而上升。因此，早期对于资本资产定价模型的检验是按照如下的流程进行的：先收集有关股票收益、市场指数以及无风险利率的大样本数据；然后运用收集到的数据以及指数回归模型（同第 8 章运用的模型类似）估计出各个股票的贝塔值；最后检验是不是贝塔值更高的股票提供了更高的平均收益。

建立样本数据　确定一个样本期间，例如 60 个月（5 年）。在每一个样本期间，收集 100 种股票、能代表市场的投资组合（如标准普尔 500 指数）和 1 个月期的短期国库券（无风险）的收益率，数据包括：

r_{it}=样本期间内 100 种股票的 6 000 个收益率，$i=1,2,\cdots,100;t=1,2,\cdots,60$

r_{Mt}=样本期间内标准普尔 500 指数的 60 个收益率观测值

r_{ft}=每月无风险利率的 60 个观测值，共有 $102\times60=6\,120$ 个收益率数据

估计证券特征线　与第 8 章相同，我们将式（13-1）称为证券特征线（SCL）。你想估计每种股票的收益如何随着市场指数的收益而变动，因此对于每一种股票 i，将**一阶回归**（first-pass regression）方程的斜率作为贝塔值的估计值［之所以称为“一阶回归”，是因为估计系数将作为**二阶回归**（second-pass regression）的输入值］。

$$r_{it}-r_{ft}=a_i+b_i(r_{Mt}-r_{ft})+e_{it}$$

使用如下统计量进行分析：

$\overline{r_i-r_f}$=每种股票超额收益的样本均值（超过 60 个月）

b_i=每种股票贝塔系数的样本估计

$\overline{r_M-r_f}$=市场指数超额收益的样本均值

$\sigma^2(e_i)$=每种股票残值项方差的估计

每种股票超额收益的样本均值和市场指数超额收益的样本均值用来估计期望超额收益，b_i 作为每种股票贝塔系数的样本估计，$\sigma^2(e_i)$ 用于估计每种股票的残值项方差（非系统性风险）。这些统计量都存在估计误差。

估计证券市场线　现在将式（13-1）视为上述样本股票 100 个观测值的证券市场线（SML）。给定贝塔的估计值，我们现在问：在多大程度上，平均收益会随着贝塔的增加而增加？根据如下二阶回归方程估计出 γ_0 和 γ_1，其中一阶回归的估计值 b_i 作为自变量：

$$\overline{r_i-r_f}=\gamma_0+\gamma_1 b_i \quad i=1,2,\cdots,100 \tag{13-2}$$

比较式（13-1）和式（13-2）；如果资本资产定价模型有效的话，那么 γ_0 和 γ_1 应该满足：

$$\gamma_0=0 \text{ 且 } \gamma_1=\overline{r_M-r_f}$$

事实上，通过进一步分析我们发现，证券市场线描述的期望收益-贝塔关系的一个主要特征是证券的超额收益仅与系统风险（用贝塔值衡量）有关，而与非系统风险无关［用一阶回归中 $\sigma^2(e_i)$ 的估计值衡量］。将这些估计值加入式（13-2）中，作为扩展的证券市场线中的变量，如下式：

$$\overline{r_i-r_f}=\gamma_0+\gamma_1 b_i+\gamma_2\sigma^2(e_i) \tag{13-3}$$

二阶回归方程假设检验如下：

$$\gamma_0=0;\quad \gamma_1=\overline{r_M-r_f};\quad \gamma_2=0$$

$\gamma_2=0$ 这一假设意味着非系统风险没有被定价，即非系统风险没有带来风险溢价。总体来说，根据资本资产定价模型，风险溢价只与贝塔值有关。因此，式（13-3）中任何超出 β 值的额外右侧变量都应该有一个系数，该系数在二次回归中与 0 相差不明显。

概念检查 13-1

a. 从样本中要做多少次 SCL 的回归估计？

b. 在每次回归中有多少个观测值？

c. 根据资本资产定价模型，回归的截距项均值有什么含义？

13.1.2 资本资产定价模型的检验

资本资产定价模型的早期检验由约翰·林特纳[㊀]提出，后被默顿·米勒和麦伦·斯科尔斯[㊁]再次验证，该检验用 1954—1963 年纳斯达克市场中 631 种股票的年度数据作为样本，并得出了如下估计结果（收益率使用小数而不是百分数表示）：

系数：	$\gamma_0=0.127$	$\gamma_1=0.042$	$\gamma_2=0.310$
标准误差：	0.006	0.006	0.026
样本均值：		$\overline{r_M-r_f}=0.165$	

这个结果与资本资产定价模型并不一致。首先，估计的 SML 太过平坦，即 γ_1 系数值太小。斜率应该为 $\overline{r_M-r_f}=0.165$（16.5%/年），但是其估计值仅为 0.042，两者相差 0.122，大约是标准误差 0.006 的 20 倍，意味着在一定的显著性水平下，SML 斜率的估计值小于其实际值。与此同时，原本假设 SML 的截距项 γ_0 的估计值为 0，但实际上等于 0.127，是其标准误差 0.006 的 20 多倍。

学者采用的二阶回归方法（如，首先使用时间序列数据回归估计证券的贝塔值，再用这些贝塔值检验 SML 中风险与平均收益率之间的关系）看似简单，其结果是不支持资本资产定价模型的。而且，这种方法也存在着一定的问题。股票收益率波动较大，降低了所有关于平均收益率检验的准确性。例如，标准普尔 500 指数年收益率的平均标准差为 30%，这些检验中股票年收益率的平均标准差可能会更高。

概念检查 13-2

a. 估计的证券市场线“太平坦”意味着什么？

b. 贝塔值偏高或偏低的股票的收益率会比资本资产定价模型预测的收益率更好吗？

c. 估计值 γ_2 代表什么？

此外，检验的有效性也令人担忧。首先，检验中使用的市场指数并不是资本资产定价模型中所指的“市场投资组合”。其次，鉴于资产的波动性，一阶回归得到的证券贝塔值有较大的抽样误差，因此不能直接作为二阶回归中的输入值。最后，投资者并不能以无风险利率融资，与简单资本资产定价模型假设不一致。后面将详细分析这些问题。

13.1.3 市场指数

以下是著名的罗尔批评（Roll' s critique）[㊂]：

㊀ John Lintner, "Security Prices, Risk and Maximal Gains from Diversification," *Journal of Finance* 20 (December 1965).

㊁ Merton H. Miller and Myron Scholes, "Rate of Return in Relation to Risk: A Reexamination of Some Recent Findings," in *Studies in the Theory of Capital Markets*, ed. Michael C. Jensen (New York: Praeger, 1972).

㊂ Richard Roll, "A Critique of the Asset Pricing Theory' s Tests: Part I: On Past and Potential Testability of the Theory," *Journal of Financial Economics* 4 (1977).

（1）资本资产定价模型中有一可检验的假设：市场投资组合是均值-方差有效的。

（2）该模型的所有其他含义中，最著名的就是期望收益-贝塔之间的线性关系，其是从市场投资组合的有效性中得出的，因此不能独立检验。期望收益-贝塔关系和市场投资组合有效性之间存在着“当且仅当”的关系。

（3）若使用样本期间的收益和方差（与事前期望收益和方差相对），单个资产收益的观测样本中有无穷的事后均值-方差有效组合。单个资产和这些有效组合的贝塔都将会与资产的平均收益率线性相关。换言之，如果基于这些投资组合计算贝塔值，那么无论真实的市场投资组合在事前是不是均值-方差有效的，贝塔都会与 SML 所表示的关系相吻合。

（4）除非能知道真实的市场投资组合，并将其用于检验，否则资本资产定价模型是不可检验的。即除非样本中包含所有单个资产，否则就无法检验这个理论。

（5）将标准普尔 500 指数作为市场投资组合的代理变量有两方面的问题。一方面，即使真实的市场投资组合是非有效的，该代理变量也有可能是均值-方差有效的。更可能的是，代理变量是无效的。但就这一点显然不能说明真实市场投资组合的有效性。另一方面，无论代理变量是否均值-方差有效，大多数合理的代理变量互相之间以及与真实市场投资组合之间都可能存在着高度相关性。这种高度相关性会使市场投资组合的确切构成显得不那么重要，但是不同的代理变量导致的结论大不相同。这个问题被称为**基准误差**（benchmark error），是指理论检验中使用了错误的基准（市场代理变量）。

罗尔和罗斯[㊀]以及康德尔和斯坦博[㊁]对罗尔批评进行了扩展。他们认为有些检验拒绝了平均收益率与贝塔之间的正相关关系，说明了检验中市场代理变量的非有效性，并没有推翻理论上的期望收益-贝塔关系。重要的是他们还强调，如果资本资产定价模型是正确的，即使是高度分散化的资产组合（如所有样本股票的价值加权或等加权组合），也不一定会有显著的均值收益-贝塔关系。由于无法直接检验资本资产定价模型，我们可以检验有相同期望收益-贝塔方程（证券市场线）的 APT 模型。这个模型的检验值需要完全分散化的指数组合。而选择多种市场指数能让我们将 SML 应用于选中的指数分别进行检验。

13.1.4 贝塔的测量误差

众所周知，假如回归方程等号右边变量的测量存在误差（在此，贝塔测量有误差且位于二阶回归方程等号的右边），那么回归方程斜率的系数将会向下偏差，截距项向上偏差。这也与前面的实证结果（估计的 γ_0 比资本资产定价模型的预测值要高，估计的 γ_1 则偏低）一致。

米勒和斯科尔斯[㊂]曾进行过一个模拟检验，并证实了上述评论。该检验利用随机数生成器来模拟与观测样本有相似方差的收益率，其平均收益率与资本资产定价模型一致。紧接着，米勒和斯科尔斯在检验中使用这些随机生成的收益率，并把这些收益率当成真实股票的收益率。尽管构建的收益率服从 SML，即真实的 γ 系数的值为：$\gamma_0=0$、$\gamma_1=\overline{r_M-r_f}$，和 $\gamma_2=0$，但模拟检验

㊀ Richard Roll and Stephen A. Ross, “On the Cross-Sectional Relation between Expected Return and Betas,” *Journal of Finance* 50 (1995), pp. 185-224.

㊁ Schmuel Kandel and Robert F. Stambaugh, “Portfolio Inefficiency and the Cross-Section of Expected Returns,” *Journal of Finance* 50 (1995), pp. 185-224; “A Mean-Variance Framework for Tests of Asset Pricing Models,” *Review of Financial Studies* 2 (1989), pp. 125-56; “On Correlations and Inferences about Mean-Variance Efficiency,” *Journal of Financial Economics* 18 (1987), pp. 61-90.

㊂ Miller and Scholes, “Rate of Return in Relation to Risk.”

的结果却与使用真实数据得到的结果几乎一致。

对早期的事后检验又使我们回到了起点，我们能够解释这些不太令人满意的检验结果，但是却没有正面的检验结果来支持这个模型。

检验的下一步是要设计出能克服导致 SML 估计产生偏差的方法。布莱克、杰森和斯科尔斯[㊀]最先提出了这些检验，其创新之处在于使用了资产组合而不是单个资产。通过证券组合分散并消除了大部分公司效应，从而提高了贝塔估计和资产组合期望收益的精确性。这样也就减轻了由于贝塔估计的测量误差而导致的统计问题。

使用分散化组合而非单一证券让 APT 检验更加完善。此外，将股票加入组合中会减少二阶回归中观测值的数量。假设我们将 100 只股票分为 5 组，每组 20 只股票，因此组合一阶回归的 β 能被更加准确地估计。然而，每个组合 20 只股票，只有 5 个观测值进行二阶回归。

我们必须构造一个使贝塔系数尽可能分散的资产组合。解释变量观测值的变化范围越广，回归估计也会越准确。考虑估计 SCL（即单个资产超额收益与市场超额收益的关系）的一阶回归，如果有市场收益率高度分散的样本数据，就能更准确地估计市场收益率的变化对单个资产收益的影响。然而，这种方法虽然不能控制市场收益的变化范围，但能控制二阶回归中解释变量（贝塔）的范围。我们将股票根据贝塔进行排序并分到组合中，组合 1 包含 20 只贝塔值最高的股票，且组合 5 包含 20 只贝塔值最低的股票。因此，资产组合的非系统风险 e_P 将非常小，且贝塔值广泛分布的投资组合也将使得 SML 的检验更有说服力。

法玛和麦克贝思[㊁]用这种方法证实了超额收益率与贝塔确实是线性关系，且非系统风险不能带来任何超额收益。他们按照布莱克、杰森和斯科尔斯提出的方法构造了 20 个资产组合，在 SML 方程中加入估计的贝塔系数的平方（为了检验收益与贝塔之间的线性关系）和残差估计的标准差（为了检验非系统风险的解释能力）。在一系列的子区间内，对每个子区间进行如下估计：

$$\overline{r_i - r_f} = \gamma_0 + \gamma_1 b_i + \gamma_2 b_i^2 + \gamma_3 \sigma(e_i) \tag{13-4}$$

γ_2 测量收益潜在的非线性关系，γ_3 测量非系统风险 $\sigma(e_i)$ 的解释能力。根据资本资产定价模型，γ_0，γ_2 和 γ_3 的系数都应该在二阶回归中为零，而且 γ_1 应该等于 $r_M - r_f$ 的平均值。

法玛和麦克贝思用 1935 年 1 月至 1968 年 6 月的月度数据估计了式（13-4），得到的结果如表 13-1 所示。表中还列出了三个子区间内的系数和 t 统计量。法玛和麦克贝思观察到残差标准差（非系统风险）的系数 γ_3 波动范围很大且 t 统计量并不显著，因此，整体检验结果合理地支持了资本资产定价模型的证券市场线（或者也许更符合法玛最初检验的 APT）。但是后来的检验并不支持资本资产定价模型。

表 13-1 法玛和麦克贝思（1973 年）的实证结果 （%）

区间	1935 年 6 月至 1968 年	1935—1945 年	1946—1955 年	1956 年 6 月至 1968 年
Av. γ_0	8	10	8	5
t 统计量（$\gamma_0=0$ 检验）	0.20	0.11	0.20	0.10

㊀ Fischer Black, Michael C. Jensen, and Myron Scholes, "The Capital Asset Pricing Model: Some Empirical Tests," in *Studies in the Theory of Capital Markets*, ed. Michael C. Jensen (New York: Praeger, 1972).

㊁ Eugene Fama and James MacBeth, "Risk, Return, and Equilibrium: Empirical Tests," *Journal of Political Economy* 81 (March 1973).

（续）

区间	1935 年 6 月至 1968 年	1935—1945 年	1946—1955 年	1956 年 6 月至 1968 年
Av. $r_M - r_f$	130	195	103	95
Av. γ_1	114	118	209	34
t 统计量（$\gamma_1 = r_M = r_f$ 检验）	1.85	0.94	2.39	0.34
Av. γ_2	-26	-9	-76	0
t 统计量（$\gamma_2 = 0$ 检验）	-0.86	-0.14	-2.16	0
Av. γ_3	516	817	-378	960
t 统计量（$\gamma_3 = 0$ 检验）	1.11	0.94	-0.67	1.11
Av. R-SQR	0.31	0.31	0.32	0.29

最近对法玛-麦克贝思检验的结果表明，当用价值加权指数替代初始的平均加权纽约证券交易所股票组合指数后，模型结果相反，而且 SML 的斜率变得过于平坦。同时，1968 年后的时间段得出的结果较差，而法玛和麦克贝思在 1935—1968 年做研究所得出的结果甚至更糟。

13.2　多因素模型的检验

有三类因子可能增强多因子 SML 的市场风险因子：①对冲重要消费分类（房屋或者能源）价格不确定性或一般通货膨胀的因子；②对冲未来投资机会的因子（利率、市场波动或者市场风险溢价）；③对冲从市场指数中被剔除资产的因子（劳动收入或私营企业）。

正如莫顿 ICAPM（见第 9 章）中所讲，如果有足够的需求对冲这些额外市场风险因子，那么这些因子将会产生风险溢价。我们从第三个因子开始研究，因为对于个人投资组合中非交易性资产影响人们对可交易风险资产需求的结论还有些许疑问。因此，代表这类资产的因素，即与这些资产年收益具有相关性的资产，将会影响风险溢价。

> **概念检查 13-3**
>
> a. 根据表 13-1，1946—1955 年高度分散的零贝塔组合的收益率的预测值是什么？该值用资本资产定价模型估计的话为多少？若用资本资产定价模型估计，这一阶段的 γ_1 与 γ_3 的预测值为多少？
>
> b. 如果法玛和麦克贝思检验发现 β^2 和 $\sigma(e)$ 的系数为正，该如何解释这种现象？

13.2.1　劳动收入

被忽略的资产集的两个主要因素是劳动收入和个人经营。首先考虑劳动收入，迈尔斯[⊖]认为个体都有劳动收入禀赋，但是只能投资证券和指数组合。他的模型创造了介于根据交易的指数组合衡量的 β 和根据真正市场组合（包含劳动收入）衡量的 β 之间的联系。这个模型的结论是 SML 比简单 CAPM 更平坦。

如果劳动收入和市场指数并非完全相关，劳动力获得负收益的可能性将表现为风险没有全部被指数覆盖，但是假设投资者可以交易和总资产收益相关的组合，那么他们对于资产价值波动风险的对冲需求可能会影响证券价格和风险溢价。如果这样，资产风险（或者一些实证代理变量）就可以加入多因子 SML 充当额外因子。总劳动力价值为正 β 的股票将会更多出现在风险

⊖ David Mayers, "Nonmarketable Assets and Capital Market Equilibrium under Uncertainty," in *Studies in the Theory of Capital Markets*, ed. Michael C. Jensen (New York: Praeger, 1972), pp. 223-248.

因子中。它们将会降低价格，即提供大于资本资产定价模型的风险溢价，因此通过增加这个因子，SML 也相应变成多维度的。

杰加纳森和王[㊀]将劳动总收入的变化率作为人力资本变化的代理变量。除了估计资产相对于价值加权股票市场指数的标准贝塔 β^{vw} 之外，杰加纳森和王还估计了资产相对于劳动收入增长的贝塔 β^{labor}。最后，他们还考察了经济周期对资产贝塔影响的可能性（许多其他的研究也探讨过这个问题[㊁]）。这些贝塔也被称作条件贝塔，因为它们随着经济状态而变化。杰加纳森和王将低信用等级公司债和高信用等级公司债的收益率之差作为经济周期的替代变量，并估计了资产相对于经济周期变量的贝塔 β^{credit}。估计出每个资产组合的这三个贝塔值之后，杰加纳森和王按照式（13-5）进行二阶回归，模型中包含了公司规模（股权的市场价值 ME）：

$$E(R_i)=c_0+c_{size}\log(\text{ME})+c_{vw}\beta^{vw}+c_{prem}\beta^{prem}+c_{labor}\beta^{labor} \tag{13-5}$$

他们根据证券的规模和贝塔构造了 100 个资产组合，并将这些组合作为检验样本。首先根据股票的规模排序并将其分成 10 个组合，再将每个组合根据贝塔的大小排序并分成 10 个子组合，这样就有 100 个资产组合。表 13-2 列出了不同二阶回归的部分结果。表中前两行是根据法玛和麦克贝思的资本资产定价模型得出的系数和 t 统计量，显示的结果是拒绝资本资产定价模型，因为贝塔的系数值为负（尽管其并不显著），所以表明平均收益随着贝塔上升而下降。接下来的两行结果说明规模因子的加入并没有起到任何作用：贝塔的系数仍然为负。R^2 的大幅增加（从 1.35%到 57%）说明规模能很好地解释平均收益率的变化而贝塔却不能。

表 13-2 评价不同类型资本资产定价模型

系数	c_0	c_{vw}	c_{prem}	c_{labor}	c_{size}	R^2
A. 不考虑人力资本的静态 CAPM						
估计	1.24	-0.10				1.35
t-值	5.16	-0.28				
估计	2.08	-0.32			-0.11	57.56
t-值	5.77	-0.94			-2.30	
B. 考虑人力资本的条件 CAPM						
估计	1.24	-0.40	0.34	0.22		55.21
t-值	4.10	-0.88	1.73	2.31		
估计	1.70	-0.40	0.20	0.10	-0.07	64.73
t-值	4.14	-1.06	2.72	2.09	-1.30	

注：该表是以下模型的面板回归估计（使用了部分或全部解释变量）：

$$E(R_{it})=c_0+c_{size}\log(\text{ME}_i)+c_{vw}\beta_i^{vw}+c_{prem}\beta_i^{prem}+c_{labor}\beta_i^{labor}$$

R_{it} 是资产组合 i（i=1，2，…，100）在 t 月（1963 年 7 月至 1990 年 12 月）的收益率；R_t^{vw} 是股票价值加权指数的收益率；R_{t-1}^{prem} 是低信用等级和高信用等级公司债的收益率之差；R_t^{labor} 是劳动总收入的增长率。β_i^{vw} 是 R_{it} 关于 R_t^{vw} 最小二乘回归的效率系数；其他贝塔也采用相似的方法估计。资产组合规模 log（ME_i）是组合 i 中单个资产市场价值对数的加权平均值。回归模型用法玛-麦克贝思方法来估计。R^2 为百分数。

在表 13-2 的 B 部分中，信用利差和劳动收入作为解释变量被包括在内，但资本资产定价模型期望收益-贝塔关系没有得到改善：贝塔的系数仍然为负。信用风险溢价显著，而劳动收入处

㊀ Ravi Jagannathan and Zhenyu Wang, "The Conditional CAPM and the Cross-Section of Expected Returns," *Journal of Finance* 51 (March 1996), pp. 3-54.

㊁ For example, Campbell Harvey, "Time-Varying Conditional Covariances in Tests of Asset Pricing Models," *Journal of Financial Economics* 24 (October 1989), pp. 289-317; Wayne Ferson and Campbell Harvey, "The Variation of Economic Risk Premiums," *Journal of Political Economy* 99 (April 1991), pp. 385-415; and Wayne Ferson and Robert Korajczyk, "Do Arbitrage Pricing Models Explain the Predictability of Stock Returns?" *Journal of Business* 68 (July 1995), pp. 309-349.

于临界状态。当我们添加规模因子时，在表 13-2 的 B 部分的最后两行中，我们发现它不再显著，只是略微增加了解释。

13.2.2　私营（非交易性）业务

杰加纳森和王考虑了劳动收入，希顿和卢卡斯[⊖]分析了私营业务的重要性。我们预期私营企业主会减少那些与他们特定企业收入正相关的交易性证券。如果这种效应足够显著，对交易性证券的总需求将受到这些证券与非公司业务收入的协方差的影响。那些非公司业务收入协方差高的证券，其风险溢价也会更高。与该理论一致，希顿和卢卡斯发现在私营业务上具有更高投资的家庭会减少对股权资产的投资比例。

最后，他们还扩展了杰加纳森和王的模型，加入了私营业务收入的变化率。他们发现该变量系数显著且改善了回归的解释能力。然而，市场收益率同样不能解释个别证券的收益率，因此资本资产定价模型的含义仍被拒绝。

13.2.3　多因素资本资产定价模型和无套利理论的早期检验

多因素资本资产定价模型和 APT 理论阐述了多种系统风险敞口如何影响期望收益，但是却没有为选择导致风险溢价的因素提供参考。多因素模型的检验包括三个步骤：

- 风险因素的详细说明。
- 辨别规避这些基本风险因素的资产组合。
- 对解释能力和套期投资组合风险溢价的检验。

宏观因素模型

陈、罗尔和罗斯[⊜]提出了一些能代理系统因素的可能变量：

- IP：行业生产的增长率。
- EI：通货膨胀的预期变化，由短期国库券利率的变化测量。
- UI：非预期的通货膨胀，为实际通货膨胀率和预期通货膨胀率之差。
- CG：风险溢价的非预期变化，由 Baa 级公司债和长期政府债券的收益率之差测量。
- GB：期限溢价的非预期变化，由长期和短期政府债券的收益率之差测量。

由于辨别了这些潜在的经济因素，陈、罗尔和罗斯省略了辨别纯因素组合（与因素相关性最高的资产组合）的步骤，将因素本身作为替代。此时他们隐含地假设纯因素组合能作为因素的替代而存在并仿照法玛-麦克贝思方法对这些因素进行检验。

这种检验方法的一个重要过程就是如何将股票组成资产组合。回顾单因素检验，通过构造贝塔值分散化的资产组合来加强检验能力。在多因素的框架下，有效组合的标准并没有那么明显。陈、罗尔和罗斯根据规模（流通在外的股票的市场价值，与股票的平均收益率相关）将样本股组成了 20 个资产组合。

他们先在一阶回归中用 5 年的月度数据来估计 20 个资产组合的因素贝塔值，具体估计是对

⊖ John Heaton and Debora Lucas, "Portfolio Choice and Asset Prices: The Importance of Entrepreneurial Risk," *Journal of Finance* 55, no. 3 (June 2000), pp. 1163-1198.

⊜ Nai-Fu Chen, Richard Roll, and Stephen Ross, "Economic Forces and the Stock Market," *Journal of Business* 59 (1986).

每个资产组合使用如下的回归：

$$r=a+\beta_{M}r_{M}+\beta_{IP}IP+\beta_{EI}EI+\beta_{UI}UI+\beta_{CG}CG+\beta_{GB}GB+e \quad (13\text{-}6)$$

其中，M 是指股票市场指数。陈、罗尔和罗斯在此使用了两个代理变量：价值加权的纽约证券交易所指数（VMNY）和等权重的纽约证券交易所指数（EWNY）。

将 20 组一阶回归估计的因素贝塔作为二阶回归的解释变量（总共有 20 个观测样本，对应每个资产组合）：

$$r=\gamma_0+\gamma_{M}\beta_{M}+\gamma_{IP}\beta_{IP}+\gamma_{EI}\beta_{EI}+\gamma_{UI}\beta_{UI}+\gamma_{CG}\beta_{CG}+\gamma_{GB}\beta_{GB}+e \quad (13\text{-}7)$$

式中，γ 是对因素风险溢价的估计。

陈、罗尔和罗斯对样本期的月度数据进行二阶回归，且每过 12 个月就对一阶回归因素贝塔值重新估计一次。将所有二阶回归中估计的因素风险溢价（参数 γ 的值）进行平均。

表 13-3 列出了一阶回归的结果，从表中我们可以看出，EWNY 和 VWNY 统计都不显著（t 统计量分别为 1.218 和-0.633，都小于 2），此外，VWNY 因素的符号出现错误，似乎意味着出现了负的市场风险溢价。IP、CG 以及 UI 都有着显著的解释能力。

表 13-3 经济变量与定价（每月百分比×10）多因素方法

A	EWNY	IP	EI	UI	CG	GB	截距项
	5.021	14.009	-0.128	-0.848	0.130	-5.017	6.409
	(1.218)	(3.774)	(-1.666)	(-2.541)	(2.855)	(-1.576)	(1.848)
B	**VWNY**	**IP**	**EI**	**UI**	**CG**	**GB**	**截距项**
	-2.403	11.756	-0.123	-0.795	8.274	-5.905	10.713
	(-0.633)	(3.054)	(-1.600)	(-2.376)	(2.972)	(-1.879)	(2.755)

注：VWNY 表示价值加权的纽约证券交易所指数；EWNY 表示等权重的纽约证券交易所指数；IP 表示行业生产的月增长率；EI 表示通货膨胀的预期变化；UI 表示通货膨胀的未预期变化；CG 表示风险溢价的未预期变化（Baa 级及以下公司债券利率减去长期政府债券利率）；GB 表示期限结构的未预期变化（长期政府债券利率减去短期国库券利率）；单括号标出的是 t 统计量。

资料来源：Modified from Nai-Fu Chen, Richard Roll, and Stephen Ross, "Economic Forces and the Stock Market," *Journal of Business* 59 (1986). Reprinted by permission of the publisher, The University of Chicago Press.

13.3 法玛-弗伦奇多因素模型

如今占主流地位的多因素模型是法玛和弗伦奇[⊖]提出的三因素模型及其变体。法玛-弗伦奇模型中的系统风险因素有公司规模、账面市值比（B/M）以及市场指数。这些额外因素的加入是基于经验观察的（见第 11 章），小公司股票和具有较高账面市值比的股票的历史平均收益率一般要高于资本资产定价模型证券市场线的预测值。

然而，法玛和弗伦奇不仅证明了规模和账面市值比在解释收益率中的作用，而且介绍了一种更普遍的方法生成因素组合，并将这种方法运用到这些因素研究中。探索这一创新是了解多因素资本资产定价模型实证经验模块的有效方法。

假设你发现就像法玛和弗伦奇所做的那样，股票市场市值规模（或市值大小）可以在资本资产定价模型方程中预测 α。一般来看，市值越小，股票 α 越大。这一发现使得规模因子成为反驳资本资产定价模型的异常现象之一。

但是假设你相信股票的规模与其对未来投资机会变化的敏感性有关。那么，在单因素资本

⊖ Eugene F. Fama and Kenneth R. French, "Common Risk Factors in the Returns on Stocks and Bonds," *Journal of Financial Economics* 33 (1993), pp. 3-56.

资产定价模型中看似是 α 的值，实际上在多因素资本资产定价模型中是市场外风险的一个额外来源。如果这听起来有些牵强，我们现在举个例子：当投资者预期市场将下跌时，他们会调整自己的投资组合，以最小化对损失的风险敞口。假设在市场下跌时，小市值股票通常受到的打击更大，类似于在糟糕时期有更大的 β。那么，投资者将避开这类股票，转而青睐大市值股票。这将解释为什么小市值股票除了通常的市场收益的 β 之外，还有风险溢价。规模带来的 α 实际上是对于那些对未来投资机会恶化更敏感的资产的风险溢价。

法玛和弗伦奇提出了量化规模风险溢价的方法。他们首先确定纽约证券交易所中规模位于中位数的股票，将其作为区分所有交易的美国股票（纽约证券交易所、美国证券交易所和纳斯达克）是大市值还是小市值的判断指标，并从大市值股票中创建一个组合，从小市值股票中创建另一个组合。最后，每个组合都进行价值加权和分散化。

在 APT 中，法玛和弗伦奇通过买小市值股票、卖大市值股票构建净头寸为 0 的规模因素组合。这个组合的收益叫作 SMB（小市值股票减大市值股票），是小市值股票收益与大市值股票收益的差值。如果用价格衡量，那么这个组合将会拥有风险溢价。因为 SMB 组合实际上被充分分散。SMB 和规模在两因素 APT 模型中被列入市场指数组合，作为市场因素之外的风险因素。在两因素 SML 中，风险溢价应该由两因素组合的 β 决定，这是一个可检验的假设。

法玛和弗伦奇使用这个方法来构造规模和账面市值比因素。为寻找这两个市场因素之外的其他风险因素，他们将股票按照规模和账面市值比进行两次划分，并将美国投资者账户内股票按照账面市值比分为三组：下层 30%（低）、中间 40%（中等）和上层 30%（高）。现在基于规模和账面市值比两个因素并考虑较差组合形成六个组合：小市值股票/低账面市值比、小市值股票/中等账面市值比、小市值股票/高账面市值比、大市值股票/低账面市值比、大市值股票/中等账面市值比、大市值股票/高账面市值比。每个组合都进行价值加权。大市值股票和小市值股票组合收益为

$$R_{\mathrm{S}}=\frac{1}{3}(R_{\mathrm{S/L}}+R_{\mathrm{S/M}}+R_{\mathrm{S/H}})\;;\quad R_{\mathrm{B}}=\frac{1}{3}(R_{\mathrm{B/L}}+R_{\mathrm{B/M}}+R_{\mathrm{B/H}})$$

类似地，高账面市值比和低账面市值比（价值股和成长股[㊀]）组合收益为

$$R_{\mathrm{H}}=\frac{1}{2}(R_{\mathrm{S/H}}+R_{\mathrm{B/H}})\;;\quad R_{\mathrm{L}}=\frac{1}{2}(R_{\mathrm{S/L}}+R_{\mathrm{B/L}})$$

零头寸因素组合 SMB（小市值股票减大市值股票，即买入小市值股票卖出大市值股票）、HML（高账面市值比减去低账面市值比，即买入高账面市值比卖出低账面市值比）由以下组合构建：

$$R_{\mathrm{SMB}}=R_{\mathrm{S}}-R_{\mathrm{B}}\;;\quad R_{\mathrm{HML}}=R_{\mathrm{H}}-R_{\mathrm{L}}$$

我们衡量个人股票因素敏感度通过估计股票超额收益与市场指数超额收益以及 R_{SMB} 和 R_{HML} 的一阶回归因素 β 进行。这些 β 可以用于预测整体风险溢价。因此，法玛-弗伦奇三因素资本资产定价模型是[㊁]：

㊀ 高账面市值比股票称为价值股，因为它们的市值大都来自已经存在的资产本身。低账面市值比股票称为成长股，因为它们的价值大都来自未来预期的增长。当交易资产时需要假设公司高增长来调整价格。与此同时，当公司陷入困境时，市值降低，账面市值比增加。因此那些所谓的价值股很可能是陷入困境的公司，而这类公司可以部分解释账面市值比的因素溢价。

㊁ 我们从市场组合收益中扣除无风险利率，而并不从 SMB 和 HML 因素收益中扣除，原因在于 SMB 和 HML 是净头寸为零的组合，因素收益已经存在溢价。从无风险投资转向这类组合投资并不存在机会成本。

$$E(r_i)-r_f=a_i+b_i[E(r_M)-r_f]+s_iE[R_{SMB}]+h_iE[R_{HML}] \tag{13-8}$$

其中，系数 b_i、s_i 和 h_i 分别是三个因素的股票贝塔，也被称为因子载荷。根据套利定价模型，如果这些因素是相关的，那么这些因子载荷导致的风险溢价能够完全解释超额收益率。换言之，如果这些因素能完全解释资产超额收益率，那么方程中截距项将为 0。

在一个资产定价的研究综述中，戈亚尔[一]将式（13-8）应用到 25 个由市值和账面市值比划分的美国股票组合中。图 13-1 显示了每个组合在 1946—2010 年在法玛-弗伦奇三因素模型（见图 13-1b）和 CAPM（见图 13-1a）下的实际平均收益率。模拟测试显示，法玛-弗伦奇三因素模型的预测值比 CAPM 的预测值准确很多。

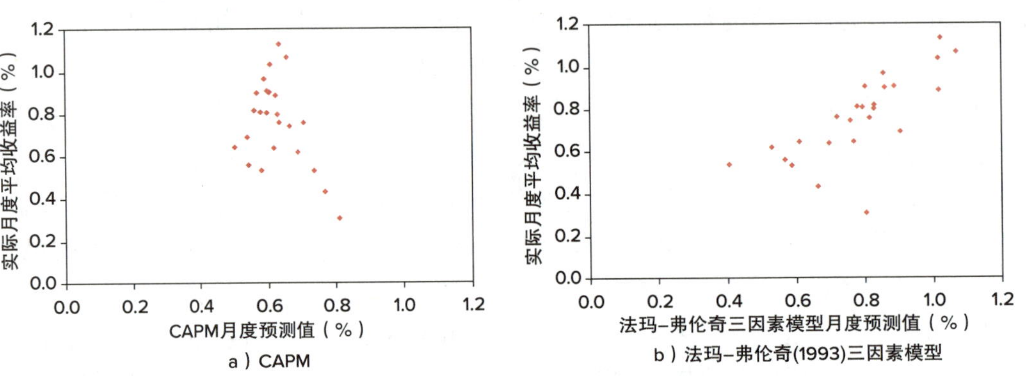

图 13-1 利用 CAPM 与法玛-弗伦奇三因素模型预测值对比结果

资料来源：Amit Goyal, "Empirical Cross Sectional Asset Pricing: A Survey," *Financial Markets and Portfolio Management* 26 (2012), pp. 3-38.

13.3.1 市值和账面市值比作为风险因子

列维和瓦萨罗[二]发现不同风格的组合（HML 和 SMB）的收益率看似能预测 GDP 的增长，因此也可能涵盖了一些经济周期风险。图 13-2 中每个条柱都是 HML 或 SMB 组合在 GDP 增长率较高的年份和 GDP 增长率较低的年份收益率之差的平均值。正值意味着组合在宏观经济形势好的年份表现更好。占绝大部分的正值也意味着 HML 和 SMB 组合的收益与宏观经济的未来走势正相关，从而可作为经济周期风险的代理变量。因此，规模和价值溢价至少在一定程序上可以反映对更高风险敞口的合理补偿。

佩特科瓦和张[三]尝试着将价值型组合（高账面市值比）的平均收益补偿与风险溢价联系起来，并使用条件 CAPM 模型进行检验。在传统的 CAPM 模型中，我们将市场风险溢价和公司的贝塔视为给定的参数。相比而言，正如我们在前面章节提到的，条件 CAPM 允许这些变量随时间变化，或随同一因素变化。如果市场风险溢价高，股票的贝塔值也高，那么这种正向联系会导致股票风险溢价中的"协同效应"，这是股票贝塔值和市场风险溢价共同作用的结果。

什么可能导致贝塔和市场风险溢价之间存在这样的关联？张[四]关注不可撤回的投资，发现

[一] Amit Goyal, "Empirical Cross Sectional Asset Pricing: A Survey," *Financial Markets and Portfolio Management* 26 (2012), pp. 3-38.

[二] J. Liew and M. Vassalou, "Can Book-to-Market, Size and Momentum Be Risk Factors That Predict Economic Growth?" *Journal of Financial Economics* 57 (2000), pp. 221-245.

[三] Ralitsa Petkova and Lu Zhang, "Is Value Riskier than Growth?" *Journal of Financial Economics* 78 (2005), pp. 187-202.

[四] Lu Zhang, "The Value Premium," *Journal of Finance* 60 (2005), pp. 67-103.

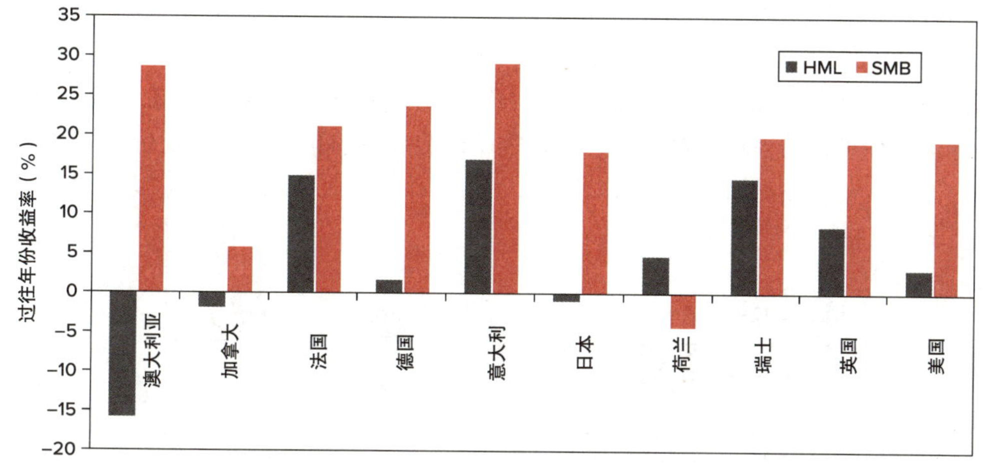

图 13-2 因素资产组合在 GDP 增长高于平均年份和 GDP 增长低于平均年份之前的收益率之差

注：在未来有更高 GDP 增长的年份，SMB 和 HML 组合的收益率一般都更高。

资料来源：J. Liew and M. Vassalou，"Can Book-to-Market，Size and Momentum Be Risk Factors That Predict Economic Growth?" *Journal of Financial Economics* 57（2000），pp. 221-245.

价值型公司（具有高账面市值比）平均会有更多的有形资产。这些不可撤回的投资会使得这些公司在经济形势低迷时面临更大的风险，因为在严重的经济衰退时，这些已存在的资产会有较大的产能过剩（相比而言，成长型公司能通过将投资计划延后以更好地面对经济衰退）。高账面市值比的公司在经济衰退时面临的更高的风险敞口会导致其在衰退市场中有着较高的贝塔。此外，有证据表明，在市场下行时，投资者会因经济压力更大并变得更加不安，此时市场风险溢价会更高。以上结合起来可能导致高账面市值比公司的贝塔和市场风险溢价之间的正向联系。

为了量化这些概念，佩特科瓦和张将贝塔与市场风险溢价都设置为一组"状态变量"，即能反映经济状态的变量。

- DIV：市场股利收益率。
- DEFLT：公司债的违约利差（Baa～Aaa 级公司债的利率）。
- TERM：期限结构利差（1～10 年期国库券利率）。
- TB：1 个月期国库券利率。

在进行一阶回归时，用这些状态变量替代贝塔，具体形式如下：

$$R_{\mathrm{HML}}=\alpha+\beta r_{\mathrm{M}t}+e_i=\alpha+\underbrace{[b_0+b_1\mathrm{DIV}_t+b_2\mathrm{DEFLT}_t+b_3\mathrm{TERM}_t+b_4\mathrm{TB}_t]}_{=\beta_t\leftarrow\text{随时间变化的贝塔}}r_{\mathrm{M}t}+e_i$$

首先通过 b_4 估计出参数 b_0，再将这些参数和每期四个状态变量的值拟合出贝塔值，从而估计出每期的贝塔值。

类似地，能用相同的状态变量估计出随时间变化的市场风险溢价：

$$r_{\mathrm{M}t}-r_{\mathrm{f}t}=c_0+c_1\mathrm{DIV}_t+c_2\mathrm{DEFLT}_t+c_3\mathrm{TERM}_t+c_4\mathrm{TB}_t+e_t \tag{13-9}$$

我们能使用回归参数和每期的状态变量值估计出每期的市场风险溢价，回归的拟合值就是市场风险溢价的估计值。

最后，佩特科瓦和张检验了贝塔与市场风险溢价的关系，他们用溢价的大小来定义经济状态，经济顶峰时期被定义为具有最低 10%的风险溢价的时期，经济低谷时期是具有最高 10%的风险溢价的时期。结果如图 13-3 所示，支持了逆周期贝塔的概念：HML 组合的贝塔在经济形势好时为负，意味着价值型股票（高账面市值比）的贝塔要小于成长型股票（低账面市值比）的贝塔，当经济衰退时会出现相反的情况。虽然 HML 组合的贝塔和市场风险溢价的协方差本身还不足以解释价值型组合的平均收益溢价，但这表明部分收益溢价来自风险溢价。

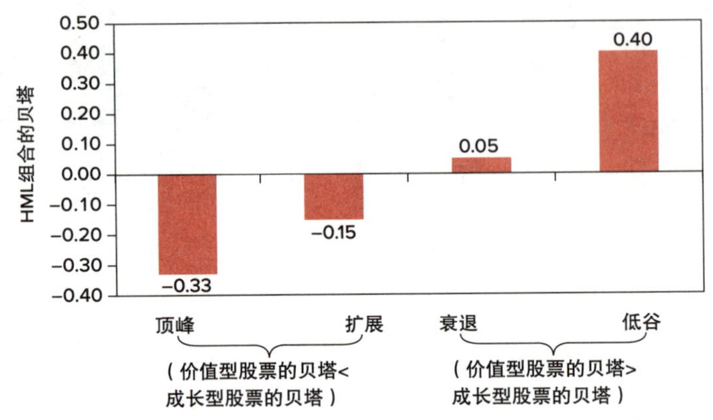

图 13-3 不同经济状态下 HML 组合的贝塔

注：市场风险溢价越高，HML 组合的贝塔也越高。

资料来源：Ralitsa Petkova and Lu Zhang, "Is Value Riskier than Growth?" *Journal of Financial Economics* 78 (2005), pp. 187-202.

13.3.2 基于行为的解释

一些学者认为价值型溢价说明了市场的非理性。争论的本质在于分析师倾向于将公司的近期表现延伸到未来，从而夸大了具有较好近期表现的公司的价值。当市场意识到这个错误时，这些公司股票的价格就会出现下跌。因此，平均来说，"魅力股"，即近期表现良好、价格高且账面市值比低的股票的表现一般差于"价值股"，因为对账面市值比低的公司来说，高价格意味着投资者的过度乐观。

图 13-4 摘自 Chan、Karceski 和 Lakonishok 的相关研究[⊖]，其描述了投资者的过度反应。根据

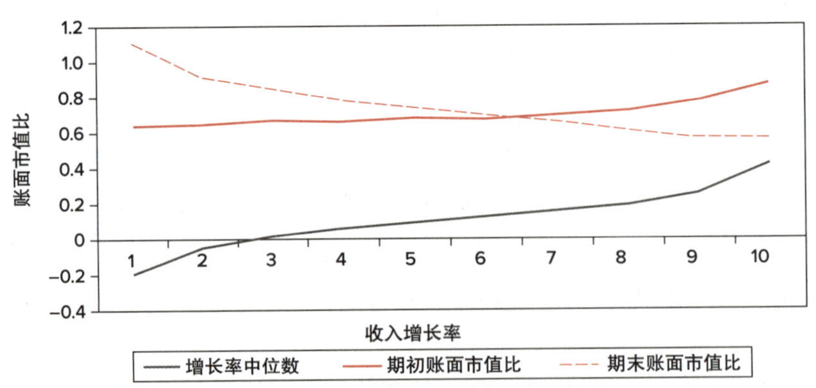

图 13-4 账面市值比反映了历史增长而非未来增长

注：5 年末的账面市值比会随着历史增长率的增加而减少，但会随着未来增长率的增加而出现轻微增加。

资料来源：L. K. C. Chan, J. Karceski, and J. Lakonishok, "The Level and Persistence of Growth Rates," *Journal of Finance* 58 (April 2003), pp. 643-684.

⊖ L. K. C. Chan, J. Karceski, and J. Lakonishok, "The Level and Persistence of Growth Rates," *Journal of Finance* 58 (April 2003), pp. 643-684.

公司在过去 5 年的收入增长率将其从低到高排序并分成 10 组。在第 5 年年末，每一组账面市值比能够很好地追踪股票近期表现（虚线）。期末账面市值比随着过去 5 年增长率的增加而平稳下降，意味着历史表现被外推并反映在价格中。较高的历史增长率会导致更高的价格和较低的账面市值比。

但是对于 5 年期初的账面市值比（实线），其与历史增长率没有关系或正向相关，意味着现今的市值与接下来的增长不相关或反向相关。换言之，具有较低账面市值比的公司（魅力股）的收入增长不会比其他公司更快，也意味着市场忽略了历史增长不能被外推到未来的证据。账面市值比更好地反映了历史增长而非未来增长，从而导致了外推的错误。

La Porta、Lakonishok、Shleifer 和 Vishny[㊀]考察了实际盈利对外公布时的股价表现，为证明外推的错误提供了更多的证据。他们将股票分成价值型和成长型，考察了在分类日后 4 年的盈利宣布后的股价表现。图 13-5 表明在盈利宣布后，成长型股票的表现要差于价值型股票，从而推断出在实际盈利对外公布时，已经被归为成长型的股票的市场表现相对更差一些。

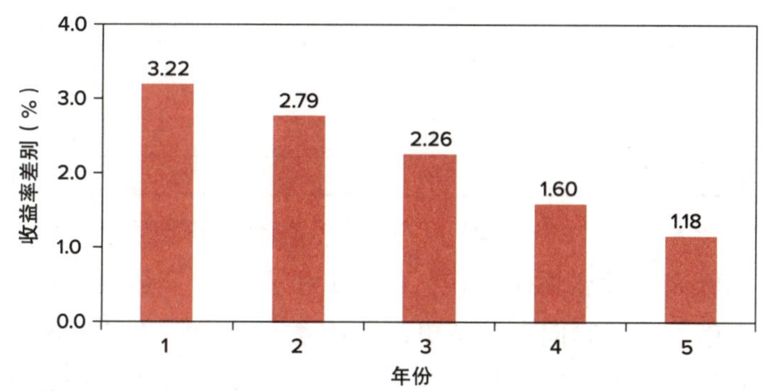

图 13-5　1971—1992 年盈利公布时，价值股和成长股的表现差别

注：公布效应每 4 年在股票被划分为价值股或成长股之后测量一次。

资料来源：R. La Porta, J. Lakonishok, A. Shleifer, and R. W. Vishny, "Good News for Value Stocks," *Journal of Finance* 51 (1997), pp. 859-874. Used with permission of John Wiley and Sons, via Copyright Clearance Center.

13.3.3　第四个因素：动量

自从法玛-弗伦奇三因素模型提出后，第四个因素也被加入模型中控制股票的收益行为，即动量因素。如第 11 章所介绍的，Jegadeesh 和 Titman 发现股票较好或较坏的表现会持续几个月，类似于动量的特性。[㊁]卡哈特将这种动量效应加入三因素模型中，并以该模型来评估共同基金的业绩。[㊂]动量因素以同样的方法构造，显示为 WML（赢家减去输家）。这个版本的因素基于过去 1~12 个月收益选取赢家/输家。他发现事实上许多共同基金的 α 值都可以通过因子载荷和对市场动量的敏感性来解释。原始的法玛-弗伦奇三因素模型增加一个动量因素就是常用的四因素模型，该模型常被用来评估股票组合的异常表现。

当然，这个额外的因素也带来了更多的难题。用原始的法玛-弗伦奇因素来反映风险来源已

㊀ R. La Porta, J. Lakonishok, A. Shleifer, and R. W. Vishny, "Good News for Value Stocks," *Journal of Finance* 52 (1997), pp. 859-874.

㊁ Narasimhan Jegadeesh and Sheridan Titman, "Returns to Buying Winners and Selling Losers: Implications for Stock Market Efficiency," *Journal of Finance* 48 (March 1993), pp. 65-91.

㊂ Mark M. Carhart, "On Persistence in Mutual Fund Performance," *Journal of Finance* 52 (March 1997), pp. 57-82.

经有些许挑战，动量因素使得风险-收益关系的描述更加困难。

特性与因素敏感性 许多因素和动量因素一样，都补充进了法玛-弗伦奇三因素模型中。表 13-4 列出了一些比较突出的问题。表 13-4 列出了每种方法的影响和统计显著性的 t 统计量。在每种情况下，解释变量是每只股票的特征（例如，其规模或账面市值比），而不是其相对于该因素收益率的斜率（即 β），如式（13-2）所示而不是具有平均收益的因素敏感性。

表 13-4 股票期望收益率的横截面

	斜率	t 统计量
规模：股票市值	-0.15	-5.01
账面市值比	0.35	6.18
动量：上一年度的收益率	0.96	6.86
股票发行：流通股的数量增长率	-0.35	-3.52
应收账款、应付账款：净营运资本的变动	-1.38	-5.69
盈利能力：总资产收益率（ROA）	1.43	3.57
资产增长率：总资产增长率	-0.54	-4.49
股息率	-0.46	-0.27
贝塔：单指数模型	0.33	3.05
波动率：股票收益率的标准差	-1.45	-1.40
换手率：交易股数与流通股总数的比值	-4.49	-3.68
销量：总销量与市值的比值	0.04	3.10

资料来源：Jonathan Lewellen, "The Cross-Section of Expected Stock Returns," *Critical Finance Review*, 4 (2015), pp. 1-44.

这种区别很重要。例如，考虑规模效应。Daniel 和 Titman ㊀ 强调，我们想区分这种效应的两种潜在表现形式是小市值公司倾向于获得更高的收益，还是随着"规模因素"的增加，收益倾向于增加（例如，在法玛-弗伦奇三因素模型中，平均收益与中小型企业投资组合的更高斜率相关）？换句话说，特征或因素敏感性能更好地预测收益吗？与错误定价相比，特征或因素敏感性将是对于风险溢价更有说服力的证据。不幸的是，在实践中很难将规模（或其他特征）与对规模因素的敏感性分开。

13.4 流动性与资产定价

在第 9 章中我们发现，一个重要的 CAPM 的扩展式对资产的流动性进行了考虑。然而，流动性的测量并不简单。在第 9 章，我们已经讨论过流动性对资产期望收益的影响表现在两个方面。

- 当与知情交易者进行交易时，会产生一定的交易成本，其中交易员为弥补损失而设定的买卖价差占主导地位。
- 流动性风险由资产流动性变化与市场指数流动性变化以及与市场指数收益率之间的协方差所导致。

流动性包含了一些特征要素，如交易成本、出售难易程度、为快速交易所需的价格折让、市场深度以及价格的可预测性。如此说来，流动性就很难用单一的统计量来测量。比较受欢迎的测量流动性的方法（更准确地说是测量非流动性的方法）主要关注价格影响的大小：出售方

㊀ Kent Daniel and Sheridan Titman, "Testing Factor-Model Explanations of Market Anomalies," *Critical Finance Review* 1 (2012), pp. 103-139.

为了完成一笔高额交易需要做出多大的价格让步，或者相反地，购买方为了大量买入资产需要提供多大的溢价。

帕斯特和斯坦博[㊀]采用一个常用的方法来测量非流动性，即寻找价格出现逆转的证据，尤其是在大宗交易时。他们认为如果股价在交易日出现部分逆转，就可以推断出初始价格变化中有一部分不是由股票的内在价值的改变而导致的（如果是，价格不会出现逆转），而是与初始交易有关。逆转意味着一部分初始价格变化是由于交易发起者为了在一定时间范围内完成交易而做出的价格让步（提高买价或降低卖价）。帕斯特和斯坦博通过回归分析发现，成交量越高，价格逆转的程度越大——如果部分的价格变化是流动性现象，那么出现这种结果就符合人们的预期。他们对滞后的收益和成交量进行一阶回归，成交量的系数测量了高成交量股票的价格出现较大逆转的倾向。

另一个非流动性的测量方法由阿米胡德[㊁]提出，同样是关注于大宗交易和价格运动的联系。具体表述如下：

$$\text{非流动性测量(ILLIQ)} = \left[\frac{|\text{日收益}|}{\text{月成交金额}}\right]\text{的月均值}$$

该测量方法是基于单位美元交易对股价的影响的，可用来估计流动性成本和流动性风险。

最后，萨德卡[㊂]使用每笔交易（trade-by-trade）数据设计出了一个流动性测量方法。他起初观察到部分的价格冲击（非流动性成本的主要组成部分）是由信息不对称导致的（回顾第 9 章从信息不对称和买卖价差的角度对流动性的讨论），然后，萨德卡通过回归分析证实了信息因素导致了部分的价格冲击。公司的流动性会随着信息激励交易的普遍性变化而变化，从而导致了流动性风险。

任何一种流动性的测量方法都可以对股票进行平均，从而得到市场整体的非流动性。给定市场的非流动性，就能测量任一股票的“流动性贝塔”（股票收益率对市场流动性变化的敏感度），并估计流动性风险对期望收益的影响。如果流动性贝塔高的股票具有较高的平均收益率，则流动性是“被定价的因素”，即流动性风险敞口能提供更高的期望收益率以补偿风险。

帕斯特和斯坦博认为流动性风险实际上是一个被定价的因素，且与之相关的风险溢价在数量上是显著的。他们根据流动性贝塔将资产组合排序并分成 10 个组，然后使用两个忽略流动性的模型（CAPM 和法玛-弗伦奇三因素模型）来计算每组股票的平均阿尔法值。图 13-6 描述了每个模型计算的阿尔法值，其随着 10 个组合的流动性贝塔的增大而显著增加，说明在控制了其他因素时，平均收益率会随着流动性风险的增加而增加。不出意料，用法玛-弗伦奇模型计算的阿尔法与流动性风险的关系更为明显，因为该模型控制了影响平均收益率的其他因素。

帕斯特和斯坦博也验证了四因素模型计算出的贝塔对于阿尔法流动性的影响（也控制住动量）并且获得了相同的结论，他们认为流动性风险因素也许正是动量策略能够显著盈利的原因。

㊀ L. Pástor and R. F. Stambaugh, “Liquidity Risk and Expected Stock Returns,” *Journal of Political Economy* 111 (2003), pp. 642-685.

㊁ Yakov Amihud, “Illiquidity and Stock Returns: Cross-Section and Time-Series Effects,” *Journal of Financial Markets* 5 (2002), pp. 31-56.

㊂ Ronnie Sadka, “Momentum and Post-earnings Announcement Drift Anomalies: The Role of Liquidity Risk,” *Journal of Financial Economics* 80 (2006), pp. 309-349.

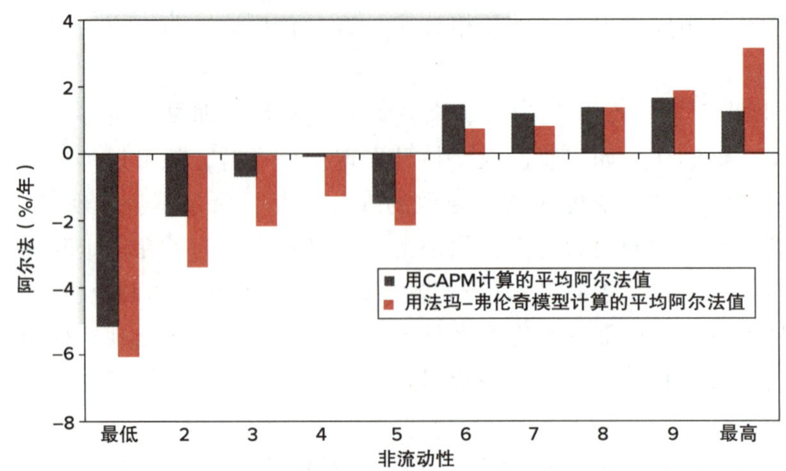

图 13-6 根据流动性贝塔排序的价值加权资产组合的阿尔法

资料来源：L. Pástor and R. F. Stambaugh, "Liquidity Risk and Expected Stock Returns," *Journal of Political Economy* 111 (2003), pp. 642-685, Table 4.

阿卡亚和彼得森[⊖]采用阿米胡德的测量方法对与平均非流动性和流动性风险溢价相关的价格影响进行了检验。他们发现股票的期望收益率取决于平均非流动性（回顾第 9 章图 9-4，阿米胡德发现了相似的结果）。然而，阿卡亚和彼得森强调股票的收益率还取决于一些其他流动性贝塔：股票的非流动性相对于市场非流动性的敏感程度、股票收益率相对于市场非流动性的敏感程度，以及股票非流动性相对于市场收益率的敏感程度。他们发现在传统的 CAPM 中加入这些流动性效应能提高模型对资产期望收益率的解释能力。

13.5 基于消费的资产定价与股权溢价之谜

我们简要介绍了默顿的多因素或跨期 CAPM（通常称为 ICAPM）及其近亲消费 CAPM（CCPM）。这两种模型都设想投资者试图设计一个投资计划，以最大限度地利用他们从终生消费流中获得的效用。在每个时期，投资者必须选择消费多少与投资多少以提供未来消费，以及如何分配为未来投资的基金组合。

消费模型认为影响投资者决策的不是他们的财富本身，而是其终生消费流。由于一些因素的改变，如无风险利率、市场投资组合风险溢价或大宗消费项目的价格变化，会导致财富和消费之间出现缺口。因此，比财富更好的对福利的测度是财富所能提供的消费流。

给定这个框架，基本 CAPM 的一般化形式就是用证券收益与总消费的协方差来衡量证券风险，而非证券收益与市场收益率（财富的测量）的协方差。因此，我们预期市场指数风险溢价与如下协方差相关：

$$E(r_M)-r_f=A\mathrm{Cov}(r_M,r_C) \tag{13-10}$$

其中，A 是风险厌恶系数的均值；r_C 是追踪消费行业的证券组合（与总消费增长率的相关性最高）的收益率。

最初的研究试图直接使用消费数据来估计基于消费的 CAPM，而非使用追踪消费行业的资产

⊖ V. V. Acharya and L. H. Pedersen, "Asset Pricing with Liquidity Risk," *Journal of Financial Economics* 77 (2005), pp. 375-410.

组合的收益。大体来说，这些检验发现 CCAPM 对风险溢价的解释能力并不比传统的 CAPM 模型更好。问题是，消费增长变动并不是很大。由于消费波动性如此低，以至于式（13-10）等号右侧的协方差项也很低。反过来，由于如此低的“系统性”消费风险，除非我们假设风险厌恶程度高得令人难以置信，否则很难证明市场风险溢价如此之大。这一实证问题被称为股权溢价之谜。㊀

近期研究在几个方面改善了估计方法。首先，使用追踪消费行业的证券组合而非消费增长率。总消费数据（低频）仅被用来构建追踪消费行业的证券组合，这些组合的高频和精确的收益数据被用于资产定价模型的估计（此外，构建追踪消费的资产组合的任何错误都有可能扰乱资产收益和消费风险的关系）。例如，杰加纳森和王㊁用每年第四季度的消费数据构造了追踪消费行业的证券组合。表 13-5 摘自他们的研究，该表描述了法玛-弗伦奇因素以及消费贝塔和年均超额收益率的相关关系。表中上半部分的结果非常令人熟悉：观察每一行数据，我们发现账面市值比越高的公司其年平均超额收益率越高。相似地，观察每一列数据，我们发现规模越大的公司其年平均超额收益率越低。表中下半部分的结果却比较新奇：账面市值比较高的公司其消费贝塔越高，规模较大的公司其消费贝塔越低。这意味着法玛-弗伦奇因素对平均收益的解释能力事实上能反映资产组合的消费风险。图 13-7 显示了 25 个法玛-弗伦奇组合的平均收益与其消费贝塔高度相关。

表 13-5　年均超额收益率与消费贝塔

规模	账面市值比		
	低	中	高
年均超额收益率①（%）			
小	6.19	12.24	17.19
中	6.93	10.43	13.94
大	7.08	8.52	9.5
消费贝塔②			
小	3.46	4.26	5.94
中	2.88	4.35	5.71
大	3.39	2.83	4.41

① 25 个法玛-弗伦奇资产组合在 1954—2003 年的年均超额收益率。

② 消费贝塔由下列时间序列回归估计：$R_{i,t}=\alpha_i+\beta_{i,c}g_{ct}+\varepsilon_{i,t}$。其中，$R_{i,t}$ 是相对无风险利率的超额收益；g_{ct} 是用第四季度消费数据计算的年消费增长率。

资料来源：Ravi Jagannathan and Yong Wang, “Lazy Investors, Discretionary Consumption, and the Cross-Section of Stock Returns,” *Journal of Finance* 62 (August 2006), pp. 1623-1661.

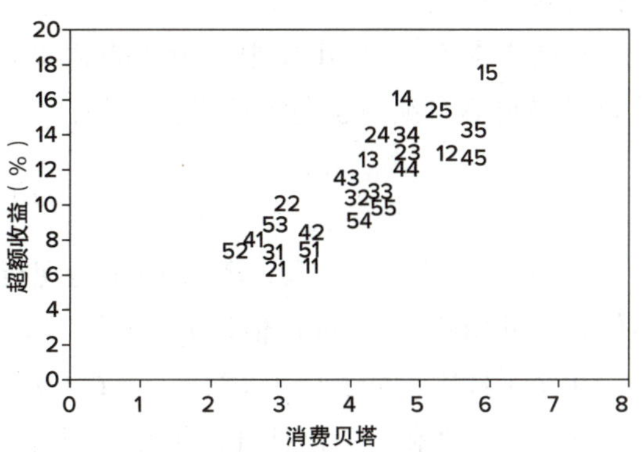

图 13-7　股票超额收益的横截面：25 个法玛-弗伦奇资产组合（1954—2003 年）

注：年超额收益和消费贝塔。图 13-7 展示了 25 个法玛-弗伦奇资产组合和消费贝塔对应的位置。每两个数结合就代表一种资产组合，第一个数表示规模大小（1 是指最小规模，5 是指最大规模），第二个数表示账面市值比大小（1 是指最低账面市值比，5 是指最高账面市值比）。

此外，标准的 CCAPM 考察的是代表性消费者或投资者，忽略了投资者拥有不同财富和消费习惯的异质信息。为了提高模型的解释能力，较新的研究考察了几类拥有不同财富和消费行为的投资者。例如，对持有金融证券的家庭来说，市场收益与消费将会有更大的协方差。㊂这一发现就部分揭开了股权溢价之谜。

㊀ 传统 CAPM 没有类似的问题，在 CAPM 中 $E(r_M)-r_f=\mathrm{Var}(r_M)$，8.5%的风险溢价和 20%的标准差（方差为 0.04）意味着风险厌恶系数为 0.085/0.04=2.125，在合理的范围内。

㊁ Ravi Jagannathan and Yong Wang, “Lazy Investors, Discretionary Consumption, and the Cross-Section of Stock Returns,” *Journal of Finance* 62 (August 2006), pp. 1623-1661.

㊂ C. J. Malloy, T. Moskowitz, and A. Vissing-Jorgensen, “Long-Run Stockholder Consumption Risk and Asset Returns,” *Journal of Finance* 64 (December 2009), pp. 2427-2480.

13.5.1 期望收益率与已实现收益率

法玛和弗伦奇[⊖]对股权溢价之谜提出了另一种解释。他们使用 1872—1999 年的股票指数收益率，报告了无风险利率均值、股市收益率均值（标准普尔 500 指数）以及整体区间和子区间的综合风险溢价：

期间	无风险利率（%）	标准普尔 500 指数收益率（%）	股权溢价（%）
1872—1999 年	4.87	10.97	6.10
1872—1949 年	4.05	8.67	4.62
1950—1999 年	6.15	14.56	8.41

由上表可知，1949 年后股权溢价均值显著增加，说明股权溢价之谜是一个现代的产物。

法玛和弗伦奇认为用已实现收益率的均值估计风险溢价存在一些问题。他们采用增长率不变的股利贴现模型（详见第 18 章或有关财务方面的入门教材）来估计期望收益率，并发现在 1872—1949 年，股利贴现模型（DDM）估计的预期风险溢价与已实现超额收益非常相似。但在 1950—1999 年，DDM 估计的预期风险溢价偏小，说明在该区间内，已实现的超额收益均值超过了投资者的预期。

在增长率不变的 DDM 中，股票的预期资本利得率等于股利增长率。因此，股票的预期总收益为股票利率与预期股利增长率 g 之和：

$$E(r)=\frac{D_1}{P_0}+g \tag{13-11}$$

其中，D_1 是年末股利；P_0 是股票的现行价格。法玛和弗伦奇将标准普尔 500 指数作为公司的代表，并用式（13-11）估计 $E(r)$。

在每个样本期间，$t=1, 2, \cdots, T$，法玛和弗伦奇计算股票利率（D_t/P_{t-1}）和股利增长率（$D_t/D_{t-1}-1$）之和，从而估计出期望收益率。相比而言，已实现收益率为股票利率与资本利得率（$P_t/P_{t-1}-1$）之和。两个计算式中，股票利率是相同的，期望收益率和已实现收益率的差别就等于股利增长率和资本利得率之差。虽然股利增长率和资本利得率在早期比较相似，但在现代，资本利得率要比股利增长率大得多。因此，法玛和弗伦奇推断，股权溢价之谜至少有一部分是由于现代未预期资本利得率所导致的。

法玛和弗伦奇认为，股利增长率会比平均已实现资本利得率对投资者的预期资本利得率提供更可靠的估计。他们指出了三点理由。

（1）1950—1999 年，平均已实现收益率超过了公司投资的内部收益率，如果这些平均收益率代表了收益的期望值，那么我们会推断出公司愿意进行净现值为负的投资。

（2）用 DDM 估计的收益，其统计精确性要远高于使用平均历史收益得出的收益。由已实现收益率计算的风险溢价的标准误差要远大于 DDM 得出的标准误差（详见下表）。

（3）由 DDM 推导出的夏普比率要比从已实现收益率中得出的平稳得多。如果风险厌恶在一定区间内保持不变，我们就有理由预期夏普比率保持平稳状态。

第 2 点和第 3 点理由的证据在下表列示，DDM 得出的估计和已实现收益率得出的估计分别列出。

⊖ Eugene Fama and Kenneth French, "The Equity Premium," *Journal of Finance* 57, no. 2 (2002).

期间	平均收益率（%）		标准误差（%）		t 统计量		夏普比率	
	DDM	已实现收益率	DDM	已实现收益率	DDM	已实现收益率	DDM	已实现收益率
1872—1999 年	4.03	6.10	1.14	1.65	3.52	3.70	0.22	0.34
1872—1949 年	4.35	4.62	1.76	2.20	2.47	2.10	0.23	0.24
1950—1999 年	3.54	8.41	1.03	2.45	3.42	3.43	0.21	0.51

法玛和弗伦奇的研究为股权溢价之谜提供了很好的解释，即近半个世纪观察到的收益率比预期的要高。这也意味着对未来超额收益率的预期会低于历史平均水平。

13.5.2　生存偏差

股权溢价之谜源于美国股票的平均长期收益。当美国成为世界上最成功的资本市场时（这一结果早在第二次世界大战以前很久就被认为是不可避免的），有很多原因揭示，对风险溢价的估计会受到生存偏差的影响。朱里昂和高特兹曼㊀收集了 1921—1996 年 39 个国家的股票市场的资本增长指数，图 13-8 显示美国股市的已实现收益率最高，每年高达 4.3%，而其他国家收益率的中位数仅为 0.8%。此外，与美国不同，许多其他国家的资本市场实际上要么是永久关闭的，要么就是因为伴随着战争导致的经济扰动而长时间关闭。㊁

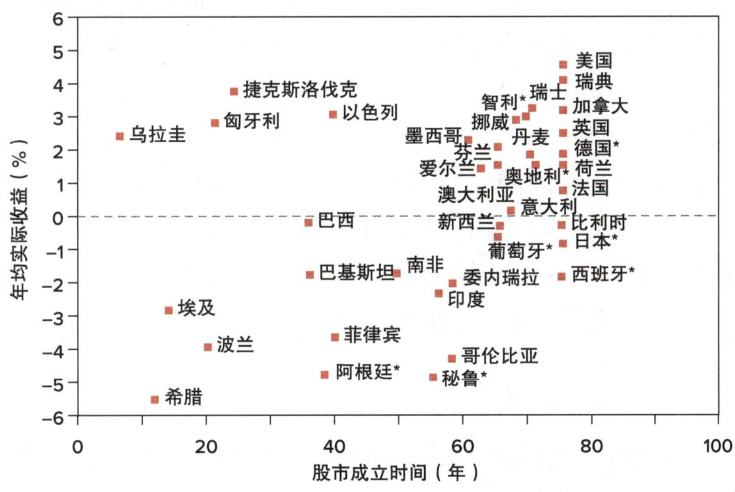

图 13-8　全球股票市场的实际收益

注：图 13-8 展示了 1921—1996 年 39 个市场的年均实际收益。市场根据成立时间进行排序。捷克斯洛伐克于 1993 年分裂为两个国家。* 代表该市场经历了长期关闭。

这些结果意味着使用美国股市的平均数据来估计期望收益率受生存偏差的制约，因为与许多其他国家不同，美国股市从未遭受过关闭这种严重的问题。用最高平均收益的资本市场的经验估计风险溢价，而忽视资本市场可能在样本期间关闭的事实，无疑会导致估计的期望收益率偏高。从美国股市中获得的偏高的已实现股权溢价或许无法表现出必要收益率。

与此类似，在共同基金行业中也存在着生存偏差。一些公司会周期性地关闭那些表现最糟糕的共同基金，如果对业绩的研究仅考察在全部样本期间内都存在的基金，那么估计出的平均收益率也只能反映长期存活下来的基金的业绩表现。若将失败的基金排除在样本之外，共同基

㊀ Philippe Jurion and William N. Goetzmann, "Global Stock Markets in the Twentieth Century," *Journal of Finance* 54, no. 3 (June 1999).

㊁ 捷克斯洛伐克于 1993 年分裂为两个国家。

金经理的平均业绩表现无疑会比那些考虑所有基金的经理的表现更好。回顾第 11 章华尔街实战 11-2，如果一个人得到很多关于未来一段时期的股评，并继续追踪那些被证实了的股评，由于上述生存偏差的影响，这个人会发现股评平均来说有一定的预测能力。

13. 5. 3 CAPM 的扩展也许能解开股权溢价之谜

Constantinides[㊀]认为，通过放宽 CAPM 的一些假设，特别是当消费者面临无法保险化和个体特有的收入冲击时（例如失业），可以扩展 CAPM 来解释观察到的超额收益。这类事件的可能性在经济衰退时期更高，而像失业这样的不良结果并不是均匀分布在所有经济成员之间的。这一观察可以帮助我们深入理解风险与收益之间的权衡，以及它在经济周期中的变动。

此外，对生命周期的考察也很重要，这同时也是经常被忽视的一点。生命周期模型中借贷限制的考虑很重要。持有所有股票和债券市场财富的代表性消费者不会面临借贷限制的问题，但实际上，年轻的消费者的确面临这样的情况。Constantinides 考察了借贷限制对股权溢价、债券的需求以及消费者对资本市场的有限参与的影响。最后，他还将消费者的习惯形成[㊁]，加入传统的效用函数，并发现这样能解释的风险溢价比通过股票收益和总消费增长的协方差估计的风险溢价更高。他认为将习惯形成、不完全市场、生命周期、借贷限制和其他限制参与股票市场的因素综合考虑的话，对关于资产价格与资产收益的理论和实证研究都非常有益。

13. 5. 4 流动性和股权溢价之谜

我们已经了解到流动性风险对解释股票的横截面收益非常重要，非流动性溢价与市场风险溢价可能属于同一数量级。因此，将市场指数的平均超额收益作为风险溢价自身的估计未免太过简单。平均超额收益中有一部分是对流动性风险的补偿而不仅仅是对收益率波动性的补偿。如果认识到这点的话，股权溢价之谜也不会像最初那么难解了。

13. 5. 5 股权溢价之谜的行为解释

Barberis 和 Huang[㊂]认为股权溢价之谜是由非理性的投资者行为导致的。他们考虑的关键要素是狭隘框架和损失厌恶，这也是实验环境中风险决策问题的两个著名特征。狭隘框架是指投资者将他们面临的风险孤立地分析，因此，投资者将关注整体波动性，而不是股票组合与其他财富组成部分的低相关性，从而要求的风险溢价也会比理性模型更高。再加上对损失厌恶的考虑，尽管传统理论认为损失厌恶程度较低，但投资者的行为偏差的确会导致较高的风险溢价（详见第 12 章关于行为偏差的讨论）。

即使当消费增长率平滑移动，并与股票市场弱相关时，将这些因素综合考虑也能产生一个较大的均衡的股权风险溢价和一个低且平稳的无风险利率。此外，这样做的话也能得到与独立

㊀ George M. Constantinides, “Understanding the Equity Risk Premium Puzzle,” in *Handbooks in Finance*: *Handbook of the Equity Risk Premium*, ed. Rajnish Mehra (Amsterdam: Elsevier, 2008), pp. 331-359.

㊁ 习惯形成是指观察到投资者可能会习惯于他们长期经历或观察到的特定消费水平。从一个你认为“正常”的消费水平上削减开支变得很困难，即使这个“正常”水平在其他人看来可能很奢侈。习惯形成会让投资者表现得更厌恶风险，因为他们可能对损失高度敏感，即使他们似乎有足够的缓冲来吸收低收益。

㊂ Nicholas Barberis and Ming Huang, “The Loss Aversion/Narrow Framing Approach to the Equity Premium Puzzle,” in *Handbooks in Finance*: *Handbook of the Equity Risk Premium* ed. Rajnish Mehra (Amsterdam: Elsevier, 2008), pp. 199-229.

货币性赌博态度的合理预测相关的参数。

行为分析对股票溢价的理解也给另一个密切相关的问题——股市参与之谜——提供了洞见。狭隘框架效应可以解释为什么那些我们预期会参与股市的一部分人仍然选择避开它。单独评估股市波动性时忽视了它对消费的有限影响。而损失厌恶——即相对于某个参考点而言，人们对损失的不快感受被放大——进一步强化了这种效应。

小结

1. 单因素 CAPM 的早期测试拒绝了证券市场线，发现非系统风险与平均安全收益相关。后来控制贝塔测量误差的测试发现，非系统风险不能解释投资组合收益，但与 CAPM 预测相比，估计的证券市场线过于平坦。
2. 罗尔批评意味着，通常的 CAPM 测试仅是对预先指定的市场代理的均值-方差效率的测试，因此，期望收益-贝塔关系的线性测试不影响模型的有效性。
3. 考虑到人力资本和资产贝塔周期性变化的单指数模型的测试更支持单指数 CAPM 和 APT。此外，一旦考虑到这些变量，规模和账面市值比效应等异常情况就会得到缓解。
4. 当今主要的多因素模型是法玛-弗伦奇模型的变体，包括市场、规模、价值、动量，有时还包括流动性或其他因素。关于与这些额外市场因素相关的收益是否反映了理性风险溢价或行为导致的错误定价，仍有待讨论。
5. 基于消费的资本资产定价模型的早期研究令人失望，但最近的研究更令人鼓舞。在一些研究中，消费贝塔有助于解释平均投资组合收益，并与法玛-弗伦奇的因素相关。这些结果支持法玛和弗伦奇的推测，即他们的因素代表了更基本的风险来源。
6. 股票溢价之谜源于观察到的现象：股票收益率超过无风险利率的程度和收益率与消费风险的协方差以及合理的风险厌恶水平不符——至少当平均收益率被视为预期时是这样的。对这个谜题的一些解释集中在不完全风险分担或习惯形成上。其他解释则基于实证。例如，这一谜题主要源于第二次世界大战后时期的超额收益。可以合理推测，美国在第二次世界大战后时期的经济成功程度是出乎意料的，使得历史平均值不能代表之前的预期值。使用 DDM 而不是平均收益率的替代期望收益率估计表明，股票的超额收益之所以高，主要是因为出乎意料的大量资本收益。

习题

表 13-6 列出了 9 种股票和市场指数的年超额收益率。请回答第 1~7 题。

表 13-6　9 种股票和市场指数的年超额收益率

年	市场指数	股票超额收益率								
		A	B	C	D	E	F	G	H	I
1	29.65	33.88	-25.20	36.48	42.89	-39.89	39.67	74.57	40.22	90.19
2	-11.91	-49.87	24.70	-25.11	-54.39	44.92	-54.33	-79.76	-71.58	-26.64
3	14.73	65.14	-25.04	18.91	-39.86	-3.91	-5.69	26.73	14.49	18.14
4	27.68	14.46	-38.64	-23.31	-0.72	-3.21	92.39	-3.82	13.74	0.09
5	5.18	15.67	61.93	63.95	-32.82	44.26	-42.96	101.67	24.24	8.98
6	25.97	-32.17	44.94	-19.56	69.42	90.43	76.72	1.72	77.22	72.38

（续）

年	市场指数	股票超额收益率								
		A	B	C	D	E	F	G	H	I
7	10.64	-31.55	-74.65	50.18	74.52	15.38	21.95	-43.95	-13.40	28.95
8	1.02	-23.79	47.02	-42.28	28.61	-17.64	28.83	98.01	28.12	39.41
9	18.82	-4.59	28.69	-0.54	2.32	42.36	18.93	-2.45	37.65	94.67
10	23.92	-8.03	48.61	23.65	26.26	-3.65	23.31	15.36	80.59	52.51
11	-41.61	78.22	-85.02	-0.79	-68.70	-85.71	-45.64	2.27	-72.47	-80.26
12	-6.64	4.75	42.95	-48.60	26.27	13.24	-34.34	-54.47	-1.50	-24.46

1. 设定用于测试 CAPM 的 SML 的二阶回归的假设。
2. 对证券市场线进行二阶回归时，其检验假设是什么？
3. 用资产的平均超额收益率对其贝塔值进行二阶回归，检验证券市场线。
4. 总结你的检验结果，并将其与表中结果相比较。
5. 将 9 种股票分成 3 个资产组合，使组合的贝塔值尽可能分散。对组合进行相同的检验并解释检验结果有何不同。
6. 试说明如何将罗尔批评应用于第 1～5 题中。
7. 在平均收益率-标准差的图形中，描出资本市场线、9 种股票和 3 个资产组合，比较 3 个资产组合和市场指数的均值-方差有效性，比较结果支持 CAPM 吗？

如果除了第 1～7 题中考虑的市场因素之外，再加入另外一个因素，该因素在第 1～12 年的值如表 13-7 所示。请回答第 8～12 题。

表 13-7 因素值的变化率

年	因素值的变化率（%）	年	因素值的变化率（%）
1	-9.84	7	-3.52
2	6.46	8	8.43
3	16.12	9	8.23
4	-16.51	10	7.06
5	17.82	11	-15.74
6	-13.31	12	2.03

8. 按照陈、罗尔和罗斯的方法对上述数据进行一阶回归，并列表显示相关的统计结果（提示：在一张标准化 Excel 表格上使用多元回归，用两因素估计 12 种股票的贝塔值）。
9. 对两因素证券市场线进行二阶回归时，其假设检验是什么？
10. 数据结果是否说明了一个两因素经济体？
11. 你能找出第二个因素的因素资产组合吗？
12. 如果你有自己的私营业务，其占到你现有财富的一半。根据你在本章所学到的内容，你如何构造你的金融资产组合？

CFA 考题

1. 试找出对资本资产定价模型中使用的贝塔值的三种批判并简述之。
2. 理查德·罗尔在一篇关于用 CAPM 来评估资产组合表现的文章中指出，如果存在基准误差，就不能评价资产组合的管理能力。
   a. 简述对资产组合的表现进行评价的过程，注意强调所用的基准。
   b. 解释罗尔提出的基准误差的含义，并描述基准所存在的特有问题。
   c. 画图说明一项用“基准”证券市场线测度时显示优良的投资，当使用“真实”证券市场线测度时就可能变成低劣的。
   d. 假如你被告知某资产组合投资经理的表现要好于道琼斯工业平均指数、标准普尔 500 指数以及纽约证券交易所综合指数，试说明这种一致信息是否会使你对该资产组合投资经理的真实能力更有信心？

e. 即使考虑罗尔提出的基准误差可能带来的问题，一些人仍认为这并不能说明 CAPM 无效，而只能说是在应用该理论时存在着测度标准方面的错误。另一些人则认为由于基准错误的存在，整个方法都应该被废弃。选择其中一个观点并证明。

3. 特许金融分析师巴特·甘贝尔是资产管理经理，最近他与他未来的客户简·布莱克进行会面。布莱克使用道琼斯工业平均指数作为市场的替代变量，研究自己投资组合的证券市场线之后，认为自己资产组合的表现不错。甘贝尔用资本资产定价模型作为分析工具，发现布莱克的资产组合位于证券市场线下方，于是认为布莱克的资产组合表面上表现良好是因为使用了错误的市场代理变量，而不是因为较强的投资管理能力。分析不适合的市场代理变量对贝塔和证券市场线斜率的影响，并通过该分析为甘贝尔的观点辩护。

概念检查答案

13-1 SCL 是根据每种股票估计的，因此我们需要做 100 次回归。我们的样本包含 100 种股票和市场指数的 60 个月度收益率，每个回归估计的方程有 60 个观测数据。式（13-1）表明，如果使用超额收益率的形式，那么 SCL 将经过原点，截距项为 0。

13-2 当证券市场线的截距项为正，且斜率小于市场资产组合的平均超额收益时，SML 比 CAPM 要更加平坦。贝塔值低的股票的平均收益率要高于基于其贝塔值应有的收益率。相反，贝塔值高的股票的收益率要低于基于其贝塔值应有的收益率。正的 γ_2 表明公司特有风险的价值越高，其收益也越高。这种情况显然不符合资本资产定价模型的估计。

13-3 a. 根据式（13-4），γ_0 是零贝塔和公司特定风险为零的股票的平均超额收益。CAPM 预测 γ_0 应该是零。事实上，在 1946—1955 年，该值为 8 个基点或每月 0.08%（见表 13-1）。但该估计值与零的差异在统计学上不显著。根据 CAPM，γ_1 应等于平均市场风险溢价，1946—1955 年为 103 个基点，即每月 1.03%。估计值为每月 2.09%。最后，CAPM 预测，企业特定风险系数 γ_3 应为零。虽然实际估计值不是零，但与零的差异在统计学上并不显著。

b. β^2 的正系数表明风险和收益之间的关系是非线性的。贝塔值高的证券提供的期望收益率应比与期望风险成比例的值要高。$\sigma(e)$ 的正系数说明公司特有风险会影响期望收益率，与 CAPM 和 APT 直接矛盾。

PART 4

第四部分

固定收益证券

第 14 章

债券的价格与收益

在之前关于风险和收益关系的章节中，我们从高度抽象的角度对证券进行了处理。我们隐含的假定是，已经对每个证券进行了预先的详细分析，并对其风险和收益特征进行了评估。

现在，我们将转向对特定证券市场的具体分析。我们将研究估值原则、风险和收益的决定因素，以及在不同市场中常用的投资组合策略。

我们首先从分析债务证券开始，债务证券是对特定周期性现金流的追索权。债务证券通常被称为固定收益证券，因为它们承诺的是固定的收益或是根据特定公式确定的收益。这些证券的优点是相对容易理解，因为支付公式是预先设定的。只要证券发行人具有足够高的信用等级，现金流的不确定性就会最小化。这使得这些证券成为我们分析潜在投资工具领域的便利起点。

债券是基本的债务证券，本章首先概述了债券市场的情况，包括国债、公司债券和国际债券。接下来，我们将关注定价，学习如何根据市场利率确定债券价格以及为何债券价格会随这些利率而变化。基于这一背景，我们可以比较无数种债券收益率的衡量标准，如到期收益率、赎回收益率、持有期收益率和已实现的复合收益率。我们将介绍债券价格如何随时间变化，讨论适用于债务证券的税收规则，并展示如何计算税后收益。

最后，我们将考虑违约风险或信用风险对债券定价的影响，并研究信用风险和债券收益率中内置的违约溢价的决定因素。信用风险对于固定收益衍生品（如债务担保凭证和信用违约互换）至关重要，因此我们也将考察这些工具。

14.1 债券的特征

债券（bond）是关于借贷安排的协议。借款人为获取一定数量的现金向出借人发行债券，因此债券即是借款人的“借据”。它约定发行人有义务在既定日期向债券持有人支付指定数额的款项。典型的附息债券发行人在债券存续期内有义务每半年向债券持有人支付一次利息。在计算机出现之前，大多数的债券都有息票，投资者剪下息票并拿到发行人处索取利息收益，故这种附息债券支付利息的行为也被称为息票支付。当债券到期时，发行人会支付债券的**面值（par value，face value）**来清偿债务。债券的**票面利率（coupon rate）**决定了所需支付的利息：年支付额等于债券的票面利率乘以债券面值。票面利率、到期日以及债券面值均是**债券契约**

（bond indenture）的组成部分，债券契约则是发行人与债权人之间的合约。

举例说明，有一只面值为 1 000 美元、票面利率为 8% 的债券以 1 000 美元的价格售出。债券持有人有权在债券的存续期（假设为 30 年）内每年获得 1 000 美元的 8% 的收益，即每年 80 美元。这 80 美元一般每半年支付一次，每次 40 美元。在债券 30 年存续期满的时候，发行人将 1 000 美元的面值支付给债权人。

债券发行的票面利率通常要设定在能够吸引投资者支付面值购买债券的水平上。然而，有些时候，相关机构也会发行无利息收益的**零息债券**（zero-coupon bond）。在这种情况下，投资者在到期日获得面值且不会在此之前获得任何利息收益，即债券的票面利率为零。这些债券以低于面值较多的价格发行，投资者的收益仅来源于发行价与到期日所支付的面值之间的价差。我们稍后再来关注这些债券。

14.1.1　中长期国债

图 14-1 摘自美国国债行情表。中期国债的发行期限为 1～10 年，而长期国债的发行期限则为 10～30 年。中期及长期国债均可直接从美国财政部以 100 美元的面值购买，但是面值为 1 000 美元的更为普遍，两者均需每半年付息一次。

到期日	票面利率（%）	买入价（%）	卖出价（%）	变化（%）	基于卖出价的到期收益率（%）
2020年11月15日	1.750	97.843 8	97.859 4	0.015 6	2.860
2022年11月15日	1.625	95.054 7	95.070 3	0.031 3	2.941
2026年11月15日	2.000	92.437 5	92.453 1	0.101 6	3.072
2026年11月15日	6.500	124.406 3	124.421 9	0.078 1	3.037
2030年05月15日	6.250	129.828 1	129.890 6	0.054 7	3.134
2037年05月15日	5.000	124.546 9	124.609 4	−0.054 7	3.223
2041年02月15日	4.750	122.343 8	122.406 3	−0.171 9	3.318
2045年11月15日	3.000	93.585 9	93.617 2	−0.085 9	3.362

图 14-1　美国国债行情表

资料来源：*The Wall Street Journal Online*，January 7，2019.

图 14-1 中标蓝的债券到期日为 2045 年 11 月 15 日，其票面利率为 3%，面值为 1 000 美元，因此该债券每年支付 30 美元的利息，即每半年支付 15 美元，支付时间为每年的 5 月和 11 月。尽管债券以 1 000 美元的面值出售，但买卖双方的报价通常为其面值的某一百分数。㊀

因此，标灰的债券的卖出价为面值的 93.617 2%，即 936.172 美元。因为在《华尔街日报》的列表中可体现的最小价增量，也就是最小报价单位为 1/128，所以这笔债券可以看作以票面价值的 $93\frac{79}{128}$% 进行出售。㊁

最后一栏是基于卖出价的到期收益率，它衡量的是以卖出价买入债券并持有至到期的投资者的平均收益。接下来我们将会详细介绍到期收益率。

应计利息及债券报价　财经媒体所报道的债券价格并不是投资者实际支付的债券价格，这是因为这一价格并不包含两个利息支付日期间应计的利息。

如果在利息支付日期间购买债券，买方必须向卖方支付应计利息，其数额为未来半年期利息的应摊份额。例如，如果半年期债券的利息支付日的间隔为 182 天，距上一个利息支付日已

㊀ 买入价是投资者能够将之前的债券出售给交易商的价格，卖出价比买入价稍高，是投资者能够从交易商手中买到债券的价格。

㊁ 正式交易所交易的债券受交易所规定的最小报价单位限制。例如，2 年期国债的最小报价单位（在芝加哥商业交易所进行交易）是 1/128，长期国债则具有更大的最小报价单位。私人交易商可以协商他们自己的最小报价单位。例如，人们可以在彭博社的屏幕上看到最小报价单位低至 1/256 的报价。

过去 30 天，卖方有权要求获得半年利息的 30/182 的应计利息。债券的交易价格，或全价（invoice price）等于报价（stated price，有时也叫 flat price，净价）加上应计利息。

通常，两个利息支付日期间的应计利息的公式为

$$应计利息=\frac{年度利息}{2}\times\frac{距上一个利息支付日的天数}{两次利息支付日的间隔天数}$$

【例 14-1】 应计利息

假设票面利率为 8%，那么年息是 80 美元，半年票面利息收益是 40 美元。因为距离上一个利息支付日已过去 30 天，债券的应计利息为 40×(30/182)≈6.59 美元。如果债券的报价是 990 美元，则全价就是 990+6.59=996.59 美元。

例 14-1 解释了为什么到期债券的价格为 1 000 美元，而不是 1 000 美元加上一期票面利息。在债券到期日前一天购买票面利率为 8%的债券可以在第二天获得 1 040 美元（面值加上半年利息），因此买方愿意为该债券支付 1 040 美元的总价。财经媒体报道的债券报价为扣除债券应计利息的报价，因而显示为 1 000 美元。㊀

14.1.2 公司债券

与政府类似，公司也通过发行债券筹集资金。图 14-2 为一些交易活跃的公司债券的行情信息。尽管有一些债券是在纽约证券交易所债券平台上以电子化方式交易的，而且一些平台目前已允许参与者像这样直接交易债券，但是，由于债券发行缺乏统一性，大多数债券依然通过计算机报价系统连接的债券交易商在场外市场交易。所以，尽管大多数上市公司可能可以发行几十种不同期限、票面利率、优先等级的债券，但是它们只发行了普通股。实际上，债券市场可能很“狭窄”，仅有极少数投资者在某一特定时间对某一特定债券交易感兴趣。

发行方	交易代码	票面利率（%）	到期日	穆迪/标准普尔/惠誉的评级	最高价（%）	最低价（%）	收盘价（%）	涨跌（%）	到期收益率（%）
GE CAP INTL FDG CO MEDIUM TERM NTS BOOK	GE4373444	2.342	Nov 15 20	Baa1/BBB+	97.460 00	96.712 00	96.833 00	−0.406 000	3.976 232
COMCAST CORP NEW	CMCS4729173	4.700	Oct 15 48	A3/A−	98.000 00	96.993 00	97.192 00	−0.477 000	4.878 992
PETROLEOS MEXICANOS	PEMX4447364	6.750	Sep 21 47	Baa3/	87.970 00	85.750 00	96.000 00	−0.200 000	7.998 419
GENERAL MTRS CO	GM4685729	5.000	Jan 01 28	Baa3/BBB	98.500 00	94.824 00	95.956 00	1.382 000	5.533 966
TENET HEALTHCARE CORP	THC4281790	6.750	Jun 15 23	Caa1/CCC+	96.500 00	94.720 00	94.750 00	−2.239 000	8.170 177
CHESAPEAKE ENERGY CORP	CHK4720847	7.000	Oct 01 24	B3/B−	93.030 00	91.714 00	91.714 00	−0.973 500	8.857 106

图 14-2 公司债券的行情信息

资料来源：FINRA（Financial Industry Regulatory Authority），December 17，2018.

图 14-2 包含了每只债券的票面利率、到期日、收盘价、到期收益率等信息。评级栏是由三大主要债券评级机构（穆迪、标准普尔和惠誉）给出的对债券安全程度的估计。评级为 A 的债券比评级为 B 及以下的债券更为安全。总体而言，高评级债券的到期收益率要低于相同期限的低评级债券。在本章结尾我们再讨论这一问题。

㊀ 与债券相反，股票的交易价格并不需要进行“应计股利”调整。持有人不管是否在除权日拥有股票都能得到全部股利支付，因为股票价格反映了未来股利的价值。因此，股票价格在除权日一般会下跌，其跌幅约为股利的金额。所以，没有必要区分股票的全价与净价。

公司债券的赎回条款　一些带有赎回条款的公司债券使发行人有权在到期日之前以特定的赎回价格回购债券。例如，一家公司在市场利率较高时发行了一只票面利率较高的债券，随后市场利率下跌，公司为减少利息支出，很可能希望回购目前的高票面利率的债券，并发行低票面利率的债券，这类行为被称作债券换新。**可赎回债券**（callable bond）通常带有赎回保护期，即初始时期内不可赎回。这一类债券是指递延赎回债券。

可赎回债券的选择权可使公司回购债券并在市场利率下跌时以较低利率再融资，因而对公司而言非常重要。当然，公司的收益也就是债券持有人的负担。可赎回债券的持有人需以赎回价格出售债券，丧失了在初始投资时具有吸引力的票面利息收益。为补偿投资者的风险，可赎回债券发行时比不可赎回债券具有较高的票面利率和到期收益率。

> **概念检查 14-1**
>
> 假定 Verizon 公司发行了两种票面利率和到期日相同的债券，一种可赎回，另一种不可赎回，哪一种债券的售价更高？

可转换债券　**可转换债券**（convertible bond）为债权人提供了一种选择，使债权人有权将所持债券转换为一定数量的公司普通股。转换比例为每张债券可转换的股票数量。假设某只可转换债券以 1 000 美元的面值发行并可转换为 40 股公司股票；当前的股价为 20 美元/股，那么当前转换为公司股票并不能获利。假设随后股价上升至 30 美元/股，每份债券可转换成价值为 1 200 美元的股票，这时进行转换显然是有利可图的。**市场转换价值**（market conversion value）为债券转换后的当前股票价值。例如，在股价为 20 美元时，债券的转换价值为 800 美元。转股溢价为债券价值超过其转换价值的部分。如果债券当前的卖价为 950 美元，则转股溢价为 150 美元。

可转换债券的债权人可从公司股票增值中获利。同样，这种获利来源于某一价格：可转换债券的票面利率或承诺的到期收益率低于不可转换债券。然而，如果行使转换的权利，可转换债券的实际收益可能超过约定的到期收益率。

我们将在第 20 章深入讨论可赎回债券和可转换债券。

可回卖债券　可赎回债券为发行人提供了在赎回期展期或终止债券的权利，而**可回卖债券**（puttable bond）则将这种权利赋予了债券持有人。例如：若债券的票面利率高于当前市场利率，债权人将选择继续持有债券；若债券的票面利率过低，则最好不要继续持有，债权人将会收回本金，以当前市场利率进行再投资。

浮动利率债券　**浮动利率债券**（floating-rate bond）的利息收益与当前的某些市场利率相联系。例如，某债券利率在当前国库券利率的基础上+2%，每年调整一次。如果国库券利率在调整日是 4%，则明年该债券的票面利率将会是 6%。这种设计意味着该债券总是近似按照当前市场利率支付收益。

浮动利率债券的主要风险是公司财务状况的变化。息差在债券存续的很多年内都是固定的。如果公司的财务状况恶化，投资者会要求更大的收益溢价。在这种情况下，债券价格将会下跌。尽管浮动利率债券的票面利率会跟随市场利率总体水平的变化进行调整，但并不能根据公司的财务状况变化进行调整。

14.1.3　优先股

尽管优先股在严格意义上属于权益类证券，但通常被纳入固定收益证券的范畴。这是因为与债券类似，优先股承诺支付既定的现金流。然而，与债券不同的是，不支付优先股股利并不会导致公司破产，仅仅是继续累积应付的优先股股利，普通股股东须在优先股股东得到全部优先股股利之后获得股利。在破产的情况下，优先股股东对公司资产的追索权在债权人之后，但先于普通股股东。

优先股股东通常获得固定的股利，因而优先股实际上是一种终身年金，提供一定水平的、无期限的现金流。相比之下，浮动利率优先股与浮动利率债券非常相似，股利收益率与现行市场利率指标相联系并不时地进行调整。

与债券的利息支付不同，优先股的股利不被视为可抵税的支出。这降低了优先股作为发行公司资本来源的吸引力。然而，优先股也有一个相应的税收优势。当一家公司购买另一家公司的优先股时，它只需对收到的股利的50%纳税。例如，如果公司的税率是21%，并且它收到了10 000美元的优先股股利，它只需对一半的收入纳税，总税额是21%×5 000＝1 050美元。因此，公司对优先股股利的实际税率仅为21%×50%＝10.5%。鉴于这一税收规定，大多数优先股由公司持有也就不足为奇了。

优先股很少赋予其持有人在公司中的完整投票权。然而，如果优先股不提供股利，那么优先股股东可能会被赋予一定的投票权。

14.1.4 其他发行人

当然，除美国财政部和一些私人公司外，也会有其他的债券发行人。例如，州政府和地方政府会发行市政债券。这类发行人的突出特点是其发行的债券的利息收益免税。在第2章中，我们已经讨论过市政债券、税收豁免的价值以及应税等值收益率。

联邦住房贷款银行委员会、农业信贷机构以及抵押贷款二级机构（吉利美、房利美、房地美）这一类的政府机构也会发行数量可观的债券。

14.1.5 国际债券

国际债券通常被分为两大类：外国债券和欧洲债券。外国债券的借款人在本国之外的其他国家发行债券，并以发行市场所在国的货币为面值单位。例如，一家德国公司在美国市场销售以美元为面值单位的债券，该债券可被认为是外国债券。这类债券因为发行市场所在国的不同而有了各种各样的名字。美国市场上销售的外国债券被称为扬基债券，此类债券也要在美国证券交易委员会注册。非日本发行人在日本销售的以日元为面值单位的债券被称为武士债券。在英国出售的以英镑为面值单位的外国债券被称为猛犬债券。

与外国债券不同，欧洲债券是指以发行人所在国的货币为面值单位，但是在他国市场销售的债券。举例说明，欧洲美元债券是指以美元为计价单位但是在除美国之外的其他市场销售的债券。伦敦是欧洲美元债券的最大市场，但其销售市场并不仅限于欧洲。由于欧洲美元债券市场在美国的管辖范围之外，这类债券不受美国联邦机构的监管。与此类似，欧洲日元债券是在日本以外的其他国家发行的以日元为计价单位的债券，欧洲英镑债券是在英国以外的其他国家发行的以英镑为计价单位的债券。

14.1.6 债券市场创新

发行人不断开发出具有新型特征的创新债券，这也说明债券的设计极具灵活性。以下列举了一些非常新颖的债券，便于我们了解债券设计的潜在多样性。

逆向浮动利率债券 逆向浮动利率债券与之前提到过的浮动利率债券相似，但是这类债券的票面利率会随着利率平均水平的上升而下降。当利率上升时，这类债券的投资者要承担双倍的损失。不但债券产生的每一单位现金流的现值下降，而且现金流本身也在下降。当然，当利率下降时，投资者也将获得双倍的收益。

资产支持债券　米拉麦克斯公司发行了票面利率与《低俗小说》等几部电影的票房收入相挂钩的债券。阳光城公司发行了以全国各地安装的屋顶太阳能电池板产生的收入为支付基数的债券。以上介绍的这些债券都是资产支持债券的实例。某种特定资产的收益被用于支付债务。如我们在第 2 章中讨论过的，更为常见的资产支持证券有住房抵押贷款支持证券，以及汽车和信用卡贷款支持证券。

巨灾债券　管理东京迪士尼的东方乐园株式会社（Oriental Land Co.）发行过一只债券，这只债券的最终支付额取决于在迪士尼附近是否发生过地震。FIFA（国际足球联合会）曾发行过巨灾债券，当恐怖分子迫使世界杯取消时，FIFA 也将停止支付利息。2018 年，世界银行发行了疫情债券，如果埃博拉等六种致命病毒中的任何一种达到特定的传染水平，投资者将无法收回本金。这些债券为世界银行抗击潜在流行病筹集了资金，如果世界银行因疾病暴发而不堪重负，这些债券中的特定条款将减轻其偿债压力。

这类债券是将公司承担的“巨灾风险”向资本市场转移的一种手段。债券投资者由于承担了风险而获得了高票面利率的补偿。但是在灾难事件中，债权人会放弃全部或部分投资。“灾难”可以用全部保险损失或者是飓风的风速、地震的里氏震级及疫情的传染水平之类的指标表示。随着人们寻求将自身的风险转移到更广阔的资本市场中，巨灾债券在近些年发展十分迅猛。2017 年，约有 300 亿美元的各种巨灾债券在外发行。

指数债券　指数债券的收益与一般价格指数或者某类大宗商品的价格相联系。例如，墨西哥发行了一只收益取决于石油价格的债券。某些债券与一般物价水平相联系。美国财政部从 1997 年 11 月开始发行名为通货膨胀保值债券（TIPS）的通货膨胀指数债券。通过将债券面值与一般价格水平相联系，债券的利息收益和最终的面值偿还金额会直接随着消费者价格指数的升高而提高。因而，这类债券的利率是无风险的实际利率。

为了描述通货膨胀保值债券的原理，假设有一只 3 年期的新发债券，面值为 1 000 美元，票面利率为 4%。为了简化，我们假设该债券的利息按年支付。假如接下来三年的通货膨胀率分别是 2%、3%和 1%。表 14-1 显示了如何计算债券的现金流。第一年年底支付第一期利息，即 $t=1$。由于该年度的通货膨胀率是 2%，债券的面值从 1 000 美元上升至 1 020 美元，同时票面利率是 4%，利息收益则是面值的 4%，即 4%×1 020=40. 80 美元。注意到面值随通货膨胀率的上升而上升，同时利息由于是面值的 4%，也会随着一般价格水平成比例上升。因此，债券按既定的实际利率提供现金流。当债券到期时，投资者最后收到的是 42. 44 美元的利息以及 1 061. 11 美元的本金。[⊖]

表 14-1　通货膨胀保值债券的本金和利息现金流

时间	通货膨胀率（%）	面值（美元）	利息收益（美元）	本金偿还（美元）	总收入（美元）
0		1 000. 00			
1	2	1 020. 00	40. 80	0. 00	40. 80
2	3	1 050. 60	42. 02	0. 00	42. 02
3	1	1 061. 11	42. 44	1 061. 11	1 103. 55

⊖ 另外，每年的总名义收入（即该年获得的利息加上该年本金增加值）属于应税收入。

该债券第一年的名义收益率为

$$名义收益率=\frac{利息+价格增加}{初始价格}=\frac{40.80+20}{1\,000}=0.060\,8=6.08\%$$

而该债券的实际收益率恰好是债券实际面值的 4%：

$$实际收益率=\frac{1+名义收益率}{1+通货膨胀率}-1=\frac{1.060\,8}{1.02}-1=0.04=4\%$$

用类似的方法（见本章章末的习题 18）也可以证明只要债券的实际收益率不变，则 3 年内每年的收益率都是 4%。如果实际收益率变了，则债券将会出现资本利得或资本损失。在 2019 年年中，通货膨胀保值债券的实际收益率约为 0.75%。

14.2 债券定价

由于债券的利息和本金偿还都发生在未来的数月或者数年后，投资者愿意为这些收益权支付的价格取决于未来获得的货币价值与现在所持有的货币价值的比较。这种现值计算取决于市场利率。如第 5 章中所介绍的，名义无风险利率等于实际无风险利率加上补偿预期通货膨胀的超出实际利率的溢价。此外，由于大多数债券并不是无风险的，贴现率将会包含诸如违约风险、流动性风险、税收属性、赎回风险等债券具体特征的溢价。

为简化问题，假设只有一种利率适用于任意期限的现金流贴现。实际上，不同时期的现金流会有不同的贴现率，我们暂时忽略这一情况。

为了给债券定价，先用适当的贴现率对预期现金流贴现。债券的现金流包括到期日之前的利息收益和到期日偿还的面值。因此：

$$债券价格=利息现值+面值现值$$

如果我们称到期日为 T，利率为 r，债券价格可表示为

$$债券价格=\sum_{t=1}^{T}\frac{利息}{(1+r)^t}+\frac{面值}{(1+r)^T} \qquad (14\text{-}1)$$

从式（14-1）中的累积求和公式可知，须把每期利息收益的现值相加，每次利息的贴现都是基于其支付的时间。式（14-1）等式右边第一项是一个年金的现值，第二项是债券到期日支付面值的现值。

回顾金融学入门课程的内容，当利率为 r 时，存续期为 T 的 1 美元年金的现值是 $\frac{1}{r}\left[1-\frac{1}{(1+r)^T}\right]$。该式被称为利率为 r 的 T 期年金因子。[⊖]类似地，$\frac{1}{(1+r)^T}$被称为贴现因子，即在 T 期时 1 美元收益的现值。因此，债券价格可表示为

⊖ 以下是年金现值公式的简单推导：期限为 T 的年金可视为首次支付出现在当期期末的永续年金减去首次支付出现在 T+1 期期末的另一永续年金。由于每期支付金额为 1 美元的年金的价值是$\frac{1}{r}$，因此，首次支付出现在 T+1 期期末的永续年金的现值为$\frac{1}{r}$对其余 T 期的贴现，即$\frac{1}{r}\times\frac{1}{(1+r)^T}$。因此期限为 T 的年金的现值等于首次支付出现在当期期末的永续年金减去首次支付出现在 T+1 期期末的永续年金的现值，即$\frac{1}{r}\left[1-\frac{1}{(1+r)^T}\right]$。

$$\text{债券价格}=\text{利息}\times\frac{1}{r}\left[1-\frac{1}{(1+r)^{T}}\right]+\text{面值}\times\frac{1}{(1+r)^{T}} \quad (14\text{-}2)$$
$$=\text{利息}\times\text{年金因子}(r,T)+\text{面值}\times\text{贴现因子}(r,T)$$

【例 14-2】　债券定价

前面我们讨论过这样一只债券，票面利率为 8%，30 年到期，面值为 1 000 美元，每半年付息一次，每次 40 美元。假设市场年利率为 8%，或半年期的市场利率为 4%。债券的价格为

$$\text{债券价格}=\sum_{t=1}^{60}\frac{40}{1.04^{t}}+\frac{1\,000}{1.04^{60}} \quad (14\text{-}3)$$
$$=40\times\text{年金因子}(4\%,60)+1\,000\times\text{贴现因子}(4\%,60)$$

很容易得出该债券 60 次支付每半年利息（40 美元）的现值为 904.94 美元，最终支付的 1 000 美元面值的现值为 95.06 美元，总计 1 000 美元。该值可以通过式（14-2）直接计算，也可以使用财务计算器（见例 14-3）、Excel（见专栏“Excel 应用：债券定价”）或一套现值计算表计算获得。

在例 14-2 中，票面利率等于市场利率，债券的价格等于面值。如果市场利率不等于债券票面利率，则债券不会以面值出售。例如，如果市场利率提高到 10%（半年为 5%），债券价格将下降 189.29 美元至 810.71 美元，计算如下：

$$40\times\text{年金因子}(5\%,60)+1\,000\times\text{贴现因子}(5\%,60)=757.17+53.54=810.71(\text{美元})$$

利率越高，债权人所获收益的现值越低。因而，债券价格随着市场利率的上升而下降。这是债券定价中一个极其重要的普遍规律。[1]

债券价格的计算过程较为烦琐，通过电子制表软件或财务计算器可以将其简化。财务计算器预先将现值与终值程序化，这使得诸如例 14-2 中的计算问题得到极大的简化。基本的财务计算器以 5 个按键对应诸如债券定价问题等货币时间价值问题的 5 个输入要素：

1. 按键“n”对应时间周期的数量。就一笔债券而言，按键“n”对应截至债券到期日时间周期的数量。如果这笔债券为半年付息一次，则需要计算半年期的数量或者说相当于半年一次的息票付款次数。例如，如果一笔债券还有 10 年到期，当支付周期为半年时，你需要输入 20 并按下按键“n”。

2. 按键“i”对应每个时间周期的利率，以百分比形式（而不是小数）表示。例如，如果利率是 6%，你需要输入 6 而不是 0.06。

3. 按键“PV”对应现值。许多计算器要求以负数形式对现值进行录入，用以强调购买债券为现金流出，而利息收益及本金偿还为现金流入。

4. 按键“FV”对应债券的终值或面值。通常来讲，终值被解释为一次性支付的未来现金流，对债券来讲就是其面值。

5. 按键“PMT”对应每期付款额。对于有息债券来讲，每期付款额就是付息金额；对于零息债券来讲，每期付款额是 0。

对于以上 5 个要素，给出任意 4 个要素，计算器将会自动计算出第 5 个要素。我们以

---

[1] 你需要分清票面利率与市场利率，票面利率决定了将要支付给债券持有人多少利息，一旦债券发行，它的票面利率就是固定的。而当市场利率增加时，现金流以较高的贴现率贴现，这就意味着债券价格及现值的下跌。

例 14-2 中的债券为例进行说明。

【例 14-3】 用财务计算器进行债券定价

当市场年利率为 8%时，想要得到债券价格，需要输入以下内容（以任意顺序）：

n	60	距离债券到期还剩 30 年，因此它需要进行 60 次每半年一次的付息
i	4	半年期的市场利率为 4%
FV	1 000	债券到期时将会一次性产生 1 000 美元的资金流动
PMT	40	每半年付息金额为 40 美元

在大多数的计算器中，此时你需要按下“COMP”键或“CPT”键，并点击“PV”键，以得到债券价格，即债券现金流的现值。如果你按照上述内容进行操作，此时得到的值为-1 000。负号表示虽然投资者通过债券获得了资金流，但是买入债券的资金是一笔现金流出，或者说是一笔负现金流。如果你想要获得在利率为 10%时债券的价格（见例 14-2 后半部分），只需要输入半年期利率 5%（输入 5 并点击“i”键），此时你会计算出现值为-810. 71。

图 14-3 反映了 30 年期、票面利率为 8%的债券价格与一定范围内的利率水平之间的关系。其中：当利率为 8%时，债券以面值出售；当利率为 10%时，售价则为 810. 71 美元。负斜率说明了债券价格与利率之间的负相关关系。从图 14-3 中曲线的形状可以观察到，利率上升导致的债券价格下跌的幅度要小于相同程度的利率下降导致的债券价格上升的幅度。债券价格的这一特性被称为**凸性**（convexity），因为债券价格曲线的凸型形状。凸性反映了随着利率的逐渐上升，其所引起的债券价格的下降幅度是逐步减小的。[⊖]因此，价格曲线在利率较高时会变得平缓。我们将在第 16 章中再讨论凸性问题。

公司债券一般以面值发行。这意味着公司债券的承销商（即代表发行人向公众销售债券的公司）必须选择与市场利率极为接近的票面利率。在一级市场上，承销商试图将新发行的债券直接销售给客户。如果票面利率不足，投资者将不会按面值购买债券。

概念检查 14-2

计算 30 年期限、票面利率为 8%的债券在市场利率（半年期利率）从 4%降至 3%时的价格。比较利率自 4%下降至 3%时的资本利得和当利率自 4%上升至 5%时的资本损失。

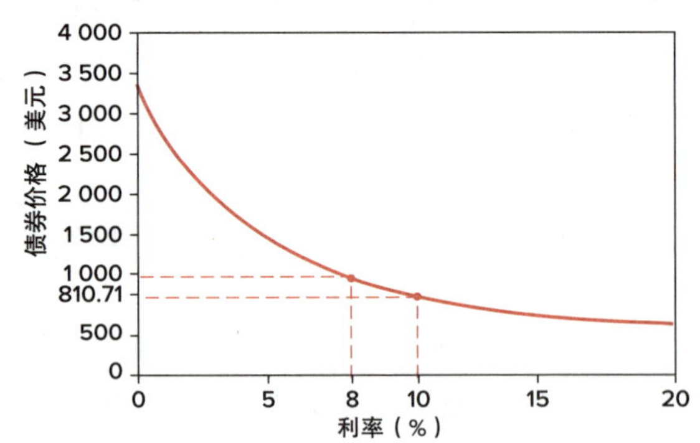

图 14-3 债券价格与利率的反向关系

注：债券为 30 年期，票面利率为 8%，半年付息一次。

债券发行之后，债权人将在二级市场买卖债券。在各类市场中，债券价格与市场利率呈反向变动关系。

⊖ 利率上升对债券价格的影响逐渐减小的主要原因是，在较高的利率下，债券的价格较低。因此，利率的进一步上升作用于一个较小的初始基数，导致债券价格下降幅度较小。

利率与债券价格的反向变动关系是固定收益证券的核心特征。在第 16 章中，我们将深入讨论债券价格对市场收益率的敏感性。现在只集中讨论决定这种敏感性的关键因素，即债券的期限。

一般规则是：在假设其他因素相同的情况下，债券的期限越长，债券价格对于利率波动的敏感度越高。表 14-2 给出了票面利率为 8%的债券在不同市场利率和不同期限下的价格。对于任何偏离 8%的利率（债券以面值出售的利率），期限越长，价格波动越大。

表 14-2　不同市场利率下的债券价格

到期时间	给定市场利率下的债券价格（美元）				
	2%	4%	6%	8%	10%
1 年	1 059.11	1 038.83	1 019.13	1 000.00	981.41
10 年	1 541.37	1 327.03	1 148.77	1 000.00	875.35
20 年	1 985.04	1 547.11	1 231.15	1 000.00	828.41
30 年	2 348.65	1 695.22	1 276.76	1 000.00	810.71

如果投资者以 8%的票面利率购买了债券，而市场利率随后上升，则投资者将承担损失：在其他投资能获得更高收益的情况下，投资者的资金仅能获得 8%的固定收益。这可以从债券的资本损失及债券价格下跌中得到反映。资金被套牢的时间越长，损失越大，相应的债券价格的下跌幅度越大。表 14-2 中，1 年期债券的价格敏感度很小，也就是说，当期限仅为 1 年时，利率的变化并未对债券的价格构成太大的威胁。但是，对于 30 年期的债券，利率的变化会给债券的价格带来很大的冲击。期限最长的债券，贴现效应产生的作用最强。

这就是短期国债如国库券被认为是最安全的证券的原因。它们不仅没有违约风险，而且很大程度上也没有利率波动引起的价格风险。

付息日之间的债券定价

关于债券定价的式（14-2）假设距下一次票息支付恰好为一个付息期，年度付息债券，间隔为一年；半年付息债券，间隔为半年。但如果想在一整年中随时定价，而不只在一年中的一个或两个付息日上对债券定价，该如何定价呢？

原则上，债券处于付息日之间并不会影响定价。定价的程序仍然相同：计算出待支付的收益的现值并加总。但在付息日之间，支付前会存在一个剩余时间，这将使计算复杂化。

幸运的是，Excel 及其他电子数据表程序中都包含债券定价功能。输入当前的日期以及债券的到期日，Excel 就可以提供任何时间的债券价格。

如我们之前指出的，债券的报价通常不包含应计利息。在财经媒体中出现的报价被称为净价。投资者购买债券支付的包含应计利息的价格被称为全价。因而：

$$\text{全价} = \text{净价} + \text{应计利息}$$

当一只债券付息时，净价等于全价，此时应计利息为零。然而这并不是一成不变的，也有例外。

Excel 的定价功能能够计算债券的净价。全价则需要用净价加上应计利息才可获得。幸运的是，Excel 也提供了函数来计算最后付息日的天数，因此能用于计算应计利息。下面的 Excel 应用专栏介绍了如何使用这些函数，且提供了操作实例，实例包括刚刚支付过利息因而应计利息为零的债券，以及在付息日之间的债券。

Excel 应用：债券定价

Excel 和大多数其他电子数据表程序都提供了用于计算债券价格和收益的内置函数。它们一般要求输入购买债券的日期（称为清算日）和债券的到期日。Excel 的债券价格函数为

=PRICE(清算日,到期日,年票面利率,到期收益率,赎回价格占面值的百分比,每年付息次数)

对于图 14-1 中显示的票面利率为 3%、2045 年 11 月到期的债券，在表 14-3 中输入相关数据（注意，我们在 Excel 中输入利率时要采用小数的形式而不是百分比的形式），也可以在 Excel 中简单地输入函数：

=PRICE(DATE(2018,11,15),DATE(2045,11,15,),0.03,0.03362,100,2)

表 14-3 债券定价

	A	B	C	D	E	F	G
1		票面利率为3%的债券		票面利率为4.75%的债券		票面利率为8%的债券	
2		2045年11月到期	B列中的公式	2041年2月到期		30年期	
3							
4	清算日	11/15/2018	=DATE (2018, 11, 15)	11/15/2018		1/1/2000	
5	到期日	11/15/2045	=DATE (2045, 11, 15)	2/15/2041		1/1/2030	
6	年票面利率	0.03		0.0475		0.08	
7	到期收益率	0.03362		0.03318		0.1	
8	赎回价格（面值的百分比）	100		100		100	
9	每年付息次数	2		2		2	
10							
11							
12	**净价（面值的百分比）**	**93.6094**	**=PRICE(B4,B5,B6,B7,B8,B9)**	**122.4008**		**81.0707**	
13	距上次付息日的天数	0	=COUPDAYBS(B4,B5,2,1)	92		0	
14	付息周期内的天数	181	=COUPDAYS(B4,B5,2,1)	184		182	
15	应计利息	0	=(B13/B14)*B6*100/2	1.188		0	
16	**全价**	**93.6094**	**=B12+B15**	**123.5883**		**81.0707**	

Excel 中用来计算清算日和到期日的 DATE 函数的格式为 DATE（年，月，日）。第一个日期（2018 年 11 月 15 日）为债券购买日，第二个日期（2045 年 11 月 15 日）为债券到期日。大多数债券在第 15 日或者每个月的最后一个工作日付息。

注意，票面利率和到期收益率都是用小数而非百分比的形式表示的。在大多数情况下，赎回价格为 100（即面值的 100%），其净价也使用面值百分比的形式来表示。偶尔也会遇到以面值的溢价或折价来进行债券偿付的例子。可赎回债券就是一个例子。

由定价函数所得的债券净价为 93.609 4（单元格 B12），该值与图 14-1 中列出的债券全价相符合。该债券正好付息。换言之，付息日恰好是计息期的开始。因此，没有必要进行应计利息调整。

为了举例说明付息日之间债券价格的计算过程，考虑图 14-1 中所示的票面利率为 4.75%、2041 年 2 月到期的债券。利用表 14-3 中 D 列的相关信息，得出单元格 D12 的债券净价为 122.400 8，该值与单元格 D16 的债券全价仅有微小的差别。

如何计算债券的全价？表 14-3 中的第 13~16 行进行了必要的调整。单元格 C13 中所列出的函数用来计算距上次付息日的天数。该天数的计算是基于债券的清算日、到期日、付息周期（1 代表年度，2 代表半年）以及计息天数（输入 1 代表实际天数）得出的。单元格 C14 中所列函数用于计算每一付息周期中的总天数。因此，第 15 行中的应计利息条目为半年期利息乘以距上次付息日的天数占一个付息周期总天数的比例。最后，第 16 行中的全价为净价加应计利息。

本专栏最后的例子是计算例 14-2 中 30 年期、票面利率为 8%（每半年付息一次）的债券的

价格。该例子中给出的市场利率为 10%。然而，没有给出具体的清算日和到期日。此时，仍能利用 PRICE 函数来对债券定价。简单的方法是选取任意一个清算日（为了方便，选取 2000 年 1 月 1 日），因此设定到期日为 2030 年 1 月 1 日。表 14-3 中的 F 列显示了相关结果，这个债券的净价为面值的 81.070 7%，全价显示在 F16 单元格中。

14.3　债券收益率

大部分的债券都不按照面值进行出售，但是，除非有违约情形，基本上会以面值进行到期支付。我们希望有一种指标，既可以解释当前的利息收益，又可以说明债券在整个存续期内的价格涨跌。到期收益率便是总收益的标准度量指标。当然，它并非完美，下面将讨论该度量指标的几种变化形式。

14.3.1　到期收益率

现实中，购买债券的投资者并不是根据承诺收益率来考虑是否购买债券。相反，投资者是通过债券价格、到期日、票面利率来推断债券在其存续期内的收益。**到期收益率**（yield to maturity，YTM）被定义为债券的支付现值与其价格相等的利率。该利率通常被视为在购买日至到期日之间持有债券所获得的平均收益率。为了计算到期收益率，在给定债券价格的条件下，我们需要求解关于利率的债券价格方程。

【例 14-4】　到期收益率

假设一个面值为 1 000 美元、票面利率为 8%、每半年付息一次、期限为 30 年的债券的卖价为 1 276.76 美元。在此价格上购买该债券的投资者获得的平均收益率是多少？为回答这一问题，我们需要找出使利息收益与本金偿还的现值与债券价格相等时的利率，这个利率是与被考察的债券价格相一致的利率。因此，在以下方程中求解利率 r：

$$1\,276.76=\sum_{t=1}^{60}\frac{40}{(1+r)^t}+\frac{1\,000}{(1+r)^{60}}$$

或等价于：

$$1\,276.76=40\times\text{年金因子}(r,60)+1\,000\times\text{贴现因子}(r,60)$$

上述方程中仅有利率 r 一个未知变量。可以使用财务计算器或 Excel 来求得半年期利率 $r=0.03$ 或 3%，即该债券的到期收益率。

财经媒体报道的收益率是年化收益率，用简单的单利方法即可将半年收益率转化为年化收益率，得到年利率，即 APR。用单利方法计算的收益率也被称为“债券等值收益率”。因此，将半年收益率乘以 2，可得到债券等值收益率为 6%。然而，债券的实际年化收益率要考虑复利。如果一种债券每 6 个月的收益率为 3%，那么 12 个月后，1 美元投资加利息的金额为 $1\times1.03^2=1.060\,9$ 美元。债券的实际年利率是 6.09%。

在例 14-4 中，我们介绍了可以使用财务计算器或 Excel 计算息票债券的到期收益率。下面通过两个例子具体讲解如何使用这些工具。例 14-5 说明了财务计算器的用法，例 14-6 说明了 Excel 的用法。

【例 14-5】 用财务计算器求解到期收益率

n	60	该债券的期限为 30 年，因此每半年支付一次利息，需支付 60 次
PMT	40	每半年支付利息 40 美元
PV	(-)1 276.76	该债券可以 1 276.76 美元的价格购买，在某些计算器上必须输入为负数，因为它是现金流出
FV	1 000	该债券到期时将提供 1 000 美元的一次性现金流量

有了这些输入值，你现在就可以使用计算器来计算 60 笔利息支付（每笔 40 美元）的现值加到期时 1 000 美元一次性本金支付的现值等于 1 276.76 美元的实际利率。在某些计算器上，你首先要点击“COMP”键或“CPT”键，然后按下“i”键以计算利率。这样操作后，会得出半年期的利率为 3%。注意，正如现金流量每半年支付一次一样，计算出的利率是半年期的利率。财经媒体上报告的债券等值收益率为 6%。

Excel 同样包含相关的内置函数，用于计算到期收益率。例 14-6 和表 14-4 共同说明了这些功能。

【例 14-6】 使用 Excel 计算到期收益率

Excel 的到期收益率函数为

=YIELD(清算日,到期日,年票面利率,债券价格,赎回价格占面值的百分比,每年付息次数)

函数中使用的债券价格应为净价，不含应计利息。例如，计算例 14-4 中半年付息一次的债券的到期收益率，使用表 14-4 中的 B 列。如果按年付息，将每年付息次数更改为 1（参见单元格 D8），收益率将略微下降至 5.99%。

表 14-4 在 Excel 中求解到期收益率

	A	B	C	D	E
1		每半年支付一次利息		每年支付一次利息	
2					
3	清算日	1/1/2000		1/1/2000	
4	到期日	1/1/2030		1/1/2030	
5	年票面利率	0.08		0.08	
6	债券价格	127.676		127.676	
7	赎回价格（面值的百分比）	100		100	
8	每年付息次数	2		1	
9					
10	到期收益率（小数形式）	0.0600		0.0599	
11					
12	在此输入公式: =YIELD(B3,B4,B5,B6,B7,B8)				

债券的到期收益率为债券投资的内部收益率。如果假设所有债券都能以此收益率投资，则到期收益率可以视为整个债券存续期内的复合收益率。[⊖]到期收益率被广泛认为是平均收益率的替代指标。

债券的到期收益率有别于**当期收益率**（current yield），当期收益率为债券的年利息支付除以债券价格。例如，票面利率为 8%、30 年期债券的当前售价是 1 276.76 美元，则当期收益率为每年 80/1 276.76≈0.062 7 或 6.27%。相比较，债券的实际年到期收益率为 6.09%。对超出面值溢价出售的债券（售价为 1 276.76 美元而不是 1 000 美元）而言，票面利率 8%超过了当期收益

⊖ 如果再投资利率不等于债券的到期收益率，则复合收益率将不同于到期收益率，如例 14-8 和例 14-9 中所示。

率 6.27%，当期收益率超过了到期收益率 6.09%。票面利率之所以超过当期收益率，是因为票面利率等于支付的利息除以面值（1 000 美元），而非债券价格 1 276.76 美元。当期收益率超过到期收益率的原因则在于到期收益率包含了债券的潜在资本损失。现在以 1 276.76 美元购买债券，到期日其价格将最终跌至 1 000 美元。

例 14-4、例 14-5 和例 14-6 说明了这样一个规律：对**溢价债券**（premium bond，债券以高于面值的价格出售）而言，票面利率高于当期收益率，当期收益率高于到期收益率；对**折价债券**（discount bond，债券以低于面值的价格出售）而言，上述关系正好相反（见概念检查 14-3）。

通常情况下，我们听到人们谈论的债券收益率，大多是指到期收益率。

> **概念检查 14-3**
>
> 当债券以低于面值的折扣价出售时，票面利率、当期收益率、到期收益率三者是什么关系？请用一只期限为 30 年，票面利率为 8%（每半年支付一次），到期收益率为 10%的债券举例说明。

14.3.2　赎回收益率

到期收益率是在假设债券被持有至到期的情况下计算的。然而，如果债券是可赎回的，或者在到期日之前终止，该如何度量赎回条款下债券的平均收益率呢？

图 14-4 说明了可赎回债券持有人的风险。图 14-4 中浅色的曲线表示面值为 1 000 美元、票面利率为 8%、期限为 30 年的“普通”债券（即不可赎回债券）在不同市场利率条件下的现值。如果利率下降，与承诺支付的现值相等的债券价格就会随之上升。

现在考虑一种具有相同票面利率和到期日，但发行方可以按面值的 110%，即 1 100 美元赎回的债券。当利率下降时，发行方预定支付的现值将会上升。但赎回条款允许发行方以赎回价格赎回债券，因此若赎回价格低于预定支付的现值，发行方便可能会从债券持有人手中赎回债券。

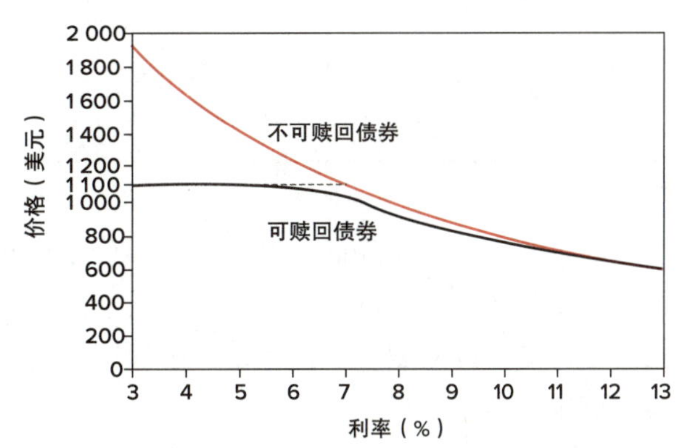

图 14-4　债券价格：可赎回债券与不可赎回债券

注：债券为 30 年期，票面利率为 8%，半年付息一次。

图 14-4 中深色的曲线表示可赎回债券的价格。当利率较高时，因为预定支付的现值低于赎回价格，故赎回风险可忽略不计。因此，不可赎回债券与可赎回债券价格的走势基本相同。然而，在低利率条件下，两种债券价格的走势开始变得不一样，其差异反映了能以赎回价格回购公司债券的期权价值。在利率很低的情况下，预定支付的现值超过了赎回价格，债券被赎回，该点的值就是赎回价格，即 1 100 美元。

这一分析表明，如果债券极有可能被赎回，相对于到期收益率而言，债券市场分析师可能对赎回收益率更感兴趣。赎回收益率的计算与到期收益率的计算基本相同，只是要以赎回日代替到期日。这种计算方法有时被称为“首次赎回收益率”，因为假设赎回发生在债券首次可赎回的时间。

【例 14-7】　赎回收益率

假设票面利率为 8%、30 年期的债券售价为 1 150 美元，并且该债券可在 10 年后以 1 100 美元赎回。使用下列输入值可计算到期收益率和赎回收益率。

	赎回收益	到期收益		赎回收益	到期收益
息票支付	40 美元	40 美元	最终支付	1 100 美元	1 000 美元
半年周期数	20 期	60 期	价格	1 150 美元	1 150 美元

赎回收益率为 6.64% [为了在计算器上验证该结果，输入 n=20，PV=(-)1150，FV=1100，PMT=40，计算出收益率为 3.32%，或者 6.64% 的债券等值收益率]。到期收益率为 6.82% [为了在计算器上验证该结果，输入 n=60，PV=(-)1150，FV=1000，PMT=40，计算出收益率为 3.41%，或 6.82% 的债券等值收益率]。在 Excel 中，可用以下命令计算赎回收益率：=YIELD(DATE(2000,1,1),DATE(2010,1,1),0.08,115,110,2)。值得注意的是，赎回价格的输入值为 110，即面值的 110%。

我们注意到，大多数可赎回债券在发行时都有一个最初的赎回保护期。此外，还存在隐含形式的赎回保护，即债券以赎回价格为基础进行高折价销售。即使利率下降了一点，高折价的债券仍以低于赎回价格的价格出售，这样也就不需要赎回了。

概念检查 14-4

a. 两种 10 年期债券的到期收益率目前均为 7%，各自的赎回价格都是 1 100 美元。其中一只票面利率为 6%，另一只为 8%。为简便起见，假定债券在剩余支付现值超过赎回价格时立即被赎回。如果市场利率突然降至 6%，每种债券的资本利得分别是多少？

b. 20 年期、票面利率为 9% 的半年付息债券，5 年后可赎回，赎回价格为 1 050 美元，如果现在以 8% 的到期收益率卖出，则债券的赎回收益率是多少？

如果利率进一步降低，以接近赎回价格出售的溢价债券很容易被赎回。如果利率下降，可赎回的溢价债券所提供的收益率可能低于折价债券的收益率，因为后者潜在的价格上升不会受到赎回可能性的限制。所以，相对于到期收益率而言，溢价债券的投资者通常对债券的赎回收益率更感兴趣。

14.3.3　已实现的复合收益率和到期收益率

如果所有债券都以与到期收益率相等的利率再投资，则到期收益率就将等于在整个存续期内所实现的收益率。例如，某投资者以面值购买 2 年期债券，该债券每年付息一次，票面利率为 10%。如果 100 美元的利息以 10% 的利率再投资，那么投资于债券的 1 000 美元两年后将增长为 1 210 美元，如图 14-5a 所示。具体来说，如果将第一年的利息再投资，则这笔钱在第二年将增长为 110 美元，再加上第二年收到的利息以及面值，共计 1 210 美元。

总而言之，投资的初值 $V_0=1\,000$ 美元，两年后的终值 $V_2=1\,210$ 美元。因此，复合收益率可由以下方程计算：

$$V_0(1+r)^2=V_2$$

$$1\,000(1+r)^2=1\,210$$

$$r=0.10=10\%$$

再投资利率等于到期收益率 10%，已实现的复合收益率等于到期收益率。

如再投资利率不等于 10%，会出现怎样的情况呢？如果债券能以高于 10%的利率再投资，资金增长将超过 1 210 美元，同时已实现的复合收益率也将超过 10%。如果再投资利率低于 10%，则已实现的复合收益率也会降低。考虑下面这个例子。

【例 14-8】　已实现的复合收益率

假设债券的再投资利率仅为 8%。计算见图 14-5b。

首次利息收益及其再投资收益的未来价值 = 100×1.08 = 108 美元；两年后收到的利息加面值为 1 100 美元。投资（包括利息再投资）的总价值为 1 208 美元。

假设所有利息都再投资，已实现的复合收益率为全部投资金额的复合增长率。投资者以 1 000 美元的面值购入债券，该投资将增长至 1 208 美元。因此，真正的复合增长率不足 10%。

$$V_0(1+r)^2 = V_2$$

$$1\,000(1+r)^2 = 1\,208$$

$$r \approx 0.099\,1 = 9.91\%$$

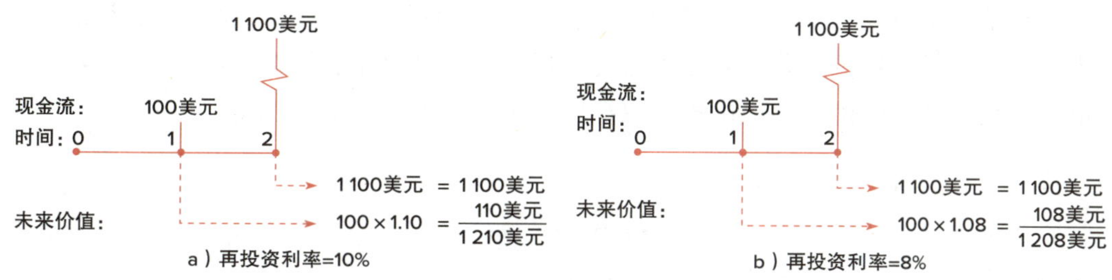

图 14-5　投资资金的增长

例 14-8 解决了当再投资利率随时间变化时常规到期收益率存在的问题。常规到期收益率将不再等于已实现的复合收益率。然而，在未来利率不确定的情况下，再投资利率也是未知的。因此，尽管在投资期结束后能够推算出已实现的复合收益率，但在无法预测未来再投资利率的情况下，并不能事先计算出已实现的复合收益率，这大大降低了已实现的复合收益率的吸引力。

在各种持有期或投资水平下，对已实现的复合收益率进行的预测被称为**水平分析**（horizon analysis）。对总收益率的预测，既依赖于持有期结束时债券的卖出价格，又依赖于利息再投资所能获得的收益。债券的卖出价格又依赖于到期收益率。对于具有较长投资期限的债券，利息再投资所能获得的收益占了总收益的较大部分。

【例 14-9】　水平分析

假设以 980 美元的价格购买一只 30 年期、票面利率为 7.5%（每年支付一次）的债券（其到期收益率为 7.67%），并计划持有 20 年。当出售该债券时，预计到期收益率为 8%，利息再投资利率为 6%。在持有期限结束时，该债券剩余期限为 10 年，因此该债券的预计卖价为 966.45 美元（按照 8%的到期收益率计算）。20 年的利息收益由于复利涨至 2 758.92 美元（相当于 20 年期限，利率为 6%的 75 美元年金的终值）。

基于以上预测，980 美元的投资在 20 年内将涨至：966.45+2 758.92 = 3 725.37 美元，相当于 6.90%的已实现的复合收益率：

$$V_0(1+r)^{20}=V_{20}$$

$$980(1+r)^{20}=3\ 725.37$$

$$r\approx 0.069\ 0=6.90\%$$

例 14-8 和例 14-9 证明，随着利率的变化，债券投资者实际上受到两类风险的影响。一方面，当利率上升时，债券价格下跌，这将降低资产组合的价值；另一方面，用于再投资的利息收益在高利率下能取得更高的复利价值，而**再投资利率风险**（reinvestment rate risk）将抵销债券价格风险。在第 16 章中，我们将更详细地探讨再投资利率风险与债券价格风险的权衡取舍，投资者通过仔细调整债券组合，在任何给定的投资期限上都能精确地平衡这两种风险产生的影响。

14.4 债券价格的时变性

如前所述，当债券票面利率等于市场利率时，债券依面值出售。在此情况下，投资者须借助利息支付的方式，获得货币时间价值的公平补偿。

当票面利率低于市场利率时，单靠利息支付不能够给投资者提供与投资市场其他项目相同的收益率。为了在债券投资上获得有竞争力的回报，投资者也需要从债券价格上获得一些收益。因此，债券必须以低于面值的价格出售，以提供该项投资的内在资本利得。

【例 14-10】 公允的持有期收益率

为了说明该问题，假设有一只多年前发行的债券，当时的市场利率为 7%。该债券的年票面利率因此被设定为 7%（为简单起见，假设该债券按年付息）。现在，离到期还有 3 年，市场利率为 8%。这样，债券的市场价格应该是剩余利息支付的现值加面值的现值[⊖]：

$$70\times 年金因子(8\%,3)+1\ 000\times 贴现因子(8\%,3)=974.23(美元)$$

该值低于面值。

一年后，在下期利息已经支付且剩余期限下降至两年时，该债券的售价为

$$70\times 年金因子(8\%,2)+1\ 000\times 贴现因子(8\%,2)=982.17(美元)$$

经过这一年，债券的资本利得是 7.94 美元。如果某一投资者以 974.23 美元的价格购买了该债券，那么一年后的总收入等于获得的利息加上资本利得，即 70+7.94=77.94 美元，收益率为 77.94/974.23=8%，刚好等于当前市场利率。

当债券价格根据现值公式来确定时，面值的任何折价都会提供一个预期资本利得，这使得一个低于市场的票面利率即可提供合理的总收益率。相反地，若票面利率高于市场利率，其自身的利息收入就会超过市场其他项目。投资者将会以高于面值的价格购买。随着债券到期日临近，其价格就会下降，这是因为难以再获得高于市场利率的剩余利息。产生的资本损失抵销了高利息，持有者仅获得均衡的收益率。

概念检查 14-5

例 14-10 中所示债券在剩余期限为一年时，卖出价格是多少？以 982.17 美元买入该债券并且一年之后卖出的收益率是多少？

⊖ 使用计算器，输入 n=3，i=8，PMT=70，FV=1000，即可计算 PV。

本章章末的习题 14 为研究高票面利率债券提供了案例。图 14-6 刻画了在市场利率不变的情况下，高票面利率债券（溢价债券）和低票面利率债券（折价债券）的价格（不包括利息生息的净值）随到期日剩余时间变化的曲线。低票面利率债券享有资本利得，而高票面利率债券遭受了资本损失。㊀

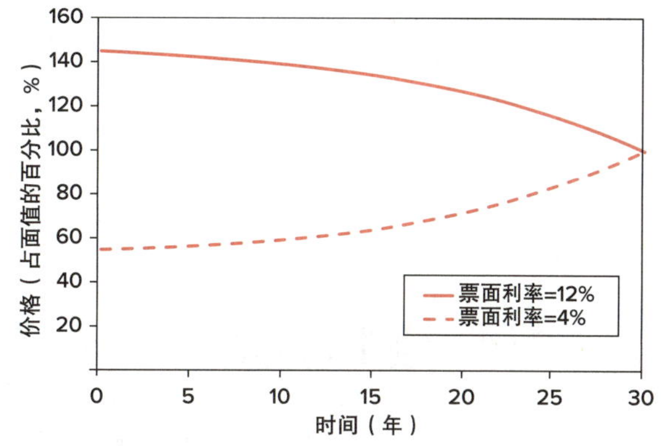

图 14-6　两只 30 年期、到期收益率为 8%的债券价格轨迹（债券价格随到期日逐渐接近面值）

每种债券提供给投资者相同的总收益率。正如在功能完善的资本市场中，尽管每只债券提供的资本利得与收益构成不同，但都能提供有竞争力的收益率。在税后风险调整的基础上，所有债券的收益率都应该是具有可比性的。如果不是这样，投资者可以抛售低收益率的债券，拉低价格，直至该债券在目前更低的价格下，其总收益率与其他证券的总收益率相当。债券价格会不断调整，直至在给定风险和税收调整的条件下，所有债券的定价都是公允的，具有可比的期望收益率。

我们可以在图 14-1 中观察到这种价格调整。将图 14-1 中 2026 年 11 月到期的两只债券进行比较。一只票面利率是 6.5%，另一只为 2%。但是更高的票面利率并不意味着债券能提供一个更高的收益率；因为它的售价要高很多。这两只债券的到期收益率差不多都是略高于 3%。这是有原因的，因为投资者更关心他们的总收益。总收益包括利息收入以及价格变化带来的收益。最后，同时到期的债券的价格都会被调整，直至收益率趋近相同。

当然，图 14-1 所示的债券的收益率并非全部相同。显然，同一时期的长期限债券将会提供更高的承诺收益率，这是一个普遍性结果，同时也反映了债券的相对风险性。

14. 4. 1　到期收益率和持有期收益率

在例 14-10 中，持有期收益率和到期收益率是相等的。债券收益率年初和年末都是 8%，并且债券持有期收益率也等于 8%。这是一个普遍性结果。当到期收益率在持有期不发生变化时，债券的持有期收益率等于到期收益率。这并非一个不可思议的结果，因为债券必须提供一个与其他证券相当的收益率。

然而，当到期收益率波动时，债券的持有期收益率也会随之波动。无法预料的市场利率的变化将导致债券收益率的变化。债券的持有期收益率较最初购买时所预计的到期收益率来说，可能更高，也可能更低。到期收益率上升将导致债券价格降低，从而降低了持有期收益率，这就意味着持有期收益率将低于初始收益率。㊁反之，到期收益率的降低将使持有期收益率高于初始收益率。

㊀ 图中假设市场利率是恒定的。如果市场利率是波动的，则价格轨迹也会是"跳跃"的，即沿图 14-6 中的价格轨迹震荡，同时反映利率波动造成的资本损益。在到期日，债券价格一定会达到面值。所以，随着到期日的临近，溢价债券的价格将下跌，折价债券的价格将上升。

㊁ 当收益率上升，利息收入将在更高的水平再投资，抵消了初始价格下降的影响。如果持有期够长，再投资利率增加的正面影响会抵消初始价格的下降。但是通常投资机构对投资经理的业绩考核期限都不超过一年，在此期间，短期的价格影响总是远远大于再投资利率的影响。我们将在第 16 章中更详细地讨论价格风险和再投资利率风险之间的平衡。

【例 14-11】 到期收益率和持有期收益率

如果一只 30 年期、年利息收入为 80 美元的债券，以 1 000 美元的面值出售，该债券的到期收益率为 8%。如果整年内到期收益率保持 8%不变，则债券价格将维持在面值水平，而持有期收益率也将为 8%。但是如果到期收益率低于 8%，则债券价格将上升。假设到期收益率下降，价格增加到 1 050 美元，那么持有期收益率将高于 8%：

$$持有期收益率=\frac{80+(1\,050-1\,000)}{1\,000}=0.13 或 13\%$$

概念检查 14-6

如果到期收益率增加，则持有期收益率将低于初始收益率。例如，在例 14-11 中，若到第一年年末，债券的到期收益率是 8.5%，请求出第一年的持有期收益率，并与 8%的初始收益率进行比较。

用另一种方式来思考到期收益率和持有期收益率之间的差异。到期收益率仅依赖于债券的利息、当前价格和到期面值。所有这些值现在都是已知的，因此很容易计算出到期收益率。如果债券能持有至到期日，则到期收益率能被解释为平均收益率。相反，持有期收益率则是整个特定投资周期的收益率，且依赖于持有期结束时的债券市场价格，但市场价格现在是未知的。持有期的债券价格会随着无法预料的市场利率的变化而变化，因此持有期收益率极少能被准确预测。

14.4.2 零息债券和零票国债

最初发行的折价债券没有按照面值发行的附息债券那样普遍。这些债券以较低的票面利率发行，债券以面值的折扣价格出售。零息债券就是一种典型的折价债券。零息债券没有票面利率，以价差的方式来提供全部收益，并且仅在到期日为债券持有人提供一次性现金流。

美国国库券是短期零息债券。如果国库券的面值为 10 000 美元，则美国财政部以低于 10 000 美元的价格发行或出售，承诺到期后支付 10 000 美元。所以，投资者的所有收益均来自价差。

长期零息债券通常由附息票据和债券两部分构成。购买国债的经纪人，可以要求财政部分解债券支付的现金流，使其成为一系列独立债券，这时每一债券都具有一份原始债券收益的追索权。例如，一张 10 年期债券被“剥离”为 20 份半年期债券，每一份债券都被看作独立的零息债券，这些债券的到期日从 6 个月到 1 年不等，最后本金的偿付被视为另一种独立的零息债券。每一次支付都按独立的债券对待，并都分配有自己的 CUSIP 号码（由统一证券标志委员会颁布）。具有该号码的债券，可以连接联邦储备银行及其分支机构的网络，通过 Fedwire 系统进行电子交易。美国财政部仍有支付义务。实施债券剥离的国债流程被称为本息剥离（STRIPS），而这些零息债券被称为剥离式国债。

随着时间的推移，零息债券的价格会发生怎样的变化呢？在到期日，零息债券将以面值出售。而到期之前，由于货币的时间价值，债券以面值的折扣价格出售。随着时间的推移，价格越来越接近面值。实际上，如果利率固定不变，零息债券的价格将完全按照利率同比上升。

为了说明这一性质，假设有一只 30 年期的零息债券，市场年利率为 10%，当前的债券价格为 1 000 美元/1.10^{30}=57.31 美元。1 年后，剩余期限为 29 年，如果收益率仍然是 10%，此时债券价格为 1 000 美元/1.10^{29}=63.04 美元，其价格比前一年增长了近 10%。这是因为，现在的面值少贴现了 1 年，所以价格就要增加 1 年的贴现因子。

图 14-7 刻画出了到期收益率为 10%的情况下，30 年期的零息债券在到期日之前的价格轨迹。在到期日前，债券价格将以指数而非线性形式增长。

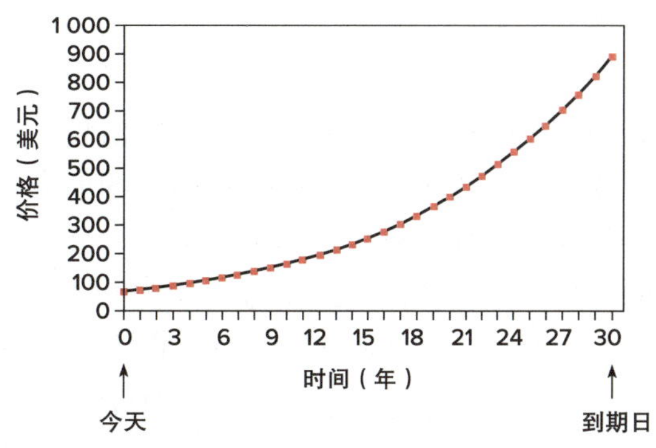

图 14-7　到期收益率为 10%的 30 年期零息债券的价格随时间变化的曲线

注：价格 $=1000/1.10^{T}$，其中 T 为到期时间。

14.4.3　税后收益

税务部门认为，最初发行折价债券，如零息债券的"内在"价格升值，对债券持有人来说，代表一种隐含的利息支付。因此，美国国税局（IRS）专门设计了一个价格增值表，用于计算一个税收年度中应税的利息收入，即便是未出售或者未到期的资产也适用于此表。如果最初发行的折价债券在一个税收年度中被出售，市场利率变化导致的损益都被视为资本损益。

【例 14-12】　折价发行债券的税收

如果初始利率是 10%，则一只 30 年期的零息债券的发行价格是 $1\,000/1.10^{30}=57.31$ 美元。第二年，如果利率仍然是 10%的话，美国国税局计算出的债券价格应该是 $1\,000/1.10^{29}=63.04$ 美元。因此，美国国税局得出的应税的利息收入为 $63.04-57.31=5.73$ 美元。需要注意的是，得出的应税利息收入基于"固定收益法"，忽略了市场利率的变化。

如果第二年利率下跌至 9.9%，那么债券价格降为 $1\,000/1.099^{29}=64.72$ 美元。如果出售债券，那么 64.72 美元与 63.04 美元之间的价差被视为资本利得，并按照资本利得税率征税。如果债券未出售，那么该价差就是未实行的资本利得，当年不征税。无论在哪种情况下，投资者都要按普通收入税率对 5.73 美元的应税利息缴税。

例 14-12 中的分析过程适用于其他最初折价发行的债券的税收问题，包括附息债券。以一只票面利率为 4%、到期收益率为 8%、30 年期限的债券为例。为简单起见，假定债券按年付息。因为票面利率较低，该债券将以远低于面值的价格发行，具体发行价格为 549.69 美元。如果债券的到期收益率一直保持在 8%，一年后其价格将上升至 553.66 美元（请自行验证）。这恰好能提供 8%的税前持有期收益率：

$$\text{持有期收益率}=\frac{40+(553.66-549.69)}{549.69}=0.08\text{ 或 }8\%$$

基于固定收益率的债券价格增长被视为利息收入，因此投资者需要对估算的利息收入 3.97（$=553.66-549.69$）美元缴税。如果这一年中债券的实际收益发生了变化，债券在市场上出售，那么债券价格与固定收益 553.66 美元之间的差值将被当作资本利得。

> **概念检查 14-7**
>
> 假设上述这只票面利率为 4%、到期收益率为 8%、期限为 30 年的债券，其第一年年末的到期收益率降至 7%，投资者一年后出售这只债券。如果投资者按利息收入的 38%、资本利得的 20%纳税，投资者的税后收益率是多少？

14.5　违约风险与债券定价

尽管债券通常会对投资者承诺固定的收入流，但该收入流并非没有风险，除非投资者可确认发行者不会违约。尽管美国政府债券可被视为无违约风险债券，但公司债券却不尽如此。由于利息和本金的支付在一定程度上取决于公司的最终财务状况，此类债券的实际支付存在不确定性。

债券的违约风险，通常称为**信用风险**（credit risk），由穆迪、标准普尔和惠誉进行测定。这些评级机构提供商业公司的财务信息，并对大型企业和市政债券进行质量评级。主权国家的债券存在违约风险，新兴市场国家的债券也是如此。所以，评级机构会对这些债券的违约风险进行评级。评级机构使用字母来表示公司债券和市政债券的等级，以反映对所发行债券安全性的评价。最高信用等级是 AAA 或者 Aaa，授予极少数几家公司。穆迪为每种信用等级再设定 1、2 或者 3 的后缀（如 Aaa1、Aaa2、Aaa3）以便做出更精确的等级划分。其他机构则使用“+”或者“-”的符号来做进一步的划分。

信用等级为 BBB 以及更高的债券（标准普尔、惠誉），或者等级为 Baa 以及更高的债券（穆迪）都被认为是**投资级债券**（investment-grade bond）。其他信用等级较低的债券则被称为**投机级债券**（speculative-grade bond）或**垃圾债券**（junk bond）。低信用等级债券的违约很常见。例如，被标准普尔评为 CCC 级的债券，几乎半数在 10 年内有过违约。尽管高信用等级的债券鲜有违约，但并非没有风险。例如，2001 年，世通（WorldCom）公司发行了 118 亿美元的投资级债券。但仅在一年后，该公司申请破产，债券持有人的投资损失超过了 80%。某些机构投资者，如保险公司，通常不允许购买投机级债券。图 14-8 提供了各种债券信用等级的定义。

债券等级								
	高信用		中信用		投机级		最低信用	
标准普尔	AAA	AA	A	BBB	BB	CC	C	D
穆迪	Aaa	Aa	A	Baa	Ba	Ca	C	D

穆迪和标准普尔不时对这些信用等级进行调整。标准普尔使用加减符号：A+和A-分别是A级信用中的最高级和最低级。穆迪使用1、2、3标记：1代表信用等级中的最高级

穆迪	标准普尔	
Aaa	AAA	Aaa和AAA级债券具有最高信用等级，还本付息能力最强
Aa	AA	Aa和AA级债券有很强的还本付息能力，和最高信用等级一起构成高信用等级债券
A	A	A级债券有很强的还本付息能力，尽管与最高信用等级债券相比，对经济和环境的不利影响更为敏感
Baa	BBB	Baa和BBB级债券有充分的还本付息能力。和最高信用等级债券相比，不利的经济条件或变化更有可能削弱此信用等级债券的还本付息能力。属于中信用等级债券
Ba B Caa Ca	BB B CCC CC	从还本付息能力和承担的义务来看，此类债券被认为具有明显的投机性。Ba和BB表示投机程度最低，CC和Ca则表示投机程度最高。这些债券虽然具有一定的抗风险能力，但是一旦处于不利条件中，将具有更大的不确定性和风险。部分债券可能会出现违约
C	C	此等级债券作为收入债券保留，没有利息支付
D	D	D级债券处于违约之中，利息支付或本金偿还仍在拖欠

图 14-8 债券信用等级的定义

资料来源：Stephen A. Ross and Randolph W. Westfield, *Corporate Finance*, Copyright 1988 (St. Louis: Times Mirror/Cosby College Publishing, Reproduced with permission from McGraw-Hill Education). Data from various editions of *Standard & Poor's Bond Guide* and *Moody's Bond Guide*.

14.5.1 垃圾债券

垃圾债券，也称为**高收益债券**（high-yield bond），它与投机级（低信用等级或没有信用等级）债券基本无异。在 1977 年以前，几乎所有的垃圾债券都是“堕落天使”，即公司在发

行这些债券时曾一度享有投资级的信用等级，但之后被降级。1977 年，公司开始发行“初始垃圾债券”。

这一创造大部分归功于 Drexel Burnham Lambert 和他的交易伙伴 Michael Milken。Drexel 一直津津乐道于垃圾债券的交易，并且建立了一个由潜在垃圾债券投资者组成的网络。不具备投资级的公司乐于让 Drexel（和其他投资银行）直接向公众销售它们的债券，从而开启了新的融资渠道。发行垃圾债券比从银行贷款的融资成本更低。

20 世纪 80 年代，由于被用作杠杆收购和恶意收购的融资工具，垃圾债券声名狼藉。此后不久，垃圾债券市场受挫。20 世纪 80 年代末，Drexel、Michael 与华尔街内部交易丑闻导致的司法诉讼严重影响了垃圾债券市场。

在 Drexel 处于麻烦中时，垃圾债券市场几乎全线崩溃。但是，后来垃圾债券市场相较行情最差时还是有所反弹。毋庸置疑，今天发行的垃圾债券的平均信用等级要高于 20 世纪 80 年代垃圾债券市场繁荣时期的平均信用等级。当然，在经济低迷时期，垃圾债券比投资级债券更加脆弱。在 2008—2009 年的危机中，垃圾债券的价格剧烈下降，到期收益率也相应地大幅度上升。到 2009 年年初，垃圾债券与国债之间的利差从 2007 年初期的 3%扩大到令人震惊的 19%。

14.5.2　债券安全性的决定因素

债券评级机构主要依据发行公司的一些财务比率对其所发行的债券信用状况进行评级。评价债券安全性所用的关键财务比率有以下几个。

（1）**偿债能力比率**（coverage ratio）：公司收入与固定成本之间的比率。例如，**利息保障倍数**（times interest earned ratio）是息税前利润与利息费用的比率。**固定费用偿付比率**（fixed-charge coverage ratio）是收益对所有固定现金债务的比率。其中，所有固定现金债务包括租赁和偿债基金的支付。低水平或下降的偿债能力比率意味着公司可能会有现金流困难。

（2）**杠杆比率**（leverage ratio）：债务与资本总额的比率。过高的杠杆比率表明负债过多，标志着公司将无力获取足够的利润以保证债务的安全性。

（3）**流动性比率**（liquidity ratio）：最常见的两种流动性比率是流动比率（流动资产/流动负债）以及速动比率（剔除存货后的流动资产/流动负债）。这些比率反映了公司最具流动性的资产对负债进行偿还的能力。

（4）**盈利比率**（profitability ratio）：有关资产或者权益收益率的度量指标。盈利比率是一家公司整体财务指标的指示器。资产收益率（息税前利润/总资产）是最常见的比率。具有较高资产收益率的公司，能对它的投资提供更高的期望收益，因此其在资本市场上的价值更高。

（5）**现金流负债比率**（cash flow debt ratio）：总现金流/未偿付债务。

表 14-5 是穆迪为划分公司的信用等级定期计算出来的某些比率的中值。当然，评价比率必须遵照行业标准，分析师的侧重点也不完全相同。不过，表 14-5 表明，比率随着公司信用等级提高呈现改善的趋势。

表 14-5 按信用等级划分的财务比率

	Aaa	Aa	A	Baa	Ba	B	C
EBITA/资产	12.3%	10.2%	10.8%	8.7%	8.5%	6.7%	4.1%
营业利润率	25.4%	17.4%	14.9%	12.0%	11.5%	9.0%	4.6%
EBITA/利息（乘数）	11.5	13.9	10.7	6.3	3.7	1.9	0.7
总债务/EBITDA（乘数）	1.9	1.8	2.3	2.9	3.7	5.2	8.1
总债务/(总债务+所有者权益)	35.1%	31.0%	40.7%	46.4%	55.7%	65.8%	89.3%
营运现金流/总债务	45.5%	43.4%	34.1%	27.1%	19.9%	11.7%	4.6%
留存现金流/净债务	31.4%	30.1%	27.3%	25.3%	19.7%	11.5%	5.1%

注：表中 EBITA 为利息支付、税收支付、摊销前的利润。EBITDA 为利息支付、税收支付、折旧和摊销前的利润。

资料来源：Moody´s Financial Metrics, *Key Ratios by Rating and Industry for Global Non-Financial Corporations*, December 2016.

大量研究检验了财务比率能否用于预测违约风险，其中最著名的是爱德华·奥尔特曼（Edward Altman）用于预测违约风险的分析。该方法根据公司的财务特征进行打分。分值超过临界点则认为该公司具有良好信用，低于临界点则表明该公司未来有重大违约风险。

为了举例说明这种方法，假设收集了各公司的净资产收益率（ROE）以及偿债能力比率，同时记录了各公司的破产情况。图 14-9 标出了各公司上述两个指标的情况，使用 X 表示最终破产的公司，O 表示一直有偿付能力的公司。显然，X 公司和 O 公司显示了两个指标的不同数值规律，有偿付能力的公司具有高净资产收益率和偿债能力比率。

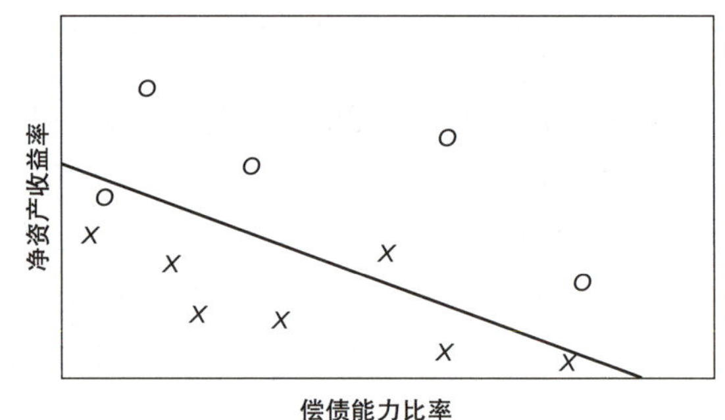

图 14-9 差异分析

图 14-9 确定了最佳区分 X 和 O 区域的直线方程。假设直线方程为 0.75 = 0.9×净资产收益率+0.4×偿债能力比率。那么，基于各公司自身的财务比率，能得到相应的 Z 值：Z = 0.9×净资产收益率+0.4×偿债能力比率。如果 Z 值超过 0.75，公司位于直线上方，被认为是安全的；反之，Z 值低于 0.75，预示着公司将面临财务困境。

奥尔特曼发现，下式最能区分安全的公司和面临财务困境的公司。

$$Z=3.1\times\frac{\text{EBIT}}{\text{资产总额}}+1.0\times\frac{\text{销售额}}{\text{资产总额}}+0.42\times\frac{\text{股东权益}}{\text{负债总额}}+0.85\times\frac{\text{留存收益}}{\text{资产总额}}+0.72\times\frac{\text{营运资本}}{\text{资产总额}}$$

其中，EBIT = 息税前利润。[⊖] Z 值在 1.23 以下表明违约风险较大，1.23～2.90 是灰色区域，Z 值在 2.90 以上的公司被认为是安全的。

14.5.3 债券契约

债券是以契约形式发行的，连接债券发行人和持有人的协议。债券的部分内容是为保护债券持有人的权利而对发行人设置的一系列限制，包括与担保、偿债基金、股利政策和后续借贷

⊖ 奥尔特曼最初的研究成果是“Financial Ratios, Discrimination Analysis, and the Prediction of Corporate Bankruptcy” *Journal of Finance* 23（September 1968）。此处这一等式源于他更新后的研究，*Corporate Financial Distress and Bankruptcy*, 2nd ed.（New York：Wiley, 1993），p. 29。奥尔特曼的分析成果在 W. H. Beaver、M. F. McNichols 以及 J. W. Rhie 的文章“Have Financial Statements become Less Informative? Evidence from the Ability of Financial Ratios to Predict Bankruptcy” *Review of Accounting Studies* 10（2005），pp. 93–122 中得到了更新与拓展延伸。

相关的条款。发行人为了将债券卖给关心其安全性的投资者，须认可这些保护性契约条款。

偿债基金　债券到期时须按面值予以偿付，而该偿付将造成发行人支付巨量的现金。为确保该支付行为不会导致现金流危机，公司需要建立**偿债基金**（sinking fund）将债务负担分散至若干年内。偿债基金可以按照以下两种方式中的一种运行。

第一，公司可每年在公开市场上回购部分未偿付的债券。

第二，公司可根据偿债基金的相关条款，以特定赎回价格购买部分未偿付的债券。

> **概念检查 14-8**
>
> 假设将一个等于流动负债/流动资产的新变量添加至奥尔特曼提出的这个公式中，请你预测一下这个变量的系数是正的还是负的。

无论哪种价格更低，公司都有权选择以市场价或者是偿债基金来购买债券。为了在债券持有人之间公平地分摊偿债基金赎回负担，公司可采用随机产生序列号的方法来选择被赎回的债券。[一]

偿债基金与常规债券的赎回在两个方面存在差别。首先，公司仅能以偿债基金赎回价格回购有限的债券。在最好的情况下，某些债券契约允许公司使用双倍期权，即允许公司以偿债基金赎回价格回购两倍于规定数量的债券。其次，偿债基金赎回价格一般设定为债券面值，而可赎回债券的赎回价格通常高于面值。

虽然从表面上看来，偿债基金更有可能偿付本金，从而保护债券持有人的利益，但是实际上，它也可能损害投资者的利益。公司选择以市场价格购回折价（低于面值出售）债券，同时行权以面值购回溢价（高于面值出售）债券。因此，如果利率下降，债券价格上涨，公司就可以按照偿债基金的规定以低于市场价格的价格回购债券，从中受益。在此情况下，公司的收益就是持有人的损失。

不要求偿债基金的债券发行称为分期还本债券发行。在分期还本债券发行中，所出售的债券的到期日是不相同的。由于债券依次到期，公司本金偿付负担随时间分散，类似于设立偿债基金。分期还本债券与偿债基金不同，避免了持有人面临特定债券被赎回的风险，但是劣势是不同到期日的债券不能互换，降低了债券的流动性。

次级额外债务　公司未偿还的债券总金额是债券安全性的决定性因素之一。如果今天购买了一只债券，到了明天，你可能会因为该公司尚未偿还的债务已经扩大 3 倍而忧虑。因为这意味着你所持有的债券较购买时信用质量降低了。为了防止公司以该方式损害债券持有人的利益，**次级条款**（subordination clause）限制了额外债务的金额。额外债务在优先权上要次于原始债务。也就是说，如果公司遭遇破产，在优先债务清偿之后，次级债务的债权人才能得到偿付。

股利限制　债券契约也限制了公司的股利支付。这些限制迫使公司留存资产而不是将其全部支付给股东，因此能对债券持有人起到一定的保护作用。一个典型的限制内容是，如果公司有史以来的股利支付超过了累计净收益与股票销售利润之和，就不得再支付股利。

抵押品　某些债券的发行以特定的抵押品为基础。**抵押品**（collateral）可以有多种形式。抵押品是指，如果公司出现违约，债券持有人可以得到的公司的某一特定资产。如果抵押品是公司实物资产，则该债券称为抵押债券。如果抵押品以公司其他有价证券的形式出现，则该债券被称为**抵押信托债券**（collateral trust bond）。如果抵押品是设备，则该债券被称为**设备合约债**

[一] 虽然不太常见，偿债基金也可能要求定期向受托人支付款项。这些款项被投资，以便累积的总额可以在到期时用于全部债券的偿还。

券（equipment obligation bond），这种形式的抵押品，最常见于设备高度标准化的公司，如铁路公司等。如果公司违约，债券持有人追讨抵押品时，很容易将这些设备出售给其他公司。

抵押债券通常被认为比**信用债券**（debenture bond）安全，信用债券无须提供特定抵押品，其信用风险完全取决于公司的获利能力。如果公司违约，信用债券的持有人则成为普通债权人。由于抵押债券的安全性更高，其提供的收益率较一般信用债券低。

图 14-10 展示了苹果公司 2015 年发行的 65 亿美元债券的核心条款。针对每一项条款，本书添加了一些注释。

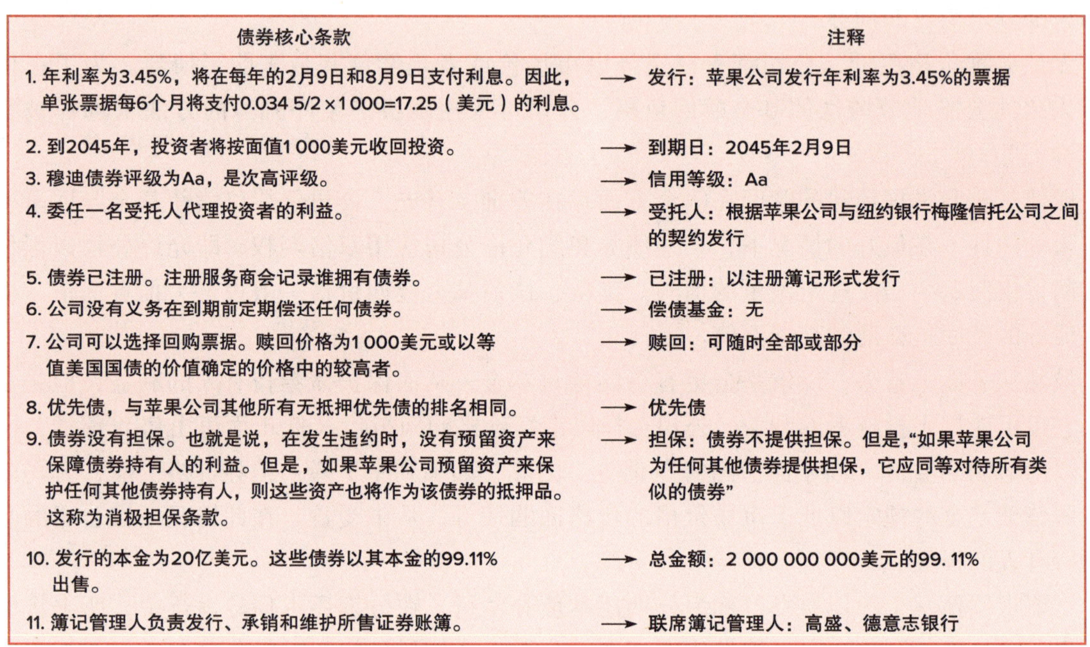

债券核心条款	注释
1. 年利率为3.45%，将在每年的2月9日和8月9日支付利息。因此，单张票据每6个月将支付0.034 5/2 ×1 000=17.25（美元）的利息。	→ 发行：苹果公司发行年利率为3.45%的票据
2. 到2045年，投资者将按面值1 000美元收回投资。	→ 到期日：2045年2月9日
3. 穆迪债券评级为Aa，是次高评级。	→ 信用等级：Aa
4. 委任一名受托人代理投资者的利益。	→ 受托人：根据苹果公司与纽约银行梅隆信托公司之间的契约发行
5. 债券已注册。注册服务商会记录谁拥有债券。	→ 已注册：以注册簿记形式发行
6. 公司没有义务在到期前定期偿还任何债券。	→ 偿债基金：无
7. 公司可以选择回购票据。赎回价格为1 000美元或以等值美国国债的价值确定的价格中的较高者。	→ 赎回：可随时全部或部分
8. 优先债，与苹果公司其他所有无抵押优先债的排名相同。	→ 优先债
9. 债券没有担保。也就是说，在发生违约时，没有预留资产来保障债券持有人的利益。但是，如果苹果公司预留资产来保护任何其他债券持有人，则这些资产也将作为该债券的抵押品。这称为消极担保条款。	→ 担保：债券不提供担保。但是，"如果苹果公司为任何其他债券提供担保，它应同等对待所有类似的债券"
10. 发行的本金为20亿美元。这些债券以其本金的99.11%出售。	→ 总金额：2 000 000 000美元的99. 11%
11. 簿记管理人负责发行、承销和维护所售证券账簿。	→ 联席簿记管理人：高盛、德意志银行

图 14-10　苹果公司 2015 年发行的债券的核心条款

14.5.4　到期收益率与违约风险

公司债券存在违约风险，所以必须分清债券承诺到期收益率与期望到期收益率。承诺的或者规定的收益率，只有在公司履行债券发行责任时才能兑现。因此，承诺到期收益率是债券的最大可能到期收益率，而期望到期收益率必须要考虑公司违约的可能性。

例如，在 2008 年 10 月金融危机最严重的时候，福特汽车公司陷入困境，其在 2028 年到期的债券被评为 CCC 等级，并按照其面值的 33%进行销售，该债券到期收益率为 20%。投资者并不真的相信这些债券的期望到期收益率为 20%。他们意识到，债券持有人将不能获得债券合同中承诺的所有款项，并且期望现金流的收益率远低于承诺现金流的收益率。事实证明，福特汽车公司经受住了"暴风雨"，购买其债券的投资者得到了非常可观的收益：这笔债券在 2018 年年末的销售价格约为面值的 108%，是其在 2008 年价值的 3 倍以上。

【例 14-13】　期望到期收益率与承诺到期收益率

假设某公司 20 年前发行了票面利率为 9% 的债券，还有 10 年到期，公司正面临财务困境，但投资者相信公司有能力偿还未付利息。然而，到期日时公司被迫破产，债券持有人只能收回面值的 70%，债券以 750 美元出售。

到期收益率可以使用以下输入变量计算：

	期望到期收益率	承诺到期收益率		期望到期收益率	承诺到期收益率
利息支付	45 美元	45 美元	最终偿付	700 美元	1 000 美元
半年期期数	20 期	20 期	价格	750 美元	750 美元

基于承诺支付的到期收益率为 13.7%。然而，基于到期日 700 美元的期望支付所计算的到期收益率仅为 11.6%。承诺到期收益率高于投资者的期望到期收益率。

例 14-13 表明，当债券存在更大的违约风险时，其价格将降低，其承诺到期收益率将上升。违约溢价，即承诺到期收益率与可比的国库券收益率之差将上升。期望到期收益率由于最终取决于债券的系统性风险，所受影响很小。下面讨论例 14-14。

【例 14-14】 违约风险和违约溢价

假设例 14-13 中公司的情况继续恶化，投资者现在认为，在债券到期时，仅可获得其面值的 55%的偿付。现在投资者要求有 12%的期望到期收益率（即每半年为 6%），比例 14-13 中高 0.4%。但债券价格将从 750 美元跌至 688 美元（在计算器中输入 n = 20，i = 6，FV = 550，PMT = 45）。但该价格下，基于承诺现金流规定的到期收益率为 15.2%。当期望到期收益率增加 0.4%时，债券价格下跌所导致的承诺到期收益率上升 1.5%。

为了补偿违约发生的可能性，公司债券必须提供**违约溢价**（default premium）。违约溢价又称为信用价差，是公司债券的承诺收益率与类似的无违约风险的政府债券收益率之差。如果公司有偿付能力且实际上支付给了投资者所有承诺的现金流，投资者可以获得比政府债券更高的到期收益率。但是，如果公司破产，公司债券的收益率就有可能比政府债券更低。公司债券与无违约风险的政府债券相比，可能有更高或者更低的收益率。换言之，公司债券更具有风险性。

风险债券的违约溢价模式有时候被称为利率的风险结构。违约风险越大，违约溢价越高。图 14-11 为不同风险等级债券的违约溢价，即公司债券与政府债券（这里是指 10 年期国债）的收益率之差。比如，可以注意到，在 2008—2009 年金融危机期间，违约溢价不可思议地升高了很多。

概念检查 14-9

如果公司的状况进一步恶化，投资者期望的最终偿付金额仅为 500 美元，债券价格跌至 650 美元，例 14-14 中的期望到期收益率将如何变化？

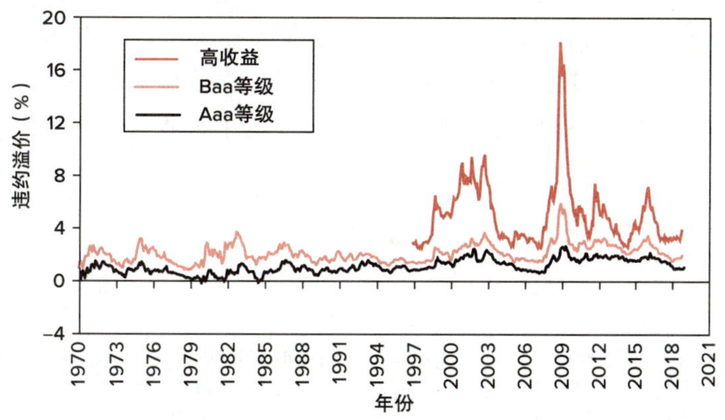

图 14-11 不同风险等级的公司债券与 10 年期国债的收益率之差

资料来源：Federal Reserve Bank of St. Louis.

14.5.5 信用违约互换

信用违约互换（credit default swap，CDS）实际上是对债券或者贷款违约风险的保险政策。CDS 卖方收取合同期限内的年度“保费”，但必须在违约时补偿买方的债券价值损失。[㊀]例如，随着希腊政府债务负担不断加剧，2010 年的 5 年期希腊国债的 CDS 年度“保费”费率约为 3%，这意味着 CDS 买方将向卖方每 100 美元的债券本金支付 3 美元的年度“保费”。相比之下，财政实力雄厚的德国政府的 5 年期债券的 CDS 年度“保费”费率不到 0.5%。

在最初的设想中，CDS 的设计是为了让债权人为违约风险购买保护。CDS 的天然购买人是大规模债券的持有人或者是为了增加未偿还贷款信誉的银行。即使借款方的信誉不可靠，“被保险”的债务依然与 CDS 的发行人一样安全。持有 BB 级债券的投资者实际上可以通过购买 CDS 将债券的评级提高到 AAA。

这种解读也表明了 CDS 合约的定价机制。如果一只 BB 级的公司债券通过 CDS 保险后等同于 AAA 级债券，互换的溢价也应该大致等于 AAA 级债券与 BB 级债券的利差。[㊁]利率的风险结构与 CDS 的价格应该紧密结合。

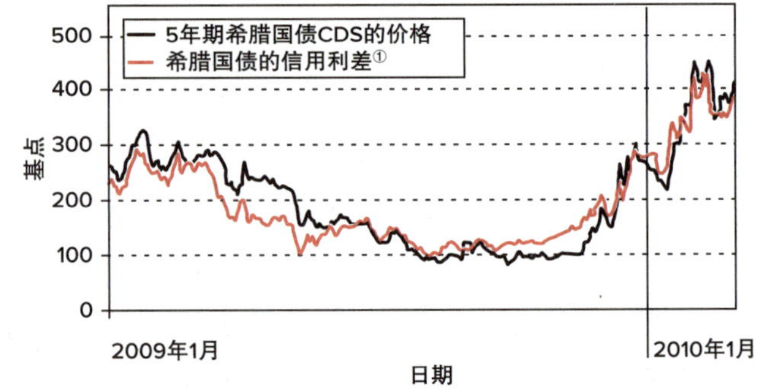

图 14-12 希腊国债的信用利差与希腊国债 CDS 的价格

① 5 年期希腊国债与“无风险基准”的信用利差。

资料来源：Bloomberg，August 1，2012，http://www.bloomberg.com/quote/CDBR1U5:IND/chart.

图 14-12 显示了 2009 年至 2010 年 5 年期希腊国债的 CDS 合约价格以及希腊国债和德国国债收益率之间的价差。作为欧元区最强劲的经济体，德国发行的债券自然是扮演“无风险基准”角色的不二之选。正如预期的那样，信用利差和 CDS 的价格几乎走势一致。

你可以看到，信用利差和 CDS 的价格在 2009 年年底都开始急剧增长。随着人们对希腊信用风险的认识增加，CDS 的价格也随之增加。最终，在有史以来最大的主权债务违约中，债权人同意在 2012 年减少希腊债务约 1 300 亿美元。

CDS 合约以公司债务和主权债务进行交易。尽管 CDS 早期被视为一种债券保险，但不久之后，投资者意识到可以将其用于推测特定发行人的财务状况。例如，有投资者在 2008 年年初预测金融危机即将到来，便购买了抵押债券的 CDS 合约以及金融公司的债务，并因为 CDS 的价格随后在 9 月份飙升而获利。实际上，对冲基金经理约翰·保尔森（John Paulson）就是这样做的。在 2007—2008 年，他动用超过 150 亿美元的资金对商业银行、华尔街公司以及一些发行较高风险的抵押贷款支持证券的公司的看跌押注，最终他的个人收益超过了 37 亿美元。

CDS、系统性风险以及 2008—2009 年金融危机

当银行与金融机构之间的借贷失灵后，2008—2009 年的金融危机在很大程度上是透明度的

㊀ 实际上，CDS 在没有实际违约的时候也可能兑付。合约注明了特定的“信用事件”将会引发兑付。例如，重组（作为正式破产程序的替代方案，改变公司未偿还债务的条款）可以被认为是引发了“信用事件”。

㊁ 这大概是因为高信用等级债券和通过 CDS 保险后的债券有些差异。例如，CDS 的期限与债券的期限不匹配。债券的利息支付与 CDS 支付的税收待遇可能不同，不同债券之间的流动性也可能有差异。最后，一些 CDS 可能除了要交年度保费外，还要支付一笔一次性的前期费用。

危机。最大的问题是人们对交易对手方的财务状况普遍缺乏信心。如果一家机构对对手方的偿付能力没有信心，那其不愿意借贷给对手方是可以理解的。当人们对客户和交易伙伴风险敞口的怀疑升到了自大萧条之后的最高水平时，借贷市场枯竭了。

CDS 增加了对对手方可靠度的怀疑。截至 2008 年 8 月，据报道，有 63 万亿美元的 CDS 未偿付（作为比较，美国 2008 年的国内生产总值为 14 万亿美元）。随着次级房贷市场崩溃，经济陷入深度衰退，这些合约的潜在约定兑付金额激增至不可想象的地步，CDS 的卖方遵守承诺的能力也开始变得令人怀疑。例如，仅大型保险公司 AIG 一家就卖出了 4 000 亿美元的次级房贷和其他贷款的 CDS 合约，AIG 距离无法偿付仅“一步之遥”。但是 AIG 的破产可能会导致那些依赖其规避贷款违约风险承诺的公司破产。这些又会导致更多的违约。最后，政府被迫出手拯救 AIG，以避免 AIG 违约的连锁反应。

对手方风险和松散的信息披露要求使得梳理公司的信用风险敞口在实践中变得不可能。一个问题是 CDS 头寸并不一定需要计入资产负债表。一个违约引起一连串的其他违约意味着债权人有可能面临的违约机构并不是他直接交易的对手方。这种连锁反应制造了系统性风险，这将导致整个金融体系崩溃。随着违约的“涟漪”作用扩展到越来越大的范围，借钱给任何对手方都是一种不谨慎的行为。

在信贷危机后，《多德-弗兰克法案》呼吁实施新的法规及改革。一个建议是建立信用衍生品（如 CDS 合约）的中央对手方。这种体系将促进持仓的透明度，用集中清算的净头寸代替交易员互相抵消的正反两方头寸，这要求每日识别保证金账户或者担保账户的头寸损益。如果损失上升，持仓将会在上升至不可承受的水平之前放松。允许交易员准确评估交易对手方风险，并通过保证金账户和中央对手方的额外支持限制风险，可以在很大程度上限制系统性风险。

14.5.6 信用风险与担保债务凭证

担保债务凭证（collateralized debt obligation，CDO）是固定收益市场重置信用风险的主要机制。要想创建一个 CDO，一家金融机构（通常是一家银行）通常首先建立一个合法的独特主体，来购买并在随后卖出一组债券和其他贷款的组合资产。为这一目的而建立的独特主体就是结构投资载体（SIV）[㊀]。结构投资载体通常通过发行短期融资券进行融资，并用于购买公司债券及其他债务（包括按揭贷款或信用卡债务）。这些贷款首先被聚集在一起，并被分割成一系列的载体，也就是我们所知的“份额”。

每一份额都拥有不同程度的对未偿还贷款池的追索权，并且每一份额都可以作为独立证券单独出售。当未偿还贷款池中的贷款支付利息时，这些利息会依据每一份额的优先权支付。这一优先权结构表明每一份额都有不同的信用风险敞口。

图 14-13 展示了一个典型的结构。高级份额在最顶部。投资者对整个贷款池中的本金的 70%~90%负有责任，但是他对债务的全部条款有第一追索权。依据我们的数据，即使贷款池中的本金的 20%发生违约，高级份额仍然会被全部偿还。一旦高级份额得到偿付，较低级（例如图 14-13 中的夹层 1 部分）份额将得到贷款池的资金，直到其被全部偿还。运用较低级份额来

㊀ 将结构投资载体从所属银行披露的资产负债表中去除的行为是合法的，银行以此来避免可能遇到的资本要求。

隔离较高级份额以使其降低信用风险，即使是一个垃圾债券组合，我们也可以从中设立一只Aaa级别的债券。

		优先-次级部分结构	典型条款
		高级份额	70%~90%的本金，票面利率接近于Aa-Aaa级别债券
		夹层1	5%~15%的本金，投资级别债券
银行	结构投资载体		
		夹层2	5%~15%的本金，质量相对较高的垃圾债券
		第一损失/残值	<2%的本金，无评级，票面利率有20%的信用利差

图 14-13 CDO

当然，使高级份额隔离于违约风险之外意味着风险积聚在较低级份额。底部（也被称为第一损失/残值）最后享有贷款池的偿付，或者换一种说法，底部是最先承担违约风险的。

这并不奇怪，投资于具有最大风险敞口部分的投资者要求最高的收益。因此，虽然较低级份额和底部承担了大量风险，但如果信用状况良好，它们将会提供最高的收益。

抵押贷款支持的CDO在2007—2009年是一个投资灾难。这类CDO是通过聚集发放给个人的（这些人的信用条件通常不足以申请常规贷款）次级贷款衍生的。住房价格在2007年下跌，而这种典型的可调整利率的贷款将利率重置至市场利率水平，贷款逾期和房屋没收拍卖猛增，这类债券的投资者损失了数十亿美元。即使是高级份额也遭受了巨大损失。

理所当然地，将这些份额评为投资级的评级机构成为众矢之的。一个有关利益纠葛的问题出现了：债券发行人向评级机构付费以获得债券的评级，这些评级机构被指控迫于压力放松了评级标准。

虽然CDO的发行量在金融危机后急剧下降，但后来又有了回升。后来发行的CDO通常看起来比金融危机前的同类产品更安全。《多德-弗兰克法案》要求CDO发行人保留基础投资组合的很大一部分信用风险。这一要求迫使发行人限制信用风险，而不是简单地将其推给投资者。此外，根据巴塞尔协议，银行有义务持有更多的资本以应对各种损失造成的风险。最后，今天的CDO不太可能持有次级住房抵押贷款，而更可能持有杠杆率较低的高评级证券。

小结

1. 固定收益证券的特征是向投资者承诺支付一笔固定收入或特定的收入流。附息债券是典型的固定收益证券。
2. 中长期国债的期限超过一年。它们按照或接近于面值发行，其报价扣除了应计利息。
3. 可赎回债券应提供更高的承诺到期收益率，以补偿投资者在利率下降和债券以规定的赎回价赎回时所遭受的资本利得损失。债券发行时，通常有一个赎回保护期。此外，折价债券以远低于赎回价的价格销售，提供了隐含的赎回保护。
4. 可回卖债券赋予债券持有人而不是发行人以终止或延长债券期限的权利。
5. 可转换债券的持有人可自行决定是否要将手中的债券换成一定数量的股票，可转换债券持有人以较低的票面利率作为代价来获得这一权利。
6. 浮动利率债券支付的票面利率高出短期参考利率某一固定溢价。因为票面利率与当前市场状况紧密相连，所以风险是有限的。
7. 到期收益率是使债券现金流的现值与其价格相等的单利。债券价格与收益率负相关。对于溢价债券而言，票面利率高于当期收益率，而当期收益率则高于到期收益率。

对于折价债券而言，顺序正好相反。

8. 到期收益率常常被解释为投资者购买并持有一种债券直至到期的平均收益率的估计，但这个解释不够精确。与此相关的指标有赎回收益率、已实现的复合收益率和期望（或承诺）到期收益率。

9. 零息债券的价格随时间变化而指数级上升，它提供了一个与利率相等的增值率。美国国税局将这种价格升值视为投资者的应税利息收入。

10. 当债券存在违约可能性时，承诺到期收益率就是债券持有人可能获得的最高到期收益率。但当违约发生时，这一承诺的收益率便无法实现，因此债券必须提供违约溢价来补偿投资者所承担的违约风险，违约溢价为超出无违约风险的政府债券的承诺收益率的部分。

11. 我们通常使用财务比率来分析债券的安全性。债券契约是保护持有人权利的保障措施。常见的契约，对于偿债基金的相关要求、贷款的抵押、股利限制以及次级额外债务等都做出了规定。

12. CDS 为债券和贷款的违约提供了保险。CDS 的购买者向出售者支付年度保费。如果随后贷款违约，购买者将会获得与损失金额相等的赔付金额。

13. CDO 用于重新配置贷款池的信用风险。贷款池被分割成不同的份额，每一份额根据对未偿还贷款的现金流的追索权不同而被分配了不同的优先级。高级份额通常很安全，信用风险积聚在较低级份额。每一份额都可以作为独立债券出售。

习题

1. 解释下列类型的债券。
   - a. 巨灾债券。
   - b. 欧洲债券。
   - c. 零息债券。
   - d. 武士债券。
   - e. 垃圾债券。
   - f. 可转换债券。
   - g. 分期还本债券。
   - h. 设备合约债券。
   - i. 最初发行的折价债券。
   - j. 指数债券。
   - k. 可赎回债券。
   - l. 可回卖债券。

2. 两只债券有相同的期限和票面利率。一只债券的价格为 105 美元，可赎回；另一只债券的价格为 110 美元，不可赎回。哪一只债券的到期收益率更高？为什么？

3. （无违约风险的）零息债券的承诺到期收益率和已实现的复合收益率永远相等。为什么？

4. 为什么当利率上升时债券价格会下降？难道债权人不喜欢高利率吗？

5. 一只债券的年票面利率是 4.8%，卖价为 970 美元，债券的当期收益率是多少？

6. 以下哪只债券的实际年利率更高？
   - a. 面值为 100 000 美元，售价为 97 645 美元的 3 个月短期国库券。
   - b. 以面值出售，半年付息一次，票面利率为 10% 的债券。

7. 按面值出售，票面利率为 8%，半年付息一次的长期国债，如果一年付息一次，而且仍按面值出售，则票面利率应为多少？（提示：实际年收益率为多少？）

8. 假设一只债券的票面利率为 10%，到期收益率为 8%。如果到期收益率保持稳定，那么在一年内，债券的价格是会升高、降低还是不变？为什么？

9. 假设一只债券，票面利率为 8%，剩余期限为 3 年，每年付息一次，卖价为 953.10 美元。接下来 3 年的利率确定是：$r_1=8\%$，$r_2=10\%$，$r_3=12\%$。计算到期收益率和已实现的复合收益率。

10. 假设投资者有一年的投资期限，试图在三种债券之间进行选择。三种债券都有相同的违约风险，剩余期限都是 10 年。第一种是零息债券，到期支付 1 000 美元；第二种是票面利率为8%，每年支付80美元利息的债券；第三种是票面利率为10%，每年支付100美元利息的债券。

a. 如果三种债券都有8%的到期收益率，它们的价格分别是多少？

b. 如果投资者预期在下年年初到期收益率为8%，则那时这三种债券的价格各为多少？每种债券税前持有期收益率是多少？如果投资者的税收等级是：普通收入税率为30%，资本利得税率为20%，则每一种债券的税后收益率各为多少？

c. 假设投资者预计下一年年初每种债券的到期收益率为7%，重新回答问题b。

11. 一只20年期、面值为1 000美元的债券，每半年付息一次，票面利率为8%，如果债券价格是以下三种情况，则其等价年到期收益率和有效年到期收益率分别为多少美元？

a. 950美元。　b. 1 000美元。

c. 1050美元。

12. 使用相同的数据，只是将每半年付息一次改为每年付息一次，重新回答第11题，并回答为什么这种情况获得的收益率低。

13. 以下是面值为1 000美元的零息债券，补全此表的空白内容。

价格（美元）	期限（年）	债券等价到期收益率（%）
400	20	____
500	20	____
500	10	____
____	10	10
____	10	8
400	____	8

14. 一只债券的年票面利率为10%，半年付息一次，市场利率为每半年4%，债券剩余期限为3年。

a. 计算目前的债券价格，以及下一次付息后（距现在6个月）的债券价格。

b. 该债券（6个月中）的总收益率是多少？

15. 一只债券的票面利率为7%，每年付息两次（每年的1月15日和7月15日付息），1月30日，《华尔街日报》刊登了此债券的卖方报价是100.125美元，则此债券的全价是多少？付息周期为182天。

16. 一只债券的当期收益率是9%，到期收益率是10%。问此债券的售价高于还是低于面值？并说明理由。

17. 第16题中的债券的票面利率高于还是低于9%？

18. 参考表14-1，此表显示了通货膨胀保值债券的现金流，回答下列问题。

a. 第二年债券的名义收益率是多少？

b. 第二年债券的实际收益率是多少？

c. 第三年债券的名义收益率是多少？

d. 第三年债券的实际收益率是多少？

19. 一种新发行的20年期的零息债券，到期收益率为8%，面值为1 000美元，计算存续期的第一年、第二年与最后一年的利息收入。

20. 一种新发行的10期债券，票面利率为4%，每年付息一次，公开发售价格为800美元，投资者下一年的应税收入是多少？此债券在年末不出售，并按照最初发行的折价债券对待。

21. 一只30年期、票面利率为7%、半年付息一次的债券5年后可按照1 100美元的价格赎回。此债券现在以6%的到期收益率出售（每半年3%）。

a. 赎回收益率是多少？

b. 如果赎回价格仅为1 050美元，则赎回收益率是多少？

c. 如果赎回价格仍为1 100美元，但是债券可以在2年后而不是5年后被赎回，则赎回收益率是多少？

22. 一个有严重财务危机的企业发行的10年期债券，票面利率为14%，售价为900欧元，此企业正在与债权人协商，债权人有望同意把企业应该支付的利息减至原合同金额的一半，这样企业可以降低利息支出。此债券的承诺到期收益率和期望到期收益率各是多少？此债券每年付息一次。

23. 一只 2 年期债券，面值为 1 000 美元，每年的利息为 100 美元，售价为 1 000 美元。债券的到期收益率是多少？在第二年的一年期利率分别为 8%、10%、12% 三种情况下，已实现的复合收益率将分别是多少？

24. 假定今天是 4 月 15 日，现在有一只票面利率为 10% 的债券，分别在每年的 1 月 15 日和 7 月 15 日各付息一次。《华尔街日报》刊登的卖方报价为 101.25 美元。如果投资者今天从交易商处购得这只债券，购买价格将是多少？

25. 假定两公司发行的债券有如下特征，且以面值发行。

	ABC 债券	XYZ 债券
发行金额	12 亿美元	1.5 亿美元
期限	10 年①	20 年
票面利率	6%	7%
抵押品	一级担保	普通信用债券（无特定抵押物）
赎回条款	不可赎回	10 年后可赎回
赎回价格	无	110 美元
偿债基金	无	5 年后开始

① 债券持有人可自行选择另外延长 10 年有效期。

不考虑债券的信用等级，找出 4 个能说明 ABC 债券低票面利率的原因，并解释你为何选这 4 个原因。

26. 一位投资者相信某债券的信用风险可能暂时有所提高。下面哪一个行为是利用这一点最容易获得收益的方法？
   a. 购买 CDS。
   b. 卖出 CDS。
   c. 卖空债券。

27. 以下哪一点最准确地描述了 CDS 的性质？
   a. 当信用风险上升时，互换溢价上升。
   b. 当信用风险和利率风险上升时，互换溢价上升。
   c. 当信用风险上升时，互换溢价上升，但是当利率风险上升时，互换溢价下降。

28. 以下哪个情况最有可能影响债券的到期收益率？
   a. 发行公司的利息保障倍数上升。
   b. 发行公司的债务股本比上升。
   c. 发行公司的速动比率上升。

29. 一家大公司 5 年前同时发行了固定利率和浮动利率的两种商业票据，其数据如下。

	票面利率为 6%的商业票据	浮动利率商业票据
发行金额	2.5 亿美元	2.8 亿美元
初始期限	20 年	15 年
现价（面值的百分比，%）	93	98
当期票面利率	6%	4%
票面利率调整	固定利率	每年调整
票面利率调整规则	—	一年期国库券利率上浮 2%
赎回条款	发行后 10 年	发行后 10 年
赎回价格	106 美元	102.5 美元
偿债基金	无	无
到期收益率	6.9%	—
发行后价格变化范围	85 ~ 112 美元	97 ~ 102 美元

   a. 为什么票面利率为 6% 的商业票据的价格波动幅度大于浮动利率商业票据？
   b. 解释浮动利率商业票据为什么不按面值出售。
   c. 对投资者而言，为什么说赎回价格对浮动利率商业票据并不重要？
   d. 对于固定利率商业票据而言，提前赎回的可能性是高还是低？
   e. 如果公司发行期限 15 年的固定利率商业票据，以面值发行，则票面利率是多少？
   f. 对于浮动利率商业票据而言，为什么用一种确定的方法计算到期收益率是不合适的？

30. FinCorp 公司发行两种 20 年期债券，赎回价格均为 1 050 美元。第一种债券的票面利率是 4%，以较大的折扣出售，售价 580 美元，到期收益率为 8.4%。第二种债券按照面值平价出售，票面利率为 8.75%。
    a. 平价债券的到期收益率是多少？为什么会高于折价债券？
    b. 如果预期利率在此后的两年中大幅度下跌，投资者会选择哪种债券？
    c. 为什么折价债券提供了某种意义上的"隐形赎回保护"？
31. 一只新发行债券每年付息一次，票面利率为 5%，期限为 20 年，到期收益率为 8%。
    a. 投资期限为 1 年，如果债券在年底时以到期收益率为 7% 的价格出售，则持有期收益率是多少？
    b. 如果债券在一年后出售，利息收入的税率是 40%，资本利得的税率是 30%，那投资人应缴多少税？债券享有原始发行折价税收政策。
    c. 债券的税后持有期收益率是多少？
    d. 持有期为 2 年，计算已实现的复合收益率（税前），假设：①2 年后卖出债券；②第 2 年年末债券的收益率为 7%；③利息可以以 3% 的利率再投资一年。
    e. 用 b 中的税率计算 2 年后已实现的复合收益率（税后），记得考虑原始发行折价税收政策。

CFA 考题

1. Leaf Product 公司发行了一只 10 年期的固定收益证券，可能包含偿债基金、赎回保护或者重新注资条款。
    a. 描述偿债基金条款。
    b. 解释偿债基金对以下两方面的影响：
        i. 该证券的预期平均期限。
        ii. 该证券在存续期内面值和利息收益的总金额。
    c. 从投资者的角度，解释偿债基金存在的合理性。
2. Zello 公司的债券的面值为 1 000 美元，以 960 美元出售，5 年后到期，年票面利率为 7%，半年付息一次。
    a. 计算：
        i. 当期收益率。
        ii. 到期收益率（四舍五入到最接近的整数百分比，如 3%、4%、5% 等）。
        iii. 持有期为 3 年，再投资收益率为 6%，在第 3 年年末，此债券将以 7% 的收益率出售。投资者已实现的复合收益率为多少？
    b. 指出以下固定收益证券测度指标的主要缺陷：
        i. 当期收益率。
        ii. 到期收益率。
        iii. 已实现的复合收益率。
3. 2020 年 5 月 30 日，Janice Kerr 正在考察新发行的 AAA 级公司的 10 年期债券，具体情况如下。

债券情况	票面利率	价格	赎回条款	赎回价格
Sentinal，2030 年 5 月 30 日到期	4.00%	100	不可赎回	无
Colina，2030 年 5 月 30 日到期	4.20%	100	当前可赎回	102

    a. 假设市场利率下降 100 个基点（即 1%），比较该利率下降对每一债券价格的影响。
    b. 当预期利率上升时，Kerr 会选择债券 Colina 还是 Sentinal？当预期利率下降时呢？
4. 一只可转换债券的相关信息如下所示。试计算该债券的转换溢价。

票面利率	5.25%
到期日	2030 年 6 月 15 日
债券市场价格	77.50 美元
普通股股价	28 美元
年股利	1.2 美元
转换率	20.83 股

5. a. 试说明在发行一只债券时，附加提前赎回条款对债券的收益率会产生什么影响。
   b. 试说明在发行一种债券时，附加提前赎回条款对债券的预期期限会有什么影响。
   c. 试说明可赎回债券相较于不可赎回债券，有何优缺点。
6. a. 如果要使附息债券能够提供给投资者的收益率等于购买时的到期收益率，那么以下哪种说法是正确的?
      ⅰ. 该债券不得以高于面值的价格提前赎回。
      ⅱ. 在该债券的存续期内，所有偿债基金的款项必须及时支付。
      ⅲ. 在债券持有至到期期间，再投资利率等于债券的到期收益率。
      ⅳ. 以上均是。
   b. 对于具有赎回特征的债券，以下哪种说法是正确的?
      ⅰ. 很有吸引力，因为投资者可以立即得到本金加上溢价，从而获得高收益。
      ⅱ. 当利率较高时，发行人更倾向于执行赎回条款，因为可以节省更多的利息支出。
      ⅲ. 相对于不可赎回的类似债券而言，可赎回债券通常有一个更高的收益率。
      ⅳ. 以上均不对。
   c. 在下面哪一种情况下，债券会以折价方式卖出?
      ⅰ. 票面利率大于当期收益率，也大于到期收益率。
      ⅱ. 票面利率、当期收益率和到期收益率相等。
      ⅲ. 票面利率小于当期收益率，也小于到期收益率。
      ⅳ. 票面利率小于当期收益率，但大于到期收益率。
   d. 考虑一只 5 年期债券，票面利率为 10%，目前的到期收益率为 8%，如果利率保持不变，一年后此债券的价格会怎样?
      ⅰ. 更高。
      ⅱ. 更低。
      ⅲ. 不变。
      ⅳ. 等于面值。

概念检查答案

14-1 不可赎回债券将以较高的价格出售。因为如果投资者知道公司保留了在市场利率下降时赎回债券的权利，他们就不愿意仍以与原来价格相同的价格购买该债券。

14-2 在半年期利率为 3% 的情况下，债券价格 = 40×年金因子（3%，60）+1 000×贴现因子（3%，60）= 1 276.76 美元，资本利得为 276.76 美元，超过了当半年期利率增长到 5% 时的资本损失 189.29（=1 000−810.71）美元。

14-3 到期收益率高于当期收益率，又高于票面利率。以一只期限为 30 年、票面利率为 8%、到期收益率为 10%（半年为 5%）的付息债券为例。其价格为 810.71 美元，因此当期收益率为 80/810.71 ≈ 0.098 7，即 9.87%，高于票面利率，但低于到期收益率。

14-4 a. 票面利率为 6% 的债券，现值 = 30×年金因子（3.5%，20）+1 000×贴现

因子（3.5%，20）= 928.94 美元。如果利率立刻降至 6%（半年为 3%），则债券价格将涨至 1 000 美元。资本利得为 71.06 美元。票面利率为 8%的债券，现值 = 1 071.06 美元，如果利率降至 6%，则原定支付的资金的现值变为 1 148.77 美元，然而，该债券将会以 1 100 美元的价格被赎回，资本利得仅为 28.94 美元。

b. 债券的现值可以由到期收益率推导出来。使用计算器，设定：n = 40（每半年付息一次，付息 40 次），PMT = 45（每次支付利息 45 美元），FV = 1000（终值为 1 000 美元），i = 4（半年期利率为 4%）。计算现值为 1 098.96 美元。现在可以计算赎回收益率。赎回期为 5 年，或 10 个半年，债券的赎回价格为 1 050 美元。为了算出赎回时的收益率，设定：n = 10（每半年付息一次，付息 10 次），PMT = 45（每次支付利息 45 美元），FV = 1050（终值为 1 050 美元），PV = 1 098.96（现值为 1 098.96 美元）。计算赎回收益率为 3.72%。

14-5 价格 = 70×年金因子（8%，1）+1 000×贴现因子（8%，1）= 990.74（美元）

$$投资者的收益率=\frac{70+(990.74-982.17)}{982.17}=0.080=8\%$$

14-6 到了第一年年末，剩余期限为 29 年。如果到期收益率仍为 8%，债券将以面值出售，其持有期收益率仍为 8%。到期收益率较高时，债券价格和持有期收益率将降低。例如，假设到期收益率增加到 8.5%，年利息支付金额为 80 美元，面值为 1 000 美元的情况下，债券价格将等于 946.70 美元（金融计算器的相关输入数据为 n = 29，i = 8.5，PMT = 80，FV = 1000）。该债券在年初开始出售时，其价格为 1 000 美元，则持有期收益率为

$$持有期收益率=\frac{80+(946.70-1\,000)}{1\,000}=0.026\,7 或 2.67\%$$

持有期收益率低于 8%的初始收益率。

14-7 在到期收益率降至 7%的条件下，债券价格为 631.67 美元（金融计算器的相关输入数据为 n = 29，i = 7，PMT = 40，FV = 1000），因此，我们可以按以下步骤求得税后收益率。

$$利息=40\times(1-0.38)=24.80(美元)$$

$$应计利息=(553.66-549.69)\times(1-0.38)=2.46(美元)$$

$$资本利得=(631.67-553.66)\times(1-0.20)=62.41(美元)$$

$$税后总收入=24.80+2.46+62.41=89.67(美元)$$

$$税后收益率=89.67\div549.69=0.163 或 16.3\%$$

14-8 系数为负。流动负债/流动资产的值较高对公司来说不好，通常会降低公司的信用等级。

14-9 每次利息支付为 45 美元，有 20 个半年期。假定最后一笔支付为 500 美元。期望现金流的现值为 650 美元，期望到期收益率为每半年 6.317%，或每年 12.63%。

第 15 章

利率期限结构

在第 14 章中，出于简化的目的，我们假设相同的利率适用于贴现任何到期的现金流。然而，实际情况很少如此。例如，2018 年年底，短期债券和中期债券的到期收益率约为 2.9%，而长期债券的收益率约为 3.4%。无论在何时对这些债券报价，较长期的债券都具有更高的收益率。实际上，这是一种典型的模式，正如我们接下来将看到的，债券剩余期限和到期收益率之间的关系在不同时期会有截然不同的表现。本章将探讨不同期限资产的利率模型，力图找出影响该模型的各种因素，并从所谓的**利率期限结构**（term structure of interest rate，即不同期限债券贴现现金流的利率结构）中挖掘出起关键性作用的因素。

本章还展示了国库券的价格是如何从零息债券的价格和收益率中推导而来的，还研究了利率期限结构在多大程度上揭示了市场对未来利率的共识预测，以及利率风险的存在如何影响这些预测。最后，本章展示了交易员如何利用利率期限结构计算代表“远期”或递延贷款的远期利率，并研究远期利率与未来利率之间的关系。

15.1 收益率曲线

在第 14 章中，图 14-1 表明，虽然相似期限债券的到期收益率相当接近，但它们确实存在差异。债券价格与收益率之间的关系可阐述为：长期限债券将比短期限债券以更高收益率出售。从业者通常将收益率和期限之间的关系用**收益率曲线**（yield curve）来表示，这是一个以时间和期限为要素的函数平面图。收益率曲线是固定收益证券投资者最为关心的问题之一。收益率曲线是债券估值的核心，并为投资者提供判断未来利率期望值的依据。判断未来利率期望值通常是一个固定收益证券投资组合策略形成的起点。

2019 年，收益率曲线在上升，长期限债券的收益率要高于短期限债券，但收益率与期限之间的关系却不尽相同。图 15-1 揭示了几种不同形态的收益率曲线。图 15-1a 中 2006 年早期的曲线近乎平坦。图 15-1b 是 2012 年的曲线，这是一种较为典型的向上倾斜的曲线。图 15-1c 是向下倾斜的或者说是倒置的曲线。图 15-1d 是先升后降的峰状曲线。

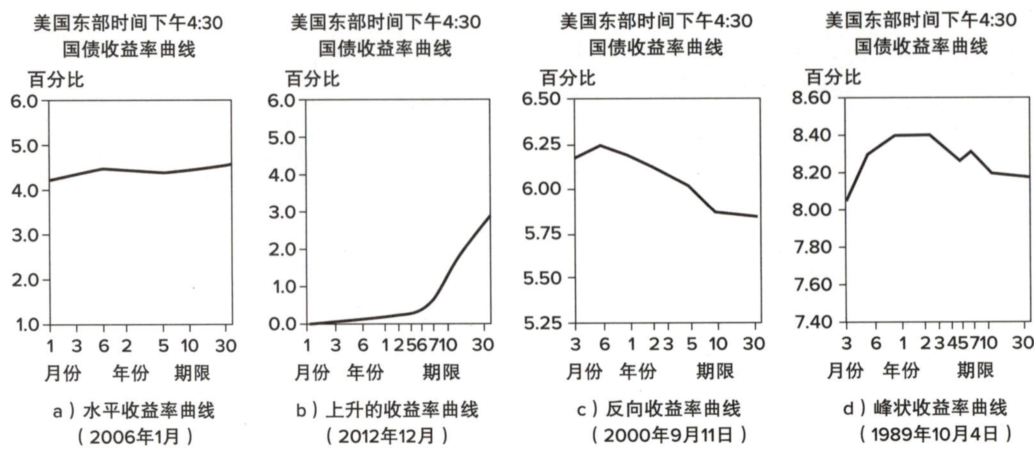

图 15-1 国债收益率曲线

资料来源：Various editions of The Wall Street Journal.

债券定价

如果不同期限债券的收益率不相同，如何对不同时期付息的债券估值呢？例如，假设已给定期限不同的零息债券收益率，如表 15-1 所示。该表显示 1 年期零息债券的到期收益率是 $y_1=5\%$，2 年期零息债券的到期收益率是 $y_2=6\%$，3 年期零息债券的到期收益率为 $y_3=7\%$。哪些利率可以用来贴现债券现金流？答案是：所有的利率。最好的办法是将每一期债券现金流（无论是利息还是本金）视为独立销售的零息债券。

表 15-1 零息债券的价格和到期收益率（面值为 1 000 美元）

期限（年）	到期收益率（%）	价格
1	5	$1\ 000/1.05=952.38$ 美元
2	6	$1\ 000/1.06^2=890.00$ 美元
3	7	$1\ 000/1.07^3=816.30$ 美元
4	8	$1\ 000/1.08^4=735.03$ 美元

回顾第 14 章 STRIPS 的相关内容（见第 14.4 节）。剥离式国债是指将每一次利息和本金支付从债券整体中剥离，作为独立现金流分别销售的零息债券。例如，每半年付息一次的 1 年期国债可分离为 6 个月期零息债券（将首次利息支付作为单独的证券出售）和 12 个月期零息债券（对应末次利息支付和本金）。STRIPS 暗示了附息债券的估值方法。如果将现金流作为单独证券卖出，那么整个债券的价值就等于在 STRIPS 市场中分别购买的现金流的价值。

如果债券价值不等于在 STRIPS 市场中分别购买的现金流的价值该怎么办？那就很容易获取收益。例如，如果投资银行家注意到一只债券整体出售的价格低于不同部分分别出售的价格总和，他们可以将这些债券剥离为零息债券，出售剥离部分现金流并通过价差获利。如果债券的售价大于单独部分现金流总和的价格，他们会反其道而行之：在 STRIPS 市场中买入独立的零息债券，将现金流重组为一只附息债券，以高于各部分总和的价格整体出售债券。**债券剥离**（bond stripping）和**债券重组**（bond reconstitution）都为套利提供了机会——通过对两个或更多证券的错误定价的运用来获得一个无风险经济利润。任何违背一价定律的行为都会引起套利机会，相同的现金流组合必须以相同的价格出售。

要对每笔剥离的现金流进行估值，只需要在《华尔街日报》中找到合适的贴现率。因为利息收入的支付时间不同，可以用特定期限的收益率来贴现，即国债到期现金流的收益率。下面用一个例子加以解释。

【例 15-1】 附息债券的估值

假定零息债券的收益率已经给定，如表 15-1 所示，我们希望计算 3 年期、票面利率为 10%的附息债券的价值。第一笔现金流为第一年年末支付的 100 美元利息，以 5%的贴现率贴现；第二笔现金流为第二年年末支付的 100 美元利息，以 6%的贴现率贴现；最后一笔现金流包含最后一笔利息和面值（1 100 美元），以 7%的贴现率贴现。因此附息债券的最终价值是：

$$\frac{100}{1.05}+\frac{100}{1.06^2}+\frac{1\ 100}{1.07^3}=95.238+89.000+897.928=1\ 082.17(\text{美元})$$

你可能会为例 15-1 中的附息债券到期收益率结果感到吃惊。它的到期收益率是 6.88%；这只附息债券与表 15-1 中的 3 年期零息债券的期限相匹配，但是到期收益率较低。[⊖]这反映了 3 年期附息债券被认为是包含三个零息债券的资产组合，一一对应于每一期现金流。零息债券的收益是三个部分的收益组合。这意味着如果它们的票面利率有差异，同样期限的债券将不会有相同的到期收益率。

那么收益率曲线意味着什么？实际上，在实践过程中，交易员有好几种收益率曲线。**纯收益率曲线**（pure yield curve）是零息债券的收益率曲线。相反，**当期债券收益率曲线**（on-the-run yield curve）是近期发行的以面值或近似面值价格出售的附息债券的收益率曲线。正如我们看到的，这两条收益率曲线有明显的不同。金融杂志上所画的收益率曲线（见表 15-1 中的曲线）是典型的当期债券收益率曲线。由于当期国债流动性极好，交易员对它的收益率曲线有很高的兴趣。

概念检查 15-1

利用表 15-1 中的数据，计算 3 年期、票面利率为 4%且每年付息一次的债券的价格和到期收益率。这个收益率是否与 3 年期零息债券或例 15-1 中的票面利率为 10%的附息债券的收益率相等？为什么票面利率为 4%的附息债券与零息债券之间的息差小于票面利率为 10%的附息债券和零息债券之间的息差？

15.2 收益率曲线与远期利率

我们已经说明什么是收益率曲线，但是没有详细说明它的来源。例如，为什么收益率曲线有时向上倾斜，有时向下倾斜？利率期望值的发展怎样影响当前收益率曲线的形状？

这些问题的答案并不简单，所以我们将从一个已经公认的理想化的框架开始，然后再展开更符合实际情况的讨论。首先，考虑一个确定性的场景，尤其是在一个所有的投资者都已经知道未来利率轨迹的情况下。

15.2.1 确定的收益率曲线

如果利率是确定的，怎么看待表 15-1 中 2 年期零息债券收益率大于 1 年期零息债券收益率？期望一只债券能提供更高的收益率是不可能的。在一个确定的没有风险的世界中这是不可能发生的事情，所有的债券（实际上是所有的证券）必须提供相同的收益率，否则投资者会竞相购买那些高收益率的债券直至它们的收益率不再高于其他债券。

相反，上升收益率曲线显示短期利率明年将会比现在更高。为了了解原因，来看看两个 2 年期债券的投资策略。第一个策略是购买 2 年期到期收益率为 6%的零息债券，持有至到期日。零息

⊖ 记住，附息债券的收益率是单利的，其现金流的当期价值等于市场价格。在计算器或 Excel 上计算该债券的到期收益率时，输入：n=3；PV=1082.17；FV=1000；PMT=100。然后计算利率。

债券面值为1 000美元，折算到今天的购买价为$1\ 000/1.06^2=890$美元，到期价格为1 000美元。因此两年的投资收益率为$1\ 000/890-1=1.06^2-1=0.123\ 6$。

再来看看另一个2年期策略，投资相同的890美元在1年期零息债券，其到期收益率为5%。当债券到期时，重新进行另一次1年期债券投资。图15-2列出了这两种策略的情况。下一年1年期债券的利率用r_2表示。

记住，在两者都不包含风险的情况下，两个策略必须提供相同的收益率。因此，2年后两策略的收益率必须相等：

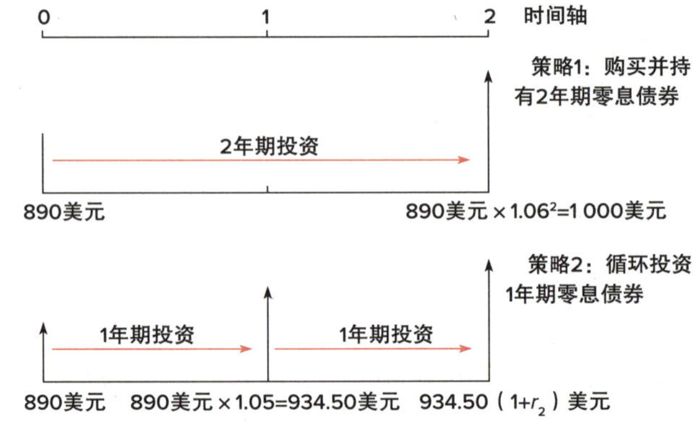

图15-2　两个2年期投资策略

购买并持有2年期零息债券=循环投资1年期零息债券

即

$$890\times1.06^2=890\times1.05\times(1+r_2)$$

通过计算$1+r_2=1.06^2/1.05=1.070\ 1$，即$r_2=7.01\%$来得出下一年的利率。所以当1年期债券提供的到期收益率低于2年期债券时（5%低于6%），将看到1年期债券具有补偿优势：它允许你在下一年重新将资金投入另一种也许会有更高收益率的短期债券中。要使得循环投资1年期债券与一次性购买2年期债券吸引力相同，下一年的收益率r_2将会更高。

为了辨别将来可能会用到的长期债券的收益率和短期利率的区别，从业人员将会使用以下术语。他们把零息债券到期收益率叫作**即期利率**（spot rate），意思是对应于零息债券在今天持续了一段时间的利率。相反，既定区间内（如一年）的**短期利率**（short rate）是在那一区间内的不同时间点均适用的利率。在上面刚介绍的例子中，当年的短期利率是5%，下一年的短期利率是7.01%。

毫不奇怪，2年即期利率是当年和下一年短期利率的平均值。但是因为复利的影响，平均是一个几何学问题。我们再次通过使得这两种2年期策略总收益相等的等式来分析这个问题：

$$(1+y_2)^2=(1+r_1)\times(1+r_2) \qquad (15\text{-}1)$$

$$1+y_2=[(1+r_1)\times(1+r_2)]^{1/2}$$

式（15-1）告诉我们为什么收益率曲线在不同时期内有不同的形状。当下一年的短期利率r_2大于这一年的短期利率r_1时，两个利率的平均值将会大于目前的利率，所以$y_2>y_1$，收益率曲线向上倾斜。如果下一年的短期利率比r_1要低，收益率曲线是向下倾斜的。因此，收益率曲线至少部分反映了对未来市场利率的估计。例15-2用类似的分析方法得出了第三年的短期利率。

【例15-2】　找出未来的短期利率

现在来比较两个3年期策略。一种是购买3年期零息债券，到期收益率如表15-1所示为7%，持有至到期。另一种是购买两年期零息债券，到期收益率为6%，在第三年的时候购买1年期零息债券，短期利率为r_3，那么投资资金在每种投资策略下的增长率将是：

购买并持有3年期零息债券相当于购买2年期零息债券，然后再购买1年期零息债券。

即

$$(1+y_3)^3=(1+y_2)^2\times(1+r_3)$$
$$1.07^3=1.06^2\times(1+r_3)$$

这就意味着 $r_3=1.07^3/1.06^2-1=0.090\,25=9.025\%$。另外，注意 3 年期债券收益率反映了接下来 3 年现值系数的几何平均值：

$$1+y_3=[(1+r_1)\times(1+r_2)\times(1+r_3)]^{1/3}$$
$$1.07=[1.05\times1.070\,1\times1.090\,25]^{1/3}$$

得出结论：长期债券的收益率或即期利率反映了债券存续期间短期利率的预期路径。

图 15-3 总结了分析的结果并强调短期利率与即期利率之间的区别。最顶端的线代表了每年的短期利率。下面的线代表了从现在到每个相关到期日的即期利率（或不同持有期限的零息债券的到期收益率）。

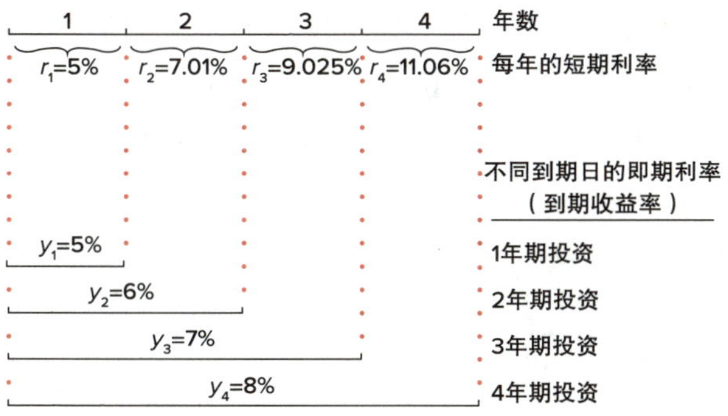

图 15-3 与即期利率相比的短期利率

概念检查 15-2

用表 15-1 找出第四年的短期利率。证明 4 年期零息债券的现值系数是 1 加上接下来四年的短期利率的几何平均值。

15.2.2 持有期收益率

我们曾经讨论过所对比的债券的多年总收益率应相等。对于短期，例如 1 年的期限，持有期收益率又是怎样呢？你可能认为债券以更高的到期收益率出售将会获得更高的年化收益率，但是事实并不是这样。在确定性的世界里，所有的债券都必须提供相同的收益率，否则投资者将会竞相购买收益率更高的证券，推高价格，减少收益率。这一过程可以用表 15-1 来解释。

【例 15-3】 零息债券的持有期收益率

如表 15-1 所示的 1 年期债券目前可以 1 000/1.05＝952.38 美元的价格买到，在 1 年内将达到面值。它不支付利息，所以总投资收益是溢价，其持有期收益率为（1 000－952.38）/952.38＝0.05。2 年期债券的价格可以是 $1\,000/1.06^2=890$ 美元。第二年年初，债券的剩余期限为 1 年，且第 2 年的短期利率为 7.01%（见图 15-3）。因此，这个 2 年期债券在第二年年初的价格为 1 000/1.070 1＝934.49 美元，1 年期持有期收益率为（934.49－890.00）/890.00＝0.05，与 1 年期债券 5%的收益率相同。

概念检查 15-3

证明例 15-1 中的 3 年期零息债券收益率也是 5%。（提示：下一年，即第二年年初，债券的剩余期限是 2 年。）使用图 15-3 中的短期利率计算从现在起下一年的 2 年期持有期收益率。

15.2.3 远期利率

下面的等式概括了从零息债券收益率曲线中推算出未来的短期利率的方法。使得两种 n 年期投资策略的总收益相等：买入并持有一只 n 年期零息债券相当于买入（$n-1$）年零息债券再将收益投入一只 1 年期债券。

$$(1+y_n)^n=(1+y_{n-1})^{n-1}\times(1+r_n) \tag{15-2}$$

其中，n 是指期数，y_n 为 n 期零息债券在第 n 期的到期收益率。根据观察到的收益率曲线，用式（15-2）可以解出最后一期的短期利率：

$$(1+r_n)=\frac{(1+y_n)^n}{(1+y_{n-1})^{n-1}} \tag{15-3}$$

式（15-3）有一个简单的解释。等式右边分子的含义是 n 期零息债券持有至到期的投资总增长率，同理，分母的含义是 $n-1$ 期投资的总增长率。由于前者比后者的投资期限多一年，其增长量的差别一定是将 $n-1$ 年的收益再投资一年。

当然，当现实中未来利率不确定时，推断“未来”的短期利率是没有意义的。当下没有人得知将来的利率是什么，最多就是能推测预期值并考虑一些不确定性。但是人们仍然普遍通过式（15-3）来推断未来利率的收益率曲线的隐含意义。由于认识到未来利率的不确定性，我们将以这种方式推断出来的利率称为远期利率而不是未来短期利率，因为它不必是未来某一期间内的实际利率。

如果 n 期的远期利率为 f_n，可用下式定义 f_n：

$$(1+f_n)=\frac{(1+y_n)^n}{(1+y_{n-1})^{n-1}} \tag{15-4}$$

经整理有：

$$(1+y_n)^n=(1+y_{n-1})^{n-1}(1+f_n) \tag{15-5}$$

在这里，远期利率被定义为“损益平衡”的利率，它相当于一个 n 期零息债券的收益率等于（$n-1$）期零息债券在第 n 期再投资所得到的总收益率。如果第 n 期的短期利率等于 f_n，两种 n 年期投资策略的总收益将会是相等的。

【例 15-4】 远期利率

假定债券交易员使用表 15-1 中的数据。4 年期远期利率可以由下式计算：

$$1+f_4=\frac{(1+y_4)^4}{(1+y_3)^3}=\frac{1.08^4}{1.07^3}=1.110\,6$$

因此，远期利率是 $f_4=0.110\,6$ 或者 11.06%。

概念检查 15-4

你已经在前面的内容中知道了许多种“利率”。解释即期利率、短期利率与远期利率之间的差别。

再次强调，未来的实际利率并不一定与从今天的数据计算得出的远期利率相等。实际上，预期的未来短期利率在实际中也不一定与远期利率相等。这个问题会在第 16 章中强调。现在，我们将要指出远期利率与未来短期利率在利率确定的特殊情况下是相等的。

Excel 应用：即期利率和远期利率

下面 Excel 的数据（可在 Connect 或通过您的课程讲师获得）可用于预测价格和附息债券的

收益率，以此来计算 1 年期和多年期的远期利率。即期利率来源于以面值出售的债券的收益率曲线，也是当前利息或未到期债券的收益率曲线。

	A	B	C	D	E	F	G	H
56		远期利率计算						
57								
58		即期利率	1年期远期利率	2年期远期利率	3年期远期利率	4年期远期利率	5年期远期利率	6年期远期利率
59	时期							
60	1	8.0000%	7.9792%	7.6770%	7.2723%	6.9709%	6.8849%	6.7441%
61	2	7.9896%	7.3757%	6.9205%	6.6369%	6.6131%	6.4988%	6.5520%
62	3	7.7846%	6.4673%	6.2695%	6.3600%	6.2807%	6.3880%	6.1505%
63	4	7.4537%	6.0720%	6.3065%	6.2186%	6.3682%	6.0872%	6.0442%
64	5	7.1760%	6.5414%	6.2920%	6.4671%	6.0910%	6.0387%	5.8579%
65	6	7.0699%	6.0432%	6.4299%	5.9413%	5.9134%	5.7217%	5.6224%
66	7	6.9227%	6.8181%	5.8904%	5.8701%	5.6414%	5.5384%	5.3969%
67	8	6.9096%	4.9707%	5.3993%	5.2521%	5.2209%	5.1149%	5.1988%

每个期限的即期利率用于计算每一时期现金流的现值。这些现金流的总额是这些债券的价格。根据这一价格，就可以计算出债券的到期收益率。如果错误使用了未到期债券的到期收益率来为债券的利息贴现，就会得出一个完全不同的价格。

15.3 利率的不确定性与远期利率

当远期利率不确定时，期限结构更难解释。在一个确定性的情景中，有相同到期日的不同投资策略一定会有相同的收益率。例如，两个连续的 1 年期零息债券投资获得的收益率，应该与一个等额的 2 年期零息债券投资的收益率相等。因此，在确定的条件下，有：

$$(1+r_1)(1+r_2)=(1+y_2)^2 \tag{15-6}$$

当 r_2 未知时，情况又是如何呢？

例如，假设今天的利率是 $r_1=5\%$，下一年的期望短期利率是 $E(r_2)=6\%$。如果投资者只关心利率的期望值，那么 2 年期零息债券的到期收益率可以用期望短期利率来计算，如式（15-6）所示。

$$(1+y_2)^2=(1+r_1)\times[1+E(r_2)]=1.05\times1.06$$

2 年期零息债券的价格是 $1\,000/(1+y_2)^2=1\,000/(1.05\times1.06)=898.47$ 美元。

再来看看只希望投资一年的短期投资者。她能够以 1 000/1.05=952.38 美元的价格购买 1 年期零息债券，并且由于她知道在年底债券的到期价值为 1 000 美元，因而无风险利率锁定在 5%。她也可以购买 2 年期零息债券。期望收益率为 5%：下一年，债券剩余期限为 1 年，我们希望这一年的年利率为 6%，即价格为 943.40 美元且持有期收益率为 5%。

但是 2 年期债券的利率是无风险的。如果下一年的利率大于期望值，即大于 6%，债券的价格就会低于 943.40 美元；相反，如果 r_2 结果小于 6%，债券的价格就会超过 943.40 美元。为什么短期投资者购买 2 年期利率为 5%的风险债券并不比购买 1 年期无风险债券高明呢？如果她要求更高的期望收益率作为对风险的补偿，那么 2 年期债券的价格必须低于忽略风险时得出的 898.47 美元的价格。

【例 15-5】 债券价格和有利率风险的远期利率

假定很多投资者较保守，仅在价格低于 881.83 美元时，他们才愿意持有 2 年期债券。在这一价格水平上，2 年期债券的持有期收益为 7%（因为 943.40/881.83=1.07）。2 年期债券的风险溢价是 2%；相比于 1 年期债券的 5%的无风险利率，它提供了 7%的期望收益率。在这个风险溢价水平上，投资者将愿意承担由于利率不确定性而导致的价格风险。

当债券价格反映了风险溢价时，远期利率 f_2 却不再等于期望短期利率 $E(r_2)$。尽管假定 $E(r_2)=6\%$，很容易得出 $f_2=8\%$。价格为 881.83 美元的 2 年期零息债券到期收益率为 6.49%，且 $1+f_2=\frac{(1+y_2)^2}{1+y_1}=\frac{1.0649^2}{1.05}=1.08$。

例 15-5 的结果（远期利率超过期望短期利率）并不使我们吃惊。将远期利率定义为在忽略风险的前提下，使得第二年的长期投资和短期投资具有同样吸引力的利率。但当我们考虑到风险时，短期投资者将回避长期债券，除非其期望收益更高。因此，短期利率的期望值必须小于盈亏平衡值 f_2，因为 r_2 的期望值越低，长期债券的期望收益就越大。

概念检查 15-5

假设短期投资者要求的流动性溢价为 1%。如果 f_2 等于 7%，那么 $E(r_2)$ 是多少？

因此，如果大多数人是短期投资者，则 f_2 必须大于 $E(r_2)$。远期利率相比期望短期利率将会包含溢价。这种流动性溢价补偿了短期投资者在年底出售持有的长期债券时所承担的价格不确定性[⊖]。

令人吃惊的是，我们还可以想象投资者认为长期债券可能比短期债券更安全的情景。为了了解这是为什么，来设想一个想进行 2 年期投资的长期投资者。假定她可以以 890 美元的价格购买面值为 1 000 美元的 2 年期的零息债券，锁定到期收益率为 $y_2=6\%$。另一种选择是，她可以进行两次 1 年期投资。在这个例子中，890 美元的投资可以在两年内增长 $890\times1.05\times(1+r_2)$，由于 r_2 是未知的，结果仍然是个未知数。这种均衡的 2 年期利率，同样是远期利率，即 7.01%。

这种循环策略的期望收益价值是 $890\times1.05\times[1+E(r_2)]$。如果 $E(r_2)$ 等于远期利率 f_2，那么从这种循环策略中的期望收益与一致的 2 年期到期债券投资策略的收益相等。

这种假定是否合理？再强调一次，只有当投资者不关注循环策略的期末价值的不确定性时，以上假定才是合理的。但如果这种风险很重要，长期投资者将不愿意参与循环投资策略，除非其期望收益超过 2 年期债券。这个例子中投资者要求：

$$(1.05)\times[1+E(r_2)]>(1.06)^2=(1.05)\times(1+f_2)$$

这就意味着 $E(r_2)$ 大于 f_2。

因此，如果投资者是长期投资者，没有人愿意持有短期债券，除非债券提供了一个承担利率风险的收益。这会引起远期利率小于未来期望短期利率。

例如，假定事实上 $E(r_2)=8\%$。这种流动性溢价将会是负的：$f_2-E(r_2)=7.01\%-8\%=-0.99\%$。这肯定与我们从前面例子中由短期投资者得出的结论相反。很明显，远期利率是否等于期望短期利率取决于投资者是否愿意承担利率风险，同时是否愿意持有与他们的投资观点不一样的债券。

15.4　期限结构理论

15.4.1　期望假说

期限结构理论的简单版本即**期望假说**（expectation hypothesis）。一个共同看法是远期利率等

⊖ 流动性是指在预期的价格上很容易出售一种资产。因为长期债券有价格风险，投资者认为长期债券流动性差，必须提供风险溢价。

于未来短期利率的期望值，即$f_2=E(r_2)$，并且流动性溢价为 0。如果$f_2=E(r_2)$，则长期收益等于未来期望收益率。因此，可以用从收益率曲线中得到的远期利率推断未来短期利率的市场预期。例如，式（15-5）中 $(1+y_2)^2=(1+r_1)(1+f_2)$，根据期望假说，也可以得出 $(1+y_2)^2=(1+r_1)[1+E(r_2)]$。到期收益率也可以仅由当期和预期的未来单期利率决定。一个向上的收益率曲线是投资者期望利率上升的最好证据。

同时，当运用期望假说时，我们并不需要局限于名义利率。华尔街实战 15-1 指出，我们可以将这一理论运用到实际利率的期限结构中，并顺便学习一些有关远期通货膨胀率的知识。

概念检查 15-6

如果期望假说是有效的，投资者持有与其投资观点不同的期限的债券，可以得出哪些必要的溢价条件？

华尔街实战 15-1 期望假说与远期通货膨胀率

普通债券的远期利率是名义利率。但是通过价格水平指数债券，例如通货膨胀保护债券，可以计算远期实际利率。由于名义利率和实际利率之间的差异近似等于预期通货膨胀率，因此，比较名义和实际的远期利率能让我们对市场预期的未来通货膨胀率有大致的概念。名义利率和实际利率之间的差值是一种远期的通货膨胀率。

作为货币政策的一部分，美联储为刺激经济，会定期降低其联邦基金利率。下面这张图是在美联储宣布这一政策的当天，从彭博终端截屏的 5 年期远期名义利率和远期实际利率的实时每分钟利差。宣布这一政策后，利差立即扩大，表明市场预期更加扩张性的货币政策最终会导致更高的通货膨胀率。通货膨胀率的上升幅度并不大，从 2.53%到 2.58%，仅有 0.05%，但是从下图中可以看出，这项声明对通货膨胀率的影响非常明显，对于这一政策，市场调整的速度也令人惊叹。

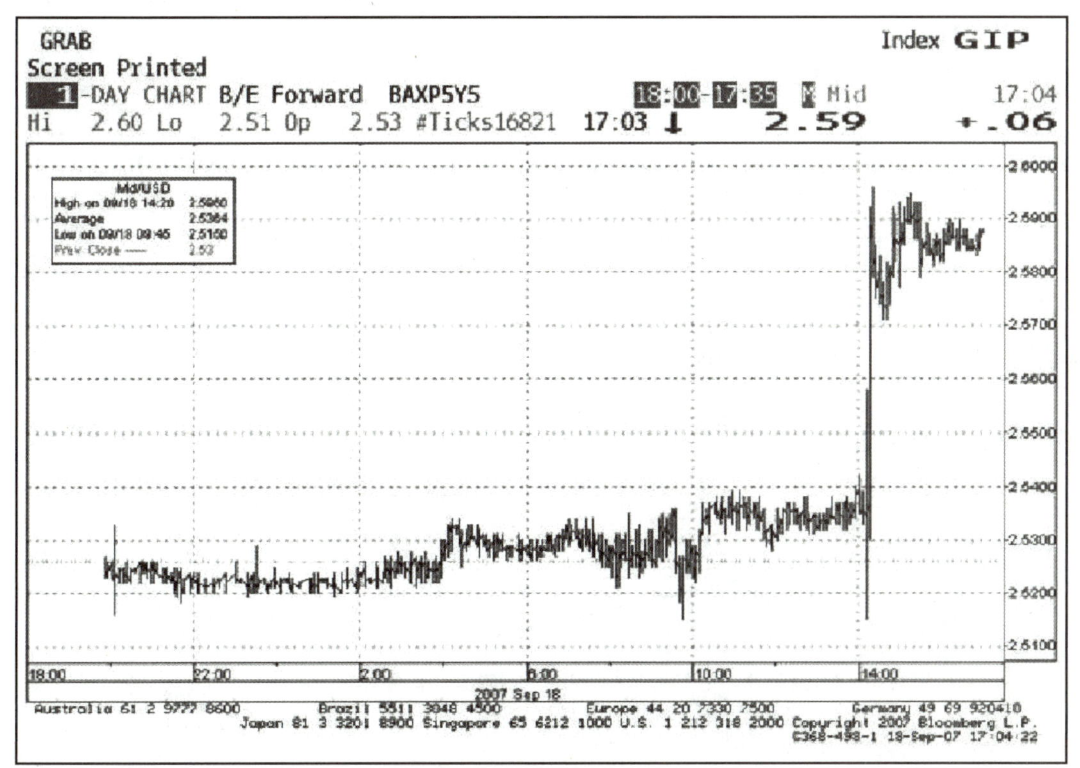

15.4.2　流动性偏好理论

我们已经看到，除非远期利率超过期望短期利率，即 $f_2>E(r_2)$，短期投资者不会持有长期债券。而对于长期投资者，除非 $E(r_2)>f_2$，否则他们也不会愿意持有短期债券。换句话说，需要有溢价存在使两种类型的投资者持有不同于他们投资理念的期限的债券。期限结构的流动性偏好理论的倡导者相信短期投资者占据市场统治地位，所以远期利率将会超过期望短期利率。f_2 大于 $E(r_2)$ 的部分（即流动性溢价）为正。

> **概念检查 15-7**
>
> 流动性偏好理论也认为债券持有人偏好发行长期债券来锁定借款费用。这种偏好将会对一个正的流动性溢价产生怎样的影响？

为了更好地说明这些理论的不同内涵，假定短期利率一直不变。具体来说，假定 $r_1=5\%$，$E(r_2)=5\%$，$E(r_3)=5\%$ 等。在期望假说理论下，2 年期到期收益率可以从下式得出：

$$(1+y_2)^2=(1+r_1)[1+E(r_2)]=1.05\times1.05$$

所以 $y_2=5\%$，相似地，所有期限债券的收益率均为 5%。

相反，在流动性偏好理论下，$f_2>E(r_2)$。为了解释这一点，假定流动性溢价为 1%，因此 $f_2=6\%$。那么，2 年期债券：

$$(1+y_2)^2=(1+r_1)(1+f_2)=1.05\times1.06=1.113$$

这意味着 $1+y_2=1.055$。相似地，如果 $f_3=6\%$，那么 3 年期债券的收益率可以由下式计算得出：

$$(1+y_3)^3=(1+r_1)(1+f_2)(1+f_3)=1.05\times1.06\times1.06=1.179\ 78。$$

这意味着 $1+y_3=1.056\ 7$。这种情形的收益率曲线如图 15-4a 所示。这类上升的曲线在实际中非常普遍。

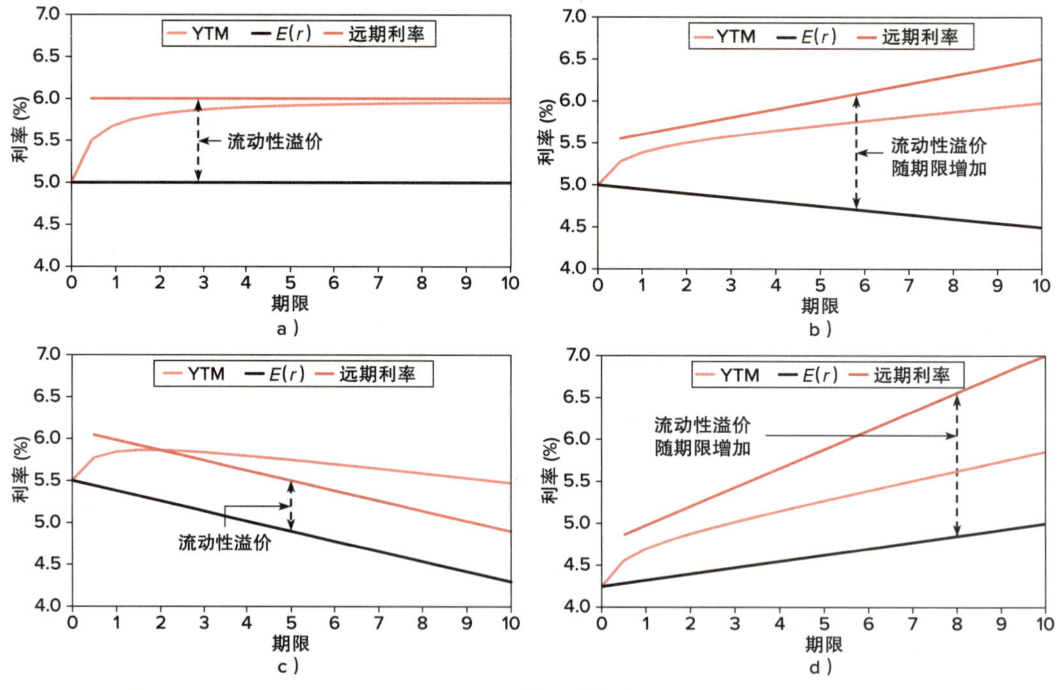

图 15-4　收益率曲线

注：图 15-4a：期望短期利率恒定，流动性溢价增长 1%，收益率曲线上升；图 15-4b：期望短期利率下降，流动性溢价增长，收益率曲线上升；图 15-4c：期望短期利率下降，流动性溢价恒定，收益率曲线呈驼峰状；图 15-4d：期望短期利率上升，流动性溢价上升，收益率曲线骤然升高。

如果利率随着时间变化，那么流动性溢价可能会阻碍由期望短期利率得出远期利率。那么每一期限的到期收益率是单期远期利率的平均值。关于利率上升或下降的多种可能性可以在图 15-4 中见到。

15.5　期限结构的解释

如果收益率曲线反映未来短期利率的期望值，则它为固定收益证券投资者提供了一个潜在的有力分析工具。一旦利用期限结构推导出经济体中其他投资者的利率期望值，就可以把那些期望值作为分析的基准。例如，假设我们对利率将要下降的看法比其他投资者相对乐观一些，我们将更愿意在投资组合中加入长期债券。因此，在第 15.5 节，我们将深入研究通过详细分析期限结构可获得的信息。遗憾的是，当收益率曲线确实能够反映未来利率的期望时，它也会反映其他一些因素，如流动性溢价。而且，利率变化预测可能具有不同的投资含义，这取决于这些变化是由预期通货膨胀率的变化引起的还是由预期真实利率的变化引起的，而这又为分析期限结构增加了新的复杂性。

我们已经知道，在确定性条件下，1 加上零息债券的到期收益率简单等同于 1 加上债券存续期内实际的短期利率的几何平均值。这就是式（15-1）的含义，这里给出它的一般形式：

$$1+y_n=[(1+r_1)(1+r_2)\cdots(1+r_n)]^{1/n}$$

当未来利率不确定时，用远期利率替代式（15-1）中的未来短期利率，得到：

$$1+y_n=[(1+r_1)(1+f_2)(1+f_3)\cdots(1+f_n)]^{1/n} \tag{15-7}$$

因此，不同期限债券的收益率与远期利率之间存在直接关系。

首先，要弄明白什么因素能够解释一条上升的收益率曲线。从数学上看，如果收益率曲线是上升的，f_{n+1} 一定高于 y_n。也就是说，在任一到期日 n，由于下一期的远期利率比到期收益率高，因此收益率曲线是向上倾斜的。这一规律是根据到期收益率是远期利率的平均值（尽管是几何平均值）得出的。

如果收益率曲线随着期限增加而上升，就必然会出现到期日越长，“新的”远期利率高于此前观测到的远期利率平均值的情况。这类似于，如果一个新同学的考试分数提高了全班的平均分数，则该同学的分数一定超过不包括她时全班的平均分数。要提高到期收益率，在计算平均值时就得增加一个高于原平均值的远期利率。

【例 15-6】　远期利率和收益率曲线的斜率

如果 3 年期零息债券的到期收益率是 7%，则 4 年期债券的收益率满足下式：

$$(1+y_4)^4=(1.07)^3(1+f_4)$$

如果 $f_4=0.07$，那么 y_4 也等于 0.07。如果 f_4 大于 7%，y_4 将超过 7%，收益率曲线将向上倾斜。例如，若 $f_4=0.08$，则 $(1+y_4)^4=1.07^3\times1.08=1.3230$，$y_4=0.0725$。

假定向上倾斜的收益率曲线意味着远期利率高于当前的到期收益率，那么，下一步要弄清楚的是什么原因引起更高的远期利率。挑战在于，对这个问题总有两种可能的答案。回想一下，远期利率可以与期望短期利率联系起来：

$$f_n=E(r_n)+\text{流动性溢价} \tag{15-8}$$

概念检查 15-8

参见表 15-1，证明当且仅当第 4 期的远期利率大于 3 年期债券的到期收益率 y_3，即大于 7%时，y_4 将超过 y_3。

式中，流动性溢价可能是诱使投资者持有与其投资偏好不同的期限的债券的必要条件。

顺便指出，流动性溢价不一定是正的。如前面所说，如果大多数投资者倾向于长期投资，流动性溢价就可能是负的。

在任何情况下，式（15-8）都表明有两个原因可使远期利率升高：一是投资者预期利率上升，这意味着 $E(r_n)$ 上升；二是投资者对持有长期债券需要溢价。尽管我们试图从上升的收益率曲线中推导出投资者相信利率最终会上升，但这并不一定会发生。实际上，图 15-4a 对这一推理提出了一个简单的反例。图 15-4a 中短期利率被永远保持在 5%，且流动性溢价也保持在不变的 1%，因此，所有的远期利率都是 6%。结果显示收益率曲线不断上升，从一年期债券 5% 的收益率开始，随着越来越多 6% 的远期利率加入到期收益率的平均值中，长期债券到期收益率最终也将接近 6% 的平均水平。

因此，虽然未来利率将会上升的预期确实会导致收益率曲线上升，但这个结论反过来并不成立：上升的收益率曲线本身并不意味着更高的未来收益率预期。潜在的流动性溢价使从期限结构中提取市场预期的尝试复杂化。然而，你必须将自己的预期与市场价格反映的预期进行比较，以确定你对利率的预期是相对乐观的还是相对悲观的。

一个得出期望短期利率的办法是假定流动性溢价不变。从远期利率中减去这一溢价估值就得到期望短期利率。例如，再利用图 15-4a 中的例子，研究者从历史数据估算出该收益率曲线中典型的流动性溢价为 1%。从收益率曲线计算出远期利率为 6%，则期望短期利率是 5%。

有两个原因使得这一方法难以推广。第一，几乎不可能获得准确的流动性溢价估计值。通常的估计方法是将远期利率与在未来最终实现的短期利率进行比较，计算两者的平均差。然而，两个值之间的偏差可能很大且不可预测。因此，数据包含太多的噪声，以至于不能得到流动性溢价的可靠估计。第二，没有理由相信流动性溢价是不变的。图 15-5 显示了自 1971 年以来长期国债月度收益率的波动情况。在此期间，利率波动剧烈，所以，应该预期不同期限债券的流动性溢价是波动的，而且相关证据表明，流动性溢价事实上是随时间波动的。

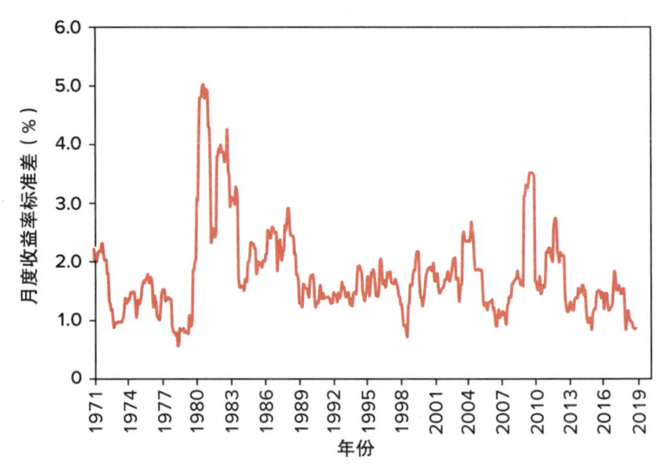

图 15-5 长期国债月度收益率的波动

但是，非常陡的收益率曲线被许多专家解释为利率即将上升的警示信号。实际上，收益率曲线是整个经济周期的一个很好的指示器，因为当存在经济扩张预期时，长期利率趋于上升。

通常观察到的向上倾斜的收益率曲线是流动性偏好理论的经验基础，特别是在期限较短时更是如此，这一理论认为长期债券产生正的流动性溢价。由于收益率曲线经常因风险溢价而向上倾斜，这使得一条向下倾斜的收益率曲线就成为收益可能减少的强有力的证据。反过来，利率下降的预测又往往解释为经济衰退即将到来的信号。正因如此，收益率曲线的斜率能够成为经济先行指标的主要组成部分也就不奇怪了。

表 15-6 描述了 90 天期国债和 10 年期国债的历史收益率。长期债券的收益率通常超过短期债券的收益率，这意味着收益率曲线一般会向上倾斜。而且，该规则的例外似乎确实发生在短期利率下降之前，如果这个下降可以预知，将会导致收益率曲线向下倾斜。例如，图 15-6 中的 1980—1981 年，90 天期国债的收益率超过了 10 年期国债的收益率。1980—1981 年就位于利率总水平猛烈下降和经济急剧衰退之前。

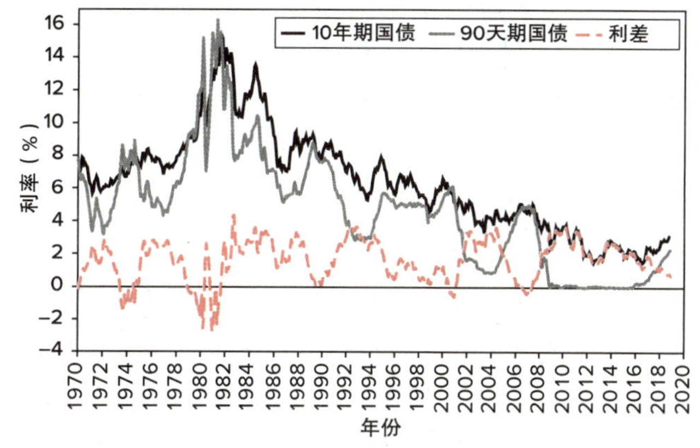

图 15-6　10 年期和 90 天期国债收益率：期限利差

为什么利率会下降呢？这要考虑两个因素：实际利率与通货膨胀溢价。回想一下，名义利率是由实际利率与通货膨胀溢价构成的：

$$1+名义利率=(1+实际利率)\times(1+通货膨胀率)$$

近似于：

$$名义利率\approx实际利率+通货膨胀率$$

因此通货膨胀率和实际利率的变化都会引起名义利率的变化。通常，辨别是哪个因素引起名义利率变化是很重要的，因为与它们相联系的经济环境会有本质的不同。高实际利率可能意味着经济的快速扩张、高政府预算赤字和紧缩的货币政策。尽管高通货膨胀率可能源于经济的快速扩张，但高通货膨胀率也可能产生于货币供给的快速增长或供给方面对经济的冲击，如能源供给的中断。

这些因素对投资的意义有很大区别。即使已经通过分析收益率曲线得出利率将要下降的结论，仍需要分析导致利率下降的宏观经济因素。

15.6　远期合约视角下的远期利率

我们已经知道，利用式（15-5）可以从收益率曲线推导出远期利率。通常，远期利率不会等于最终实现的短期利率，甚至不会等于当前对短期利率的预期。但从某种意义上说，远期利率是一种市场利率。

假设你想现在为未来的某个时间安排一笔贷款，你今天就会对将要支付的利率达成协议，但贷款要到将来的某个时间才执行。这种“远期贷款”利率怎样确定呢？也许并不令人吃惊，下面所说的利率就是贷款期间内的远期利率。我们用例 15-7 来说明这一点。

【例 15-7】　远期利率合约

假设面值为 1 000 美元的 1 年期零息债券的价格是 952.38 美元，面值为 1 000 美元的 2 年期零息债券的价格是 890 美元。可见，1 年期债券的到期收益率是 5%，2 年期债券的到期收益率是 6%。第二年的远期利率如下：

$$f_2=\frac{(1+y_2)^2}{(1+y_1)}-1=\frac{1.06^2}{1.05}-1=0.0701 \text{ 或 } 7.01\%$$

现在考虑下表中列出的策略。第一栏列出了本例的数据，第二栏推广到一般情况。用 $B_0(T)$ 表示 T 时刻到期的零息债券的当期价格。

	初始现金流	一般情况
购买 1 年期零息债券	−952. 38	$-B_0(1)$
卖出 1. 070 1 份 2 年期零息债券	+890×1. 070 1 = 952. 38	$+B_0(2)\times(1+f_2)$
合计	0	0

初始现金流（$T=0$ 时）为 0。你买入 1 年期零息债券支付 952. 38 美元，即一般情况下的 $B_0(1)$，同时卖出 2 年期零息债券获得 890 美元，即一般情况下的 $B_0(2)$。若卖出 1. 070 1 份这样的债券，初始现金流为 0。[⊖]

在 $T=1$ 时，1 年期债券到期，你获得 1 000 美元。在 $T=2$ 时，你卖出的 2 年期零息债券到期，必须支付 1. 070 1×1 000 = 1 070. 10 美元。你的现金流如图 15-7a 所示。注意，你已经构建了一个远期贷款"组合"：相当于 1 年后借入 1 000 美元，过了一年后偿还 1 070. 10 美元。因此这一远期贷款利率为 7. 01%，恰好等于第二年的远期利率。

通常，要构造这个组合远期贷款，每买入一份 1 年期零息债券就要卖出（$1+f_2$）份 2 年期零息债券。这使得你的初始现金流为 0，因为 1 年期和 2 年期零息债券的价格相差一个系数（$1+f_2$）。注意到：

$$B_0(1)=\frac{1\,000\text{ 美元}}{(1+y_1)}$$

同时

$$B_0(2)=\frac{1\,000\text{ 美元}}{(1+y_2)^2}=\frac{1\,000\text{ 美元}}{(1+y_1)(1+f_2)}$$

概念检查 15-9

假设 3 年期零息债券的价格是 816. 30 美元。第三年的远期利率是多少？怎样构造一个 1 年期远期贷款组合，使得在 $T=2$ 时执行，$T=3$ 时到期？

所以，当你卖出（$1+f_2$）份 2 年期零息债券后，你正好获得买入 1 份 1 年期零息债券的足额现金。两种零息债券到期时的面值都是 1 000 美元，因此，$T=1$ 与 $T=2$ 时的现金流相差同样一个系数，即 $1+f_2$，如图 15-7b 所示。可见，f_2 就是远期贷款的利率。

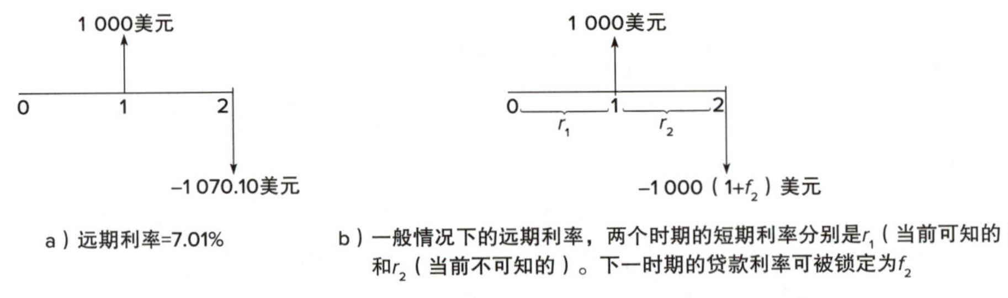

a）远期利率=7.01%

b）一般情况下的远期利率，两个时期的短期利率分别是 r_1（当前可知的）和 r_2（当前不可知的）。下一时期的贷款利率可被锁定为 f_2

图 15-7 构建一个远期贷款组合

显然，还可以构造到期时间超过两年的远期贷款，也可以构造不同时期的贷款。例如，如果你想获得一笔从第 3 年开始到第 5 年结束的远期贷款，你可以发行 5 年期零息债券（即借入 5 年），并购买 3 年期零息债券（即借出 3 年）。你的借入头寸和借出头寸在前三年相互抵消，能有效地让你的借入头寸从第 3 年开始一直持续到第 5 年年底。本章末的习题中的第 18 题和第 19 题可以引导你了解这些不同情况。

⊖ 当然，现实中不可能卖出非整数份债券，但可以这样考虑此部分交易。如果你卖出一份这种债券，相当于借入 890 美元，期限为 2 年。卖出 1. 070 1 份这种债券意味着借入 890×1. 070 1 = 952. 38 美元。

小结

1. 利率期限结构涉及不同期限的利率，这些利率体现在无违约风险的零息债券的价格中。
2. 在确定性环境下，所有投资者对任一投资期限的投资要求相等的收益率。在一个无风险的经济环境中，各种债券的短期持有收益应该相等，且都等于可在市场实现的短期债券利率。类似地，短期债券在长期内再投资的所得收益应该等于长期债券的总收益。
3. 远期利率是使得盈亏平衡的未来利率，它使零息债券再投资的总收益与长期债券的总收益相等。它可由以下公式定义：

$$(1+y_{n-1})^{n-1}(1+f_n)=(1+y_n)^n$$

式中，n 是从今天算起的期数。这一公式能够证明到期收益率与远期利率之间存在如下关系：

$$(1+y_n)^n=(1+r_1)(1+f_2)(1+f_3)\cdots(1+f_n)$$

4. 通常期望假说认为远期利率是期望短期利率的无偏估计。然而，有充分理由相信远期利率不同于期望短期利率，这是因为存在被称为流动性溢价的风险溢价。即使短期利率没有上升的预期时，正的流动性溢价也可能导致收益率曲线向上倾斜。
5. 流动性溢价的存在使得从收益率曲线中推导期望短期利率变得极其困难。如果能够假设流动性溢价在一定时期内保持相对稳定，这一推导会相对容易。然而，相关实践和理论都证明流动性溢价的稳定不变存在不确定性。
6. 远期的借款和贷款合约可能按远期利率达成协议，从这一重要意义上讲，远期利率就是市场利率。

习题

1. 远期利率与期望短期利率的市场预期之间的关系是什么？解释利率期限结构的期望假说和流动性偏好理论。
2. 根据期望假说，如果收益率曲线是向上倾斜的，市场预计短期利率必然会上升。这句话是对的、错的还是不确定的？为什么？
3. 根据流动性偏好理论，如果预期通货膨胀率在未来几年下降，长期利率将高于短期利率。这句话是对的、错的还是不确定的？为什么？
4. 如果流动性偏好理论是真的，当一段时期内的利率保持稳定，期限结构曲线的形状将是怎样的？
   a. 向上倾斜。
   b. 向下倾斜。
   c. 持平。
5. 根据期望假说，下面有关远期利率的哪一项是正确的？
   a. 仅代表期望短期利率。
   b. 对市场预期的无偏估计。
   c. 总是夸大期望短期利率。
6. 假设期望假说下关于利率的说法是正确的，向上倾斜的收益率曲线表示：
   a. 利率在未来会上升。
   b. 长期债券比短期债券风险大。
   c. 利率在未来会下降。
7. 下表列出了不同期限的零息债券价格。
   a. 计算期限分别为一年、二年、三年、四年的债券的到期收益率。
   b. 计算第二年、第三年、第四年的远期汇率。

期限	债券价格（美元）
1	943.40
2	898.47
3	847.62
4	792.16

8. a. 假设期望假说成立，计算第 7 题中的 4 年期债券在第一年年末、第二年年末、第三年年末、第四年年末的期望价格。
   b. 债券在第一年年末、第二年年末、第三年年末及第四年年末的收益率是多少？得出期望收益率等于每年远期利率的结论。
9. 考虑下列面值为 1 000 美元的零息债券：

债券名称	期限	到期收益率（%）
A	1	5
B	2	6
C	3	6.5
D	4	7

根据期望假说，一年后市场对收益率曲线的预期是多少？具体来说，期限为一年、两年、三年的债券，明年收益率的期望值是多少？

10. 当前零息债券的期限结构是：

期限	到期收益率（%）
1	4
2	5
3	6

明年这个时候，你预期它是：

期限	到期收益率（%）
1	5
2	6
3	7

   a. 你预期下一年 3 年期的零息债券的收益率是多少？
   b. 根据期望假说，下一年市场预期的 1 年期和 2 年期零息债券的到期收益率是多少？
   c. 市场预期的 3 年期债券收益率是高于还是低于你的预期？
11. 当前，1 年期零息债券的到期收益率为 7%，2 年期零息债券的到期收益率为 8%。政府计划发行 2 年期债券，每年付息一次，票面利率为 9%。债券面值为 100 美元。
   a. 该债券售价是多少？
   b. 该债券的到期收益率是多少？
   c. 如果收益率曲线的期望假说是正确的，则市场预期明年该债券的售价为多少？
   d. 如果你认为流动性偏好理论是正确的，且流动性溢价为 1%，重新计算 c。
12. 下面列出了期限不同的零息债券价格。

期限	1 000 美元面值的零息债券价格（美元）
1	943.40
2	873.52
3	816.37

   a. 面值 1 000 美元的债券，票面利率为 8.5%，每年付息，3 年后到期，该债券的到期收益率是多少？
   b. 如果第一年年底收益率曲线在 8% 处变成水平的一条线，则持有该债券 1 年的持有期收益率是多少？
13. 零息债券的价格反映的远期利率如下：

年份	远期利率（%）
1	5
2	7
3	8

除零息债券外，投资者还可以购买一种每年付息 60 美元的 3 年期附息债券，面值为 1 000 美元。
   a. 该附息债券的价格是多少？
   b. 该附息债券的到期收益率是多少？
   c. 根据期望假说，该附息债券的预期可实现的复合收益率是多少？
   d. 如果你预测一年后收益率曲线将在 7% 处变成水平的一条线，请预测持有该附息债券 1 年的期望收益率。
14. 观察下列期限结构：

	实际年到期收益率（%）
1 年期零息债券	6.1
2 年期零息债券	6.2
3 年期零息债券	6.3
4 年期零息债券	6.4

a. 如果你认为明年的期限结构将与今天相同，计算 1 年期零息债券和 4 年期零息债券的收益。

b 哪种债券的 1 年期的期望收益率更高？

c. 如果你相信期望假说，重做 a 和 b 部分。

15. 1 年期零息债券的到期收益率为 5%，2 年期的是 6%。票面利率是 12%（每年付息一次）的 2 年期附息债券的到期收益率是 5.8%。

a. 对投资机构而言存在什么套利机会？

b 该套利机会的利润将是多少？

16. 假设面值 100 美元的 1 年期零息债券现在售价为 94.34 美元，而 2 年期的零息债券的售价为 84.99 美元。你正在考虑购买 2 年期的附息债券（每年付息一次），面值为 100 美元，年票面利率为 12%。

a. 2 年期零息债券的到期收益率是多少？

b. 2 年期附息债券的到期收益率是多少？

c. 第二年的远期利率是多少？

d. 根据期望假说，附息债券在第一年末的预期价格是多少？附息债券在第一年末的期望持有期收益率是多少？

e. 如果你认同流动性偏好理论，期望收益率会更高还是更低？

17. 无违约风险的零息债券当前的收益率曲线如下表所示。

期限（年）	到期收益率（%）
1	10
2	11
3	12

a. 隐含的 1 年远期利率是多少？

b. 假设期限结构的期望假说是正确的。如果市场预期准确，明年 1 年期零息债券的到期收益率是多少？

c. 2 年期零息债券的收益率是多少？

d. 如果你现在购买 2 年期零息债券，明年的期望总收益率是多少？（提示：计算当前和期望的未来价格，不考虑缴税。）

e. 3 年期零息债券在明年的期望总收益率是多少？

f. 票面利率为 12% 的 3 年期债券的当前价格是多少？

g. 如果你以 f 部分计算的价格购买了附息债券，明年的总期望收益率（利息收益加上价格变化带来的收益）是多少？不考虑缴税。

18. 假设不同期限的零息债券的价格如下表所示。债券面值为 1 000 美元。

期限（年）	价格（美元）
1	925.93
2	853.39
3	782.92
4	715.00
5	650.00

a. 计算每年的远期利率。

b. 怎样构建一个第 3 年开始执行的 1 年期远期贷款？证实贷款利率等于远期利率。

c. 若远期贷款从第 4 年开始执行，再次回答 b 部分中的问题。

19. 继续利用第 18 题中的数据。假设你想构建一个三年后开始执行的 2 年期远期贷款。

a. 假设你今天买了一张面值为 1 000 美元的 3 年期零息债券。

你需要卖出多少 5 年期零息债券才能使你的初始现金流等于零（具体来说，这些 5 年期零息债券的总面值必须是多少）？

b. 这一策略中每年的现金流是多少？

c. 对这笔 3 年后执行的 2 年期远期贷款，实际的 2 年期利率是多少？

d. 证实 2 年期贷款的实际利率是 $(1+f_4)\times(1+f_5)-1$。这样，可以说明该 2 年期贷款利率就是这两年中的远期利率。

e. 证明实际的 2 年期远期利率等于 $\frac{(1+y_5)^5}{(1+y_3)^3}-1$。

CFA 考题

1. 根据期望假说和流动性偏好理论，简要说明为什么不同到期日的债券收益率不同。简述当收益率曲线向上倾斜和向下倾斜时期望假说和流动性偏好理论的含义。
2. 以下关于利率期限结构的说法哪个是正确的？
   a. 期望假说表明，如果预期未来短期利率高于当期短期利率，收益率曲线的形状是趋于平坦的。
   b. 期望假说认为长期利率等于期望短期利率。
   c. 流动性偏好理论指出，其他因素都保持不变时，期限越长，债券收益率越低。
   d. 流动性偏好理论认为，债权人倾向于购买在收益率曲线短期部分的证券。
3. 下表是零息国债的到期收益率：

期限（年）	到期收益率（%）
1	3.50
2	4.50
3	5.00
4	5.50
5	6.00
10	6.60

   a. 计算第 3 年的 1 年期远期利率。
   b. 说明在什么条件下计算出的远期利率是该年 1 年期即期利率的无偏估计。
   c. 假设数月之前，该年的 1 年期远期利率明显高于现在的远期利率。什么因素可以解释远期利率的下降趋势？
4. 6 个月期限的国库券即期利率为 4%，1 年期的即期利率为 5%。从现在起 6 个月后的隐含 6 个月远期利率是多少？
5. 下面的第一张表列出了同一公司发行的两种债券（每年付息一次）的特性，它们具有相同的即期利率，两种债券的债权人的剩余追索权也相同，债券价格均与即期利率无关。下面的第二张表展示了即期利率的相关信息。利用表中信息，你推荐购买债券 A 还是债券 B？

债券特征

	债券 A	债券 B
利息	每年支付一次	每年支付一次
期限	3 年	3 年
票面利率	10%	6%
到期收益率	10.65%	10.75%
价格	98.40	88.34

即期利率

期限（年）	即期利率（零息债券,%）
1	5
2	8
3	11

6. 凯普尔是一个固定收益证券组合投资经理，与一些大的机构客户合作。范赫森是明星医院养老金计划的顾问。两人一起讨论养老金计划管理的约 1 亿美元国债。目前美国国债收益率曲线如下表所示。范赫森认为："考虑到 2 年期和 10 年期的国债收益率差别很大，那么在 10 年投资期内，买入 10 年期国债将会比买入 2 年期国债并在每次到期后再买入 2 年期国债的策略获得更高的收益率。"

期限（年）	收益率（%）	期限（年）	收益率（%）
1	2.00	6	4.15
2	2.90	7	4.30
3	3.50	8	4.45
4	3.80	9	4.60
5	4.00	10	4.70

   a. 根据期望假说，说明范赫森的结论是正确的，还是错误的。
   b. 范赫森与凯普尔讨论利率期限结构的流动性偏好理论，并向她提供了如下关于美国国债市场的信息：

期限（年）	2	3	4	5	6
流动性溢价（%）	0.55	0.55	0.65	0.75	0.90
期限（年）	7	8	9	10	
流动性溢价（%）	1.10	1.20	1.50	1.60	

利用此附加信息和流动性偏好理论，判断收益率曲线斜率对期望短期利率的变化方向意味着什么。

7. 超级信托公司的资产组合经理正在构建一个固定收益资产组合来满足一位客户的需求。该经理将美国附息国债和零息的美国国债进行比较，发现零息的美国国债的收益率具有明显优势：

期限（年）	美国附息国债收益率（%）	零息的美国国债收益率（%）
3	5.50	5.80
7	6.75	7.25
10	7.25	7.60
30	7.75	8.20

简述为什么零息的美国国债比同期限的附息国债收益率高？

8. 美国国债收益率曲线的形状反映了两次美联储下调联邦基金利率的预期。当前的短期利率是5%，第一次预期6个月后大约降低50个基点，第二次预期1年后大约降低50个基点。当前美国国债期限溢价在未来3年中为每年10个基点（只考虑3年内的情况）。

然而，市场认为两年半后，美联储会改变降息的做法，转而将联邦基金利率提高100个基点。你预期在未来3年中流动性溢价为每年10个基点（只考虑3年内情况）。

描述或画出3年内国债收益率曲线的形状。你是根据哪种期限结构理论推断出你所描绘的美国国债收益率曲线形状的？

9. 美国财政部持有大量养老金资产组合。你决定分析美国国债的收益率曲线。

a. 根据下表数据，计算5年期即期利率与远期利率，假定按照复利计算，写明计算过程。

美国中期国债收益率曲线数据

期限（年）	票面到期收益率（%）	计算出的即期利率（%）	计算出的远期利率（%）
1	5.00	5.00	5.00
2	5.20	5.21	5.42
3	6.00	6.05	7.75
4	7.00	7.16	10.56
5	7.00	?	?

b. 解释下列三个概念：短期利率、即期利率、远期利率。说明这三个概念之间的关系。

c. 你正考虑购买期限为4年的零息美国国债。根据以上收益率曲线，计算该债券的预期到期收益率和价格，并写明计算过程。

10. 下表列出了5种美国国债的即期利率。假设所有债券每年付息。

即期利率

期限（年）	即期利率（%）
1	13.00
2	12.00
3	11.00
4	10.00
5	9.00

a. 为3年后执行的延期贷款计算其隐含的2年期远期利率。

b. 利用表中数据计算5年期债券（每年付息一次）的价格，票面利率为9%。

概念检查答案

15-1 $\frac{40}{1.05}+\frac{40}{1.06^2}+\frac{1\ 040}{1.07^3}=38.095+35.600+848.950\approx922.65$ 美元

在这一价格水平上，到期收益率为

6.945%（金融计算器相关输入数据：n = 3；PV = − 922.65；FV = 1000；PMT=40）。该债券的到期收益率更接近3年期零息债券的收益率而不是例15-1中票面利率为10%的附息债券的到期收益率。因为该债券票面利率低于例15-1中的债券，它的主要价值在第3年最后一次支付时才体现，所以它的收益率更接近3年期零息债券的收益率。

15-2 用类似例15-2中的方法比较两种投资策略：

买入并持有4年期零息债券相当于买入3年期零息债券，再投资于1年期债券。

$$(1+y_4)^4=(1+y_3)^3\times(1+r_4)$$

$$1.08^4=1.07^3\times(1+r_4)$$

这意味着 $r_4 = 1.08^4/1.07^3 - 1 = 0.1105\,6=11.056\%$。现在验证4年期零息债券的收益率是后3年现值系数的几何平均值：

$$1+y_4=[(1+r_1)\times(1+r_2)\times(1+r_3)\times(1+r_4)]^{1/4}$$

$$1.08=[1.05\times1.070\,1\times1.090\,25\times1.110\,56]^{1/4}$$

15-3 现在，3年期债券可以1 000/1.073 = 816.30美元的价格买入。明年，债券剩余期限为2年。第2年短期利率为7.01%，第3年短期利率为9.025%。因此，根据下式，该债券明年的到期收益率与这些短期利率有关：

$$(1+y_2)^2=1.070\,1\times1.090\,25=1.166\,7$$

则它明年的价格为 $1\,000/(1+y_2)^2=1\,000/1.166\,7=857.12$ 美元。所以，1年期持有期收益率是（857.12−816.30)/816.30=0.05或者5%。

15-4 n 年期即期利率是指剩余期限为 n 年的零息债券的到期收益率。第 n 年的短期利率是指第 n 年将实行的1年期利率。最后，第 n 年的远期利率是指能满足"盈亏平衡条件"，使得两种 n 年期的投资策略总收益相等的短期利率。第一种策略是投资 n 年期的零息债券，第二种策略是先投资 $n-1$ 年期的零息债券，再投资1年期零息债券。即期利率和远期利率当前可以得出，但由于利率的不确定性，未来短期利率不可预测。在未来短期利率确定的特殊情况下，从收益率曲线计算出的远期利率应等于未来的实际短期利率。

15-5 7%−1%=6%。

15-6 风险溢价为0。

15-7 如果发行人更愿意发行长期债券，则他们会愿意接受比短期债券更高的预期利息成本。这种意愿与投资者对长期债券的高利率要求相结合，形成了正的流动性溢价。

15-8 通常根据式（15-5），$(1+y_n)^n=(1+y_{n-1})^{n-1}\times(1+f_n)$。这里，$(1+y_4)^4=(1.07)^3\times(1+f_4)$。如果，$f_4=0.07$，则 $(1+y_4)^4=(1.07)^4$，且 $y_4=0.07$，如果 f_4 大于0.07，则 y_4 也变大，相反，如果 f_4 小于0.07，则 y_4 也变小。

15-9 3年期零息债券的到期收益率是 $\left(\frac{1\,000}{816.30}\right)^{1/3}-1=0.07=7\%$。

因此，第三年的远期利率是：

$$f_3=\frac{(1+y_3)^3}{(1+y_2)^2}-1=\frac{1.07^3}{1.06^2}-1=0.090\,3=9.03\%$$

（此外，注意2年期零息债券的价格与3年期零息债券的价格之比为 $1+f_3=1.090\,3$。）要构建一个组合贷款，买入一份2年期零息债券，同时卖出1.090 3份3年期零息债券。初始现金流为0，在 $T=2$ 时现金流为+1 000美元，在 $T=3$ 时现金流为−1 090.30美元，这相当于在 $T=2$ 时以9.03%的利率执行1年期远期贷款的现金流。

第 16 章

债券资产组合管理

本章将讨论各种固定收益资产组合策略，并对主动投资策略与被动投资策略加以区分。被动投资策略不是试图利用信息优势或洞察力来击败市场，而是在既定的市场机遇条件下寻求适当的风险收益平衡。固定收益资产组合被动管理中最具代表性的是免疫策略，其试图将利率风险从资产组合中剥离。

相比之下，主动投资策略试图获得与风险相称的收益。主动债券管理可分为两种形式：通过预测利率来预计整个债券市场的走势或运用市场内部分析的某种形式来识别出被错误定价的债券。

利率风险对于制定主动投资策略和被动投资策略都至关重要，因此本章将首先分析债券价格对利率波动的敏感性。我们将采用久期来衡量利率敏感性，并重点关注久期的影响因素。本章将介绍几种常见的被动投资策略，并说明如何运用久期匹配技术使得固定收益资产组合的持有期收益率免受利率风险的影响。在介绍了久期的广泛应用之后，我们要考虑改进利率敏感性的方法，进而讲解债券凸性的概念。

在制定主动投资策略时，久期也很重要。本章将介绍基于利率预测的主动投资策略，以及通过市场内部分析寻找在固定收益证券市场内相对有吸引力的行业或债券的主动投资策略。

16.1 利率风险

我们知道债券价格与利率之间存在反向关系，我们也知道利率会有大幅波动。随着利率的涨跌，债券持有人会有资本利得和损失。这些利得和损失使得固定收益证券的投资具有风险性，即便利息和本金支付有保障，例如国债。

为什么债券价格会对利率波动做出反应？需要记住的是，在竞争市场中，所有证券给投资者的期望收益率应该是相当的。当债券发行的票面利率是6%，而市场的竞争性收益率也是6%时，债券将以面值出售。但是，如果市场利率升至7%，那么还有谁会以面值来购买利率为6%的债券呢？这时债券价格一定会下跌，直到它的期望收益率上升至具有竞争力水平的7%为止。相反，如果市场利率下跌至5%，相对于其他投资的收益而言，这种票面利率为6%的债券会更具吸引力。于是，渴望得到这种收益的投资者会抬高债券价格直到高价购买债券的人获得的总收益率不再高于市场利率。

16.1.1 利率敏感性

债券价格对市场利率变化的敏感性对投资者而言显然十分重要。为深入了解利率风险的决定因素，可以参见图 16-1。图 16-1 表示了票面利率、初始到期收益率和期限互不相同的四种债券，当到期收益率变化时，债券价格有相应的百分比变动。这四种债券都表明，当到期收益率增加时，债券价格下降，并且债券价格曲线是凸的，这意味着到期收益率下降对债券价格的影响远远大于相同程度到期收益率增加对债券价格的影响。这些结论可归结为以下两个性质。

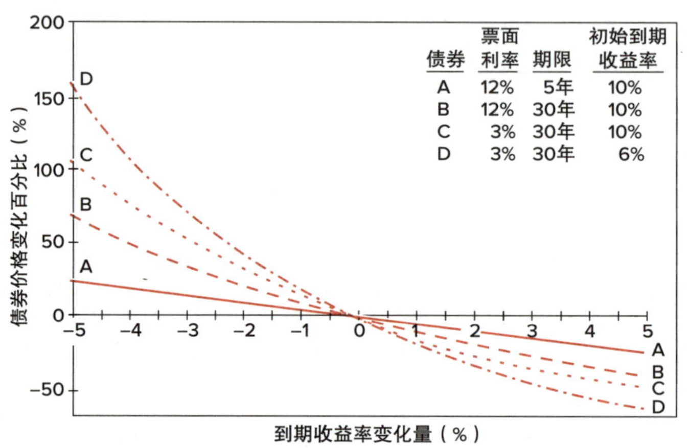

图 16-1 债券价格变化百分比作为到期收益率变化量的函数

第 1 个性质：债券价格与到期收益率的变动呈反向关系，当到期收益率升高时，债券价格下跌，当到期收益率下降时，债券价格上升。

第 2 个性质：债券的到期收益率升高导致其价格变化的幅度小于相同规模的到期收益率下降导致其价格变化的幅度。

现在，比较债券 A 和债券 B 的利率敏感性，二者除到期时间外，其他参数均相同。图 16-1 表明债券 B 比债券 A 期限更长，对利率变化更敏感。这体现出第 3 个性质。

第 3 个性质：长期债券价格对利率变化的敏感性比短期债券更高。

例如，如果利率上涨，现金流以更高的利率水平贴现，那么债券的价格会有所降低。越是远期的现金流，提高贴现率的影响会越大。

值得注意的是，当债券 B 的期限是债券 A 的期限的 6 倍时，它的利率敏感性却不会比债券 A 大 6 倍。尽管利率敏感性随期限的延长而增加，但其上升的幅度却小于期限延长的幅度。因此，我们有了第 4 个性质。

第 4 个性质：当债券期限增加时，债券价格对到期收益率变化的敏感性增加，但增速递减。换句话说，利率风险变动小于债券期限变动。

债券 B 和债券 C，除票面利率之外，其他参数均相同，这时表现出另一特征。票面利率较低的债券对市场利率变化更敏感。这体现出债券价格的第 5 个性质。

第 5 个性质：利率风险与债券票面利率呈反向关系。低票面利率债券的价格比高票面利率债券的价格对利率变化更敏感。

最后，债券 C 和债券 D，除债券当期出售时的到期收益率之外，其他参数均相同。债券 C 当期出售时具有更高的到期收益率，对到期收益率变化的敏感性更低一些。这样，可以得到最后一个性质。

第 6 个性质：债券价格对到期收益率变化的敏感性与当期出售债券时的到期收益率呈反向变动关系。

前 5 个性质曾被马尔基尔[㊀]所论证，有时被称为马尔基尔债券定价关系。第 6 个性质被霍默和利博维茨[㊁]论证。

期限是利率风险的主要决定因素。但是，期限本身不足以测度利率的敏感性。例如，债券 B 和债券 C（见图 16-1）的期限相同，但是较高票面利率的债券对利率变化有着较低的价格敏感性。显而易见的是，利率风险不仅取决于债券期限。

为理解票面利率或到期收益率等债券特征为什么会影响利率敏感性，我们从一个简单的实例开始讨论。表 16-1 提供了不同到期收益率和期限为 T 的票面利率为 8%的债券价格（半年付息一次）。其中，利率表示为年百分率（APR），即将半年收益率翻倍，以获得约定的年化收益率。当利率从 8%上升至 9%时，期限最短的债券的价格下跌小于 1%，10 年期债券价格下跌 6.5%，而 20 年期债券价格下跌 9%以上。

表 16-1 票面利率为 8%的债券价格（半年付息一次）

到期收益率（APR）	T=1 年	T=10 年	T=20 年
8%	1 000.00	1 000.00	1 000.00
9%	990.64	934.96	907.99
价格下降（%）①	0.94	6.50	9.20

① 到期收益率为 9%的等值债券的价格除以（初始）到期收益率为 8%的债券的价格，再减去 1。

现在让我们来看看类似的例子，不过这次不是票面利率为 8%的债券，而是零息债券，结果见表 16-2。对于每种期限，零息债券价格的下降比例大于票面利率为 8%的债券。因为我们知道长期债券比短期债券对利率变动更为敏感，所以这一观察表明，在某种意义上，零息债券代表一种期限更长的投资，而不是期限相同的附息债券。

表 16-2 零息债券价格（半年复利一次）

到期收益率（APR）	T=1 年	T=10 年	T=20 年
8%	924.56	456.39	208.29
9%	915.73	414.64	171.93
价格下降（%）①	0.96	9.15	17.46

① 到期收益率为 9%的等值债券的价格除以（初始）到期收益率为 8%的债券的价格，再减去 1。

实际上，这种对债券的有效期限的分析对我们进行数学上的精确计算是十分有用的。首先，两只债券的期限并非债券长期与短期特征的准确度量。票面利率为 8%的 20 年期债券有多次利息支付，其中大部分是在债券到期之前进行的。每次利息支付都可以认为有它自己的“到期日”。在前面的章节中，我们曾把附息债券看作一系列利息支付的资产组合，这是十分有用的。因此，债券的有效期限是所有现金流的某种平均到期时间。相比较而言，零息债券只在到期时进行一次支付，因此，它的到期时间是明确的。

票面利率较高的债券的价格的很大部分与息票紧密联系，而不是与最终支付的本金相联系。所以，“息票资产组合”倾向于短期支付，它导致附息债券的“有效期限”较短。这解释了马尔基尔提出的第 5 个性质，即价格敏感性随票面利率的上升而下降。

相似的逻辑可以解释第 6 个性质，利率敏感性随到期收益率的上升而下降。较高的到期收益率降低了所有债券偿付的现值，对较远期的偿付而言，情况更是如此。因此，在到期收益率

㊀ Burton G. Malkiel, “Expectations, Bond Price, and the Term Structure of Interest Rates,” *Quarterly Journal of Economics* 76 (May 1962), pp. 197-218.

㊁ Sidney Homer and Martin L. Liebowitz, *Inside the Yield Book*: *New Tools for Bond Market Strategy* (Englewood Cliff, NJ: Prentice Hall, 1972).

较高的情况下，债券价格的较大部分来自其较早期的支付，这导致债券的有效期限和利率敏感性更低。

16.1.2 久期

为了解决债券多次支付的“期限”含糊不清的问题，我们需要一种测度债券承诺现金流的平均期限的方法。弗雷德里克·麦考利[⊖]把有效期限定义为债券的久期。**麦考利久期（Macaulay's duration）**等于债券每次利息支付或债券本金支付时间的加权平均值，对应的权重应当与该次支付对债券价格的“重要性”相联系。实际上，每次支付时间的权重应该是这次支付在债券价格中所占的比例。这个比例正好等于支付的现值除以债券价格。

权重 w_t 与在时间 t 所发生的现金流（标注为 CF_t）有关，表示为

$$w_t = \frac{CF_t/(1+y)^t}{\text{债券价格}}$$

式中，y 代表债券的到期收益率。等号右边的分子代表在时间 t 所发生现金流的现值，分母代表债券所有支付的现值总和。这些权重的和为 1.0，因为以到期收益率贴现的现金流总额等于债券价格。

用这些值来计算所有债券支付时间的加权平均值，就可以得到麦考利久期（D），表示为

$$D = \sum_{t=1}^{T} t \times w_t \tag{16-1}$$

式（16-1）的应用见表 16-3，表 16-3 展示了票面利率为 8%的附息债券和零息债券的久期的计算过程，两种债券的期限都是 2 年。假设到期收益率均为 10%，或半年利率为 5%。B 列所示周期（半年）的每次支付的贴现率为 5%。每次支付的权重（F 列）等于该时点支付的现金流的现值（E 列）除以债券价格（E 列中的现值总额）。

表 16-3 计算两种债券的久期（列中的总额存在四舍五入误差）

	A	B	C	D	E	F	G
1					现金流的现值		C列
2			支付时间		每周期贴现率		乘以
3		周期	(年)	现金流	=5%	权重[①]	F列
4	A. 8%的附息债券	1	0.5	40	38.095	0.039 5	0.019 7
5		2	1.0	40	36.281	0.037 6	0.037 6
6		3	1.5	40	34.554	0.035 8	0.053 7
7		4	2.0	1040	855.611	0.8871	1.774 1
8	总额				964.540	1.000 0	1.885 2
9							
10	B. 零息债券	1	0.5	0	0.000	0.000 0	0.000 0
11		2	1.0	0	0.000	0.000 0	0.000 0
12		3	1.5	0	0.000	0.000 0	0.000 0
13		4	2.0	1000	822.702	1.000 0	2.000 0
14	总额				822.702	1.000 0	2.000 0
15							
16	半年利率	0.05					
17							

① 权重=每一次支付的现值（E 列）除以债券价格。

G 列的数字是支付时间和权重的乘积。每个乘积都是式（16-1）中相应的一项。根据公式，

⊖ Frederick Macaulay, *Some Theoretical Problems Suggested by the Movements of Interest Rates, Bond Yields, and Stock Prices in the United States since* 1856 (New York: National Bureau of Economic Research, 1938).

我们可以把 G 列的数字相加计算出每种债券的久期。

零息债券的久期正好等于债券的期限，即 2 年。这很好理解，因为零息债券仅有一次支付，而支付的平均期限必须是债券的期限。与零息债券相比，2 年期附息债券的久期稍短一些，为 1.885 2 年。

表 16-4 列出了生成表 16-3 中所有内容的公式。B～D 列为输入值（详细说明债券各期支付的现金流）。在 E 列中，我们用假设的到期收益率来计算每次现金流的现值。在 F 列中，我们求出式（16-1）中的权重。在 G 列中，我们计算支付时间和权重的乘积。所有这些数据都对应式（16-1）中所需的数据。在单元格 G8 和 G14 中所计算得到的总额就是每种债券的久期。利用 Excel 可以轻松回答诸如"如果……将会……"的问题，如概念检查 16-1 中的问题。

表 16-4　计算久期的 Excel 公式

	A	B	C	D	E	F	G
1					现金流的现值		C列
2			支付时间		每周期贴现率		乘以
3		周期	(年)	现金流	=5%	权重	F列
4	A. 8%的附息债券	1	0.5	40	=D4/(1+ $ B $ 16)^B4	=E4/E $ 8	=F4*C4
5		2	1.0	40	=D5/(1+ $ B $ 16)^B5	=E5/E $ 8	=F5*C5
6		3	1.5	40	=D6/(1+ $ B $ 16)^B6	=E6/E $ 8	=F6*C6
7		4	2.0	1 040	=D7/(1+ $ B $ 16)^B7	=E7/E $ 8	=F7*C7
8	总额				=SUM(E4:E7)	=SUM(F4:F7)	=SUM(G4:G7)
9							
10	B. 零息债券	1	0.5	0	=D10/(1+ $ B $ 16)^B10	=E10/E $ 14	=F10*C10
11		2	1.0	0	=D11/(1+ $ B $ 16)^B11	=E11/E $ 14	=F11*C11
12		3	1.5	0	=D12/(1+ $ B $ 16)^B12	=E12/E $ 14	=F12*C12
13		4	2.0	1 000	=D13/(1+ $ B $ 16)^B13	=E13/E $ 14	=F13*C13
14	总额				=SUM(E10:E13)	=SUM(F10:F13)	=SUM(G10:G13)
15							
16	半年利率	0.05					

概念检查 16-1

假设到期收益率（年利率）下降至 9%。那么表 16-3 中的两种债券的价格和久期将会发生什么变化？

久期是固定收益证券资产组合的关键概念至少有三个原因：第一，它是资产组合有效平均期限的简单归纳统计；第二，它已经被证明是资产组合规避利率风险的一种基本工具，这些将在第 16.3 节中探讨；第三，久期是衡量资产组合利率敏感性的一个指标，这是需要在此探讨的内容。

我们已经知道债券价格的利率敏感性通常随着其债券期限的增加而增加。久期的测度能够量化这种关系。具体而言，当利率变化时，债券价格变化百分比与其到期收益率的变化是相关的，可用如下公式表达：

$$\frac{\Delta P}{P}=-D\times\left[\frac{\Delta(1+y)}{1+y}\right] \tag{16-2}$$

债券价格变化百分比等于债券久期乘以（1+到期收益率）的变化率。

从业者运用式（16-2）时，在形式上略有不同。他们将**修正久期**（modified duration）定义为 $D^*=D/(1+y)$，这里 $\Delta(1+y)=\Delta y$，于是式（16-2）改写为

$$\frac{\Delta P}{P}=-D^*\Delta y \tag{16-3}$$

债券价格变化百分比是修正久期和债券到期收益率变化量的乘积。因此，修正久期自然可以用来测度债券在利率变化时的风险敞口。实际上，下面可以看到，式（16-2）或与其等价的式（16-3），对于债券收益率的大幅度变化仅仅是近似有效的。只有在考虑较小或局部的收益率变化时，这种近似才变得准确。[㊀]

【例 16-1】 久期和利率风险

表 16-3 中，考虑 2 年期、票面利率为 8%且半年支付一次利息的债券，其出售价格为 964.540 美元，到期收益率为 10%，该债券的久期是 1.885 2 年。为进行比较，考虑以下零息债券，其期限和久期都是 1.885 2 年。正如在表 16-3 中看到的，债券利息每半年偿付一次，因此最好把半年定为一个周期。于是，每一只债券的久期是 1.885 2×2＝3.770 4 个（半年）周期，且每一个周期的利率是 5%。因此，每一只债券的修正久期是 3.770 4/1.05＝3.591 个周期。

假定半年利率从 5%上涨至 5.01%。根据式（16-3），债券价格应该下降：

$$\frac{\Delta P}{P}=-D^{*}\Delta y=-3.591\times 0.01\%=-0.035\,91\%$$

现在直接计算每一只债券的价格变化。附息债券的初始销售价格是 964.540 美元。当半年利率涨至 5.01%时，价格下降到 964.194 2 美元，下降了 0.035 9%。零息债券的初始销售价格是 $1\,000/1.05^{3.770\,4}=831.970\,4$ 美元。半年利率升高时，它的价格为 $1\,000/1.050\,1^{3.770\,4}=831.671\,7$ 美元。价格下降了 0.035 9%。

结论是：相同久期的债券实际上具有相同的利率敏感性，并且价格变化百分比（至少对于收益率变化小的债券而言）等于修正久期乘以收益率的变化。[㊁]

概念检查 16-2

a. 在概念检查 16-1 中，当市场利率（到期收益率）为 9%时，你计算了 2 年期、票面利率为 8%且半年付息一次的债券的价格和久期。现在假定利率上升至 9.05%，计算债券的新价格和价格变化百分比。

b. 根据式（16-2）或者式（16-3）中的久期公式，预测债券价格变化百分比。将这个值与 a 中的答案进行比较。

㊀ 借助微积分的知识，我们可以得出修正久期与债券价格对到期收益率的导数成正比。对于收益率的较小变化，式（16-3）可以重写成：

$$D^{*}=-\frac{1}{P}\frac{\mathrm{d}P}{\mathrm{d}y}$$

这样，在当前价格附近，上式给出了债券价格曲线的斜率测度。实际上，式（16-3）可以根据 y 演化出以下的债券定价公式：

$$P=\sum_{t=1}^{T}\frac{\mathrm{CF}_t}{(1+y)^t}$$

式中，CF_t 是在日期 t 支付给债券持有人的现金流。CF_t 代表到期前支付的利息支付以及到期日支付的本金和利息之和。

㊁ 这里考虑例 16-1 的另一层含义。我们从例子中可以看到，当债券一年付息两次时，将每次支付周期定为半年是很合适的。这也就说明我们可以将麦考利久期与（1+半年到期收益率）相除来修正久期的计算，这个除数通常又写作（1+债券等值收益率/2），一般来讲，如果一只债券每年付息 n 次，修正久期与麦考利久期的关系可表示为 $D^{*}=D/(1+y_{\mathrm{BEY}}/n)$。

16.1.3　什么决定修正久期

我们在前面列出的马尔基尔债券价格关系，给出了利率敏感性的决定因素。久期使我们能够量化敏感性，例如，如果我们在利率上投机，久期将告诉我们这个“赌注”有多大。反之，如果我们想对利率保持“中性”，且仅与所选债券市场指数的利率敏感性相匹配，则通过久期我们可以测量这一敏感性，并在资产组合中模拟。正因为如此，了解久期的决定性因素至关重要。因此，在这一小节里，我们总结出几项有关久期最重要特性的“法则”。图 16-2 通过描绘具有不同票面利率、到期收益率和期限的债券的久期，同样验证了这些法则。

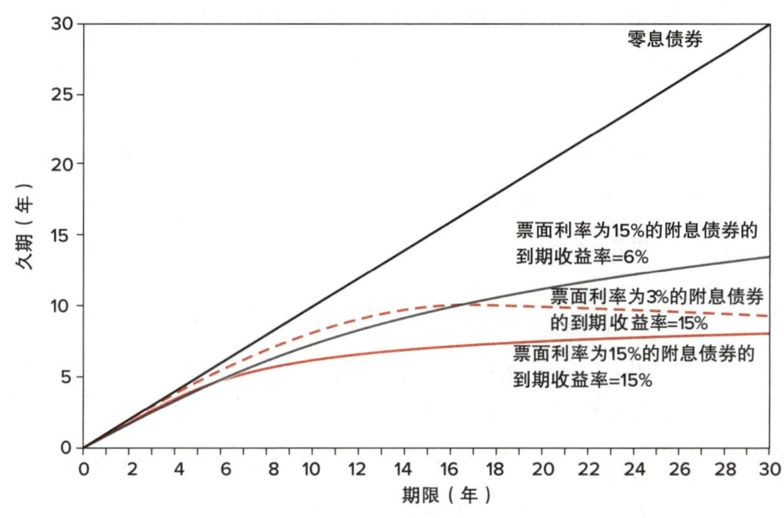

图 16-2　债券久期与债券期限

我们已经建立了如下法则。

久期法则 1：零息债券的久期等于它的期限。

如图 16-2 所示，附息债券比相同期限的零息债券的久期短，因为最后一次支付前的一切利息支付都将减少债券支付时间的加权平均值。这说明了久期法则 2。

久期法则 2：期限相同，当票面利率较高时，债券久期较短。

这一法则与前面提到的第 5 个性质相对应，它可归因于早期利息支付对债券平均支付时间的影响。票面利率越高，早期支付权重也越高，且加权平均支付时间就越短。换言之，债券价格的较大部分与较早的利息支付密切相关，而相较于后期的更为敏感的本金支付，这种较早的利息支付对于收益率不太敏感。在图 16-2 中，比较票面利率为 3%和 15%的债券的久期（它们的收益率相同，都是 15%），票面利率为 15%的债券的久期曲线位于票面利率为 3%的债券的久期曲线之下。

久期法则 3：如果票面利率不变，债券久期通常会随着期限的增加而增加。债券以面值或者超出面值销售，久期总是随期限的增加而增加。

久期的这一法则与前面提到的第 3 个性质相对应。奇怪的是，久期不会总是随期限增加而增加。对于深度贴现债券（见图 16-2 中票面利率为 3%的债券），随着期限增加，久期最终会下降。然而，在真实的市场中交易的债券都可以安全地假定久期随期限的增加而增加。

注意在图 16-2 中，零息债券的期限和久期是相同的。但是对于附息债券，期限增加一年时，它的久期的增加却少于一年。

同时注意在图 16-2 中，当这些债券以不同的到期收益率出售时，两种票面利率为 15%的债券有不同的久期。较低到期收益率的债券，久期更长。这是可以理解的，因为到期收益率越低时，支付期较远的现金流具有相对较大的现值，从而在债券价格中占的比例也越大。于是，在计算久期的过程中，远期支付的权重更大，导致计算出来的久期更高。这就证明了下面的久期法则 4。

久期法则 4：其他因素保持不变，当债券到期收益率较低时，附息债券的久期会较长。

这个法则给人的直观感受是，较高的收益率会降低所有债券支付的现值，同时会较大幅度地降低远期支付的价值。因此，在收益率较高时，债券价格的较大部分依赖于它的早期支付，这就降低了有效期限。久期法则 4 对应的就是前面提到的第 6 个性质，适用于附息债券。当然，对于零息债券，久期等于期限，与到期收益率无关。

最后，我们给出永续债券的久期公式。该公式源于式（16-1）给出的久期公式并与其一致，对于永续债券而言，下面的公式使用起来更为便捷。

久期法则 5：永续债券的久期为

$$\text{永续债券的久期} = \frac{1+y}{y} \tag{16-4}$$

例如，当收益率为 10%时，每年支付 100 美元的永续债券的久期为 1.10/0.10 = 11 年，但是当收益率为 8%时，久期为 1.08/0.08 = 13.5 年。

概念检查 16-3

利用久期法则 4 证明当收益率降低时，永续债券的久期会增加。

式（16-4）表明，期限和久期的差别可以非常显著。永续债券的期限是无限的，然而当收益率为 10%时，它的久期只有 11 年。永续债券早期现金流的现值的权重对于久期的计算起决定性作用。

在图 16-2 中，当期限变长时，到期收益率为 15%的两种附息债券的久期将收敛于有相同收益率的永续债券的久期，即 7.67 年。

附息债券的久期公式有点乏味，且使用表 16-3 那样的 Excel 工作表修正不同期限和票面利率时会很麻烦。此外，附息债券的久期公式假定债券处于利息支付周期开始的阶段。幸运的是，Excel 内置附息债券的久期计算公式。表 16-5 演示了如何利用 Excel 计算久期。

表 16-5 运用 Excel 计算久期

	A	B	C
1	输入		B列公式
2	支付日期	1/1/2000	=DATE(2000,1,1)
3	到期日	1/1/2002	=DATE(2002,1,1)
4	票面利率	0.08	0.08
5	到期收益率	0.10	0.10
6	每年支付周期	2	2
7			
8	输出		
9	麦考利久期	1.885 2	=DURATION(B2,B3,B4,B5,B6)
10	修正久期	1.795 5	=MDURATION(B2,B3,B4,B5,B6)

利用 Excel 日期函数 DATE（年，月，日），在单元格 B2 和 B3 中输入支付日期和到期日。在单元格 B4 和 B5 中以小数形式输入票面利率和到期收益率。在单元格 B6 中输入每年的支付周期。单元格 B9 和 B10 中显示麦考利久期和修正久期。该 Excel 工作表表明，表 16-3 中的债券

久期确实是 1.885 2 年。这只 2 年期债券并没有确定的支付日期。我们将支付日期任意定为 2000 年 1 月 1 日，到期日正好是两年后。

可交易债券的久期变化范围很大。假定几种债券为半年付息一次的附息债券，到期收益率为 8%，表 16-6 给出了利用表 16-5 计算出的久期。注意久期随着票面利率的增加而变短，并随期限增加而变长。根据表 16-6 和式（16-2），如果到期收益率从 8%上升至 8.1%，票面利率为 6%的 20 年期债券的价格会下降约 10.922×0.1%/1.04＝1.05%，然而票面利率为 10%的 1 年期债券的价格仅仅下降 0.976×0.1%/1.04＝0.094%。[⊖]由表 16-6 还可知，对于无期限债券而言，久期与票面利率无关。

表 16-6　债券久期（到期收益率＝8%；半年支付一次利息）

期限	票面利率（每年）				
	2%	4%	6%	8%	10%
1	0.995	0.990	0.985	0.981	0.976
5	4.742	4.533	4.361	4.218	4.095
10	8.762	7.986	7.454	7.067	6.772
20	14.026	11.966	10.922	10.292	9.870
无期限（永续债券）	13.000	13.000	13.000	13.000	13.000

概念检查 16-4

利用表 16-5 来检查前面提到的一些久期法则。如果改变债券票面利率，久期会如何变化？同样，如果改变到期收益率，久期会如何变化？如果改变期限，久期会如何变化？如果债券由每年付息一次改为每半年付息一次，久期会如何变化？为什么凭直觉半年付息一次的债券久期更短？

16.2　凸性

作为利率敏感性的度量方式，久期显然是固定收益资产组合管理的重要工具。然而关于利率对债券价格的影响，久期法则仅仅是一种近似表达。式（16-2）和与其等价的式（16-3）说明债券价格变化百分比近似等于修正久期和债券到期收益率变化量的乘积，表达如下：

$$\frac{\Delta P}{P}=-D^{*}\Delta y$$

该式表明债券价格变化百分比与债券到期收益率变化量成正比。如果确实是这样，债券价格变化百分比作为它的到期收益率变化量的函数的图形将是一条直线，其斜率等于$-D^{*}$。然而，图 16-1 清楚地表明，二者之间不是线性关系。对于债券到期收益率发生的较小变化，久期法则可以给出良好近似的值。但是，对于较大的变化，它给出的数值就不太精确了。

图 16-3 解释了这一点。像图 16-1 那样，图 16-3 展示了债券价格变化百分比对债券到期收益率变化的反应。曲线代表的是 30 年期、票面利率为 8%、最初以 8%的到期收益率出售的债券价格变化百分比。直线代表的是根据久期法则预测的债券价格变化百分比。直线的斜率是债券在初始到期收益率时的修正久期。在此收益率时，其修正久期为 11.26 年，所以直线是$-D^{*}\Delta y=-11.26\times\Delta y$ 的图形。注意这两条线在初始到期收益率时相切。所以，对于债券到期收益率的较小变化，久期法则的度量相当精确。但是对于较大变化，在两条线之间有一个不断扩大的

⊖ 注意债券每半年付息一次，我们使用的是名义上的半年期到期收益率（即 4%）来计算修正久期。

“间隔”，这表明久期法则越来越不精确。

注意图 16-3 中，久期近似值（直线）总是低于债券的价格：当到期收益率下降时，它低估了债券价格的上升程度，并且当到期收益率上升时，它高估了债券价格的下降程度。这是实际价格-收益率曲线的曲率造成的。价格-收益率曲线是凸的，价格-收益率曲线的曲率被称为债券的**凸性**（convexity）。

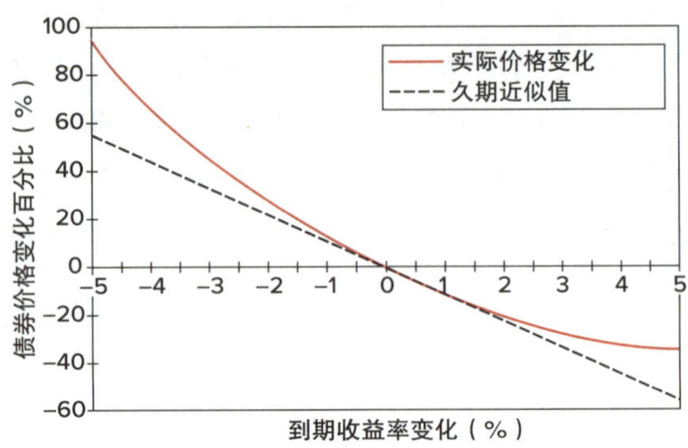

图 16-3 债券价格的凸性：30 年期、票面利率为 8%的债券，初始到期收益率为 8%

我们可以将凸性量化为价格-收益率曲线斜率的变化率，并将其表示为债券价格的一部分。[㊀]例如，在图 16-3 中，不可赎回的债券的凸性是正的：到期收益率增加时，斜率变大（即这个负数的绝对值变小）。作为一个实用法则，大家可以将债券具有较高凸性视为其价格-收益率曲线的曲率较高。

凸性有助于我们在债券价格变化时提高久期的近似性。考虑凸性时，式（16-3）可以修正为：[㊁]

$$\frac{\Delta P}{P}=-D^{*}\Delta y+\frac{1}{2}\times\text{凸性}\times(\Delta y)^{2} \tag{16-5}$$

等号右边的第一项与久期法则相同，参见式（16-3）。第二项是对凸性的修正。注意，如果债券的凸性是正的，不管收益率是涨还是跌，第二项都是正的。这与前面看到的事实一致，即当收益率变化时，久期法则总是会低估债券的新价格。把凸性考虑进来的式（16-5）更精确，它预测的债券价格总是比式（16-2）预测的值更高。当然，如果收益率变化很小，式（16-5）中凸性乘以 $(\Delta y)^2$，得出的结果极其小，不会使久期法则得出的近似值显著增加。因此，在收益率有一个很大的潜在变动时，凸性才会作为一个更重要的实际因素被考虑进来。

【例 16-2】 凸性

在图 16-3 中，债券是 30 年期的，票面利率是 8%，出售时初始到期收益率为 8%。因为票面利率等于到期收益率，债券以面值（1 000 美元）出售。在初始到期收益率时，债券修正久期为 11.26 年，凸性为 212.4，可以用前面的凸性公式进行验证。如果债券到期收益率从 8%上升至 10%，债券价格将降至 811.46 美元，下降 18.85%。根据久期法则，即式（16-2），预测价格会下降 22.52%：

$$\frac{\Delta P}{P}=-D^{*}\Delta y=-11.26\times0.02=-0.2252\text{ 或 }-22.52\%$$

㊀ 表示修正久期的式（16-3）可以改写为 $dP/P=-D^{*}dy$。于是，$D^{*}=1/P\times dP/dy$ 就是价格-收益率曲线的斜率，即债券价格的导数。同理，债券凸性等于价格-收益率曲线的二阶导数（斜率的变化率）除以债券价格：凸性 $=1/P\times d^2P/dy^2$。期限为 T 年且每年付息一次的债券的凸性公式为

$$\text{凸性}=\frac{1}{P\times(1+y)^2}\sum_{t=1}^{T}\left[\frac{CF_t}{(1+y)^t}(t^2+t)\right]$$

式中，CF_t 是在日期 t 支付给债券持有人的现金流；CF_t 代表到期前支付的利息以及到期日支付的本金和利息之和。

㊁ 在使用凸性法则时，必须以小数而不是百分比来表达利率。

这比债券价格实际下降的幅度更大。带凸性的久期法则，即式（16-4）更为准确：

$$\frac{\Delta P}{P}=-D^{*}\Delta y+\frac{1}{2}\times凸性\times(\Delta y)^{2}$$

$$=-11.26\times0.02+\frac{1}{2}\times212.4\times(0.02)^{2}$$

$$=-0.1827\ 或\ -18.27\%$$

这更接近于债券价格的实际变化。[注意，当我们使用式（16-5）时，我们必须把利率表示为小数形式，而不是百分比形式。利率从 8%升至 10%表示为 $\Delta y=0.02$。]

如果到期收益率变化很小，如 0.1%，则凸性无足轻重。债券价格实际下降至 988.85 美元，降幅为 1.115%。如果不考虑凸性，价格将下降 1.126%：

$$\frac{\Delta P}{P}=-D^{*}\Delta y=-11.26\times0.001=-0.01126\ 或\ -1.126\%$$

考虑凸性，我们可以得到更加精确的答案：

$$\frac{\Delta P}{P}=-11.26\times0.001+\frac{1}{2}\times212.4\times(0.001)^{2}=-0.01115\ 或\ -1.115\%$$

在这种情况下，即使不考虑凸性，久期法则也相当精准。

16.2.1 投资者为什么喜欢凸性

凸性一般被认为是一个备受欢迎的特性。曲率大的债券价格在收益率下降时的收益大于在收益率上涨时的损失。例如，在图 16-4 中，债券 A 和债券 B 在初始到期收益率时久期相同。令债券价格变化百分比为到期收益率变化量的函数，则这两个函数的曲线是相切的，这表示它们对到期收益率变化的敏感性在切点处相同。但是，债券 A 比债券 B 更凸一些。当利率波动较大时，债券 A 的价格上涨幅度更大而价格下降幅度更小。如果利率不稳定，这是一种有吸引力的不对称，可以增加债券的期望收益率，因为债券 A 从利率下降中得到的好处更多，而从利率上升中损失较少。当然，如果凸性是我们希望得到的特性，那它肯定不是“免费的午餐”：对凸性较大的债券而言，投资者必须付出更高的价格，并接受更低的到期收益率。

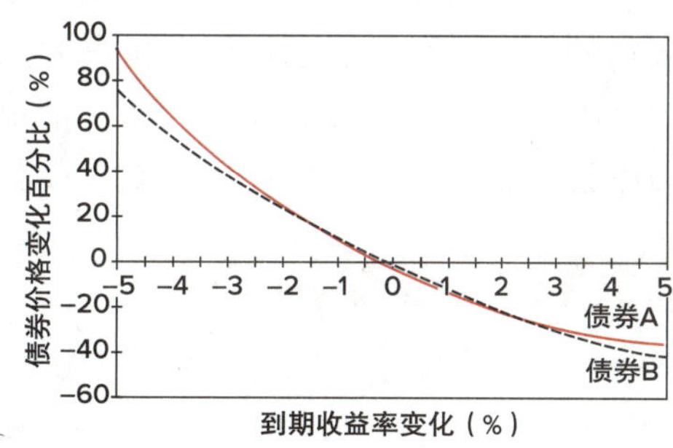

图 16-4　两种债券的凸性

16.2.2 可赎回债券的久期和凸性

图 16-5 描述了可赎回债券的价格-收益率曲线。当利率高时，曲线是凸的，对于不可赎回的债券也是如此。例如，当利率是 10%时，价格-收益率曲线位于切线之上。但在低利率的情况下，赎回价格是债券价格的上限，因为如果债券的售价高于赎回价格，发行人将会通过赎回获利。在这一区域，我们说，债券受制于价格限制——它的价格被

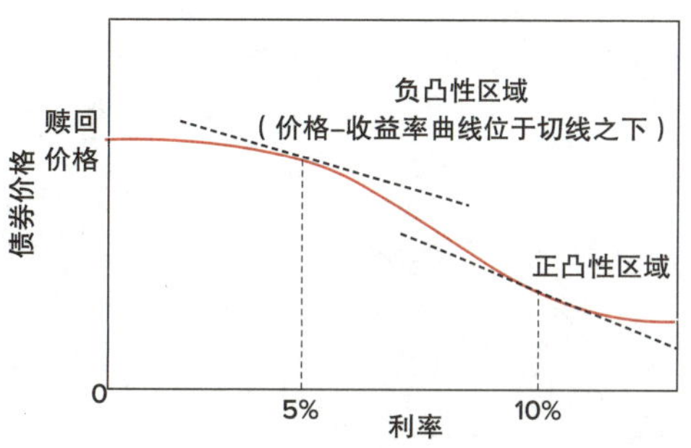

图 16-5　可赎回债券的价格-收益率曲线

“压”低到赎回价格。例如，当利率为5%时，价格-收益率曲线位于切线之下，此时称曲线具有负凸性。[⊖]

注意在负凸性区域，价格-收益率曲线表现出不具吸引力的非对称性。利率上升引起的价格下跌幅度大于同等幅度下利率下降引起的价格上涨幅度。这种非对称性来源于这样一个事实：债券发行人保留赎回债券的选择权。如果利率上升，债券持有人会有损失，这与不可赎回债券是一样的。但是，当利率下降时，投资者不但没有获取资本利得，还会被赎回拥有的债券。这样一来，债券持有人就好像处于抛硬币时“正面输，反面也没赢”的境地。当然，投资者在购买这种债券时已经因为这种局面得到了补偿。可赎回债券在出售时的初始价格低于其他类似的不可赎回债券（也就是初始收益率较高）。

式（16-5）强调了负凸性效应。当凸性为负时，等号右边的第二项必然为负，这意味着债券的实际价格低于久期法则预测的近似值。但是，可赎回债券，或更普遍地说，有“嵌入期权”的债券，用麦考利久期是很难分析的。因为这类期权的存在，债券提供的未来现金流是不可预测的。例如，若债券被赎回，它的现金流终止且它的本金偿还时间比开始时预测的时间要早。因为现金流是任意的，我们无法对未来现金流支付的时间做加权平均，而这对于计算麦考利久期是必要的。

华尔街的惯例是计算有嵌入期权的债券的**有效久期**（effective duration）。有效久期不能用已知现金流的简单公式［见式（16-1）］来计算。我们使用考虑了嵌入期权的更复杂的债券估值方法，有效久期被定义为债券价格变化百分比与市场利率变化量之比：

$$\text{有效久期} = -\frac{\Delta P/P}{\Delta r} \tag{16-6}$$

这一公式似乎仅仅对表示修正久期的式（16-3）做出了一些调整。但是，它们还是有重要区别的。第一，我们不用债券自身的到期收益率变化来计算有效久期（分母是 Δr 而不是 Δy）。这是因为有嵌入期权的债券可能会被提前赎回，到期日不再固定，因此到期收益率通常是无关的变量。实际上，我们计算了利率期限结构变化引起的价格变化。第二，有效久期公式依赖于一种嵌入期权的定价方法。这意味着有效久期将成为某些变量（如利率的波动）的函数，而这些变量与传统久期无关。相反，修正久期或者麦考利久期可以从确定的债券现金流和到期收益率中直接求出。

概念检查 16-5

麦考利久期、修正久期和有效久期三者有何不同？

【例 16-3】 有效久期

假设可赎回债券的赎回价格为1 050美元，当前的售价是980美元。如果收益率曲线上移0.5%，债券价格将下降至930美元。如果收益率曲线下移0.5%，债券价格将上升至1 010美元。为了计算有效久期，我们计算：

$$\Delta r = \text{假定的利率增加} - \text{假定的利率减少} = 0.5\% - (-0.5\%) = 1\% = 0.01$$

$$\Delta P = \text{利率增加 } 0.5\% \text{ 时的价格} - \text{利率减少 } 0.5\% \text{ 时的价格} = 930 \text{ 美元} - 1\,010 \text{ 美元} = -80 \text{ 美元}$$

那么，债券有效久期为

⊖ 从微积分的角度来看，这一区域的曲线是凹的。但是，债券交易员不说这些债券显示出凹性，他们更喜欢用的术语是负凸性。

$$有效久期 = -\frac{\Delta P/P}{\Delta r} = -\frac{-80/980}{0.01} = 8.16\ 年$$

换言之，利率在当前价格附近波动 1%，债券价格变化 8.16%。

16.2.3　抵押贷款支持证券的久期和凸性

实际上，抵押贷款支持证券市场是赎回条款发挥重要性的最大市场。如第 1 章所述，发起抵押贷款的贷方通常把贷款卖给联邦代理机构，如联邦国民抵押贷款协会（房利美）或联邦住房贷款抵押公司（房地美）。原始的借方（房主）继续按月把贷款金额支付给贷方，但是贷方把收到的款项转手给购买贷款的代理机构。代理机构可能把很多抵押贷款汇集成抵押贷款支持证券的资金池，然后在固定收益证券市场中销售。这些证券被称为转递证券，因为从借方得到的现金流先流向代理机构（房利美或房地美），然后又流向抵押贷款支持证券的最终购买者。

例如，假定有 10 个 30 年期抵押贷款，每一个抵押贷款的本金为 100 000 美元，组合成 100 万美元的资金池。如果抵押贷款利率为 8%，那么每一个抵押贷款的月供为 733.76 美元。（月供中，偿还的利息是 0.08×1/12×100 000=666.67 美元；剩下的 67.09 美元是本金的分期偿还。在后期，本金余额较低，月供中较少的部分用于利息，而更多的部分用于本金的分期偿还。）抵押贷款支持证券的持有人会收到 7 337.60 美元，即资金池中 10 个抵押贷款的全部月供。[⊖]

但是，房主有权随时提前还贷。例如，如果抵押贷款利率下降，房主可能决定以较低利率重新贷款，并用新贷款的收益来偿还原始贷款。当然，提前还款的权利恰好与偿还可赎回债券的权利相似。赎回价格就是贷款的本金余额。因此，抵押贷款支持证券可以视为可提前赎回的分期付款贷款的资产组合。

与其他可赎回债券类似，抵押贷款支持证券受负凸性的约束。当利率降低且房主提前还贷时，本金偿还传递给投资者。投资者得到的不是投资的资本利得，而是贷款未偿付的本金余额。因此，抵押贷款支持证券的价格是利率的函数，如图 16-6 所示，图 16-6 与可赎回债券的图形看起来很像。

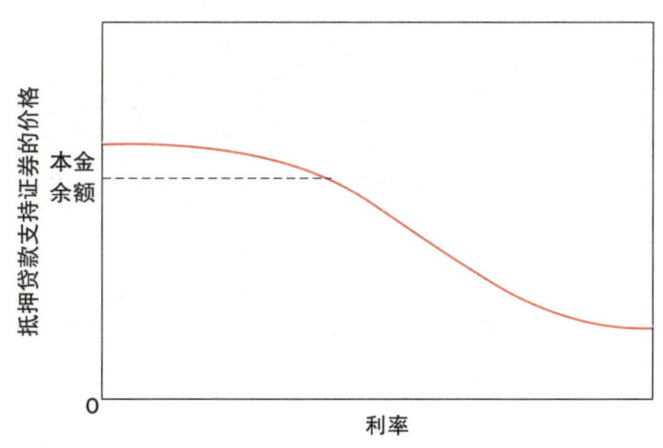

图 16-6　抵押贷款支持证券的价格-收益率曲线

然而，抵押贷款支持证券和可赎回公司债券有一些不同。例如，抵押贷款支持证券售价一般高于本金余额。这是因为房主不会在利率降低时马上再融资。除非收益足够高，否则一些房主不想承担再融资的费用和麻烦。如果房主计划近期搬家，他们可能决定不进行再融资。另外，一些房主可能从未考虑过再融资的方案。因此，尽管抵押贷款支持证券在低利率时表现出负凸性，但它隐含的赎回价格（贷款本金余额）不是一个在其价格上不可突破的上限。

简单的抵押贷款支持证券引发了大量的抵押担保衍生品。例如，抵押担保债券（CMO）进一步把抵押贷款支持证券的现金流重新转向几种衍生证券，称为抵押贷款支持证券的“份额”。

⊖　实际上，继续为贷款提供服务的原始贷方和担保贷款的转递代理机构各自保留每月支付金额的一部分作为服务费，于是投资者每月收到的款项比借方的支付金额略少。

这些份额可能用来向愿意承担该风险的投资者分配利率风险。[⊖]

下表是一个简单的抵押担保债券结构的示范。底层的抵押资金池被分为三个份额，每一个都有各自不同的有效期限以及所产生的利率风险敞口。假设原始的资金池为 1 000 万美元的 15 年期抵押贷款，每一份额的利率均为 10.5%，具体如下表所示。

份额 A=400 万美元本金	“短期支付”部分
份额 B=300 万美元本金	“中期支付”部分
份额 C=300 万美元本金	“长期支付”部分

进一步假定资金池中贷款余额的 8%会提前偿还。于是，每年整个抵押资金池的现金流就如图 16-7a 所示。每年总支付缩小 8%，因为原始资金池的一部分贷款已被付清。图 16-7 中每个条形柱的浅色部分代表利息支付，深色部分代表本金支付，包括贷款的分期付款和提前偿还。

在每个周期中，每一贷款份额在承诺的利率和本金余额的基础上收到应有的利息。但是，刚开始时，所有本金支付、提前偿还和分期付款都流向贷款份额 A（见图 16-7b）。从图 16-7c 和图 16-7d 中观察到：在份额 A 的偿还结束前，份额 B 和份额 C 只收到利息。一旦份额 A 全部付清，所有本金支付流向份额 B。当份额 B 的偿还终止时，所有本金支付流向份额 C。于是，份额 A 就成了“短期支付”，其有效久期最短，而份额 C 成了期限最长的份额。这是在份额结构中一种相对简单的利率风险分配方法。

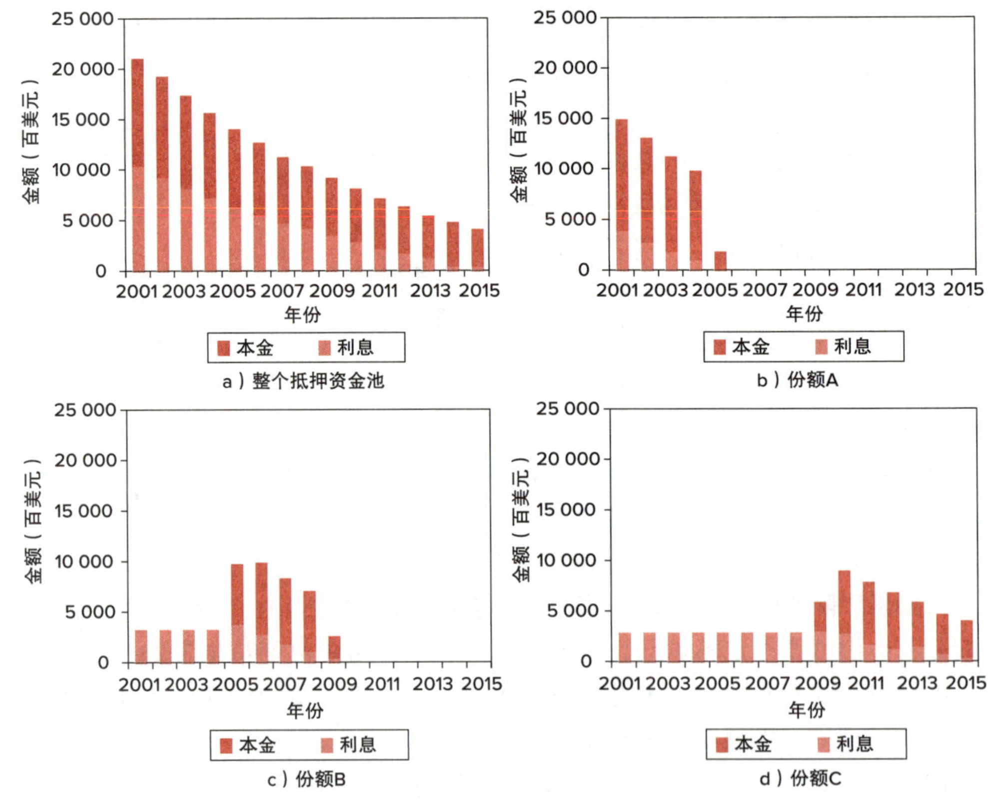

图 16-7 流入整个抵押资金池的现金流和拆分成三个份额的现金流

⊖ 在第 14 章中，我们了解了担保债务凭证如何运用份额结构重新在不同份额中重置信用风险。机构抵押贷款支持证券的信用风险并不是一个问题，因为抵押贷款支持证券的支付是由机构保障的。（现在由联邦政府保障。）在抵押担保债券市场，份额结构通常用于重置不同份额的利率风险而不是信用风险。

在实践中，这一主题有可能有多种变化及应用。不同的份额可能拥有不同的票面利率。根据抵押贷款提前偿还速度的不确定性，有些份额有可能被区别对待。复杂的公式可能用来规定每一份额应分配的现金流。实际上，抵押资金池被看作现金流的来源，并根据投资者的偏好重新分配给不同的投资者。

16.3　被动债券管理

被动债券管理者认为债券定价是合理的，并且仅试图控制他们持有的固定收益资产组合的风险。在固定收益证券市场中，投资者经常使用两种被动管理的策略：第一种是指数策略，试图复制既定债券指数的业绩；第二种是我们熟悉的免疫策略，广泛应用于金融机构，如保险公司和养老基金，它被机构用来规避金融头寸的利率波动风险。

尽管指数策略和免疫策略在“接受市场价格是合理的”这一点上是相似的，但是在处理风险敞口方面，它们是非常不同的。一个债券指数资产组合的风险-收益将和与之相联系的债券市场指数的风险-收益状况相当。然而，免疫策略寻求建立一种几乎是零风险的资产组合，其中利率变动对公司的价值没有任何影响。在这一节，我们将讨论这两种策略。

16.3.1　债券指数基金

理论上，债券市场指数与股票市场指数相似。这种想法旨在创建一个能代表指数结构的资产组合，而该指数能够反映整个市场。例如，在美国股票市场中，标准普尔 500 指数是股票指数基金最常使用的指数。这些基金完全按标准普尔 500 指数的成分股名单来选择购买股票，而且每种股票购买的数量与这些公司当前市值在指数中的权重成比例。债券指数基金也使用类似的策略，但是正如我们即将看到的，由于债券市场及其指数的一些技术难题，我们需要做一些修正。

债券市场有三个主要指数：巴克莱资本美国综合债券指数（之前为雷曼综合债券指数）、所罗门大市投资分级指数（现由花旗集团管理）和美林国内标准指数。这三个指数都是总收益的市值加权平均指数。这三种指数包括政府债券、公司债券、抵押贷款支持证券和扬基债券（扬基债券是以美元面值发行的、在美国销售的由国外发行人发行的证券交易委员会注册债券）。

构建指数债券资产组合过程中出现的第一个问题源于这样一个事实：这些指数包含了数千只债券，这使得按它们的市值比重购买十分困难。此外，很多债券的交易量很小，这意味着很难找到它们的所有者，也很难以一个公允的市场价格购买它们。

债券指数基金还面临着比股票指数基金更难的再平衡问题。当久期低于 1 年时，债券不断从指数中被剔除。此外，当新债券发行时，它们被加入指数中。因此，与股票指数相比，用于计算债券指数的证券不断变化。当它们变化时，管理者必须更新和再平衡资产组合来保证资产组合的构成和指数中所包含的债券相匹配。债券产生的大量利息收入必须进行再投资，这使得指数基金管理者的工作更为复杂。

在实践中，完全复制总体债券指数是不可行的。作为替代，分层抽样常被使用。图 16-8 展示了分层抽样的思想。首先，债券市场被分为若干类别。图 16-8 采用了一种用剩余期限和类别划分的简单二分法。但实际上，诸如债券票面利率和发行人的信用风险也会用于形成单元格。于是，在每一单元格下的债券被认为是同质的。其次，每个单元格在全部债券中所占的百分比会被计算和报告，如图 16-8 中的几个单元格所示。最后，资产组合管理者建立一种债券资产组合，该资产组合中每一单元格中的债券在资产组合中所占的比例与该单元中的债券在全部债券中所占的比例相匹配。通过这种方法，在期限、票面利率、信用风险和债券所属行业等方面，资产组合特征与指数特征相匹配，因而资产组合的业绩将与指数业绩相匹配。

剩余期限	类别						
	国债	政府机构债券	抵押贷款支持证券	产业债券	金融债券	公用事业债券	扬基债券
小于1年	12.1%						
1~3年	5.4%						
3~5年			4.1%				
5~7年							
7~10年		0.1%					
10~15年							
15~30年			9.2%			3.4%	
30年以上							

图 16-8 债券分层抽样方式

个人投资者可以购买共同基金或者追踪整个债券市场的 ETF。例如，先锋领航全债券市场指数基金和巴克莱集中债券指数基金均是追踪整个美国债券市场的指数基金。

16.3.2 免疫策略

与指数策略不同，很多机构投资者试图使它们的资产组合免于受到利率风险的影响。一般而言，对这种风险有两种观点。像银行这类的机构，它们致力于保护资产组合的当前净值或净市场价值不受利率波动的影响，而像养老基金这类的机构，它们在一定的期限后可能会面临支付一定现金流给客户的义务，因此它们更关心保护其资产组合的终值。

但是，银行和养老基金面临的共同问题是利率风险。公司的净值和未来兑现的能力都会随着利率波动。免疫（immunization）策略是指这类投资者用来使整个金融资产免受利率风险影响的策略。

很多银行和储蓄机构在资产和负债的期限结构上存在天然的不匹配。银行负债主要是客户存款，大多数期限都很短，因此久期很短。相反，银行资产主要由未偿还的商业和个人贷款或按揭贷款构成，久期较长。因此，当利率意外上升时，银行的净值会下跌——它们的资产价值下跌得比负债多。

同样，养老基金也可能发生资产和负债不匹配的情况，如基金所持有资产的利率敏感性与其负债现值的利率敏感性之间存在不匹配，其负债即对养老退休人员的现金流支付。专栏华尔街实战 16-1 显示了当忽视资产和负债的利率风险敞口时，养老基金所面临的危险。例如，最近几年，尽管投资收益颇丰，但是养老基金的市场份额却在下降。当利率下降时，负债价值比资产价值上涨得更快。我们应该得到的教训是，基金应该匹配资产和负债的利率风险敞口，这样不管利率涨跌，资产价值都会与负债价值同步。换言之，财务管理者希望让基金免受利率波动的影响。

华尔街实战 16-1　尽管大市繁荣但是养老基金表现欠佳

2012 年是股市兴旺的一年，标准普尔 500 指数提供的年化收益率为 16%，这一业绩提升了美国养老基金资产负债表的水平。然而尽管其资产价值有所增加，美国 400 家大型公司估计的养老基金总赤字上升了近 800 亿美元，这其中有许多公司都在 2013 年额外需要数十亿美元来撑起它们的养老基金。单就福特汽车公司进行预测，其需要拿出 50 亿美元投入养老基金。㊀

这是如何发生的呢？2012 年的股市繁荣很大程度上是由利率下跌推动的。由于 2012 年利率降低，养老基金负债的现值比资产价值上涨得更快。结果是养老基金的负债价值比资产价值对利率变动更加敏感。因此，即使利率降低使得资产收益猛升，但是负债上升得更快。换言之，养老基金资产久期比负债久期短。这种久期不匹配使得养老基金在应对利率下降时更加脆弱。

为什么养老基金不能更好地匹配资产和负债久期呢？原因之一是基金经常根据标准债券市场指数的业绩来评估基金管理者所管理养老基金的相对业绩。这些指数比养老基金负债的久期短很多。所以，在某种意义上，管理者看错了地方，忽视了利率敏感性。

在这个方面，养老基金并不是唯一的。任何有未来固定债务的机构都可能认为免疫是合理的风险管理策略。例如，保险公司也会使用免疫策略。实际上，人寿保险公司的精算师 F. M. Redington ㊁提出了免疫的概念。免疫背后的思想是久期匹配的资产和负债可以使得资产组合免受利率波动的影响。

例如，保险公司推出担保投资证书 10 000 美元。（基本上，担保投资证书都是保险公司向客户发行的零息债券，个人退休储蓄账户很认可这种产品）。如果担保投资证书的期限为 5 年且担保利率为 8%，那么保险公司在 5 年后要支付 $10\,000\times1.08^5=14\,693.28$ 美元。

假定保险公司为了未来的担保投资证书的兑付，将 10 000 美元投资于以面值出售、期限为 6 年、年利率为 8%的附息债券。只要市场利率维持在 8%，公司就可以完成兑现义务，因为负债的现值正好等于债券价值。

表 16-7 的 a）部分表明，如果利率维持在 8%，保险公司用于投资债券的基金的价值会上涨至与负债相等的 14 693. 28 美元。在 5 年期间，每年的利息收入是 800 美元，并以当前的 8%的市场利率再投资。到期时，债券可以以 10 000 美元卖出。它们将以面值出售，因为票面利率等于市场利率。5 年之后，再投资的利息和债券出售的收益加在一起的总收入正好是 14 693. 28 美元。

表 16-7　债券资产组合 5 年后的终值（所有收益都进行再投资）

支付次数	剩余期限（年）	收益再投资的累计价值（美元）		
		a）利率维持在 8%		
1	4	$800\times(1.08)^4$	=	1 088. 39
2	3	$800\times(1.08)^3$	=	1 007. 77
3	2	$800\times(1.08)^2$	=	933. 12
4	1	$800\times(1.08)^1$	=	864. 00
5	0	$800\times(1.08)^0$	=	800. 00
债券销售价格	0	10 800/1. 08	=	10 000. 00
				14 693. 28

㊀ 以上来源于 Mike Ramsey and Vipal Monga, "Low Rates Force Companies to Pour Cash into Pensions," *The Wall Street Journal*, February 3, 2013.

㊁ F. M. Redington, "Review of the Principle of Life-Office Valuations," *Journal of the Institute of Actuaries* 78 (1952).

（续）

支付次数	剩余期限（年）	收益再投资的累计价值（美元）		
		b）利率下降至 7%		
1	4	$800\times(1.07)^4$	=	1 048.64
2	3	$800\times(1.07)^3$	=	980.03
3	2	$800\times(1.07)^2$	=	915.92
4	1	$800\times(1.07)^1$	=	856.00
5	0	$800\times(1.07)^0$	=	800.00
债券销售价格	0	10 800/1.07	=	10 093.46
				14 694.05
		c）利率上升至 9%		
1	4	$800\times(1.09)^4$	=	1 129.27
2	3	$800\times(1.09)^3$	=	1 036.02
3	2	$800\times(1.09)^2$	=	950.48
4	1	$800\times(1.09)^1$	=	872.00
5	0	$800\times(1.09)^0$	=	800.00
债券销售价格	0	10 800/1.09	=	9 908.26
				14 696.02

注：债券的卖出价格等于资产组合的最后支付金额（10 800 美元）除以（$1+r$），因为债券的剩余期限在债券销售时是 1 年。

但是，如果利率变化，资产和负债的变化会相互抵消，从而影响基金升至目标值 14 693.28 美元的能力。如果利率上升，基金会有资本损失，影响其偿还债务的能力。但是，在利率较高时，再投资利息会以更快的速度上升，弥补资本损失。换言之，固定收益证券投资者面临两种相互抵消的利率风险类型：价格风险和再投资利率风险。利率提高会导致资本损失，但同时再投资收入会增加。如果资产组合的久期选择合适，这两种影响正好相互抵消。当这一资产组合的久期恰好与投资者的持有期相等时，到期时投资基金的累计价值将不会受到利率波动的影响。因为债券持有期等于资产组合的久期，所以价格风险和再投资利率风险正好相互抵消。

在我们讨论的例子中，用于担保投资证书的 6 年期债券的久期是 5 年。因为资产和负债的久期相同，保险公司将免受利率波动的影响。为了证明这种情况，我们考察一下债券能否产生足够的收入来付清未来 5 年的债务，不管利率是否变动。

表 16-7 的 b）部分和表 16-7 的 c）部分考虑两种可能的利率情况：利率降至 7%或利率涨至 9%。在这两种情况中，债券的年利息以新的利率再投资。假设债券的年利息从第一期开始以相同的利率再投资，按照担保投资合约，债券 5 年后出售。

表 16-7 的 b）部分表明，如果利率降至 7%，投资基金的价值是 14 694.05 美元，有 0.77 美元的小额盈余。表 16-7 的 c）部分表明，如果利率涨至 9%，投资基金的价值是 14 696.02 美元，有 2.74 美元的小额盈余。

久期匹配平衡了利息支付累计值（再投资利率风险）和债券销售收益（价格风险）之间的差异。也就是说，当利率降低时，利息的再投资收益低于利率不变时的情况，但是销售债券的收益增加从而抵销了损失。当利率上涨时，债券价格下跌，但是利息收入的增加能够弥补这一损失，因为它们以更高的利率进行再投资。图 16-9 描述了这一情况。图中实线代表利率保持

8%时投资基金的累计价值。虚线代表利率上升时的情况，最初的效应是资本损失，但是这种损失最终被较快速度增长的再投资收益所抵销。在 5 年到期时，这两种效应正好相互抵消，保险公司可以用利率上升后的累计收益来确保担保投资证书的兑付。

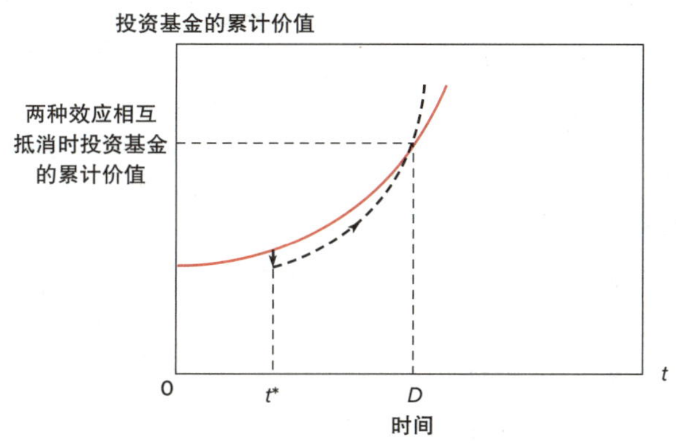

图 16-9　投资基金价值的增长

注：实线代表在初始利率时投资基金价值的增长。在时间 t^*，如果利率上涨，投资基金的价值会下降，但是此后以虚线代表的投资基金的价值会以更快的速度上涨。在时间 D（久期）时，两曲线相交。

Excel 应用：持有期免疫

在线学习中心（www. mhhe. com/bkm）包含有助于理解持有期免疫的概念的电子数据表。电子数据表能够计算久期和任何期限债券的持有期收益。电子数据表解释了如果债券以其久期出售，价格风险和再投资利率风险如何相互抵消。

Excel 问题：

1. 当到期收益率增加 100 个基点时，债券未来的销售价格会有什么变化？再投资的收益如何？

2. 当到期收益率增加 200 个基点时，情况如何？

3. 当我们考虑债券收益率的较大变化时，价格风险和再投资利率风险之间的关系是什么？

	A	B	C	D	E	F	G	H
1								
2								
3	到期收益率	11.580%						
4	票面利率	14.000%						
5	到期年数	7.0						
6	面值	$ 1000.00						
7	持有周期	5.0						
8	久期	5.000251		5.000251				
9	市场价格	$ 1111.929		$ 1111.929				
10								
11	如果到期收益率增加200个基点			2.00%		如果到期收益率增加100个基点		
12	到期收益率	13.580%				到期收益率	12.580%	
13	利息的终值	$ 917.739		$ 917.739		利息的终值	$ 899.705	
14	债券销售价格	$ 1006.954		1006.954		债券销售价格	$ 1023.817	
15	累计值	$ 1924.693				累计值	$ 1923.522	
16	内部收益率	11.5981%				内部收益率	11.5845%	

我们也可以根据现值而不是终值来分析免疫策略。表16-8的a）部分表明了保险公司的担保投资证书账户的初始资产负债表。资产和负债的市场价值为10 000美元，所以资产和负债正好平衡。表16-8的b）部分、表16-8的c）部分表明不管利率涨跌，担保投资证书账户的资产价值和负债的价值几乎都以同样的量在变化。不管利率如何变化，资产与负债几乎可以相抵（在表16-8的b）部分、表16-8的c）部分中，资产减负债的值大约为零）。

表16-8　资产负债表

资产		负债
	a. 利率=8%	
债券　10 000.00美元		负债　10 000.00美元
	b. 利率=7%	
债券　10 476.65美元		负债　10 476.11美元
	c. 利率=9%	
债券　9 551.41美元		负债　9 549.62美元

注：债券价值=800×年金因子（r,6）+10 000×贴现因子（r,6）

$$负债价值=\frac{14\,693.28}{(1+r)^5}=14\,693.28\times 贴现因子(r,5)$$

图16-10是附息债券和一次性支付债务的价值与利率的函数关系。在当前利率为8%时，附息债券和一次性支付债务的价值相等，债务可以全部由债券的收入来偿付，而且这两个价值曲线在利率=8%处相切。当利率变动较小时，债券与债务两者的价值变化相等，所以债务仍可由债券的收入偿还。但是利率变动越大，二者的价值曲线就越会偏离。这反映了一个事实，即当市场利率不是8%时，担保投资证书账户有少量的盈余，如表16-7所示。

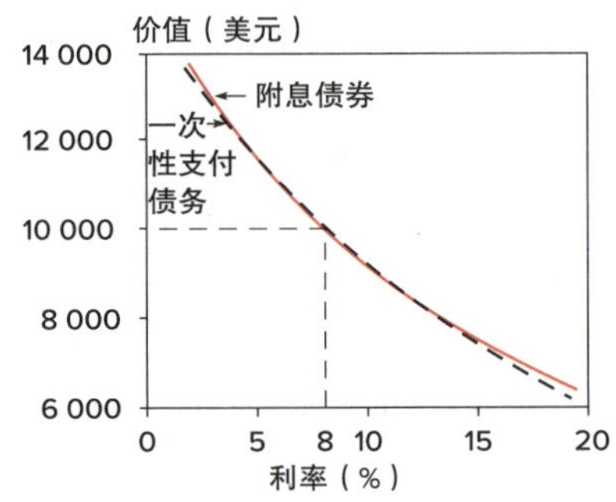

图16-10　免疫策略

注：在利率为8%时，附息债券可以全部偿还债务。此外，在8%时，现值曲线相切，所以即使利率稍有变动，债务也可以被全部偿还。

如果对债务采用了免疫策略，为什么担保投资证书账户里还会有剩余？答案是凸性。图16-10表明附息债券的凸性大于一次性支付债务。于是，当利率变动很大时，附息债券价值大大超过了一次性支付债务的价值。

这个例子强调了**再平衡**（rebalancing）免疫资产组合的重要性。当利率和资产久期变化时，管理者必须再平衡资产组合使得资产和负债的久期一致。此外，即使利率不变，仅仅因为时间推移，资产久期也会发生变化。回忆图16-2中久期的降低比期限的减少慢一些。这样，即使在开始时负债是有免疫的，随着时间的推移，在不同的利率时，资产和负债的久期也会以不同的速度下降。如果没有资产组合的再平衡，久期将不再匹配。显然，免疫策略是一种被动策略，这只是从不尝试识别低估证券的意义上说的。免疫策略管理者还是积极地更新和监控他们的头寸。

【例16-4】　构建免疫的资产组合

一家保险公司在7年后需要支付19 487美元。市场利率是10%，所以负债的现值是10 000美元。公司的资产组合经理想用3年期零息债券和年付息一次的永续年金来兑现负债（我们用零息债券和永续年金来使计算简便）。经理如何构建免疫的资产组合呢？

免疫策略要求资产组合的久期等于负债的久期。我们执行四个步骤。

（1）计算负债久期。在这种情况下，负债久期很容易得出，一个一次性支付的7年期负债的久期为7年。

（2）计算资产组合的久期。资产组合的久期是每一部分资产久期的加权平均值，权重与每一部分资产的资金成比例。零息债券的久期就是其期限，3 年。永续年金的久期是 1.10/0.10=11 年。因此，如果资产组合投资零息债券的比重为 w，则投资永续年金的比重为（$1-w$），资产组合的久期是：

$$资产组合的久期=w\times3\ 年+(1-w)\times11\ 年$$

（3）使资产组合的久期等于负债久期，即 7 年。这要求我们在以下的方程式中求出 w：

$$w\times3\ 年+(1-w)\times11\ 年=7\ 年$$

这意味着 $w=1/2$。管理者应该把一半的资金投资于零息债券，并把另一半资金投资于永续年金，这将使资产组合的久期为 7 年。

（4）筹集足够的资金偿还债务。负债的现值是 10 000 美元，且资金平均投资给了零息债券和永续年金，则管理者可购买 5 000 美元的零息债券和 5 000 美元的永续年金。（注意零息债券的面值将是 $5\,000\times1.10^3=6\,655$ 美元。）

但是，即使资产组合获得了免疫，资产组合管理者仍然不能放松。这是因为随着利率变动，资产组合需要进行再平衡。此外，即使利率不变，时间的流逝也会影响久期，这也需要再平衡。我们继续例 16-4 的工作，来观察资产组合管理者如何维持免疫的头寸。

【例 16-5】 再平衡

假定过了一年，并且利率维持在 10%。例 16-4 的管理者需要重新考察她的头寸。该头寸能否被全部偿还？这个头寸还是免疫的吗？如果不是，要采取什么行动？

首先，考察资金。因为期限少了一年，所以负债的现值上涨至 11 000 美元。管理者的资产也涨至 11 000 美元：随着时间的推移，零息债券的价值从 5 000 美元上涨至 5 500 美元，永续年金已经支付了每年 500 美元的利息，且价值仍为 5 000 美元。因此，负债还是可以被全部偿还的。

但是，资产组合的权重变化了。现在的零息债券的久期只有 2 年，而永续年金的久期仍然是 11 年。负债现在还有 6 年到期，权重需要满足下式：

$$w\times2+(1-w)\times11=6$$

这意味着 $w=5/9$。为了再平衡资产组合和维持久期匹配，管理者现在必须投资 $11\,000\times5/9=6\,111.11$ 美元给零息债券。这需要将全部 500 美元的利息投资于零息债券，并且额外出售 111.11 美元的永续年金并将所得款项投资于零息债券。

当然，在资产买卖时，资产组合的再平衡包括交易费用。在实践中，需要在完美免疫（需要不断再平衡）和控制交易费用（规定频率较低的再平衡）之间进行恰当的权衡取舍。

> **概念检查 16-6**
>
> 再次考察例 16-5。如果利率降至 8%，第二年的免疫权重是怎样的？

16.3.3 现金流匹配和量身定做策略

与免疫策略相关的问题看来有一个简单的解决办法。为什么不购买一只面值等于计划现金支出的零息债券？如果我们遵循**现金流匹配**（cash flow matching）的原则，我们就能自动地使资产组合免受利率风险的影响，因为债券得到的现金流和负债的支出正好抵消。

在多周期基础上的现金流匹配就是**量身定做策略**（dedication strategy）。在这种情况下，管理者选择零息债券或者附息债券以使每一期的总现金流与一系列负债相匹配。量身定做策略的优势在于它是一个一劳永逸的消除利率风险的办法。一旦现金流达到匹配状态，就不需要进行再平衡了。

现金流匹配的使用并不广泛，可能的原因是它对债券选择的严格要求。免疫策略或者现金流匹配策略吸引那些不愿意对利率一般变动下赌注的公司，这些公司可能会利用它们认为价值被低估的债券来免疫。然而，现金流匹配给债券选择过程增加了过多的限制条件，仅仅使用估值偏低的债券不可能实施量身定做策略。为了获取更好的收益，这些公司放弃了准确、易行的量身定做策略，而是选择价值被低估的债券构建资产组合。

有时，现金流匹配是无法实现的。例如，养老基金有义务向当前和将来的退休人员不断支付现金流，为了实现现金流匹配，养老基金就必须购买期限长达上百年的固定收益债券。此类债券并不存在，因此不可能制定准确的量身定做策略。

> **概念检查 16-7**
>
> 交易费用的增加如何影响量身定做策略与免疫策略的吸引力？

16.3.4　传统免疫的其他问题

如果回顾一下式（16-1）中久期的定义，你会注意到它使用债券的到期收益率来计算每次利息支付时间的权重。根据这一定义和恰当运用到期收益率的限定条件，不难得出结论，只有当收益率曲线是平坦的，所有支付均以同一利率折现时，久期的概念才是严格有效的。

如果收益率曲线不是平坦的，那么久期的定义必须修正，用 CF_t 的现值取代 $CF_t/(1+y)^t$，这里每笔现金流的现值都是根据从零息债券收益率曲线得出的与这一特定现金流相应的适当利率来折现的，而不是根据债券的到期收益率来折现的。此外，即使做了上述修正，久期匹配也只有当收益率曲线平行移动时才实现资产组合的利率免疫。显然，这种限制条件是不切实际的。因此，为了使久期概念一般化，人们做了许多工作。多因素久期模型已经被开发出来，它允许收益率曲线的形状出现倾斜和其他变形，不仅仅是平行移动。但是，这些增加了复杂性的模型并没有明显地表现出更好的效力。[⊖]

最后，在通货膨胀环境中，免疫策略可能不适合。基本上，免疫是一个名义上的概念，仅对名义上的负债有意义。用名义资产，譬如债券，来对一个会随价格水平一起增长的负债进行利率免疫是没有意义的。例如，如果你的孩子 15 年后读大学，那时的学费预计一年为 5 万美元，即锁定 5 万美元的终值，但通过资产组合进行免疫并不是一个合适的降低风险的策略。学费的负债会随着现实中的通货膨胀率发生变化，但是资产组合的终值却不会。最终，作为负债的学费与资产组合的价值不一定匹配。

16.4　主动债券管理

16.4.1　潜在利润来源

一般而言，主动债券管理中有两种潜在利润来源。第一种是利率预测，即试图预计固定收益证券市场范围的利率动向。如果预计利率下降，管理者将增加资产组合的久期（反之同理）。第二种潜在利润来源是在固定收益证券市场内识别相对价格失衡的机会。例如，分析师认为某

⊖ G. O. Bierwag, G. C. Kaufman, and A. Toevs, eds., *Innovations in bond Portfolio Management: Duration Analysis and Immunization* (Greenwich, CT: JAI Press, 1983).

一特定债券的违约溢价没必要很大，所以债券价值被低估了。

只有当分析师的信息或洞察力超越市场时，这些方法才会产生超额收益。如果价格已经反映了利率将要下降的信息，那么你就不会从这一信息中获得利润。从我们对市场效率的讨论中可以知道这一点，有价值的信息是差异信息。值得注意的是，利率预测有着声名狼藉的糟糕记录。考虑到这一点，你在投身债券市场之前就应认真思量。

霍默和利博维茨创造了一种流行的主动债券资产组合策略的分类法。他们把资产组合再平衡活动归为四种类型的债券互换之一。在前两类互换中，投资者一般认为在债券或部门之间的收益率关系有暂时的错乱。当错乱消除后，低估债券就可以实现盈利。这段重新调整的时期称为市场疲软期。

（1）**替代互换**（substitution swap）是一种债券与几乎相同的替代品的交换。被替代的债券与替代品应该基本上有相同的票面利率、期限、质量、赎回条款、偿债基金条款等。如果人们相信市场中这两种债券价格存在暂时失衡，而债券价格的这种不一致能带来获利的机会，那么这种互换方式就会出现。

替代互换的一个例子是 20 年期的票面利率为 6%的丰田公司债券，标价是提供 6. 05%的到期收益率。与之相配的是购买 6%票面利率的同期限本田公司债券，而到期收益率为 6. 15%。如果两种债券有同样的信用等级，本田公司债券没有理由提供更高的收益率。因此，实际上在市场中可得的更高收益率似乎使本田公司债券有更大的吸引力。当然，信用风险相同是一个重要条件。如果本田公司债券实际的风险更大，那么较高的收益率并不意味着在市场中更受欢迎。

（2）**市场间价差互换**（intermarket spread swap）是投资者认为在债券市场两个部门之间的利差暂时异常时出现的行为。例如，如果公司和政府之间的利差预计会收窄，投资者将从购买政府债券转向购买公司债券。如果利差确实收窄，公司债券的表现将比政府债券要好。例如，如果现在 10 年期国债和 10 年期 Baa 级公司债券之间的利差是 3%，历史上的利差是 2%，投资者可能考虑卖掉国债，去购买公司债券。

当然，投资者必须仔细考虑利差的异常是否有恰当的理由。例如，公司债券的违约风险溢价可能会增加，因为预期市场将大衰退。在这种情况下，较大的利差不代表相对于国债来说公司债券的定价更有吸引力，它仅仅是信用风险上升的调整而已。

（3）**利率预期互换**（rate anticipation swap）与利率预测挂钩。如果投资者认为利率会下降，投资者会互换成久期更长的债券。例如，投资者可能出售 5 年期的国债，买入 25 年期的国债。新债券和原来的债券一样没有信用风险，但是久期更长。反之，当预计利率上升，投资者会互换成久期更短的债券。

（4）**纯收益获得互换**（pure yield pickup swap）的使用，并非出于对错误估值的察觉，而是作为一种通过持有高收益债券来增加回报的方式。当收益率曲线向上倾斜时，纯收益获得互换是指买入长期债券。这种行为被看作在高收益债券中尝试获得期限风险溢价。投资者愿意承受这种策略带来的利率风险。当然，如果持有期间收益率曲线上移，长期债券会遭受较大的资本损失。

我们可以引入第五种互换，即**税收互换**（tax swap）。简单地说，它是一种可以合理避税的互换。例如，投资者可能把价格下跌的债券换成另一种债券，以便利用卖出价格下跌债券后的资本损失带来的税费减免。

16.4.2 水平分析

利率预测的一种形式是**水平分析**（horizon analysis），如我们在第 14 章中遇到的。分析师使用这种方法选择特定的持有期并预测该持有期期末的收益率曲线。给定持有到期时债券的到期时间，它的收益率可以从预测的收益率曲线和计算的期末价格中得出。然后，分析师把利息收入和预期的资本利得加起来，得到持有期间债券的总收益。

【例 16-6】 水平分析

票面利率为 10%的 20 年期债券（每年付息一次），现在以 9%的到期收益率出售。一位有 2 年投资计划的资产组合管理者需要预测债券在未来 2 年的总收益。2 年后，债券的剩余期限是 18 年。分析师预测从现在起 2 年后，18 年期债券将以 8%的到期收益率出售。获得的利息可以在 2 年内再投资于利率为 7%的短期证券。

为了得出债券在 2 年期间的年化收益率，分析师将进行以下计算。

（1）当前价格=100 美元×年金因子（9%，20）+1 000 美元×贴现因子（9%，20）=1 091.29 美元

（2）预测价格=100 美元×年金因子（8%，18）+1 000 美元×贴现因子（8%，18）=1 187.44 美元

（3）利息再投资收益的终值=(100×1.07)+100=207（美元）

（4）2 年的收益率 $=\dfrac{207+(1\,187.44-1\,091.29)}{1\,091.29}=0.278$ 或 27.8%

2 年期间的年化收益率将是 $1.278^{\frac{1}{2}}-1=0.13$ 或 13%。

概念检查 16-8

如果管理者预测 2 年后 18 年期债券的收益率是 10%，且利息再投资利率是 8%，那么例 16-6 中的收益率将是多少？

小结

1. 即使是没有违约风险的债券，比如财政部发行的国债，仍然有利率风险。一般而言，长期债券比短期债券对利率变动更加敏感。债券平均寿命的指标是麦考利久期，它被定义为债券每次支付时间的加权平均值，其权重与支付的现值成正比。
2. 久期是债券价格对收益率变化敏感性的直接测度。债券价格变化百分比等于久期的负值乘以（1+y）的变化率。
3. 债券的价格-收益率曲线的曲率被称为凸性。凸性可以大幅度改进久期近似值的准确性，而久期近似值反映了债券价格对债券收益率变化的敏感程度。
4. 免疫策略是被动固定收益资产组合管理的方法之一。这种策略试图使个人或公司免于受到利率波动的影响。可能采用的形式有免疫净值，或者免疫固定收益资产组合的未来累计值。
5. 完全资金计划的免疫是通过匹配资产与负债的久期来实现的。随着时间的推移和利率变化，为保持净头寸的免疫，组合必须定期进行再平衡。

6. 一种更为直接的免疫形式是现金流匹配。如果资产组合的现金流能够与相关负债的现金流完全匹配，那么再平衡就不再必要。但是现金流匹配给债券选择强加了过多的限制条件，因此在许多情况下不具有可行性。
7. 主动债券管理包括利率预测技术和市场间利差分析。霍默和利博维茨的分类方法把主动债券管理策略分为替代互换、市场间价差互换、利率预期互换和纯收益获得互换。
8. 水平分析是利率预测的一种类型。在这一分析中，分析师预测在某一持有期结束时收益率曲线的位置，再根据收益率曲线预测有关债券的价格。因此，可以根据整个持有期的预期总收益（利息加上资本利得）对债券排序。

习题

1. 长期债券的价格较短期债券波动更大。但是，短期债券的到期收益率比长期债券波动大。如何看待这两种情况？
2. 一种无限期的年金，其久期会短至 10 年或是 20 年吗？
3. 9 年期债券，收益率为 10%，久期是 7.194 年。如果市场收益率变动 50 个基点，债券价格变动百分比是多少？
4. 某债券的剩余期限是 3 年，到期收益率为 6%，每年付息一次，票面利率是 6%，其久期是多少？如果到期收益率变为 10%，久期又是多少？
5. 如果第 4 题中的利息每半年支付一次，债券的久期是多少？
6. 2008 年金融危机期间，AAA 级债券和国债之间的利差大幅度扩大。如果你相信利差将会回归到历史正常水平，你将会采取什么行动？这是哪种形式的债券互换？
7. 你预测利率即将下跌。哪种债券将会为你带来最高的资本利得？
   a. 低票面利率，长期限。
   b. 高票面利率，短期限。
   c. 高票面利率，长期限。
   d. 零息，长期限。
8. 给下列两组债券的久期或有效久期排序。
   a. 债券 A 的票面利率为 6%，20 年期，以面值出售。债券 B 的票面利率是 6%，20 年期，以低于面值的价格出售。
   b. 债券 A 是 20 年期的票面利率为 6% 的不可赎回附息债券，以面值出售。债券 B 是 20 年期的票面利率为 7% 的可赎回附息债券，以面值出售。
9. 一家保险公司必须在 1 年内向客户支付 1 000 万美元，并在 5 年内支付 400 万美元。收益率曲线在 10% 时是平坦的。
   a. 如果公司想通过单一的一种零息债券来充分融资以免疫对该客户的负债，则它购买的债券的期限应为多久？
   b. 该零息债券的面值和市场价值各是多少？
10. 长期国债当前的到期收益率接近 6%。你预计利率会下降，市场上的其他人认为在未来一年内利率会保持不变。假定你是正确的，对以下每种情况，选择能带来较高持有期收益率的债券。简述理由。
    a. i. Baa 级债券，票面利率为 6%，期限为 20 年。
       ii. Aaa 级债券，票面利率为 6%，期限为 20 年。
    b. i. A 级债券，票面利率为 3%，剩余期限为 20 年，价格为 105 时可赎回。
       ii. A 级债券，票面利率为 6%，剩余期限为 20 年，价格为 105 时可赎回。
    c. i. 票面利率为 4% 的不可赎回国债，期限为 20 年，到期收益率为 6%。

ⅱ. 票面利率为7%的不可赎回国债，期限为20年，到期收益率为6%。

11. 当前，债券的期限结构如下：1年期债券的收益率为7%，2年期债券的收益率为8%，3年期债券和更长期限债券的收益率都是9%。你正在1年期、2年期和3年期债券中做选择，所有债券均是每年支付一次8%的利息。如果你确信年底时收益率曲线在9%处是平坦的，你将购买哪种债券？

12. 在未来两年年底，你每年要支付10 000美元的学费（视为负债），且债券的当期收益率为8%。
    a. 负债的现值和久期各是多少？
    b. 什么期限的零息债券可以使你的负债免疫？
    c. 假设你购买一种零息债券，其价值和久期与你的负债相同。现在假设利率立即上升至9%。你的净头寸将会发生什么变化？换句话说，你的负债和债券价值之间的差异会有什么变化？如果利率降低至7%，又会如何？

13. 养老基金向受益人支付永续年金。如果一家公司永久地参与这项业务，养老基金负债则类似于永续年金。因此假定，你来管理这一年金，每年向受益人支付200万美元，永不终止。所有债券的到期收益率都是16%。
    a. 如果5年期票面利率为12%（每年支付一次利息）的债券的久期是4年，20年期票面利率为6%（每年支付一次利息）的债券的久期是11年，要使你的负债能够完全被偿还并免疫，则每种债券的持有量为多少？（以市价计算。）
    b. 你持有的20年期附息债券的面值是多少？

14. 你正在管理100万美元的资产组合。你的目标久期是10年，你可以从以下两种债券中选择：5年期的零息债券和永续债券，当期收益率均为5%。
    a. 在你的资产组合中，两种债券的持有比例各是多少？
    b. 如果你现在的目标久期是9年，明年持有比例会发生什么变化？

15. 我的养老基金计划将在10年期间每年支付给我10 000美元。第一笔支付将在5年后。养老基金想将其头寸免疫。
    a. 养老基金对于我的债务的久期是多少？当期利率为每年10%。
    b. 如果养老基金计划使用5年期和20年期的零息债券来构建免疫头寸，每只债券要投入多少资金？每只零息债券的面值是多少？

16. 有一只30年期的债券，每年支付一次，票面利率为12%，久期是11.54年，凸性为192.4。该债券以8%的到期收益率水平出售。如果债券的到期收益率下跌至7%或上涨至9%，使用财务计算器或Excel计算债券价格。按照新的收益率，根据久期法则和凸性久期法则，债券价格是多少？每种方法的误差百分比是多少？对于这两种方法的准确性，你有何结论？

17. 特许金融分析师梅耶斯是一位大型养老基金的固定收益证券投资经理。投资委员会的成员斯派西对学习固定收益证券组合管理非常感兴趣。斯派西向梅耶斯提出了几个问题，尤其是固定收益证券投资经理如何配置资产组合，以从对未来利率的预期中获利。

    梅耶斯使用一只固定利率债券和一只固定利率票据向斯派西说明固定收益证券的交易策略。两只证券都是每半年支付一次利息。除非特别说明，所有的利率变化都是同步的。两只证券的特征如表16-9所示。梅耶斯还考虑一只9年期的浮动利率债券，每半年支付一次利息，当前这只浮动利率债券的收益率是5%。

表 16-9 固定利率债券和固定利率票据的特征

	固定利率债券	固定利率票据
价格	107.18	100.00
到期收益率	5.00%	5.00%
期限（年）	9	4
修正久期（年）	6.984 8	3.585 1

斯派西问梅耶斯当预期利率上升时，固定收益证券投资经理如何进行资产配置。以下哪种是最合适的策略？

a. 降低组合的久期。

b. 买入固定利率债券。

c. 拉长组合的久期。

18. 斯派西让梅耶斯（见第 17 题）从利率变化中确定价格变化量。为了说明这点，梅耶斯计算了表 16-9 中固定利率票据的价格变化量。特别地，他假定利率水平上升了 100 个基点。运用表 16-9 中的信息，预计固定利率票据的价格变化量是多少？

19. 某只 30 年期债券，票面利率为 7%，每年付息一次。当前的出售价格为 867.42 美元。某只 20 年期债券，票面利率是 6.5%，也是每年付息一次。当前的出售价格是 879.50 美元。债券市场分析师预测 5 年后，25 年期债券将以到期收益率 8%的价格出售，而且 15 年期债券将以到期收益率 7.5%的价格出售。因为收益率曲线向上倾斜，分析师认为利息将投资于利率为 6%的短期证券。5 年后哪一种债券可以提供较高的期望收益率？

20. a. 如果年利率上升至 12%，运用 Excel 计算表 16-3 中两只债券的久期。为什么附息债券的久期下降而零息债券的久期不变？（提示：查看 F 列中计算的权重发生了什么变化。）

b. 如果票面利率是 12%而不是 8%，且半年的利率还是 5%，使用同样的 Excel 表格计算附息债券的久期。解释为什么久期比表 16-3 中的久期短。（再次查看 F 列。）

21. a. 构建一张 Excel 表格以计算 5 年期、票面利率为 8%、每年支付一次利息、初始到期收益率为 10%的债券的凸性。

b. 5 年期零息债券的凸性是多少？

22. 某只零息债券的期限是 12.75 年，在到期收益率 8%（有效年收益率）的水平出售，凸性为 150.3，修正久期为 11.81 年。某只 30 年期、票面利率为 6%、每年付息一次的附息债券同样在到期收益率为 8%的水平卖出，与零息债券的久期相近（11.79 年），但是凸性显著高于零息债券，为 231.2。

a. 假设两只债券的到期收益率都上升至 9%。每只债券资本损失的百分比是多少？根据久期凸性法则预测出来的资本损失百分比是多少？

b. 重复回答问题 a，但此次假设到期收益率下降至 7%。

c. 比较两种场景下两只债券的表现：一种是收益率上升，一种是收益率下降。根据不同投资表现，解释久期的吸引力。

d. 根据你对问题 c 的回答，如果两只债券的收益率等量上升或下降，你认为有可能使两只久期相同而凸性不同的债券在初始时以同样的到期收益率来定价吗？在这种情况下，有人愿意购买凸性较小的债券吗？

23. 新发行的 10 年期债券，票面利率为 7%（每年付息一次），债券以面值出售。

a. 债券的久期和凸性是多少？

b. 假设到期收益率即刻从 7%上涨至 8%（期限仍然是 10 年），计算债券的实际价格。

c. 根据式（16-3）得到的价格是多少？公式的误差百分比有多大？

d. 根据式（16-5）得到的价格是多少？公式的误差百分比有多大？

24. a. 使用 Excel 来回答如下问题，假设收益率曲线维持在4%的水平。计算一个"子弹头"式固定收益资产组合（即一笔单一现金流构成的资产组合，该笔现金流在5年后收回）的凸性。

b. 计算一个"阶梯"式固定收益资产组合（即在一段时间内有相等的现金流的投资组合）的凸性。假设证券在第1~9年每年产生100美元现金流，使得它的久期接近问题a中的"子弹头"式固定收益投资组合。

c. 是"阶梯"式还是"子弹头"式固定收益投资组合拥有更大的凸性？

CFA考题

1. a. 解释债券发行增加赎回条款对债券卖出收益的影响。

   b. 解释债券发行增加赎回条款对债券的有效久期和凸性的影响。

2. a. 票面利率为6%的附息债券，每年付息一次，修正久期是10年，以800美元的价格出售，并且以8%的到期收益率定价。如果到期收益率上升至9%，运用久期概念预测价格的变化量。

   b. 票面利率为6%的附息债券，每半年付息一次，凸性为120，以面值的80%出售，并且以8%的到期收益率定价。如果到期收益率上升至9.5%，价格变动的百分比中凸性贡献了多少？

   c. 票面利率为8%的附息债券，每年付息一次，到期收益率为10%，麦考利久期是9年。债券的修正久期是多少？

   d. 当利率下降时，溢价发行的30年期债券的久期会如何变化？

   ⅰ. 上升。

   ⅱ. 下降。

   ⅲ. 不变。

   ⅳ. 先上升，再下降。

   e. 如果债券投资经理将一只债券互换成另一只具有相同期限、票面利率和信用等级但是到期收益率更高的债券，这种互换称为什么？

   ⅰ. 替代互换。

   ⅱ. 利率预期互换。

   ⅲ. 税收互换。

   ⅳ. 市场间价差互换。

   f. 以下哪种债券的久期最长？

   ⅰ. 期限为8年，票面利率为6%。

   ⅱ. 期限为8年，票面利率为11%。

   ⅲ. 期限为15年，票面利率为6%。

   ⅳ. 期限为15年，票面利率为11%。

3. 一只新发行的债券具有以下特征（见表16-10）。

表16-10 新发行的债券

票面利率	到期收益率	期限	麦考利久期
8%	8%	15年	10年

   a. 运用上面的信息计算修正久期。

   b. 解释在计算债券价格对利率变动的敏感性时，为什么修正久期比久期更好。

   c. 在以下情况下，修正久期如何变化？

   ⅰ. 债券的票面利率是4%，而不是8%。

   ⅱ. 债券的期限是7年，而不是15年。

   d. 定义凸性，并说明修正久期和凸性如何在给定利率变化时，大致估计债券价格变化百分比。

4. Zello公司面值为1 000美元的债券以960美元的价格出售，5年后到期，每半年付息一次，票面利率为7%。

   a. 计算以下的收益率。

   ⅰ. 当期收益率。

   ⅱ. 到期收益率（近似等于整数百分比，如3%、4%、5%等）。

   ⅲ. 水平收益率（也称为总复合收益率）：该投资者持有期为3年，并且在此期间的再投资收益率为6%。

在第 3 年年末，票面利率为 7%、剩余期限为 2 年的该债券以 7%的收益率出售。

b. 描述下列固定收益证券收益率指标的一个主要缺点。

ⅰ. 当期收益率。

ⅱ. 到期收益率。

ⅲ. 水平收益率（总复合收益率）。

5. 针对表 16-11 中明星医院养老基金持有的债券资产组合，凯普尔向范赫森进行了详细描述。组合中所有的证券都是不可赎回的美国国债。

表 16-11 债券资产组合的相关信息

面值（美元）	国债	市场价值（美元）	当前价格（占面值的百分比，%）	收益率上涨 100 基点时的价格（占面值的百分比，%）	收益率下跌 100 基点时的价格（占面值的百分比，%）	有效久期（年）
48 000 000	2.375%，2022 年到期	48 667 680	101.391	99.245	103.595	2.15
50 000 000	4.75%，2047 年到期	50 000 000	100.000	86.372	116.887	—
98 000 000	全部债券资产组合	98 667 680	—	—	—	—

a. 计算以下的有效久期。

ⅰ. 利率为 4.75%的美国国债，2047 年到期。

ⅱ. 全部债券资产组合。

b. 范赫森对凯普尔说："如果你改变债券资产组合的期限结构，使得组合的久期为 5.25 年，那么组合的价格敏感度将会与单一的久期为 5.25 年的不可赎回国债相同。"在什么情况下，范赫森的说法是正确的？

6. 固定收益证券投资经理的一个共同目标是通过公司债券获得比具有可比久期的政府证券更高的增量收益。一些公司债券资产组合经理采取的做法是识别并购买那些与可比久期政府债券之间有巨大初始利差的公司债券。HFS 固定收益证券经理艾默斯认为要想获得最大增量收益，需要一种更严格的方法。

表 16-12 显示了在某特定日期，市场中一组公司债券与政府债券利差关系的数据：

表 16-12 利差关系

债券评级	初始与政府债券利差	预期水平利差	初始久期	1 年后预期久期
Aaa	31bp	31bp	4 年	3.1 年
Aa	40bp	50bp	4 年	3.1 年

注：1bp 代表 1 个基点，或者 0.01%。

a. 为获得最大增量收益，以 1 年为投资周期，推荐购买 Aaa 级还是 Aa 级债券？

b. 艾默斯的选择不仅仅依赖于初始利差关系。他的分析框架考虑了一系列影响增量收益的其他关键变量，包括赎回条款和利率的潜在变化。除以上提到的变量，描述艾默斯在分析中需要考虑的其他变量，并解释这些变量在实现增量收益方面，与初始利差关系有何不同。

7. 瓦尔正在考虑购买表 16-13 中所列两种债券中的一种。瓦尔意识到他的决定主要取决于有效久期，并且他相信在未来 6 个月，所有期限的债券的利率都将下降 50 个基点。

表 16-13 两种债券的相关信息

特征	CIC 债券	PTR 债券
市场价格	101.75	101.75
到期日	2022 年 6 月 1 日	2022 年 6 月 1 日
赎回日期	不可赎回	2017 年 6 月 1 日
年票面利率	5.25%	6.35%
利息支付	半年	半年
有效久期	7.35	5.40
到期收益率	5.02%	6.10%
信用评级	A	A

a. 如果利率在未来 6 个月下降 50 个基点，根据有效久期计算 CIC 债券和 PTR 债券的价格变化百分比。

b. 如果在6个月月末，CIC债券实际的债券价格是105.55，PTR债券实际的债券价格是104.15，计算每种债券的6个月水平收益率（以百分比形式）。

c. 瓦尔对这样的事实感到很奇怪。尽管利率下降了50个基点，CIC债券实际的价格变化比根据有效久期预测的价格变化要大，而PTR债券的实际价格变化比根据有效久期预测的价格变化要小。解释为什么CIC债券实际的价格变化较大，而PTR债券实际的价格变化较小。

8. 你是养老基金的债券资产组合经理。基金政策允许管理债券资产组合时使用主动策略。目前看来，经济周期正进入成熟期，通货膨胀率预计会增加。为了抑制经济扩张，中央银行政策在收紧。阐述在以下每种情况下，你会选择两种债券的哪一种，简要证明你的答案。

   a. ⅰ. 加拿大政府债券（加拿大元支付），2024年到期，票面利率为3%，价格为98.75，到期收益率为3.50%。

      ⅱ. 加拿大政府债券（加拿大元支付），2034年到期，票面利率为3%，价格为91.75，到期收益率为4.19%。

   b. ⅰ. 得克萨斯电力和照明公司债券，2028年到期，票面利率为4.50%，AAA级，价格为90，到期收益率为5.02%。

      ⅱ. 亚利桑那公共服务公司债券，2028年到期，票面利率为4.55%，A-级，价格为92，到期收益率为5.85%。

   c. ⅰ. 联邦爱迪生公司债券，2027年到期，票面利率为2.75%，Baa级，价格为91，到期收益率为6.20%。

      ⅱ. 联邦爱迪生公司债券，2027年到期，票面利率为7.375%，Baa级，价格为114.40，到期收益率为6.20%。

   d. ⅰ. 壳牌石油公司偿债基金，2033年到期，票面利率为5.50%，AA级（偿债基金以面值于2023年9月开始），价格为89，到期收益率为6.10%。

      ⅱ. 兰伯特公司偿债基金，2033年到期，票面利率为5.50%，AA级（偿债基金以面值于2026年4月开始），价格为91，到期收益率为6%。

   e. ⅰ. 蒙特利尔银行（加拿大元支付）利率为3%的存单，2024年到期，AAA级，价格为100，到期收益率为3%。

      ⅱ. 蒙特利尔银行（加拿大元支付）浮动利率票据，2026年到期，AAA级。当前票面利率是1.8%，价格为100（利息每半年根据加拿大政府3个月短期国债利率加0.5%进行调整）。

9. 一名公司投资委员会的成员对固定收益证券资产组合非常感兴趣。他想知道固定收益证券投资经理怎样处置头寸，根据影响利率的三个因素将其预期资本化。这三个因素是：

   a. 利率水平变化。

   b. 不同类型债券的利差变化。

   c. 某一特定工具的利差变化。

   为每个因素制定一个固定收益证券资产组合策略，这个策略可以利用投资经理对这些因素的预期，请用公式表示并详细说明。（注意：为以上所列每个因素制定一个策略。）

10. 哈罗德是负责1亿美元养老基金的投资经理。资产组合中的固定收益证券投资采用积极管理策略，并且投资于美国股票的大部分资金采取的是指数化投资，由韦伯街顾问公司管理。哈罗德对于韦伯街顾问公司的股票指数策略的投资结果印象深刻，并在考虑要求韦伯街顾问公司对一部分积极管理的固定收益证券资产进行指数化管理。

   a. 描述与积极债券管理相比，指数化债券管理的优势和劣势。

b. 韦伯街顾问公司管理指数化的债券资产组合。讨论如何通过分层抽样法，构建指数化的债券资产组合。

c. 描述分层抽样法跟踪误差的主要来源。

11. 米尔是固定收益证券资产组合经理。她注意到当前的收益率曲线是平坦的，考虑购买票面利率为 7%、10 年期、无期权的、以面值发行的公司债券。该债券有如下特征（见表 16-14）：

表 16-14　票面利率为 7%的公司债券的相关特征

	收益率变化	
	上升 10 个基点	下降 10 个基点
价格	99.29	100.71
凸性测度	35.00	
凸性调整	0.003 5	

a. 计算债券的修正久期。

b. 米尔同时也在考虑购买另一只票面利率为 7.25%、12 年期、无期权的、新发行的公司债券。她想评估这只债券在收益率曲线即刻向下平行移动 200 个基点时的价格敏感度。基于以下数据（见表 16-15），在这种收益率曲线情形下，价格如何变化？

表 16-15　票面利率为 7.25%的公司债券的相关特征

初始发行价格	面值，收益率为 7.25%
修正久期（原始价格时）	7.90
凸性测度	41.55
凸性调整（收益率变化 200 个基点）	1.66

c. 米尔要求她的助手分析几只可赎回债券，假定收益率曲线预期向下平行移动。米尔的助手认为，如果利率下行到一定程度，可赎回债券的凸性会转为负的。助手的想法正确吗？

12. 克莱默，一位固定收益证券投资经理，正在考虑购买政府债券。克莱默决定评估两种投资政府债券的策略。表 16-16 给出了两种策略的细节，表 16-17 包含了实施两种策略的假设。

表 16-16　投资策略（数值为投资的市场价值）

策略	5 年期限（修正久期 =4.83 年）	15 年期限（修正久期 =14.35 年）	25 年期限（修正久期 =23.81 年）
Ⅰ	500 万美元	0	500 万美元
Ⅱ	0	1 000 万美元	0

表 16-17　投资策略假设

债券的市场价值	1 000 万美元
债券期限	5 年、15 年或者 25 年
债券票面利率	0.00%（零息债券）
目标修正久期	15 年

在选择任一种债券投资策略之前，克莱默想知道，如果在他投资之后利率立即发生了变化，那么债券价值将会如何变化。利率变化的细节见表 16-18。针对表 16-18 中利率立刻发生的变化，计算每种策略下债券市场价值变化的百分比。

表 16-18　投资后利率的即刻变化

期限	利率变化
5 年	下降 75 个基点
15 年	上升 25 个基点
25 年	上升 50 个基点

13. 你被要求评估蒙蒂塞洛公司发行的两只债券，如表 16-19 所示。

表 16-19　蒙蒂塞洛公司发行的两只债券的相关信息

	债券 A（可赎回）	债券 B（不可赎回）
期限	2030 年到期	2030 年到期
票面利率	11.50%	7.25%
当期价格	125.75	100.00
到期收益率	7.70%	7.25%
到期修正久期	6.20	6.80
赎回日期	2024 年	—
赎回价格	105	—
赎回收益率	5.10%	—
赎回修正久期	3.10	—

a. 利用上表提供的久期和收益率信息，比较两只债券在以下两种情景下的价格和收益率情况。

ⅰ. 经济强劲反弹，通货膨胀率预期上升。

ⅱ. 经济衰退，通货膨胀率预期下降。

b. 利用表中的信息，计算到期收益率下降 75 个基点时，债券 B 的价格变化。

c. 描述仅从提前赎回或者在到期日赎回的角度分析债券 A 的缺陷。

概念检查答案

16-1 使用表 16-3 中的部分数据进行计算，到期收益率下降到 9%，每半年付息一次，贴现率为 4.5%。

	周期	支付时间（年）	现金流	现金流的现值 每周期贴现率=4.5%	权重	权重×支付时间
A. 8%的附息债券	1	0.5	40	38.278	0.039 0	0.019 5
	2	1.0	40	36.629	0.037 3	0.037 3
	3	1.5	40	35.052	0.035 7	0.053 5
	4	2.0	1 040	872.104	0.888 0	1.776 1
总额				982.062	1.000 0	1.886 4
B. 零息债券	1	0.5	0	0.000	0.000 0	0.000 0
	2	1.0	0	0.000	0.000 0	0.000 0
	3	1.5	0	0.000	0.000 0	0.000 0
	4	2.0	1 000	838.561	1.000 0	2.000 0
总额				838.561	1.000 0	2.000 0

票面利率为 8% 的债券的久期增加到 1.886 4 年。债券价格上涨至 982.062 美元。零息债券的久期不变，尽管当利率降低时，价格会上升（升至 838.561 美元）。

16-2 a. 如果利率从 9%上升至 9.05%，那么债券价格从 982.062 美元下跌至 981.177 美元。价格变化百分比是 −0.090 1%。

b. 使用初始半年利率 4.5%，久期为 1.886 4 年（参见概念检查 16-1），所以久期公式预测的价格变化为

$$-\frac{1.8864}{1.045}\times 0.05\% = -0.000903$$
$$= -0.0903\%$$

这与 a 中直接计算得到的答案几乎相同。

16-3 永续债券的久期为 $(1+y)/y$ 或 $1+1/y$，当 y 增加时，久期显然会下降。把久期作为 y 的函数，我们得到：

y	久期（年）
0.01	101
0.02	51
0.05	21
0.10	11

16-4 根据本章所述的久期法则，当票面利率和到期收益率较高时，久期较短。对大多数债券而言，久期随着期限的限增加而增加。当利息是半年支付一次而不是一年支付一次时，久期下降，因为平均而言，利息支付发生的时间较早。相比于等到年底才收到一年的利息，投资者在年中就收到了半年的利息。

16-5 麦考利久期被定义为债券全部现金流发生时间的加权平均。修正久期被定义为麦考利久期除以 $1+y$（其中 y 为每次利息支付时的收益率，例如，如果债券每半年支付一次利息，y 就是半年的收益率）。这表明对普通债券而言，修正久期等于债券价格变化百分比与收益率变化量之比。有效久期抓住了修正久期的这一特征。它被定义为债券价格变化百分比与市场利率变化量之比。关于有嵌入期权的债券的有效久期，在计算价格变化时，需要一种考虑这些期权的定价方法。此时计算有效久期不能用对现金流的发生时间进行加权平均的方法，因

为这些现金流是随机的。

16-6　永续年金的久期现在为 1.08/0.08 = 13.5 年。我们需要解下列关于 w 的方程：

$$w \times 2\text{ 年} + (1-w) \times 13.5\text{ 年} = 6\text{ 年}$$

因此，有 $w = 0.652\,2$。

16-7　交易费用增加时，量身定做策略更具有吸引力。现金流匹配免除了再平衡的需要，于是节约了交易费用。

16-8　当前价格 = 1 091.29（美元）

预测价格 = 100×年金因子（10%，18）+ 1 000×贴现因子（10%，18）
= 1 000（美元）

利息再投资收益的终值 = (100×1.08) + 100
= 208（美元）

$$2\text{ 年的收益率} = \frac{208 + (1\,000 - 1\,091.29)}{1\,091.29} = 0.107 \text{ 或 } 10.7\%$$

那么，2 年期间的年化收益率将是 $1.107^{\frac{1}{2}} - 1 = 0.052$ 或 5.2%。

PART

5

第五部分

证券分析

第 17 章

宏观经济分析与行业分析

一只股票的固有价值来源于其公司的预计股息和盈利。**基本面分析**（fundamental analysis）的核心是对价值决定因素进行分析。从根本上说，公司经营业绩决定了它能够给股份持有人支付多少股息以及它在股票市场的股价。然而，由于公司前景与宏观经济状况息息相关，基本面分析必须考虑公司所处的宏观环境。对某些公司来说，宏观环境与行业环境对公司利润的影响比其在行业内的业绩表现影响更大。换句话说，投资者要谨记宏观环境的重要性。

因此，在分析公司前景时，从宏观经济环境开始，考察一国总体经济状况，甚至国际经济状况是很重要的。投资者可以据此确定外部环境对公司所在行业的影响，最后考察公司在行业内的地位。

本章将讲述基本面分析中的广义层面——宏观经济分析与行业分析。接下来的两章将对公司具体情况进行分析。首先讨论与公司业绩相关的国际性因素，然后概述常用来描述宏观经济水平的关键指标变量的含义。接着讨论政府的宏观经济政策，经济周期现象并对宏观经济分析进行总结。最后，进行行业分析，包括公司对经济周期的敏感性、行业生命周期以及影响行业表现的战略性问题等。

17.1 全球经济

对公司前景“由上而下”进行分析必须从全球经济入手。全球经济状况可能会影响公司产品的出口前景、来自竞争者的价格竞争或者公司对外投资的利润。表 17-1 展示了全球或广泛的区域宏观经济对公司前景的重要作用。例如，印度或中国等亚洲经济体的国内生产总值增长率远远高于欧元区经济体。

表 17-1　2018 年一些国家的经济表现

	2018 年股票市场收益率（%）		国内生产总值增长率
	以当地货币计	以美元计	
巴西	19.1	1.9	1.3
英国	−12.4	−17.9	1.5
加拿大	−11.5	−18.7	2.1
中国	25.5	−29.3	6.5
法国	11.7	−16.7	1.4
德国	18.1	−22.8	1.2
印度	5.4	−4.6	7.1
意大利	−16.1	−20.9	0.7
日本	12.1	9.8	0.0
墨西哥	−14.4	−14.7	2.5
俄罗斯	−7.6	−22.7	1.5
新加坡	−10.7	−13.3	2.2
韩国	−18.5	−22.7	2.0
西班牙	−14.9	−19.8	2.5
美国	−6.1	−6.1	3.0

资料来源：*The Economist*, January 5, 2019.

尽管区域性宏观经济状况的重要性显而易见，但区域内不同国家甚至地区的经济表现也呈现显著差异。以欧洲为例，2018 年西班牙经济增长率为 2.5%，是意大利和德国的两倍以上。

或许令人惊讶的是，最好的股票市场收益不总是与最好的宏观经济预期相匹配。这反映了近期市场效率的影响，即股票收益是受先前预期的业绩表现驱动。例如，尽管经济增长率接近榜首，但是由于预期增长率相较于先前预期有所下降，中国股市仍下跌了 29.3%（以美元计算）。

这些数据表明国内经济环境是行业表现的重要决定因素。对企业来说，在经济紧缩情况下比在经济扩张情况下更难成功。这种说法强调要将宏观经济分析作为投资过程的基础。

此外，政治不确定性同样带来相当大的经济风险。过去十年的主权债务危机生动地展示了政治和经济之间的相互作用。救助希腊的前景大部分是政治问题，但对全球经济产生了重大影响。英国脱欧也是具有重大经济影响的政治斗争，英国民众投票支持"脱欧"的当天，全球股市暴跌。2019 年，中美贸易关系变得紧张同样对股市表现产生了重大影响。在这一层面上分析，政治与经济是紧密交织在一起的。

其他政治问题不那么耸人听闻，但仍然对经济增长和投资收益极为重要。这些问题包括保护主义和贸易政策、资本的自由流动和一国劳动力资源状况。

影响国家行业国际竞争力的一个显著因素是国家间货币的兑换比率。**汇率**（exchange rate）是本国货币兑换成外国货币的比率。例如，在 2019 年年初，大约需要 110 日元兑换 1 美元，我们称为汇率为每美元兑 110 日元，或者，每日元兑 0.009 1 美元。

以外币标价的货物的美元价值会随着汇率的波动而波动。例如，1980 年，美元与日元的汇率大约为 0.004 5 美元兑 1 日元。因此，2019 年美国公民购买售价为 1 万日元的产品所需的美元将是 1980 年的两倍多。如果日本厂商保持产品的日元售价不变，以美元表示的价格将增加一倍以上。可是，这意味着日本产品对于美国消费者而言更加昂贵，进而会减少其销售量。显然，日元升值给必须与美国厂商竞争的日本厂商带来了问题。

图 17-1 显示了 2010—2018 年美元相对于几个主要工业国货币购买力的变化情况。购买力比率被称为"实际"汇率，即通货膨胀调整后的汇率。由于实际汇率考虑了汇率波动和各个国家通货膨胀差异，所以它的变化反映了外国货物对美国民众来说便宜或贵了多少。图 17-1 中正数表示美元相对于对其他国家货币来说，其实际购买力增加；负数表明美元贬值。因此，我们看到美元相对于图 17-1 中的每种货币的价值都有实质的提升，也就是说，以外币计价的商品对于美国消费者而言变得便宜了。而与之相对，以美元计价的商品对于国外消费者来说则更加昂贵。

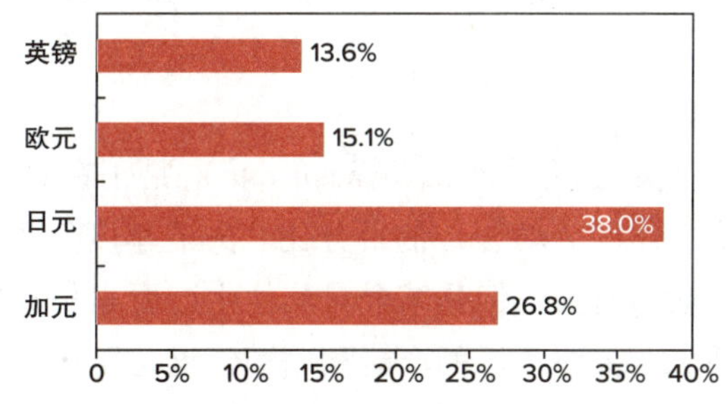

图 17-1　实际汇率变化：美元对主要货币（2010—2018 年）

资料来源：Authors' calculations using data from the OECD.

17.2　国内宏观经济

宏观经济环境是所有公司共同运行的经济环境。图 17-2 阐明了宏观经济在决定投资业绩中的重要作用。图 17-2 对标准普尔 500 股票价格指数水平与 500 家成份股公司每股收益（EPS）的预期水平进行比较。曲线显示股价往往随着每股收益的增加而增加。尽管股价对每股收益的比率（市盈率）随着利率、风险、通货膨胀率和其他变量的变化而变化，但是图 17-2 表明，一般来说，市盈率往往处于 12~25。如果市盈率正常，标准普尔 500 指数也会落在这个范围内。尽管，很显然，市盈率并不完美——20 世纪 90 年代后期互联网泡沫期间市盈率大幅增加——但是宏观市场和股市总体收益的变化趋势一致。因此，要预测宏观市场表现，第一步是评价总体经济状态。

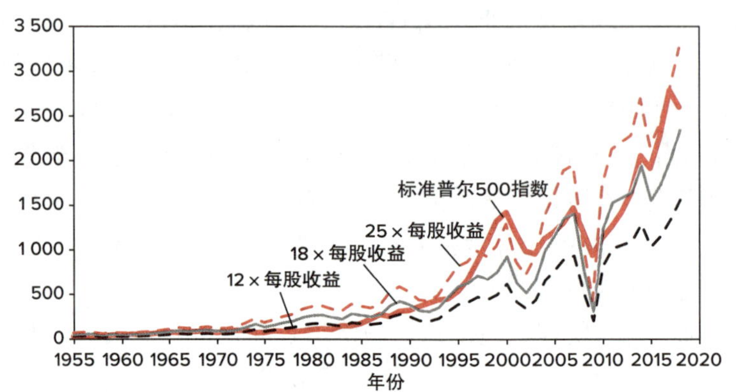

图 17-2 标准普尔 500 指数与每股收益

资料来源：Authors' calculations using data from the St. Louis Federal Reserve Bank database（FRED）.

预测宏观经济的非凡能力能带来引人注目的投资业绩。但是，仅能很好地预测宏观经济形势是不够的。为获得超额利润，投资者必须比竞争者预测得更准确一些。在这一节中，我们将回顾一些描述宏观经济形势的关键经济统计量。

17.2.1 国内生产总值

国内生产总值（gross domestic product，GDP）是该经济体生产产品和提供服务的总和。GDP 快速增长表明经济正在扩张，公司有大量机会增加销售额。工业总产量是度量经济产出水平的另一种常用方法，该统计量主要反映制造业部门的经济活动水平。

17.2.2 就业

失业率（unemployment rate）是正在寻找工作的劳动力占总劳动力（即正在工作和积极寻找工作的劳动力）的百分比。失业率度量了经济运行中生产能力极限的运用程度。失业率只与劳动力有关，但是结合对其他生产要素信息的研究，从而进一步了解经济的实力。例如，分析师也会关注工厂的产能利用率，这是工厂的实际产出与潜在产出的比率。

17.2.3 通货膨胀

物价普遍上升的比率被称为**通货膨胀**（inflation）。高通货膨胀率通常与“经济过热”联系在一起，也就是说，对货物和服务的需求超过生产能力，这导致价格上升。大多数政府的经济政策都很微妙。它们希望刺激经济以保持充分就业，但同时又不会引发通货膨胀。通货膨胀和失业之间的权衡问题是许多宏观经济政策争论的焦点。一直以来，在通货膨胀和失业的相对成本以及经济面对这些压力的脆弱性问题上，存在很大的争议。

17.2.4 利率

高利率降低未来现金流现值，因此会降低投资机会的吸引力。所以，实际利率是企业投资成本的关键决定因素。人们通常通过融资方式购买住房和高价值耐用消费品（例如汽车），由于利率会影响利息的支付金额，因而住房和高价值耐用消费品的需求对利率高度敏感。（可参见第 5 章第 5.1 节，这部分内容介绍了利率的决定因素。）

17.2.5 预算赤字

联邦政府**预算赤字**（budget deficit）是指政府支出和收入的差额。任何预算差额都将通过政府借贷来弥补。大量的政府借贷会增加经济中的信贷需求从而抬高利率。经济学家普遍认为过度的政府借贷会提高利率，阻碍企业投资，从而对私人借贷产生“挤出”作用。

17.2.6 心理因素

经济发展水平的另一个重要决定因素是消费者和生产者的心理因素，即他们对经济形势的判断倾向于乐观还是悲观。比方说，如果消费者对未来收入水平有信心，他们愿意进行大量的当期消费。同样，如果商家预期其产品需求会升高，就会扩大生产和投资。这样，公众信心会影响消费和投资数量，影响对产品和服务的总需求。

> **概念检查 17-1**
>
> 某经济体，其主导产业是汽车生产，用于国内消费和出口。现在假设，人们延长了汽车使用时间，汽车销量减少了。请描述一下该变化对 GDP、失业率、政府预算赤字和利率可能产生的影响。

17.3 需求与供给冲击

对可能影响宏观经济的因素进行整体分析的有效方法是将所有影响按照需求冲击影响和供给冲击影响进行分类。**需求冲击**（demand shock）是指影响经济中产品和服务需求的事件。正向的需求冲击包括税率降低、货币供应量增加、政府支出增加和出口需求增加。**供给冲击**（supply shock）是指影响产能和成本的事件。供给冲击包括能源价格变化，霜冻、洪水或干旱等自然灾害对农作物造成的巨大破坏，经济体劳动力教育水平的变化，劳动力可接受的最低工资水平的变化。

一般来说，需求冲击的特征是总产出与利率和通货膨胀率同向变动。例如，政府支出大幅增加往往会刺激经济并增加 GDP。政府借贷需求或者企业借贷进行风险投资的需求增加也可能使利率升高。最后，如果对产品和服务的需求水平达到或者超过经济总产能，则会使通货膨胀率升高。

供给冲击的特征通常表现为总产出与通货膨胀率和利率反向变动。例如，进口石油价格大幅增加会引起通货膨胀，因为产品成本增加会导致产成品价格上升。短期内，通货膨胀率上升会导致名义利率升高，此时总产出会下降。因为原材料价格上升，经济体产能下降，个人对高价格产品的购买力也会下降。因此，GDP 会下降。

如何将这个框架应用于投资分析呢？在任何一种宏观经济形势下，都需要辨别出哪些行业将处于有利地位，哪些将处于不利地位。例如，假设我们预测货币供给紧缩，考虑到利率可能上升，你或许会避免向诸如汽车等处于不利地位的行业进行投资。我们再次提醒投资者，要做诸如此类的预测绝非易事。宏观经济预测的不可靠性已经人尽皆知。而且，投资者的所有预测都将建立在公开发布信息的基础上。任何投资优势都只会是由于更好的分析，而不是更好的信息。

17.4 联邦政府的政策

正如前面所述，政府主要有两大类宏观经济调控工具：一类影响产品和服务需求，另一类影响产品和服务供给。第二次世界大战后，针对需求侧的政策成为主流。该政策主要关注政府支出、税率水平和货币政策。但是，自 20 世纪 80 年代以来，人们越来越关注影响供给侧的政策。粗略地讲，供给侧政策关注提高经济生产能力，而不是刺激对产品和服务的需求。实践中，供给侧政策着眼于提高工作积极性和创新性，承担源于税务系统的风险。而且，供给侧政策也包括教育、基础设施（如通信和交通设施）和研发等国家政策。

17.4.1 财政政策

财政政策（fiscal policy）是指政府的支出和税收行为，是“需求侧政策”的一部分。财政政策可以说是刺激或减缓经济的最直接方法。政府支出下降会直接减少对产品和服务的需求。同样，税率增加将立即减少消费者的收入，导致消费迅速下降。

有讽刺意味的是，尽管财政政策对经济产生的影响最为直接，但该政策的制定和实施通常缓慢而复杂，这是因为财政政策需要行政机构和司法部门之间进行大量协调工作。税收和支出政策起草之后，由美国国会投票表决，这需要大量的政治协商，并且任何一项法令的通过都必须由美国总统签名后方可生效，这需要更多的协商与谈判。因此，尽管财政政策的影响相对直接，但它的制定过程过于烦琐，因此在实践中难以用来对经济进行微调。

而且，诸如医疗、社会保险等许多政府支出是非自由裁量的，也就是说，这些支出是根据既定公式计算出来的，而不是根据政策决定的，不能随着经济状况随时调整，这又使得财政政策的制定更加僵化。

总结财政政策净影响的一般方法是考察政府预算赤字或盈余，即收入和支出的差额。赤字表明政府支出超出了其以税收形式获得的收入。净影响是产品需求的增加（通过支出）大于产品需求的减少（通过税收），因此会刺激经济。

17.4.2 货币政策

货币政策（monetary policy）是另一种主要的需求侧政策，通过操纵货币供应量影响宏观经济。货币政策主要通过影响利率发挥作用。货币供应量增加降低短期利率，最终鼓励投资和消费需求。但是从长期来看，大多数经济学家认为货币供应量增加只会抬高物价，不会对经济活动产生长远影响。因此，货币管理当局面临两难抉择：宽松的货币政策可能会降低利率，从而在短期内刺激投资和消费需求，但最终都会导致物价升高。刺激经济与控制通货膨胀的权衡是争论货币政策正确性的内涵所在。

财政政策对经济影响直接但实施起来极为烦琐，货币政策容易制定和实施，但是难以立竿见影。货币政策由美国联邦储备委员会决定。委员由美国总统任命，每 14 年一任，因此政治压力较小。委员会规模较小，主席能够对其进行有效控制，政策的制定和调整相对容易。

货币政策的实施也比较直接。应用最为广泛的工具是公开市场操作，即美联储通过自己的账户买卖债券。当美联储买入证券时，只需签发一张支票，因此会增加货币供应量。（与一般公众不同，美联储支付证券不需要从银行账户中提取资金。）相反，当美联储出售证券时，被支付的货币就会离开货币供给体系。公开市场操作每天都在运行，因此美联储能够对货币政策进行微调。

货币政策工具还包括再贴现率和法定存款准备金率，前者是美联储对银行短期贷款所收取的利率，后者是银行必须持有的现金或存放在美联储的那部分存款占银行总存款的比率。再贴现率减少意味着货币政策较为宽松。法定存款准备金率较低，银行每单位存款的借贷能力增加，有效货币供应量增加从而刺激经济增长。

尽管美联储能直接控制再贴现率，但其变动并不频繁。截至目前，联邦基金利率是反映美联储政策的更好的指标。联邦基金利率是银行间进行短期（通常是隔夜）的拆借利率。这些贷款的发生是因为一些银行需要从其他一些有额外资金的银行借入资金满足其法定存款准备金率。与再贴现率不同，联邦基金利率是市场利率，即它是由供求关系决定而不是由行政命令决定的。但是，美国联邦储备委员会以联邦基金利率为目标，通过在公开市场运作增加或减少货币供应量，推动联邦基金利率达到目标值。联邦基金利率是美国短期利率的基准，对美国和其他国家利率产生巨大影响。

与财政政策相比，货币政策对经济的影响较为迂回曲折。财政政策直接刺激或抑制经济，货币政策通过影响利率发挥作用。货币供应量增加能够降低利率，刺激投资需求。当经济体中货币供应量增加时，投资者会发现他们的资产投资组合中现金过剩，他们会买入债券等证券资产使组合重新平衡，从而使证券资产的价格上升，利率下降。从长期来看，个人也会增加股票持有量，最后购买不动产，这会直接刺激消费需求，但是，货币政策对投资和消费需求的影响比财政政策要迟缓得多。

概念检查 17-2

假设政府想刺激经济，但不提高利率。要完成这个目标，应采取何种货币政策和财政政策的组合？

17.4.3　供给侧政策

财政政策和货币政策是以需求侧为导向的政策工具，通过刺激产品和服务总需求影响经济。其内涵是，经济体自身很难达到充分就业，宏观经济政策可以推动经济体达到这个目标。相反，供给侧政策解决经济产能问题，目标是创造一个良好的环境，使工人和资本所有者具有最大动机和能力去生产和开发产品。

供给侧经济学家也相当关注税费政策，但是需求侧政策关注税费对消费需求的影响，而供给侧政策关注激励机制和边际税率。他们认为降低税率会促进投资，提高工作积极性，因此会促进经济增长。某些学者甚至认为税率减少会导致政府税收增加，因为降低税率引发经济和税基的增长幅度大于税率降低导致政府税收减少的幅度。

概念检查 17-3

2018 年大幅削减税费之后，GDP 快速增长。需求侧和供给侧经济学家对这一现象的解释有什么不同？

17.5　经济周期

我们已经介绍了政府用来微调经济，维持低失业率和低通货膨胀率的工具。尽管已经付出了这些努力，经济仍重复着高涨和萧条的周期循环。许多分析师认为资产配置决策的决定因素是预测宏观经济走强还是衰退。如果预测结果与市场看法不一致，就会对投资策略产生重大影响。

17.5.1 评估经济周期

经济通常会反复经历扩张期和收缩期，不过这些周期的长度和影响程度可能各不相同。这种衰退和复苏不断重复出现的模式被称为**经济周期**（business cycle）。经济周期曲线的拐点被称为**波峰**（peak）和**波谷**（trough），波峰是指从扩张期结束到衰退期开始的转折点。波谷位于经济衰退结束，进入复苏期的转折点。

随着经济经历经济周期的不同阶段，不同行业的盈利可能各不相同。例如，在波谷时，因为经济就要从衰退走向复苏，所以对经济状况的敏感性超出一般水平的**周期性行业**（cyclical industry）预期将有更好的业绩表现。周期性行业的典型代表是汽车等耐用品生产商。因为经济衰退时消费者可以延迟购买此类产品，因此其销售额对宏观经济状况特别敏感。其他周期性行业包括生产资料生产商，生产资料即被其他厂商用于生产产品的物品。当需求疲软时，大多数公司难以扩张和购买生产资料。因此，生产资料行业在经济衰退时遭受的打击最大，而在经济扩张时表现最为出色。

与周期性行业相反，**防御性行业**（defensive industry）对经济周期不太敏感。这些行业生产产品的销售额和利润对经济状况不太敏感。防御性行业包括食品生产商和加工商、药品加工商以及公用行业。当经济进入衰退期时，这些行业的业绩会超过其他行业。

投资组合理论介绍了系统风险和市场风险，周期性行业与防御性行业的分类非常符合上述概念。例如，当人们对经济发展状况比较乐观时，大多数股票价格会随着期望收益率的增加而上涨。因为周期性行业的公司对经济发展最为敏感，所以它们的股票价格涨幅也最大。因此，属于周期性行业的公司，其贝塔值比较高。相反，防御性行业的公司的贝塔值较低，相对来说，其业绩受整体市场状况的影响较小。

如果你对经济周期状况的评估比其他投资者更准确，那么当你对经济发展较为乐观时，可以选择投资周期性行业，当对经济发展较为悲观时，可以选择投资防御性行业。不幸的是，要准确估计经济达到波峰和波谷的时间并非易事。否则，在周期性行业和防御性行业中做出选择就轻而易举。但是，从对有效市场的讨论中可以看出，有吸引力的投资机会不会明显到一目了然。通常人们要在几个月后才意识到衰退期或扩张期已经开始或者结束。事后来看，从扩张到衰退再到扩张的整个转换过程一般比较明显，但当时很难确定经济是在加速发展还是在逐步衰退。

17.5.2 经济指标

考虑到经济周期具有周期性，所以从某种程度上说周期是可以预测的。美国国会委员会编制的一系列周期性指标可以用来预期、度量和解释经济活动的短期波动。**先行经济指标**（leading economic indicator）往往先于其他经济指标变动。同步指标和滞后指标，顾名思义，与宏观经济同时变化或稍微滞后于宏观经济的变化。

目前广泛采用的先行经济指标综合指数由十种指标组合构成。同样，四种同步指标和七种滞后指标组成了各自的综合指数。表 17-2 显示了这些综合指数的组成由来。

表 17-2 经济指标指数

A. 先行指标	2. 扣除转移支付的个人收入
1. 生产工人（制造业）每周平均工作时间	3. 工业生产
2. 初次申请失业保险的人数	4. 制造业和贸易销售额
3. 制造商新订单（消费品和原材料行业）	C. 滞后指标
4. 新订单供应管理指数机构	1. 平均失业持续时间
5. 非国防资本货物的新订单	2. 制造和贸易库存销售比
6. 地方当局允许开工的私人住宅的数量	3. 每单位产出劳动成本指数的变化
7. 收益曲线斜率：10 期国库券利率减去联邦基金利率	4. 银行收取的平均优惠利率
8. 股票价格，500 种普通股	5. 工商业贷款余额
9. 领先信用指数	6. 分期付款式消费信贷余额与个人收入之比
10. 消费者预期指数	7. 服务的消费者价格指数变化
B. 同步指标	
1. 非农业工资名册中的雇员人数	

资料来源：The Conference Board，Business Cycle Indicators，March 2019.

图 17-3 描述了过去二十年以来的先行指标和同步指标，图中阴影区域代表经济衰退时期。图 17-3 顶部的日期对应于波峰和波谷，即扩张和紧缩之间的转折点。虽然先行指标总是早于其他指标变化，但是提前的时间捉摸不定。

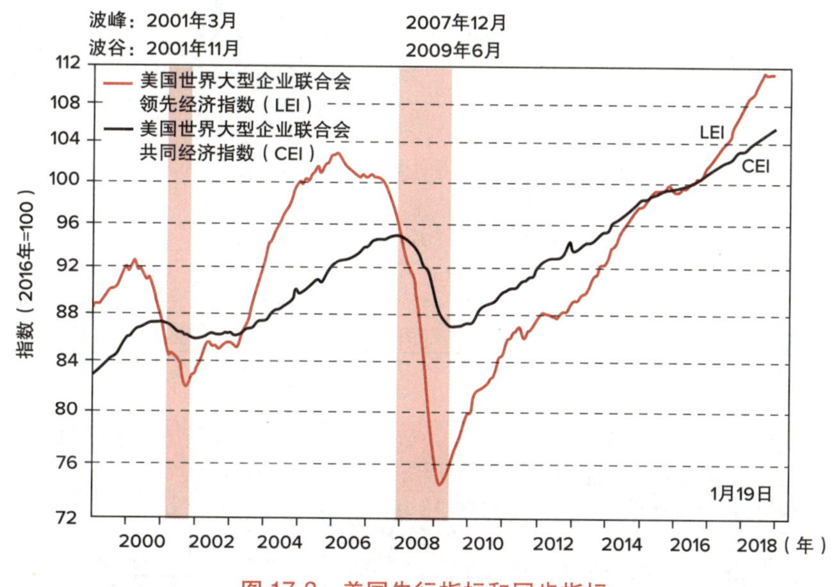

图 17-3 美国先行指标和同步指标

注：最新 LEI 波谷位于 2009 年 3 月，最新 CEI 波谷位于 2009 年 6 月；阴影区域代表由经济周期委员会确定的经济衰退。
资料来源：The Conference Board，News Release，February 21，2019.

股票市场价格指数是一个先行经济指标。道理很简单，因为股价就是公司未来盈利能力的预报器。但是，这削弱了先行经济指标组合对投资政策的作用——当指标组合预期经济扩张时，股票市场已经先行一步。尽管经济周期在某种程度上是可以预测的，但预测股票市场却不容易。这是对有效市场假设的进一步证明。

其他先行经济指标主要包括能够影响近期未来产量的当期决策。例如，生产商产品新订单，厂房、设备的订购合同，房地产业的兴起，这些都暗示经济扩张即将到来。

很多经济指标按照定期的“经济日历表”向公众发布，表 17-3 就是一张“经济日历表”，该表列示了 20 多种人们感兴趣的统计指标的公布日期和资料来源，该信息可以从各大网站中获得。图 17-4 是 Market Watch 经济日历页面的简要摘录，页面给出了 2019 年 2 月 25 日发布的当周公告列表。可以注意到，每个经济变量的近期预测值旁边都有相应的实际数值。这是有意义的，因为在有效市场中，证券价格已经反映了市场预期，公告中的新信息将决定市场反应。

表 17-3 经济日历表

统计指标	发表日期	来源	网址
汽车和卡车销售量	每月的 2 日	商务部	commerce. gov
商品存货	每月的 15 日	商务部	commerce. gov
建筑消费	每月的第一个营业日	商务部	commerce. gov
消费者信心	每月的最后一个周二	美国谘商会	conference-board. org
消费者信用	每月的第五个营业日	美联储	federalreserve. gov
消费者物价指数	每月的 13 日	劳动统计局	bls. gov
耐用品订单	每月的 26 日	商务部	commerce. gov
就业成本指数	每个季度的第一个月末	劳动统计局	bls. gov
就业记录 （失业、平均每周工作时间、非农业收入）	每月的第一个星期五	劳动统计局	bls. gov
二手房销量	每月的 25 日	国家房地产经纪人协会	realtor. org
工厂订单	每月的第一个营业日	商务部	commerce. gov
国内生产总值	每月的第三到第四周	商务部	commerce. gov
新增房屋供给	每月的 16 日	商务部	commerce. gov
先行经济指标	每月月初	美国谘商会	conference-board. org
工业产品	每月的 15 日	美联储	federalreserve. gov
初次申请失业救济人数	周四	劳动部	dol. gov
国际贸易余额	每月的 20 日	商务部	commerce. gov
货币供给	周四	美联储	federalreserve. gov
新增房屋销量	每月的最后一个营业日	商务部	commerce. gov
生产者价格指数	每月的 11 日	劳动统计局	bls. gov
生产率和成本	每季度的第二个月 （大约为该月的 7 日）	劳动统计局	bls. gov
零售额	每月的 13 日	商务部	commerce. gov
采购经理指数	每月的第一个工作日	供给管理协会	ism. ws

注：发表日期为大概时间。

日期	统计变量	期间	实际值	简报预测值
2月26日	新增房屋供给	2018年12月	107.8万套	125.6万套
2月26日	消费者信心	2019年2月	131.4	124.7
2月27日	工厂订单	2018年12月	0.1%	0.5%
2月28日	申请失业救济金人数	2月23日当周	225 000	225 000
2月28日	GDP	2018年第四季度	2.6%	1.9%
3月1日	个人收入	2019年1月	−0.1%	0.3%
3月1日	消费性开支	2019年1月	−0.5%	−0.4%
3月1日	核心通货膨胀率	2018年12月	0.2%	0.2%
3月1日	ISM制造业指数	2019年2月	54.2%	55.5%

图 17-4 Market Watch 经济日历摘录（2019 年 2 月 25 日）

资料来源：www. marketwatch. com/tools/calendars/economic，March 1，2019.

17. 5. 3 其他指标

除了官方发布的经济日历表和经济周期指标，投资者还可以从其他资料中找到关于经济发展状况的许多重要信息。表 17-4 是从 Inc. 杂志[⊖]中引用的部分经济指标。

⊖ Gene Sperling，“The Insider’ s Guide to Economic Forecasting，” Inc.，August 2003，p. 96.

表 17-4　部分经济指标

总裁投票 www. businessroundtabel. org	企业界圆桌会议对总裁的计划资本支出、销售、雇用情况进行调查，这测度了他们对经济的乐观程度
临时工作 （搜索“Temporary Help Services”） www. bls. gov	这是一个重要的先行经济指标。经济最初上扬到该趋势持续稳定期间，企业常常会雇用临时工。该数据可以在劳动统计局网站找到
沃尔玛销售额 stock. walmart. com/investors/financial-information/sec-filings/default. aspx	沃尔玛销售额是零售业部门的良好指标，它每季度公布一次店面销售额
工商业贷款 www. federalreserve. gov	这种贷款通常由中小型企业借贷。美联储每周都会发布该信息
商业结构 http://bea. doc. gov	结构投资表明企业对本身产品未来需求的预期。该数据由经济分析局编制并成为国内生产总值序列的一部分

17. 6　行业分析

与宏观经济分析出于同样的原因，行业分析必不可少。因为当宏观经济状况不佳时，行业很难表现良好，处于一个危机重重的行业，公司通常也举步维艰。我们发现不同国家的宏观经济状况千差万别，各个行业的业绩也各不相同。图 17-5 列示了各个行业的不同业绩，描绘了 2018 年主要行业的净资产收益率。由图可知，净资产收益率的范围自烟草行业的-2. 5%至杂货和食品行业的 41. 5%。

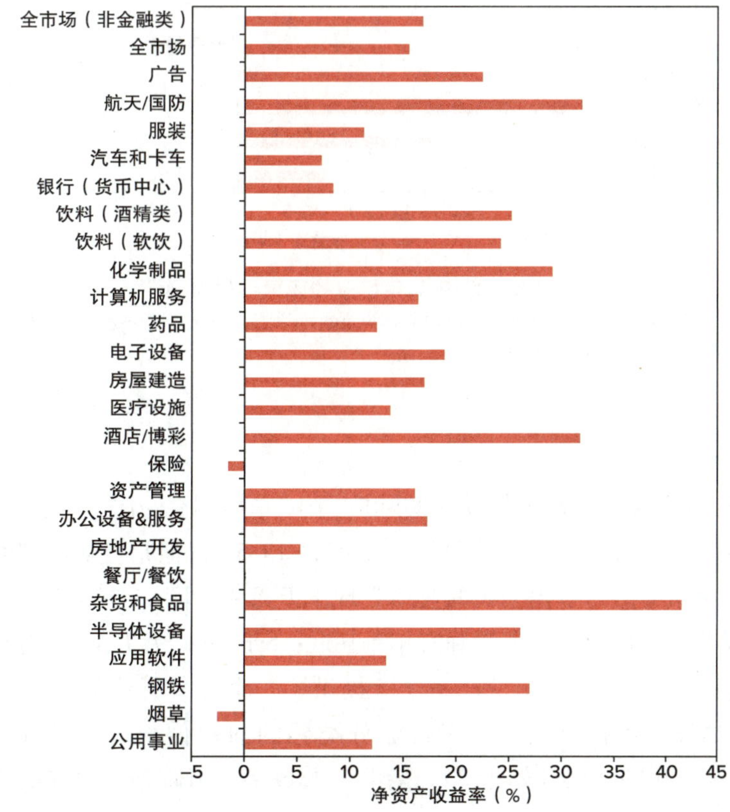

图 17-5　2018 年各行业的净资产收益率

资料来源：Professor Aswath Damadaran，http://pages. stern. nyu. edu/-adamodar/.

鉴于盈利能力差异巨大，它们在股票市场的表现各异也就不足为奇。图 17-6 列出了 2018 年几组行业的股市表现。业绩的差距有目共睹，收益变动情况从服装行业 7.5%到建筑行业-30.4%，范围之广甚至涵盖了所有投资者。诸如 iShares 等专注于行业的交易所交易基金（ETF）像股票一样交易，因此即使是小型投资者也可以在每个交易行业建仓。另外，投资者也可以投资集中于某一行业的共同基金。例如，富达基金公司提供了超过 40 只行业基金，每一只基金都是针对特定行业的。

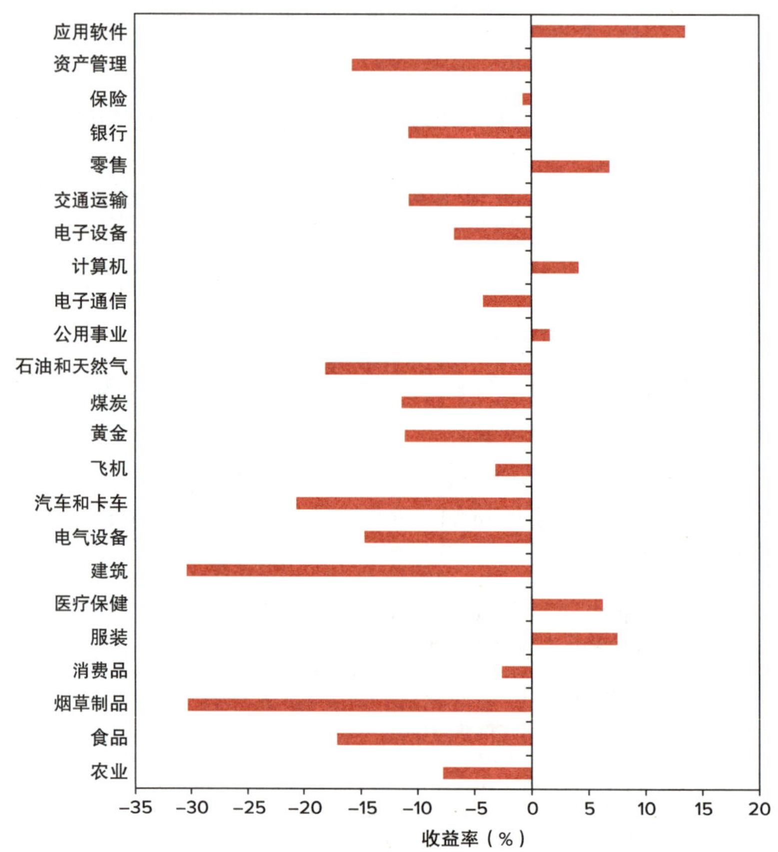

图 17-6 2018 年各行业的股票价格表现

资料来源：Authors' calculations using data from Prof. Kenneth French's Web site, http://mba.tuck.dartmouth.edu/pages/faculty/ken.french/Data_Library.

17.6.1 行业的定义

尽管“行业”的概念看似明确，但是在实际应用中，很难将一个行业与其他行业划分清楚，以应用软件行业为例。2018 年该行业的净资产收益率是 13.5%，但是行业内部的关注点存在较大差异，而这些差异可能会导致行业内公司的业绩表现千差万别。图 17-7 列出了本行业几家公司的净资产收益率，数据显示不同公司的业绩确实相差甚远：Symantec 为 1.3%，而 Citrix 高达 74.6%。

实践中，**北美行业分类码（NAICS codes）**[㊀]提供了一个定义行业的有效方法，设计这些编码旨在数据分析中对公司进行分类。北美行业分类码的前两位数表示总体行业分类，例如，表 17-5 显示所有建筑公司的编码开始于 23。接下来的数字更清晰地定义了行业。例如，从 236

㊀ 这些编码对公司在北美自由贸易区运作，该区域包括美国、墨西哥和加拿大。北美工业分类码代替了之前在美国使用的标准行业分类。

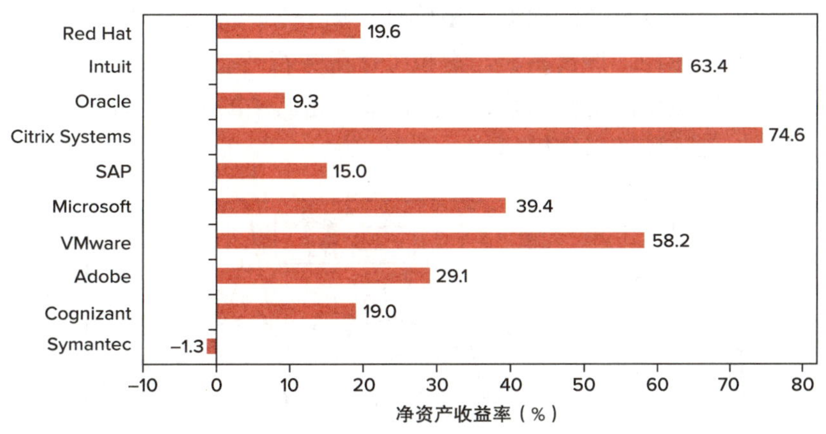

图 17-7　应用软件行业的主要公司的净资产收益率

资料来源：Yahoo！Finance，finance. yahoo. com，March 1，2019.

开始的编码表示楼房建筑，2361 表示居民楼房建筑，236115 表示新建单用户房屋建筑。北美行业分类码的前五位数在所有三个北美贸易协定国家通用。第六位是国家特定的，可以对行业进行更精细的划分。拥有相同四位北美行业分类码的公司视为同一行业。

表 17-5　北美行业分类码示例

北美行业分类码	北美行业分类标题	北美行业分类码	北美行业分类标题
23	建筑	236116	新建多用户房屋建筑
236	楼房建筑	236118	居民房改造
2361	居民楼房建筑	2362	非居民楼房建造
23611	居民楼房建筑	23621	工业楼房建造
236115	新建单用户房屋建筑	23622	商业和协会楼房建造

北美行业分类码并不完美。例如，Kohl’s 和 Neiman Marcus 都可以被划分为“百货公司”。但是前者是薄利多销的仓储式零售商，而后者是高利润精品零售商。它们真的属于同一行业吗？不过，这些分类在进行行业分析时仍然起到很大作用，因为它们提供了一种方法，用来关注总体的或细分的公司群。

其他的分析机构也提供了另外几种行业分类方法。例如，标准普尔报告了大约 100 个行业中的公司的业绩。标准普尔计算了每个行业的股票指数，这在评价历史投资业绩时很有用。价值线投资公司报告了大约 1 700 家公司、90 个行业的状况与前景，价值线投资公司可以预测行业整体以及每家公司的业绩。

17. 6. 2　对经济周期的敏感性

分析师一旦预测出宏观经济状态，确定其对特定行业的影响是必要的，因为各个行业对经济周期的敏感性并不相同。

例如，图 17-8 将零售销售额（较去年同期）的变化划分为两个行业：珠宝和杂货。显然，珠宝（奢侈品）的销售额比杂货的销售额波动更大。珠宝的销售额在 1999 年互联网泡沫时期急剧上升而在 2001 年及 2008—2009 年经济衰退期间急剧下降。相反，杂货行业的销售额增长相对稳定，且没有哪一年出现大幅下降。这种模式反映了珠宝是较有弹性的奢侈品而杂货是生活必需品，即使在困难时期，后者的需求量也不会大幅下降。

三个因素将决定公司收益对经济周期的敏感性。第一个因素是销售额的敏感性。必需品对经济周期基本上不具有敏感性，如食品、药物和医疗服务行业。此外，还有一些敏感性较低的行业，收入不是其需求的主要决定性因素，烟草产业就是其中的典型。相反，机械工具、钢铁、汽车和运输等行业则对经济周期高度敏感。

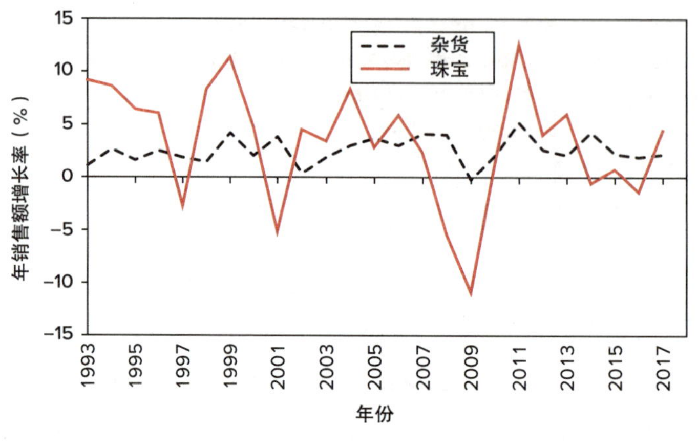

图 17-8 行业周期性

资料来源：U. S. Census Bureau.

决定经济周期敏感性的第二个因素是经营杠杆，是指固定成本和可变成本的差异（固定成本是指不管生产水平如何必须发生的成本；可变成本是指随着产量变化而变动的成本）。可变成本相对较高的企业对经济环境的敏感性比较低。这是因为，当经济衰退时，这些公司的产量会随着销售量的下降而减少，从而成本下降。而固定成本较高的公司，它对经济环境的敏感性比较高，因为它的成本是固定的，不能抵消收入的变动。因此，固定成本高的公司，经营杠杆高，经济形势任何的轻微变动都会对其盈利能力产生巨大影响。

【例 17-1】 经营杠杆

假设同一行业有两家公司，在经济周期的各个阶段，两者的销售额相同。公司 A 的大部分设备是短期租赁而来的，当产量下降时，租赁费用相应下降。假设其固定成本是 500 万美元，可变成本为每件 1 美元。公司 B 的大部分设备是长期租赁而来的，不管经济状况如何，它都要付出大量的租赁费用。所以，公司 B 的固定成本很高，为 800 万美元，但每件产品的可变成本只有 0.5 美元。表 17-6 说明，当经济衰退时，公司 A 的盈利情况高于公司 B，但经济扩张时，盈利情况恰好相反。公司 A 的总成本会随着销售额的变动而大幅变动，这使其在经济衰退时能保持一定的盈利，但在经济扩张时，这种成本特性却阻碍了它的进一步发展。

表 17-6 公司 A 和公司 B 在经济周期中的经营杠杆

	衰退		正常		扩张	
	公司 A	公司 B	公司 A	公司 B	公司 A	公司 B
销售量（100 万单位）	5	5	6	6	7	7
单位价格（美元）	2	2	2	2	2	2
销售额（100 万美元）	10	10	12	12	14	14
固定成本（100 万美元）	5	8	5	8	5	8
可变成本（100 万美元）	5	2.5	6	3	7	3.5
总成本（100 万美元）	10	10.5	11	11	12	11.5
利润（美元）	0	(0.5)	1	1	2	2.5

我们可以通过计算利润对销售额的敏感度量化经营杠杆。**经营杠杆系数**（degree of operating leverage，DOL）定义为

$$经营杠杆系数=利润变动百分比\div销售额变动百分比$$

如果经营杠杆系数大于 1，则公司具有经营杠杆性质。例如，经营杠杆系数=2，那么无论销售额上升还是下降，其 1%的变动都会引起利润同向变动 2%。

我们看到，当公司固定成本上升时，其经营杠杆系数也会上升，实际上，取决于固定成本的经营杠杆系数还可以表示为[⊖]：

$$经营杠杆系数=1+固定成本\div利润$$

【例 17-2】 经营杠杆系数

我们继续研究一下例 17-1 中两家公司的经营杠杆系数，并比较一下公司 A 和公司 B 在经济正常和衰退两个阶段下利润和销售额的变化。当公司 A 的销售额下降 16.7%（从 600 万美元下降到 500 万美元）时，公司的利润下降了 100%（从 100 万美元下降到 0）。所以公司 A 的经营杠杆系数为

$$经营杠杆系数(公司\ A)=利润变动百分比\div销售额变动百分比=-100\%\div(-16.7\%)=6$$

我们也可以通过固定成本证实公司 A 的经营杠杆系数：

$$经营杠杆系数(公司\ A)=1+固定成本\div利润=1+500\div100=6$$

公司 B 的固定成本较高，其经营杠杆系数也较高。同样，从经济正常到经济衰退，其利润从 100 万美元下降到−50 万美元，下降了 150%。所以公司 B 的经营杠杆系数为

$$经营杠杆系数(公司\ B)=利润变动百分比\div销售额变动百分比=-150\%\div(-16.7\%)=9$$

这也反映出公司 B 具有较高的固定成本：

$$经营杠杆系数(公司\ B)=1+固定成本\div利润=1+800\div100=9$$

财务杠杆是影响经济周期敏感性的第三个因素，是债务使用情况的反映。债务的利息支付情况与销售额无关，所以可以视为能够提高利润对经济周期敏感性的固定成本（我们将在第 19 章对财务杠杆进行详细阐述）。

投资者并不总是青睐于对经济周期敏感性较低的行业。处于敏感性较高行业的公司，其股票的贝塔值较高，风险较大，当经济萧条时其利润下降很快。但是经济繁荣时，其利润增长也很快。我们关键要弄清该投资的期望收益能否补偿其风险。

概念检查 17-4

假设公司 C 的固定成本是 200 万美元，其产品的可变成本为每件 1.5 美元，那么它在经济周期三个阶段的利润分别是多少？你认为经营杠杆和风险之间存在什么关系？

17.6.3 部门转换

很多学者在分析行业和经济周期之间的关系时用到**部门转换**（sector rotation）这个概念。部门转换是指根据经济周期的状况预期业绩卓越的行业或部门，并使投资组合向这些行业或部门投资倾斜。

⊖ 大多数公司理财教材都有关于经营杠杆与经营杠杆系数更加详细的介绍。

图 17-9 是对经济周期的描述，接近波峰的位置，经济过热，通货膨胀率和利率比较高，基本商品面临价格压力。此时是投资于自然资源开采及加工（如采矿业或石油公司）的有利时机。

波峰过后，经济进入收缩期或衰退期，对周期敏感性较低的防御型行业（像药物、食品及其他生活必需品），可能创造出较好业绩。当经济收缩严重时，金融公司贷款规模收缩，违约率升高，遭受亏损的可能性加大。但是，当衰退结束时，由于经济收缩降低了通货膨胀率及利率，金融公司就会借机快速发展。

在经济周期的波谷，经济临近复苏和随之而来的扩张。为此，公司可能需要购买新设备来满足预期需求增长，此时，可以投资机械、运输或建筑业等资本密集行业。

最后，当进入繁荣期时，经济快速发展。耐用消费品和奢侈品等周期型行业将是这一时期获利最高的行业。当经济快速增长时，银行的信贷规模加大，违约风险敞口降低，业绩也会相应上升。

图 17-10 阐释了部门转换。当投资者对经济相对悲观时，就会转而投资于消费品或医疗保健等非周期性行业。而当投资者预期经济会扩张时，则会比较倾向于投资原材料、工业品及能源等周期性行业。

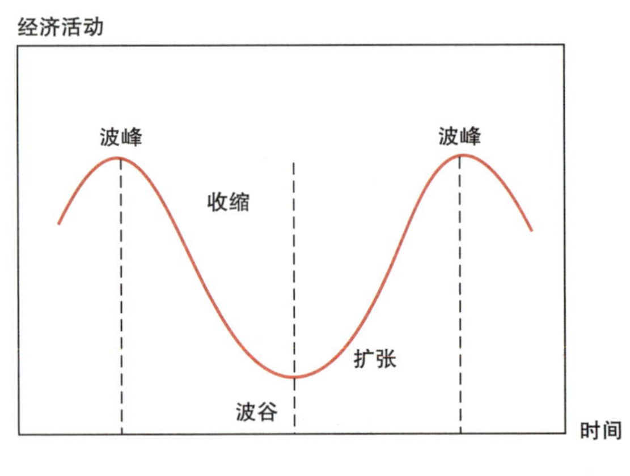

图 17-9　典型经济周期变化

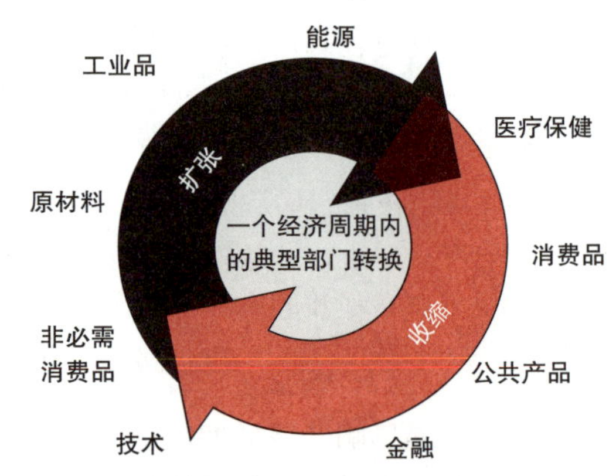

图 17-10　部门转换

资料来源：Sam Stovall, *BusinessWeek Online*, "A Cyclical Take on Performance."

> **概念检查 17-5**
>
> 你预计下列行业在经济周期的哪个阶段的业绩比较出色？
>
> A. 报纸。　　B. 机械工具。
>
> C. 饮料。　　D. 木材。

这里我们再次强调，和其他任何形式的市场时机选择一样，如果投资者对经济周期的预测比他人更准确，部门转换就会相当成功。图 17-10 中的经济周期是高度程序化的，在现实生活中，我们很难清楚地知道每个阶段能持续多长时间，也不知道这一阶段能发展到什么程度，而这些预测正是分析师的“饭碗”所在。

17.6.4　行业生命周期

对软件应用行业进行研究，你可能会发现许多公司具有较高的投资率、投资收益和较低的股利发放率。但是公共事业行业正好与之相反，它们的投资率、收益率较低，股利发放率较高。为什么会有这么大的差别呢？

软件应用行业存在众多高利润的资源投资机会。新产品会得到专利权的保护，边际利润相当高。在投资机会如此诱人的情况下，众多厂家会把所有利润都投入到这个行业中。于是该行业的规模急剧扩张。

但是，行业的发展速度最终总会慢下来。较高的利润率驱使众多新公司进入该行业。随着竞争日益增强，价格不断下降，边际利润也不断下降。当新技术被应用后，其发展前景开始明朗，风险水平随之下降，这消除了新公司进入该行业的后顾之忧。随着投资机会逐渐失去吸引力，公司利润中用于内部投资的比例也不断减小，现金股利随之增加。

最后，当行业步入成熟阶段时，就会成为具有固定现金流、固定股利发放、风险相对较低的“现金牛”，它们的增长率与整体经济的发展同步。所以处于生命周期早期的行业的投资机会具有高风险高潜在收益率，而处于成熟行业的投资机会则是“低风险低收益”的。

上述分析表明，一个典型的**行业生命周期**（industry life cycle）分为四个阶段：起步阶段，具有很高的增长速度；成长阶段，增长速度放缓，但是仍然高于经济整体发展速度；成熟阶段，发展速度与整体经济一致；衰退阶段，发展速度低于整体经济中的其他行业，或者已经慢慢萎缩。图 17-11 列示了行业生命周期。接下来，我们将对每一个阶段进行详细阐述。

（1）**起步阶段**　任意一项产业都起源于一项新技术或一种新产品。如 20 世纪 80 年代的台式个人计算机，20 世纪 90 年代的手机和 2007 年面世的大屏幕触屏智能手机。在这个阶段中，我们往往很难预料哪家公司最终能够成为行业的领导者。一些公司非常成功，另一些公司却退出市场。因此，选择行业内特定的公司进行投资具有很大的风险。例如，在智能手机行业，正如安卓手机和苹果手机之间就仍然存在技术性竞争，而它们的最终结局难以预料。

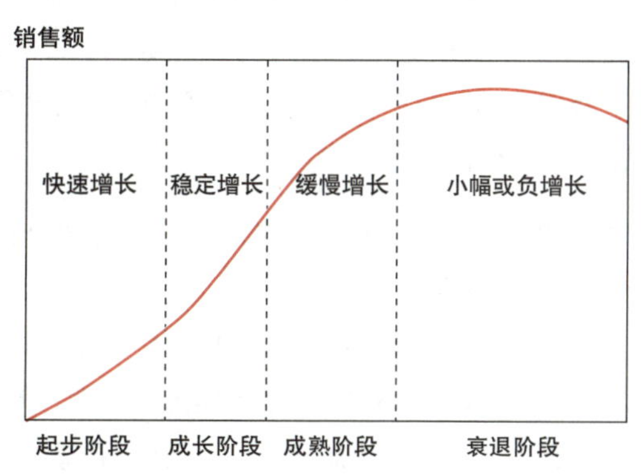

图 17-11　行业生命周期

但是，在这个阶段，公司的销售额和净利润会急剧扩张，因为此时市场中的新产品需求远远未达到市场饱和。例如，在 2010 年，拥有智能手机的美国家庭很少，正因如此，该产品的潜在市场是巨大的。与此相反，像电冰箱这样成熟的产品，几乎所有美国家庭都已经拥有，于是市场仅来自产品的替换需求。显然，该市场的发展速度远远落后于 2010 年的智能手机市场。

（2）**成长阶段**　当某个产品建立了较稳定的市场时，就会出现行业领导者。从起步阶段存活下来的公司一般比较稳定，其市场份额比较容易预测。因此，这些公司的业绩就会和整个行业的业绩紧密相关。尽管现在产品已经进入市场并广泛使用，该行业仍具有比其他行业更高的发展速度。

（3）**成熟阶段**　在这个阶段，该产品的需求基本达到市场饱和状态。只有当经济整体发展时，行业才会进一步发展。这时，产品会变得越来越标准化，厂商在基本价格水平上将面临激烈的竞争。这会导致边际利润降低，从而对净利润的增长造成压力。该阶段的公司被称为“现金牛”，它们有稳定的现金流，但是基本上不存在新的利润增长点。此时，公司会从该行业榨取现金流，而不会对其进行再投资。

例如 20 世纪 80 年代，台式计算机处于起步阶段，到了 20 世纪 90 年代中期，台式计算机行业变成了市场渗透率很高、价格竞争激烈、边际利润率很低、销售增长缓慢的成熟行业。到了 20 世纪 90 年代后期，笔记本计算机开始起步，台式计算机逐步被笔记本计算机所取代。在此后的十几年里，笔记本计算机也经历了标准化、低利润率以及由平板计算机和大屏幕智能手机带来的新一轮价格竞争的成熟阶段。

（4）**衰退阶段** 当行业步入衰退阶段时，它的发展速度就低于经济发展速度了，甚至呈现“萎缩”的迹象。这可能是由产品过时引起的，当然也可能是因为新产品入侵或低成本供应商的竞争。例如，台式计算机生命周期的稳定演变，首先是归因于笔记本计算机，其次是现在的平板计算机。

那么，生命周期的哪个阶段对投资最有吸引力呢？传统观点认为，投资者应该选取高成长的行业，但是这一方法似乎过于简单。如果证券价格已经反映了高成长的可能性，那么这种赚钱方法就失去作用了。而且，高成长和巨额利润会驱使其他厂商进入该行业，形成竞争力。获利机会带来了新的供给，并使价格、利润和投资收益率下降，最后就会减缓行业发展速度。这就是存在于行业生命周期各阶段过渡背后的动态机制。著名的投资组合管理经理彼得·林奇在《战胜华尔街》中写道：

> 许多人愿意对高成长率的行业投资，那里看上去热闹非凡。但我不会，我更愿意向成长率较低的行业投资……在成长率低的行业中，尤其是那些使人们厌烦或懊恼的行业（如葬礼公司或修补油桶的公司），毫无疑问不存在竞争。你不必总是提防对手从侧翼向你进攻……这为你提供了持续增长的空间。[⊖]

事实上，林奇使用的行业分析系统与我们已经介绍的行业生命周期有相同之处。他把公司分成了以下六种。

（1）**缓慢成长型** 历史悠久的大公司的成长速度往往仅比整体经济稍快。这些公司已经由最初的快速发展阶段步入到成熟阶段。它们往往有稳定的现金流，并且发放大量股利。此时，公司所产生的现金流已经大于公司再投资所需求的资金。

（2）**稳健性** 可口可乐、好时和高露洁-棕榄等许多大型知名公司的发展情况都明显好于上述缓慢成长型公司，但其增长速度远没有起步阶段的公司那样快。它们对经济周期不敏感，在经济衰退时，所受影响相对较小。

（3）**快速增长型** 这是指一些积极进取的小型公司，它们的年收益率一般为20%～25%。公司的高速发展取决于整个行业的发展，或取决于该公司在成熟阶段的市场份额不断扩大。

（4）**周期型** 这是指随着经济周期的变动，销售额和净利润不断扩张或收缩的行业。如汽车行业、钢铁行业和建筑公司等。

（5）**反转型** 这是指已经破产或处于破产边缘的公司。如果这些公司能够从不幸中恢复过来，就可以提供巨大的投资收益。一个典型的例子是1982年的克莱斯勒公司，在其就要申请破产时，美国政府为其债务进行了担保。接下来的5年间，该公司股票价格上升了15倍。

（6）**资产运作型** 这是指资产价值较高，但股价没能正确反映公司价值的公司。例如，一家公司拥有一块高价值的地产，而且地产价值已经超过了公司本身的商业价值。有时这部分隐藏的资产可以用来递延税负，有时这部分资产是无形资产。例如，一家电缆公司可能有许多电缆的订购商，而这些顾客对厂商来说极具价值。但是由于不会产生直接的现金流，因此在对公司进行估价时，这些资产往往会被忽略。

⊖ Peter Lynch with John Rothchild, *One Up on Wall Street* (New York: Penguin, p. 131).

17.6.5　行业结构和业绩

一个行业的成熟过程还包括公司竞争环境的规律变化。作为讨论的最后一个问题，我们考察行业结构、竞争策略和盈利能力之间的关系。迈克尔·波特[⊖]着重强调了竞争的五个决定性因素：新进入者威胁、现有竞争者威胁、替代品压力、购买者议价能力以及供应商议价能力。

（1）**新进入者威胁**　行业的新进入者会对价格和利润产生压力。甚至当其他公司还未真正进入该行业时就会对价格产生压力，因为较高的价格和利润率会促使新的竞争者进入这个行业。因此，进入壁垒成为行业盈利能力的重要决定因素。进入壁垒有多种形式，例如，通过长期的商业往来，现有公司和消费者或供应商之间已经建立了牢固的分销渠道，这对于一个新进入者来说成本很高。品牌忠诚度也使新进入者很难渗透市场，给予企业更多的自主定价权。在为市场服务时，专有知识和专利保护也让现有公司更具优势。最后，市场中现有企业的奋斗经历也可能为其提供优势，因为这些经验是通过长期经营获得的。

（2）**现有竞争者威胁**　当某一行业存在一些竞争者时，由于它们试图不断扩大各自的市场份额，从而导致价格战，降低了边际利润。如果行业本身增长缓慢，这些竞争就会更加激烈，因为此时的扩张意味着掠夺竞争对手的市场份额。固定成本较高也会对降价产生压力，因为固定成本促使公司尽量达到最大产能。如果每个企业生产的产品相同，它们的价格竞争压力就会增加，因为此时，公司很难在产品的差异性上竞争。

（3）**替代品压力**　如果一个行业的产品存在替代品，那么就意味着，该产品面临相关行业的竞争压力。例如，传统制糖业将面临玉米糖浆制造业的竞争，毛纺厂商将面临合成纤维厂商的竞争。替代品的存在限制了厂商向消费者索取高价的水平。

（4）**购买者议价能力**　如果某采购者购买了某一行业的大部分产品，那么这个采购者就能掌握很大的谈判主动权，进而可以压低价格。例如，汽车厂商可以对汽车零部件供应商施加压力，从而就会降低汽车零部件行业的盈利能力。

（5）**供应商议价能力**　如果关键投入品的供应商处于垄断地位，那么这个供应商就可以索取较高价格，从需求方行业压榨较高利润。一个特殊的例子就是作为联合了劳动力这一生产关键投入品的工人组织，即工会。工会致力于提高工人工资的各种谈判。当工人市场具有了高度的组织性和统一性时，行业中大部分的潜在利润就会被工人占有。

需求方能否得到相关的替代品是决定供应商议价能力的关键因素。如果存在可得的替代品，供应商就失去了议价资本，难以向需求方索取高价了。

小结

1. 宏观经济政策的目的是维持经济处于接近充分就业状态而没有通货膨胀压力。这两个目标之间的权衡是争论的核心。
2. 宏观经济政策的传统工具包括财政政策和货币政策，前者包括政府支出和税收，后者包括控制货币供应量。扩张性财政政策可以刺激经济，增加 GDP，但是往往会增加利率。扩张性货币政策通过降低利率起作用。

⊖ Michael Porter, *Competitive Advantage: Creating and Sustaining Superior Performance* (New York: Free Press, 1985).

3. 经济周期是经济扩张和衰退不断重复出现的模式。先行经济指标用来预测经济周期的发展，因为在其他主要经济变量价值变化之前，它们的价值就会发生变化。
4. 行业对经济周期的敏感性不同。比较敏感的行业是那些生产高价耐用品的行业，例如珠宝、汽车等，因为消费者会慎重考虑购买时机。其他的敏感性行业包括为其他公司生产资本设备的企业。经营杠杆和财务杠杆的提高也会增加经济周期的敏感性。

习题

1. 经济急剧衰退时，应该采取什么样的货币政策和财政政策？
2. 如果你比其他投资者更相信美元会大幅贬值，那么你对美国汽车行业有何投资建议？
3. 选择一个行业，列举影响其未来 3 年业绩的因素并预期其未来业绩。
4. 证券估值中的“自下而上”和“自上而下”方法的差异是什么？“自上而下”方法的优势在哪里？
5. 公司的哪些特征会使其对经济周期更敏感？
6. 与其他投资者不同，你认为美联储将实施宽松的货币政策，那么你对下列行业有何投资建议？
   a. 金矿开采。
   b. 建筑业。
7. 在供给侧经济学家看来，所得税税率降低将会对价格产生怎样的长期影响？
8. 下列哪些政策与垂直倾斜的收入曲线相一致？
   a. 宽松的货币政策和宽松的财政政策。
   b. 宽松的货币政策和紧缩的财政政策。
   c. 紧缩的财政政策和宽松的货币政策。
9. 在供给侧经济学家看来，下列哪项政策不是能够促进经济长期增长的政府结构性政策？
   a. 再分配的税收体系。
   b. 促进竞争。
   c. 政府对经济干涉最小化。
10. 有两家电话生产厂商，一家使用高度自动化的机器生产，另一家使用人工生产。当生产需求增加时，需要给工人支付加班费。
    a. 在经济萧条和经济繁荣的时候，哪家公司的利润较高？
    b. 哪家公司的贝塔值更高？
11. 表 17-7 是四个行业以及对宏观经济的四种预测。将行业与对宏观经济的预测相配对。

表 17-7 四个行业及对宏观经济的四种预测

行业	经济预测
a. 房屋建造	（ i ）严重经济衰退：通货膨胀率降低，利率下降，国内生产总值减少
b. 医疗保健	（ ii ）经济过热：国内生产总值迅速上升，通货膨胀率和利率上升
c. 金矿开采	（ iii ）健康扩张：国内生产总值增加，通货膨胀率处于一个温和的水平，低失业率
d. 钢铁生产	（ iv ）滞胀：国内生产总值减少，高通货膨胀率

12. 你会将下列行业放在行业生命周期的哪个阶段？（注：本题的答案较为灵活。）
    a. 油井设备。
    b. 计算机硬件。
    c. 计算机软件。
    d. 基因工程。
    e. 铁路建设。
13. 从下列每对公司中选择你认为对经济周期比较敏感的公司。
    a. 大众汽车和大众制药。
    b. 友谊航空公司和幸福照相机生产商。
14. 为什么消费者预期指数是有用的现行宏观经济指标（见表 17-2）？

15. 为什么每单位产出劳动成本指数是有用的滞后宏观经济指标（见表 17-2）？
16. 大众除草剂公司以其获得专利的除草产品控制着化学除草市场。但是，该专利将要到期。你预期该行业将会发生什么变化？尤其是大众除草剂公司所生产的产品价格、销售额和预期利润，及其竞争对手的预期利润将会发生什么变化？你认为该市场处于行业生命周期的什么阶段？
17. 你计划建立的公司第一年的销售额是 120 000 美元，固定成本是 30 000 美元，可变成本是销售额的 1/3。
    a. 公司的预期利润是多少？
    b. 基于固定成本和预期利润，经营杠杆系数是多少？
    c. 如果销售额比预期低 10%，利润下降多少？
    d. 证明利润下降百分比等于经营杠杆系数乘以销售额下降 10%。
    e. 根据经营杠杆系数，公司最初预测的销售额下降多少时利润将变为负数？对应该水平的保本销售额是多少？
    f. 为了证明 e 部分的答案是正确的，计算保本销售额的利润。

根据下面的案例回答第 18~21 题。IAAI 是一家咨询公司，主要为基金公司、慈善机构、养老基金公司和保险公司等各种机构提供建议。其研究部成员得出了一些重要的近期宏观经济趋势。例如，他们发现工作岗位和消费者信心都明显增加，他们预期这种趋势将会持续几年。此外，IAAI 研究部考虑的其他美国国内先行经济指标包括工业产量、制造业平均每周工作时间、标准普尔 500 指数、M2 货币供应量以及消费者预期指数。

IAAI 的投资顾问希望根据对就业岗位和消费者信心的预期为客户提供建议。他们运用一套将工作岗位、消费者信心与通货膨胀率、利率结合起来的理论，将通货膨胀率和利率的预期动态融合到所建立的模型中，用来解释资产定价。他们的主要工作是预测工作岗位和消费者信心趋势将如何影响债券价格，以及这些趋势将如何影响股票价格。

IAAI 研究部的成员也注意到在过去几年中，股价开始上涨，且他们在预测总体经济形势时已运用了这一信息。研究部成员认为上行趋势的股票市场本身就是一个积极的经济指标。但是，他们对引起这种情况的原因未达成一致。

18. 根据 IAAI 研究部成员的预期，工作岗位数量和消费者信心将呈上升趋势，这两个因素中哪一个因素的上升趋势会对股票价格产生积极影响？
19. 股价是一种有用的先行经济指标，下列哪项可以准确解释这一现象？
    a. 股价预测未来利率，反映其他指标的趋势。
    b. 股价无法预测未来利率，与其他先行经济指标无关；股价作为先行经济指标的有用性是一个谜。
    c. 股价仅仅反映了其他先行经济指标的趋势，本身没有预测能力。
20. 下列 IAAI 研究部列示的美国国内指标中，哪些作为先行指标是最不合适的？
    a. 工业产量。
    b. 制造业工人平均每周的工作时间。
    c. M2 货币供应量。
21. IAAI 在计算和预测过程中主要使用了历史数据。下列有关 IAAI 的行为中，哪些是最准确的？
    a. 信用风险溢价对 IAAI 有用，因为它们基于正确的市场预期。
    b. 时机不好时，IAAI 应该使用最近股票收益的动态平均值，因为这会导致较高的预期股票风险溢价。
    c. 应该使用较长的时间窗口，这样制度改变就会成为影响预期的因素。

根据下列案例回答第 22～25 题。史密斯女士是一位 CFA 二级候选人，最近受雇成为爱尔兰银行的一名分析师。她的第一项任务是接受法国葡萄酒厂的邀请以助其考察竞争战略。

史密斯的报告涵盖了法国葡萄酒业的四家主要葡萄酒厂。葡萄酒厂的特征列在表 17-8 中。在史密斯报告的正文中，她阐述了法国葡萄酒业的竞争结构，并且发现在过去 5 年，法国葡萄酒业没有迎合消费者已经变化的偏好。葡萄酒行业的利润率持续下降，行业的代表性企业也从 10 家下降到 4 家。这说明为了生存，法国葡萄酒企业必须进行合并。

表 17-8 法国四大主要葡萄酒厂的特征

	South Winery	North Winery	East Winery	West Winery
创立日期	1750 年	1903 年	1812 年	1947 年
一般竞争策略	?	成本领先	成本领先	成本领先
主要消费者市场（80%集中于）	法国	法国	英国	美国
产地	法国	法国	法国	法国

史密斯的报告说明消费者的议价能力比行业的议价能力高。她在“购买者议价能力”标题下用五点来支持这一结论：

- 许多消费者在用餐和社交时，喝的啤酒比葡萄酒多。
- 随着线上销售的增加，消费者更容易查到葡萄酒的相关信息，以及其他消费者的想法，从而辨别哪些生产商的价格是最佳的。
- 法国葡萄酒企业在不断合并，5 年前存在 10 家代表企业，现在只剩 4 家。
- 法国葡萄酒业 65% 以上的业务与饭店购买有关。饭店通常会成批购买，一次性购买四五箱葡萄酒。
- 在法国，能够种植葡萄进行葡萄酒生产的肥沃土地非常稀有。

完成了报告的草稿后，史密斯将其交给老板范德莱森评价。范德莱森告诉她，他自己也是一名葡萄酒鉴定家，经常从 South Winery 那里购买葡萄酒。史密斯对范德莱森说：“在报告中，我将 South Winery 作为一家进退两难型的公司。它既想成为成本领先者，销售价格比其他公司更低，又想与其他竞争者产生差异，将葡萄酒装在脖颈弯曲的瓶子中，但这增加了成本。最后导致 South Winery 的利润率不断降低。”范德莱森回答道：“我在葡萄酒大会上见过几次 South Winery 的管理层成员。我认为如果 South Winery 分成几个不同的经营单位，就可以同时实现成本领先和差异化战略。”史密斯决定在发表报告的最终版之前，对一般竞争战略做更多研究，以改变范德莱森的想法。

22. 如果法国货币相对于英国货币大幅贬值，那么对 East Winery 的竞争性地位将产生什么影响？
    a. East Winery 在英国市场竞争力减弱。
    b. 没有影响，因为 East Winery 的主要市场是英国而不是法国。
    c. East Winery 在英国的竞争力更强了。
23. 在史密斯的观点中，哪一点支持了购买者有比其他行业更强的议价能力的结论？
24. 史密斯在她的报告中提出，West Winery 可能会使购买者看重的葡萄酒特性差异化。下面哪种特性是 West Winery 进行产品差异化时最需要关注的问题？
    a. 产品运输方式。
    b. 产品价格。
    c. 关注 30～45 岁的购买人群。
25. 史密斯知道公司的战略计划是一般竞争战略的核心。在对研究资料和文件进行编写的基础上，史密斯总结了关于 North Winery 的三项发现以及它的战略计划过程：

a. North Winery 的价格和成本预测代表法国葡萄酒行业的未来结构变化。

b. North Winery 把每个业务单位分为发展、维持或者收获中的一种。

c. North Winery 将市场份额作为竞争地位的主要测度方法。

以上哪种发现最不支持 North Winery 的战略计划过程遵循一般竞争战略的结论？

CFA 考题

1. 简单讨论一下美联储在实行扩张性货币政策时可能采取的行动，使用以下三种货币工具。
   a. 准备金要求。
   b. 公开市场操作。
   c. 贴现率。
2. 相关部门已经实施了预期之外的扩张性货币政策，指出这一政策对下列四个可变要素的作用。
   a. 通货膨胀率。
   b. 实际产出和就业。
   c. 实际利率。
   d. 名义利率。
3. Universal Auto 是一家大型跨国企业，总部在美国。出于分部报告的需要，公司把经营业务划分为以下两种业务：汽车和信息处理服务。

   汽车业务是截至目前 Universal Auto 较大的一项业务。它包括大多数美国国内客车的生产，也包括美国国内小型卡车的生产，以及在其他国家客车的生产。Universal Auto 的这部分业务过去几年中运作结构不是很好，2013 年出现亏损。尽管公司没有报告美国国内客车业务的运作结果，但这正是导致汽车业务业绩较差的主要原因。

   Idata 是 Universal Auto 的信息处理服务业务部分，于 15 年前成立。这项业务在美国国内增长稳定且处于强势地位，没有并购事项发生。

   CFA 候选人亚当斯为 Universal Auto 准备了一项调查报告，报告称：“我们假设 Universal Auto 将于 2021 年大幅增加美国国内客车的价格，根据这项假设我们预计利润将增加数十亿美元。”
   a. 描述行业生命周期的四个阶段。
   b. 辨别 Universal Auto 的两项主要业务（汽车和信息处理服务）位于哪个阶段。
   c. 基于每项业务所处的行业生命周期的阶段，讨论产品定价在两项业务中的不同点。
4. 亚当斯的调查报告称：“经济复苏正在进行中，预期利润增长应该会使 Universal Auto 的股票价格上升，我们强烈建议买入该公司的股票。”
   a. 讨论基于经济周期的投资择时方法。你的回答应该包括在典型经济周期的不同时段该如何操作股票和债券。
   b. 假设亚当斯的断言是正确的（经济已经在复苏过程中），基于市场所处的经济周期阶段，亚当斯的观点对购买 Universal Auto 这只周期性股票是否恰当？
5. Ludlow 在准备美国电动牙刷制造业的报告，搜集的信息见表 17-9 和表 17-10。Ludlow 在报告中总结说，电动牙刷正处于行业生命周期的成熟阶段。
   a. 从表 17-9 中选择和论证三种要素支持 Ludlow 的观点。
   b. 从表 17-10 中选择和论证三种要素反驳 Ludlow 的观点。

表 17-9 电动牙刷行业指数和主要股票市场指数

	2014 年	2015 年	2016 年	2017 年	2018 年	2019 年
收益率（%）						
电动牙刷行业指数	12.5	12.0	15.4	19.6	21.6	21.6
主要股票市场指数	10.2	12.4	14.6	19.9	20.4	21.2
平均市盈率						
电动牙刷行业指数	28.5	23.2	19.6	18.7	18.5	16.2
主要股票市场指数	10.2	12.4	14.6	19.9	18.1	19.1
派息率（%）						
电动牙刷行业指数	8.8	8.0	12.1	12.1	14.3	17.1
主要股票市场指数	39.2	40.1	38.6	43.7	41.8	39.1
平均股息收益率（%）						
电动牙刷行业指数	0.3	0.3	0.6	0.7	0.8	1.0
主要股票市场指数	3.8	3.2	2.6	2.2	2.3	2.1

表 17-10 电动牙刷制造行业特征

- **行业销售额增长**。最近每年的行业销售额增长率为 15%~20%，预期接下来的三年每年的增长率为 10%~15%
- **非美国市场**。有些美国制造商想要进入快速增长的非美国市场，这些市场还没有被开发
- **函购销售量**。一些制造商直接通过函购方式向顾客销售电动牙刷从而开创了一个新的用户群。该行业细分市场的销售额每年增长了 40%
- **美国市场渗透**。制造商在价格的基础上激烈竞争，行业内的价格战很常见
- **利基市场**。有些制造商能够在美国基于公司名誉、质量和服务开发新的尚未开发的利基市场
- **行业兼并**。最近几家制造商合并，预期该行业兼并将会增加
- **新进入者**。新制造商继续进入市场

6. 作为一名证券分析师，你被要求重新评价一家股权集中度很高的 WAH 公司的价值，之前对 WAH 公司的评价由 RRG 提供。你要对 RRG 的评价给出自己的看法，并且通过分析评价的每一部分支持你的观点。WAH 的唯一业务是汽车零部件零售。RRG 所做的报告“汽车零部件行业分析”完全基于表 17-11 中的数据和以下信息：
   - WAH 和它的主要竞争者在 2019 年年底各经营 150 多家店。
   - 每家公司在汽车零部件行业经营店铺的数量为 5.3 个。
   - 零售店销售的汽车零部件的主要顾客群是拥有旧汽车的年轻人，这些人出于经济原因，自己做汽车保养。

   a. RRG 的一个结论是汽车零部件行业整体处于行业生命周期成熟阶段。讨论表 17-11 中支持这一结论的三组相关数据。

   b. 另一个 RRG 得出的结论是 WAH 和它的主要竞争者都处于生命周期的成长阶段。

      ⅰ. 引用表 17-11 中的三组数据来支持这一结论。

      ⅱ. 解释一下行业总体处于成熟阶段时，WAH 和它的主要竞争者如何处于成长阶段。

表 17-11　挑选出来的汽车零部件行业零售数据　(%)

	2020 年	2019 年	2018 年	2017 年	2016 年	2015 年	2014 年	2013 年	2012 年	2011 年
18~29 岁人口（百分比变化）	-1.8	-2.0	-2.1	-1.4	-0.8	-0.9	-1.1	-0.9	-0.7	-0.3
收入大于 35 000 美元的家庭的数量（百分比变化）	6.0	4.0	8.0	4.5	2.7	3.1	1.6	3.6	4.2	2.2
收入小于 35 000 美元的家庭的数量（百分比变化）	3.0	-1.0	4.9	2.3	-1.4	2.5	1.4	-1.3	0.6	0.1
汽车使用年限在 5~15 年的数量（百分比变化）	0.9	-1.3	-6.0	1.9	3.3	2.4	-2.3	-2.2	-8.0	1.6
汽车贩卖修理用零件的市场产业零售额（百分比变化）	5.7	1.9	3.1	3.7	4.3	2.6	1.3	0.2	3.7	2.4
消费者在汽车零件和消费者支出（百分比变化）	2.4	1.8	2.1	6.5	3.6	9.2	1.3	6.2	6.7	6.5
店面达到 100 家及以上的汽车零部件零售公司的销售增长	17.0	16.0	16.5	14.0	15.5	16.8	12.0	15.7	19.0	16.0
店面达到 100 家及以上的汽车零部件零售公司的市场份额	19.0	18.5	18.3	18.1	17.0	17.2	17.0	16.9	15.0	14.0
店面达到 100 家及以上的汽车零部件零售公司的平均经营利润率	12.0	11.8	11.2	11.5	10.6	10.6	10.0	10.4	9.8	9.0
所有汽车零部件零售公司的平均经营利润率	5.5	5.7	5.6	5.8	6.0	6.5	7.0	7.2	7.1	7.2

7. a. 如果英镑的价值从 1.75 美元/英镑变动到 1.55 美元/英镑，那么：
   ⅰ. 英镑升值，英国人发现美国货物变便宜了。
   ⅱ. 英镑升值，英国人发现美国货物变贵了。
   ⅲ. 英镑贬值，英国人发现美国货物变贵了。
   ⅳ. 英镑贬值，英国人发现美国货物变便宜了。

   b. 下列哪些变化可能影响利率？
   ⅰ. 通货膨胀预期。
   ⅱ. 联邦赤字规模。
   ⅲ. 货币供给。

   c. 根据财政政策的供给侧观点，如果总体税收收入的影响相同，减少边际税率与增加个人豁免额这两种减税方式有差别吗？
   ⅰ. 没有，两种削减税费的方法对总体供给的影响相同。
   ⅱ. 没有，两种情况下，人们的储蓄都会增加，预期未来税费增加，因此会抵消削减税费的刺激影响。
   ⅲ. 有，仅仅降低边际税率就会增加赚取边际收入的激励，从而刺激总供给。
   ⅳ. 有，如果边际税率下降，利率会上升，但是如果个人豁免额上升，利率往往会下降。

概念检查答案

17-1　汽车行业进入低迷期，经济体会减少对该产品的需求。至少在短期内，该经济体会进入萧条期。这表明：

a. GDP 下降。

b. 失业率上升。

c. 政府预算赤字上升。所得税收入下

降，政府在社会福利项目的支出可能上升。

d. 利率会下降。经济萎缩会减少信贷需求，而且通货膨胀率降低也会使名义利率降低。

17-2 扩张性财政政策与扩张性货币政策同时实施会刺激经济，宽松的货币政策会抑制利率上涨。

17-3 传统的需求侧经济学家对削减税费的解释是税后收入增加刺激消费需求和经济。供给侧经济学家的解释是边际税率下降使企业投资意愿和个人工作意愿增强，从而增加了经济产出。

17-4 公司C的固定成本最低、可变成本最高，对经济周期最不敏感。事实上，当经济衰退时，它的利润是三家公司中最高的；当经济扩张时，它的利润则是最低的。

	衰退	正常	扩张
销售额（美元）	10	12	14
固定成本（美元）	2	2	2
可变成本（美元）	7.5	9	10.5
利润（美元）	0.5	1	1.5

17-5 a. 经济扩张时，广告量增加，报业此时业绩最好。

b. 经济衰退时，机械工具是一项好的投资选择。因为当经济要进入扩张期时，公司可能需要提高产能。

c. 饮料归属于防御性行业，其需求对经济周期相对不敏感。因此，如果未来经济萧条，饮料是较有吸引力的投资选择。

d. 当经济达到波峰时，木材是较好的投资选择，因为此时自然资源价格高，经济满负荷运作。

第 18 章

权益估值模型

在讨论市场有效性时，我们曾提出，想要寻找价值被低估的证券是十分困难的。同时，有效市场假说存在的不足又使我们想要积极寻找那些价值被低估的证券。正是对错误定价证券的不断探索才维持了市场的近似有效性。即使极小的错误定价也会使股票分析师从中获利。

本章描述了股票分析师用来发现错误定价证券的估值模型。本章给出的模型基于基本面分析，也就是说利用公司当前和未来的盈利能力信息来评估公司真实的市场价值。本章首先讨论了衡量公司价值的不同标准，然后介绍了股利贴现模型这种定量工具，该模型通常被证券分析师用来衡量基于持续经营假设的公司的价值。接下来介绍了市盈率，解释了分析师为何对它如此青睐，同时指出了它的一些缺点，此外还解释了如何把市盈率用于股利估值模型和公司的前景分析。

接下来，本章对自由现金流模型进行了延伸讨论，该模型是证券分析师基于对公司未来经营所产生现金流的预测来对公司进行估值的常用工具。最后，本章还利用不同的估值模型对一家真实公司进行了估值，发现结论存在一些差异，这也是证券分析师面临的一大难题，本章给出了造成这些差异的可能原因。

18.1 比较估值

基本面分析的目的是发现被错误定价的股票，股票的真实价值能够从一些可观察到的财务数据中得出。这些数据可以从多种途径方便地获取。例如，对于在美国上市的公司而言，美国证券交易委员会在其 EDGAR 网站（www. sec. gov/edgar. shtml）中提供了相关信息。美国证券交易委员会要求所有上市公司（除外国公司和资产低于 1 000 万美元或股东少于 500 人的公司外）通过 EDGAR 提交电子形式的注册声明、定期财务报告和其他信息，公众可以访问并下载这些信息。许多网站如雅虎、MSN 或谷歌会提供从 EDGAR 报告中筛选并整理的数据。

表 18-1 列出了微软公司的关键财务信息以及软件行业上市公司的可比数据。微软当天的普通股股价是 111.98 美元，总市值或者说这些股票资本价值（简称市值）为 8 586 亿美元。表 18-1 中的“估值”栏还列出了微软与其所在的软件行业基于股价测算的几个比率。近 12 个月，微软的股价/每股收益（市盈率）为 22.43，股价/账面价值（市净率）为 9.33，股价/销

售收入（市销率）为7.25。最后一个估值比率为动态股价收益比（PEG），即市盈率除以盈利增长率。我们预期增长速度更快的公司会以更高的市盈率出售（后面将对此进行更详细的讨论），因此PEG通过增长率对市盈率进行了标准化。

这些估值比率通常用于评估一家公司相对于同行业其他公司的价值，需要通盘考虑。表18-1中"估值"栏的最右边是软件行业中这些比率的行业平均值。例如，稍加对比就会发现，微软的市盈率低于行业平均水平，市净率和市销率都高于行业平均水平。但是，它的PEG低于行业平均水平。不同的估值指标有时会得到相互冲突的结论，此时需要严格的估值模型对其进行甄别。

表18-1　微软公司关键财务数据，2019年2月28日

每股价格（美元）	111.98	
发行在外股份数（10亿）	7.67	
市值（10亿美元）	858.6	
最近12个月		
销售收入（10亿美元）	118.48	
息税折旧前利润（10亿美元）	49.58	
净利润（10亿美元）	33.54	
每股收益（美元）	4.31	
估值	**微软**	**软件行业均值**
市盈率	22.43	39.94
市净率	9.33	8.03
市销率	7.25	6.42
动态股价收益比	1.76	1.99
盈利能力		
ROE（%）	39.35	13.47
ROA（%）	9.44	—
营业利润率（%）	32.83	21.35
净利润率（%）	28.31	10.45

资料来源：Microsoft data from finance.yahoo.com, February 28, 2019; industry data courtesy of Professor Aswath Damodaran, http://pages.stern.nyu.edu/~adamodar/.

账面价值的局限性

公司股东有时被称为"剩余追索者"，这意味着股东的利益是公司资产扣除负债后的剩余价值，股东权益即为公司净资产。然而，财务报表中的资产和负债是基于历史价值而非当前价值来确认的。例如，资产的**账面价值**（book value）等于取得资产时的初始成本减去折旧调整，即使该资产的市场价格已发生变化。而且，折旧仅将初始成本分摊至各年，并不能反映资产的实际价值损失。

账面价值衡量的是资产和负债的历史成本，而市场价值衡量的是资产和负债的当前价值。股东权益的市场价值等于所有资产和负债的市场价值之差。我们已强调过，当前价值通常不等于历史价值。更重要的是，许多资产（如多年形成的知名品牌的品牌价值和特定专业知识）根本不包括在资产负债表中，但会影响市场价值。市场价值反映的是基于持续经营假设计算出的公司价值。

账面价值是否代表了股票价格的"底线"？市场价值是否永远不可能低于账面价值？尽管2019年微软的每股账面价值低于其市场价格，但是其他证据还是证明了上述观点（账面价值代表股价的"底线"）是错的。尽管这种情况不是很常见，但总有一些公司的股价低于其账面价值。例如2019年，本田汽车，三菱集团和花旗集团的股价均低于其账面价值。

每股**清算价值**（liquidation value）更好地衡量了股票的价格底线。清算价值是指公司破产后，变卖资产，偿还债务以后余下的可向股东分配的价值。这样定义的理由是，若一家公司的市场价值低于其清算价值，公司将成为被并购的目标，并购者通过买入足够多的股票获得公司控制权，将其清算后获得的价值超过其收购成本而变得有利可图。

评估公司价值的另一个方法是评估公司资产扣除负债后的**重置成本**（replacement cost）。一些分析师相信公司的市场价值不会长期高于其重置成本，因为如果市场价值长期高于重置成本，竞争者会试图复制这家公司，随着越来越多的相似公司进入这个行业，竞争压力将迫使所有公司的市值下跌，直至与重置成本相等。

这个观点在经济学家中非常流行。市值与重置成本的比值被称为**托宾*q*值**（Tobin's *q*），因

诺贝尔经济学奖获得者詹姆斯·托宾而得名。根据上述观点，从长期来看，市值除以重置成本的值将趋向于 1，但金融市场证据却表明该值可在长期内显著不等于 1。

尽管对资产负债表的分析可以得到清算价值或重置成本等有用信息，但为了更好地估计持续经营假设前提下的公司价值，分析师通常会将关注重点转向预期未来现金流。接下来本章将借助未来盈利和股利构造定量化模型来对普通股进行估值。

18.2　内在价值与市场价格

在持续经营假设前提下，用来评估公司价值的最常用模型产生于人们的观察：股票投资者期望获得包括现金股利和资本利得或损失在内的收益。假设持有期为 1 年，股票 ABC 的预期每股股利 $E(D_1)$ 为 4 美元，其当前市场价格 P_0 为 48 美元，年末预期价格 $E(P_1)$ 为 52 美元。在这里我们并不考虑下一年的价格是如何得出的，只考虑在已知下一年的价格时，当前的股票价格是否具有吸引力。

持有期的期望收益率等于 $E(D_1)$ 加上预期的价格增长 $E(P_1)-P_0$，再除以当前市场价格 P_0，即

$$\text{期望收益率 } E(r)=\frac{E(D_1)+[E(P_1)-P_0]}{P_0}=\frac{4+(52-48)}{48}=0.167\text{ 或 }16.7\%$$

因此，持有期间的股票期望收益率等于预期股利收益率 $E(D_1)/P_0$ 与价格增长率即资本利得收益率 $[E(P_1)-P_0]/P_0$ 之和。

但是，股票 ABC 的必要收益率又是多少呢？根据资本资产定价模型，当股票的市场价格处于均衡水平时，投资者的期望收益率为 $r_f+\beta[E(r_M)-r_f]$。资本资产定价模型为投资者的期望收益率提供了合理的估计，该收益率是投资者对所有具有相同风险（用 β 来测度）资产进行投资所要求的收益率，通常用 k 来表示。若股票定价是正确的，那么其期望收益率将等于必要收益率。证券分析师的目标是发现被错误定价的股票，例如，被低估股票的期望收益率将高于必要收益率。

假设 $r_f=6\%$，$E(r_M)-r_f=5\%$，股票 ABC 的 β 值等于 1.2，则 k 等于：

$$k=6\%+1.2\times5\%=12\%$$

因此，股票 ABC 的投资者在持有期间的期望收益率 16.7% 比其必要收益率高出 4.7%。很自然，投资者会希望在其投资组合中持有更多的 ABC，而不是采取被动投资策略。

判断股票价值是否被低估的另一种方法是比较股票的内在价值和市场价格。股票的**内在价值**（intrinsic value）通常用 V_0 表示，是指股票能为投资者带来的所有现金收益的现值，是把股利和最终出售股票的所得用适当的风险调整利率 k 进行贴现得到的。若股票的内在价值，或者说投资者对股票真实价值的估计超过了其市场价格，说明该股票的价格被低估了，值得投资。在股票 ABC 的例子中，根据一年的投资期和一年后 P_1 等于 52 美元的价格预测，ABC 的内在价值为

$$V_0=\frac{E(D_1)+E(P_1)}{1+k}=\frac{4+52}{1.12}=50(\text{美元})$$

概念检查 18-1

预期一年后股票 IBX 的股价为每股 59.77 美元，其当前市场价格为每股 50 美元，且你预期公司会派发每股 2.15 美元的股利。

a. 该股票的预期股利收益率、股价增长率和持有期收益率各是多少？

b. 若该股票的 β 值为 1.15，无风险利率为 6%，市场投资组合的期望收益率为 14%，则股票 IBX 的必要收益率为多少？

c. 股票 IBX 的内在价值是多少？与当前市场价格相比是高还是低？

这意味着，当 ABC 的股价等于每股 50 美元时，投资者的收益率为 12%，恰好等于必要收益率。但是，当前的股价为每股 48 美元，相对于内在价值而言股价被低估了。在这种价格水平下，股票 ABC 所提供的收益率相对于其风险而言偏高。换句话说，根据资本资产定价模型，这是一只正 α 的股票。投资者会希望在其投资组合中持有更多的 ABC，而不是采取被动的投资策略。

若 ABC 的内在价值低于其当前的市场价格，投资者会购买比采取被动投资策略更少的 ABC 股票。甚至，如第 3 章所述，卖空 ABC 股票。

当市场均衡时，股票的市场价格反映了所有市场参与者对其内在价值的估计。这意味着对 V_0 的估计与市场价格 P_0 不同的投资者，必定在 $E(D_1)$、$E(P_1)$ 和 k 的估计上全部或部分与市场共识不同。市场对必要收益率所达成的共识叫作**市场资本化率**（market capitalization rate），用 k 表示。

18.3 股利贴现模型

假设某投资者买入一股 Steady State 公司的股票，计划持有一年。该股票的内在价值是年末公司派发的股利 D_1 与预期股价 P_1 之和的现值。为避免麻烦，从此以后我们用符号 P_1 代替 $E(P_1)$。但是，预期股价和股利是未知的，因此我们计算的是预期的内在价值，而非确定的内在价值。已知：

$$V_0=\frac{D_1+P_1}{1+k} \tag{18-1}$$

尽管根据公司的历史情况可以预测年末派发的股利，但是我们应该怎样估计年末的股价 P_1 呢？根据式（18-1），V_1（第一年年末的内在价值）等于：

$$V_1=\frac{D_2+P_2}{1+k}$$

若假设下一年股票将会以内在价值被销售，即 $V_1=P_1$，将其代入式（18-1），可得：

$$V_0=\frac{D_1}{1+k}+\frac{D_2+P_2}{(1+k)^2}$$

该式可以解释为持有期为两年时的股利现值与股价现值之和。当然，现在需要给出 P_2 的预测值。根据上述内容类推，我们可以用 $(D_3+P_3)/(1+k)$ 来代替 P_2，从而将 P_0 与持有期为三年时的股利现值与股价现值之和联系起来。

更为一般的情况，当持有期为 H 年时，我们可将股票价值表示为持有期为 H 年时的股利现值与股价现值之和，即

$$V_0=\frac{D_1}{1+k}+\frac{D_2}{(1+k)^2}+\cdots+\frac{D_H+P_H}{(1+k)^H} \tag{18-2}$$

请注意该式与第 14 章中债券估值公式的相似之处，两者中的价格都是一系列收入（债券的利息和股票的股利）的现值与最终收入（债券的面值和股票的价格）的现值之和。主要差别在于股票的股利不确定，没有固定的到期日期，且最终售价也不确定。事实上，我们可以继续将上式中的价格无限地替代下去，得

$$V_0=\frac{D_1}{1+k}+\frac{D_2}{(1+k)^2}+\frac{D_3}{(1+k)^3}+\cdots \tag{18-3}$$

式（18-3）说明股票的价格等于无限期内所有预期股利的现值之和。该式被称为**股利贴现模型**（dividend discount model，DDM）。

式（18-3）很容易让人认为股利贴现模型只注重股利，而忽略了资本利得，这也是投资者投资股票的一个动机，这种观点是不正确的。事实上，式（18-1）已明确说明了资本利得（反映在预期股价 P_1 中）是股票价值的一部分。式（18-3）中仅出现股利并不说明投资者忽略了资本利得，而是因为资本利得是由股票出售时人们对股利的预期决定的。这就是为什么式（18-2）中的股票价格可以写成股利现值与任何销售日期股价的现值之和。P_H 是在时间 H 对所有 H 时期后预期股利的贴现值之和，然后将该值贴现至现在，即零时点。股利贴现模型说明股票价格最终取决于股票持有者不断取得的现金流，即股利。[㊀]

18.3.1 固定增长的股利贴现模型

式（18-3）对股票进行估价时的作用并不大，因为它要求对未来无限期内的股利进行预测。为使股利贴现模型更具实用性，我们需引入一些简化的假设。在这个问题上，一个通常而有用的假设是股利增长率 g 是固定的。假设 $g=0.05$，最近支付的股利是 $D_0=3.81$，那么预期未来的股利为

$$D_1=D_0(1+g)=3.81\times1.05=4.00$$

$$D_2=D_0(1+g)^2=3.81\times1.05^2=4.20$$

$$D_3=D_0(1+g)^3=3.81\times1.05^3=4.41$$

$$\vdots$$

把这些股利的预测值代入式（18-3），可得出内在价值为

$$V_0=\frac{D_0(1+g)}{1+k}+\frac{D_0(1+g)^2}{(1+k)^2}+\frac{D_0(1+g)^3}{(1+k)^3}+\cdots$$

该式可化简为[㊁]

$$V_0=\frac{D_0(1+g)}{k-g}=\frac{D_1}{k-g} \tag{18-4}$$

注意，式（18-4）中是用 D_1 而非 D_0 除以（$k-g$）来计算内在价值的。若 Steady State 公司的市

㊀ 若投资者从未预期可以获得股利收入，那么该模型将意味着股票没有任何价值。但实际中不发放股利的股票仍有市场价值，为使股利贴现模型与这一现实相协调，必须假设投资者在未来某天会获得一些股利，即使仅是公司清算时发放的股利。

㊁ 证明过程如下。根据：

$$V_0=\frac{D_1}{1+k}+\frac{D_1\ (1+g)}{(1+k)^2}+\frac{D_1\ (1+g)^2}{(1+k)^3}+\cdots$$

两边同乘以（$1+k$）/（$1+g$），得：

$$\frac{1+k}{1+g}V_0=\frac{D_1}{1+g}+\frac{D_1}{1+k}+\frac{D_1\ (1+g)}{(1+k)^2}+\cdots$$

两式相减，得：

$$\frac{1+k}{1+g}V_0-V_0=\frac{D_1}{1+g}$$

化简得：

$$\frac{(k-g)\ V_0}{1+g}=\frac{D_1}{1+g}$$

$$V_0=\frac{D_1}{k-g}$$

场资本化率为 12%，我们可以根据式（18-4）计算每股 Steady State 公司股票的内在价值，为

$$\frac{3.81\times(1+0.05)}{0.12-0.05}=\frac{4.00}{0.12-0.05}=57.14(\text{美元})$$

式（18-4）被称为**固定增长的股利贴现模型**（constant-growth DDM，简称固定增长模型），或被称为戈登模型，以推广该模型的迈伦·J. 戈登的名字命名。该模型或许会让你回想起永续年金的现值计算公式。若股利不增长，那么股利流就是简单的永续年金，此时，估值公式变为[⊖] $V_0=D_1/k$。式（18-4）是永续年金计算公式的一般形式，它包含了年金增长的情况。随着 g 的增长（D_1 确定）股价也在增长。

【例 18-1】 优先股和股利贴现模型

优先股支付固定的股利，可使用固定增长的股利贴现模型对优先股进行估值，只是股利的固定增长率为零。例如，假设某种优先股的固定股利为每股 2 美元，贴现率为 8%，则该优先股的价值为

$$V_0=\frac{2}{0.08-0}=25\text{（美元）}$$

【例 18-2】 固定增长的股利贴现模型

High Flyer Industries 公司刚刚派发了每股 3 美元的年度股利，预期股利将以 8% 的固定增长率增长，该公司股票的 β 值为 1.0，无风险利率为 6%，市场风险溢价为 8%，该股票的内在价值是多少？若你认为该公司股票的风险更高，β 值应为 1.25，那么你估计该股票的内在价值是多少？

因为刚刚派发了每股 3 美元的股利且股利增长率为 8%，那么可以预测年末将派发的股利为 $3\times1.08=3.24$ 美元。市场资本化率等于 $6\%+1.0\times8\%=14\%$，因此，该股票的内在价值为

$$V_0=\frac{D_1}{k-g}=\frac{3.24}{0.14-0.08}=54(\text{美元})$$

若该股票被认为风险应该更高，则其价值应该更低。当其 β 值为 1.25 时，市场资本化率为 $6\%+1.25\times8\%=16\%$，那么股票的内在价值仅为

$$\frac{3.24}{0.16-0.08}=40.50(\text{美元})$$

只有当 g 小于 k 时固定增长的股利贴现模型才可以被使用，若预期股利的增长率将超过 k，股票的价值将会是无限大的。若分析师经分析认为 g 大于 k，该增长率 g 是无法长期保持的。适用于这种情况的估值模型是多阶段股利贴现模型，后面的相关内容将对这种模型进行讨论。

固定增长的股利贴现模型被股票市场分析师广泛应用，因此有必要探索其含义和本身存在的局限性。在下列情形下固定增长的股利贴现模型意味着股票价值会越大：

- 预期的每股股利越高。
- 市场资本化率 k 越小。

⊖ 回顾金融学导论，每年 1 美元的永续年金的现值等于 $1/k$。例如，若 $k=10\%$，永续年金的现值等于 $1/0.10=10$ 美元。若式（18-4）中的 $g=0$，那么固定增长的股利贴现模型的公式与永续年金的计算公式相同。

- 预期的股利增长率越高。

固定增长的股利贴现模型的另一个含义是股价与股利将按同样的增长率增长。为了说明这一点，假设 Steady State 公司的股票按内在价值每股 57. 14 美元销售，即 $V_0=P_0$，则有：

$$P_0=\frac{D_1}{k-g}$$

从上式中可以发现，股价与股利是成比例的。因此，当预期第二年的股利将增长 5%时，股价也会增长 5%。下面将证明这一点：

$$D_2=4\times1.05=4.20(\text{美元})$$

$$P_1=\frac{D_2}{k-g}=\frac{4.20}{0.12-0.05}=60.00(\text{美元})$$

该股价比当前股价 57. 14 美元高 5%。总结得出：

$$P_1=\frac{D_2}{k-g}=\frac{D_1(1+g)}{k-g}=\frac{D_1}{k-g}(1+g)=P_0(1+g)$$

因此，固定增长的股利贴现模型说明每年的股价增长都等于股利的固定增长率 g。注意，若股票的市场价格等于其内在价值（即 $V_0=P_0$），则持有期的收益率等于：

$$E(r)=\text{股利收益率}+\text{资本利得收益率}=\frac{D_1}{P_0}+\frac{P_1-P_0}{P_0}=\frac{D_1}{P_0}+g \tag{18-5}$$

该式提供了一种推断股票市场资本化率的方法。因为如果股票按内在价值销售，则有 $E(r)=k$，即 $k=D_1/P_0+g$。通过计算股利收益率 D_1/P_0 和估计股利增长率 g，我们可以得出 k。该式也被称为现金流贴现公式。

这种方法通常用于管制公共事业的定价问题。负责审批公共设施定价决策的监管机构被授权允许公共事业公司在成本基础上加上“公允”的利润来确定价格，也就是说，允许公司在生产能力投资上获得竞争性收益。反过来，这个收益率是投资者投资该公司股票的必要收益率。公式 $k=D_1/P_0+g$ 提供了一种推测必要收益率的方法。

【例 18-3】　固定增长模型

假设 Steady State 公司为其计算机芯片赢得了一份主要合同，该合同非常有利可图，可在不降低当前每股 4 美元股利的前提下，使股利增长率由 5%上升到 6%。该公司的股价将如何变化？未来股票的期望收益率是多少？

作为对赢得合同这一利好消息的反应，股价应该会上涨。事实上股价确实上涨了，从最初每股 57. 14 美元涨到了 66. 67 美元。

$$\frac{D_1}{k-g}=\frac{4.00}{0.12-0.06}=66.67(\text{美元})$$

宣布利好消息时持有该股票的投资者将会获得实质性的巨额利润。

另一方面，宣告利好消息后股票的期望收益率仍为 12%，与宣告利好消息前一样。

$$E(r)=\frac{D_1}{P_0}+g=\frac{4.00}{66.67}+0.06=0.12\text{ 或 }12\%$$

这一结果是说得通的。赢得合同这一利好消息将被反映在股价中，股票的期望收益率与股票的风险水平一致，股票的风险水平并没有改变，因此期望收益率也不会改变。

概念检查 18-2

a. 预期年底 IBX 公司将派发每股 2.15 美元的股利，且预期股利年增长率为 11.2%，若 IBX 公司股票的必要收益率为 15.2%，该股票的内在价值是多少？

b. 若 IBX 股票的当前市价等于其内在价值，则预期第二年的股价为多少？

c. 若某投资者现在购入 IBX 公司的股票，并于一年后收到每股 2.15 美元的股利后将股票售出，则预期的资本利得是多少（用百分数表示）？股利收益率和持有期收益率又分别是多少？

18.3.2 价格收敛于内在价值

假设股票 ABC 当前的市场价格仅为每股 48 美元，因此股价被低估了 2 美元。在这种情况下，预期价格增长率取决于另外一个假设，即内在价值与市场价格之间的差异是否会消失，如果会，将何时消失。

最普遍的假设是该差异永远不会消失，且市场价格将永远以接近 g 的增长率增长下去。如果这样，内在价值与市场价格之间的差异也将以相同的增长率增长。在本例中：

当前	下一年
$V_0=50$ 美元	$V_1=50\times1.04=52$ 美元
$P_0=48$ 美元	$P_1=48\times1.04=49.92$ 美元
$V_0-P_0=2$ 美元	$V_1-P_1=2\times1.04=2.08$ 美元

在这一假设条件下，持有期收益率将超过必要收益率，因为若 $P_0=V_0$，股利收益率将会更高。在本例中，股利收益率为 8.33%，而不是 8%，因此预期的持有期收益率为 12.33%，而非 12%，即

$$E(r)=\frac{D_1}{P_0}+g=\frac{4}{48}+0.04=0.0833+0.04=12.33\%$$

若投资者识别出该价值被低估的股票，那么他获得的持有期收益率将超过必要收益率 33 个基点。这种超额收益每年都可获得，股票的市场价格将永远不可能等于其内在价值。

另一假设是内在价值与市场价格之间的差异将在年末消失。在本例中将有 $P_1=V_1=52$ 美元，且

$$E(r)=\frac{D_1}{P_0}+\frac{P_1-P_0}{P_0}=\frac{4}{48}+\frac{52-48}{48}=16.67\%$$

在内在价值与市场价格将一致的假设下，一年期的持有期收益率更高。但在未来的年份里，股票投资者将只能获得平均收益率。

许多股票分析师都假设，随着时间的推移，如经过 5 年后，股票价格将趋于内在价值。在这种假设条件下，一年期的持有期收益率为 12.33%~16.67%。

18.3.3 股价和投资机会

假设 Cash Cow 和 Growth Prospects 两家公司未来一年的每股收益均为 5 美元。原则上，两家公司应把全部收益以股利的形式发放给股东，以维持持续的每股 5 美元的股利。若市场资本化率 $k=12.5\%$，则两家公司股票的估值均为 $D_1/k=5/0.125=40$ 美元/股。两家公司的价值均不会

增加，因为所有的盈利都以股利的形式发放出去了，没有其他的盈利可以用来再投资。两家公司的资本存量和盈利能力均不会发生变化，盈利[一]和股利也不会增加。

现假设 Growth Prospects 公司投资了一个项目，其投资收益率为 15%，高于必要收益率 $k=12.5\%$。对于这样的公司而言，把所有的盈利以股利的形式发放出去是不明智的。若 Growth Prospects 公司保留部分盈利再投资到有利可图的项目中，可为股东赚取 15%的收益率。但若其不考虑该项目，把所有的盈利以股利的形式发放出去，股东把获得的股利再投资于其他投资机会，只能获得 12.5%的公允市场利率。因此，若 Growth Prospects 公司选择较低的**股利支付率**（dividend payout ratio，是指公司派发的股利占公司盈利的百分比），将股利支付率从 100%降低到 40%，此时便可将**盈余再投资率**（plowback ratio，是指将公司盈利用于再投资的比例）维持在 60%。盈余再投资率也称为**收益留存率**（earning retention ratio）。

因此，公司派发的股利是每股 2 美元（每股收益 5 美元的 40%）而非每股 5 美元。股价会下跌吗？不，股价会上涨。尽管公司的盈余再投资政策使股利减少了，但由于再投资产生的利润将使公司资产增加，进而使未来的股利增加，这些都将反映在当前的股价中。

图 18-1 说明了在两种股利政策下 Growth Prospects 公司派发的股利情况。较低的盈余再投资率政策可以使公司派发较高的初始股利，但股利增长率低。最终，较高的盈余再投资率政策将提供更高的股利。若在高盈余再投资率政策下股利增长得足够快，股票的价值会高于低盈余再投资率政策下股票的价值。

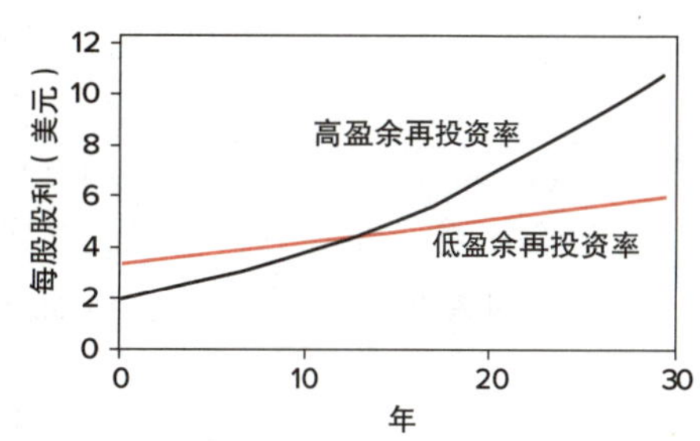

图 18-1 两种盈余再投资政策下的股利增长情况

这两种做法下，股利将会分别增长多少呢？假设 Growth Prospects 公司初创时厂房和设备投资共 1 亿美元，全部为权益融资。该公司的投资收益率或者说净资产收益率（ROE）为 15%，总收益等于净资产收益率乘以 1 亿美元，即 0.15×1 亿美元 = 1 500 万美元。发行在外的股票数量为 300 万股，因此每股收益为 5 美元。若当年 1 500 万美元的总收益中有 60%用来再投资，那么公司资产的价值将增加 0.60×1 500 = 900 万美元，或者说增加 9%。资产增加的百分比等于净资产收益率乘以盈余再投资率，通常用 b 来表示盈余再投资率。

由于资产增加 9%，公司的收益将增加 9%，发放的股利也会随之增加 9%，因此，股利增长率等于：[二]

$$g=\text{ROE}\times b=0.15\times 0.60=0.09$$

给定净资产收益率和盈余再投资率，企业可以无限期地以这个速率增长，此时 g 被称为可持续增长率。

[一] 事实上，此处的盈利是指减去维持公司资本生产力所必需资金后的盈利，即减去“经济折旧”的盈利。换句话说，此处的盈利是指公司在不影响其生产能力的情况下可持续每年支付的最大金额。因此，此处的盈利可能与公司在其财务报表中所报告的会计利润大为不同。我们将在第 19 章详细讨论这一问题。

[二] 这种关系可以通过以下推导过程得出：当净资产收益率不变时，收益（ROE×账面价值）的增加比例等于公司账面价值的增加比例。不考虑新发行的股票，可以发现，账面价值增加的比例等于用于再投资的收益除以账面价值，因此有：

$$g=\frac{\text{用于再投资的收益}}{\text{账面价值}}=\frac{\text{用于再投资的收益}}{\text{总收益}}\times\frac{\text{总收益}}{\text{账面价值}}=b\times \text{ROE}$$

若股票价格等于其内在价值，则股票价格等于：

$$P_0=\frac{D_1}{k-g}=\frac{2}{0.125-0.09}=57.14(\text{美元})$$

当 Growth Prospects 公司执行零增长政策，把所有的收益都以股利的形式发放给股东时，股价仅为每股 40 美元，因此，我们可以把 40 美元当成公司每股现有资产的价值。

当 Growth Prospects 公司决定减少当前股利发放，用于再投资时，其股价将上涨。股价的上涨反映了再投资的期望收益率高于必要收益率这一事实。换句话说，该投资机会的净现值为正。公司价值的增加等于投资机会的净现值，该净现值也被称为**增长机会价值**（present value of growth opportunities，PVGO）。

因此，我们可以把公司价值当成公司现有资产的价值之和，或者是零增长公司的价值，加上公司所有未来投资的净现值（即增长机会价值）。对 Growth Prospects 公司而言，增长机会价值等于每股 17.14 美元：

$$\text{股价}=\text{零增长公司的股价}+\text{增长机会价值}$$

$$P_0=\frac{E_1}{k}+\text{PVGO} \tag{18-6}$$

$$57.14=40+17.14$$

我们知道，现实中股利减少总是伴随着股价下跌，这是否与我们的分析相违背？其实并不违背：股利减少通常被看作公司前景暗淡的坏消息，但股利收益率的降低并不是引起股价下跌的真正原因，关于公司的新信息才是引起股价下跌的真正原因。

例如，J. P. 摩根在 2009 年将季度分红从每股 38 美分降为 5 美分时，股价反而上涨了 5%。公司试图向市场传递削减分红是为了更好地应对严重的宏观经济下行的信息。投资者认为公司降低股利的做法合情合理，股价最终上涨。与此情况类似的是，英国石油由于 2010 年的大范围石油泄漏事故决定当年暂缓发放股利，其股价却并未由此受挫。这是由于暂缓发放股利已被市场广泛预料到，并非新信息。这些例子都说明了股价下跌并非针对股利的减少，而是股利减少背后所包含的其他信息。

仅仅获得每股收益的增长并非投资者真正追求的目标。只有当公司有高利润的投资项目（即 $\text{ROE}>k$）时，公司的价值才会增加。下面以发展前景不尽如人意的 Cash Cow 公司为例来解释为什么。Cash Cow 公司的净资产收益率仅为 12.5%，等于必要收益率 k，投资机会的净现值为 0。在 $b=0$，$g=0$ 的零增长策略下，Cash Cow 股票的价值为 $E_1/k=5/0.125=40$ 美元/股。现假设 Cash Cow 公司的盈余再投资率 b 与 Growth Prospects 公司相同，均为 0.60，那么 g 将增加到：

$$g=\text{ROE}\times b=0.125\times0.60=0.075$$

但股价仍为

$$P_0=\frac{D_1}{k-g}=\frac{2}{0.125-0.075}=40(\text{美元})$$

与零增长策略下的股价相同。

在 Cash Cow 公司的例子中，为公司再投资而采取的股利减少策略只能使股价维持在当前水平，事实也应该是这样的。若公司所投资项目的收益率仅与股东自己可以赚到的收益率相等，即使在高盈余再投资率政策下，股东也不能得到更多好处。这说明“增长”与增长机会不同。只有在项目的期望收益率高于股东其他投资的收益率时，公司进行再投资才是合理的。注意 Cash Cow 公司的增长机会价值也为零，即 $P_0-E_1/k=40-40=0$。当 ROE $=k$ 时，将资金再投入公司并不能带来什么好处。PVGO $=0$ 时，情况也是一样的。事实上，这也是拥有大量现金流但投资前景有限的公司被称为“现金牛”的原因，这些公司产生的现金最好被取出。

【例 18-4】 增长机会

尽管公司的市场资本化率 $k=15\%$，但 Takeover Target 公司的管理层坚持把盈利的 60%再投资于净投资收益率仅为 10%的投资项目。该公司年末派发的股利为每股 2 美元，公司的每股收益为 5 美元。股票的价格应为多少？增长机会价值又为多少？为什么这样的公司会成为其他公司的收购目标？

按照公司当前管理者的投资策略，股利增长率为

$$g=\text{ROE}\times b=10\%\times 0.60=6\%$$

股价为

$$P_0=\frac{2}{0.15-0.06}=22.22(\text{美元})$$

增长机会价值为

$$\begin{aligned}\text{PVGO}&=\text{股价}-\text{零增长公司的股价}\\&=22.22-E_1\div k=22.22-5\div 0.15=-11.11(\text{美元})\end{aligned}$$

增长机会价值为负数，这是因为该公司投资项目的净现值为负，其资产的收益率小于资本的机会成本。

这种公司往往成为被收购的目标，因为其他公司能够以每股 22.22 美元的价格购买该公司的股票，进而收购该公司，然后通过改变其投资策略来提高公司价值。例如，如果新管理层决定公司所有盈利都以股利的形式发放给股东，公司价值便能增加到零增长策略时的水平，$E_1/k=5/0.15=33.33$ 美元。

概念检查 18-3

a. 假设某公司的盈余再投资率为 60%，净资产收益率为 20%，当前的每股收益 E_1 为 5 美元，$k=12.5\%$，计算该公司的股价。

b. 若该公司的净资产收益率小于市场资本化率，为 10%，股价应为多少？将该公司股价与有相同 ROE 和 E_1 但盈余再投资率 b 为零的公司的股价做比较。

18.3.4 生命周期与多阶段增长模型

固定增长的股利贴现模型基于一个简化的假设，即股利增长率是固定不变的，记住这一点与记住模型本身一样重要。事实上，公司处于不同生命周期阶段的股利政策大相径庭。早期，公司有大量有利可图的投资机会，股利支付率低，增长机会较快。后来，公司成熟后，生产能力已足够满足市场需求，竞争者进入市场，难以再发现好的投资机会。在成熟阶段，投资机会较少，公司可能会提高股利支付率。

表 18-2 说明了这一点。表 18-2 中列出了价值线投资调查公司给出的计算机软件行业和电力设施行业（美国东海岸）一些样本公司的资本收益率、股利支付率和每股收益的预计增长率。现在比较的是资本收益率而非净资产收益率，因为净资产收益率受杠杆影响较大，而电力设施行业的杠杆比率一般远远高于计算机软件行业。资本收益率衡量的是 1 美元资产的经营利润为多少，而不管资本来源是债务融资还是权益融资。本书第 19 章将继续讨论这一问题。

表 18-2 两个行业的财务比率

	股票代码	资本收益率（%）	股利支付率（%）	每股收益预计增长率
计算机软件行业				
Adobe Systems	ADBE	18.0	0.0	20.7
Citrix	CTXS	30.0	26.0	7.7
Cognizant	CTSH	11.1	4.0	7.1
Intuit	INTU	30.0	28.0	11.2
Microsoft	MSFT	24.0	46.0	13.5
Oracle	ORCL	17.0	23.0	9.8
Red Hat	RHT	17.0	0.0	14.7
Symantec	SYMC	14.5	19.0	7.7
SAP	SAP	12.5	41.0	7.3
中值		17.0	23.0	9.8
电力设施行业（美国东海岸）				
Dominion Resources	D	6.5	84.0	5.3
Consolidated Edison	ED	5.5	68.0	4.0
Duke Energy	DUK	5.0	77.0	3.7
Eversource	ES	5.5	63.0	5.2
FirstEnergy	FE	7.5	55.0	9.0
Nextera Energy	NEE	8.0	61.0	6.9
Public Service Enterprise	PEG	7.0	56.0	6.9
Southern Company	SO	6.5	73.0	5.6
Exelon	EXC	6.0	44.0	4.9
中值		6.5	63.0	5.3

资料来源：*Value Line Investment Survey*, February 2019. Reprinted with permission of Value Line Investment Survey.

总的来说，计算机软件行业的公司具有非常吸引人的投资机会，这些公司资本收益率的中值为 17.0%，相应地，它们的盈余再投资率也很高，大多数公司根本不派发股利。高资本收益率和高盈余再投资率的结果是高增长率，这些公司每股收益预期增长率的中值为 9.8%。

相比而言，电力设施行业的公司更加具有成熟公司的特点，其资本收益率的中值较低，为 6.5%；股利支付率的中值较高，为 63.0%；每股收益增长率的中值较低，为 5.3%。电力设施行业的高股利支付率说明其可获得高收益率的投资机会较少。

为了评估暂时具有高增长率的公司，分析师通常使用多阶段股利贴现模型。例如，两阶段股利贴现模型是指在公司稳定下来进入稳定增长前存在一段高增长时期。首先，预测早先高增长时期的股利并计算其现值。然后，一旦预计公司进入稳定增长阶段，便使用固定增长的股利贴现模型对剩下的股利进行贴现。

下面我们用一个现实中的例子来说明上述步骤。图 18-2 是价值线投资调查公司对大型矿业公司力拓的调查报告。力拓是英国公司，但美国投资者可以买卖其股票的美国存托凭证（见第 2 章），我们对将要使用到的 2019 年年初信息分别做了标记。

图中，Ⓐ是力拓的 β 值，Ⓑ是当前股价，Ⓒ是每股股利，Ⓓ是净资产收益率（图中用 Return on Shr. Equity 表示），Ⓔ是股利支付率（图中用 All Div' ds to Net Prof 表示）。Ⓒ、Ⓓ、Ⓔ左侧的几列是相应指标的历年数据，“2019”下方的加粗斜体数字是当年的估计数据。与其类似，最右边一栏（标着“21－23”）是对 2021—2023 年这一期间的预测值，我们假设为 2022 年。

价值线公司预测力拓近年的股利将保持快速增长，每股股利将从 2019 年的 3.12 美元增长到 2022 年的 3.9 美元。但这种高增长率不可能无限期地持续下去。如果我们在 2019—2022 年采用线性插值法，便可以得到如下的股利预测值：

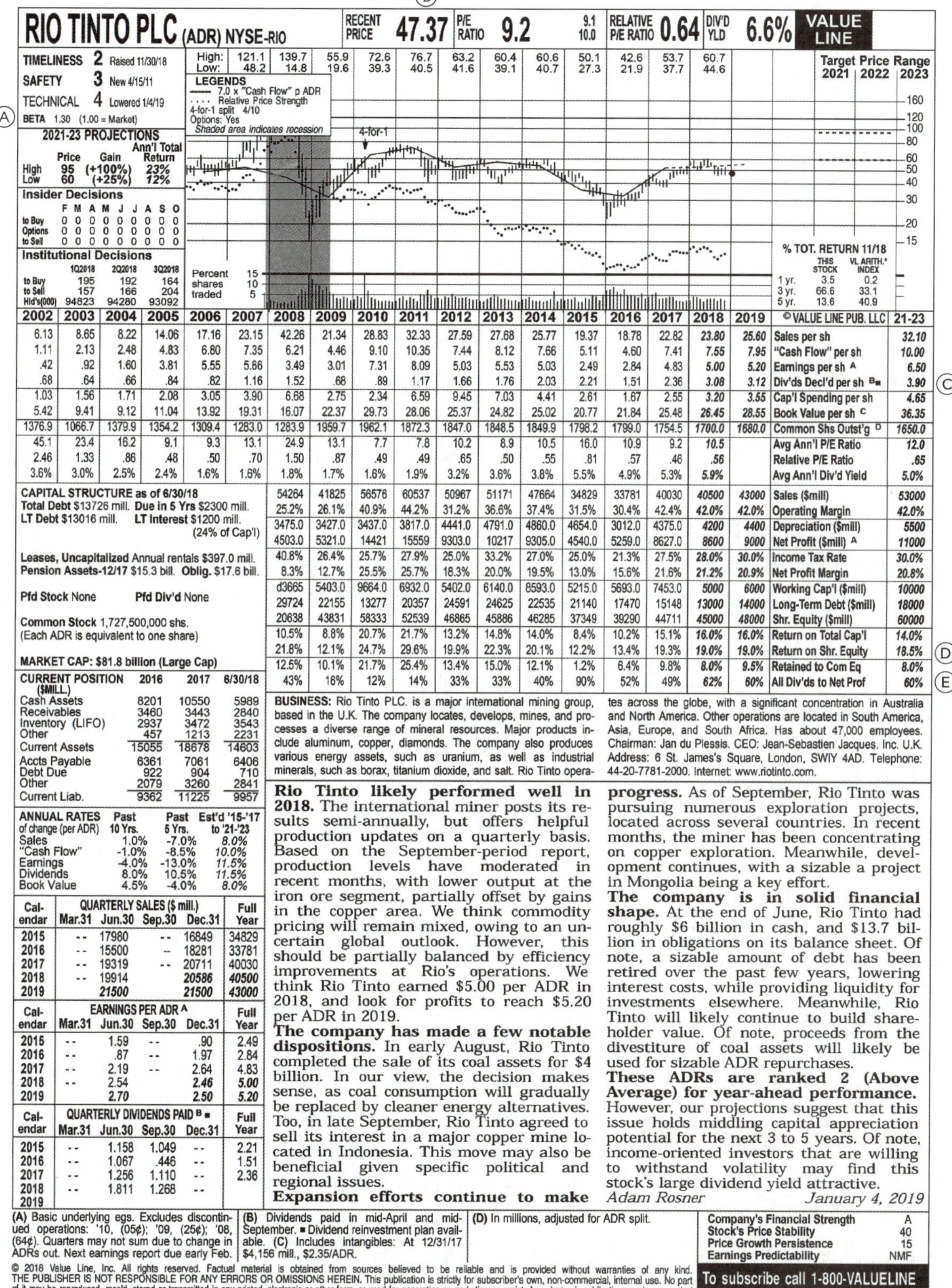

Ⓑ

RIO TINTO PLC (ADR) NYSE-RIO | RECENT PRICE **47.37** | P/E RATIO **9.2** (9.1 / 10.0) | RELATIVE P/E RATIO **0.64** | DIV'D YLD **6.6%** | VALUE LINE

		2008	2009	2010	2011	2012	2013	2014	2015	2016	2017	2018
High: 121.1	139.7	55.9	72.6	76.7	63.2	60.4	60.6	50.1	42.6	53.7	60.7	
Low: 48.2	14.8	19.6	39.3	40.5	41.6	39.1	40.7	27.3	21.9	37.7	44.6	

TIMELINESS **2** Raised 11/30/18
SAFETY **3** New 4/15/11
TECHNICAL **4** Lowered 1/4/19
Ⓐ BETA 1.30 (1.00 = Market)

LEGENDS
— 7.0 x "Cash Flow" p ADR
.... Relative Price Strength
4-for-1 split 4/10
Options: Yes
Shaded area indicates recession

2021-23 PROJECTIONS

	Price	Gain	Ann'l Total Return
High	95	(+100%)	23%
Low	60	(+25%)	12%

Target Price Range 2021 | 2022 | 2023

Insider Decisions

	F	M	A	M	J	J	A	S	O
to Buy	0	0	0	0	0	0	0	0	0
Options	0	0	0	0	0	0	0	0	0
to Sell	0	0	0	0	0	0	0	0	0

Institutional Decisions

	1Q2018	2Q2018	3Q2018
to Buy	195	192	164
to Sell	157	166	204
Hld's(000)	94823	94280	93092

Percent shares traded 15 10 5

% TOT. RETURN 11/18

	THIS STOCK	VL ARITH.* INDEX
1 yr.	3.5	0.2
3 yr.	66.6	33.1
5 yr.	13.6	40.9

2002	2003	2004	2005	2006	2007	2008	2009	2010	2011	2012	2013	2014	2015	2016	2017	2018	2019	© VALUE LINE PUB. LLC	21-23
6.13	8.65	8.22	14.06	17.16	23.15	42.26	21.34	28.83	32.33	27.59	27.68	25.77	19.37	18.78	22.82	23.80	25.60	Sales per sh	32.10
1.11	2.13	2.48	4.83	6.80	7.35	6.21	4.46	9.10	10.35	7.44	8.12	7.66	5.11	4.60	7.41	7.55	7.95	"Cash Flow" per sh	10.00
.42	.92	1.60	3.81	5.55	5.66	3.49	3.01	7.31	8.09	5.03	5.53	5.03	2.49	2.84	4.83	5.00	5.20	Earnings per sh A	6.50
.68	.64	.66	.84	.82	1.16	1.52	.68	.89	1.17	1.66	1.76	2.03	2.21	1.51	2.36	3.08	3.12	Div'ds Decl'd per sh B■	3.90 Ⓒ
1.03	1.56	1.71	2.08	3.05	3.90	6.68	2.75	2.34	6.59	9.45	7.03	4.41	2.61	1.67	2.55	3.20	3.55	Cap'l Spending per sh	4.65
5.42	9.41	9.12	11.04	13.92	19.31	16.07	22.37	29.73	28.06	25.37	24.82	25.02	20.77	21.84	25.48	26.45	28.55	Book Value per sh C	36.35
1376.9	1066.7	1379.9	1354.2	1309.4	1283.0	1283.9	1959.7	1962.1	1872.3	1847.0	1848.5	1849.9	1798.2	1799.0	1754.5	1700.0	1680.0	Common Shs Outst'g D	1650.0
45.1	23.4	16.2	9.1	9.3	13.1	24.9	13.1	7.7	7.8	10.2	8.9	10.5	16.0	10.9	9.2	10.5		Avg Ann'l P/E Ratio	12.0
2.46	1.33	.86	.48	.50	.70	1.50	.87	.49	.49	.65	.50	.55	.81	.57	.46	.56		Relative P/E Ratio	.65
3.6%	3.0%	2.5%	2.4%	1.6%	1.6%	1.8%	1.7%	1.6%	1.9%	3.2%	3.6%	3.8%	5.5%	4.9%	5.3%	5.9%		Avg Ann'l Div'd Yield	5.0%

CAPITAL STRUCTURE as of 6/30/18
Total Debt $13726 mill. **Due in 5 Yrs** $2300 mill.
LT Debt $13016 mill. **LT Interest** $1200 mill.
(24% of Cap'l)

Leases, Uncapitalized Annual rentals $397.0 mill.
Pension Assets-12/17 $15.3 bill. **Oblig.** $17.6 bill.

Pfd Stock None **Pfd Div'd** None

Common Stock 1,727,500,000 shs.
(Each ADR is equivalent to one share)

MARKET CAP: $81.8 billion (Large Cap)

2008	2009	2010	2011	2012	2013	2014	2015	2016	2017	2018	2019		21-23
54264	41825	56576	60537	50967	51171	47664	34829	33781	40030	40500	43000	Sales ($mill)	53000
25.2%	26.1%	40.9%	44.2%	31.2%	36.6%	37.4%	31.5%	30.4%	42.4%	42.0%	42.0%	Operating Margin	42.0%
3475.0	3427.0	3437.0	3817.0	4441.0	4791.0	4860.0	4654.0	3012.0	4375.0	4200	4400	Depreciation ($mill)	5500
4503.0	5321.0	14421	15559	9303.0	10217	9305.0	4540.0	5259.0	8627.0	8600	9000	Net Profit ($mill) A	11000
40.8%	26.4%	25.7%	27.9%	25.0%	33.2%	27.0%	25.0%	21.3%	27.5%	28.0%	30.0%	Income Tax Rate	30.0%
8.3%	12.7%	25.5%	25.7%	18.3%	20.0%	19.5%	13.0%	15.6%	21.6%	21.2%	20.9%	Net Profit Margin	20.8%
d3665	5403.0	9664.0	6932.0	5402.0	6140.0	8593.0	5215.0	5693.0	7453.0	5000	6000	Working Cap'l ($mill)	10000
29724	22155	13277	20357	24591	24625	22535	21140	17470	15148	13000	14000	Long-Term Debt ($mill)	18000
20638	43831	58333	52539	46865	45886	46285	37349	39290	44711	45000	48000	Shr. Equity ($mill)	60000
10.5%	8.8%	20.7%	21.7%	13.2%	14.8%	14.0%	8.4%	10.2%	15.1%	16.0%	16.0%	Return on Total Cap'l	14.0%
21.8%	12.1%	24.7%	29.6%	19.9%	22.3%	20.1%	12.2%	13.4%	19.3%	19.0%	19.0%	Return on Shr. Equity	18.5% Ⓓ
12.5%	10.1%	21.7%	25.4%	13.4%	15.0%	12.1%	1.2%	6.4%	9.8%	8.0%	9.5%	Retained to Com Eq	8.0%
43%	16%	12%	14%	33%	33%	40%	90%	52%	49%	62%	60%	All Div'ds to Net Prof	60% Ⓔ

CURRENT POSITION ($MILL.)	2016	2017	6/30/18
Cash Assets	8201	10550	5989
Receivables	3460	3443	2840
Inventory (LIFO)	2937	3472	3543
Other	457	1213	2231
Current Assets	15055	18678	14603
Accts Payable	6361	7061	6406
Debt Due	922	904	710
Other	2079	3260	2841
Current Liab.	9362	11225	9957

ANNUAL RATES of change (per ADR)	Past 10 Yrs.	Past 5 Yrs.	Est'd '15-'17 to '21-'23
Sales	1.0%	-7.0%	8.0%
"Cash Flow"	-1.0%	-8.5%	10.0%
Earnings	-4.0%	-13.0%	11.5%
Dividends	8.0%	10.5%	11.5%
Book Value	4.5%	-4.0%	8.0%

Cal-endar	QUARTERLY SALES ($ mill.) Mar.31	Jun.30	Sep.30	Dec.31	Full Year
2015	--	17980	--	16849	34829
2016	--	15500	--	18281	33781
2017	--	19319	--	20711	40030
2018	--	19914		20586	40500
2019		21500		21500	43000

Cal-endar	EARNINGS PER ADR A Mar.31	Jun.30	Sep.30	Dec.31	Full Year
2015	--	1.59	--	.90	2.49
2016	--	.87	--	1.97	2.84
2017	--	2.19	--	2.64	4.83
2018	--	2.54		2.46	5.00
2019		2.70		2.50	5.20

Cal-endar	QUARTERLY DIVIDENDS PAID B■ Mar.31	Jun.30	Sep.30	Dec.31	Full Year
2015	--	1.158	1.049	--	2.21
2016	--	1.067	.446	--	1.51
2017	--	1.256	1.110	--	2.36
2018	--	1.811	1.268	--	
2019					

BUSINESS: Rio Tinto PLC. is a major international mining group, based in the U.K. The company locates, develops, mines, and processes a diverse range of mineral resources. Major products include aluminum, copper, diamonds. The company also produces various energy assets, such as uranium, as well as industrial minerals, such as borax, titanium dioxide, and salt. Rio Tinto operates across the globe, with a significant concentration in Australia and North America. Other operations are located in South America, Asia, Europe, and South Africa. Has about 47,000 employees. Chairman: Jan du Plessis. CEO: Jean-Sebastien Jacques. Inc. U.K. Address: 6 St. James's Square, London, SWIY 4AD. Telephone: 44-20-7781-2000. Internet: www.riotinto.com.

Rio Tinto likely performed well in 2018. The international miner posts its results semi-annually, but offers helpful production updates on a quarterly basis. Based on the September-period report, production levels have moderated in recent months, with lower output at the iron ore segment, partially offset by gains in the copper area. We think commodity pricing will remain mixed, owing to an uncertain global outlook. However, this should be partially balanced by efficiency improvements at Rio's operations. We think Rio Tinto earned $5.00 per ADR in 2018, and look for profits to reach $5.20 per ADR in 2019.

The company has made a few notable dispositions. In early August, Rio Tinto completed the sale of its coal assets for $4 billion. In our view, the decision makes sense, as coal consumption will gradually be replaced by cleaner energy alternatives. Too, in late September, Rio Tinto agreed to sell its interest in a major copper mine located in Indonesia. This move may also be beneficial given specific political and regional issues.

Expansion efforts continue to make progress. As of September, Rio Tinto was pursuing numerous exploration projects, located across several countries. In recent months, the miner has been concentrating on copper exploration. Meanwhile, development continues, with a sizable a project in Mongolia being a key effort.

The company is in solid financial shape. At the end of June, Rio Tinto had roughly $6 billion in cash, and $13.7 billion in obligations on its balance sheet. Of note, a sizable amount of debt has been retired over the past few years, lowering interest costs, while providing liquidity for investments elsewhere. Meanwhile, Rio Tinto will likely continue to build shareholder value. Of note, proceeds from the divestiture of coal assets will likely be used for sizable ADR repurchases.

These ADRs are ranked 2 (Above Average) for year-ahead performance. However, our projections suggest that this issue holds middling capital appreciation potential for the next 3 to 5 years. Of note, income-oriented investors that are willing to withstand volatility may find this stock's large dividend yield attractive.

Adam Rosner *January 4, 2019*

(A) Basic underlying egs. Excludes discontinued operations: '10, (05¢); '09, (25¢); '08, (64¢). Quarters may not sum due to change in ADRs out. Next earnings report due early Feb.
(B) Dividends paid in mid-April and mid-September. ■ Dividend reinvestment plan available. (C) Includes intangibles: At 12/31/17 $4,156 mill., $2.35/ADR.
(D) In millions, adjusted for ADR split.

Company's Financial Strength	A
Stock's Price Stability	40
Price Growth Persistence	15
Earnings Predictability	NMF

图 18-2　价值线投资调查公司对力拓的调查报告

资料来源：*Value Line Investment Survey*, January 4, 2019. Reprinted with permission of Value Line Investment Survey ©2019 Value Line Publishing, Inc. All rights reserved.

2019 年	3.12 美元	2021 年	3.64 美元
2020 年	3.38 美元	2022 年	3.90 美元

假设自 2022 年起股利保持固定增长，固定增长率为多少是合理的假设呢？价值线预测力拓的股利支付率为 0.6，ROE 为 18.5%，意味着长期增长率为

$$g = ROE \times b = 18.5\% \times (1-0.6) = 7.4\%$$

假定投资期限到 2022 年，套用式（18-2）估计力拓股票的内在价值，如下：

$$V_{2018} = \frac{D_{2019}}{1+k} + \frac{D_{2020}}{(1+k)^2} + \frac{D_{2021}}{(1+k)^3} + \frac{D_{2022}+P_{2022}}{(1+k)^4}$$

$$= \frac{3.12}{1+k} + \frac{3.38}{(1+k)^2} + \frac{3.64}{(1+k)^3} + \frac{3.90+P_{2022}}{(1+k)^4}$$

P_{2022} 代表 2022 年年末的股价，此时将按这一价格将股份出售。自 2022 年起，股利进入固定增长阶段，根据固定增长的股利贴现模型，可计算出此时价格为

$$P_{2022} = \frac{D_{2023}}{k-g} = \frac{D_{2022}(1+g)}{k-g} = \frac{3.90 \times 1.074}{k-0.074}$$

现在，要计算内在价值就剩下唯一要确定的变量，贴现率 k。

资本资产定价模型是确定 k 的一种方法。力拓的贝塔值在价值线报告中显示为 1.30，2019 年初长期国债无风险利率为 2.8%[㊀]。假设市场的预期风险溢价与历史平均水平一致，为 8%。因此，市场期望收益率为

$$无风险利率+市场风险溢价 = 2.8\%+8\% = 10.8\%$$

力拓市场资本化率为

$$k = r_f + \beta[E(r_M) - r_f] = 2.8\% + 1.3 \times (10.8\% - 2.8\%) = 13.2\%$$

2022 年股价的预测值：

$$P_{2022} = \frac{3.90 \times 1.074}{0.132-0.074} = 72.22(美元)$$

当前内在价值的估计值为

$$V_{2018} = \frac{3.12}{1.132} + \frac{3.38}{(1.132)^2} + \frac{3.64}{(1.132)^3} + \frac{3.90+72.22}{(1.132)^4} = 54.26(美元)$$

价值线报告中显示力拓当前的实际价格为 47.37 美元（Ⓑ处），结合计算出的每股内在价值来看，当前股价被低估了。那么能否增持力拓的股票呢？

或许能。但是在下单之前，应该认真考虑一下之前估计的准确性。首先，未来的股利、股利增长率以及贴现率都是预测的。其次，我们假设力拓未来的增长分为两个阶段。但事实上，股利的增长方式可能非常复杂。这些估计值差之毫厘，预测结果就会谬以千里。

很明显，力拓内在价值的绝大部分来自估计的 2022 年每股 72.22 美元的销售价格。如果这个价格被夸大了，内在价值的估计也会被夸大。我们有充分的理由保持怀疑，尤其是考虑到最终增长率为 7.4%。鉴于美国长期经济增长率为

概念检查 18-4

证明当 $g=5\%$ 时，力拓的内在价值是 40.69 美元。（提示：首先计算 2022 年的股价，之后将 2022 年之前的股利贴现，再加上 2022 年股价的现值。）

㊀ 在对长期资产如股票进行估值时，多以长期国债替换短期国库券作为无风险资产。

2%~3%，没有公司能以该增长速度无限扩张，即使是名义增长率。此外，对这一估计的任何修正都将剧烈影响内在价值的估计值。

比如，假设 2022 年后力拓的实际增长率是 5%，大致与包含 2.5%长期通货膨胀率的美国经济名义增长率匹配。代入两阶段股利贴现模型中，计算出内在价值仅为 40.69 美元，低于当前股价。你会把职业生涯压在预测的 2022 年后经济增长率上吗？

以上这个关于力拓的例子强调了当你试图评估股票价值时进行敏感性分析的重要性。没有好的前提假设就不会得到好的估值结果。敏感性分析会突出需要仔细检查的输入变量。例如，2022 年之后增长率估计值的微小变动，就会导致内在价值的巨大变化。同样，贴现率的微小变化也会使内在价值产生实质性波动。另一方面，2019—2022 年股利的适度变化对内在价值的影响较小。

18.3.5 多阶段增长模型

刚刚学习的两阶段增长模型是贴近现实情况的良好开端。但显然，我们可以让模型满足更多的增长可能性以获得更准确的估值结果。多阶段增长模型允许公司在发展成熟之前股利以多种不同速度增长。

许多分析师使用三阶段增长模型。他们通常会假设一个高股利增长初始阶段（或者对短期股利进行逐年预测）和一个可持续增长的最终阶段之间，伴随有一个过渡期，在此期间股利增长率从最初的快速增长率逐渐下降到最终的可持续增长率。理论上来看，这类模型并不比两阶段模型更难处理，但它们需要更多的计算，人工计算过程会十分烦琐。然而，通过 Excel 来构建模型就很容易了。

表 18-3 就是一个具体的例子。B 列包含了模型中需要使用的关键输入变量。E 列为预测的股利，单元格 E2 到 E5 中，是价值线公司对力拓未来 4 年的估计值。根据两阶段模型对力拓最终增长率估计值为 18.5%×(1−0.6)＝7.4%。注意，较高的增长率难以永久维持。假设更合理的

表 18-3 力拓三阶段增长模型

	A	B	C	D	E	F	G	H	I
1	关键输入变量			年份	股利	股利增长率	期限价值	投资者的现金流	
2	贝塔	1.3		2019	3.12			3.12	
3	市场风险溢价	0.08		2020	3.38			3.38	
4	无风险利率	0.029		2021	3.64			3.64	
5	权益资本成本	0.1330		2022	3.9			3.90	
6	永续增长率	0.050		2023	4.19	0.0740		4.19	
7				2024	4.49	0.0716		4.49	
8				2025	4.80	0.0692		4.80	
9				2026	5.12	0.0668		5.12	
10				2027	5.45	0.0644		5.45	
11				2028	5.79	0.0620		5.79	
12				2029	6.13	0.0596		6.13	
13	价值线估计的每年股利			2030	6.48	0.0572		6.48	
14				2031	6.84	0.0548		6.84	
15				2032	7.20	0.0524		7.20	
16				2033	7.56	0.0500		7.56	
17	股利增长放缓的过渡期			2034	7.93	0.0500	100.37	108.31	
18									
19								43.39	=PV of CF
20		固定增长期的开始			E17*(1+F17)/(B5−F17)				
21								NPV(B5,H2:H17)	

长期名义增长率为 5%，与整体经济大致相当。现在假设股利增长率在过渡期内线性下降，从 2023 年的 7.4%下降至 2034 年的最终值 5%（见 F 列）。

过渡期的每年股利都是上一年度股利乘以当年增长率。一旦公司最终进入永续固定增长阶段（单元格 G17），则根据固定增长的股利贴现模型计算终值。H 列是投资者每期现金流，2032 年则是当年股利加上 2032 年之后现金流的现值。单元格 H19 显示了这些现金流的现值，43.39 美元。

18.4 市盈率

18.4.1 市盈率与增长机会

现实中对股票市场估值的讨论主要集中在公司的**价格收益乘数**（price-earnings multiple）上，该值等于每股价格与每股收益之比，通常被称为市盈率。对增长机会的讨论将告诉我们为什么股票市场分析师如此关注市盈率。举个例子，Cash Cow 和 Growth Prospects 两家公司的每股收益均为 5 美元，但 Growth Prospects 公司的再投资率为 60%，预期的 ROE 为 15%，而 Cash Cow 公司的再投资率为零，所有盈利都将以股利的形式发放给股东。Cash Cow 的股价为每股 40 美元，市盈率为 40/5 = 8.0，Growth Prospects 的股价为每股 57.14 美元，市盈率为 57.14/5 = 11.4。这个例子说明市盈率是预测增长机会的一个有用指标。

将式（18-6）变形，我们可以看到增长机会是如何反映在市盈率中的：

$$\frac{P_0}{E_1}=\frac{1}{k}\left(1+\frac{\text{PVGO}}{E_1/k}\right) \tag{18-7}$$

当 PVGO = 0 时，由式（18-7）可得 $P_0=E_1/k$，即用 E_1 的零增长年金来对股票进行估值，市盈率恰好等于 $1/k$。但是，当 PVGO 成为决定价格的主导因素时，市盈率会迅速上升。

PVGO 与 E_1/k 的比率有一个简单的解释，即公司价值中增长机会贡献的部分与现有资产贡献的部分（即零增长模型中公司的价值 E_1/k）之比。当未来增长机会主导总估值时，对公司的估值将相对于当前收益较高。这样，高市盈率看上去表示公司拥有大量增长机会。

【例 18-5】 谷歌的增长机会

谷歌已经是一家高利润公司，但其 2019 年初 21.82 的预测市盈率表明，它仍然拥有巨大的增长机会。若其市场资本化率约为 10%，则可使用式（18-7）推断其增长机会与现有资产之比：

$$\frac{P_0}{E_1}=\frac{1}{k}\left(1+\frac{\text{PVGO}}{E_1/k}\right)=\frac{1}{0.10}\left(1+\frac{\text{PVGO}}{\text{PV(现有资产)}}\right)=21.82$$

求解可得 PVGO/PV（现有资产）= 1.182。因此，谷歌超半数的市值反映了其预期未来投资的净现值。

下面让我们看一下市盈率是否随着增长前景的变化而变化。例如，2001—2018 年，百事的市盈率平均约为 20.2，而联合爱迪生公司（一家电力设施公司）的市盈率为 15.1。这些数字并不能说明百事相对于联合爱迪生公司而言被高估了。若投资者相信百事的增长速度将高于联合爱迪生公司，那么有较高的市盈率是合理的。也就是说，如果投资者认为收益将快速增长，那么他们愿意为现在每 1 美元的收益支付更高的价格。事实上，百事的增长速度与它的市盈率是一致的。在这一时期，百事的每股收益每年约以 7.6%的速度增长，而联合爱迪生公司的增长速度仅为 2.4%。后面的图 18-4 说明了两家公司在这段时期的每股收益。

市盈率实际上是市场对公司增长前景乐观态度的反映。分析师在使用市盈率时，必须清楚自己是比市场更乐观还是更悲观，若更乐观，分析师会建议买入股票。

有一种方法会使这些观点更明确。让我们重新回顾一下固定增长的股利贴现模型公式 $P_0=D_1/(k-g)$，股利等于公司未用于再投资的盈利，即 $D_1=E_1(1-b)$，又有 $g=\text{ROE}\times b$。因此代换 D_1 和 g 可得：

$$P_0=\frac{E_1(1-b)}{k-\text{ROE}\times b}$$

这说明市盈率等于：

$$\frac{P_0}{E_1}=\frac{1-b}{k-\text{ROE}\times b} \tag{18-8}$$

通过上式容易证明市盈率随 ROE 的增加而增加，这是说得通的，因为 ROE 高的项目会为公司带来增长机会。[⊖]而且还容易证明，只要 ROE 超过 k，市盈率随再投资率 b 的增加而增加。这也是说得通的，当公司有好的投资机会时，若公司可以更大胆地利用这些机会将更多的盈利用于再投资，市场将回报给它更高的市盈率。

但是切记，增长本身并不是人们所希望的好事。表 18-4 是用不同的 ROE 与 b 组合计算出的增长率和市盈率。虽然增长率随再投资率的增加而增加（见表 18-4 的上半部分，但市盈率却不是这样的（见表 18-4 的下半部分）。在表 18-4 下半部分的第一行中，市盈率随再投资率的增加而降低；在中间一行中，市盈率不受再投资率的影响；在第三行中，市盈率随再投资率的增加而增加。

对这种变动有一个简单的解释。当预期 ROE 小于必要收益率 k 时，投资者更希望公司把盈利以股利的形式发放，而不是再投资于低收益率的项目。也就是说，由于 ROE 小于 k，公司价值随再投资率的增加而降低。相反，当 ROE 大于 k 时，公司提供了有吸引力的投资机会，因此公司价值会随再投资率的提高而增加。

表 18-4 ROE 和再投资率对增长率和市盈率的影响

	再投资率（%）			
	0	0.25	0.50	0.75
ROE（%）	a. 增长率（%）			
10	0	2.5	5.0	7.5
12	0	3.0	6.0	9.0
14	0	3.5	7.0	10.5
	b. 市盈率			
10	8.33	7.89	7.14	5.56
12	8.33	8.33	8.33	8.33
14	8.33	8.82	10.00	16.67

注：假设每年 $k=12\%$。

最后，当 ROE 恰好等于 k 时，公司提供了拥有公允收益率的“盈亏平衡”的投资机会。在这种情况下，对投资者而言，将盈利再投资于公司还是投资于市场上其他具有相同市场资本化率的项目并无差别，因为在这两种情况下，收益率均为 12%。因此，股价不受再投资率影响。

综上所述，再投资率越高，增长率越高，但再投资率越高并不意味着市盈率越高。只有当公司提供的期望收益率大于市场资本化率时，高再投资率才会增加市盈率。否则，高再投资率只会损害投资者的利益，因为高再投资率意味着更多的钱将被投入低收益率项目中。

尽管这些想法不错，人们通常把市盈率当作股利或盈利增长率的代理变量。事实上，华尔街的经验之谈是增长率应大致等于市盈率。换句话说，市盈率与 g（取百分号前的数字）的比值，通常被称为 PEG 比率，应约等于 1.0。著名的投资组合经理人彼得 · 林奇在他的《彼得 ·

⊖ 注意，式（18-8）只是根据 $\text{ROE}\times b=g$ 对股利贴现模型进行了简单变形，因为模型要求 $g<k$，因此式（18-8）只在 $\text{ROE}\times b<k$ 时有意义。

林奇的成功投资》一书中这样写道：

> 对于任何一家被合理定价的公司而言，市盈率都应等于增长率（取百分号前的数字）。在这里，我所说的是收益增长率……若可口可乐公司的市盈率为15，那么你会预期公司将以每年15%的速度增长，等等。但若市盈率低于增长率，你可能发现了一个很好的投资机会。

【例 18-6】 市盈率与增长率

让我们检验一下林奇的经验法则。假设：

$r_f=8\%$（大约是林奇写书时的值）

$r_M-r_f=8\%$（约是市场风险溢价的历史平均值）

$b=0.4$（美国再投资率的典型代表）

因此，$r_M=r_f+$市场风险溢价$=8\%+8\%=16\%$，且一般公司（$\beta=1$）的$k=16\%$。若我们认为ROE$=16\%$（与股票的期望收益率相等）是合理的，那么：

$$g=\text{ROE}\times b=16\%\times 0.4=6.4\%$$

且

$$\frac{P}{E}=\frac{1-0.4}{0.16-0.064}=6.25$$

因此，在这些假设条件下，市盈率与g大约相等，与林奇的经验法则一致。

但是注意，与所有其他方法一样，这种经验法则并不适用于所有情形。例如，当前的r_f约为2.5%，因此对当前r_M的估计值应为

$$r_f+\text{市场风险溢价}=2.5\%+8\%=10.5\%$$

若我们仍然考虑$\beta=1$的公司，且ROE仍约等于k，那么有：

$$g=10.5\%\times 0.4=4.2\%$$

而

$$\frac{P}{E}=\frac{1-0.4}{0.105-0.042}=9.5$$

此时P/E与g显著不同，且PEG比率为2.3。但是，低于平均水平的PEG比率仍被普遍认为是价格被低估的信号。

概念检查 18-5

股票ABC的预期年净资产收益率为12%，预期每股收益为2美元，预期每股股利为1.5美元，年市场资本化率为10%。

a. 其预期增长率、价格和市盈率分别为多少？

b. 若盈余再投资率为0.4，预期每股股利、增长率、价格和市盈率分别为多少？

增长机会的重要性在对初创公司的估值中最为明显。例如，在20世纪90年代末网络公司繁荣发展时期，尽管许多公司仍未盈利，但市场却认为其市值高达数十亿美元，这源于存在的众多增长机会。例如，1998年网络拍卖公司eBay的盈利为240万美元，远远低于传统拍卖公司Sotheby高达4 500万美元的盈利，但eBay的市值却高出Sotheby 10倍之多，两者的市值分别为220亿美元和19亿美元。事实证明，市场对eBay的估值高出Sotheby如此之多是完全正确的。到2018年，eBay的净利润达25亿美元，超过Sotheby 20倍。

当然，假设对公司的估值主要取决于其增长机会，那么对公司前景的重新估计就会对估值产生影响。例如，Facebook在2018年7月26日宣布营收增长低于预期时，一天之内股价下跌

19%，市值缩水 1 190 亿美元，是有史以来最大单日跌幅。

如 Facebook 所示，随着对公司发展前景预期的改变，股价也会巨幅波动。增长前景难以被控制，但从本质上说，正是这些增长前景使经济中富有活力的公司的价值不断上升。

下面的专栏华尔街实战 18-1 讨论了一个简单的估值分析案例。当 Facebook 在 2012 年进行备受期待的 IPO 时，市场普遍对其交易价格进行了预测。分歧的争论焦点集中在两个关键问题：首先，未来利润将保持多高的增长速度？其次，给予多高的市盈率估计？这些恰好是我们的股票估值模型的关注点。

华尔街实战 18-1　Facebook 的千亿市值问题

随着 Facebook 的 IPO 日益临近，专业分析师的估值是天差地别的，范围从低至 500 亿美元至高达 1 250 亿美元不等。

关于公允价值的争议围绕如下几个关键问题：公司未来增速如何？广告能带来多少利润？市场愿意为该利润支付多少倍的溢价？

众人皆知，Facebook 在此之前已经经历了多年的快速增长，但其最近的增长慢于早期。尽管 2011 年收入增长了 88%，净利润增长了 65%，但这一增速仍大大低于 2009—2010 年 154%的收入增长水平。

IPOdesktop. com（为投资者提供 IPO 股票分析的网站）的首席执行官 Francis Gaskins 称，他不认为 Facebook 的估值会突破 500 亿美元。尽管这一估值已显著低于绝大部分分析师的判断，但依然看起来不低，是 2011 年 10 亿美元净利润的 50 倍，且 50 倍的市盈率已高于行业平均市盈率 3 倍以上。

但也有分析师给出了更高估值的依据。例如，Wedge 合伙公司的一位分析师认为其价值要超过 1 000 亿美元。如果 Facebook 以明年 EBITDA（未计利息、所得税和某些非现金费用的期望收益）15 至 18 倍进行交易，那么其股权价值约为 890 亿美元。如果 Facebook 能够在广告业务上更快地增长，基于 EBITDA 计算的市盈率高达 20 倍也不为过，这意味着其市值为 1 100 亿美元。相比之下，更成熟的公司（例如微软或谷歌）的股价则是 EBITDA 的 7 到 10 倍。但 Gaskins 并不认同这一分析。他说，如果 Facebook 的估值接近千亿美元，那么 Facebook 的估值就相当于谷歌的一半了，但是谷歌的收入和净利润是 Facebook 的 10 倍。

最终，根据 IPO 价格，可以看出市场对 Facebook 的估值约为 900 亿美元。

资料来源：Randall Smith,“Facebook's $100 Billion Question,”The Wall Street Journal, February 3, 2012.

18. 4. 2　市盈率与股票风险

所有的股票估值模型都包含一个重要含义：其他条件相同的情况下，股票的风险越高，市盈率就越低。从固定增长的股利贴现模型可以清楚地看到这一点：

$$\frac{P}{E}=\frac{1-b}{k-g}$$

公司风险越高，必要收益率就越高，即 k 越大，因此市盈率会越低。即使不考虑固定增长的股利贴现模型，这也是正确的。对于任何期望收益和股利，当人们认为风险越大时，其现值就越小，因此股价和市盈率也越低。

当然，你会发现许多刚起步的、高风险的小型公司都有很高的市盈率，但这与我们市盈率随风险下降的说法并不矛盾，相反，这正说明市场预期这些公司会有高增长率。这就是为什么我们强调在其他条件相同时，风险越高，市盈率越低。若对增长率的预期不变，对风险预期越高，市盈率就越低。

18.4.3　市盈率分析中的陷阱

若不对市盈率分析中的陷阱进行说明，那么对市盈率的分析就不完整。首先，市盈率的分母是会计利润，它在某种程度上会受会计准则的影响，如在计提折旧和进行存货估值时要使用历史成本。在高通货膨胀时期，用历史成本计算的折旧和存货估值会低估真实的经济价值，此时货物和设备的重置成本都将随一般物价水平上升。如图 18-3 所示，市盈率的变化趋势通常与通货膨胀率相反，这反映了市场对高通货膨胀时期“较低盈余质量”的估计，因为这些时期的盈利均被通货膨胀歪曲，因此市盈率较低。

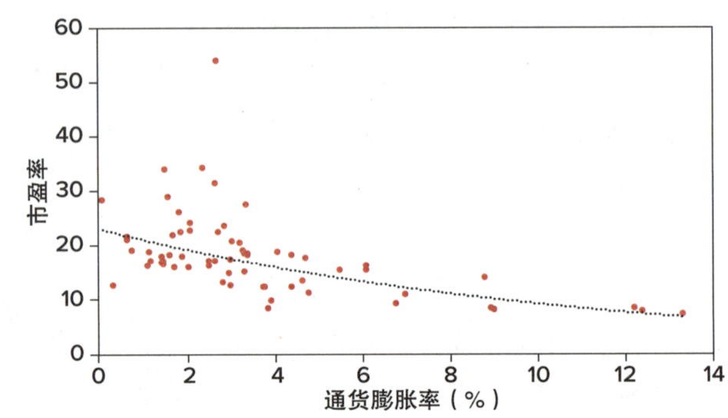

图 18-3　1955—2018 年标准普尔 500 指数的市盈率和通货膨胀率

盈余管理（earning management）是指利用会计准则的灵活性来改善公司表面的盈利状况。这一话题会在下一章财务报表分析中详细阐述。“预计盈余”是盈余管理的指标之一。

计算预计盈余时忽略了部分费用，如重组费用或持续经营中的资产减值。公司认为忽略这些费用会使公司的潜在盈利状况更加一目了然，与早期的数据比较会更有意义。

但当有太多余地选择什么费用被排除在外时，对投资者和分析师而言，要解释这些数字或在公司之间做出比较就变得非常困难。由于缺少标准，公司在盈余管理方面有相当大的回旋余地。

甚至美国会计准则也在盈余管理方面给了公司相当大的自由裁量权。例如，20 世纪 90 年代末，凯洛格公司将重组费用连续记录了 9 个月，而重组通常被认为是一次性事件。重组真的是一次性事件吗？或者说将重组费用看作普通费用是不是更合理？考虑到盈余管理有一定的回旋余地，估计市盈率变得非常困难。

使用市盈率时另一个易混淆的点与经济周期有关。在推导股利贴现模型时我们把盈利定义为扣除经济折旧的净值，即在不削弱生产能力的情况下公司可以分派的最大股利。但是报表中的利润是根据美国会计准则计算的，无须与经济利润一致。除此之外，式（18-7）和式（18-8）中，正常或者合理市盈率的概念隐含地假设了盈利是固定增长的，或者说沿光滑的趋势线上升。但是，财务报表中的利润随经济周期曲线的变化上下波动。

这里从另一个角度证实这一点，根据式（18-8）预测的“正常”市盈率是当前股价与未来盈利趋势值 E_1 的比率，即预测市盈率。但是报纸的财务专栏中报告的市盈率是股价与最近一期会计利润的比值，即历史市盈率。而当前的会计利润可能与未来的经济利润相差甚远。股权既包括对当前盈利的权利，也包括对未来盈利的权利，盈利暂时低迷时，市盈率趋于高位——也就是说，市盈率的分母对经济周期更敏感。同样，盈利较高时，市盈率会被压低，因为价格的涨幅不及盈利的涨幅。

下面举一个例子，图 18-4、图 18-5 分别描绘了 2001 年以来百事和联合爱迪生的每股收益和市盈率的变化。当收益偏离趋势线时，市盈率反向波动。例如，2001—2003 年联合爱迪生每股收益下降，市盈率上升。同样，2008—2009 年百事每股收益以高于 17% 的增长率增长时，市盈率下降。

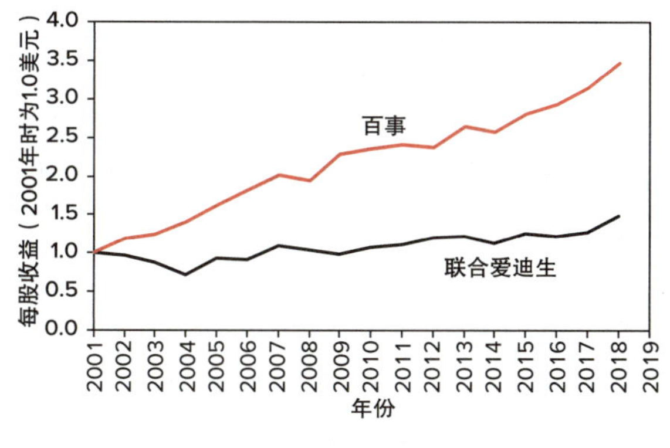

图 18-4 两家公司的每股收益增长情况

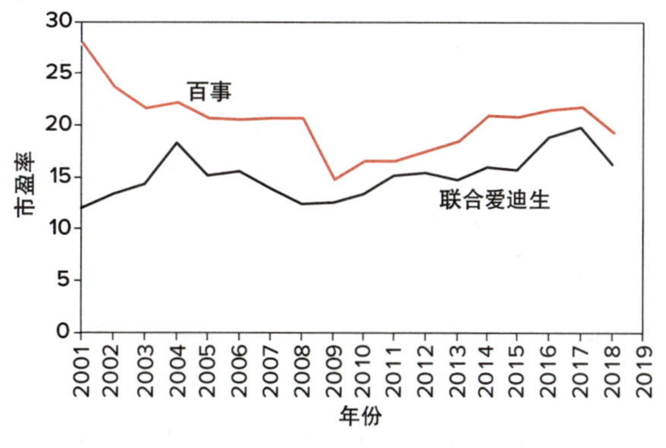

图 18-5 两家公司的市盈率

这个例子说明了为什么分析师在使用市盈率时必须加倍小心。若不考虑公司的长期增长前景，也不考虑当前每股收益与长期趋势线的相对情况，便无法评价市盈率是高了还是低了。

但是，图 18-4 和图 18-5 还是说明了市盈率与增长率之间的明确关系。尽管短期波动很大，但百事的每股收益在整个时期的趋势仍然是明显上升的，而联合爱迪生的每股收益变化则相当平缓。百事的增长前景从其一贯较高的市盈率中可以反映出来。

以上分析说明不同行业的市盈率不同，事实也是如此。图 18-6 是部分行业的市盈率情况。从图 18-6 中我们可以发现：高市盈率的行业，如应用软件行业、广告行业或制药行业，都有吸引人的投资机会和相对较高的增长率；低市盈率的行业，如钢铁行业、化工行业或办公设备和服务行业，都是一些发展前景有限的成熟行业。在了解了市盈率分析中的陷阱后，我们发现市盈率与增长率之间的关系并不完美，这并不奇怪，但是作为一条基本规律，市盈率确实是随增长机会的变化而变化的。

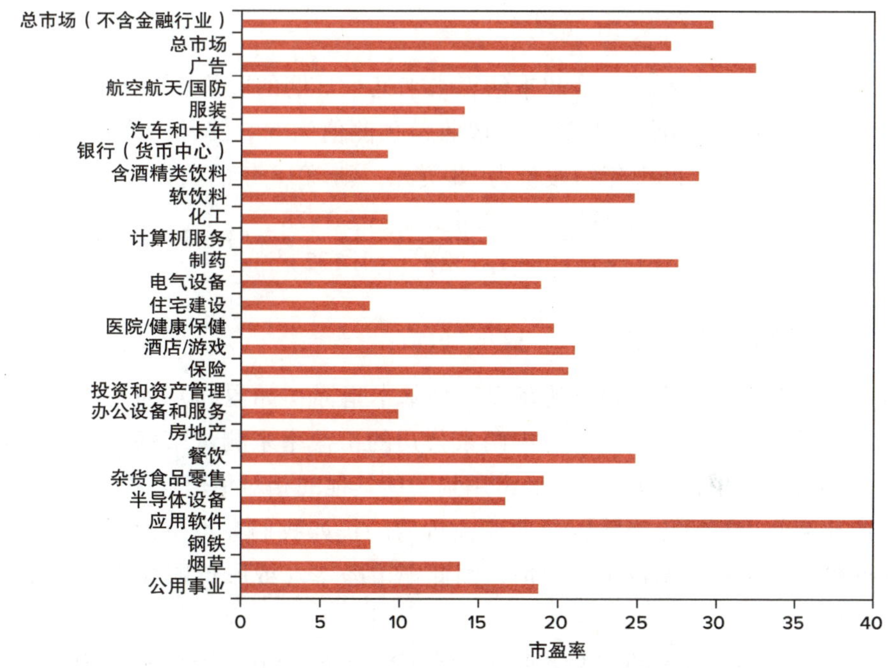

图 18-6 不同行业的市盈率

资料来源：Aswath Damodaran 教授的网站，pages. stern. nyu. edu/ ~ adamodar/，February 27，2019.

18.4.4 周期性调整市盈率

为了避免在经济周期不同阶段使用市盈率所带来的问题，Robert Shiller[⊖]建议使用“周期性调整”市盈率（CAPE），用股价除以可持续长期收益的估计值，而非当期收益，比如使用较长时期（例如 10 年）调整通货膨胀后的平均收益。

图 18-7 显示了标准普尔 500 指数的周期性调整市盈率和传统市盈率。注意，周期性调整市盈率曲线较传统市盈率曲线更平滑，摆脱了短期和暂时性经济条件的影响。例如，20 世纪 80 年代，传统市盈率围绕周期性调整市盈率“震荡”。2008—2009 年金融危机时，两者差异最为显著：每股收益大幅下降，于 2009 年 3 月触底；股票价格同样下跌，幅度较小，源于投资者预测收益下降不会永久持续，标普 500 指数的市盈率扶摇直上。相比之下，周期性调整市盈率涨幅较小，从 2009 年 3 月的 13.3%升至 2009 年年底的 20.3%。

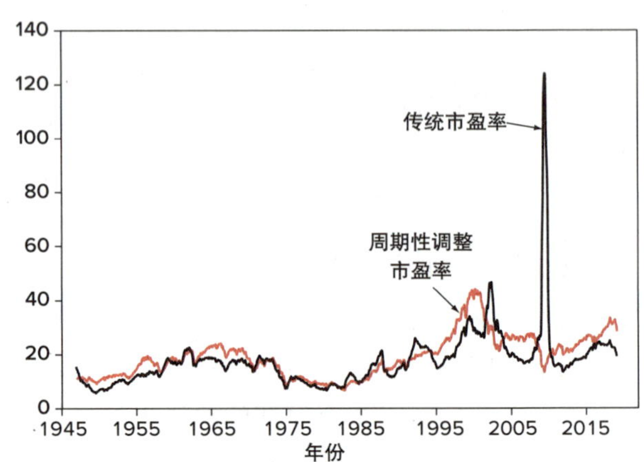

图 18-7 标准普尔 500 指数的周期性调整市盈率和传统市盈率

资料来源：Robert Shiller 教授，www.econ.yale.edu/~shiller/data.htm.

由于周期性调整市盈率使用的可持续盈利估计更可靠，Shiller 认为周期性调整市盈率是衡量错误定价的更好指标。随后十年，周期性调整市盈率与市场收益间似乎极强的负相关性可以验证这一观点，这表明高周期性调整市盈率可能意味着市场被高估了。

18.4.5 市盈率分析与股利贴现模型的结合

分析师会将市盈率与盈利预测结合起来估算未来某个日期的股价。图 18-2 显示，价值线公司对力拓公司 2022 年市盈率预测值为 12，每股收益预测值为 6.5 美元，这意味着 2022 年的价格为 12×6.5=78 美元。假设 2022 年的股价为 78 美元，则 2018 年的内在价值为

$$V_{2018}=\frac{3.12}{1.132}+\frac{3.38}{(1.132)^2}+\frac{3.64}{(1.132)^3}+\frac{3.90+78}{(1.132)^4}=57.78(\text{美元})$$

18.4.6 其他的相对估值比率

市盈率是一种相对估值比率，这种比率以一种基本指标（如盈利）为基础来比较公司的相对价值。例如，分析师可以比较同一行业中两家公司的市盈率来测试市场是否认为其中一家公司“更具有进取精神”。此外，分析师还经常用到一些其他的相对估值比率。

市净率 此比率使用每股价格除以每股账面价值。正如我们在本章前面介绍的一样，一些分析师认为账面价值可以有效衡量市场价值，因此把市净率（或股价账面价值比率）当作衡量公司进取性的指标。

股价现金流比率 利润表中的利润会受不同会计方法的影响，因此不精确，甚至可以人为

⊖ Robert J. Shiller, *Irrational Exuberance* (Princeton NJ: Princeton University Press, 2015).

操纵。而现金流记录的是实际流入和流出企业的现金，受会计决策的影响较小。因此与市盈率相比，一些分析师更倾向于用股价现金流比率。在计算此比率时，有些分析师喜欢用经营现金流，还有些分析师喜欢用自由现金流，即扣除新增投资的经营现金流。

市销率　许多刚起步的公司都没有盈利，因此市盈率对这些公司而言没有意义。近年来，市销率（股价与每股年销售额的比率）成为衡量这些公司的一个常用指标。当然，不同行业的市销率会大不相同，因为不同行业的利润率相差很大。

创新性比率　有时标准的估值比率是无法获得的，我们必须自己设计。20 世纪 90 年代，一些分析师根据网站点击次数对网络零售公司进行估值，最后，他们开始用“股价点击比率”来对这些公司估值。在新的投资环境中，分析师总会使用可获得的信息来设计最好的估值工具。

图 18-8 是三种估值指标的长期变化。尽管三者有显著差异，但大部分时间走势一致，同时上升或下降。

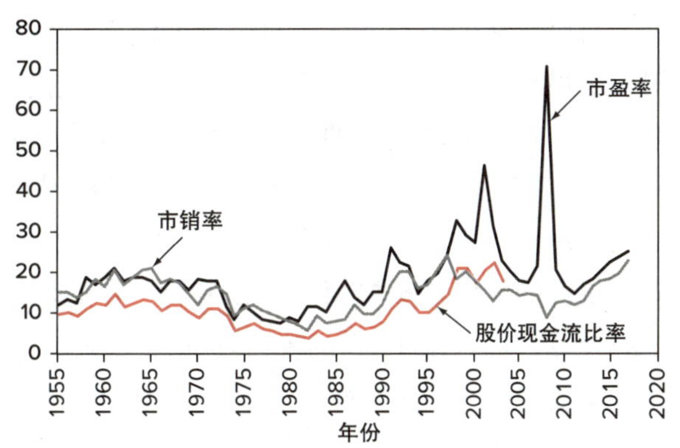

图 18-8　标准普尔 500 指数的估值比率

18.5　自由现金流估值方法

可以代替股利贴现模型对公司进行估值的另一种模型是自由现金流模型。自由现金流是指扣除资本性支出后可由公司或股东支配的现金流。这种方法特别适用于那些不派发股利的公司，因为无法使用股利贴现模型对这些公司估值。自由现金流模型适用于任何公司，并且可以提供一些股利贴现模型无法提供的有用信息。

一种方法是用加权平均资本成本对**公司自由现金流**（free cash flow for the firm，FCFF）进行贴现来估计公司价值，然后扣除已有的债务价值得到股权价值。另一种方法是直接用股权资本成本对**股东自由现金流**（free cash flow to the equityholder，FCFE）贴现来估计股权的市场价值。

公司自由现金流是公司经营活动产生的税后现金流扣除资本投资和净营运资本后的净现金流，既包括支付给债权人的现金流，也包括支付给股东的现金流[⊖]，其计算公式如下：

$$\text{FCFF}=\text{EBIT}(1-t_c)+\text{折旧}-\text{资本支出}-\text{NWC 的增加} \tag{18-9}$$

式中 EBIT 为息税前利润；t_c 为公司税率；NWC 为净营运资本。

另一种方法是使用股东自由现金流来估算公司价值。股东自由现金流与公司自由现金流的不同之处在于它的计算涉及税后利息费用以及新发行或回购债务的现金流（即偿还本金的现金流出减去发行新债务获得的现金流）。

$$\text{FCFE}=\text{FCFF}-\text{利息费用}\times(1-t_c)+\text{净债务的增加} \tag{18-10}$$

公司自由现金流贴现模型是把每一年的现金流进行贴现，然后与估计的最终价值 V_T 的贴现值相加。在式（18-11）中，我们用固定增长模型来估计最终价值，贴现率为加权平均资本成本。

⊖　此处假设均为股权融资时的公司自由现金流。考虑到债务融资的减税优势，在计算加权平均资本成本时使用的是债务的税后资本成本，这在任何一本关于公司理财的教材中都有介绍。

$$公司价值=\sum_{t=1}^{T}\frac{\mathrm{FCFF}_t}{(1+\mathrm{WACC})^t}+\frac{V_T}{(1+\mathrm{WACC})^T},\quad 其中\ V_T=\frac{\mathrm{FCFF}_{T+1}}{\mathrm{WACC}-g} \tag{18-11}$$

要得到股权价值，可用推导出来的公司价值减去现有债务的市场价值。

另外，可以用股权资本成本 k_E 对股东自由现金流进行贴现：

$$股权价值=\sum_{t=1}^{T}\frac{\mathrm{FCFE}_t}{(1+k_E)^t}+\frac{E_T}{(1+k_E)^T},\quad 其中\ E_T=\frac{\mathrm{FCFE}_{T+1}}{k_E-g} \tag{18-12}$$

与股利贴现模型一样，自由现金流模型也用一个最终价值来避免把无限期的现金流贴现并相加。最终价值可能是固定增长永续现金流的现值［如式（18-12）］，也可能是 EBIT、账面价值、利润或自由现金流的某一倍数。一般情况下，内在价值的估计都得依靠最终价值得到。

表 18-5 利用图 18-2 中价值线公司提供的数据对力拓进行自由现金流估值。首先根据式（18-9）计算公司自由现金流。表 18-5 的 A 部分是价值线公司提供的 2018—2022 年的数据，中间年份的数据是根据第一年和最后一年的数值插值计算得出的。表 18-5 的 B 部分是自由现金流的计算过程。第 11 行的税后利润加上第 12 行的税后利息［即利息×$(1-t_c)$］等于 EBIT$(1-t_c)$。再减去第 13 行净营运资本的变动，加上第 14 行折旧，减去第 15 行资本支出，得到第 17 行 2019—2022 年的公司自由现金流。

表 18-5　力拓公司的自由现金流估值

	A	B	C	D	E	F	G	H	I	J	K	L	M
1			2018	2019	2020	2021	2022						
2	**A.关键数据**												
3	市盈率		10.50	10.88	11.25	11.63	12.00						
4	每股资本支出		3.20	3.55	3.92	4.28	4.65						
5	长期债务($M)		13000	14000	15333	16667	18000						
6	股份数		1700	1680	1670	1660	1650						
7	每股收益		5.00	5.20	5.63	6.07	6.50						
8	营运资本		5000	6000	7333	8667	10000						
9													
10	**B.现金流估计**												
11	税后利润		8600	9000	9667	10333	11000						
12	税后利息		421	453	497	540	583			=(1−税率)×债务成本×长期债务			
13	净营运资本的变动			1000	1333	1333	1333						
14	折旧($M)		4200	4400	4767	5133	5500						
15	资本支出($M)			5964	6534	7103	7673						
16								终值					
17	公司自由现金流($M)			6889	7063	7570	8077	121936					
18	股权自由现金流($M)			7436	7900	8364	8828	107367		假设2022年后负债率保持固定			
19													
20	**C.贴现率估计**												
21	贝塔	1.3								来自价值线			
22	无杠杆贝塔	1.167								当前贝塔/[1+(1−税率)×债务/股权)]			
23	固定增长率	0.05											
24	税率	0.21											
25	债务成本	0.041								2019年穆迪评级A2的长期债务的到期收益率			
26	无风险利率	0.028											
27	市场风险溢价	0.08											
28	股权市场价值		90300				132000			第3行的相关数据乘以第11行的相关数据			
29	债务价值比 (D/V)		0.126	0.124	0.123	0.121	0.120			期初到期末的线性变化			
30	杠杆贝塔		1.300	1.298	1.296	1.295	1.293			无杠杆贝塔×[1+(1−税率)×债务/股权]			
31	股权资本成本		0.132	0.132	0.132	0.132	0.131	0.131		依据CAPM和杠杆贝塔			
32	WACC		0.119	0.119	0.120	0.120	0.120	0.120		$(1-t)$×债务成本×D/V+股权成本×$(1-D/V)$			
33	FCFF现值系数		1.000	0.893	0.798	0.713	0.637	0.637		按照WACC贴现			
34	FCFE现值系数		1.000	0.884	0.781	0.690	0.610	0.610		按照股权资本成本贴现			
35													
36	**D.现值**									内在价值	股权价值	每股价值	
37	FCFF现值			6154	5636	5395	5142	77625		99953	86953	51.15	
38	FCFE现值			6570	6167	5770	5383	65467		89357	89357	52.56	

为了得到自由现金流的现值，需用 WACC 对其进行贴现，表 18-5C 部分为具体计算过程。

WACC 是税后债务成本和股权成本的加权平均。计算 WACC 时，必须考虑价值线公司预测的杠杆率的变化。使用前面介绍的资本资产定价模型计算股权成本时，要考虑到随着杠杆率的下降，股权风险系数 β 会变小。㊀

2019 年穆迪对力拓长期债券的评级是 A2，这一评级债券对应的到期收益率为 4.1%，由此确定力拓的债务成本。力拓的债务价值比（按照债务面值计算）为 0.124（第 29 行），根据价值线公司的预测，2022 年将下降到 0.12，中间年份的债务价值比以插值法计算。第 32 行是 WACC 的计算结果，2018—2022 年，WACC 随资产负债率的下降略有上升。每年现金流的现值系数等于上一年的现值系数除以（1+WACC），每一年现金流的现值（第 37 行）等于自由现金流乘以当年的现值系数。

公司自由现金流的终值（单元格 H17）是根据固定增长模型 $\text{FCFF}_{2022}\times(1+g)/(\text{WACC}_{2022}-g)$ 计算得出的，其中，g（单元格 B23）为假设的固定增长率。此表中我们假设 $g=0.05$，与表 18-3 保持一致。终值也要贴现到 2018 年（单元格 H37），因此公司的内在价值等于 2019—2022 年所有现金流的贴现值之和加上终值的贴现值。最后，将 2018 年的债务价值从公司价值中扣除便可以得到 2018 年股权价值（单元格 K37），再用股权价值除以股份数量就可以得到每股价值（单元格 L37）。

用股权自由现金流方法可以得到相近的股票内在价值。㊁股权自由现金流（FCFE）（第 18 行）是由 FCFF 扣除税后利息费用和净债务计算得到的。FCFE 用股权资本成本贴现。与 WACC 一样，股权资本成本也会随每期杠杆率的变化而变化。尽管价值线公司预测力拓将发行新债，但预测市盈率也会稳步上升，从而带动股权的市场价值上升，预测债务价值比略有下降。FCFE 的现值系数见第 34 行，股权价值见单元格 K38，每股价值见单元格 L38。

18.5.1 估值模型的比较

原则上，若一家公司的股利从某一时期开始固定增长，那么自由现金流模型和股利贴现模型是一致的，计算出的内在价值也应是相同的。这一结论在莫迪利亚尼和米勒的两篇著名论文中被证明过。㊂但在实务中，你会发现根据这些模型得出的估值可能会不同，有时甚至相差甚远。这是因为在实务中分析师总是不得不简化一些假设。例如，公司多久才会进入固定增长时期？如何计提折旧最好？ROE 的最佳估计是多少？诸如此类问题的答案会对估值产生很大影响，而且使用模型时完全坚持模型的假设是很困难的。

㊀ 价值线公司提供的 β_L 被称为初始杠杆水平下的公司股权风险系数。股权风险系数既反映了业务风险，也反映了财务风险。当公司的资本结构（股权和债务的组成情况）发生变化时，财务风险便会变化，股权风险系数也会随之改变。应该怎样识别财务风险的变化呢？从公司理财的课程中大家知道，首先要确定无杠杆风险，即只有业务风险。我们通过下面的公式来计算无杠杆时的风险系数 β_U（D/E 是指公司当前的债务与股权比率）：

$$\beta_U=\frac{\beta_L}{1+\dfrac{D}{E}(1-t_c)}$$

那么，任意一年的杠杆风险系数都可以根据当年的资本结构计算出来（重新引入与资本结构相联系的财务风险）：

$$\beta_L=\beta_U\left[1+\frac{D}{E}(1-t_c)\right]$$

㊁ 我们假设 2022 年后，随着力拓对收益进行再投资，它将发行足够多的债务使债务价值比处于固定水平。这种方法与假定 2022 年后增长率固定和贴现率固定是一致的。如果杠杆率变动，贴现率也会变化。同样，在股利贴现模型中使用可持续增长率 $g=b\times\text{ROE}$ 也隐含杠杆率不变的假设。

㊂ Franco Modigliani and M. Miller, "The Cost of Capital, Corporation Finance, and the Theory of Investment," *American Economic Review*, June 1958, and "Dividend Policy, Growth, and the Valuation of Shares," *Journal of Business*, October 1961.

前面我们已经用几种方法对力拓公司进行了估值，估计的内在价值结果如表 18-6 所示：

表 18-6 模型估计的内在价值

模型	内在价值（美元）	模型	内在价值（美元）
两阶段股利贴现	54.26	公司自由现金流	51.15
收益加上最终价值的股利贴现	57.78	股东自由现金流	52.56
三阶段股利贴现	43.39	市场价格（来自价值线公司）	47.37

三阶段股利贴现模型是最保守的估计，主要因为（相较于两阶段模型）我们假设股利增长率从 2022 年的 7.4%下降至较低的长期增长率 5%，自由现金流估算的内在价值只比市场价格高几美元。但是两个阶段模型对公司最终价值态度乐观，导致估算价值都远远高于市场价格。因此，关于力拓公司的市场估值过高还是过低，不同模型得出的估计结果存在很大的差异。

我们应该如何看待这些差异？其中有个教训：模型对现实世界存在不可避免的简化过程。使用模型的难点不是执行计算，而是输入值确有意义。我们已经强调敏感性分析的重要性，你还需要更广泛地考虑现实测试。可持续增长率可信吗？假定企业进入稳定增长的日期是否合理？ROE 和再投资率与最终结果是否一致？这些问题涉及良好的判断力，不仅是技术能力。

上面这个关于力拓估值的例子说明，要发现被低估的股票并没有看上去那么简单。尽管这些模型的应用都比较简单，但是确定合适的输入值却非常具有挑战性，这并不奇怪。即使在一个适度有效的市场中，发现获利机会都要比分析价值线公司提供的数据（这也需要几个小时）投入更多。但这些模型对分析师而言仍非常有用，因为它们提供了内在价值的大概估计结果。而且，它们要求分析师必须严谨考虑潜在假设，并强调了不同变量对估值结果的影响以及对进一步分析的重大贡献。

18.5.2 DCF 模型的不足

在对力拓公司利用现金流贴现（DCF）模型做内在价值评估时，我们采用了预期现金流的现值以及未来某时期力拓股票的最终价格。显而易见的是，模型中的关键数值为输入的终值，且终值对已知价值的微小变动高度敏感（参见概念检查 18-4）。因此，读者必须意识到 DCF 模型的估计结果未必会那么准确，增长机会、增长速率尤其难以确定。

出于以上原因，许多价值投资者采用多层次估值体系。他们认为资产负债表上某些科目的价值是对其当前市场价值的最精确估计。房地产、厂房和设备属于这一类。

较不可靠的价值部分是已投入资产的经济利润。例如，像英特尔这样的公司，在芯片制造上的投资获得的净资产收益率显著高于其资本成本。这一“经济利润”或经济增加值[⊖]的现值，是英特尔市场价值的重要组成部分。该部分价值并没有在资产负债表中体现出来。投资者担心新竞争者进入该市场领域后，将使产品价格和利润率下降，进而降低英特尔的投资收益率。因此需对保障英特尔产品定价权和利润率的“护城河”壁垒做细致分析。我们曾在前一章中讨论过进入壁垒，涉及行业分析、市场结构和当前的市场竞争状况（参见第 17.6 节）。

增长机会的价值评估最为困难。英特尔今天的高估值很大程度上是由于其具备持续的高 NPV 投资能力。价值投资者不否认这样的机会存在，但他们怀疑能否对其准确定价，因此，他们往往不太愿意为未来的成长可能性在今天支付过多的价值。此前指出，Facebook 公布的盈利

⊖ 我们将在第 19 章详细讨论经济增加值。

增长令人失望时，市场对其增长机会的绝大部分估值瞬间消失。

18.6 整体股票市场

预测股市整体水平最常用的方法是市盈率法。具体步骤为：首先预测下一期的公司盈利，然后根据对长期利率的预测估计市盈率，即整体市盈率，最后根据以上预测结果的乘积估计期末的市场水平。

图 18-9 中的曲线走势可以帮助我们预测出市场整体市盈率的大概位置，两条线分别是标准普尔 500 指数的盈利收益率（每股收益除以股价，即市盈率的倒数）与 10 年期国债的到期收益率。很明显，两条曲线的变动趋势非常接近，预示着可以通过当期的 10 年期国债收益率预测标准普尔 500 指数的盈利收益率。给定盈利收益率，只要再预测盈利便可以对未来特定时期内标准普尔的整体估值水平做出估计。下面用一个简单的例子加以说明。

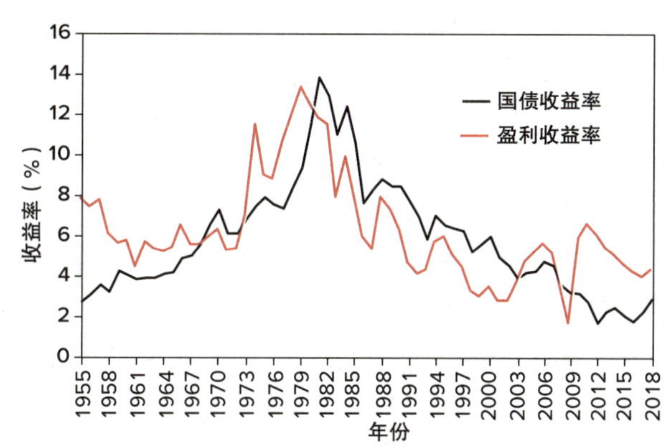

图 18-9 标准普尔 500 指数盈利收益率与 10 年期国债到期收益率

【例 18-7】 预测整体股票市场走势

2019 年年初，标准普尔 500 指数投资组合的每股年收益约预测为 154.67 美元，10 年期国债的到期收益率约为 2.9%。首先假设指数盈利收益率与国债到期收益率的差值 2.3%一直维持在这个水平。给定国债的到期收益率为 2.9%，这意味着指数的盈利收益率为 5.2%，市盈率为 1/0.052=19.23。那么可以预测标准普尔 500 指数将为 19.23×154.67=2 974 点。已知标准普尔 500 指数当前为 2 506 点，因此年资本利得率为 468/2 506=18.7%。

当然，分析中使用的三个已知变量：标准普尔 500 指数的实际盈利收益率、10 年期国债年末的到期收益率以及国债到期收益率与指数盈利收益率之间的差，均存在不确定性。可以通过敏感性分析或情境分析来检验这三个变量的影响。此处用表 18-7 加以说明，这是一个简单的情境分析表格，说明了国债到期收益率发生变化可能带来的影响。通过情境分析发现，股市对利率变化非常敏感，两者呈反向变化。

表 18-7 不同情境下对标准普尔 500 指数的预测

	最悲观的情境	最可能的情境	最乐观的情境
国债到期收益率（%）	3.40	2.90	2.40
指数盈利收益率（%）	5.70	5.20	4.70
市盈率	17.54	19.23	21.28
每股收益的预测值（美元）	154.67	154.67	154.67
标普 500 指数的预测值（点）	2 714	2 974	3 291

注：对标普 500 指数收益率的预测等于 10 年期国债的到期收益率加上 2.3%，市盈率为盈利收益率预测值的倒数。

一些分析师使用股利贴现模型的总体版本而不是市盈率法。但是所有模型都十分依赖对宏观经济变量的预测，如国内生产总值、利率和通货膨胀率等，而要对这些变量做出准确预测并非易事。

由于股价反映了对未来股利的预测，而股利与公司的经济财富密切相关，因此像标准普尔

500 指数这种覆盖面广的股指作为先行经济指标，即整个经济的预警器便不足为奇了。股价被认为是人们对经济预期所达成的共识，且可以随经济的变化而上下波动。近期的股市业绩是政府先行经济指标指数的构成部分，该指数可以用来预测经济周期的发展。但是，对市场的预测并非尽善尽美，一个出自保罗·萨缪尔森的著名笑话是：在过去的五次经济衰退中，市场预测出了八次。

小结

1. 对公司进行估值的一种方法是使用公司的账面价值，既可以是列示在资产负债表中的价值，也可以是调整后反映当前资产的重置成本或清算价值。另一种方法是计算预期未来股利的现值。
2. 股利贴现模型主张股价等于所有未来股利的现值，贴现率与股票风险一致。
3. 股利贴现模型给出了股票内在价值的估计值。若股价不等于内在价值，收益率将不等于基于股票风险的均衡收益率。实际收益率取决于股价恢复到内在价值时的收益率。
4. 固定增长的股利贴现模型认为，若预计股利以固定的速度增长，那么股票的内在价值由下式决定：

$$V_0=\frac{D_1}{k-g}$$

   固定增长的股利贴现模型是最简单的股利贴现模型，因为它假定增长率 g 固定不变。在更复杂的环境中，有更加复杂的多阶段模型。当固定增长的假设成立且股价等于内在价值时，上式可以转化成推导股票市场资本化率的公式：

$$k=\frac{D_1}{P_0}+g$$

5. 固定增长的股利贴现模型最适用于那些在可预见的未来有稳定增长率的公司，但在现实中，公司会经历不同的生命周期。早期，公司拥有大量有吸引力的投资机会，此时公司的再投资率和股利增长率都很高，但最终增长率会下降到一个可持续的水平。三阶段增长模型非常适合这种模式。这种模型适用于最初快速增长、最后稳定增长、中间的过渡期由高增长率下降到固定增长率的股利增长模式。
6. 股票市场分析师非常关注公司的市盈率，市盈率是市场评估公司增长机会的有用衡量指标。若公司没有增长机会，那么其市盈率将恰好等于市场资本化率 k 的倒数。当增长机会成为公司价值越来越重要的构成部分时，市盈率将上升。
7. 预期增长率既与公司的盈利能力有关，又与股利政策有关，具体关系如下：

   g = 新投资的 ROE×(1−股利支付率)

8. 通过比较未来投资的 ROE 与市场资本化率 k，你可以把任何股利贴现模型与简单的资本收益模型联系起来。若 ROE = k，那么股票的内在价值将降低至预期每股收益除以 k。
9. 许多分析师用预测的下一年每股收益乘以市盈率来得出股票价值的估计值。一些分析师把市盈率法与股利贴现模型结合起来，利用市盈率来预测未来某一日期股票的最终价值，然后把最终价值的现值与期间所有股利的现值相加，得到股票价值的估计值。
10. 自由现金流方法是公司财务中运用最多的方法。分析师首先用预期公司未来现金流的现值估计整个公司的价值，然后减去债务价值。股东自由现金流的贴现率要与股票风险相一致。
11. 本章中的模型可以用来解释和预测股票市场的总体走势，决定总体股价水平的关键宏观经济变量是利率和公司利润。

习题

1. 在什么情形下你会选择股利贴现模型而非自由现金流模型对公司进行估值?
2. 在什么情形下使用多阶段股利贴现模型比固定增长模型更合适?
3. 若一家公司的价值被低估了（即内在价值>股票价格），那么其市场资本化率与期望收益率之间的关系是什么?
4. Deployment Specialist 公司现在每年的股利为每股 1.00 美元，预期两年内将增长 20%，然后将以 4%的增长率增长。若 Deployment Specialist 的必要收益率为 8.5%，那么其股票的内在价值是多少?
5. Jand 公司目前支付了每股 1.22 美元的股利，且预期无限期内将以 5%的增长率增长。若根据固定增长的股利贴现模型计算的股票当前价值为每股 32.03 美元，那么必要收益率是多少?
6. 一家公司目前支付了每股 1.00 美元的股利，且预期无限期内将以 5%的增长率增长。若股票的当前价值为每股 35 美元，那么根据固定增长的股利贴现模型计算的投资必要收益率是多少?
7. Tri-coat Paints 的当前市值是每股 41 美元，每股收益为 3.64 美元，若必要收益率为 9%，那么增长机会价值的现值是多少?
8. a. 计算机类股票目前的期望收益率为 16%。MBI 是一家大型计算机公司，年末将支付每股 2 美元的股利，若其股票的当期市价为每股 50 美元，那么市场对 MBI 股利增长率的预期是多少?
   b. 若 MBI 的股利增长率下降到 5%，那么 MBI 的股价将如何变化?
   c. 若 MBI 的股利增长率下降到 5%，那么 MBI 的市盈率（从定性角度看）将会发生什么变化?
9. a. MF 公司的 ROE 为 16%，再投资率为 50%，若预期未来一年的每股收益为 2 美元，那么股价将为多少? 市场资本化率为 12%。
   b. 你预期三年后 MF 的股价将为多少?
10. 市场认为 Analog Electronic 公司的 ROE 为 9%，β 值为 1.25，公司计划在无限期内保持 2/3 的再投资率，今年的每股收益为 3 美元，刚刚派发了年度股利。预期未来一年的市场收益率是 14%，国库券当前提供的收益率是 6%。
    a. 计算 Analog Electronic 公司的股价。
    b. 计算市盈率。
    c. 计算增长机会价值。
    d. 假设根据你的调研，你相信 Analog Electronic 公司随时有可能把再投资率降低至 1/3，计算股票的内在价值。假设市场仍未意识到这一决策，分析为什么 V_0 与 P_0 不再相等，是 V_0 大还是 P_0 大。
11. Sisters 公司明年每股将会盈利 6 美元。公司的 ROE 为 15%且再投资率为 60%。如果公司的市场资本化率为 10%，那么增长机会价值是多少?
12. Eagle Products 公司的 EBIT 为 300 美元，税率为 21%，折旧为 20 美元，资本支出为 60 美元，运营资金净增加值计划为 30 美元。那么公司的自由现金流是多少?
13. FinCorp 公司的自由现金流为 2.05 亿美元。公司的利息支出为 2 200 万美元。假设公司税率为 21%且公司的净债务增加了 300 万美元。如果股权的自由现金流以 3%的速度无限增长且股权成本为 12%，那么股权的市场价值是多少?
14. 预期 FI 公司的每股股利无限期内将以 5%的增长率增长。
    a. 若今年的年末股利为每股 8 美元，市场资本化率为 10%，那么根据股利贴现模型计算的当前股价应为多少?

b. 若预期每股收益为 12 美元，那么暗含未来投资机会的 ROE 是多少？

c. 市场需为每股增长机会支付多少美元（即未来投资的 ROE 超过市场资本化率时）？

15. Nogro 公司的当前股价为每股 10 美元，预期未来一年的每股收益为 2 美元，公司的股利支付率为 50%，剩下的盈利将被再投资于年收益率为 20%的项目中，预期这种情形将无限期地持续下去。

a. 假设股票的当前市场价格等于根据固定增长模型计算的内在价值，那么 Nogro 的投资者要求的必要收益率是多少？

b. 此时的内在价值比所有盈利都作为股利派发时的内在价值高多少？

c. 若 Nogro 把股利支付率降低至 25%，股价将如何变化？若 Nogro 不派发股利，股价又将如何变化？

16. 无风险利率为 8%，预期市场投资组合的收益率为 15%，Xyrong 公司股票的风险系数为 1.2。Xyrong 公司的股利支付率为 40%，最近公布的每股收益为 10 美元。刚刚派发了股利，且预期每年都将派发。预期 Xyrong 所有再投资项目的 ROE 将永远为 20%。

a. Xyrong 股票的内在价值是多少？

b. 若股票的当前市价为每股 100 美元，预期股票的市场价格从现在起一年后将等于其内在价值，那么你预期持有 Xyrong 股票一年的收益率为多少？

17. DEQS 公司目前不派发现金股利，且预期未来五年内都不会派发，其最近的每股收益为 10 美元，全部用于再投资。预期未来五年里的 ROE 每年为 20%，且在这五年内全部盈利也都将用于再投资。从第六年开始，预期公司的 ROE 将下降至 15%，公司将把盈利的 40%作为股利发放，这种状态将一直持续下去。DEQS 公司的市场资本化率为 15%。

a. 你估计 DEQS 股票的每股内在价值是多少？

b. 假设当期的股价等于内在价值，你预期明年的股价将如何变化？后年的股价又将如何变化？

c. 若从第六年开始，DEQS 公司的股利支付率仅为 20%，你估计 DEQS 股票的内在价值将如何变化？

18. 使用表 18-3（可在 www.mhhe.com/bkm 上获得）中的三阶段增长模型，重新计算下列每一种情形下力拓公司股票的内在价值。每种情形相互独立。

a. 固定增长阶段的 ROE 等于 6%。

b. 力拓公司的实际 β 值为 1.2。

c. 市场风险溢价为 7.5%。

19. 使用表 18-5（可在 www.mhhe.com/bkm 上获得）中的自由现金流模型，重新计算下列每一种情形下力拓公司股票的内在价值。每种情形相互独立。

a. 自 2022 年起力拓公司的市盈率将为 11。

b. 力拓公司的无杠杆风险系数为 1.2。

c. 市场风险溢价为 7.5%。

20. Duo Growth 公司刚支付了每股 1 美元的股利，预期未来三年内的股利年增长率为 25%，之后将下降到 5%，并将一直持续下去。你认为合适的市场资本化率为 20%。

a. 你估计股票的内在价值是多少？

b. 若股票的市场价格等于内在价值，那么预期股利收益率为多少？

c. 你预期现在起一年后股价将如何变化？资本利得率与你预期的股利收益率和市场资本化率一致吗？

21. GG 公司目前不派发现金股利，且预期未来四年内都不会派发，其最近的每股收益为 5 美元，全部用于再投资。预期未来四年里的 ROE 每年为 20%，且在这五年内全部盈利也都将用于再投资。从第五年开始，预期公司的 ROE 将下降至 15%，GG 公司的市场资本化率为 15%。

a. 你估计 GG 股票的每股内在价值是多少？

b. 假设当期的股价等于内在价值，你预期明年的股价将如何变化？

22. MoMi 公司去年经营活动产生的息税前现金流为 200 万美元，预期今后将以 5%的增长率持续增长下去。为了实现这一目标，公司每年必须将税前现金流的 20%用于投资，公司税率为 35%。去年的折旧为 20 万美元，并预期将与经营现金流保持相同的增长率。无杠杆现金流的合理资本化率为 12%，公司目前的债务为 400 万美元。使用自由现金流模型估计公司的股权价值。

23. Chiptech 是一家知名的计算机芯片公司，拥有几种盈利产品和正在研发的产品。去年的每股收益为 1 美元，刚刚派发了每股 0.50 美元的股利。投资者相信公司将维持 50% 的股利支付率，ROE 等于 20%，市场预期这种状态将无限期持续下去。

a. Chiptech 公司股票的市场价格是多少？计算机芯片行业的必要收益率是 15%，公司刚刚支付了股利（即下一次发放股利将发生在一年后，在 $t=1$ 时）。

b. 假设你发现 Chiptech 的竞争者刚刚研发出一种新型芯片，这将使 Chiptech 公司目前的技术优势不复存在。新型芯片将在两年后上市，为了维持竞争力，Chiptech 不得不降价，ROE 将降至 15%，而且由于产品需求的减少，公司将把再投资率降至 0.40，再投资率的降低将从第二年开始，即 $t=2$ 时。第二年的年末股利（$t=2$ 时支付）支付率为 60%。你预计 Chiptech 公司股票的内在价值是多少？（提示：仔细列出 Chiptech 公司未来三年内每年的盈利和股利，特别注意 $t=2$ 时股利支付率的变化。）

c. 市场中其他人都没有意识到对 Chiptech 的市场威胁，事实上，你相信直到第二年年末竞争公司公布其新产品时，不会有其他人意识到 Chiptech 公司竞争地位的改变。第一年（即 $t=0$ 到 $t=1$ 之间）Chiptech 公司股票的收益率将是多少？第二年（即 $t=1$ 到 $t=2$ 之间）、第三年（即 $t=2$ 到 $t=3$ 之间）呢？（提示：注意市场意识到新竞争状况的时间，可以列出各期的股利和股价。）

CFA 考题

1. Litchfield Chemical 公司的一位董事认为股利贴现模型证明了股利越高股价就越高。
   a. 以固定增长的股利贴现模型作为参考基础，评价这位董事的观点。
   b. 说明股利支付率的增加将对下列项目产生何种影响（其他条件不变）：
      i. 可持续增长率。
      ii. 账面价值的增长。

2. 海伦是一位特许金融分析师，她被要求使用股利贴现模型对 Sundanci 公司进行估值，海伦预期 Sundanci 公司的收益和股利未来两年将增长 32%，然后按 13%的固定增长率增长。下表为 Sundanci 公司 2017 和 2018 财务年度（以 5 月 31 日为最后一天）的财务报表（除每股收益和每股股利外，单位为 100 万美元）。使用两阶段股利贴现模型，利用利润表信息、资产负债表信息和部分财务信息中的数据计算当前 Sundanci 公司股票的每股价值。

利润表信息	2017	2018	资产负债表信息	2017	2018
收入	474	598	流动资产	201	326
折旧	20	23	不动产、厂房和设备净额	474	489
其他运营成本	368	460	资产总额	675	815
税前利润	86	115	流动负债	57	141
所得税	26	35	长期负债	0	0
净利润	60	80	负债总额	57	141
股利	18	24	所有者权益	618	674
每股收益（美元）	0.714	0.952	负债与所有者权益总额	675	815
每股股利（美元）	0.214	0.286	资本化支出	34	38
发行在外的普通股（100 万股）	84.0	84.0			

部分财务信息如下表所示。

股权的必要收益率	14%
行业增长率	13%
行业市盈率	26

3. Naylor 是一位特许金融分析师，她被要求使用股东自由现金流（FCFE）模型对 Sundanci 公司的股票进行估值，Naylor 预期 Sundanci 公司的 FCFE 未来两年将增长 27%，然后按 13% 的固定增长率增长。预期资本化支出、折旧和营运资本与 FCFE 的增长率相同。
   a. 使用第 2 题中的数据，计算 2018 年的每股 FCFE。
   b. 根据两阶段 FCFE 模型，计算目前 Sundanci 公司股票的每股价值。
   c. ⅰ. 运用两阶段 FCFE 模型说明两阶段 DDM 的局限性。
      ⅱ. 不运用两阶段 FCFE 模型说明两阶段 DDM 的局限性。
4. Johnson 是一位特许金融分析师，他被要求使用市盈率模型对 Sundanci 公司进行估值，Johnson 假定 Sundanci 公司的盈利和股利将按 13% 的固定增长率增长。
   a. 根据 Johnson 对 Sundanci 公司的假设和第 2 题中的数据计算市盈率。
   b. 根据固定增长模型的相关内容，判断下列每一项目如何影响市盈率。
      - Sundanci 公司股票的风险系数 β。
      - 估计的盈利增长率和股利增长率。
      - 市场风险溢价。
5. Dynamic 公司是一家拥有多家电子事业部的美国工业公司，该公司刚刚公布了 2020 年的年报。下面是对 Dynamic 公司 2019 年和 2020 年财务报表的总结，以及 2016—2018 年的部分财务报表数据。
   a. Dynamic 的部分股东表达了对过去四年股利零增长的关心，他们希望知道关于公司增长情况的相关信息。计算 2017 年和 2020 年的可持续增长率。你的计算应使用年初资产负债表数据。
   b. 说明收益留存率和财务杠杆的变化是如何影响 Dynamic 的可持续增长率（2020 年与 2017 年相比）的（注意：你的计算应使用年初资产负债表数据）。

Dynamic 公司的资产负债表

（单位：百万美元）

	2020 年	2019 年
现金和现金等价物	149	83
应收账款	295	265
存货	275	285
流动资产总额	719	633
固定资产总额	9 350	8 900
累计折旧	(6 160)	(5 677)
固定资产净额	3 190	3 223
资产总额	3 909	3 856
应付账款	228	220
应付票据	0	0
应计税费	0	0

（续）

	2020 年	2019 年
流动负债总额	228	220
长期负债	1 650	1 800
普通股	50	50
资本公积	0	0
留存收益	1 981	1 786
股东权益总额	2 031	1 836
负债和股东权益总额	3 909	3 856

Dynamic 公司的利润表

	2020 年	2019 年
总收入（百万美元）	3 425	3 300
经营成本和费用（百万美元）	2 379	2 319
息税折旧摊销前利润（百万美元）	1 046	981
折旧和摊销（百万美元）	483	454
经营利润（百万美元）	563	527
利息费用（百万美元）	104	107
税前利润（百万美元）	459	420
税费（百万美元，税率为 40%）	184	168
净利润（百万美元）	275	252
股利（百万美元）	80	80
留存收益变动（百万美元）	195	172
每股收益（美元）	2.75	2.52
每股股利（美元）	0.80	0.80
发行在外的股份数（百万股）	100	100

Dynamic 公司财务报表的部分数据

	2018 年	2017 年	2016 年
总收入（百万美元）	3 175	3 075	3 000
经营利润（百万美元）	495	448	433
利息费用（百万美元）	104	101	99
净利润（百万美元）	235	208	200
每股股利（美元）	0.80	0.80	0.80
资产总额（百万美元）	3 625	3 414	3 230
长期负债（百万美元）	1 750	1 700	1 650
股东权益总额（百万美元）	1 664	1 509	1 380
发行在外的股份数（百万股）	100	100	100

6. Brandreth 是一位专注于电子行业的分析师，正在编写一份关于 Dynamic 公司的调研报告。一位同事建议 Brandreth 使用固定增长的股利贴现模型来根据 Dynamic 的目前普通股股价来估计 Dynamic 的股利增长率。Brandreth 认为 Dynamic 的股权必要收益率为 8%。

   a. 假设公司的当前股价为每股 58.49 美元，等于内在价值，那么 2020 年 12 月的可持续股利增长率是多少？使用固定增长的股利贴现模型。

   b. Dynamic 的管理层向 Brandreth 及其他分析师表示，公司不会改变当前的股利政策，那么使用固定增长的股利贴现模型对 Dynamic 的普通股估值合适吗？根据固定增长的股利贴现模型的假设证明你的观点。

7. Peninsular 研究机构正在进行一项覆盖成熟制造行业的调查。特许金融分析师 Jones 是这家研究机构的主席，他收集了下列行业和市场数据来分析：

行业收益留存率的预测值	40%
行业股权收益率的预测值	25%
行业风险系数	1.2
政府债券收益率	6%
股权风险溢价	5%

   a. 根据这些基础数据计算行业的市盈率（P_0/E_1）。

   b. Jones 想知道为什么不同国家的行业市盈率不同，他为此收集了经济和市场数据。

基本因素	国家 A	国家 B
实际 GDP 的预期增长率	5%	2%
政府债券收益率	10%	6%
股权风险溢价	5%	4%

   分析上述每一个基本因素将导致国家 A 的市盈率高还是国家 B 的市盈率高。

8. Ludlow 所在的公司要求所有分析师采用两阶段股利贴现模型和资本资产定价模型对股票进行估值。Ludlow 刚对 QuickBrush 公司进行了估值，估值结果是每股 63 美元。她现在要对 SmileWhite 公司进行估值。

   a. 根据下面的信息计算 SmileWhite 公司的必要收益率：

	QuickBrush	SmileWhite
风险系数 β	1.35	1.15
市场价格	45.00	30.00
内在价值	63.00	?

注：无风险利率为 4.50%；市场预期收益率为 14.50%。

b. Ludlow 估计 SmileWhite 公司的每股收益和股利的增长情况如下：

前三年	12%
此后	9%

根据两阶段股利贴现模型和上表中的数据估计 SmileWhite 公司股票的内在价值。上一年的每股股利是 1.72 美元。

c. 通过将 QuickBrush 和 SmileWhite 两家公司股票的内在价值与市场价格进行比较，你建议应购买哪一家公司的股票？

d. 与固定增长的股利贴现模型相比，说出两阶段股利贴现模型的一个优点，并说出所有股利贴现模型共有的一个缺点。

9. Rio National 公司是一家美国公司，它是其所在行业中最大的竞争者。下面是该公司的财务报表和相关信息，以及相关的行业和市场数据。

Rio National 公司年末资产负债表

（单位：百万美元）

	2020 年	2019 年
现金	13.00	5.87
应收账款	30.00	27.00
存货	209.06	189.06
流动资产总额	252.06	221.93
固定资产总额	474.47	409.47
累计折旧	(154.17)	(90.00)
固定资产净额	320.30	319.47
资产总额	572.36	541.40
应收账款	25.05	26.05
应收票据	0.00	0.00
一年内到期的长期负债	0.00	0.00
流动负债	25.05	26.05
长期负债	240.00	245.00
负债总额	265.05	271.05
普通股	160.00	150.00
留存收益	147.31	120.35
所有者权益总额	307.31	270.35
负债与所有者权益总额	572.36	541.40

Rio National 公司 2019 年的利润表

（单位：百万美元）

收入	300.80
经营费用总额	(173.74)
经营利润	127.06
销售利得	4.00
息税折旧摊销前利润	131.06
折旧和摊销	(71.17)
息税前利润	59.89
利息	(16.80)
所得税	(12.93)
净利润	30.16

Rio National 公司 2019 年的补充信息

A. Rio National 公司 2019 年的资本化支出为 7 500 万美元

B. 年末以 700 万美元出售了一台设备，出售时该设备的账面价值为 300 万美元，最初购买价格为 1 000 万美元

C. 长期负债的减少表示计划外的本金偿还；2019 年没有新增借款

D. 2019 年 1 月 1 日公司收到发行普通股的现金，共 400 000 股，每股 25 美元

E. 一项新的评估认为公司持有的投资性土地的市场价值增加了 200 万美元，在 2019 年的利润表中并没有确认这一事项

Rio National 公司 2019 年的普通股数据

股利支付（100 万美元）	3.20
2019 年加权平均发行在外的股份数	16 000 000
每股股利（美元）	0.20
每股收益（美元）	1.89
风险系数 β	1.80

2019 年 12 月 31 日的行业和市场数据

无风险利率	4.00%
市场指数的预期收益率	9.00%
行业市盈率的中值	19.90
行业盈利的预期增长率	12.00%

一位大型共同基金的投资组合经理对基

金分析师 Katrina Shaar 说："我们正在考虑购买 Rio National 公司的股票，因此我想让你分析一下该公司的价值。根据该公司过去的表现，你可以假设公司盈利的增长率与行业盈利的增长率相同。"

a. 利用固定增长的股利贴现模型和资本资产定价模型，计算 2020 年 12 月 31 日 Rio National 公司股票的内在价值。

b. 使用 2020 年年初的资产负债表数据，计算 Rio National 公司在 2020 年 12 月 31 日的可持续增长率。

10. 对 Rio National 公司的股票估值时，Katrina Shaar 在考虑是使用经营活动现金流（CFO）还是使用股东自由现金流（FCFE）。

a. 说出将经营活动现金流转换为股东自由现金流时，Shaar 需要做的两点调整。

b. Katrina Shaar 决定计算 Rio National 公司 2019 年的 FCFE，首先需要计算净利润。根据 Rio National 公司 2019 年的补充信息，判断为了得出 FCFE，是否需要调整净利润。若需要，应调整多少？

c. 计算 Rio National 公司 2019 年的 FCFE。

11. Katrina Shaar 略微调整了对 Rio National 公司盈利增长率的估计，且她希望根据调整的增长率，利用标准化（基于潜在趋势的）每股收益将 Rio National 公司股权的当前价值与行业价值加以比较。下表是关于 Rio National 公司与其所在行业的部分信息。根据标准化（基于潜在趋势的）每股收益，在动态股价收益比（PEG）的基础上，Rio National 公司的股权价值与行业相比是被高估还是低估了？假设 Rio National 的风险与行业风险相近。

Rio National 公司与其所在行业的部分信息

Rio National 公司	
盈利增长率的估计值	11.00%
当前股价（美元）	25.00
2019 年的标准化（基于潜在趋势的）每股收益(美元)	1.71
2019 年加权平均发行在外的股份数	16 000 000
行业	
盈利增长率的估计值	12.00%
市盈率的中值	19.90

概念检查答案

18-1 a. 股利收益率 = 2.15÷50 = 4.3%

资本利得收益率 = (59.77−50)÷50 = 19.54%

总收益率 = 4.3% + 19.54% = 23.84%

b. $k = 6\% + 1.15 \times (14\% - 6\%) = 15.2\%$

c. $V_0 = (2.15 + 59.77) \div 1.152 = 53.75$ 美元，超过了市场价格，意味着应该买入该股票。

18-2 a. $D_1 \div (k - g) = 2.15 \div (0.152 - 0.112) = 53.75$（美元）

b. $P_1 = P_0(1+g) = 53.75 \times 1.112 = 59.77$（美元）

c. 预期的资本利得等于 59.77−53.75 = 6.02 美元，资本利得率等于 11.2%。股利收益率 $D_1/P_0 = 2.15 \div 53.75 = 4\%$，持有期收益率等于 4% + 11.2% = 15.2%。

18-3 a. $g = \text{ROE} \times b = 20\% \times 0.60 = 12\%$

$D_1 = 0.4 \times E_1 = 0.4 \times 5 = 2$（美元）

$P_0 = 2 \div (0.125 - 0.12) = 400$（美元）

b. 当公司投资 ROE 低于 k 的项目时，

股价会下跌。若 $b=0.60$，那么 $g=10\%\times0.60=6\%$，$P_0=2\div(0.125-0.06)=30.77$ 美元。而若 $b=0$，则 $P_0=5\div0.125=40$ 美元。

18-4 $V_{2018}=\frac{3.12}{1.132}+\frac{3.38}{1.132^2}+\frac{3.64}{1.132^3}+\frac{3.90+P_{2022}}{1.132^4}$

现根据固定增长的股利贴现模型计算2022年的股价，增长率 $g=5\%$。

$$P_{2022}=\frac{3.90\times(1+g)}{k-g}=\frac{3.90\times1.05}{0.132-0.05}=49.94(\text{美元})$$

因此，$V_{2018}=40.69$（美元）。

18-5 a. ROE = 12%

$b=0.5\div2=0.25$

$g=\text{ROE}\times b=12\%\times0.25=3\%$

$$P_0=D_1\div(k-g)=1.5\div(0.10-0.03)=21.43\ (\text{美元})$$

$P_0/E_1=21.43\div2=10.715$

b. 若 $b=0.4$，那么每股收益中的 $0.4\times2=0.8$ 美元将被用于再投资，剩下的1.2美元将作为股利发放。

$g=12\%\times0.4=4.8\%$

$$P_0=D_1\div(k-g)=1.2\div(0.10-0.048)=23.08\ (\text{美元})$$

$P_0/E_1=23.08\div2=11.54$

第 19 章

财务报表分析

在上一章中，我们探讨了股权估值的一些方法，这些方法把公司股利和期望收益作为关键输入变量。尽管估值分析师感兴趣的是经济利润，但他们容易获得的却只有财务会计数据。那么从公司的财务会计数据中，我们可以获得什么信息来帮助我们估计公司普通股的内在价值呢？本章将介绍投资者如何利用财务会计数据进行股票估值分析。

首先我们介绍的是这些数据的基本来源，包括利润表、资产负债表和现金流量表，然后讨论经济利润和会计利润的不同。尽管在估值中，经济利润更为重要，但许多证据表明，无论会计数据有何缺点，它们在评估公司的经济前景中仍然具有重要作用。本章展示了分析师如何利用财务比率来分析公司的盈利能力，以及如何用系统的方式来评估公司盈利的“质量”。同时本章还探讨了债务政策对各种财务比率的影响。

最后，本章讨论了运用财务报表分析这种工具来发现证券错误定价过程中存在的一些问题，部分问题的原因是公司会计政策的差异，而另外一些问题是通货膨胀导致会计数据失真而引起的。

19.1 主要的财务报表

19.1.1 利润表

利润表（income statement）是对公司在某一期间内（如一年内）盈利情况的总结。它列出了在运营期内公司创造的收入、产生的费用和公司的净收益或净利润，即收入与费用之间的差额。

正确区分四类费用是有必要的：销售成本，是指归属于产品生产中的直接成本；一般管理费用，包括管理费、工资支出、广告费以及与生产间接相关的其他运营成本；公司债务的利息费用；向联邦政府和州政府缴纳的税费等。

表 19-1 是塔吉特公司的利润表。表格的最顶端是公司的营业收入，接下来是营业费用，即在产生这些收入的过程中发生的成本，包括折旧。营业收入与营业费用之间的差额叫作营业利润，然后加上或减去其他收益或费用（主要为非经常性来源）便得到息税前利润。息税前利润是公司向债权人和税务机构履行责任前的所得，用来衡量不考虑由债务融资造成的利息负担时公司经营的盈利能力。在利润表中，用息税前利润扣除利息费用便得到应纳税所得额。最后，扣除应向政府缴纳的所得税后得到的净利润，显示在利润表的倒数第四行。

分析师通常还会准备一份同型利润表，在该表中，利润表中的所有项目都被表示为占营业收入的百分比。这使得不同规模公司之间的比较更为容易。表 19-1 的最右边一栏为塔吉特公司的同型利润表。

在前一章中，我们看到，股票估值模型需要使用**经济利润**（economic earning）——在不影响公司生产能力的情况下可持续分配给股东的现金流。相较而言，**会计利润**（accounting earning）更容易受到会计政策的影响，如存货计量（如先进先出法还是后进先出法）、资本性支出的分期确认（如折旧费用）。在本章后半部分，我们将针对几起典型的会计政策做深入的讨论。除了会计因素外，经济周期也使得企业的盈利围绕能精确反映持续经济利润的趋势线上下波动，使对净利润的解释更加复杂。也许有人会问，会计利润与经济利润之间究竟存在着怎样的联系？会计利润在投资者评估企业价值时可以发挥多大的作用？

表 19-1 塔吉特公司的利润表

	金额（百万美元）	占营业收入的百分比（%）
营业收入		
净营收	75 356	100.0
营业费用		
销售成本	53 299	70.7
销售及一般管理费用	15 723	20.9
折旧	2 224	3.0
总营业费用	71 246	94.5
营业利润	4 110	5.5
其他收益	34	0.0
息税前利润	4 144	5.5
利息费用	461	0.6
应纳税所得额	3 683	4.9
所得税	746	1.0
净利润	2 937	3.9
净利润分配		
股利	1 335	1.8
留存收益	1 602	2.1

注：由于四舍五入，各项之和与总计略有差异。

资料来源：Target Annual Report，year ending January 2019.

事实上，财务报告清晰地传达出大量信息：当公司公告的盈利不同于投资者或市场分析师预测的结果时，股票价格会有强烈的反应。

19.1.2 资产负债表

利润表衡量的是公司某一时期内的盈利能力，而**资产负债表**（balance sheet）则提供了公司在某一特定时点的财务状况，它列出了公司在那一时点的资产和负债。资产与负债之间的差额是公司净值，被称为所有者权益或股东权益。像利润表一样，资产负债表也具有标准格式。表 19-2 是塔吉特公司的资产负债表。

表 19-2 塔吉特公司的资产负债表

资产	金额（百万美元）	占总资产的百分比（%）	负债和股东权益	金额（百万美元）	占总资产的百分比（%）
流动资产			流动负债		
现金及有价证券	1 556	3.8	应偿还债务	1 218	2.9
应收账款	1 257	3.0	应付账款	9 761	23.6
存货	9 497	23.0	其他流动负债	4 035	9.8
其他流动资产	209	0.5	流动负债合计	15 014	36.4
流动资产合计	12 519	30.3			
固定资产			长期债务	12 227	29.6
有形固定资产			其他长期负债	2 752	6.7
不动产、厂房和设备	27 498	66.6	总负债	29 993	72.6
其他长期资产	640	1.6			
有形固定资产合计	28 138	68.1	股东权益		
无形固定资产			股本和资本公积	5 280	12.8
商誉	633	1.5	留存收益	6 017	14.6
固定资产合计	28 771	69.7	股东权益合计	11 297	27.4
总资产	41 290	100.0	负债和股东权益合计	41 290	100.0

注：由于四舍五入，各项之和与总计略有差异。

资料来源：Target Annual Report，year ending January 2019.

资产负债表的第一部分是对公司资产的列示。首先是流动资产，包括现金和其他项目，如可在一年内变现的应收账款和存货。接下来是长期或固定资产，有形固定资产包括不动产、设备和厂房等。塔吉特公司还拥有一些无形资产，如受人尊敬的品牌和专业技术，但会计人员通常不愿把这些项目纳入资产负债表，因为它们实在难以估值。但是，当一家公司溢价收购另一家公司时，收购价格超过被收购公司账面价值的部分叫作“商誉”，在资产负债表中作为无形固定资产列示。塔吉特公司有 6.33 亿美元的商誉。[⊖]流动资产与固定资产之和是总资产，列示在资产负债表中资产部分的最后一行。

负债和股东权益的安排也一样。首先是短期或流动负债，如应付账款及一年内到期的负债。接下来是长期债务和一年后到期的其他长期负债。总资产与总负债之间的差额是股东权益，即公司净值或账面价值。

股东权益分为股票面值（股本）、资本公积和留存收益，尽管这种分类并不重要。简言之，股本加上资本公积代表公司向公众出售股票募集的资金总额。当公司向公众回购股票时，可以视为反向的股票发行，股东权益会下降。回购的股票记为库存股。投资者所持有的公开发售的股份为流通股。塔吉特公司股本与资本公积合计是 52.8 亿美元。当然，大量的利润以股东的名义被用于再投资，在财务报表中体现为留存收益，见表 19-2。留存收益是所有者将利润再投入公司的累积值。

表 19-2 中第二列数字和第五列数字表示每项资产以百万美元计的价值。就像同型利润表一样，为了便于比较不同规模的公司，分析师们也会编制同型资产负债表，即把资产负债表中的每个项目表示为占总资产的百分比，表 19-2 的第三列和第六列展示了相关数据。

表 19-3 塔吉特公司的现金流量表

（单位：百万美元）

经营活动产生的现金流	
净利润	2 937
调整净利润	
折旧	2 474
营运资本的变化	
应收账款的减少（增加）	(328)
存货的减少（增加）	(900)
应付账款的增加（减少）	1 127
其他流动负债的增加（减少）	663
调整总计	3 036
经营活动产生的现金流净额	5 973
投资活动产生的现金流	
对有形固定资产的总投资	(3 516)
对其他资产的投资	100
投资活动产生的现金流净额	(3 416)
筹资活动产生的现金流	
长期债务的增加（减少）	(281)
股票的净发行（回购）	(2 124)
股利	(1 335)
其他	96
筹资活动产生的现金流净额	(3 644)
现金的净增加	(1 087)

资料来源：Target Annual Report，year ending January 2019.

19.1.3 现金流量表

利润表和资产负债表均建立在权责发生制的基础上，这意味着不论款项是否收到或付出，收入和费用均应在发生时确认。而**现金流量表**（statement of cash flow）记录的是交易的现金变化。例如，现销售一批货物，60 天后付款，利润表在销售发生时确认收入，资产负债表也立即增加一项应收账款，而现金流量表只有当账单被支付并收到现金时才会增加现金流入。

表 19-3 是塔吉特公司的现金流量表。“经营活动产生的现金流”下面首先列示的是净利润，接下来是对已确认但未产生

⊖ 按规定，公司每年都要对商誉进行减值测试。若被收购公司的价值明显低于收购价格，应将差额作为当期费用结转。例如惠普曾以较高估值收购软件公司 Autonomy，而在 2012 年不得不对其进行 88 亿美元的商誉减值。时代华纳与美国在线于 2001 年 1 月合并。2002 年，美国在线时代华纳确认了 990 亿美元的商誉减值。

现金变动的项目的调整。例如，塔吉特公司增加了 3.28 亿美元的应收账款，这部分销售收入已在利润表中确认，但仍未收到现金。应收账款的增加实际上意味着营运资本投资的增加，因此减少了经营活动产生的现金流。类似地，应付账款的增加意味着费用已确认，但现金仍未流出公司，任何延后支付都会增加公司当期的净现金流。

利润表与现金流量表的另一个主要区别在于折旧，折旧是利润向现金流调整过程中一个主要的增加项。利润表试图随着时间的推移来"平滑"巨额的资本性支出，因此确认的折旧费用是将资本性支出在多年内进行分摊后的结果，而不是在购买时就确认的。相反，现金流量表在资本性支出发生时便确认。因此，编制现金流量表时，要把折旧费用加回到净利润中，因为发生资本性支出时便已确认为现金流出。这也是现金流量表把经营活动、投资活动和筹资活动产生的现金流分开报告的原因。这样一来，所有大额现金流（如大型投资所需的现金流）都可以在不影响经营活动现金流的情况下确认。

现金流量表的第二部分是投资活动产生的现金流。例如，塔吉特公司用 35.16 亿美元现金投资于有形固定资产。另外，收回了 1 亿美元对其他资产的投资。针对投资活动的支出是公司维持或提高生产能力所必需的资产投入。

现金流量表的最后一部分列出了筹资活动产生的现金流。发行有价证券将产生正向现金流，而回购或赎回证券则会消耗现金。例如，塔吉特公司斥资 21.24 亿美元回购股票，占据了现金开支的很大一部分。此外，塔吉特公司支付了 13.35 亿美元的现金股利。塔吉特公司筹资活动产生的现金流净额为-36.44 亿美元。

塔吉特公司经营活动产生了 59.73 亿美元的现金流净额，34.16 亿美元用于新的投资，36.44 亿美元用于支付股利和回购股票。因此，塔吉特公司的现金持有量增加了 59.73-34.16-36.44=-10.87 亿美元，在表 19-3 的最后一行报告。

现金流量表向人们提供了一家公司是否运转良好的重要证据。例如，若一家公司无法支付股利和用经营活动产生的现金流维持生产力，那么它必须依靠借款来满足这些现金需求，这便给人们一个重要警示：这家公司不能在长期内保持现在的股利支付水平。当现金流量表显示经营活动产生的现金不足，公司要靠举债来维持一个无法持续的股利水平时，公司的发展问题便会暴露。

19.2 衡量企业绩效

第 1 章中我们曾提出，企业与生俱来的经营目标就是价值最大化，而委托代理问题和利益纠纷的存在会妨碍这一目标的实现。究竟该如何衡量企业实际的运营绩效？金融分析师创造性地构造了一系列财务比率来分析企业绩效的诸多方面。在讲解具体的财务比率之前，我们首先考虑一下何种财务比率有助于企业实现价值增长的终极目标。

公司的财务经理主要承担两个方面的责任：投资决策与融资决策。投资决策或资本预算决策过程要保证投入资本的有效使用，也就是要解答投入项目的盈利能力如何这一问题。例如，该如何衡量企业的盈利能力？为了达到某种盈利水平，需要承担的风险和资金机会成本是多少？融资决策则是在思考恰当的资本来源问题。例如，支持企业发展的资金是否充足？融资是否过多依赖于债务性借款？是否有充足的流动性来满足应急资金需求？

图 19-1 将上述问题进行了梳理，显示了当对企业投资活动进行评价时需重点考虑的两方面问题：资产的使用效率以及销售的盈利能力。对于企业资金使用效率和盈利能力的衡量可细化

为诸多财务比率。如效率类指标多采用周转率，盈利能力类指标多采用不同的利润率。通过杠杆率和流动性两方面来衡量融资决策效率，而每一方面又存在多种统计代理变量。

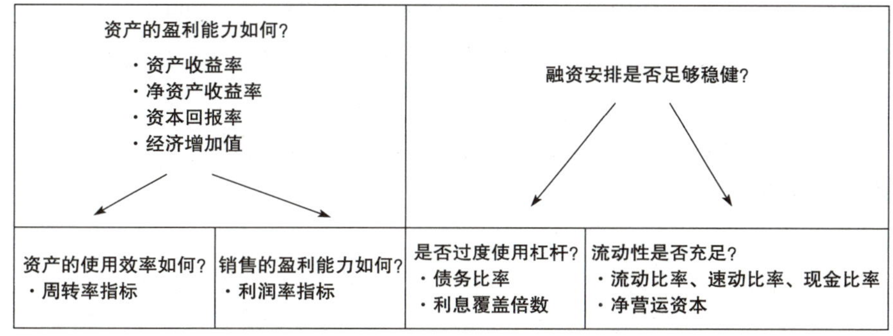

图 19-1 重要的财务问题及有助于解决这些问题的一些比率

下面一节将重点介绍核心的财务比率及其异同。

19.3 盈利能力度量

大企业的盈利多于小企业。为了便于公司间的横向比较，大部分盈利性指标被表示成 1 美元投资所创造的收益。资产收益率、净资产收益率和资本收益率是最常用的盈利能力度量指标。

19.3.1 资产收益率、资本收益率和净资产收益率

1. 资产收益率

资产收益率（return on asset，ROA）被定义为息税前利润与总资产的比率[⊖]，即

$$ROA=\frac{EBIT}{总资产}$$

该比率分子部分代表了公司的全部营业利润，因此其可以用来衡量全部资产的盈利能力。

2. 资本收益率

资本收益率（return on capital，ROC）是 EBIT 与投入的长期资本——股权加上长期债务的比率，表示每投入 1 美元的长期资本所带来的收益，即

$$ROC=\frac{EBIT}{长期资本}$$

3. 净资产收益率

ROA 和 ROC 考虑了股权与债务两种融资方式的综合收益率，而净资产收益率仅关注权益性融资的收益水平。**净资产收益率（return on equity，ROE）**表示股东每投入 1 美元所能赚得的净利润，即

$$ROE=\frac{净利润}{所有者权益}$$

⊖ 在计算 ROA 时，计算公式的分子部分有多种表达方式，如 EBIT×（1-税率），或者税后营业利润，即净利润+利息×(1-税率)，或者直接用净利润，尽管这种方式忽略了归属于债务投资人的那部分收益。很不幸的是，在如此重要的财务比率上，人们缺少一致性的认识。

在第 18 章我们曾讨论过，净资产收益率是影响公司收益增长率的两个主要因素之一。有时假设未来净资产收益率与过去值相等有其合理性，但是过去很高的净资产收益率并不一定意味着未来的净资产收益率也会很高。对证券分析师来说至关重要的一点是不要把历史价值作为对未来价值的预测。近期数据或许提供了与未来业绩相关的信息，但分析师应一直关注未来。

从 ROE 与 ROA 的计算方法中可以看出，两者有很强的相关性，正如下面即将介绍的，其关系受公司财务政策的影响。

19.3.2 财务杠杆与净资产收益率

所有分析师在解释公司净资产收益率的过去表现或预测其未来值时，都必须注意公司债务和股权的组合以及债务的利率。下面举一个例子，假设 Nodett 公司是一家全股权融资公司，总资产为 1 亿美元，其所得税率为 40%。

表 19-4 列出了该公司在经济周期的三个不同阶段期间，销售收入、息税前利润和净利润的表现。此外，它还包括了两个最常使用的衡量盈利能力的指标，即 ROA（等于 EBIT/总资产）和 ROE（等于净利润/所有者权益）。

表 19-4 经济周期不同阶段 Nodett 公司的盈利能力

情境	销售收入（百万美元）	EBIT（百万美元）	ROA（%，每年）	净利润（百万美元）	ROE（%，每年）
坏年份	80	5	5	3	3
正常年份	100	10	10	6	6
好年份	120	15	15	9	9

Somdett 是另一家与 Nodett 相似的公司，但是它 1 亿美元的资产中有 4 000 万美元是债务融资，利率为 8%，因此每年的利息费用为 320 万美元。表 19-5 列出了 Somdett 与 Nodett 净资产收益率的不同。

表 19-5 财务杠杆对 ROE 的影响

情境	EBIT（百万美元）	Nodett		Somdett	
		净利润（百万美元）	ROE（%，每年）	净利润①（百万美元）	ROE②（%，每年）
坏年份	5	3	3	1.08	1.8
正常年份	10	6	6	4.08	6.8
好年份	15	9	9	7.08	11.8

① Somdett 公司的税后利润等于 0.6×(EBIT−3 200 000) 美元。
② ROE＝净利润/所有者权益，Somdett 公司的权益只有 6 000 万美元。

我们可以发现，在三种不同的情境中，两家公司的销售收入、EBIT 和 ROA 都是相同的，也就是说两家公司的经营风险相同，但它们的财务风险不同。尽管两家公司在三种不同情境中的 ROA 均相同，但是 Somdett 的 ROE 在正常年份和好年份高于 Nodett，而在坏年份却低于 Nodett。

因此，ROE、ROA 和杠杆之间的关系可以总结为下式[㊀]：

$$ROE=(1-税率)\times\left[ROA+(ROA-利率)\times\frac{债务}{所有者权益}\right] \tag{19-1}$$

这一结果是讲得通的：若 ROA 超过借款利率，那么公司赚到的收益将超过支付给债权人的利息，剩余的收益归公司所有者或股东所有，ROE 上升。另一方面，若 ROA 低于借款利率，那么 ROE 将会下降，下降程度取决于债务权益比率。

【例 19-1】　杠杆和 ROE

这里我们使用表 19-5 中的数据来说明如何应用式（19-1）。在正常年份，Nodett 公司的 ROE 是 6%，即 10%的 ROA 乘以（1-税率）。Somdett 公司的借款利率为 8%，债务权益比率为 2/3，ROE 为 6.8%，利用式（19-1）计算得：

$$ROE=0.6\times\left[10\%+(10\%-8\%)\times\frac{2}{3}\right]=0.6\times\left(10\%+\frac{4\%}{3}\right)=6.8\%$$

当前场景下，因为 Somdett 公司的 ROA 高于债务利率，债务融资对 ROE 产生正向贡献。

注意，财务杠杆也会增加股东权益的风险。从表 19-5 可以看出，在坏年份里，Somdett 公司的 ROE 低于 Nodett 公司。相反，在好年份里，Somdett 公司的表现优于 Nodett 公司。债务使 Somdett 公司的 ROE 对经济周期更敏感。尽管两家公司的经营风险相同（三种情境下它们的 EBIT 完全相同），但是 Somdett 公司的股东比 Nodett 公司的股东承受更大的财务风险，因为 Somdett 公司的所有经营风险要由更少的权益投资者来承担。

概念检查 19-1

Mordett 是一家与 Nodett 和 Somdett 具有相同资产的公司，但是其债务权益比率为 1.0，利率是 9%。那么在坏年份、正常年份和好年份里，它的净利润和 ROE 分别是多少？

尽管与 Nodett 公司相比，财务杠杆增加了对 Somdett 公司 ROE 的预期，但这并不意味着 Somdett 的股价将会更高。财务杠杆确实可以提高预期 ROE，但它也增加了公司权益的风险，高贴现率抵消了对收益的高预期。

19.3.3　经济增加值

ROA、ROC 和 ROE 等盈利能力衡量指标虽然经常用于绩效分析，但公司仅有盈利能力是远远不够的。只有当公司项目的收益率高于投资者在资本市场中的期望收益（在风险调整的基础上）时，公司才可以被认为是成功的。只有当公司再投资资金的收益率高于资本的机会成本，即市场资本化率时，将收益再投资于公司才会增加股价。为了解释机会成本，我们可以用 ROC 与资本机会成本（k）之差来衡量公司的成功。**经济增加值**（economic value added，EVA）等于

㊀ 式（19-1）的推导过程如下：

$$\begin{aligned}ROE&=\frac{净利润}{所有者权益}=\frac{EBIT-利息-所得税}{所有者权益}\\&=\frac{(1-税率)(EBIT-利息)}{所有者权益}=(1-税率)\frac{(ROA\times资产)-(利率\times债务)}{所有者权益}\\&=(1-税率)\left[ROA\times\frac{权益+债务}{所有者权益}-利率\times\frac{债务}{所有者权益}\right]\\&=(1-税率)\left[ROA+(ROA-利率)\times\frac{债务}{所有者权益}\right]\end{aligned}$$

ROC 与 k 之间的差额乘以投资到公司中的资本，因此它衡量了公司收益超过机会成本的那部分价值。经济增加值（由 Stern Stewart 咨询公司提出并推广使用）也被称为**剩余收益**（residual income）。

【例 19-2】 经济增加值

2018 年，威瑞森的加权平均资本成本为 6%（根据其债务成本、资本结构、股权贝塔系数和由资本资产定价模型估计的权益成本计算得到），ROC 为 8.4%，比其在厂房、设备和技术方面投资的资本机会成本高出 2.4%。换言之，威瑞森每投资 1 美元获得的收益要比投资者投资于同等风险股票的期望收益高 2.4 美分。威瑞森以 1 765 亿美元的资本获得了这一优异的收益率。因此，其经济增加值（收益率超过机会成本）为（0.084−0.06）×1 765＝42.36 亿美元。

表 19-6 列出了部分公司的 EVA，最高的是苹果公司。从表中可以看到，苹果公司的 EVA 高于英特尔公司，尽管苹果公司的 ROC 与 k 之差较小，这是因为苹果公司资本总额要大很多。表 19-6 中也有一些极端情况，如福特和美国电话电报公司的 ROC 要低于 k，导致 EVA 为负。

表 19-6 2018 年部分公司的经济增加值

	代码	EVA（10 亿美元）	资本（10 亿美元）	ROC（%）	k（%）
苹果	AAPL	7.18	232.30	10.89	7.80
英特尔	INTC	5.28	100.51	11.57	6.32
微软	MSFT	2.45	177.49	9.44	8.06
威瑞森	VZ	4.24	176.51	8.40	6.00
迪士尼	DIS	2.16	70.61	9.15	6.08
沃尔玛	WMT	0.23	130.75	6.48	6.30
辉瑞	PFE	0.00	103.75	5.93	5.93
劳氏	LOW	−0.38	19.86	7.20	9.13
福特	F	−4.67	190.06	1.07	3.53
美国电话电报	T	−5.39	363.11	4.05	5.53

资料来源：作者计算所用数据取自 finance.yahoo.com，与 Stern Stewart 报告的实际 EVA 估计有所不同。区别在于会计数据的调整方式有差异，例如在研发费用、税费、广告费用和折旧等会计科目的调整。表 19-6 中的估计值不一定准确，只表明了 EVA 背后逻辑关系。

从表 19-6 可以看出，即使 EVA 为负的公司，其会计利润仍有可能为正。例如，从传统标准来看，美国电话电报公司在 2018 年是盈利的，其 ROC 为 4.05%，但其 k 却为 5.53%。从这一标准考虑，美国电话电报公司不能弥补资本的机会成本，EVA 为负值。EVA 把资本的机会成本当作一种真实成本，就像其他成本一样，都应从收入中扣除，从而得到一条更有意义的“底线”。正在获利但利润不足以弥补机会成本的公司，可以重新调配资本使其得到更好的利用。因此，现在越来越多的公司开始计算 EVA，并使管理层的薪水与其挂钩。

19.4 比率分析

19.4.1 对净资产收益率的分解

为了理解 ROE 的影响因素，尤其是它的趋势和相对于竞争对手的表现，分析师通常会把净资产收益率“分解”成一系列的比率。每一个组成比率都有其自身含义，这一过程可以帮助分析师把注意力集中于影响业绩的相互独立的因素上来。这种对 ROE 的分解通常被称为**杜邦体系**（DuPont system）。

对 ROE 进行分解的一种有效方法是：

$$\text{ROE}=\frac{\text{净利润}}{\text{税前利润}}\times\frac{\text{税前利润}}{\text{EBIT}}\times\frac{\text{EBIT}}{\text{销售收入}}\times\frac{\text{销售收入}}{\text{总资产}}\times\frac{\text{总资产}}{\text{所有者权益}} \tag{19-2}$$

$$(1)\quad\times\quad(2)\quad\times\quad(3)\quad\times\quad(4)\quad\times\quad(5)$$

表 19-7 是三种不同经济状况下，Nodett 和 Somdett 两家公司所有这些比率的比较。首先看因子（3）与因子（4）及其乘积——EBIT/总资产，即公司的 ROA。

表 19-7 对 Nodett 和 Somdett 两家公司的比率分解分析

	ROE	（1）净利润/税前利润	（2）税前利润/EBIT	（3）EBIT/销售收入（利润率）	（4）销售收入/总资产（总资产周转率）	（5）总资产/所有者权益	（6）复合杠杆因子(2)×(5)
坏年份							
Nodett	0.030	0.6	1.000	0.062 5	0.800	1.000	1.000
Somdett	0.018	0.6	0.360	0.062 5	0.800	1.667	0.600
正常年份							
Nodett	0.060	0.6	1.000	0.100 0	1.000	1.000	1.000
Somdett	0.068	0.6	0.680	0.100 0	1.000	1.667	1.134
好年份							
Nodett	0.090	0.6	1.000	0.125 0	1.200	1.000	1.000
Somdett	0.118	0.6	0.787	0.125 0	1.200	1.667	1.311

因子（3）通常被称为公司的**利润率**（profit margin）或**销售收益率**（return on sales, ROS），表示每 1 美元销售收入可获得的经营利润。在正常年份利润率是 0.10，或 10%；在坏年份是 0.0625，或 6.25%；在好年份是 0.125，或 12.5%。

因子（4）是销售收入与总资产的比率，通常被称为**总资产周转率**（total asset turnover, ATO），它表示公司使用资产的效率，代表每 1 美元资产每年可以产生多少销售收入。正常年份里，两家公司的总资产周转率均为 1.0，意味着 1 美元资产每年可产生 1 美元销售收入；在坏年份，该比率为 0.8；在好年份，该比率为 1.2。

比较 Nodett 和 Somdett 两家公司我们可以发现，因子（3）和因子（4）不依赖于公司的财务杠杆。在三种不同的情境下，两家公司的这两个比率均相等。类似地，因子（1）是净利润与税前利润的比率，我们称之为税收负担比率，两家公司的值相同。税收负担比率既反映了政府的税收状况，也反映了公司为尽量减少税收负担而实行的政策。在本例中，它不随经济周期改变，一直为 0.6。

因子（1）、因子（3）和因子（4）不受公司资本结构的影响，而因子（2）和因子（5）受公司资本结构的影响。因子（2）是税前利润与 EBIT 的比率。当公司不用向债权人支付利息时，税前利润会达到最大。事实上，这个比率可用另一种方式表示：

$$\frac{\text{税前利润}}{\text{EBIT}}=\frac{\text{EBIT}-\text{利息费用}}{\text{EBIT}}$$

我们也可以把因子（2）称为利息负担比率。Nodett 公司没有财务杠杆，没有利息费用，因此该比率达到了最大值 1.0。财务杠杆的水平越高，利息负担比率便越低。Nodett 公司的该比率不随经济周期变化，一直为 1.0，这说明完全不存在利息支付。然而对 Somdett 公司而言，利息费用是固定的，而息税前利润却在变化，因此利息负担比率在坏年份里为 0.360，在好年份里为 0.787。

与利息负担比率紧密相关的一个比率是**利息覆盖倍数**（interest coverage ratio），或者称为**利息保障倍数**（times interest earned），被定义为

$$利息保障倍数=\frac{\text{EBIT}}{利息费用}$$

高利息保障倍数说明年收益远高于年利息支付。它被贷款者和借款者广泛用于判断公司的举债能力，是公司债券评级的主要决定因素。

因子（5）是总资产与所有者权益的比率，用来度量公司的财务杠杆水平，被称为**杠杆比率**（leverage ratio），等于 1 加上债务权益比率[⊖]。在表 19-7 中，Nodett 公司的杠杆比率是 1.000，而 Somdett 公司是 1.667。

根据第 19.2 节的讨论我们知道，只有当 ROA 大于公司的债务利率时，财务杠杆才能帮助公司提高 ROE。这一事实是如何在表 19-7 的比率中反映出来的呢?

答案是，为了测度杠杆在整个框架中的影响，分析师必须计算利息负担比率与杠杆比率的乘积（即因子（2）和因子（5）的乘积，列示在表 19-7 的第八列中）。因子（6）被称为复合杠杆因子，对 Nodett 公司而言，该值在三种情境下一直为 1.000。但对于 Somdett 公司，在正常年份和好年份里，复合杠杆因子大于 1，分别为 1.134 和 1.311，说明财务杠杆对 ROE 具有正的促进作用；在坏年份里，该值小于 1，说明当 ROA 小于利率时，ROE 随债务的增加而下降。

这些关系可归纳如下，根据式（19-2）：

$$\text{ROE}=税收负担比率\times利息负担比率\times利润率\times总资产周转率\times杠杆比率$$

因为

$$\text{ROA}=利润率\times总资产周转率 \tag{19-3}$$

且

$$复合杠杆因子=利息负担比率\times杠杆比率$$

我们可以把 ROE 分解如下：

$$\text{ROE}=税收负担比率\times\text{ROA}\times复合杠杆因子 \tag{19-4}$$

式（19-3）说明 ROA 是利润率和总资产周转率的产物，其中一个比率较高通常伴随着另一个比率较低。例如，沃尔玛利润率较低而总资产周转率较高，蒂芙尼利润率较高但总资产周转率较低。公司追求两者均高，但通常不现实：零售商追求高利润率必将牺牲销量，而总资产周转率低的企业需要高利润率以保持活力。因此，只有评估同一行业内的公司时，单独比较这些比率才有意义。

图 19-2 显示了总资产周转率和利润率的均衡关系。图 19-2 中的每一个点对应一个特定行业的利润率和总资产周转率。总资产周转率高的行业，如食品店，利润率往往较低，而利润率较高的行业，如计算机周边设备，总资产周转率往往较低。总资产周转率与利润率的综合作用生成了 ROA 为 3%和 10%的两条曲线。大多数行业都在这个范围内，由此说明行业间 ROA 差异远远小于总资产周转率或利润率的差异。

⊖ $\frac{资产}{权益}=\frac{权益+债务}{权益}=1+\frac{债务}{权益}$

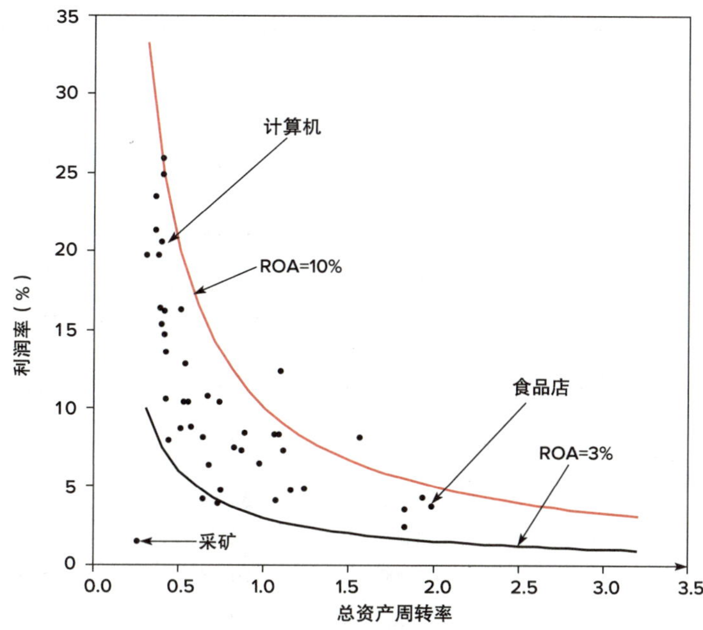

图 19-2 2018 年 45 个行业的利润率和总资产周转率

资料来源：U. S. Census Bureau，Quarterly Report for Manufacturing and Trade Corporations，Second Quarter 2018（www. census. gov/econ/qfr）. 这是 Thomas I. Selling 和 Clyde P. Stickney 首次发表在“The Effects of Business Environments and Strategy on a Firm's Rate of Return on Assets”中的数据的更新版本。*Financial Analysts Journal*，January-February 1989，pp. 43-52.

【例 19-3】 利润率与总资产周转率

假设有两家公司具有相同的总资产收益率，均为每年 10%，一家是超市连锁店，另一家是电气公司。

如表 19-8 所示，超市连锁店的利润率较低，为 2%，但它通过每年使资产周转 5 次获得了 10%的总资产收益率。另一方面，资本密集型的电气公司的总资产周转率较低，仅为每年 0.5 次，但它拥有 20%的利润率，同样实现了 10%的总资产收益率。这里我们要强调的是，较低的利润率或总资产周转率并不意味着公司很糟糕，每一比率都应按照不同的行业标准来理解。

表 19-8 不同行业间利润率和总资产周转率的不同

	利润率	×	总资产周转率	=ROA		利润率	×	总资产周转率	=ROA
超市连锁店	2%		5.0	10%	电气公司	20%		0.5	10%

19.4.2 总资产周转率与其他资产利用比率

计算利用效率、周转率和资产子类的比率对于理解公司销售收入与资产的比率通常很有帮助。例如，我们考虑固定资产周转率而不是总资产周转率：

$$固定资产周转率=\frac{销售收入}{固定资产}$$

这一比率表示每 1 美元的固定资产可以带来多少销售收入。

我们以 GI 公司为例来说明如何利用公司财务报表计算这一比率以及其他比率。表 19-9 是 GI 公司 2017—2020 年的利润表和资产负债表。

概念检查 19-2

准备一张与表 19-7 相似的表，为概念检查 19-1 中的 Mordett 公司做一个比率分解分析。

表 19-9 GI 公司 2017—2020 年的财务报表 （单位：千美元）

	2017 年	2018 年	2019 年	2020 年
利润表				
销售收入		100 000	120 000	144 000
销货成本（包括折旧）		55 000	66 000	79 200
折旧		15 000	18 000	21 600
销售和管理费用		15 000	18 000	21 600
营业利润		30 000	36 000	43 200
利息费用		10 500	19 095	34 391
应纳税所得额		19 500	16 905	8 809
所得税（税率 40%）		7 800	6 762	3 524
净利润		11 700	10 143	5 285
资产负债表（年末）				
现金和有价证券	50 000	60 000	72 000	86 400
应收账款	25 000	30 000	36 000	43 200
存货	75 000	90 000	108 000	129 600
厂房和设备净额	150 000	180 000	216 000	259 200
资产总计	300 000	360 000	432 000	518 400
应付账款	30 000	36 000	43 200	51 840
短期债务	45 000	87 300	141 957	214 432
长期债务（2032 年到期、利率 8%的债券）	75 000	75 000	75 000	75 000
负债总计	150 000	198 300	260 157	341 272
股东权益（发行在外 100 万股）	150 000	161 700	171 843	177 128
其他数据				
年末每股普通股市价（美元）		93. 60	61. 00	21. 00

2020 年 GI 公司的总资产周转率是 0. 303，低于行业平均水平 0. 4。为了更好地理解 GI 公司表现不佳的原因，我们计算固定资产、存货和应收账款的资产利用率。

2020 年 GI 的销售收入是 1. 44 亿美元。它仅有的固定资产是厂房和设备，年初为 2. 16 亿美元，年末为 2. 592 亿美元，那么 2020 年的平均固定资产为（2. 16+2. 592）/2＝2. 376 亿美元。因此 GI 公司 2020 年的固定资产周转率等于 1. 44/2. 376＝0. 606。换句话说，在 2020 年每 1 美元的固定资产带来了 0. 606 美元的销售收入。

注意，当一个财务比率既包含利润表中的项目（反映某一期间的数值），又包含资产负债表中的项目时（反映某一时点的数值），资产负债表中的项目应取期初和期末的平均值。因此，计算固定资产周转率时，使用销售收入（来自利润表）除以平均固定资产（来自资产负债表）。

2018—2020 年的固定资产周转率以及 2020 年的行业平均值如下所示：

2018 年	2019 年	2020 年	2020 年的行业平均值
0. 606	0. 606	0. 606	0. 700

从中可以看出，GI 公司的固定资产周转率一直是不变的，且低于行业平均值。

另一广泛使用的周转率指标是**存货周转率**（inventory turnover ratio），它是销货成本与平均存货的比率。我们用销货成本而非销售收入作为分子，目的是保持销货与存货的一致性，都用成本来衡量。该比率测度了存货的周转速度。

2018 年，GI 的销货成本是 4 000 万美元，平均存货是（7 500+9 000）/2 = 8 250 万美元，其存货周转率为 4 000/8 250 = 0.485。2019 年和 2020 年，存货周转率没有发生变化，均低于行业平均值 0.5。换句话说，GI 公司每 1 美元的销售收入比其竞争者要承担更高的存货水平。营运资本投资越高，反而导致每 1 美元销售收入或利润承担更高的资产水平，而且使总资产收益率低于竞争对手。

衡量效率的另一种方法是测度管理应收账款的效率，通常用应收账款周转天数来表示，它是把平均应收账款表示成日销售收入的某一倍数，计算公式为平均应收账款/销售收入×365，可以理解为应收账款相当于多少天的销售额。你也可以把它理解成销售日期与收到款项日期之间的平均间隔，因此也被称为**应收账款平均收款期**（average collection period）。

GI 公司 2020 年的平均收款期为 100.4 天：

$$\frac{(3\,600+4\,320)/2}{14\,400}\times 365 = 100.4(\text{天})$$

而行业平均只有 60 天，意味着 GI 公司平均每 1 美元销售收入所对应的应收账款高于其竞争对手。这再一次说明，营运资本的投资越高，ROA 越低。

总之，这些比率说明，GI 公司相对于行业而言有较低的总资产周转率，部分是由低于行业平均的固定资产周转率和存货周转率以及高于行业平均的应收账款周转天数引起的。这暗示 GI 公司存在过剩的生产能力，且对存货和应收账款的管理能力较差。

19.4.3　流动性比率

杠杆率是衡量公司债务安全性的指标：债务比率将负债与各种资产进行比较，利息覆盖倍数将盈利能力与偿还债务所需的现金进行比较。但杠杆率并非衡量金融审慎的唯一因素，还要考虑公司是否拥有偿还既定债务的同时处理突发性债务的能力。流动性衡量公司短时间内将资产转换成现金的能力，包括流动比率、速动比率和现金比率等。

流动比率（current ratio）= 流动资产/流动负债。这一比率用来衡量公司通过变现流动资产（即把流动资产转换为现金）来偿还流动负债的能力，它反映了公司在短期内避免破产的能力。例如，2018 年 GI 公司的流动比率是（60+30+90）/（36+87.3）= 1.46，其他年份分别为

2018 年	2019 年	2020 年	2020 年的行业平均值
1.46	1.17	0.97	2.00

上表说明 GI 公司流动比率随时间变化的不利趋势以及落后于行业平均的不利局面。考虑到 GI 公司在应收账款和存货管理方面因不良表现造成的营运资本负担，这种局面不足为奇。

速动比率（quick ratio）=（现金+现金等价物+应收账款）/流动负债。这一比率也称为**酸性测验比率**（acid test ratio），其分母与流动比率的分母相同，但分子只包括现金、现金等价物（有价证券）和应收账款。对于那些不能迅速把存货变现的公司而言，速动比率比流动比率能更好地反映公司的流动性。GI 公司的速动比率与其流动比率具有相同的趋势：

2018 年	2019 年	2020 年	2020 年的行业平均值
0.73	0.58	0.49	1.0

与现金和有价证券相比，公司应收账款的流动性相对较差，因此，除速动比率外，分析师还会计算公司的**现金比率**（cash ratio），定义如下：

$$现金比率=\frac{现金+有价证券}{流动负债}$$

GI 公司的现金比率如下表所示：

2018 年	2019 年	2020 年	2020 年的行业平均值
0. 487	0. 389	0. 324	0. 70

GI 公司的流动性比率连续三年大幅下降，到 2020 年显著低于行业平均值。流动比率和利息覆盖倍数（这段时间利息保障倍数也在下降）的共同下降说明公司的信用等级在下滑。毫无疑问，GI 公司在 2020 年具有较高的信用风险。

19. 4. 4 市净率：增长与价值

市场价值与账面价值比率（market-book-value ratio，P/B，也称市净率）等于公司普通股的每股市价除以其账面价值，即每股股东权益。一些分析师认为，公司股票的市净率越低，则投资风险越小。他们把账面价值看作支撑市场价格的“底线”。这些分析师假定市场价格不可能降至账面价值以下，因为公司总是可以选择按账面价值来变现或出售其资产。然而，这种观点是有问题的。事实上，一些公司的股票确实是在账面价值以下进行交易的，例如，第 18 章（第 18. 1 节）曾提及 2019 年年初，花旗集团、本田和三菱的股票以低于账面价值的价格出售。但是，一些分析师把较低的市净率看作一种“安全边际”，而且部分分析师在挑选股票的过程中会剔除或拒绝高市净率的股票。

事实上，对市净率的更好解释是，它是一种测度公司增长机会的工具。上一章中我们提到，公司价值的两个组成部分是现有资产和增长机会。正如下面的例子所说，公司的增长机会越好，市净率会越高。

【例 19-4】 市净率和增长期权

假设有两家公司，其股票的账面价值均为每股 10 美元，市场资本化率均为 15%，且盈余再投资率均为 0. 60。

其中，Bright Prospects 公司的 ROE 为 20%，远远高于其市场资本化率。高 ROE 说明公司拥有大量增长机会。在 ROE = 0. 20 的情况下，Bright Prospects 公司今年的每股收益将等于 2 美元。且再投资率等于 0. 60 时，其派发的股利为 $D_1=(1-0.6)\times2=0.80$ 美元/股，增长率为 $g=b\times ROE=0.60\times0.20=0.12$，股价为 $D_1/(k-g)=0.80/(0.15-0.12)=26.67$ 美元/股，市净率等于 $26.67/10=2.667$。

但是，Past Glory 公司的 ROE 仅为 15%，恰好等于市场资本化率。因此，其今年的每股收益将为 1. 50 美元，股利 $D_1=0.4\times1.50=0.60$ 美元/股，增长率 $g=b\times ROE=0.60\times0.15=0.09$，股价为 $D_1/(k-g)=0.60/(0.15-0.09)=10$ 美元/股，市净率等于 10/10 = 1。毫无疑问，出售一家投资收益率恰好等于其必要收益率的公司，只能获得账面价值。

总结得出，市净率很大程度上由增长机会决定。

另一种把公司增长与价值联系起来的衡量指标是**市盈率**（price-earning ratio，P/E）。事实上，正如我们在上一章中所看到的，增长机会价值与现有资产价值的比率很大程度上决定了市盈率。尽管低市盈率股票允许你为其每 1 美元的现有收益支付较低的价格，但高市盈率股票仍更值得投资，只要预期其收益增长率足够大就可以了[㊀]。

但是，许多分析师相信低市盈率的股票比高市盈率的股票更具吸引力。事实上，使用资本资产定价模型作为衡量收益率的标杆时，低市盈率的股票通常具有正的投资 α 值。但是有效市场的追随者会质疑这种观点，他们认为这种过分简单的法则根本无法带来超额收益。在这种情况下，资本资产定价模型或许根本不是测度收益率的一个好标准。

在任何情况下都要切记，股票向其所有者既传递了对当前收益的所有权，也传递了对未来收益的所有权，因此，对高市盈率的最好解释或许是表明公司拥有高增长机会的一种信号。

在结束有关市净率以及市盈率的讨论之前，有必要指出它们之间的重要关系：

$$ROE=\frac{收益}{账面价值}=\frac{市场价格}{账面价值}\div\frac{市场价格}{收益}=\frac{P/B}{P/E} \tag{19-5}$$

通过变形可以得到市盈率等于市净率除以 ROE：

$$\frac{P}{E}=\frac{P/B}{ROE}$$

因此，即使一家公司的市净率较高，但是只要其 ROE 足够高，它的市盈率也可以相对较低。

华尔街会经常区分“好公司”和“好投资”。一家好公司的盈利性或许会很好，ROE 通常也很高，但若其股价水平与其 ROE 同样很高的话，那么其市净率也将很高，进而市盈率也会很高，从而降低了该公司股票的吸引力。因此，一家公司的 ROE 很高并不能说明其股票是一项好的投资标的。相反，只要低 ROE 公司的股价足够低，其股票也会成为一项好投资标的。

表 19-10 是对本节所涉及比率内容的总结。

表 19-10　对主要财务比率的总结

比率	公式	比率	公式
杠杆		速动比率	$\frac{现金+有价证券+应收账款}{流动负债}$
利息负担比率	$\frac{EBIT-利息费用}{EBIT}$	现金比率	$\frac{现金+有价证券}{流动负债}$
利息覆盖倍数（利息保障倍数）	$\frac{EBIT}{利息费用}$	**盈利能力**	
杠杆比率	$\frac{资产}{权益}=1+\frac{债务}{权益}$	资产收益率	$\frac{EBIT}{总资产}$
复合杠杆因子	利息负担比率×杠杆比率	净资产收益率	$\frac{净利润}{股东权益}$
资产利用		销售收益率（利润率）	$\frac{EBIT}{销售收入}$
总资产周转率	$\frac{销售收入}{总资产}$	**市场价格**	
固定资产周转率	$\frac{销售收入}{固定资产}$	市净率	$\frac{每股市场价值}{每股账面价值}$
存货周转率	$\frac{销货成本}{平均存货}$	市盈率	$\frac{每股价格}{每股收益}$
应收账款周转天数	$\frac{平均应收账款}{销售收入}\times365$	收益价格比率	$\frac{每股收益}{每股价格}$
流动性			
流动比率	$\frac{流动资产}{流动负债}$		

注：总资产周转率公式中分母“总资产”是指“平均总资产”。固定资产周转率公式中分母“固定资产”是指“平均固定资产”。资产收益率公式中分母“总资产”是指“平均总资产”。净资产收益率公式中分母“股东权益”是指“平均股东权益”。

㊀ 但是切记，财经报纸中所报道的市盈率是根据过去收益计算的，而价格却是根据公司未来的收益前景决定的，因此报道中的市盈率反映的是当前收益随趋势线的变动情况。

19.4.5 选择基准

前面已经讨论了如何计算基本的财务比率，但是在对给定公司进行行业绩评估时，仍然需要选择一个基准来比较分析该公司的比率。很显然，可以选择公司前几年的比率作为基准。例如，图 19-3 展示了塔吉特公司前几年的资产收益率、利润率和资产周转率。从图 19-3 中可以看出，该公司曾受益于周转率的稳步上升。在 2011—2013 年，利润率下降，导致资产收益率下滑，但是 2013 年之后，利润率和周转率同时增长，资产收益率又大幅提高。

概念检查 19-3

GI 公司 2020 年的 ROE、市盈率和市净率分别是多少？与行业平均值相比如何（行业平均值分别为 ROE = 8.64%，P/E = 8，P/B = 0.69）？GI 公司 2020 年的收益价格比率与行业平均值相比如何？

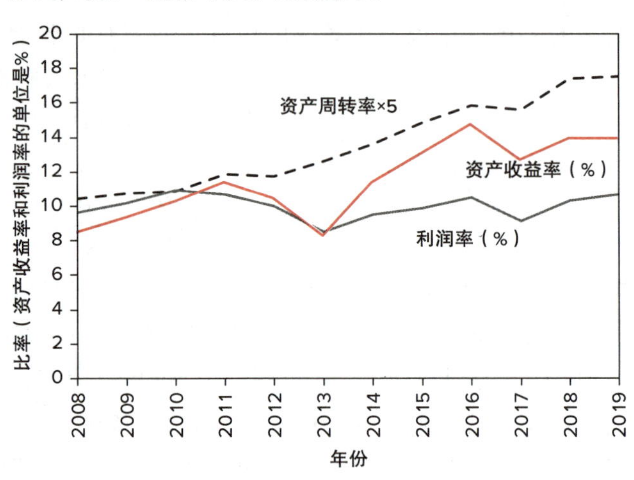

图 19-3 塔吉特公司的资产收益率、利润率和资产周转率

把某公司与同行业其他公司的财务比率做比较对业绩评估很有帮助。美国商务部（见表 19-11）、Dun & Bradstreet 公司（行业标准与关键经营比率）和美国风险管理协会（年度财务报表研究）等机构会公布各行业的财务比率。许多财务比率也可以在网上查到。

表 19-11 主要行业的财务比率

	资产收益率（%）	净资产收益率（%）	资产周转率	应收账款周转率	存货周转率	利润率（%）	长期债务比率	利息覆盖倍数	流动比率	速动比率
所有制造业	6.54	13.82	0.64	9.17	8.34	10.16	0.38	3.75	1.25	0.64
食品	7.54	15.32	0.86	12.64	10.05	8.82	0.40	5.00	1.50	0.67
零售业	7.55	19.04	2.06	38.11	10.17	3.67	0.46	5.48	1.27	0.54
咨询公司	4.13	8.96	0.72	6.09	92.09	5.78	0.34	2.59	0.88	0.63
化工	5.54	11.79	0.40	6.74	7.81	13.97	0.45	2.73	1.08	0.52
药品	4.67	9.43	0.32	6.16	7.36	14.68	0.50	2.74	1.06	0.54
机械	6.48	13.97	0.70	8.06	6.27	9.28	0.32	4.07	1.26	0.59
电气	1.67	2.33	0.54	7.19	5.84	3.08	0.35	3.97	1.23	0.63
汽车	4.64	11.02	1.18	14.31	13.43	3.92	0.27	4.90	1.02	0.54
计算机和电子设备	7.80	15.47	0.39	8.27	10.64	20.00	0.37	2.86	1.22	0.77

资料来源：U. S. Department of Commerce, *Quarterly Financial Report for Manufacturing, Mining and Trade Corporations*, second quarter 2018. Available at http://www2.census.gov/econ/qfr/current/qfr_pub.pdf.

表 19-11 列出了几个主要行业的财务比率，该表可以使你对不同行业间的差别有一个直观印象。有一些财务比率（如资产周转率和资产负债率）反映稳定的公司和行业特征，随时间变化趋向平稳，而有些比率（如资产收益率和净资产收益率）则对经济状况非常敏感。

19.5 财务报表分析范例

在向股东递交的 2020 年年度报告中，GI 公司的董事长写道："2020 年对 GI 公司来说又是成功的一年，就像 2019 年一样，销售收入、资产和营业利润都继续保持了 20%的增长率。"

她说得对吗？

我们可以通过对 GI 公司进行全面比率分析来评价她的报告。我们的目的是评价 GI 公司近年来的业绩，评估它的未来前景，并确定市场价格是否真实反映了其内在价值。

表 19-12 列出了通过 GI 公司财务报表计算出的主要财务比率，公司董事长关于销售收入、资产和营业利润增长评价确实是正确的。然而，仔细观察 GI 公司的主要财务比率我们便会发现她的第一句话，"2020 年对 GI 公司来说又是成功的一年"，是完全错误的，2020 年对 GI 公司来说是悲惨的一年。

表 19-12 GI 公司主要财务比率

年份	ROE (%)	(1) 净利润/税前利润	(2) 税前利润/EBIT	(3) EBIT/销售收入 (利润率,%)	(4) 销售收入/总资产 (总资产周转率)	(5) 总资产/所有者权益	(6) 复合杠杆因子 (2)×(5)	(7) ROA (%) (3)×(4)	P/E	P/B
2018	7.51	0.6	0.650	30	0.303	2.117	1.376	9.09	8	0.58
2019	6.08	0.6	0.470	30	0.303	2.375	1.116	9.09	6	0.35
2020	3.03	0.6	0.204	30	0.303	2.723	0.556	9.09	4	0.12
行业平均	8.64	0.6	0.800	30	0.400	1.500	1.200	12.00	8	0.69

ROE 从 2018 年的 7.51%下降到 2020 年的 3.03%。通过将 GI 公司 2020 年的 ROE 与当年的行业平均值 8.64%比较，我们会发现 GI 公司的状况越来越糟。不断下降的市净率以及不断下降的市盈率说明投资者对公司未来盈利能力的预期越来越不乐观。

但是，ROA 没有下降，说明 GI 公司的 ROE 随时间下滑的状况与财务杠杆有关。可以看到，随着 GI 公司的杠杆比率由 2018 年的 2.117 增加到 2020 年的 2.723，它的利息负担比率（第二列）从 0.650 下降到 0.204，这导致复合杠杆因子从 1.376 下降到 0.556。

年复一年快速增长的短期债务和利息费用（见表 19-9）说明，为了筹资维持销售收入 20%的增长率，GI 公司借入了大量高利率的短期债务。公司支付了比 ROA 更高的利率来筹集资金进行投资，公司扩张后，状况变得更加危险。

例如 2020 年，GI 公司短期债务的平均利率为 20%，而 ROA 仅为 9.09%。你可以使用表 19-9 中的数据计算 GI 公司短期债务的利率。从资产负债表中我们可以知道其长期债务的利率为 8%，长期债务总额为 7 500 万美元，因此长期债务利息为 0.08×7 500 = 600 万美元。2020 年公司支付的利息总额为 34 391 000 美元，因此短期债务的利息为 34 391 000−6 000 000 = 28 391 000 美元，这相当于 GI 公司 2020 年年初短期债务的 20%。

当我们考察如表 19-13 所示的现金流量表后，GI 公司的问题变得更加明显，该表可以由表 19-9 中的利润表和资产负债表得出。GI 公司的经营现金流持续下降，由 2018 年的 12 700 000 美元下降到 2020 年的 6 725 000 美元。相反，公司的厂房和设备投资却不断增加，厂房和设备投资净额由 2017 年的 150 000 000 美元增加到 2020 年的 259 200 000 美元（见表 19-9）。令人担忧的是，资本资产几乎翻番的状况使经营活动产生的现金流大幅减少。

表 19-13 GI 公司的现金流量表 （单位：千美元）

	2018 年	2019 年	2020 年
经营活动产生的现金流			
净利润	11 700	10 143	5 285
+折旧	15 000	18 000	21 600
+应收账款的减少（增加）	（5 000）	（6 000）	（7 200）
+存货的减少（增加）	（15 000）	（18 000）	（21 600）
+应付账款的增加	6 000	7 200	8 640
经营活动产生的现金流	12 700	11 343	6 725
投资活动产生的现金流			
对厂房和设备的投资[①]	（45 000）	（54 000）	（64 800）
筹资活动产生的现金流			
支付股利[②]	0	0	0
发行短期债务	42 300	54 657	72 475
现金与有价证券的变动[③]	10 000	12 000	14 400

① 投资总额等于对厂房和设备的净增加额加上折旧。

② 由于每年的股东权益增加额都等于净利润，说明收益再投资率为 1.0，即公司没有支付股利。

③ 等于经营活动、投资活动、筹资活动产生的现金流总和，等于资产负债表中“现金与有价证券”科目每年的变化。

GI 公司的困难来自其巨额的短期债务。在某种意义上，GI 公司的运营就像一种“金字塔计划”，每年都借入越来越多的债务来维持资产和收益 20% 的增长率。但经营现金流不断下降的情况表明，新资产并没有产生足够的现金流来支持由债务产生的额外利息。最终，当公司失去继续举债的能力时，它的增长也就到头了。

从这一点来说，GI 公司的股票也许是一项具有吸引力的投资标的，其市价仅为账面价值的 12%，市盈率为 4，年收益价格比率为 25%。GI 公司很可能成为另一家公司的收购对象，那家收购 GI 公司的公司可以派人取代 GI 公司的管理层并通过激进的政策改革来创造股东价值。

概念检查 19-4

下面是关于 IBX 公司 2018 年和 2020 年的一些信息（单位均为 100 万美元）：

	2018 年	2020 年
净利润	253. 7	239. 0
税前利润	411. 9	375. 6
EBIT	517. 6	403. 1
平均资产	4 857. 9	3 459. 7
销售收入	6 679. 3	4 537. 0
所有者权益	2 233. 3	2 347. 3

IBX 公司的 ROE 趋势是怎样的？从税收负担比率、利润率、资产周转率和财务杠杆率方面做出解释。

19. 6 可比性问题

财务报表分析向我们提供了大量评价公司业绩和未来前景的工具，但比较不同公司的财务结果没那么简单。根据一般公认会计原则，可以用几种不同的方式来表示收入和费用的各个项目，这意味着两家有着相同经济利润的公司可能会有截然不同的会计利润。

而且，当通货膨胀使美元这一测量价值的标准扭曲时，要说明同一家公司在不同时期的业绩也会变得复杂。在这种情况下，可比性问题变得尤为突出，因为通货膨胀对报告结果产生的影响通常取决于公司所采用的计量存货和计提折旧的特定方法。在比较不同公司同一时期和同一公司不同时期的财务结果时，证券分析师首先必须调整收益和财务比率数值，以使它们达到同一标准。其他不可比性的重要潜在根源是租赁和其他费用的资本化、养老金成本的处理以及计提准备等。

19.6.1 存货估值

常用的存货估值方法有两种：**后进先出法**（last-in first-out，LIFO）和**先进先出法**（first-in first-out，FIFO）。下面使用一个算例来解释两者间的不同。

假设 Generic Products 公司有一批经常性存货，为 100 万单位的产品。存货每年周转一次，即销货成本与存货之比为 1。

后进先出法要求按当前生产成本对在一年内用完的 100 万单位存货进行估值，这样，最后生产的货物被认为首先售出，它们按当前成本计价。

先进先出法是假设先入库的存货先被使用或售出，售出的货物按初始成本计价。

若产品的价格保持每单位 1 美元不变，那么在两种体系下，存货的账面价值与销货成本将相等，均为 100 万美元。但是接下来假设今年由于通货膨胀，产品的价格每单位上涨了 10 美分。后进先出法下，假设最后生产的货物以当前每单位 1.1 美元的成本售出，剩余的货物是先前生产的，成本是每单位 1 美元。

因此，后进先出法销货成本为 110 万美元，但年末资产负债表中 100 万单位存货的价值仍为 100 万美元。资产负债表中的存货价值按货物成本计价。可以看出，尽管后进先出法精确测度了当前货物的销货成本，但它低估了在通货膨胀环境下剩余存货的当前价值。

相反，在先进先出法下，销货成本为 100 万美元，但年末资产负债表中存货的价值将为 110 万美元。结果是使用后进先出法的公司的利润表中的利润和资产负债表中的存货价值均低于使用先进先出法的公司。

计算经济利润（即可持续现金流）时后进先出法下的测算结果更加真实，因为它使用当前价格来计算销货成本。但后进先出法会扭曲资产负债表，因为它按初始成本来确定存货投资的成本，这会导致 ROE 偏高，因为投资基础被低估了。

19.6.2 折旧

可比性问题的另一个来源是对折旧的衡量，在计算真实利润时，它是一个关键因素。会计中折旧的衡量方法与经济中折旧的衡量方法明显不同。根据经济中的定义，折旧是指公司为使实际生产能力维持在当前水平，必须将经营现金流再投资于公司的金额。

而会计衡量方法有很大不同。会计折旧是指把资产的初始取得成本分配到资产使用寿命中每一会计期间的金额，这一数值是财务报表中所列示的折旧值。

美国允许两种折旧处理方法。纳税申报时，允许一次性计提折旧，相当于提供投资额乘公司税率 21%的税收减免。但是，财务报告中，公司很可能在假定的使用周期内，对资产平稳计提折旧，例如采用直线法。

例如，假设某公司购买了一台经济寿命为 20 年，价格为 10 万美元的机器。在财务报表中，公司使用直线法按 10 年对这台机器计提折旧，每年的折旧额为 1 万美元。这样在 10 年后，即使它可以继续生产 10 年，机器的账面价值也会被折旧完。

计算会计利润时，在机器经济寿命的前 10 年里公司会高估折旧，而在后 10 年里会低估折旧。这会导致会计利润与经济利润相比，在前 10 年被低估了，而在后 10 年又被高估了。

折旧的可比性问题会导致一个问题的出现，除了报告目的，公司还可能会为了避税而采用不同的折旧方法。大多数公司在避税目的下会使用加速折旧法，而在报告目的下会使用直线折旧法。不同公司对厂房、设备和其他应折旧资产折旧寿命的估计也存在差异。

与折旧可比性问题有关的另一个问题产生于通货膨胀，因为按照惯例，折旧是根据历史成本而非重置成本进行计提的，因此相对于重置成本而言，通货膨胀期间的折旧被低估了，相应地，真实经济利润（可持续现金流）便被高估了。

例如，假设 Generic Products 公司有一台使用寿命为 3 年的机器，初始成本为 300 万美元。公司根据直线法每年计提折旧 100 万美元，而不考虑重置成本如何变化。假设第一年的通货膨胀率为 10%，那么实际年折旧费用应为 110 万美元，但按惯例计提的折旧仍为每年 100 万美元，因此会计利润把真实经济利润夸大了 10 万美元。

19.6.3 通货膨胀和利息费用

通货膨胀不仅会扭曲公司的存货计量和折旧成本，而且它对实际利息费用的影响更大。名义利率包括通货膨胀溢价，以补偿通货膨胀对本金实际价值的侵蚀。因此，从借贷双方的角度考虑，支付的部分利息费用更适合被看成对本金的偿还。

【例 19-5】 通货膨胀和实际利润

假设 Generic Products 公司未偿还债务的账面余额为 1 000 万美元，年利率为 10%，因此按惯例每年的利息费用为 100 万美元。但若假设今年的通货膨胀率为 6%，那么实际利率为 4%，因此利润表所列示的利息费用中，有 60 万美元是通货膨胀溢价，或者说是对 1 000 万美元本金实际价值预期减少的补偿，只有 40 万美元是实际利息费用，未偿还本金的购买力下降了 60 万美元。因此，Generic Products 公司支付的 100 万美元中，有 60 万美元应被看成对本金的偿还，而不是利息费用，公司的实际收入因此被低估了 60 万美元。

概念检查 19-5

在高通货膨胀时期，ABC 公司和 XYZ 公司有相同的会计利润。ABC 公司采用后进先出法对存货进行计价，且有相对较少的应折旧资产和较多的债务，XYZ 公司采用先进先出法进行存货计价。哪一家公司的实际利润较高？为什么？

对实际利息的错误衡量意味着通货膨胀降低了实际利润，但通货膨胀对报表中存货与折旧的影响恰好相反。

19.6.4 公允价值会计

有许多资产和负债不在金融市场交易，且其价值也不容易被观测到。例如，我们无法轻易获得员工股票期权、退休员工的医疗保健福利、建筑物或其他不动产的价值。这些资产的价值波动很大，但是人们很可能主要依赖它们评估公司的真实财务状况，实际中常用的方法是按历史成本对这些资产估价。**公允价值会计**（fair value accounting）或者称为**盯市会计**（mark-to-market accounting）的支持者认为，若财务报表可以更好地反映所有资产和负债的当前市场价值，那么它们将更加真实地反映公司财务状况和经营成果。

美国财务会计准则委员会公布的关于公允价值会计的第 157 号公告把资产分为三类：一级资产是指在活跃市场交易的资产，因此应按市场价格对其计价；二级资产是指交易不活跃，但仍然可以根据可观察市场中类似资产进行估价的资产，例如能被标记到同一矩阵中的可比证券；三级资产是指只能根据难以观察到的输入项目进行估价的资产，必须求助于定价模型来估计其内在价值。与其说这些价值为盯市价值，不如说它们为“盯模价值”，但它们有时也被称为“编造价值”，因为通过滥用模型输入项可以非常容易地操纵估值结果。2012 年开始，公司被要求对所采用的估值方法和假设做更详尽的信息披露，并对价值评估结果的敏感性变化做出描述。

公允价值会计的反对者认为公允价值太过依赖于估计了，这使公司财务报表包含了大量潜在噪声，而且对资产估值的波动会引起利润的巨幅波动。更糟的是，主观性估值为管理者提供了一种在恰当时机操纵利润和粉饰财务状况的工具。例如，Bergstresser，Desai 和 Rauth ㊀发现，当管理人员积极行使他们的股票期权时，公司往往会对养老金计划的收益做出更激进的假设（这样会降低养老金义务的现值）。

2008 年，由于某些金融工具的流动性逐渐枯竭，次级抵押贷款资产池以及由这些资产池支持的衍生产品合约等金融证券的价值都出现了问题，关于公允价值会计应用扰乱金融机构的争论愈演愈烈。市场功能机制不完善，估计（无法直接观察到）出的市场价值也只能是一项欠妥的尝试。例如，瑞士信贷的员工在金融危机期间，为凸显其交易能力，故意夸大低成交量抵押债券价值而被判有罪。

一些人认为，公允价值会计迫使银行过度减记资产，从而加剧了金融危机的程度；其他人认为，不盯市就相当于故意躲避现实，或逃避解决即将陷入破产或已经陷入破产的银行的问题的责任。专栏华尔街实战 19-1 讨论了这些争论。

华尔街实战 19-1 盯市会计：良药还是毒药

2008 年，持有抵押担保证券的银行和金融机构对其投资组合重新估值，它们的净值随这些证券价值的下跌而大幅下跌。不仅这些证券所造成的损失是惨重的，而且其所带来的连锁反应更是加重了银行的灾难。例如，银行被要求保持与资产规模相对应的充足准备金，当准备金不足时，银行会被迫缩减资产规模直至与剩余的准备金相匹配为止。但缩减规模的方式可能是要求银行减少贷款，这会限制其客户获得信贷的来源。缩减规模的方式也可能是要求银行出售资产。当多家银行一起缩减投资组合规模时会给价格造成继续下跌的压力，结果是银行不得不继续减记资产，从而形成死循环。因此，公允价值会计的反对者认为，公允价值会计进一步加剧了已经陷入衰退的经济的衰退程度。

然而，支持者认为，反对者把信息与传递信息的人混为一谈。他们认为，公允价值会计只是使已发生的损失变得透明化，而不是造成这些损失的原因。反对者反驳说，当市场出现问题时，市场价格是不可靠的。他们认为，当交易活动大量减少时，资产不得不被减价出售，这些价格根本无法反映内在价值。如果市场都无法正常运转，那肯定谈不上有效。违约的担保贷款降低了银行投资组合的价值。在围绕它们的动荡中，时任美国财政部部长亨利·保尔森提出了早期提议之一，他支持政府以“持有至到期”价格买入不良资产。该“持有至到期”价格是根据正常运转市场对内在价值的估计而得出的。基于这一提议，美国财务会计准则委员会在 2009 年通过了一项新的指南，允许根据有序市场中的盛行价格而不是根据强制清算价格进行估值。

取消计提减值准备的规定是一种毫不掩藏的放松监管的行为。监管者知道损失已经发生了，资本也已经受损了。但若允许公司在账面上以模型价格而非市场价格记录资产，资本充足的真实内涵就变得毫无意义了。即使这样，若监管的目标是避免在不景气市场上的被迫出售行为，那么提高透明度应该是最好的政策。与其忽略损失，不如承认损失并修改资本监管规定来帮助机构恢复其基本立足点。毕竟，既然财务报表被允许掩盖公司的真实情况，为何还要归咎于它们?

在摒弃公允价值会计之前，明智的做法是先找到可以替代它的方法。传统的历史成本会计允许公司按历史成本在账面上记录资产，越来越多的人已不再推崇这种方法，因为它会使投资者无法清楚了解已摇摇欲坠的公司的真实情况，也减轻了问题公司解决自身问题的压力。要处理损失首先必须承认它们。

㊀ D. Bergstresser, M. Desai, and J. Rauth, “Earnings Manipulation, Pension Assumptions, and Managerial Invest-ment Decisions,” *Quarterly Journal of Economics* 121 (2006), pp. 157-195.

19.6.5 盈余质量与会计政策

许多公司都会选择一些会计方法以使其财务报表看上去更好，公司不同的选择便产生了前面我们所讨论的可比性问题。因此，不同公司的报表收益总是或多或少地夸大了真实经济利润，经济利润是指在不降低公司生产能力的情况下可以支付给股东的持续现金流。分析师通常会评估公司的**盈余质量**（quality of earning）。盈余质量是指现实主义和保守主义的收益数额与范围，即在多大程度上我们可以相信所报告收益的可持续性。

影响盈余质量的因素主要有以下几类。

- 坏账准备。大多数公司都利用商业信用进行销售，因此必须计提坏账准备，过低的坏账准备金会高估公司可能收到的款项，降低报告收益的质量。
- 非经常性项目。某些影响收益的项目一般不会经常性出现，这些项目包括出售资产、会计变更的影响、汇率变化和非正常的投资收益等。例如，在股票市场收益较高的年份，一些公司会获得丰厚的资本利得收益，这对公司当年的盈利大有好处，但我们不能认为这种情况会反复出现，因此资本利得应被认为是收益中“低质量”的部分。类似地，公司养老金计划产生的投资收益虽然对公司盈利做出了很大贡献，但也只是一次性的。
- 收益平滑。2003 年，房地美陷入会计丑闻。为了降低当年盈利，房地美对投资组合中持有的抵押贷款进行不当重分类。为什么公司会采取这种行为？因为如果后期公司收益下降，公司可以通过逆向账务处理从而“释放”收益，制造收益稳定增长的假象。事实上，几乎直到 2008 年房地美倒闭前夕，它在华尔街的绰号一直是“稳定的房地美”。与之情况类似的是，2012 年第 4 季度，美国四大银行释放了 182 亿美元的外汇储备，这规模接近它们税前利润的 1/4，[㊀]这种收益显然不会长期持续，也就是低质量的。
- 收入确认。根据一般公认会计准则，公司可以在收到款项前确认收入，这就是公司会有应收账款的原因，但有时很难确定何时确认收入。例如，假设一家计算机公司签署了一份提供产品与服务的五年期合同，那么这笔预期收入应立即确认还是在未来五年内逐步确认？关于这个问题的一种极端情况被称为“通道堵塞”，是指公司向顾客出售大量货物时授予他们拒收或退货的权利。在这种情况下，公司在销售时便已将收入入账，但可能发生的退货只有在实际发生时才被确认（在未来的会计期间）。惠普公司在 2012 年辩称，当 Autonomy 公司利用“通道堵塞”来提高其财务业绩时，导致惠普为了收购 Autonomy 公司支付了过高的价格。例如，Autonomy 公司向 Tikit 集团出售了价值超过 40 亿英镑的软件；这项交易被记为收入，但直到 Tikit 实际向其客户出售软件时才会得到付款。[㊁]因此，Autonomy 公司在 2010 年只是确认了未来几年的暂定销售。惠普斥资约 111 亿美元收购 Autonomy，仅一年后就减记投资 88 亿美元。若某公司的应收账款增长远远超出销售收入增长或应收账款在总资产中所占比重过大，那么公司很可能使用了这种方法。操纵现金流比操纵收入要难得多，因此许多分析师更关注现金流量表。
- 表外资产和负债。假设某家公司为另一家公司的未偿还债务提供担保，担保公司可能拥

㊀ Michael Rapoport, “Bank Profit Spigot to Draw Scrutiny,” *The Wall Street Journal*, October 11, 2012.

㊁ Ben Worthen, Paul Sonne, and Justin Scheck, “Long Before H-P Deal, Autonomy’s Red Flags,” *The Wall Street Journal*, November 26, 2012.

有欠债公司的部分股权。既然该债务或许需要在未来偿付，那么担保公司就应把它作为一项或有负债进行披露，但这项债务不会在担保公司报表里作为应付债务列示。安然（Enron）公司在 2001 年破产之前因这种做法而臭名昭著。尽管它已为其他公司担保了债务，但未能在资产负债表上确认这些潜在负债。相反，这些负债藏身于其所谓的特殊目的实体（SPE）组成的神秘面纱之后。此外，还需要注意其他表外项目。典型例子是租赁。例如，航空公司在资产负债表上可能没有飞机，但其长期租赁实际上等同于债务融资的所有权。如果将租赁视为经营租赁而非融资租赁，则租赁可能仅出现在财务报表的脚注里。

19.6.6 国际会计惯例

分析师在试图解释财务数据时，可能会遇到上述例子中的问题。在解释国外公司的财务报表时，有可能会遇到更大的问题。这是因为这些公司并不遵循一般公认会计准则，不同国家的会计方法不同，与美国的标准存在或大或小的差异。以下是分析国外公司财务报表时需要注意的一些主要问题。

- 准备金政策。与美国相比，许多国家允许公司拥有更大的权限预留准备金以应对未来的偶发事件。由于附加准备金的提取会影响收益，因此这些国家的公司有更大的管理权限来影响报告收益。
- 折旧。在美国，公司通常会保留几套独立账本分别用于税收目的和报告目的。例如，加速折旧法通常被用于避税目的，而直线折旧法通常被用于报告目的。但是大多数其他国家不允许公司保留两套账本，国外的大多数公司也会采用加速折旧法来降低所得税，但它们不会考虑报告收益会因此变得较低的事实。这使得国外公司的报告收益低于它们采用美国会计准则时所得到的值。
- 无形资产。对商誉等无形资产的处理存在着巨大差异，应将其摊销还是费用化处理？若是摊销，摊销期应为多长？不同的的处理方式对报告利润有很大影响。

不同会计方法产生的结果可能会大不相同，图 19-4 比较了不同国家的报告市盈率和按美国会计准则重新计算的市盈率。自从这项研究发表以后，市盈率已发生了很大改变，研究结果表明会计准则会对市盈率产生非常大的影响。

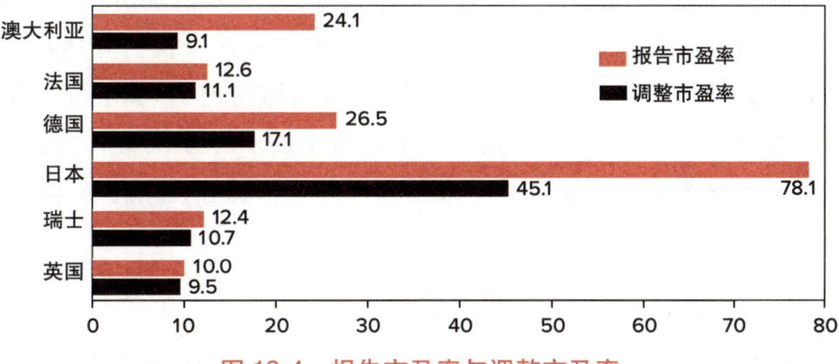

图 19-4 报告市盈率与调整市盈率

资料来源："Figure J: Adjusted versus Reported Price/Earnings Ratio" from Lawrence S. Speidell and Vinod Bavishi, "GAAP Arbitrage: Valuation Opportunities in International Accounting Standards," *Financial Analysts Journal*, November-December 1992, pp. 58-66.

美国与欧洲会计准则存在的诸多差异缘于会计实践发展中的不同管理哲学。美国一般公认会计准则的规定非常详细、具体，考虑了各种商业环境可能性下的处理方式。而欧盟国家以及澳大利亚、加拿大、巴西、印度和中国等大约 100 个其他国家采用的 IFRS（国际财务报告准则，international financial reporting standards），仅是规定了财务报表编制的基本原则。虽然 IFRS 的规定更加灵活，但公司必须保证采取的会计政策符合 IFRS 的基本原则。

多年来，SEC 致力于使美国会计准则更符合国际规则。SEC 于 2007 年开始允许按照 IFRS 编制财务报表的外国公司在美国发行证券。随后，SEC 又向前迈了一步，提议允许大型美国跨国公司使用 IFRS 而不是 GAAP 来报告收益，并希望最终更广泛地采用 IFRS。但是，经过多年的谈判，SEC 改用国际财务报告准则的计划早已停滞不前。尽管 SEC 和 IASB（国际会计标准委员会）继续就会计准则展开合作，但将美国纳入单一全球会计准则体系的前景在近期看来并不乐观。

19.7 价值投资：格雷厄姆方法

若不提及本杰明·格雷厄姆这位最伟大的“价值投资大师”的思想，关于基本面证券分析的内容就不完善。20 世纪后半叶，在现代投资组合理论提出之前，格雷厄姆是投资分析领域中唯一的、最权威的思想家、作家和导师。他对投资专业人士（包括他著名的学生沃伦·巴菲特）的影响，至今仍非常深远。

格雷厄姆的代表作是与哥伦比亚大学的戴维·多德教授在 1934 年合著的《证券分析》。本节阐述了该书的主要思想。格雷厄姆相信，通过认真分析公司财务报表便能发现有投资价值的股票。通过多年研究，他开发了多种不同的规则来确定最重要的财务比率，并提出了判断股票价值是否被低估的关键因素。他的著作多次再版，在投资领域产生了深远影响并取得了巨大成功，由于格雷厄姆方法的广泛使用以致很难再从市场上找到符合这一技术标准认定的便宜股票。

在 1976 年的一次研讨会上，格雷厄姆说[⊖]：

> 我不再主张运用那些复杂的证券分析方法来发现投资良机。40 多年前我们的书《证券分析》首次出版时，我们通过仔细分析可以发现价值被低估的股票，但自那以后，情况已发生了很大变化。过去，任何一位训练有素的证券分析师都能通过仔细研究发现价值被低估的股票。但在目前已有大量研究的情况下，我怀疑这种努力能否产生价值来抵消成本。只有在非常有限的范围内，我才赞成现已被学者广泛接受的“有效市场”理论。

但是在这次研讨会上，格雷厄姆建议使用一种简单的方法来识别价值被低估的股票：

> 我首选的更简单的方法是购买那些低于营运资本或流动资产净值的普通股，流动资产净值是指不包括厂房和其他固定资产，并扣除所有负债后的流动资产价值。在管理投资基金时，我们广泛运用了这种方法，在 30 多年的时间里，获得的年平均收益率约为 20%。我认为这是一种非常简单的系统投资方法，并且这不是建立在个别结果上的，而是根据可预期的群体收益的方法。

小结

1. 证券分析师应主要关注公司实际的经济利润而不是会计利润。财务报表中报告的会计利润可能是对实际经济利润的一个有偏估计，但是实证研究表明，会计利润可以

⊖ 如 John Train 在其著作 *Money Master*（New York：Harper & Row，1987）中所引用的。

传递关于公司前景的大量信息。

2. 公司的 ROE 是收益增长率的一个关键决定因素，公司的财务杠杆水平对 ROE 有巨大影响。仅当公司的债务利率小于 ROA 时，债务权益比率的增加会提高 ROE 和收益增长率。
3. 一个公司的 ROE 是决定其收益增长率的关键因素。ROE 受公司财务杠杆程度的影响。只有当债务的利率低于公司的 ROE 时，公司的债务权益比率的增加才会提高其 ROE，从而提高其增长速度。
4. 把 ROE 分解成几个财务比率，然后比较不同时间各个财务比率的变化情况以及同行业不同公司的财务比率，这种方法对分析师而言非常有用。常用的分解公式是：

$$\text{ROE}=\frac{\text{净利润}}{\text{税前利润}}\times\frac{\text{税前利润}}{\text{EBIT}}\times\frac{\text{EBIT}}{\text{销售收入}}\times\frac{\text{销售收入}}{\text{总资产}}\times\frac{\text{总资产}}{\text{权益}}$$

5. 与公司盈利能力或风险水平相关的其他财务比率有固定资产周转率、存货周转率、流动比率、速动比率和利息覆盖倍数。
6. 除以上提到的这些比率外，另外两个利用公司普通股市场价格的比率是市净率和市盈率。这两个比率较低时，分析师会将之看成一种安全边际或股票价值被低估的标志。
7. 好公司并不一定是好投资，成功公司股票的市价与其成功程度相比或许过高了，若是这样，那么这些公司的股票相对于其期望收益而言或许不是一项好的投资。
8. 使用公司财务报表数据的主要问题是可比性问题，公司在选择采用什么方法计算各项收入和费用方面有很大的空间。因此在比较不同公司的财务指标之前，分析师必须按统一标准调整会计利润和财务比率。
9. 在通货膨胀时期，可比性问题会变得十分突出，通货膨胀会扭曲存货、折旧和利息费用在会计上的计量。
10. 公允价值会计要求大多数资产应按当前市价而非历史成本计量。这一政策已引起广泛争议，因为在很多情况下确定市场价值是非常困难的。因此反对者认为公允价值会计会使财务报表的数值波动过大。但支持者认为财务报表应反映对当前资产价值的最佳估计。
11. 国际财务报告准则已被包括美国在内的各国普遍接受，它们与传统的美国一般公认会计原则最大的区别在于它们以“原则”为基础，而非以“规则”为基础。

习题

1. 利用 Heifer 体育公司的财务报表（见下表），查找 Heifer 体育公司的以下信息：
   a. 2020 年的存货周转率。
   b. 2020 年的负债权益比。
   c. 2020 年经营活动现金流。
   d. 平均收款期。
   e. 资产周转率。
   f. 利息保障倍数。
   g. 营业利润率。
   h. 净资产收益率。
   i. 市盈率。
   j. 复合杠杆比率。
   k. 经营活动提供的净现金流。

利润表（单位：美元）

销售额	5 500 000
销货成本	2 850 000
折旧	280 000
销售及管理费用	1 500 000
息税前利润（EBIT）	870 000
利息费用	130 000
应税收入	740 000
税款	330 000
净利润	410 000

资产负债表（年末）

（单位：美元）

	2020 年	2019 年
资产		
现金	50 000	40 000
应收账款	660 000	690 000
存货	490 000	480 000
流动资产总计	1 200 000	1 210 000
固定资产	3 100 000	2 800 000
资产总计	4 300 000	4 010 000
负债和股东权益		
应付账款	340 000	450 000
短期债务	480 000	550 000
流动负债总计	820 000	1 000 000
长期债券	2 520 000	2 200 000
负债总计	3 340 000	3 200 000
普通股	310 000	310 000
留存收益	650 000	500 000
股东权益总计	960 000	810 000
负债和股东权益总计	4 300 000	4 010 000

2. 国际财务报告准则与美国一般公认会计原则的主要区别是什么？两者的优缺点分别是什么？
3. 若市场是有效的，那么公司进行盈余管理还重要吗？另外，若公司进行盈余管理，那么管理层怎样看待有效市场的观点呢？
4. 穆迪和标准普尔等评级机构最感兴趣的财务比率是什么？股票市场分析师在决定是否购买某一股票以使投资组合更加分散化时，他最感兴趣的比率是什么？
5. Crusty Pie 公司是一家专门从事苹果贸易的公司，其销售收益率高于行业平均值但是 ROA 与行业平均值相同，如何解释这一现象？
6. ABC 公司的销售收益率低于行业平均值，但是 ROA 高于行业平均值，这说明它的资产周转情况如何？
7. 公司 A 和公司 B 的 ROA 相同，但公司 A 的 ROE 更高，如何解释这一现象？
8. 使用杜邦体系和下面的数据计算 ROE（见下表）。

杠杆比率（总资产/所有者权益）	2.2
总资产周转率	2.0
净利润率	5.5%
股利支付率	31.8%

9. 最近 Galaxy 公司将坏账费用从销售收入的 2%降到 1%，从而大大减少了计提的坏账准备。不考虑所得税，这一情况给营业利润和经营活动带来的现金流的即时影响是什么？

根据下列材料回答第 10～12 题。Hatfield 是一家美国的大型制造业公司，年销售额超过 3 亿美元。Hatfield 公司由于违规甚至是违法编制财务报表正在接受美国证券交易委员会的调查。为进一步评估情况，美国证券交易委员会已派出尽职调查小组前去 Hatfield 公司总部对该公司进行全面审计。

证券交易委员会认为：

- 公司管理层最近一直在与当地的工会组织谈判，且该公司 40%的全职员工为工会成员，工会代表要求增加工资和养老金福利，但管理层坚持认为当前不可能满足这一要求，因为公司的盈利能力一直在下降，而且现金流非常紧张。工会代表指控管理层为了不在谈判中处于被动曾操纵财务报表的数据。
- 公司过去几年取得的新设备在账面上均被确认为经营租赁，但之前取得的类似资产几乎一直被确认为融资租赁，同行业其他公司的财务报表表明此类设备应被确认为融资租赁。美国证券交易委员会要求管理层解释为何公司的做法与“正常”会计实务不同。
- 与销售增长率相比，Hatfield 公司的账面存货在过去几年一直在稳定增长，管理层的解释是生产方法的改进使生产效率提高，从而增加了总产量。美国证券交易委员会怀疑 Hatfield 公司可能操纵存货数据。

美国证券交易委员会派出的专家队伍并不是为了寻找舞弊的证据，而是为了寻找公司因误导股东和其他利益相关方而违反会计准则的证据。根据初步调查，专家队伍并不能发现Hatfield公司的财务报表收益低质量的原因。

10. 工会代表认为Hatfield公司的管理层试图通过低估净利润来避免在谈判中做出妥协，管理层的下列哪种行为最可能造成收益低质量？
    a. 延长应折旧资产的寿命以降低折旧费用。
    b. 对公司养老金义务进行估值时使用较低的贴现率。
    c. 交货时而非收到货款时确认收入。
11. Hatfield公司最近把所有租赁的新设备均确认为经营租赁，这与之前将其确认为融资租赁的做法有很大不同。在融资租赁中应付租赁款的现值应被确认为一项负债。Hatfield公司更换会计方法的动机是什么？Hatfield公司试图：
    a. 改善杠杆比率，降低杠杆。
    b. 减少销货成本，增强盈利能力。
    c. 与同行业其他公司相比增加营业利润。
12. 美国证券交易委员会派出的专家队伍正在调查Hatfield公司销量增长，存货却在增加的原因，确定Hatfield公司操纵财务指标的一种方法是调查：
    a. 存货周转率的下降。
    b. 应收账款的增长速度高于销售收入。
    c. 延期确认费用。
13. 某公司的ROE为3%，债务权益比率为0.5，税率为35%，债务利率为6%，那么该公司的ROA是多少？
14. 某公司的税收负担比率为0.75，杠杆比率为1.25，利息负担比率为0.6，销售收益率为10%，该公司每1美元资产可以创造2.40美元的销售收入，那么该公司的ROE是多少？
15. 根据下列关于Rocket Transport公司的现金流量数据（见下表）计算该公司的：
    a. 投资活动提供或使用的净现金。
    b. 筹资活动提供或使用的净现金。
    c. 年度现金的净增加或净减少。

（单位：美元）

现金股利	80 000
购买汽车	33 000
支付债务利息	25 000
销售旧设备	72 000
回购股票	55 000
支付供应商的现金	95 000
向顾客收取的现金	300 000

16. 考虑以下关于Acme公司和Apex公司的数据。

	权益（百万美元）	债务（百万美元）	ROC（%）	资本成本（%）
Acme公司	100	50	17	9
Apex公司	450	150	15	10

    a. 哪一家公司具有更高的经济增加值？
    b. 哪一家公司的每1美元投资资本的经济增加值更高？

CFA考题

1. 下表是关于QuickBrush公司和SmileWhite公司财务报表的信息：

	QuickBrush	SmileWhite
商誉	公司将商誉在20年内进行摊销	公司将商誉在5年内进行摊销
不动产、厂场和设备	公司在资产的经济寿命内按直线法计提折旧，建筑物的寿命5~20年不等	公司在资产的经济寿命内按加速法计提折旧，建筑物的寿命5~20年不等
应收账款	公司按应收账款的2%计提坏账准备	公司按应收账款的5%计提坏账准备

根据以上信息，哪一家公司的盈余质量更高？

2. 为了估计 MasterToy 公司的可持续增长率，Scott Kelly 正在阅读该公司的财务报表，根据下表所列示的信息回答问题。

MasterToy 公司 2020 年实际和 2021 年预期的财务报表
（财务年度截至 12 月 31 日；除每股数据和发行在外的平均股份数外，单位均为百万美元）

	2020 年	2021 年	变动（%）
利润表			
收入	4 750	5 140	7.6
销货成本	2 400	2 540	
销售及一般性管理费用	1 400	1 550	
折旧	180	210	
商誉摊销	10	10	
营业利润	760	830	8.4
利息费用	20	25	
税前利润	740	805	
所得税	265	295	
净利润	475	510	
每股收益（美元）	1.79	1.96	8.6
发行在外的平均股份数（百万股）	265	260	
资产负债表			
现金	400	400	
应收账款	680	700	
存货	570	600	
不动产、厂场和设备净额	800	870	
无形资产	500	530	
资产总计	2 950	3 100	
流动负债	550	600	
长期债务	300	300	
负债总计	850	900	
所有者权益	2 100	2 200	
负债和所有者权益总计	2 950	3 100	
每股账面价值（美元）	7.92	8.46	
年度每股股利（美元）	0.55	0.60	

a. 识别并计算杜邦公式的组成部分。

b. 根据杜邦公式的组成部分计算 2021 年 ROE。

c. 根据 ROE 和收益再投资率计算 2021 年的可持续增长率。

3. 根据以下数据（见下表）回答下列问题：

（单位：美元）

支付利息的现金	(12)
回购普通股	(32)
支付供应商的现金	(85)
购买土地	(8)
销售设备	30
支付股利	(37)
支付工资的现金	(35)
向顾客收取的现金	260
购买设备	(40)

a. 哪些属于经营活动产生的现金流？

b. 根据以上数据，计算投资活动产生的现金流。

c. 根据以上数据，计算筹资活动产生的现金流。

4. Ludlow 刚被聘任为分析师，在了解电动牙刷行业以后，她的第一份报告是关于 QuickBrush 和 SmileWhite 两家公司的。她总结得到的信息如下：“QuickBrush 公司的盈利能力高于 SmileWhite 公司，在过去几年里 QuickBrush 公司的销售增长率为 40%，且利润率一直高于 SmileWhite 公司。SmileWhite 公司的销售和利润增长率为 10%，且利润率也较低。我们认为今后 SmileWhite 公司的增长率不可能超过10%，但QuickBrush公司可以长期维持30%的增长率。

a. Ludlow根据ROE认为QuickBrush公司的盈利能力高于SmileWhite公司，且QuickBrush公司有较高的可持续增长率。使用下面两公司的年度数据中的信息，评价Ludlow的分析和结论。你可以通过分析计算下列项目来支持你的观点：

- 决定ROE的五个组成部分。
- 决定可持续增长率的两个比率：ROE和收益再投资率。

b. 解释为什么QuickBrush公司过去两年的ROE一直在下降，但是平均每年的每股收益却保持40%的增长率？使用下面关于QuickBrush公司“年度数据”的财务报表进行回答（见下表）。

QuickBrush 公司的财务报表：年度数据

（除每股数据、发行在外的平均股份数和财务数据外，单位均为千美元）

	2018 年 12 月	2019 年 12 月	2020 年 12 月	三年平均
利润表				
收入	3 480	5 400	7 760	
销货成本	2 700	4 270	6 050	
销售及一般性管理费用	500	690	1 000	
折旧及摊销	30	40	50	
营业利润（EBIT）	250	400	660	
利息费用	0	0	0	
税前利润	250	400	660	
所得税	60	110	215	
税后利润	190	290	445	
稀释每股收益（美元）	0.60	0.84	1.18	
发行在外的平均股份数（千股）	317	346	376	
财务数据				
销货成本占销售收入的百分比（%）	77.59	79.07	77.96	78.24
销售管理费用占销售收入的百分比（%）	14.37	12.78	12.89	13.16
营业利润率（%）	7.18	7.41	8.51	
税前利润/EBIT（%）	100.00	100.00	100.00	
税率（%）	24.00	27.50	32.58	
资产负债表				
现金和现金等价物	460	50	480	
应收账款	540	720	950	
存货	300	430	590	
不动产、厂场和设备净值	760	1 830	3 450	
资产总计	2 060	3 030	5 470	
流动负债	860	1 110	1 750	
负债总计	860	1 110	1 750	
所有者权益	1 200	1 920	3 720	
负债和所有者权益总计	2 060	3 030	5 470	
每股市价（美元）	21.00	30.00	45.00	
每股账面价值（美元）	3.79	5.55	9.89	
年度每股股利（美元）	0.00	0.00	0.00	

SmileWhite 公司的财务报表：年度数据
（除每股数据、发行在外的平均股份数和财务数据外，单位均为千美元）

	2018 年 12 月	2019 年 12 月	2020 年 12 月	三年平均
利润表				
收入	104 000	110 400	119 200	
销货成本	72 800	75 100	79 300	
销售及一般性管理费用	20 300	22 800	23 900	
折旧及摊销	4 200	5 600	8 300	
营业利润（EBIT）	6 700	6 900	7 700	
利息费用	600	350	350	
税前利润	6 100	6 550	7 350	
所得税	2 100	2 200	2 500	
税后利润	4 000	4 350	4 850	
稀释每股收益（美元）	2. 16	2. 35	2. 62	
发行在外的平均股份数（千股）	1 850	1 850	1 850	
财务数据				
销货成本占销售收入的百分比（%）	70. 00	68. 00	66. 53	68. 10
销售管理费用占销售收入的百分比（%）	19. 52	20. 64	20. 05	20. 08
营业利润率（%）	6. 44	6. 25	6. 46	
税前利润/EBIT（%）	91. 04	94. 93	95. 45	
税率（%）	34. 43	33. 59	34. 01	
资产负债表				
现金和现金等价物	7 900	3 300	1 700	
应收账款	7 500	8 000	9 000	
存货	6 300	6 300	5 900	
不动产、厂场和设备净值	12 000	14 500	17 000	
资产总计	33 700	32 100	33 600	
流动负债	6 200	7 800	6 600	
长期债务	9 000	4 300	4 300	
负债总计	15 200	12 100	10 900	
所有者权益	18 500	20 000	20 700	
负债和所有者权益总计	33 700	32 100	33 600	
每股市价（美元）	23. 00	26. 00	30. 00	
每股账面价值（美元）	10. 00	10. 81	12. 27	
年度每股股利（美元）	1. 42	1. 53	1. 72	

根据下列材料回答第 5~8 题。 Eastover 公司是一家大型的多元化林业公司，约 75%的销售收入来自造纸和房地产，剩余收入来自金融服务和房地产。该公司拥有 560 万英亩林地，历史成本非常低。

Mulroney 是 Centurion 投资公司的一名特许金融分析师，她的任务是对 Eastover 公司的发展前景进行投资前评估，并将之与 Centurion 投资公司投资组合中的另一家林业公司，即 Southampton 公司进行比较。Southampton 公司在美国是生产木材制品的主要厂商，其销售收入的 89%来自建筑材料（主要是木材和胶合板），剩余收入来自纸浆。Southampton 公司拥有 140 万英亩林地，历史成本也很低，但是不像 Eastover 公司那样远远低于当前市价。

Mulroney 开始通过分析 ROE 的五个组成部分来比较研究两家公司。在分析过程中，Mulroney 把权益定义为股东权益的总额，包括优先股，而且她所使用的是资产负债表年末数据而非平均数据。

5. a. 根据下列两个公司的数据（见下表）计算 2020 年 Eastover 和 Southampton 两家公司 ROE 的五个组成部分。并根据这五个部分，计算两家公司 2020 年的 ROE。

Eastover 公司（除发行在外的普通股股份数和税率外，单位均为百万美元）

	2016 年	2017 年	2018 年	2019 年	2020 年
利润表概要					
销售收入	5 652	6 990	7 863	8 281	7 406
息税前利润（EBIT）	568	901	1 037	708	795
利息费用净额	(147)	(188)	(186)	(194)	(195)
税前利润	421	713	851	514	600
所得税	(144)	(266)	(286)	(173)	(206)
税率（%）	34	37	33	34	34
净利润	277	447	565	341	394
优先股股利	(28)	(17)	(17)	(17)	(0)
普通股净利润	249	430	548	324	394
发行在外的普通股股份数（100 万股）	196	204	204	205	201
资产负债表概要					
流动资产	1 235	1 491	1 702	1 585	1 367
林地资产	649	625	621	612	615
不动产、厂场和设备	4 370	4 571	5 056	5 430	5 854
其他资产	360	555	473	472	429
资产总计	6 614	7 242	7 852	8 099	8 265
流动负债	1 226	1 186	1 206	1 606	1 816
长期债务	1 120	1 340	1 585	1 346	1 585
递延所得税	1 000	1 000	1 016	1 000	1 000
优先股	364	350	350	400	0
普通股	2 904	3 366	3 695	3 747	3 864
负债和所有者权益总计	6 614	7 242	7 852	8 099	8 265

Southampton 公司（除发行在外的普通股股份数和税率外，单位均为百万美元）

	2016 年	2017 年	2018 年	2019 年	2020 年
利润表概要					
销售收入	1 306	1 654	1 799	2 010	1 793
息税前利润（EBIT）	120	230	221	304	145
利息费用净额	(13)	(36)	(7)	(12)	(8)
税前利润	107	194	214	292	137
所得税	(44)	(75)	(79)	(99)	(46)
税率（%）	41	39	37	34	34
净利润	63	119	135	193	91
发行在外的普通股股份数（百万股）	38	38	38	38	38
资产负债表概要					
流动资产	487	504	536	654	509

（续）

	2016 年	2017 年	2018 年	2019 年	2020 年
林地资产	512	513	508	513	518
不动产、厂场和设备	648	681	718	827	1 037
其他资产	141	151	34	38	40
资产总计	1 788	1 849	1 796	2 032	2 104
流动负债	185	176	162	180	195
长期债务	536	493	370	530	589
递延所得税	123	136	127	146	153
所有者权益	944	1 044	1 137	1 176	1 167
负债和所有者权益总计	1 788	1 849	1 796	2 032	2 104

b. 根据问题 a 的计算结果，解释两家公司 ROE 的差异。

c. 根据 2020 年的数据，计算两家公司的可持续增长率，并说明以这些数据为基础来预测未来增长的合理性。

6. a. Mulroney 想起她在考特许金融分析师证书的学习过程中曾学过，固定增长股利贴现模型是评估公司普通股价值的方法之一，她收集到了关于 Eastover 和 Southampton 两家公司当前股利和股价的数据（见下面第一张表）。假设必要收益率（即贴现率）为 11%，预期增长率为 8%，利用固定增长的股利贴现模型计算 Eastover 公司的股票价值，并将其与“当前信息”（见下面第二张表）中 Eastover 公司的股价比较。

Eastover 公司、Southampton 公司与标准普尔 500 指数的价值比较

	2016 年	2017 年	2018 年	2019 年	2020 年	2021 年	五年平均（2017—2021 年）
Eastover 公司							
每股收益（美元）	1.27	2.12	2.68	1.56	1.87	0.90	
每股股息（美元）	0.87	0.90	1.15	1.20	1.20	1.20	
每股账面价值（美元）	14.82	16.54	18.14	18.55	19.21	17.21	
股价							
最高价（美元）	28	40	30	33	28	30	
最低价（美元）	20	20	23	25	18	20	
收盘价（美元）	25	26	25	28	22	27	
平均市盈率	18.9	14.2	9.9	18.6	12.3	27.8	
平均市净率	1.6	1.8	1.5	1.6	1.2	1.5	
Southampton 公司							
每股收益（美元）	1.66	3.13	3.55	5.08	2.46	1.75	
每股股息（美元）	0.77	0.79	0.89	0.98	1.04	1.08	
每股账面价值（美元）	24.84	27.47	29.92	30.95	31.54	32.21	
股价							
最高价（美元）	34	40	38	43	45	46	
最低价（美元）	21	22	26	28	20	26	
收盘价（美元）	31	27	28	39	27	44	
平均 P/E	16.6	9.9	9.0	7.0	13.2	20.6	
平均 P/B	1.1	1.1	1.1	1.2	1.0	1.1	
标准普尔 500 指数							
平均 P/E	15.8	16.0	11.1	13.9	15.6	19.2	15.2
平均 P/B	1.8	2.1	1.9	2.2	2.1	2.3	2.1

当前信息

	当前股价（美元）	当前每股股利（美元）	预期 2022 年的每股收益（美元）	当期每股账面价值（美元）
Eastover 公司	28	1.20	1.60	17.32
Southampton 公司	48	1.08	3.00	32.21
标准普尔 500 指数	2 490	72.00	123.24	958.98

b. Mulroney 的上司指出，两阶段股利贴现模型可能更适合 Eastover 和 Southampton 两家公司。Mulroney 相信，两家公司在今后三年的增长将更加迅速，然后 2024 年将以稍低的增长率稳定下来。她的预测如下表所示。用 11% 作为必要收益率，根据两阶段股利贴现模型计算 Eastover 公司的股票价值，并将其与上表“当前信息”（见问题 a 中的第二张表）中 Eastover 公司的股价比较。

2024 年以后的计划增长率

	未来三年（2022—2024 年）	2024 年以后
Eastover 公司	12%	8%
Southampton 公司	13%	7%

c. 讨论固定增长股利贴现模型的优缺点，并简要说明两阶段股利贴现模型如何改进了固定增长股利贴现模型。

7. 除股利贴现模型方法外，Mulroney 计算两家公司的市盈率和市净率，并将其与标准普尔 500 指数相比较。Mulroney 决定使用 2017—2021 年以及当前的数据分析。

a. 用第 6 题所列的数据计算两家公司现在的和五年（2017—2021 年）平均的相对市盈率和相对市净率（即两家公司的比率相对于标准普尔 500 指数的值），并将每家公司当前的相对市盈率与五年平均的相对市盈率做比较，当前的相对市净率与五年平均的相对市净率做比较。

b. 简要说明相对市盈率与相对市净率在估价上的缺陷。

8. Mulroney 分别使用固定增长股利贴现模型和两阶段股利贴现模型为 Southampton 公司进行了估价，结果如下表所示：

固定增长股利贴现模型	29 美元
两阶段股利贴现模型	35.50 美元

根据所提供的信息和第 5~7 题的答案，选出 Mulroney 会推荐购买的股票（Eastover 公司或 Southampton 公司），并说明原因。

9. 你在查看 Graceland Rock 公司的财务报表时发现，2020—2021 年，该公司的净利润增加了，但经营活动产生的现金流减少了。

a. 举例说明在什么情况下，Graceland Rock 公司净利润增加的同时经营活动产生的现金流减少。

b. 为什么说经营活动产生的现金流是衡量“收益质量”的一个良好指标?

10. 某公司的销售净额为 3 000 美元，现金费用（包括所得税）为 1 400 美元，折旧为 500 美元，若本期的应收账款增加了 400 美元，那么经营活动产生的现金流是多少?

11. 某公司的流动比率为 2.0，假设该公司用现金回购将于一年内到期的应付票据，这会对流动比率和总资产周转率产生什么影响?

12. 尽管 Jones Group 公司的营业利润一直在下降，但其税后 ROE 却一直保持不变，说明该公司是如何保持税后 ROE 不变的。

13. 杜邦公式把 ROE 分解为下列五个组成部分。

- 营业利润率。
- 总资产周转率。
- 利息负担比率。
- 财务杠杆。

- 所得税税率。

使用下列“利润表和资产负债表”数据（见下表）：

a. 计算2017年和2021年以上五个组成部分的值，并根据计算出的结果计算2017年和2021年的ROE。

b. 简要说明2017—2021年总资产周转率和财务杠杆的变化对ROE的影响。

利润表和资产负债表　（单位：美元）

	2017年	2021年		2017年	2021年
利润表数据			税后净利润	19	30
收入	542	979	**资产负债表数据**		
营业利润	38	76	固定资产	41	70
折旧和摊销	3	9	资产总额	245	291
利息费用	3	0	营运资本	123	157
税前利润	32	67	负债总额	16	0
所得税	13	37	所有者权益总额	159	220

概念检查答案

19-1 债务权益比率为1.0，说明Mordett公司拥有500万美元的债务和500万美元的权益，每年的利息费用为0.09×500万=45万美元。Mordett公司的净利润和ROE根据经济周期不同如下所示（见下表）：

状况	EBIT（百万美元）	Nodett		Mordett	
		净利润（百万美元）	ROE（%）	净利润（百万美元）[①]	ROE[②]（%）
坏年份	5	3	3	0.3	0.6
正常年份	10	6	6	3.3	6.6
好年份	15	9	9	6.3	12.6

① Mordett公司的税后利润等于0.6×（EBIT−4 500 000）美元。
② Mordett公司的权益只有500万美元。

19-2 对Mordett公司的比率分解分析见下表：

	ROE	(1) 净利润/税前利润	(2) 税前利润/EBIT	(3) EBIT/销售收入（利润率）	(4) 销售收入/总资产（总资产周转率）	(5) 总资产/所有者权益	(6) 复合杠杆因子 (2)×(5)
坏年份							
Nodett	0.030	0.6	1.000	0.062 5	0.800	1.000	1.000
Somdett	0.018	0.6	0.360	0.062 5	0.800	1.667	0.600
Mordett	0.006	0.6	0.100	0.062 5	0.800	2.000	0.200
正常年份							
Nodett	0.060	0.6	1.000	0.100	1.000	1.000	1.000
Somdett	0.068	0.6	0.680	0.100	1.000	1.667	1.134
Mordett	0.066	0.6	0.550	0.100	1.000	2.000	1.100
好年份							
Nodett	0.090	0.6	1.000	0.125	1.200	1.000	1.000
Somdett	0.118	0.6	0.787	0.125	1.200	1.667	1.311
Mordett	0.126	0.6	0.700	0.125	1.200	2.000	1.400

19-3 GI 公司 2020 年的 ROE 为 3.03%，计算过程如下：

$$ROE=\frac{5\ 285}{0.5\times(171\ 843+177\ 128)}=0.030\ 3 \text{ 或 } 3.03\%$$

市盈率 = 21/5.285 = 4，市净率 = 21/177 = 0.12，收益价格比率为 25%，行业平均收益价格比率为 12.5%。

注意，计算的收益价格比率并不等于市盈率/ROE。因为（通常情况下）我们计算 ROE 时是以股东权益平均值为分母的，而计算市盈率是以年末股东权益为分母的。

19-4 对 IBX 公司的比率分析如下表所示：

年份	ROE	(1) 净利润/ 税前利润	(2) 税前利润/ EBIT	(3) EBIT/销售收入 （利润率）	(4) 销售收入/总资产 （总资产周转率）	(5) 总资产/ 所有者权益	(6) 复合杠杆因子 (2)×(5)	(7) ROA (3)×(4)
2021	11.4%	0.616	0.796	7.75%	1.375	2.175	1.731	10.65%
2019	10.2%	0.636	0.932	8.88%	1.311	1.474	1.374	11.65%

尽管营业利润率和税收负担比率都下降了，但 ROE 仍然增加了，因为杠杆比率和周转率增加了。注意，ROA 从 2019 年的 11.65%下降到了 2021 年的 10.65%。

19-5 使用后进先出法时的报告收益低于使用先进先出法时的报告收益。较少的折旧资产使报告收益较低，因为利率中的通货膨胀溢价被视为利息费用的一部分而非对本金的偿付。若 ABC 公司报告收益与 XYZ 公司一样，尽管 ABC 公司收益的三个来源有下降的趋势，但其真实收益一定更高一些。

PART

6

第六部分

期权、期货与其他衍生证券

第 20 章

期权市场介绍

衍生证券，或更简单的衍生工具，在金融市场中正在发挥着越来越重要的作用。这些衍生证券的价格取决或者衍生于其他证券的价格。

期权与期货合约都是衍生证券，它们的收益取决于其他证券的价值。我们将在第 23 章中讨论的互换也是衍生证券。因为衍生工具的价值取决于其他证券的价值，所以它们是非常有用的套期保值与投机工具。从本章的期权开始，我们将在接下来的四章中研究它们的应用。

全美范围内标准化的期权合约交易是从 1973 年芝加哥期权交易所的看涨期权交易开始的。这种合约一开始就很受欢迎，取代了原先股票期权的场外交易。

现在的期权合约在多个交易所交易，标的资产有普通股票、股票指数、外汇、农产品、贵金属和利率期货等。此外，随着为客户量身定制的期权交易的快速发展，场外交易市场也正在以惊人的速度复苏。作为改变资产组合特性公认的有效方法，期权已经成为资产组合管理人必不可少的工具。

本章我们主要介绍期权市场，解释看涨期权与看跌期权的原理及投资特征，接着讲述常见的期权策略。最后，我们介绍嵌入期权的证券，如可赎回证券与可转换债券等，并简要介绍一下奇异期权。

20.1 期权合约

看涨期权（call option）赋予期权持有者在到期日或之前以特定的价格，称为**行权价格**（exercise price 或 strike price），购买某项资产的权利。例如，1 月 18 日到期的行权价格为 105 美元的微软股票看涨期权，就赋予其持有者在到期日或之前的任何时候以 105 美元的价格购买微软股票的权利。期权持有者没有强制行使期权的义务。只有标的资产的市值超过行权价格时，持有者才愿意行权。如果在到期日之前，市值持续低于行权价格，期权持有者放弃执行期权，期权就会自然失效，变得毫无价值。因此，在到期日，如果股票价格高于行权价格，看涨期权价值等于股票价格与行权价格之差；但若股票价格低于行权价格，看涨期权就一文不值了。看涨期权的净利润等于期权价值减去初始购买期权时支付的价格。

期权的购买价格称为**期权费**（premium，也译为权利金），它表示如果执行期权有利可图，期权购买者为获得执行期权的权利而付出的代价。

看涨期权的卖方出售期权获取的期权费，用来弥补日后当行权价格低于资产市值时需履约造成的损失。如果看涨期权在到期日时一文不值，那么卖方通过出售看涨期权获得一笔期权费。但是如果看涨期权被执行，期权卖方所得利润就是最初所获得的期权费减去股票价格与期权行权价格的差额所剩余的部分。如果股票价格与期权行权价格的差额大于卖方最初获得的期权费，期权卖方就会亏损。

【例 20-1】 看涨期权的利润与损失

以 2019 年 1 月 18 日到期的微软股票看涨期权为例，该期权的行权价格为每股 105 美元，于 1 月 2 日以 1.45 美元的价格出售。到期日之前，期权持有者有权以 105 美元/股购得微软股票。1 月 2 日，股价为 101.51 美元，此时行权毫无意义。的确，如果微软股票价格在到期日之前一直低于 105 美元/股，那么看涨期权直到到期日也没有任何价值。反之，如果微软股票在到期日的价格高于 105 美元/股，则期权持有者就会执行期权。例如，如果 1 月 18 日微软股票价格为 106 美元/股，持有者就会行权，因为他花费 105 美元购买了价值 106 美元的股票。到期日看涨期权的价值为

$$到期日看涨期权价值=股票价格-行权价格=106-105=1(美元)$$

尽管到期日期权持有者获得了 1 美元的报酬，期权持有者还是损失了 0.45 美元，因为他最初购买期权时花费了 1.45 美元：

$$利润=最终价值-初始投资=1-1.45=-0.45(美元)$$

但无论如何，只要到期日股票价格高于行权价格，那么行权就是最优选择，因为执行期权带来的收入至少会抵偿部分初始投资。如果到期日微软股票价格高于 106.45 美元/股，期权持有者就会获得净利润。在这一股价上，执行期权的收入恰好等于期权的初始投资。

看跌期权（put option）赋予期权持有者在到期日或之前以确定的行权价格出售某项资产的权利。一个 1 月到期的行权价格为 105 美元的微软股票看跌期权，赋予其持有者在到期日前以 105 美元的价格把微软股票卖给期权卖方的权利，即使微软股票价格低于 105 美元。看涨期权随着资产市值升高而增值，而看跌期权随着资产市值降低而增值。只有在行权价格高于标的资产价格时，即只有其持有者能够以行权价格出售市场价值较低的资产时，看跌期权才会被行权。需要注意的是，投资者不需要持有微软股票来执行看跌期权，只需要在到期日由经纪人按市场价格购买微软股票，然后出售给期权卖方，从中可赚取行权价格与市场价格的价差。

【例 20-2】 看跌期权的利润与损失

假定一个行权价格为 105 美元、2019 年 1 月 18 日到期的微软股票看跌期权，于 1 月 2 日出售，期权费为 4.79 美元。它赋予期权持有者在 1 月 18 日到期日之前以 105 美元/股的价格出售微软股票的权利。如果看跌期权的持有者以 101.51 美元/股的价格购买微软股票并立即以 105 美元/股的价格行权，收入为 105-101.51=3.49 美元。显然，一个支付了 4.79 美元期权费购买看跌期权的投资者不会立即行权。当然，如果到期日微软股票价格为 98 美元/股，购买看跌期权就是一笔有利可图的投资。到期日看跌期权的价值为

$$到期日看跌期权价值=行权价格-股票价格=105-98=7(美元)$$

投资者的净利润是 7-4.79=2.11 美元。持有期的收益率为 2.11/4.79=0.441 或 44.1%，持有期仅仅为 16 天！显然，期权卖方（交易的另外一方）在 1 月 2 日不太可能考虑到这个结果。

当期权持有者执行期权能获得利润时，此期权被称为**实值期权**（in the money）。因此，当资产价格高于行权价格时，看涨期权为实值期权；当资产价格低于行权价格时，看跌期权是实值期权。相反，当资产价格低于行权价格时，看涨期权为**虚值期权**（out of the money）；没有人会行权，即以行权价格购买价值低于行权价格的资产。当行权价格低于资产价格时，看跌期权为虚值期权。当行权价格等于资产价格时，期权被称为**平价期权**（at the money）。

20.1.1 期权交易

场内交易的期权合约的到期日、行权价格都是标准化的。每份股票期权合约提供买入或卖出 100 股的权利（如果在合约有效期内发生股票分拆，合约会对此进行调整）。

期权合约条款的标准化意味着所有市场参与者都是用有限的标准证券进行交易的，这增加了任何特定期权的交易深度，从而降低了交易成本，增加了市场的流动性。

一直以来，大多数美国期权交易都在芝加哥期权交易所进行。然而，2003 年国际证券交易所（位于纽约的电子交易系统）取代了芝加哥期权交易所，成为最大的期权交易所。如今，几乎所有的交易都是通过电子交易系统进行的。

图 20-1 是 2019 年 1 月 2 日微软股票期权的行情。当天微软股票的收盘价为 101. 51 美元/股[㊀]，对应着不同到期日以及行权价格的期权报价。

微软股票		标的股票价格：101. 51 美元	
到期日	行权价格（美元）	看涨期权价格（美元）	看跌期权价格（美元）
2019 年 1 月 18 日	95	7. 65	0. 98
2019 年 1 月 18 日	100	3. 81	2. 20
2019 年 1 月 18 日	105	1. 45	4. 79
2019 年 2 月 8 日	95	9. 50	2. 86
2019 年 2 月 8 日	100	5. 60	3. 92
2019 年 2 月 8 日	105	3. 08	6. 35

图 20-1 2019 年 1 月 2 日，关于微软股票期权的若干价格信息

资料来源：Google Finance，www. google. com/finance.

如果股票价格超出了现行股票期权行权价格的范围，新的合适的期权行权价格就会被报出。因此，任何时候都有实值期权或虚值期权，正如图 20-1 中微软的股票期权。

图 20-1 给出了所有看涨期权与看跌期权的到期日、行权价格。当比较具有相同到期日但行权价格不同的看涨期权的价格时，你就会发现，行权价格越高，看涨期权的价格越低。这很容易理解，因为以较低的行权价格购买股票比以较高的行权价格购买股票获利更多。行权价格为 100 美元的 1 月 18 日到期的微软股票看涨期权价格为 3. 81 美元，而行权价格为 105 美元的 1 月 18 日到期的微软股票看涨期权价格仅是 1. 45 美元。

相反，对看跌期权来说，行权价格越高，看跌期权的期权价格就越高：同样以微软股票为例，你肯定愿意以 105 美元而不是 100 美元卖出股票，这一点也反映在看跌期权价格上。行权

㊀ 有时，这个价格可能与交易所网站上公布的收盘价不一致。这是因为有些在纽约证券交易所上市的股票在交易所收盘后依然会交易，交易所网站公告了最近的收盘价。但是，期权交易所与纽约证券交易所同时收盘，期权收盘价格对应的是纽约证券交易所收盘时的股价。

价格为 105 美元的 1 月 18 日到期的微软股票看跌期权价格为 4.79 美元，而行权价格为 100 美元的 1 月 18 日到期的微软股票看跌期权价格仅为 2.20 美元。

因为期权交易不频繁，所以你会经常发现期权价格与其他价格脱节。例如，你会发现两份不同行权价格的看涨期权的价格是相同的。这种矛盾源于这些期权的最后交易发生在同一天的不同时刻。在任何时候，具有较低行权价格的看涨期权的价值一定高于其他条件相同而行权价格更高的看涨期权的价值。

大多数场内交易的期权的期限都相当短，最多几个月。对于大公司股票和一些股票指数，期权的期限较长，甚至可长达几年。这些期权称为长期股票期权证券（LEAPS）。

概念检查 20-1

a. 一位投资者购买了 2 月到期的微软股票看涨期权，行权价格为 100 美元。如果到期日当天股票价格为 110 美元，那么其收入和利润各是多少？如果到期日股票价格为 90 美元呢？

b. 如果投资者购买的是 2 月到期的微软股票看跌期权，行权价格为 100 美元。回答问题 a 中的问题。

20.1.2　美式期权与欧式期权

美式期权（American option）允许持有者在期权到期日或之前任何时点行使买入（看涨期权）或卖出（看跌期权）标的资产的权利。**欧式期权**（European option）规定持有者只能在到期日当天行权。美式期权比欧式期权行使权利的余地大，所以一般来说价值更高。实际上，除外汇期权和股票指数期权外，美国国内交易的所有期权都是美式期权。

20.1.3　期权合约条款的调整

因为期权是以设定的价格买卖股票的权利，所以如果期权合约对股票分拆不做调整，那么股票分拆就会改变期权的价值。例如，假设 AppX 股票当前售价为 150 美元/股，如果公司宣布以 1∶2 分拆，股价将跌至 75 美元/股左右。那行权价格为 150 美元的看涨期权会变得毫无价值，因为在期权有效期内，基本没有以高于 150 美元卖出股票的可能性。

为了解决股票分拆问题，要按分拆比例降低行权价格，合约的数量也需要同比增加。例如，原来看涨期权的行权价格为 150 美元，按照 1∶2 的比例分拆为两份期权，每份新期权的行权价格为 75 美元。对超过 10%的股票股利也要做同样的调整，期权标的股票数量应随股票股利同比增长，而行权价格则应同比降低。

与股票股利不同，现金股利则不影响期权合约的条款。因为现金股利降低股票价格而不会在期权合约中增加调整内容，所以期权价值受股利政策的影响。在其他情况都相同时，高股利股票的看涨期权价值较低，因为高股利减缓了股票的增值速度；相反，高股利股票的看跌期权价值较高。当然，期权价值不会在股利支付日或除权除息日当天突然上升或下降。股利支付是可以预期的，因此初始的期权价格已包含了股利的因素。

概念检查 20-2

假如在行权日 AppX 股票价格为 160 美元，而看涨期权的行权价格为 150 美元，期权持有者可以购买 100 股，期权合约的收入是多少？当股票以 1∶2 的比例分拆后，股价为 80 美元，行权价格为 75 美元，期权持有者可以购买 200 股。请说明股票分拆并未影响该期权的收入。

20.1.4　期权清算公司

期权清算公司，即期权交易的清算所，由交易股票期权的交易所共同拥有。期权买卖双方在价格达成一致后，就会成交。这时，期权清算公司就要介入，在交易者中充当中间人的角色，对期权卖方来说它是买方，对期权买方来说它是卖方。因此所有的交易者都只与期权清算公司打交道，由清算公司保证合约的履行。

当期权持有者执行期权合约时，清算公司就会通知出售该期权的客户所在的会员公司履行期权义务。会员公司选择出售期权合约的客户让其履约。卖出一份看涨期权，客户必须以行权价格卖出 100 股股票；卖出一份看跌期权，则客户必须以行权价格买入 100 股股票。

清算公司为保证合约履行，会要求期权卖方缴纳保证金来确保其能够履行义务。所需保证金部分由期权的实值金额决定，因为这个金额代表了期权卖方的潜在义务。虚值期权对卖方的保证金要求更低，因为预期的支出更低。当保证金账户余额不足时，卖方会收到补缴保证金通知。相反，买方就不需要缴纳保证金，因为他只会在有利可图时执行期权。一旦看涨期权被行权，就可以确保有股票可供交割。

保证金要求部分取决于投资者手中持有的其他证券。例如，看涨期权的卖方持有标的股票，只要把这些股票记入经纪人账户，就可以满足保证金要求。这些股票可以在期权执行时用来交割。

20.1.5 其他期权

除了股票，以其他资产为标的物的期权也被广泛交易。常见的标的物有市场指数、行业指数、外汇、农产品期货、黄金、白银、固定收益证券和股票指数等。下面我们介绍指数期权、期货期权、外汇期权和利率期权。

指数期权 指数期权是以股票市场指数为标的物的看涨期权或看跌期权，比如标准普尔 500 指数或纳斯达克 100 指数。指数期权不仅涉及几个广泛基础指数，也涵盖某些行业指数甚至商品价格指数。我们已经在第 2 章介绍过这些指数。

投资者也交易国外股票指数期权合约。例如，日经 225 股指期权就在新加坡交易所和芝加哥商业交易所交易。像金融时报指数（FTSE 100）这样的欧洲指数期权就在纽交所-泛欧证交所进行交易。芝加哥期权交易所内还有石油和高科技的行业指数期权。

与股票期权不同，指数期权不需要看涨期权的卖方在行权日卖出“指数”，也不需要看跌期权的买方购买“指数”，它采用现金交割的方式。在到期日计算期权的增值额，卖方将增值额支付给买方即可。期权增值额即期权行权价格与指数价值之间的差额。例如，行权价格为 2 490 点的标准普尔指数看涨期权在到期日为 2 500 点，买方会收到（2 500−2 490）乘以合约乘数 100 美元，即每份合约 1 000 美元的现金支付。

标准普尔 100 指数（因股票代码常被称为 OEX）、标准普尔 500 指数（SPX）、纳斯达克 100 指数（NDX）和道琼斯工业指数（DJX）等主要指数的期权，是芝加哥期权交易所最活跃的交易品种，这些期权贡献了大部分的成交量。

期货期权 期货期权赋予它们的持有者以行权价格购买或卖出特定期货合约的权利，并把某一期货价格作为期权的行权价格。尽管交割过程稍微有些复杂，期货期权合约的条款设计使得卖方能以期货价格来出售期权。在到期日，期权持有者会收到一笔净支付，该支付等于特定标的资产的当前期货价格与期权行权价格的差额。例如，如果期货价格为 37 美元，看涨期权的行权价格为 35 美元，期权持有者通过行权可以获得 2 美元的收入。

外汇期权 外汇期权赋予持有者以特定数额本币买入或卖出一定数额外币的权利。例如，某外汇期权合约要求以特定数额美元买入或卖出外币，合约的报价单位为每单位外币的美分数。

外汇期权与外汇期货期权之间有很大的区别。外汇期权提供的收入取决于行权价格与到期日汇率的差额。外汇期货期权提供的收入取决于行权价格与到期日外汇期货价格的差额。因为汇率与外汇期货价格一般不相等，所以即便两者的到期日和行权价格都相同，期权与期货期权的价值也会不同。目前外汇期货期权成交量占外汇期权成交量的绝大部分。

利率期权 利率期权的标的物包括美国中长期国债、短期国债，以及像英国和日本这样的主要经济体的政府债券。还有一些利率期货期权，其标的物包括中长期国债期货、短期国债期货、财政基金期货、LIBOR 期货、欧元同业拆借利率期货[⊖]和欧洲美元期货。

20.2 到期日期权价值

20.2.1 看涨期权

看涨期权给予投资者以行权价格买入资产的权利。假定你持有行权价格为 100 美元的 FinCorp 股票，股票现在的价格为 110 美元，那么你就可以行使期权，以 100 美元的价格买入股票，同时以 110 美元的价格卖出股票，收入是 10 美元/股。但是如果股票价格低于 100 美元，你可以观望，什么也不做，既不亏也不赚。于是，到期时看涨期权的价值如下：

$$\text{看涨期权买方的收入}=\begin{cases} S_T-X & \text{如果 } S_T>X \\ 0 & \text{如果 } S_T\leqslant X \end{cases}$$

式中，S_T 为到期日的股票价格，X 为行权价格。该公式着重强调了期权收入非负的特点。也就是说：只有 S_T 大于 X 时，期权才会被行权；如果 S_T 小于 X，期权到期价值为零。此时买方的净损失等于当初购买期权而支付的金额。一般期权买方的净利润等于到期时期权价值减去初始购买期权的价格。

一个行权价格为 100 美元的看涨期权到期时的价值如下所示：

股票价格（美元）	90	100	110	120	130
期权价值（美元）	0	0	10	20	30

股价低于 100 美元时，期权价值为零；股价高于 100 美元时，期权价值为股价超出 100 美元的部分，股价每提高 1 美元，期权价值就增加 1 美元。这种关系如图 20-2 所示。

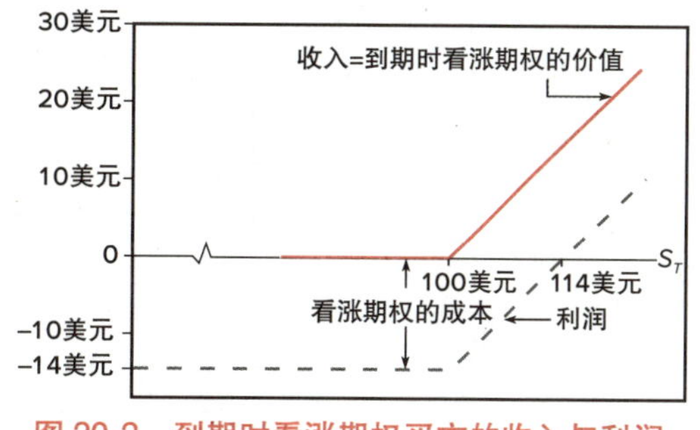

图 20-2 到期时看涨期权买方的收入与利润

在图 20-2 中，实线表示到期时看涨期权的价值。期权持有者的净利润等于期权收入减去购买期权的初始投资。假定看涨期权的成本为 14 美元，那么持有者的利润如图 20-2 虚线所示。在期权到期日，若股价小于或等于 100 美元，持有者的亏损为 14 美元。

只有在到期时股价超过 114 美元，利润才为正，盈亏平衡点为 114 美元，因为只有在此价格时，期权的收入（$S_T-X=114-100=14$ 美元）才等于看涨期权的初始成本。

⊖ 欧元同业拆借利率市场与伦敦银行同业拆借利率市场相似（见第 2 章），但在欧元同业拆借利率市场中，利率是以欧元计价的银行间存款利率。

相反，如果股价高了，看涨期权卖方就会有损失。因为在此情况下，卖方会接到通知，并需要以 X 美元的价格卖出价值 S_T 的股票：

$$看涨期权卖方的收入=\begin{cases}-(S_T-X) & 如果\ S_T>X \\ 0 & 如果\ S_T\leqslant X\end{cases}$$

如果股票价格上升，看涨期权的卖方会承担损失，但他们愿意承担此风险，因为能够获得期权费。

图 20-3 是看涨期权卖方的收入与利润，与看涨期权买方的收入与利润互为镜像。看涨期权卖方的盈亏平衡点也是 114 美元。在这个点上，期权卖方的收入（负的）正好与当初收到的期权费相等。

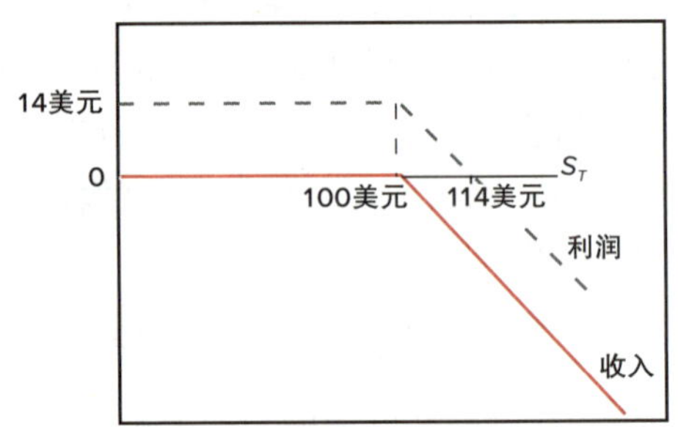

图 20-3 到期时看涨期权卖方的收入与利润

20.2.2 看跌期权

看跌期权赋予投资者以行权价格卖出资产的权利。既然这样，看跌期权买方只有在价格低于行权价格时，才会行使期权。例如，如果 FinCorp 公司股票跌至 90 美元，看跌期权的行权价格为 100 美元，买方行权结算获得 10 美元/股的收入。买方以 90 美元的价格买入股票，同时以 100 美元的价格卖给看跌期权的卖方。

到期时看跌期权的价值为

$$看跌期权买方的收入=\begin{cases}0 & 如果\ S_T\geqslant X \\ X-S_T & 如果\ S_T<X\end{cases}$$

图 20-4 中的实线表示到期时行权价格为 100 美元的 FinCorp 股票看跌期权买方的收入。如果到期时股票价格高于 100 美元，到期时看跌期权就没有价值，即以 100 美元卖出股票的权利不会被行使。如果到期时股票价格低于 100 美元，则股票价格每降低 1 美元，期权价值就增加 1 美元。图 20-4 中虚线表示到期时看跌期权买方扣除原始期权购买成本后的利润。

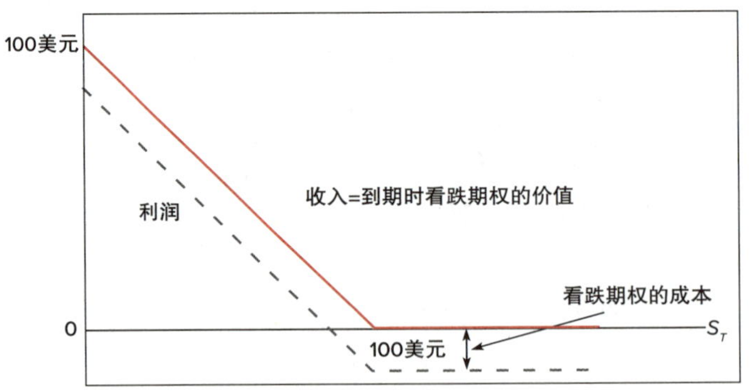

图 20-4 到期时看跌期权买方的收入与利润

对于裸卖看跌期权（例如，卖出一个看跌期权，但在股票市场上没有可对冲的股票空头）的卖方来说，如果股票价格下跌，就要承担损失。以前，人们一直认为出售处于深度虚值的裸看跌期权可以创造极具吸引力的收入，以为只要到期前市场不出现大幅下跌，卖方就可以在买方不行权的情况下获得期权费收入。除非市场剧烈下跌，否则卖方不会出现损失，因而这种策略被认为不会有过多风险。但是，1987 年 10 月市场崩盘，标准普尔 500 指数一天内下跌了

20%，使许多看跌期权卖方蒙受了巨大的损失，于是现在市场参与者都认为这种策略风险很大。

20.2.3　期权与股票投资

买入看涨期权是牛市策略，也就是说，当股票价格上涨时，看涨期权提供利润，而买入看跌期权是熊市策略。对应地，卖出看涨期权是熊市策略，卖出看跌期权是牛市策略。因为期权价值取决于标的股票的价格，所以购买期权可视为直接买入或卖出股票的替代行为。那为什么期权策略比直接股票交易更有吸引力呢？

> **概念检查 20-3**
>
> 考虑四种期权策略：买入看涨期权、卖出看涨期权、买入看跌期权和卖出看跌期权。
>
> a. 对于每一种策略，用图形描述收入与利润，表示出它们与股价的函数关系。
>
> b. 为何将买入看涨期权与卖出看跌期权视为牛市策略？它们之间有何区别？
>
> c. 为何将买入看跌期权与卖出看涨期权视为熊市策略？它们之间有何区别？

例如，为什么你购买看涨期权而不是直接购买股票呢？也许你得到的信息使你认为股票价格会从现在的水平开始上涨，这里假设股票现价为 100 美元，但你知道你的分析可能是不正确的，股票价格也可能下跌。假定 1 年到期、行权价格为 100 美元的看涨期权的售价为 10 美元，利率为 3%。你有一笔 10 000 美元的资金，有以下三种投资策略。简单起见，假定公司在 1 年内不支付股利。

- 策略 A：全部购买股票。买入 100 股股票，每股价格 100 美元。
- 策略 B：全部购买平价看涨期权。买入 1 000 份看涨期权，每份售价 10 美元（即买入 10 份合约，每份合约包括 100 份看涨期权）。
- 策略 C：用 1 000 美元购买 100 份看涨期权，用剩余的 9 000 美元买入 1 年到期的国债，赚取 3%的利息收入。国债的价值会从 9 000 美元增加到 9 000×1.03＝9 270 美元。

现在以 1 年到期时的股票价格为变量，来分析三种资产组合在到期时可能的价值。

资产组合的价值	股票价格（美元）					
	95	100	105	110	115	120
资产组合 A（全部买股票）的价值（美元）	9 500	10 000	10 500	11 000	11 500	12 000
资产组合 B（全部买期权）的价值（美元）	0	0	5 000	10 000	15 000	20 000
资产组合 C（看涨期权加国债）的价值（美元）	9 270	9 270	9 770	10 270	10 770	11 270

资产组合 A 的价值为每股价格的 100 倍。资产组合 B 只有在股票价格高于行权价格时才会有价值。一旦超过临界点，资产组合 B 的价值就是股票价格超过行权价格部分的 1 000 倍。最后，资产组合 C 的价值为投资国债获得的 9 270 美元加上 100 份看涨期权获得的利润。三种资产组合的初始投资都是 10 000 美元。三种组合的收益率表示如下：

资产组合的收益率	股票价格（美元）					
	95	100	105	110	115	120
资产组合 A（全部买股票）的收益率	−5.0%	0.0%	5.0%	10.0%	15.0%	20.0%
资产组合 B（全部买期权）的收益率	−100.0%	−100.0%	−50.0%	0.0%	50.0%	100.0%
资产组合 C（看涨期权加国债）的收益率	−7.3%	−7.3%	−2.3%	2.7%	7.7%	12.7%

它们的收益率如图 20-5 所示。

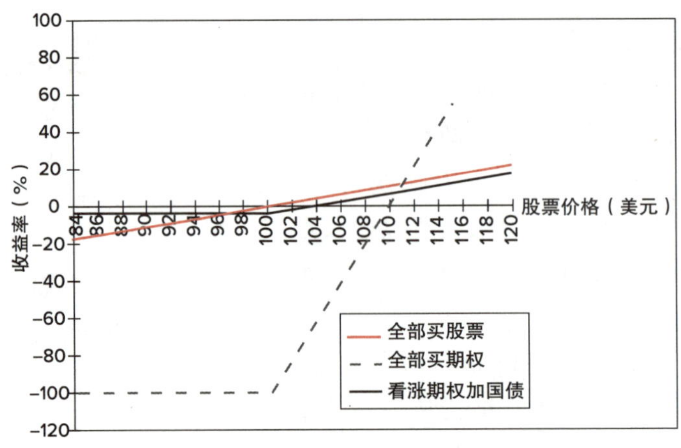

图 20-5 三种资产组合的收益率

将资产组合 B 和资产组合 C 与购买股票进行简单投资的资产组合 A 的收益率做比较，我们发现期权有两个有趣的特性。第一，期权具有杠杆作用。比较资产组合 A 与资产组合 B 的收益率，除非股票价格高于 100 美元，否则资产组合 B 的价值将为零，收益率为-100%；此外，股票价格稍微增长，期权的收益率就会急剧增长。例如，股票价格上涨 4. 3%，即从 115 美元涨至 120 美元，看涨期权的收益率从 50%增加至 100%。在这种情况下，看涨期权是一种杠杆投资，其价值的变化幅度高于股票价格变化幅度。

图 20-5 生动地说明了这一点。全部买入期权的资产组合的曲线斜率远远大于全部买入股票的资产组合，反映了期权对标的证券价值变动的较高敏感度。正是因为这种杠杆作用，那些能获得内幕信息（非法信息）的投资者通常采用期权作为投资工具。

第二个有趣特征是期权有潜在的保险价值，正如资产组合 C 所示。因为期权到期时最低价值为零，所以 1 年期国债加期权的资产组合的价值不可能低于 9 270 美元。资产组合 C 最差的收益率是-7. 3%。而理论上，当公司破产时，投资股票的最差收益率为-100%。当然，这种保险是有代价的，当股票价格上涨时，国债加期权的资产组合 C 的表现要比资产组合 A 逊色约 9. 33 个百分点。

这个简单的例子说明了重要的一点。期权常常被投机者用作有效杠杆化的股票头寸，如资产组合 B，它们也常被创造性地用来降低风险敞口程度，如资产组合 C，对下行风险的限制是这种策略新颖而极具吸引力的特点。下面我们继续讨论几种期权策略，其新颖的风险结构也许会吸引套期保值者和其他投资者。

20. 3 期权策略

将具有不同行权价格的看涨期权与看跌期权组合会得到无数种收益结构。下面我们选择几种常见的组合，讨论其动因及结构。

20. 3. 1 保护性看跌期权

假设你想投资某只股票，却不愿承担超过一定水平的潜在风险。仅购买股票对你来说是有风险的，因为理论上你可能损失全部投资本金。你可以考虑购买股票并购买一份股票的看跌期权。表 20-1 给出了上述资产组合的总价值：不管股票价格如何变化，你肯定能够在到期时得到一笔至少等于期权行权价格的收入，因为看跌期权赋予你以行权价格卖出股票的权利。

表 20-1　保护性看跌期权资产组合在到期日的价值

	$S_T \le X$	$S_T > X$
股票	S_T	S_T
+看跌期权	$X-S_T$	0
=总计	X	S_T

【例 20-3】　保护性看跌期权

假定行权价格 $X=100$ 美元，期权到期时股票售价为 97 美元。你的投资组合的总价值为 100 美元。股票价值 97 美元，看跌期权到期时的价值为

$$X-S_T=100-97=3(\text{美元})$$

换个角度看，你既持有股票，又持有它的看跌期权，该期权赋予你以 100 美元卖出股票的权利。资产组合的最小价值锁定为 100 美元。而如果股票价格超过 100 美元，比如说 104 美元，那么以 100 美元卖出股票的权利就不再有价值。你不用在到期时执行期权，可以继续持有价值 104 美元的股票。

图 20-6 显示了**保护性看跌期权**（protective put）策略的收入与利润。C 中的实线是收入，下移一定幅度（S_0+P，采用该策略的成本），用虚线表示的是利润。注意，潜在的损失是有限的。

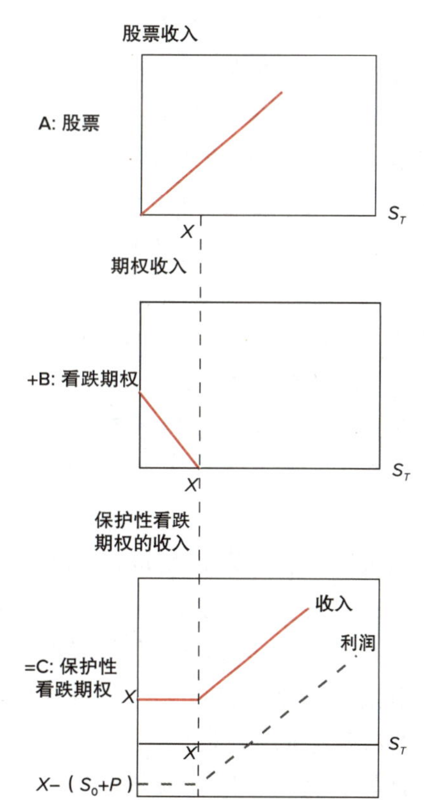

图 20-6　保护性看跌期权在到期日的价值

将保护性看跌期权策略与股票投资做比较会得到很多启发。简单起见，考虑平价保护性看跌期权，这时 $X=S_0$。图 20-7 比较了两种策略的利润。如果股票价格保持不变，$S_T=S_0$，股票的利润为零；如果最终股票价格每波动 1 美元，股票的利润也将波动 1 美元。如果 $S_T<S_0$，则保护性看跌期权的利润为负值，且等于购买期权而付出的成本；一旦 $S_T \ge S_0$，股票价格上升 1 美元，保护性看跌期权的利润就会随着股票价格的上升而增加 1 美元。

图 20-7 清楚地表明，保护性看跌期权提供了针对股价下跌的保险，限制了损失。因此，保护性看跌期权是一种资产组合保险。保护的成本是，一旦股价上升，购买期权的成本会抵减利润，因为此时购买期权的花费是不必要的。

这个例子也说明，尽管人们普遍认为衍生证券意味着风险，但它可被用来进行有效的风险管理。实际上，这种风险管理正在成为财务经理受托责任的一部分。确实，在一个常被提及的诉讼案例中，某公司的董事长布兰斯·罗斯因未能利用衍生证券对储备粮食的价格风险进行套期保值而被起诉，而这种套期保值可以使用保护性看跌期权来实现。

鉴于 2007—2009 年的次贷危机，声称衍生工具是最佳的风险管理工具是很奇怪的。大量金

融机构建立并不断扩张信用衍生品的高风险头寸，由此促发了次贷危机，导致巨额亏损，并不得不启动政府救助。尽管衍生工具具备一些产生巨大风险的特征，但是至少在使用得当时，它们可被用来进行有效的风险管理。就像电动工具：在技术熟练的人手中很有用，但对于不熟练的人而言就非常危险了。

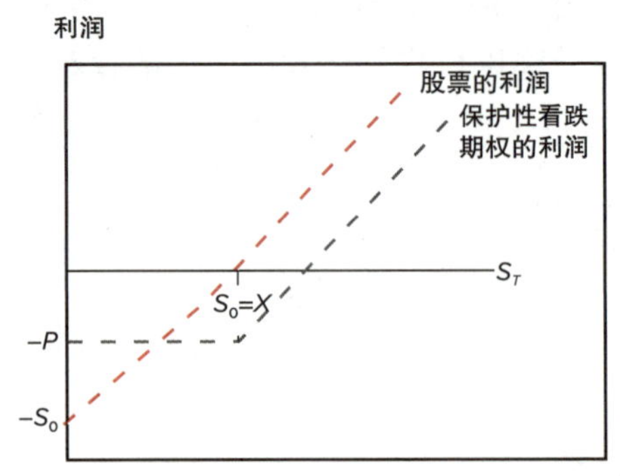

图 20-7　保护性看跌期权与股票投资（平值期权）

20.3.2　抛补的看涨期权

抛补的看涨期权（covered call）头寸就是买入股票的同时卖出它的看涨期权。这种头寸被称为“抛补的”是因为可以利用投资组合中持有的股票来满足未来交割的潜在义务。相反，如果没有股票头寸而卖出看涨期权称为裸卖看涨期权。在看涨期权到期时，抛补的看涨期权的价值等于股票价值减去看涨期权的价值，如表 20-2 所示。

表 20-2　抛补的看涨期权在到期日的价值

	$S_T \leqslant X$	$S_T>X$
股票收入	S_T	S_T
+卖出看涨期权收入	-0	$-(S_T-X)$
=总计	S_T	X

图 20-8 中 C 部分的实线描述了其收入。可以看到：在 T 时，如果股票价格低于 X，总头寸价值为 S_T；当 S_T 超过 X 时，总价值达到最大值 X。本质上，卖出看涨期权意味着卖出了股价超过 X 的部分股票价值的要求权，而获得了初始的期权费（看涨期权价格）收入。因此，在到期时，抛补的看涨期权的总价值最大为 X。图 20-8 中 C 部分的虚线是其利润。

卖出抛补的看涨期权是机构投资者的常用策略，比如大量投资于股票的基金管理人，他们很乐意通过卖出部分或全部股票的看涨期权获取期权费来提高收入。尽管在股票价格高于行权价格时他们会丧失潜在的资本利得，但是如果他们认为 X 就是他们计划卖出股票的价格，那么抛补的看涨期权可以被看作一种“卖出规则”。这种策略能够保证以计划的价格卖出股票。

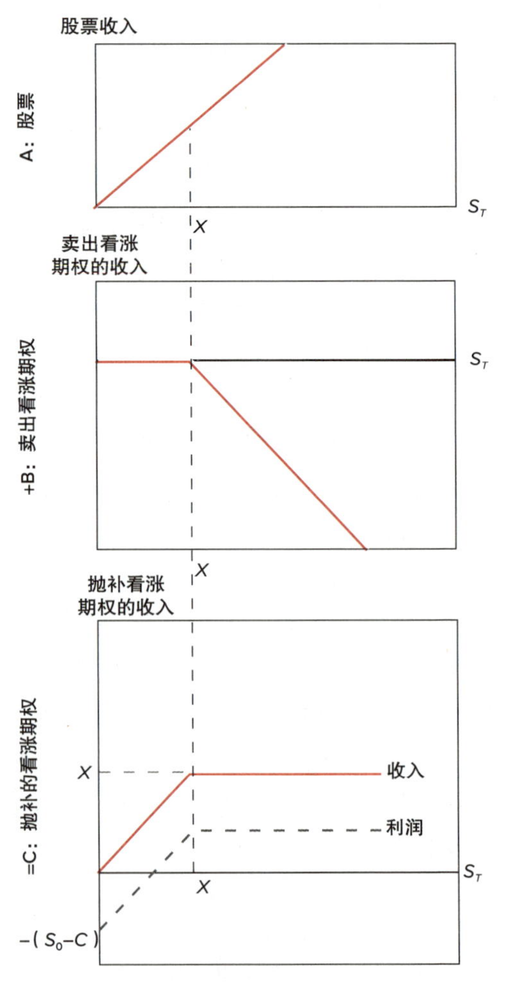

图 20-8　抛补的看涨期权在到期日的价值

【例 20-4】　抛补的看涨期权

假设某养老金拥有 1 000 股股票，现在的股票价格为每股 100 美元。如果股价升至 110 美元，基金管理人愿意卖出所有的股票，并且 60 天到期，行权价格为 110 美元，看涨期权价格为 5 美元。卖出 10 份股票看涨期权合约（每份合约 100 份看涨期权），就可以获得 5 000 美元的额外收入。当然，如果股票价格超过 110 美元，基金管理人就会损失超过 110 美元的那部分利润，但是既然愿意在 110 美元卖出股票，那么损失的那部分利润本来就不可能实现。

20.3.3 跨式期权

买入**跨式期权**（straddle）就是同时买进行权价格（X）相同、到期日（T）相同的同一股票的看涨期权与看跌期权。对于那些相信价格要大幅波动，但是不确定价格运行方向的投资者来说，买入跨式期权是很有用的策略。例如，假设你认为一场影响公司命运的官司即将了结，而市场对这一情况尚不了解。如果案子的判决对公司有利，股价将翻倍；如果不利，股价将跌为原来的一半。不管结果如何，买入跨式期权都是很好的策略，因为股价以 X 为中心向上或向下急剧变动都使跨式期权头寸的价值大幅增加。

对买入跨式期权来说，最糟糕的情形就是股票价格没有变化。如果 S_T 等于 X，那么到期时看涨期权和看跌期权都没有价值。这样，投资者就损失了购买期权的成本。因此，买入跨式期权赌的是价格的波动性。买入跨式期权的投资者认为股价的波动高于市场的波动。相反，卖出跨式期权的投资者认为，股票价格缺乏波动性。他们现在收到期权费，希望在到期日前股票价格不发生太大变化。

表 20-3 买入跨式期权的收入

	$S_T<X$	$S_T \geqslant X$
看涨期权的收入	0	S_T-X
+看跌期权的收入	$X-S_T$	0
=总计	$X-S_T$	S_T-X

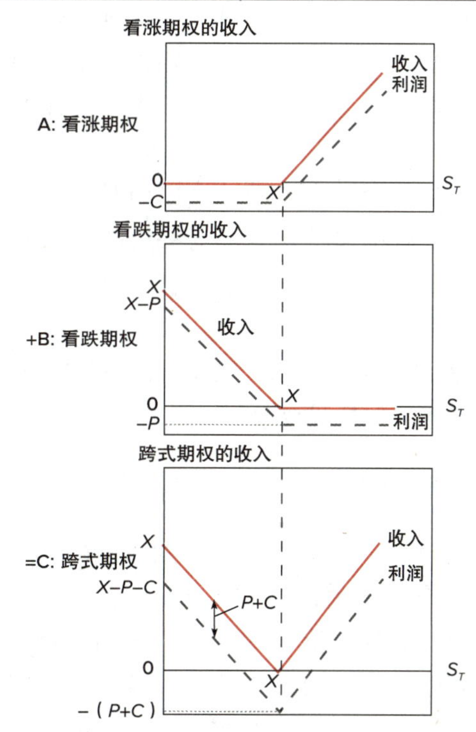

图 20-9 买入跨式期权在到期日的价值

买入跨式期权的收入如表 20-3 所示。图 20-9 中的 C 部分的实线也描述了买入跨式期权的收入。注意，该组合的收入除了在 $S_T=X$ 时为零外，总是正值。你也许会奇怪为什么不是所有的投资者都会采取这种似乎不会亏损的策略，原因是买入跨式期权要求必须同时购买看涨期权与看跌期权。在到期日买入跨式期权头寸的价值虽然不会为负，但是只有其价值超过当初支付的期权费时才能获得利润。

图 20-9 中的 C 部分的虚线是买入跨式期权的利润。利润线在收入线的下方，两者之间的距离为购买买入跨式期权头寸的成本 $P+C$。只有股价与 X 的偏离大于购买看涨期权与看跌期权的全部支出时，投资者才会获得利润。

反叠做期权（strip）和叠做期权（strap）是跨式套利的变形。具有相同行权价格和到期日的同一证券的两份看跌期权与一份看涨期权，组成反叠做期权，而两份看涨期权与一份看跌期权组成叠做期权。

概念检查 20-4

画出反叠做期权与叠做期权的收入与利润图。

20.3.4 价差套利

期权**价差套利**（spread）是不同行权价格或者不同到期日的同一股票的两个或多个看涨期权（或两个或多个看跌期权）的组合。有些期权是多头，而其他期权是空头。货币价差套利是同时买入与卖出具有不同行权价格的期权，时间价差套利是卖出与买入不同到期日的期权。

考虑一种货币价差套利，具体是买入一份行权价格为 X_1 的看涨期权，卖出一份到期日相同、行权价格更高为 X_2 的看涨期权。如表 20-4 所示，该头寸的收入是所买期权价值与所卖期权价值的差额。

表 20-4 牛市价差套利在到期日的价值

	$S_T \leqslant X_1$	$X_1 < S_T \leqslant X_2$	$S_T \geqslant X_2$
买入行权价格为 X_1 的看涨期权的收入	0	S_T-X_1	S_T-X_1
+卖出行权价格为 X_2 的看涨期权的收入	-0	-0	$-(S_T-X_2)$
=总计	0	S_T-X_1	X_2-X_1

这时需要区别三种而不是两种情况：低价区，即到期日 S_T 比两个期权的行权价格都低；中价区，即 S_T 在两个行权价格之间；高价区，即 S_T 超过所有的行权价格。图 20-10 描述了这种策略的收入与利润，这种策略也称为牛市价差套利，因为在股票价格上涨时收入要么增加，要么不受影响，牛市价差套利头寸的持有者从股价上涨中获利。

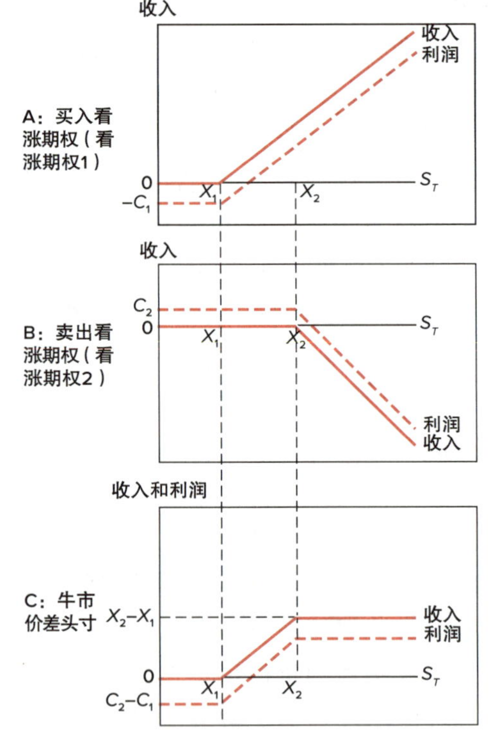

图 20-10 牛市价差套利在到期日的价值

牛市价差套利产生的一个原因是投资者认为某一期权的价值相对于另一期权来说被高估了。例如，一个投资者认为行权价格 $X=100$ 美元的看涨期权要比行权价格 $X=110$ 美元的看涨期权便宜，就可以进行价差套利，即便他并不看好这只股票。

20.3.5 双限期权

双限期权（collar）是一种期权策略，即把资产组合的价值限定在上下两个界限内。假设某投资者现在持有大量的 FinCorp 股票，现在股票价格为每股 100 美元。通过购买行权价格为 90 美元的保护性看跌期权就可以设定下限为 90 美元，但这需要投资者支付看跌期权的期权费。为了筹集资金支付期权费，投资者可以卖出一个看涨期权，比如行权价格为 110 美元的看涨期权。看涨期权的价格与看跌期权的价格基本相等，这意味着这两种期权头寸的净支出基本为零。卖出看涨期权限定了资产组合的上限，即便是股票价格超过了 110 美元，投资者也不会获得超过 110 美元的那部分收入，因为价格高于 110 美元时看涨期权将被执行。这样投资者通过看跌期权的行权价格得到下限保护，同时卖出超过看涨期权行权价格的那部分利润的要求权来获得支付买入看跌期权的期权费。

【例 20-5】　双限期权

双限期权适合有一定财富目标但不愿意承担超过一定风险水平的投资者。例如，如果你正在考虑购买价值 220 000 美元的房子，你将把这个数字当成目标。你现在的财富是 200 000 美元，并且你不愿意承担超过 20 000 美元的风险。你可以通过以下步骤建立双限期权：①购买 2 000 股目前售价为 100 美元/股的股票；②购买 2 000 份看跌期权（20 份期权合约），行权价格为 90 美元；③卖出 2 000 份看涨期权，行权价格为 110 美元。这样，你不必承担大于 20 000 美元损失的风险，却得到了获得 20 000 美元资本利得的机会。

概念检查 20-5

画出例 20-5 中双限期权的收入图。

Excel 应用：跨式期权和价差套利

使用电子表格分析期权组合很有帮助，一旦建立了基本模型，就很容易将分析拓展到不同的期权。下面显示的 Excel 模型“跨式期权和价差套利”可用于评估不同策略的盈利性。表格可以在 www. mhhe. com/bkm 获得。

	A	B	C	D	E	F	G	H	I	J	K	L
1					跨式期权和价差套利							
2												
3	股价											
4	开市时的市场价	116.5										
5	闭市时的市场价	130						行权价格为110美元的跨式期权			行权价格为120美元的跨式期权	
6							闭市	利润		闭市	利润	
7	买入期权						股价	−15.40		股价	−24.00	
8	看涨期权的行权价格	价格	收入	利润	收益率(%)		50	24.60		50	36.00	
9	110	22.80	20.00	−2.80	−12.28%		60	14.60		60	26.00	
10	120	16.80	10.00	−6.80	−40.48%		70	4.60		70	16.00	
11	130	13.60	0.00	−13.60	−100.00%		80	−5.40		80	6.00	
12	140	10.30	0.00	−10.30	−100.00%		90	−15.40		90	−4.00	
13							100	−25.40		100	−14.00	
14	看跌期权的行权价格	价格	收入	利润	收益率(%)		110	−35.40		110	−24.00	
15	110	12.60	0.00	−12.60	−100.00%		120	−25.40		120	−34.00	
16	120	17.20	0.00	−17.20	−100.00%		130	−15.40		130	−24.00	
17	130	23.60	0.00	−23.60	−100.00%		140	−5.40		140	−14.00	
18	140	30.50	10.00	−20.50	−67.21%		150	4.60		150	−4.00	
19							160	14.60		160	6.00	
20	跨式期权	价格	收入	利润	收益率(%)		170	24.60		170	16.00	
21	110	35.40	20.00	−15.40	−43.50%		180	34.60		180	26.00	
22	120	34.00	10.00	−24.00	−70.59%		190	44.60		190	36.00	
23	130	37.20	0.00	−37.20	−100.00%		200	54.60		200	46.00	
24	140	40.80	10.00	−30.80	−75.49%		210	64.60		210	56.00	
25												

Excel 问题

利用 Excel 中的数据画出牛市价差套利的利润图（如图 20-10 所示），其中 $X_1 = 120$，$X_2 = 130$。

20.4　看跌-看涨期权平价关系

从前面的内容可知，一个保护性看跌期权组合，包括股票头寸和与该头寸对应的看跌期权，能保证最低收益，但没有限定收益上限。它并不是获得这种保护的唯一方式，看涨期权加国债的组合也能锁定风险下限，但不限定收益上限。

考虑这样的策略，购买看涨期权，同时购买面值等于看涨期权行权价格的国债，且两者到期日相同。例如，如果看涨期权行权价格为 100 美元，则每份期权合约（每份合约包括 100 股股票）执行时需要支付 10 000 美元，因此你所购买的国债的到期价值也应为 10 000 美元。更一般地，对你所有持有的行权价格为 X 的期权，你需购买面值为 X 的无风险零息债券。

T 时刻，当期权与零息债券到期时，组合的价值为

	$S_T \leqslant X$	$S_T > X$
看涨期权的价值	0	$S_T - X$
零息债券价值	X	X
总计	X	S_T

如果股票价格低于行权价格，则看涨期权价值为零，但是无风险债券到期时等于其面值 X，于是债券的价值是该组合价值的下限。如果股票价格超过 X，则看涨期权的价值是 S_T-X，与债券面值相加得 S_T。该组合的收入与表 20-1 中保护性看跌期权的收入是完全相同的。

如果两种资产组合的价值总是相等的，则其成本也必须相等。因此，看涨期权加债券的成本等于股票加看跌期权的成本。每份看涨期权的成本为 C，无风险零息债券的成本为 $X/(1+r_f)^T$，因此，看涨期权加债券资产组合的成本为 $C+X/(1+r_f)^T$。零时刻股票成本，即现在的股票价格为 S_0，看跌期权的成本为 P，于是有：

$$C+\frac{X}{(1+r_f)^T}=S_0+P \qquad (20\text{-}1)$$

式（20-1）称为**看跌-看涨期权平价定理**（put-call parity theorem），因为它代表看涨期权与看跌期权价格之间恰当的关系。如果这个关系被违背，就会出现套利机会。例如，你搜集了某只股票的如下数据：

股票价格	110 美元	看跌期权的价格（1 年期，行权价格 X 为 105 美元）	5 美元
看涨期权的价格（1 年期，行权价格 X 为 105 美元）	17 美元	无风险利率	每年 5%

我们可以利用式（20-1）来验证它是否违背了平价关系：

$$C+\frac{X}{(1+r_f)^T}\overset{?}{=}S_0+P$$

$$17+\frac{105}{1.05}\overset{?}{=}110+5$$

$$117\neq 115$$

117 不等于 115，结果是违背了平价关系，这说明存在错误定价。为了利用这个错误定价，你买入相对便宜的资产组合（股票加看跌期权组合，等式右边），并卖出相对昂贵的资产组合（看涨期权加债券组合，等式左边）。因此，如果你买入股票，买入看跌期权，卖出看涨期权并借入 100 美元 1 年（因为借入资金是购买债券的相反行为），就可以获得套利利润。

来看一下这个策略的收益。1 年后，股票价格价值为 S_T，100 美元的借款要还本付息，即现金流出 105 美元。如果 S_T 超过 105 美元，卖出看涨期权会导致现金流出（S_T−105 美元）。如果股票价格低于 105 美元，买入看跌期权的收益为（105 美元−S_T）。

表 20-5 是对结果的总结。现在的现金流为 2 美元，正好是违背平价关系的差额。1 年后，各个头寸的现金流互相抵消了，也就是说实现了 2 美元的现金流入，但是没有相应的现金流出。投机者都会追求这种套利利润，直到买卖的压力使式（20-1）表达的平价关系满足为止。

表 20-5　套利策略

头寸	即期现金流（美元）	1 年后的现金流（美元）	
		$S_T<105$	$S_T \geq 105$
买入股票	-110	S_T	S_T
借入 105 美元/1.05=100 美元	+100	-105	-105
卖出看涨期权	+17	0	$-(S_T-105)$
买入看跌期权	-5	$105-S_T$	0
总计	2	0	0

式（20-1）实际上只适用于在期权到期日前股票不支付股利的情况，但可以很直接地将其推广到股票支付股利的欧式期权情况。本章章后习题第 12 题将会证实这一点。看跌期权与看涨期权平价关系更一般的公式是：

$$P=C-S_0+\text{PV}(X)+\text{PV}(\text{股利}) \tag{20-2}$$

其中，PV（股利）表示在期权有效期内收到股利的现值。如果股票不支付股利，则式（20-2）就变成式（20-1）。

注意，这个一般公式也适用于除了股票外其他资产为标的物的欧式期权。我们只需让该资产在期权有效期内的收益代替式（20-2）中的股利。例如，债券的看跌期权与看涨期权就满足同样的平价关系，只是债券的息票收入代替了公式中股票的股利。

但是这个一般化公式只适用于欧式期权，并且只有在每个头寸都持有到期时，式（20-2）两边代表的两种资产组合的现金流才会相等。如果看涨期权和看跌期权在到期日前的不同时间被执行，则不能保证两边的收入是相等的，甚至也不能保证期望收入相等，这样两种资产组合会有不同的价值。

【例 20-6】　看跌期权与看涨期权平价

利用图 20-1 中微软期权的数据，我们看一下平价关系是否成立。2 月 8 日到期的看涨期权行权价格为 105 美元，距离到期日还有 37 天，价格为 5.60 美元，相应的看跌期权价格为 3.92 美元。微软当前股价为 101.51 美元，短期年化利率为 2.5%。微软预计不会在期权到期前发放股利。根据平价关系可知，

$$P=C+\text{PV}(X)-S_0+\text{PV}(\text{股利})$$

$$3.92=5.60+\frac{100}{(1.025)^{37/365}}-101.51+0$$

$$3.92=5.60+99.75-101.51+0$$

$$3.92=3.84$$

平价关系不满足，并且出现了每股 0.08 美元的偏差。这个偏差大到可以进行套利的程度了吗？几乎可以肯定地说，并没有。你必须权衡潜在的利润能否弥补看涨期权、看跌期权与股票的交易成本。更重要的是，在期权交易并不频繁的事实情况下，与平价的偏差可能并不是“真的”，这可能仅是由于“陈旧”的报价造成的，而你已不可能在此价格上进行交易了。

概念检查 20-6

可赎回债券与普通债券的抛补看涨期权有何相似性？

20.5　类似期权的证券

假如你从未直接做过期权交易，你需要在制订一个投资计划时鉴别期权的特性。许多金融工具和协议都具有明显或隐含将选择权给予一方或多方的特征。如果你想评价并正确运用这些证券，你必须理解这些嵌入期权的性质。

20.5.1　可赎回债券

第 14 章已介绍过，大部分公司发行债券时都带有赎回条款，即发行方有权在未来某个时刻以特定的赎回价格从债券持有人手中购回债券。债券发行人持有行权价格等于债券赎回价格的看涨期权。因此，可赎回债券实质上是出售给投资者的普通债券（没有可赎回、可转换等期权特征）与投资者同时出售给发行者的看涨期权的组合。

当然，公司必须为它所拥有的这种隐式看涨期权付出代价。如果可赎回债券与普通债券的票面利率相同，那么可赎回债券的价格要低于普通债券：两者之差等于看涨期权的价值。如果可赎回债券是平价发行的，那么其票面利率必须高于普通债券。高票面利率是对投资者的补偿，因为发行商获得看涨期权。

图 20-11 描述了这种类似期权的特征。横轴表示与可赎回债券其他条款相同的普通债券的价值，45 度虚线表示普通债券的价值，实线表示可赎回债券的价值，点线表示公司拥有的看涨期权的价值。可赎回债券的潜在资本利得被公司拥有的以赎回价格购买债券的选择权所限制。

概念检查 20-7

假设赎回保护期延长。为了使债券平价发行，发行公司提供的票面利率应如何变化？

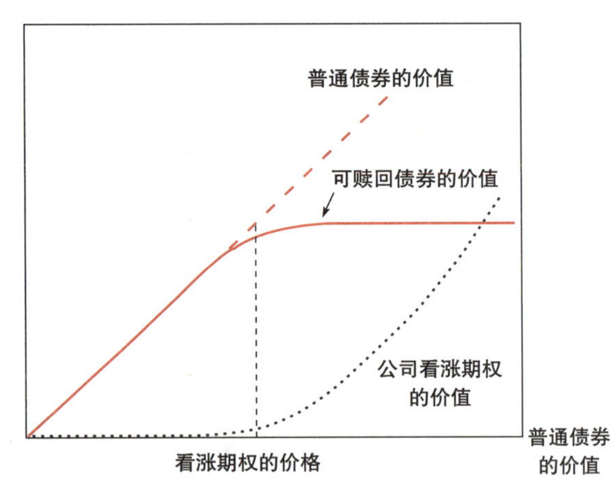

图 20-11　可赎回债券价值与普通债券价值的比较

实际上，隐含在可赎回债券里的期权比普通的看涨期权复杂得多，因为通常它只有经过初始赎回保护期后才能被执行。债券的赎回价格也可能随时间发生变化。与交易所内交易的期权不同，可赎回债券的这些特征被定义在最初的债券契约中，并且也取决于发行公司的自身需要与对市场的把握程度。

20.5.2　可转换证券

可转换债券与可转换优先股都是持有者拥有期权，而不是发行公司拥有。不管证券的市场价格如何，可转换证券的持有者有权将债券或优先股按照约定比例转换为普通股。

例如，一个转换比率为 10 的债券持有人可以将面值为 1 000 美元的债券换为 10 股普通股。

也就是说，在这种情况下可转换价格为 100 美元：为了得到 10 股股票，投资者牺牲了面值为 1 000 美元的债券，或者说每股的面值是 100 美元。如果债券预定付款的现值低于股票价格的 10 倍，投资者就会实施转换，即这个转换期权是实值期权。转换比率为 10 且价值为 950 美元的债券，在股价高于 95 美元时会被转换，因为此时从债券转换的 10 股股票的价值高于债券 950 美元的价值。大部分可转换债券发行时都是深度虚值的，因为发行者在设定转换比率时就行使转换是不盈利的，除非发行后股票价格大幅上涨或债券价格大幅下跌。

概念检查 20-8

平价发行的可转换债券与平价发行的不可转换债券相比，其票面利率是高还是低？

债券的转换价值等于转换时刻所获得股票的价值。很明显，债券的售价至少等于转换价值，否则你就可以购买债券，通过立刻转换来获得净利润。这种情况不会持续，因为所有投资者都会这样做，从而迅速抬高债券价格。

普通债券的价值，也称为**“债券地板”**（bond floor），是不能转换为股票的债券的价值。可转换债券的售价高于普通债券的售价，因为可转换这一特征是有价值的。实际上，可转换债券是一个普通债券与一个看涨期权的组合。因此，可转换债券具有两个市场价格的底价限制：转换价值与普通债券价值。

图 20-12 描述了可转换债券的期权特征。图 20-12a 表明了普通债券价值是发行公司股票价格的函数。对于一个健康运转的公司来说，普通债券价值与股票价格几乎是独立的，因为违约风险很低。但是，如果公司濒临倒闭（股票价格很低），违约风险增加，普通债券的价值下跌。图 20-12b 表明了债券的转换价值。图 20-12c 比较了可转换债券的价值和它的两个底价限制。

当股票价格较低时，普通债券价值是有效下限，而转换期权几乎不相关，可转换债券就像普通债券一样交易；当股票价格较高时，债券的价格就取决于它的转换价值，由于转换总是有保证的，债券实际上已与股票无异。

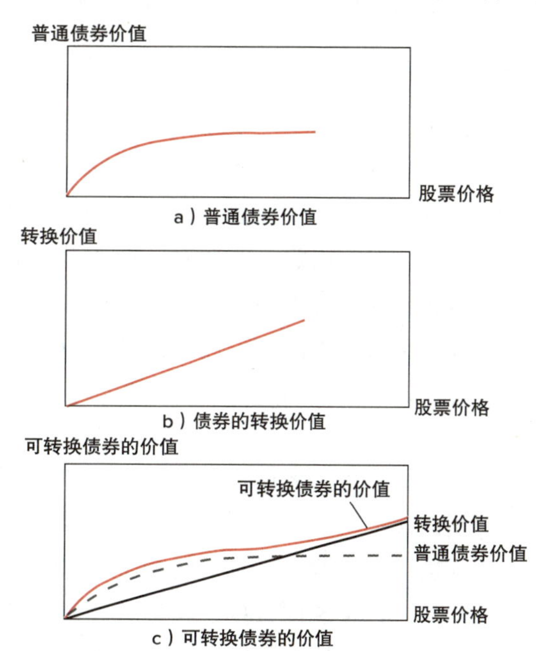

图 20-12　可转换债券的期权特征

我们可以通过下面两个例子来说明，如表 20-6 所示：

表 20-6　两种可转换债券

	债券 A	债券 B		债券 A	债券 B
年票面利率	80 美元	80 美元	转换价值	600 美元	1 250 美元
期限	10 年	10 年	10 年期 Baa 级债券的市场收益率	8.5%	8.5%
评级	Baa	Baa	对应的普通债券价值	967 美元	967 美元
转换比率	20	25	债券的实际价格	972 美元	1 255 美元
股票价格	30 美元	50 美元	到期收益率	8.42%	4.76%

债券 A 的转换价值仅为 600 美元，而对应的普通债券价值为 967 美元，这是普通债券将来的息票与本金按照 8.5%的利率贴现的现值。债券的实际价格为 972 美元，与普通债券价值相比溢价 5 美元，这反映出转换的可能性很低。根据实际价格 972 美元和定期支付的利息计算，它的到期收益率为 8.42%，与普通债券的收益率接近。

债券 B 的转换期权处于实值，转换价值是 1 250 美元，债券的实际价格是 1 255 美元，反映了它作为股票的价值（5 美元是为债券对股票价格下跌提供保护的价格）。到期收益率为 4.76%，远低于对应的普通债券的收益率。收益率大幅降低是转换期权价值较高造成的。

理论上，我们可以把可转换债券当作普通债券加上看涨期权来定价。但是在实践中，出于以下原因，这种方法的可行性较差：

- 代表期权行权价格的转换价格经常随时间变动。
- 在债券的有效期内，股票会支付一些股利，使得期权定价分析更加复杂。
- 大部分可转换债券可由公司自行决定赎回，本质上投资者与发行者都拥有对方的期权。如果发行者执行看涨期权，赎回债券，债券持有者一般在一个月内仍可以转换。当发行者知道债券持有者会选择转换的情况下，它选择执行期权，我们就说发行者强制转换。这些情况说明了债券的实际期限是不确定的。

20.5.3 认股权证

认股权证（warrant）实质上是公司发行的看涨期权。它与看涨期权的一个重要区别在于：认股权证的执行需要公司发行新股，这就导致流通股总数增加；看涨期权的执行只需要卖方交割已经发行的股票，公司的总股数不变。认股权证与看涨期权的另一个区别在于，当认证股权的持有者以行权价格购买股票时，会为公司带来现金流。这些不同点使得具有相同条款的认股权证与看涨期权具有不同的价值。

与可转换债券类似，认股权证的条款可以根据公司的需求定制。同样，与可转换债券相似，当发生股票分拆与股利支付时，行权价格与认股权证的数目也要做调整，从而使认股权证免受影响。

认股权证常与其他证券结合在一起发行。例如，债券可能附带认股权证一起发行。当然，认股权证也常常单独发行，称为可分离认股权证。

一旦执行，认股权证和可转换证券就创造了增加公司股票总数的机会。这显然会影响公司以每股计算的财务统计数据，所以公司年报中必须提供假设所有可转换证券与认股权证都被行权时的每股收益。这个数字称为完全稀释的每股收益。[⊖]

20.5.4 抵押贷款

许多贷款都要求借款人提供抵押资产作为担保，以保证贷款能够归还。一旦违约，贷款人就获得抵押物的所有权。但对没有追索权的贷款来说，贷款人对抵押物以外的财产没有追索权。也就是说，当抵押物不能抵偿贷款时，贷款人无权起诉借款人要求进一步的支付。

这种协议就给了借款人一个隐含的看涨期权。假如借款人在贷款到期日需要偿还 L 美元，

⊖ 必须注意，执行可转换债券并不一定减少每股收益。只有在节省的可转换债券的利息（每股）少于之前的每股收益时，稀释的每股收益才会小于未经稀释的每股收益。

抵押物到期时价值 S_T 美元，当前价值为 S_0 美元。借款人拥有以下两种选择权：在贷款到期时，如果 $L<S_T$，则借款人归还贷款；如果 $S_T<L$，借款人可以违约，放弃仅值 S_T 美元的抵押物，免除清偿义务。㊀

另一种描述抵押贷款的方法是：借款人将抵押物移交给贷款人，贷款到期时，通过偿还贷款将抵押物赎回。实际上，借款人移交抵押物，但保留了一个选择权，即在贷款到期时，如果 $L<S_T$，就可以用 L 美元购回抵押物。这是一个看涨期权。

再一种看待抵押贷款的方法是：假定借款人肯定会归还贷款 L 美元，但是同时保留将抵押物以 L 美元卖给贷款人的权利，即便是 $S_T<L$。在这种情况下，抵押物出售可以产生足够的现金流来偿还贷款。以 L 美元的价格卖出抵押物就是一个看跌期权，保证借款人通过移交抵押物得到足够的现金来偿还贷款。

这看起来很奇怪，描述同一个抵押贷款，我们既涉及看涨期权，又涉及看跌期权，而两者的收益却截然不同。实际上，两者等价只是反映了看涨期权与看跌期权的平价关系。用看涨期权描述贷款时，借款人的负债为 S_0-C：借款人移交了价值 S_0 抵押物，持有价值为 C 的看涨期权。用看跌期权描述贷款时，借款人有义务偿还 L 美元的贷款，持有价值为 P 的看跌期权：其净负债的现值为 $L/(1+r_f)^T-P$。因为这两种描述对同一抵押贷款来说是等价的，则其负债的值应该相等：

$$S_0-C=\frac{L}{(1+r_f)^T}-P \qquad (20\text{-}3)$$

将 L 视为期权的行权价格，式（20-3）就是看跌期权与看涨期权平价关系。

图 20-13 说明了这个事实。图 20-13a 是贷款人收到还款的价值，等于 S_T 与 L 的最小值。图 20-13b 将其表示为 S_T 与隐含的看涨期权（贷款人出售，借款人持有）收入的差额。图 20-13c 将其视为 L 美元与看跌期权收入的差额。

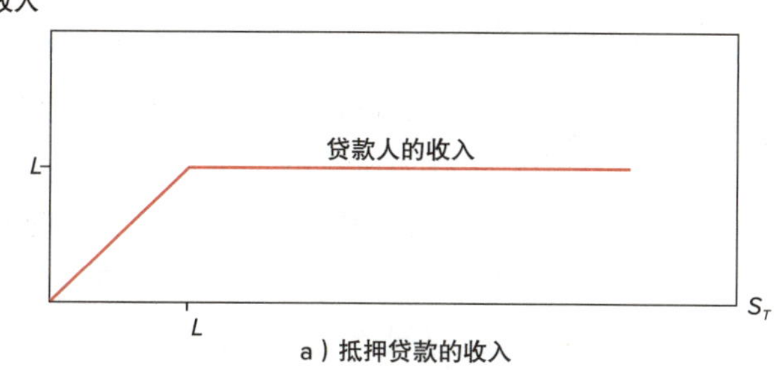

a）抵押贷款的收入

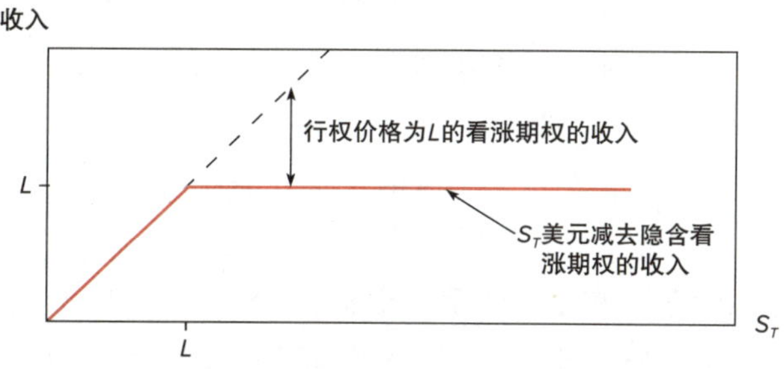

b）债权人从借款人处获得抵押物，发行一个期权给借款人，这样借款人能够以贷款面值来赎回抵押物

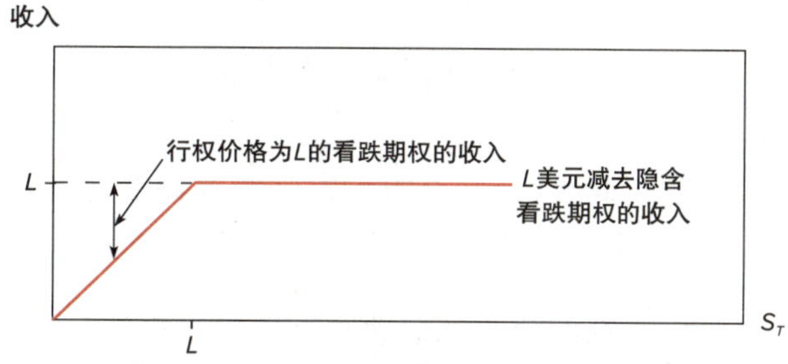

c）债权人从借款人处回收无风险的贷款，并发行看跌期权给借款人，这样借款人能够以贷款面值卖出抵押物

图 20-13　抵押贷款

20.5.5　杠杆权益与风险债务

持有公司股票的投资者受到“有限责任”的保护，意味着如果公司无法偿还债务，公司的

㊀ 当然，在实践中，贷款的违约并不这么简单。除了道德之外，还涉及违约方的声誉。一个纯粹的无追索权贷款的含义是：双方从一开始就约定，即使抵押物不足以偿还贷款，违约也不被当作声誉受损害的标志。

债权人仅能扣押公司的资产，而不能对公司股东做进一步的追索。实际上，公司在任何时候借款，最大可能的抵押就是公司的全部资产。如果公司宣告破产，我们就可以称公司资不抵债。公司把公司资产的所有权转移给债权人，以履行清偿义务。

如同没有追索权的抵押贷款一样，债权人要求的支付额是隐含期权的行权价格，而公司价值是标的资产。股东们持有看跌期权，可将公司资产的所有权以公司债务的面值转让给债权人。

当然，我们也可以认为股东持有看涨期权，他们已将公司所有权转让给债主，但他们也有权通过还债将公司赎回。既然他们拥有以既定价格买回公司的选择，那么他们就拥有看涨期权。

认识到这一点的重要意义在于，分析师可以利用期权定价技术来对公司债券估价。原则上，风险债券的违约溢价能用期权定价模型来估计。我们将在下一章讨论这些模型。

20.6 金融工程

期权的魅力在于它能创造出不同的投资头寸，其收益取决于其他证券的价值。第 20.3 节中的各种期权策略就是我们所见的证据。

期权也可用来设计符合特定要求的新证券或投资组合，使风险模式与标的证券价格具有某种关系。这样，期权促进了金融工程的发展，创造了特定收益模式的资产组合。

一个有效运用期权的产品是**指数挂钩存单**（index-linked CD）。指数挂钩存单能让散户做小头寸的指数期权。不同于支付固定利息的传统存单，指数挂钩存单的运作方式是将某个市场指数（如标准普尔 500 指数）收益以特定比率支付给存款人，这样即使在市场下跌时也能保证最低收益率。例如，在市场上涨时，指数存单支付收益的 70%，在市场下跌时保证没有损失。

很显然，指数挂钩存单实际上是一种看涨期权。在市场上涨时，存款人根据参与比率或乘数获得利润，在上述例子中特定比率是 70%；在市场下跌时，保证投资者没有任何损失。银行提供这种存单就是在卖出看涨期权，需要在期权市场购买指数看涨期权来对冲风险。图 20-14 表现的是银行对存款人的收益率。

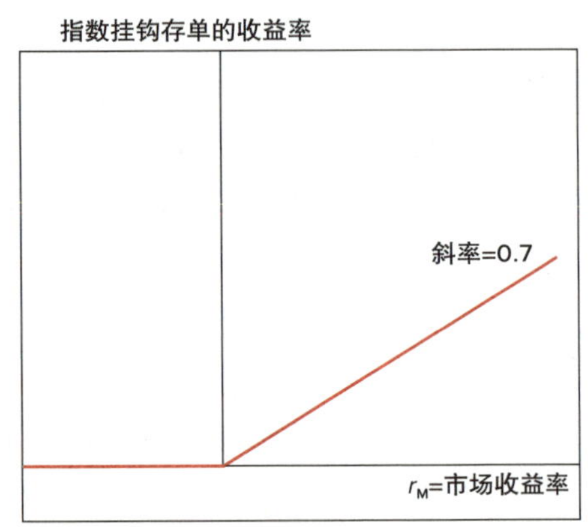

图 20-14 指数挂钩存单的收益率

银行如何设定恰当的乘数呢？要回答这个问题，首先看一下期权的几个特征：

- 存款人为期权支付的价格就是所放弃的传统存单的利息。因为利息总是在期末收到，所以投资 1 美元利息的现值就是 $r_f/(1+r_f)$。因此，存款人用一笔确定的钱，即 1 美元利息的现值 $r_f/(1+r_f)$ 去投资来获取收益，而收益取决于市场的表现。相反，银行用本应该支付传统存单的利息来保证履行义务。
- 我们所描述的期权是平价期权，即行权价格等于股票指数的现值。一旦市场指数超过了合约签订时的价格，期权就成了实值期权。
- 我们可以用 1 美元的投资为基础进行分析。例如，投资 1 美元于指数挂钩存单的期权成本为 $r_f/(1+r_f)$，期权的市场价值为 C/S_0：平价期权的成本为 C 美元，1 单位市场指数的价值为 S_0。

现在很容易就可以确定存单的乘数。存款人每投资 1 美元，银行得到 $r_f/(1+r_f)$ 的收益。对市场指数每 1 美元的投资，银行需要购买的看涨期权成本为 C/S_0。因此，如果 $r_f/(1+r_f)$ 是 C/S_0 的 70%，那么对于 1 美元的投资，银行至多能够购买 0.7 份看涨期权，于是乘数就是 0.7。一般情况下，存单的均衡乘数为 $r_f/(1+r_f)$ 除以 C/S_0。

【例 20-7】 指数挂钩存单

假设每年 $r_f=6\%$，6 个月的市场指数的平价看涨期权的价值为 50 美元，市场指数为 1 000 点，于是每 1 美元市场价值的期权成本为 50/1 000=0.05 美元。6 个月存单的利率为 3%，这意味着 $r_f/(1+r_f)=0.03/1.03=0.029\,1$。因此，乘数为 0.029 1/0.05=0.582 5。

指数挂钩存单有几种变体。如果投资者愿意接受较小的存单乘数，他们可以购买类似的存单来保证得到正的最低收益。在这种情况下，存款人购买期权的成本为每 1 美元投资 $(r_f-r_{min})/(1+r_f)$ 美元，其中 r_{min} 是保证得到的最低收益率。因为买价越低，买到的期权数量越少，所以乘数就变小了。另一种变体是熊市存单（bear CD），投资者会得到市场指数部分的跌幅。例如，熊市存单将标准普尔 500 指数任何百分比跌幅的 60%提供给存款人，这种安排隐含着向存款人出售看跌期权。

概念检查 20-9

仍假设半年期利率 $r_f=3\%$，平价看涨期权卖价为 50 美元，市场指数为 1 000 点。保证最低收益率为 0.5%的 6 个月期牛市股权挂钩存单的乘数是多少？

20.7　奇异期权

期权市场获得了巨大的成功。期权使得种种投资组合成为可能，投资者对此有清楚的估价，这也反映在期权市场的巨大成交量上。期权市场的成功诱发模仿，近些年我们目睹了期权工具领域的巨大创新。部分创新发生在定制期权市场，并主要活跃在场外市场。在 25 年前很多期权看起来很不可思议，因此被称为“奇异期权”。在本节中，我们将从中挑选一些有趣的期权来介绍。

20.7.1　亚式期权

你已经知道了美式期权和欧式期权。**亚式期权**（Asian option）的损益取决于标的资产至少在部分有效期内的平均价格。例如，一个亚式看涨期权的损益等于过去三个月股票平均价格减去行权价格，如果这个值为正，则损益就为此值，否则期权损益等于零。有些公司会对这种期权感兴趣，如公司对其利润流进行套期保值，而利润又取决于某段时间的商品平均价格。

20.7.2　障碍期权

障碍期权（barrier option）的损益不仅取决于期权到期时标的资产的价格，还取决于资产价格是否超过了一些“障碍”。例如，**触及失效期权**（down-and-out option）就是一种障碍期权，当股票价格跌至障碍价格之后，期权就自动失效。类似地，触及生效期权就是有效期内股票价格至少有一次跌破障碍价格，才能获得收益。这种期权也被称为**敲出**（knock-out）期权与**敲进**（knock-in）期权。

20.7.3 回顾期权

回顾期权（lookback option）的收益部分取决于有效期内标的资产价格的最大值与最小值。例如，一种回顾看涨期权的收益等于有效期内股票价格的最大值减去行权价格，而不是最终的股票价格。这种期权实际上是一种完美的市场计时器，回顾看涨期权持有者的收益相当于以 X 美元买入资产，然后以有效期内达到的最高价卖出资产所获得的收益。

20.7.4 外汇转换期权

外汇转换期权（currency-translated option）的标的资产与行权价格以外币计价。Quanto 就是一个典型的例子，投资者可以按照事先确定的汇率将投资的外汇转换为美元。这种以给定汇率将一定数量外币兑换成美元的权利是一种简单的外汇期权。Quanto 的更有趣之处在于，能够兑换成美元的外币数量取决于外国证券的投资业绩，因此 Quanto 实际上提供的期权数量是随机的。

20.7.5 指状期权

指状期权（digital option），也称为二元期权或赌注期权，其收益是固定的，取决于标的资产价格是否满足一个条件。例如，如果到期时股票价格超过行权价格，二元看涨期权就能够获得 100 美元的固定收益。

小结

1. 看涨期权是以协商的行权价格购买某项资产的权利，看跌期权是以确定的行权价格出售某项资产的权利。
2. 美式期权允许早于到期日或在到期日当天行权，欧式期权只能在到期日当天行权。绝大部分交易的期权在本质上都是美式期权。
3. 期权的标的物有股票、股票指数、外汇、固定收益证券和一些期货合约。
4. 期权可以用来改变投资者的资产价格风险敞口，或对资产价格波动提供保险。常用的期权策略有抛补的看涨期权、保护性看跌期权、跨式期权、价差套利和双限期权。
5. 看跌-看涨期权平价定理将看跌期权与看涨期权的价格联系在一起。如果平价关系被违背，就会出现套利机会。具体地，平价关系为

$$P=C-S_0+\text{PV}(X)+\text{PV}(\text{股利})$$

式中，X 是看涨期权与看跌期权的行权价格，$\text{PV}(X)$ 是期权到期日 X 美元的现值，PV（股利）是到期日前收到股利的现值。
6. 许多经常交易的证券具有期权特征。例如，可赎回债券、可转换债券和认股权证。其他的一些协议，如抵押贷款和有限责任借款也可用一方或多方拥有的隐含期权来分析。
7. 奇异期权具有活跃的场外交易市场。

习题

1. 我们说，期权可以被用来扩大或减少整个资产组合的风险。风险增加和风险减少的例子各有哪些？逐一解释。
2. 一个考虑卖出已有资产组合的看涨期权的投资者，他需要权衡什么？
3. 一个考虑卖出已有资产组合的看跌期权的

投资者，他需要权衡什么？

4. 你为什么认为绝大多数交易活跃的期权接近于平值？
5. 回到图 20-1，它列出了各种微软期权的价格。根据图中的数据计算投资于 1 月 18 日到期的下列期权的收入与利润，假定到期日股票价格为 100 美元。
   a. 看涨期权，$X=95$ 美元。
   b. 看跌期权，$X=95$ 美元。
   c. 看涨期权，$X=100$ 美元。
   d. 看跌期权，$X=100$ 美元。
   e. 看涨期权，$X=105$ 美元。
   f. 看跌期权，$X=105$ 美元。
6. 假设你认为苹果公司的股票在未来一年将大幅升值，股票现在价格为 $S_0=100$ 美元，6 个月到期的看涨期权的行权价格为 $X=100$ 美元，期权价格为 $C=10$ 美元。用 10 000 美元投资，你可以考虑以下三种策略。
   a. 投资 10 000 美元于股票，购买 100 股。
   b. 投资 10 000 美元于 1 000 份期权（10 份合约）。
   c. 用 1 000 美元购买 100 份期权（1 份合约），用余下的 9 000 美元投资于货币基金，该基金的年收益率为 4%。

   对于 1 年后所列的 4 种股票价格，对应的每种策略的收益率各是多少？把结果总结在下表中，并以下图为基础画图。

	6 个月后股票价格（美元）			
	80	100	110	120
a. 全股票（100 股股票）				
b. 全期权（1 000 份期权）				
c. 货币基金+100 份期权				

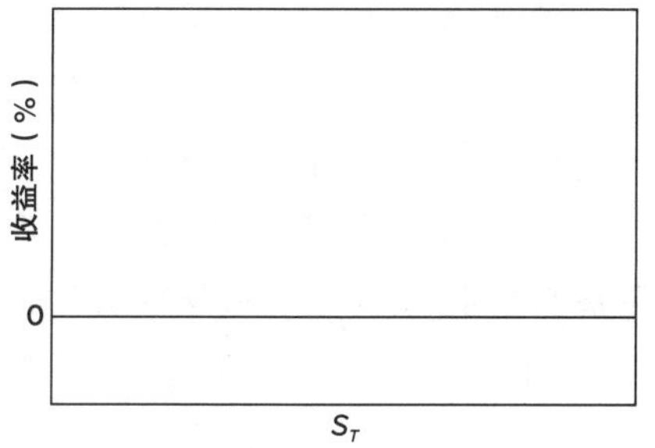

7. PUTT 公司的普通股最近一个月来交易价格变动很小，你确信 3 个月后其价格将远远突破这个价格范围，但你并不知道它会上涨还是下跌。股票现在的价格为每股 100 美元，行权价格为 100 美元的 3 个月看涨期权价格为 10 美元。
   a. 如果无风险利率为每年 10%，行权价格为 100 美元的 PUTT 公司股票的 3 个月看跌期权的价格是多少（股票不发放股利）？
   b. 在对股票价格未来变动预期前提下，你会构建一个什么样的简单期权策略？价格往什么方向变动，变动多少，你最初的投资才能获得利润？
8. CALL 公司的普通股数月来一直在每股 50 美元左右的狭窄价格区间内进行交易，并且你认为未来 3 个月内股价仍维持在这个区间内。行权价格为 50 美元的 3 个月看跌期权的价格是 4 美元。
   a. 如果无风险利率为每年 10%，行权价格为 50 美元的 CALL 公司股票的 3 个月看涨期权价格是多少？该期权是平值的（股票不发放股利）。
   b. 在对股票价格未来变动预期下，该用看跌期权与看涨期权构建什么样的简单的期权策略？你这个策略最多能赚多少钱？在股价往什么方向变动，变动多少时，你才会开始出现损失？
   c. 你怎么利用一个看跌期权、一个看涨期权和无风险借贷来构建一个头寸，使得到期时其与股票有相同的收益结构？构建这一头寸的净成本是多少？
9. 你是一个使用期权头寸为你的客户定制风险敞口的资产组合管理者。面对下面每种情况，给定客户的目标，最佳的策略是什么？

   情况一：截至目前，资产组合的业绩表现为上涨 16%。

   客户目标：上涨不少于 15%。

你预测的情景：从现在到年底，资产组合有大幅上涨或大幅下跌的较大可能性。

a. 买入跨式期权。

b. 买入牛市价差套利。

c. 卖出跨式期权。

情况二：截至目前，资产组合的业绩表现为上涨 16%。

客户目标：上涨不少于 15%。

你预测的情景：从现在到年底，资产组合有大幅下跌的较大可能性。

a. 买入看跌期权。

b. 卖出看涨期权。

c. 买入看涨期权。

10. 一个投资者购买股票的价格为 38 美元，购买行权价格为 35 美元的看跌期权的价格为 0.50 美元。投资者卖出行权价格为 40 美元的看涨期权的价格为 0.50 美元。这个头寸的最大利润与损失各是多少？画出这个策略的利润与损失图，把利润与损失当作到期日股票价格的函数。

11. 设想你持有 5 000 股股票，现在售价是每股 40 美元。你准备卖出股票，但是出于纳税原因，你更愿意把交易推迟到下一年。如果一直持有股票至下一年的 1 月，你将面临年底前股票价格下跌的风险。你决定使用一个双限期权来限制下跌风险，且不用花费大笔额外的现金。行权价格为 35 美元的 1 月看涨期权售价是 2 美元，行权价格为 45 美元的 1 月看跌期权售价是 3 美元。如果最终股票价格为 30 美元、40 美元和 50 美元，到了 1 月，你的资产组合的价值（期权的净收益）各是多少？把以上各种情况下的收益与你简单持有股票时的收益进行对比。

12. 在本题中，我们推导欧式期权的看跌-看涨期权平价关系，在到期日前支付股利。为简单起见，假定在期权到期日股票一次性支付每股 D 美元的股利。

a. 在期权到期日，股票加看跌期权头寸的价值是多少？

b. 现在考虑一个资产组合，由一个看涨期权、一个零息债券组成，两者到期日相同，债券面值为 $X+D$。在期权到期日，该组合的价值是多少？你会发现，不管股票价格是多少，这个价值都等于股票加看跌期权头寸的价值。

c. 在 a 和 b 两个部分中，建立两种资产组合的成本各是多少？使这两个成本相等，你就可以得到如式（20-2）所示的看跌-看涨期权平价关系。

13. a. 蝶式价差套利是按行权价格 X_1 买入一份看涨期权，按行权价格 X_2 卖出两份看涨期权以及按行权价格 X_3 买入一份看涨期权。X_1 小于 X_2，X_2 小于 X_3，三者等差。所有看涨期权的到期日相同。画出此策略的收入图。

b. 垂直组合是按行权价格 X_2 买入一份看涨期权，以行权价格 X_1 买入一份看跌期权，X_2 大于 X_1。画出此策略的收入图。

14. 熊市价差套利是按行权价格 X_2 买入一份看涨期权，以行权价格 X_1 卖出一份看涨期权，X_2 大于 X_1。画出此策略的收入图，并与图 20-10 相比较。

15. Joseph 是 CSI 公司的经理，他获得了 10 000 股股票作为其退休金的一部分。股票现价是每股 40 美元。Joseph 想在下一年出售股票。但是，1 月他需要将其持有的全部股票售出以支付住宅款项。Joseph 担心继续持有这些股份的价格风险。按现价，他可以获得 400 000 美元。但如果他的股票价值跌至 350 000 美元以下，他就面临无法支付住宅款项的困境。而如果股票价值上升至 450 000 美元，他就可以在付清款项后仍结余一小笔现金。Joseph 考虑以下三种投资策略：

a. 策略 A 是按行权价格 45 美元卖出 CSI 公司股票的 1 月看涨期权，这种看涨期权的售价为 3 美元。

b. 策略 B 是按行权价格 35 美元购买 CSI 公司股票的 1 月看跌期权，这种期权的售价也是 3 美元。

c. 策略 C 是构建一个零成本的双限期权组合，即卖出一个 1 月看涨期权并买入一个 1 月看跌期权。

根据 Joseph 的投资目标，评价以上三种策略各自的利弊。你推荐哪种策略？

16. 农业价格支持计划保证农场主的产品价格有一个最低保障价格。试将该计划描述为一份期权。标的资产是什么？行权价格是什么？

17. 拥有一家公司的债权如何类似于卖出一份看跌期权？如何类似于卖出一份看涨期权？

18. 经理奖金方案规定，公司股价超过一定水平之后，股价每上升 1 美元，经理就获得 1 000 美元的奖金。在什么方面，该方案等同于经理人获得看涨期权？

19. 考虑以下期权组合。卖出行权价 100 美元的 2 月 8 日到期的微软看涨期权，同时卖出行权价是 95 美元的 2 月 8 日到期的微软看跌期权。

    a. 画出期权到期时该资产组合的收入与微软股价的函数关系图。

    b. 如果微软在期权到期日时的股价是 98 美元，该组合的利润或损失将是多少？如果 IBM 的股价是 103 美元呢？使用图 20-1 中的数据来回答这个问题。

    c. 在哪两个股价下，该资产组合会实现盈亏平衡？

    d. 该投资者在打什么样的“赌”？也就是说，这名投资者之所以这么做，是基于他对微软股价变动有何种判断？

20. 考虑以下的资产组合。你卖出行权价格为 90 美元的看跌期权，并买入到期日相同、标的股票相同的行权价格为 95 美元的看跌期权。

    a. 画出期权到期时资产组合的价值。

    b. 在同一幅图上，画出资产组合的利润。提示：哪一个期权费用更高？

21. 行权价格为 60 美元的 FinCorp 股票看跌期权在 Acme 期权交易所的售价为 2 美元。令人惊奇的是，具有同样到期日的行权价格为 62 美元的 FinCorp 股票看跌期权在 Apex 期权交易所的售价也是 2 美元。如果你计划持有期权头寸至到期，设计一种净投资为零的套利策略来捕捉这种价格异常带来的机会。画出你的头寸在到期时的利润图。

22. 假定一只股票价值为 100 美元，预期年底股票的股利为每股 2 美元。1 年期平价欧式看跌期权的售价为 7 美元。如果年利率为 5%，那么该股票的 1 年期平价欧式看涨期权的价格必定是多少？

23. 你买入一股股票，并卖出一年期看涨期权，行权价格为 10 美元，买入 1 年期看跌期权，行权价格为 10 美元。建立整个资产组合的净支出为 9.50 美元。无风险利率为多少（股票没有股利）？

24. 你按行权价格为 100 美元卖出看跌期权，并按行权价格为 110 美元买入看跌期权。标的股票和到期日都相同。

    a. 画出此策略的收入图。

    b. 画出此策略的利润图。

    c. 如果标的股票的贝塔值为正，该资产组合的贝塔值是正值还是负值？

25. 乔伊刚刚买入一种股票指数基金，当前售价为每股 2 400 美元。为避免损失，乔伊以 120 美元买入该基金的平价欧式看跌期权，行权价格为 2 400 美元，3 个月到期。萨利是乔伊的财务顾问，指出乔伊花了太多的钱在看跌期权上。他注意到，行权价格为 2 340 美元的 3 个月看跌期权售价仅为 90 美元，并建议乔伊使用更便宜的看跌期权。

a. 针对3个月后不同股票指数基金的价值，画出期权到期时股票加看跌期权头寸的利润图，分析乔伊与萨利的策略。

b. 什么时候萨利的策略更好，什么时候更糟?

c. 哪种策略承担更大的系统性风险?

26. 你卖出一个看涨期权，行权价格为50美元，并买入一个看涨期权，行权价格为60美元。两种期权基于同一股票，且到期日相同。一个看涨期权的售价为3美元，另一个看涨期权的售价为6美元。

a. 画出到期时此策略的收入图。

b. 画出此策略的利润图。

c. 此策略的盈亏平衡点是多少?投资者是看涨股票还是看跌股票?

27. 仅利用看涨期权与股票来设计一个资产组合，到期时该资产组合的收入如下图所示。如果现在股票价格为53美元，投资者在赌什么?

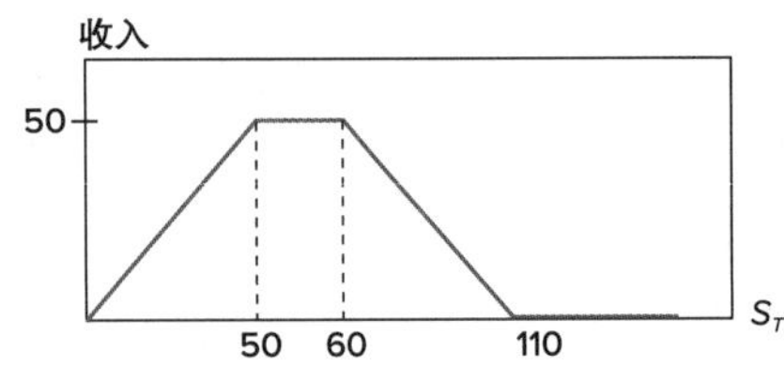

28. 你打算构建一种投资策略。一方面，你认为股票市场的上涨潜力很大，如果上涨，你愿意参与其中。但是，你无法承担大量的股市损失。你不愿承担股市崩盘的危险，并且你认为存在股市崩盘的可能。你的投资顾问推荐了一种保护性看跌期权策略：同时买入股票指数基金和该基金的行权价格为2 340美元的3个月看跌期权。股票指数基金现在售价为2 700美元。但是，你的叔叔却建议你购买该股票指数基金的行权价格为2 520美元的3个月看涨期权，并买入面值为2 520美元的3个月短期国债。

a. 在同一幅图上，画出每种策略的收入图，把收入当作3个月后股票基金价值的函数。(提示：将期权视为“一份额”股票指数基金的期权。每一份额股票基金的当前价格是2 700美元。)

b. 哪种资产组合需要更大的初始投入?(提示：一个资产组合的最终收入是否总是不小于另一种投资组合?)

c. 假定证券的市场价格如下：

股票指数基金	2 700美元
短期国债(面值为2 520美元)	2 430美元
看涨期权(行权价格为2 520美元)	360美元
看跌期权(行权价格为2 340美元)	18美元

列出3个月后股票价格 S_T=2 000美元、2 520美元、2 700美元和2 880美元时，每种资产组合实现的利润。

在一张图上画出每种资产组合的利润与 S_T 的关系。

d. 哪种资产组合的风险更大?哪种资产组合的贝塔值更高?

e. 说明为什么c中给出的数据不违背看跌-看涨期权平价关系。

29. Netflux的股票价格为100美元/股。一只联邦快递的看涨期权还有1个月到期，行权价格为105美元，售价为2美元，一只行权价格和到期日均相同的看跌期权的售价为6.94美元。一只面值为105美元，尚有1个月到期的零息债券的市价是多少?什么样的无风险利率是有效的年收益率?

30. 对于给定的一种股票，证明到期日相同的平价看涨期权的费用要高于平价看跌期权的费用。到期日前，股票没有股利。(提示：利用看跌-看涨期权平价关系。)

CFA 考题

1. 特许金融分析师多尼的一位客户认为，TRT 原料公司（目前股价为 58 美元/股）的普通股股价将对涉及该公司的诉讼案的判决做出反应，股价大幅上涨或者大幅下跌。这个客户现在没有 TRT 原料公司的股票，他向多尼咨询，想通过宽跨式期权组合来利用股价大幅波动的机会。宽跨式期权组合就是具有不同行权价格但是到期日相同的一个看跌期权和一个看涨期权。多尼搜集的 TRT 期权价格如下：

项目	看涨期权	看跌期权
价格	5 美元	4 美元
行权价格	60 美元	55 美元
到期日	从现在起 90 天	从现在起 90 天

   a. 多尼应向客户推荐一个买入宽跨式期权还是卖出宽跨式期权来实现他的目标？
   b. 计算 a 中选取的策略在到期时的：
      ⅰ. 每股最大可能的损失。
      ⅱ. 每股最大可能的利润。
      ⅲ. 盈亏平衡点时的股票价格。
2. 马丁·布朗正在准备一份区分传统债券与结构性票据的报告。讨论在息票和本金支付方面，下面的结构性票据与传统债券有何区别。
   a. 与股票指数挂钩的票据。
   b. 与商品挂钩的熊市债券。
3. 特许金融分析师休尔斯·辛格正在对一只可转换债券进行分析。这个债券及其标的普通股的特征如下：

可转换债券特征	
面值	1 000 美元
年票面利率（每年支付一次）	6.5%
转换比率	22
市场价格	面值的 105%
纯债价值	面值的 99%
标的股票的特征	
当前股价	40 美元/股
每年现金股利	1.20 美元/股

   计算这个债券的：
   a. 转换价值。
   b. 市场转换价格。
4. 特许金融分析师里奇·麦克唐纳通过分析 Ytel 公司的可转换债券与普通股来评估他的投资选择。这两种证券的特征如下。

项目	可转换债券	普通股
面值	1 000 美元	—
票面利率（每年支付一次）	4%	—
当前股价	980 美元	35 美元/股
纯债价值	925 美元	—
转换比率	25	—
转换期权	任何时间	—
股利	—	0 美元
1 年后预期的市场价格	1 125 美元	45 美元/股

   a. 基于上述条件计算：
      ⅰ. Ytel 公司的可转换债券的当前市场转换价格。
      ⅱ. Ytel 公司的可转换债券的 1 年期期望收益率。
      ⅲ. Ytel 公司的普通股的 1 年期期望收益率。

   一年后，Ytel 公司的普通股股价上涨至每股 51 美元。同时，经过这一年，Ytel 公司同样期限的不可转换债券的利率上升了，而信用利差保持不变。

   b. 给可转换债券价值的两个组合部分命名。指出在下列情况下每部分的价值应该下降、保持不变还是增加：
      ⅰ. Ytel 公司股票价格上升。
      ⅱ. 利率上升。
5. a. 考虑一种牛市期权价差套利策略，利用行权价格为 25 美元且价格为 4 美元的看涨期权，以及行权价格为 40 美元且价格为 2.5 美元的看涨期权。如果股票价格

在到期日上涨至50美元，两只看涨期权在到期日都将被行权，那么到期日每股的净利润（不考虑交易成本）为

ⅰ. 8.50美元。

ⅱ. 13.50美元。

ⅲ. 16.50美元。

ⅳ. 23.50美元。

b. 标的股票为XYZ的看跌期权，行权价格为40美元，期权价格是每股2美元，而行权价格为40美元的看涨期权的价格为每股3.5美元。未抛补看跌期权卖方的每股最大损失和未抛补看涨期权卖方的每股最大收益分别是多少？

	看跌期权卖方的每股最大损失	看涨期权卖方的每股最大收益
ⅰ	38美元	3.5美元
ⅱ	38美元	36.5美元
ⅲ	40美元	3.5美元
ⅳ	40美元	40美元

概念检查答案

20-1 a. 用 S_T 表示期权到期时的股价，X 表示行权价格，看涨期权到期时的价值 $=S_T-X=S_T-100$，该值大于或等于0，否则看涨期权到期时毫无价值，且不会行权。

利润=最终价值-初始投资

=收入-5.60美元

	S_T=90美元	S_T=110美元
收入	0美元	10美元
利润	-5.60美元	4.40美元

b. 看跌期权到期时的价值 $=X-S_T=100-S_T$，该值大于或等于0，否则看跌期权到期时毫无价值，且不会行权。

利润=最终价值-初始投资

=收入-3.92美元

	S_T=90美元	S_T=110美元
收入	10美元	0美元
利润	+6.08美元	-3.92美元

20-2 股票分拆前，最终的收入为100×(160-150)=1 000美元。股票分拆后，收入为200×(80-75)=1 000美元。收入不受影响。

20-3 a.

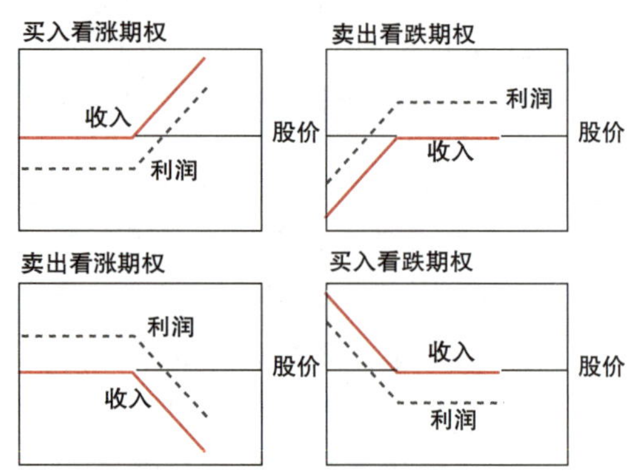

b. 一般来说，股价越高，买入看涨期权与卖出看跌期权的收入与利润就越高。从这个意义上看，这两种头寸都是看涨的，都包含着潜在的股票买入交割。但是，当股价较高时，看涨期权持有者会选择交割买入股票，而当股价较低时，看跌期权的卖方有义务必须交割买入股票。

c. 一般来说，股价越低，卖出看涨期权与买入看跌期权的收入与利润越高。从这个意义上看，这两种头寸都是看跌的，都包含着潜在的股票卖出交割。但是，当股价较低时，看跌期权持有者会选择交割卖出股票，而当股价较高时，看涨期权的卖方有义务必须交割卖出股票。

20-4

反叠做期权的收入		
	$S_T \leqslant X$	$S_T > X$
2 个看跌期权	$2(X-S_T)$	0
1 个看涨期权	0	S_T-X

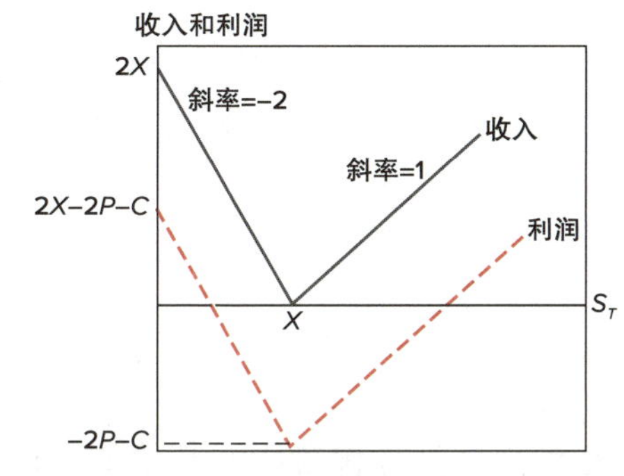

叠做期权的收入		
	$S_T \leqslant X$	$S_T > X$
1 个看跌期权	$X-S_T$	0
2 个看涨期权	0	$2(S_T-X)$

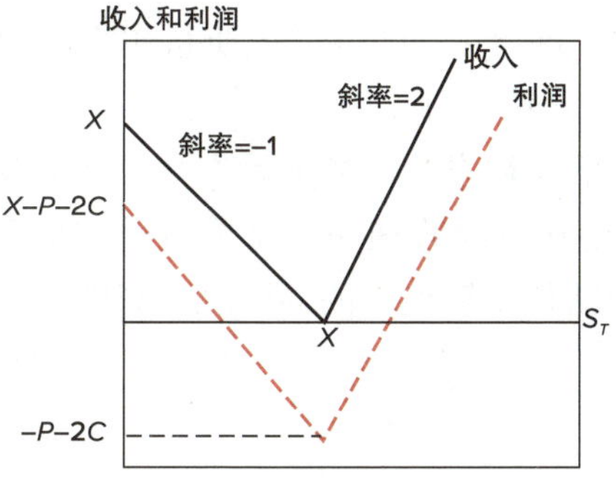

20-5 以每股为基础的利润表如下：

	$S_T \leqslant 90$	$90 < S_T < 110$	$S_T \geqslant 110$
买入看跌期权（$X=90$）	$90-S_T$	0	0
股票	S_T	S_T	S_T
卖出看涨期权（$X=110$）	0	0	$-(S_T-110)$
总计	90	S_T	110

收入图如下。如果你以 2 000 乘以每股价值，你会发现双限期权提供了一个 180 000 美元的最小收入（代表最大损失为 20 000 美元）和一个 220 000 美元的最大收入（代表购买房子的成本）。

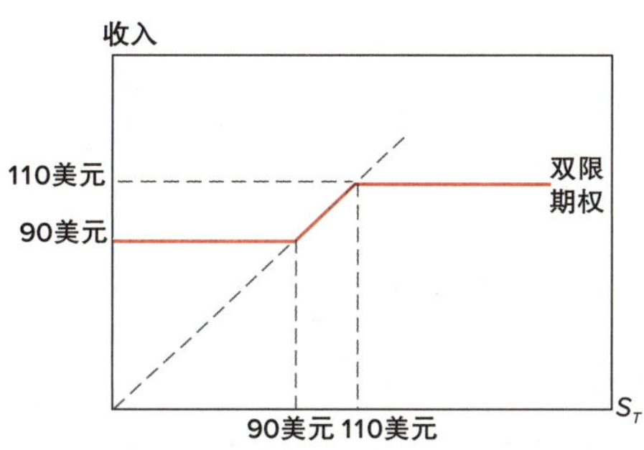

20-6 抛补看涨期权策略包括一种普通债券和该债券的看涨期权。到期时该策略的价值可以表示为普通债券价值的函数。普通债券的价值如下图所示。下图与图 20-11 在本质上是相同的。

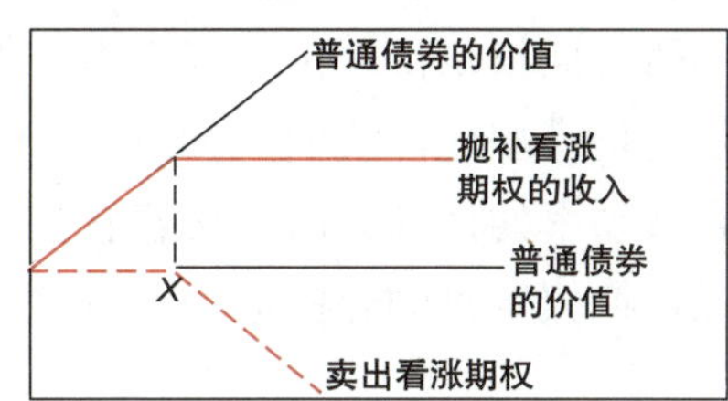

20-7 随着看涨期权保护范围的扩大，看涨期权的价值变小。因此，票面利率不需要如此之高。

20-8 更低。投资者将接受较低的票面利率以获得转换的权利。

20-9 每 6 个月存款人每 1 美元投资的隐性成本现在仅为 $(0.03-0.005)/1.03=0.024\,27$ 美元。每投资 1 美元于指数，看涨期权的成本为 $50/1\,000=0.05$ 美元。乘数下降为 $0.024\,27/0.05=0.485\,4$。

第 21 章

期权定价

在上一章，我们分析了期权市场与策略。我们注意到很多证券包含影响其价值与风险收益特征的隐含期权。在这一章，我们将探讨期权定价。要理解大部分期权定价模型需要一定的统计学功底，但我们将着重通过简单的例子来说明模型的主要思想。

我们首先讨论影响期权价值的各种因素，然后阐明期权价值必须位于一定界限之内。接着我们转向定量模型，首先介绍简单的两状态期权定价模型，并说明这一模型如何一般化为精确实用的定价工具。然后，我们介绍一个特殊的定价模型，即著名的布莱克-斯科尔斯模型。最后，我们研究期权定价理论在资产组合管理与控制方面的重要应用。

期权定价模型允许我们“回推”（back out）股票价格波动率的市场估计方法，我们将讨论各种隐含波动率的计算方法。接着我们介绍期权定价理论在风险管理中的重要应用。最后，我们简单探讨期权定价的经验证据以及这些证据对布莱克-斯科尔斯模型的局限性的影响。

21.1 期权定价：导言

21.1.1 内在价值与时间价值

考虑某时刻处于虚值状态的看涨期权，这时股票价格低于行权价格，这并不意味着期权毫无价值。即使现在执行期权无利可图，但看涨期权仍有价值，因为在到期日之前，股价总有可能上涨到行权价格之上。否则，最坏的结果不过是期权以零值失效。

价值（S_0-X）被称为实值期权的**内在价值**（intrinsic value），它是立即执行期权所带来的收入。虚值期权和平价期权的内在价值为零。期权价值与内在价值的差通常称为期权的**时间价值**（time value）。

选择时间价值这个术语有些美中不足，因为它很容易同货币的时间价值相混淆。在期权语境中，时间价值仅是指期权价值与期权被立即执行时的价值之间的差。它是期权价值的一部分，来源于期权距离到期日有一段时间。

期权的大部分时间价值是一种典型的“波动性价值”。因为期权持有者可以选择不执行期权，收入最低也就是零。即使看涨期权在股票价格低于行权价格的情况下亏空，它仍然会以正价格卖出。尽管立即行权可能无利可图，但看涨期权仍有价值，因为在到期日之前，股价总有可能上涨到行权价格之上。如果没有，最坏的情况就是该期权将以零值到期。如果行权将无利可图，波动性价值在于不行使期权的权利。

随着股价上涨，期权到期时被执行的可能性越来越大。在几乎肯定要执行的情况下，价格的波动性价值达到最小。随着股价进一步升高，期权价值接近“经调整的”内在价值，即股票价格减去行权价格的现值，S_0-PV(X)。

为什么会这样呢？如果你非常肯定会执行期权，股票将以 X 美元的价格被购买，这就相当于你已经持有了股票。你很快就会真正拥有它，只是你还没付款而已。你将来购买价值的现值就是 X 的现值，所以看涨期权的净价值为 S_0-PV(X)。[㊀]

图 21-1 是看涨期权的价值函数。从价值曲线可以看出，当股票价格非常低时，期权价值几乎为零，因为几乎不存在执行期权的机会；当股票价格非常高时，期权价值接近经调整的内在价值；在中间阶段，期权接近平价时，曲线偏离经调整的内在价值对应的直线。这是因为在这个区域执行期权的收益可以忽略不计（或者为负），但期权的波动性价值却很高。

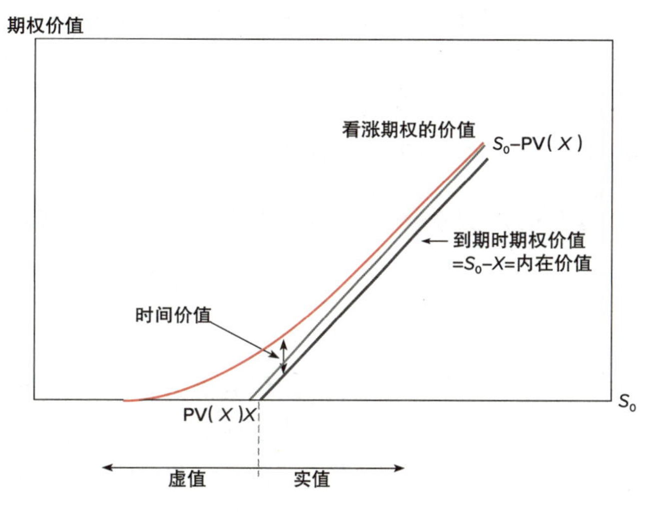

图 21-1　到期前看涨期权的价值

看涨期权的价值总是随着股价上涨而增加。当期权处于深度实值时，曲线的斜率最大。此时，执行几乎是肯定的，股票价格上涨 1 单位，期权价值就上涨 1 单位。

21.1.2　期权价值的决定因素

我们可以确定影响期权价值的因素至少有六个：股票价格、行权价格、股票价格的波动性、期限、利率和股利支付政策。看涨期权价值与股票价格同向变动，而与行权价格反向变动，因为如果期权被执行，其收入等于 S_T-X。看涨期权期望收入的幅度随 S_0-X 的增加而增加。

看涨期权价值也随着股票价格波动性的增加而增加。为了解释这个问题，可以比较两种情形，一种是到期日股票价格可能在 10~50 美元变化，另一种在 20~40 美元变化。在这两种情形下，股票价格期望值或平均值均为 30 美元。假定看涨期权的行权价格为 30 美元，期权的收入各是多少？

如果每种结果出现的可能性都相同，概率都为 0.2，高波动性情形下期权的期望收入为 6 美元，而低波动性情形下期权的期望收入只有一半，即 3 美元。

高波动性情形					
股票价格（美元）	10	20	30	40	50
期权收入（美元）	0	0	0	10	20

㊀ 在这里的讨论中，我们假定期权到期前，股票不支付股利。如果期权到期前，股票支付股利，那么你就有理由在到期前得到股票，而不是到期时得到股票，因为你会得到这段时间股票支付的股利。在这种情况下，经调整的内在价值就必须减去到期前股票支付股利的现值。调整后的内在价值定义为 S_0-PV(X)-PV(D)，其中 D 表示期权到期前，股票所支付的股利。

（续）

低波动性情形					
股票价格（美元）	20	25	30	35	40
期权收入（美元）	0	0	0	5	10

股票价格的波动性越大，期权价值越高，反映看涨期权的波动性价值。不管股票价格从 30 美元跌至何处，持有者的收入均为零。显然，对看涨期权持有者来说，股票价格表现不好时，跌多跌少没有什么不同。

然而，当股票价格上涨时，看涨期权到期时就会变成实值期权，并且股票价格越高，期权的收入就越大。这样，极好的股票价格表现带来的期权收入是无限的，极差的股票价格表现也不会使期权的收入降至零之下。这种不对称性意味着标的股票价格波动性的增加使期权的期望收入增加，从而增加了期权的价值。[⊖]

概念检查 21-1

使用在看涨期权中用到的高波动性情形和低波动性情形来证明，当股票价格的波动性较高时，看跌期权也更有价值。

同样，期限越长，看涨期权的价值也越大。期限越长，发生影响股票价格的不可预测事件的机会就越多，从而导致股票价格可能上升的范围更大。这与股票价格的波动性增加的效果是相似的。而且，随着期限的延长，行权价格的现值下降，这有利于看涨期权的持有者。由此可以推出，利率上升时，看涨期权的价值增加（假定股票价格保持不变），因为高利率降低了行权价格的现值。

表 21-1 看涨期权价值的决定因素

如果该变量增大	看涨期权的价值
股票价格，S	增加
行权价格，X	减少
股票价格的波动性，σ	增加
期限，T	增加
利率，r_f	增加
股利支付	减少

最后，公司的股利支付政策也影响期权的价值。高额股利政策会降低股票价格的增长率。对于任何股票的期望收益率来说，支付的股利越高意味着期望资本收益率越低。这种抑制也降低了看涨期权的潜在收入，从而降低了期权的价值。表 21-1 对以上关系进行了总结。

概念检查 21-2

准备一个类似表 21-1 的表格，列举看跌期权价值的决定因素。如果 S、X、σ、T、r_f 和股利支付增加，美式看跌期权的价值如何变化？

21.2 期权价值的限制

期权定价方面有很多定量模型，本章我们将考察其中一部分模型。但是，所有这些模型都

⊖ 在解释股票价格的波动性与期权价值的关系时需要格外小心。对整体波动性（而不是系统波动性）的分析和期权持有者仿佛更喜欢波动性的结论与现代资产组合理论并不矛盾。在传统的现金流贴现分析中，我们发现折现率适合于给定未来现金流分布的情况。高风险意味着较高的贴现率和较低的现值。但是，这里来自期权的现金流取决于股票价格的波动性。期权价值增加并不是因为交易者喜欢风险，而是因为随着标的资产价格的波动性增加，来自期权的期望现金流增加。

建立在简化的假设之上。你可能想知道期权价值的性质中哪些是普遍适用的，哪些依赖于特定的简化。因此，我们从期权价值的一些更重要的一般性质开始介绍。

21.2.1　看涨期权价值的限制

对看涨期权价值最明显的限制是其价值不可能为负。期权的收入最差时为零，而且有可能为正，所以看涨期权能够带来一定的收入。

我们可以给看涨期权的价值划定另一个界限。假定股票在到期日之前的时刻 T（现在为 0 时刻）支付 D 美元的股利。现在比较两个资产组合，一个包括一份股票看涨期权，而另一个是由该股票和数额为 $(X+D)/(1+r_f)^T$ 的借款组成的杠杆化的股票头寸，并在期权到期日那天，偿还贷款 $X+D$ 美元。例如，一个行权价格为 70 美元的一年期期权，股利的支付为 5 美元，有效年利率为 5%。那么在购买一股股票的同时，需借入 75/1.05 = 71.43 美元，一年后，归还到期贷款 75 美元。到期时杠杆化的股票头寸的收入如下表所示。(其中，S_T 表示在期权到期时的股票价格。)

	一般表达式	数值
股票价值	S_T+D	S_T+5
-贷款偿还额	$-(X+D)$	-75
总计	S_T-X	S_T-70

股票的收入等于不含股利的股票价格加上收到的股利。杠杆化的股票头寸的总收入是正或负，取决于 S_T 是否超过了 X。建立杠杆化的股票头寸的净现金支出是 $S_0-71.43$ 美元，或者表示为 $S_0-(X+D)/(1+r_f)^T$，也就是当前股票价格 S_0 减去初始借款额。

如果期权到期时处于实值状态，看涨期权的收入为 S_T-X，否则为零。在期权收入与杠杆化的股票头寸的收入均为正时，两者收入相等，而当杠杆化的股票头寸的收入为负时，期权收入高于杠杆化的股票头寸的收入。因为期权收入总是高于或等于杠杆化的股票头寸的收入，所以期权价值必须超过建立该头寸的成本。

于是，看涨期权的价值必须高于 $S_0-(X+D)/(1+r_f)^T$，或者更一般地表示为

$$C \geqslant S_0-\mathrm{PV}(X)-\mathrm{PV}(D)$$

式中，C 表示看涨期权的价值，PV(X) 表示行权价格的现值，PV(D) 表示期权到期时股票支付股利的现值。更一般地，我们把 PV(D) 解释为期权到期日之前所有股利的现值。已知看涨期权的价值为非负值，所以可知 C 大于等于 0 和 $S_0-\mathrm{PV}(X)-\mathrm{PV}(D)$ 两者中的最大值。

我们还可以划定期权价值的上限，这个上限就是股票的价格。没有人会支付高于 S_0 美元的金额去购买价值为 S_0 美元的股票的期权。因此，有 $C \leqslant S_0$。

图 21-2 给出了看涨期权价值所处的范围，该范围由上述的上限和下限决定。期权价值不可能处于阴影区域之外。期权到期之前，看涨

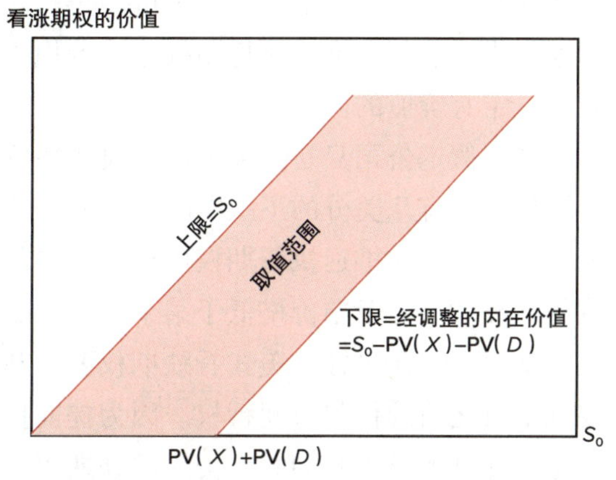

图 21-2　看涨期权的价值所处的可能范围

期权的价值在阴影区域之内，但是不会达到上下限，如图 21-3 所示。

21.2.2 提前执行期权与股利

想平仓的看涨期权持有者有两种选择：执行期权或将其出售。如果持有者在 t 时刻执行期权，获得的收入为（$S_t - X$），假定期权处于实值状态。我们已经知道，期权最低可以 $S_t - \mathrm{PV}(X) - \mathrm{PV}(D)$ 的价格卖出。因此，如果股票不支付股利，看涨期权的价值必须至少为 $S_t - \mathrm{PV}(X)$。因为 X 的现值小于 X 本身，所以有：

$$C \geqslant S_t - \mathrm{PV}(X) > S_t - X$$

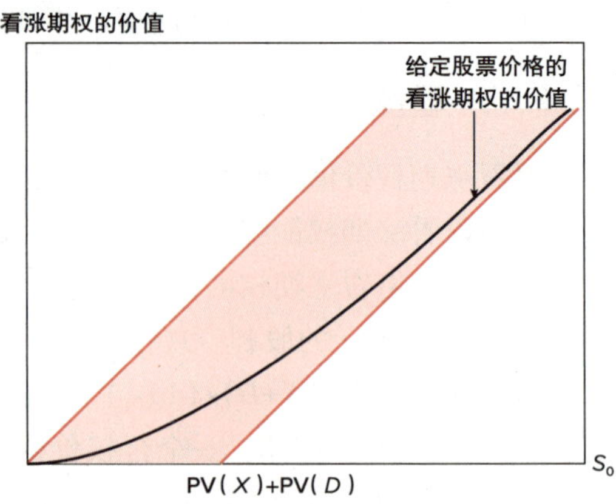

图 21-3 看涨期权的价值与当前股票价格之间的函数关系

这意味着以价格 C 出售期权的收入一定大于执行期权的收入 $S_t - X$。出售期权要比执行期权更具有吸引力，这可以让期权继续存在而不是消失。换句话说，对不支付股利的股票看涨期权而言，"活着比死更有价值"。

如果在到期日之前执行期权无法带来收入，那么提前执行就毫无价值。因此，我们可以认为，对不支付股利的股票而言，美式看涨期权与欧式看涨期权是等价的。欧式看涨期权仅有一个执行时间，并且适用于欧式看涨期权的定价公式，也适用于美式看涨期权，这样情况就简单多了。

由于大多数股票是支付股利的，你可能想知道上述结论是否仅具有理论价值。并不是的，如果仔细加以考虑，你会发现实际上我们仅要求期权到期日之前不支付股利。对大多数期权而言，现实情况确实如此。

21.2.3 美式看跌期权的提前执行

不考虑股利，美式看跌期权的提前执行有时是理性的。我们通过一个简单的例子来加以说明。假如你购买一个股票的看跌期权，不久公司破产，股票价格变为零。当然，你想现在立即执行期权，因为股票价格已经不可能再跌了。立即执行期权意味着你接受行权价格，这可以让你重新投资获利。推迟执行期权意味着损失资金的时间价值。在到期日之前执行看跌期权的权利是一定有价值的。

现在假定公司只是濒临破产，股票售价仅为几美分。立即执行期权仍是最优的选择。毕竟，股票价格仅有几美分的下跌空间，这意味着将来执行期权可能不过比现在执行期权多得到几美分的收益。要在推迟执行期权可能多获得的很少的收益与带来的资金时间价值的损失之间进行权衡。显然，当股票价格低于某个值时，提前执行期权是最优的选择。

从以上论述可知，美式看跌期权要比相应的欧式看跌期权价值更高。美式看跌期权允许你在到期日之前的任何时间行权。因为提前执行期权在某些情形下可能有用，这会获得一个溢价。于是，在其他条件相同时，美式看跌期权的价格高于欧式看跌期权。

图 21-4a 给出了美式看跌期权的价值与当前股票价格 S_0 之间的函数关系。一旦股票价格跌

破临界值（图中记为 S^*），提前执行期权就是最优的选择。在这一点，期权价值曲线与代表期权内在价值的直线相切。当股票价格达到 S^* 时，看跌期权被执行，其收入等于期权的内在价值。

概念检查 21-3

根据以上讨论，解释为什么看跌-看涨期权的平价关系只对不支付股利的欧式期权成立。如果股票不支付股利，为什么美式期权不满足该平价关系？

作为对比，图 21-4b 中的欧式看跌期权的价值并不渐近于内在价值线。因为欧式期权不允许提前执行，所以欧式看跌期权价值的最大值是 PV(X)，发生在 $S_0=0$ 时。显然，对于足够长的横轴，PV(X) 可以为任意小。

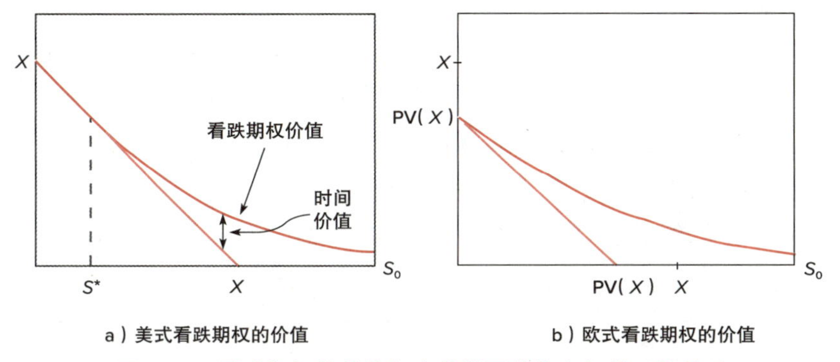

图 21-4　看跌期权的价值与当前股票价格之间的函数关系

21.3　二项式期权定价

21.3.1　两状态期权定价

没有坚实的数据基础，要完全理解通常使用的期权定价公式是很困难的。但是，我们仍然可以通过一个简单的特例来对期权定价进行有价值的考察。假定在期权到期时，股票价格只有两种可能的值：股票价格涨到给定的较高价格，或者降至给定的较低价格。虽然这看起来可能太简单，但它为更复杂和更现实的模型提供了有用的思路。此外，它还可以扩展到描述更合理的股票价格行为规范。实际上，几家大型金融公司已经使用这种模型的变体来对期权与具有期权特征的证券进行定价。

假定现在股票价格为 100 美元，年底的股票价格可能按照 $u=1.2$ 的因子上涨 120 美元（u 表示上涨）或者按照 $d=0.9$ 的因子下跌 90 美元（d 表示下跌）。该股票的看涨期权的行权价格为 110 美元，期限为 1 年，利率为 10%。如果股票价格下跌，年底看涨期权持有者的收益将为零；如果股票价格上涨到了 120 美元，收益为 10 美元。

下面用“二叉树”来阐述这些可能性，如下图所示。

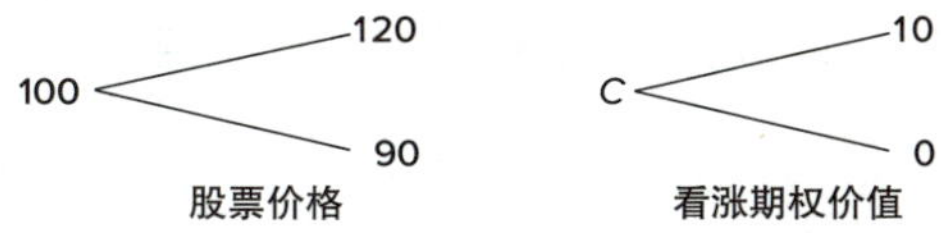

现在将看涨期权的收益与一个由一股股票和 81.82 美元借款组成的资产组合的收益进行比较，借款利率为 10%。这一资产组合的收益也取决于年底的股票价格（见下表）。

（单位：美元）

年底的股票价值	90	120
-贷款的本金和利息	-90	-90
总计	0	30

我们知道构建资产组合的现金支出是 18.18 美元：用来购买股票的 100 美元减去借款得到的 81.82 美元。因此，这个资产组合的价值树如下图所示。

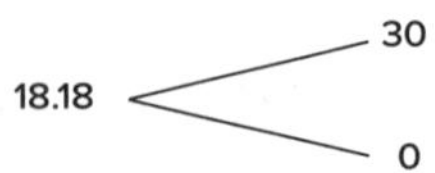

这个投资组合的最终收益正好是任意一个股票价格的看涨期权价值的三倍。因为这个投资组合复制了这三个期权的收益，我们称之为复制投资组合。此外，由于它们的收益是相同的，三个看涨期权和复制投资组合必须具有相同的价值即 $3C=18.18$ 美元。

或者每份看涨期权的售价 $C=6.06$ 美元。这样，给定股票价格、行权价格、利率与股票价格波动性（即股票价格上涨或下跌的幅度），我们就能够得出看涨期权的价值。

大多数期权定价公式的背后都有复制。对于几个分布更复杂的股票来说，复制技术也相应地更为复杂，但原理是相同的。

我们也可以从另一个角度来考察复制的作用。在本例中，由一股股票和出售三份看涨期权构成的资产组合是完全对冲的。它的年末价值不受最终股票价格的影响（见下表）。

股票价格（美元）	90	120
卖出三份看涨期权的成本（美元）	−0	−30
投资组合的价值（美元）	90	90

投资者构造了一个无风险资产组合，其未来收益为 90 美元。它的价值一定等于 90 美元的现值，即 $90/1.10=81.82$ 美元。资产组合的价值，等于股票多头 100 美元减去卖出三份看涨期权的价值 $3C$，应该等于 81.82 美元。因此 $100-3C=81.82$ 美元，即 $C=6.06$ 美元。

构造一个完全对冲头寸的能力是上述论证的关键。对冲锁定了年末的收益，该收益可以用无风险利率来贴现。我们并不需要知道期权或者股票的贝塔值与期望收益率。当可以建立完美对冲时，最终股票价格不影响投资组合的收益，因此股票的风险和收益参数对期权估值函数没有影响。

这个例子中的对冲比率是一股股票对三份看涨期权，即 1∶3。这个对冲比率的简单解释如下：它是期权价值的变动范围与股价只有两个取值时的股价变动范围的比值。最初股票价格是 $S_0=100$ 美元，将来价值等于 $d\times100=90$ 美元，或者 $u\times100=120$ 美元，变动范围为 30 美元。如果股票价格上涨，看涨期权价值为 $C_u=10$ 美元，而如果股票价格下跌，看涨期权价值 $C_d=0$，变动范围为 10 美元。变动范围的比率为 1/3，这正是头寸的对冲比率。

对冲比率等于变动范围的比率，因为在这个两状态的例子中，期权与股票是完全相关的。因为它们是完全相关的，一个完美的对冲要求它们的持仓与相对波动性成比例。

我们可以将其他两状态期权问题的套期保值比率 H 概括为

$$H=\frac{C_u-C_d}{uS_0-dS_0}$$

其中，C_u 和 C_d 分别表示股票价格上涨与下跌时看涨期权的价值，uS_0 和 dS_0 是两状态下的股票价格。如果投资者售出一份期权，并持有 H 股股票，那么该资产组合的价值将不受股票价格的影响。在这种情况下，期权定价就很容易：仅仅使对冲的资产组合的价值等于已知收益的现值即可。

利用我们的例子，期权定价技术将包括以下步骤。

（1）给定年底可能的股票价格，$uS_0=120$ 和 $dS_0=90$，行权价格为 110，计算得 $C_u=10$ 与 $C_d=0$。股票价格变动范围为 30，期权价格变动范围为 10。

（2）计算对冲比率为 10/30=1/3。

（3）卖出一份期权与 1/3 股股票组成的资产组合，在年末的价值确定为 30 美元。

（4）年利率为 10%，30 美元的现值为 27.27 美元。

（5）让对冲头寸的价值等于将来确定收益的现值：

$$1/3S_0-C_0=27.27(\text{美元})$$

$$33.33-C_0=27.27(\text{美元})$$

（6）解出看涨期权的价格，$C_0=6.06$ 美元。

如果期权价值被高估（比如售价为 6.50 美元），又会如何呢？然后你可以通过定价过高的期权和股票对冲来赚取套利利润。具体做法如下表所示。

（单位：美元）

	初始现金流	对每种可能的股票价格一年后的现金流	
		$S_1=90$	$S_1=120$
（1）卖出 3 份期权	19.50	0	-30
（2）购买 1 股股票	-100	90	120
（3）以年利率 10%借入 80.50 美元	80.50	-88.55	-88.55
总计	0	1.45	1.45

虽然初始净投资为零，但是一年后的收益为正，并且是无风险的。如果期权被低估了，我们就会采取相反的套利策略：购买期权，出售股票，消除价格风险。另外，套利收益的现值正好等于期权价值被高估部分的 3 倍。利率为 10%，无风险收益 1.45 美元的现值是 1.318 美元。该套利策略卖出了 3 份期权，给每份期权带来 0.44 美元的收益，正好等于期权价值被高估的金额：6.50 美元减去公允价值 6.06 美元。

概念检查 21-4

假定看涨期权价值被低估了，售价为 5.50 美元。阐述利用错误定价的套利策略，并证明每购买一份期权一年后可以获得 0.616 7 美元的无风险现金流。比较该现金流的现值与期权价值被错误定价的部分。

21.3.2　两状态方法的推广

虽然两状态股票定价模型似乎过于简单，但是我们可以将其推广，加入现实的假设。首先，我们假定将 1 年分成 2 个 6 个月，然后假定在任何一个时期，股票都只有两个可能的价值。这里我们假定股价将上升 10%（即 $u=1.10$）或下降 5%（即 $d=0.95$）。股票的初始价格为每股 100 美元，在一年中价格可能的路径如下图所示。中间价为 104.50 美元，可通过两条路径获得：上升 10%后下跌 5%，或者下跌 5%后上升 10%。

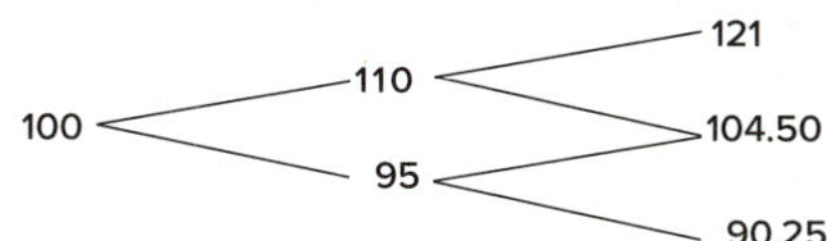

这里有三种可能的年末股票价值与期权价值，如下图所示。

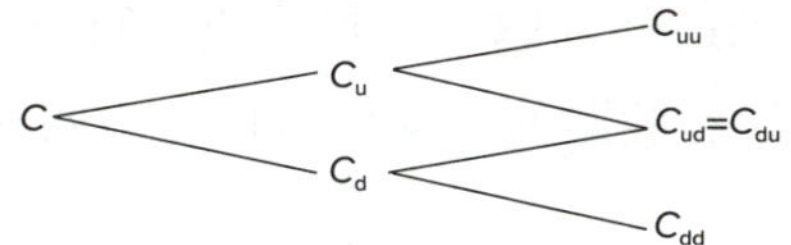

使用类似前面采用的方法，我们可以从 C_{uu} 与 C_{ud} 得到 C_u，然后从 C_{du} 与 C_{dd} 得到 C_d，最后从 C_u 和 C_d 得到 C。而且我们也没有理由就停止在6个月的时间间隔上，接下来我们可以把1年分成4个3个月，或者12个1个月，或者365天，每一个时间段都假定是一个两状态过程。虽然计算量变得很大而且枯燥，但是对计算机程序来说却很容易，并且这种计算机程序在期权市场上得到了广泛的应用。

概念检查 21-5

验证例21-1中看涨期权的价值为4.434美元。

(1) 确认期权价值的价差为 $C_u-C_d=6.984$ 美元。

(2) 确认股票价值的价差为 $uS_0-dS_0=15$ 美元。

(3) 确认对于每个看涨期权空头的对冲比率为买入0.465 6股。

(4) 证明由0.465 6股股票和一份看涨期权空头构成的资产组合，其第一个时期的价值是无风险的。

(5) 计算上述组合收入的现值。

(6) 求出期权价值。

【例 21-1】　二项式定价

假定6个月无风险利率为5%，有一个行权价格为110美元的股票看涨期权，用上述股票价格二叉树来对此期权定价。我们首先从求 C_u 的价值入手。从这点开始，直到期权的到期日，看涨期权价值能上升至 $C_{uu}=11$ 美元（因为在该点股票价格 $u\times u\times S_0=121$ 美元），或者下跌至 $C_{ud}=0$（因为在此点，股票价格 $u\times d\times S_0=104.50$ 美元，低于期权行权价格110美元）。因此，在该点的对冲比率为

$$H=\frac{C_{uu}-C_{ud}}{uuS_0-udS_0}=\frac{11-0}{121-104.50}=2/3$$

这样，不管到期日股票价格如何，下列资产组合的价值都为209美元，如下表所示。

（单位：美元）

	$udS_0=104.50$	$uuS_0=121$
以 $uS_0=110$ 美元的价格购买2股股票	209	242
以价格 C_u 卖出3份看涨期权	0	−33
总计	−209	209

该组合的当前市场价值必定等于209美元的现值：

$$2\times110-3C_u=209/1.05=199.047(\text{美元})$$

由上式可以求得 $C_u=6.984$ 美元。

下一步，求 C_d 的价值。很容易看出其价值一定是零。如果达到这个点（相应股票价格为95美元），期权到期日股票价格将为104.50美元或90.25美元；在任何一种情况下，期权到期时处于虚值状态。（更具体地，我们注意到在 $C_{ud}=C_{dd}=0$ 时，对冲比率为零，一个具有零股股票的资产组合将复制看涨期权的收入情况！）

最后，我们用 C_u 和 C_d 的值求出 C 的值。概念检查21-4给出了计算 C 的步骤，并证明了期权的价值为4.434美元。

21.3.3　使估值模型更为实用

当我们把一年分成越来越多的时间间隔时，年末股票可能价格的范围也随之扩大。比如，我们将划分的时间间隔增加至三段，股票的预期价格也变为四种，就像在下面的这幅股票价格树状图中所展示的这样。

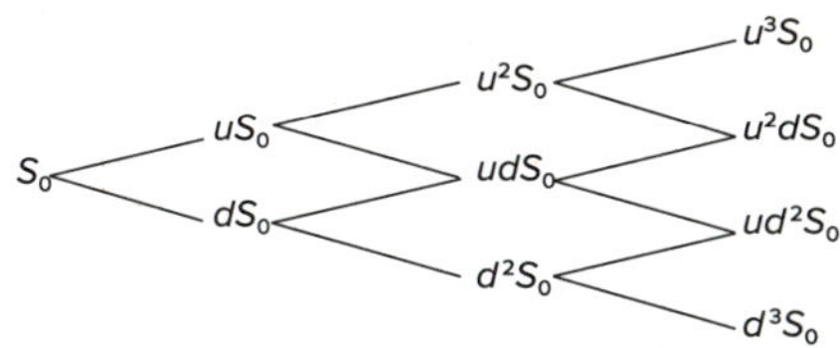

因此，通过将时间划分为更多的时间间隔，我们能够克服价值模型中一个很明显的弊端：年末股票价格的数量很小。

注意，像 u^3S_0 或者 d^3S_0 这样的极端情况是很少会发生的，因为它们需要在三个子间隔内连续增加或减少。中间范围的，像 u^2dS_0 能通过不止一条途径得到，任何的两升一降价格组合将会得到 u^2dS_0。这样的方法有三种：uud（升升降），udu（升降升），duu（降升升）。相反，只有 uuu（升升升）一种方法能够实现 u^3S_0 的股票价格。因此，中间范围的值可能性更大一些。当我们把模型变得更为接近实际，并且将期权到期日之前的这段时间划分为越来越多的子时间段时，股票最终的价格分布开始呈现出类似钟形的曲线，涵盖了极不可能出现的极端情况和很有可能出现的中间值的情况。用二项式分布可以将每个结果的准确概率描述出来，因此这种多时期的期权定价方法被称为**二项式模型**（binominal model）。

但是我们仍然需要回答一个很重要的现实问题。在把二项式模型应用于评估真实的期权之前，我们需要给 u 和 d 赋一个合理的值，股票价格的上下波动反映了其收益率的不确定性，所以 u 和 d 的数值的选择就取决于这种不确定性。设股票收益率的年标准差为 σ，Δt 为每个子间隔的时间长度，为了使二项式模型中的标准差符合你估计的 σ，可以设 $u=\exp(\sigma\sqrt{\Delta t})$，$d=\exp(-\sigma\sqrt{\Delta t})^{3}$，[㊀]可以看到，随着年度的波动以及子间隔的变化，u 和 d 之间的差异逐步变大。这一发现很有意义，更高的 σ 值和更长的持有期间使得股票的价格更加不确定。下面的这个例子阐述了如何应用这一原理。

【例 21-2】 根据股票波动性来校准 u 和 d

假设你正在用三个时间间隔的模型来计算 1 年期的股票价格，年标准差 $\sigma=0.3$，到期日 $T=1$ 年，$n=$三个子时间间隔，你会计算：

$$\Delta t=T/n=1/3$$

$$u=\exp(\sigma\sqrt{\Delta t})=\exp(0.3\sqrt{1/3})=1.189$$

$$d=\exp(-\sigma\sqrt{\Delta t})=\exp(-0.30\sqrt{1/3})=0.841$$

考虑到一个股票上升的概率，你可以计算出任何股票最终价值的概率。例如，假设股票价格上升的概率为 0.554，下降的概率是 0.446[㊁]，年末股票的预期价格如下表：

事件	可能的步骤	概率	最终股票价格
3 次下降	ddd	$0.446^3=0.089$	$59.48=100\times0.841^3$
2 次下降 1 次上升	ddu，dud，udd	$3\times0.446^2\times0.554=0.330$	$84.10=100\times1.189\times0.841^2$
1 次下降 2 次上升	uud，udu，duu	$3\times0.446\times0.554^2=0.411$	$118.89=100\times1.189^2\times0.841$
3 次上升	uuu	$0.554^3=0.170$	$168.09=100\times1.189^3$

㊀ 注意到，此时 $d=1/u$，这是最常见的形式，但并非唯一用来校准模型经验波动率的形式。相关替代方法，见 Robert L. McDonald，Derivatives Markets，3rd ed.，Pearson/Addison-Wesley，Boston：2013，Ch. 10。

㊁ 使用这个概率，股票的连续复利期望收益率为 0.10。一般来说，将上升的概率与年期望收益率 r 联系起来的公式是 $p=\frac{\exp(r\Delta t)-d}{u-d}$。

我们在图 21-5a 中展示了这种分布。注意，两个中间阶段的股票事实上比极端情况发生的可能性更大。

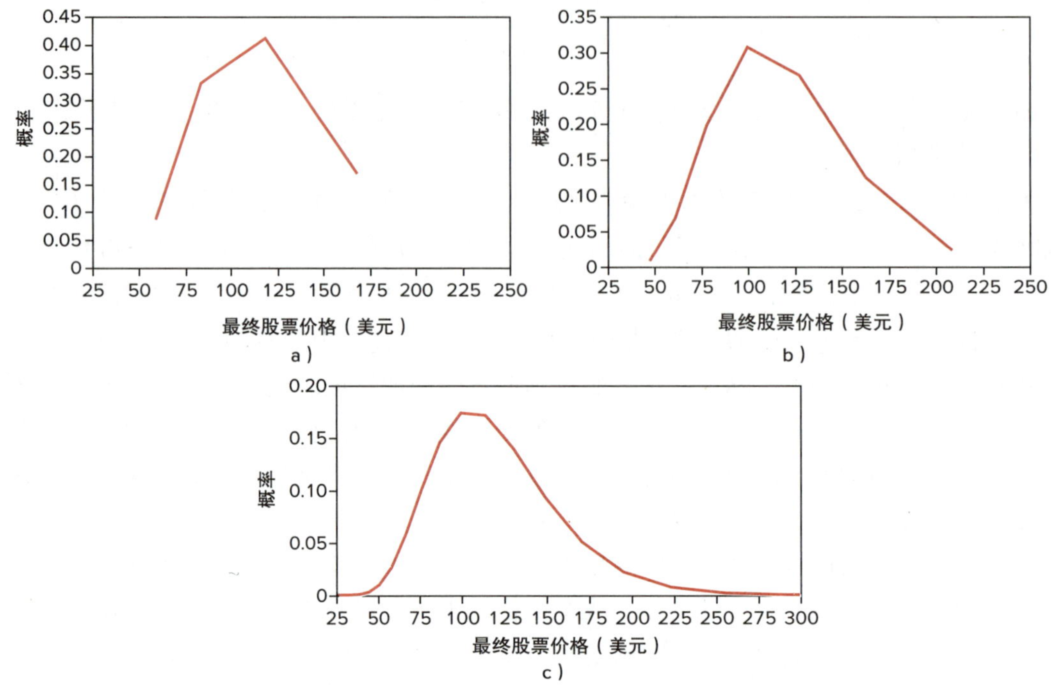

图 21-5 最终股票价格的概率分布：可能出现的结果及其相应概率

注：每条曲线中，股票的年综合期望收益为 10%，标准差为 30%。图 21-5a 为 3 个间隔：在每个间隔，股票上涨 18.9% 或下降 15.9%；图 21-5b 为 6 个间隔：在每个间隔，股票上涨 13.0%或下降 11.5%；图 21-5c 为 20 个间隔：在每个间隔，股票上涨 6.9%或下降 6.5%

现在，我们可以通过将到期期间划分为更短的时间间隔来对例 21-2 进行拓展。正如我们在例 21-3 中所研究的那样，股票价格分布变得越来越合理。

【例 21-3】 增加时间间隔的数量

在例 21-2 中，我们把一年分为 3 个阶段，我们现在来看一下，当划分为 6 个和 20 个时间间隔时的情况如何。

时间间隔，n	$\Delta t=T/n$	$u=\exp(\sigma\sqrt{\Delta t})$	$d=\exp(-\sigma\sqrt{\Delta t})$
3	0.333	exp(0.173) = 1.189	exp(−0.173) = 0.841
6	0.167	exp(0.123) = 1.130	exp(−0.095) = 0.885
20	0.015	exp(0.067) = 1.069	exp(−0.067) = 0.935

我们在图 21-5b 和图 21-5c[⊖] 中展示了这种结果。

注意，图 21-5c 中的曲线的右侧明显长于左侧。事实上，随着时间间隔数量的增加，分布逐步接近歪斜的对数正态分布（而不是对称的正态分布）。即使股票价格下降，在每个时间间隔，它永远不可能降到 0 以下，但其潜在收益没有相应的上限。这种不对称性产生了分布的偏态。

⊖ 为使图 21-5 中的分布具有可比性，我们在之前的注释中调整了概率和股票价格下跌时的公式，每条曲线中的 p 都代表股票的期望年收益率，复合收益率为 10%。

最后，随着我们将持有期分成越来越小的时间间隔，事件树的每个节点所对应的时间间隔越来越小。那么在这些时间间隔内，股票价格的变动相应地也非常小。随着时间间隔的增加，最后股票价格越来越接近于对数正态分布。[㊀]这样，两状态模型过于简化的缺点就可以通过时间间隔的进一步细分来克服。

在任何一个节点上，都可以构造一个在下一个时间间隔被完全对冲的资产组合。接着，在下一个时间间隔末，到达下一个节点时，又可以重新计算对冲比率，对资产组合的构成进行更新。通过不断改变对冲头寸，资产组合总可以保持在被对冲的状态，在每个时间间隔都获得无风险收益。这称为动态对冲，也就是随时间不断调整对冲比率。动态对冲越来越完善，期权的定价过程也越来越精确。

概念检查 21-6

在例 21-3 的表格中，随着时间间隔 Δt 的缩小，u 和 d 都更接近 1（u 更小，d 更大）。为什么这有意义？u 和 d 更接近 1 是否意味着在期权剩余期限内，股票的总波动率更低？

华尔街实战 21-1　风险中性简述

我们在前面指出，二项模型估值方法是以套利为基础的。我们可以通过复制它与股票加上借贷的方式来评估股票期权，这种期权的能力意味着它的价格相对于股票和利率必须是基于复制的技术，而不是风险偏好。它不能依赖于风险厌恶或资本资产定价模型或任何其他模型的均衡风险收益关系。

这种观点认为，定价模型必须独立于风险厌恶，这为期权估值提供了一条非常有用的捷径。想象一个风险中性的经济体，即所有的投资者都是风险中性的。这种假设的经济体必须与我们的实际价值相同，因为风险厌恶不影响估值公式。

在风险中性的经济中，投资者不会要求风险溢价，因此评估所有资产将按无风险利率贴现期望收益。因此，一个证券，如看涨期权，将利用无风险利率来贴现其预期的现金流来评估其价值：$C=\frac{\text{“}E\text{”}(CF)}{1+r_f}$。我们用“$E$”来表示期望值是为了强调这不是真正的期望值，而是假设风险中性经济中的期望值。为了前后保持一致，我们必须使用风险中立时的股票收益率而不能使用真实的收益率。但是如果我们成功地保持了这种一致性，那么假设的经济体的价值应该与我们的经济相匹配。

在风险中性的经济中，我们如何计算出期望现金流呢？因为没有风险溢价，股票的期望收益率必然等于无风险利率。股票上涨的可能性记作 p，然后 p 必须等于股票价格上升到无风险利率时的期望利率（我们忽略股利）：

$$\text{“}E\text{”}(S_1)=p(uS)+(1-p)dS=(1+r_f)S$$

这表明 $p=\frac{1+r_f-d}{u-d}$，我们将 p 称为风险中性的概率来将它和实际概率加以区分。为说明这一点，在第 21.2 节的开篇，我们令 $u=1.2$，$d=0.9$，$r_f=0.1$，考虑到这些值后，

$$p=\frac{1+0.10-0.9}{1.2-0.9}=\frac{2}{3}$$

现在我们来看一下，当我们用贴现公式来计算风险中立经济中的期权价值时，会发生什么。我们继续沿用第 21.3 节中的例子，在无风险利率的中性概率和贴现率下，我们发现期权收益现值为

$$C=\frac{\text{“}E\text{”}(CF)}{1+r_f}=\frac{pC_u+(1-p)C_d}{1+r_f}$$

$$=\frac{2/3\times10+1/3\times0}{1.10}=6.06$$

这一答案完全匹配我们的无套利方法。

㊀ 实际上，这里引入了更复杂的考虑。只有我们假定股票价格连续变动，也就是说在很小的时间间隔内股票价格仅发生很小的变动时，这一过程的极限才是对数正态分布。这排除了极端事件（如公司接管）引起的股票价格异常变动。对这类问题的处理，参见：John C. Cox and Stephen A. Ross, “The valuation of Options for Alternative Stochastic Processes,” *Journal of Financial Economics* 3 (January-March 1976), pp. 145-166, or Robert C. Merton, “Option Pricing When Underlying Stock Returns Are Discontinuous,” *Journal of Financial Economics* 3 (January-March 1976), pp. 125-44.

我们重申：这不是一个真正的期望贴现值。

- 分子不是期权真正的期望现金流量，因为我们所使用的风险中性概率 p 不是真正的概率。
- 因为我们不考虑风险，所以对期权使用了不恰当的贴现率。
- 从某种意义上来说，这两个偏差相互抵消了，但这不仅仅是运气好：我们得到的是正确的结果，因为无套利方法意味着风险偏好不能影响期权价值。因此，风险中性经济的价值计算必须与我们经济中的价值相等。

当我们考虑与现实更接近的多期模型时，计算较为烦琐，但思路是一样的。之前的注释说明了如何将 p 与任何期望收益率和期望波动率估计值联系到一起。简单地将股票的期望收益率设定为无风险利率，利用由此产生的概率，从期权的期望收益中，按无风险利率贴现，你能够计算出期权价值。这些计算用 Excel 实现并不困难。

21.4 布莱克-斯科尔斯期权定价

尽管二项式模型非常灵活，但这种方法在实际交易中需要用计算机。期权定价公式要更为简单，没有二项式模型中复杂的算法。只要做一个假设，公式就可以使用，这个假设是无风险利率与股票价格的波动率在期权有效期内保持不变。在这种情况下，到期日前的时间被细分成更多的间隔，到期日股票价格分布渐近于对数正态分布，如图 21-5 所示。当股票价格分布是真正的对数分布时，我们可以得出精确的期权定价公式。

21.4.1 布莱克-斯科尔斯公式

在布莱克、斯科尔斯[⊖]与默顿[⊜]得出看涨期权定价公式之前，金融经济学家们一直在寻求一种实用的期权定价模型。斯科尔斯与默顿因此获得了 1997 年诺贝尔经济学奖。[⊜]现在，**布莱克-斯科尔斯定价公式**（Black-Scholes pricing formula）已被期权市场参与者广泛使用。看涨期权的定价公式为

$$C_0 = S_0 N(d_1) - X\mathrm{e}^{-rT} N(d_2) \tag{21-1}$$

其中

$$d_1 = \frac{\ln(S_0/X) + (r + \sigma^2/2)T}{\sigma\sqrt{T}}$$

$$d_2 = d_1 - \sigma\sqrt{T}$$

而且 C_0——当前的看涨期权价值；

S_0——当前的股票价格；

$N(d)$——标准正态分布小于 d 的概率，表示为图 21-6 中的阴影部分，在 Excel 中，这个函数叫 NORMSDIST（d）或 NORM. S. DIST（d，TRUE）；

X——行权价格；

e——自然对数的底，约为 2.718 28。在 Excel 中，可以使用 EXP(x) 函数计算 e^x；

⊖ Fisher Black and Myron Scholes, "The Pricing of Options and Corporate Liabilities," *Journal of Political Economy* 81 (May-June 1973).

⊜ Robert C. Merton, "Theory of Rational Option Pricing," *Bell Journal of Economics and Management Science* 4 (Spring 1973).

⊜ 费舍尔 · 布莱克于 1995 年去世。

r——无风险利率（与期权到期期限相同的安全资产连续复利的年收益率，与离散时间的收益率 r_f 不同）；

T——期权到期期限，以年为单位；

ln——自然对数函数，在 Excel 中，可以用 LN(x) 函数计算 ln(x)；

σ——股票连续复利的年收益率的标准差。

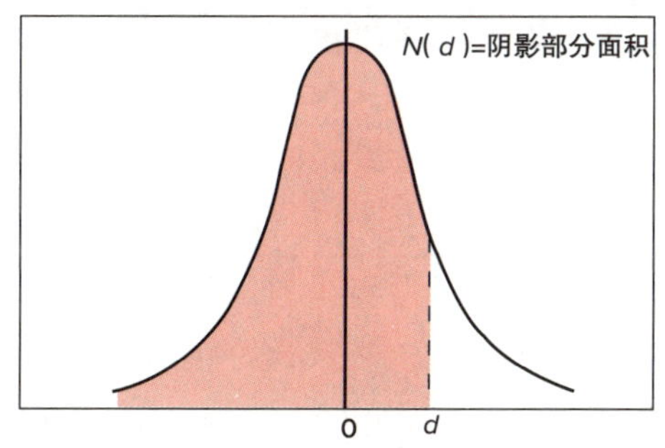

图 21-6　标准正态曲线

这里的布莱克-斯科尔斯公式假定股票不支付股利。

注意，式（21-1）有一个特点：期权价值并不取决于股票的期望收益率。在某种意义上说，含有股票价格的定价公式已经包括了该信息，因为股票价格取决于股票的风险与收益特征。

尽管你会觉得布莱克-斯科尔斯公式令人生畏，但是我们可以从直觉上理解。技巧是把 $N(d)$ 项（不严谨地）视为看涨期权在到期处于实值的风险调整概率。首先，看一下式（21-1），假定两个 $N(d)$ 项都接近于 1.0，也就是说，看涨期权被执行的概率很高。于是看涨期权价值等于（S_0-Xe^{-rT}），这也是我们前面提到过的调整后的内在价值［S_0-PV(X)］。这一点很有意义，如果确实执行了，我们就获得了现在价格为 S_0 的股票的索取权，而承担了现值 PV(X) 的义务，或者以连续复利计算的义务 Xe^{-rT}。

现在再看式（21-1），假定 $N(d)$ 项接近于 0，意味着期权不会被执行。于是该等式说明看涨期权毫无价值。对于 $N(d)$ 项，取值范围为 0~1 时，式（21-1）告诉我们可以把期权价值视为看涨期权潜在收益的现值，该收益经过到期时处于实值的概率调整。

$N(d)$ 项又是如何表示风险调整概率呢？这需要用到高级统计学的知识。注意，$\ln(S_0/N)$ 在 d_1 和 d_2 的分子中都出现了，它近似表示现在期权处于实值和虚值的百分比。例如，如果 $S_0=105$，$X=100$，期权处于实值的百分比为 5%，即 $\ln(105/100)=0.049$。同理，如果 $S_0=95$，期权处于虚值的百分比为 5%，即 $\ln(95/100)=-0.051$。分母 $\sigma\sqrt{T}$，用股票价格在剩余期限中标准差对期权的实值与虚值的百分比进行调整。当股票价格变动很小，并且距到期时间也所剩无几的时候，给定比例的实值期权一般会保持实值状态。因此，$N(d_1)$ 和 $N(d_2)$ 表示期权到期时处于实值的概率。

【例 21-4】　用布莱克-斯科尔斯公式进行定价

你可以很容易地使用布莱克-斯科尔斯公式。假定你想对一个看涨期权进行定价，已知条件如下：

股票价格	$S_0=100$	到期期限	$T=0.25$（3 个月或一个季度）
行权价格	$X=95$	标准差	$\sigma=0.50$（每年 50%）
利率	$r=0.10$（每年 10%）		

首先计算：

$$d_1=\frac{\ln(100/95)+(0.10+0.5^2/2)0.25}{0.5\sqrt{0.25}}=0.43$$

$$d_2=0.43-0.5\sqrt{0.25}=0.18$$

接下来查 $N(d_1)$ 和 $N(d_2)$。在很多统计学教材里可以查到正态分布表（见表 21-2）。任何电子数据表程序也提供正态分布函数 $N(d)$。例如，在 Excel 中，程序名称为 NORMSDIST 或 NORM. S. DIST。利用 Excel 或表 21-2，我们可得到：

$$N(0.43)=0.6664$$

$$N(0.18)=0.5714$$

概念检查 21-7

若标准差不是 0.5 而是 0.6，重新计算例 21-4 中看涨期权的价值。确认股票收益波动率越大，期权价值越大。

于是，看涨期权的价值为

$$C=100\times0.6664-95e^{-0.10\times0.25}\times0.5714$$

$$=66.64-52.94=13.70(\text{美元})$$

表 21-2　累计正态分布

d	$N(d)$	d	$N(d)$	d	$N(d)$	d	$N(d)$	d	$N(d)$	d	$N(d)$
−3.00	0.001 3	−1.74	0.040 9	−1.08	0.140 1	−0.42	0.337 3	0.24	0.594 8	0.90	0.815 9
−2.95	0.001 6	−1.72	0.042 7	−1.06	0.144 6	−0.40	0.344 6	0.26	0.602 6	0.92	0.821 2
−2.90	0.001 9	−1.70	0.044 6	−1.04	0.149 2	−0.38	0.352 0	0.28	0.610 3	0.94	0.826 4
−2.85	0.002 2	−1.68	0.046 5	−1.02	0.153 9	−0.36	0.359 4	0.30	0.617 9	0.96	0.831 5
−2.80	0.002 6	−1.66	0.048 5	−1.00	0.158 7	−0.34	0.366 9	0.32	0.625 5	0.98	0.836 5
−2.75	0.003 0	−1.64	0.050 54	−0.98	0.163 5	−0.32	0.374 5	0.34	0.633 1	1.00	0.841 4
−2.70	0.003 5	−1.62	0.052 6	−0.96	0.168 5	−0.30	0.382 1	0.36	0.640 6	1.02	0.846 1
−2.65	0.004 0	−1.60	0.054 8	−0.94	0.173 6	−0.28	0.389 7	0.38	0.648 0	1.04	0.850 8
−2.60	0.004 7	−1.58	0.057 1	−0.92	0.178 8	−0.26	0.397 4	0.40	0.655 4	1.06	0.855 4
−2.55	0.005 4	−1.56	0.059 4	−0.90	0.184 1	−0.24	0.405 2	0.42	0.662 8	1.08	0.859 9
−2.50	0.006 2	−1.54	0.061 8	−0.88	0.189 4	−0.22	0.412 9	0.44	0.670 0	1.10	0.864 3
−2.45	0.007 1	−1.52	0.064 3	−0.86	0.194 9	−0.20	0.420 7	0.46	0.677 3	1.12	0.868 6
−2.40	0.008 2	−1.50	0.066 8	−0.84	0.200 5	−0.18	0.428 6	0.48	0.684 4	1.14	0.872 9
−2.35	0.009 4	−1.48	0.069 4	−0.82	0.206 1	−0.16	0.436 5	0.50	0.691 5	1.16	0.877 0
−2.30	0.010 7	−1.46	0.072 1	−0.80	0.211 9	−0.14	0.444 3	0.52	0.698 5	1.18	0.881 0
−2.25	0.012 2	−1.44	0.074 9	−0.78	0.217 7	−0.12	0.452 3	0.54	0.705 4	1.20	0.884 9
−2.20	0.013 9	−1.42	0.077 8	−0.76	0.223 6	−0.10	0.460 2	0.56	0.712 3	1.22	0.888 8
−2.15	0.015 8	−1.40	0.080 8	−0.74	0.229 7	−0.08	0.468 1	0.58	0.719 1	1.24	0.892 5
−2.10	0.017 9	−1.38	0.083 8	−0.72	0.235 8	−0.06	0.476 1	0.60	0.725 8	1.26	0.896 2
−2.05	0.020 2	−1.36	0.086 9	−0.70	0.242 0	−0.04	0.484 1	0.62	0.732 4	1.28	0.899 7
−2.00	0.022 8	−1.34	0.090 1	−0.68	0.248 3	−0.02	0.492 0	0.64	0.738 9	1.30	0.903 2
−1.98	0.023 9	−1.32	0.093 4	−0.66	0.254 6	0.00	0.500 0	0.66	0.745 4	1.32	0.906 6
−1.96	0.025 0	−1.30	0.096 8	−0.64	0.261 1	0.02	0.508 0	0.68	0.751 8	1.34	0.909 9
−1.94	0.026 2	−1.28	0.100 3	−0.62	0.267 6	0.04	0.516 0	0.70	0.758 0	1.36	0.913 1
−1.92	0.027 4	−1.26	0.103 8	−0.60	0.274 3	0.06	0.523 9	0.72	0.764 2	1.38	0.916 2
−1.90	0.028 7	−1.24	0.107 5	−0.58	0.281 0	0.08	0.531 9	0.74	0.770 4	1.40	0.919 2
−1.88	0.030 1	−1.22	0.111 2	−0.56	0.287 7	0.10	0.539 8	0.76	0.776 4	1.42	0.922 2
−1.86	0.031 4	−1.20	0.115 1	−0.54	0.294 6	0.12	0.547 8	0.78	0.782 3	1.44	0.925 1
−1.84	0.032 9	−1.18	0.119 0	−0.52	0.301 5	0.14	0.555 7	0.80	0.788 2	1.46	0.927 9
−1.82	0.034 4	−1.16	0.123 0	−0.50	0.308 5	0.16	0.563 6	0.82	0.793 9	1.48	0.930 6
−1.80	0.035 9	−1.14	0.127 1	−0.48	0.315 6	0.18	0.571 4	0.84	0.799 6	1.50	0.933 2
−1.78	0.037 5	−1.12	0.131 4	−0.46	0.322 8	0.20	0.579 3	0.86	0.805 1	1.52	0.935 7
−1.76	0.039 2	−1.10	0.135 7	−0.44	0.330 0	0.22	0.587 1	0.88	0.810 6	1.54	0.938 2

（续）

d	$N(d)$	d	$N(d)$	d	$N(d)$	d	$N(d)$	d	$N(d)$	d	$N(d)$
1.56	0.940 6	1.72	0.957 3	1.88	0.969 9	2.10	0.982 1	2.50	0.993 8	2.90	0.998 1
1.58	0.942 9	1.74	0.959 1	1.90	0.971 3	2.15	0.984 2	2.55	0.994 6	2.95	0.998 4
1.60	0.945 2	1.76	0.960 8	1.92	0.972 6	2.20	0.986 1	2.60	0.995 3	3.00	0.998 6
1.62	0.947 4	1.78	0.962 5	1.94	0.973 8	2.25	0.987 8	2.65	0.996 0	3.05	0.998 9
1.64	0.949 5	1.80	0.964 1	1.96	0.975 0	2.30	0.989 3	2.70	0.996 5		
1.66	0.951 5	1.82	0.965 6	1.98	0.976 1	2.35	0.990 6	2.75	0.997 0		
1.68	0.953 5	1.84	0.967 1	2.00	0.977 2	2.40	0.991 8	2.80	0.997 4		
1.70	0.955 4	1.86	0.968 6	2.05	0.979 8	2.45	0.992 9	2.85	0.997 8		

如果例 21-2 中期权价格是 15 美元而不是 13.70 美元，那又会怎么样呢？是不是期权被错误定价了？也许是，但在赌运气之前，应再考虑估价分析。首先，同所有模型一样，布莱克-斯科尔斯公式也是建立在使该模型近似有效的抽象简化基础之上的。

公式的一些重要假设如下：

- 在期权到期日之前，股票不支付股利。
- 利率 r 与股票的方差 σ^2 保持不变（或者更一般化地，两者都是时间的已知函数，所以任何变化都可预测）。
- 股票价格是连续的，也就是说股票价格不会发生异常的波动，比如关于公司被接管的声明导致的价格异常波动。

如令已有变形的布莱克-斯科尔斯公式来处理以上的这些限制条件。

其次，在布莱克-斯科尔斯模型中，你必须保证公式中各个参数都是正确的。其中的四个值（S_0、X、T 和 r）都是很直接的。股票价格、行权价格和到期期限都是给定的。利率是相同期限的货币市场利率，并且股利支付至少在短期内是可以合理预测的。

最后一个输入变量是股票收益率的方差，不能直接观察到。必须从历史数据、情境分析或者其他期权价格中估计出来，我们接下来讨论这个问题。

我们在第 5 章讲过，股票市场收益率的历史方差可以由 n 个观察值得到，其公式如下：

$$\sigma^2=\frac{n}{n-1}\sum_{t=1}^{n}\frac{(r_t-\bar{r})^2}{n}$$

其中，r 为样本期的平均收益率。在 t 天的收益率被定义为 $r_t=\ln(S_t/S_{t-1})$，与连续复利一致。[注意，一个比率取自然对数，其值近似等于分子与分母的百分比差异，于是 $\ln(S_t/S_{t-1})$ 可以用来测度 $t-1$ 期至 t 期的股票收益率。] 历史方差一般用几个月的每日收益来计算。因为股票波动率是估计出来的，所以真实的期权价格与用公式算出的期权价格有可能不同，这是由股票的波动率估计误差造成的。

事实上，市场参与者往往从不同的角度来看期权定价问题。他们不用所给的标准差按布莱克-斯科尔斯公式计算期权价格，而是会问：如果我观察到的期权价格与布莱克-斯科尔斯公式计算出来的期权价格一致的话，那么标准差是多少呢？这就是期权的**隐含波动率**（implied volatility），即期权价格中隐含的股票波动率水平。投资者可以判断实际的股票标准差是否超过了隐含波动率。如果超过了，则购买期权是一个好的选择；如果实际波动率高于隐含波动率，期权的公允价格就会高于观察到的价格。

还有一个角度是比较到期日相同、行权价格不同的同一股票的期权。具有较高隐含波动率的期权相对贵一些，因为需要较高的标准差来调节价格。分析师认为应该买入低隐含波动率期权，卖出高隐含波动率期权。

我们很容易使用 Excel 计算布莱克-斯科尔斯定价公式以及隐含波动率，如表 21-3 所示。模型的输入部分的数据在 B 列，输出部分的数据在 E 列。表格中还给出了 d_1 和 d_2 的计算公式，Excel 中的公式 NORMSDIST(d_1) 或 NORM. S. DIST(d_1, TRUE) 用来计算 $N(d_1)$。单元格 E6 中设置了布莱克-斯科尔斯公式。（表 21-3 实际上包含了对股利的调整，下一节将对此进行描述。）

表 21-3 利用布莱克-斯科尔斯公式计算期权价值

	A	B	C	D	E	F	G	H	I	J
1	输入			输出			E列中数值具体计算公式			
2	标准差	0.2783		d1	0.0029		(LN(B5/B6)+(B4−B7+0.5*B2^2)*B3)/(B2*SQRT(B3))			
3	到期期限（年）	0.5		d2	−0.1939		E2−B2*SQRT(B3)			
4	无风险利率（年化）	0.06		N(d₁)	0.5012		NORMSDIST(E2)			
5	股票价格	100		N(d₂)	0.4231		NORMSDIST(E3)			
6	行权价格	105		B/S call value	7.0000		B5*EXP(−B7*B3)*E4−B6*EXP(−B4*B3)*E5			
7	股利收益率（年化）	0		B/S put value	8.8968		B6*EXP(−B4*B3)*(1−E5)−B5*EXP(−B7*B3)*(1−E4)			

如需计算隐含波动率，我们可以使用 Excel 工具菜单中的目标查找（"Goal Seek"）命令，如图 21-7 所示。目标查找命令可以让我们通过改变一个单元格的值以使另一个单元格（称为目标单元格）的值等于一个特定的值。例如，如果我们看到一个售价为 7 美元的看涨期权，其他输入部分如图 21-7 所示，则我们可以利用目标查找命令改变 B2 单元格的值（股票的标准差），从而可以使 E6 单元格的值等于 7 美元。目标单元格 E6 就是看涨期权的价格，Excel 会计算出单元格 B2 的相应值。当你点击"OK"按钮时，Excel 就会发现标准差 0.278 3 与看涨期权价格 7 美元相符；这是期权价格为 7 美元时的隐含波动率。

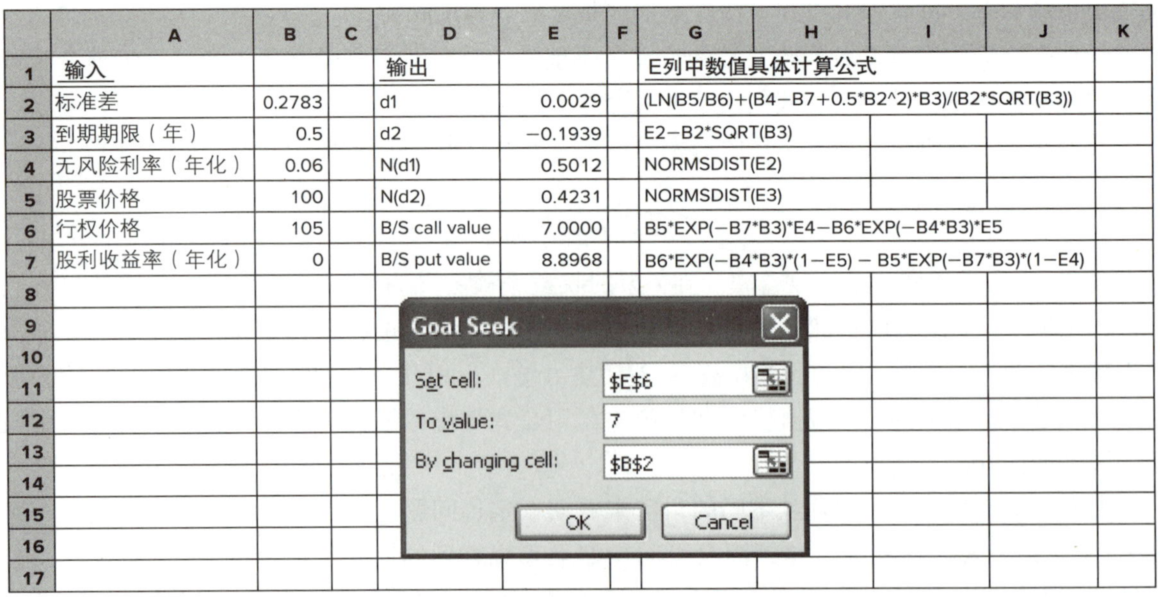

	A	B	C	D	E	F	G	H	I	J	K
1	输入			输出			E列中数值具体计算公式				
2	标准差	0.2783		d1	0.0029		(LN(B5/B6)+(B4−B7+0.5*B2^2)*B3)/(B2*SQRT(B3))				
3	到期期限（年）	0.5		d2	−0.1939		E2−B2*SQRT(B3)				
4	无风险利率（年化）	0.06		N(d1)	0.5012		NORMSDIST(E2)				
5	股票价格	100		N(d2)	0.4231		NORMSDIST(E3)				
6	行权价格	105		B/S call value	7.0000		B5*EXP(−B7*B3)*E4−B6*EXP(−B4*B3)*E5				
7	股利收益率（年化）	0		B/S put value	8.8968		B6*EXP(−B4*B3)*(1−E5) − B5*EXP(−B7*B3)*(1−E4)				
8											
9											
10											
11											
12											
13											
14											
15											
16											
17											

Goal Seek

Set cell: $E$6

To value: 7

By changing cell: $B$2

OK Cancel

图 21-7 利用目标查找确定隐含波动率

芝加哥期权交易所定期计算主要股票指数的隐含波动率。图 21-8 是 1990 年以来标准普尔 500 指数 30 天隐含波动率走势。在动荡时期，隐含波动率会迅速突起。注意 1991 年 1 月（海湾战争）、1998年8月（长期资本管理公司破产）、2001年9月11日（美国遭受恐怖袭击）、2002年（美国入侵伊拉克）和2008年金融危机的波动率高峰。因为隐含波动率与危机相关，所以它有时被称为“投资者恐惧指数”。

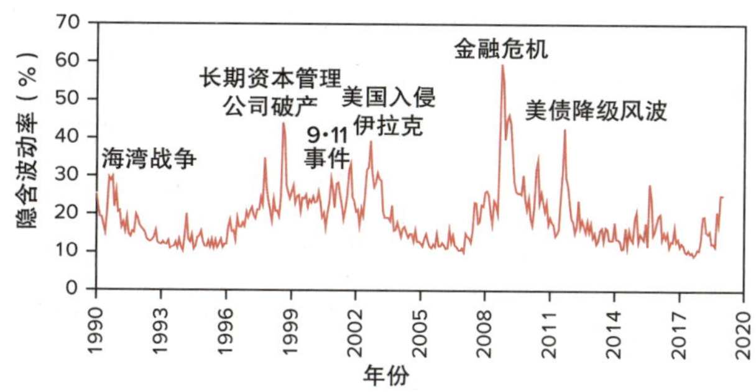

图21-8 标准普尔500指数的隐含波动率（VIX指数）

资料来源：Chicago Board Options Exchange，www.cboe.com.

自2004年开始，标准普尔500指数隐含波动率期货合约在芝加哥期权交易所开始交易。合约的收益取决于合约到期时的市场隐含波动率。该合约通常以其股票代码VIX来命名。

图21-8也揭示了一个棘手的经验事实。布莱克-斯科尔斯公式假定股票波动率保持不变，而从公式中计算出的隐含波动率时间序列远非保持不变。这个矛盾提醒我们布莱克-斯科尔斯模型（像所有的模型）是一个简化模型，它并不能抓住真实市场的所有方面。在这种特定情景下，允许股票波动率有随机性，对定价模型进行拓展是有必要的，并且事实上沿着这个思路对模型进行的改进已有许多。[㊀]

事实上，波动率变动不可预测意味着选择恰当的波动率代入任何期权定价模型都是有困难的。最近一些重要的研究都致力于研究能够预测波动率变动的技术。这些技术包括ARCH和随机波动率模型，假定波动率变动是部分可预测的，并通过分析波动率的当前水平和趋势来改进对未来波动率的预测。[㊁]

> **概念检查 21-8**
>
> 假定表21-3中看涨期权的实际售价是8美元，它的隐含波动率是大于还是小于27.83%？利用Excel来计算。

21.4.2 股利与看涨期权定价

我们前面提到，布莱克-斯科尔斯看涨期权公式适用于期权到期前不支付股利的股票。当支付股利时，我们需要调整公式，即使是欧式期权。此外，如果期权是美式的，股利增加了提前行使的可能性，对于大多数现实的股利支付方案，估值公式变得更加复杂。

当股票除息时，股价下跌一个不连续的量，大致等于股利的数量。如果股利足够大，看涨期权持有人在股票除息前行使期权将是合理的。这就引入了关于看涨期权“到期日”的不确定

㊀ 这个领域具有影响力的文章有：J. Hull and A. White，“The Pricing of Options on Assets with Stochastic Volatilities，” *Journal of Finance* 42，no. 2（June 1987），pp. 281-300；J. Wiggins，“Option Values under Stochastic Volatility，” *Journal of Financial Economics* 19，no. 2（December 1987），pp. 351-372；and S. Heston，“A Closed-Form Solution for Options with Stochastic Volatility with Applications to Bonds and Currency Options，” *Review of Financial Studies* 6（1993），pp. 327-343。最近发表文章，参见：E. Ghysels，A. Harvey，and E. Renault，“Stochastic Volatility，” in *Handbook of Statistics*，Vol. 14：*Statistical Methods in Finance*，ed. G. S. Maddala（Amsterdam：North Holland，1996）.

㊁ 对于这些模型的介绍，见Carol Alexander，*Market Risk Analysis*，Vol. 4（England：Wiley，2009）.

性。是在除息日行权还是持有至到期日？[一]布莱克-斯科尔斯公式的变体已经被开发出来，可以适应股利，但由此产生的估值公式更加复杂，并且随着可能支付股利的数量的增加而迅速变得更加困难。[二]

在一种特殊情况下，股利调整采用一种简单的形式，允许我们使用布莱克-斯科尔斯公式的一个轻微变体。如果期权是欧式的，我们可以用 S_0 减去到期前支付的股利的现值来代替 S_0。现在假设标的资产支付连续的收入流。对于股票指数的期权来说，这可能是一个合理的假设，指数中的不同股票在不同的日子支付股利，因此股利收入或多或少是连续出现的。如果股利收益率（表示为 δ）是常数，可以表明，截至期权到期日，股利的现值为 $S_0(1-e^{-\delta T})$[三]。在这种情况下，$S_0-PV(D)=S_0e^{-\delta T}$，我们可以使用布莱克-斯科尔斯看涨期权公式简单地用 $S_0e^{-\delta T}$ 代替 S_0。这种方法在表 21-3 中使用。

然而，这种做法存在一种警告。即使是连续派息，提前行使看涨期权也可能是理性的，因此严格来说，修正后的布莱克-斯科尔斯公式只适用于欧式期权。一般来说，美式期权对派息股票的认购权要比欧式期权对派息股票的认购权更有价值。

21.4.3　看跌期权定价

我们已经讨论了看涨期权的定价。我们可以通过看跌-看涨期权平价定理得到布莱克-斯科尔斯欧式看跌期权定价公式。对看跌期权定价，我们只需简单地根据布莱克-斯科尔斯公式求出看涨期权的价值，并求解出看跌期权价值（不发放股利）：

$$P=C+PV(X)-S_0=C+Xe^{-rT}-S_0 \tag{21-2}$$

为了与布莱克-斯科尔斯公式一致，我们必须使用连续复利来计算行权价格的现值。

通常，直接使用看跌期权定价公式更加简单。如果我们把看涨期权布莱克-斯科尔斯定价公式代入式（21-2），就可以得到欧式看跌期权的价值为

$$P=Xe^{-rT}[1-N(d_2)]-S_0[1-N(d_1)] \tag{21-3}$$

【例 21-5】　布莱克-斯科尔斯看跌期权定价

利用例 21-2 中的数据（$C=13.70$ 美元，$X=95$ 美元，$S=100$ 美元，$r=0.10$，$\sigma=0.50$ 和 $T=0.25$），由式（21-3）可知，具有相同行权价格和到期期限的欧式看跌期权价值为

$$95e^{-0.10\times0.25}(1-0.5714)-100\times(1-0.6664)=6.35(\text{美元})$$

注意这个值与看跌-看涨期权平价定理求出的值是一致的：

$$P=C+PV(X)-S_0=13.70+95e^{-0.10\times0.25}-100=6.35(\text{美元})$$

21.4.4　股利与看跌期权定价

式（21-2）和式（21-3）适用于不支付股利的欧式看跌期权。如我们对看涨期权所做的，

[一] 虽然股票价格在除息日以不连续的幅度下跌，但期权价格却不会。股利是提前宣布的，是市场预期的。期权价格将随着时间的推移平稳调整，以反映即将到来的股利支付。

[二] 支付股利的美式看涨期权的精确定价公式，参见：Richard Roll，“An Analytic Valuation Formula for Unprotected American Call Options on Stocks with Known Dividends,” *Journal of Financial Economics* 5（November 1977）. 该技术得到的讨论与修改，参见：Robert Geske，“A Note on an Analytical Formula for Unprotected American Call Options on Stocks with Known Dividends,” *Journal of Financial Economics* 7（December 1979）, and Robert E. Whaley，“On the Valuation of American Call Options on Stocks with Known Dividends,” *Journal of Financial Economics* 9（June 1981）。这些文章都很深奥。

[三] 为了直观地理解这个公式，注意 $e^{-\delta T}$ 近似等于 $1-\delta T$，所以股利的值近似为 δTS_0。

如果标的资产支付股利，我们用 S_0-PV(D) 代替 S_0 就可以得到欧式看跌期权的价值。表 21-3 中单元格 E7 允许股利收益率 δ 的连续股利流，在那种情况下，$S_0-\mathrm{PV}(D)=S_0 e^{-\delta T}$。

然而，大多数股票期权是美式的，允许提前行使。并且我们已经知道提前执行的权利是有价值的，这意味着美式看跌期权比相应的欧式期权更有价值。因此，式（21-2）和式（21-3）仅仅是美式看跌期权真实价值的下限。即便如此，这种近似的计算在很多应用中已经算是很精确了。

21.5　布莱克-斯科尔斯公式应用

21.5.1　对冲比率与布莱克-斯科尔斯公式

在第 20 章中，我们考虑过对 FinCorp 股票的两种投资：购买 100 股股票或者 1 000 份看涨期权。我们看到看涨期权头寸比全为股票头寸对股票价格波动更为敏感。但是，为了更精确地分析和管理股票价格的总体风险，有必要给这些相关敏感性定量。有一个工具使我们可以在总体上概括期权的资产组合风险，即股票价格上涨 1 美元时期权价格的变化。因此，看涨期权的对冲比率为正值，看跌期权的对冲比率为负值。**对冲比率（hedge ratio）**通常被称为期权的**德尔塔（delta）**。

如图 21-9 所示，如果画出期权价格与股票价格的函数曲线，那么期权增量就是曲线在当前股票价格上的斜率。例如，假设当股票价格为 120 美元时，曲线斜率为 0.6。当股票价格上升 1 美元时，看涨期权价格近似增加 0.6 美元。

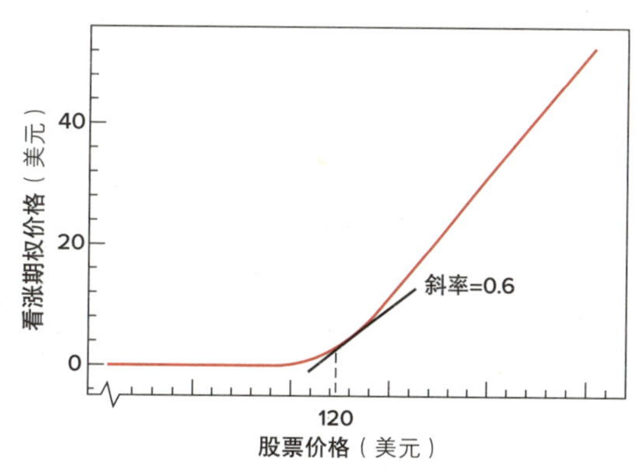

图 21-9　看涨期权价格与股票价格

每出售 1 份看涨期权，就需要 0.60 股股票来对冲股价风险。例如，某人出售 10 份看涨期权并且持有 6 股股票，股票价格上升 1 美元，股票收益增加 6 美元，而售出 10 份看涨期权则损失 10×0.60 美元，即 6 美元。总财富不受影响，这正是对冲头寸的目的所在。

布莱克-斯科尔斯对冲比率非常容易计算。看涨期权的对冲比率是 $N(d_1)$，看跌期权的对冲比率是 $N(d_1)-1$。我们将 $N(d_1)$ 定义为布莱克-斯科尔斯公式的一部分，$N(d)$ 表示标准正态曲线中至 d 的区域面积。因此，看涨期权的对冲比率总是正值且小于 1.0，而看跌期权的对冲比率总是负值且绝对值小于 1.0。

从图 21-9 中也可看出看涨期权价格函数的斜率小于 1.0，只有当股票价格超过行权价格很多时，斜率才接近于 1.0。这就告诉我们，当股票价格变化为 1 时，期权价格的变化要小于 1，为什么会这样呢？假设目前期权处于实值，那么期权肯定被执行。在那种情况下，股票价格上升 1 美元，期权价值也会上升 1 美元。但如果看涨期权到期时是虚值，即使股票价格经历一定涨幅后，股票价格上升 1 美元也未必增加看涨期权的最后收益。因此，看涨期权价值不会相应地增加 1 美元。

对冲比率小于 1.0 的事实与我们前面观察期权的杠杆作用与对股票价格波动的敏感性并不矛盾。尽管美元计量的期权价格变动要比股票价格变动小，但是期权收益率波动性却远比股票高，因为期权的价格较低。在我们的例子中，股票价格为 120 美元，对冲比率为 0.6，行权价格为 120 美元的期权售价为 5 美元。如果股票价格上升至 121 美元，看涨期权价格预期增加 0.60 美元至 5.60 美元。期权价格增加百分比为 0.60/5.00 = 12%，而股票价格涨幅仅为 1/120 = 0.83%。百分比变动的比率为 12/0.83 = 14.4。股票价格每上升 1%，期权价格就上升 14.4%。这一比率，即期权价格变动百分比与股票价格变动百分比的比值，称为**期权弹性**（option elasticity）。

对冲比率是资产组合管理与控制中最基本的工具，例 21-6 将说明这一点。

【例 21-6】 对冲比率

考虑两种资产组合，一种是持有 750 份 FinCorp 看涨期权和 200 股 FinCorp 股票，另一种是持有 800 股 FinCorp 股票。哪种资产组合对 FinCorp 股票价格波动的风险敞口更大？你可以利用对冲比率很容易地回答这个问题。

用 H 代表对冲比率，则股票价格每变动 1 美元，期权价格就会变动 H 美元。这样，如果 H 等于 0.6，股票价格波动时，750 份期权就相当于 750×0.6 = 450 股股票。显然，第一种资产组合对股票价格的敏感度要低，因为它相当于 450 股股票的期权再加上 200 股股票，要小于第二种资产组合的 800 股股票。

但是，这并不是说第一种资产组合对股票收益率的敏感度也较低。我们在讨论期权弹性时知道，第一种资产组合的总价值可能低于第二种资产组合。因此从市场总价值来说，它的敏感度较低，但是它的收益率敏感度较高。

概念检查 21-9

如果股票价格为 122 美元，那么行权价格为 120 美元，对冲比率为 -0.4，售价为 4 美元的看跌期权的期权弹性为多少？

Excel 应用：布莱克-斯科尔斯期权定价

下面的 Excel 表格使用布莱克-斯科尔斯模型对期权进行定价。输入变量为股票价格、标准差、期权到期期限、行权价格、无风险利率和股利收益率。看涨期权定价用式（21-1），看跌期权定价用式（21-3）。对每个看涨期权和看跌期权，如第 21.4 节所述，用经股利调整的布莱克-斯科尔斯公式替代 S。该模型也可用来计算看涨期权和看跌期权的内在价值和时间价值。

该模型也用单向数据表显示敏感性分析。第一个工作簿给出了看涨期权的分析结果，而第二个工作簿给出了看跌期权的分析结果。你可以在 Connect 中找到这些 Excel 表格，你也可以向你的课程老师索取这些 Excel 表格。

Excel 问题

1. 将标准差改成 0.25，运用表格中的参数求出看涨期权和看跌期权的值，每只期权的值有什么变化？

2. 如果期权售价为 9 美元，隐含波动率是多少？

	A	B	C	D	E	F	G	H	I	J	K	L	M	N
1														
2							浅灰底表示输入数据							
3							浅蓝底表示计算值							
4														
5	标准差	0.27830												
6	方差	0.07745												
7	到期期限（年）	0.50		标准差	看涨期权价值		标准差	看涨期权时间价值		股价	看涨期权价值		股价	看涨期权时间价值
8	无风险利率（年化）	6.00%												
9	当前股价	$100.00			7.000			7.000			7.000			7.000
10	行权价格	$105.00		0.15	3.388		0.150	3.388		$60	0.017		$60	0.017
11	股利收益率（年化）	0.00%		0.18	4.089		0.175	4.089		$65	0.061		$65	0.061
12				0.20	4.792		0.200	4.792		$70	0.179		$70	0.179
13	d_1	0.0029095		0.23	5.497		0.225	5.497		$75	0.440		$75	0.440
14	d_2	−0.193878		0.25	6.202		0.250	6.202		$80	0.935		$80	0.935
15	$N(d_1)$	0.50116		0.28	6.907		0.275	6.907		$85	1.763		$85	1.763
16	$N(d_2)$	0.42314		0.30	7.612		0.300	7.612		$90	3.014		$90	3.014
17	看涨期权价值	$6.99992		0.33	8.317		0.325	8.317		$95	4.750		$95	4.750
18	看跌期权价值	$8.89670		0.35	9.022		0.350	9.022		$100	7.000		$100	7.000
19				0.38	9.726		0.375	9.726		$105	9.754		$105	9.754
20				0.40	10.429		0.400	10.429		$110	12.974		$110	7.974
21	看涨期权内在价值	$0.00000		0.43	11.132		0.425	11.132		$115	16.602		$115	6.602
22	看涨期权时间价值	6.99992		0.45	11.834		0.450	11.834		$120	20.572		$120	5.572
23				0.48	12.536		0.475	12.536		$125	24.817		$125	4.817
24	看跌期权内在价值	$5.00000		0.50	13.236		0.500	13.236		$130	29.275		$130	4.275
25	看跌期权时间价值	3.89670								$135	33.893		$135	3.893

21.5.2　资产组合保险

在第 20 章中，我们已经知道，保护性看跌期权策略提供了一种资产保险。事实证明，投资者非常喜欢保护性看跌期权。即使资产价格下跌了，看跌期权依然被赋予以行权价格卖出资产的权利，这是一种锁定资产组合价值下限的方法。平值看跌期权（$X=S_0$）的最大损失是看跌期权的成本。资产可以以 X 出售，与其初始价值相等，所以即使资产价格下跌，投资者在这段时间内的净损失仅仅是看跌期权的成本。如果资产价格上升，潜在的空间却是没有限制的。图 21-10 展示了保护性看跌期权在标的资产价值 P 变动时的利润与损失。

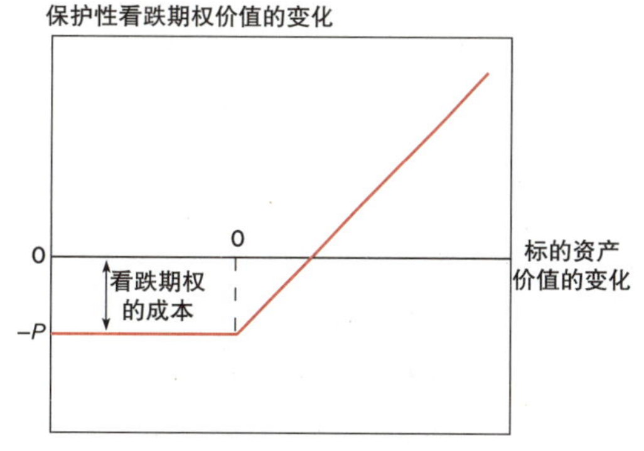

图 21-10　按现价买入保护性看跌期权策略获利

保护性看跌期权是实现**投资组合保险**（portfolio insurance）的一种简单方便的方法，它限制了资产组合在最坏情况下的收益率，但在对股票资产组合保险时，有一些实际的困难。首先，除非投资者的资产组合与看跌期权交易的市场指数相符，否则无法买到资产组合的看跌期权。其次，当用指数的看跌期权来保护非指数的资产组合时，会产生追踪误差。例如，如果市场指数上升，资产组合价值下跌，看跌期权将失去应有的保护作用。最后，交易期权的到期值可能不在投资者的预期范围内。因此，相比直接使用期权策略，投资者更愿意使用交易策略来模拟保护性看跌期权的收入。

一个人们普遍接受的观点是：即使想要的资产组合的看跌期权不存在，如果这种期权确实在交易的话，也可以通过理论上的期权定价公式（如布莱克-斯科尔斯模型）来确定期权价格对资产组合价值的反应。例如，如果股票价格将来要下降，看跌期权价值会增加。期权定价模型可以量化这种关系。保护性看跌期权资产组合对股票价格波动的净风险敞口是资产组合中两个组成部分（股票和看跌期权）的风险敞口之和。

通过持有一定数量的股票，且该股票对市场波动的净风险敞口与保护性看跌期权头寸相同，我们就可以构造“合成”的保护性看跌期权。这种策略的关键是期权的德尔塔，或者对冲比率，也就是标的股票资产组合价值的单位变化引起的保护性看跌期权价格的变化量。

【例 21-7】 合成的保护性看跌期权

假定现在一个资产组合的价值为 1 亿美元。以该资产组合为标的物的看跌期权的德尔塔值为-0.6，意味着该资产组合价值每变动 1 美元，期权价值就朝相反方向变动 0.6 美元。假定资产组合价值减少了 2%，如果存在看跌期权的话，合成的保护性看跌期权的利润如下表（第一张表）所示（单位：百万美元）。

我们通过出售等于德尔塔值（即 60%）的股票并购买等额的无风险短期国债，来构造合成的期权头寸。基本原理是，看跌期权可以抵消股票资产组合价值变化的 60%，所以可以直接出售 60% 的股票并将卖出股票的收入投资于无风险资产。6 000 万美元投资于短期国债与 4 000 万美元投资于股票所组成的资产组合的利润如下表（第二张表）所示（单位：百万美元）。

合成的和实际的保护性看跌期权头寸具有同样的收益率。我们的结论是，如果你出售等于看跌期权德尔塔值的股票，换成现金等价物，那么你在股票市场的风险敞口等于想要的保护性看跌期权头寸的风险敞口。

股票的损失	2%×100＝2.00
看跌期权的利润	0.6×2.00＝1.20
净损失	＝0.80

股票的损失	2%×40＝0.80
+国债的损失	＝0
净损失	＝0.80

这种处理的困难在于德尔塔值经常改变。图 21-11 表明，股票价格下跌，恰当的对冲比率将增大。因此，市场下跌时需要增加额外的对冲，也就是将更多的股票变为现金。不断更新对冲比率被称为**动态套期保值**（dynamic hedging，也称为德尔塔对冲、动态对冲）。

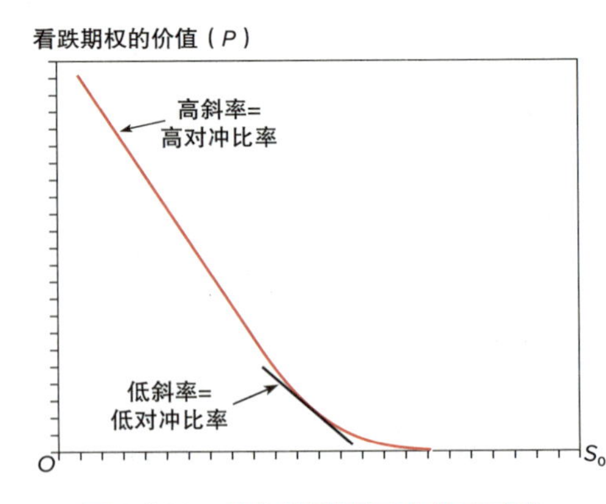

图 21-11 德尔塔随股票变化而变化

动态对冲是资产组合保险对市场波动性有影响的原因之一。市场下跌时，资产组合保险者努力增加对冲，从而导致额外的股票抛售。这些额外的抛售又会加剧市场的下跌。

在实践中，当更新对冲头寸时，资产组合保险者并不直接买入或者卖出股票。作为替代，他们通过买入或卖出股票指数期货替代买卖股票使交易成本最小化。你将会第 22 章中看到，在跨市场套利作用下，股票价格与指数期货价格通常紧密相连，所以期货交易就可以代替股票交易。保险者卖出相应数额的期货合约来代替卖出基于

看跌期权德尔塔值的股票数量。[一]

1987 年 10 月 19 日市场崩盘，有些资产组合保险者遭受了巨大的挫折，当时市场在一天之内约损失了 20%。以下内容说明了应用一个看似简单的对冲概念的复杂性。

- 市场在崩盘时波动性比以前更大。基于历史波动率估计的看跌期权的德尔塔值过低，保险者未完全对冲，持有过多的股票，所以遭受了额外损失。
- 价格变化太快使得保险者无法保持必要的再平衡。他们总是在不断“追逐德尔塔”，却总被甩开。期货市场总是“跳空”开盘，并且开盘价比前一日收盘价低将近 10%，在保险者更新他们的对冲比率之前价格就已经下跌了。
- 操作问题更严重。首先，保险者无法获得当前的市场价格，伴随着交易执行和行情报价延迟数小时，计算正确的对冲比率不再具有可能性。其次，有时股票交易会中止一段时间。市场崩盘时，连续再平衡的能力消失了，而这是可实施的保险项目所必需的。
- 与股票价格相比，期货按其正常价格水平时的折扣价交易，这使得卖出期货（作为卖出股票的替代）的成本很高。尽管你在第 22 章中将看到股票指数期货价格通常超过股票指数，但图 21-12 表明 1987 年 10 月 19 日的期货价格远低于股票指数。当一些保险者打赌期货价格将恢复至保持对股票指数正常的溢价，并选择延迟出售时，他们就没有完全对冲。随着市场价格进一步下跌，保险者的资产组合遭受了严重的损失。

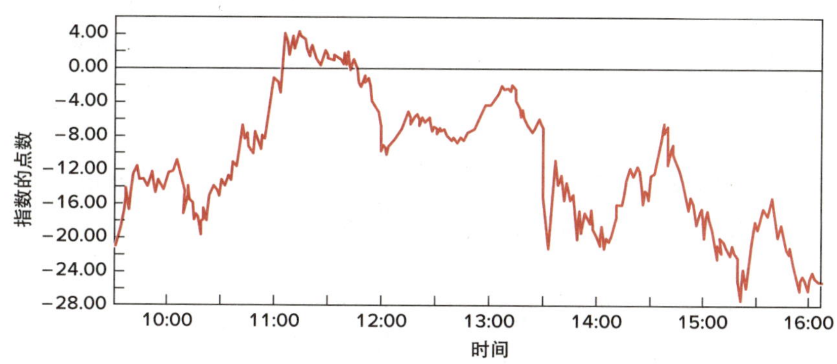

图 21-12　标准普尔 500 指数现货与期货的价差（以点数表示）

资料来源：Report of the Presidential Task Force on Market Mechanisms, Nicholas Brady, Chairman. January 1988, p. 33.

尽管投资组合保险行业从未从市场崩盘中恢复过来，但德尔塔对冲在华尔街仍很活跃。德尔塔对冲依然被大公司广泛地用来对冲期权头寸的潜在损失。例如，当微软在 2003 年结束其员工股票期权计划时，微软雇用的投资银行摩根大通购买了许多微软员工已经发行的期权，市场普遍预期摩根大通会根据德尔塔对冲策略卖出微软公司股票来保护它的期权头寸[二]。

21.5.3　期权定价与金融危机

默顿[三]显示了期权定价模型可以洞察 2008—2009 年的金融危机。了解其论点的关键是要记

[一] 但是，需要注意指数期货的使用又引入了资产组合与市场指数之间的跟踪误差问题。

[二] 要了解更多关于这一节的内容，请参阅 Jathon Sapsford and Ken Brown, "J. P. Morgan Rolls Dice on Microsoft Options," *The Wall Street Journal*, July 9, 2003.

[三] 这一资料来源为罗伯特·默顿 2009 年 3 月在麻省理工学院的一个演讲，你可以在 https://techtv.mit.edu/videos/16527-observations-on-the-science-of-finance-in-the-practice-of-finance. 网站上找到这一演讲内容。

住，当银行借给或购买有限责任公司的债务时，它隐含地对借款人卖出了一个看跌期权（见第20章的第20.5节）。如果借款人有足够的资产来偿还到期的贷款，那么它就会这样做，并且贷款人将得到全额偿还。但是，如果借款人有足够的资产，它就可以宣布破产，并通过将其所有权转移给公司的债权人来履行义务。借款人转移所有权来偿还贷款的能力相当于以债权人的贷款面值“出售”本身的贷款。因此，这项安排就像是在公司内部的一个看跌期权，行权价格等于贷款偿还金额。

在贷款到期时（时间 T），考虑贷款公司价值的函数 V_T；在面值为 L 的贷款到期时，考虑支付给贷款人的收入。当 $V_T \geqslant L$ 时，贷款人全额付清贷款，但是当 $V_T < L$ 时，借款人得到公司，公司价值即低于承诺的收入 L。

我们可以用一种强调隐含看跌期权的方式来计算收入：

$$\text{收入}=\begin{cases}L \\ V_T\end{cases}=L-\begin{cases}0 & \text{如果 } V_T \geqslant L \\ L-V_T & \text{如果 } V_T<L\end{cases} \tag{21-4}$$

式（21-4）表明，贷款的收入等于 L（当公司有足够的资金偿还债务），减去标的资产为公司价值 V_T，行权价格为 L 的看跌期权的收入。因此我们可以认为风险贷款是一种组合的安全贷款，保底收入为 L，加上一个针对借款人的看跌期权的空头头寸。

当公司销售信用违约互换合约时（见第14章的第14.5节），隐含的看跌期权更为清晰。在这里，信用违约互换的卖方同意弥补由于债券发行人破产所带来的任何损失。如果发行人破产，那么就只给债权人留下了价值为 V_T 的资产，信用违约互换的卖方有义务弥补（$L-V_T$）的差额，这在本质上是一个纯粹的看跌期权。

现在，让我们思考这些隐含看跌期权卖方对标的公司财务健康状况变化的敞口。看跌期权的价值如图21-13所示。当公司财务状况良好时（比如，V 的值远远大于 L），曲线的斜率几乎为0，由此表明关于借款公司的价值，隐含期权卖方几乎没有任何敞口。例如，当公司价值是其债务价值的1.75倍时，图21-13中期权价值曲线的切线斜率只有-0.040。但如果经济遭受很大的冲击，而且公司价值下跌，那么不仅隐含期权的价值上升，且其斜率变得陡峭（见陡峭的黑色切线），这意味着对未来股票的敞口将比现在更大。例如，当公司价值仅为贷款金额的75%时，曲线斜率变得陡峭，为-0.644。你可以看到，当你越来越接近“悬崖的边缘”时，曲线斜率变得越来越平滑。

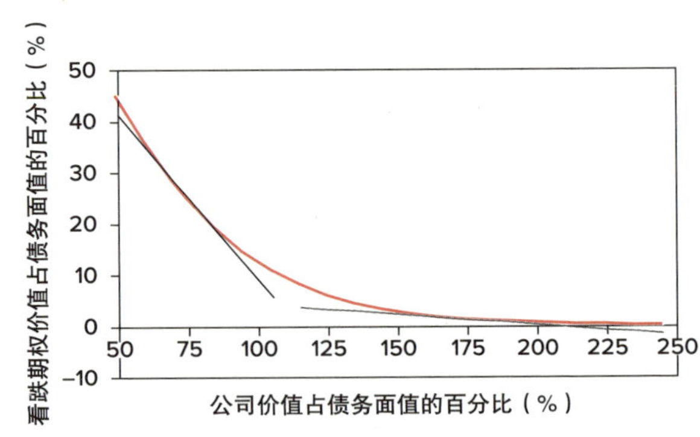

图21-13 隐含期权价值在贷款担保中的价值（贷款期限为1年，公司价值的标准差为40%，无风险利率为6%）

我们经常听到人们说，金融危机对资产价值产生的巨大冲击为“10-西格玛”事件。他们的意思是说，这样的事件非常极端，与预期值相差了10个标准差，这样的结果几乎是难以想象的。但图21-13表明，标准差可能是一个变动的目标，随公司价值减少而急剧增加。在经济不稳定的情况下，看跌期权的实值逐渐加大，看跌期权对进一步的市场冲击的敏感性增加，进而加大了更严重损失即将到来的风险。风险敞口的内在不稳定性使得危机更可能发生，因此当我们低估一个极端情况并认为其“几乎不会发生”时，应该三思而行。

21.5.4 期权定价与投资组合理论

我们刚刚看到期权的定价模型预测出安全风险特征是不稳定的。例如，随着公司实力的减弱，其债务的风险可以迅速增大。因此，随着公司财务状况恶化，股权风险也会急剧变化。我们从第 20.5 节可以看出，杠杆企业的股权就像是公司价值中的看涨期权。如果公司的价值超过公司到期债务的价值，该公司可以选择偿还债务，从而保留公司价值和债务面值之间的差异。如果公司的价值没有超过公司到期债务的价值，该公司可以拖欠贷款，把公司移交给他的债权人，而股权持有人则什么都得不到。从这个意义上来讲，股权是一种看涨期权，而公司的总价值是标的资产。

在本节以前，我们看到期权的弹性是用来衡量其收益率对于标的资产收益率的敏感程度的。例如，如果看涨期权的弹性为 5，其收益率将为标的资产收益率的 5 倍。这意味着期权的 β 值和标准差是标的资产的 β 值和标准差的 5 倍。

因此，在编制一个有效的投资组合的“输入列表”时，我们不妨将股权作为一种隐含期权，并计算其弹性与公司的总价值。例如，如果公司的资产与其他证券的协方差是稳定的，那么我们可以使用弹性来找到该公司的股票与这些证券的协方差，这将使我们能够计算 β 值和标准差。

遗憾的是，弹性本身就是变化的。随着公司实力的减弱，其弹性将会迅速增加。图 21-14 使用布莱克-斯科尔斯模型来描绘看涨期权的弹性关于标的股票价格的函数。注意随着企业接近破产（企业资产的价值低于债务的面值），股权弹性开始萌芽，即使很小的财务状况变化都有可能导致风险的巨大变化。当公司健康发展时，弹性是更加稳定的（更加接近 1），即隐含看涨期权很值钱。所以，对于健康的公司来讲，股票的风险特征更为稳定。

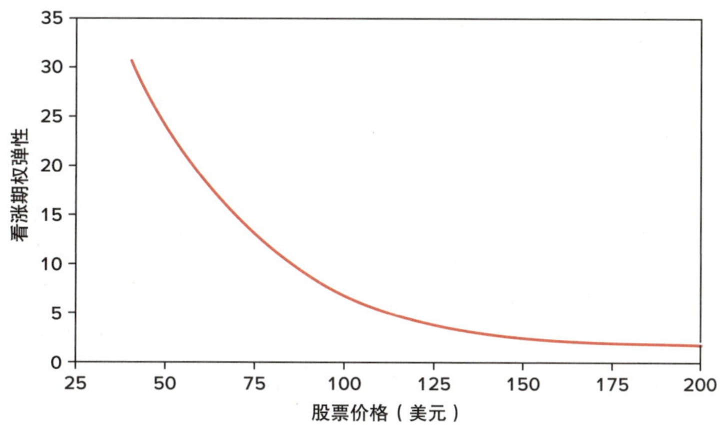

图 21-14 看涨期权弹性随股票价格波动（参数：σ=0.25，T=0.5，r=0.06，X=100）

21.5.5 对错误定价期权的对冲赌博

假定你认为 FinCorp 股票收益在未来几周的标准差为 35%，但是 FinCorp 股票看跌期权的售价却与 33%的波动率相一致。因为看跌期权隐含波动率比你对该股票波动率的预测值要低，所以你认为该期权价格被低估。利用你掌握的像布莱克-斯科尔斯模型这种期权定价模型对波动率的估值，你可以得出看跌期权公允价格超过其实际价格的结论。

这是否意味着就该买入看跌期权呢？也许可以，但如果 FinCorp 股价表现非常好，即便对波动率的估计是正确的，这笔投资仍将面临亏损。你希望将对波动性的赌博和买入看跌期权附带的对 FinCorp 股价下跌的赌博分离。换言之，你只不过是想通过买入低估的看跌期权来对期权错误定价部分进行投机，却将自己置身于 FinCorp 股价表现的风险敞口。

期权的德尔塔可用一个对冲比率来表示。德尔塔是期权定价曲线的斜率：

$$\text{德尔塔}=\frac{\text{期权价值的变化}}{\text{股票价值的变化}} \tag{21-5}$$

因此，德尔塔是期权定价曲线的斜率。

这个数值确切地告诉我们，为了抵消购买 FinCorp 股票的风险，必须持有多少股股票。例如，如果德尔塔是-0.6，对冲每一份期权我们需要持有 0.6 股股票。如果我们购买 10 份期权合约，每份合约 100 股，则我们需要购买 600 股股票。如果股票价格上升 1 美元，每份看跌期权价值就会减少 0.60 美元。但是，看跌期权的损失就会被持有股票得到的收入 1×600＝600 美元所补偿。

为了说明这种策略如何获得利润，让我们来看下面的例子。

【例 21-8】 错误定价期权投机

假定期权期限 T 为 60 天，看跌期权价格 P 为 4.495 美元，行权价格 X 为 90 美元，股票价格 S 为 90 美元，无风险利率为 4%。我们假定在未来 60 天里股票不支付股利。给定这些数据，期权的隐含波动率是 33%，正如我们所假定的。但是，你认为真正的波动率应该是 35%，意味着看跌期权的公允价格是 4.785 美元。因此，如果市场对该波动率的估值调整到你所认为是正确的值时，你的利润就是每一份看跌期权 0.29 美元。

回想一下看跌期权的对冲比率，即德尔塔，等于 $[N(d_1)-1]$，其中 $N(\cdot)$ 是累计的正态分布函数，且

$$d_1=\frac{\ln(S/X)+(r+\sigma^2/2)T}{\sigma\sqrt{T}}$$

你估计 $\sigma=0.35$，对冲比率 $N(d_1)-1=-0.453$。

因此，假定你购买了 10 张期权合约（1 000 份看跌期权），并购买了 453 股股票。一旦市场“追上了”你估计的波动率水平，看跌期权价值就会增加。如果市场对波动性的估计在你购买这些期权之后立即改变，则你的利润等于 1 000×0.29＝290 美元。当然，股票价格的任何变动都会对期权价格造成影响，但是对冲比率的选择是合适的，这部分风险就可以被消除。你的利润应该仅是基于看跌期权隐含波动率变动带来的影响，而股票价格带来的冲击已经被对冲掉了。

假定看跌期权价格变化反映了你对波动率的估计，表 21-4 表明你的利润是股票价格的函数。表 21-4 的 b 部分表明就看跌期权而言，它的利润或损失取决于股票价格的上升或下降。但是，我们从表 21-4 的 c 部分中可以看出，不管股票价格如何变化，每一个对冲的看跌期权提供的利润基本上都等于最初价格错估部分。

表 21-4　对冲的看跌期权资产组合的利润　（单位：美元）

a. 建立对冲头寸的成本			
1 000 份看跌期权，每份 4.495 美元	4 495		
453 股股票，每股 90 美元	40 770		
总支出	45 265		
b. 看跌期权价格是股票价格的函数，隐含波动率为 35%			
股票价格	**89**	**90**	**91**
看跌期权价格	5.254	4.785	4.347
每一份看跌期权的利润（损失）	0.759	0.290	(0.148)
c. 对冲的看跌期权资产组合的价值和利润			
股票价格	**89**	**90**	**91**
1 000 份看跌期权的价值	5 254	4 785	4 347
453 股股票的价值	40 317	40 770	41 223
总价值	45 571	45 555	45 570
利润（=总价值-a 中的总支出）	306	290	305

注意例 21-8 中，利润并非完全独立于股票价格。这是因为随着股票价格的变化，用来计算对冲比率的德尔塔也随之变化。原理上，对冲比率随德尔塔的变化而不断调整。德尔塔对股票价格的敏感度称为该期权的**伽玛**（gamma）。期权伽玛类似于债券的凸性。在这两个例子中，价值函数的曲率意味着对冲比率或久期随市场条件变化而变化，使得再平衡成为对冲策略的一个必要部分。

概念检查 21-10

假定你通过购买看涨期权而不是看跌期权来押注波动率，那么你会如何对冲股票价格波动带来的风险敞口？对冲比率是多少？

例 21-8 中策略的一个变体是跨期权投机。假定你观察到期限为 45 天的 FinCorp 看涨期权，行权价格为 95 美元，出售价格与波动性 $\sigma=33\%$ 的期权一致，而另一个期限为 45 天、行权价格为 90 美元的看涨期权，其隐含波动率仅为 27%。因为标的资产和到期期限都是等同的，你得出结论，具有高隐含波动率的看涨期权价格被高估了。为了利用这个价格错估，你可以购买便宜的看涨期权（行权价格为 90 美元，隐含波动率为 27%）并卖出贵一点的看涨期权（行权价格为 95 美元，隐含波动率为 33%）。如果无风险利率是 4%，FinCorp 股票价格为每股 90 美元，则购买的看涨期权定价为 3.620 2 美元，卖出的看涨期权定价为 2.373 5 美元。

事实上，尽管你既是一个看涨期权的多头又是另一个看涨期权的空头，但这种策略并没有对冲掉 FinCorp 股票价格不确定性带来的风险敞口。这是因为行权价格不同的看涨期权对标的资产价格变动的敏感度不同。较低行权价格的看涨期权具有较高的德尔塔，因此对 FinCorp 股票价格的风险敞口更大。如果在这两种期权上你持有相同数量的头寸，就不可避免地建立了 FinCorp 股票的牛市头寸，因为你购买的看涨期权的德尔塔高于你卖出看涨期权的德尔塔。事实上，回想一下第 20 章，这个资产组合（买入较低行权价格的看涨期权并卖出较高行权价格的看涨期权）称为牛市价差套利。

我们可以利用对冲比率来建立一个对冲头寸。考虑你卖出的是行权价格为 95 美元的期权，你用它们对冲你买入的行权价格为 90 美元的看涨期权的风险敞口。于是，对冲比率为

$$H=\frac{\text{FinCorp 的行权价格为 90 美元的看涨期权价值变动 1 美元}}{\text{FinCorp 的行权价格为 95 美元的看涨期权价值变动 1 美元}}$$

$$=\frac{\text{行权价格为 90 美元的看涨期权的德尔塔}}{\text{行权价格为 95 美元的看涨期权的德尔塔}}>1$$

为了对冲你购买的每个较低行权价格的看涨期权，你需要卖出较高行权价格的看涨期权的

数量大于 1。因为具有较高行权价格的看涨期权对 FinCorp 股票价格敏感度较低，所以需要更多数量的股票来抵偿风险敞口。

假定该股票真正的年波动率介于两个隐含波动率之间，比如 $\sigma=30\%$。我们知道看涨期权的德尔塔是 $N(d_1)$。因此，这两个期权的德尔塔和对冲比率就可以这样计算：

行权价格为 90 美元的期权：

$$d_1=\frac{\ln(90/90)+(0.04+0.30^2/2)\times 45/365}{0.30\sqrt{45/365}}=0.0995$$

$$N(d_1)=0.5396$$

行权价格为 95 美元的期权：

$$d_1=\frac{\ln(90/95)+(0.04+0.30^2/2)\times 45/365}{0.30\sqrt{45/365}}=-0.4138$$

$$N(d_1)=0.3395$$

对冲比率：

$$\frac{0.5396}{0.3395}=1.589$$

因此，每购买 1 000 份行权价格为 90 美元的看涨期权，我们需要卖出 1 589 份行权价格为 95 美元的看涨期权。利用这种策略，我们就可以对两种期权的相对错误估价押注，而不用持有 FinCorp 股票的头寸。表 21-5a 表明该头寸会产生 151. 30 美元的现金流。卖出看涨期权的权利金收入超过了购买看涨期权花费的成本。

表 21-5　德尔塔中性期权资产组合的利润　（单位：美元）

a. 资产建立时的现金流			
买入 1 000 份看涨期权，行权价格为 90 美元，价格为 3. 620 2 美元（隐含波动率为 27%）	现金流出 3 620. 20 美元		
卖出 1 589 份看涨期权，行权价格为 95 美元，价格为 2. 373 5 美元（隐含波动率为 33%）	现金流入 3 771. 50 美元		
总计	现金净流入 151. 30 美元		
b. 隐含波动率为 30%的期权价格			
股票价格	**89**	**90**	**91**
行权价格 90 美元的看涨期权	3. 478	3. 997	4. 557
行权价格 95 美元的看涨期权	1. 703	2. 023	2. 382
c. 隐含波动率收敛于 30%后资产组合的价值			
股票价格	**89**	**90**	**91**
1 000 份看涨期权的价值	3 478	3 997	4 557
减去卖出的 1 589 份看涨期权的价值	2 705	3 214	3 785
总计	773	782	772

当你在股票和期权上建立了一个头寸，该头寸根据标的资产价格的波动进行对冲时，你的资产组合就被称为**德尔塔中性**（delta neutral）。这就是说当股票价格波动时，该资产组合的价值既没有上涨趋势也没有下跌趋势。

我们的期权头寸是德尔塔中性的。假定这两个期权的隐含波动率在刚建立头寸之后又重新调整，两个期权都按 30%的波动率定价。你预期从买入的看涨期权价值的增加以及卖出的看跌期权价值的减少中获得利润。表 21-4 的 b 部分给出了波动率为 30%时期权的价格，表 21-4 的 c

部分给出了不同股票价格下头寸的价值。尽管每份期权的利润或损失都受股票价格的影响，但是德尔塔中性期权组合的价值却是正的，并且本质上独立于 FinCorp 股票的价格。另外，我们可以从 21-4 的 a 部分中看出建立这样的资产组合并不需要现金支出。无论是在建立资产组合时，还是在隐含波动率收敛于 30%后平掉头寸时，你都会有现金流入。

之所以出现这种不寻常的利润机会是因为你认识到了价格的偏离。通过德尔塔中性策略来利用价格差异，不管 FinCorp 股票价格如何变化，你都可以获得利润。

德尔塔中性策略也会遇到一些实际问题，其中最重要的困难就是准确估计下一个时期的波动率。如果波动率的估计是不准确的，德尔塔也不准确，那么总的头寸就不会被完美地对冲。

这些问题很严重，因为波动率的估计不是完全可靠的。首先，波动率不能被直接观察到而必须从历史数据中估计。其次，我们已经看到历史的和隐含的波动率都随时间而变化。因此，我们总是瞄准一个移动的目标。尽管德尔塔中性头寸对冲了标的资产价格的变化，但是它仍然面临波动率风险，该风险来自波动率的变化，是不可预测的。

期权价格变化对波动率变化的敏感度称为期权的**引申波幅敏感度**（vega）。这样，尽管德尔塔中性头寸能够对冲掉标的资产价格变化带来的风险敞口，但是并不能消除波动率风险。即使股票价格不变，市场对波动率评估的变化也会影响期权价格。

21.6　期权定价的经验证据

布莱克-斯科尔斯期权定价模型已经经受了无数次的实证检验。研究的结果是积极的，因为模型产生的期权价值相当接近期权交易的实际价格。与此同时，该模型也不时呈现一些缺陷。

最大的问题是波动性，如果模型是准确的，所有到期日相同的股票期权的隐含波动率都应当相等——毕竟，每只股票期权的到期日和标的资产是相同的，由此产生的隐含波动率也应是相同的。但事实上，当把隐含波动率看成行权价格的一个函数时，典型的结果如图 21-15 所示，它将标准普尔 500 指数期权作为标的资产。隐含波动率稳步下降，行权价格上涨。显然，布莱克-斯科尔斯模型缺少了一些东西。

鲁宾斯坦[⊖]是最早提出该模型问题与对市场崩盘（例如 1987 年 10 月的崩盘）的担忧有关的人之一。如果股票价格变化平缓，深度虚值的看跌期权几乎毫无价值，因为在短时间内股票价格大幅下跌（看跌期权变为实值）的概率很小。但是一个突然的价格暴跌会使看跌期权变为实值，就像市场崩盘，从而给予期权更高的价值。这样，股票价格大幅下跌的可能性很大，市场对这些期权的定价会比布莱克-斯科尔斯公式的定价更高。期权价格越高，隐含波动率越大。

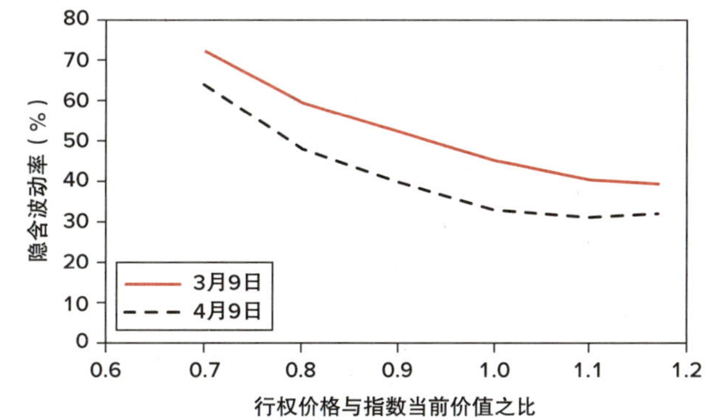

图 21-15　标准普尔 500 指数期权在两个日期的“smirk”现象

资料来源：The CBOE Skew Index, Chicago Board Options Exchange, 2010.

⊖ Mark Rubinstein, “Implied Binomial Trees,” *Journal of Finance* 49 (July 1994), pp. 771-818.

有趣的是，鲁宾斯坦指出1987年股市崩盘之前，像图21-15中的隐含波动率的轨迹相对平坦，与那时市场不担心股市崩盘的观念相一致。但是，股市崩盘后隐含波动率的轨迹就开始向下倾斜，呈现出所谓的“期权微笑”形状。当我们使用允许更一般股票价格分布（包括崩盘风险和波动率随机变化）的期权定价模型时，它们产生类似于图21-15中向下倾斜的隐含波动率曲线。[⊖]

小结

1. 期权价值包括内在价值与时间价值或“波动性”价值。波动性价值是如果股票价格与预计方向相反时持有者选择不执行的权利。这样不管股票价格如何变动，期权持有者的损失都不会超过期权的成本。
2. 行权价格越低，股票价格越高，利率越高，到期期限越长，股票波动率越高，股利越低，看涨期权的价值越高。
3. 看涨期权的价值至少等于股票价格减去行权价格与到期前支付股利之和的现值。这说明不支付股利的看涨期权的售价可能要比立即行权所获得的收益高。因此，当股票直到期权到期后才支付股利时，提前行使美式看涨期权永远不是最佳选择。在这种特殊情况下，欧式看涨期权的价值与美式看涨期权一样高。
4. 期权可以使用二项式模型进行估值，该模型假设股票价格在任何短时间结束时只能取两个值。随着间隔数量的增加，二项式模型能够近似反映股票价格的分布。布莱克-斯科尔斯定价模型可以视为当时间间隔持续地分为更小区间，二项式模型的极限情况。
5. 布莱克-斯科尔斯定价模型适用于不支付股利的股票期权。简单的股利调整用来定价欧式股票期权已经足够了，但是对支付股利的美式股票期权的恰当处理就更加复杂了，因为提前行使期权是一个问题。
6. 不管股票是否支付股利，尽早行使看跌期权可能是最佳选择。因此，美式看跌期权一般比欧式看跌期权价值更高。
7. 欧式看跌期权的价值可以从看涨期权的价值和看跌-看涨期权平价关系中得到。但是美式看跌期权能够提前执行，所以这种技术不适用于美式看跌期权。
8. 期权的隐含波动率是与期权市场价格一致的股票收益率的标准差。通过期权定价模型，可以反推出使模型估计的期权价值与观察到的市场价格相等的股票波动率。
9. 期权德尔塔是卖出一份期权时，为了对冲价格风险而需要的股票数量。深度虚值看涨期权的德尔塔接近于0，深度实值看涨期权的对冲比率接近于1.0。
10. 虽然看涨期权德尔塔小于1.0，但是看涨期权的弹性大于1.0。当股票价格变动1时，一份看涨期权的收益大于1（与美元收益相对）。
11. 资产组合保险可以通过购买股票头寸的保护性看跌期权来获得。当不存在合适的看跌期权时，资产组合保险就需要一个动态对冲策略，即卖出一定比例的股票资产组合，换成无风险证券，其中该比例等于看跌期权的德尔塔。
12. 期权的德尔塔用来决定期权头寸的对冲比率。德尔塔中性策略独立于标的资产价格的变化。但是德尔塔中性期权资产组合仍受波动率风险的约束。
13. 经验上，通过布莱克-斯科尔斯公式得出

⊖ 这些更一般模型的拓展分析，参见：R. L. McDonald, *Derivatives Markets*, 3rd ed.（Boston：Pearson Education [Addison-Wesley], 2013）.

期权的行权价格越高，隐含波动率越低。这证明期权价格反映了股票价格存在突然大幅下跌的可能性。这样的“崩盘”与布莱克-斯科尔斯模型的假设不一致。

习题

1. 本章中，我们表明看涨期权价值随股票波动率增加而增加。这对看跌期权价值也正确吗？利用看跌-看涨期权平价定理以及一个数值例子来证明你的答案。
2. 你认为看涨期权行权价格增加1美元会导致看涨期权价值减少量大于还是小于1美元？
3. 高贝塔股票看跌期权的价值是否高于低贝塔股票看跌期权的价值？股票具有相同的公司特定风险。
4. 其他条件都相同，公司特定风险较大的股票看涨期权的价值是否高于公司特定风险较小的股票看涨期权的价值？两种股票的贝塔值相同。
5. 其他条件都相同，较高行权价格的看涨期权与较低行权价格的看涨期权相比，对冲比率高还是低？
6. 对于以下几种情况，你被要求比较给定参数的两种期权。假定无风险利率为4%，期权标的股票不支付股利。

a.

看跌期权	T（年）	X（美元）	σ	期权价格（美元）
A	0.5	50	0.20	10
B	0.5	50	0.25	10

股票价格较低时，卖出哪一种看跌期权？

i. A。

ii. B。

iii. 信息不足。

b.

看跌期权	T（年）	X（美元）	σ	期权价格（美元）
A	0.5	50	0.2	10
B	0.5	50	0.2	12

股票价格较低时，一定卖出哪一种看跌期权？

i. A。

ii. B。

iii. 信息不足。

c.

看涨期权	S（美元）	X（美元）	σ	期权价格（美元）
A	50	50	0.2	12
B	55	50	0.2	10

哪一种看涨期权的期限较短？

i. A。

ii. B。

iii. 信息不足。

d.

看涨期权	T（年）	X（美元）	S（美元）	期权价格（美元）
A	0.5	50	55	10
B	0.5	50	55	12

股票波动率较高时，卖出哪一种看涨期权？

i. A。

ii. B。

iii. 信息不足

e.

看涨期权	T（年）	X（美元）	S（美元）	期权价格（美元）
A	0.5	50	55	10
B	0.5	50	55	7

股票波动率较高时，卖出哪一种看涨期权？

i. A。

ii. B。

iii. 信息不足。

7. 重新考虑两状态模型中对冲比率的确定过程（见第21.2节），我们证明了1/3股股票就能对冲1份期权。当行权价格分别为120美元、110美元、100美元、90美元时，对冲比率各是多少？随着期权实值程度的逐渐提高，对冲比率会如何变化？

8. 证明布莱克-斯科尔斯看涨期权对冲比率随股票价格上升而上升。考虑行权价格为 50 美元的 1 年期期权，其标的股票的年标准差为 20%。短期国债收益率为每年 3%。股票价格分别为 45 美元、50 美元和 55 美元时，求 $N(d_1)$。

9. 在本题中，我们将推导两状态看跌期权的价值。数据：$S_0 = 100$，$X = 110$，$1 + r = 1.10$。S_T 两种可能的价格为 130 美元和 180 美元。
   a. 证明两状态间 S 的变动范围是 50，而 P 的变动范围是 30。看跌期权的对冲比率是多少？
   b. 构建一个资产组合，包括 3 股股票和 5 份看跌期权。该资产组合的收益（非随机）是多少？
   c. 该资产组合的现值是多少？
   d. 给定股票当前价格为 100，求解看跌期权的价值。

10. a. 计算第 9 题中行权价格为 110 的股票看涨期权的价值。
    b. 证明你对第 9 题和 a 的答案满足看跌-看涨期权平价定理。（在 b 中不要使用连续复利计算 X 的现值，因为这里我们使用的是两状态模型，假设的 10% 利率是每期的实际利率。）

11. 根据以下信息，使用布莱克-斯科尔斯公式计算股票看涨期权的价值。

到期期限	6 个月
标准差	每年 50%
行权价格	50 美元
股票价格	50 美元
年利率	3%
股利	0

12. 与第 11 题中看涨期权的行权价格和到期期限相同，使用布莱克-斯科尔斯公式计算股票看跌期权的价值。

13. 重新计算第 11 题中的看涨期权价值。保持其他变量不变，以下列条件逐一替代第 11 题中的原有条件：
    a. 到期期限 = 3 个月
    b. 标准差 = 每年 25%
    c. 行权价格 = 55 美元
    d. 股票价格 = 55 美元
    e. 年利率 = 5%

    独立考虑每一种情形。证明期权价值的变化与表 21-1 中的预测保持一致。

14. 看涨期权 $X = 50$ 美元，标的股票价格 $S = 55$ 美元，看涨期权售价为 10 美元。根据波动率估计值 $\sigma = 0.30$，你会发现 $N(d_1) = 0.6$，$N(d_2) = 0.5$，无风险利率为 0。期权价格的隐含波动率高于还是低于 0.30？为什么？

15. 在表 21-3 中，跨式期权头寸布莱克-斯科尔斯价值的 Excel 公式是什么？

阅读以下案例，回答第 16~21 题。特许金融分析师马克·华盛顿是 BIC 的分析师。一年前，BIC 分析师预测美国股票市场将轻微下跌并建议对 BIC 的资产组合进行德尔塔对冲。美国股市确实下跌了，但 BIC 的投资组合表现令人失望，落后于同行近 10%。华盛顿正在审查期权策略，以确定对冲投资组合表现不如预期的原因。

16. 哪一个是关于德尔塔中性资产组合的最佳表述？德尔塔中性投资组合的收益可以对冲以下风险：
    a. 标的资产价格的小幅变化。
    b. 标的资产价格的小幅下跌。
    c. 标的资产价格的任何变化。

17. 在讨论了德尔塔中性资产组合的概念之后，华盛顿决定有必要进一步解释德尔塔的概念。华盛顿画出了期权价值作为标的股票价格函数的图。该图形表明了德尔塔该如何解释。德尔塔是：
    a. 期权价格图形中的斜率。
    b. 期权价格图形中的曲率。
    c. 期权价格图形中的水平线。

18. 华盛顿考虑了一个德尔塔为-0.65 的看跌期权。如果标的资产价格下跌了 6 美元，那么期权价格的最佳估计是什么？
19. BIC 拥有 51 750 股史密斯公司股票。每股售价为 69 美元。行权价格为 70 美元的史密斯公司股票看涨期权售价为 3.50 美元，其德尔塔为 0.69。需要多少看涨期权才能形成德尔塔中性对冲？期权是买还是卖？
20. 回到第 19 题。如果股票价格下跌，德尔塔对冲需要卖出看涨期权的数量是增加还是减少？
21. 对于德尔塔中性资产组合的目标，下列哪种陈述最精确？一个德尔塔中性资产组合是结合一个________。
    a. 股票多头和看涨期权空头，这样股票价值变化时资产组合价值保持不变
    b. 股票多头和看涨期权空头，这样股票价值变化时资产组合价值也发生变化
    c. 股票多头和看涨期权多头，这样股票价值变化时资产组合价值保持不变
22. 长期国债收益率对利率变动的敏感性是高于还是低于标的债券收益率对利率的敏感性？
23. 如果股票价格下跌，看涨期权价格上升，那么看涨期权的隐含波动率如何变化？
24. 如果到期期限缩短，看跌期权价格上升，那么看跌期权的隐含波动率如何变化？
25. 根据布莱克-斯科尔斯公式，当股票价格趋于无限大时看涨期权对冲比率的值为多少？
26. 根据布莱克-斯科尔斯公式，当行权价格很小时看跌期权对冲比率的值为多少？
27. IBM 平值看涨期权的对冲比率为 0.4，平值看跌期权的对冲比率为-0.6。IBM 平值跨式期权头寸的对冲比率为多少？
28. 考虑一个 6 个月期限的欧式看涨期权，行权价格为 105 美元。标的股票售价为每股 100 美元，不支付股利。无风险利率为 5%。如果期权现在售价为 8 美元，期权隐含波动率是多少？使用表 21-3（可从 Connect 下载）回答这一问题。
    a. 单击 Excel 界面上方的“数据”选项卡并选择“目标查找”。对话框要求你回答三条信息。在那个对话框中，你通过改变单元格 B2 来设定 E6 单元格的值为 8。换句话说，你让 Excel 寻求标准差的值（出现在单元格 B2 中），迫使期权的价值（单元格 E6）等于 8 美元。然后单击“确定”按钮，你会发现看涨期权现在价值 8 美元，输入的标准差随之改变以保持与期权价值一致。这是期权价值为 8 美元时看涨期权隐含的标准差。
    b. 如果期权售价为 9 美元，隐含波动率如何变化？
    c. 为什么隐含波动率会增加？
    d. 如果期权价格保持在 8 美元，但是期权到期期限缩短（比如 4 个月），隐含波动率如何变化？为什么？
    e. 如果期权价格保持在 8 美元，但是行权价格降低（比如 100 美元），隐含波动率如何变化？为什么？
    f. 如果期权价格保持在 8 美元，但是股票价格下降（比如 98 美元），隐含波动率如何变化？
29. 构建一个双限期权：买入一股价格为 50 美元的股票，买入一份 6 个月期的行权价格为 45 美元看跌期权，并且卖出一份 6 个月期的行权价格为 55 美元的看涨期权。根据股票的波动率，你可以计算出 6 个月期、行权价格为 45 美元的期权，$N(d_1)=0.60$，而行权价格为 55 美元的期权，$N(d_1)=0.35$。
    a. 如果股票价格上升 1 美元，双限期权的利润或损失是多少？
    b. 如果股票价格变得非常高，资产组合的德尔塔如何变化？
    c. 如果股票价格变得非常低，资产组合

的德尔塔如何变化？

30. 三份看跌期权的标的股票相同，德尔塔分别为-0.9、-0.5和-0.1。填写以下表格，把德尔塔分配给相应的看跌期权。

看跌期权	X（美元）	德尔塔
A	10	
B	20	
C	30	

31. 你非常强烈地看涨EFG股票，并认为其大大好于市场上其他股票。在下列每个问题中，如果你的看涨预测是正确的，选出给你带来最大利润的资产组合。说明你的理由。
   a. 选择A：10 000美元投资于看涨期权，$X=50$。
   选择B：10 000美元投资于EFG股票。
   b. 选择A：10份看涨期权合约（每份100股），$X=50$。
   选择B：1 000股EFG股票。

32. 你想持有XYZ公司股票的保护性看跌期权头寸，锁定年末最小价值为100美元。XYZ股票现在售价为100美元。下一年股票价格将上升10%或下降10%，短期国债利率为5%。遗憾的是，市场上没有XYZ股票的看跌期权交易。
   a. 假定市场上有所需要的看跌期权交易，购买它的成本是多少？
   b. 这一保护性看跌期权资产组合的成本是多少？
   c. 什么样的股票加国债头寸将确保你的收入等于$X=100$的保护性看跌期权提供的收入？证明该资产组合的收入和成本与所需的保护性看跌期权相匹配。

33. 回到例21-1。运用二项式模型对行权价格为110美元的1年期欧式看跌期权估价，该期权标的股票与例21-1中相同。确认你的看跌价格解决方案满足看跌-看涨期权平价定理。

34. 假设无风险利率为0，美式看跌期权是否会被提前执行？请解释。

35. 用$p(S,T,X)$表示价格为S美元的股票欧式看跌期权的价值，到期期限为T，行权价格为X，并且用$P(S,T,X)$表示美式看跌期权的价值。
   a. 估算$p(0,T,X)$。
   b. 估算$P(0,T,X)$。
   c. 估算$p(S,T,0)$。
   d. 估算$P(S,T,0)$。
   e. 将你的答案与a部分和b部分进行比较。你认为美式看跌期权被提前行使的可能性有多少？

36. 你尝试对行权价格为100美元的1年期看涨期权进行估价。标的股票不支付股利，它现在售价为100美元，并且你认为有50%的机会上涨至120美元并有50%的机会下跌至80美元。无风险利率为10%。利用两状态股票价格模型计算看涨期权的价值。

37. 考虑第36题中股票波动率的增加。假定如果股票价格上升，就会增加至130美元；如果股票价格下跌，就会下跌至70美元。证明此时看涨期权价值大于第36题中计算的价值。

38. 利用第36题中的数据，计算行权价格为100美元的看跌期权的价值。证明你的答案满足看跌-看涨期权平价定理。

39. XYZ公司将在2个月后支付每股2美元的股利。它的股票现在售价为每股60美元。XYZ公司欧式看涨期权的行权价格为55美元，到期期限为3个月。无风险利率为每月0.5%，股票波动率（标准差）为每月7%。求期权的布莱克-斯科尔斯值。（提示：试着将一个“期间”定义为一个月，而不是一年，并考虑每股的净股利价值。）

40. “联邦快递看涨期权的贝塔值高于联邦快递股票的贝塔值。”这一说法正确还是错误？

41. “行权价格为 2 430 的标准普尔 500 指数看涨期权的贝塔值高于行权价格为 2 440 的指数看涨期权的贝塔值。”这一说法正确还是错误?

42. 当股票价格变得非常大时,可转换债券的德尔塔如何变化?

43. 高盛公司认为在今后的三年中市场波动率将为每年 20%。市场指数的 3 年期平值看涨期权与看跌期权以隐含波动率为 22%的水平出售。高盛公司应该建立什么样的资产组合对波动率进行投机,而不用建立市场牛市头寸或熊市头寸?使用高盛对波动率的估计值,3 年期平价期权的 $N(d_1)=0.6$。

44. 你持有股票的看涨期权。股票的贝塔为 0.75,并且你担心股票市场可能会下跌。股票现在售价为 5 美元,并且你持有 100 万份股票期权(你持有 10 000 份合约,每份 100 股股票)。期权的德尔塔为 0.8。为了对冲你的市场风险敞口,你需要买入或卖出多少市场指数资产组合?

45. 你是一位资产组合保险的提供商,正在建立一个为期 4 年的项目。你管理的股票资产组合现在价值 1 亿美元,并且你希望最小收益为 0。股票资产组合的标准差为每年 25%,短期国债利率为每年 5%。简单起见,假定资产组合不支付股利。
    a. 多少钱用来购买国债?多少钱用来购买股票?
    b. 如果第一个交易日股票资产组合就下跌了 3%,作为管理人,你应该如何处理这种情况?

46. 假定行权价格为 90 美元的 3 个月期埃克森美孚股票看涨期权正在以隐含波动率为 30%的水平出售。埃克森美孚股票价格为每股 90 美元,并且无风险利率为 4%。
    a. 如果你认为股票的真实波动率是 32%,你想买进还是卖出看涨期权?
    b. 现在你想对冲股票价格变动的期权头寸。对于每一份买入或卖出的期权合约,你将持有多少股股票?

47. 使用第 46 题中的数据,假定行权价格为 90 美元的 3 个月期看跌期权以隐含波动率为 34%的水平出售。构建一个包含看涨期权与看跌期权头寸的德尔塔中性资产组合,当期权价格恢复到调整后的正确价格时该资产组合能获得利润。

48. 假定摩根大通出售价值为 125 万美元、贝塔值为 1.5 的股票资产组合的看涨期权。期权德尔塔为 0.8。摩根大通想通过买入市场指数资产组合来对冲市场变化的风险。
    a. 摩根大通需要购买价值多少美元的市场指数资产组合来对冲它的头寸?
    b. 如果摩根大通使用市场指数看跌期权来对冲风险,摩根大通该买入还是卖出看跌期权?每份看跌期权对应 100 个单位的指数,并且当前的指数价格代表价值 1 000 美元的股票。

49. 假如你正在计算一只尚有一年到期的股票期权的价值,隐含波动率(年标准差)为 $\sigma=0.4$,如果你的二项式模型是用以下数据建立的,那么 u 和 d 的值分别是多少?
    a. 一年的时间。
    b. 4 个时间段,每段时间为 3 个月。
    c. 12 个时间段,每段时间为 1 个月。

50. 你建立了一个单期二项式模型,并断言在一年的过程中,股票价格将上升 1.5 或下降 2/3,你对明年股票收益率波动性的隐含假设是什么?

51. 利用期权平价关系证明,一个无股利股票的平值欧式看涨期权的成本高于平值欧式看跌期权。并证明如果 $X=S_0(1+r)^T$,看跌期权与看涨期权的价格是一样的。

52. 返回到第 36 题,使用华尔街实战 21-1 中所描述的“风险中性”,来评估看涨期权的价值。确认你的答案与你所使用的两状态模型的值相匹配。

53. 沿用问题 38 的信息。
 a. 如果股票价格上涨，看跌期权的收入是多少？
 b. 如果股票价格下跌，看跌期权的收入是多少？
 c. 使用“风险中性”来评估看跌期权的价值。
 d. 确认你的答案与你所使用的两状态模型的值相匹配。

CFA 考题

1. Abco 公司董事会正在担心公司养老金计划中 1 亿美元股票资产组合的下跌风险。该董事会的顾问提议暂时（一个月）用期货或者期权对冲这个资产组合。该顾问引用了下表，并做了以下两个陈述。
 a. “通过卖出（做空）4 000 份期货合约，这个 1 亿美元股票资产组合能够完全规避下跌风险。”
 b. “这种保护方法的成本就是该资产组合的期望收益率为 0。”

股票指数水平	99.00
股票期货价格	100.00
期货合约乘数	250 美元
资产组合的贝塔值	1.20
合约期限	3 个月

 请评价该顾问每一个陈述的精确性。

2. 特许金融分析师迈克尔·韦伯正在对期权定价的一些方面进行分析，包括期权价格的决定因素，不同期权定价模型的特性，以及通过模型计算所得的期权价格与期权市场价格可能存在的背离。
 a. 如果标的股票波动率降低，对股票看涨期权价格的预期影响是什么？如果期权的期限增加呢？
 b. 使用布莱克-斯科尔斯定价模型和股票收益波动率的估计，韦伯计算了 3 个月期看涨期权的价格并注意到该数值与期权市场价格不同。关于韦伯对布莱克-斯科尔斯期权定价模型的应用：
  i. 讨论为什么处于虚值的欧式期权的计算价格可能与它的市场价格不同。
  ii. 讨论为什么美式期权的计算价格可能与它的市场价格不同。

3. 富兰克林是一位负责衍生证券的资产组合管理人。富兰克林研究了具有同样行权价格、到期期限和标的股票的美式期权与欧式期权。富兰克林认为欧式期权比美式期权具有更高的权利金。
 a. 试评论富兰克林认为该欧式期权会有较高权利金的观点。富兰克林被要求对 Abaco 有限公司股票的 1 年期欧式看涨期权定价，该股票最后交易价格为 43.00 美元。他已经搜集了如下信息：

股票收盘价	43.00 美元
看涨与看跌期权的行权价格	45.00 美元
1 年期看跌期权的价格	4.00 美元
1 年期国债利率	5.50%
到期期限	1 年

 b. 使用看跌-看涨期权平价定理和 a 的信息计算欧式看涨期权的价格。
 c. 试说明以下三个变量对看涨期权价格的影响（无须计算）。
  i. 短期利率提高。
  ii. 股票价格波动率上升。
  iii. 期权到期期限缩短。

4. 现在某股票指数在 50 点水平交易。特许金融分析师保罗·瑞普想运用二项式模型对 2 年期的指数期权估价。股票指数可能上升 20% 或者下降 20%，年无风险利率为 6%，指数中的任何成分股都不派发股利。
 a. 构造一个用于股票指数定价的两期二叉树。
 b. 计算行权价格为 60 点的该指数欧式看涨期权的价值。

c. 计算行权价格为60点的该指数欧式看跌期权的价值。

d. 证明你计算的看涨期权与看跌期权的价值满足看跌-看涨期权平价定理。

5. 肯·韦伯斯特管理着以标准普尔500指数为基准的4亿美元的股票资产组合。韦伯斯特认为若用一些传统的基础经济指标来测量的话，市场被高估了。他担心潜在的损失，但是认识到标准普尔500指数仍可能超过目前1 766点的水平。

韦伯斯特正在考虑以下的双限期权策略。

- 购买一份行权价格为1 760点的标准普尔500指数看跌期权，使资产组合受到保护。
- 买入看跌期权的资金可以通过卖出一个行权价格为1 800点的看涨期权来获得。
- 因为两份看涨期权的综合德尔塔（见下表）大于-1（即-0.44-0.3=-0.74），如果市场继续发展，这些期权的损失也不会超过标的资产组合的盈利。

下表就是用于构造双限期权的信息：

特征	1 800点的看涨期权	1 760点的看跌期权
期权价格（美元）	34.10	32.20
隐含波动率	20%	24%
德尔塔值	0.30	-0.44

注：1. 忽略交易成本。
2. 标准普尔500指数30天期历史波动率为23%。
3. 期权到期期限为30天。

a. 如果30天后标准普尔500指数发生了如下变化，请描述这些综合资产组合（标的资产组合加双限期权）的潜在收益（无须计算）：

ⅰ. 上升约5%至1 854点。

ⅱ. 保持在1 766点（无变化）。

ⅲ. 下降约5%至1 682点。

b. 对于标准普尔500指数达到了a中所列的每一种情况，讨论这些情况对每个期权对冲比率（德尔塔）的影响。

c. 根据提供的波动率数据，评估以下每个期权的定价：

ⅰ. 看跌期权。

ⅱ. 看涨期权。

概念检查答案

21-1 为了理解股票价格的波动性对看跌期权价值的影响，考虑与看涨期权相同的情形。股票价格的波动性较高时，期权的期望收入较高，看跌期权更有价值。

高波动性情形	股票价格（美元）	10	20	30	40	50
	看跌期权收入（美元）	20	10	0	0	0
低波动性情形	股票价格（美元）	20	25	30	35	40
	看跌期权收入（美元）	10	5	0	0	0

21-2

如果该变量增大	看跌期权的价值
S	减少
X	增加
σ	增加
T	增加①
r_f	减少
股利支付	增加

① 对于美式看跌期权，期限增加必然会增加其价值。如果这是最优选择，持有者总是可以提前执行期权；更长的期限扩大了期权持有者的选择范围，这必然使期权更有价值。对于不允许提前行权的欧式看跌期权，较长的期限可能会产生不确定的影响。较长的期限增加了股票价格的波动性，因为最终股票价格的不确定性更高，但它减少了如果执行看跌期权将获得的行权价格的现值。对看跌期权价值的净影响可能是正面的，也可能是负面的。

21-3 平价关系假设所有期权都被持有至到期日，并在到期日之前没有现金流。这些假设只对不支付股利的欧式期权成立。如果股票不支付股利，美式看涨期权与欧式看涨期权是等价的，而美式看跌期权的价值要高于欧式看跌期权的价值。因此，尽管欧式期权的平价关系指出：

$$P=C-S_0+\mathrm{PV}(X)$$

但事实上，对于美式看涨期权而言，P 的值会更大一些。

21-4 因为现在期权价值被低估，我们想改变原先的策略。

	初始现金流	对于每一个可能的股票价格，1 年后的现金流	
		$S=90$	$S=120$
买入 3 份期权	-16.50	0	30
卖空 1 股股票；1 年后还付	100	-90	-120
以 10% 的利率贷出 83.50 美元	-83.50	91.85	91.85
总计	0	1.85	1.85

1 年后每份期权带来的无风险现金流为 1.85/3 = 0.616 7 美元，并且现值为 0.616 7/1.10=0.56 美元，正好等于期权价值被低估的部分。

21-5 a. $C_u-C_d=6.984-0=6.984$（美元）

b. $uS_0-dS_0=110-95=15$（美元）

c. $6.984\div15=0.465\,6$

d.

（单位：美元）

今天的行动（时间 0）	下一期的价值，作为股票价格函数	
	$dS_0=95$	$uS_0=110$
在价格 $S_0=100$ 美元时，买入 0.465 6 股	44.232	51.216
在价格 C_0 卖出一份看涨期权	0	-6.984
总计	44.232	44.232

该期权的市场价值一定等于 44.232 美元的现值。

e. $44.232/1.05=42.126$（美元）

f. $0.465\,6\times100-C_0=42.126$（美元）

$C_0=46.56-42.126=4.434$（美元）

21-6 当 Δt 缩小时，在每个时间间隔末，股票价格分散的可能性降低，因为每一段更短的时间提供的使股票价格波动的信息变得更少。然而，随着时间间隔的缩小，直到期权到期前，会有相应更多数量的时间间隔。因此，期权剩余生命周期的总波动将不受影响。事实上，再看一看图 21-5，随着时间间隔数量的增加和其长度的缩减，尽管 u 和 d 的值都开始接近 1，直到期权到期，股票收益的总波动率未受影响。

21-7 因为 $\sigma=0.6$，$\sigma^2=0.36$，有：

$$d_1=\frac{\ln(100/95)+(0.10+0.36/2)0.25}{0.6\sqrt{0.25}}$$

$$=0.404\,3$$

$$d_2=d_1-0.6\sqrt{0.25}=0.104\,3$$

使用表 21-2 和插值法，或根据 Excel 函数，有：

$$N(d_1)=0.657\,0$$

$$N(d_2)=0.541\,5$$

$$C=100\times0.657\,0-95e^{-0.10\times0.25}\times0.541\,5=15.53$$

21-8 隐含波动率超过了 0.278 3。给定标准差为 0.278 3，则期权价值为 7 美元。如果价格为 8 美元，应该有更高的波动率。使用表 21-3 和目标查找功能，你能确认期权价格为 8 美元时隐含波动率为 0.313 8。

21-9 股票价格上涨 1 美元，即上涨百分比为 1/122=0.82%。看跌期权下跌 0.4×1 = 0.40 美元，下跌百分比为 0.40/4 = 10%。弹性为-10/0.82=-12.2。

21-10 一个看涨期权的德尔塔为 $N(d_1)$，这个值为正，并且在这里为 0.547。因此，每购买 10 份期权合约，你都需要卖空 547 股股票。

第 22 章

期货市场

期货合约与远期合约都是规定在将来的某一时间购买或者出售某项资产，这一点与期权类似。关键不同之处在于，期权持有者无利可图时，可以放弃行权，不会被强制购买或者出售资产。但是，期货合约或者远期合约则必须履行事先约定的合约义务。

严格地讲，远期合约并不是一项投资，因为投资是以资金交换资产。远期合约仅仅是现在对未来进行交易的一个承诺。远期合约是投资学的一个重要组成部分，因为它提供了对冲其他投资的重要途径，并且通常会改变投资组合的特性。

允许各类产品在未来进行交割的远期市场至少可以追溯到古希腊。有组织的期货市场直到 19 世纪才初露端倪。期货市场以高度标准化的交易所证券代替了非标准化的远期合约。

期货市场起源于农产品和商品，而现在已经被金融期货主导。常见的金融期货标的包括股票指数以及与利率相关的证券，如政府债券和外汇。当然，市场自身也在发生改变，越来越多的交易在电子交易平台上完成。

本章描述期货市场的运作方式及交易机制，阐述了期货合约对套期保值者和投机者来说是重要的投资工具，以及期货价格与现货价格之间的关系。我们也阐述了期货是如何应用于风险管理的。本章介绍期货市场的一般原理。第 23 章将详细介绍具体的期货市场。

22.1 期货合约

为了说明期货合约与远期合约如何起作用以及该如何利用它们，我们先来看一个只种单一农作物的农场主所面临的资产组合分散化问题。假定他只种小麦，那么他一个种植季度的全部收入取决于剧烈波动的小麦价格。这个农场主很难分散他的头寸，因为他的全部财富仅来自小麦。

必须购买小麦进行面粉加工的磨坊主则面临与农场主相反的风险管理问题。因为未来小麦的进货成本是波动的，所以他的利润也不确定。

其实，他们可以通过远期合约来对冲风险。利用**远期合约**（forward contract），农场主能够不管收获时小麦的市场价格如何，以现在协商的价格出售，并且现在不需要资金转移。远期合约就是在现在确定销售价格而延期交割资产，使交易双方免受未来价格波动的影响。

期货市场使远期合约规范化与标准化。买卖双方在集中的期货交易所进行交易。交易所将交易合约标准化：规定合约规模、可接受的商品等级和交割日期等。虽然这种标准化降低了远期合约的灵活性，但是增加了市场的流动性，因为大量的交易者只集中交易少数几个期货合约。期货合约与远期合约的不同还在于，期货合约每天都要结算盈亏，而远期合约在交割日之前并不发生任何资金转移。

集中的市场、标准化合约以及每种合约的交易市场深度使得期货头寸的清算更加便捷，而不需要与交易对手私下协商。因为交易所对交易双方进行担保，交易者就不再需要花费成本调查对手的信用状况，只需存入一笔保证金确保履约。

22.1.1 期货合约基本知识

期货合约要求在指定的交割日或到期日按商定的**期货价格**（futures price）交割商品。合约严格规定了商品的规格。以农产品为例，交易所规定了能够交割的等级（如 2 级硬冬小麦和 1 级软红小麦）、交割地点与交割方式。农产品交割通过转移指定的交割仓库开具的仓单来实现。金融期货交割可以通过电子转账来完成。指数期货类似指数期权，采取现金交割方式。虽然从技术上讲，期货交易需要实际交割，但现实中很少发生实物交割。交易双方经常在合约到期前平仓，以现金核算盈亏。

因为交易所已对合约的条款做了规定，所以交易者可以协商的只有期货价格了。持有**多头头寸**（long position）的交易者在交割日购买商品，持有**空头头寸**（short position）的交易者在交割日出售商品。多头是合约的“买方”，空头是合约的“卖方”。在这里，买与卖只是一种说法，因为合约并没有像股票或债券那样进行买卖；它只是双方之间的一个协议，在合同签订时，资金并没有易手。

图 22-1 列出了《华尔街日报》上的一些期货合约的价格。加粗的部分是商品名称、合约规模与报价单位，括号中为该期货合约的交易所。所列出的第一份农产品合约是芝加哥期货交易所的玉米期货合约。（芝加哥期货交易所于 2007 年与芝加哥商业交易所合并，但仍保持独立身份。）每份合约规模为 5 000 蒲式耳，报价单位为美分/蒲式耳。

紧接着下面两行是不同到期日合约的具体价格信息。以 2019 年 3 月到期的玉米期货合约为例，当天开盘价是 382.25 美分/蒲式耳，当日最高价是 384.00 美分/蒲式耳，最低价是 381.75 美分/蒲式耳，结算价（交易结束前几分钟内具有代表性的交易价格）是 382.25 美分/蒲式耳。这个结算价比前一个交易日结算价低 0.75 美分/蒲式耳。持仓量为 751 642 份。对每个到期日的合约，图 22-1 都给出了类似的信息。

多头，也就是将来购买商品的一方，会从价格上涨中获利。假设合约到期时，玉米价格为 387.25 美分/蒲式耳，多头以 382.25 美分/蒲式耳购买，因此赚取了 5 美分/蒲式耳。每份合约为 5 000 蒲式耳，这样多头每份合约赚取 5 000×0.05 美元 = 250 美元。相应地，空头亏损 5 美分/蒲式耳。空头的亏损等于多头的盈利。

总结一下，在到期日：

$$\text{多头的利润} = \text{到期日现货价格} - \text{初始期货价格}$$

$$\text{空头的利润} = \text{初始期货价格} - \text{到期日现货价格}$$

式中，现货价格是指商品交割时的实际市场价格。

所以，期货交易是零和博弈，亏损和盈利相互抵消，净结果为零。每个多头头寸均对应一个空头头寸来弥补，期货交易中所有投资者的总利润为零，商品价格变化的净风险敞口也为零。因此，建立商品期货市场不会对该商品现货市场的价格产生显著影响。

Futures Contracts | WSJ.com/commodities

Metal & Petroleum Futures

	Open	Contract High	hi lo	Low	Settle	Chg	Open interest
Copper-High (CMX)-25,000 lbs.; $ per lb.							
Jan	2.6445	2.6460		2.6410	2.6410	–0.0105	1,756
March	2.6500	2.6595		2.6315	2.6370	–0.0105	138,638
Gold (CMX)-100 troy oz.; $ per troy oz.							
Jan	...	1284.90		...	1286.80	4.10	353
Feb	1287.00	1297.00		1284.10	1289.90	4.10	302,111
June	1298.90	1309.00		1298.50	1302.90	4.20	43,689
Aug	1310.00	1315.10		1307.80	1309.00	4.10	10,837
Dec	1317.60	1326.80		1317.60	1321.50	4.10	9,830
Feb'20	1327.90	1331.00		1327.30	1327.70	4.20	3,090
Palladium (NYM)-50 troy oz.; $ per troy oz.							
March	1242.40	1249.40	▲	1230.80	1240.20	5.80	24,797
June	1226.20	1231.90		1216.10	1224.30	4.70	3,313
Platinum (NYM)-50 troy oz.; $ per troy oz.							
Jan	824.20	825.40	▲	821.00	818.40	–3.60	261
April	827.20	836.50	▲	823.30	824.30	–2.90	85,951
Silver (CMX)-5,000 troy oz.; $ per troy oz.							
Jan	15.750	15.750	▲	15.750	15.669	–0.026	820
March	15.800	15.880		15.680	15.756	–0.030	142,916
Crude Oil, Light Sweet (NYM)-1,000 bbls.; $ per bbl.							
Feb	48.22	49.79	▲	48.11	48.52	0.56	367,400
March	48.49	50.11	▲	48.44	48.82	0.54	319,791
April	48.85	50.47	▲	48.80	49.17	0.52	136,259
May	49.32	50.90	▲	49.32	49.60	0.50	115,849
June	49.79	51.33	▲	49.72	50.04	0.48	229,259
Dec	51.32	52.77	▲	51.30	51.48	0.40	191,808
NY Harbor ULSD (NYM)-42,000 gal.; $ per gal.							
Feb	1.7775	1.8245	▲	1.7764	1.7784	.0092	109,341
March	1.7691	1.8160	▲	1.7690	1.7714	.0104	73,598
Gasoline-NY RBOB (NYM)-42,000 gal.; $ per gal.							
Feb	1.3585	1.3945		1.3389	1.3408	–.0070	120,856
March	1.3716	1.4080		1.3524	1.3541	–.0077	88,591
Natural Gas (NYM)-10,000 MMBtu.; $ per MMBtu.							
Feb	2.932	2.994		2.910	2.944	–.100	174,258
March	2.812	2.886		2.793	2.847	–.058	270,970
April	2.650	2.708		2.640	2.677	–.011	148,613
May	2.637	2.687		2.625	2.662	–.002	132,474
July	2.718	2.765		2.708	2.746	–.007	62,540
Oct	2.710	2.761		2.698	2.751	–.016	105,445

Agriculture Futures

	Open	Contract High	hi lo	Low	Settle	Chg	Open interest
Corn (CBT)-5,000 bu.; cents per bu.							
March	382.25	384.00	▲	381.75	382.25	–.75	751,642
July	397.50	399.00	▲	397.00	397.50	–.75	242,635
Oats (CBT)-5,000 bu.; cents per bu.							
March	279.50	280.25		276.50	279.50	–.50	4,124
May	279.50	279.50	▼	274.00	276.00	–4.25	638
Soybeans (CBT)-5,000 bu.; cents per bu.							
Jan	909.50	915.75	▲	909.50	912.25	2.75	3,422
March	921.00	927.75	▲	920.75	924.25	2.75	337,323
Soybean Meal (CBT)-100 tons.; $ per ton.							
Jan	316.00	319.30	▲	316.00	318.20	3.10	1,798
March	319.40	323.30	▲	319.20	322.20	3.20	193,399
Soybean Oil (CBT)-60,000 lbs.; cents per lb.							
Jan	28.47	28.55	▲	28.26	28.26	–.15	972
March	28.70	28.80	▲	28.47	28.51	–.13	219,566
Rough Rice (CBT)-2,000 cwt.; $ per cwt.							
March	1048.00	1069.00	▲	1048.00	1066.50	18.50	7,164
May	1071.50	1083.50	▲	1071.50	1082.50	18.50	102
Wheat (CBT)-5,000 bu.; cents per bu.							
March	518.00	518.50		513.50	516.75	–.25	229,028
July	530.50	530.50		525.50	527.00	–2.50	76,657
Wheat (KC)-5,000 bu.; cents per bu.							
March	506.25	507.25		500.50	503.00	–3.00	182,341
May	517.50	518.75		512.00	514.50	–3.00	55,722
Wheat (MPLS)-5,000 bu.; cents per bu.							
March	570.25	572.00		565.50	568.00	–2.25	33,947
May	575.50	577.25		570.75	573.25	–2.25	13,177
Cattle-Feeder (CME)-50,000 lbs.; cents per lb.							
Jan	144.600	146.325	▼	144.200	146.000	1.100	8,483
March	142.150	144.425	▼	142.000	143.900	1.075	25,193
Cattle-Live (CME)-40,000 lbs.; cents per lb.							
Feb	121.800	123.400	▼	121.425	123.200	1.275	129,414
April	123.850	125.375	▼	123.500	125.075	1.075	115,863
Hogs-Lean (CME)-40,000 lbs.; cents per lb.							
Feb	61.950	62.150	▼	61.250	61.900	–.050	79,843
April	66.700	66.900	▼	65.825	66.375	–.375	60,839
Lumber (CME)-110,000 bd.ft.; $ per 1,000 bd. ft.							
Jan	326.20	326.20		323.00	324.80	1.20	398
March	332.20	333.00		328.00	330.80	.90	2,724
Milk (CME)-200,000 lbs.; cents per lb.							
Jan	14.16	14.26	▼	14.12	14.14	–.11	4,391
Feb	14.72	14.73	▼	14.55	14.57	–.17	4,095
Cocoa (ICE-US)-10 metric tons; $ per ton.							
March	2,362	2,413		2,356	2,410	49	96,443
May	2,395	2,449		2,394	2,447	49	51,809
Coffee (ICE-US)-37,500 lbs.; cents per lb.							
March	101.50	103.45	▲	101.15	102.75	1.15	127,138
May	104.40	106.55	▲	104.30	105.75	1.10	60,630
Sugar-World (ICE-US)-112,000 lbs.; cents per lb.							
March	11.95	12.67	▲	11.94	12.65	.72	389,965
May	12.04	12.73	▲	12.03	12.72	.70	188,201
Sugar-Domestic (ICE-US)-112,000 lbs.; cents per lb.							
March	25.40	25.40	▲	25.34	25.40	.04	2,718
May	25.50	25.54	▲▼	25.50	25.50	–.01	2,455
Cotton (ICE-US)-50,000 lbs.; cents per lb.							
March	72.52	73.92	▲	72.48	72.75	.23	126,870
May	73.99	75.23	▲	73.92	74.10	.16	39,088
Orange Juice (ICE-US)-15,000 lbs.; cents per lb.							
Jan	121.20	122.00		121.15	121.95	.65	582
March	123.75	124.80		122.85	123.85	.55	14,103

Interest Rate Futures

	Open	Contract High	hi lo	Low	Settle	Chg	Open interest
Treasury Bonds (CBT)-$100,000; pts 32nds of 100%							
March	146-230	147-170		146-040	146-160	–12.0	949,992
June	146-160	146-190		145-300	145-270	–13.0	61
Treasury Notes (CBT)-$100,000; pts 32nds of 100%							
March	122-060	122-150		121-290	122-015	–8.0	4,102,583
June	122-150	122-240		122-065	122-105	–7.5	2,418
5 Yr. Treasury Notes (CBT)-$100,000; pts 32nds of 100%							
March	114-215	114-280		114-155	114-187	–5.5	4,590,715
2 Yr. Treasury Notes (CBT)-$200,000; pts 32nds of 100%							
March	106-045	106-065		106-010	106-025	–2.7	2,552,998
30 Day Federal Funds (CBT)-$5,000,000; 100-daily avg.							
Jan	97.600	97.600	▼	97.598	97.598	–.002	317,562
April	97.605	97.615		97.600	97.605	–.005	310,713
10 Yr. Del. Int. Rate Swaps (CBT)-$100,000; pts 32nds of 100%							
March	102.766	102.797	▼	102.297	102.391	–.219	27,938
1 Month Libor (CME)-$3,000,000; pts of 100%							
Jan	...	...	▲	...	97.4875	.0075	535
Eurodollar (CME)-$1,000,000; pts of 100%							
Jan	97.2300	97.2375		97.2250	97.2300	.0050	268.383
March	97.2850	97.3150		97.2850	97.3000	.0050	1,429,121
June	97.3050	97.3450	▼	97.2900	97.3150	...	1,252,674
Dec	97.3650	97.4100	▼	97.3250	97.3550	–.0250	1,740,407

Currency Futures

	Open	Contract High	hi lo	Low	Settle	Chg	Open interest
Japanese Yen (CME)-¥12,500,000; $ per 100¥							
Jan	.9228	.9257		.9211	.9213	–.0008	1,190
March	.9272	.9310		.9247	.9259	–.0009	222,921
Canadian Dollar (CME)-CAD 100,000; $ per CAD							
Jan	.7479	.7530	▲	.7479	.7522	.0054	723
March	.7484	.7544	▲	.7484	.7533	.0054	166,071
British Pound (CME)-£62,500; $ per £							
Jan	1.2747	1.2775	▲	1.2729	1.2775	.0031	2,616
March	1.2780	1.2832	▲	1.2764	1.2815	.0031	204,679
Swiss Franc (CME)-CHF 125,000; $ per CHF							
March	1.0206	1.0285	▲	1.0200	1.0277	.0071	66,727
June	1.0330	1.0369	▲	1.0292	1.0368	.0071	95
Australian Dollar (CME)-AUD 100,000; $ per AUD							
Jan	.7125	.7150	▲	.7124	.7143	.0026	331
Feb	.7135	.7148	▲	.7135	.7147	.0026	680
March	.7129	.7158	▲	.7122	.7150	.0026	124,074
April	.7144	.7149	▲	.7144	.7153	.0026	253
June	.7133	.7160	▲	.7133	.7160	.0027	661
Sept	.7147	.7161	▲	.7147	.7169	.0026	121
Mexican Peso (CME)-MXN 500,000; $ per MXN							
March	.05107	.05129	▲	.05084	.05113	.00014	161,111
June	.04890	.04905	▲	.04887	.05035	.00013	35
Euro (CME)-€125,000; $ per €							
Jan	1.1415	1.1488		1.1415	1.1486	.0079	1,938
March	1.1475	1.1551		1.1471	1.1547	.0079	489,919

Index Futures

	Open	Contract High	hi lo	Low	Settle	Chg	Open interest
Mini DJ Industrial Average (CBT)-$5 × index							
March	23470	23668	▲	23279	23512	117	72,535
Dec	23523	23686	▲	23350	23530	118	544
S&P 500 Index (CME)-$250 × index							
March	2536.70	2567.00	▲	2525.00	2550.60	19.30	39,216
Mini S&P 500 (CME)-$50 × index							
March	2537.25	2567.50	▲	2523.25	2550.50	19.20	2,634,252
June	2540.25	2571.25	▲	2528.50	2555.00	19.40	27,554
Mini S&P Midcap 400 (CME)-$100 × index							
March	1690.00	1717.10	▲	1679.20	1703.30	17.70	69,276
Mini Nasdaq 100 (CME)-$20 × index							
March	6451.3	6535.8	▲	6402.5	6496.5	62.5	196,948
June	6471.5	6557.0	▲	6427.0	6520.8	63.8	1,350
Mini Russell 2000 (CME)-$50 × index							
March	1384.40	1414.60	▲	1375.80	1405.90	24.30	465,350
June	1391.60	1417.90	▲	1386.80	1410.50	25.00	534
Mini Russell 1000 (CME)-$50 × index							
March	1402.00	1418.90	▼	1402.00	1409.80	10.70	7,664
U.S. Dollar Index (ICE-US)-$1,000 × index							
March	95.71	95.73	▼	95.20	95.23	–.52	57,402
June	95.08	95.08	▼	94.75	94.74	–.51	945

图 22-1　期货合约的价格列表

资料来源：*The Wall Street Journal*，January 7，2019.

图 22-2a 描述的是期货多头的利润与到期日资产价格的函数关系。当到期日现货价格 P_T 等于初始期货价格 F_0 时，投资者的利润为零。每单位标的资产的利润随到期日现货价格的升降而升降。与看涨期权持有者的收入不同，期货多头的收入有可能是负的，比如到期日现货价格低于初始期货价格时。期货多头不能像看涨期权的持有者放弃行权那样简单地选择不执行合约。同样，与期权不同的是，期货多头没有必要对总收入与净利润进行区分，这是因为期货合约不需要购买，仅是一份合约。期货价格必须调整到使合约的现值为零。

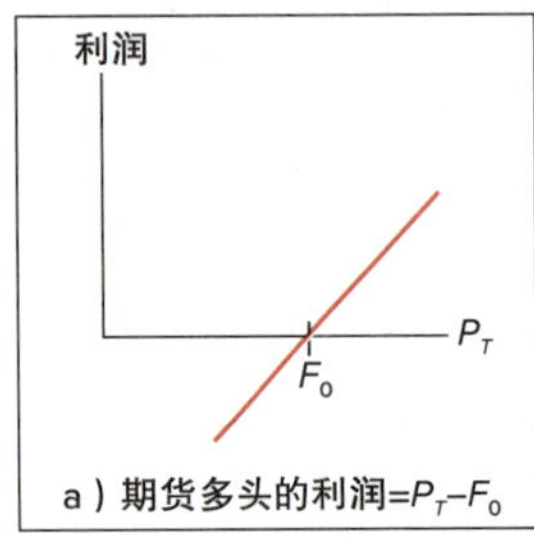

a）期货多头的利润=P_T-F_0

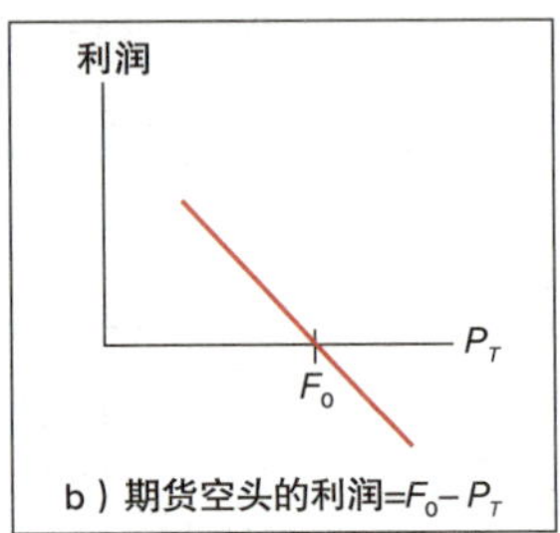

b）期货空头的利润=F_0-P_T

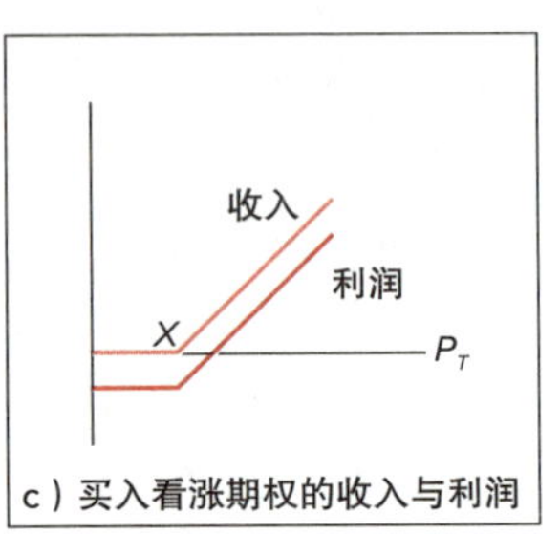

c）买入看涨期权的收入与利润

图 22-2 期货合约与期权合约买卖双方的利润

比较图 22-2a 与图 22-2c（期货价格为 F_0 时，行权价格为 X 的看涨期权的收入与利润），我们可以看出期货与期权之间的区别是显著的。如果资产价格显著下跌，期货多头损失巨大，而看涨期权持有者的损失不会超过期权费。图 22-2b 是期货空头的利润线，它是期货多头利润线的镜像。

> **概念检查 22-1**
>
> a. 比较图 22-2b 期货空头的利润线与看跌期权多头的收入线，并画图。假设期权的行权价格等于初始期货价格。
>
> b. 比较图 22-2b 期货空头的利润线与看涨期权空头的收入线，并画图。

22.1.2 已有的合约类型

期货合约和远期合约的品种可以分为四大类：农产品、金属与矿产品（包括能源）、外汇、金融期货（固定收益证券和股票市场指数）。除了传统的股指期货，全电子化的芝加哥单一股票期货交易所（OneChicago）还列入了某些基于交易活跃的个股建立的**单一股票期货**（single-stock future）和窄基指数期货合约。

表 22-1 列举了 2019 年交易的一些期货合约种类。虽然包含了很多期货合约，但面对品种不断增加的期货市场，表 22-1 中所列举的合约未必是全面的。专栏华尔街实战 22-1 讨论了一些比较稀奇的期货市场，有时被称为预测市场。这些期货合约的收入取决于总统大选的结果、特定电影的票房收入或其他情况下参与者的立场。

表 22-1 一些期货合约的种类

外汇	农产品	金属与能源	利率期货	股票指数
英镑	玉米	铜	欧洲美元	标准普尔 500 指数
加拿大元	燕麦	铝	欧洲日元	道琼斯工业指数
日元	大豆	黄金	欧元债券	标准普尔中型股 400 指数
欧元	豆粉	白金	欧洲瑞士法郎	纳斯达克 100 指数
瑞士法郎	豆油	钯	英镑	纽约综合指数
澳大利亚元	小麦	白银	英国政府债券	罗素 2 000 指数
墨西哥比索	大麦	原油	德国政府债券	日经 225 指数
巴西雷亚尔	亚麻籽	取暖油	意大利政府债券	英国 FTSE 指数
	油菜籽	轻柴油	加拿大政府债券	法国 CAC-40 指数
	黑麦	天然气	长期国债	德国 DAX-30 指数
	活牛	汽油	中期国债	欧澳综合指数
	活猪	丙烷	短期国债	多伦多 35 指数

（续）

外汇	农产品	金属与能源	利率期货	股票指数
	五花肉	煤油	LIBOR	道琼斯欧洲 STOXX 50 指数
	可可	燃料油	欧元银行间同业拆借利率	行业指数，例如：
	咖啡	铁矿石	市政债券指数	银行业指数
	棉花	电力	联邦基金利率	电信业指数
	牛奶	天气	银行承兑票据	公用事业指数
	橙汁			医疗服务业指数
	原糖			高科技产业指数
	木材			
	大米			

华尔街实战 22-1　预测市场

如果你觉得标准普尔 500 指数和国债较为枯燥，没准儿你会对与下次总统大选的获胜者、季节性流感的严重程度或者 2028 年奥林匹克的主办城市等挂钩的期货产品产生兴趣。现在“期货市场”交易的品种五花八门。

例如，艾奥瓦电子市场（www. biz. uiowa. edu/iem）和 Betfair 的政治页面（www. betfair. com）开设了总统期货交易。在 2016 年 9 月，你可以买入一份期货合约，如果希拉里当选总统，11 月你将获得 1 美元，但如果她落选了，则没有任何收益。合约价格（用面值的百分比来表示）用希拉里获胜的概率来表示，反映了市场参与者的普遍看法。

如果 9 月时，你认为希拉里获胜的概率是 55%，你将以 0. 55 美元的价格买入一份期货合约。如果你押注希拉里会败选，你可以卖出期货合约。同理，你可以用特朗普期货合约来赌他的输赢。（当只有两个关联方时，赌一方就相当于赌另一方。但在其他竞选活动中，比如有多位候选者的初选，此时反对一方就不能代表支持另一方。）

下图给出了自 2014 年 11 月至 2016 年选举当日的期货合约价格。可以很清楚地看到，合约价格预示着候选人的前景。在大选的前一周，民调显示希拉里将要当选，她的期货价格上涨至 0. 9 美元。当 FBI 宣布重启对她邮件服务器的调查之后，期货价格大幅下滑。大选日之前，当调查看似结束时，她的期货价格又反弹至 0. 8 美元。至少在计票之前，她的胜利看似十拿九稳。

将市场价格看成概率时须谨慎。因为期货合约的收益是带有风险的，合约价格可能反映了风险溢价。因此，更确切地讲，这种可能性实际上是风险中性概率（见第 21 章）。然而实践中，合约的风险溢价难以确定。

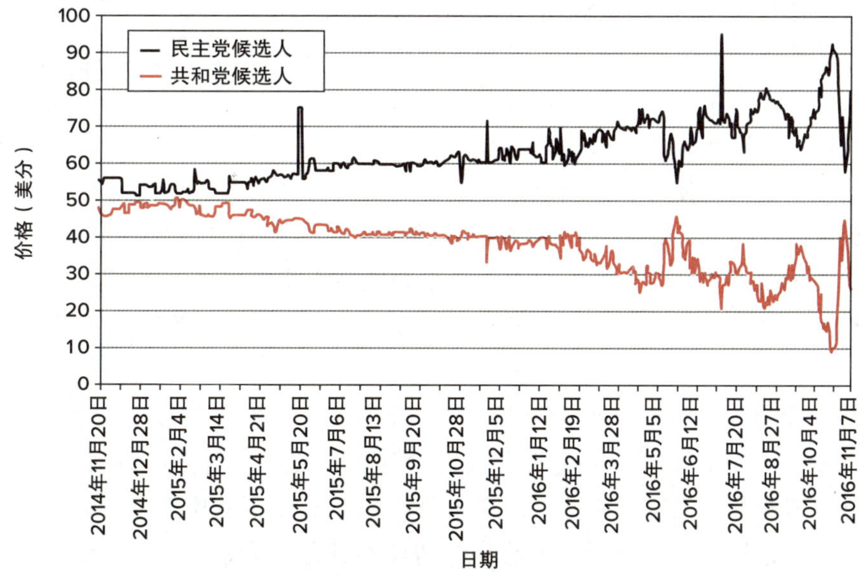

2016 年美国总统选举的预测市场，一党赢得选举合约支付 1 美元

资料来源：Iowa Electronic Markets，downloaded November 16，2016.

在期货市场之外，完善的银行与经纪人网络已经建立起了远期外汇市场。由于交易所交易的合约都有确定的条款，从这个意义上讲，远期市场并不是规范的交易所。在远期市场上，交易双方可以协商在任何时间交割任意数量的商品，而在规范的期货市场上，合约规模和交割日期由交易所规定。在远期协议中，银行与经纪人在需要时可以为客户或者自己就合约的内容进行协商。这个市场是巨大的，仅在伦敦这个最大的外汇交易市场，每天的货币交易量就多达 2 万亿美元。在纽约，每天有 1 万亿美元的交易量。

22.2　期货市场的交易机制

22.2.1　清算所与持仓量

直到 20 多年前，美国大部分期货交易是由一群场内经纪人在“交易大厅”进行集中交易。现在，这个公开叫价系统正在被电子交易平台所取代，尤其是金融期货交易。

一旦交易达成，就轮到**清算所**（clearinghouse）出场了。多空双方并不直接持有彼此的合约，而是由清算所作为多头的卖方和空头的买方。清算所有义务交割商品给多头并付钱给空头取得商品。结果是，清算所的净头寸为零。这种机制使清算所既是多头的交易对手，也是空头的交易对手。由于清算所必须执行买卖合约，任何交易者的违约行为导致的损失只会由清算所来承担。这种机制是必要的，因为期货合约是在将来进行交易的，不像即期的股票交易那样容易得到保证。

图 22-3 阐述了清算所的作用。图 22-3a 显示，在没有清算所的情况下，多头有义务按照期货价格付款给空头，空头则必须交割商品。图 22-3b 显示了清算所是怎样充当中介的，它充当了多空双方的交易对手。清算所在每次交易中既是多头也是空头，保持中立立场。

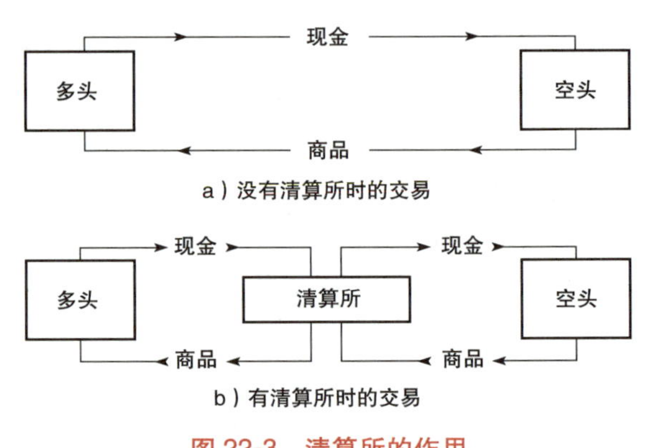

图 22-3　清算所的作用

清算所使得交易者可以轻易平仓。如果你是一个合约的多头并想了结头寸，你只需通知你的经纪人签出卖空合约，即反向交易。交易所对你的多头与空头头寸进行抵消，使得你的净头寸为零。零头寸使你在合约到期日既不需要履行多头的义务，也不需要履行空头的义务。

持仓量（open interest）是未平仓的合约数量（多头与空头并不分开计算，也就是说，持仓量可以定义为未平仓的多头头寸数量或未平仓的空头头寸数量）。清算所的净头寸为零，所以不计入持仓量。合约刚开始交易时，持仓量为零。随着时间的推移，持仓量伴随着新开仓而逐渐增加。

有些杜撰的关于期货交易者的故事很有趣，比如，一个期货交易者早上醒来，在院子里的草坪上发现了堆成了小山的小麦或者玉米。但是事实上，期货合约很少进行标的资产的交割。交易者建立多头头寸或空头头寸，从未来价格的上涨或下跌中获利，在合约到期日之前往往选择平仓了结。市场中进入交割环节的合约估计不到总持仓量的 1%～3%，这取决于商品及合约的活跃度。商品的实际交割通过常规的供应渠道来实现，通常是注册仓单。

从图 22-1 中可以看出持仓量的典型规律。以黄金期货合约为例，1 月合约即将到期，持仓量很小，大部分合约已经平仓。2 月合约的持仓量最大。对于其他合约，以原油合约为例，直到 2 月才有近月合约，且近月合约的持仓量最大。

22.2.2　盯市与保证金账户

一个在时间 0 买入、在时间 t 平仓的多头的利润或损失就是期货价格在这段时间的变化量 $F_t - F_0$，而空头的利润或损失与之相反，为 $F_0 - F_t$。

对交易者的盈亏进行累计的过程称为**盯市**（marking to market）。最初开新仓时，每个交易者都建立一个保证金账户，由现金或准现金证券（如国库券等）组成，保证交易者能履行合约义务。由于期货合约双方都可能遭受损失，因此双方都必须缴纳保证金。回到表 22-1 列举的第一份玉米期货合约，如果玉米期货合约的初始保证金为 10%，则交易者每份合约需缴纳 1 910 美元作为保证金，即合约价值（3.82 美元/蒲式耳乘以 5 000 蒲式耳/合约）的 10%。

> **概念检查 22-2**
>
> 盯市带给清算所的净流入或支出是什么？

初始保证金可以是有息证券，因此这不会给交易者带来过大的机会成本。初始保证金一般是合约价值的 5%~15%。标的资产价格变化越大，所要求的保证金就越多。

在期货合约交易的任何一天，期货价格都可能上涨或下跌。交易者并不等到到期日才结算盈亏，清算所要求所有头寸每日都结算盈亏。如果玉米期货价格从 382 美分/蒲式耳升至 384 美分/蒲式耳，清算所则贷记多头保证金账户，5 000 蒲式耳/合约乘以 2 美分/蒲式耳，即每份合约 100 美元。相应地，清算所就会从空头保证金账户中取出这么多钱。

这种每日结算就是盯市，它意味着并不是合约到期日才能实现全部的盈亏。随着期货价格的波动，收益会即刻计入交易商的保证金账户。我们将举一个详细的例子来说明这个过程。

【例 22-1】　维持保证金

假设玉米期货合约的维持保证金率是 5%，初始保证金是合约价值的 10%，即 1 910 美元。当初始保证金跌至一半，约 955 美元时，清算所就会发出保证金催付通知。每 1 美分跌幅使多头每份合约亏损 50 美元。这样期货价格只要下跌略高于 19 美分（或其现值的 5%），交易者就会收到保证金催付通知。

除了合约的标准化以外，盯市也是期货与远期交易的主要区别。期货采取随时结算盈亏的方法，而远期则一直持有至到期，在到期日之前，尽管合约也可以交易，但没有资金的转移。

如果盯市的结果是某交易者连续亏损，其保证金账户可能降至某关键值以下，这个关键值称为**维持保证金**（maintenance margin）。一旦保证金账户余额低于维持保证金，交易者就会收到追加保证金的通知，要求补充保证金账户余额，或者将头寸减持至与剩余保证金匹配的规模。保证金制度和保证金催付程序可以保护清算所的头寸。在保证金耗尽前，交易者头寸会被平仓。交易者亏损不会超过他所缴纳的保证金总额，这样清算所就不会承担风险。

在合约到期日，期货价格应该等于商品的现货价格。因为到期合约需要立即交割，所以当天的期货价格必然等于现货价格。在自由竞争市场中，从这两个相互竞争渠道来的同一商品的成本是相等的。[⊖]你可以在现货市场上购买该商品，也可以在期货市场上做多头得到该商品。

⊖ 由于存在运输成本，现货价格与期货价格之间存在微小的差异，但这是一个微不足道的因素。

从期货与现货市场两种渠道获得商品的价格必须是一致的，否则投资者就会从价格较低的市场上购买该商品，然后到价格较高的市场上出售。只要价格的调整未能消除这种套利机会，套利活动就不会停止。因此，在到期日，期货价格与现货价格必然趋同，这就是**收敛性**（convergence property）。

对一个期初（时间 0）做多头，并持有至到期（时间 T）的投资者来说，每日结算的总和是 F_T-F_0，F_T 代表合约到期日的期货价格。由收敛性可知，到期日的期货价格 F_T 等于现货价格 P_T，所以期货总利润可以表示为 P_T-F_0。我们可以看出，一个持有至到期日的期货合约的利润很好地追踪了标的资产价值的变化。此外，持有至到期日的期货合约的总利润与远期合约的总利润相同，远期交易要求多头交易者为最终价值 P_T 的资产买单。因此，期货和远期经常被视为可以互换。

【例 22-2】 盯市

假如当前市场上 5 天后交割的白银期货的价格为 20.10 美元/盎司。假定未来 5 天里期货价格发生如下表所示的变动。

时间（天）	期货交易价格（美元/盎司）	时间（天）	期货交易价格（美元/盎司）
0（今天）	20.10	3	20.18
1	20.20	4	20.18
2	20.25	5（交割日）	20.21

多头持有的每份合约逐日盯市结算的结果如下表所示。

时间（天）	每盎司的盈亏额	乘以 5 000 盎司/合约＝每日收益（美元）
1	20.20－20.10＝0.10	500
2	20.25－20.20＝0.05	250
3	20.18－20.25＝－0.07	－350
4	20.18－20.18＝0	0
5	20.21－20.18＝0.03	150
		总计 550

第一天的盈利是期货价格相比前一天的差额，即 0.10 美元每盎司。因为商品交易所规定每份白银期货合约的规模为 5 000 盎司，所以每份合约的盈利为 0.10 美元的 5 000 倍，即 500 美元。第三天，期货价格下跌，多头保证金账户余额减少了 350 美元。第五天，逐日结算的总和为 550 美元，等于最终期货价格 20.21 美元与初始期货价格 20.10 美元差额的 5 000 倍。因为最终期货价格等于那一天的实时价格，这样多头每盎司白银逐日结算的总和为 P_T-F_0。

22.2.3 现金交割与实物交割

大部分期货合约要求，如果合约在到期日没有平仓，则要实际交割商品，如特定等级的小麦或一笔特定金额的外汇。对于农产品来说，质量差别有可能很大，于是交易所在合约中规定质量标准。有时，合约会因质量标准不同而分别处理，通过升水或贴水来调整质量差别。

有些期货合约需要**现金交割**（cash settlement），如股票指数期货，其标的物是股票指数，如标准普尔 500 指数。交割股票指数中的每只股票是不现实的，于是合约要求以现金交割，其金额等于合约到期日股票指数达到的值。多头逐日盯市结算汇总后得到的总的利润或损失为 S_T-F_0，S_T 是到期日 T 时股票指数的价值，F_0 是初始期货价格。现金结算很大程度上模拟了实物交割，只是收到的是等于资产价值的现金而不是资产本身。

更具体地说，标准普尔 500 指数中交易最广泛的合约 E-Mini，要求交割的现金额等于指数值的 50 倍。[㊀]如果到期日股指为 2 000 点（这是市场上 500 只股票价格的加权平均值），不需要交割指数中包括的 500 只成分股，只需要以现金交割 50 美元乘以 2 000，即 100 000 美元。这时产生的利润，相当于直接以 100 000 美元买入 50 个单位的股指，然后以期货价格的 50 倍将其交割出手获得的利润。

22.2.4　监管

美国商品期货交易委员会（CFTC）负责监管期货市场。CFTC 负责对期货交易所的会员制定资本金要求，授权交易新合约，并对每日的交易记录进行检查。

期货交易所对期货价格每日变动额做了限定。例如，如果芝加哥交易所的白银期货价格变动幅度限定为 1 美元，且今日白银期货收盘价为 22.10 美元/盎司，那么明日交易只能在 21.10~23.10 美元/盎司的价格区间内进行。交易所也会根据观察到的合约价格的波动程度来提高或者降低每日价格变动限额。当合约价格临近到期日时，通常是交割前一个月，价格变动限额常被取消。

传统上，价格变动限额被认为是为了限制价格的剧烈波动，这种观点值得商榷。假如，一次国际金融危机使白银现货价格上涨至 30 美元，那不会有人愿意再以 22.10 美元的价格卖出白银期货，于是期货价格以每日 1 美元（限额）的速度上涨，尽管报出的价格是没有可能实现的买方订单。实际上，在这么低的价格水平上没有人愿意卖，不会有交易。几天之后，期货价格最终会达到均衡水平，于是交易又重新开始。这个过程说明了在期货价格达到均衡水平之前不会有人愿意出售头寸。这说明价格限制实际上不能避免均衡价格的剧烈波动。

22.2.5　税收

由于盯市程序，投资者并不能控制他们的利润或损失在哪个纳税年度实现，价格变化是随着逐日结算逐渐实现的。因此，不论年底是否平仓，应税额都是年底累计的利润或损失的金额。一般的规律是，60%的期货利润或损失被计入长期，40%的期货利润或损失被计入短期。

22.3　期货市场策略

22.3.1　套期保值与投机

套期保值与投机是期货市场两个相反的策略。投机者利用期货合约从价格变化中获利，而套期保值者是为了规避价格波动带来的风险。

如果投机者认为价格会上涨，他们选择做多来获取预期利润。反之，如果投机者认为价格会下跌，他们则选择做空。

㊀ 最初标准普尔 500 指数合约的乘数为 500 美元，后来减少到 250 美元。然而，电子交易平台的合约，即 E-mini 的乘数为 50 美元。标准普尔 500 指数的绝大多数期货交易都是通过 E-mini 进行的，而不是此前的“大”合约。

【例 22-3】 利用原油期货投机

假设你认为原油价格会上涨，并决定购买 1 份原油期货合约。每份合约要求交割 1 000 桶原油。原油期货价格每上涨 1 美元，多头盈利增加 1 000 美元，而空头会亏损相应金额。

相反，假设你认为原油价格将下跌，并决定卖出 1 份原油期货合约。如果原油价格的确下跌了，那么原油期货价格每下跌 1 美元，你的盈利增加 1 000 美元。

如果 2 月份交割的原油期货价格为 52 美元/桶，而原油在合约到期日的卖出价为 53 美元/桶，多头每份合约获利 1 000 美元，空头每份合约亏损相等的金额。相反，如果原油期货价格下跌至 51 美元/桶，多头就会损失，而空头每份合约则会获利 1 000 美元。

投机者为什么选择购买原油期货合约，而不是直接购买原油呢？原因之一是期货市场的交易费用非常低。

另外一个重要的原因是期货交易的杠杆效应。期货合约仅要求交易者提供比合约标的资产价值低得多的保证金。因此，与现货交易相比，期货保证金制度使投机者得到了更大的杠杆作用。

【例 22-4】 期货与杠杆效应

假设初始保证金要求是原油期货合约价值的 10%。现在期货价格是 52 美元/桶，且合约规模是每份合约 1 000 桶，则初始保证金需 0.10×52×1 000＝5 200 美元。原油期货价格上涨 1 美元，涨幅为 1.92%，多头每份合约盈利 1 000 美元，相当于初始保证金 5 200 美元的 19.2%。这个比例是原油期货价格上涨幅度的 10 倍。由于合约保证金只有对应资产价值的 1/10，该比例产生了期货头寸固有的 10 倍杠杆效应。

相比之下，套期保值者利用期货来保护他们的头寸不受价格波动的影响。例如，一家原油销售公司预计将来原油市场将出现波动，并想保护其收入不受价格波动的影响。为了对销售收入进行保值，该公司可以选择在原油期货市场做空，卖出原油期货。下面将举例说明套期保值锁定了其总收益（即原油销售收入加上期货头寸产生的利润）。

【例 22-5】 利用原油期货套期保值

原油分销商预计 2 月出售 100 000 桶原油，它采取套期保值的方式规避原油价格可能出现下跌带来的损失。每份合约的规模为 1 000 桶，他可以卖出 100 份 2 月到期的期货合约。原油价格下跌带来的现货头寸的亏损将被期货头寸带来的盈利所弥补。

举例来说，假定 2 月原油仅有 3 个可能的价格：51 美元/桶、52 美元/桶和 53 美元/桶。原油销售收入是原油价格的 100 000 倍。每份期货合约的收益是期货价格跌幅的 1 000 倍。收敛性保证了最终原油期货价格等于现货价格。因此，100 份期货合约的盈利为（F_0-P_T）的 100 000 倍，P_T 是交割日的原油价格，F_0 是初始期货价格，即 52 美元/桶。

考虑该公司所有的头寸，2 月的总收益计算如下：

	2 月的原油价格（P_T）（美元）		
	51	52	53
销售原油的收入：100 000×P_T	5 100 000	5 200 000	5 300 000
+期货合约的利润：100 000×(F_0-P_T)	100 000	0	−100 000
总收益	5 200 000	5 200 000	5 200 000

原油期货到期日的价格加上期货合约的单位盈亏等于初始期货价格 52 美元/桶。期货头寸的盈亏恰好抵消原油价格的变化。例如，如果原油价格跌至 51 美元/桶，期货合约空头头寸产生 100 000 美元的收益，足以保证总收益稳定在 5 200 000 美元。总收益与公司以初始期货价格卖出原油资产获得的总收益相同。

图 22-4 是例 22-5 套期保值的原理图。原油的销售收入是一条向上倾斜的直线。期货合约的利润是一条向下倾斜的直线。两者之和是一条水平的直线。该直线是水平的，说明套期保值后公司总收益与未来原油价格无关。

对例 22-5 进行概括，你会注意到，到期日原油价格是 P_T，而期货的盈利是每桶 F_0-P_T，因此不论原油的最后价格如何，每桶原油的收益总是 $P_T+(F_0-P_T)$，等于 F_0。

例 22-5 中原油分销商利用空头头寸规避资产出售价格波动的风险，称为空头套期保值。多头套期保值是指为规避资产购买价格波动风险而采取相应的套期保值操作。例如，计划购买原油的石化加工商担心购买石油时价格可能会上涨，如概念检查 22-3 所示，该公司可以通过购买原油期货合约来锁定原油的购买价格。

概念检查 22-3

假设例 22-5 中 2 月每桶原油的价格将是 51 美元、52 美元或 53 美元。一家电力公司计划在 2 月购买 100 000 桶原油。请证明如果该公司当前购买 100 份原油期货合约，其在 2 月的支出将锁定在 5 200 000 美元。

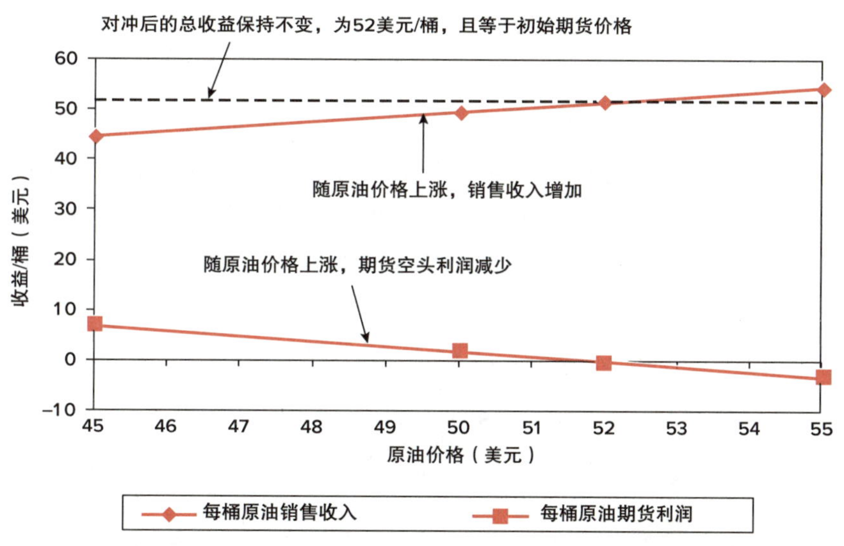

图 22-4　利用期货套期保值后的总收益（例 22-5，期货价格 =52 美元/桶）

有些商品无法进行严格的套期保值，因为所需的期货合约并不交易。例如，投资经理想对某个分散化、积极管理的投资组合进行一段时期的套期保值。但是，市场上只存在指数化的期货合约。由于积极管理的投资组合的收益与指数收益高度相关，可以通过卖出指数期货合约来建立有效的套期保值。用其他标的资产的期货合约进行套期保值，称为交叉套期保值。

概念检查 22-4

投资者利用指数期货对积极管理的股票投资组合进行套期保值，存在的风险来源有哪些？你如何估计这一风险的大小？

22.3.2　基差风险与套期保值

基差（basis）是指期货价格与现货价格的价差。[㊀]我们已经知道：在合约到期日，基差为零：收敛性决定了 $F_T=P_T$。但在合约到期前，期货价格与现货价格之间可能会有较大的差值。

我们来讨论例 22-5 中的案例，一个空头套期保值者建立原油空头头寸以规避风险。假如他将资产与期货合约持有至合约到期，则不存在任何风险，因为到期日期货与现货价格相等，资产与期货的损益正好抵消。但是，如果在期货合约到期前清算，则他需要承担**基差风险**（basis risk），因为期货价格与现货价格在到期前的变动未必完全同步。此时，资产与期货的损益就不一定会完全抵消。

有些投机者会利用基差的变动来获取利润。他们赌的不是期货或现货价格的变动方向，而是两者价差的变化。当基差变小时，现货多头和期货空头的组合就会获利。

【例 22-6】　基差投机

假设某投资者拥有 100 盎司黄金与 1 份空头黄金期货合约。现在黄金每盎司售价 1 391 美元，而 6 月交割的期货价格为 1 396 美元，那么现在的基差为 5 美元。明天，现货价格上涨至 1 395 美元，期货价格上涨至 1 399 美元，于是基差缩小为 4 美元。

投资者的利润和损失如下：

$$\text{持有黄金的利润/盎司} = 1\,395 - 1\,391 = 4(\text{美元})$$

$$\text{黄金期货合约的损失/盎司} = 1\,399 - 1\,396 = 3(\text{美元})$$

净收益等于基差的减少额，即 1 美元/盎司。

与之相关的投资策略是**日历价差**（calendar spread，**跨期套利**），即投资者同时成为同一标的资产的期货多头与期货空头，但是两种合约的到期日不同。[㊁]如果两种期货合约价差变动与预测相符的话，即多头合约的期货价格涨幅大于（或跌幅小于）空头合约，投资者就有利可图。

【例 22-7】　价差投机

假设某投资者持有 9 月到期的期货合约多头与 6 月到期的期货合约空头。如果 9 月期货价格上涨了 5 美分，而 6 月期货价格上涨了 4 美分，那么净收益为 5−4=1 美分。与基差投机类似，价差投机策略是通过价格结构的相对变化来获利的，而不是通过价格水平的变化来获利的。

22.4　期货价格的决定

22.4.1　现货-期货平价定理

我们已经知道，期货合约可用来对标的资产的价格变化进行套期保值。如果套期保值是完全的，也就是说标的资产和期货合约组成的资产组合是无风险的，那么该组合头寸的收益率应与其他无风险投资的收益率相同。否则，投资者就会持续套利直至价格均衡。基于这一点，我们可以推导出期货价格与标的资产价格之间的理论关系。

假设标准普尔 500 指数现在是 1 000 点，某位持有 1 000 美元指数基金的投资者希望及时对

㊀ 基差这个词用得不太严谨。它有时是指期货与现货价格的差 $F-P$，但更多是指现货与期货价格的差 $P-F$。我们在本书中始终是指 $P-F$。

㊁ 另一种策略是跨商品套利，此时投资者购买一种商品的期货合约，同时卖出另一种商品的期货合约。

冲市场风险敞口，该指数基金于年底一次性支付 20 美元的股利。最后，假定年底交割的标准普尔 500 指数期货合约价格为 1 010 美元。[⊖]如果投资者利用期货空头对资产组合进行套期保值，那么当年底股指点数不同时，投资者的收益也会不同。

（单位：美元）

股票投资组合的最终价值 S_T	970	990	1 010	1 030	1 050	1 070
期货空头收益（等于 $F_0-F_T=1\,010-S_T$）	40	20	0	-20	-40	-60
股利收入	20	20	20	20	20	20
总计	1 030	1 030	1 030	1 030	1 030	1 030

期货空头的收益等于初始期货价格 1 010 美元与年底股价的差值。这是因为收敛性：合约到期日，期货价格等于当时的股票价格。

注意，整个头寸得到了完全的套期保值。股票组合增加的价值都被期货空头的损失完全抵消，整个头寸总价值与股价无关，等于初始期货价格 F_0（1 010 美元）与股利 20 美元之和。这就像投资者以现在的期货价格在年底卖出了股票，于是消除了价格风险，并锁定了总收益为初始期货价格加上股利。

这个无风险头寸的收益率是多少？股票的初始投资额为 1 000 美元，建立期货空头是不需要初始现金的，因此 1 000 美元投资组合年底增值为 1 030 美元，收益率为 3%。更一般地，总投资 S_0，即股票现货价格，增至期末价值 F_0+D，D 是股票组合的股利，则收益率为

$$\text{完全套期保值股票组合的收益率}=\frac{(F_0+D)-S_0}{S_0}$$

这个收益率是无风险的，F_0 是起初购买期货合约时的期货价格。尽管股利不是完全无风险的，但在短期内是高度可预测的，尤其是对分散化的股票组合而言。与股价的不确定性相比，股利的不确定性实在是太小了。

由此推测，其他无风险投资的收益率也应该是 3%，否则投资者就会面临两种有不同收益率的无风险投资策略，这种情况是不可持续的。由此，有如下结论：

$$\frac{(F_0+D)-S_0}{S_0}=r_f$$

重新整理后得到期货价格为

$$F_0=S_0(1+r_f)-D=S_0(1+r_f-d) \tag{22-1}$$

式中，d 代表股票组合的股利率，即 D/S_0。这个公式称为**现货-期货平价定理**（spot-futures parity theorem），它给出了正常情况下或理论上正确的现货价格与期货价格的关系。对平价的任何偏离都会提供无风险的套利机会。

【例 22-8】 期货市场套利

假如违背了平价关系，例如，如果经济中的无风险利率仅为 1%，按照式（22-1），期货价格应该为 1 000×1.01−20＝990 美元。实际期货价格 F_0＝1 010 美元，比“理论值”高出 20 美元。这意味着投资者可以做空价格被高估的期货，以 1% 的无风险利率拆借资金买入价格被低估的股票组合获得套利利润。这种策略产生的收益如下表：

⊖ 实际上，标准普尔 500 指数 E-mini 期货合约要求交割 50 倍指数价值。假定指数为 1 000 点，每份合约将对冲价值约 50×1 000＝50 000 美元的股票。当然，机构投资者会认为该投资组合的规模相当小。我们只是简单假设一份合约为一个单位的指数，而不是 50 个单位的指数。

（单位：美元）

行动	期初现金流	一年后现金流
借入 1 000 美元，一年后还付本息	+1 000	−1 000×1.01=−1 010
用 1 000 美元购买股票	−1 000	S_T+20 美元的股利
做空期货（F_0=1 010）	0	1 010−S_T
总计	0	20

此策略的期初投资为零，一年后现金流为正，且无风险。不管股价是多少，总有 20 美元的收益，这个收益实际上就是期货的错误估价与平价之间的差额（=1 010 美元−990 美元）。

概念检查 22-5

回到例 22-8 给出的套利策略，假如 F_0 很低，比如为 980 美元，所采取的三个步骤是什么？用类似例 22-8 中的表格给出此策略现在与一年后的现金流。确认你获得的利润与期货错误估价差额相等。

当平价关系被违背时，利用这种错误估价的策略就会产生套利利润——不需要初始投资的无风险利润。如果存在这种机会，所有的市场参与者都会趋之若骛，结果当然是股价上升或者期货价格下跌，直至满足式（22-1）。类似的分析也可用于 F_0 低于 990 美元的情况，只需反向策略就能获得无风险利润。结论是，在完善的市场内不存在套利机会，即

$$F_0=S_0(1+r_f)-D$$

例 22-8 中的套利策略通常可以如下表所示。

（单位：美元）

行动	期初现金流	一年后现金流
1. 借入 S_0 美元	S_0	$-S_0(1+r_f)$
2. 购买 S_0 美元股票	$-S_0$	S_T+D
3. 做空期货	0	F_0-S_T
总计	0	$F_0-S_0(1+r_f)+D$

初始净投资额为零，因为第二步购买股票所需的资金来自第一步的借款，第三步的期货空头头寸是用来套期保值的，不需要初始投入。另外，年底的总现金流入是无风险的，因为所有的条件在合约签订时都是已知的。如果最终的现金流不为零，那么所有人都会利用这个机会进行套利，调整价格直至年底现金流为零，此时，F_0 等于 $S_0(1+r_f)-D$。

平价关系又称为**持有成本关系**（cost-of-carry relationship），因为期货价格是由在期货市场上延迟交割与在现货市场上即时交割并持有至到期日的相对成本决定的。如果你当前购买股票现货，就需要立即支付现金，并损失其时间价值，成本为 r_f，另外，你会收到股利率为 d 的股利收益。因此，相对于购买期货合约，你的净持有成本率为 r_f-d，这部分成本会被期货与现货的价差所抵消。当 $F_0=S_0$（$1+r_f-d$）时，价差正好抵消了持有成本。

平价关系也很容易推广到多期情形。我们很容易知道，合约到期日越长，现货与期货间的价差就越大。这反映了合约到期日越长，净持有成本就越高。当合约在 T 时到期，平价关系为

$$F_0=S_0(1+r_f-d)^T \tag{22-2}$$

2019 年年初，美国短期国债利率约为 2.4%，标准普尔 500 指数的股利收益率约为 2.0%。当 $r_f>d$，式（22-2）预测期货价格应该超过现货价格，而且期限越长，基差越大，正如图 22-1

所示。

尽管个股股利波动可能难以预测，宽基指数如标准普尔 500 指数的年度股利收益率相当稳定，近几年大致在 2%。但是该股利收益率具有季节性，一年之中出现规律的波峰与波谷，因此需要采用相对应月份的股利收益率。图 22-5 描述了标准普尔 500 指数的月度股利收益率特征。比如 1 月或 4 月，呈现较低的股利收益率水平，而 5 月则保持较高的股利收益率水平。㊀

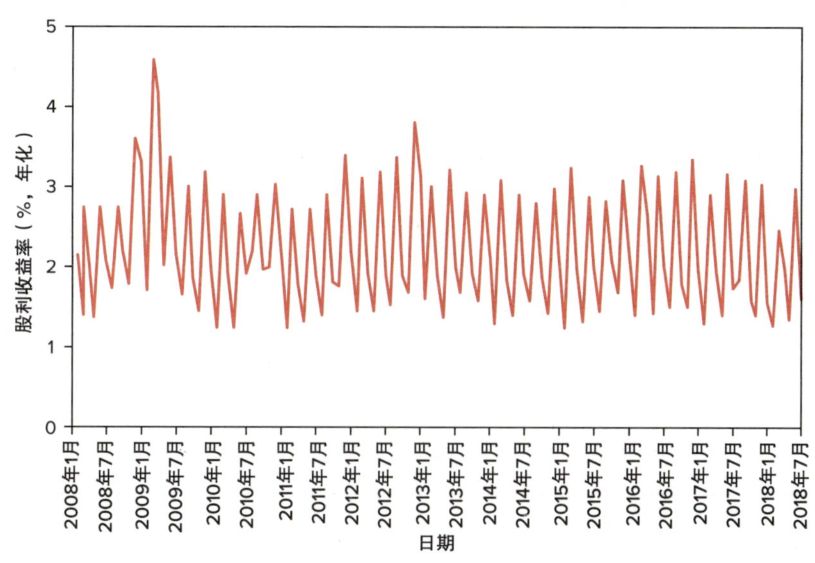

图 22-5 标准普尔 500 指数的月度股利收益率

我们以股票与股指期货为例推导出了平价关系，但同样的逻辑适用于所有的金融期货合约。例如，以黄金期货来说，只需股利收益率为零。对债券来说，可用债券的票面利率代替股票的股利收益率。这种情况同样满足式（22-2）所描述的平价关系。

上述的套利策略使我们相信，这些平价关系绝不仅仅是理论结果，任何对平价关系的违背都会给交易者带来巨额利润的套利机会。在下一章中，我们将会看到股票市场中的指数套利就是发现股指期货合约平价关系背离的一种工具。

22.4.2 价差

同预测期货与现货价格关系一样，我们也能得出具有不同期限的期货价格之间的关系。式（22-2）说明期货价格部分由合约的期限决定。如果无风险利率大于股利收益率（即 $r_f>d$），那么合约的期限越长，期货价格就越高，如果 $r_f<d$，到期日越长，期货价格就越低。对黄金这类不付“股利”的资产，令 $d=0$，从而得出 F 与合约期限成正比。

为了更精确地描述价差，设在 T_1 时交割的期货价格为 $F(T_1)$，在 T_2 时交割的期货价格为 $F(T_2)$，股票股利收益率为 d，由平价关系式（22-2）可知

$$F(T_1)=S_0(1+r_f-d)^{T_1}$$

$$F(T_2)=S_0(1+r_f-d)^{T_2}$$

有

㊀ 2009 年的高股利收益率反映了金融危机。你从公司理财课程中知道企业不愿降低股利。当经济危机来临，股价大幅下跌时，股利分派并未大幅下降。因此，股利相对股价的占比上升。

$$F(T_2)/F(T_1)=(1+r_f-d)^{(T_2-T_1)}$$

因此，价差间的基本平价关系为

$$F(T_2)=F(T_1)(1+r_f-d)^{(T_2-T_1)} \tag{22-3}$$

注意，式（22-3）与现货-期货平价关系所不同的是，原先的现货价格被 $F(T_1)$ 取代。直观地也可以这么理解，交割日从 T_1 推迟到 T_2 向多头传递了这样的信息：股票可于 T_2 时以 $F(T_2)$ 买进，但在 T_2 之前不需要准备什么现金。所节省的成本为从 T_1 到 T_2 的净持有成本。交割日的推迟，使 $F(T_1)$ 带来的无风险利率为 r_f，但同时损失了从 T_1 到 T_2 时间内所支付的股利，于是推迟交割所节省的净持有成本为 r_f-d。相应地，期货价格上升，以补偿市场参与者因为延迟交割股票和延期付款带来的损失。如果不符合此平价关系，那么就会出现套利机会（本章末的习题探讨的就是这种可能性）。

【例 22-9】 价差定价

为说明式（22-3）的应用，假设存在一份合约，数据如下表所示：

假设短期国债有效年利率为 3%，并保持不变，股利收益率为 2%。根据式（22-3），相对于 1 月合约期货价格，“正确”的 3 月合约期货价格为

$$105\times(1+0.03-0.02)^{2/12}=105.17(\text{美元})$$

合约到期日	期货价格
1 月 15 日	105.00 美元
3 月 15 日	105.09 美元

而实际的 3 月合约期货价格为 105.09 美元。也就是说，相对于 1 月合约期货价格，3 月合约期货价格被略微低估，如果不考虑交易成本，则存在套利机会。

式（22-3）还表明，所有到期日不同的合约期货价格的变动应趋于一致。这并不奇怪，因为平价关系决定了它们都同一个现货价格相联系。图 22-6 描绘了 3 种不同期限的黄金期货价格走势图。很显然，三种合约期货价格变化步调一致，正如式（22-3）所示，离交割日越远的期货价格越高。

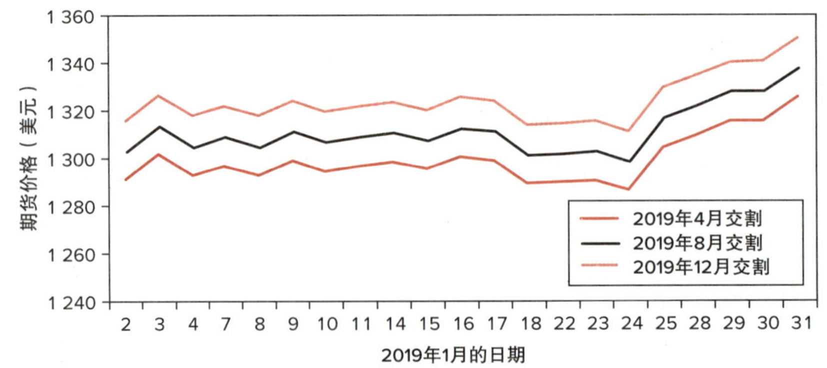

图 22-6 黄金期货价格的走势图

Excel 应用：平价与价差

平价电子数据表可以帮助计算不同到期日、利率和收益水平下与现货价格相对应的期货价

格。你可以使用电子数据表查看远期合约价格如何随着现货价格和持有成本波动而变化。登录 www.mhhe.com/bkm，使用网站提供的版本，可获取更多电子数据表信息。

	A	B	C	D	E
1	现货期货平价与时间价差				
2					
3	现货价格（美元）	100			
4	收益率（%）	2		不同期限的期货价格（美元）	
5	利率（%）	1.5			
6	当前日期	5/10/2017		现货价格	100.00
7	到期日1	11/10/2017		期货价格1	99.75
8	到期日2	7/10/2018		期货价格2	99.42
9	到期日3	9/10/2018		期货价格3	99.33
10					
11	到期时间1（年）	0.50			
12	到期时间2（年）	1.17			
13	到期时间3（年）	1.33			

Excel 问题：

1. 探究收益率和利率的不同价值。如果利率上升了2%，时间价差（长期合约与短期合约的期货价格差异）的大小会发生什么变化？
2. 如果收益率上升了2%，会发生什么情况？
3. 如果收益率等于利率的话，会发生什么情况？

22.4.3 远期定价与期货定价

截至目前，我们很少注意期货与远期收益的不同时间结构。我们认为，期货多头逐日盯市的盈亏总和为 P_T-F_0，并简单假设期货合约的全部利润累计到交割日。假设合约的收益要到最后交割日才能得以实现，那么我们前面推出的现货-期货平价定理严格适用于远期的定价。但是，实际现金流出的时间影响了期货价格的确定。

当逐日盯市给多头或者空头中的任何一方提供系统性优势时，期货价格就会偏离平价关系。当逐日盯市对多头有利时，期货价格就会高于远期的价格，因为多头愿意给盯市带来的系统性优势一定的升水。

何时盯市会对多头或空头交易者有利？当利率较高时，交易者会从收到每日结算金额（并可进行投资）中受益；同样地，当利率较低时，交易者会从支付每日结算金额（并可进行融资）中受益。因为利率升高、期货价格倾向于在上升时使得多头会受益，所以这些投资者愿意接受更高的期货价格。因此，只要利率与期货价格变化之间是正相关的，“公允”的期货价格就高于远期价格。相反，负相关意味着盯市的结果有利于空头，也隐含着均衡的期货价格要低于远期价格。

对大多数合约来说，期货价格与利率之间的协方差很低，以致期货与远期价格的差别可以忽略不计。但这个规则对于长期固定收益证券合约来说是一个例外。在这种情况下，由于价格与利率高度相关，协方差很大，足以使远期与期货价格之间产生一个明显的价差。

22.5 期货价格与预期将来的现货价格

截至目前，我们已经分析了期货价格与当前的现货价格之间的关系。那么期货价格与预期将来的现货价格之间的关系又是怎样的呢？换句话说，期货价格如何能更好地预测最终的现货价格？三种传统的理论分别是预期假设（expectation hypothesis）理论、现货溢价（normal backwardation）理论和期货溢价（contango）理论。现在所有这些传统假设都被纳入现代资产组合理论。图 22-7 显示了三种传统理论中期货价格的预期轨迹。

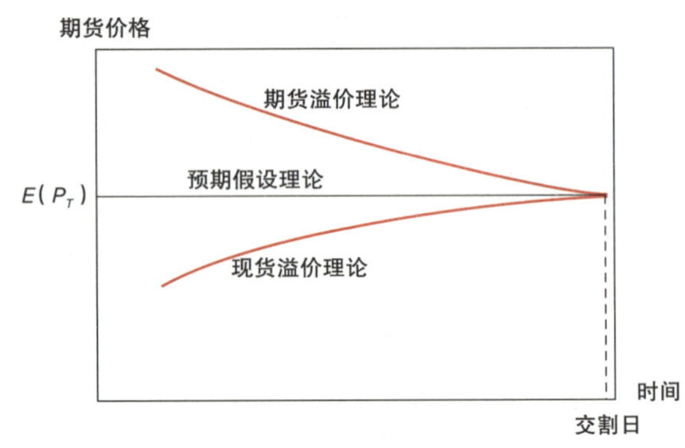

图 22-7 预期现货价格不变时，期货价格随时间的变化

22.5.1 预期假设理论

预期假设理论是期货定价中最简单的理论，它表明期货价格等于资产未来现货价格的期望值，即 $F_0=E(P_T)$。这种理论认为期货合约多头和空头的期望收益都是零：空头的期望收益为 $F_0-E(P_T)$，多头的期望收益为 $E(P_T)-F_0$，而 $F_0=E(P_T)$，故双方的期望收益均为零。这个假设的前提是风险中性，如果所有的市场参与者都是风险中性的，他们就会对期货价格达成一致，使得各方的期望收益均为零。

在无不确定性的世界中，预期假设理论与市场均衡理论有一个共同之处，那就是如果现在知道商品所有的未来时间的价格，则任何交割日的期货价格等于现在已知的那个交割日的未来现货价格。接下来我们说，当存在不确定性时，期货价格等于预期的未来现货价格，虽然这个结论很诱人，但它是不正确的。因为它忽略了未来现货价格不确定的情况下期货定价必须考虑的风险溢价问题。

22.5.2 现货溢价理论

现货溢价理论与英国著名的经济学家凯恩斯和约翰·希克斯有关。他们认为，大多数商品都有套期保值者想规避风险。例如，小麦农场主想规避小麦价格的不确定性风险。他们利用空头头寸套期保值，以确定的价格在将来进行交割。为使投机者持有对应的多头头寸，农场主需给予投机者一定的期望利润。只有期货价格低于将来小麦现货价格的期望值时，投机者才会做多，以获得期望利润 $E(P_T)-F_0$。投机者的期望利润是农场主的期望损失，但为了避免承担小麦价格的不确定性风险，农场主依然愿意承担期货合约带来的期望损失。现货溢价理论表明，期货价格要低于将来现货价格的期望值一定的水平，但随着到期日的临近，期货价格逐渐上升，直至最后 $F_T=P_T$。

尽管这种理论认识到了风险溢价在期货市场中的重要作用，但它基于的是所有不确定性风险而不是系统性风险（这并不奇怪，凯恩斯提出这个观点过后 40 年才诞生了现代资产组合理论）。现代观点提炼出了用来决定适当风险溢价的风险测度方法。

22.5.3 期货溢价理论

与现货溢价理论完全相反的期货溢价理论认为，商品的购买者是自然的套期保值的需求者，而非供应者。同样以小麦为例，谷物加工商愿意付一定的溢价来锁定小麦的购买价格，因此他们建立多头头寸在期货市场上进行套期保值。他们是多头套期保值者，而农场主是空头套期保值者。因为多头套期保值者愿意接受高期货价格来规避风险，且投机者必须被给予一定的溢价才建立空头头寸，所以期货溢价理论认为 F_0 必须高于 $E(P_T)$。

显然，任何商品都有自然的空头套期保值者和多头套期保值者，于是折中的传统观点（即"净套期保值假设"）认为，当空头套期保值者数量多于多头套期保值者时，F_0 低于 $E(P_T)$，反之亦然。市场上强大的一方是拥有更多自然的套期保值者的一方（多头或空头）。强大的一方必须付出溢价来吸引投机者购买足够的合约以平衡多头套期保值者和空头套期保值者的"自然"供给。

22.5.4 现代资产组合理论

三种传统理论都认为，只要给予足够的风险溢价进行补偿就会有大量投机者进入期货市场成为任意一方。现代资产组合理论通过提炼风险溢价决定中的风险的概念对上述方法进行调整。简单地说，如果商品价格有正的系统性风险，期货价格就会比预期的未来现货价格低。

现以不付股利的股票为例说明如何使用现代资产组合理论来决定均衡的股票期货价格。如果 $E(P_T)$ 表示今天对 T 时股票价格的期望，k 表示股票所要求的收益率，则今天的股票价格应该等于它期望的未来收益的现值。

$$P_0=\frac{E(P_T)}{(1+k)^T} \tag{22-4}$$

从现货-期货平价关系也可得出：

$$P_0=\frac{F_0}{(1+r_f)^T} \tag{22-5}$$

因此，式（22-4）与式（22-5）的右半部分等价，使其相等并解出 F_0，有：

$$F_0=E(P_T)\left(\frac{1+r_f}{1+k}\right)^T \tag{22-6}$$

从式（22-6）中可以得到，当 r_f 小于 k 时，F_0 小于 P_T 的期望值，这适用于任何 β 值为正的资产。这意味着，当商品呈现正的系统性风险时（k 大于 r_f），合约多头会获得期望利润［F_0 低于 $E(P_T)$］。

为什么会这样？期货多头的盈亏为 P_T-F_0，如果 P_T 最终的实现涉及正的系统性风险，则多头的利润也涉及这种风险。持有很好的分散化资产组合的投机者只有在承担风险的预期利润为正的情况下，才愿意建立期货多头头寸。只有 $E(P_T)$ 大于 F_0 时，这个期望利润才是正的。相反，期货空头遭受与多头利润同值的期望损失，进而承担负的系统性风险。分散化投资的空头愿意承担这个期望损失以降低投资风险，即便是在 F_0 小于 $E(P_T)$ 时，也会签订合约。因此，如果 P_T 有正的 β 值，那么 F_0 肯定小于 P_T 的期望值。对于负 β 值的商品，可做相反的分析。

概念检查 22-6

如果期货价格是最终现货价格的无偏估计，那么对于一项资产现货价格的风险而言，什么信息是一定正确的？

小结

1. 远期合约是一种要求在未来某日以现在商定的价格交割某项资产的协定安排。多头交易者有义务买入资产，而空头交易者有义务交割资产。如果合约到期日资产价格高于远期价格，则多头获利，因为多头是以较低的合约价格买入资产的。

2. 期货合约与远期合约类似，重要的差异在于标准化与逐日盯市，即每日结算期货合约各头寸的盈亏。相比之下，远期合约在到期之前没有现金转移。
3. 期货合约在有组织的交易所中交易，合约规模、交割资产的等级、交割日和交割地点都是标准化的。交易者仅需对合约价格进行协商。标准化大大增加了市场的流动性，并使交易双方很容易地为所需交易找到交易对手。
4. 清算所在每对交易者中间充当媒介，既是每个多头的空头，也是每个空头的多头。这样，交易者不需担心合约另一方的表现如何，实际上，每个交易者都需要缴纳保证金以保证履约。
5. 在合约期间的 0 至 T 时间，期货多头的收入为 F_T-F_0。因为 $F_T=P_T$，所以合约到期日多头的利润为 P_T-F_0。P_T 表示 T 时的现货价格，F_0 表示最初的期货价格。空头的收入为 F_0-P_T。
6. 期货合约可用来套期保值或投机。投机者用合约来表明对资产最终价格所持的立场。空头套期保值者利用空头来抵消所持资产所面临的一切利润或损失。多头套期保值者利用多头来抵消所购商品价格变动带来的利润或损失。
7. 现货-期货平价关系表明某项不附带服务与收入（如股利）的资产的均衡期货价格为 $F_0=P_0(1+r_f)^T$，如果期货价格偏离此值，市场参与者就能够获得套利利润。
8. 如果资产还附带服务或收入，收益率为 d，则平价关系变为 $F_0=P_0(1+r_f-d)^T$，这个模型也称为持有成本模型。因为它表明期货价格超过现货价格的部分实际上是将资产持有至到期日 T 的净成本。
9. 当现货价格存在系统性风险时，均衡期货价格会小于现在预期的 T 时的现货价格。这给承担风险的多头一个期望利润，也强加给空头一个期望损失。空头愿意承担期望损失来规避系统性风险。

习题

1. 为什么没有水泥期货市场？
2. 为什么个人投资者购买期货合约而不是标的资产？
3. 卖空资产与卖空期货合约的现金流有何区别？
4. 判断下述表述是正确的还是错误的，为什么？
   a. 其他条件相同，具有高股利收益率的股指期货价格应高于低股利收益率的股指期货价格。
   b. 其他条件相同，高 β 股票的期货价格应高于低 β 股票的期货价格。
   c. 标准普尔 500 指数期货合约的空头头寸的 β 值为负。
5. 期货价格与期货合约的价值之间有何区别？
6. 如何评价期货市场从更有生产力的地方吸取了资金。
7. a. 根据图 22-1 所示的迷你标准普尔 500 指数期货合约（见图 22-1 右下角）回答，如果保证金要求为期货价格的 10%乘以 50 美元，你要交易 6 月合约需通过经纪人存多少钱？
   b. 如果 6 月合约期货价格上升至 2 600 美元，如果你按图 22-1 所示的价格做多，则你的净投资收益率是多少？
   c. 如果 6 月合约期货价格下跌 1%，你的收益率如何？
8. a. 有一个单一股票期货合约，其标的股票没有股利，有效期为 1 年，现在价格为 150 美元，如果短期国债收益率为 3%，期货价格应该是多少？
   b. 如果合约有效期是 3 年，期货价格应该是多少？

c. 如果利率为 6%，合约有效期是 3 年，期货价格又应该是多少？

9. 在下述情况下，资产组合管理人怎样使用金融期货来规避风险：

a. 你有一个流动性较差并准备出售的大的债券头寸。

b. 你从持有的国债中获得一大笔收益，并想出售该国债，但是想将这笔收益的实现延迟到下个纳税年度。

c. 你将在下个月收到年终奖金，并想将它投资于长期公司债券。你认为目前出售的公司债券的收益率是非常吸引人的，并相信在未来几周内债券价格将上升。

10. 假定标准普尔 500 指数的值是 2 000 点，如果 1 年期国债收益率为 3%，标准普尔 500 指数的预期股利收益率为 2%，1 年期的期货价格是多少？如果短期国债收益率低于股利收益率，比如 1%，股指期货价格是多少？

11. 考虑同一股票的期货合约、看涨期权和看跌期权交易，该股票无股利支付。3 种合约到期日均为 T，看涨期权和看跌期权的行权价格都为 X，期货价格为 F。证明如果 $X=F$，则看涨期权价格等于看跌期权的价格。利用平价条件来证明。

12. 现在是 1 月，现行利率为 2%，6 月合约黄金期货价格是 1 500 美元，而 12 月合约黄金期货价格为 1 510 美元。是否存在套利机会？如果存在，你怎样操作？

13. 期货交易所刚刚引入 Brandex 公司的单一股票期货合约，这家公司不支付股利。每份合约要求 1 年后买入 1 000 股股票，短期国债收益率为 6%。

a. 如果股票价格为 120 美元/股，则期货价格应该是多少？

b. 如果股票价格下跌 3%，则期货价格变化是多少？投资者保证金变化是多少？

c. 如果合约的保证金为 12 000 美元，投资者头寸的收益百分比是多少？

14. 股指期货的乘数为 50 美元，期限为 1 年，指数的即期水平为 2 250 点，无风险利率为每月 0.5%，指数股利收益率为每月 0.2%。假定 1 个月后，指数为 2 275 点。

a. 确定合约逐日盯市的收益现金流。假定平价条件始终成立。

b. 如果合约初始保证金为 5 000 美元，求持有期的收益。

15. 作为公司财务主管，你将在 3 个月后为偿债基金购入 100 万美元的债券。你相信利率很快会下跌，因此想提前为公司购入偿债基金债券（现在正折价出售）。不幸的是，你必须征得董事会的同意，而审批过程至少要两个月。你会在期货市场采取什么措施，以规避实际买入前债券价格和收益出现的任何不利变动？你要成为多头还是空头？只需要给出定性的回答。

16. 标准普尔资产组合每年支付股利收益率为 1%，它现在价值为 2 000 点，短期国债收益率为 4%，假定 1 年期的标准普尔期货价格为 2 050 点。构建 1 个套利策略来证明你 1 年中的利润等于期货价格的错误估价的值（实际期货价格与理论价格的差值）。

17. 本章 Excel 应用专栏显示了怎样利用现货-期货平价关系来找出“期货价格的期限结构”，即不同到期日的期货价格。

a. 假定今天是 2020 年 1 月 1 日，年利率为 3%，股票指数为 2 000 点，股利收益率为 2%。计算 2020 年 2 月 14 日、5 月 21 日和 11 月 18 日合约的期货价格。

b. 如果股利收益率高于无风险利率，期货价格期限结构会怎样变化？比如，股利收益率为 4%。

18. a. 现货-期货平价公式应怎样调整才能适用于国债期货合约？用什么来代替公式中的股利收益率？

b. 当收益率曲线向上倾斜时，国债期货

合约的期限越长，价格是越高还是越低？

c. 用图 22-1 来验证你的观点。

19. 根据以下套利策略推导价差的平价关系：①期限为 T_1 的期货多头，期货价格为 $F(T_1)$；②期限为 T_2 的期货空头，期货价格为 $F(T_2)$；③在 T_1 时，第一份合约到期，买入资产并按 r_f 利率借入 $F(T_1)$ 美元；④在 T_2 时偿还贷款。

a. 按照这个策略，0、T_1 和 T_2 时的总现金流是多少？

b. 如果不存在套利机会，为什么 T_2 时的利润一定为零？

c. 要使 T_2 时的利润为零，$F(T_1)$ 与 $F(T_2)$ 之间需满足什么样的关系？这一关系就是价差的平价关系。

CFA 考题

1. 特许金融分析师琼·塔姆认为她发现了某一商品的套利机会，这个机会的信息提示如下：

商品的现货价格	120 美元
1 年期的商品期货价格	125 美元
年利率	8%

a. 利用这一特定套利机会需要怎样的交易过程？

b. 计算套利利润。

2. MI 公司发行 2 亿瑞士法郎的 5 年期贴现票据，这笔钱将兑换成美元去美国购买资本设备。MI 公司想规避现金头寸的风险，有以下 3 个方案：

- 瑞士法郎平值看涨期权。
- 瑞士法郎远期。
- 瑞士法郎期货。

a. 比较这 3 种衍生工具的本质特征。

b. 根据 MI 公司的套期保值目标，评价这 3 种方案的适用性，并指出各自的优势与不足。

3. 指出期货合约与期权合约的根本区别，简要说明两者在调整资产组合风险的方式上有何不同。

4. 特许金融分析师玛丽亚·冯夫森认为固定收益证券远期合约可用来对 Star 医院退休金债券组合进行套期保值，以规避利率上升带来的风险。冯夫森准备了下面的例子来说明套期保值是如何操作的。

- 10 年期面值 1 000 美元的债券，当前按面值发行，每年按票面利率支付利息。
- 投资者计划当前买入该债券并在 6 个月后抛售。
- 目前 6 个月期无风险利率为 5%（年化）。
- 可以利用 6 个月期此债券的远期合约，其价格是 1 024.70 美元。
- 6 个月后，因利率上升，债券加上已产生的利息的总价值预计减少为 978.40 美元。

a. 投资者是否应该买入或卖出远期合约对债券进行套期保值，规避持有期利率上升的风险。

b. 如果冯夫森对债券的价格预测正确，计算这份远期合约在到期日的价值。

c. 计算合约签订 6 个月后这份组合投资（债券及相应的远期合约头寸）价值的变化。

5. 桑德拉·卡佩尔向玛丽亚·冯夫森咨询有关采用期货合约的方式对 Star 医院退休金计划的债券组合进行保值，以防止利率上升带来的损失。冯夫森给出的表述如下：

a. 如果利率上升，卖出债券期货合约将在到期日前获得正的现金流。

b. 在到期日前，持有成本使得债券期货合约的价格高于标的债券的现货价格。

请分析冯夫森提供的两种表述是否正确。

概念检查答案

22-1

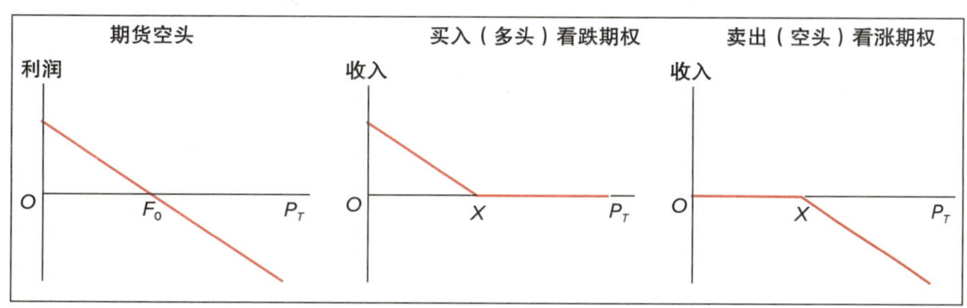

22-2 清算所对所有合约的净头寸为零。其多头头寸与空头头寸相互抵消，所以来自盯市的净现金流一定为零。

22-3

（单位：美元）

	2 月的原油价格 P_T		
	51	52	53
购买原油的现金流：$-100\,000 \times P_T$	−5 100 000	−5 200 000	−5 300 000
+期货多头的利润：$100\,000 \times (P_T - F_0)$	−100 000	0	+100 000
总现金流	−5 200 000	−5 200 000	−5 200 000

22-4 风险是由指数和投资组合不同步移动所造成的。因此，基础风险包括期货价格和投资组合价值之间的价差，即使指数期货与指数本身完全相关，这种基础风险也有可能会一直持续。你可以用指数模型来衡量这种风险。如果你在投资组合指数收益的基础上将积极投资组合的收益进行回归，回归系数等于积极投资组合的收益方差，这一组合可以用指数期货来套期保值。你也可以使用回归的标准差来衡量不完全套期保值头寸的风险，你将得到指数模型残差的标准差。因为这些是独立于大盘指数的风险收益的组成部分，这个标准差衡量了积极投资组合收益的部分变异，而这不能利用指数期货合约进行套期保值。

22-5 期货价格为 980 美元，比平价低 10 美元，如下策略的现金流是无风险的，且正好等于错误估价部分。

行动	初始现金流（美元）	一年后的现金流（美元）
借出 S_0 美元	−1 000	1 000×1.01＝1 010
卖出股票期货	+1 000	$-S_T-20$
期货多头	0	S_T-980
总计	0	10（无风险）

22-6 β 值一定是零。如果期货价格是一个无偏估计，则可以推知风险溢价为零，也就意味着 β 值为零。

第 23 章

期货、互换与风险管理

第 22 章对期货市场的运作与期货定价的原理做了基本介绍。本章将对期货市场的定价和风险管理进行更深入的研究。因为大多数增长发生在金融期货市场上，并且占了成交量的绝大部分，所以我们将重点研究金融期货合约。

对于一个完整的资产组合来说，**套期保值**（hedging）是一种抵消特定来源风险的技术。与那种野心勃勃的最优风险收益的组合不同，套期保值更为稳定和具体。因为期货合约以一定量的股票指数价值、外汇汇率和商品价格等为标的物，这对套期保值的应用来说很重要。在本章中，我们要研究几种套期保值的应用方式来解释应用的一般性原则，还将展示如何将套期保值策略用于识别获利机会。

我们首先讨论外汇期货，这一部分阐述远期汇率是如何由不同国家的利率差别决定的，并考察企业利用期货工具管理汇率风险。接着，我们研究股指期货，重点讨论程序化交易和指数套利。接着，我们转向固定收益证券的期货合约，以及利率期货市场。我们还将考察商品期货的定价。最后，我们将介绍外汇与固定收益证券的互换市场。我们会发现，互换其实可以解释为远期合约的资产组合并据此定价。

23.1 外汇期货

23.1.1 市场

货币之间的汇率不停地变化，并且通常比较剧烈。这种变化增加了从事国际贸易的风险。例如，一个在英国销售货物的美国出口商的应收账款将以英镑支付，其美元价值取决于付款时的即期汇率。收到账款前，这位出口商将一直面临汇率风险。这种风险可以通过外汇期货或远期市场进行套期保值来避免。例如，如果你将在 90 天内收到 100 000 英镑，你现在可以在远期市场上卖出英镑远期，把汇率锁定在与今天远期价格相同的汇率上。

外汇的远期市场一般是非正式市场，它是一个经纪人与银行之间的交易网络，允许客户在将来建立远期合约，以当前协议的汇率买卖货币。银行间的外汇市场是世界上最大的金融市场之一，大多数信誉良好的大交易商在这里进行外汇交易，而不是在期货市场。与期货市场不同，远期市场上的合约是非标准化的，每一份合约都是单独协商定价的，而且也不存在期货市场中的盯市。外汇远期合约都在到期日执行。市场参与者需要考虑交易对手风险，即合约对手方可能因为价格对其不利而不再履行合约责任的风险。因此，远期市场上的交易者需要有良好的信誉。

不过，芝加哥商业交易所（国际货币市场）与伦敦国际金融期货交易所（LIFFE）等都建立了正式的外汇期货市场。这些外汇期货合约的面值都是标准化的，而且采取逐日盯市。更重要的是这些市场都有标准的结算程序，使得交易商很容易建立或抵消头寸。清算所要求交易者缴纳足额保证金以确保合约正常履行，所以不用额外关注交易者的身份和信誉。

图 23-1 是《华尔街日报》上的汇率行情表，表中给出的是购买 1 个单位外币所需的美元数量（即直接报价）以及购买 1 美元所需的外币数量（即间接报价）。遵照惯例，有些汇率（英镑和欧元）采用直接报价，如 1 英镑兑换 1. 278 8 美元。但大部分汇率采用间接报价，如 1 美元兑换 108. 16 日元。图 23-1 给出的是外汇的即期汇率。

Currencies U.S.-dollar foreign-exchange rates in late New York trading

Country/currency	Wed in US$	Wed per US$	US$ vs. YTD chg (%)
Americas			
Argentina peso	0.0268	37.3590	**−0.8**
Brazil real	0.2717	3.6801	**−5.2**
Canada dollar	0.7570	1.3210	**−3.2**
Chile peso	0.001479	676.00	**−2.6**
Ecuador US dollar	1	1	**unch**
Mexico peso	0.0520	19.2248	**−2.2**
Uruguay peso	0.03074	32.5300	**0.4**
Asia-Pacific			
Australian dollar	0.7170	1.3947	**−1.6**
India rupee	0.01419	70.497	**1.3**
Indonesia rupiah	0.0000708	14125	**−1.8**
Japan yen	0.009246	108.16	**−1.3**
Kazakhstan tenge	0.002661	375.81	**−2.3**
Macau pataca	0.1237	8.0809	**0.1**
Malaysia ringgit	0.2438	4.1016	**−0.7**
New Zealand dollar	0.6790	1.4728	**−1.0**
Pakistan rupee	0.00715	139.878	**0.1**
Philippines peso	0.0191	52.280	**−0.4**
Singapore dollar	0.7389	1.3533	**−0.7**
South Korea won	0.0008943	1118.18	**0.3**
Sri Lanka rupee	0.0054807	182.46	**−0.2**
Taiwan dollar	0.03250	30.773	**0.6**
Thailand baht	0.03130	31.950	**−1.1**

Country/currency	Wed in US$	Wed per US$	US$ vs. YTD chg (%)
Vietnam dong	0.00004311	23196	...
Europe			
Czech Rep. koruna	0.04504	22.204	**−1.0**
Denmark krone	0.1546	6.4684	**−0.7**
Euro area euro	1.1545	0.8662	**−0.6**
Hungary Forint	0.003591	278.50	**−0.5**
Iceland krona	0.008419	118.78	**2.2**
Norway krone	0.1181	8.4684	**−2.0**
Poland zloty	0.2684	3.7264	**−0.4**
Russia ruble	0.01500	66.669	**−3.7**
Sweden krona	0.1127	8.8699	**0.2**
Switzerland franc	1.0264	0.9743	**−0.7**
Turkey lira	0.1826	5.4773	**3.6**
Ukraine hryvnia	0.0360	27.7760	**0.2**
UK pound	1.2788	0.7820	**−0.2**
Middle East/Africa			
Bahrain dinar	2.6525	0.3770	**0.01**
Egypt pound	0.0558	17.9120	...
Israel shekel	0.2720	3.6764	**−1.7**
Kuwait dinar	3.2994	0.3031	**−0.02**
Oman sul rial	2.5973	0.3850	...
Qatar rial	0.2753	3.632	**−0.1**
Saudi Arabia riyal	0.2666	3.7515	...
Saudi Africa rand	0.0722	13.8584	**−3.5**

	Close	Net Chg	%Chg	YTD%Chg
WSJ Dollar Index	88.88	−0.54	−0.60	**−0.88**

图 23-1　汇率行情表，2019 年 1 月 9 日

资料来源：*The Wall Street Journal online*, January 10, 2019.

图 23-2 是外汇期货行情表。期货市场只采用直接报价。期货合约明确规定了每一份合约的规模和交割日（每年只有四个交割日）。外汇还有非常活跃的远期市场。在远期市场中，交易商可以协商在合同双方共同同意的任何交付日期交割任意数量的货币。

23.1.2 利率平价

如同股票和股票期货一样，在完善的外汇市场上存在即期汇率与期货价格之间的平价关系。如果这种所谓的**利率平价关系**（interest rate parity relationship）被违背，套利者就能够在市场上以净投资为零获得无风险利润。套利者的行为将迫使即期汇率和期货价格回到平价关系上。利率平价关系也被称为**抛补利息套利关系**（covered interest arbitrage relationship）。

	Open	High	Contract hilo	low	Settle	Chg	Open interest
Japanese Yen(CME)-¥12,500,000; \$ per 100¥							
Jan	0.9201	0.9252		0.9186	**0.9240**	0.0031	929
March	0.9242	0.9311		0.9223	**0.9285**	0.0031	226,943
Canadian Dollar (CME)-CAD 100,000; \$ per CAD							
Jan	0.7560	0.7586	▲	0.7555	**0.7565**	0.0035	811
March	0.7546	0.7600	▲	0.7546	**0.7576**	0.0036	161,709
British Pound (CME)-£62,500; \$ per £							
Jan	1.2735	1.2794	▲	1.2724	**1.2800**	0.0078	2,350
March	1.2760	1.2848	▲	1.2757	**1.2839**	0.0078	205,618
Swiss Franc (CME)-CHF125,000; \$ per CHF							
March	1.0254	1.0341	▲	1.0251	**1.0321**	0.0063	66,972
June	1.0386	1.0426	▲	1.0343	**1.0412**	0.0063	96
Australian Dollar (CME)-AUD100,000; \$ per AUD							
Jan	0.7172	0.7182	▲	0.7151	**0.7181**	0.0041	356
Feb	0.7157	0.7190	▲	0.7157	**0.7185**	0.0041	675
March	0.7147	0.7201	▲	0.7146	**0.7188**	0.0041	125,182
April	0.7174	0.7174	▲	0.7164	**0.7191**	0.0042	255
June	0.7165	0.7204	▲	0.7165	**0.7198**	0.0042	823
Sept	0.7185	0.7189	▲	0.7185	**0.7208**	0.0041	121
Dec	0.7174	0.7174	▲▼	0.7174	**0.7219**	0.0043	58
Mexican Peso (CME)-MXN500,000; \$ per MXN							
March	0.05118	0.05158	▲	0.05109	**0.05154**	0.00040	160,453
Euro (CME)-€125,000; \$ per €							
Jan	1.1467	1.1559	▲	1.1454	**1.1549**	0.0102	1,517
March	1.1507	1.1625	▲	1.1504	**1.1610**	0.0101	493,973

图 23-2 外汇期货行情表，2019 年 1 月 9 日

资料来源：*The Wall Street Journal*, January 10, 2019.

我们可以用两种货币——美元与英镑来说明这种利率平价关系。设 E_0 为当前两种货币的直接汇率，也就是说，买 1 英镑需要 E_0 美元。F_0 为远期价格，即今天达成协议于今后某一时间 T 购买 1 英镑所需的美元数量。设美国和英国两国的无风险利率分别为 r_{US} 和 r_{UK}。

根据利率平价理论，E_0 与 F_0 之间的合理关系应该为

$$F_0=E_0\left(\frac{1+r_{US}}{1+r_{UK}}\right)^T \tag{23-1}$$

例如，如果每年的 $r_{US}=0.04$，$r_{UK}=0.01$，而 $E_0=1.30$ 美元/英镑，那么 1 年期远期合约的理论期货价格应该为

$$1.30\times\frac{1.04}{1.01}=1.3386(\text{美元/英镑})$$

体会一下这个结果的含义，如果 r_{US} 大于 r_{UK}，即把资金投在美国比投在英国增值快，那么为什么投资者没有把资金全部投在美国呢？一个重要的原因就是美元相对于英镑可能会贬值，所以尽管在美国的美元投资比在英国的英镑投资增值快，但是在远期市场上单位美元相对于英镑的价值可能低于即期市场，这样的远期贴水可以抵消美国较高利率的优势。

只要确定式（23-1）中美元贬值是怎样表现出来的，我们就可以得到这个结论。如果美元贬值，即每 1 英镑需要更多的美元来购买，那么远期汇率 F_0（等于 1 年以后交割时购买 1 英镑所需要的美元数量）一定大于即期汇率 E_0。这正是式（23-1）告诉我们的：当 r_{US} 大于 r_{UK} 时，F_0 肯定大于 E_0。由 F_0 比 E_0 得到的美元贬值程度恰好可以与两国利率之差相互抵消。当然，如果情况相反，结论正好颠倒过来：当 r_{US} 小于 r_{UK} 时，F_0 肯定小于 E_0。

【例 23-1】 抛补利息套利

如果利率平价被违背会怎么样呢？例如，假定期货价格是 1.32 美元/英镑而不是 1.3386 美元/英镑，那么采取以下策略。用 E_1 表示 1 年后的汇率（美元/英镑），当然它应该是一个随投机者现在的期望而改变的随机变量。

行为	初始现金流（美元）	1 年以后的现金流（美元）
1. 在伦敦借入 1 英镑并兑换成美元，1 年后偿还 1.01 英镑	1.30	$-E_1$(1.01 英镑)
2. 在美国贷出 1.30 美元	-1.30	1.30（1.04）
3. 签订期货合约以 F_0 = 1.32 美元/英镑的价格购买 1.01 英镑	0	1.01 英镑×(E_1-1.32 美元/英镑)
总计	0	0.018 8

第一步，你把从英国借入的 1 英镑按即期汇率兑换成 1.30 美元，1 年以后你必须还本付息。因为贷款是在英国按英国利率借入的，所以你需要偿还 1.01 英镑，而它相当于 E_1（1.01）美元。第二步，在美国的贷款是按美国利率的 4%借出的。第三步是期货头寸，你先按 1.32 美元/英镑的价格买入 1.01 英镑，然后以汇率 E_1 把它换成美元。

在这里，汇率风险正好被第一步的英镑借款与第三步的期货头寸抵消了，所以按此策略所获得的利润是无风险的，并且不需要任何净投资。

将例 23-1 中的策略推而广之：

行为	初始现金流（美元）	1 年以后的现金流（美元）
1. 在伦敦借入 1 英镑并兑换成美元	E_0	$-E_1(1+r_{UK})$
2. 把从伦敦借来的钱在美国贷出	$-E_0$	$E_0(1+r_{US})$
3. 以 F_0 美元/英镑的价格建立期货头寸	0	$(1+r_{UK})(E_1-F_0)$
总计	0	$E_0(1+r_{US})-F_0\ (1+r_{UK})$

让我们再回顾一下该套利过程。第一步是在英国借入 1 英镑，然后将这 1 英镑按即期汇率 E_0 兑换成 E_0 美元，这是现金流入。1 年后，这笔英镑贷款要还付本息，共需支付（$1+r_{UK}$）英镑，或 $E_1(1+r_{UK})$ 美元。第二步，把由英镑贷款换得的美元投在美国，这包括一个 E_0 美元的现金流出和一个 1 年后美元的现金流入 $E_0(1+r_{US})$。最后，英镑借款的汇率风险由第三步的套期保值来消除，即事先通过期货合约买入（$1+r_{UK}$）英镑以偿还英国的贷款。

套利的净利润是无风险的，它等于 $E_0(1+r_{US})-F_0(1+r_{UK})$。如果这个值是正的，就在英国借款，在美国贷款，然后建立期货多头头寸以消除汇率风险。如果这个值是负的，就在美国借款，在英国贷款，然后建立英镑期货的空头头寸。当价格正好相符，排除了套利机会时，这个表达式一定为零。把这个表达式整理可得

$$F_0=\frac{1+r_{US}}{1+r_{UK}}E_0 \tag{23-2}$$

这就是 1 年期的利率平价关系。

【例 23-2】　抛补利息套利

大量的经验数据都证实了利率平价关系。例如，2019 年 1 月 9 日，2 个月到期以美元计价的 LIBOR 是 2.653%，而以英镑计价的利率是 0.904%。根据方程（23-1），我们期望远期汇率（美元/英镑）高于即期汇率。正如我们所观察到的图 23-1：当日即期汇率是 1.278 8 美元/英镑，2 个月后交割的远期汇率是 1.283 9 美元/英镑。根据利率平价关系得到的远期汇率是：1.278 8×

概念检查 23-1

如果初始期货价格 F_0 = 1.35 美元/英镑，例 23-1 中如何设计套利策略？可以获得的利润是多少？

$(1.026\ 53/1.009\ 04)^{2/12}=1.282\ 5$（美元/英镑），基本与实际利率相等。

23.1.3 直接与间接报价

例 23-1 和例 23-2 中的汇率是以每 1 英镑等于多少美元的形式表示的，这是一种直接汇率报价方式，欧元-美元也是直接报价的一种典型方式。相反，很多汇率的报价都是每 1 美元等于多少外币（日元、瑞士法郎）的间接报价方式，比如 108 日元/美元。对于以间接报价表示的货币，美元贬值将导致报价汇率下降（1 美元兑换的日元减少）；直接报价则正相反，美元对英镑贬值后汇率升高（需要更多的美元来购买 1 英镑）。如果汇率是以每 1 美元等于多少外币表示的，那么式（23-2）中的国内和国外的汇率必须切换，这种情况下公式变为

$$F_0(\text{外币/美元})=\frac{1+r_{\text{foreign}}}{1+r_{\text{US}}}\times E_0(\text{外币/美元})$$

如果美国的利率高于日本，那么美元在远期市场的售价就会比美元在即期市场的售价低（能够购买的日元数量减少）。

23.1.4 利用期货管理汇率风险

假定有一家美国公司，其大部分产品出口英国。公司就很容易受到美元/英镑汇率波动的影响。首先，其英镑计价销售额的美元价值随汇率波动而波动；其次，公司向英国客户收取的英镑价格本身也会受到汇率的影响。例如，如果英镑相对于美元贬值了 10%，那么为了维持与过去同样的美元等值的价格，该公司必须提高 10% 的英镑价格。但是，如果该公司面临英国生产商的竞争，或者认为提高英镑价格会降低对其产品的需求，可能无法将价格提高 10%。

为了抵消外汇敞口，公司可能从事一些在英镑贬值时能带来利润的交易。这样，贬值导致的业务上的亏损能够被金融交易上的利润抵消。例如，签订期货合约，以今天商定的汇率交割美元/英镑汇率。如果英镑贬值，那么期货头寸就会产生利润。

例如，假定 3 个月后交割的英镑期货价格目前是 1.4 美元/英镑，如果该公司签订期货合约，3 个月后汇率变为 1.3 美元/英镑，那么英镑空头头寸的利润是 $F_0-F_T=1.4-1.3=0.10$（美元/英镑）。

为了尽量抵消汇率波动带来的风险，需要在期货市场上卖出多少英镑合适呢？假如英镑每贬值 0.10 美元，下一个季度利润的美元价值就会下滑 200 000 美元，那么进行套期保值时，英镑每贬值 0.10 美元，期货头寸需要带来的利润为 200 000 美元，因此我们需要的期货头寸是 2 000 000 英镑。正如我们刚才看到的，期货合约每 1 英镑的利润等于当前期货价格与最终汇率之差，因此 0.10 美元的贬值[⊖]所带来的外汇利润 = 0.10 美元×2 000 000 = 200 000 美元。

只要利润与汇率之间的关系大致是线性的，英镑期货的正确套利头寸就与英镑的实际贬值无关。例如，如果英镑只是贬值了上述的一半，即 0.05 美元，公司的经营利润就只会损失 100 000 美元。期货头寸也只会得到上述利润的一半，即 0.05×2 000 000 = 100 000（美元），同样恰好抵消了经营的风险。如果英镑升值了，套期保值仍然会抵消经营的风险，只是这种情景不见得是好事。如果英镑升值了 0.05 美元，公司可能会由于英镑升值而获得 100 000 美元的利

⊖ 实际上，合约的利润取决于期货价格的变化，而不是即期汇率。简单起见，我们把期货价格的下跌称为英镑的贬值。

润，然而，由于公司有义务按照初始期货价格交割英镑，公司就会有等量的损失。

对冲比率就是用来给未受保护的资产组合套期保值所必需的期货头寸数量，在这个例子中资产组合是指公司的出口业务。通常，我们可以把对冲比率当成套期保值工具（例如期货合约）的数量，用以抵消某一特定未受保护头寸的风险。在这个例子中，对冲比率 H 就是

$$H=\frac{\text{汇率某一给定变化带来的未受保护头寸价值的变化}}{\text{对于相同汇率变化产生的一个期货头寸的利润}}$$

$$=\frac{\text{汇率每 0.10 美元变化产生的 200 000 美元}}{\text{汇率每 0.10 美元变化产生的每 1 英镑交割的利润 0.10 美元}}$$

$$=\text{2 000 000 英镑待交割}$$

因为芝加哥商业交易所中每张期货合约需要交割 62 500 英镑，那么你就需要卖出 2 000 000/62 500＝32 张合约。

对于对冲比率的一种解释是作为对潜在不确定性来源的敏感性比率。汇率每波动 0.10 美元，经营利润的敏感度是 200 000 美元。期货利润的敏感度是待交割的 0.10 美元/英镑。因此，对冲比率是 200 000/0.10＝2 000 000 英镑。

对冲比率同样可以根据期货合约来定义。因为每张合约需要交割 62 500 英镑，则汇率每波动 0.10 美元给每张合约带来的利润是 6 250 美元。因此，以期货合约为单位的对冲比率就是 200 000 美元/6 250 美元＝32 张合约，正如上面所得到的。

概念检查 23-2

假定美元贬值时，一家跨国公司受到了损失。具体地，假定英镑兑美元每上升 0.05 美元，该公司利润就会减少 200 000 美元，那么该公司需要持有多少张合约？应该持有多头合约还是空头合约？

给定了未进行套期保值头寸对汇率变化的敏感度后，计算风险最小化的套期保值头寸就容易多了。但是敏感度的估计是比较困难的。例如，对于出口公司来说，一种比较幼稚的观点就是我们只需要估计预期的英镑计价的收入，然后在期货市场或远期市场交割该数量的英镑合约。然而，这种方法未能认识到英镑收入本身就是汇率的一个函数，因为该美国公司的竞争地位部分是由汇率决定的。

另一种方法则部分依赖历史关系。例如，假定该公司准备了如图 23-3 所示的一张散点图，将最近 40 个季度以来每个季度以美元计价的经营利润与该季度美元兑英镑的汇率联系起来。汇率较低，也就是英镑贬值时，利润一般比较低。为了量化敏感度，我们可以估计以下回归方程

$$\text{利润}=a+b(\text{美元/英镑汇率})$$

回归得到的斜率，也就是 b 的估计值，就是季度利润对汇率的敏感度。例如，如果 b 的估计值是 2 000 000，如图 23-3 所示，那么平均来说，英镑兑美元每增加 1 美元就会带来 2 000 000 美元/季度的利润增量。这就是我们断定英镑兑美元的汇率下跌 0.1 美元会使利润减少 200 000 美元时的敏感度。

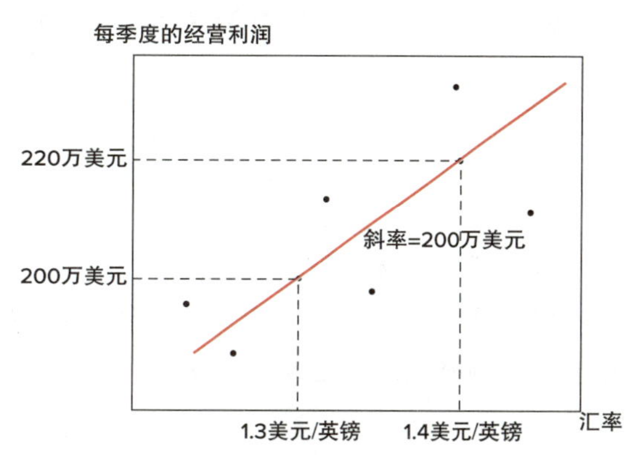

图 23-3　利润是汇率的函数

当然，解释这些回归结果时必须小心。例如，我们不能把一段时间内汇率在 1.20～1.50 美元/英镑波动时的利润和汇率的历史关系外推

至汇率低于 1.00 美元/英镑或者高于 2.00 美元/英镑的情形。

另外，把过去的关系外推至将来时也必须小心。我们已经知道：指数模型回归的贝塔倾向于随时间的变化而变化；这样的问题不仅仅出现在指数模型中。更进一步地说，回归估计仅仅是一个估计。有些时候一个回归方程的参数也可能相当不精确。

尽管如此，对寻找一个变量对另外一个变量的平均敏感度来说，历史关系仍然是一个很好的出发点。斜率系数虽然不完美，但仍然是有用的对冲比率的指标。

概念检查 23-3

通用磨坊公司购买玉米做麦片。玉米价格上涨时，麦片制造成本上升，从而使利润降低。从历史上看，每一季度的利润与玉米价格的关系都满足方程：利润 = 8 000 000 − 1 000 000 × 玉米价格/蒲式耳。为了对玉米价格风险进行套期保值，通用磨坊公司应该在玉米期货市场购买多少蒲式耳玉米？

23.2 股票指数期货

23.2.1 合约

与很多需要进行实物交割的期货合约不同，股票指数期货实行现金结算，结算金额等于合约到期日标的股票指数的点数与反映合约规模的乘数之积。期货多头的总利润为 S_T-F_0，其中 S_T 为到期日股票指数的值。现金结算节约了空头购买指数中的成分股并交割给多头，多头又将股票卖出以换取现金所花费的成本。事实上，多头的收入是 S_T-F_0，空头的收入为 F_0-S_T。利润与真正的股票交割相同。

现在交易的股票指数期货合约有好几种，表 23-1 列出了一些主要的合约，“合约规模”一栏给出了用来计算结算金额的乘数。例如，标准普尔 500 指数 E-mini 合约期货价格是 2 000，而最终的指数值是 2 005，那么多头的利润为 50 美元×(2 005−2 000) = 250 美元。迄今为止，标准普尔 500 指数期货合约主导着美国股指期货市场。[⊖]

表 23-1　主要股票指数期货合约

合约品种	持有市场指数	合约规模	交易所
E-mini 标准普尔 500 指数	500 只股票的市值加权平均值	50 美元×指数	芝加哥商业交易所
Mini 道琼斯工业平均指数	30 家公司的股价加权平均值	5 美元×指数	芝加哥交易所
Mini 罗素 2000 指数	2 000 家小公司的指数	50 美元×指数	洲际交易所
纳斯达克 100 指数	100 只最大的场外交易股票的市值加权平均	100 美元×指数	芝加哥商业交易所
日经 225 指数	《日本经济新闻》社 225 只股票平均指数	5 美元×指数	芝加哥商业交易所
富时 100 指数	100 家英国公司股票的指数	10 英镑×指数	伦敦国际金融期货交易所
DAX-30 指数	30 家德国公司股票的指数	25 欧元×指数	欧洲交易所
CAC-40 指数	40 家法国公司股票的指数	10 欧元×指数	巴黎国际商品交易所
恒生指数	中国香港一些具有代表性公司的股价加权平均值	50 港元×指数	中国香港证券交易所

这些股票市场指数都是高度相关的。表 23-2 给出了美国四种主要股票指数之间的相关矩阵：标准普尔 500 指数、道琼斯工业平均指数、罗素 2000 小盘股指数以及纳斯达克 100 指数。标准普尔 500 指数和道琼斯工业平均指数这两个宽基指数之间的相关系数最高，为 0.951，以科

⊖ 正如我们在第 22 章中指出的，“大”标普合约的乘数是 250 美元，但 E-mini 在标准普尔 500 指数期货合约成交量中占主导地位。

技公司为主的纳斯达克 100 指数和以中小企业为主的罗素 2000 指数等窄基指数与宽基指数的相关性比较低，但是相关系数也都在 0.7 以上。

表 23-2　美国四种主要股票市场指数的相关性

	标准普尔 500 指数	道琼斯工业平均指数	纳斯达克 100 指数	罗素 2000 指数
标准普尔 500 指数	1.000			
道琼斯工业平均指数	0.951	1.000		
纳斯达克 100 指数	0.924	0.848	1.000	
罗素 2000 小盘股指数	0.760	0.702	0.750	1.000

注：相关系数是根据 2014—2018 年月度收益率计算得出的。

23.2.2　构造合成的股票头寸：一种资产配置工具

股票指数期货之所以这么受欢迎，其中一个原因就是它们可以替代持有股票，从而使投资者并不需要真正买入或卖出大量股票就能进行大范围的市场操作。

因此，我们说持有股票指数期货就是持有“合成的”市场资产组合。投资者只需要持有指数的多头头寸，就可以替代持有市场资产组合。期货头寸建立与平仓的交易成本远低于购买现货头寸的交易成本。也正因此，那些在整个市场上进行投机而不局限于个别证券的“市场时机决定者”更愿意做股票指数期货交易。

例如，市场时机决定的一种运作方式是在国债与大范围股票市场之间来回切换。市场时机决定者试图在股票市场好转之前从国债市场进入股市，而在市场低迷前，他们又把股票换成国债，从而从大范围的市场运作中获得利润。但是，这种市场时机决定会因为频繁买卖大量股票而产生一大笔经纪费用。一个很好的替代选择就是投资国债和持有数量不断变化的市场指数期货合约，使交易费用更低。

具体地说，牛市时，市场时机决定者建立大量的期货多头，这样一旦预测市场要转为熊市，他们就可以便宜、快捷地平仓。与在国债与股票之间来回切换相比，他们只要买入并持有国债，然后调整股票指数期货的头寸就可以了。

你可以构造一个与持有股票指数资产组合收益一样的股票指数期货加国债的头寸，即

（1）买入与你想购买股票头寸相等的股票指数期货合约。例如，如果想持有 1 000 美元乘以标准普尔 500 指数，你就需要购买 20 份期货合约，因为每份合约要求交割 50 美元乘以该指数。

（2）将足以支付合约到期日期货价格的资金投资于国债。最低投资额等于按期货价格清偿期货合约所需款项的现值。

【例 23-3】　使用股票指数期货的合成头寸

假设一个机构投资者想在市场上进行为期 1 个月的 100 000 000 美元投资，为了使交易成本最低，投资者决定购买标准普尔 500 指数 E-mini 期货合约以替代实际持有股票。如果现在指数为 2 000 点，1 个月到期的期货价格为 2 020 点，国债的月利率是 1%，则该投资者需要买入 1 000 份合约。每份合约相当于价值为 50 美元×2 000＝100 000 美元的股票，且 100 000 000 美元/100 000 美元＝1 000。为了支付期货价格，它必须投资 50 000 倍期货价格现值的金额于国债，即 50 000×(2 020/1.01) ＝100 000 000 美元市值的国债。注意，在国债上 100 000 000 美元的支出恰好等于直接购买股票所需的金额（国债的面值是 50 000×2 020＝101 000 000 美元）。

这是人工合成的股票头寸。在到期日，资产组合的价值是多少？设 S_T 是到期日 T 时股票指数的价值，F_0 为初始期货价格：

	一般形式 （每单位指数）	我们的数字 （美元）
1. 合约的利润	S_T-F_0	50 000（S_T-2 020）
2. 国债的价值	F_0	101 000 000
总计	S_T	50 000S_T

合约到期日的总收益与股指价值成比例，也就是说，除了持有期的股利分配与税务处理不同外，采取这种投资组合策略与持有股票指数本身没有什么区别。

例 23-3 中国债加期货的策略可以被视为一种 100% 的股票投资策略。从一个极端的角度看，期货投资为零时这种策略就是 100% 的国债头寸。采取期货空头将得到与卖空股票市场指数一样的结果，因为在这两种情况下投资者都从股票价格的下跌中获利。很明显，国债加期货的资产组合为市场时机决定者开辟了一条灵活、低成本的投资途径。期货头寸可以迅速便宜地开仓与平仓。另外，由于期货空头使得投资者可以在国债上赚取利息，所以它比传统的股票卖空方式优越得多，因为卖空股票只能赚取很少利息或者不能赚到利息。

概念检查 23-4

如果一个投资者持有股票指数组合，当他对市场预期持悲观态度时，他会使用期货构造“合成退出”头寸，同样适用例 23-3 中的那种市场时机决定策略。假设该投资者持有 100 000 000 美元股票（指数现值的 50 000 倍），当市场疲软时，他在持有的股票基础上增加什么样的期货头寸可以构造合成国债敞口？使用例 23-3 中的表格，假设利润是无风险的。

23.2.3 指数套利

无论什么时候，只要实际期货价格落到无套利区域之外，我们就有获得利润的机会。这就是平价关系如此重要的原因。除了学术意义之外，它更是一种能带来巨额利润的交易规则。**指数套利**（index arbitrage）是一种利用期货的实际价格与理论上的正确平价之间的背离来获利的投资策略。

理论上，指数套利很简单。如果期货价格过高，就卖出期货合约，买入指数的成分股。如果期货价格过低，就买入期货合约，卖出股票。通过完全的对冲，你可以获得期货价格错估带来的套利利润。

但实际中，指数套利很难进行。问题在于购买“指数成分股”。想买入或卖出标准普尔 500 指数中的 500 种成分股是不太切合实际的。原因有两个：一是交易成本，它可能超过套利获得的利润；二是同时买入或卖出 500 种不同的股票是极其困难的，而操作过程中的任何延误都会影响暂时价差的利用效果。别忘了，其他人也将试图利用平价中的偏差，如果其他人抢先交易了，他们可能会在你行权之前改变价格。

如果套利者想利用期货价格与其标的股票指数的价差获利，他就需要同时快速地交易整个资产组合的股票。因此，他们需要借助交易程序，这就是**程序化交易**（program trading），它是指买入或卖出整个资产组合的股票。电子交易使交易者可以向市场一次性下达同时买入或卖出一篮子股票的指令。[1]

---

[1] 有投资者试图通过将 ETF 与市场指数挂钩来消除平价波动性，但 ETF 在较差流动性市场交易时，大单可能会导致价格出现较大的滑点。

这种套利行为及其相应的程序化交易能否成功取决于两点：一是现货与期货价格的相对水平；二是两个市场同步交易的情况。因为套利者利用的是现货与期货之间的价差，所以它们的绝对价格并不重要。

23.2.4 使用指数期货对冲市场风险

期货合约也可以用来对冲市场风险敞口。例如，假设你管理一个 3 000 万美元的资产组合，β 为 0.8，你认为长期市场是牛市，但是你担心接下来的两个月内市场很容易急剧下挫。如果交易是无成本的，你可以卖出你的资产组合，并持有短期国债 2 个月，然后在认为市场下跌风险过去之后，再重新建立你的头寸。但在实际中，这个策略会带来让人难以接受的交易成本，更不用说资产组合的资本利得或资本损失带来的税务问题。一种替代性的方法是使用股票指数期货对冲你的风险敞口。

【例 23-4】 对冲市场风险

假设标准普尔 500 指数目前为 2 000 点，下跌 2.5%就到了 1 950 点。资产组合的 β 值是 0.8，这样你预计的损失为 0.8×2.5%=2%，用美元表示就是 0.02×3 000 万美元=60 万美元。因此，对于标准普尔 500 指数每 50 点的变动，这个资产组合对市场变动的敏感度为 60 万美元。

为了对冲这个风险，你可以卖出股票指数期货。当你的资产组合随着市场下降而贬值时，期货合约能够提供抵消性的利润。

期货合约对市场变动的敏感度很容易确定。合约乘数为 50 美元，股指每变动 50 点，标准普尔 500 指数期货合约的利润就变化 2 500 美元。因此，为了对冲两个月的市场风险，计算对冲比率如下

$$H=\frac{\text{资产组合价值的变化}}{\text{1 份期货合约的利润}}=\frac{600\ 000}{2\ 500}=240\text{ 份合约(空单)}$$

因为你的投资组合在市场下跌时表现不佳，所以你需要一个在市场下跌时表现良好的头寸。通过做空股指期货，你就可以从合约中获利以抵消资产组合的市场风险。

我们也可以用前面图 23-3 中的回归程序来解决这一套期保值问题。图 23-4 所示的资产组合的价值是标准普尔 500 指数价值的函数。β 为 0.8，斜率系数为 12 000：指数上涨 2.5%，即从 2 000 到 2 050，能够带来 3 000 万美元的 2%的利润，也就是 60 万美元的资本利得。

因此，指数每上涨 1 点，你的资产组合价值就增加 12 000 美元。于是，为了完全抵消市场变动的风险，你需要做 12 000 单位的标准普尔 500 指数点的空头头寸。因为合约乘数是 50 美元，所以你需要卖出 12 000/50=240 份合约。

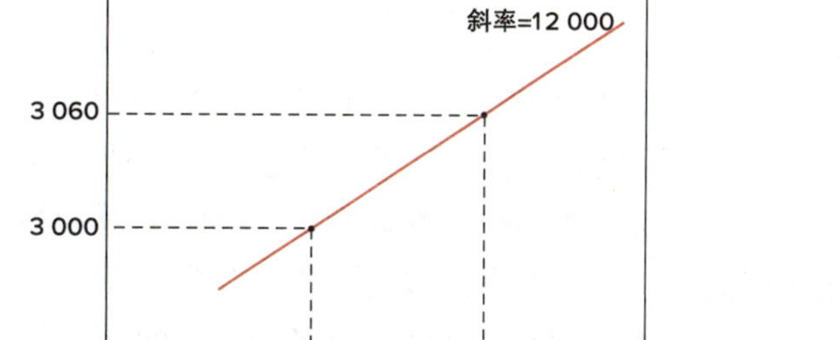

图 23-4 资产组合预测值为市场指数的函数

注意，若未保护头寸对某一资产价格的回归斜率是正的，你的对冲策略是持有这一资产的空头头寸。对冲比率是回归斜率的相反数。这是因为对冲头寸必须抵消你初始的风险敞口。如果资产价值下降时，你的业绩表现变差，你需

要建立当资产价值下降时业绩表现变好的对冲工具，即该资产的空头头寸。

主动管理人有时认为，一项特定的资产被低估了，但同时市场总体上将下跌。尽管与市场中的其他股票相比，该项资产值得买入，但在整个市场下跌时它也可能表现欠佳。为了解决这个问题，管理人可以对公司和市场分别押注：对公司的押注必须通过对冲头寸规避市场风险。换句话说，管理人寻找一种市场**中性策略**（market-neutral bet），即持有股票是为了获得 α 收益（风险调整后的超额期望收益），但是市场风险已经被完全对冲，保证头寸的 β 为零。

通过对冲市场，投资组合经理可以进行股票选择，而不必担心这些股票的市场风险。选好股票以后，通过股票期货合约可以把资产组合的市场风险调整到任何想要的程度。再次说明，股票的 β 值对对冲策略来说尤其重要。我们将在第 26 章中更详细地讨论市场中性策略。

【例 23-5】 市场中性下的主动选股

假设基金经理购买了价值 75 万美元的股票，该股票的 β 是 2/3。市场下跌 3%，股票预期下跌 2/3×3%=2%，也就是 15 000 美元。标准普尔 500 指数现在是 2 000 点，如果下跌 3%，就是下跌 60 点，合约乘数为 50 美元，这样每份期货合约空头的利润为 60×50 美元=3 000 美元。因此，股票的市场风险可以通过卖出 5 份标准普尔 500 指数期货合约来抵消。更正式地，我们计算的对冲比率如下

$$H=\frac{\text{市场下跌 3\% 时股票价值变化}}{\text{市场下跌 3\% 时一份空头合约的利润}}=\frac{\text{未受保护的 15 000 美元头寸}}{\text{每份合约 3 000 美元的收入}}=5\text{ 份合约}$$

现在，市场风险被对冲了，股票加期货资产组合业绩的唯一变数来源是公司股票的具体表现。

23.3 利率期货

对冲利率风险

同股票管理人一样，固定收益证券管理人有时也想对冲市场风险，即来自整个利率期限结构的变动。例如，考虑到以下这些问题。

（1）一个固定收益证券管理人持有一个已获得相当可观的资本利得的债券组合。她预计利率会上升，希望能对冲加息带来的风险敞口，但是又不愿意将现有的资产组合替换成一个短久期债券组合，因为这样做会带来巨大的交易成本和资本利得的税费。

（2）一家公司计划公开发行债券。它认为目前是发行的好时机，但是因为存在 SEC 注册的滞后期，在 3 个月内公司不能发行债券。公司希望对冲收益率的不确定性，以使得债券能够售出。

（3）一个养老基金下个月将收到一笔很大的现金，计划将其投资于长期债券。考虑到届时利率下降的可能性，该基金希望能够把长期债券的收益率锁定在当前水平。

在以上每个案例中，投资管理人都希望对冲掉利率的不确定性。为了说明操作程序，我们集中研究第一个案例，并假设资产组合管理人持有 1 000 万美元的债券资产组合，其修正久期为 9 年。[⊖]如果像所担心的那样，市场利率真的上升了，债券组合的收益率也会上升，比如说 10 个

⊖ 回忆一下修正久期的概念 D^*，它与久期 D 相关，计算公式为 $D^*=D/(1+y)$，其中 y 是债券的到期收益率。如果债券每半年付一次利息，y 就应当是半年的收益率。简单起见，我们假设每年付一次利息，把 y 作为有效的年化收益率。

基点（0.10%），基金将遭受资本损失。回顾第 16 章的内容，资本损失的百分比是修正久期 D^* 与资产组合收益率变化的乘积。因此，损失为

$$D^* \times \Delta y = 9 \times 0.10\% = 0.90\%$$

也就是 90 000 美元。这表明，收益率变化 1 个基点，未保护头寸的价值将变化 9 000 美元。这个比率被市场人士称为**基点价值**（price value of a basis point），记为 PVBP。我们可以用公式表示如下

$$\text{PVBP} = \frac{\text{资产组合价值的变化}}{\text{预计收益率的变化}} = \frac{90\,000\text{ 美元}}{10\text{ 个基点}} = 9\,000\text{ 美元/基点}$$

对冲这个风险的一种方法是建立利率期货合约（例如国债合约）的抵消头寸。国债面值为 100 000 美元，票面利率为 6%，期限为 20 年。因为具有不同的票面利率和期限，许多债券都可替代国债用于结算，实际操作中的合约交割标准相当复杂。为了简化，我们假设用于合约交割的债券已经确定，其修正久期为 10 年，当前面值为 100 美元的债券期货价格为 90 美元。因为合约要求交割面值 100 000 美元的债券，所以合约乘数是 1 000 美元。

有了以上数据，我们就可以计算期货合约的 PVBP。如果交割债券的收益率上升 10 个基点，债券价值将下降 $D^* \times 0.1\% = 10 \times 0.1\% = 1\%$。期货价格也将下跌 1%，从 90 美元降到 89.1 美元。[㊀]因为合约乘数是 1 000 美元，所以每份合约空头的收益为 1 000 美元×0.90=900 美元。因此，期货合约的 PVBP 为 900 美元/10 个基点，即收益率变化 1 个基点为 90 美元。

现在我们可以方便地计算出对冲比率

$$H = \frac{\text{资产组合的 PVBP}}{\text{对冲工具的 PVBP}} = \frac{9\,000\text{ 美元}}{\text{每份合约 90 美元}} = 100\text{ 份合约}$$

这样，100 份国债合约就可以抵消资产组合在利率风险上的风险敞口。

注意，这是市场中性策略的又一个例子。例 23-5 中阐述了股票对冲策略，股指期货可被用来使得资产组合的 β 为零。在这个例子中，我们用国债期货使得债券头寸的利率风险敞口为零。经过对冲的债券头寸的久期（或 PVBP）为零。风险来源不同，但对冲策略在本质上是相同的。

概念检查 23-5

假设债券组合增大 1 倍，变为 2 000 万美元，修正久期为 4.5 年。证明对冲要用的国债期货合约的数量与前面所计算的一样，为 100 份合约。

虽然对冲比率很容易计算，但是实际中的对冲问题非常复杂。在我们的例子中，我们假设国债与债券组合的收益率变动是完全一致的。虽然各种固定收益债券的利率有相同的变化趋势，但不同类别债券之间还是存在相当大的差异。如图 23-5 所示，从长期来看，长期公司债券与 10 年期国债的利差具有相当大的波动。只有两类固定收益债券的利差是常数（或者至少可以精确预测），也就是两类债券收益率变动相等时，我们的对冲策略才是完全有效的。

这个问题凸显了一个事实，即大多数对冲策略实际上是**交叉套期保值**（cross-hedging），这是指对冲工具与要被对冲的资产不属于同一类资产。除非两类资产的收益完全相关，否则对冲就是不完全的。交叉对冲可以消除未受保护资产组合总风险的绝大部分，但是你需要意识到它们与无风险头寸相比仍有明显的差距。

㊀ 这里假设期货价格与债券价格完全同比例变动，通常，期货价格与债券价格的变动也几乎如此。

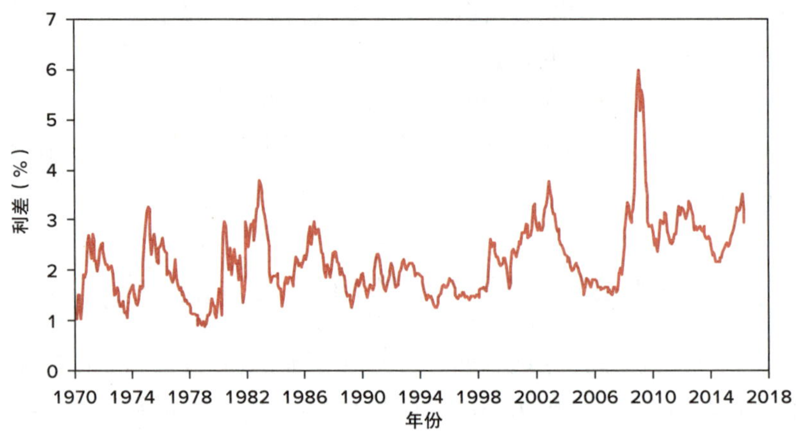

图 23-5 10 年期国债与 Baa 级公司债券的利差

23.4 互换

互换是远期合约的多期扩展。例如，不仅仅在某一日期以协议远期价格把英镑换成美元，**外汇互换**（foreign exchange swap）可以要求在若干未来日期交换货币。交易方可能要求在未来 5 年里每年用 130 万美元交换 100 万英镑。类似地，**利率互换**（interest rate swap）是以按固定利率产生利息的现金流换取以按浮动利率产生利息的现金流。[㊀]未来 7 年交易一方每年用 100 万美元乘以短期市场利率的可变现金流换取一个金额等于 100 万美元乘以固定利率 5%的现金流。

互换市场是衍生品市场的重要组成部分，目前互换市场规模大约为 400 万亿美元。我们将以一个简单的利率互换例子阐述互换机制是如何运作的。

【例 23-6】 利率互换

考虑一个大型资产组合管理人现在持有总面值为 1 亿美元、平均票面利率为 7%的长期债券。该管理人认为利率将上涨。因此，他想卖掉债券，并把它们换成短期或浮动利率债券。但是，就交易成本而言，若每次更新利率预测时就要更换投资组合，成本极高。调整资产组合既便宜又快捷的方式是将资产组合目前产生的每年 700 万美元的利息收入换为与短期利率挂钩的现金流。这样，当利率上涨时，资产组合的利息收入随之增加。

某个互换交易者愿意将基于 LIBOR 利率的现金流兑换为 7%的固定利率现金流。（LIBOR，伦敦银行同业拆借利率，是银行在欧洲美元市场上同业拆借的利率，也是互换市场最常用的短期利率）资产组合管理人则会换出这份名义本金为 1 亿美元、固定利率为 7%的现金流而换入以 LIBOR 计息相等名义本金的现金流。[㊁]换句话说，管理人将 0.07×1 亿美元的支付换为 LIBOR×1 亿美元的支付，并从互换协议中得到（LIBOR−0.07）×1 亿美元的净现金流。注意，互换协议并不意味着贷款的生成。协议双方只是将固定现金流换为可变的现金流。

以下是三种假定利率水平下资产组合管理人的净现金流：

㊀ 利率互换与第 16 章中描述的霍默-利伯维茨债券互换类型无关。

㊁ 互换的参与者不需要相互贷款。他们只需同意交换固定现金流和按照短期市场利率计息的可变现金流。这就是本金被称为名义本金的原因。名义本金仅仅用来描述互换协议的规模。在此例中，双方协议将 7%的固定利率互换为 LIBOR；LIBOR 与 7%的差额乘以名义本金决定了交易双方交换的现金流。

	LIBOR		
	6.5%	7.0%	7.5%
债券资产组合的利息收入（=1 亿美元债券资产组合的 7%）	7 000 000 美元	7 000 000 美元	7 000 000 美元
来自互换的现金流［=(LIBOR−7%) ×1 亿美元的名义本金］	(500 000)	0	500 000
总计（=LIBOR×1 亿美元）	6 500 000 美元	7 000 000 美元	7 500 000 美元

注意，所有头寸的净收入（债券加互换协议）等于每种情形下的 LIBOR 乘以 1 亿美元。事实上，管理人已将固定利率债券资产组合转换成浮动利率资产组合。

23.4.1　互换和资产负债表调整

例 23-6 阐述了为什么互换对持有固定收益证券的管理人具有极大的吸引力。这些协议提供了一种快捷低廉而且变相的资产负债表调整方式。假设一家公司发行了固定利率债券，并认为利率可能下降；它更希望已发行的是浮动利率债券。原则上，它可以发行浮动利率债券并利用收益回购已经发行的固定利率债券。但是通过接收固定利率（抵消它的固定利息义务）、支付浮动利率的互换协议，把固定利率债券转换成浮动利率债券更加容易与快捷。

相反，一家银行按目前市场利率向存款客户支付利息，面临市场利率上调的风险，可以进行互换交易，收取浮动利率，并对相同名义本金支付固定利率。这个互换头寸加上浮动利率存款负债，将产生固定现金流量的净负债。银行则可投资于长期固定利率贷款，而不必担心利率风险。

再举一个关于固定收益资产组合管理人的例子。当预计利率波动时，管理人能通过互换低廉、快捷地在固定利率和浮动利率之间进行转换。管理人可以通过支付固定利率接收浮动利率的互换，将固定利率资产组合转换成浮动利率的资产组合，而后也可以通过一个相反的互换协议将其转回。

外汇互换也能使公司迅速便宜地调整资产负债表。例如，假设一家公司发行票面利率为 8%、本金为 1 000 万美元的债券，它更想用英镑支付其利息债务。也许，这家公司是一家英国公司，它发现在美国市场上有较好的融资机会，但又想用英镑偿还债务。那么，这家公司可以签订一份互换协议，每年用一定数量的英镑交换 80 万美元。通过这样做，它就用新的英镑债务有效替代了美元债务。

概念检查 23-6

某公司如何利用互换将已发行的利率等于 LIBOR 的浮动利率债券转换为固定利率债券？假设互换协议允许将 LIBOR 换为固定利率 8%。

23.4.2　互换交易商

什么是互换交易商？交易商就像典型的金融中介如银行，为什么在假设的互换中愿意为互换的意愿参与者承担起交易对手的角色？

考虑一个交易商成为一个互换客户的交易对手，假定该交易商正在支付 LIBOR 和接收固定利率。该交易商将在互换市场上寻找另外一个互换客户，该客户愿意按固定利率获得利息收益并按 LIBOR 支付利息。例如，公司 A 按 7%的票面利率发行债券并希望将其转换为以浮动利率计息的债务，同时公司 B 发行了以 LIBOR 浮动利率计息的债券并希望将其转换为固定利率计息的债务。互换交易商将与公司 A 达成互换交易，公司 A 支付固定利率而接收 LIBOR，然后与公司 B 达成互换交易，公司 B 支付 LIBOR 而接收固定利率。当两个互换交易合并在一起时，互换交易商的头寸对市场利率完全中性，在一个互换中支付 LIBOR，而在另一个互换中接收 LIBOR。类似地，互换交易商在一个互换中支付固定利率，而在另一个互换中接收固定利率。互换交易商仅是一个中介，把支付从一方转移到另一方。[⊖]互换的买卖价差使互换交易商在交易中有利可图。

> **概念检查 23-7**
>
> 一个养老保险基金持有货币市场证券资产组合，管理人认为该组合与风险相当的短期证券相比收益更好。但是，管理人预计利率会下降。采取什么类型的互换能使基金继续持有短期证券资产组合而同时在利率下调时获利。

互换交易的结构如图 23-6 所示。公司 A 发行了固定利率为 7%的债券（最左边的方框），并与互换交易商达成协议，接收固定利率 6.95%而支付 LIBOR。因此，公司 A 净支付为 7%+(LIBOR−6.95%)= LIBOR+0.05%，将固定利率债务转换成浮动利率债务。相反，公司 B 发行了浮动利率 LIBOR 债券（最右边的方框），并与互换交易商达成协议，支付固定利率 7.05%而接收 LIBOR。因此，公司 B 净支付为 LIBOR+(7.05%−LIBOR)= 7.05%，将浮动利率债务转换成固定利率债务。如图 23-6 所示，买卖价差是互换交易商的利润来源，在图 23-6 中是每年名义本金的 0.10%。

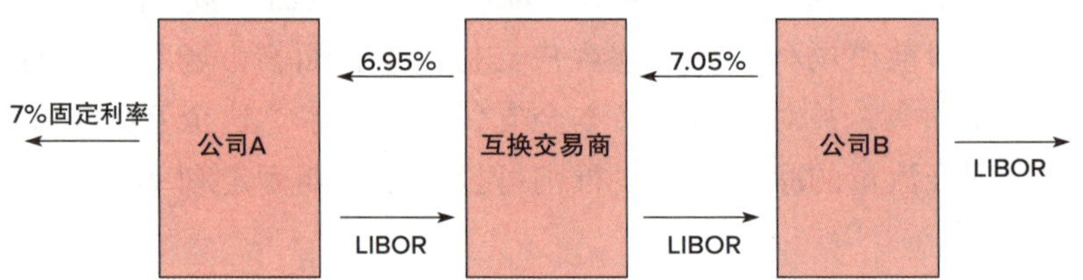

图 23-6　利率互换

注：公司 B 向互换交易商支付固定利率 7.05%以获得 LIBOR。公司 A 从互换交易商处得到 6.95%，支付 LIBOR。互换交易商将每期得到名义本金的 0.10%的现金流。

23.4.3　其他利率合约

互换是场外市场交易的不同期限远期合约的组合。它们也是交易所上市交易的利率合约。交易活跃程度最高的是欧洲美元合约，如图 23-7 所示。该合约的利润与合约到期日 LIBOR 和合约初始利率之间的差额成一定比例。它们类似于其他货币的银行同业拆借利率。例如，LIBOR 的孪生兄弟 EURIBOR，是在欧元区银行之间进行以欧元计价的同业拆借利率。

	Open	High	Contract hilo	Low	Settle	Chg	Open interest
Eurodollar (CME)-$1,000,000; pts of 100%							
Jan	97.2400	97.2450		97.2225	**97.2275**	−0.0125	256,596
March	97.2900	97.3000	▼	97.2750	**97.2950**	0.0050	1,463,124
June	97.2650	97.2900	▼	97.2550	**97.2800**	0.0100	1,244,678
Dec	97.2900	97.3200	▼	97.2700	**97.3050**	0.0100	1,719,535

图 23-7　欧洲美元期货，2019 年 1 月 9 日

资料来源：*The Wall Street Journal*, January 10, 2019.

欧洲美元合约的规则有些特殊。例如，考虑一份在交易所上市的合约，到期日是 2019 年

⊖ 事实上，情况要更复杂一些。互换交易商不仅仅是中介角色，因为它还背负一方或另一方交易者违约的信用风险。如图 23-6 所示，如果公司 A 违约，互换交易商仍要向公司 B 兑现承诺。从这个意义上说，互换交易商超出了向另一方交易者传输现金流的职能。

1 月。初始协议价格 $F_0=97.2275$，或近似为 97.23。但是，这个值并不是真正的价格。事实上，合约参与者协议商定合约利率，并且所谓的期货价格等于 100 减去合约利率。因为所列的期货价格是 97.23，所以合约利率等于 100−97.23，即 2.77%。类似地，合约到期时最终期货价格 $F_T=100-\text{LIBOR}_T$。因此，合约购买者的利润与下面的公式成比例

$$F_T-F_0=(100-\text{LIBOR}_T)-(100-\text{合约利率})=\text{合约利率}-\text{LIBOR}_T$$

这样，合约设计允许参与者直接按 LIBOR 交易。合约乘数为 100 万美元，但合约上所列的 LIBOR 是 3 个月期（季度）利率；LIBOR（年化）每增加 1 个基点，季度利率只增加 1/4 个基点，购买者利润减少

$$0.0001\times1/4\times1\,000\,000=25(\text{美元})$$

检查这份合约的收益，可以发现，欧洲美元合约允许交易者将固定利率（即合约利率）“互换”为浮动利率（LIBOR）。因此，实际上这是一期利率互换。注意图 23-7 中，合约持仓量巨大——仅 1 年期以内的合约数量有近 500 万份。而且，虽然没有被《华尔街日报》披露，但是欧洲美元的重大交易合约的期限延长至 10 年。如此长期限的合约并不常见。它们反映了这样的事实：交易商把欧洲美元合约作为对冲工具进行长期利率互换。

23.4.4　互换定价

怎样确定合理的互换比率呢？例如，我们如何知道用 LIBOR 交换的固定利率是合理的呢？或者，在外汇互换中，英镑和美元之间的合理互换比率是多少呢？为了回答这个问题，我们必须研究一下互换协议与远期或期货合约的相似之处。

先考虑一个只有 1 年期的美元与英镑的互换协议。例如下一年，某交易者想用 100 万美元换取 50 万英镑。这只不过是一个简单的外汇远期合约。美元支付方约定在一年以后按今天商定的价格购买英镑。1 年期交割的远期汇率是 $F_1=2$ 美元/英镑。根据利率平价关系，我们知道，这个远期价格与即期汇率 E_0 有关，即 $F_1=E_0(1+r_{\text{US}})/(1+r_{\text{UK}})$。因为 1 年期的外汇互换实际上是一个外汇互换协议，所以合理的互换比率可以由平价关系确定。

现在考虑一个 2 年期的外汇互换协议。这个协议可以看作两份独立远期合约的组合。如果是这样，1 年以后汇率远期价格 $F_1=E_0(1+r_{\text{US}})/(1+r_{\text{UK}})$，而 2 年之后汇率远期价格 $F_2=E_0[(1+r_{\text{US}})/(1+r_{\text{UK}})]^2$。举一个例子，假定 $E_0=2.03$ 美元/英镑，$r_{\text{US}}=5\%$，$r_{\text{UK}}=7\%$。根据平价关系，我们可以得到远期价格 $F_1=2.03\times(1.05/1.07)=1.992$ 美元/英镑，$F_2=2.03\times(1.05/1.07)^2=1.955$ 美元/英镑。图 23-8a 说明了假定每年交割 1 英镑的互换产生的现金流。尽管我们现在已经知道未来两年每年需要支付的美元数量，可它们每年都是不同的。

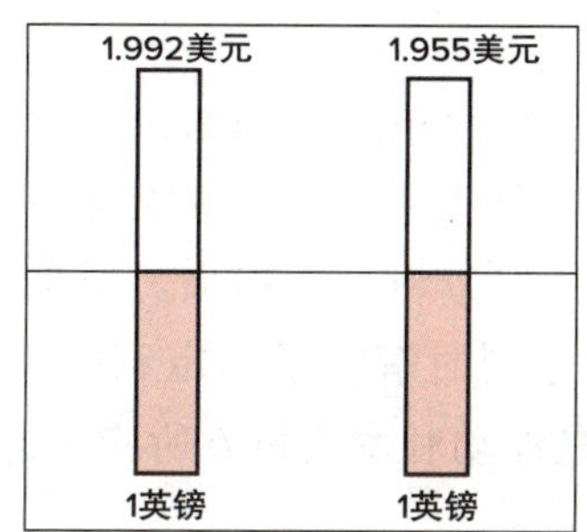

a）两份远期合约，每份合约单独定价

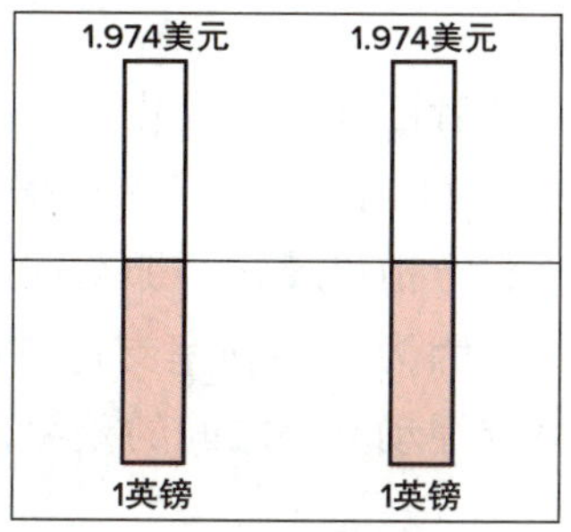

b）2年期互换协议

图 23-8　远期合约与互换协议对比

相比之下，一份交换 2 年期外汇的互换协议要求互换期限中每年都使用固定的汇率。这就意味着每年每 1 英镑兑付相同数量的美元，如图 23-8b 所示。因为未来两年每年汇率的远期价格分别是 1.992 美元/英镑和 1.955 美元/英镑，所以为使 2 年期互换成为公允交易，固定汇率必须介于这两个值之间。因此，美元支付方第一年要少支付（与远期汇率相比），而第二年要多支付。这样，互换可以被视为一系列远期交易的投资组合，但与每次交换都独立定价不同，互换所有的交易都应用了一个远期价格。

了解了这一点，确定合理的互换价格就非常简单了。在未来两年，如果我们用两份单独的远期汇率协议每年购买 1 英镑，那么我们第一年支付 F_1 美元，第二年支付 F_2 美元。如果使用互换，对于每 1 英镑，我们都得支付固定的价格 F^* 美元。因为两种策略购买相同的“一篮子现金流”（即未来两年 1 英镑/年），成本必然相等，可以得出结论

$$\frac{F_1}{1+y_1}+\frac{F_2}{(1+y_2)^2}=\frac{F^*}{1+y_1}+\frac{F^*}{(1+y_2)^2}$$

式中，y_1 和 y_2 分别为用来对 1 年期和 2 年期美元现金流进行贴现的收益率，它们可以从收益率曲线上得到。在我们的例子中，我们假定美国收益率曲线的收益率恒等于 5%，求解

$$\frac{1.992}{1.05}+\frac{1.955}{1.05^2}=\frac{F^*}{1.05}+\frac{F^*}{1.05^2}$$

我们得到 $F^*=1.974$。相同的原理适用于任何期限的外汇互换。本质上，我们需要找到的是与一系列远期汇率协议的年度现金流现值相等的年金水平 F^*。

利率互换也可以采用相同的方法进行分析。不过，这里的远期交易是关于利率的。例如，如果你持有 100 美元名义本金，并将 LIBOR 互换为 7%的固定利率，那么你就建立了远期协议，即用 100 美元与 LIBOR 的乘积交换一个固定的“远期”价格——7 美元。如果互换协议具有多个时期，那么合理价差应该由整个互换期内所有的利率远期价格决定。

23.4.5 互换市场的信用风险

随着互换市场的飞速发展，市场信用风险与主要交易对手违约风险也在随之增加。实际上，尽管互换市场的信用风险并非微不足道，但远没有名义本金暗示的那样巨大。要弄明白这一点，试想如果交易对手违约，交易者会遭受的损失。

交易之初，对双方来说互换的净现值都是零，原因与期货合约签订之初净现值为零相同：双方仅仅愿意按照当前商定的履行条款进行现金交换。换言之，在合同开始时，合同的净现值必须为零。即使一方这时想退出交易，也不会给对方造成任何损失，因为可以找到另一个交易者来代替。

但是，一旦利率或者汇率发生变化，情况就不那么简单了。例如，假设一份利率互换协议生效后不久利率就上升了。因此，浮动利率支付方将承受损失，而固定利率支付方获得收益。如果此时浮动利率支付方拒绝履约，那么固定利率支付方将承担损失。但是，这个损失并不像互换名义本金那么大，因为浮动利率支付方的违约也同时解除了固定利率支付方的付款义务。损失仅仅是固定利率与浮动利率之间的差额，而不是浮动利率支付方所应支付的价款总额。

【例 23-7】 互换的信用风险

考虑以 100 万美元名义本金为基础的 5 年期互换协议，要求以 LIBOR 交换 4%的固定利率。

简单起见，假设当前收益率曲线保持在 4%，LIBOR 等于 4%，除非利率发生变化，否则没有任何现金交换。但是假设现在收益率突然上升至 5%，浮动利率支付方每年将向固定利率支付方支付现金（0.05−0.04）×1 000 000 美元 = 10 000 美元（只要浮动利率保持在 5%）。如果浮动利率支付方违约，则固定利率支付方将损失 5 年等值年金。该年金的现值是 10 000 美元×年金系数（5%，5 年）= 43 295 美元，略高于名义本金的 4%。我们得出结论，互换信用风险远比它的名义本金小。

23.4.6　信用违约互换

尽管名称类似，但是**信用违约互换**（credit default swap，CDS）与利率互换或货币互换完全不同。如我们在第 14 章中所见的，CDS 的支付与一家或多家公司的财务状况相关，因此 CDS 允许交易双方对这些公司的信用风险持有头寸。当特定的“信用事件”被触发时，比如说新发行债券违约或无力支付利息，卖方将弥补债券市值的损失。例如，互换卖方有义务支付面值以接收违约债券（即互换要求实物交割）或者向互换买方支付债券面值与市场价值之间的差额（称为现金交割）。互换买方向互换卖方定期支付费用换取在信用事件发生时的保护。

与利率互换不同，信用违约互换并不需要定期支付利率差额。实际上，它们更像对特定信用事件的保单。债券持有者可能购买这些互换，把信用风险敞口转移给互换卖方，有效提高他们资产组合的信用质量。但是与传统保单不同，互换购买者并不一定要持有 CDS 合约的标的债券，因此，信用违约互换可以纯粹用来推测目标公司信用状况的变化。

23.5　商品期货定价

商品期货的定价基本上与股票期货一样。不过有一点不同，那就是商品的持有成本，尤其是易损商品，比金融资产的持有成本大得多。一些期货合约的标的资产并不能简单地“持有”或保存在资产组合中，如电力期货。此外，一些商品的现货价格有明显的季节性变化，这也会影响商品期货的价格。

23.5.1　有储存成本时的定价

除了利息费用外，商品的持有成本还包括储存成本、保险成本和存货毁损备抵。为了确定商品的期货价格，我们再考虑一下前面提到的那种同时持有资产与该资产期货空头的套利方法。这里我们用 P_T 表示 T 时商品的价格，另外，简单起见，假定所有的非利息持有成本为 C，在合约到期时，一次性付清。因为市场不允许存在套利机会，所以这种净投资为零的无风险策略的最终现金流应该为零。

行动	初始现金流	T 时的现金流
买入资产；在 T 时支付持有成本	$-P_0$	P_T-C
借入 P_0；在 T 时还付本息	P_0	$-P_0(1+r_f)$
期货空头	0	F_0-P_T
总计	0	$F_0-P_0(1+r_f)-C$

如果现金流为正，按照这种方法不需要任何投资就可以保证得到利润。如果现金流为负，采取相反的步骤仍可以获得无风险收益。实际上，反向操作需要卖出商品，这是不常见的，不

过只要合理地考虑了持有成本就仍是可行的。[⊖]这样，我们可以得到

$$F_0=P_0(1+r_f)+C$$

最后，如果我们令 $c=C/P_0$，即 c 是以百分比形式表示的持有成本，我们就可写出

$$F_0=P_0(1+r_f+c) \tag{23-3}$$

这就是一个包含持有成本的 1 年期的期货平价关系。

将式（23-3）与上一章股票平价关系式（22-1）做比较，你会发现它们非常相似。实际上，如果我们把持有成本视为“负股利”的话，这两个公式就是完全相同的。这是一种很直观的解释，因为商品持有者不是收到股利收益 d，而是支付持有成本 c。显然，该平价关系只是我们以前推导出的平价关系的简单拓展。

虽然我们称 c 为商品的持有成本，更一般地，我们也可以把它解释为净持有成本，即持有成本扣除来源于持有存货的收益。例如，持有存货的“便利收益”包括防止缺货，以免延误生产或失去客户。

必须说明的是，式（23-3）是在假设资产可以被买进并储存的前提下得到的，因此它只适用于现在需要储存的商品。有两类商品不能储存：一类是储存在技术上是不可行的，如电力；另一类是储存在经济上是不划算的，例如现在就买进计划 3 年后才使用的农产品，这是非常愚蠢的。由于农产品价格会随着作物收获而下跌，因此在整个作物周期中储存这种商品毫无意义。如果预计 3 年后需要某种作物，明智的做法是等到第 3 年收获后再去购买，这样就可以避免储存成本。此外，如果 3 年后产量与今年相当，那你也能以与今年差不多的价格买到它。通过延迟购买，你节省了利息费用和持有成本。

概念检查 23-8

尽管受到资本约束，人们还是希望购买并“持有”股票，但人们不愿去购买并持有大豆，那么股票价格走势与大豆价格走势之间的什么特性差异导致了这样的结果？

因为通常可以避免在收获期间储存，所以式（23-3）不适用于跨越收获时期的持有情况，也不适用于那些“应时”的易腐烂商品。黄金是一种可储存商品，所以它的期货价格随着期限的延长而稳步上升，而小麦期货价格却是季节性的：每年 3~7 月新收获小麦上市时它的期货价格会明显回落。

图 23-9 是一种农产品价格典型的季节性走势。显然，这种走势与股票或黄金等金融资产的价格走势有很大的不同，后者不会有季节性的价格变化。金融资产具有价格是因为持有它们能够获得期望收益。相反，农产品价格在每次收获时都会大幅下跌，这就使得跨收获期储存农产品通常无利可图，颠覆了式（23-3）的套利策略。

跨季的期货定价需要一种不同的方法，该方法不建立在跨收获期储存的基础之上。我们使用风险溢价理论和贴现现金流（DCF）分析来代替一般的无套利约束。

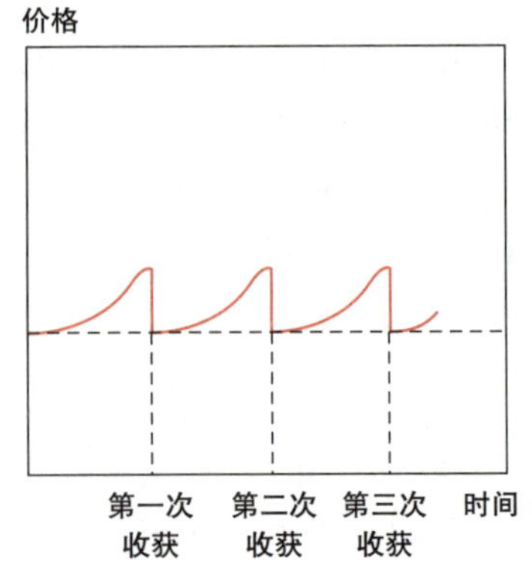

图 23-9 农产品价格典型的季节性走势，价格经通货膨胀调整

[⊖] Robert A. Jarrow and George S. Oldfield, "Forward Contracts and Futures Contracts," *Journal of Financial Economics* 9 (1981).

23.5.2　商品期货的贴现现金流分析

给定未来某一时刻商品现货价格的当前预期和该价格风险特征的测度指标，我们就可以测量在未来某一时刻得到该商品的权利的现值。我们简单地根据资本资产定价模型与套利定价模型来计算恰当的风险溢价，然后用风险调整后的利率对预期的现货价格进行贴现，见下面的例子。

【例 23-8】　商品期货定价

表 23-3 列出了一系列商品的 β 系数。例如，橙汁的 β 系数估计值为 0.117。如果当前国债的利率为 5%，历史上市场风险溢价为 8%，那么由资本资产定价模型计算出来的橙汁的合理贴现率为

$$5\%+0.117\times8\%=5.94\%$$

如果预期 6 个月后的橙汁现货价格为 1.45 美元/lb[㊀]，那么 6 个月后购买橙汁的价格的现值就为

$$1.45/1.0594^{1/2}=1.409(\text{美元})$$

那么，合理的橙汁期货价格是多少呢？这份合约要求最终交割橙汁时按期货价格执行。我们刚才已经得出橙汁的现值是 1.409 美元，它应该等于支付橙汁的期货价格的现值。协议在 6 个月后支付 F_0 美元的现值是 $\frac{F_0}{1.05^{1/2}}=0.976\times F_0$。（注意，贴现率是无风险利率 5%，因为承诺的支付是固定的，与市场条件无关。）

使承诺支付 F_0 的现值与承诺收到商品的现值相等，我们就可以得到

$$0.976F_0=1.409(\text{美元})$$

即

$$F_0=1.444(\text{美元})$$

表 23-3　商品的 β 系数

商品	β 系数	商品	β 系数	商品	β 系数	商品	β 系数
小麦	-0.370	肉鸡	-1.692	橙汁	0.117	猪	-0.148
玉米	-0.429	胶合板	0.660	丙烷	-3.851	猪肚	-0.062
燕麦	0.000	土豆	-0.610	可可	-0.291	鸡蛋	-0.293
大豆	-0.266	铂金	0.221	银	-0.272	木材	-0.131
豆油	-0.650	羊毛	0.307	铜	0.005	白糖	-2.403
豆粕	0.239	棉花	-0.015	牛	0.365		

资料来源：Zvi Bodie and Victor Rosansky, "Risk and Return in Commodity Futures," *Financial Analysts Journal* 36 (May-June 1980).

确定合理期货价格的一般规律是，使未来支付 F_0 的现值与即将收到商品的现值相等，因此我们有

$$\frac{F_0}{(1+r_f)^T}=\frac{E(P_T)}{(1+k)^T}$$

即

㊀ 1lb=0.4536kg。

$$F_0 = E(P_T)\left(\frac{1+r_f}{1+k}\right)^T \tag{23-4}$$

式中，k 为商品的必要收益率，它可以从资产市场均衡模型，如资本资产定价模型中得到。

概念检查 23-9

假定橙汁的系统性风险增加，而在时刻 T 的期望价格不变。如果预期的现货价格不变，那么期货价格是否发生变化？如何变化？你答案背后的底层逻辑是什么？

注意，式（23-4）与现货-期货平价关系完全一致。例如，用式（23-4）计算一种不付股利股票的期货价格。因为股票的全部收益都是资本利得，所以它的期望资本利得率应该等于它的必要收益率 k。因此，股票的期望价格应该是它的当前价格乘以 $(1+k)^T$，或 $E(P_T)=P_0(1+k)^T$，把它代入式（23-4）得到 $F_0=P_0(1+r_f)^T$，这与平价关系完全相同。

小结

1. 外汇期货合约有很多品种，其中还包括欧洲货币指数。外汇期货的利率平价关系为

$$F_0 = E_0\left(\frac{1+r_{US}}{1+r_{foreign}}\right)^T$$

其中汇率是用每单位外币的美元数量标价的。如果期货价格偏离了这个价值就意味着存在套利机会。不过，实证研究表明，通常平价关系都能得到满足。

2. 各种股票市场指数的期货合约都采用现金结算。把这些合约与国债合约结合可以构造综合股票头寸，对市场时机决定者而言，这是一种非常有价值的工具。同样，股票指数期货合约也可以被套利者用来从股票期货平价关系背离中获取利润。

3. 对冲要求投资者购买一种资产，该资产能够抵消其资产组合对特定风险来源的敏感度。对冲头寸要求对冲工具能够带来与要保护头寸相反方向的收入。

4. 对冲比率是指需要消除风险敞口所需对冲工具，例如期货合约的数量。系统性市场风险的对冲比率与标的股票资产组合的规模和 β 值成比例。固定收益资产组合的对冲比率与基点的价格成比例，也就是与资产组合的修正久期和规模成比例。

5. 很多对冲基金会在两种或两种以上证券存在相对错误定价时使用对冲策略来构造市场中性头寸。它们不是套利策略，而是一种特殊的获取利润机会的单一业务。

6. 利率期货合约可以用债务证券标价（如国债期货合约）或者直接用利率标价（如欧洲美元合约）。

7. 互换是把一系列现金流进行交换，可以视为远期合约的资产组合。每次交换都可以视为一个单独的远期协议。不过，与每次交换都单独定价不同的是，互换把一个“远期价格”用于所有的交换。因此，互换的价格是每次交换都单独定价得到的远期价格的平均值。

8. 标的商品存在持有成本，所以商品期货定价比较复杂。当投资者愿意储存商品时，把持有成本扣除便利收益，可以得到如下期货定价方程：

$$F_0 = P_0(1+r_f+c)^T$$

非利息的净持有成本 c，就相当于一种“负股利”。

9. 当储存商品不是为了投资时，正确的期货价格应该根据一般的风险溢价原则确定，即

$$F_0 = E(P_T)\left(\frac{1+r_f}{1+k}\right)^T$$

对可储存商品而言，合理期货价格的均衡条件（风险-收益）和无套利预期是彼此一致的。

习题

1. 股票的贝塔值是股票市场对冲操作的关键变量。债券的久期是固定收益证券市场对冲操作的关键变量。它们的使用方式有何类似之处？在计算对冲头寸上有何区别？
2. 一家美国的出口公司可以使用外汇期货对冲它的外汇敞口风险。它的期货头寸部分取决于客户的外币计价的销售账单。但是，一般来说，它的期货头寸是否应该高于或低于对冲这些账单所需的期货合约数。对冲策略中还需要有其他什么考虑？
3. 黄金开采企业和原油生产企业可以利用期货对冲未来收入的不确定性，以规避价格波动，但是交易通常超过1年。假设一家公司想利用短期限合约对冲更长期的（比如自今开始4年内）商品价格风险。对原油生产企业或黄金开采企业来说，你认为该对冲是否有效？
4. 你认为在未来几个月市政债券与国债收益率的价差将不断缩小。你如何利用市政债券和国债期货合约从这种变化中获得利润？
5. 考虑标准普尔500指数期货合约，一年到期。年利率为3%，未来一年预期支付股利的价值为35美元。指数现行水平为2 000点。假定你能卖空标准普尔500指数。
   a. 假定市场的年期望收益率为8%。一年后预期的指数水平是多少？
   b. 理论上，标准普尔500指数一年期货合约的无套利定价是多少？
   c. 假定标准普尔500指数期货价格是2 012点。是否存在套利机会？如果存在，怎样套利？
6. 假定标准普尔500指数为2 000点。
   a. 如果与低价经纪商交易每份期货合约的成本为25美元（合约乘数为50美元），期货合约控制的每1美元股票的交易成本是多少？
   b. 如果纽约证券交易所的上市股票平均价为40美元，则期货合约控制的每一股“典型股票”的交易成本是多少？
   c. 对于小投资者而言，每股直接交易成本为10美分，期货市场的交易成本是它的多少倍？
7. 你管理资产组合的价值为2 300万美元，现在全部投资于股票，并且认为市场正处于短期下跌趋势的边缘。你会将自己的资产组合暂时转换为国债，却不想承担交易成本并重新构建你的股票头寸。作为替代，你决定暂时用标准普尔500指数期货合约来对冲你的股票头寸。
   a. 你是买入还是卖出合约？为什么？
   b. 如果你的股权投资是投资于一个市场指数基金，你应该持有多少份合约？标准普尔500指数现在是2 300点，合约乘数是50美元。
   c. 如果你的资产组合的β值是0.6，你对b部分的答案有何变化？
8. 管理人持有β为1.25的价值100万美元的股票资产组合。她想用标准普尔500指数期货合约对冲资产组合的风险。为了使她持有头寸的波动性最小化，她应该在期货市场卖出多少美元价值的指数？
9. 假定Digital Computer公司股票的收益率、市场指数以及计算机行业指数之间的关系可以用回归方程表示：$r_{\text{Digital}} = 0.5r_{\text{M}} + 0.75r_{\text{Industry}}$。如果一个计算机行业期货合约已被交易，你将如何对冲系统性因素和行业因素对Digital Computer公司股票表现造成的风险敞口？对所持有的每1美元的Digital Computer公司股票，你该买进或者卖出价值多少美元的市场以及行业指数合约？
10. 假定欧元的现货价格为1.10美元。1年期期货价格为1.15美元。是美国利率高还是欧元区的利率高？
11. a. 英镑的现货价格为1.50美元。如果1

年期政府债券的无风险利率在美国为1%，在英国为2%，1年期英镑远期价格必定是多少？

b. 如果远期价格高于a中的答案，投资者应怎样进行无风险套利？给出数字实例。

12. 考虑以下信息：

$$r_{US}=4\%\ r_{UK}=7\%$$
$$E_0=2.00\text{ 美元/英镑}$$
$$F_0=1.98\text{ 美元/英镑(1 年后交割)}$$

利率每年支付一次。根据以上这些信息：

a. 应向哪个国家贷出资金？

b. 应向哪个国家借入资金？

c. 怎样套利？

13. 农场主布朗种植1号红玉米，并想对收获季节的玉米价值进行套期保值。但是，市场中只有以2号黄玉米为标的物进行交易的期货合约。假定黄玉米都是以红玉米90%的价格出售的。如果他的收成为100 000蒲式耳，并且每份期货合约要求交割5 000蒲式耳，为了给他的头寸套期保值，农场主布朗该买入还是卖出多少张期货合约？

14. 回到图23-7。假定列在第一行的欧洲美元合约1月到期时LIBOR为3.0%。持有欧洲美元合约双方的利润或者损失是多少？

15. 短期债券收益率一般比长期债券收益率波动性更高。假定你已估计出5年期债券收益率每变动15个基点，20年期债券收益率变动10个基点。你持有一个价值100万美元的5年期、修正久期为4年的资产组合，并且想用当前修正久期为9年、售价$F_0=95$美元的国债期货对冲你的利率风险敞口。你应该卖出多少张期货合约？

16. 某管理人持有价值100万美元的债券资产组合，修正久期为8年。她想通过做空国债期货对冲资产组合的风险。国债的修正久期为10年。为了最小化她的头寸的方差，她需要卖出价值多少美元的国债？

17. 某公司计划在3个月内发行价值1 000万美元的10年期债券。在当前的收益率水平下，该债券的修正久期为8年。中期国债期货合约的售价$F_0=100$美元，修正久期为6年。该公司怎样使用这种期货合约来对冲关于收益率的风险？债券和合约都以面值出售。

18. a. 如果黄金现货价格是1 500美元/盎司，无风险利率是2%，持有成本和保险成本均为零，1年期交割的黄金远期价格应该是多少？利用套利工具来证明你的结论。

b. 如果远期价格为1 550美元，说明你如何获得无风险套利利润。

19. 如果现在玉米收成很差，你认为这会对今天交割的2年期玉米期货价格产生什么影响？在什么情况下会没有影响？

20. 假定玉米价格是有风险的，其β值为0.5。每月持有成本为0.03美元，现在的现货价格为5.5美元，3个月后预期的现货价格为5.88美元。如果市场期望收益率为每月0.9%，无风险利率为每月0.5%，你会储存玉米3个月吗？

21. 假定美元的收益率曲线平坦在4%，欧元收益率曲线平坦在3%。现在汇率是1.20美元/欧元。3年期的外汇互换协议的互换比率是多少？该互换协议要求每年以100万欧元换取一定数量的美元。

22. 沙漠贸易公司已经发行了1亿美元价值的长期债券，固定利率为7%。公司实施了一个利率互换，它支付LIBOR并且在1亿美元名义本金的基础上接收一个6%的固定利率。公司的资金总成本是多少？

23. ABC公司与XYZ公司签订了一个5年期互换协议，支付LIBOR而接收固定利率为6%，名义本金为1 000万美元。两年后，市场上3年期互换比率为以LIBOR换取5%的固定利率；在此时，XYZ公司破产并对它的互换义务违约。

a. 为什么ABC公司会因这项违约受损？

b. 由于违约，ABC公司遭受的市场价值损失是多少？

c. 假定是 ABC 公司破产。你认为这项互换协议在公司重组中会如何处置？

24. 现在可以进行 5 年期互换，以 LIBOR 换取 5% 的固定利率。场外互换定义为以 LIBOR 与除 5%以外的固定利率进行互换。例如，某企业票面利率为 7% 的已发行债务可以转换为浮动利率债务，只要通过互换，它就支付 LIBOR，接收 7% 的固定利率。要是交易双方都接受这种互换，要预先支付多少钱？假定名义本金为 1 000 万美元。

25. 假定某股票指数资产组合的 1 年期期货价格为 1 914 美元，股票指数现价为 1 900 美元，1 年期无风险利率为 3%，在市场指数上 1 900 美元的投资在年底可以获得 40 美元的股利。

a. 这一合约错误估价的程度是怎样的？

b. 构造一个初始投资为零的套利资产组合，并证明你可以锁定无风险利润并使其等于期货价格的错误估价部分。

c. 现在假定（对散户而言是正确的）你按市场指数做空成分股股票，卖空的收益由经纪人代为保管，你不能从资金中获得任何利息收入。是否仍存在套利机会（假定你并未拥有指数的成分股）？解释原因。

d. 根据做空规则，股票-期货价格关系的无套利边界是什么？即给定股票指数为 1 900 点，要使套利机会不存在，期货价格上限和下限各是多少？

26. 考虑标准普尔 500 指数 6 月交割的期货市场数据，距现在正好 6 个月。标准普尔 500 指数为 2 145 点，6 月到期的合约价格 $F_0=2\ 146$ 点。

a. 如果现在利率为每半年 2.5%，指数中股票平均股利收益率为每半年 1.9%，你需要获得股票卖空的收入中的多大部分才能获得套利利润？

b. 假定你实际上可以获得卖空收入的 90%。要使套利机会不存在，期货合约价格下限是多少？实际期货价格下降多少就可达到无套利边界？构建合理的套利策略，并计算相应的利润。

CFA 考题

1. 特许金融分析师唐纳·多尼想探究期货市场潜在的非有效性。TOBEC 指数现货价值为 185 点。TOBEC 期货合约用现金结算，并且标的合约价值等于指数价值乘以 100。目前，年化无风险利率为 6.0%。

a. 使用持有成本模型，计算 6 个月期的期货合约的理论价格。指数不支付股利。

b. 交易一个期货合约的总（双边）交易成本是 15 美元。计算 6 个月期的期货合约价格下限。

2. 假定你的客户说："我投资于日本股市，但是想消除某个时期在这个市场上的风险敞口。我能否完成这个目标，而不用承担卖出股票并在预期改变后再买回股票的成本和不便？"

a. 简要描述一个对冲投资于日本股市的市场风险和外汇风险的策略。

b. 简要说明为什么 a 中你描述的对冲策略可能不是完全有效的。

3. 特许金融分析师瑞娜·迈克尔斯计划在未来 90 天内在美国政府现金等价物上投资 100 万美元。迈克尔斯的客户授权她使用非美国政府现金等价物，但要利用外汇远期合约对冲兑换美元的外汇风险。

a. 计算下表中 90 天期末对冲投资的两种现金等价物的美元价值。写出计算过程。

b. 简要描述能够说明你结果的理论。

c. 根据这一理论，估计 90 天期美国政府现金等价物的隐含利率。

90 天期现金等价物的利率	(%)
日本政府	7.6
瑞士政府	8.6

汇率（每 1 美元兑换的外汇金额）

	即期	90 天远期
日元	133.05	133.47
瑞士法郎	1.526 0	1.534 8

4. 在研究了艾瑞斯·汉姆森的信用分析后，乔治·戴维斯正在考虑是否将尤卡丹雪场的剩余现金（以墨西哥比索持有）投资于墨西哥的债券市场以增加持有期收益。虽然戴维斯投资以墨西哥比索计价的债券，但是投资目标是获得以美元计价的最大化持有期收益。

   戴维斯发现墨西哥 1 年期债券收益率较高，并且被认为是无信用风险的，该债券很有吸引力。但是他担心墨西哥比索的贬值会减少按美元计价的持有期收益。汉姆森搜集了下面的金融数据以帮助戴维斯进行决策。

搜集的经济与金融数据	(%)
美国 1 年期国债收益率	2.5
墨西哥 1 年期债券收益率	6.5

名义汇率

即期	9.500 0 比索 = 1.00 美元
1 年期远期	9.870 7 比索 = 1.00 美元

   汉姆森建议购买墨西哥 1 年期债券并使用 1 年期外汇远期对冲外汇风险敞口。计算汉姆森建议的投资策略所带来的美元持有期收益。该策略所带来的美元持有期收益比直接投资美国国债的收益多还是少？

5. a. 巴梅拉·伊舒克是一个日本银行的外汇交易员，正在计算 6 个月期日元/美元外汇期货合约的价格。她搜集到以下外汇与利率数据：

日元/美元即期汇率	124.30 日元/1.00 美元
6 个月期的日本利率	0.10%
6 个月期的美国利率	3.80%

   利用以上数据，计算 6 个月期日元/美元外汇期货合约的理论价格。

   b. 伊舒克还利用以下外汇与利率数据重新计算了 3 个月期日元/美元外汇期货合约的价格。因为 3 个月期日元利率刚刚上升至 0.5%，伊舒克意识到存在套利机会，并决定借入 100 万美元以购买日元。用以下数据计算伊舒克投资策略的日元套利利润：

日元/美元即期汇率	124.30 日元/1.00 美元
新的 3 个月期日元利率	0.50%
3 个月期美元利率	3.50%
3 个月期外汇期货合约的价值	123.260 5 日元/1.00 美元

6. 詹妮丝·戴尔斯是一个美国资产组合管理人，管理着 8 亿美元的资产组合（6 亿美元股票和 2 亿美元债券）。作为对短期市场事件预期的反应，戴尔斯想通过期货将资产组合调整为 50% 的股票和 50% 的债券，并将头寸持有至“直到恢复初始资产组合的最佳时机”。戴尔斯利用金融期货调整资产组合配置的策略是正确的。股票指数期货的乘数是 50 美元，债券期货的名义面值是 100 000 美元。与期货策略相关的其他信息如下：

债券资产组合的修正久期	5 年
债券资产组合的到期收益率	7%
债券期货的基点价格	97.85 美元
股票指数期货的价格	1 378 美元
股票资产组合的 β 值	1.0

   a. 论述以期货调整资产配置策略的必要性并解释该策略如何能使戴尔斯实施资产配置调整。不要求计算分析。

   b. 计算实施戴尔斯的资产配置策略所需要的每种合约的数量：

      i. 债券期货合约；

      ii. 股票指数期货合约。

7. 根据以下信息求解本题。

发行	价格（美元）	到期收益率（%）	修正久期（年）①
美国国债收益率为 11.75%，到期日是 2035 年 11 月 15 日	100	11.75	7.6
美国国债期货合约多头（合约 6 个月到期）	63.33	11.85	8.0
XYZ 公司债券收益率为 12.50%，到期日是 2030 年 6 月 1 日（AAA 级，偿债基金信用债券）	93	13.50	7.2

AAA 级公司债券对美国国债收益率的波动率 = 1.25 : 1.0（1.25 倍）

假定美国国债期货合约多头无佣金与保证金要求，不考虑税务问题

一份美国国债期货合约是一份面值为 100 000 美元美国长期国债的要求权

① 修正久期 = 久期/(1+y)。

情景 A 一个固定收益证券管理人持有价值 2 000 万美元的美国国债头寸，票面利率为 11.75%，到期日为 2035 年 11 月 15 日。他预计在不远的将来，经济增长率和通货膨胀率都会高于市场预期。机构限制规定不允许资产组合中任何已有债券在货币市场上出售。

情景 B XYZ 公司的财务主管最近确信在不远的将来利率会下降。他认为这是提前购买公司偿债基金债券的大好时机，因为这些债券正在折价销售。他准备在公开市场上购买面值为 2 000 万美元的 XYZ 公司债券，票面利率为 12.5%，到期日为 2030 年 6 月 1 日。面值为 2 000 万美元的债券头寸在公开市场的当前售价为每 100 美元售 93 美元。不幸的是，财务主管的决策必须获得董事会的批准，而审批过程需要 2 个月。此例中董事会的批准只不过是“走个过场”。

对以上两种情况，证明怎样利用国债期货来对冲利率风险。列出计算过程，包括所用期货合约的数量。

8. 你利用过去一年的月末数据，以 10 年期 KC 公司债券收益率对 10 年期美国国债收益率做回归。你得到以下结果：

$$收益率_{KC}=0.54+1.22\times 收益率_{美国国债}$$

其中收益率$_{KC}$是 KC 债券的收益率，收益率$_{美国国债}$是美国国债的收益率。10 年期美国国债的修正久期是 7.0 年，KC 债券的修正久期是 6.93 年。

a. 假定 10 年期美国国债收益率变化了 50 个基点，计算 10 年美国国债价格变化的百分比。

b. 假定 10 年期美国国债收益率变化了 50 个基点，利用上面的回归公式计算 KC 债券价格变动的百分比。

概念检查答案

23-1 根据利率平价关系，F_0 应该为 1.338 6 美元。因为期货价格太高，我们应该改变刚才考虑的套利策略。

	当前现金流（美元）	1 年后的现金流（美元）
1. 在美国借入 1.30 美元。将其兑换为 1 英镑	+1.30	−1.30（1.04）
2. 在英国贷出 1 英镑	−1.30	$1.01E_1$
3. 签订合约，以 1.35 美元/英镑的期货价格卖出 1.01 英镑	0	(1.01 英镑)(1.35 英镑−E_1)
总计	0	0.011 5

23-2 因为美元贬值时公司经营变差，它利用期货对冲，能够在美元贬值情景下提供利润。公司需要持有英镑期货的多头头寸，这意味着当期货价格上升，即购买 1 英镑需要更多的美元时，合约将带来利润。特定的对冲比率取决于：如果购买 1 英镑所需的美元数量增加 0.05 美元，同时利润下降 200 000 美元，这样期货多头带来的利润增加为 0.05 美元×62 500 = 3 125 美元。对冲比率为

$$\frac{0.05\text{ 美元的美元贬值带来的 20 万美元}}{0.05\text{ 美元的美元贬值期货合约带来的 3 125 美元}}=64\text{ 份多头合约}$$

23-3 玉米价格每上升1美元，利润减少100万美元。因此，公司需要按当日价格购买100万蒲式耳的期货合约。这样玉米价格每上升1美元，期货头寸会带来100万美元的利润。合约带来的利润会抵消经营带来的利润损失。

23-4

	一般情况（每1单位指数）	我们的数字
持有50 000单位股票指数资产组合，S_0=2 000	S_T	50 000S_T
卖出1 000份合约	F_0-S_T	1 000×50美元×(2 020−S_T)
总计	F_0	101 000 000美元

净现金流是无风险的，月收益率为1%，等于无风险利率。

23-5 一个基点的价格价值依然是9 000美元，利率一个基点的变化使这个2 000万美元资产组合的价值减少0.01%×4.5=0.045%。因此，对冲利率风险所需要的期货合约应为该资产组合规模的一半，并且是其修正久期的2倍。

23-6

	LIBOR		
	7%	8%	9%
债券支付者（LIBOR×1 000万美元）	−700 000	−800 000	−900 000
固定利率支付者获得1 000万美元×(LIBOR−0.08)	−100 000	0	+100 000
净现金流	−800 000	−800 000	−800 000

不管LIBOR是多少，该公司净现金流出等于0.08×本金，相当于公司发行了一个票面利率为8%的固定利率债券。

23-7 管理者想持有货币市场证券，因为相对于其他短期限资产，它们的价格更具有吸引力。但是，这里有利率将要下降的预期。通过签订互换协议支付短期利率并获得固定利率，管理者能够继续持有这个特定的资产组合并从利率下跌中获利。如果利率确实下降，那么这个合成的固定利率资产组合价值会增加。

23-8 股票提供的总收益（资本利得加股利）足够弥补投资者投资于股票的时间价值。农产品价格并不一定随着时间而上升。事实上，在收获季节，农产品价格会下跌。持有在经济上的吸引力不复存在。

23-9 如果系统性风险较高，合适的贴现率k会提高。根据式（23-4），我们可以推出F_0会下降。直觉上，如果橙汁的预期价格保持不变，1lb橙汁的要求权的价值就会减少，然而与这一要求权有关的风险却上升了。因此，投资者今天愿意为期货交割所支付的数额较低。

PART 7

第七部分

应用投资组合管理

第 24 章

投资组合业绩评价

大多数金融资产由专业投资者管理，因此他们间接地把大部分资金配置到了不同的公司。能否有效配置资金取决于这些专业人士的素质高低，以及金融市场将资金引导至最佳管理者的能力。因此，如果资本市场是有效的，投资者则能够衡量资产管理者的业绩表现。

如何评估投资业绩？事实证明，即使是投资组合平均收益的衡量也不像看起来那么简单。此外，风险调整后的平均收益还存在许多其他问题。最后，业绩评价并非微不足道。

本章首先探讨的是如何衡量投资组合的收益，然后探讨传统的风险调整方法。我们思考每种标准的风险调整后的业绩指标在什么情况下对投资者是最有意义的，并说明风格分析如何被视为一般化的指数模型及其产生的 α 统计量。

当管理者在衡量投资期间改变投资组合构成时，业绩评价变得更加困难，所以我们还测试了组合风险特征变化带来的复杂性。可能出现上述情况的一种情形是，管理者试图选择广义市场的时机操作并在预期市场走势时调整投资组合的 β。市场时机问题在业绩评价中引发了广泛的讨论。

本章的最后，我们简要了解了业绩归因方法。这些方法用于将管理者的绩效可分解归因于证券选择、部门选择和资产配置决策的结果。

24.1　传统的业绩评价理论

24.1.1　平均收益率

我们在第 5 章第 5.1 节中定义了持有期收益率（HPR），并且解释了算术平均收益率与几何平均收益率的差异。现在我们简要回顾一下相关知识点。

假设我们要评估一个投资组合在 20 年之内的表现。算术平均收益率是对 20 个年收益率求和再除以 20。而几何平均收益率是 20 年来的恒定年收益率，它将在整个投资期间提供相同的总累计收益。因此，几何平均收益率 r_G 可定义为：

$$(1+r_G)^{20}=(1+r_1)(1+r_2)\cdots(1+r_{20})$$

等式右侧是 1 美元本金的复合最终价值，即 20 年收益率。等式左侧是 1 美元本金加上投资收益 r_G 的复合值。由此我们可以求出 $1+r_G$：

$$1+r_G=[(1+r_1)(1+r_2)\cdots(1+r_{20})]^{1/20}$$

每个年收益率在几何平均收益率中具有相等的权重。因此，几何平均收益率又被称为**时间加权收益率**（time-weighted average）。

24.1.2　时间加权收益率与货币加权收益率

为了可以更好地理解后面的问题，让我们从一个简单的例子开始。考虑一只股票，每年支付股利 2 美元，当前市价为 50 美元/股。假如你现在购买一股该股票，获得 2 美元股利，然后在年底以 53 美元卖掉它，那么你的收益率是：

$$\frac{\text{总收益}}{\text{初始投资}}=\frac{\text{收入+资本利得}}{50}=\frac{2+3}{50}=0.1 \quad \text{或} \quad 10\%$$

另一种适用于更复杂、多时期情形的计算收益率的方法是将投资转化为现金流贴现问题。r，即收益率，它能使投资所创造的所有现金流的现值等于初始投资。在本例中，股票以 50 美元购得，年底产生的现金流包括 2 美元（股利）加 53 美元（出售股票）。因此，求解 $50=(2+53)/(1+r)$，再次求得 $r=0.10$ 或 10%。

当我们考虑在投资期内对投资组合增加或减少资金投入时，衡量收益率就更加困难了。延续我们的例子，假如你在第 1 年年末又购买了一股该股票，并将两股都持有至第 2 年年末，然后以每股 54 美元的价格售出。现金支出总额如下所示。

时期	支出
0	50 美元购买第 1 股
1	1 年后 53 美元购买第 2 股
	收入
1	最初购买股票得到 2 美元股利
2	第 2 年持有 2 股得到 4 美元股利，并以每股 54 美元出售股票得到 108 美元

利用现金流贴现法（DCF），令现金流入的现值与现金流出的现值相等，便可得到这两年的平均收益率

$$50+\frac{53}{1+r}=\frac{2}{1+r}+\frac{112}{(1+r)^2}$$

解得 $r=7.117\%$。这是投资的内部收益率。[㊀]

内部收益率也被叫作**货币加权收益率**（dollar-weighted rate of return）。之所以称为“货币加权”，是因为第二年持有两股股票和第一年只持有一股股票相比，前者对平均收益率有更大的影响。

时间加权收益率（几何平均）是 7.81%：

$$r_1=\frac{53+2-50}{50}=0.10 \quad \text{或} \quad 10\%$$

$$r_2=\frac{54+2-53}{53}=0.0566 \quad \text{或} \quad 5.66\%$$

$$r_G=(1.10\times1.0566)^{1/2}-1=0.0781 \quad \text{或} \quad 7.81\%$$

这里的货币加权收益率低于时间加权收益率，因为第二年的投资越多，第二年的投资收益率就越低。

㊀ Excel 函数 XIRR 能够计算 IRR。给出初始值、期间不同日期的现金流（付款代表正现金流，提款代表负现金流）和终值，Excel 函数可以计算两个日期间的 IRR。

概念检查 24-1

设 XYZ 公司在每年的 12 月 31 日支付 2 美元的股利，某投资者在 1 月 1 日以每股 20 美元的价格购入 2 股股票。一年后，即次年的 1 月 1 日他以 22 美元/股出售了其中一股；又过了一年，他以 19 美元/股出售了另一股。请分别计算这两年投资的货币加权收益率及时间加权收益率。

24.1.3 风险调整收益率

评估投资组合的业绩，仅计算出其平均收益是不够的，还必须参考风险调整收益，这样收益之间的比较才有意义。最简单、最普遍的调整方法是将收益率与其他具有类似风险的投资基金的收益率进行比较。例如，可以把高收益债券组合归类为一个**可比领域**（comparison universe），把增长型股票组合归为一类，依此类推。然后对同一领域中每个基金的收益率（一般是时间加权的）进行排序，并且每个投资组合的经理在组内获得相对业绩的百分位数排名。例如，在由 100 只基金组成的大类里，第 9 名的管理者即处于第 90 百分位，表示在本期评估内其业绩比 90%的同类竞争者要好。

这些相对排名通常显示在类似于图 24-1 中。该图总结了 1 个季度、1 年、3 年和 5 年四个评估期的业绩排名。图中每个方框的顶部和底部线分别以第 95 百分位和第 5 百分位经理人的收益率绘制，三条虚线分别表示对应第 75 百分位、第 50（中位数）百分位和第 25 百分位经理人的收益率。菱形代表某一特定基金的平均收益率，正方形代表市场基准指数的收益率，如标准普尔 500 指数。从菱形在格子中的位置就很容易看出该基金在可比领域下的投资业绩。

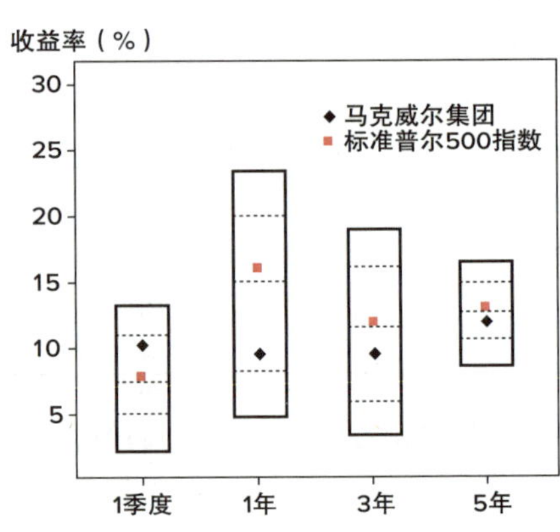

图 24-1 可比领域（截至 2025 年 12 月 31 日）

这样与其他类似投资风格管理者的业绩对比是评估业绩的第一步。然而，这些排名可能产生误导。在特定的领域中，一些经理可能专注于特定的子群，这样的投资组合特征就不再具有可比性。例如，在股票领域内，某个经理可能更关注高 β 值或激进的成长股。类似地，在固定收益证券范围内，管理人的久期也各不相同。

可比领域法的一个更基本的问题是基准表现不是一种可投资的策略。当我们评估投资专业人士的业绩表现并含蓄地询问他们是否证明他们的支出是合理的时，我们希望将他们的表现与被动型投资者的表现进行比较。市场指数投资组合（其中许多以共同基金或 ETF 的形式出现）是天然的比较基准，因为投资者可以使用这些产品来匹配指数的收益率。相比之下，图 24-1 中收益率的中位数是无法提前知道的。因为被动型投资者不能可靠地锁定中位数收益，所以它不是一个令人满意的业绩基准。

这些考虑表明我们需要一种更精确的风险调整方法。

24.1.4 风险调整后的业绩评价指标

使用均值—方差标准作为风险调整后的业绩评价指标与资本资产定价模型同时出现。杰克·

特雷诺（Jack Treynor）[一]、威廉·夏普（William Sharpe）[二]和迈克尔·詹森（Michael Jensen）[三]立即认识到了 CAPM 对管理者业绩评级的影响。随即，学者掌握了一系列业绩评价指标，并且从学界涌现出了对共同基金业绩的学术研究。之后不久，出现了愿意为投资组合经理及其客户提供评级服务的代理商。

尽管得到了广泛的应用，各种风险调整后的业绩评价指标有着各自的局限性。此外，它们的可靠性依赖于相当长期的持续管理、稳定的业绩水平和富有代表性的投资环境——牛市和熊市。

我们首先为投资组合（以下用 P 表示）编制一些可能的风险调整后的业绩评价指标，并考察其最适用的条件。

（1）**夏普比率：$(\bar{r}_P-\bar{r}_f)/\sigma_P$**。**夏普比率**（Sharpe ratio）是用样本期间的平均投资组合的超额收益率除以这个时期收益率的标准差。它衡量了对（总）波动性权衡的收益率。[四]

（2）**特雷诺测度：$(\bar{r}_P-\bar{r}_f)/\beta_P$**。与夏普比率指标类似，**特雷诺测度**（Treynor's measure）给出了单位风险的超额收益，但它侧重于系统风险而不是总体风险。

（3）**詹森 α（投资组合 α）：$\alpha_P=\bar{r}_P-[\bar{r}_f+\beta_P(\bar{r}_M-\bar{r}_f)]$**。**詹森 α**（Jensen's alpha）给定了投资组合的 β 值和平均市场收益。詹森 α 是投资组合超过 CAPM 预测值的那一部分平均收益。[五]

（4）**信息比率：$\alpha_P/\sigma(e_P)$**。**信息比率**（information ratio）是用投资组合 α 除以该组合的非系统风险，称为行业中的“跟踪误差”。它测量的是每 1 单位风险的异常收益，原则上可以通过持有市场指数投资组合来分散。我们应该注意到，关于这一主题，行业术语往往有些宽泛。有些人将信息比率定义为超额收益率，并将评估比率定义为 α 与非系统风险之间的比率。遗憾的是，该专业术语并不完全统一，你可能会遇到这两种信息比率的定义。而我们将始终如一地按照前面所述定义它，即 α 与残差收益标准差的比率。

每项业绩评价指标都有一定程度的应用，但正如概念检查 24-2 所示，因为用于调整收益的风险衡量标准差别很大，这些评价指标并不一定能提供一致的评价结果。因此我们需要考虑每种评价指标所适用的情况。

概念检查 24-2

某特定样本期内的数据如下：

	投资组合 P	市场 M
平均收益率（%）	35	28
β 值	1.20	1.00
标准差（%）	42	30
跟踪误差（非系统风险）$\sigma(e)$(%)	18	0

请计算投资组合 P 与市场指数的以下业绩指标：夏普比率、詹森 α、特雷诺测度、信息比率。假设投资期内国库券利率为 6%。请问投资组合 P 通过哪些措施能够跑赢市场？

[一] Jack L. Treynor, "How to Rate Management Investment Funds," *Harvard Business Review* 43 (January-February1966).

[二] William F. Sharpe, "Mutual Fund Performance," *Journal of Business* 39 (January 1966).

[三] Michael C. Jensen, "The Performance of Mutual Funds in Period 1945-1964," *Journal of Finance*, May 1968; and "Risk, the Pricing of Capital Assets, and the Evaluation of Investment Portfolios," *Journal of Business*, April 1969.

[四] 我们在 r_f 和 r_P 上加上小横线，以表示这样一个事实，即由于无风险利率在测量期间可能不是恒定的，我们正在取样本平均值，就像我们对 r_P 所做的那样。同样地，我们可以简单地计算样本平均超额收益。

[五] 在许多情况下，业绩评价假定是一个多因素市场。例如，当使用法玛-弗伦奇三因素模型时，詹森指数的 α 是 $\alpha_P=\bar{r}_P-\bar{r}_f-\beta_P(\overline{r_M-r_f})-s_P\bar{r}_{SMB}-h_P\bar{r}_{HML}$，其中 s_P 是 SMB 投资组合的载荷，h_P 是 HML 投资组合的负载。

24.1.5　整个投资组合的夏普比率

前面的章节有助于我们确定投资者最优风险组合的标准。如果投资者的偏好可以用一个均值-方差效用函数来概括（如第 6 章中所述），我们就能得到一个相对简单的评价标准。我们所用的效用函数为

$$U=E(r_P)-1/2A\sigma_P^2$$

式中，A 表示个体风险厌恶的系数。采用均值-方差的偏好选择，投资者希望夏普比率指标最大化，也就是使比率（$[E(r_P)-r_f]/\sigma_P$）最大化。在第 7 章中我们谈到，这种评价标准会让投资者选择有效边界切点的投资组合。现在问题就变成了如何找到具有最大夏普比率的投资组合。夏普比率是资本配置线的斜率，投资者自然会寻求斜率最大的投资组合，即每 1 单位波动率增加时期望收益的增幅最大。

我们关注的是总波动性而不是系统风险，因为我们正在研究的是整体的投资组合而不是其中的一小部分。可接受业绩基准是市场指数的夏普比率，因为投资者可以通过投资指数化的股权共同基金轻松选择被动型策略。因此，主动型投资管理组合如果要成为投资者可接受的最佳风险投资组合，那么它必须提供比市场指数更高的夏普比率。

M^2指数和夏普比率　虽然夏普比率可以用来评价投资组合的业绩，但其数值的含义并不那么容易解释。比较概念检查 24-2 中市场 M 和投资组合 P 的各项比率，可以得到 $S_P=0.69$，$S_M=0.73$。这表明投资组合 P 的收益不如市场指数。但在夏普比率指标中，0.04 的差异具有经济意义吗？我们常常比较收益率的差值，但夏普比率的差值难以解释。

夏普比率的同等替代方法由格雷厄姆（Graham）和哈维（Harvey）提出，并由摩根士丹利公司的利娅·莫迪利亚尼（Leah Modigliani）和她的祖父——诺贝尔经济学奖得主弗朗哥·莫迪利亚尼（Franco Modigliani）进行了推广。[㊀]他们的方法被命名为 M^2 测度指标（也称莫迪利亚尼平方）。与夏普比率指标类似，M^2 测度的重点也是用总波动性来衡量风险，但是这种收益的风险调整方法很容易解释特定投资组合与市场基准指数之间的收益率差值。

为了计算 M^2，假定有一个主动型投资组合 P，把一定量的国库券头寸加入其中后，这一经调整的投资组合的波动性就可以与市场指数（如标准普尔 500 指数）相匹配。如果 P 原先的标准差是市场指数的 1.5 倍，你可以将其与国库券按照 1/3 的债券和 2/3 的主动型投资组合的比例混合。我们把经调整的投资组合称为 P^*，它与市场指数有着相同的标准差（如果主动型投资组合的标准差低于市场指数，则可通过借入资金并投资于投资组合的方式进行杠杆化）。因为市场指数和投资组合 P^* 的标准差相等，我们可以简单地通过比较收益率来考察它们的业绩。组合 P 的 M^2 测度指标计算如下

$$M_P^2=r_{P^*}-r_M \tag{24-1}$$

【例 24-1】M^2指数的计算

考虑概念检查 24-2 中投资组合 P 和市场指数组合 M 的业绩。投资组合 P 的收益率较高，但

㊀ John R. Graham and Campbell R. Harvey, "Grading the Performance of Market Timing Newsletters," *Financial Analysts Journal* 53 (November/December 1997), pp. 54-66. Franco Modigliani and Leah Modigliani, "Risk-Adjusted Performance," *Journal of Portfolio Management*, Winter 1997, pp. 45-54.

风险也较高，因此其夏普比率低于市场指数组合。在图 24-2 中，我们绘制了每个投资组合的平均收益率和波动性，并绘制了每个投资组合的资本配置线。投资组合 P 的 CAL 不如 CML 陡峭，与较低的夏普比率一致。

调整后的投资组合 P* 是通过将国库券与投资组合 P 混合而形成的。我们在 P 中使用的权重是 30/42 = 0.714，国库券的权重是 1−0.714 = 0.286。通过构造，调整后的投资组合具有与市场指数完全相同的标准差：30/42×42% = 30%。尽管波动性相等，但其平均收益率仅为 (0.286×6%)+(0.714×35%) = 26.7%，低于市场指数。

你可以在图 24-2 中看到，投资组合 P* 是通过向下移动投资组合 P 的资本配置线（通过将 P 与国库券混合）形成的，直到我们将标准差缩小到足以匹配市场指数的标准差。M^2 是点 M 和 P* 之间的垂直距离。因此，投资组合 P 的 M^2 为 26.7%−28% = −1.3%；负 M^2 与较低的夏普比率一致。

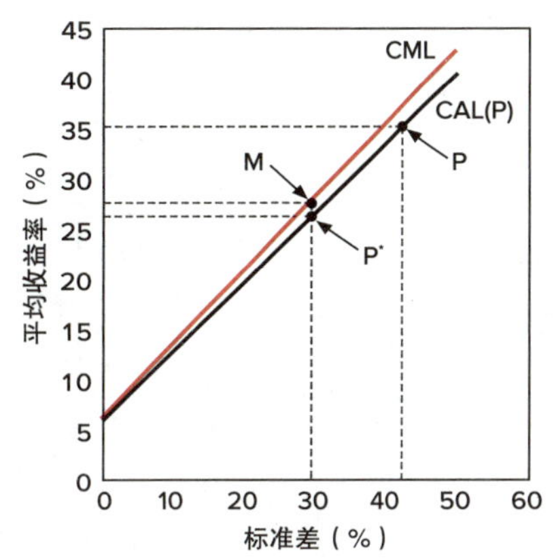

图 24-2 尽管平均收益大于市场指数，但资产组合 P 的 M^2 是负的

24.1.6 特雷诺测度

在很多情况下，你必须选择混合型基金或投资组合，以形成投资者的整体风险投资组合。例如，负责大型养老金计划的经理可能会将总资产分配给多个投资组合经理进行管理。如 CalPERS（加利福尼亚州公务员退休系统）在 2019 年年初的投资组合约为 3 500 亿美元。与许多大型养老金计划一样，这个基金采用了基金的基金（fund of fund）的方式。在大量的投资组合经理（及其管理的基金）范围内进行选择。在这种情况下，你应该如何比较候选管理者的业绩呢?

当雇用多位管理人员时，每个经理的非系统风险将在很大程度上分散，因此只有系统风险是相关的。在评估全风险投资组合的组成部分时，特雷诺测度是一个适当的绩效指标。这一收益-风险比率等于预期的超额收益除以系统风险（如 β）。

假设两个投资组合的相关数据和市场指数在表 24-1 中给出。投资组合 Q 的 α 值为 3.5%，而投资组合 U 的 α 值为 3%。看起来你可能更喜欢投资组合 Q，但结果并非如此。要了解原因，请查看图 24-3。如图 24-2 所示，我们在收益率-风险图上绘制投资组合，但我们现在使用 β 来衡量风险。

表 24-1 投资组合业绩

	无风险资产	投资组合 Q	投资组合 U	市场指数 M
β	0	1.3	0.8	1.0
平均收益率（%）	6	22.0	17.0	16.0
超额收益率（%）	0	16.0	11.0	10.0
α（%）	0	3.5	3.0	0.0

注：超额收益率 = 平均收益率 − 无风险利率

α = 平均收益率 − β×(市场收益率 − 无风险利率)

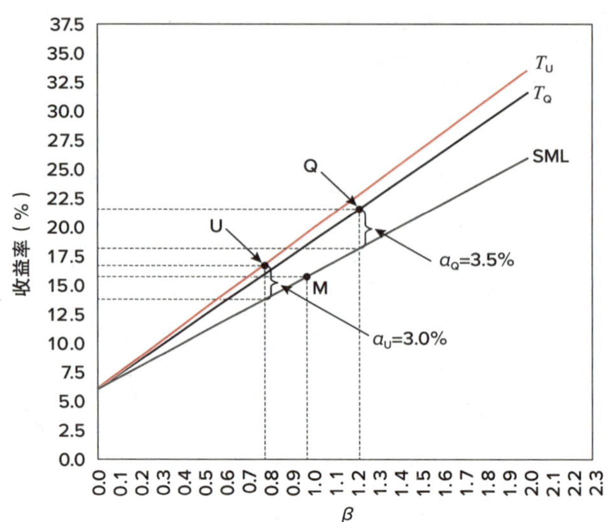

图 24-3 两种投资组合和市场指数的特雷诺测度

SML 是横轴上从无风险利率到 M 点的黑线。它的斜率是市场的特雷诺测度，即由市场指数与国库券混合的投资组合所提供的每 1 单位 β 增加的收益[⊖]。

通过点 Q 的直线表示通过将国库券与投资组合 Q 混合可以获得的所有超额收益率组合。这条线的斜率是投资组合 Q 的特雷诺测度，因此我们称其为 T_Q 线。同样，T_U 线是从原点经过点 U 的一条直线。

和往常一样，投资者希望投资组合能够提供最佳的风险-收益权衡。当我们用 β 来衡量风险时，它就是 T 线最陡斜率的投资组合，也就是特雷诺测度最高的投资组合。因此，我们看到，尽管其较低 α，投资组合 U 实际上将优先于投资组合 Q。对于任何风险水平（β），它提供更高的收益。

我们可以用类似于 M^2 的方法来衡量每个投资组合相对于市场指数的优势。我们再次将投资组合与国库券结合起来以匹配市场风险，这样我们就可以直接比较收益率。然而，在这里我们使用 β 来衡量风险，因此我们将形成调整后的投资组合，以匹配市场指数的 β（当然，等于 1）。我们通过按照 w_Q 和（$1-w_Q$）的比例将 Q 与国库券混合来形成调整后的投资组合 Q^*。我们寻求使 Q^* 的 β 等于 1 的投资组合比例。因此，我们选择让 w_Q 满足

$$\beta_{Q^*}=w_Q\times\beta_Q+(1-w_Q)\times\beta_{国库券}=w_Q\times1.25+(1-w_Q)\times0=1.0$$

可得 $w_Q=0.8$。

由于调整后的投资组合的系统风险与市场的系统风险相匹配，我们比较它们的超额收益率更有意义。Q^* 的收益率为 $0.8\times22+0.2\times6=18.8\%$，比市场收益率高出 2.8%。这个度量类似于 M^2 指数的计算，但它扩展了特雷诺测度而不是夏普比率。因此，我们称它为 T 平方或 T^2 测度。下面的例子计算投资组合 U 的 T^2 度量。

【例 24-2】 平衡 β 和 T^2 测度

投资组合 U 的 β 是 0.8，小于市场的 β 系数 1。因此，我们需要利用杠杆来增加系统风险，

⊖ 我们在这里讨论的是收益而不是期望收益，因为我们设想的是我们将一个获得给定收益并承担给定风险水平的投资组合经理的实际表现，与我们通过将市场指数与无风险资产混合而获得的风险收益组合进行比较。

以匹配市场指数的风险。我们选择 w_U 来满足：

$\beta_{U^*}=w_U\times\beta_U+(1-w_U)\times\beta_{国库券}=w_U\times0.8+(1-w_U)\times0=1.0$，即 $w_U=1.25$。因此，调整后的投资组合 U* 需要以无风险利率借款，所有收益都投资于投资组合 U。

调整后的投资组合 U* 的收益率为 1.25×17−0.25×6=19.75%，比市场收益率高出 3.75%。与投资组合 Q 相比，投资组合 U 的 T^2 值更高，这与图 24-3 所示的更陡峭的斜率一致。当 β 是风险的相关测度时，我们可以使用 T^2 或特雷诺测度来对投资组合进行排序。

24.1.7 信息比率

这里是另一种需要其他业绩指标的情况。思考一个很大程度上处于被动管理和分散化的养老基金，例如一个类似于指数化股票基金的投资组合。现在该基金决定将主动型投资组合中的头寸添加到当前头寸中。例如，一所大学可能会应用对冲基金，作为其在更传统的投资组合中核心头寸的潜在补充，这些投资组合主要是出于分散化的考虑而建立的。

正如我们在第 8 章中所看到的，当对冲基金（或另一个主动的头寸）与基准指数组成最优组合时，夏普比率衡量的优化将由其信息比率 $\alpha_H/\sigma(e_H)$ 决定，根据

$$S_P^2=S_M^2+\left[\frac{\alpha_H}{\sigma(e_H)}\right]^2 \tag{24-2}$$

式（24-2）告诉我们，适合于衡量对冲基金 H 的业绩评价指标是其信息比率（IR）。如果你正在寻找主动型基金经理来增加当前的指数头寸，你将希望选择具有最佳信息比率的潜在候选人。

信息比率是另一种形式的风险-收益比率。在这种情况下，收益率是主动型头寸的 α。增量投资组合在风险溢价之上的期望收益，通常对应于其系统性风险。另一方面，增量头寸使总风险投资组合偏离被动型指数，从而使其暴露于原则上可以分散的风险中。信息比率量化了 α 和可分散风险之间的权衡。

我们可以用下表来总结前面的讨论，下表显示了各种业绩评估的定义以及每种业绩评估对应的情况。

业绩评价标准	定义	应用
夏普比率	超额收益率/标准差	在为总体风险投资组合竞争的投资组合之间进行选择
特雷诺测度	超额收益率/β	对将要组成一个总体风险组合的多个投资组合进行排序
信息比率	α/残余标准差	评价由基准组合混合成的投资组合

Excel 应用

业绩评价

下表计算了前面讨论的所有的业绩评价标准。深灰色单元格的内容为输入的数据，浅灰色单元格的内容为输出的数据，白色单元格的内容为说明性文字。按照选择的不同标准，你可以看到相对排名次序是如何不同的。该表可以从 Connect 或通过你的授课教师获得。

Excel 问题

1. 验证电子表格中的基金业绩评价标准。将基金业绩排序并确定不同评价标准下的排序是否一致。这些结果说明了什么？

2. 如果考虑将资产组合全部投资于风险资产，你会选择哪只基金？如果你要选取一只最近投资市场指数的基金加入组合，你会选择什么？

	A	B	C	D	E	F	G	H	I	J	K
1	测度表现										
2											
3											
4											
5											
6											
7		平均	标准	β	非系统	夏普	特雷诺	詹森	M^2	T^2	股价
8	基金	收益	差	系数	风险	比率	测度	α			比率
9	Aahpl	28.00%	27.00%	1.7000	5.00%	0.8148	0.1294	−0.0180	−0.0015	−0.0106	−0.3600
10	Omega	31.00%	26.00%	1.6200	6.00%	0.9615	0.1543	0.0232	0.0235	0.0143	0.3867
11	Omicron	22.00%	21.00%	0.8500	2.00%	0.7619	0.1882	0.0410	−0.0105	0.0482	2.0500
12	Millennium	40.00%	33.00%	2.5000	27.00%	1.0303	0.1360	−0.0100	0.0352	−0.0040	−0.0370
13	Big Value	15.00%	13.00%	0.9000	3.00%	0.6923	0.1000	−0.0360	−0.0223	−0.0400	−1.2000
14	Momentum Watcher	29.00%	24.00%	1.4000	16.00%	0.9583	0.1643	0.0340	0.0229	0.0243	0.2125
15	Big Potential1	15.00%	11.00%	0.5500	1.50%	0.8182	0.1636	0.0130	−0.0009	0.0236	0.8667
16	标准普尔指数收益	20.00%	17.00%	1.0000	0.00%	0.8235	0.1400	0.0000	0.0000	0.0000	0.0000
17	国库券收益	6.00%		0.0000							
18											
19	按照夏普比率排序										
20		平均	标准	β	非系统	夏普	特雷诺	詹森	M^2	T^2	股价
21	基金	收益	差	系数	风险	比率	测度	α			比率

24.1.8　α 在业绩度量中的作用

思考 α 在指数模型、CAPM 和其他风险-收益模型中的核心作用，你可能会感到惊讶，我们没有遇到过将 α 作为选择一只基金而不是另一只基金的标准的情况。但不要由此得出 α 不重要的结论！通过一些计算，我们可以推导出截至目前讨论的业绩指标与投资组合的 α 之间的关系。下表显示了这些关系。其中，ρ 是投资组合 P 和市场指数的相关系数，小于 1。在所有情况下，你都可以看到，要想跑赢被动型市场指数，主动的 α 是必要的。因为卓越的业绩需要正 α，所以它是最广泛使用的业绩衡量标准。

	特雷诺测度（T_P）	夏普比率（S_P）	信息比率
和 α 的关系	$\dfrac{E(r_P)-r_f}{\beta_P}=\dfrac{\alpha_P}{\beta_P}+T_M$	$\dfrac{E(r_P)-r_f}{\sigma_P}=\dfrac{\alpha_P}{\sigma_P}+\rho S_M$	$\dfrac{\alpha_P}{\sigma(e_P)}$
相对于市场指数的改进	$T_P-T_M=\dfrac{\alpha_P}{\beta_P}$	$S_P-S_M=\dfrac{\alpha_P}{\sigma_P}-(1-\rho)S_M$	$\dfrac{\alpha_P}{\sigma(e_P)}$

然而虽然正 α 是必要的，但并不足以保证投资组合的表现优于指数：利用错误定价意味着偏离完全分散化，这需要在非系统风险方面付出代价。共同基金可以实现正 α，但与此同时，其波动性可能会增加到夏普比率实际下降的水平。

24.1.9　实现业绩评价：一个案例

为了说明投资组合评价背后的一些计算，让我们看一下投资组合 P 在过去 12 个月的表现。表 24-2 给出了其每个月的超额收益，以及替代投资组合 Q 和市场指数组合 M 的超额收益。表 24-2 的底部两行给出了每个投资组合的样本平均值和标准差。从这些以及 M 对 P 和 Q 的回归，我们可以计算必要的业绩数据。如表 24-3 所示。

表 24-2　投资组合 P、投资组合 Q 和市场指数组合 M 过去 12 个月内的超额收益

月	投资组合 P 的超额收益（%）	投资组合 Q 的超额收益（%）	市场指数组合 M 的超额收益（%）
1	3.58	2.81	2.20
2	-4.91	-1.15	-8.41
3	6.51	2.53	3.27
4	11.13	37.09	14.41
5	8.78	12.88	7.71
6	9.38	39.08	14.36
7	-3.66	-8.84	-6.15
8	5.56	0.83	2.74
9	-7.72	0.85	-15.27
10	7.76	12.09	6.49
11	-4.01	-5.68	-3.13
12	0.78	-1.77	1.41
平均值	2.77	7.56	1.64
标准差	6.45	15.55	8.84

表 24-3　业绩数据

	投资组合 P	投资组合 Q	市场指数组合 M
夏普比率	0.43	0.49	0.19
M^2	2.16	2.66	0.00
SCL 回归数据			
α	1.63	5.26	0.00
β	0.70	1.40	1.00
特雷诺测度	3.97	5.38	1.64
T^2	2.34	3.74	0.00
$\sigma(e)$	2.02	9.81	0.00
信息比率	0.81	0.54	0.00
R^2	0.91	0.64	1.00

表 24-3 显示，投资组合 Q 比 P 更激进，因为它的 β 明显更高（1.40 相对于 0.70）。同时，P 的残差标准差较低，说明其分散化程度优于 Q（2.02%相对于 9.81%）。这两个投资组合的表现都优于基准市场指数，这一点从它们较高的夏普比率（因此 M^2 为正）和正的 α 中可以明显看出。

根据报告的业绩，哪个投资组合更具吸引力？如果 P 或 Q 代表整个投资基金，基于其更高的夏普比率（0.49 相对于 0.43）和更好的 M^2（2.66%相对于 2.16%），将会更受欢迎。对于第二种情况，P 和 Q 作为正在竞争众多子资产组合之一的角色时，Q 也占主导地位，因为其特雷诺测度更高（5.38 相对于 3.97）。然而，作为与指数组合混合的主动型投资组合，P 的信息比率［$IR=\alpha/\sigma(e)$］更高（0.81 相对于 0.54），因此 P 是首选。因此，这个例子说明了评估投资组合的适当方法在很大程度上取决于投资组合如何适应投资者的整体投资计划。

这一分析仅基于 12 个月的数据，这段时间太短，无法提供统计意义上显著的结论。然而，这一分析说明了人们可能希望用更广泛的数据做些什么。Connect 中提供了计算这些业绩指标的模型。

24.1.10 已实现收益与期望收益

在对某个投资组合进行评估时，评估者其实并不了解投资组合管理者对该投资组合最初的预期，当然更不清楚这些预期是否合理。他只能在事实发生之后观察投资组合的业绩，同时还希望随机干扰不会掩盖投资组合的真实收益能力。为了避免这种错误，我们就必须定出该种业绩评价指标的“显著性水平”，以确定其是否可靠地反映了组合的实际获利能力。

为了说明这一点，假设现有一个投资组合管理者乔·达特，如果其资产组合的月 α 值为 20 个基点，是每年复利之前的 2.4%。我们假定乔的投资组合的收益具有固定的均值、β 值和 α 值。这是一个大胆的假设，但与通常的业绩评价方法一致。假设在评价期间，乔的投资组合 β 为 1.2，剩余（非系统风险）的月标准差为 $\sigma(e)=0.02$（即每月 2%）。

为了从证券市场线（SCL）上估计乔的投资组合的 α 值，我们把投资组合的超额收益对市场指数进行回归。假设我们很幸运，并且（尽管投资收益中存在潜在的干扰）我们的回归估计与乔的真实参数精确匹配，这意味着我们对 N 个月的 SCL 估计是

$$\hat{\alpha}=0.2\% \quad \hat{\beta}=1.2 \quad \hat{\sigma}(e)=2\%$$

然而，作为运行这种回归的外部评价者，我们并不知道真实的值。为了评估 α 估计是否反映了真实的技能，而不仅仅是由于统计机会而产生的运气，我们计算 α 估计的 t 统计量，以确定我们是否有理由拒绝乔的真实 α 为零的假设，即他没有出众的能力。

在证券市场线回归中 α 估计值的标准差近似为

$$\hat{\sigma}(\alpha)=\frac{\hat{\sigma}(e)}{\sqrt{N}}$$

这里 N 是样本数，$\hat{\sigma}(e)$ 是样本非系统风险的估计值。α 估计值的 t 统计量就应该为

$$t(\hat{\alpha})=\frac{\hat{\alpha}}{\hat{\sigma}(\alpha)}=\frac{\hat{\alpha}\sqrt{N}}{\hat{\sigma}(e)} \tag{24-3}$$

假设我们需要 5%的显著性水平来拒绝原假设。对于大量的观测值，$t(\hat{\alpha})$ 值至少为 1.96。把$\hat{\alpha}=0.2\%$和$\hat{\sigma}(e)=2\%$代入式（24-3），解得 N 值为：

$$1.96=\frac{0.2\%\sqrt{N}}{2\%}$$

$$N=384 \text{ 个月，即 } 32 \text{ 年！}$$

这说明什么？乔确实是一位非常有能力的投资组合管理者，这个例子对他有利，因为我们已经排除了统计上的复杂性。参数在长期内不会改变，而且样本期内的“表现”也无可挑剔，回归估计结果全部令人满意。但这仍需要乔花去他一生的工作精力来证明其具有出色的能力。我们不得不得出结论，在实际工作中，统计数据的干扰性问题使得业绩评价工作变得尤为困难。

现在基金经理的平均任期通常不到 5 年，这更加剧了业绩评价的不准确性问题。当你非常幸运地找到了一个对其历史优异表现非常有信心的基金，它的基金经理可能已经准备好换工作，或者已经换工作到其他地方了。华尔街实战 24-1 进一步探讨了这个话题。

概念检查 24-3

某分析师估计一个投资组合的 α 值为 0.2%，其标准误差为 2%，那么正的 α 值由运气所致（或者说该组合实际获利能力为零）的概率为多少？

华尔街实战 24-1　是否应追随基金经理

投资共同基金的初衷在于让专业人士帮你挑选股票和债券。但很多时候，天有不测风云——基金经理可能会退休、跳槽甚至死亡。投资者决定购买共同基金很大程度上取决于该基金经理的业绩记录，因此关于基金经理的各种变化往往会让人不安。然而，基金经理对基金业绩的真正贡献被高估了。

基金排名的晋升取决于基金经理的业绩记录，而业绩记录通常跨度为 3 至 5 年。但仅仅追溯到几年前的业绩记录很难作为衡量人才的有效标准。要在统计学上站得住脚，一位经理的业绩记录至少需要跨越 10 年或更长时间。

共同基金行业就像一个旋转木马，上面坐着不同的基金经理任你挑选，但是投资者不必担心。从共同基金的设计上来说，基金经理离开后几乎不会对共同基金产生影响。这是因为为了降低风险和一系列困扰，共同基金通常是由各自管理着一小部分资产的股票投资人团队共同管理的，并非由单独一个基金经理和他的助手管理。与此同时，即使是所谓的明星经理身边也有一大批研究人员和分析师为其服务，他们具有和报纸头条上报道的明星经理同等重要的作用。

不要低估了基金公司“经理板凳”（managerial bench）的宽度和广度，通常来说，大型的基金公司都有大量的人才储备。他们也清楚当基金经理变动时，投资者倾向于赎回基金。

最后，对于担心基金经理变动的投资者，这里有一个解决方案——指数基金。指数基金并不依赖于明星经理，这种共同基金通过购买股票和债券来跟随某个目标指数，如标准普尔 500 指数。在这种情况下，基金经理是否离开不再重要。更重要的是，指数基金的投资者不需要为明星经理高昂的工资买单。

资料来源：Shauna Carther, “Should You Follow Your Fund Manager?” Invesopedia. com, March 3, 2010. Provided by Forbes.

24. 1. 11　选择偏差和投资组合估值

一个警告：不管业绩标准如何，有些基金在任何一年的表现都将跑赢基准，而有些则会表现不佳。表现良好的公司可能会吸引更多金融媒体和潜在投资者的兴趣。但要注意，不要把注意力集中在这些高于平均水平的表现上，也不要用以往的业绩推断未来。正如我们在第 11 章中看到的，一个时期的表现并不能预测未来的表现。

当我们因为这些基金成功的业绩决定购买共同基金时，在评估它们的业绩记录时需要更加谨慎。特别是，我们需要认识到，即使所有的管理者都同样熟练，各个时期会出现的少数“赢家”也是纯属偶然的。在成千上万只基金运作的情况下，表现最好的基金将获得巨大成功，即使这些结果反映的是运气而不是技巧。

我们将基金样本限制为在整个样本期内有收益数据的基金时，这种选择偏差的另一种表现（即，关注非代表性基金）出现了。这种做法意味着我们排除了在样本期间内清盘的所有基金。随之而来的偏差被称为幸存者偏差。事实证明，即使只有一小部分基金清盘，幸存基金的表现也会出现显著的上行倾向。大多数共同基金数据库现在都包括清盘的基金，这样样本就可以避免幸存者偏差。

24. 2　风格分析

指数模型回归可以看作是评估和描述投资组合经理投资风格的一种方法。β 系数高的投资组合被称为周期性或激进型投资组合，因为它们对整个经济的发展更敏感；低 β 的投资组合被描述为防御性的投资组合。多因素模型概括了这个想法，描述了投资组合对几个风险因素或市场细分的敞口。这些风险敞口中的每一个都可以被视为一种隐含的资产配置决策。

风格分析是由夏普引入的一种系统地度量管理投资组合风险的工具[1]。这一概念的普及得益于一项著名的研究[2]，该研究得出的结论是，82 只共同基金收益的大部分变化可以用基金对票据、债券和股票的资产配置来解释。虽然后来的研究对这些结果的确切解释提出了质疑，但人们普遍认为，资产配置是各基金投资业绩差异很大的一部分原因。

夏普的想法是对代表一系列资产类别的指数进行基金收益回归。然后，每个指数的回归系数将衡量基金对这种“风格”的隐性配置。由于基金被禁止做空，因此回归系数被限制为零或正，并且权重总和为 100%，以表示完整的资产配置。然后，回归的 R^2 将衡量归因于风格选择而不是证券选择的收益率波动的百分比。截距衡量的是基金组合中证券选择的平均收益。因此，它跟踪样本周期内证券选择的平均成功率。

为了说明夏普的方法，我们以著名经理人彼得·林奇（Peter Lynch）在 1986 年 10 月至 1991 年 9 月任职期间所管理的富达麦哲伦基金（Fidelity's Magellan Fund）的月收益率为例，结果如表 24-4 所示。虽然本分析中包括七个资产类别（其中六个由股票指数代表，剩下的一个是替代性的国库券），但回归系数只有三个是正的，即大盘股、中型股和高市盈率股票（成长股）。仅这些投资组合就解释了麦哲伦基金投资收益率 97.5%的差异。换句话说，一个由三种风格组合组成的跟踪投资组合，其权重如表 24-4 所示，可以解释麦哲伦每月业绩的绝大部分变化。我们得出结论，三种风格的投资组合很好地解释了基金的收益率。

表 24-4 对富达麦哲伦基金的风格分析

组合风格	回归系数
国库券	0
小盘股	0
中盘股	35
大盘股	61
高市盈率（成长股）	5
中等市盈率	0
低市盈率（价值股）	0
总计	100
R^2	97.5

资料来源：作者的计算。麦哲伦基金的收益数据来自 finance. yahoo. com/funds；风格投资组合的收益数据来自肯尼恩·弗伦奇的个人网页：mba. tuck. dartmouth. edu/pages/faculty/ken. french/data_library. html。

收益波动性中不能被资产配置所解释的部分可以归因于股票选择或者是定期更换各种资产类型的权重。对于麦哲伦基金来说，这一部分是 100%−97.5%=2.5%。这种结果通常用于说明股票的选择与经常调整组合成分相比并非特别重要，但是这种分析又忽略了截距项的重要性。R^2 可以是 100%，但是由于风险调整后的异常收益，截距可以不为零。对于麦哲伦基金，截距为每月 32 个基点，在 5 年期内的累计异常收益为 19.19%。图 24-4 显示了麦哲伦基金在这一时期的优异表现，该图绘制了截距加上月度残差相对于由个人风格组合组成的跟踪投资组合以及相对于 SML 提供的 CAPM 基准的综合影响。

当然，麦哲伦基金持续的正残差收益率（反映在稳步增长的累计异常收益差异的图中）并不常见。图 24-5 显示了 636 种共同基金平均残差的频率分布。分布呈类似钟形，但每月的均值略负，为−0.074%。

风格分析在投资管理行业变得非常流行，并催生了夏普方法的许多变体。有几个网站可以帮助投资者识别经理人的风格和选股表现。

---

[1] William F. Sharpe, "Asset Allocation: Management Style and Performance Evaluation," *Journal of Portfolio Management*, Winter 1992, pp. 7-19.

[2] Gary Brinson, Brian Singer, and Gilbert Beebower, "Determinants of Portfolio Performance," *Financial Analysts Journal*, May/June 1991.

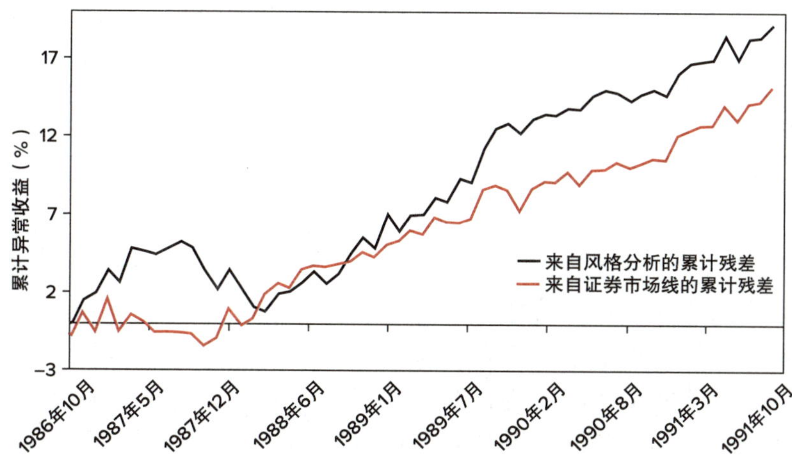

图 24-4　富达麦哲伦基金累计异常收益差异：基金与风格分析基准和基金与证券市场线基准

资料来源：作者的计算。

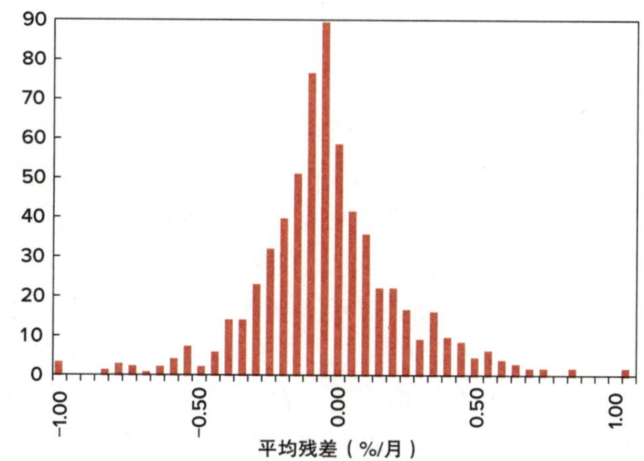

图 24-5　1985—1989 年 636 种共同基金的平均残差的频率分布

资料来源：William F. Sharpe, "Asset Allocation: Management Style and Performance Evaluation," *Journal of Portfolio Management*, Winter 1992, pp. 7-19.

24.3　投资组合构成变化时的业绩评估指标

风险调整技术的一个潜在问题是，无论是用标准差还是用 β 来衡量，它们都假设投资组合风险在相关时期内是恒定的。事实并非如此。如果一位经理在认为市场将上涨时试图增加投资组合的 β 值，而在悲观时降低 β 值，那么投资组合的标准差和 β 值都会随时间变化。这可能会对我们的业绩评价造成严重影响，如例 24-3 所示。

【例 24-3】　投资组合风险的变化

假设市场指数的夏普比率为 0.4，在第一年，基金管理者奉行了一种低风险策略，每年实现超额收益 1%，其标准差为 2%。于是他的夏普比率指标为 0.5，显然要优于市场指数的被动投资策略。在下一年，管理者发现超额收益为 9%、标准差为 18% 的高风险投资策略要更好，其夏普比率仍为 0.5。基金管理者在这两年内都维持了比被动型策略更好的夏普比率。

图 24-6 显示了（年化）季度收益的模式，这与我们对基金管理者两年策略的描述一致。在前 4 个季度内，超额收益率分别为 −1%、3%、−1% 和 3%，其均值为 1%，标准差为 2%。在后

4 个季度内超额收益率分别为−9%、27%、−9%、27%，均值为 9%，标准差为 18%。两年中投资组合的夏普比率指标都是 0.5。但是，如果以 8 个季度为计算期，其均值为 5%，标准差为 13.42%，于是夏普比率指标只有 0.37，竟然明显低于被动投资策略！

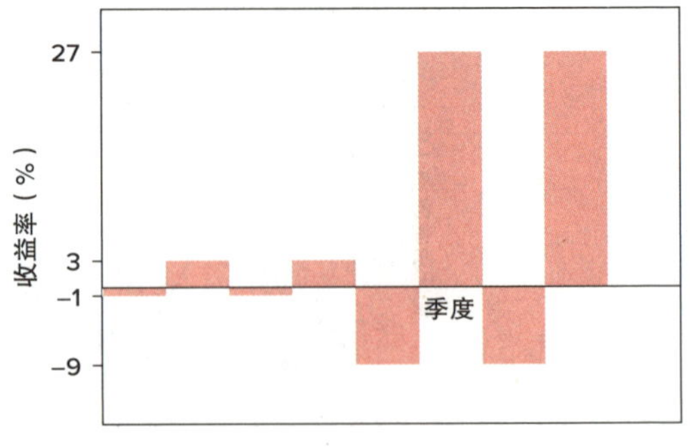

图 24-6 资产组合收益，后 4 个季度的收益波动大于前 4 个季度

例 24-3 中发生了什么？事实上，均值从前 4 个季度到后 4 个季度的改变并不能看作策略的转移，但两年中均值的差异增加了投资组合收益率的表面波动。主动投资策略中均值的变化会使策略看上去比实际更具“风险”性，因此使夏普比率指标的有效性大大降低。所以，我们认为对于主动的投资策略来说，跟踪投资组合的构成并随时调整投资组合的均值及方差是很有必要的。我们在第 24.4 节会看到一个关于此问题（即市场时机选择）的另一个例子。

业绩操纵和晨星风险调整评级

我们刚刚看到时变的风险和收益是如何扭曲传统的业绩评价的。当管理者的薪酬取决于业绩的管理者如何玩弄制度时，问题可能会变得更糟。管理者观察在评估期间的收益如何展开，并可以调整投资组合策略（例如，增加或减少风险），试图操纵绩效指标。一旦他们这样做了，评估期后期的投资组合策略就取决于评估期开始时的表现。

Ingersoll, Spiegel, Goetzmann 和 Welch ㊀展示了如何操纵本章所涵盖的传统绩效指标。虽然他们模型的细节很有挑战性，但逻辑很简单，我们可以使用夏普比率来说明。

正如我们在分析资本配置（第 6 章）时所看到的，投资于无风险资产（借贷）并不影响投资组合的夏普比率。换句话说，夏普比率对投资于风险投资组合而非无风险资产的比例是不变的。原因是已实现的超额收益与 y 成正比，因此风险溢价和标准差也与 y 成正比，夏普比率保持不变。

但是如果 y 在一段时间内发生变化呢？想象一下，一位经理已经进入了评估期的一半。虽然已实现的超额收益（平均收益、标准差和夏普比率）在评估期的第一阶段是已知的，但剩余的未来收益率的分布仍然不确定。总体夏普比率将是评估期第一阶段已知夏普比率和第二阶段未知夏普比率的某种（复杂）平均值。在第二阶段增加杠杆会增加第二阶段对整个周期平均表现的影响，因为杠杆会放大收益，无论好坏。

因此，如果早期收益不佳，管理者将希望在后期增加杠杆。相反，良好的前期表现要求去杠杆化，以增加初期的权重。如果第一阶段表现非常好，基金经理就会将几乎整个投资组合转向无风险资产。这种策略在评估期的第一阶段和第二阶段的收益之间产生（负）相关性。

平均而言，这种策略会让投资者蒙受损失。杠杆（以及由此带来的风险）的任意变化会降低效用。它对管理者有利，只是因为它允许管理者在观察其初始绩效后，在整个评估期间调整两个阶段的隐含权重方案。因此，投资者希望禁止或至少消除追求这种策略的动机。

㊀ Jonathan Ingersoll, Matthew Spiegel, William Goetzmann, and Ivo Welch, “Portfolio Performance Manipulation and Manipulation Proof Performance Measures,” Review of Financial Studies 20 (2007).

不幸的是，正如 Ibbotson 等人所表明的，只有一个绩效指标是不可能被操纵的[㊀]。这是晨星风险调整评级（MRAR）。令人惊讶的是，晨星公司在开发 MRAR 时，甚至没有将目标放在开发一个不被操纵的绩效指标上——MRAR 的开发只是试图满足那些想要一个与持续相对风险厌恶一致的绩效指标的投资者，其度量定义如下：

$$\mathrm{MRAR}(\gamma)=\left[\frac{1}{T}\sum_{t=1}^{T}\left(\frac{1+r_t}{1+r_{\mathrm{ft}}}\right)^{-\gamma}\right]^{\frac{12}{\gamma}}-1$$

该评级是一种超额收益的调和平均，其中 $t=1,\cdots,T$ 是月度观察值，γ 衡量投资者的风险厌恶程度。对于共同基金，晨星公司使用 $\gamma=2$，它认为这对普通零售客户来说是合理的[㊁]。MRAR 可以解释为具有风险厌恶的投资者的投资组合的无风险等效超额收益，以 γ 衡量。

晨星的这种方法产生的结果与基于均值—方差的夏普比率相似，但不完全相同。图 24-7 显示了 1994—1996 年期间 1 286 只分散化股票基金的表现，按 MRAR 和夏普比率排名之间的契合度。夏普指出，这一时期的特点是高收益，有助于产生良好的契合度。

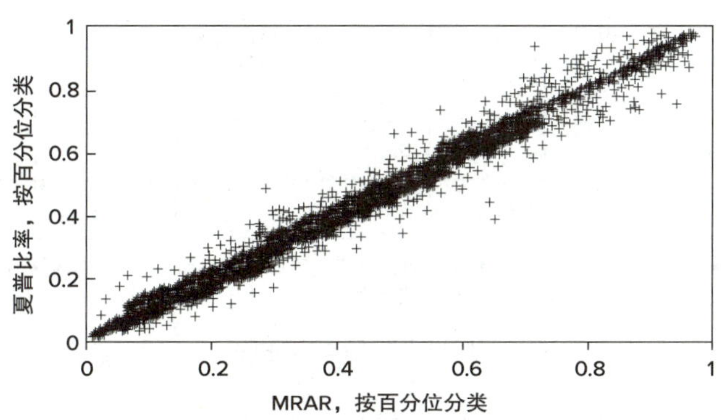

图 24-7　排名基于 MRAR 与夏普比率

资料来源：William F. Sharpe (1997). "Morningstar Performance Measures," www. standard. edu/-wfsharpe/art/stars/stars0. htm.

晨星公司还计算经载荷调整后的基金收益率，并根据最差年份的基金表现计算风险指标。晨星公司在风格相似的基金中对风险调整后的业绩进行排名。每只基金的同等组别是根据基金的投资范围（例如，国际型、成长型与价值型、固定收益型）以及投资组合特征（如平均市净率、市盈率和市值）选择的，并根据下表授予星级：

百分位	星级	百分位	星级
0-10	1	67. 5-90	4
10-32. 5	2	90-100	5
32. 5-67. 5	3		

晨星五星评级的荣誉令该服务覆盖的数千只基金的基金经理们垂涎不已。

㊀ Ibbotson 等人。

㊁ MRAR 是从比我们在第 6 章中使用的均值-方差函数更复杂的效用函数中导出的确定性等效几何平均超额收益。效用函数与恒定相对风险厌恶（CRRA）一致。当投资者拥有 CRRA 时，他们的资本配置（投资组合中无风险资产与风险资产的比例）不会随着财富而改变。风险规避系数为 $A=1+\gamma$。当 $\gamma=0$（相当于 $A=1$）时，效用函数为总超额收益的几何平均值：

$$\mathrm{MRAR}(0)=\left[\prod_{t=1}^{T}(1+R_t)\right]^{\frac{12}{T}}-1$$

24.4 市场时机选择

投资组合风险变化的另一个来源是市场时机选择。就其纯粹形式而言，市场时机选择涉及在市场指数投资组合和安全资产之间转移资金，这取决于该指数的预期表现是否优于安全资产。实际上，大多数基金经理不会在国库券和市场指数之间完全转换。当市场预期表现良好时，我们如何评价向市场指数的部分转换呢？

为简化起见，假设某投资者只持有市场指数投资组合和国库券。如果市场指数的权重是稳定的，比如为0.6，那么该投资组合的β值也是一定的，并且其证券特征线就应是一条斜率为0.6的直线（如图24-8a所示）。但是如果投资者能看准时机，在市场表现不错时把资金转入市场指数基金，那么原来的证券特征线就会如图24-8b所示。如果投资者能够预测牛市和熊市，那么当市场更有可能上涨时，投资者将把资金更多地转移到市场指数中。于是当r_M升高时，投资组合的β和SCL的斜率越高，形成如图24-8b所示的曲线。

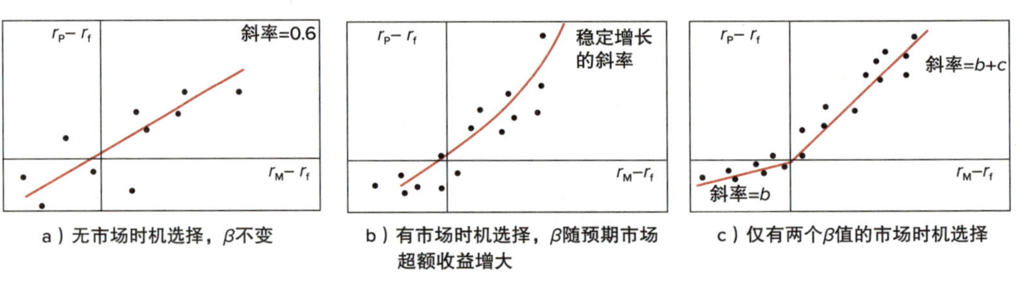

a）无市场时机选择，β不变　b）有市场时机选择，β随预期市场超额收益增大　c）仅有两个β值的市场时机选择

图24-8 证券特征线

特雷诺和Mazuy首先提出在一般线性指数模型中加入一个平方项来估计证券组合特征线的方程[㊀]：

$$r_P-r_f=a+b(r_M-r_f)+c(r_M-r_f)^2+e_P$$

式中，r_P标示投资组合收益，a、b和c是回归分析后所得的系数。如果c是正的，我们就能说明市场时机选择确实存在，因为最后一项能够使特征线在r_M-r_f较大时相应变陡。特雷诺和Mazuy利用上式对一些共同基金的数据进行了估计，但几乎没有找到任何投资者进行市场时机选择的证据。

亨里克森（Henriksson）和默顿[㊁]提出了另一种相似但更简单的方法。他们假设投资组合的β只取两个值：当市场走好时β取较大值，当市场萎靡时β取较小值。在这个假设下，投资组合的特征线就应如图24-8c所示。这条线的回归方程形式为

$$r_P-r_f=a+b(r_M-r_f)+c(r_M-r_f)D+e_P$$

这里D是一个虚拟变量，当$r_M>r_f$时，等于1，否则等于0。于是投资组合的β值在熊市时就为b，在牛市时就变成$b+c$。同样，如果回归得到正的c值，那就说明有市场时机选择能力存在。他们还发现，几乎没有证据表明投资者有把握市场时机的能力。

为具体说明如何对市场时机选择进行测试，让我们回顾表24-2，其中包含两个管理的投资

㊀ Jack L. Treynor and Kay Mazuy, "Can Mutual Funds Outguess the Market?" *Harvard Business Review* 43 (July-August 1966).

㊁ Roy D. Henriksson and R. C. Merton, "On Market Timing and Investment Performance. II. Statistical Procedures and Evaluating Forecast Skills," *Journal of Business* 54 (October 1981).

组合 P 和 Q 以及市场指数 M 的 12 个月超额收益率。将每个投资组合关于市场指数 M 和这些收益的平方进行线性回归，得到以下公式：

$$r_P - r_f = a_P + b_P(r_M - r_f) + c_P(r_M - r_f)^2 + e_P$$

$$r_Q - r_f = a_Q + b_Q(r_M - r_f) + c_Q(r_M - r_f)^2 + e_Q$$

可以得到下列统计数据。括号内的数字用于进行比较。它们是表 24-3 报告的单变量回归的回归估计值。

估计值	投资组合 P	投资组合 Q	估计值	投资组合 P	投资组合 Q
$\alpha(a)$	1.77（1.63）	-2.29（5.26）	时机（c）	0.00	0.10
$\beta(b)$	0.70（0.70）	1.10（1.40）	R^2	0.91（0.91）	0.98（0.64）

没有证据证明投资组合 P 尝试了时机选择：其时机系数 c 的估计值为 0。目前尚不清楚这是因为没有对时机选择进行尝试，还是因为任何对时机选择的努力都是徒劳的，只会不必要地增加投资组合的波动性。

然而，投资组合 Q 的结果表明，Q 很可能尝试了时机选择。这里的系数 c 是正的，估计值为 0. 10。因此，证据表明，成功的时机选择被不成功的股票选择（负 α）所抵消。请注意，α 的估计值现在是-2. 29，而不是从没有考虑时间潜在影响的回归方程中得出的 5. 26。

这个例子说明了假定平均收益和风险恒定的传统业绩评估技术的不足之处。市场时机选择者不断进出市场，改变 β 和平均收益率。因此，市场时机选择是投资组合构成和风险变化的另一个例子，使评估业绩的工作复杂化。而扩展的回归捕捉到了这种可能性，简单的 SCL 却没有。业绩评估的重点是，扩展回归可以捕捉到投资组合构成变化的许多影响，这些影响会混淆更传统的均值方差测量。

24. 4. 1　市场时机选择的潜在价值

假设我们将完美的市场时机选择定义为投资者有在每年年初（确切地）判断标准普尔 500 指数投资组合是否会优于国库券的能力。因此，在每年年初，市场时机选择者将所有资金转移到现金等价物（国库券）或股票（标准普尔 500 指数投资组合）中，以预期表现较好为准。从 1926 年 12 月 31 日的 1 美元开始，与将资金全部投资于股票或国库券的投资者相比，完美的市场时机选择者在 2018 年 12 月 31 日如何结束 92 年的实验?

表 24-5 给出了三种被动型策略中每一种的汇总统计数据，这些数据是根据国库券和股票的历史年收益率计算出来的。根据股票和国库券的收益率，我们计算了所有国库券投资者和所有股票投资者的财富指数，并显示了这些投资者在 2018 年底的终值。每年的完美市场时机选择者的收益是股票收益和国债收益的最大值。

表 24-5　国库券、股票和完美市场时机选择者的业绩初始投资为 1 美元

策略	国库券	股票	完美的市场时机选择者
终值	20 美元	5 271 美元	755 809 美元
算术平均值	3. 39%	11. 49%	16. 41%
标准差	3. 14%	20. 04%	13. 44%
几何平均值	3. 34%	9. 76%	15. 85%

（续）

策略	国库券	股票	完美的市场时机选择者
最大值	14.71%	57.35%	57.35%
最小值①	-0.02%	-44.04%	0.00%
偏度	1.05	-0.39	0.75
峰度	1.01	0.07	-0.07
LPSD	0.00%	13.10%	0.00%

① 1940 年观察到国库券的负利率。早期数据序列中使用的国库券实际上不是短期国库券，而是还有 30 天到期的长期国债。

表 24-5 中的第一行显示，在 92 年（1926—2018）期间，投资 1 美元国库券的终值为 20 美元，而投资 1 美元的股票的终值为 5 271 美元。我们在第 5 章中指出，尽管终值的差异令人印象深刻，但最好将其解释为对股票投资者承担的风险的补偿。正如我们已经看到的，年收益率的差异只有 8%左右，这看起来并不那么引人注目。请注意，全部投资股票的投资者的标准差高达 20.04%。这也是为什么同期股票的几何平均值仅为 9.76%，而算术平均值为 11.49%（两个平均值之间的差异随着波动性而增大）。

完美的市场时机选择者的终值是 755 809 美元，比收益已经很高的全部投资股票策略的终值增加了 143 倍！事实上，这个结果甚至比看起来还要好，因为市场时机选择者的收益率确实是无风险的。这是一个典型的例子，大的标准差（13.44%）与风险无关。因为市场时机选择者永远不会提供低于无风险利率的收益，所以标准差只是对惊喜的度量。

市场时机选择者分布的正偏度（0.75，与股票的负偏度相比）表明了一个事实，即极端值都是正的。这种出色表现的其他指标是最小收益率和最大收益率——市场时机选择者的最小收益率等于 0（1940 年），而最大收益率为 57.35%，也是股票的最大收益率（1933 年）。所有股票的负收益率（1931 年低至-44%）都被市场时机选择者避免了。最后，与全股票投资组合相比，完美市场时机选择者的另一个明显优势是由较低的部分标准差 LPSD ㊀提供的。LPSD 是衡量与国库券相比任何收益不到平均水平的指标，对于全股票投资组合来说，LPSD 为 13.10%，但对于市场时机选择者（其表现至少与国债一样好）来说，它必然是 0。

24.4.2 把市场时机选择作为看涨期权进行估价

评估市场时机选择能力的关键在于意识到完美的预测等同于持有股票组合的看涨期权——但不必为此付出代价！市场时机选择的完美择时者总是把 100% 的资金投资于安全资产或者股票组合中收益较高的那个，收益率至少是无风险利率。这在图 24-9 中可以体现出来。

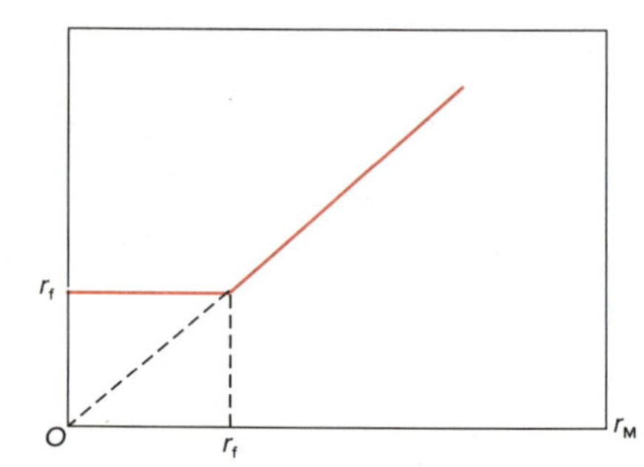

图 24-9 把完美市场时机选择者的收益率表示为市场指数收益率的函数

为了了解如何将择时技巧视为一种自由期权，现假设市场指数是 S_0，以该指数为标的的看涨期权的行权价格为 $X=S_0(1+r_f)$。如果下一期市场的表现超过国

㊀ 传统的 LPSD 基于低于均值的平均平方偏差。由于这里业绩的最低起点是无风险利率，我们取的 LPSD 是无风险利率偏差的平方的平均值。观测值应小于临界值，而传统的方法则忽略了事件发生概率。

库券，S_T 将超过 X，反之它将小于 X。现在考察由此期权和 S_0 美元国库券投资组成的组合收益：

	$S_T<X$	$S_T \geqslant X$
国库券	$S_0(1+r_f)$	$S_0(1+r_f)$
看涨期权	0	S_T-X
合计	$S_0(1+r_f)$	S_T

当市场处于熊市时（即市场收益率小于无风险利率），该组合的收益率等于无风险利率，当市场处于牛市时，售出国库券，组合收益即为市场收益。这便是完美市场时机选择者所构建的投资组合。[㊀]

因为预测表现更好的投资的能力相当于在市场上获得（免费）看涨期权并将其添加到国债头寸中，我们可以使用期权定价模型为完美的市场时机选择能力确定价值。这个价值将构成一个完美市场时机选择者为其服务向投资者收取的公允费用。给完美市场时机选择者确定价值也能让我们给不那么完美的市场时机选择者确定价值。

以 1 美元股票为标的资产的完美市场时机选择者看涨期权的行权价格为国库券投资的终值。利用连续复利计息，即为 1 美元×e^{rT}。将这个行权价格带入布莱克-斯科尔斯看涨期权定价公式中，那么公式便简化为[㊁]

$$\text{MV}(\text{每一美元资产的完美市场时机选择者}) = C = 2N(1/2\sigma_M\sqrt{T}) - 1 \qquad (24\text{-}4)$$

截至目前，我们都假设为年度预测，即 $T=1$ 年。根据 $T=1$，以及表 24-5 中标准普尔 500 指数超额收益的标准差 20.04%，计算得到该期权的价值为 7.98 美分，即为股权组合价值的 7.98%。[㊂]

24.4.3 非完美预测的价值

亚利桑那州杜桑市的天气预报总是说“不会下雨”，在 90%的天数里它都是正确的。但是“停止时钟”策略的高成功率根本不是预测能力的体现。类似地，对市场预测能力的恰当测度并非正确预测所占的百分比。如果市场每 3 天里有 2 天是上涨的，一个每天都预测“上涨”的预测者有 2/3 的成功率，这显然不能证明他的预测能力。我们需要分别计算牛市（$r_M>r_f$）的正确预测率和熊市（$r_M<r_f$）的正确预测率。

假设 P_1 为对牛市的正确预测率，P_2 为对熊市的正确预测率，那么 P_1+P_2-1，就是对预测能力的正确测度。例如，一个永远正确的预测者 $P_1=P_2=1$，最终预测能力为 1。而一个一直预测熊市的预测者会错误预测所有牛市（$P_1=0$），正确预测所有熊市（$P_2=1$），因此其最终预测能力为 $P=P_1+P_2-1=0$。

> **概念检查 24-4**
>
> 如果一个人靠扔硬币来预测市场，他的市场预测能力得分将有多少？

默顿表明，不完美市场时机的价值等于看涨期权的一部分。不完美市场时机选择者的价值

㊀ 这种将市场时机与看涨期权相联系的方法是由默顿引入的。R. C. Merton, “On Market Timing and Investment Performance: An Equilibrium Theory of Value for Market Forecasts,” *Journal of Business*, July 1981.

㊁ 用第 21 章式（21-1）中的 $S_0=1$ 美元代替股票投资组合的现值，$X=1$ 美元×e^{rT}，得到式（24-4）。

㊂ 这小于表 24-5 所示的完美时机选择的历史平均超额收益，反映出时机选择的实际值对收益分布中的肥尾很敏感，而布莱克-斯科尔斯假设的是对数正态分布。

就等于完美市场时机选择者的看涨期权的价值乘以市场时机选择能力的衡量指标，P_1+P_2-1。[⊖]

$$MV(不完美市场时机选择者)=(P_1+P_2-1)\times C=(P_1+P_2-1)[2N(1/2\sigma_M\sqrt{T})-1] \quad (24\text{-}5)$$

准确的市场时机选择带来的令人难以置信的潜在收益，就像稀缺的亿万富翁一样，完美市场时机选择并不具有现实性，而我们所能实现的只能是非常不完美的市场时机选择。

24.5 业绩归因程序

从业人员并不关注风险调整后的收益，他们通常只想确定哪些决策导致了更好或更差的业绩。好的投资业绩取决于投资者正确择时择股的能力。这种选择时机和投资对象的能力可以广泛考虑，例如在股市表现良好时投资股票，而不是投资固定收益证券。当然又可以定义得更具体，比如是指投资者在特定行业中寻找表现相对不错的股票。

投资组合管理者一般既做出关于资产配置的方向性决定，又在必要时在同一资产类别中选择具体的证券配置。研究业绩贡献的目的是把总的业绩分解为一个一个的组成部分，每个组成部分都代表了一个特定的投资组合的选择能力。

归因分析先从最广泛的资产配置选择说起，然后再进一步分析投资组合选择中较细致的具体内容。受管理的投资组合的业绩与基准投资组合的业绩之间的差异可以表示为，在投资组合构建过程的各个层次上做出的一系列决策对业绩的贡献总和。例如，一个常见的归因分析将业绩分解为三个组成部分：①股票、固定收益证券和货币市场的广泛资产市场配置选择；②每个市场的行业（部门）选择；③各部门内部的安全选择。

业绩归因方法着重解释有管理的投资组合P与另一个市场基准投资组合B之间的收益差别，我们称其为**基准收益**（bogey）。该指标旨在衡量投资组合经理如果完全遵循被动策略将获得的收益。“被动”在这里有两个属性。首先，这意味着在广泛的资产类别中配置资金是按照“正常”或跨部门中性配置的概念设定的。这将被视为被动型的资产市场配置。其次，这意味着在每个资产类别中，投资组合经理持有一个指数化的投资组合，例如股票部门的标准普尔500指数。这样，被动策略作为业绩基准就排除了资产配置和证券选择决策。基金经理的收益偏离被动型基准，必须是由于资产配置投注（偏离整个市场的中性配置）或证券选择投注（偏离资产类别内的被动型指数）。

虽然我们已经在前面的章节中讨论了在行业内编制指数的理由，但有必要简要解释一下在广泛的资产类别中对资金进行中性配置的决定。被指定为“中性”的权重将取决于投资者的风险承受能力，必须与客户协商确定。例如，风险承受能力强的客户可能会将其投资组合的很大一部分投资于股票市场，可能会指示基金经理设置75%的股票、15%的债券和10%的现金等价物的中性权重。任何偏离这些权重的行为，都必须通过相信某个市场的表现将超出或低于其通常的风险-收益状况来证明。相比之下，更多的风险厌恶型客户可能会为这三个市场设定45%/35%/20%的中性权重。因此，在正常情况下，他们的投资组合所面临的风险要小于风险承受能力强的客户。只有对市场表现的有意押注才会导致偏离这一权重。

为了说明这一点，考虑假设投资组合的归因结果。投资组合投资于股票、债券和货币市场证券。归因分析见表24-6至表24-9。投资组合在这个月的投资收益率为5.34%。

⊖ 注意，在式（24-5）中，当$P=0$时的投资者不会有收益。此时在市场间转换等同于随机决定资产配置。

表 24-6　管理投资组合的业绩

组成	基准收益与超额收益	
	基准权重	月指数收益率
股票（标准普尔 500 指数）	0.60	5.81%
债券（巴克莱指数）	0.30	1.45%
现金（货币市场工具）	0.10	0.48%
基准收益 = (0.60×5.81) + (0.30×1.45) + (0.10×0.48) = 3.97%		
管理投资组合的收益率	5.34%	
-基准收益资产组合的收益率	3.97%	
=管理投资组合的超额收益率	1.37%	

表 24-7　业绩归因

a. 资产配置对业绩的贡献

市场	(1) 市场的实际权重	(2) 市场的基准权重	(3) 超额权重	(4) 市场收益率 (%)	(5)=(3)×(4) 对业绩的贡献率
股票	0.70	0.60	0.10	5.81	0.581 0
债券	0.07	0.30	-0.23	1.45	-0.333 5
现金	0.23	0.10	0.13	0.48	0.062 4
资产配置的贡献					0.309 9

b. 证券选择对总业绩的贡献

市场	(1) 投资组合业绩 (%)	(2) 指数业绩 (%)	(3) 超额业绩 (%)	(4) 投资组合权重 (%)	(5)=(3)×(4) 对业绩的贡献率 (%)
股票	7.28	5.81	1.47	0.70	1.03
债券	1.89	1.45	0.44	0.07	0.03
资产配置的贡献					1.06

表 24-8　股权市场中的部门选择

部门	(1) 月初的投资权重 (%)	(2)	(3) 权重差 (%)	(4) 部门收益率 (%)	(5)=(3)×(4) 部门配置的贡献
	投资组合	标准普尔 500			
基础材料	1.96	8.3	-6.34	6.9	-0.437 5
工商服务	7.84	4.1	3.74	7.0	0.261 8
资本品	1.87	7.8	-5.93	4.1	-0.243 1
周期性消费品	8.47	12.5	-4.03	8.8	0.354 6
非周期性消费品	40.37	20.4	19.97	10.0	1.997 0
信用敏感部门	24.01	21.8	2.21	5.0	0.110 5
能源	13.53	14.2	-0.67	2.6	-0.017 4
技术	1.95	10.9	-8.95	0.3	-0.026 9
总计					1.289 8

表 24-9　投资组合贡献小结

		贡献（基点）
1. 资产配置		31
2. 选择		
a. 股票超额收益（基点）		
ⅰ. 部门配置	129	
ⅱ. 证券选择	18	
	147×0.70（投资组合权重）=	102.9
b. 债券超额收益	44×0.07（投资组合权重）=	3.1
投资组合总的超额收益		137.0

在表 24-6 中，中性权重设定为 60%的股票，30%的债券，10%的现金（货币市场工具）。由权重为 60%、30%、10%的每个指数组成的组合的基准收益为 3.97%。管理投资组合的业绩衡量指标是正的，等于其实际收益减去投资标的收益：5.34%-3.97%=1.37%。下一步是将 1.37%的超额收益分配给促成这一收益的每个独立的决策。

24.5.1 资产配置决策

从表 24-7 中可以看出，在这个月里，管理者建立了 70%的股票、7%的债券、23%的现金等价物的资产配置。为把管理者关于资产配置的效应独立出来，我们考察一个假想的投资组合，它由权重为 70 : 7 : 23 的三种指数基金组成。它的收益率仅反映了从 60 : 30 : 10 的基准权重转移到现在权重所引起的收益变化效应，而不包括任何由主动投资管理者在每个市场中主动选择证券所带来的效应。

由于管理者会对具有良好表现的市场增加权重，而减少表现不好市场的份额，上述假想投资组合的业绩要优于基准收益。因此，总业绩中属于资产配置的贡献就等于三个市场中超额权重与其相应指数收益率之积的总和。

表 24-7a 表明在总超额收益的 137 个基点中，成功的资产配置贡献了 31 个基点，因此部分优良业绩应归功于此。这是因为当该月股票市场实现了 5.81%的收益率时，管理者大幅增加了当月的股票市场投资权重。

24.5.2 部门与证券选择决策

如果 0.31%的超额业绩（见表 24-7 的 a 部分）可以归因于跨市场的有利资产配置，那么剩余的 1.06%必须归因于每个市场内的部门选择和证券选择。表 24-7 的 b 部分详细说明了管理投资组合的行业和证券选择对总业绩的贡献。

从表 24-7 的 b 部分可知，该投资组合中股票部分所实现的收益率为 7.28%（而标准普尔 500 指数的收益率为 5.81%），固定收益证券的收益率为 1.89%（而巴克莱指数收益率为 1.45%）。在股票和固定收益市场上的优异表现，按投资组合在每个市场的投资比例加权，可归因于行业和证券选择的业绩贡献总计为 1.06%。

表 24-8 通过记录股票市场每一部门的数据而得到了股票市场中优异业绩的具体来源。第 2 列至第 4 列是该投资组合与标准普尔 500 指数在股票市场上各部门间的配置及两者之间的差异，第 5 列展示了每个部门的收益率。第 6 列为每个部门中两者之间的权重差与部门收益率的乘积。

好的业绩（正的贡献）源于加大了对一些具有出色表现的部门所做的投资，如对经济周期不敏感的非周期性消费品行业。投资组合中股票部分的超额收益仅归因于行业配置为 1.29%。表 24-7 的 b 部分中第 4 列显示投资组合中股票部分的收益率比标准普尔 500 指数的收益率高 1.47%，于是我们可以通过简单的相减得出部门内证券选择对投资组合中股票业绩所做的贡献为 0.18%(=1.47%-1.29%)。

当然在投资组合的债券部分也可以应用同样的部门分析，在这里不再赘述。

Excel 应用

业绩归因

这一部分将利用业绩归因表对业绩归因进行说明。该模型可用来评估共同基金以及其他一些投资组合的管理。

你可以从 Connect 中找到这个 Excel 模型。

Excel 问题：

1. 如果实际权重是 75/12/13，而不是 70/7/23，资产配置对整体表现的贡献将会发生什么变化，解释你的结果。

2. 如果实际股票组合收益率为 6.81%，而不是 5.81%，债券组合的实际收益率为 0.45%而不是 1.45%，债券选择对于组合整体表现的贡献度将发生什么变化？解释你的结果。

	A	B	C	D	E	F
1	业绩贡献					
2						
3						
4	基准收益					
5	投资组合的		基准	指数收益率	投资组合	
6	组成部分	指数	权重		收益率	
7	股票	标准普尔500指数	0.60	5.8100%	3.4860%	
8	债券	巴克莱指数	0.30	1.4500%	0.4350%	
9	现金	货币市场工具	0.10	0.4800%	0.0480%	
10			基准收益率		3.9690%	
11						
12		管理组合的组成部分				
13			投资组合	实际	投资组合	
14			权重	收益率	收益率	
15		股票	0.70	5.8100%	5.0960%	
16		债券	0.07	1.4500%	0.1323%	
17		现金	0.23	0.4800%	0.1104%	
18			管理组合收益率		5.3387%	
19			超额收益率		1.3697%	

24.5.3 各部分贡献的加总

在该月，投资组合的各项选择程序都很成功。表 24-9 详细列出了各方面的业绩贡献。在主要的证券市场上进行资产配置贡献了 31 个基点，在各市场内的选择贡献了 106 个基点，于是投资组合的总超额业绩达到了 137 个基点。

其中部门配置和证券选择所得的 106 个基点可以继续细分下去，股票市场中的部门配置实现了 129 个基点的超额收益，而部门内的证券选择贡献了 18 个基点。（把 147 个基点的股票总超额收益乘以 70%的股票权重，即为股票对投资组合业绩的贡献）。同样，对债券部分也可以进行类似的分解。

概念检查 24-5

a. 设表 24-7 中的基准收益的权重为股票 70%、债券 25%、现金 5%，那么对于上面讨论的投资组合而言，其资产配置的贡献为多大？

b. 假设标准普尔 500 指数的收益率为 5%，重新计算证券选择对投资组合业绩的贡献。

小结

1. 最简单的业绩评价指标是将平均收益率与基准（如适当的市场指数）甚至是可比范围内基金收益率的中位数进行比较。衡量平均收益率的其他方法包括算术平均和几何平均以及时间加权收益率和货币加权收益率。

2. 适当的业绩评价取决于被评价投资组合的性质和作用。合适的业绩评价指标主要有以下几种。
   a. 夏普比率：它适用于该投资组合就是投资者所有投资的情况。
   b. 信息比率：如果该投资组合由主动的投资组合和被动的投资组合组成，那么信息比率能帮助投资者寻找最佳混合点。
   c. 特雷诺测度：它适用于当投资组合代表许多子组合中的一个的时候。
   d. 詹森 α：所有这些评价方法都要求投资组合具有正 α 值，以使其具有吸引力。
3. 在业绩评价过程中，评估者需要把许多样本观测值中归于运气的那部分效应除去，因为通常投资组合的收益率都具有“白噪声”。
4. 风格分析使用多元回归模型，在模型中，因子是组合的资产（风格），如国库券、债券、股票等。风险投资组合中的系数表示隐含的资产配置与有管理的投资组合的风险敞口相匹配。有管理的投资组合和与之匹配的投资组合之间的收益率的差异衡量了类似风格基金的表现。
5. 主动投资策略下的投资组合具有不确定的均值和变化的方差，这使得评估工作变得更加困难。一个典型的例子就是投资组合管理者会把握市场时机选择，从而使投资组合的 β 值发生变化。
6. 同时衡量市场时机选择和选择是否成功的一种方法是估计扩展后的证券特征线，其斜率（β）系数允许随着市场收益率的增加而增加。评价市场时机选择者的另一种方法是基于其业绩中隐含的看涨期权。
7. 常见的业绩归因过程一般可分解为资产配置、部门选择和证券选择三个来源。我们一般通过计算该投资组合对市场基准或中性投资组合的偏离来对该投资组合的业绩进行分解分析。

习题

1. 一个家庭的储蓄账户的 Excel 表格显示如下：

日期	存款	取款	账户余额
1/1/2019			148 000
1/3/2019	2 500		
3/20/2019	4 000		
7/5/2019	1 500		
12/2/2019	13 460		
3/10/2020		23 000	
4/7/2020	3 000		
5/3/2020			198 000

   使用 Excel 的 XIRR 函数计算开始日期和结束日期之间家庭储蓄账户的货币加权平均收益。
2. 正的 α 值可能与内在表现有关吗？请解释。
3. 我们知道风险投资的几何平均（时间加权收益率）总是小于它的算术平均。IRR（货币加权收益率）可以与这两个平均值相比较吗？
4. 我们已经看到了市场时机选择的威力，因此把用于选股的资源和精力投放到关注市场时机选择上是明智的吗？
5. 考虑股票 ABC 和 XYZ 的收益率，如下表所示：

年份	r_{ABC}(%)	r_{XYZ}(%)
1	20	30
2	12	12
3	14	18
4	3	0
5	1	−10

   a. 计算在样本期内这些股票的算术平均收益率。

b. 哪只股票对均值有较大的分散性？

c. 计算每只股票的几何平均收益率，你能得出什么结论？

d. 如果在 ABC 股票的 5 年收益当中，你可以均等地得到 20%、12%、14%、3%或 1%的收益，你所期望的收益率是多少？

e. 如果这些可能的结果是属于 XYZ 股票的呢？

f. 根据你对 d 部分和 e 部分的回答，哪种平均收益的衡量方法，算术平均还是几何平均，对预测未来的表现更有用？

6. XYZ 股票的价格与股利支付情况如下表：

年份	年初价格（美元）	年末支付的股利（美元）
2018	100	4
2019	120	4
2020	90	4
2021	100	4

一位投资者在 2018 年年初买了 3 股 XYZ 股票，在 2019 年年初又买了另外 2 股，在 2020 年年初卖出 1 股，在 2021 年年初卖出剩下的 4 股。

a. 这位投资者的算术平均与几何平均的时间加权的收益率分别是多少？

b. 货币加权的收益率是多少？（提示：仔细做出一张与 4 个期间相联系的从 2018 年 1 月至 2021 年 1 月收益的现金流量表。如果你的计算器不能计算内部收益率，就使用插值法）

7. 一位管理者今天购买了 3 股股票，并在此后的 3 年中每年卖出其中的 1 股，他的行为与股票价格的历史信息总结如下。假定该股票不支付股利。

时间	价格（美元）	行为
0	90	买入 3 股
1	100	卖出 1 股
2	100	卖出 1 股
3	100	卖出 1 股

a. 计算该投资组合的时间加权几何平均收益率。

b. 计算该投资组合的时间加权算术平均收益率。

c. 计算该投资组合的货币加权平均收益率。

8. 在目前的股利收益及预期的资本利得基础上，资产组合 A 与资产组合 B 的期望收益率分别为 12%与 16%。A 的 β 值为 0.7，而 B 的 β 值为 1.4，现行国库券利率为 5%，而标准普尔 500 指数的期望收益率为 13%。A 的标准差每年为 12%，B 的标准差每年为 31%，而标准普尔 500 指数的标准差为 18%。

a. 如果你现在拥有市场指数组合，你愿意在你所持有的资产组合中加入哪一个组合？说明理由。

b. 如果你只能投资于国库券和这些资产组合中的一种，你会做何选择？

9. 考虑对股票 A 与 B 的两个（超额收益）指数模型回归结果，在这段时间内无风险利率为 6%，市场平均收益率为 14%，对项目的超额收益以指数回归模型来测度。

	股票 A	股票 B
指数回归模型估计	$1\%+1.2(r_M-r_f)$	$2\%+0.8(r_M-r_f)$
R^2	0.576	0.436
残差的标准差 $\sigma(e)$	10.3%	19.1%
超额收益标准差	21.6%	24.9%

a. 计算每只股票的下列指标：

ⅰ. 詹森 α。

ⅱ. 信息比率。

ⅲ. 夏普比率。

ⅳ. 特雷诺测度。

b. 在下列情况下，哪只股票是最佳选择？

ⅰ. 这是投资者唯一持有的风险资产。

ⅱ. 这只股票将与投资者的其他债券资产组合混合，是目前市场指数基金的一个独立组成部分。

ⅲ. 这是投资者目前正在分析以便构建一个主动管理型股票资产组合的众多股票中的一只。

10. 评价4个经理的市场时机选择预测与债券选择能力，他们的业绩分散在以下4幅图上黑点所示的地方。

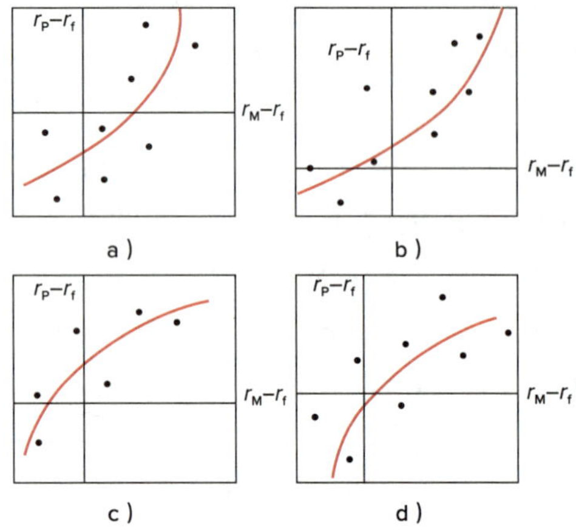

11. 考虑以下有关一名货币基金经理最近一个月来的业绩资料。表上第2列标出了该经理资产组合中各个部分的实际收益。资产组合的各部分实际权重、基准权重以及各部分指数收益情况如第3、4、5列所示：

	实际收益（%）	实际权重	基准权重	指数收益（%）
股票	2	0.70	0.60	2.5(标准普尔500指数)
债券	1	0.20	0.30	1.2(所罗门兄弟指数)
现金	0.5	0.10	0.10	0.5

a. 该经理本月的收益率是多少？他的超额收益或不良表现为多少？

b. 债券选择在相对业绩表现中所起的作用有多大？

c. 资产配置在相对业绩表现中所起的作用有多大？试证明选股与配置各自的贡献的总和等于他的相对于基准的超额收益。

12. 一个全球股票经理负责从一个全球性的股票市场中选择股票，其业绩将通过将他的收益率与MSCI国际债券市场指数的收益率做比较来做出评估，而他可以自由地按他认为合适的比例持有来自世界各国的股票。在某一月内其投资结果如下：

国家	MSCI指数中的权重	经理的权重	经理在某一国的收益（%）	股票指数对某国的收益（%）
英国	0.15	0.30	20	12
日本	0.30	0.10	15	15
美国	0.45	0.40	10	14
德国	0.10	0.20	5	12

a. 计算此期间内该经理所有决策的总价值。

b. 计算他的国家配置决策增加或减少的价值。

c. 计算他在国家内的股票选择方面增加的价值。

d. 证明他的国家配置与债券选择决策的价值总和等于总的超额（或不足）收益的值。

13. 以前有某位智者曾说一个人应该在一个完全的市场周期中测度投资者的业绩。怎样评价这一观点？什么样的论述是与之相矛盾的？

14. 通过由大量有相似投资风格的基金经理来评价其各自的相对投资业绩，是否可以克服与β值不稳定性或者总体波动性有关的统计方面的问题？

15. 在某年当中，国库券利率为6%，市场收益率为14%，一位资产组合经理，其β值为0.5，实现的收益率为10%。

a. 以资产组合的α为基础评价这位经理。

b. 根据布莱克-詹森-斯科尔斯发现的证券市场线过于平缓（见第13.1节）的事实，重新考虑对a部分的回答。这会影响你对他业绩表现的评估吗？

16. 比尔·史密斯正在评估四只大盘股组合：基金A、B、C和D。在他的评估中，计算了四只基金的夏普比率和特雷诺测度，排序如下：

基金	特雷诺测度排名	夏普比率排名
A	1	4
B	2	3
C	3	2
D	4	1

基金 A 和基金 D 排名的差异最有可能来自：

a. 基金 A 没有基金 D 分散化程度高。

b. 评估每只基金的业绩时使用了不同的基准。

c. 风险溢价不同。

利用以下信息完成第 17～20 题：普莱默管理公司正在研究如何最好地评估经理的业绩。普莱默越来越关注基准组合的做法并且准备尝试这种方法。为此，公司聘请了一位特许金融分析师萨利·琼斯来指导经理构建基准组合的最佳方法，如何最佳地选择基准，所管理的基金风格是否对此有影响，以及在使用基准组合方法时如何处理他们的国际基金。

为了便于讨论，琼斯列出了两年期普莱默管理的国内基金和潜在的基准的一些业绩数据。

风格	权重		收益（%）	
	普莱默	基准	普莱默	基准
大盘成长型	0.60	0.50	17	16
中盘成长型	0.15	0.40	24	26
小盘成长型	0.25	0.10	20	18

作为研究的一部分，琼斯也研究了普莱默的国际基金。在这个组合中，普莱默投资了 75% 在荷兰股票，25% 在英国股票。而基准组合则是各自投资了 50%。平均而言，英国股票业绩比荷兰的好。持有期内欧元对于美元升值 6%，而英镑对美元贬值了 2%。从局部收益上看，普莱默的荷兰投资比基准业绩要好，但是考虑到英国股票，总体业绩就不如基准组合了。

17. 每个部门的部门内选择效应是什么？

18. 计算该时期内普莱默组合对于基准组合业绩超出（低于）了多少？计算部门选择和证券选择对业绩的贡献。

19. 如果普莱默决定使用基于收益的风格分析，被动管理基金回归方程的 R^2 会比主动管理基金的高还是低？

20. 下面对于普莱默国际基金的哪项叙述最正确？普莱默有正的货币配置效应以及________。

 a. 负的市场配置效应和正的证券配置效应

 b. 负的市场配置效应和负的证券配置效应

 c. 正的市场配置效应和正的证券配置效应

21. 凯莉·布莱克利是米兰达基金的经理，米兰达基金是一只大盘股基金。以标准普尔 500 指数作为业绩评估的基准。尽管总体上米兰达基金追踪了标准普尔的资产风格以及部门权重，但布莱克利在管理基金方面却有较大的余地。她的组合只包括标准普尔 500 指数和现金。

 通过对市场时机选择的把握以及证券选择，布莱克利去年的收益很不错（如下表所示）。年初时，她很关注疲软的经济和动荡的地缘政治的双重影响。后来她大胆地更换了她的市场配置。整年中她的资产中有 50% 是股票，50% 是现金。而同期的标准普尔 500 指数有 97% 的股票和 3% 的现金。无风险利率是 2%。

为期一年的追踪收益　（%）

	米兰达基金	标准普尔 500 指数
收益	10.2	-22.5
标准差	37	44
β	1.10	1.00

 a. 米兰达基金和标准普尔 500 指数的夏普比率分别是多少？

 b. 米兰达基金和标准普尔 500 指数的 M^2 测度分别是多少？

 c. 米兰达基金和标准普尔 500 指数的特雷诺测度分别是多少？

 d. 米兰达基金的詹森 α 是多少？

22. 访问肯尼斯·弗兰奇的数据图书馆网站 http://mba.tuck.dartmouth.edu/pages/fac-

ulty/ken.french/data_library.html。选择两个行业组合并下载36个月的数据。根据需要从网站下载其他数据，以完成以下任务。

a. 根据夏普比率、詹森α、特雷诺测度以及信息比率，将投资组合的表现与市场指数的表现进行比较。绘制α加上剩余收益的月度值。

b. 现在使用法玛-弗伦奇三因素模型（见第13.3节）作为收益基准。使用此模型计算α加剩余收益的值。使用这个基准替代市场指数后，业绩会发生怎样的变化？

CFA考题

1. 你与一位潜在的客户正在考虑投资业绩的评价标准，尤其是考虑到过去5年中的国际性资产组合的评价。所讨论的数据如下表所示：

(%)

国际性基金经理或指数	总收益	国家与证券收益	货币收益
经理A	-6.0	2.0	-8.0
经理B	-2.0	-1.0	-1.0
国际指数	-5.0	0.2	-5.2

a. 假设有关经理A与经理B的数据精确地反映了他们的投资能力，且两个经理都主动管理其货币头寸。简述每个项目的优缺点。

b. 推荐一项策略使得你的基金能充分利用每个经理的长处并回避其缺点，并说明理由。

2. 卡尔是Alpine信托投资公司的投资经理，从2023年开始负责一个市政养老基金——Alpine员工养老金计划。Alpine信托投资公司所在地Alpine镇是一个成长中的社区，并且在过去的10年中城市服务与雇用支付每年都有所增长。2028年，养老金计划的资金流入将超过其福利支出，流入与支出比例达到3∶1。

委托人的计划委员会5年前指导卡尔去做长期的以总收益最大为目的的投资项目。但是，他们提醒他不要从事过于不稳定或错误的投资。他们也指出根据州政府的命令，养老金计划投资于普通股的资金不允许超过养老金资产的25%。

在2028年11月委托人的年度大会上，卡尔向董事会汇报了以下资产组合的业绩情况：

Alpine员工养老金计划

2028年9月30日的资产构成	成本（百万美元）	占比（%）	市场价值（百万美元）	占比（%）
固定收益资产	4.5	11.0	4.5	11.4
短期证券	26.5	64.7	23.5	59.5
长期债券和抵押贷款	10.0	24.3	11.5	29.1
普通股	41.0	100.0	39.5	100.0

投资业绩

	截至2028年9月30日的年收益率（%）	
	5年	1年
Alpine基金		
时间加权	8.2	5.2
货币加权（内部）	7.7	4.8
假定的精算收益率	6.0	6.0
美国国库券	7.5	11.3
大样本养老基金（平均60%的股票、40%的固定收益证券）	10.1	14.3
普通股——Alpine基金	13.3	14.3
平均资产组合的β系数	0.90	0.89
标准普尔500股票指数	13.8	21.1
固定收益证券——Alpine基金	6.7	1.0
广泛投资级债券指数	4.0	-11.4

卡尔很为自己的表现而自豪，但当委托人提出以下批评时，他又很沮丧。

a. “我们的年度业绩很不好，而你最近的所作所为正是业绩不好的主要原因。”

b. “在过去的5年中，我们的总的基金表现与大样本养老基金相比显然很差，这除了说明管理的落后之外又能说明什么呢？”

c. “在过去的5年中，我们基金中的普通股表现尤其差。”

d. “为什么要将你的收益率与国库券和假定的精算收益率相比？你通过竞争可以给我们带来什么利益？或者说，如果唯一相关业绩衡量标准是投资一个被动指数（这种指数不花钱），那么我们会面对什么情形？”

e. “谁关心时间加权收益呢？如果它不能为养老金带来收益，它就毫无益处。”

评论一下上述观点的可取之处，并给出卡尔先生可能的反驳。

3. “退休基金”（Retired Fund）是一只开放式基金，拥有5亿美元美国债券与国库券。该基金的资产组合的久期（包括国库券）在3~9年。根据一个独立的固定收益测度服务指标的评价，该基金在过去的5年里业绩不俗。但是基金的领导想测度基金唯一的一个债券投资管理人的市场时机选择预测能力。一个外部咨询机构提供了以下三种建议方案：

a. 方案1：在每年年初考察债券资产组合的价值，并计算同样的资产组合持有1年可以获得的收益，将这一收益与基金的实际所得收益相比。

b. 方案2：计算每一年债券与国库券的加权平均资产组合，使用长期债券市场指数和国库券指数来代替实际债券资产组合计算收益。例如，如果该资产组合平均而言65%为债券，35%为国库券，就计算将资产组合按65%长期债券指数和35%国库券比例投资的年收益率。将这一收益率与每季度根据指数与经理的实际债券/国库券权重计算的年收益率相比。

c. 方案3：考察每个季度的净债券购买行为（买入的市场价值减去售出的市场价值）。如果每个季度买入额为正，则在净买入额变成负数时评价债券业绩。正（负）的净买入额被经理视为看涨（跌）的标志。这种观点的正确性还有待考察。

请从市场时机选择测度的角度对以上三种方案进行评价。

下列数据用于第4~5题。一个大型养老基金的行政官员想评价四个投资经理的业绩。每个经理都只投资于美国的普通股市场。假定最近5年来，标准普尔500指数包括股利的平均年收益率为14%，而政府国库券的平均名义年收益率为8%。下表显示了对每种资产组合的风险与收益进行测度的情况：

资产组合	年平均收益率（%）	标准差（%）	β
P	17	20	1.1
Q	24	18	2.1
R	11	10	0.5
S	16	14	1.5
标准普尔500指数	14	12	1.0

4. 资产组合P的特雷诺测度为多少？

5. 资产组合Q的夏普比率为多少？

6. 一分析师要用特雷诺测度与夏普比率评估完全由美国普通股股票构成的资产组合X，过去8年间该资产组合由标准普尔500指数测度的市场资产组合和美国国库券的平均年收益率情况见下表：

	平均年收益率（%）	收益的标准差（%）	β值
资产组合X	10	18	0.60
标准普尔500指数	12	13	1.00
国库券	6	N/A	N/A

a. 计算资产组合X与标准普尔500指数的特雷诺测度和夏普比率。简述根据这两个指标，资产组合X是超过、等于还是低于风险调整基础上的标准普尔500指数。

b. 根据a中计算所得的相对于标准普尔500指数的资产组合X的业绩，简要说明使用特雷诺测度所得结果与夏普比率所得结果不符的原因。

7. 假定你在两年内投资于一种资产。第一年收益率为 15%，第二年为-10%。你的年几何平均收益率是多少？

8. 一股票资产组合 2018 年收益为-9%，2019 年为 23%，2020 年为 17%，整个期间的年收益率（几何平均）是多少？

9. 用 2 000 美元投资两年，第一年年末的收益为 150 美元，第二年年末收回原投资，另外获得收益 150 美元，这项投资的内部收益率是多少？

10. 要测度一资产组合的业绩，时间加权收益率要优于货币加权收益率，因为：
    a. 当收益率不同时，时间加权收益率较高。
    b. 货币加权收益率假定所有投资都在第一天投入。
    c. 货币加权收益率只能被估算。
    d. 时间加权收益率不受资金投入和撤出的时机的影响。

11. 养老基金资产组合的初值为 500 000 美元，第一年的收益率为 15%，第二年的收益率为 10%，第二年年初，发起人又投入 500 000 美元。时间加权收益率与货币加权收益率是多少？

12. 在 Acme 公司的养老金计划审查期间，几个受托人就几个业绩评价指标和风险评价等问题询问了他们的投资顾问。
    a. 就下列内容作为业绩评价标准的恰当性进行评论：市场指数、基准组合、管理者收益的中位数。
    b. 描述下列业绩评价指标的区别：夏普比率、特雷诺测度、詹森 α。
        i. 描述三个业绩评价指标是如何计算的。
        ii. 说明与每一个评价指标相关的风险是系统风险、非系统风险还是全部风险，解释每一个评价指标中的超额收益与相关风险之间的关系。

13. Pallor 公司养老金计划的受托人就下列声明询问了投资顾问唐纳德·米利普，他的回答应该是什么？
    a. 在统计学意义上，经理收益的中位数标准是长期业绩表现的无偏测度。
    b. 经理收益的中位数标准是明确的，因而容易被经理重复使用，以至于他们采用被动指数管理策略。
    c. 经理收益的中位数标准在所有环境下都是不恰当的，因为它包含了很多投资风格。

14. 詹姆斯·莫尼正在审查 Jarvis 大学捐赠基金的全球股票管理者的业绩。目前，Williamson 资产管理公司是捐赠基金唯一的大型全球股票管理者，Williamson 资产管理公司的业绩数据如表 24-10a 所示。

    莫尼也向捐赠基金投资委员会提交了 Joyner 资产管理公司的业绩信息。Joyner 资产管理公司是另一个大型全球股票管理者，该公司的业绩数据如表 24-10b 所示。相关的无风险资产和市场指数的业绩数据如表 24-10c 所示。
    a. 计算 Williamson 资产管理公司和 Joyner 资产管理公司的夏普比率和特雷诺测度。
    b. 投资委员会注意到，用夏普比率和特雷诺测度产生了对 Williamson 资产管理公司和 Joyner 资产管理公司不同的业绩排名，解释为什么这些标准可以导致不同的业绩排名。

表 24-10 相关业绩数据

a. 2020—2025 年 Williamso 资产管理公司业绩数据	
平均年收益率	22.1%
β	1.2
标准差	16.8%
b. 2020—2025 年 Joyner 资产管理公司业绩数据	
平均年收益率	24.2%
β	0.8
标准差	20.2%
c. 2020—2025 年无风险资产和市场指数的业绩数据	
无风险资产	
平均年收益率	5.0%
市场指数	
平均年收益率	18.9%
标准差	13.8%

概念检查答案

24-1

时间	行为	现金流
0	买入两股	−40
1	收入股利，并卖出其中一股股票	4+22
2	在剩余股份中收入股利，并卖出	2+19

a. 货币加权收益率：

$$-40+26/(1+r)+21/(1+r)^2=0$$

$$r=0.1191 \text{ 或 } 11.91\%$$

b. 时间加权收益率：

两年内该股票的收益率为：

$$r_1=[2+(22-20)]/20=0.20$$

$$r_2=[2+(19-22)]/22=-0.0455$$

时间加权的算术平均收益率：$(r_1+r_2)/2=0.0773$ 或 7.73%

时间加权的几何平均收益率：$[(1+r_1)(1+r_2)]^{1/2}-1=0.0702$ 或 7.02%

24-2 夏普比率：$(\bar{r}-\bar{r}_f)/\sigma$

$$S_P=(35-6)/42=0.69$$

$$S_M=(28-6)/30=0.733$$

詹森 α：$\bar{r}-[\bar{r}_f+\beta(\bar{r}_M-\bar{r}_f)]$

$$\alpha_P=35-[6+1.2(28-6)]=2.6$$

$$\alpha_M=0$$

特雷诺测度：$(\bar{r}-\bar{r}_f)/\beta$

$$T_P=(35-6)/1.2=24.2$$

$$T_M=(28-6)/1.0=22$$

信息比率：$\alpha/\sigma(e)$

$$I_P=2.6/18=0.144$$

$$I_M=0$$

因此，根据夏普比率、特雷诺测度和信息比率，投资组合 P 的表现优于市场，但其夏普比率表现较差。

24-3 α 超过 0 的部分等于 0.1（0.2/2）个标准差。根据正态分布表（若 t 分布更合适，可用 t 分布）可知，发生组合实际获利能力为零的概率为 46%。

24-4 时机选择者完全随机猜测牛市和熊市。对于牛市和熊市，都有 50% 的概率猜对。因此：

$$P_1+P_2-1=1/2+1/2-1=0$$

24-5 首先计算新的业绩：

$$(0.7\times5.81)+(0.25\times1.45)+(0.05\times0.48)=4.45$$

a. 资产配置对业绩的贡献，如下表所示。

市场	(1) 市场的实际权重	(2) 市场的基准权重	(3) 超额权重	(4) 市场收益率（%）	(5)=(3)×(4) 贡献
股票	0.70	0.70	0.00	5.81	0.00
债券	0.07	0.25	−0.18	1.45	−0.26
现金	0.23	0.05	0.18	0.48	0.09
资产配置的贡献					−0.17

b. 证券选择对业绩的贡献，如下表所示。

市场	(1) 投资组合业绩（%）	(2) 指数业绩（%）	(3) 超额业绩（%）	(4) 投资组合权重（%）	(5)=(3)×(4) 贡献（%）
股票	7.28	5.00	2.28	0.70	1.60
债券	1.89	1.45	0.44	0.07	0.03
证券选择的贡献					1.63

第 25 章

投资的国际分散化

虽然我们习惯性地把美国股票指数看作市场投资组合指数，但实践中这种做法越来越不合适了，因为美国的股票仅占全球股票的40%左右，在全球总财富中的占比则更小。在这一章中，我们将超越美国国内市场，考察国际市场及更广泛的组合分散化问题。

在某种意义上，国际投资可以被认为是对我们前面讨论问题的一般延伸，只是用以构建资产投资组合的资产“菜单”的范围更广了。在国际投资中，投资者同样面临着与此类似的分散化、证券分析、证券选择以及资产配置等问题。另外，国际投资还涉及一些国内市场没有的问题，包括汇率风险、国际资金流动的限制、更大范围的政治风险、个别国家的管制问题以及不同国家间不同的信息透明度等。

因此，在这一章中，我们将就本书其他章节中谈到的主要问题做逐一的说明，重点强调它们涉及国际投资的方面。

首先简要介绍一下国际股票市场，指出可供投资者选择的各种场所。然后我们转向投资组合理论的核心概念——风险和分散化。我们将看到汇率波动如何为收益率的不确定性增加额外的因素。然而，国际分散化为改善投资组合的风险-收益权衡提供了机会。国际投资还涉及一系列政治风险。我们将考虑其中的一些风险以及与之相关的信息来源。最后，我们展示了除传统的国内资产类别选择以及在国际背景下的业绩归因之外，如何将活跃的资产配置概括为包括国家和货币的选择。

25.1 全球股票市场

今天你可以轻松地投资近 100 个国家的资本市场，并获得你所投资产品的最新消息。2018 年，超过 25 个国家的股市市值超过 1 000 亿美元。

美国投资者可以通过几种途径进行国际投资。最明显的方法是直接在其他国家的资本市场购买证券，这种方法在实践中主要适用于较大的机构投资者。然而，即使是小投资者也可以利用一些国际上关注的投资工具。

一些外国公司的股票可以在美国市场直接交易，或者以美国存托凭证（ADR）的形式交易。美国的金融机构如银行会在外国公司所在国购买该公司的股票，然后在美国发行对这些股票的索取权。每个 ADR 都是对银行持有的一定数量股票的索取权。一些股票在美国既可以直接交易，也可以作为 ADR 交易。

此外，还有许多关注国际市场的共同基金。除了单一国家基金，还有几只关注国际市场的开放式共同基金。例如，富达提供了一些集中投资于海外的基金，这些基金通常投资于欧洲、太平洋盆地以及新兴机会基金中的发展中经济体。先锋领航（Vanguard）与其指数管理理念一致，为欧洲、太平洋盆地和新兴市场提供了独立的指数基金。最后，如第 4 章所述，有许多交易所交易基金被称为**安硕**（iShares）或世界股权基准股票（World Equity Benchmark Shares，WEBS），它们是特定国家的指数产品。

美国投资者还可以根据外国证券市场的价格交易衍生证券。例如，他们可以交易东京证券交易所 225 只股票的日经指数的期权和期货，或者英国和欧洲的富时（金融时报证券交易所）指数的期权和期货。

投资行业通常会区分“发达”市场和“新兴”市场。典型的新兴经济体仍处于工业化阶段，增长速度快于发达经济体，资本市场风险通常更大。我们使用强调资本市场状况的富时指数[㊀]标准将市场划分为新兴市场和发达市场。

25.1.1　发达国家/地区

为了理解只投资于美国股票和债券的短视行为，请看表 25-1 中的数据。美国股市只占全球市值的 40.5%。显然，采用主动型投资策略的投资者可以通过扩大对境外有吸引力证券的搜索获得更好的风险-收益。发达国家和地区的 GDP 约占世界 GDP 的 56%，股市总市值占全球市值的 76.8%。

表 25-1 给出了以发达经济体为样本的股市总市值和 GDP 数据。无论是用 GDP 还是用市值来衡量，美国都是迄今为止最大的经济体。然而，卢森堡是人均 GDP 的领头羊，而中国香港的市场与 GDP 之比是最大的。平均而言，这些国家和地区的股市总市值与年度 GDP 大致相当，但这些数字之间存在巨大差异。资本市场规模较小且排名靠后的国家和地区，其股市总市值与 GDP 之比通常远低于排名靠前的国家和地区。这表明，即使在发达国家和地区之间，经济结构也存在普遍差异。

表 25-1　2017 年发达国家和地区股市总市值和 GDP 情况

国家和地区	市值（10 亿美元）	占全球市值比重（%）	GDP（10 亿美元）	人均 GDP（美元）	市值与 GDP 之比（%）
美国	32 121	40.5	19 391	59 532	165.6
日本	6 223	7.9	4 872	38 428	127.7
英国	3 887	4.9	2 622	39 720	148.2
中国香港	3 185	4.0	341	46 194	934.0
法国	2 749	3.5	2 583	38 477	106.4
加拿大	2 367	3.0	1 653	45 032	143.2
德国	2 262	2.9	3 677	44 470	61.5
瑞士	1 686	2.1	679	80 190	248.3
澳大利亚	1 508	1.9	1 323	53 800	114.0

㊀ 富时指数公司是英国富时（金融时报证券交易所）股票市场指数的赞助商，它运用 14 个特定指标将市场划分为“发达”或“新兴”。

（续）

国家和地区	市值 （10 亿美元）	占全球市值比重 （%）	GDP （10 亿美元）	人均 GDP （美元）	市值与 GDP 之比 （%）
荷兰	1 100	1.4	826	48 223	133.2
西班牙	889	1.1	1 311	28 157	67.8
比利时	438	0.6	493	43 324	88.8
墨西哥	417	0.5	1 151	8 910	36.2
智利	295	0.4	277	15 346	106.5
挪威	287	0.4	399	75 505	71.9
以色列	231	0.3	351	40 270	65.8
土耳其	228	0.3	852	10 546	26.8
波兰	201	0.3	526	13 863	38.2
葡萄牙	201	0.3	526	13 863	38.2
奥地利	151	0.2	417	47 291	36.2
爱尔兰	147	0.2	334	69 331	44.0
新西兰	95	0.1	206	42 223	46.1
卢森堡	67	0.1	62	104 103	108.1
希腊	51	0.1	200	18 613	25.5
匈牙利	32	0.0	139	14 225	23.0
斯洛文尼亚	6	0.0	49	23 597	12.2
所有发达国家和地区	60 824	76.8	45 260		134.4
全球	79 225	100.0	80 738		98.1

资料来源：世界银行。

25.1.2　新兴市场

有人可能会认为对于被动型策略，仅仅六个市值最大的国家和地区的股票投资组合就会占全球投资组合的 2/3 以上，该组合很可能已经很好地实现了分散化。然而，这一论点并不适用于投资有前景的资产的主动型投资组合。主动型投资组合自然会包括许多新兴市场的股票或指数。

当然，主动型投资组合经理不想忽视像中国这样过去 7 年平均 GDP 增长率为 10%的市场的股票。表 25-2 显示了来自新兴市场的数据。这些市场市值占世界市值的 21%。这些新兴市场的人均 GDP 变化很大，从 1 942 美元（印度）到 57 714 美元（新加坡）不等。这些市场的市值占 GDP 的百分比仍然远远低于表 25-1 所示的发达国家和地区，这表明即使 GDP 没有惊人的增长，这些市场在未来几年也可以显著增长。

表 25-2　2017 年新兴市场股市市值和 GDP 情况

国家	市值 （10 亿美元）	占全球市值比重 （%）	GDP （10 亿美元）	人均 GDP （美元）	市值与 GDP 之比 （%）
中国	8 711	11.0	12 238	8 827	71.2
印度	2 332	2.9	2 600	1 942	89.7
南非	1 231	1.6	349	6 151	352.7
巴西	955	1.2	2 056	9 821	46.4
新加坡	787	1.0	324	57 714	242.9

（续）

国家	市值（10 亿美元）	占全球市值比重（%）	GDP（10 亿美元）	人均 GDP（美元）	市值与 GDP 之比（%）
俄罗斯	623	0. 8	1 578	10 743	39. 5
泰国	549	0. 7	455	6 595	120. 7
印度尼西亚	521	0. 7	1 016	3 847	51. 3
马来西亚	456	0. 6	315	9 952	144. 8
菲律宾	290	0. 4	314	2 989	92. 4
哥伦比亚	121	0. 2	314	6 409	38. 5
阿根廷	109	0. 1	637	14 398	17. 1
秘鲁	99	0. 1	211	6 572	46. 9
斯里兰卡	19	0. 0	87	40 074	21. 8
塞浦路斯	3	0. 0	22	25 234	13. 6
所有新兴市场	16 806	21. 2	22 516. 0		74. 6

资料来源：世界银行。

25. 1. 3　股票市值与 GDP

经济发展的现代观点[㊀]认为，经济进步的一个重要条件是有一套完善的商业法律、制度和规章制度，使人们能够合法地拥有、资本化和交易资本资产。作为必然结果，我们预计股票市场的发展将成为大众致富的催化剂。

图 25-1 描述了人均 GDP 与市值之间的关系。通过散点且斜率为正的回归线表明，平均而言，资本市场较大的国家也往往具有较高的人均 GDP 水平。这可能证明较发达经济体的法律、监管和经济制度也有助于提高生产率。[㊁]

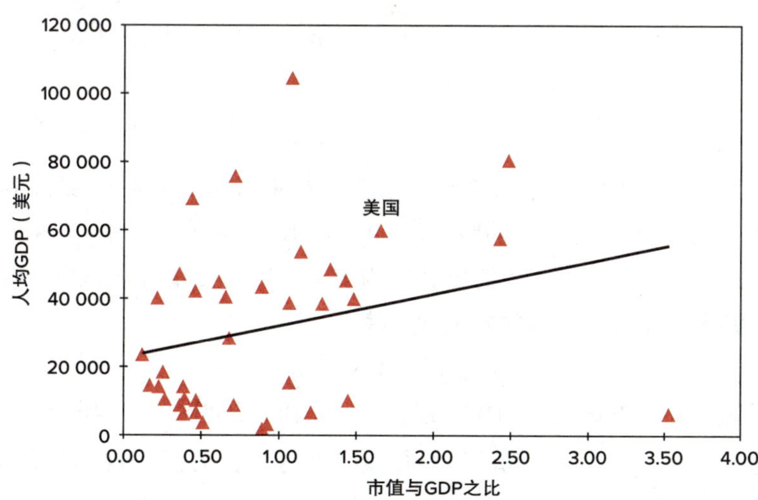

图 25-1　2017 年人均 GDP 和市值与 GDP 之比

资料来源：世界银行，data. worldbank. org。

㊀ 该领域中极具影响力的论文是 Rafael La Porta，Florencia Lopez-de-Silanes，Andrei Shleifer，and Robert W. Vishny，“Law and Finance，” *Journal of Political Economy* 106（December 1998），pp. 1113-1155。

㊁ 这种简单的单变量回归并不是作为因果模型提出的，而只是作为描述人均 GDP 与市场规模之间关系的一种方式。

25.1.4 母国偏见

我们知道，纯粹的被动投资策略需要与大盘投资组合挂钩高风险投资组合。在国际范围内，这个市场组合将包括所有国家和地区的股票市场，而市场指数将是一个充分分散化的世界投资组合。

尽管如此，很明显，世界各地的投资者倾向于增持本国的投资（相对于其在全球投资组合中的合理占比而言），而减持外国资产。例如，参考表25-1，一个纯粹的指数型美国投资者将持有约41%的美国证券总股票投资组合，其余59%投资于海外。但实际上，我们知道美国投资者的大部分股票投资都集中在美国公司。这种模式反映在世界各地投资者的行为中，通常被称为母国偏见。

25.2 汇率风险和国际分散化

25.2.1 汇率风险

当美国投资者在海外投资时，以美元计价的收益取决于两个因素：第一，以当地货币计价的投资业绩；第二，将该投资兑换成美元时所采用的汇率。

【例25-1】 汇率风险

考虑在英国投资的情况，投资者购买以英镑计价的年收益率为10%的无风险英国国库券。尽管这项投资对英国投资者是无风险的，但对美国投资者而言却并非如此。现在假设当前的汇率是1.40美元/英镑，美国投资者一开始有14 000美元。这笔钱可以兑换1万英镑，并以10%的无风险利率在英国投资，一年后可获得1.1万英镑。

如果在这一年间英镑对美元的汇率发生变化，将会如何？假设这一年内英镑相对于美元贬值，那么到年底时，只需要1.20美元就可以购买1英镑。那么，11 000英镑只能兑换13 200美元（=11 000英镑×1.20美元/英镑），相对于期初的14 000美元，反而损失了800美元。尽管以英镑计算的收益率为10%，但当以美元计算时，收益率就变成了-6%。

我们可以从例25-1进行推广。设E_0为期初汇率（1.40美元/英镑），那么14 000美元相当于$14\,000/E_0$英镑。英国的投资增长到$(14\,000/E_0)[1+r_f(\text{UK})]$英镑，其中$r_f(\text{UK})$是英国的无风险利率。期末时汇率变为$E_1$，英镑收入最终要兑换为美元，则年终美元收入为$14\,000(E_1/E_0)[1+r_f(\text{UK})]$。因此，以美元计算时英国国库券的收益率为

$$r(\text{US})=[1+r_f(\text{UK})]E_1/E_0-1 \tag{25-1}$$

对于美国投资者来说，投资英国国库券既是对英国的安全投资，也是对英镑兑美元的汇率变动的风险投资。在这里，英镑表现不佳，从1.40美元跌至1.20美元。英镑投资的汇率损失超过了国库券投资的收益。

图25-2说明了这一点。图25-2中展示了2018年一些国家和地区股市指数的收益率。每对条形图的下方条形图以当地货币表示收益率，而上方条形图表示根据汇率变动进行调整后以美元表示的收益率。很明显，这一时期的汇率波动对一些经济体以美元计价的收益率产生了很大影响。

概念检查25-1

利用例25-1中的数据分别计算在以下汇率下，购买英国国库券的美国投资者的美元收益率：

(a) $E_1=1.4$ 美元/英镑。

(b) $E_1=1.5$ 美元/英镑。

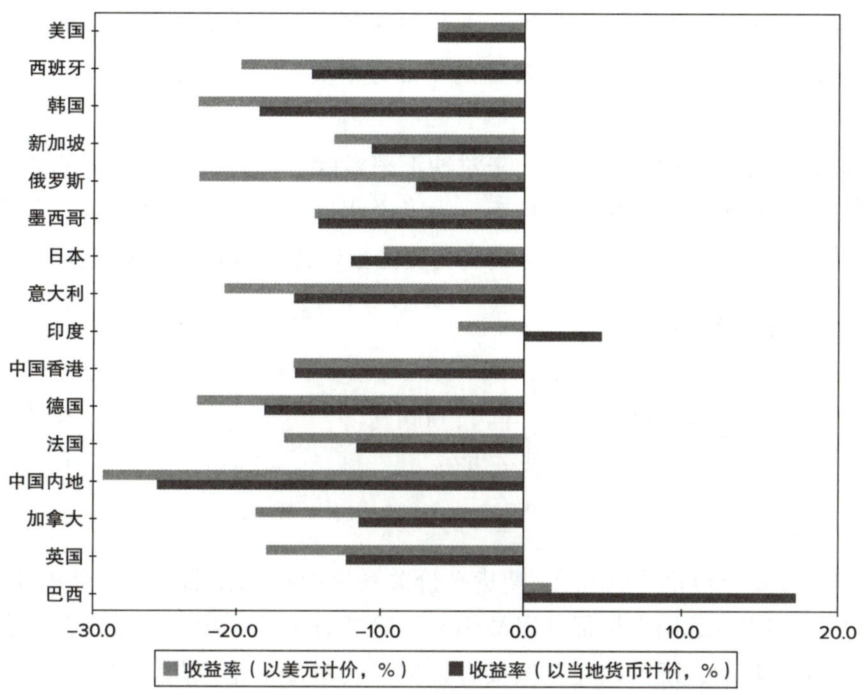

图 25-2　股市收益率，2018 年

资料来源：The Economist, January 5, 2018.

汇率风险（exchange rate risk）源于汇率波动的不确定性。例 25-1 中英国国库券的投资者仍然承担英镑兑换美元的汇率风险。我们可以通过考察各种汇率的历史变化率及其相关性来评估汇率风险的大小。

表 25-3 的 a 部分给出了 2014—2018 年 5 年间主要货币对美元汇率月度变动百分比的年化标准差。数据显示，汇率波动可能相当大。除人民币外，汇率变动百分比的标准差约为美国市场指数收益率标准差的 3/4，年化值从 7.87%（加元）到 9.57%（瑞士法郎）不等。同期美国大盘股收益率的年化标准差为 11.3%。如果一个采用主动投资策略的投资者认为某只外国股票被低估了，但不知道汇率是否被错误定价，那么他在投资该股票时最好先对该国汇率做套期保值。

表 25-3　2014—2018 年汇率波动

a. 兑美元汇率的每月变化情况

	欧盟（欧元）	英国（英镑）	瑞士（瑞士法郎）	日本（日元）	中国（人民币）	加拿大（加元）
标准差（%，年化）	8.09	8.65	9.57	9.18	3.82	7.87
与美国市场指数收益率的相关性	0.100	0.176	0.035	0.204	−0.121	−0.387

b. 兑美元汇率的每月变化情况的相关矩阵

	欧盟（欧元）	英国（英镑）	瑞士（瑞士法郎）	日本（日元）	中国（人民币）	加拿大（加元）
欧盟（欧元）	1.000					
英国（英镑）	0.579	1.000				
瑞士（瑞士法郎）	−0.365	−0.203	1.000			
日本（日元）	−0.345	0.165	0.364	1.000		
中国（人民币）	−0.140	0.315	0.161	0.207	1.000	
加拿大（加元）	−0.468	0.392	0.111	0.082	0.307	1.000

资料来源：作者根据从 Datastream 下载的数据计算得出。

另外，汇率风险可能大多是可分散的。从表 25-3 的 a 部分中第二行显示的汇率变化与美国市场指数收益率之间的低相关性以及表 25-3 的 b 部分中展示的货币之间的低相关性，都可以看出这一点。

投资者可以使用外汇远期或期货合约来对冲汇率风险。回想一下这种合约要求按规定的汇率交割或承诺将一种货币兑换为另一种货币。为了说明这一点，回顾例 25-1，美国投资者将同意以固定汇率将英镑兑换美元，从而消除最终将英镑投资转换回美元的风险。

【例 25-2】 对冲汇率风险

如果例 25-1 中进行投资时远期汇率为 $F_0=1.35$ 美元/英镑，那么通过签订汇率为 1.35 美元/英镑的远期汇率合约以在年末按该汇率兑换 11 000 英镑，美国投资者就可以获得美元计算的无风险利率。在这个例子中，无风险利率为 6.07%。

$$[1+r_f(\text{UK})]F_0/E_0=1.10\times1.35/1.40=1.0607$$

例 25-2 与第 22 章所讨论的以现货-期货平价关系为中心的套期保值策略的中心思想相同。在这两种方法中，期货或远期市场都可以被用来消除持有另外一项资产的风险。美国投资者为了锁定无风险的美元收益，既可以在英国投资，但需要对冲汇率风险，也可以在美国投资无风险资产。由于两种无风险策略的投资必须提供相等的收益，我们得出 $[1+r_f(\text{UK})]F_0/E_0=1+r_f(\text{US})$，可以重新排列为

$$\frac{F_0}{E_0}=\frac{1+r_f(\text{US})}{1+r_f(\text{UK})} \tag{25-2}$$

这就是我们在第 23 章中讲过的**利率平价关系**（interest rate parity relationship），或称为**抛补利息套利关系**（covered interest arbitrage relationship）。

概念检查 25-2

在下面两种情况下，求出例 25-2 中投资者为了对冲汇率风险，在远期中需要卖出多少英镑？

（a）$r(\text{UK})=20\%$。

（b）$r(\text{UK})=30\%$。

不幸的是，这种完美的汇率对冲通常并不这么简单。在上例中，投资者可以确切地知道在期货市场或远期市场应卖出多少英镑，因为在英国以英镑为单位计算的收益是没有风险的。但如果不是投资英国国库券，而是投资有风险的英国股票，那么投资者就无法知道这项投资以英镑计算的最终价值，也不知道将来会卖出多少英镑，也就是说，由外汇远期合约所进行的套期保值是不完善的。

综上所述，式（25-1）对于未对冲投资可以推广为

$$1+r(\text{US})=[1+r(\text{外币})]E_1/E_0 \tag{25-3}$$

其中 r（外币）为以外国投资币种计算的可能获得的风险收益率，并采用直接标价法（1 美元可以兑换多少单位的外币）。只有在 r（外币）已知的特殊情况下才能进行完美的套期保值。在这种情况下，你必须在期货市场为现在购买的每 1 个单位外币出售 $1+r$（外币）单位的外币。

25.2.2 国际市场的投资风险

虽然主动型投资组合管理者既参与个人市场资产配置，也参与证券选择，但我们将把重点限制在各国的市场指数投资组合上，使我们站在增强后的被动型策略一边。尽管如此，我们的分析也说明了扩展后的主动型投资管理的基本特征。

正如我们在第 5 章中指出的，如果没有很长的数据序列，平均收益率的估计是极不可靠的。从短至 5 年甚至 10 年的周期来看，我们几乎无法了解平均收益率。这是因为期望收益的估计基本上只取决于最初和最终的股票价格（它们完全决定了平均复合增长率）。较长的样本周期对于精确估计期望收益是必要的。然而，在如此长的时期内，收益率分布的平均值可能会发生变化。这对实证研究来说是一个难以克服的障碍。

相比之下，对风险的估计可以通过样本期内的收益率的波动性来了解。因此，增加观测频率可以提高风险估计的准确性，即使在相对较短的样本周期内也可以进行精确估计。

因此，我们将主要关注国际投资的风险，我们对风险的经验估计更有信心。我们将使用截至 2018 年 12 月的 5 年期间的国家和地区指数收益率的月度数据。

表 25-4 为这一时期各股票指数投资风险的关键统计数据。这些指数包括世界上大多数较大的股票市场，以及资本市场规模较小和欠发达地区的市场。第 2 列和第 3 列显示以当地货币和换算成美元计算的每月收益的标准差，从而反映每个月汇率变动的影响。[㊀]

表 25-4　2014—2018 年使用以当地货币和以美元计价的收益率的股票市场波动性

国家和地区	月度收益标准差		与 MSCI 全球指数的相关性	
	以当地货币计价	以美元计价	以当地货币计价	以美元计价
美国（全市场指数）	0. 033	0. 033	0. 750	0. 860
日本（日经指数）	0. 047	0. 035	0. 736	0. 756
英国（FTSE 指数）	0. 033	0. 038	0. 727	0. 736
中国内地（上证指数）	0. 069	0. 072	0. 406	0. 666
欧元区（Euronext 指数）	0. 037	0. 039	0. 763	0. 734
中国香港（恒生指数）	0. 048	0. 049	0. 628	0. 769
加拿大（TSX 指数）	0. 042	0. 042	0. 811	0. 722
瑞士（SMI 指数）	0. 037	0. 031	0. 580	0. 689
印度（BSE 指数）	0. 039	0. 049	0. 524	0. 466
韩国（KOSPI 指数）	0. 032	0. 048	0. 577	0. 613
MSCI-阿拉伯指数	0. 047		0. 451	
MSCI-拉丁美洲指数	0. 070		0. 472	
世界	0. 030	0. 027	1. 000	1. 000
平均数	0. 042	0. 044	0. 619	0. 701
中位数	0. 038	0. 040	0. 604	0. 728

资料来源：作者根据从 Datastream 下载的数据计算得出。

在此期间，对于以美元计价的收益率而言，美国股市的波动性几乎是最低的，但以本币计价的瑞士股市的波动性最低。以美元计价的波动率上升，反映出汇率变动带来的风险增加。但总体而言，汇率变动对美元计价收益波动性的影响微乎其微。平均而言，以美元计价的收益波

㊀ 区域指数没有货币折算收益。我们计算 MSCI 全球投资组合的美元计价收益为表 25-4 中单个国家（地区）指数美元计价收益的加权平均值，其中权重基于表 25-1 中每个国家（地区）在全球投资组合中的比例。虽然这个样本不是完整的世界投资组合，但它占世界股市市值的近 90%。

动性并不比当地货币计价的收益波动性高多少。（表 25-4 中报告的平均值和中位数估计值仅按单一国家（地区）指数计算。）

第 4 列和第 5 列中显示了与 MSCI 全球指数的相关性，无论是以当地货币计价还是以美元计价，收益率也大致相似。鉴于美国在全球投资组合中的突出地位及其经济在全球经济中的突出地位，美国与全球指数的相关性最高这一点并不奇怪。值得注意的是，上证综指因与世界其他地区的低本币相关性而闻名。

表 25-5 显示了一些国家和地区的指数与 MSCI 全球指数的指数模型回归结果。每个指数相对于 MSCI 全球指数的 β 值出现在第 2 列和第 3 列中。美国对全球投资组合的 β 系数小于 1，样本中其他指数的 β 系数中位数也小于 1。以美元计价的收益率计算出的 β 系数平均高于使用当地货币收益率计算出的 β 系数，但除中国内地以外，两者的差距并不大。

表 25-5　使用以当地货币和以美元计价的收益率的经济体指数对 MSCI 全球指数的指数模型回归

国家和地区	相对于 MSCI 全球指数的 β		残差标准差	
	以当地货币计价	以美元计价	以当地货币计价	以美元计价
美国（全市场指数）	0.815	0.915	0.022	0.017
日本（日经指数）	1.162	0.870	0.032	0.023
英国（FTSE 指数）	0.801	0.906	0.023	0.026
中国内地（上证指数）	0.938	1.560	0.063	0.054
欧元区（Euronext 指数）	0.938	0.928	0.024	0.026
中国香港（恒生指数）	1.007	1.217	0.038	0.031
加拿大（TSX 指数）	1.124	0.980	0.024	0.029
瑞士（SMI 指数）	0.706	0.703	0.030	0.023
印度（BSE 指数）	0.673	0.745	0.033	0.043
韩国（KOSPI 指数）	0.615	0.956	0.026	0.038
MSCI-阿拉伯指数	0.701		0.042	
MSCI-拉丁美洲指数	1.102		0.062	
世界	1.000		0.000	
平均数	0.878	0.978	0.031	0.031
中位数	0.877	0.922	0.028	0.028

资料来源：作者根据从 Datastream 下载的数据计算得出。

我们没有在表 25-5 中报告国家和地区指数的 α，因为 5 年的结果是对未来表现的不可靠预测。如上所述，使用历史样本来估计期望收益（与风险度量相反）是一个常见的问题。这就是为什么人们通常使用数十年的数据来估计整体市场投资组合的“正常”收益率。然而，在这个样本期间，我们可以报告当地货币的中位数 α 只有 7 个基点，几乎是零。在这个样本期间，美元普遍升值，因此以美元计价的平均 α 值为负，每月为负 20 个基点。

表 25-5 中的第 4 列和第 5 列显示了国家和地区指数的残差标准差。如第 8 章所讨论的，每个月的回归残差是指数收益中独立于 MSCI 全球指数收益的部分。因此，这些列中的数字是对“特定经济体收益率”标准差的估计。结果与其他风险测量结果一致。阿拉伯国家和拉丁美洲

国家的指数具有高于平均水平的非系统风险，尽管这些指数在各经济体之间实现了分散化。无论收益率以美元还是当地货币计算，特定国家和地区的平均风险基本上是相同的。总体来说，国家和地区风险是有意义的。即使是美国每月 1.7%的风险值也不容小觑。这传递出的信息是，国际分散化投资具有潜在的价值。

总体来说，表 25-4 和表 25-5 的结果表明，无论我们使用以当地货币计价的收益率还是以美元计价的收益率，投资风险几乎是相同的。因此，当我们在下一小节讨论国际分散化的潜力时，我们将主要关注以当地货币计价的收益率。

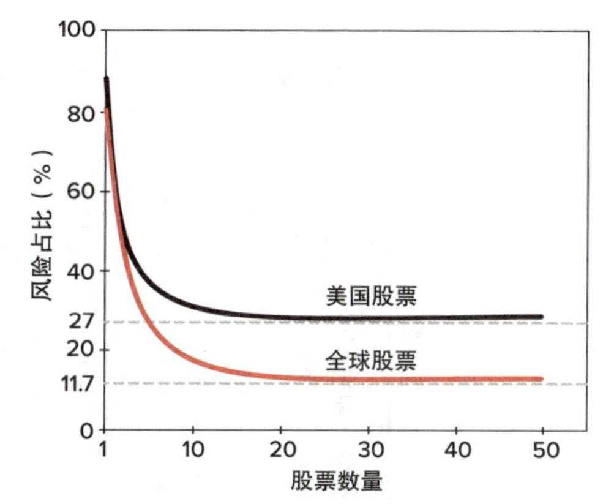

图 25-3　国际分散化：投资组合标准差占单一股票投资组合平均标准差的百分比

资料来源：B. Solnik, "Why Not Diversify Internationally Rather Than Domestically?," *Financial Analysts Journal*, July/August 1974, pp. 48-54.

25.2.3　国际分散化

在第 7 章中，我们研究了由随机选择不同数量的美国股票组成的等权重投资组合的风险，并看到了分散化投资的效果。图 25-3 显示了类似实验的结果，但其中的分散化包括来自世界各地的股票。你可以看到将可投资资产范围扩大到外国股票，可以为降低风险提供更大的机会。

华尔街实战 25-1　投资者遇到的挑战：市场似乎太关联了

投资界有一条黄金准则：将你的钱分散化投资到不同的资产——股票、基金、债券、大宗商品，它们的价格不会同步波动。但是如今这条准则越来越难以遵守了。

研究发现，一系列过去价格波动不一致的资产现在开始越来越相关了。这给投资者带来了一个困扰：怎样才能构建一个足够分散化的投资组合，使得其中的资产价格不同时变化呢?

当前关于相关系数上升的趋势并不意味着投资者就应该放弃他们现在的投资组合。安博特资产管理公司首席经济学家艾兹拉提指出，这只是表明投资者不再能够拥有与过去一样分散化的投资组合了。他补充道，“经过较长的一段时间，大概几十年，分散化的资产开始出现聚集现象”。

对于相关系数上升的一种解释是全球化程度的提高，这使得各国之间的经济变得相互依赖。理柏资深分析师托内荷认为即使国际化的股票现在的相关系数很高，也值得进行长期投资。一些人认为这种高相关性只是暂时的现象，他们预计一年或几年后，分散化将回归，而托内荷就是其中的一员。

资料来源：Shefail Anand, "Investors Challenge: Markets Seem Too Linked," *The Wall Street Journal*, June 2, 2006, p. C1.

当然，正如华尔街实战 25-1 所强调的，分散化投资的收益取决于证券之间的相关结构。华尔街实战 25-1 指出，随着时间的推移，国际相关性有所增加。表 25-6 显示了我们的国家和地区指数样本的相关关系（使用以当地货币计价的收益率）。该相关矩阵可用于构建最小方差投资组合，与图 25-3 中等权重的分散化操作相比，可以更好地估计分散化的潜在收益率。

表 25-6 2014—2018 年使用以当地货币计价的收益率之间的相关矩阵

	标准普尔500指数	日经指数	FTSE指数	上证指数	Euronext指数	恒生指数	加拿大TSX指数	瑞士SMI指数	印度BSE指数	韩国KOSPI指数	MSCI-阿拉伯指数	MSCI-拉丁美洲指数	世界
标准普尔 500 指数	1.000	0.502	0.478	0.338	0.500	0.444	0.604	0.468	0.402	0.336	0.366	0.262	0.750
日经指数	0.502	1.000	0.565	0.455	0.685	0.394	0.494	0.613	0.272	0.433	0.222	0.199	0.736
FTSE 指数	0.478	0.565	1.000	0.287	0.801	0.550	0.629	0.545	0.532	0.478	0.306	0.391	0.727
上证指数	0.338	0.455	0.287	1.000	0.360	0.628	0.283	0.125	0.082	0.387	0.185	0.231	0.406
Euronext 指数	0.500	0.685	0.801	0.360	1.000	0.481	0.524	0.626	0.471	0.516	0.290	0.302	0.763
恒生指数	0.444	0.394	0.550	0.628	0.481	1.000	0.615	0.219	0.469	0.665	0.418	0.595	0.628
加拿大 TSX 指数	0.604	0.494	0.629	0.283	0.524	0.615	1.000	0.371	0.450	0.504	0.498	0.628	0.811
瑞士 SMI 指数	0.468	0.613	0.545	0.125	0.626	0.219	0.371	1.000	0.316	0.352	0.244	0.127	0.580
印度 BSE 指数	0.402	0.272	0.532	0.082	0.471	0.469	0.450	0.316	1.000	0.347	0.221	0.394	0.524
韩国 KOSPI 指数	0.336	0.433	0.478	0.387	0.516	0.665	0.504	0.352	0.347	1.000	0.375	0.354	0.577
MSCI-阿拉伯指数	0.366	0.222	0.306	0.185	0.290	0.418	0.498	0.244	0.221	0.375	1.000	0.475	0.451
MSCI-拉丁美洲指数	0.262	0.199	0.391	0.231	0.302	0.595	0.628	0.127	0.394	0.354	0.475	1.000	0.472
世界	0.750	0.736	0.727	0.406	0.763	0.628	0.811	0.580	0.524	0.577	0.451	0.472	1.000

资料来源：作者根据从 Datastream 下载的数据计算得出。

表 25-7 显示了对一些国家和地区指数使用相同权重（第 1 列）、最小方差权重（第 2 列）或在不允许卖空的情况下使用最小方差权重（第 3 列）的投资组合波动性。等权重的投资组合符合图 25-3 的精神。即使普通的分散化也提供了可观的收益：投资组合的标准差为 10.4%，仅为单个国家和地区平均标准差的 67%。但我们可以在这个水平上大幅降低波动性。当允许卖空时，最小方差投资组合的标准差仅为 7.92%，而当我们不允许卖空时，标准差为 8.57%。可以看到有充分的证据表明国际分散化有可能大幅降低投资组合风险。

表 25-7　国际分散化投资组合的构成和波动性

	等权重投资组合	最小方差投资组合	最小方差投资组合（不允许卖空）
A. 权重			
标准普尔 500 指数	0.083	0.3161	0.2527
日经指数	0.083	-0.0916	0.0000
FTSE 指数	0.083	0.3416	0.1004
上证指数	0.083	0.1009	0.0000
Euronext 指数	0.083	-0.1797	0.0000
恒生指数	0.083	-0.2939	0.0000
加拿大 TSX 指数	0.083	-0.1107	0.0000
瑞士 SMI 指数	0.083	0.1396	0.1425
印度 BSE 指数	0.083	0.1855	0.1282
韩国 KOSPI 指数	0.083	0.4722	0.3145
MSCI-阿拉伯指数	0.083	0.0909	0.0617
MSCI-拉丁美洲指数	0.083	0.0291	0.0000
B. 波动性			
标准差（%，年化）	10.40	7.92	8.57

资料来源：作者根据从 Datastream 下载的数据计算得出。

如何实现最佳风险-收益权衡的高效分散化呢？这很难评估，因为正如我们多次指出的那样，样本平均收益率并不能提供对期望收益率的可靠估计。然而，作为历史收益率的替代方案，我们可以从 CAPM 的国际版本估计期望收益率。表 25-8 使用 MSCI 全球指数作为市场投资组合，并假设无风险利率为 2%，市场风险溢价为 8%。鉴于这些期望收益率、表 25-4 中的标准差和表 25-6 中的相关矩阵，我们可以得出有效边界。结果如图 25-4 所示。

表 25-8　使用相对于 MSCI 全球投资组合和国际 CAPM 模型的当地货币计价的 β 求得的期望收益率

	β	期望收益率（%）		β	期望收益率（%）
标准普尔 500 指数	0.815	8.5	瑞士 SMI 指数	0.706	7.6
日经指数	1.162	11.3	印度 BSE 指数	0.673	7.4
FTSE 指数	0.801	8.4	韩国 KOSPI 指数	0.615	6.9
上证指数	0.938	9.5	MSCI-阿拉伯指数	0.701	7.6
Euronext 指数	0.938	9.5	MSCI-拉丁美洲指数	1.102	10.8
恒生指数	1.007	10.1	世界	1.000	10.0
加拿大 TSX 指数	1.124	11.0			

资料来源：β 是作者根据从 Datastream 下载的数据计算得出，期望收益率从 CAPM 模型中求得，假设无风险利率是 2%，市场风险溢价是 8%。

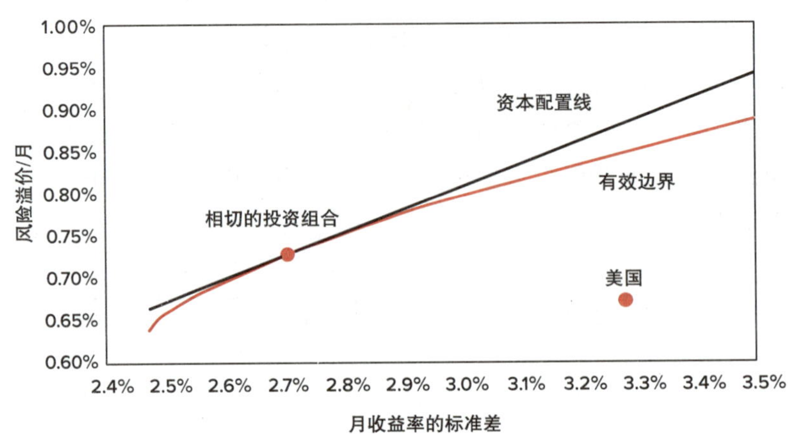

图 25-4 使用国家和地区股票指数求出的有效边界和资本配置线

资料来源：作者使用表 25-4、表 25-6 和表 25-8 中的数据计算得出。

图 25-4 中的边界是在不允许卖空的情况下绘制的。这反映了许多机构交易员在做空方面受到的限制。然而即使有这种限制，国际分散化的好处也是显而易见的。美国市场指数显示为实心点，尽管它在相切的投资组合中的权重为 28.2%，但位于资本配置线的下方。经过美国指数的资本配置线的夏普比率（基于月收益率）为 0.217，这实际上是样本中所有国家和地区的最高比率。尽管如此，其夏普比率仍远低于与此相切的投资组合的 0.269。很明显，放弃国际股票市场的美国投资者放弃了大量改善其风险投资组合的风险-收益权衡的机会。

25.2.4 来自国际分散化的好处在熊市中依然成立吗

一些研究表明，在资本市场动荡时期，国家（地区）组合投资收益之间的相关性将增大。[⊖]如果是这样，那么分散化的好处在最需要的时候就会消失。比如，罗尔（Roll）对 1987 年 10 月股市崩盘的研究表明，所有 23 个对象国家（地区）的指数在 10 月 12 日至 10 月 26 日期间都发生了下跌。这种相关性体现在图 25-5 中区域指数的变动中。罗尔发现，一国（地区）指数对世界指数的 β 值（在崩盘前估计得出）是对美国股市 10 月崩盘最好的预测指标。这就揭示了全球股价变动背后一个广泛的因素。这个模型认为宏观的冲击会影响所有的国家（地区），因此，分散化只能减轻风险，但不能消除此类影响广泛的事件。

2008 年全球股市的崩盘也提供了一个检验罗尔理论的机会。图 25-6 中的数据包括 1999—2008 年和 2008 年最后 4 个月的危机时期的平均月收益率，以及关于美国的 β 和各指数的标准差。从图 25-6 中可以看出，对于美国的 β 和国家指数的标准差都可以解释危机时期和正常时期收益率的差别。市场在 1987 年的表现，即在极坏行情下相关性提高，在 2008 年重复出现了，这验证了罗尔的分析。

⊖ F. Longin and B. Solnik, "Is the Correlation in International Equity Returns Constant: 1960-1990?," *Journal of International Money and Finance* 14 (1995), pp. 3-26;, Eric Jacquier and Alan Marcus, "Asset Allocation Models and Market Volatility," *Financial Analysts Journal* 57 (March/April 2001), pp. 16-30.

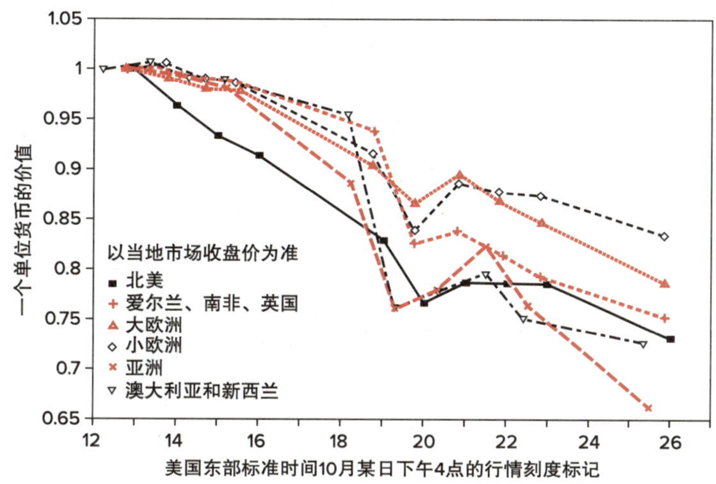

图 25-5　1987 年 10 月 12 日至 10 月 26 日崩盘时期的区域指数

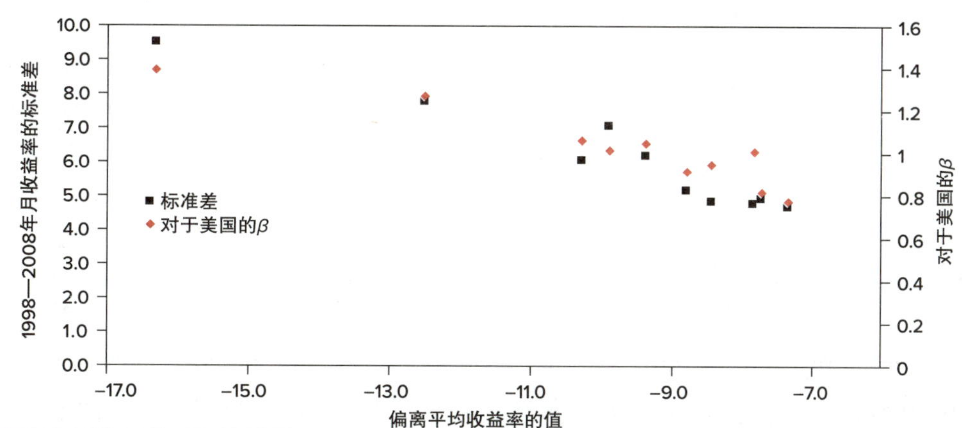

市场	平均月收益率：1999—2008年	平均月收益率：2008年9月至2008年12月	距离均值的偏差	美国的β	标准差
美国	−0.47	−8.31	−7.84	1	4.81
全球除美国外六大市场	−0.16	−7.51	−7.35	0.77	4.71
欧盟发达市场	−0.05	−10.34	−10.29	1.06	6.08
其他欧洲发达市场	0.14	−7.59	−7.73	0.82	4.95
澳大利亚+远东	0.10	−9.29	−9.38	1.04	6.21
新兴远东+南非	0.20	−9.70	−9.90	1.01	7.10
新兴拉丁美洲	0.80	−11.72	−12.52	1.27	7.83
欧洲新兴市场	0.90	−15.43	−16.32	1.38	9.54
全球除去美国（48个国家和地区）	0.01	−8.79	−8.81	0.91	5.19
世界组合	−0.15	−8.60	−8.45	0.94	4.88

图 25-6　投资组合的 β 和标准差与 2008 年 9 月至 2008 年 12 月的月收益率偏离 1999—2008 年平均收益率的关系

资料来源：本书作者的计算。

25.3　政治风险

原则上，证券分析中的宏观环境分析、行业分析和特定公司分析在各个国家都是相似的，分析的目标都是提供个别证券资产或组合的期望收益及其相应的风险。但是，想要获得关于国外资产的相同质量的信息自然更加困难。

此外，不同国家的**政治风险**（political risk）差异很大，评估政治风险需要具备各国经济、法律、税收和政治环境方面的专业知识。为投资者提供政治风险评估的领先机构是 PRS（政治风险服务）集团，这里的介绍遵循 PRS 方法[⊖]。

PRS 的国家风险分析得出的国家综合风险评级范围为 0（风险最高）至 100（风险最低）。为了说明这一点，表 25-9 显示了 2016 年 7 月 PRS《全球国家风险指南》中的一个小样本国家的排名。毫不奇怪，瑞士在低风险榜单上名列前茅，小型新兴市场位于底部，委内瑞拉（排名第 140 位）排在最后一名。令人惊讶的是，美国的排名相当平庸（第 20 名）。

表 25-9 2015 年 8 月和 2016 年 7 月的国家综合风险评级

排名	国家	2016 年 7 月风险评级	2015 年 8 月风险评级
1	瑞士	88.5	88.5
4	新加坡	86.3	85.3
6	德国	85.0	83.8
13	日本	81.8	81.3
20	美国	79.3	78.0
26	英国	77.5	82.3
33	意大利	75.3	73.0
45	文莱	72.8	83.8
49	法国	72.3	72.3
51	伊朗	72.0	67.0
59	古巴	70.3	69.3
66	印度	69.8	69.8
73	俄罗斯	67.3	60.0
99	土耳其	63.3	60.3
138	叙利亚	46.8	35.8
139	索马里	41.5	41.5
140	委内瑞拉	41.0	52.0

综合风险评级是政治风险、金融风险和经济风险三个指标的加权平均值。政治风险的衡量标准是 0~100，而金融风险和经济风险的衡量标准是 0~50。将这三个指标相加并除以 2 得到综合风险评级。PRS 用三个指标衡量综合风险评级的变量如表 25-10 所示。

表 25-10 PRS 综合风险评级中使用的变量

政治风险变量	金融风险变量	经济风险变量
政府稳定性	外债（占 GDP 百分比）	人均 GDP
社会经济环境	外债服务（占出口百分比）	实际年度 GDP 增长
投资情况	经常账户（占出口百分比）	年度通货膨胀率
内部矛盾	进口净流动性	预算结余（占 GDP 百分比）
外部矛盾	汇率稳定度	经常账户收支（占 GDP 百分比）
腐败		
军事影响		
宗教矛盾		
法治水平		
种族矛盾		
问责机制		
官员质量		

⊖ 你可以在 www.prsgroup.com 找到更多信息，非常感谢 PRS 为我们提供数据与指导。

表 25-11 按综合风险的排名列出了同一样本国家的三种风险措施。表 25-11 显示，美国在政治风险方面表现较好，但在金融风险方面表现不佳。美国在这方面令人惊讶的糟糕表现可能是由于过高的政府赤字和贸易逆差，这给其汇率带来了压力。汇率稳定度、贸易差额和外债都计入 PRS 的金融风险度量。

表 25-11 2016 年各国分类风险评级

国家	政治风险	金融风险	经济风险	综合风险
瑞士	87.5	45.5	44.0	88.5
新加坡	81.5	46.0	45.0	86.3
德国	84.0	42.0	44.0	85.0
日本	82.5	42.5	38.5	81.8
美国	84.0	35.0	39.5	79.3
英国	83.5	34.0	37.5	77.5
意大利	75.5	35.5	39.5	75.3
文莱	72.5	44.5	28.5	72.8
法国	70.0	35.5	39.0	72.3
伊朗	59.0	46.0	39.0	72.0
古巴	61.0	42.0	37.5	70.3
印度	62.5	43.0	34.0	69.8
俄罗斯	56.5	44.0	34.0	67.3
土耳其	52.5	38.5	35.5	63.3
叙利亚	42.0	34.5	17.0	46.8
索马里	33.0	21.5	28.5	41.5
委内瑞拉	44.0	25.5	12.5	41.0

最后，表 25-12 显示了政治风险评级的 12 个构成部分。美国在腐败风险（变量 F）和问责机制（变量 K）方面表现良好。

PRS 集团每月一期的《全球国家风险指南》内容详尽，约 250 页。其他机构也会提供类似的评估。这使得现在的投资者可以做好充分的准备，正确评估国际投资所涉及的风险。

表 25-12 2016 年 7 月按组成部分划分的各国政治风险

此表列出了每个国家政治风险组成部分在最高分数范围内的总得分，最后一列是综合政治风险评级（即每部分得分的总和）

A	政府稳定性	12	G	军事影响	6
B	社会经济环境	12	H	宗教矛盾	6
C	投资情况	12	I	法治水平	6
D	内部矛盾	12	J	种族矛盾	6
E	外部矛盾	12	K	问责机制	6
F	腐败	6	L	官员质量	4

国家	A	B	C	D	E	F	G	H	I	J	K	L	风险评级
瑞士	9.0	10.0	11.5	12.0	10.5	5.0	6.0	4.5	5.0	4.0	6.0	4.0	87.5
新加坡	9.5	9.0	12.0	9.5	10.5	4.5	5.0	4.5	5.0	6.0	2.0	4.0	81.5
德国	8.0	10.0	11.0	9.5	10.5	5.0	6.0	5.0	5.0	4.0	6.0	4.0	84.0
日本	8.0	9.0	11.5	10.0	9.5	4.5	5.0	5.5	5.0	5.5	5.0	4.0	82.5
美国	8.0	9.5	12.0	10.5	10.0	4.5	4.0	5.5	5.0	5.0	6.0	4.0	84.0
英国	8.0	9.0	11.5	9.5	9.5	5.0	6.0	6.0	5.0	4.0	6.0	4.0	83.5
意大利	6.5	8.0	9.5	10.0	11.0	2.5	6.0	5.5	4.0	4.5	5.5	2.5	75.5
文莱	8.0	9.0	9.5	10.5	10.0	2.5	5.0	4.5	5.0	4.5	0.5	3.5	72.5
法国	4.5	8.0	9.0	8.5	10.0	4.5	5.0	4.0	5.0	2.5	6.0	3.0	70.0
伊朗	7.5	7.5	6.0	7.0	7.5	2.0	3.0	4.0	3.5	3.5	1.5	2.0	55.0
古巴	8.0	6.5	6.5	10.0	10.5	2.5	2.0	4.0	3.0	6.0	0.0	2.0	61.0

（续）

国家	A	B	C	D	E	F	G	H	I	J	K	L	风险评级
印度	8.0	5.5	8.5	6.5	9.0	2.5	4.0	2.5	4.5	2.5	6.0	3.0	62.5
俄罗斯	8.5	6.0	8.0	7.5	6.5	1.5	4.0	5.5	3.0	3.0	2.0	1.0	56.5
土耳其	7.5	6.5	6.5	6.0	7.5	2.5	2.0	3.5	3.0	2.0	3.5	2.0	52.5
叙利亚	6.5	3.5	5.0	5.0	6.0	1.0	2.0	3.5	4.5	2.5	1.0	1.5	42.0
索马里	6.5	0.5	3.0	6.0	6.5	1.0	1.0	3.0	0.5	2.0	3.0	0.0	33.0
委内瑞拉	5.0	4.0	4.0	8.0	7.5	1.0	0.5	4.0	1.0	5.0	3.0	1.0	44.0

25.4 国际投资与业绩归因

由于许多国家证券市场的效率可能不如美国等高度发达经济体，因此国际投资为主动型基金经理提供了更多的机会。国际投资需要在其他分析领域进行专业化：全球范围内的货币变动、国家前景和行业分析以及股票选择的更大空间。

25.4.1 构建国外资产基准投资组合

主动型国际投资，如同被动型国际投资一样，需要一个基准投资组合（标准）。一个广泛使用的国际市场指数是 MSCI 全球指数。MSCI 还计算了剔除美国等大型市场在内的变量。另一个由 MSCI 计算的被广为使用的非美国股票指数——**欧洲、澳大利亚和远东（EAFE）指数**——是 21 个发达市场的大中型证券的指数。资本国际指数公司、所罗门兄弟公司、瑞士信贷第一波士顿公司和高盛等公司也提供其他一些世界股票业绩指数，旨在反映甚至复制这些指数所代表的国家（地区）、货币和公司的投资组合，显然是对纯粹的国内被动型股票策略的一种拓展。

在国际范围内有时出现的一个问题是，在编制国际指数时采用市值权重配置方案是否适当。市值权重配置无疑是最常见的方法。然而，一些人认为，在国际背景下，这可能不是最好的权重配置方案。这在一定程度上是因为不同国家和地区有不同比例的上市公司。

表 25-13 显示了 EAFE 指数中几个国家和地区的市值权重与 GDP 权重的对比。这些数据揭示了市值和 GDP 的相对规模之间的巨大差异。股票市场较小的国家和地区在 EAFE 总市值中所占的份额往往比其在 EAFE GDP 中所占的份额要小得多。例如，虽然德国占 EAFE 总 GDP 的 15.2%，但它只占该指数市值的 8.6%。而另一个极端，中国香港只占 GDP 的 1.4%，但它代表了 EAFE 总市值的 3.9%。这些差异表明，中国香港上市公司进行的经济活动比例高于其他 EAFE 国家和地区的上市公司。

表 25-13　2018 年 EAFE 各国（地区）权重配置方案

国家和地区	EAFE 市值百分比（%）	EAFE GDP 百分比（%）	国家和地区	EAFE 市值百分比（%）	EAFE GDP 百分比（%）
日本	24.4	20.1	中国香港	3.9	1.4
英国	17.3	10.8	荷兰	3.4	3.4
法国	11.1	10.7	西班牙	3.1	5.4
瑞士	8.8	2.8	瑞典	2.7	2.2
德国	8.6	15.2	其他	9.8	8.0
澳大利亚	6.9	5.5			

资料来源：https://www.blackrock.com/us/individual/literature/fact-sheet/btmkxishares-msci-eafe-international-index-fund-fact-sheet-us09253f8793-us-enindividual.pdf.

也有人主张，比起总市值，用 GDP 来衡量国际指标更为合适。这种观点的理由是，一个国际分散化的投资组合应该按照每个国家和地区的总资产基数按比例购买股票，而 GDP 可能是衡量一个国家和地区在国际经济中的权重的更好指标，而不是其已发行股票的价值。还有人甚至提出了用各国和地区进口份额作为权重。其论点是，希望对进口商品价格进行套期保值的投资者可能会选择按照从这些国家和地区进口商品的比例持有外国和外地区公司的证券。

Excel 应用：国际投资组合

这个 Excel 模型提供了类似第 7 章的有效边界分析。第 7 章的有效边界由单个股票计算得来，这里检验了国际外汇交易基金的收益，并使得我们可以分析国际分散化投资的收益。Excel 电子表格可以在 Connect 中获得，也可以通过你的授课教师获得。

Excel 问题：

1. 找到有效边界上三个不同期望收益率对应的三个点，每个期望收益率对应的标准差分别是多少？

2. 现在假设标准普尔 500 指数与其他市场指数的相关系数都减去一半。找到刚才三个期望收益率对应的新的标准差的点。这些点是高了，还是低了？为什么？

	A	B	C	D	E	F	G	H	I	J
58		指数权重组合的方差矩阵								
59		权重D	权重H	权重I	权重J	权重L	权重P	权重W	标准普尔500指数	
60	权重	0.00	0.00	0.08	0.38	0.02	0.00	0.00	0.52	
61	0.0000	0.00	0.00	0.00	0.00	0.00	0.00	0.00	0.00	
62	0.0000	0.00	0.00	0.00	0.00	0.00	0.00	0.00	0.00	
63	0.0826	0.00	0.00	4.63	3.21	0.55	0.00	0.00	7.69	
64	0.3805	0.00	0.00	3.21	98.41	1.82	0.00	0.00	53.79	
65	0.0171	0.00	0.00	0.55	1.82	0.14	0.00	0.00	2.09	
66	0.0000	0.00	0.00	0.00	0.00	0.00	0.00	0.00	0.00	
67	0.0000	0.00	0.00	0.00	0.00	0.00	0.00	0.00	0.00	
68	0.5198	0.00	0.00	7.69	53.79	2.09	0.00	0.00	79.90	
69	1.0000	0.00	0.00	16.07	157.23	4.59	0.00	0.00	143.47	
70										
71	组合方式	321.36								
72	组合标准差	17.93								
73	组合均值	12.00								
74										
75										
76					权重					
77	均值	标准差	权重D	权重H	权重I	权重J	权重L	权重P	权重W	标准普尔500指数
78	6	21.89	0.02	0.00	0.00	0.71	0.00	0.02	0.00	0.26
79	9	19.66	0.02	0.00	0.02	0.53	0.02	0.00	0.00	0.41
80	12	17.93	0.00	0.00	0.08	0.38	0.02	0.00	0.00	0.52
81	15	16.81	0.00	0.00	0.14	0.22	0.02	0.00	0.00	0.62
82	18	16.46	0.00	0.00	0.19	0.07	0.02	0.00	0.00	0.73
83	21	17.37	0.00	0.00	0.40	0.00	0.00	0.00	0.00	0.60
84	24	21.19	0.00	0.00	0.72	0.00	0.00	0.00	0.00	0.28
85	27	26.05	0.00	0.00	1.00	0.00	0.00	0.00	0.00	0.00
86										
87										

25.4.2 业绩归因

我们可以按照与第 24 章中介绍的业绩归因技术类似的程序来衡量以下每个决策对投资组合业绩的贡献。

（1）**货币选择**（currency selection）测度相对于投资者的基准货币（我们在此使用美元）的汇率变动对于整个投资组合的影响。我们可以用 EAFE 指数来比较一个特定时期内投资组合的货币选择与使用被动基准的差别。EAFE 货币选择的计算是这样的：用在 EAFE 投资组合中对不同货币评价的加权平均作为投资在每种货币中的 EAFE 权重。

（2）**国家选择**（country selection）测度投资于世界上业绩较好的股票市场对于投资组合的影响。可以用每个国家股票指数收益率的加权平均作为每个国家投资组合的权重份额的测度。我们用指数收益率来抽象各国证券选择的影响。检验一个管理者相对于被动管理的业绩，我们可以将国家选择通过以下方法进行比较：以国家的指数收益率的加权平均值作为每一个国家的 EAFE 投资组合的权重份额。

（3）**股票选择**（stock selection）像在第 24 章中一样，可以用每一个国家的股票指数的超额收益率的加权平均值来测度。在这里，我们用当地货币计价的收益率作为不同国家的投资权重。

（4）**现金/债券选择**（cash/bond selection）可用相对于基准权重，从加权的债券中获得的超额收益率来测度。

表 25-14 是国际投资业绩归因实例。

表 25-14　国际投资业绩归因实例

	EAFE 权重	股票指数收益率	货币升值 E_1/E_0-1	管理人权重	管理人收益率
欧洲	0.30	10%	10%	0.35	8%
澳大利亚	0.10	5%	-10%	0.10	7%
远东	0.60	15%	30%	0.55	18%
全部业绩（美元计价的收益率=指数收益率+货币升值）					
EAFE	0.30(10+10)+0.10(5-10)+0.60(15+30)=32.5%				
管理人	0.35(8+10)+0.10(7-10)+0.55(18+30)=32.4%				
相对于 EAFE 亏损 0.1%					
货币选择					
EAFE	(0.30×10%)+(0.10×(-10%))+(0.60×30%)=20%				
管理人	(0.35×10%)+(0.10×(-10%))+(0.55×30%)=19%				
相对于 EAFE 亏损 1%					
国家选择					
EAFE	(0.30×10%)+(0.10×5%)+(0.60×15%)=12.5%				
管理人	(0.35×10%)+(0.10×5%)+(0.55×15%)=12.25%				
相对于 EAFE 亏损 0.25%					
股票选择					
	(8%-10%)0.35+(7%-5%)0.10+(18%-15%)0.55=1.15%				
相比于 EAFE 盈利 1.15%					
各项贡献加总（与全部业绩相等）					
货币选择（-1%）+国家选择（-0.25%）+股票选择（1.15%）=-0.1%					

概念检查 25-3

利用表 25-14 的数据，计算组合权重为欧洲 40%、澳大利亚 20%和远东 40%时，管理人的国家选择和货币选择。

小结

1. 美国股票只占世界股票投资组合的一半不到，国际资本市场为投资组合的分散化与强化风险-收益权衡提供了重要的机会。

2. 外汇投资会产生一个额外的不确定汇率风险，大部分汇率风险可以通过运用外汇期货或外汇远期对冲掉，但是，一个完全的套期保值是难以做到的，因为外币的收益率难以确定。

3. 不同国家的收益率并非完全相关。因此，国际分散化是有好处的。全球投资组合的最小方差具有比几乎任何单个国家指数低得多的波动性，包括美国的指数。更重要的是，当外国股票市场加入投资选项时，单个国家的股票指数，也包括美国的股票指数，在有效边界内占据相当大的位置。因此，国际投资为改善风险-收益权衡提供了充足的机会。

4. 国际投资带来了额外的政治风险，包括政府和社会稳定、问责机制、宏观经济状况、国际贸易以及为个人、企业和投资者提供的法律保护方面的不确定性。现在有几家服务机构向利益相关方出售有关政治风险的信息。

5. 有些世界市场指数可以成为被动型国际投资的基础，主动型国际投资可以划分为货币选择、国家选择、股票选择与现金/债券选择。

习题

1. 你是否同意以下观点：投资从事全球业务的美国跨国公司可以使你获得跨国的分散化组合。同时考虑商业风险和外汇风险。

2. 在图 25-2 中，我们同时提供了当地货币计价和美元计价的收益率。哪一个更相关？这与投资的外汇风险是否被对冲有什么关系？

3. 假设一个美国投资者最近打算以每股 40 英镑的价格投资于一家英国企业，他有 10 000 美元的现金，而当期汇率为 2 美元/英镑。
   a. 此投资者可以购买多少股？
   b. 填写下表中 1 年后 9 种情况的收益率（3 种可能的以英镑计价的股票价格乘以 3 种可能的汇率）：

每股价格	以英镑计价的收益率（%）	以美元计价的 1 年后的汇率		
		1.80 美元/英镑	2 美元/英镑	2.20 美元/英镑
35 英镑				
40 英镑				
45 英镑				

   c. 什么时候，以美元计价的收益率等于以英镑计价的收益率？

4. 如果第 3 题中 9 种情况的可能性都相同，请分别求出以英镑计价的收益率和以美元计价的收益率的标准差。

5. 现在假设第 3 题的投资者在远期市场上售出 5 000 英镑，远期汇率是 2.10 美元/英镑。
   a. 重新计算每种情况下以美元计价的收益率。
   b. 在这种情况下，以美元计价的收益率的标准差将如何变化？将其与原值以及以英镑计价的标准差进行比较。

6. 根据下表信息，计算货币选择、国家选择和股票选择对总体业绩的贡献，所有汇率都表示为 1 美元所能购买的外币单位数。

	EAFE 权重	股权指数收益（%）	E_1/E_0	管理人的权重	管理人的收益率（%）
欧洲	0.30	20	0.9	0.35	18
澳大利亚	0.10	15	1.0	0.15	20
远东	0.60	25	1.1	0.50	20

7. 如果即期汇率是 1.35 美元/英镑，1 年期远期汇率为 1.45 美元/英镑，同时英国国库券的利率是每年 3%，则用美元计算的由于投资英国国库券而锁定的无风险利率是多少？

8. 如果你打算投资于第 7 题中的英国国库券 10 000 美元，怎样锁定你的以美元计价的收益率？

9. 第 25 章是从美国投资者的角度写的。假设你在给一个小国家投资者提供建议（选择一个具体的国家）。第 25 章的内容要做哪些修改？

CFA 考题

1. 假设你是一名美国投资者，1 年前购买了 2 000 英镑的英国证券，当时每英镑 1.5 美元。如果证券价值现在是 2 400 英镑而且每镑价值为 1.45 美元，你的总收益率是多少（以美元计价）？假设该时期内没有股利和利息。

2. 美国股票大盘指数和其他发达国家的股票指数收益率的相关系数最可能________，美国股票各种分散化资产组合收益率之间的相关系数最可能________。
   a. 小于 0.8；大于 0.8
   b. 大于 0.8；小于 0.8
   c. 小于 0；大于 0
   d. 大于 0；小于 0

3. 一个投资者投资于外国的普通股，投资者希望规避本币的________风险，可以通过________远期市场的外币来规避。
   a. 贬值；出售　　b. 升值；购入
   c. 升值；出售　　d. 贬值；购入

4. 约翰·艾里什是特许金融分析师，也是一位独立投资咨询人，他帮助通用技术公司（General Technology Corporation）的投资委员会主席达尔文建立了一只养老基金。达尔文咨询艾里什关于投资委员会是否应该考虑国际股票投资。
   a. 请解释将国际股票纳入通用技术公司的股票资产组合的合理性。确认并描述三个相关的因素，写出计算过程。
   b. 请列出反对国际股票投资的三个可能的意见，并简单分析其重要性。
   c. 为了说明国际证券的长期业绩的几个方面，艾里什向达尔文出示了近几年美国养老基金的投资结果。比较美元证券、非美元证券与固定收益资产的业绩表现，并解释与四种单类资产指数的业绩相比，养老基金账户业绩指数结果的重要意义。

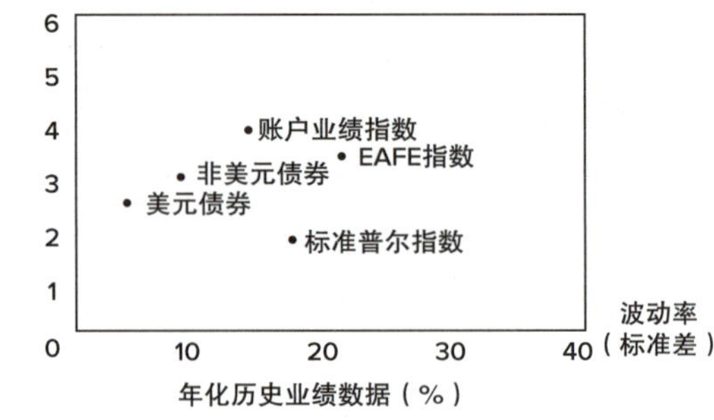

5. 一个美国投资者决定购买以下证券中的一种。假设加拿大政府债券的货币风险是可避免的，6 个月的加元远期合约的贴现率为每一美元 -0.75%。

债券	期限	票面利率（%）	价格（美元）
美国政府	6 个月	6.50	100.00
加拿大政府	6 个月	7.50	100.00

请计算 6 个月范围内要使两种债券有相同的美元总收益，加拿大国债的期望价格变动。假设美国债券的收益率保持不变。

6. 一位在全球范围投资的经理计划在今后 90 天内投资 100 万美元于美国政府的现金等价物。但是，他也被授权可以投资非美国政府现金等价物，并使用远期货币合约来规避货币风险。
   a. 如果他投资于加拿大或日本的货币市场工具，并对其投资的美元价值进行套期保值，他的收益率是多少？使用下表数据回答。
   b. 美国政府证券 90 天的利率大约是多少？

90 天现金等价物的利率（APR）（%）

日本政府债券	2.52
加拿大政府债券	6.74

每单位外币兑换的美元的汇率

	即期汇率	90 天期的远期汇率
日元	0.011 9	0.012 0
加元	0.728 4	0.726 9

7. 温莎基金会是一个立足美国的非营利慈善

组织，旗下拥有 1 亿美元的分散化投资组合。董事会考虑进军新兴市场，财务总管罗伯特·休斯顿做出了如下 4 条评论：

a. “对于只持有发达国家市场股票的投资者，新兴市场货币的稳定性是实现良好收益的先决条件。”

b. “当地货币相对于美元贬值经常发生于新兴市场。美国投资者的收益的很大部分都被货币贬值抵消了，甚至长期投资者也不能幸免。”

c. “就以往经验而言，在美国股票组合比如标准普尔 500 指数中加入新兴市场股票会降低波动性，而将新兴市场股票与国际组合比如 EAFE 指数相结合也会降低波动性。”

d. “尽管新兴市场之间的相关性在短期内会有变动，有证据显示长期内其相关性是稳定的。因此，某一时刻在有效边界上的新兴市场组合倾向于在接下来的时期内留在有效边界附近。”

请讨论休斯敦的 4 条评论分别是正确的，还是错误的。

8. 在对 Otunia（这是一个虚构的国家）的经济与资本市场做出研究后，你的公司 GAC 决定在新兴市场投资中加入 Otunia 的股票。但是，GAC 还未决定实行主动的投资策略还是指数策略。现在请你对于主动投资还是指数投资做出评价。以下是研究结果。

Otunia 的经济均匀地分散于农业、自然资源、制造业（消费品与日用品）和增长的金融业。由于高佣金和政府印花税，证券市场的交易费用较高。该国信息公开机制健全，公司财务业绩的公开信息完整且可靠。

资金出入该国以及外国资金持有该国证券被政府部门严格监管。非本国居民在办理各类手续时时间较长，往往延误时机。该国政府财政部门高层致力于削弱监管，放开外国资金流入，但是 GAC 政策顾问认为该国保守主义势力强大，短期内不会有实质性进展。

a. 简述 Otunia 投资环境利于主动投资的方面，以及利于指数策略的方面。

b. GAC 应该采用哪个策略，并用 a 中的因素说明你的理由。

概念检查答案

25-1　$1+r(\mathrm{US})=[1+r_f(\mathrm{UK})]\times(E_1/E_0)$

a. $1+r(\mathrm{US})=1.1\times(1.40/1.40)=1.10$，所以 $r(\mathrm{US})=10\%$。

b. $1+r(\mathrm{US})=1.1\times(1.50/1.40)=1.179$，所以 $r(\mathrm{US})=17.9\%$。

25-2　你必须在远期市场上出售你今年结余的英镑数额，除非以英镑计价且其收益率已知，否则我们无法知道其具体价值。

a. 10 000×1.20＝12 000（英镑）

b. 10 000×1.30＝13 000（英镑）

25-3　国家选择：

$(0.40\times10\%)+(0.20\times5\%)+(0.40\times15\%)=11\%$

相对于被动的 EAFE 指数，损失了 1.5%（＝12.5%－11%）。

货币选择：

$(0.40\times10\%)+(0.20\times(-10\%))+(0.40\times30\%)=14\%$

相对于被动的 EAFE 指数，损失了 6%（＝20%－14%）。

第 26 章

对冲基金

尽管对于多数证券市场投资者而言，共同基金仍然是主流的投资方式，但对冲基金在过去 20 年间有着更高增长率，资产管理规模从 1997 年的 2 000 亿美元升至 2018 年的 3 万亿美元。与共同基金类似，对冲基金允许投资人集合资产供基金经理投资。与共同基金不同的是，它们通常是合伙制从而不受 SEC 的监管约束。它们通常仅对实力雄厚的投资人或机构投资者开放。

对冲基金实际上涉及本书前面章节所述的所有问题，包括流动性、证券分析、市场有效性、组合分析、套期保值以及期权定价。比如，一些基金通常认定某个证券被错误定价，而对大盘敞口套期保值。这种纯粹的“搜寻阿尔法”需要将对冲基金和普通组合进行优化混合。另一些基金激进地进行市场择时，它们的风险属性因此可以迅速地变化，从而引起业绩评估方面的问题。很多对冲基金持有大量的衍生品仓位。即使是不进行衍生品交易的基金也会收取奖励费，这些奖励费类似于看涨期权的收入，因此，对于期权定价的了解有助于理解对冲基金策略。简而言之，对冲基金涉及主动组合管理中可能遇到的所有问题。

首先，我们从不同风格对冲基金的研究入手，重点讲解经典的“市场中性”策略，对冲基金也因此得名。然后，我们讨论对冲基金的业绩评估。最后，我们讨论对冲基金的费用结构及其对于投资者和管理者的启示。

26.1 对冲基金与共同基金

与共同基金类似，对冲基金（hedge fund）最基本的思想就是汇集投资。投资者购买基金份额，基金代表投资者将集合资产进行投资。每 1 份额的净资产价值代表了投资人在组合中的价值。从这个角度上看，对冲基金与共同基金无异。但是，二者之间有着重要的差别。

透明度 共同基金受 1933 年《证券法》和 1940 年《投资公司法》约束（用于保护投资新手），上述法案要求透明度与投资策略的可预测性。它们必须定期向公众披露投资组合成分的信息。相比之下，对冲基金通常为有限责任合伙制或有限责任公司的形式，仅对其投资者提供少量关于组合构成和投资策略的信息。

投资人 通常对冲基金只对“合格”或经验丰富的投资者开放，在实践中往往以最低净资产和收入要求来定义。它们通常不向公众做广告，最低投资额通常在 50 万美元到 100 万美元之间。

投资策略 共同基金在其计划书中披露基本投资策略（比如，偏向大盘价值股或者小盘成长股）。它们往往受到阻力从而难以转变类型（即偏离其投资导向），尤其是考虑到退休基金（如 401（k）计划）对行业的重要性以及可预测策略对这类计划的需求。绝大多数共同基金承诺限制使用卖空和杠杆，它们对衍生品的应用也受到严格限制。一些主要服务于机构客户的 130/30 共同基金[㊀]明确允许持有更多空头和衍生品头寸，但是，其灵活性也远远不及对冲基金。

相比之下，对冲基金可以有效地执行任意投资策略并且随机应变。因此，纯粹地将对冲基金视为一种资产类型是错误的。对冲基金致力于进行广泛的投资，关注衍生品、陷入困境的公司、货币投机、可转换债券、新兴市场、兼并套利等。某些基金可能由于预测投资机会转移，而从一个资产类别转投其他资产类别。

流动性 对冲基金通常有**禁售期**（lock-up period），即在长达数年的时期内投资者不允许撤出。很多也包含撤资通告规定，要求投资人在撤资前数周或数月提交通告。这些规定限制了投资人的流动性，但是使得基金可以投资于缺乏流动性的资产以获得更高的收益，而不用担心未知的撤资风险。

报酬结构 在费用结构方面，对冲基金也不同于共同基金。共同基金的管理费用为资产规模的一个固定比率，比如说，股票基金通常每年收取的管理费率为 0.5%～1.5%。对冲基金收取管理费用，通常是资产规模的 1%～2%，加上激励费。激励费是对冲基金的收益超过某个指定基准收益率的固定比率。激励费通常是 20%，有时更高。基准收益率通常来自货币市场，比如 LIBOR。所以，有人也半开玩笑地称对冲基金是“一个貌似资产池的报酬计划”。

26.2 对冲基金策略

表 26-1 列出了对冲基金行业中常见的投资类型。这个列表包罗万象，可见将对冲基金视为一个资产类型实为牵强。但是，我们可以将对冲基金策略分为两大类：方向性和非方向性。

表 26-1 对冲基金类型

可转换套利	投资于可转换证券，通常是多头可转换债券与空头股票
卖空偏好	纯卖空策略，通常在股权投资中使用，面临纯卖空敞口
新兴市场	发掘新兴市场中的非有效性。通常只持有多头头寸，因为在这些市场中，卖空往往不被允许
股权市场中性	常使用多头/空头套期保值。通常控制行业、板块、规模和其他敞口，建立市场中性仓位以发掘市场非有效性。通常引入杠杆
事件驱动	试图从事件中获利，例如兼并、收购、改制、破产或重组
固定收益套利	从利率相关证券的错误定价中获利，包括利率互换套利、美国政府债券套利与非美国政府债券套利、收益率曲线套利和有抵押证券套利
全球宏观形势	在全球资本或衍生品市场中持有多头头寸与空头头寸。组合头寸反映了对于市场状况和宏观经济走势的观点
多头/空头股权对冲	在市场展望的基础上持有某一方头寸（多头或空头）。此策略不是市场中性，可能集中于某一地区（比如美国或欧洲）的某个板块（比如科技或医疗卫生）股票，可能用到衍生品套期保值
管理期货	利用金融、货币或商品期货，可能会用到技术交易规则或非结构化的评判方法
混合策略	根据展望对策略进行投机选择
基金中的基金	分配自身资产于其他基金代为管理的基金

注：瑞士信贷有最完整的对冲基金业绩数据库，它将对冲基金划分为表 26-1 中这些不同的类型。

26.2.1 方向性策略与非方向性策略

方向性策略（directional strategy）很容易理解，它单纯地认定市场中一个板块的表现会超过

㊀ 此类基金可以卖空组合资产的 30%，用以增加投资。对于每 100 美元的净资产，基金可以卖空 30 美元，从而有 130 美元的多头头寸，因此得名 130/30。

另一个板块。

相比之下，**非方向性策略**（nondirectional strategy）主要用来发掘证券定价中暂时的偏差。比如，如果公司债券的收益率相较于国库券格外高，对冲基金可能购入公司债券而卖空国库券。注意，基金并没有期待整个债券市场的波动：它购入一类债券而售出另一类。通过持有公司债券，基金对其利率敞口进行套期保值，而期待两个板块的相对价差。当收益率差价返回到其“常态”时，无论利率如何变动，基金都将会获利。由此可见，基金要达到**市场中性**（market neutral）或对利率风险的对冲，这也是“对冲基金”得名的原因。

非方向性策略有时被进一步分为趋同策略和相对价值策略，它们的区别在于存在一个时限，这种策略将赌注下在资产的错误定价上，但无须承担市场风险。一个趋同策略的实例即为期货合约的错误定价在合约到期日一定会被修正。相比之下，刚才讨论的公司债券和国库券的例子即为相对价值策略，因为没有错误定价一定会被“修正”的时限。

例 26-1 中的多头-空头头寸是对冲基金的典型策略。它们对一些错误定价进行押注，而完全不用担心市场敞口。无论市场如何变动，价格一旦“收敛”或者回到“恰当”水平上，即可获利。因此，卖空和衍生品对该行业很重要。

【例 26-1】 市场中性头寸

我们用一个对冲基金广泛使用的策略来说明市场中性头寸。新发行的 30 年期国债通常售价高于（低收益率）29.5 年期的国债，尽管二者具有几乎相同的久期。二者的收益率差价被认为源于 30 年国债的流动性较差。而对冲基金往往不太需要流动性，因此对冲基金会购入 29.5 年期国债并且售出 30 年期国债。这是一个市场中性策略，即只要两只债券的收益率趋同就可获利。而事实上随着 30 年期国债不再是流动性最高的债券后，溢价会消失，收益率往往会趋同。

上述策略不论利率如何变化均可获利。随着流动性溢价的消失，30 年期国债收益率上升，多头-空头头寸策略一定可以获利。由于上述定价差异一定会在某个时刻消失，这个策略就是趋同策略。尽管趋同期限不如期货中那么确定，我们仍然可以断言下一个 30 年期国债发售时现有的 30 年期国债的优势地位即会消失。

一个更为复杂的多头-空头策略例子是可转换债券套利，它在对冲基金中更为常见。可转换债券可视为一个正常债券加上一个看涨期权，市场中性策略是持有一个可转换债券仓位，然后持有一个相反仓位的标的资产。例如，若认为可转换债券被低估，基金应当购入该债券而通过卖空标的股票来对冲股价变动风险。

尽管市场中性策略经过了套期保值，但它们不是无风险套利策略。相比之下，它们应当被视为**纯赌局**（pure play），期待某两个指定板块间的错误定价，而将其他的外来风险比如市场风险对冲掉。而且，由于基金大量使用杠杆，收益率因而波动较大。

概念检查 26-1

将假设的对冲基金的下述策略分类为方向性策略和非方向性策略。

a. 该基金购买印度投资基金的份额并售出 MSCI 印度指数互换，印度投资基金是一只折价出售的封闭式基金。

b. 该基金买入埃克森美孚的股票，并卖空雪佛龙的股票。

c. 基金购买 Generic Pharmaceuticals 股份，期待其被辉瑞溢价收购。

26.2.2　统计套利

统计套利（statistical arbitrage）是市场中性策略的一种形式，值得单独讨论。由于它不是通过寻找错误定价（比如指数套利）而实现无风险获利的策略，所以它有别于纯套利。事实上，它大量使用量化工具和自动交易系统来发现定价上的暂时偏差。通过在这些丰富的机会中持有较小的头寸，根据平均数法则，从中获利的概率非常高，几乎是一种“统计上的确定性”。当然，这种策略要求基金的建模技术可以可靠地辨别出市场无效。仅当期望收益率为正值时，平均数法则才能保证利润。

统计套利通常包括每天交易上百个证券，持有期以分钟计。这种快速的交易需要大量运用数量工具例如自动交易和数学算法来识别获利机会并有效分散仓位。这些策略试图通过察觉到最微小的错误定价获利，需要最快的交易技术和最低的交易费用。因此没有第 3 章提到的电子通信网络，上述策略是不可能实现的。

统计套利的一个例子是**配对交易**（pair trading），根据股票本质上的相似性或者市场风险（β）来配对。常见的做法是将收益高度相关且一个公司的定价较另一个公司更为激进的股票进行配对。[⊖]购入较为便宜的股票而售出较贵的股票即可实现市场中性仓位。对冲基金的全部组合由这些配对构成。每一对可能有不确定性，但是随着很多此类配对，大量的多头-空头头寸被期望获得正向的异常收益。更一般的配对交易允许持有可能被错误定价的股票群。

统计套利通常与**数据挖掘**（data mining）相结合，即收集大量历史数据以发现系统性的规律。数据挖掘的风险（也是统计套利的风险）在于当经济形势改变时，历史关系可能会被破坏。或者数据表面上体现出来的模式只是巧合的结果。对足够多数据进行足够多的研究必然会产生表面上的模式，而这种模式没有反映真实的关系，更不能用于预测未来。

26.2.3　高频策略

快速交易技术促进了统计套利，而其他对冲基金策略则完全依赖于高频交易。以下只是一些例子。

1. 电子新闻源

一些基金已经建立了电子新闻源，使它们能够即时获得突发新闻，例如收益公告。随着计算机化的自然语言处理，公告可以立即被解释为好消息或坏消息，买入或卖出订单可以立即下达。显然，这种策略的收益取决于你是第一个对消息做出反应的人，这使得电子交易和接入市场服务器是绝对必要的。

2. 跨市场套利

高频交易者可以利用跨市场证券价格的暂时差异，在价格低的市场买入，在价格高的市场卖出。这种跨市场套利需要尽可能快的交易能力，因为这些机会确实稍纵即逝。这种策略的一个特殊情况是指数套利（见第 23 章），其中期货市场和现货市场之间的定价不一致。

⊖ 判断“激进”与否的标准不统一。一种方法是指计算机扫描那些历史价格走势非常接近但最近出现分歧的股票。如果累计收益的差异通常会逐渐消失，基金将买入最近表现不佳的股票并卖出表现较好的股票。另一种方法是指可能根据价格与内在价值的关系决定是否为“激进定价”。

3. 电子做市

一些基金反复公布（但经常取消）买入价和卖出价，试图从买卖价差中获利。然而，一旦这些价格公布出来，它们就很容易受到新闻事件的影响，这些新闻事件会使均衡价格超出其买卖界限。例如，如果一家公司在新闻报道中被提及，该基金可能会立即取消其公布的价格。在这方面，该策略与上面提到的电子新闻源重叠。

4. 电子“领跑”

在这种策略中，公司将使用交易流中的数据以及某些版本的人工智能模型来推断其他交易者是否正在进行买入或卖出计划。例如，如果公司断定其他交易者正在买入，公司也会发出买入指令，试图在其他交易者改变价格之前买入股票。

26.3 可携阿尔法

市场中性纯赌局的重要推论是**可携阿尔法**（portable alpha）的概念。假设想对一个你认为被低估的股票投机，但是你认为大盘会下跌。即使在该股票被相对低估方面你是正确的，但它仍然可能随着大盘下跌。你想将股票特定的押注与由股票正 β 引起的对广泛市场的敞口区分开来，解决方案是购买股票并且通过出售足够多的指数期货来消除市场敞口，从而将 β 降到零。这种股票多头-期货空头的策略使得你可以进行一场纯赌局，或者说该股票的市场中性头寸。

更一般地，你也许希望将资产配置与股票选择分开。方法是投资于任何可以“找到 α”的地方。然后你可以对冲系统风险，从而将 α 剥离出来。最终，你通过被动产品比如指数基金或者 ETF 来对市场的目标板块建立敞口。换句话说，你已经创造了可以与市场任意选定板块敞口混合的可携阿尔法。这个过程称为 **α 转移**（alpha transfer），因为你把 α 从你发现的板块转移到了你最终建立敞口的板块。寻找 α 需要技巧，相较之下，β 或者市场敞口是一种可以通过指数基金或者 ETF 廉价购得的“标准化商品”，不会增加价值。

纯赌局例子

假设你管理一个 250 万美元的组合。你确信组合的 α 是正的，即 $\alpha>0$，但是市场也会下跌，即 $r_M<0$。因此你将针对上述错误定价建立一个纯赌局。

下个月的收益率用式（26-1）描述，该式说明组合收益率等于“公允”的 CAPM 收益率（等号右侧前两项），加上由“残差项”表示的公司特有风险 e，加上代表错误定价的 α

$$r_{\text{投资组合}}=r_f+\beta(r_M-r_f)+e+\alpha \tag{26-1}$$

具体而言，$\beta=1.20$，$\alpha=0.02$，$r_f=0.01$，标准普尔 500 指数现在为 $S_0=2\,500$，简化起见，组合无股利。你想要抓住每月 2%的 α，但你不希望被股票的正 α 影响，因为你预计大盘会下挫。所以，你通过售出标准普尔 500 期货来对冲风险。

因为最具流动性的 E-mini 标准普尔期货合约的乘数为 50 美元，组合 β 为 1.20，通过出售 24 份期货合约可对股票仓位套期保值 1 个月：[㊀]

$$\text{对冲比率}=\frac{2\,500\,000}{2\,500\times 50}\times 1.20=24(\text{份})$$

㊀ 简化设定期货到期日即为套期时限，此处为 1 个月。如果合约到期日较长，我们需要略减对冲比率，称为“对冲去尾”。

1 个月后组合的美元价值为

$$2\,500\,000\times(1+r_{投资组合})=2\,500\,000[1+0.01+1.20(r_M-0.01)+0.02+e]$$
$$=2\,545\,000+3\,000\,000\times r_M+2\,500\,000\times e$$

由期货仓位带来的收入为

$24\times50\times(F_0-F_1)$	按市值计价，售出 24 份合约
$=1\,200\times[S_0(1.01)-S_1]$	代入根据平价关系得到的期货价格 F_0
$=1\,200\times S_0[1.01-(1+r_M)]$	无股利时 $S_1=S_0(1+r_M)$
$=1\,200\times[S_0(0.01-r_M)]$	化简
$=30\,000-3\,000\,000\times r_M$	因为 $S_0=2\,500$

概念检查 26-2

如果残差项为-4%，市场中性仓位的美元价值和收益率将为多少？如果该月市场收益率为 5%，在图 26-1 中每个图上收益率位于什么位置？

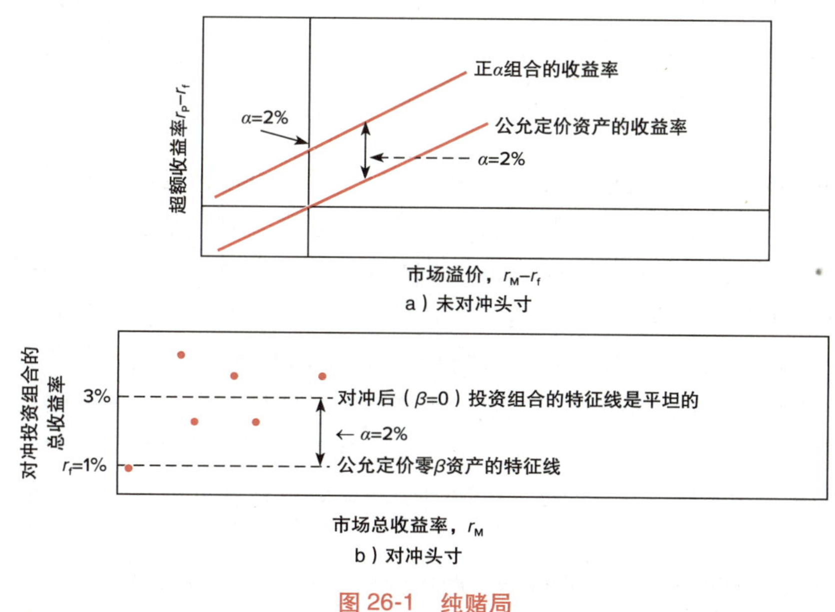

图 26-1　纯赌局

股票和期货仓位在月末的总价值即为组合价值和期货进项，等于

$$对冲收入=2\,575\,000+2\,500\,000\times e \tag{26-2}$$

注意到期货市场的敞口完全抵消了股票组合的敞口。换句话说，β 值被降为零。你的投资为 250 万美元，月收益率为 3%加上非系统风险（式（26-2）等号右边的第二项）。这种零 β 仓位的合理期望收益率即为无风险利率 1%，所以你可以得到 2%的 α，而且消除了股票组合的市场敞口。

这是一个纯赌局的理想化示例。实际上，这个例子简化假定了一个已知固定的组合 β，但是该例子说明了在对冲市场风险后对股票进行投机的目标。该目标一旦完成，借助指数或指数期货，你可以针对任何系统风险构建所需的敞口。因此，你实现了 α 的转移。

图 26-1 是该纯赌局的图示。图 26-1a 示例了一个“裸露”的正 α 赌注，即未有套期保值。风险固定时，你的期望收益率高于均衡收益率，但由于你有市场敞口，你仍有可能在市场下挫

时亏损。图 26-1b 是系统风险对冲之后的特征线，没有市场敞口。

警告：市场中性仓位也是一种赌局，而且也可能失败。这不是真正的套利，因为你的收益依赖于分析的正确性（你所察觉到的 α）。此外，你也许会仅仅因为坏运气而失败，即你的分析准确但是特定风险（式（26-1）和式（26-2）中 e 为负值）仍可能导致亏损。

【例 26-2】 纯赌局的风险

市场中性纯赌局在 1998 年时遭受了一次严重的质疑。尽管 30 年期国债与 29.5 年国债策略（见例 26-1）运行顺利达数年，当俄罗斯债务违约时，事情发生逆转，引发大量投资涌向最安全、流动性最高的 30 年期国债。巨大的损失证明了，即使是最安全的赌注（基于趋同套利的赌注）也有风险。尽管差价最终一定会被消除，事实上数周之后也是如此，长期资本管理公司与其他对冲基金却蒙受了巨大的损失。最后价格的趋同对于长期资本管理公司而言来得太迟了，它同时蒙受其他投资的损失，最终只得破产。[⊖]

由于对冲基金大量使用杠杆，即使是市场中性纯赌局的收益也会有巨大波动。多数错误定价相当微小，而多头-空头策略的本质使得总体波动较低。对冲基金不断加大押注的金额，当押注成功时加大了收益，但失败时也放大了损失。最后，基金收益的波动自然不会小。

26.4 对冲基金的风格分析

尽管传统的对冲基金策略可能关注市场中性策略，随着市场的发展，卖空和衍生品的出现使得对冲基金事实上可以进行任意类型的投资策略。尽管很多对冲基金追求市场中性策略，但对表 26-1 的考察不难发现，很多基金却遵循方向性策略。这些基金做出直率的押注，比如币值波动、并购结果或者某个投资板块的业绩，显然没有经过风险对冲，尽管它们叫对冲基金。

在第 24 章中，我们引入了风格分析，即利用回归分析度量一个组合对于各种因素或者资产类型的敞口，因此这种分析度量了一个组合对于资产类型的潜在敞口。各个因素的 β 值是基金对系统风险来源的敞口。一个市场中性基金对于市场指数没有敏感性。相比之下，方向性基金对于其押注的因素有着明显的 β，此处多称为因子载荷。观察者可以通过因子载荷将敞口归因于各个变量的变动。

我们在表 26-2 中对于对冲基金指数做了简单的风格分析。所考虑的 4 类系统因素包括：

- 利率：长期美国国债的收益率。
- 股票市场：市场收益指数。
- 信用状况：Baa 级债券和国债的收益率差。
- 外汇：美元相对于一系列外币的价值变动百分比。

表 26-2 截至 2018 年 12 月的 5 年对冲基金指数样本风格分析

基金类型[①]	α	标准普尔 500 指数	长期国债	信用溢价	美元
所有对冲基金	0.000 2	0.193 8	0.066 6	0.191 0	−0.023 9
	0.204 5	6.643 7	0.783 2	1.516 4	−0.301 9
可转换套利	0.001 2	0.093 3	0.105 4	0.485 6	−0.128 9
	1.112 5	2.920 4	1.130 7	3.518 1	−1.486 2

⊖ 对于主动管理者而言，市场择时尤为重要。我们在第 12 章中讨论过此话题。更一般地，证券分析师察觉到错误定价后，他们普遍承认难以确定价格是否收敛至内在价值。

（续）

基金类型[①]	α	标准普尔 500 指数	长期国债	信用溢价	美元
卖空偏好	0.000 1	−0.989 3	−0.570 8	−0.750 7	0.414 5
	0.012 7	−7.781 6	−1.728 9	−1.588 1	1.207 5
新兴市场	0.000 9	0.256 4	0.206 2	0.412 5	−0.212 6
	0.484 1	4.508 9	1.243 3	1.679 1	−1.377 5
市场中性	0.000 7	−0.004 6	0.075 4	0.221 5	−0.218 7
	0.382 7	−0.086 8	0.484 2	0.960 3	−1.509 1
事件驱动	−0.001 6	0.253 2	0.016 6	0.454 0	−0.020 9
	−1.335 9	6.781 8	0.152 1	2.814 9	−0.206 2
困境公司	0.001 0	0.118 5	0.000 1	0.460 4	−0.093 4
	1.062 7	4.169 7	0.001 7	3.750 1	−1.210 5
风险套利	0.001 9	0.108 3	−0.066 7	−0.003 9	−0.198 9
	1.777 4	3.363 4	−0.710 4	−0.028 0	−2.276 5
固定收益套利	0.002 8	0.019 3	−0.015 3	0.344 3	−0.058 0
	4.765 0	1.067 0	−0.290 0	4.417 7	−1.183 8
全球宏观形势	0.000 1	0.128 8	−0.020 8	0.177 8	0.155 4
	0.043 8	2.971 3	−0.164 6	0.949 0	1.320 9
多头-空头股权对冲	0.000 2	0.334 8	−0.023 4	−0.061 2	−0.021 5
	0.166 1	8.258 5	−0.198 3	−0.349 7	−0.195 3
管理期货	0.000 5	0.234 4	0.519 9	−0.651 8	−0.164 5
	0.113 0	1.8735	1.424 6	−1.206 0	−0.484 4
混合策略	0.002 6	0.094 2	0.120 9	0.257 1	0.009 2
	2.448 0	2.902 3	1.277 3	1.833 7	0.105 0

注：上行为因素贝塔的估计值，下行为估计值的 t 统计量。

①部分基金定义如表 26-1 所示。

资料来源：Authors' calculations. Hedge fund returns are on indexes computed by Credit Suisse/Tremont Index，LLC，availablet atwww. hedgeindex. com.

对冲基金指数 i 在月份 t 的超额收益率在统计上表述为：⊖

$$R_{it}=\alpha_i+\beta_{i1}\text{ 因素 }1_t+\cdots+\beta_{i4}\text{ 因素 }4_t+e_{it} \tag{26-3}$$

式中，β 测度了每一个因素的敏感度。通常情况下，用残差项 e_{it} 测度与解释变量无关的非系统性风险，用截距 α_i 测度基金 i 在剔除系统因素影响后的平均业绩。

表 26-2 显示了几个对冲基金指数的敞口估计。结果证实了多数基金实际上是对于 4 个因素中一个或多个具有显著敞口的方向性策略基金。此外，估计的 β 值与基金所宣称的类型也是相符合的。比如：

概念检查 26-3

分析表 26-2 中固定收益套利指数的 β 值，此类基金是市场中性的吗？如果不是，其因素风险在其投资的市场中有效吗？

- 股票市场中性基金具有较低而且统计上不显著的 β 值。
- 卖空偏好基金对于市场指数有着显著的负 β。
- 困境公司基金对于信用状况（表 26-2 中的信用溢价越大，说明经济状况越好）和市场指数存在明显的风险敞口。这种风险敞口产生的原因在于重组活动通常依赖于借款的可获得性且成功重组经常依赖于宏观经济形势。
- 固定收益套利基金对公司债券与美国国债的利差收益表现出正敞口。

⊖ 此处的分析与第 24 章中共同基金的类型分析有两个不同：第一，因子载荷没有被限制为非负。这是因为对冲基金可以很轻易地卖空各类资产；第二，组合权重没有总和为 1 的限制，这源于对冲基金没有杠杆限制。

我们得出结论，多数对冲基金都在一系列经济因素上进行着明显的方向性押注。

26.5 对冲基金的业绩评估

表 26-3 给出了以美国股市为基准组合，采用标准指数模型计算的一系列对冲基金指数的基本业绩数据。该模型使用截至 2018 年 12 月的 5 年期间的月度超额收益进行估算。我们报告了每个指数相对于市场指数的 β 值、收益的序列相关性、α 值和夏普比率。贝塔系数往往远小于 1；不足为奇的是，空头偏好指数的 β 系数很大，而且是负值。其他许多 β 系数接近于零，甚至为负值，反映出一种普遍的策略，即追求特定的押注，而不会招致对市场指数的广泛敞口。

表 26-3 对冲基金指数回归模型（预测期间：2014. 1~2018. 12）

	β	序列相关性	α（%，月度）	夏普比率
对冲基金综合	0. 252	0. 097	−0. 042	−0. 039
可转换套利	0. 160	0. 244	−0. 046	−0. 044
卖空偏好	−0. 956	0. 057	−0. 346	−0. 344
新兴市场	0. 364	0. 109	−0. 021	−0. 018
市场中性	0. 168	−0. 045	−0. 173	−0. 170
事件驱动	0. 345	0. 298	−0. 061	−0. 059
困境公司	0. 238	0. 363	0. 017	0. 019
风险套利	0. 138	−0. 002	−0. 174	−0. 171
固定收益套利	0. 057	0. 275	0. 130	0. 132
全球宏观形势	0. 108	−0. 058	−0. 015	−0. 013
多空-空头股权	0. 434	0. 031	0. 008	0. 010
管理期货	0. 126	−0. 124	−0. 084	−0. 081
混合策略	0. 183	0. 073	0. 123	0. 125
基金平均值	0. 124	0. 101	−0. 053	−0. 050
市场指数	1. 000	−0. 104	0. 174	0. 174

资料来源：作者使用从瑞士信贷对冲基金指数下载的数据计算得出，www. hedgeindex. com。

总的来说，对冲基金在这一时期的表现并不令人印象深刻。各指标的平均 α 值略为负，为 −0. 053%。平均夏普比率也为负，表明平均收益低于无风险利率。然而在早期，尤其是在 2010 年之前，对冲基金的表现普遍远超被动型指数。不管这种结果的可变性如何，有几个因素使对冲基金的业绩难以评估，这些因素都是需要考虑的重要因素。

26. 5. 1 流动性与对冲基金业绩

回顾第 9 章中提到 CAPM 的一个重要拓展是对于持有流动性较差资产的投资者给予收益溢价。跟其他机构投资者相比，如共同基金，对冲基金更倾向于持有非流动性资产。它们可以这样做主要得益于禁售条款保证了投资在一段时期内的稳定性。因此，在评估业绩时应考虑流动性，否则对于流动性的补偿将被视为真正的 α，即经过风险调整后的异常收益。

Aragon 证实了拥有禁售限制的对冲基金乐于持有流动性较差的投资组合。[⊖]此外，当控制住禁售和其他股份条款（如撤资通告期）时，这些基金显著的正 α 变得不显著。Aragon 认为，对冲基金所谓的“阿尔法”并非来自选股能力，而是流动性溢价。换句话说，对于其他拥有流动性的投资者而言，这是一个“公允的”奖赏。

⊖ George O. Aragon, “Share Restrictions and Asset Pricing: Evidence from the Hedge Fund Industry,” *Journal of Financial Economics* 83 (2007), pp. 33-58.

非流动性资产的特征之一是收益率的序列相关性。正序列相关表示正收益率之后更容易出现正收益率（与负收益率相比）。这种现象常常被看作市场缺乏流动性的征兆，因为交易不活跃资产的价格难以获得，对冲基金为了计算净资产价值和收益率必须对这些资产进行估值。Getmansky、Lo 和 Makarov 的研究表明，由于基金公司要么倾向于平滑其估计，要么倾向于向市值靠近，所以这一过程存在明显的缺陷，会导致价格正相关。[一]因此，正序列相关通常用来证明流动性差的问题，在无摩擦的近似有效市场中，序列相关或者其他可预测的价格模式可以达到最小化。[二]

Hasanhodzic 和 Lo[三]发现，对冲基金收益通常倾向于表现出显著的序列相关性。在我们的样本中，对冲基金指数的序列相关性（0.101）远高于市场指数（-0.104）。这种平稳价格暗示了两个重要含义。首先，它进一步支持了这样一种假设：对冲基金持有的流动性资产较少，其平均收益的一部分可能反映了流动性溢价。其次，这意味着它们的风险调整业绩指标是向上偏倚的，因为任何对投资组合价值估计的平滑都会减少测量的波动率（从而增加夏普比率）以及测量的协方差，因此，β 系数与系统因素（从而增加测量的风险调整 α）。考虑到可能的值平滑，实际性能结果可能比表 26-3 中报告的令人失望的统计数据更糟糕。

Aragon 关注流动性的平均水平，而 Sadka 讨论了对冲基金的流动性风险。[四]他指出意外的市场流动性下降将严重影响对冲基金的平均收益率，而最高和最低流动性敞口的基金收益率每年可相差 6%。对冲基金业绩可视为对流动性风险的补偿。图 26-2 是根据表 26-2 中各类资产的平均超额收益和流动性风险 β 所绘的散点图。随着市场流动性的提升，平均收益率显著提高。

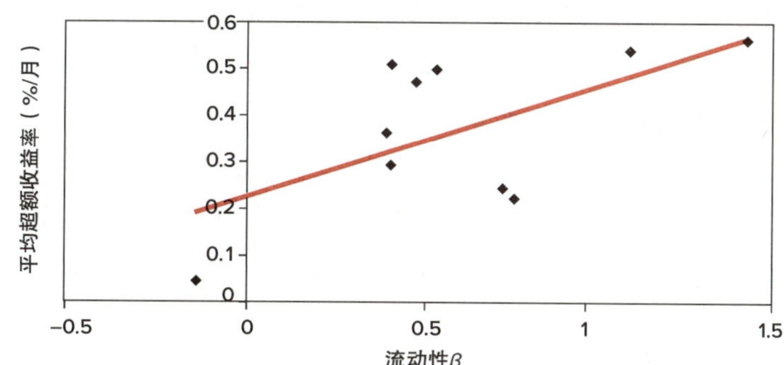

图 26-2 将平均超额收益率表示为流动性 β 的函数

资料来源：出自 Ronnie Sadka, "Liquidity Risk and the Cross-Section of Hedge-Fund Returns," *Journal of Financial Economics* 98 (October 2010), pp. 54-71.

如果对冲基金可以利用流动性缺乏的市场对流动性较差的资产故意进行错误估价，从而操纵收益率，情况就会变得更为复杂。这样一来，我们需要关注一个现象：比起其他月份，对冲基金 12 月的收益率格外得高。[五]对于那些处在激励费起征点附近的基金而言，此类现象更为严

[一] Mila Getmansky, Andrew W. Lo, and Igor Makarov, "An Economic Model of Serial Correlation and Illiquidity in Hedge Fund Returns," *Journal of Financial Economics* 74 (2004), pp. 529-609.

[二] 对于长数据序列，我们发现序列相关性实际上通常很小。当然，在任何特定的样本周期内，序列相关的点估计可能是正的，也可能是负的。在表 26-3 中，虽然各基金之间存在相当大的分散，但平均序列相关性略为正。

[三] Jasmina Hasanhodzic and Andrew Lo, "Can Hedge Fund Returns Be Replicated? The Linear Case," *Journal of Investment Management* 5 (2007), pp. 5-45.

[四] Ronnie Sadka, "Liquidity Risk and the Cross-Section of Hedge-Fund Returns," *Journal of Financial Economics* 98 (October 2010), pp. 54-71.

[五] Vikas Agarwal, Naveen D. Daniel, and Narayan Y. Naik, "Do Hedge Funds Manage Their Reported Returns?," *Review of Financial Studies* 24 (2011), pp. 3281 - 3320.

重。这说明在 12 月（相对于基准的年度业绩被计算的月份）流动性较差资产的定价被定高了。实际上，流动性越低的基金，其在 12 月的激励越大。如果基金利用市场来操纵收益率，业绩评估就更加变得不可能了。同时，一些对冲基金通过购买额外的其已持有仓位的股票来拉高其价格以操纵其业绩评估。[㊀]这种现象一般发生在每月月末市场闭市前，而在月末，对冲基金需汇报其业绩表现。此外，这种操作在受其价格影响较大的流动性差的股票上更加集中。如果真如这些论文所述，对冲基金利用流动性缺乏的市场来获利，那么对其业绩的准确衡量就几乎不可能了。

26.5.2 对冲基金业绩与选择偏差

我们已经知道了生存偏差（只有成功的基金才被纳入数据库）可以影响普通共同基金的业绩评估。对冲基金也有同样的问题。**回填偏差（backfill bias）**的产生是因为对冲基金运营商可能不会向数据库出版商报告所有基金的收益。对于从原始资本开始的基金，只有在其过去业绩足够好到可以吸引投资者时，才会选择向公众开放。

生存偏差（survivorship bias）则源于失败的基金被自动移出数据库，从而只有成功的基金幸存。Malkiel 和 Saha 发现对冲基金的损耗率远远高于共同基金（通常是后者的两倍以上），这是一个值得研究的问题。[㊁]众多研究认为生存偏差可以达到 2%~4%。[㊂]

26.5.3 对冲基金业绩与因子载荷变化

在第 24 章中，我们指出业绩评估的一个传统假设是组合经理有一个较为稳定的风险属性，但是对冲基金是天生的投机主义者，而且很容易改变属性。这也使得业绩评估更加扑朔迷离。另外，如果风险属性系统性地随着市场期望收益率变化，则业绩评估可谓难上加难。

要问为什么，请看图 26-3。图 26-3 显示了一个不涉及选股，仅在市场可能超过短期国库券收益时将资金从短期国库券转向市场组合的市场时机选择者（见第 24.4 节）的特征线。其特征线不是线性的，当市场超额收益率为负时，其斜率为 0，市场超额收益率为正时其斜率为 1。如果强行对其进行线性回归将会得到一个斜率介于 0~1、α 为正的拟合直线。可见统计学无法正确描述此类基金。

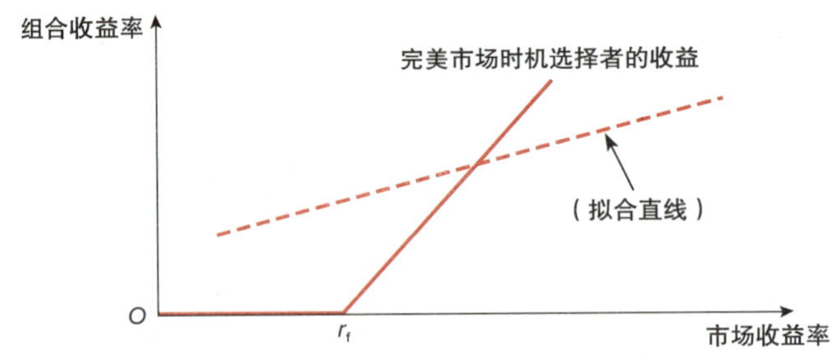

图 26-3 完美市场时机选择者的特征线

注：真实的特征线类似于看涨期权，而拟合直线的斜率和截距都有偏差。

㊀ Itzhak Ben-David, Francesco Franzoni, Augustin Landier, and Rabih Moussawi, "Do Hedge Funds Manipulate Stock Prices?," *Journal of Finance* 68 (December 2013), pp. 2383-2434.

㊁ Burton G. Malkiel and Atanu Saha, "Hedge Funds: Risk and Return," *Financial Analysts Journal* 61 (2005), pp. 80-88.

㊂ 举例说明，Malkiel 和 Saha 估计偏差为 4.4%；G. Amin and Kat, "Stock, Bonds and Hedge Funds: Not Fee Lunch!" *Journal of Portfolio Management* 29 (Summer 2003), pp. 113-20，发现偏差大致为 2%；William Fung and David Hsieh, "Performance Characteristics of Hedge Funds and CTA Funds: Natural versus Spurious Biases," *Journal of Financial and Quantitative Analysis* 35 (2000), pp. 291-307，认为偏差约为 3.6%。

我们在第 24 章和图 26-3 中看到，准确选择时机的能力很像是一个无须付费的看涨期权。事实上，如果基金购入或售出期权也会有类似的非线性特征。图 26-4a 展示了一个基金持有投资组合并且出售其看跌期权，图 26-4b 表示持有投资组合并出售其看涨期权。在这两种情况下，组合收益疲软时，特征线都会更加陡峭，也就是说，基金在其下跌时有更大的敏感度。这与时机选择能力具有相反的属性，时机选择能力更像是购入期权并且在市场上涨时获得更大的敏感性。[⊖]

一些观察人士（最著名的是纳西姆·塔勒布，见后面的页下注）认为，对冲基金经常采用隐性或显性的期权售出策略，如图 26-4 所示。在这样做的过程中，它们可以增加表面收益，但代价是市场风险敞口的不对称，特别是当市场收益不佳时，对市场的敏感度更高。

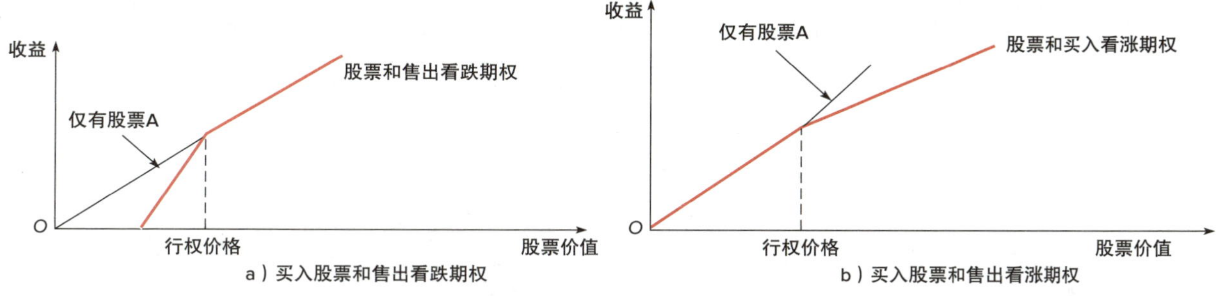

图 26-4　售出期权后的组合特征线

图 26-5 给出了对冲基金收益不对称的一些证据。虽然在早期的样本时期发现了不稳定因素敞口，但在大多数情况下，2014—2018 年几乎没有这种模式的证据。对对冲基金指数收益率与市场指数收益率的散点图拟合了一条非线性回归线。图 26-5b 是关注陷入困境公司的事件驱动型基金，它精确地展示了期权的售出策略所产生的模式：当市场收益较差时，斜率（市场敏感性）较高。但总的来说，这个行业并不具有代表性。在整个对冲基金样本的图 26-5a 中，几乎没有证据表明存在这种不对称。市场中性基金的图 26-5c 也很有趣。它显示了一条斜率（β）几乎完全等于零的特征线，就像人们对市场中性头寸的期望一样。图 26-6 证明了这类非线性性质。对冲基金收益关于标准普尔指数收益的散点图用非线性拟合后可知，每类基金在下行市场的β（斜率更大）都高于上行市场。

26.5.4　尾部事件与对冲基金业绩

设想一个对冲基金的策略是持有标准普尔 500 指数基金并且售出该指数通常难以执行的看涨期权。很明显该基金管理人不需要过多的技巧。但是如果你仅仅在短时间内知道其投资的结果，而不是其投资策略，你可能认为他绝顶聪明。因为如果期权的行权价格足够低，它们很难被执行，从而上述策略在很长时间内甚至很多年内都持续性地盈利。在多数时期内，这个策略会由于出售看涨期权而对于标准普尔 500 指数具有温和的溢价，给人留下持续优良表现的印象。例如 1987 年 10 月的股市崩盘，这个策略会使基金失去过去 10 年的全部收益。但是如果你足够幸运，可以避免这些罕见的极端尾部事件（因为它们落在概率分布的左侧尾部），这个策略就会“闪闪发光”。

⊖　但是售出期权的公司因其不诱人的特征线已先行得到了补偿。

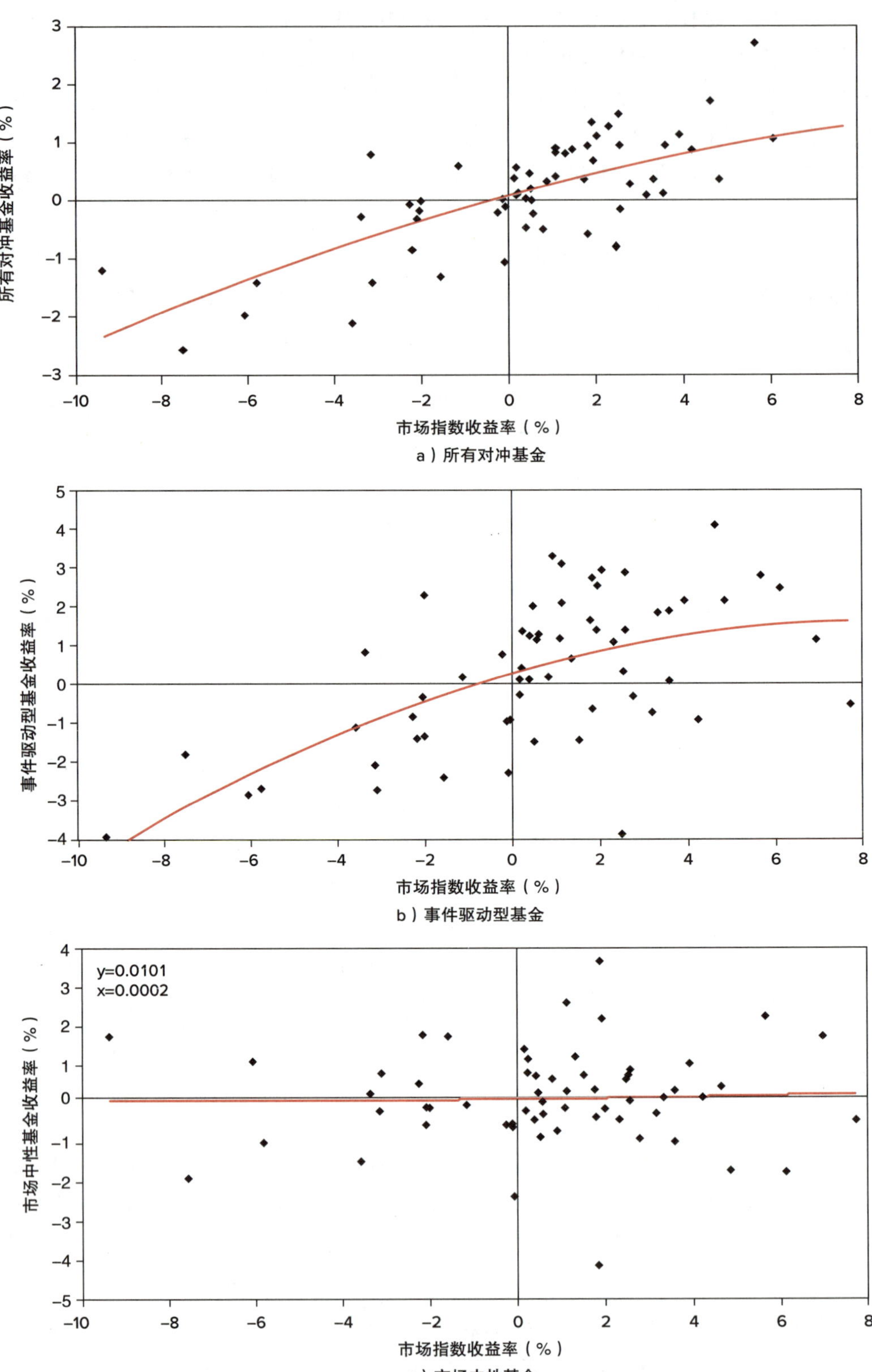

图 26-5 对冲基金指数月收益率和美国股市指数月收益率的对比，截至 2018 年 12 月的 5 年数据

资料来源：Constructed from data downloaded from www. hedgeindex. com and finance. yahoo. com.

在研究对于极端尾部事件具有敞口的策略（例如出售期权）时，问题在于极端事件难以出现，所以想要给出公允的判断往往需要几十年的数据。在两本有影响的书中，对冲基金经理纳西姆·塔勒布（Nassim Taleb）认为，实际中很多经理的做法与我们假设的一样，在绝大多数时间内攫取着名望与财富，但是将投资者置于蒙受巨大损失的风险中。[⊖]

塔勒布用到了黑天鹅的例子来阐述高度不可能却又具有颠覆性力量的事件。在澳大利亚被发现之前，欧洲人相信所有的天鹅都是白色的：他们从没见过不是白色的天鹅。在他们的认知中，黑天鹅的存在超出了理性范围，用统计术语来说，就是在样本下的极端离群值。塔勒布认为世界上充满了“黑天鹅”，仅仅因为现有知识积累所限而不为人知。我们不能预测“黑天鹅”的行为，我们也不知道“黑天鹅”在任意时刻会不会出现。1987 年 10 月的崩盘，一日之内市场缩水 20%，可以视作黑天鹅——一个从未发生过的或发生概率小到不值得为之建模却是致命性的事件。这些看似从天而降的事件，警醒着我们在使用过往经验预测未来行为风险时，应心存谦逊。了解了这些，我们来看 LTCM 的教训。

【例 26-3】 尾部事件与 LTCM

20 世纪 90 年代末，LTCM 普遍被认为是历史上最成功的对冲基金。它维持了两位数的收益率并且为其经理带来了数以亿美元计的激励费。该公司使用精细的数据模型来估计资产间的相关性并且相信其资本几乎为它的组合收益标准差的 10 倍，从而可以经受任何“可能”的资产震动（至少在正态分布下）。

但是 1998 年夏天，情况开始恶化。1998 年 8 月 17 日，俄罗斯主权债务违约，将市场推入混乱。LTCM 在 8 月 21 日一天的损失高达 5.5 亿美元（几乎是月度标准差的 9 倍）。8 月的总亏损为 13 亿美元，尽管 LTCM 认为其主要仓位是市场中性的。几乎它的所有投资都出现了亏损，情况与设想的投资分散化背道而驰。

怎么会这样？答案是俄罗斯违约引发投资者大规模转投高质量特别是高流动性的资产。LTCM 作为一个典型的流动性卖家（持有流动性较低的资产，出售流动性较高的资产，赚取收益率价差）蒙受了极大的损失。这是一个不同于过去样本建模期的市场震动。被流动性危机侵袭的市场中，平时毫不起眼的流动性风险共性使得表面上不相关的资产类型紧密相连。过去经验中不可能的损失出现了，LTCM 成了黑天鹅的“猎物”。

26.6 对冲基金的费用结构

对冲基金的常见费用结构是每年占资产 1%~2%的管理费加上**激励费**（incentive fee）。激励费是指每年投资超过某一基准后利润的 20%。激励费实际上是一个以现有组合价值乘以（1+基准收益率）为行权价格的看涨期权。如果增值足够多，经理就会得到这笔费用，在资产下跌时也不会有损失。图 26-6 展示了以 20%作为激励费、以

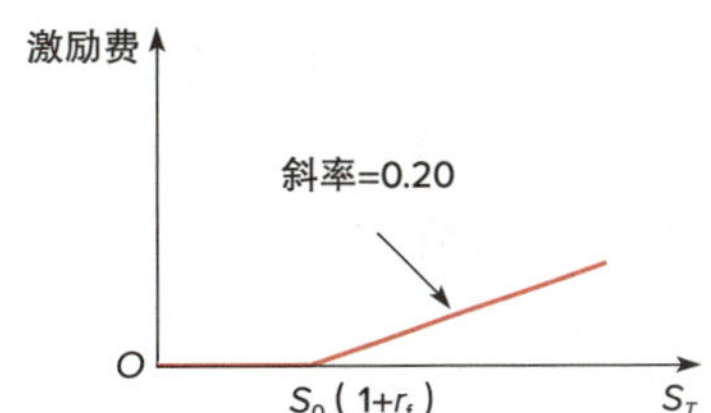

图 26-6 作为看涨期权的激励费

注：组合现值记为 S_0，年终价值为 S_T。激励费等于以 $S_0(1+r_f)$ 为行权价格的 0.2 个看涨期权。

⊖ Nassim N. Taleb, *Fooled by Randomness: The Hidden Role of Chance in Life and in the Markets* (New York: TEXERET (Thomson), 2004); Nassim N. Taleb, *The Black Swan: The Impact of the Highly Improbable* (New York: Random House, 2007)

货币市场利率 r_f 作为基准的基金激励费。组合现值记为 S_0，年终价值为 S_T。激励费等于以 $S_0(1+r_f)$ 为行权价格的 0.2 个看涨期权。这表明激励费的价值可以用期权定价模型来估计。

【例 26-4】 激励费的布莱克-斯科尔斯定价方法

假设对冲基金年收益率的标准差是 30%，激励费是超过无风险利率部分的 20%。如果组合现值为 100 美元/股，实际无风险年利率为 5%（用连续复利计算则为 4.88%），则激励费的行权价格为 105 美元。看涨期权的布莱克-斯科尔斯定价方法对于 $S_0=100$，$X=105$，$\sigma=0.30$，$r=0.0488$，$T=1$ 年的看涨期权，定价为 11.92 美元，略低于资产净值的 12%。由于激励费为看涨期权的 20%，其价值大约为资产净值的 2.4%，计入 2%的管理费，对冲基金的投资人需要支付总价值 4.4%的高额年费。

这个补偿费用结构的主要复杂之处就是**水位线**（high water mark）。如果一只基金蒙受了损失，直到它取得比以前更高价值之前，它都无法收取激励费。如果基金亏损很严重，情况就更糟。水位线使基金经理关闭表现糟糕的基金，这也是对冲基金损耗率较高的一个原因。

对冲基金领域有相当一部分投资于所谓的对冲母基金，即通过投资于其他一只或多只对冲基金来运作的特殊对冲基金。母基金也被称为联接基金，因为其将原始投资者的资产输送至最终的对冲基金。它们由于具备帮助投资者在基金之间进行分散化的能力而受到市场追捧，而且它们也可以代表投资者考察基金投资价值。理论上说，这是一种极富价值的服务，因为很多对冲基金风格神秘，而联接基金通常比个人投资者有更多的信息渠道。但是当 2008 年 12 月伯纳德·麦道夫（Bernard Madoff）因庞氏骗局被逮捕时，很多联接基金被证明是他的客户，可见它们的“代表”能力值得质疑。名列榜首的是法菲尔德-格林威治集团（Fairfield Greenwich Advisors），被骗金额高达 75 亿美元，其他多家联接基金和资产管理公司也被骗走 10 亿美元以上，其中包括特里蒙特对冲基金公司（Tremont Group Holdings）、西班牙国家银行（Banco Santander）（西班牙银行，欧元区最大的银行之一）、阿斯特合伙人对冲基金（Ascot Partners）和阿塞斯国际咨询（Access International Advisors）。事实证明，某些基金甚至变成了麦道夫的营销代理人。华尔街实战 26-1 详细讨论了麦道夫丑闻。

华尔街实战 26-1 伯纳德·麦道夫丑闻

2008 年 12 月 13 日，伯纳德·麦道夫向他的两个儿子承认他多年操纵庞氏骗局，金额高达 600 亿美元。庞氏骗局是一类臭名昭著的投资欺诈，管理人向客户收集资金，号称代为投资并声称获得了丰厚的收益，但事实上将资金挪作他用。当早期投资者要求撤资时，支付给他们的资金来源于新进入的投资者，而非投资的真实收益。只要新进入的投资可以满足撤资需求，骗局便可维持下去，而吸引新投资者进入的是早期投资者所获得的丰厚收益和灵活的撤资能力。（此骗局因查尔斯·庞兹（Charles Ponzi）得名，其骗局在 20 世纪初期的美国臭名昭著。）

作为华尔街的大佬，麦道夫的骗局进展顺利。他是电子商务的先驱者，而且又是纳斯达克前任主席。除此之外，他名下的伯纳德·麦道夫投资证券也充当资金管理人的角色，不论市场好坏，每年都声称可以取得 10%～12%的收益率。人们猜测他的策略大量应用了期权套期保值，但是麦道夫本人从不提及他的投资之道。即便如此，他在华尔街的声望以及他的客户名单依然向人们证明了他的合法性。此外，他故意摆出一副难以接近的样子，而那种需要靠关系才能加入的假象反而增加了基金的吸引力。据称骗局维持了数十年，在 2008 年股市大跌之际，几家大客户要求赎回 70 亿美元，而公司资产仅剩不足 10 亿美元，骗局因此大白于天下。

不是每个人都被愚弄了，回顾过往，曾有不少质疑和警告被提出过。例如，由于麦道夫的基金异常神秘，数家机构投资者离开了基金。考虑到其资产的规模，被认为是麦道夫投资策略核心的期权交易应当主宰期权市场的交易规模，然而，事实上并无迹象支持上述假定。不仅如此，麦道夫的审计公司只有 3 个职员（只有 1 个会计），他们几个人似乎无法完成如此巨额且复杂交易的审计。而且，麦道夫的费用结构也与众不同。与对冲基金管理费加激励费的模式不同，他声称其利润来自交易佣金，若果真如此，对于客户可是一笔巨大的价差。最后，与多数基金将资金托管于银行不同，他声称将资金保管在自家公司，也就是说谁也无法确认它们的存在。2000 年，SEC 收到了一个名为哈利 · 马可波罗教授的来信，声称“麦道夫的公司是全球最大的庞氏骗局”，但麦道夫的公司依旧正常经营。

即使在今天，人们也很难理解麦道夫是如何能够将他的欺诈行为延续这么长时间的，尤其是在监管机构注意到危险信号和早期警告的情况下。

类期权性质的补偿对于母基金的预期费用有着深远的影响。这是因为即便母基金的总业绩不佳，它仍然对每一家战胜基准的基金都支付激励费。这样一来，分散化会伤害你！㊀

【例 26-5】 母基金的激励费

假设一个母基金对 3 家对冲基金分别投资 100 万美元。简化起见，我们忽略基于资产价值的费用（管理费）而仅仅关注激励费。假设基准收益率为零，所以每家基金都可以收到总收益 20%的激励费。下表列出了各家基金在一年内的业绩、总收益率、激励费。基金 1 和基金 2 有正的收益率，因此获得激励费，而基金 3 业绩惨淡，激励费为零。

	基金 1	基金 2	基金 3	基金中的基金
年初（百万美元）	1.00	1.00	1.00	3.00
年末（百万美元）	1.20	1.40	0.25	2.85
总收益率	20%	40%	-75%	-5%
激励费（百万美元）	0.04	0.08	0.00	0.12
年末净费用	1.16	1.32	0.25	2.73
年末净收益	16%	32%	-75%	-9%

即使总组合的收益率为-5%，它仍需为每 3 美元的投资付出 0.12 美元的激励费，占了资产净值的 4%。如最后一列所示，母基金的收益率从-5%降至-9%。

母基金的基本理念在于将风险分散于多家基金。但是，投资者应该意识到母基金的杠杆往往很大，这使得收益波动巨大。此外，如果母基金投资的多家基金具有相似的投资风格，所谓分担风险的作用就会化为泡影，可是为此多付出的费用不会随之消失。㊁

小结

1. 与共同基金类似，对冲基金汇集投资者资本代为投资。但是，对冲基金不同于共同基金在于封闭性、投资人群、灵活性和投资导向稳定性、条款规定、费用结构等方面。
2. 方向性策略锚定市场或行业的表现。非方向

㊀ S. J. Brown, W. N. Goetzmann, and B. Liang, “Fees on Fees in Funds of Funds,” *Journal of Investment Management* 2 (2004), pp. 39-56.

㊁ 还有一线希望：虽然母基金向每只标的基金支付激励费，但它们向自己的投资者收取的激励费往往较低，通常在 10%左右，而不是 20%。

性策略对于相对错误定价构建市场中性仓位，即便如此，对冲基金仍有一定的风险。

3. 统计套利是利用量化体系发掘错误定价并通过一系列小额赌局获取平均意义上的收益的方法。它通常利用数据挖掘找出过去数据的规律用以作为投资的基础。
4. 可携带 α 是构建正 α 仓位，对冲系统风险，最终利用被动指数或期货合约建立所需市场敞口的策略。
5. 由于生存偏差、风险因素的潜在不稳定性、流动性溢价和低流动性资产定价的不可靠性，对冲基金的业绩评估较为复杂。当基金持有期权仓位时，业绩评估尤为艰难。尾部事件使得在获取足够长的收益率历史记录之前，公允的业绩评估难以实施。
6. 对冲基金同时收取投资人管理费和超出基准收益部分一定比例的激励费。激励费类似于看涨期权。基金中的基金对其持有的每家打败基准的基金支付激励费，即便总体业绩不佳。

习题

1. 市场中性对冲基金适合作为投资者的全部退休投资组合吗？如果不适合，对冲基金在该投资者的总组合中可以占有一席之地吗？
2. 对冲基金的激励费如何影响基金经理在投资组合中承担高风险资产的倾向？
3. 为什么说评估对冲基金的业绩比共同基金的要难？
4. 对于对冲基金业绩评估中生存偏差和回填偏差的叙述，哪一项最准确？
   a. 生存偏差和回填偏差都使得对冲基金指数收益率被高估
   b. 生存偏差和回填偏差都使得对冲基金指数收益率被低估
   c. 生存偏差使得对冲基金指数收益率被高估，而回填偏差使得对冲基金指数收益率被低估
5. 下面哪一个最适合作为对冲基金业绩评估的基准？
   a. 多因素模型
   b. 标准普尔 500 指数
   c. 无风险利率
6. 考虑对冲基金投资，母基金的投资人净收益要小于单个基金投资人是因为：
   a. 多层费用和更高的流动性
   b. 无理由，两种基金应当收益相等
   c. 仅由于多层费用
7. 下面哪个基金的收益率最有可能接近无风险利率？
   a. 市场中性对冲基金
   b. 事件驱动对冲基金
   c. 多头-空头对冲基金
8. 统计套利真的是套利吗？请解释。
9. 一家 10 亿美元的对冲基金收取 2% 的管理费和 20% 的激励费，基准收益率是 5%。计算在下列组合收益下所需支付的总费用，分别用美元和占管理资产的百分比表示：
   a. −5%　　b. 0
   c. 5%　　d. 10%
10. 一家资产净值为 62 美元/份额的对冲基金水位线为 66 美元。它的激励费比水位线为 67 美元时要高还是低？
11. 重新考虑第 10 题中的对冲基金。假设在 1 月 1 日，基金年收益率的标准差为 50%，无风险利率为 4%。基金的激励费为 20%，现有水位线为 66 美元，而资产净值为 62 美元/份额。
    a. 根据布莱克-斯科尔斯定价法所得的激励费为多少？（将无风险利率视为连续复合值，以保持与布莱克-斯科尔斯定价的一致性。）
    b. 如果基金没有水位线而且激励费根据

总收益率计算，它每年可以获得多少激励费？

c. 如果基金没有水位线而且激励费根据超出无风险利率的部分计算，它每年可以获得多少激励费？

d. 假设由于杠杆的提升，波动率升至 60%，重新计算 b 中的激励费。

12. 登录 Connect 并进入第 26 章的页面，找到一个包含标准普尔 500 指数月度值的电子表格。假设每月你售出一个单位的看跌期权，行权价格比当时指数低 5%。

a. 1977 年 10 月至 1987 年 9 月，你每月在看跌期权上的平均收入为多少？标准差是多少？

b. 将你的样本期延伸至 1987 年 10 月，重新计算上述策略的平均收入和标准差。

c. 对于裸卖空看跌期权的尾部风险，你能得出什么结论？

13. 设想一个执行下述策略的对冲基金。每个月持有 1 亿美元标准普尔 500 指数基金，出售标的资产价值为 1 亿美元的标准普尔 500 指数的虚值看跌期权，行权价格比当前指数点位低 5%。假设出售每份看跌期权收取的期权费用为 25 万美元，基本与看跌期权的实际价值相当。

a. 计算 1982 年 10 月至 1987 年 9 月该对冲基金的夏普比率。将其与标准普尔 500 指数比较。利用第 12 题的数据（在 Connect 中提供），假设月度无风险利率为 0.7%。

b. 将 1987 年 10 月计入后，现在计算该对冲基金的夏普比率。

c. 对于业绩评估和基金的尾部风险，你能得出什么结论？

14. 下表是将 Waterwork 股票的月收益率对标准普尔 500 指数回归的结果。一位对冲基金经理认为 Waterwork 被低估了，下月应有 2% 的 α。

β	R^2	残差标准差
0.75	0.65	0.06（6%/月）

a. 如果只有 200 万美元的 Waterwork 股票，而且希望通过标准普尔 500 指数期货合约对冲下月的市场敞口，需要多少份合约？买入合约还是卖出合约？标准普尔 500 指数现为 2 000 点而且乘数为 50 美元。

b. 对冲基金月收益率的标准差是多少？

c. 假设月收益率大致符合正态分布，下月市场中性策略亏损的概率为多少？假设无风险利率为每月 0.5%。

15. 接第 14 题。

a. 假设你有 100 只股票，它们都与 Waterwork 有相同的 α、β 和残差标准差。现将其等权重构建组合。设每只股票的残差（式（26-1）和式（26-2）中的 e）相互独立。组合的残差标准差是多少？

b. 考虑市场中性的该投资组合，重新计算下月亏损的概率。

16. 回到第 14 题。假设经理错误估计了 Waterwork 的 β，应当为 0.5 而不是 0.75，市场月收益率的标准差为 5%。

a. 对冲组合（现在对冲不完全）的标准差为多少？

b. 市场月收益率为 1%，标准差为 5% 时，下月亏损的概率是多少？与第 14 题比较。

c. 利用第 15 题的数据，亏损的概率为多少？与第 14 题比较。

d. 为什么 β 的错误估计对 100 只股票组合的影响远大于对一只股票的影响？

17. 这里有 3 只对冲基金的数据。每只基金都收取总收益率的 20% 作为激励费。假设最初母基金（以下简称 FF）的经理等权重购买了 3 只基金，而且收取其投资人 20% 的激励费。简化起见，假设管理费为 0。

	对冲基金 1	对冲基金 2	对冲基金 3
年初价值（百万美元）	100	100	100
总收益率（%）	20	10	30

a. 计算缴纳激励费后 FF 投资人的收益率。

b. 假设不用购买 3 家对冲基金的份额，一家独立对冲基金（以下简称 SA）购买了与 3 只基金相同的组合，因此 SA 的价值将与持有三家基金的 FF 相等。考虑一个持有 SA 的投资人，其支付 20%的激励费后，到了年底他的组合价值为多少？

c. 确认 SA 投资人收益率超出 FF 投资人收益率的部分等于 FF 收取的额外一层费用。

d. 假设对冲基金 3 的收益率为-30%。重新计算 a 和 b。

e. FF 和 SA 还会收取激励费吗？

f. 为什么 FF 的投资人比 SA 的投资人境况更糟？

概念检查答案

26-1 a. 非方向性策略。持有基金的份额同时卖空指数互换构成了套期保值，对冲基金希望封闭基金的折价缩小，从而不论印度市场走势如何均可获利。

b. 非方向性策略。埃克森美孚和雪佛龙的价值在很大程度上受到石油行业前景的推动，因此这是对相对业绩的押注。

c. 方向性策略。该策略依赖于 Generic Pharmaceuticals 价格如同预计一样变化。

26-2 期望收益率（未知残差中反映的特殊风险）是 3%，如果残差达到-4%，那么月收益率为 1%，月末资产价值降为 247.5 万美元。本月国库券的超额收益率为 5%-1%=4%，而对冲基金的超额收益率为-1%-1%=-2%。所以该策略在图 26-1a 中位于（4%，-2%），在图 26-1b 中，该策略位于（5%，-1%）

26-3 固定收益套利组合对于长期债券和信用溢价都存在显著的敞口，说明这并不是一种对冲套利组合，而是一种方向性投资组合。

第 27 章

主动型投资组合管理理论

本章阐述了实践中主动型投资组合管理人为客户构建最优组合的过程。在第 7 章和第 8 章中我们已经对投资组合构建的原则给予了相当大的关注。但是这些投资组合模型的执行在实现中出现了几个问题，其中最主要的是期望收益（或者几乎等同于安全 α）和协方差的输入列表。根据历史数据估计期望收益尤其困难。从一个时期到下一个时期，安全 α 是极其不一致的。此外正如我们将看到的，投资组合的权重对假设的 α 值极其敏感。即使是貌似合理的 α 预测，也可能导致最优的风险投资组合需要极端的多头头寸，或者（如果 α 为负）在几个组成证券中做空头寸。这些投资组合被大多数交易者视为不可接受的。

因此，我们需要额外的指导使我们的模型在更现实的环境中工作。幸运的是，相关理论可以为这些实际问题提供指导。本章首先从特雷诺和布莱克提出的单指数模型进行投资组合最优化（该模型在第 8 章已经介绍过）入手，根据实践中遇到的问题来讨论如何可以有效地应用该理论。然后讨论如何解决在执行特雷诺-布莱克模型时 α 预测精度的问题。进行了这些基本了解之后，接下来我们将介绍原型组织图表，并说明如何将其用于有效的投资组合管理。

在下一节中，我们将介绍布莱克-利特曼模型，该模型允许灵活地改进资产配置。然后我们将考察证券分析的盈利潜力并以结束语结束。本章附录详述了布莱克-利特曼模型的数学基础。

27.1 最优投资组合与 α 值

在第 8 章中，我们展示了如何用单指数模型构建最优的风险投资组合。表 27-1 描述了优化

表 27-1 最优风险投资组合的构建和特性

1. 在主动型投资组合中证券 i 的初始头寸	$w_i^0 = \dfrac{\alpha_i}{\sigma^2(e_i)}$
2. 规模化初始头寸	$w_i = \dfrac{w_i^0}{\sum_{i=1}^{n} \dfrac{\alpha_i}{\sigma^2(e_i)}}$
3. 主动型投资组合的 α 值	$\alpha_A = \sum_{i=1}^{n} w_i \alpha_i$
4. 主动型投资组合的剩余方差	$\sigma^2(e_A) = \sum_{i=1}^{n} w_i^2 \sigma^2(e_i)$

（续）

5. 主动型组合的初始头寸	$W_A^0 = \dfrac{\dfrac{\alpha_A}{\sigma^2(e_A)}}{\dfrac{E(R_M)}{\sigma_M^2}}$
6. 主动型投资组合的 β 值	$\beta_A = \sum_{i=1}^{n} w_i\beta_i$
7. 主动型投资组合调整后（对 β）的头寸	$W_A^* = \dfrac{W_A^0}{1+(1-\beta_A)W_A^0}$
8. 在被动型投资组合和在证券 i 中的最终权重	$W_M^* = 1 - W_A^*$；$W_i^* = W_A^* W_i$
9. 最优风险投资组合的 β 值及其风险溢价	$\beta_P = W_M^* + W_A^*\beta_A = 1 - W_A^*(1-\beta_A)$ $E(R_P) = \beta_P E(R_M) + W_A^*\alpha_A$
10. 最优风险投资组合的方差	$\sigma_P^2 = \beta_P^2\sigma_M^2 + [W_A^*\sigma(e_A)]^2$
11. 风险投资组合的夏普比率	$S_P^2 = S_M^2 + \sum_{i=1}^{n}\left(\dfrac{\alpha_i}{\sigma(e_i)}\right)^2$

过程的步骤，这就是著名的特雷诺-布莱克模型。[⊖]该过程所采用的指数模型忽略了残差的潜在相关性。因为假设残差的协方差矩阵只有对角元素才是非零元素，该模型有时被称为对角模型（diagonal model）。

为了便于说明，表 27-2 总结了该例的数据以及得到的最优投资组合。d 部分显示了把**被动市场指数投资组合**（passive market-index portfolio）与**主动型投资组合**（active portfolio）相混合所带来的夏普比率的改善。为了更好地表现这一改进，我们利用 M^2 这一业绩度量指标来度量。M^2 是在主动型投资组合与短期国债混合以提供与指数投资组合相同的总体波动时，最优投资组合相对于被动型投资组合所带来的期望收益率的增加（回顾第 24 章）。

表 27-2　包含 6 只股票的主动型投资组合管理

	A	B	C	D	E	F	G	H	I	J
1										
2										
3	a.可投资领域的风险参数（按年折算）									
4										
5		超值收益标准差	贝塔	系统部分标准差	残差标准差	与标准普尔500指数的相关系数				
6	**S&P 500**	0.135 8	1.00	0.135 8	0	1				
7	惠普	0.381 7	2.03	0.276 2	0.265 6	0.72				
8	戴尔	0.290 1	1.23	0.167 2	0.239 2	0.58				
9	沃尔玛	0.193 5	0.62	0.084 1	0.175 7	0.43				
10	塔吉特	0.261 1	1.27	0.172 0	0.198 1	0.66				
11	英国石油	0.182 2	0.47	0.063 4	0.172 2	0.35				
12	壳牌	0.198 8	0.67	0.091 4	0.178 0	0.46				
13										
14	b.指数模型的协方差矩阵									
15										
16			标准普尔500指数	惠普	戴尔	沃尔玛	塔吉特	英国石油	壳牌	
17		贝塔	1.00	2.03	1.23	0.62	1.27	0.47	0.67	
18	**S&P 500**	1.00	0.018 4	0.037 5	0.022 7	0.011 4	0.023 4	0.008 6	0.012 4	
19	惠普	2.03	0.037 5	0.145 7	0.046 2	0.023 2	0.047 5	0.017 5	0.025 3	
20	戴尔	1.23	0.022 7	0.046 2	0.084 2	0.014 1	0.028 8	0.010 6	0.015 3	
21	沃尔玛	0.62	0.011 4	0.023 2	0.014 1	0.037 4	0.014 5	0.005 3	0.007 7	
22	塔吉特	1.27	0.023 4	0.047 5	0.028 8	0.014 5	0.068 2	0.010 9	0.015 7	
23	英国石油	0.47	0.008 6	0.017 5	0.010 6	0.0053	0.010 9	0.033 2	0.005 8	
24	壳牌	0.67	0.012 4	0.025 3	0.015 3	0.007 7	0.015 7	0.005 8	0.039 5	
25										

⊖ 从第 10 章中我们知道一个类似于法玛和弗伦奇的多指数模型能够更好地刻画收益。在那个例子中，一个被动型指数投资组合将被加入考虑了其他因素的组合（例如，FF 模型中的公司规模和价值组合）。但是，特雷诺-布莱克模型的其他部分并没有改变。

（续）

	A	B	C	D	E	F	G	H	I	J
26	c.宏观预测（标准普尔500指数）与α值预测									
27										
28										
29		标准普尔500指数	惠普	戴尔	沃尔玛	塔吉特	英国石油	壳牌		
30	α	0	0.0150	−0.0100	−0.0050	0.0075	0.012	0.0025		
31	风险溢价	0.0600	0.1371	0.0639	0.0322	0.0835	0.0400	0.0429		
32										
33	d.最优风险组合计算									
34										
35		标准普尔500指数	主动组合A		惠普	戴尔	沃尔玛	塔吉特	英国石油	壳牌
36				$\sigma^2(e)$	0.0705	0.0572	0.0309	0.0392	0.0297	0.0317
37			0.5505	$\alpha/\sigma^2(e)$	0.2126	−0.1748	−0.1619	0.1911	0.4045	0.0789
38			1.0000	$w_0(i)$	0.3863	−0.3176	−0.2941	0.3472	0.7349	0.1433
39				$[w(i)]^2$	0.1492	0.1009	0.0865	0.1205	0.5400	0.0205
40	α_A		0.0222							
41	$\sigma^2(e_A)$		0.0404							
42	w_A		0.1691	投资组合整体						
43	w^*	0.8282	0.1718		0.0663	−0.0546	−0.0505	0.0596	0.1262	0.0246
44	β	1	1.0922	1.0158	0.0663	−0.0546	−0.0505	0.0596	0.1262	0.0246
45	风险溢价	0.06	0.0878	0.0648	0.0750	0.1121	0.0689	0.0447	0.0880	0.0305
46	标准差	0.1358	0.2497	0.1422	0.3817	0.2901	0.1935	0.2611	0.1822	0.1988
47	夏普比率	0.44	0.35	0.4556						
48	M^2	0	−0.0123	0.0019						
49	基准风险			0.0346						

27.1.1 对 α 的预测和极端组合权重

表 27-2 给人最深刻的印象就是可怜的业绩改善：d 部分显示 M^2 仅仅提升了 19 个基点（相当于夏普比率提升 0.013 6）。我们可以看到，主动型投资组合的夏普比率劣于被动型投资组合的夏普比率（因为主动型投资组合的标准差较大），所以它的 M^2 实际上是负的。但是切记，主动型投资组合已与被动型投资组合混合，所以总波动性并不是对其风险的合适度量。当与被动型投资组合混合时，业绩确实得到了改善，尽管这种改善非常有限。这是在给定 α 值时证券分析师所发现的最好结果（见 c 部分）。我们可以看到，主动型投资组合的头寸占了 17%（单元格 C43），部分资金来源于约 10%的戴尔和沃尔玛的股票头寸。由于表 27-2 中的数据是按年计算的，所以这一结果与一年持有期收益率相等。

按照典型分析师预测的标准，我们在表 27-2 中使用的 α 值相当适中。从证券分析师未来 1 年的“目标”（即预测的）价格推断出的 α 值通常远远大于 c 部分中的值。为了了解最优风险投资组合对假设的 α 有多敏感，我们在表 27-3 中重新计算了它的组成，于是有了一组新的 α 假设值（在表 27-3 的顶部行中），这些值更能代表人们在实践中可能遇到的情况。

表 27-3 使用分析师新预测之后的最优风险投资组合

	标准普尔 500	主动型投资组合 A		惠普	戴尔	沃尔玛	塔吉特	英国石油	壳牌
			α	0.147 1	0.175 3	0.193 2	0.281 4	0.179 7	0.035 7
			$\sigma^2(e)$	0.070 5	0.057 2	0.030 9	0.039 2	0.029 7	0.031 7
		25.756 2	$\alpha/\sigma^2(e)$	2.085 5	3.064 1	6.254 4	7.170 1	6.056 6	1.125 5
		1.000 0	$W_0(i)$	0.081 0	0.119 0	0.242 8	0.278 4	0.235 2	0.043 7
			$[W_0(i)]^2$	0.006 6	0.014 2	0.059 0	0.077 5	0.055 3	0.001 9
α_A		0.201 8							
$\sigma^2(e_A)$		0.007 8							
W_0		7.911 6							
W^*	−4.793 7	5.793 7		0.469 116 3	0.689 245 9	1.406 903 5	1.612 880 3	1.362 406 1	0.253 185 5

（续）

	标准普尔500	主动型投资组合A		惠普	戴尔	沃尔玛	塔吉特	英国石油	壳牌
				投资组合整体					
β	1	0.953 8	0.732 3	0.469 1	0.689 2	1.406 9	1.612 9	1.362 4	0.253 2
风险溢价	0.06	0.259 0	1.213 2	0.269 2	0.249 2	0.230 4	0.357 4	0.207 7	0.076 1
标准差	0.135 8	0.156 8	0.522 4	0.381 7	0.290 1	0.193 5	0.261 1	0.182 2	0.198 8
夏普比率	0.44	1.65	2.322 3						
M^2	0	0.164 2	0.255 3						
基准风险			0.514 6						

表27-3展示了利用分析师的预测而不是表27-2中c部分中的原始α值得到的最优投资组合，业绩之间的差异是非常显著的。新的最优投资组合的夏普比率从基准0.44提升至2.32，产生了巨大的风险调整收益优势。这说明M^2达到了25%~53%！

但是这些结果也暴露了特雷诺-布莱克模型潜在的主要问题。最优投资组合要求极端的多头/空头头寸，这对现实中的投资组合管理者而言是完全不可行的。例如，该模型要求5.79（579%）的主动型投资组合头寸（见表27-3），而资金主要来源于标准普尔500指数-4.79的空头头寸。更关键的是，该最优投资组合的标准差达到了52.24%，这一风险水平恐怕只有进取心极强的对冲基金才敢冒险一试。此外，可以发现该风险主要为非系统风险，因为主动型投资组合的β值0.95小于1，而且由于被动型投资组合中的空头头寸，整个风险投资组合的β值甚至更低，只有0.73。只有对冲基金可能对这种投资组合感兴趣。

针对这一问题的一种解决途径是限制极端头寸，首先是限制卖空。我们可以通过要求主动型投资组合中的权重不能超过100%来排除被动型指数投资组合中的空头头寸（在本例中为标准普尔500指数）。由于受到这一限制，主动型投资组合现在包含了全部风险头寸，标准普尔500指数的权重为零。表27-4显示最优投资组合标准差目前为15.68%，比被动型投资组合的标准差（13.58%）高不了多少。整个风险投资组合的β值就是主动型投资组合的β值（0.95）。虽然

表27-4　对主动型投资组合加以限制的最优投资组合（$w_A \leq 1$）

	标准普尔500	主动型投资组合A		惠普	戴尔	沃尔玛	塔吉特	英国石油	壳牌
			α	0.147 1	0.175 3	0.193 2	0.281 4	0.179 7	0.035 7
			$\sigma^2(e)$	0.070 5	0.057 2	0.030 9	0.039 2	0.029 7	0.031 7
		25.756 2	$\alpha/\sigma^2(e)$	2.085 5	3.064 1	6.254 4	7.170 1	6.056 6	1.125 5
		1.000 0	$W_0(i)$	0.081 0	0.119 0	0.242 8	0.278 4	0.235 2	0.043 7
			$[W_0(i)]^2$	0.006 6	0.014 2	0.059 0	0.077 5	0.055 3	0.001 9
α_A		0.201 8							
$\sigma^2(e_A)$		0.007 8							
W_0		7.911 6							
W^*	0.000 0	1.000 0		0.081 0	0.119 0	0.242 8	0.278 4	0.235 2	0.043 7
				投资组合整体					
β	1	0.953 8	0.953 8	0.081 0	0.119 0	0.242 8	0.278 4	0.235 2	0.043 7
风险溢价	0.06	0.259 0	0.259 0	0.269 2	0.249 2	0.230 4	0.357 4	0.207 7	0.076 1
标准差	0.135 8	0.156 8	0.156 8	0.381 7	0.290 1	0.193 5	0.261 1	0.182 2	0.198 8
夏普比率	0.44	1.65	1.651 5						
M^2	0	0.164 2	0.164 2						
基准风险			0.088 7						

存在严格限制，但优化过程仍然是相当有力的，最优风险投资组合（现在是主动型投资组合）的 M^2 达到了 16.42%。

上述解决方案令人满意吗？这可能取决于投资主体的类型。对于对冲基金而言，这可能是最理想的投资组合（当然，假设 α 估计是准确的）。而对于大多数共同基金而言，由于这种投资组合缺乏多样性，因此可能会将其排除在外。我们可以发现 6 只股票的头寸，仅沃尔玛、塔吉特、英国石油公司的头寸就占了整个投资组合的 76%。

当然我们要意识到例子的局限性。分散化可以通过涵盖更多股票来实现。但是即使涵盖再多股票，极端多头/空头头寸的问题依然会存在，这使得该模型在实践中有待商榷。我们来看布莱克和利特曼[⊖]在一篇重要论文中的结论：

> 标准资产配置模型中使用的均值-方差优化对于投资者的期望收益相当敏感……在如此高的敏感度下，最优投资组合往往与投资者的观点很少甚至没有联系。因此，尽管定量的方法在概念上非常有吸引力，但在实践中国际投资经理很少使用定量模型来进行资产配置决策。

显然，马科维茨均值-方差组合选择模型（特雷诺-布莱克模型只是马科维茨模型的一个特例）在实际应用之前必须进行修正。布莱克-利特曼模型引起了相当大的关注，我们将在第 27.3 节中讨论。但是，即使是特雷诺-布莱克模型，也可以通过一些简单的修改使从业者更容易接受。

27.1.2　基准风险的限制

布莱克和利特曼指出了一个重要的实践问题。在实践中，许多投资经理的业绩是依照**基准**（benchmark）业绩来评估的，而不是他们的绝对表现。这种方法引起了对**追踪误差**（tracking error）的重视。追踪误差是指整个风险投资组合收益率与基准收益率时间序列的差，即 $T_E=R_P-R_M$。投资组合经理必须关注基准风险，也就是追踪误差的标准差。

最优风险投资组合的追踪误差可以用投资组合的 β 值来表示，因此追踪误差为

$$\text{追踪误差}: T_E=R_P-R_M$$

$$R_P=w_A^*\alpha_A+[1-w_A^*(1-\beta_A)]R_M+w_A^*e_A$$

$$T_E=w_A^*\alpha_A-w_A^*(1-\beta_A)R_M+w_A^*e_A$$

$$\mathrm{Var}(T_E)=[w_A^*(1-\beta_A)]^2\mathrm{Var}(R_M)+\mathrm{Var}(w_A^*e_A)=[w_A^*(1-\beta_A)]^2\sigma_M^2+[w_A^*\sigma(e_A)]^2$$

$$\text{基准风险}: \sigma(T_E)=w_A^*\sqrt{(1-\beta_A)^2\sigma_M^2+[\sigma(e_A)]^2} \tag{27-1}$$

式（27-1）告诉我们如何计算追踪误差的波动，以及如何设定主动型投资组合的头寸 w_A^*，以把追踪风险控制在一定水平。对于一个单位主动型投资组合的投资，也就是 $w_A^*=1$，基准风险为

$$\sigma(T_E;w_A^*=1)=\sqrt{(1-\beta_A)^2\sigma_M^2+[\sigma(e_A)]^2} \tag{27-2}$$

对于理想的基准风险 $\sigma_0(T_E)$，我们可以把主动型投资组合的权重限制为

$$w_A(T_E)=\frac{\sigma_0(T_E)}{\sigma(T_E;w_A^*=1)} \tag{27-3}$$

控制追踪风险需要付出成本。为了限制追踪误差，我们必须把权重从主动型投资组合转向被动型投资组合。图 27-1 说明了该成本。忽略追踪误差，通过优化过程我们可以得到投资组合

⊖ Fischer Black and Robert Litterman, "Global Portfolio Optimization," *Financial Analysts Journal*, September/October 1992.

T，即与资本配置线（CAL）的切点，它是从无风险利率到有效边界的线。通过从投资组合 T 向投资组合 M 转移权重来降低风险，沿着有效市场边界而非资本配置线得到低风险头寸，降低了限制投资组合的夏普比率和 M^2。

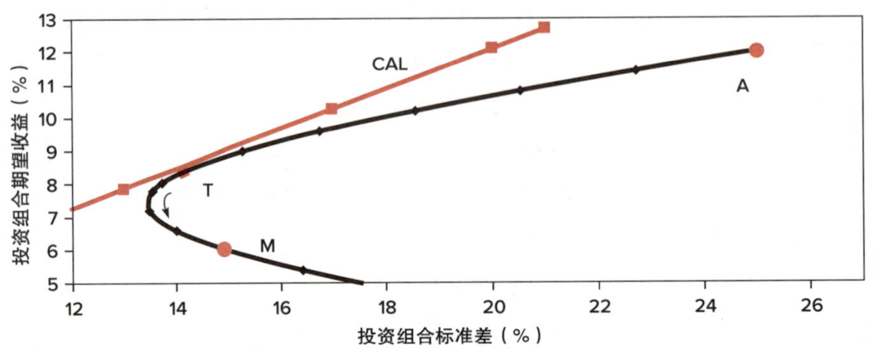

图 27-1 控制追踪风险

注：当基准风险降低时，有效性也在降低。减少追踪风险会导致从切线投资组合 T 向基准投资组合 M 的转变。

我们注意到，在表 27-2 中，由于主动型投资组合仅占 17%，使用“微小”α 预测所得的追踪误差的标准差只有 3.46%。对投资组合权重没有约束并使用表 27-4 中较高的 α 值时，追踪误差的标准差高达 51.46%，远远超出了现实中管理者所愿意承受的范围。但是当主动型投资组合的权重为 1.0 时，基准风险便降至 8.87%（见表 27-4）。

最后，假设某投资经理希望把基准风险限制在与最初预测时所使用风险的同一水平上，即 3.46%。式（27-2）和式（27-3）告诉我们主动型投资组合的权重应为 $W_A=0.43$，可从表 27-5 得出这一结论。这一投资组合是温和的，却表现不俗：①标准差（13.58%）仅略高于被动型投资组合的标准差；②β 值为 0.98；③追踪误差的标准差非常低，只有 3.85%；④我们仅有 6 只股票，但最高头寸仅占了 12%（塔吉特），当包含更多股票时，还会更低；⑤夏普比率高达 1.06，M^2 也有 8.35%。因此，在控制了基准风险后，我们可以在取得高业绩的同时克服无约束投资组合的缺陷。

表 27-5 使用分析师新预测后的最优风险投资组合（基准风险被控制在 3.85%）

	标准普尔 500	主动型投资组合 A		惠普	戴尔	沃尔玛	塔吉特	英国石油	壳牌
			$\sigma^2(e)$	0.070 5	0.057 2	0.030 9	0.039 2	0.029 7	0.031 7
		25.756 2	$\alpha/\sigma^2(e)$	2.085 5	3.064 1	6.254 4	7.170 1	6.056 6	1.125 5
		1.000 0	$W_0(i)$	0.081 0	0.119 0	0.242 8	0.278 4	0.235 2	0.043 7
			$[W_0(i)]^2$	0.006 6	0.014 2	0.059 0	0.077 5	0.055 3	0.001 9
α_A		0.201 8							
$\sigma^2(e_A)$		0.007 8							
W_0		7.911 6							
W^*	0.566 1	0.433 9		0.035 1	0.051 6	0.105 4	0.120 8	0.102 0	0.019 0
				投资组合整体					
β	1	0.953 8	0.980 0	0.035 1	0.051 6	0.105 4	0.120 8	0.102 0	0.019 0
风险溢价	0.06	0.259 0	0.146 4	0.075 0	0.112 1	0.068 9	0.044 7	0.088 0	0.030 5
标准差	0.135 8	0.156 8	0.135 8	0.381 7	0.290 1	0.193 5	0.261 1	0.182 2	0.198 8
夏普比率	0.44	1.65	1.056 9						
M^2	0	0.164 2	0.083 5						
基准风险			0.038 5						

27.2　特雷诺-布莱克模型与预测精度

假设你所管理的 401（k）退休基金现正在投资标准普尔 500 指数基金，而你正在权衡要不要承担一些额外风险把部分资金投入塔吉特股票。你知道在缺乏分析人员研究的情况下，所有股票的 α 都应假设为零，所以塔吉特的 α 等于零是你的**先验分布**（prior distribution）。下载的塔吉特和标准普尔 500 指数的收益率数据显示残差标准差为 19.8%。给定这一波动率和等于零的先验均值，再假设为正态分布，你便可以得到塔吉特 α 的先验分布。

我们可以根据先验分布进行决策，也可以通过努力获得更多数据来完善分布。在统计学术语中，这种努力被称为试验。试验作为一种独立的投机，可以得到可能结果的概率分布。统计上最好的方法就是把 α 的先验分布与实验所得到的数据相结合得到**后验分布**（posterior distribution），然后用后验分布来做决策。

标准差很小的"紧缩型"先验分布，意味着在观察数据之前，对于 α 值的可能区间也有相当高的置信度。这样一来，试验难以影响你的判断，从而使得后验分布与先验分布无异。在这一章节中，对 α 的主动预测及其精准度提供了试验，从而会使你改变对 α 值的先验感知。投资组合经理的任务就是形成 α 的后验分布，从而帮助投资组合的构建。

27.2.1　对于 α 精度的调整预测

假设你刚刚收集了我们在表 27-3 中使用的预测，得知塔吉特的 α 为 28.1%。在调整 β 之前，你可以直接得出塔吉特的最优头寸为 $\alpha/\sigma^2(e)=0.281/0.198^2=7.17(717\%)$ 的结论吗？自然地，任何理性投资经理在构建这种极端头寸前都会问："这个预测准确吗？""若预测不准确，我应该如何调整头寸？"

特雷诺和布莱克[⊖]提出了这些问题，而且给出了自己的答案。答案的逻辑非常易懂。你必须对预测的不确定性进行量化，就像你必须量化标的资产或投资组合的风险一样。你在网上可能查不到你所下载预测数据的精度，但发布这些预测数据的分析师的雇主有这些资料。那么，他们是如何获得这些数据的？答案是通过检查同一个预测者以往的**预测记录**（forecasting record）。

假设证券分析师定期（例如每月月初）向投资组合经理提供预测的 α。投资经理根据投资预测更新投资组合，并持有该投资组合至下个月更新预测时。在每个月末 T 时，塔吉特股票实现的异常收益等于 α 和误差项（或"残差"）之和

$$u(T)=R_{\text{塔吉特}}(T)-\beta_{\text{塔吉特}}R_M(T)=\alpha(T)+e(T) \tag{27-4}$$

此处的 β 值根据 T 时刻之前塔吉特的证券特征线（SCL）求得。

$$\text{SCL}:R_{\text{塔吉特}}(t)=\alpha+\beta_{\text{塔吉特}}R_M(t)+e(t),t<T \tag{27-5}$$

分析师在 T 月初发布的预测 $\alpha^f(T)$，目标是求出式（27-4）中的超额收益率 $u(T)$。投资组合经理根据分析师的预测记录确定如何使用 T 月的预测。分析师的记录包括所有历史预测 $\alpha^f(t)$ 和实际实现 $u(t)$ 的配对。为了评估预测精度，也就是预测 α 与已实现 α 的关系，投资组合经理可以根据记录估计回归

$$u(t)=a_0+a_1\alpha^f(t)+\varepsilon(t) \tag{27-6}$$

我们的目标是通过调整 α 以合理解释不精确性。根据最初预测的 $\alpha^f(T)$ 和式（27-6）的估

⊖ Jack Treynor and Fischer Black, "How to Use Security Analysis to Improve Portfolio Selection," *Journal of Business*, January 1973.

计值，我们便可以得到未来一个月的**调整的 α**（adjusted alpha）：

$$\alpha(T)=a_0+a_1\alpha^{f}(T) \tag{27-7}$$

回归估计的特性可以保证，调整后的预测是对塔吉特未来一个月的异常收益的“最优线性无偏估计”。“最优”的意思是在所有无偏估计中方差最小。在附录 27A 中，我们说明了式（27-7）中 a_1 的值应用式（27-6）中 R^2 的值。由于 R^2 小于 1，这意味着我们把预测值“压缩”至零。换句话说，我们不太关注嘈杂的预测。最初预测的精度越低（即 R^2 越小），我们就会把调整的 α 压缩得越多。若预测者一贯持悲观态度，则系数 a_0 向上调整预测，若预测者一贯持乐观态度，则应向下调整。

27.2.2 α 值的分布

式（27-7）说明，证券分析师预测的质量（用已实现异常收益率与分析师的预测值进行回归的 R^2 来测度）对构建最优投资组合以及业绩表现至关重要。不幸的是这些数据难以获取。

卡恩（Kane）、金（Kim）和怀特（White）[⊖]从一家专门从事大市值股票投资，以标准普尔 500 指数为基准投资组合的投资公司得到了一个关于分析师预测数据的数据库。该数据库包含 1992 年 12 月至 1995 年 12 月共 37 个月 646~771 只股票的 α 及 β 预测值的配对数据。该公司把 α 预测值控制在 14%到−12%之间。预测的直方图如图 27-2 所示。大市值股票的收益率多在均值附近，如下表所示，该表包括了一个平均年份（1993 年）、一个糟糕年份（1994 年）和一个优良年份（1995 年）的收益率：

	1993 年	1994 年	1995 年	1926—1999 年的平均值	标准差（%）
收益率（%）	9.87	1.29	37.71	12.50	20.39

直方图显示 α 预测值呈正偏分布，且有大量的悲观预测。预测 α 与实际 α 回归所得的调整 R^2 为 0.001 134，说明相关系数只有 0.033 7。

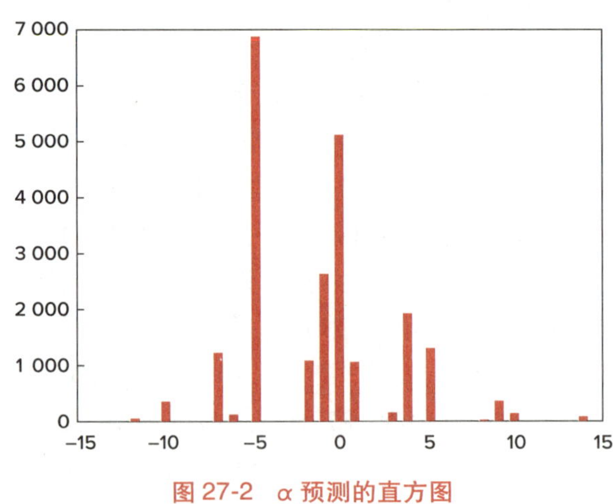

图 27-2 α 预测的直方图

这一结果既包含“好消息”，也包含“坏消息”。“好消息”是在调整后，即使是最疯狂的预测（即预测下个月的 α 值为 12%），当 R^2 等于 0.001 时，预测者所采用的 α 也只有 0.012%，每个月只有 1.2 个基点。这等于每年 0.14%，约等于图 27-2 中对 α 的预测。在这种微小的预测下，极端投资组合权重的情况永远不会发生。“坏消息”产生于同样的数据：主动型投资组合的业绩比我们的例子好不到哪里去——M^2 只有 19 个基点。

这种业绩的投资公司一定会亏损。但是，这种业绩是根据仅包含 6 只股票的主动型投资组合得出的。在第 27.5 节中，我们将谈到，即使单只股票很小的信息比率也可以被加起来（见表 27-1

⊖ Alex Kane, Tae-Hwan Kim, ans Halbert White, “Active Portfolio Management: The Power of the Treynor-Black Model,” in *Progress in Financial Market Research*, ed. C. Kyrtsou (New York: Nova, 2004).

中第 11 行)。因此，根据低精确度的预测来构建一个足够大的投资组合，也可以获得大量利润。

截至目前，我们假设各只股票的预测误差是独立的，但这一假设很可能不成立。当对各只股票的预测相关时，我们可以用预测误差的协方差矩阵来测度精准度。尽管这种情况下的预测调整非常烦琐，但这只是一些技术细节。我们可以预料到，预测误差之间的相关性将迫使我们进一步把调整的预测值压缩至零。

27.2.3 组织结构与业绩

最优风险投资组合的数学特性显示了投资公司的核心特点，即规模经济。根据表 27-1 中最优投资组合的夏普比率可以清楚看出，由夏普比率和 M^2 测度的业绩表现会随主动型投资组合信息比率的平方稳步递增（回顾第 8 章式（8-26）)，反过来这又是所包含证券的信息比率的平方和（见式（8-28））。因此，增加证券分析师的数量注定会提高业绩，至少在扣除成本之前会提高业绩。不仅如此，更广的投资范围会提高主动型投资组合的分散程度，缓和持有中性被动型投资组合头寸的需求。最后，增加证券种类还创造了另一种分散化效应，即分析师预测误差的分散化效应，在第 27.5 节中我们还将进行具体介绍。

为了追求好业绩而增加主动型投资组合的分散化程度必然会增加成本，因为高质量的分析师非常昂贵。而其他组织部门则可以在不增加成本的情况下处理更多业务。这些都说明大型投资公司的规模经济提供的组织结构是有效的。

风险投资组合的优化过程需要一系列专业化、独立化的任务。因此，投资组合管理机构的组织结构需要适当的分散化，并且受到恰当的控制。图 27-3 的组织结构图就是基于这一目标而设计的。该图非常清晰，且其结构与前面几章的理论分析是一致的，它可以为投资组合的日常管理提供有力的支持。图 27-3 中的结构印证了前面章节的结论。但是，提出几点建议还是有必要的。

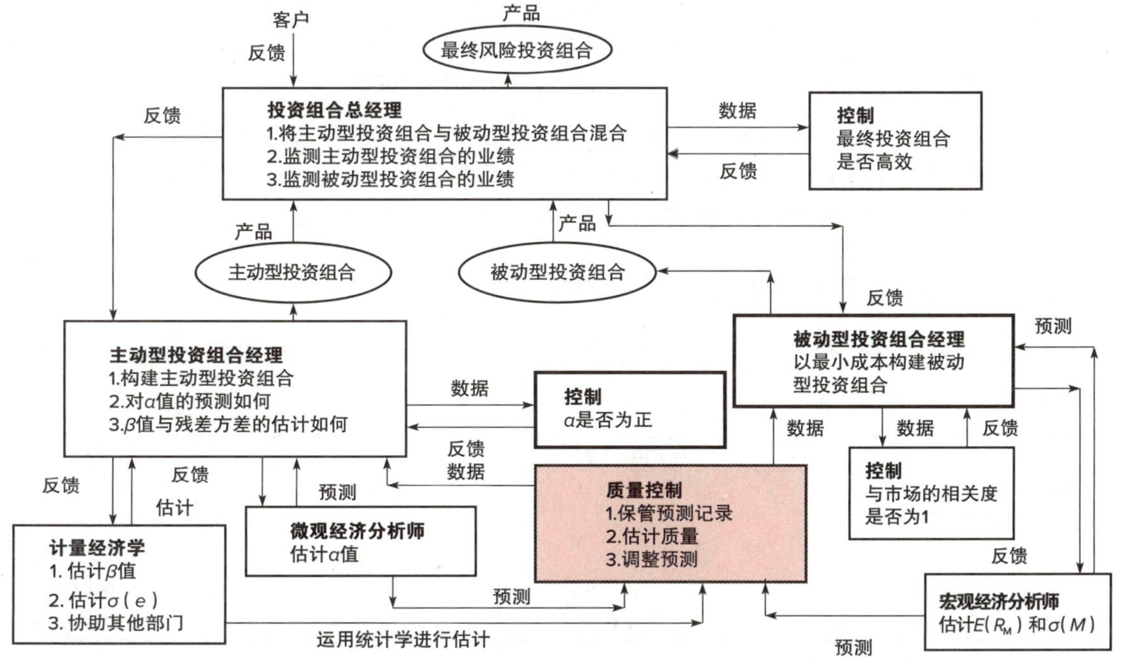

图 27-3 投资组合管理机构的组织结构图

资料来源：Adapted from Robert C. Merton, *Finance Theory*, Chapter 12, Harvard Business School.

负责预测记录和确定预测调整的控制部门直接影响了分析师的奖励和升迁，因此该部门必须与其他部门隔离，不能受到组织压力的影响。

证券分析师观点的独立性与他们之间必要的合作、资源使用的协调及与公司、政府工作人员的联系之间相互矛盾，尤其是考虑到庞大的分析人员数量。相比之下，宏观经济分析部门往往与分析师太隔绝，在这些部门之间努力构建一种有效的沟通渠道是非常必要的。

27.3 布莱克-利特曼模型

因为特雷诺-布莱克模型和布莱克-斯科尔斯期权定价公式闻名的费雪·布莱克与罗伯特·利特曼提出了另一个重要的投资组合构建模型——布莱克-利特曼模型（BL）。它允许投资组合经理对复杂的预测（他们称之为**观点**（views））进行量化并应用于投资组合的构建。[⊖]在介绍该模型之前，我们将简要介绍一下关于资产配置的问题。在第27.4节中，我们将比较两个模型，了解模型之间的共性可以帮助我们更好地理解布莱克-利特曼模型。

27.3.1 布莱克-利特曼资产配置决策

假设某投资组合经理正在努力为下个月进行**资产配置**（asset allocation），投资范围包括票据、债券和股票。为使夏普比率达到最大，投资组合应只包括债券和股票。最优风险投资组合是与资本配置线（CAL）相切的投资组合。基金投资者根据自己的风险偏好沿资本配置线构建想要的头寸，也就是将票据与最优风险投资组合进行组合。这些问题在第7.3节已经讨论过。在第7章中，我们是用一系列给定数据来优化投资组合的。但在实践中，如果知道数据，优化问题将迎刃而解，困扰投资组合经理的难题是如何获得数据。布莱克和利特曼提出了一种均衡考虑历史数据和投资组合经理未来短期观点的方法。

布莱克-利特曼模型中的数据来自两个方面：一个是过去的历史数据，另一个是对未来的预测数据，叫作观点。过去的历史样本用来预测资产配置中所需资产的协方差矩阵。预测所得的协方差矩阵与均衡模型（例如CAPM）一起将产生一个**基准预测**（baseline forecast），这将是被动策略的基础。接下来观点将被引入并进行量化。观点代表的是相对于基准预测的偏离，这一偏离导致了对期望收益率的一系列修复。通过这些新的输入值（类似于特雷诺-布莱克模型中的α预测），一个最优的风险投资组合将代替（不再有效的）被动型投资组合。

27.3.2 第一步：根据历史数据计算协方差矩阵

这项简单的任务就是布莱克-利特曼模型的第一步。假设利用短期历史超额收益率得到的协方差矩阵如下。

	债券（B）		股票（S）
标准差	0.08		0.17
相关系数（债券/股票）		0.3	
协方差			
债券	0.006 4		0.004 08
股票	0.004 08		0.028 9

⊖ Black and Litterman, "Global Portfolio Optimization". *Financial Analysts Journal*, September/October 1992, CFA Institute.

注意，这一步对于布莱克-利特曼模型和特雷诺-布莱克模型是一样的。这一步也体现在图 27-3 所示的组织结构图中。

27.3.3 第二步：确定基准预测

由于历史数据在预测下月期望收益率方面作用有限，布莱克和利特曼提出了一个替代方案。他们假设当前市场是均衡的，股票和债券的价格包含了所有可获得的信息，因此权重与市值成比例的理论市场组合是有效的，进而导出了基准预测。假设根据当前市场中发行在外的债券和股票的市值，债券的权重 $w_B=0.25$，股票的权重 $w_S=0.75$。将这一权重用于第一步的协方差矩阵，得到基准投资组合的方差为

$$\begin{aligned}\mathrm{Var}(R_M)&=w_B^2\mathrm{Var}(R_B)+w_S^2\mathrm{Var}(R_S)+2w_Bw_S\mathrm{Cov}(R_B,R_S)\\&=0.25^2\times0.0064\times0.75^2\times0.0289+2\times0.25\times0.75\times0.00408\\&=0.018186\end{aligned}\tag{27-8}$$

CAPM 公式（第 9 章式（9-2））给出了市场投资组合风险（方差）与风险溢价（期望超额收益率）之间的关系

$$E(R_M)=\overline{A}\times\mathrm{Var}(R_M)\tag{27-9}$$

式中，$\overline{A}$ 表示风险厌恶的平均系数。假设 $\overline{A}=3$，那么基准投资组合的均衡风险溢价为：$E(R_M)=3\times0.018186=0.0546=5.46\%$。债券和股票的均衡风险溢价可根据它们在基准投资组合中的 β 值求出

$$E(R_B)=\frac{\mathrm{Cov}(R_B,R_M)}{\mathrm{Var}(R_M)}E(R_M)$$

$$\mathrm{Cov}(R_B,R_M)=\mathrm{Cov}(R_B,w_BR_B+w_SR_S)=0.25\times0.0064+0.75\times0.00408=0.00466$$

$$E(R_B)=\frac{0.00466}{0.018186}\times5.46\%=1.40\%(\text{债券 }\beta=0.26)$$

$$E(R_S)=\frac{0.75\times0.0289+0.25\times0.00408}{0.018186}\times5.46\%=6.81\%(\text{股票 }\beta=1.25)\tag{27-10}$$

因此，第二步得到债券风险溢价的基准预测为 1.40%，股票的为 6.81%。

第二步的最后工作是计算基准预测的协方差矩阵，不同于债券和股票投资组合已实现超额收益率的协方差矩阵，这是关于预测精准度的报告。我们想知道的是期望收益率估计的精确性，而不是关注实际收益率的波动。约定俗成的做法是将标准差设为收益率标准差的 10%（即为收益率方差的 1%）。比如说，在某种特定情况下，预测下个月的经济形势与过去 100 个月相近，也就是说过去 100 个月的平均收益率是下个月期望收益率的无偏估计，那么平均收益率的方差就是实际收益率方差的 1%。因此，在这种情况下，用收益率的协方差矩阵乘以 0.01 便可以得到期望收益率的协方差矩阵，那么第二步将得到下列预测和协方差矩阵。

	债券（B）	股票（S）
期望收益率（%）	0.014 0	0.068 1
基准预测的协方差矩阵		
债券	0.000 64	0.000 040 8
股票	0.000 040 8	0.000 289

现在我们已经处理完了市场预期，接下来我们将把投资经理的个人观点引入我们的分析中。

27.3.4 第三步：融合投资经理的个人观点

布莱克-利特曼模型允许投资组合经理在优化过程中引入任何关于基准预测的观点，他们还会在这些观点后加上自己的置信水平。在布莱克-利特曼模型中，这些观点都被表示为各种超额收益率的不同线性组合的值，而置信水平则作为这些值的误差的协方差矩阵。

【例 27-1】 布莱克-利特曼模型的观点

假设某投资经理对基准预测持保守的观点，具体来说，他相信债券的业绩将超过股票 0.5 个百分点。用公式表示为

$$1\times R_B+(-1)\times R_S=0.5\%$$

更一般地，任何观点（即相关超额收益率的线性组合）都可以表示为一个数组（在 Excel 中，数组是一列数字）与超额收益率数组（另一列数字）的乘积。在本例中，权重数组为 $P=(1,-1)$，超额收益率数组为（R_B，R_S）（在 Excel 中，这个乘法可由函数 SUMPRODUCT 完成）。线性组合的值，用字母 Q 表示，就是投资组合经理的观点。在本例中，$Q=0.5\%$将在优化过程中用到。[一]

每个观点都有其置信水平，即衡量 Q 精确度的标准差。换句话说，投资组合经理的观点为 $Q+\varepsilon$，其中 ε 表示均值为零时的观点（观点的标准差反映了投资组合经理的置信水平）周围的"噪声"。我们可以发现，股票和债券期望收益率之差的标准差为 1.65%[二]（计算见式（27-13）)，如果投资组合经理认为 $\sigma(\varepsilon)=1.73\%$，用 $R=(R_B，R_S)$ 来表示收益率数组，那么经理的观点 P 便可以表示为[三]

$$PR^T=Q+\varepsilon$$
$$P=(1,-1)$$
$$R=(R_B,R_S)$$
$$Q=0.5\%=0.005$$
$$\sigma^2(\varepsilon)=0.0173^2=0.0003 \qquad (27\text{-}11)$$

27.3.5 第四步：修正（后验）期望

从市值及其协方差矩阵得来的基准预测构成了债券和股票收益率的先验分布。而投资组合经理的观点与其置信水平一起，提供了根据"试验"得来的概率分布，也就是说，附加信息必须与先验分布最佳结合。所得上述组合的结果就是在投资组合经理观点下的一系列新的期望收益。

为了更直观地理解，需要思考基准期望收益率隐含了什么观点。从市场数据得出的期望是债券的期望收益率为 1.40%，股票的期望收益率为 6.81%。因此，基准观点为 $E(R_B)-$

[一] 一个更简单的观点，认为债券的收益是3%也是合理的，这样的话，$P=(1,0)$，这就和特雷诺-布莱克模型中 α 的预测很相似了。如果所有的观点都和这个观点一样这么简单，特雷诺-布莱克模型和布莱克-利特曼模型就没有什么区别。

[二] 由于缺少能够阐明观点标准差的部分信息，如观点来源的记录，基准预测的协方差矩阵的标准差常用来代替此处收益率差的标准差。在这种情况下，标准差将是式（27-13）中的 $\sigma(Q^E)=\sqrt{0.0002714}=0.0165(1.65\%)$。

[三] 这里观点被表述成一个行向量，有多少种风险资产就有相应多少个收益率，这个行向量就有同样多的元素（这里是 7 个）。投资经理的观点 Q 就等于 P（记录他们观点中资产的数量）乘以他们的实际收益，其中实际收益需要加"T"（矩阵转置符号，将行向量变成列向量），这样才能求出这两个向量的乘积。

$E(R_S)=-5.41\%$。相比之下，投资组合经理认为这个差值应为 $Q=R_B-R_S=0.5\%$。下面我们用布莱克-利特曼线性方程组来表示市场期望

$$Q^E=PR_E^T$$
$$P=(1,-1)$$
$$R_E=[E(R_B),E(R_S)]=(1.40\%,6.81\%)$$
$$Q^E=1.40-6.81=-5.41\% \tag{27-12}$$

基准“观点”为-5.41%（即股票的业绩会超过债券 5.41%），这与投资组合经理的观点大相径庭，其差值 D 为

$$D=Q-Q^E=0.005-(-0.0541)=0.0591 \tag{27-13}$$

因此，D 的方差等于：

$$\sigma^2(D)=\sigma^2(\varepsilon)+\sigma^2(Q^E)=0.0003+\sigma^2(Q^E)$$

接下来，我们解出 Q^E 的方差，并代入 D 的方差表达式。

$$\sigma^2(Q^E)=\mathrm{Var}[E(R_B)-E(R_S)]=\sigma^2_{E(R_B)}+\sigma^2_{E(R_S)}-2\mathrm{Cov}[E(R_B),E(R_S)]$$
$$=0.000064+0.000289-2\times0.0000408=0.0002714$$
$$\sigma^2(D)=0.0003+0.0002714=0.0005714$$

在基准预测与投资组合经理观点相差悬殊的情况下，我们可以预计，条件期望收益率将与基准收益率大不相同，进而最优投资组合也会发生巨大的变化。

期望收益率的变化是以下 4 个因素的函数：基准期望收益率 $E(R)$、投资组合经理观点与基准观点之差 D（见式（27-13））、资产对 D 方差的贡献和 D 的方差。利用布莱克-利特曼模型可得到

$$E(R|\text{观点})=R+D\frac{\text{资产对 }\sigma_D^2\text{ 的贡献}}{\sigma_D^2}$$

$$E(R_B|P)=E(R_B)+\frac{D\{\sigma^2_{E(R_B)}-\mathrm{Cov}[E(R_B),E(R_S)]\}}{\sigma_D^2}$$
$$=0.0140+\frac{0.0591\times(0.000064-0.0000408)}{0.0005714}$$
$$=0.0140+0.0024=0.0164$$

$$E(R_S|P)=E(R_S)+\frac{D\{\mathrm{Cov}[E(R_B),E(R_S)]-\sigma^2_{E(R_S)}\}}{\sigma_D^2}$$
$$=0.0681+\frac{0.0591\times(0.0000408-0.000289)}{0.0005714}$$
$$=0.0681-0.0257=0.0424 \tag{27-14}$$

我们可以看到，投资组合经理将债券的期望收益率调高了 0.24%，达到了 1.64%，将股票的期望收益率下调了 2.57%，变成了 4.24%。股票和债券的期望收益率之差从 5.41%降到了 2.60%。这是一个非常大的变化，可见投资组合经理最后的观点几乎是其先前观点和基准观点折中的结果。更一般地，折中的程度与各观点的精确度有关。

在这个例子中，我们只涉及了两类资产和一个未来收益率观点，可以很容易推广到多种资产和关于未来收益率的多种观点，这比简单的两种收益率之差要复杂得多。这些观点可以为资

产的任何线性组合赋值，且置信水平（各观点 ε 值的协方差矩阵）可以允许各观点之间存在依存性，这种量化投资组合经理独有信息的灵活性赋予了模型巨大的潜力。本章的附录 B 展示了广义的布莱克-利特曼模型。

27.3.6　第五步：投资组合优化

从现在开始，投资组合优化采用第 7 章所述的马科维茨过程，输入值由基准期望替换为产生于投资组合经理观点的条件期望。

表 27-6 列示了布莱克-利特曼模型的计算过程，其中 a 部分列示了基准预测的计算过程；为了得到修正（条件）期望，b 部分引入了投资组合经理的观点。图 27-4 显示了假设观点正确和错误时，不同置信水平下以 M^2 衡量的业绩表现情况。当观点的置信水平下降时（观点的标准差上升），债券的比重下降，当观点置信水平为 0（标准差非常大），债券的比重下降到 0.3，这个比重由基准预测决定。在这一点，这一组合是被动的，其 M^2 为 0。

表 27-6　布莱克-利特曼组合对于置信水平的敏感性

	AC	B		DE		FG		HI	
1									
2									
3									
4	**a.基于历史超额收益的协方差矩阵、**								
5	**市场价值权重以及基准预测的计算**								
6									
7			债券	股票					
8		权重	**0.25**	**0.75**					
9	债券	0.25	64	40.8					
10	股票	0.75	40.8	289					
11		**sumproduct**	**11.65**	**170.21**					
12	市场组合方差V(M)=sum(c11:d11)					181.86			
13	代表性投资者的风险厌恶系数=					3			
14	基准市场组合风险溢价=0.01A×V(M)=					5.46			
15	协方差R_M		46.6	226.95					
16	基准风险溢价		1.40	6.81		0.256237542			
17						1.247920819			
18	协方差对于期望收益率的贡献比率					0.01			
19	期望收益率的协方差矩阵								
20			债券	股票					
21		债券	0.64	0.408					
22		股票	0.408	2.89					
23									
24	**b.观点、置信水平与后验期望**								
25									
26	观点：债券收益率与股票收益率之差，Q=					0.5			
27	嵌入基准预测的观点Q^E=					−5.41			
28	Variance of Q^E=Var(R_B−R_S)					2.71			
29	Var[E(R_B)]−Cov[E(R_B),E(R_S)]=					0.23			
30	Cov[E(R_B),E(RS)]−Var[E(R_B)]=					−2.48			
31	观点与基准数据之差D=					5.91			
32	用Q的标准差度量的置信水平								
33	可能的标准差	0	1	1.73	3.00	6.00			
34	方差	0	1.5	3	9	36	基准		
35	E(R_B|P)	1.90	1.72	1.64	1.52	1.43	1.40		
36	E(R_S|P)	1.40	3.33	4.24	5.56	6.43	6.81		

在图 27-4 中，我们还注意到，M^2 的形状是不对称的。当观点的置信水平很高导致债券配置比重也较高时，若观点正确，M^2 的增加值少于当观点错误时 M^2 的减少值。当观点的置信水平较低导致债券配置比重较低时，这个“游戏”在 M^2 的得失上将变得更加对称。由于决定观点的标准差的大小非常抽象，图 27-4 告诉我们，持怀疑态度可能是明智的选择。

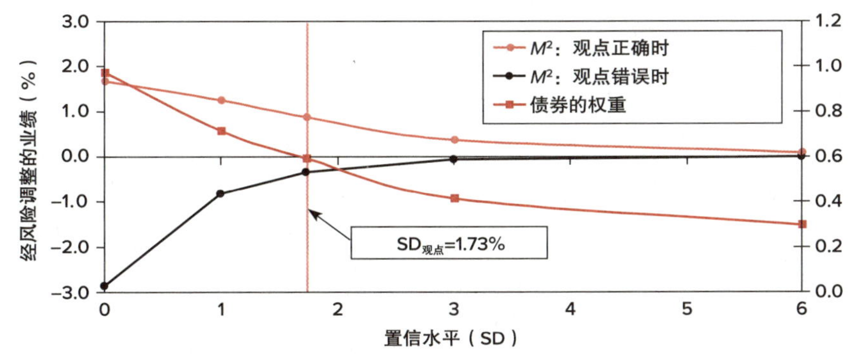

图 27-4　布莱克-利特曼投资组合业绩对置信水平的敏感性分析

27.4　特雷诺-布莱克模型与布莱克-利特曼模型：互补而非替代

特雷诺、布莱克、利特曼成为了投资领域的重要革新者，他们的模型被广泛使用，推动了投资行业的发展。这里将两个模型比较分析并非为了说明孰优孰劣（事实上，我们发现它们是互补的），而是为了在比较中发现其各自的价值。

首先要明确的是，在优化这一步骤中，两个模型都是一致的。也就是说，不论分析师使用哪个模型，只要他们的输入列表相同，就会得到相同的投资组合与相同的业绩指标。在第 27.6 节中，我们将看到用这两种模型构造的投资组合的业绩远远优于被动策略，也优于没有使用定量技术的主动策略。这两种模型的区别主要在于获得输入列表的方法，下面的分析告诉我们，它们是相互补充的，最好一起使用。

27.4.1　布莱克-利特曼模型是特雷诺-布莱克模型蛋糕上的奶油

特雷诺-布莱克模型针对单一证券进行分析，这可以从主动型投资组合的构建过程中看出。对证券的 α 赋值是相对于被动型投资组合得出的。如果所有 α 值全为零，那么该组合就是所要持有的组合。假设某投资公司的募股说明书说明将其投资组合的 70%投资于美国大型股票，如标准普尔 500 指数，30%投资于欧洲大型股票。在这种情况下，宏观经济分析必须针对两地分别进行，而特雷诺-布莱克模型也要分别应用。在每个地区，证券分析师编制出相对于其本身的被动型投资组合的 α 值。因此，该公司的产品将包括四种投资组合，两个被动型组合和两个主动型组合。只有将投资组合分别优化时，这套体系才会有效。也就是说，美国证券的参数（α 值、β 值、残差方差）是根据美国基准估计得出的，欧洲股票的参数是根据欧洲基准估计得出的。那么，投资组合构建问题就变成了标准的资产配置问题。

所得的投资组合可以用布莱克-利特曼方法改进。首先，关于美国和欧洲市场相对表现的观点可以增加对两大经济实体进行宏观经济预测的信息。为了更加专业化，美国和欧洲的宏观经济分析师必须专注于各自的经济体。显然，随着更多国家和地区的投资组合进入该公司的投资范围，分散化会变得越来越重要，将布莱克-利特曼模型运用到特雷诺-布莱克产品中的可能性就越大。此外，国外股票投资组合将导致投资者持有不同头寸的当地货币，这明显是国际金融的范畴，从这一分析中得到预测数据的唯一方法就是布莱克-利特曼技术。[⊖]

⊖ 布莱克-利特曼模型中也可以用来引入关于美国与国外公司业绩的观点。

27.4.2 为什么不用布莱克-利特曼模型替代特雷诺-布莱克模型

如果整体投资组合包含根据比较经济和国际金融分析得出的预测值，那么就需要用到布莱克-利特曼技术，正是这种需求让我们提出了这一问题。用布莱克-利特曼模型构建有效投资组合的确可行，因为特雷诺-布莱克模型中的 α 可以用布莱克-利特曼模型的观点来代替。举个简单的例子，如果主动型投资组合只包含一只股票。若采用特雷诺-布莱克模型构建主动型投资组合，需要宏观经济预测 $E(R_M)$ 和 σ_M，以及 α 值、β 值和残差标准差。若按布莱克-利特曼模型的框架，上述输入列表也可以表示为以下形式

$$R=[E(R_M),E(R_A)=\beta_A E(R_M)]$$

$$P=(0,1+\frac{\alpha_A}{\beta_A E(R_M)})$$

$$PR^T=Q+\varepsilon=\alpha_A+\varepsilon$$

$$Q^E=0$$

$$D=\alpha_A$$

$$\sigma^2(\varepsilon)=\text{Var}(\text{预测误差})\text{见式}(27\text{-}6)$$

$$\sigma^2(D)=\sigma^2(\varepsilon)+\sigma^2(e) \tag{27-15}$$

式中，e 表示式（27-5）中证券特征线回归的残差。如式（27-13）一样，利用式（27-15）计算的条件期望可以得出与特雷诺-布莱克模型，即式（27-7）一样的调整的 α 值。

这样看来，布莱克-利特曼模型可视为特雷诺-布莱克模型的推广。与特雷诺-布莱克模型一样，布莱克-利特曼模型允许你根据关于 α 的观点来调整期望收益，同时它也允许你对相对业绩发表观点，这一点是特雷诺-布莱克模型所不能企及的。

但是，这个结论可能误导投资管理行为。为了理解这一点，我们先讨论置信水平，它是全面描述布莱克-利特曼模型中的观点所必需的。表 27-6 和图 27-4 说明最优组合的权重与业绩对布莱克-利特曼观点的置信水平非常敏感。因此，模型的有效性很大程度上依赖于布莱克-利特曼观点的置信水平。

当用布莱克-利特曼观点来替代特雷诺-布莱克框架下的直接 α 估计时，我们必须把式（27-7）中预测误差的方差用于式（27-15）。这便是布莱克-利特曼模型对“置信水平”的量化方法。在特雷诺-布莱克框架中，通过计算分析师的预测 α 值与相应的已实现 α 值之间的相关性，我们便可以测度预测的精确性，但将这一过程运用到布莱克-利特曼关于相对业绩的观点中并没有那么简单。投资组合经理的观点在不同时期有不同的量化值，因此，我们无法用某一变量的长期历史预测数据来评估精确度。从目前来看，无论是学界还是业界，都没有能优化布莱克-利特曼模型中“置信水平”的量化方法。

这就引出了在特雷诺-布莱克模型中调整预测的问题。我们并不知道分析师的追踪记录经过系统编纂并用来调整 α 预测的真实结果，虽然我们不能断言这种努力是行不通的，但是间接证据说明在特雷诺-布莱克模型中，α 值往往没有经过调整。我们常常可以听到关于特雷诺-布莱克模型导致“极端”调整组合权重的抱怨。但我们在第 27.3 节中已看到，这些极端权重的产生原因是没有调整 α 值以反映预测精度。任何卓越的预测者得到的实际 R^2 都会带来适度的投资组合权重。就算极端权重偶然出现，也会由于追踪误差方差的限制而消除。

因此，保持这两个模型的独立性和独特性非常必要；特雷诺-布莱克模型可用于证券分析管理（预测值已经进行适当的调整），而布莱克-利特曼模型可用于资产配置，尽管在资产配置实践中置信水平无法精确估计，但相对业绩的观点仍然非常有用。

27.5 主动型管理的价值

在第 24 章中我们已看到，成功把握市场时机的价值是巨大的。即使是一个预测能力有限的预测者也能创造显著的价值。但是有证券分析支持的主动型投资组合管理具有更大的潜力。即使每一个证券分析师的预测能力十分有限，但他们组合起来的预测能力很强。

27.5.1 潜在费用估计模型

市场择时的价值可由等数量看涨期权的价值得到，该看涨期权模仿择时者投资组合的收益。因此，我们可以对择时能力给出一个明确的市场价值，也就是说，我们可以对择时者的服务中所隐含的看涨期权进行定价。虽然我们不能获得主动型投资组合管理的估价，但我们退而求其次，计算一个典型投资者会为该项服务付出的费用。

Kane、Marcus 和 Trippi ㊀得出了投资组合业绩的年度价值，以所管理资金的一定百分比来衡量。百分比费用f，即投资者愿意为这项服务支付的费用，与主动型投资组合、被动型投资组合夏普比率的平方差有关。

$$f=(S_P^2-S_M^2)/2A \tag{27-16}$$

式中，A 是投资者的风险厌恶系数。

主动型投资组合的威力来自**信息比率**平方的附加值$\left(\text{信息比率}=\dfrac{\alpha_i}{\sigma(e_i)}\right)$和各个分析师的精确度。回顾最优风险投资组合夏普比率平方的表达式

$$S_P^2=S_M^2+\sum_{i=1}^{n}\left[\frac{\alpha_i}{\sigma(e_i)}\right]^2$$

因此，

$$f=\frac{1}{2A}\sum_{i=1}^{n}\left[\frac{\alpha_i}{\sigma(e_i)}\right]^2 \tag{27-17}$$

因此，费用f取决于 3 个因素：①风险厌恶系数；②在可选择证券中信息比率平方的分布；③证券分析人员的精确度。注意，此费用是超出指数基金收取的费用。如果指数基金收取 30 个基点的费用，主动型投资组合经理所收取额外的费用由式（27-17）算出。

27.5.2 实际信息比率分布的结论

Kane、Marcus 和 Trippi 研究了所有标准普尔 500 指数成分股在两个 5 年期内 IR^2 的分布，发现其期望值 $E(IR^2)$ 在 0.845~1.122。在客户风险厌恶系数为 3 的情况下，如果证券分析师对实际 α 预测值的 R^2 仅为 0.001，那么投资经理覆盖 100 只股票的年费仍将比指数基金高 4.88%。此费用是各种 IR^2 的置信区间的最低值。

㊀ Alex Kane, Alan Marcus, and Robert R. Trippi, "The Valuation of Security Analysis," *Journal of Portfolio Management* 25 (Spring 1999).

此研究的一大缺陷在于它假设投资组合经理知悉预测的质量，不论预测质量有多低。我们看到，投资组合权重对于预测质量很敏感，而如果预测质量有偏误，业绩将大打折扣。

27.5.3 实际预测分布的结果

Kane、Kim 和 White 对实际预测值的研究（见第 27.2.2 节中的页下注）发现了 600 只股票在 37 个月内超过 11 000 个 α 预测值的分布（见图 27-2）。这些预测数据的 R^2 的平均精准度为 0.001 08。这只比用来解释 Kane、Marcus 和 Trippi 对已实现信息价值分布情况的精度高一点。Kane、Kim 和 White 使用这些 R^2 来调整其预测，并从投资公司持有的 646 只股票中随机选取了 105 只股票形成了最优投资组合。业绩的年化 M^2 度量相当令人印象深刻，假设残差之间没有相关性，指数模型的 M^2 为 2.67%。假设残差之间有相关性，指数模型的 M^2 为 3.01%。

该分析的关键结论是，即使很低的预测能力也可以极大地改进投资组合业绩。此外，使用更好的估计技术，投资业绩将进一步提高。

27.6 主动型管理总结

学习投资学的学生需要用到一系列数学和统计学知识，他们常有这样的疑惑：这些分析方法是必要的吗？甚至他们会问这些分析方法有用吗？这里有一些现象可以缓解这一困惑。近十年来，投资学理论经历了飞速的发展。令人意外的是，投资的基本理论与实际运用之间的差距在近年来变小了。这一趋势部分是由于 CFA 协会的蓬勃发展。拥有 CFA 称号几乎已成为行业中事业成功的先决条件，通过传播研究成果，该协会有助于拉近投资科学与实践之间的距离。

然而，有一个领域，实践仍然远远落后理论，即为本章的主题——尽管特雷诺-布莱克模型和布莱克-利特曼模型分别问世于 1973 年和 1992 年，然而截至目前，这些模型还没有实质性地应用到这个行业。我们希望这种情况能在你的职业生涯中得到改善！

小结

1. 特雷诺-布莱克模型投资组合的权重对于大 α 值非常敏感，这会导致长期/短期头寸不切实际。成熟的马科维茨最优风险投资组合对期望收益的假设也极为敏感。
2. 约束跟踪风险，即投资组合收益与基准收益之差的方差，可以将特雷诺-布莱克投资组合的权重限制在合理水平。
3. 当预测质量不完美时，α 预测必须被缩减（向 0 靠近）。结合过去的预测和随后实现的结果来估计现实和预期之间的相关性，回归分析可用于衡量预测质量，并对未来预测做相关调整。当为了解释预测不精准而缩减 α 预测时，由此产生的投资组合头寸更稳健。
4. 在优化过程中，布莱克-利特曼模型允许投资组合经理将个人观点纳入市场数据。
5. 特雷诺-布莱克模型和布莱克-利特曼模型相互补充，两者互不可缺：特雷诺-布莱克模型更适用于证券分析，而布莱克-利特曼模型适用于资产配置问题。
6. 即使是低质量的预测也可以带来巨大的价值。0.001 的 R^2 也可以有效提高投资组合的业绩。

习题

1. 在实施证券分析后如何应用 BL 模型于股票和债券组合（如同前述）？这说明布莱克-利特曼模型和特雷诺-布莱克模型的使用顺序有什么要求？
2. 图 27-3 有一个“计量经济学”方框。第 3 条为“协助其他部门”，这具体可能是指什么任务？
3. 做出新的 α 预测，用以替换第 27.1 节中的表 27-2。找出最优组合与期望业绩。
4. 提出一个自己的观点替换第 27.3 节中的表 27-6。找出最优组合与期望业绩。
5. 如果给分析师进行培训，可以把他的预测精度 R^2 提高 0.01，这个培训的价值是多少？举例说明。

附录 27A　α 的预测值与实现值

预测 α 未来值（现在未知）的现行表达式为

$$\alpha^{f}(t)=b_0+b_1u(t)+\eta(t) \tag{27A-1}$$

式中，$\eta(t)$ 表示预测误差且与实际 $u(t)$ 无关。注意，当将预测值按式（27-7）进行优化时，式（27-6）中的调整预测误差 $\varepsilon(t)$ 便与最优调整预测 $\alpha(T)$ 无关，系数 b_0 和 b_1 便会变化，预测将产生偏差。无偏的预测应当是 $b_0=0$（不发生变化）且 $b_1=1$（无偏差）。

根据式（27A-1），我们可以得出预测值的方差及预测值与实现值之间的协方差：

$$\sigma^2(\alpha^f)=b_1^2\times\sigma^2(u)+\sigma^2(\eta)$$

$$\text{Cov}(\alpha^f,u)=b_1\times\sigma^2(u) \tag{27A-2}$$

因此，式（27-6）中的斜率系数 a_1 为：

$$a_1=\frac{\text{Cov}(u,\alpha^f)}{\sigma^2(\alpha^f)}=\frac{b_1\times\sigma^2(u)}{b_1^2\times\sigma^2(u)+\sigma^2(\eta)} \tag{27A-3}$$

当预测无偏时，即 $b_1=1$ 时，a_1 就等于式（27A-1）中将预测值对实现值回归的 R^2，也等于式（27-6）中实现值对预测值回归的 R^2。当 b_1 不等于 1.0 时，为了说明这种偏差，我们必须对系数 a_1 进行调整。注意，调整后 $a_0=-b_0$。

附录 27B　广义布莱克-利特曼模型

用矩阵形式可以更好地表达布莱克-利特曼模型。我们依照第 27.3 节的步骤介绍此模型。

第 1 步和第 2 步：协方差矩阵与基准预测

N 种资产的过去超额收益构成了 $n\times n$ 阶的协方差矩阵，记作 $\boldsymbol{\Sigma}$。此处假设超额收益率服从正态分布。

在资产空间中，所有资产的市值均可获得，我们用各资产的市值构造基准均衡投资组合 $1\times n$ 阶的权重向量 $\boldsymbol{w}_{\mathrm{M}}$。基准调整组合的方差为

$$\sigma_{\mathrm{M}}^2=\boldsymbol{w}_{\mathrm{M}}\boldsymbol{\Sigma}\boldsymbol{w}'_{\mathrm{M}} \tag{27B-1}$$

利用 CAPM 模型获得市场组合风险溢价的基准宏观预测时，我们用到了经济中代表性投资者的风险厌恶系数 A

$$E(R_{\mathrm{M}})=\bar{A}\sigma_{\mathrm{M}}^2 \tag{27B-2}$$

计算空间内证券风险溢价的基准预测向量（1×n）时，用到了宏观预测和协方差矩阵

$$E(R')=E(R_{\mathrm{M}})\boldsymbol{\Sigma}\boldsymbol{w}'_{\mathrm{M}} \tag{27B-3}$$

至此，我们得到了所有资产超额收益率的先验（基准）分布

$$\widetilde{R}\sim N[E(R),\boldsymbol{\Sigma}] \tag{27B-4}$$

假设基准期望超额收益 $\tau\boldsymbol{\Sigma}$ 的 $n\times n$ 阶的协方差矩阵与协方差矩阵 $\boldsymbol{\Sigma}$ 成正比，比例为 τ。

第 3 步：经理的个人观点

观点的 $k\times n$ 矩阵 $\boldsymbol{P}$ 包含了 k 个观点。第 i 个观点表示 1×k 向量乘以 1×n 的超额收益率向量 $\widetilde{\boldsymbol{R}}$，得到观点的价值 Q_i，预测误差为 $\boldsymbol{\varepsilon}_i$。观点价值的整体向量和预测误差可根据下式得到

$$R\boldsymbol{P}=Q+\boldsymbol{\varepsilon} \tag{27B-5}$$

观点中经理的置信水平可根据观点误差向量 $\boldsymbol{\varepsilon}$ 的 $k\times k$ 阶协方差矩阵 $\boldsymbol{\Omega}$ 得到，嵌入在基准预测中的观点 R 可根据 Q^{E} 得到

$$R\boldsymbol{P}=Q^{\mathrm{E}}$$

因此，表示观点与基准观点（预测）偏差的 1×k 向量及其协方差矩阵 $\boldsymbol{S}_D$ 为

$$D=Q^{\mathrm{E}}-Q$$

$$\boldsymbol{S}_D=\tau\boldsymbol{P}\boldsymbol{\Sigma}P'+\boldsymbol{\Omega} \tag{27B-6}$$

第 4 步：修正（后验）期望

在引入观点后，1×n 的后验（修正）期望向量为

$$R^*=R\mid\boldsymbol{P}=R+\tau DS_D^{-1}\boldsymbol{\Sigma}P'$$

$$\boldsymbol{\Sigma}^*=\boldsymbol{\Sigma}+M \tag{27B-7}$$

$$M=\tau\boldsymbol{\Sigma}-\tau\boldsymbol{\Sigma}\boldsymbol{P}^{\mathrm{T}}S_D^{-1}\boldsymbol{P}^{\mathrm{T}}\boldsymbol{\Sigma}$$

第 5 步：投资组合优化

结合超额收益的协方差矩阵，依照马科维茨方法，利用修正期望的向量得出最优投资组合的权重。

第 28 章

投资政策与特许金融分析师协会结构

使期望和境况各异的每个家庭都拥有称心如意的投资决策是一项艰苦的任务。投资顾问必须将模糊和非量化的问题转化为具体的投资决策。对投资机构来说，这项任务同样困难。大多数投资机构由投资人出资，通常受到各种各样的权力机构的管制。整个投资过程很难简化成一个简单的或程序化的运算法则。

尽管许多投资原理都普遍适用，但是有些问题是某些投资者特有的。例如，税率、年龄、风险忍耐力、财富、就业前景以及其他不确定因素。在本章中，我们将探讨投资者如何系统地评价他们特定的目标、限制和境况。在这个过程中，我们调查了一些主要的机构投资者并研究了他们必须面对的特殊问题。

虽然没有唯一正确的投资过程，但是总有一些方法优于其他方法，而将这些有效的方法作为一个有用的案例进行研究是很有益的。所以，我们要研究一下特许金融分析师协会推荐的系统分析法。另外，该机构通过考试授予投资专业人士“特许金融分析师”资格。因此，我们概括出来的方法也受到业内资深的专业投资机构的支持，它们要求投资从业人员通过课程掌握这些方法。

该方法的基本框架将投资过程划分成 4 个阶段：明确投资目标、确定限制因素、制定投资决策、监控和必要时调整投资组合。我们会依次研究这 4 个阶段的行为。首先，描述投资者（包括个人投资者和机构投资者）的主要类型。其次，分析每类投资者面临的特定限制和不同情况，并且研究他们能够选择的投资决策。

我们将分析个人投资者和机构投资者（例如养老基金）的特定状况如何影响投资决策，也会分析税收制度如何对投资决策造成影响。

28.1 投资决策过程

特许金融分析师协会将投资管理过程分成 3 步：计划、执行和反馈，这 3 个步骤构成一个动态的反馈回路。图 28-1 和表 28-1 描述了该过程的各个步骤。简单地说，计划主要为决策制定做必要准备。这包括收集顾客以及资本市场数据，建立长期决策指导方针（战略性资产分配）。执行是将最优资产配置和证券选择方案具体化。反馈是适应预期和目标变化以及导致市场价格变化的投资组合构成变化的过程。

表 28-2 所示的投资策略说明书总结了上述分析结果。接下来，我们将详细介绍投资策略说明书的各个步骤。首先是表 28-1 所示的投资决策过程。

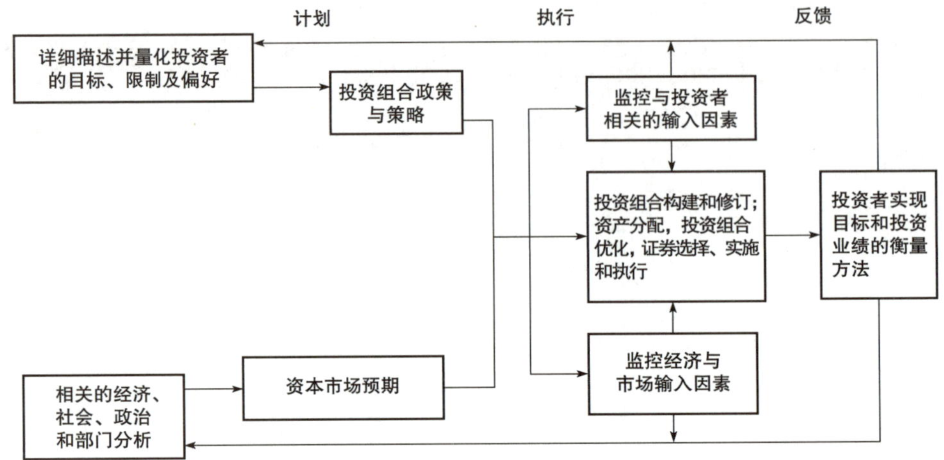

图 28-1 特许金融分析师协会的投资管理过程

表 28-1 投资决策的过程

1. **计划**
   - A. 识别并明确投资者的目标和限制
   - B. 建立投资策略说明书（见表 28-2）
   - C. 形成资本市场预期
   - D. 构建战略性资产分配（目标资产、最小资产和基准资产权重）
2. **执行：投资组合的构建和修订**
   - A. 资产分配（包括战术上的）和投资组合优化（资产组合满足风险与收益目标）
   - B. 证券选择
   - C. 实施和执行
3. **反馈**
   - A. 监控（投资者、经济因素和市场输入因素）
   - B. 重新平衡
   - C. 业绩评价

资料来源：John L. Maginn, Donald L. Tuttle, Dennis W. McLeavey, and Jerald E. Pinto, "The Portfolio Management Process and the Investment Policy Statement," in *Managing Investment Portfolios: A Dynamic Process*, 3rd ed. (CFA Institute, 2007) and correspondence with Tom Robinson, head of educational content.

表 28-2 投资策略说明书的构成

1. 客户简要描述	6. 业绩衡量标准与基准指标
2. 政策与指导方针的制定目的	7. 建立战略性资产分配的考虑因素
3. 相关各方的职责与投资责任	8. 投资策略和投资风格
4. 投资目标、目的以及投资限制的声明（见表 28-3）	9. 投资组合再平衡的操作指引
5. 投资业绩和投资策略说明书的审查周期	

表 28-3 投资组合决策的决定因素

目标	限制	策略
要求收益率	流动性	资产分配
风险承受能力	期限	分散化
	监管	风险定位
	税收	税收定位
	个别需求	收入生成

目标

表 28-1 表明管理计划过程首先要分析投资客户的情况，尤其是影响他们决策的投资目标和限制。投资组合目标的核心是投资者的期望收益（表 28-3 第一列中的要求收益率）与他们愿意承担的风险（风险承受能力）之间的**风险-收益权衡**（risk-return trade-off）。投资管理人必须了解投资者在追求较高期望收益率时可以承受的风险水平。

华尔街实战 28-1 介绍了一份评价投资者风险承受能力的调查问卷。

华尔街实战 28-1　风险承受能力调查问卷

以下问卷是金融机构用来评估投资者风险承受能力的一个小测试。

问题	1 分	2 分	3 分	4 分
1. 我计划使用这笔投资资金的时间	6 个月内	3 年内	3~6 年	至少 7 年
2. 投资资金占我总资产（除房产）的比率	75%以上	50%~75%	25%~50%	小于 25%
3. 我预期未来收入会	下降	保持不变或增长缓慢	增长速度比通货膨胀率快	快速增长
4. 是否有应急用的储蓄	没有	—	有，没有想要的那么多	有
5. 我愿意用占总资产多少的资金冒风险使资金翻倍	无	10%	25%	50%
6. 我已经投资于股票和股票型共同基金	—	是的，但是很担心这项投资	没有，希望向这方面投资	是的，对这项投资很满意
7. 我最重要的投资目标是	维持原有投资	资金不断增长并能够获得收益	增长速度快于通货膨胀率并且能够获得收益	资金尽快增长。当前的收益并不重要

将 7 个问题所得的分数相加。如果选第一个答案加 1 分，如果选第二个答案加 2 分，依此类推。得分在 25~28 分，为激进的投资者。得分在 20~24 分，你的风险承受能力在中等水平以上。得分在 15~19 分，是稳健型投资者。这意味着，为了潜在的高收益率，你愿意承担部分风险。如果得分在 15 分以下，那么你为保守型投资者。如果得分在 10 分以下，则你是一个非常保守的投资者。

资料来源：Security Industry and Financial Markets Association.

28.2　主要投资者类型

不同类型的投资者的目标和约束条件差别很大。在本节中，我们简要概述了八大类投资者，重点介绍了他们的收益目标和风险承受能力。

28.2.1　个人投资者

影响个人投资者收益率和风险承受能力的基本因素是他们所在的生命周期阶段和个人偏好。例如，中年的长聘大学教授和已经退休的寡妇的需要和偏好就不同。随后，我们将在本章进一步详细讨论个人投资者的相关内容。

28.2.2　个人信托

个人信托（personal trust）是通过个人投资者将其资产的合法权益授予另一个人或机构（托

管人）并委托他们为一个或多个受益人管理财产建立起来的。托管人通常是银行、储蓄与贷款协会、律师或投资专家。信托投资受信托法规制约，同时“谨慎投资者法规”也将信托的投资类型限制在谨慎投资者的选择范围中。

个人信托的投资对象通常比个人投资者的投资范围更狭窄。个人信托管理者因为负有责任，通常比个人投资者更倾向于规避风险。他们不会进行期权合约和期货合约等资产类别的买卖，也不会采用买空、卖空等投资策略。

28.2.3 共同基金

共同基金汇集投资者的资金，以募股说明书阐述的方法投资，向投资者发行份额，投资者按一定比例获得基金产生的收入。募股说明书详细阐明了共同基金的投资目标。本书第4章详细讲述了共同基金的相关内容。共同基金的必要的收益以及承担的风险有很大的不确定性，因为基金将投资市场划分为几个部分。不同的基金会吸引不同的投资群体，并根据具体的市场情况采用一定的必要收益率和风险系数。例如，红利基金吸引保守型的投资者，而高成长的基金更适合偏好风险的投资者。免税债券基金根据税种将市场划分为几个部分。

28.2.4 养老基金

养老基金的目标取决于退休计划的类型。退休计划分为**固定缴纳计划**（defined contribution plan）和**固定给付计划**（defined benefit plan）。固定缴纳计划实际上是一种延税退休储蓄账户，员工自负盈亏。这些计划被称为固定缴纳计划，因为公司的唯一义务就是向员工的退休账户提供规定的缴款。员工负责指导资产的管理，通常是通过在几个投资基金中选择可以放置资产的基金。因此，固定缴纳计划的目标与每个个人投资者的目标相似。

与固定缴纳计划不同，固定给付计划要求雇主向雇员提供每年的退休补贴。补贴金额由计算公式得出，考虑了工龄以及工资待遇水平。例如，雇主可能会按员工工作年限，每年支付相当于员工最终年薪2%的金额给退休员工。那么，一位工作了30年的员工将获得相当于其最终年薪60%的年度养老金。给予补贴是雇主的一项义务，养老基金中的资金用于保证雇主履行这一义务。如果养老基金账户中的资金短缺，雇主有义务弥补这一缺失，追加其数额。因此，许多固定给付计划以资产组合的假设收益率作为其收益目标，投资绩效的风险由公司承担。我们稍后将在本章详细讲述养老基金。

28.2.5 捐赠基金

捐赠基金（endowment fund）是指特许机构将资金用于特定的非营利性目的。它们由一个或多个发起者资助，通常由教育、文化、慈善机构或因特定目的设立的独立基金会管理。通常，捐赠基金的投资目标是在适度风险水平下产生稳定收入。此外，由于这些基金通常被设计为能够持续几代人，至少需要维持资产组合的实际价值。而捐赠基金的受托人可以根据具体情况规定其他目标。

28.2.6 人寿保险公司

人寿保险公司的投资通常用来对冲其保单中注明的负债。因此，有多少种不同的保单就有多少种不同的投资目标。到20世纪80年代，实际上，只有两种人寿保险业务：终身和定期。

终身保险保单（whole-life insurance policy）将死亡赔偿与储蓄计划相结合，该计划使投资者账户的现金价值不断增加，投保人晚年（通常为退休时）可以提取。另外，**定期人寿保险**（term insurance）只提供死亡赔偿，不包括现金升值。

终身保险保单中现金升值利率是固定的，并且人寿保险公司尽量通过投资长期债券对负债进行套期保值。通常，投保人有权以事先约定的利率从该保险账户中借款，借款的数额取决于保单的现金价值。人寿保险公司部分基于假设的利率为其保单定价，因此需要赚取这个利率来实现其利润目标。

20 世纪 70 年代和 20 世纪 80 年代早期通货膨胀严重的时候，许多旧的终身保险保单的契约式借款利率低于资本市场利率，保单持有者从保险账户中借入大量资金，投资于货币市场共同基金并获得两位数的投资收益率。为了适应这种发展，保险业提出两个新的保单类型：**可变人寿保单**（variable life policy）和**通用人寿保单**（universal life policy）。对于可变人寿，投保人购买保单，可以得到一份固定的死亡赔偿金外加一部分现金，投保人可以将其投资于各种各样的共同基金。对于通用人寿，投保人可以根据需要增加或减少保费或死亡赔偿。可变人寿保单和通用人寿保单的最大优点是在现金提取之前不需要缴纳税金。

28.2.7 非人寿保险公司

像财产保险、意外损失保险等非人寿保险公司收取保费之后可能会支付索赔款项，所以会将资金进行投资。一般来说，它们对风险的态度比较保守。养老金计划的当事人和保险公司都要考虑的一个问题是如何避免可以预见的长期负债。投资策略需要用到期日不同的债券来规避这些长期负债。

28.2.8 银行

根据定义，银行的特征是其大多数投资是面向公司或消费者发放的贷款，而大多数负债则是储户的存款。贷款与存款和信用违约互换的差价是银行利润的来源，此外银行还赚取一些服务费。经营银行资产需要平衡贷款投资组合、存款投资组合以及信用违约互换组合。银行可以通过增加风险来扩大利差：向支付更高利率的高风险借款人放贷，或增加长期、高收益贷款的比例。但银行资本管理是基于风险的，所以高风险策略会引发更高的资本需求以及更多的管理干预。

表 28-4 总结了与每一类投资者有关的目标。

表 28-4 投资者目标矩阵

投资者类型	收益率要求	风险承受能力
个人投资者	生命周期（教育、子女、退休）	生命周期（年轻人的风险承受能力更强）
个人信托	生命周期	谨慎的投资者规则
共同基金	可变的	可变的
养老基金（固定收益）	假定的精算收益率	取决于代表性支出
捐赠基金	由当前收入需求以及为保持实际价值而要求资产增值的需求决定	通常是保守的
人寿保险公司	应该超过货币市场利率，以便于足够的利差满足费用支出和盈利目标；精算收益率同样十分重要	保守的
非人寿保险公司	与或有负债相匹配	保守的
银行	维持正的利差	可变的

28.3 限制

即使有相同的风险承受能力，因为各家情况不同，不同的家庭和机构可能会选择不同的投资组合。这些情况包括税收状况、流动性的要求、来自投资组合的收入或不同的监管限制。这些情况对投资者的选择施加了约束。共同的目标和约束决定投资政策。

一些限制因素与投资者所处的环境有关。例如，如果一个家庭中有孩子需要上大学，由于现金将要用于支付学费，所以会对资金的流动性要求较高。而其他的时间，限制因素则更多地来自外部。例如，法律明确了银行和信托基金在其投资组合中可以持有的资产类型。最后，一些约束是自我强加的。例如，社会投资是指投资者不能持有涉及道德伦理的投资。一些用于判断公司不符合投资组合资格的标准包括：涉及侵犯人权的国家、生产烟草或武器以及参与污染活动。

表 28-5 给出了一个矩阵，总结了八种类型的投资者在每个类别中的主要约束。下面的讨论详细说明了这些约束。

表 28-5 约束条件矩阵

投资者类型	流动性	投资期限	法规	税收
个人投资者	可变	生命周期	无	可变
个人信托	可变	生命周期	谨慎投资者法规	可变
共同基金	通常较低	短期	很少	无①
养老基金	年轻时低，年老时高	长期	ERISA	无
捐赠基金	低	长期	很少	无
人寿保险公司	低	长期	复杂	受限
非人寿保险公司	高	短期	很少	受限
银行	低	短期	基于风险的资本金要求	受限

①共同基金本身不纳税，因为所有的投资收入都“传递”给了投资者。然而，它可能会代表投资者关注税收问题。

28.3.1 流动性

流动性（liquidity）是以公允价格出售资产的难易程度（和速度）。它是资产的时间维度（出售所需的时间）和价格维度（对公允市场价格的折扣）的关系（见第 9 章流动性）。

当需要对流动性进行定量衡量时，可以考虑需要立刻出手某项资产时的折扣价。现金和货币市场工具（例如国债和商业票据）的买卖价差不到 1%，它们是流动性最强的资产。房地产是流动性最差的资产之一。办公楼和生产设备的折价可能达到 50%。

个人投资者和机构投资者都需要考虑他们短期内处置资产的可能性有多大，以此确定流动性资产在投资组合中的最低水平。

28.3.2 投资期限

这是投资或大部分投资的计划终止日期。例如，个人投资者的**投资期限**（investment horizon）可以是为子女的大学教育设立基金的时间或者工薪族退休的时间。对于大学捐赠，投资期限可以是为某项主要的校园建筑项目设立基金的时间。当投资者在到期日对不同的资产（例如债券，在未来的某一时点一次付清）做出选择时，需要考虑投资期限。例如，如果一只债券的到期日恰好是需要现金的时候，那么这无疑会增加这只债券的吸引力。这一思路类似于公司融资的匹配原则：尽量使融资的截止日期等于融资产品的到期日。

28.3.3　监管

专业投资者和机构投资者会受监管的制约。首先是**谨慎投资者法则**（prudent investor rule），即管理他人资金的专业投资者有责任将投资资产限制在谨慎投资者会选择的资产范围中。这项条款的目标并不明确。每个专业投资者都必须准备好在法庭上为自己的投资策略辩护，因为关于这项条款的司法解释会随着时间的不同而发生变化。

注册投资顾问受信托标准的约束，这意味着他们必须为客户的最佳利益而工作，具体来说，他们必须将客户的利益置于自己的利益之上。相比之下，为经纪自营公司工作的经纪人或顾问，直到最近才受到较低的适合性标准的约束，这意味着他们的投资建议需要是可接受的，但不一定是客户的最佳选择。例如，即使有类似的、更便宜的基金（但向经纪人提供更低的销售佣金），客户的资金也可能被放置在经纪人认为更“合适的”共同基金中。美国证券交易委员会（SEC）于 2019 年通过的“最佳利益监管”（Regulation Best Interest）试图通过指导经纪商披露其薪酬方案所产生的利益冲突，并更多地考虑客户而不是自身的利益，来改进适合性标准。

还有适用于不同机构投资者的特殊规定。例如，美国共同基金（将个人投资者的资金汇集在专业管理人之下的机构）持有的股票不超过公开发行公司的 5%。这种制度使专业投资者避免参与公司的实际治理过程。

此外，对各种机构投资者也有具体的规定。例如，美国共同基金受监管，这些监管规定了允许使用杠杆或投资于非流动性证券的上限，以及某些分散化措施的下限。

28.3.4　税收考虑

税收结果对投资决策意义重大。所有投资战略的业绩都是通过税后收益测度的。对于面临高税赋的家庭和机构投资者来说，避税和延迟纳税在投资策略中十分重要。

28.3.5　独特需求

事实上，每个投资者所面临的情形各不相同。假设一对夫妻都是某航空公司工程师，收入很高。这个家庭的所有成员都与一个周期性的行业息息相关。这对夫妇需要对航天行业不景气的风险进行套期保值，并投资于那些在航天行业不景气时会有所收益的资产。

华尔街的一位主管遇到了相似的问题，他在华尔街附近有一所公寓。因为曼哈顿那一带的房屋价格取决于证券行业的发展状况，所以主管要双倍地承受证券市场波动带来的风险。由于工作和房产已经取决于华尔街的命运，所以购买典型的分散化的股票投资组合会增加其在股票市场的风险敞口。

这些例子表明，工作或者称为人力资本，通常是个人投资者最大的“资产”，同时，独特需求还表明雇用结果对于理想的投资组合起到了很重要的作用。

正如以下将要讨论的一样，个人投资者其他的独特需求通常与他们所处的生命周期阶段相关。退休、住房和子女的教育组成了基金的三大主要需求，投资策略部分取决于这些代表性支出。

机构投资者也有独特需求。例如，养老基金的投资策略根据计划参与者平均年龄的不同而有所不同。再比如，一所大学的捐赠基金要求管理层只能使用捐赠基金所获得的现金收入。这种限制会使其更偏好支付高股利的资产。

共同基金的一个特殊限制来自投资者对基金业绩的反应。当共同基金的收益率不理想时，投资者通常会赎回他们的份额——他们从基金中撤回资金。共同基金随之收缩。这种情况产生了流动性需求，这构成了对投资策略的约束。

养老基金受到1974年《雇员退休收入保障法》（ERISA）的严格监管。这项法案彻底改变了美国的退休储蓄制度，至今仍是一项重要的社会立法。因此，对于养老基金来说，监管约束是相对重要的。此外，成熟的养老基金需要比成立时间相对较短的基金支付更多的资金，因此需要更多的流动性。

人寿保险公司受到复杂的监管。目前21%的公司税率也适用于保险公司的投资收益，因此税收是一个重要的问题。

像定期人寿保险一样，财产保险和意外伤害保险建立在短期的基础上。大多数保单必须每年更新一次，这意味着财产保险公司和意外伤害保险公司受到短期限的限制。

银行的短期约束来自于利差的利率风险因素（即银行用短期负债为长期资产融资时，利率风险就会增加）。基于风险的资本监管要求对风险较高的投资组合提出更高的要求，这也对银行的投资组合选择施加了限制。

28.4　策略说明书[⊖]

策略说明书（IPS）对投资项目的计划和实施起到战略性指导作用。投资策略说明书的成功实施涉及投资项目管理、资产适当配置规划、与内外部管理者协调执行投资项目、结果监督、风险管理与适度报告。IPS也确定了代表投资者利益的各种投资实体的义务。也许更重要的是，IPS作为一项政策指引，可以使分解阶段的行为过程更为客观，否则情感和本能反应可能会导致非谨慎投资行为。

华尔街实战28-2介绍了个人投资者和高资产净值投资者所使用的理想化IPS的构成。不是每一种构成要素对每个投资者和每种情形都适用，而且也可能有其他构成要素是反映某投资者情形的理想要素。

> **概念检查28-1**
>
> a. 考察和你父母同辈的一个近亲的经济状况（例如你父母的兄弟姐妹）。写下他们投资决策的目标和限制。
>
> b. 现在考虑你最亲密的30多岁的朋友或亲戚的经济状况。写下适合他或她的投资决策的目标和限制。
>
> c. 两个方案之间的差异在多大程度上是由于投资者的年龄造成的？

华尔街实战28-2　个人投资者IPS的理想结构

范围和目标

- 定义背景
- 定义投资者
- 定义结构

监管

- 明确投资决策和决策责任
- 描述投资策略说明书的评价和更新过程
- 描述雇用或解雇外部顾问所需承担的责任
- 分派资产分配决策责任
- 分派风险管理责任

投资、收益和风险目标

- 描述整个投资目标
- 陈述收益、分配和风险要求
- 确定投资者的风险承受能力
- 描述其他相关要素

风险管理

- 建立业绩评估责任机制
- 明确风险度量的适度频率
- 定义投资组合重新平衡的过程

⊖ 这部分内容根据CFA协会文件改编，于初稿之前完成。它可能与最终公布的文件存在差异。

个人投资者 IPS 样本

也许理解 IPS 的最佳方法是分析各种投资者的 IPS 样本，因此接下来我们会列示 IPS 样本。

1. 范围和目标

（1）定义背景。前言经常用来叙述投资者和（或）财富来源的信息，给将要实施的投资项目确定投资背景。

例如：勒沃（Leveaux）家庭信托的资产可以追溯到 1902 年克劳德·勒沃（Claude Leveaux）创立的勒沃酒庄。1979 年，英国公司 FoodCo 购买了 LVX 公司。勒沃用卖出 LVX 公司所得资金中的 1 亿美元建立了勒沃基金，剩下的大多数资金组成了勒沃家庭信托，即此 IPS 的介绍对象。

（2）定义投资者。定义投资者是自然人还是法人或公司实体。

例如：“本投资策略说明书管理陈光平先生的个人投资组合。”

（3）定义结构。

1）阐明主要责任和参与者。

例如：贾妮斯·琼斯，作为萨姆·史密斯和玛丽·史密斯的财务顾问，负责更新投资决策。萨姆和玛丽将负责批准投资政策声明。

2）阐明顾问的“关心程度”。根据顾问偏好、商业模式和客户偏好的不同，顾问遵守的监管标准也不同。受托人标准一般要求顾问应该优先考虑客户利益，但是，合适的标准要求顾问在了解投资者具体情况的基础上提供适合投资者的建议。

例如：Fuji Advisors 作为一个受托人，是 Takesumi Family Accounts 的顾问，Fuji Advisors 认为提供的所有建议和决议必须要首先考虑客户的最大利益。

2. 监管

（1）明确制定、执行投资决策以及监管政策实施结果的责任人。IPS 记录投资决策制定和实施的各个阶段的责任。

（2）描述 IPS 的评价和更新过程。当投资者环境和（或）市场形势发生变化时，应该提前明确 IPS 的更新过程。

例如：万达·伍德负责检查萨姆·史密斯和苏珊·史密斯的投资要求以及投资和经济问题，并且在必要时，提议修改 IPS，频率不低于每年一次。

（3）描述雇用或解雇外部顾问的责任。IPS 应该阐明雇用或解雇外部货币管理人、顾问、与投资资产有关的其他销售人等的责任人。

（4）分派资产分配决策责任，包括改善输入假设条件所使用的数据和标准。资产分配结构为许多更加战术化（短期）的投资决策提供了战略背景。IPS 应该说明为资产分配决议过程改善和挑选输入数据时的假设条件。

例如：Tower Advisors 至少每年都会评价 Family Investment Accounts 资产分配情况，提出修改意见并得到詹姆斯·詹森和珍妮弗·詹森最终的肯定。Tower Advisors 也会考虑期望收益以及美国资本市场的代表性资产组合和通货膨胀率、边际税率预期变化的相关关系。

（5）分配风险管理、监察和报告的责任。IPS 应该说明设立风险决策、监督投资组合风险预测以及报告投资组合风险的责任人。

3. 投资、收益和风险目标

（1）描述整个投资目标。IPS 应该将资产的投资目标与主要投资对象联系在一起。

例如，IPS 管理的投资项目是为了补充 Marcel Perrold 的劳动收入，并在 2026 年他退休时提供资金。

（2）陈述收益、分配和风险要求。

1）陈述整个投资项目的业绩目标。详细说明整体投资业绩目标可能需要将一般资金需求与主要因素（例如通货膨胀率、费率等）结合在一起。

例如，为玛格丽塔·门德斯制订的财务计划表明为满足其未来义务并按计划于 2034 年退休，她需要 4%的必要实际增长率。

2）识别可以投资的每项资产组合的业绩目标。IPS 应该阐明投资组合可以投资的所有资产类别，有些投资者可能希望对基准收益和投资组合收益进行风险调整，以便进行比较。

例如，家族信托账户可以投资于美国股票、美国固定收益证券、美国货币市场和发达国家国际股票证券。为比较每个资产组合，选用下列标准，即美国股票：罗素 3000 指数；美国固定收益证券：巴克莱美国总体指数；美国货币市场：理柏美国政府货币市场平均指数；发达国家国际股票证券：MSCI EAFE 指数。

3）定义分配或支付假设或决策。应该定义投资组合的支出和分配。

例如，由于投资组合的整体期望收益率是 7.5%，费率为 1.2%，通货膨胀率为 2.8%，以及所有增值的有效税率为 32%，Linzer 信托投资组合的年支付率为投资组合市场价值的 1.2%，同时保持资本保值和名义增长的潜力。

4）定义一个决策投资组合作为业绩和风险评价的基础。资产分配决策应该为每个资产类别指定目标分配比例，并且该分配比例可以在允许范围内上下波动。

（3）确定投资者的风险承受能力。

根据风险承受能力描述投资者的一般原理。IPS 应该承认风险的存在，以及随着时间的推移与风险相关的潜在收益可能是正的也可能是负的。通常相关风险有很多，包括流动性、法律、政治、监管、寿命、死亡率、商业风险或健康风险。

例如，Tower Advisors 认为每 12 个月高于 33%的绝对损失是难以忍受的。

（4）描述相关限制。投资者必须注意能够影响投资项目的各种各样的限制。这些限制可能反映法律或监管命令或内部政策。

1）定义业绩目标的评价标准。当需要采取行动解决业绩较差的问题时，确定业绩目标完成的最小时间范围更有利。

例如，评价是否达到投资目标是以连续的 8 个季度为基础的。

2）明确维持流动性的要求。投资者可能有短期或中期现金需求，那么应该在 IPS 中阐明。

例如，投资组合市场价值的最多 15%应该投资于可在 5 天通知期内变现且不遭受资本贬值的资产。

3）识别或有税收因素会在多大程度上影响投资决策的制定。投资策略说明书应该阐明投资者的一般税收情况以及特殊税收问题。

4）确定相关法律约束。

例如：Aquilla Family Foundation 账户管理在谨慎投资者法规的监督之下。

5）明确与杠杆有关的决策。杠杆投资组合可能受政策或相关法规的约束。

例如：作为一名投资管理人，Tower Advisor 可能会根据自己的判断将 Xie Weng 的投资组合增加 50%的杠杆。

（5）描述投资策略的其他相关因素。

确定用于从投资组合中包括或排除潜在投资的特殊因素。投资者可以选择对某些投资施加限制，这与他们对证券价格的额外财务因素影响的信念是一致的。

个人投资者事例：根据珍妮弗·詹森的个人信仰，她不会投资违反天主教教义的公司所生产的产品或服务。

4. 风险管理

（1）确定业绩测度和报告责任。IPS 应该确保投资业绩报告的客观性和可靠性。

个人投资者事例：Hill Counsel 将在新季度的第 15 天计算并报告每个投资账户的业绩。计算方法遵循 CFA 协会出版的《全球投资业绩标准》。

（2）风险测度和评价的适当频率。始终如一地使用指标来评估投资组合的风险概况，这对于长期进行有意义的比较非常重要。

个人投资者事例：除了业绩报告，Tower Capital 每个季度会向 Marcel Family Trust 报告代表性的风险指标，例如投资组合收益相对于每个投资组合指定基准的标准差和信息比率。

（3）定义投资组合重新平衡至目标分配比例的过程。目标变动的可接受范围或其他目标重新平衡点应该在 IPS 中阐明。

个人投资者事例：在每个季度的第一个交易日，詹森个人账户的投资顾问会提议重新平衡交易使账户重新回到目标分配比例，并且在受到投资委员会批准之后两个交易日内执行这些交易。

28.5　资产分配

经过对投资者的目标和限制的考虑得到一系列投资决策。表 28-3 的决策栏列示了几种投资组合管理决策的制定方法，包括资产分配、分散化、风险和税收定位、收入生成。截至目前，决策制定最重要的部分是资产分配，也就是说，决定投资组合在主要资产类别上的投资比例。

资产分配过程包含以下几步。

（1）明确投资组合包含的资产种类。主要的资产种类包括：①货币市场工具（通常称为现金）；②固定收益证券（通常称为债券）；③股票；④固定资产；⑤贵重金属；⑥其他。

机构投资者一般投资于前 4 种资产，但是个人投资者可能会投资贵重金属和其他更稀缺的投资品。

（2）明确资本市场预期。这一步包括使用历史数据和经济分析来确定你对在相关持有期内考虑纳入投资组合的资产的未来收益率的预期。

（3）获取有效投资组合边界，即寻找每一个给定风险水平下期望收益率最大的投资组合。

（4）获取最优资产组合，即选择有效资产组合，在达到风险和收益率目标的同时满足投资者的限制要求。

华尔街实战 28-3 希望降低风险？增加风险即可

我们都希望在不以降低收益为代价的情况下降低投资组合的风险。尽管经济学家会告诉你天下没有免费的午餐，但这个说法不完全正确。通过分散投资，你可以在不牺牲收益的情况下获得低风险的好处。众所周知，在你的投资组合中增加更多的证券可以在不牺牲收益的情况下降低风险。风险更高的证券可以减少波动性。

受忽视的一个事实是，你还应该考虑分散你对不同不确定性的敞口。风险不仅仅是围绕投资组合价值的波动。它实际上有很多维度。这里有一些值得思考的维度。

市场风险：这是最容易引起注意的风险。它是指你的投资组合在低迷的市场中下跌的风险。

通货膨胀风险：即使你投资于名义收益已知的“无风险”国库券，不确定的通货膨胀也会使你的实际收益难以预测。一些人将这种风险敞口称为“规避风险的风险”，因为投资组合过于倾向于安全的国库券可能会让你失去购买力，尤其是在长期投资期限内。

利率风险：固定收益市场的系统性风险因素是利率的不确定性。当利率飙升时，即使是“保守”的债券投资组合也会遭受巨大损失。相反，再投资利率的下降可能会降低你投资的未来价值。这就是固定收益投资者对免疫策略感兴趣的原因。

流动性风险：买卖证券总是需要成本，包括潜在的“价格让步”，你可能不得不接受一个没有吸引力的价格以迅速完成交易。流动性，即在短时间内以合理价格进行交易的能力，随着时间的推移会发生不可预测的变化，并带来另一种风险来源。当你不确定何时需要兑现投资时，这一点尤其重要。

政治风险：所有的投资都受制于政府的行动，从对收益征税到收益完全被没收的风险。政治风险因国而异，但从未完全消失。

事件风险：低概率但高影响的事件可以影响整个经济，例如地震或海啸。它们也可以是公司特定的，例如，会计欺诈或药物发明。在这两种情况下，你的投资组合都可能受到“黑天鹅”的影响。

这个清单还可以继续，包括诸如货币风险、信用风险、能源价格风险等问题。你必须考虑到你对这些因素的暴露程度，并将它们限制在一个可控的水平。

税收和资产分配

在此之前，我们在讨论资产分配时都会避开所得税问题。当然，如果你是免税投资者（像养老基金），或者如果你所有的投资组合都是避税账户［例如个人退休账户（IRA）］，那么税收与你的投资组合决策没有关系。

但是，在美国现行法律之下，至少部分投资收益要按照最高税率缴纳所得税。你可能只对投资组合持有期间的税后收益感兴趣。乍看如果知道税前收益，得到股票、债券以及现金的税后持有期间收益是一件简单的事情。但是，这里有几个复杂的因素。

第一个是你要在免税和应税债券中做出选择。我们在第 2 章中讨论过这个问题，并且得出结论：如果你的个人所得税率使得应纳税债券的税后利率小于“市政债券”的利率，那么你就应该选择投资免税债券。

第二个复杂因素不那么容易处理。这个问题源于部分投资者持有期收益是以资本利得和损失的形式展现出来的。在美国税收制度下，只有通过出售在持有期内的资产并实现资本利得才需要缴纳所得税。这同时适用于债券和股票，而且这使得税后持有期收益成为证券在持有期结束时是否出售的函数。不管证券在持有期末是否真正出售，有经验的投资者会制定销售证券的时间使其缴纳的税费最小化。这通常要求投资者在纳税年度末卖掉损失的证券，继续持有盈利的证券。

此外，因为股票的现金股利完全征税，溢价股票可以延迟出售，这样可以缓交资本利得税。股票的税后持有期收益取决于发行股票的公司的股利分配政策。

28.6　管理个人投资者的投资组合

个人投资者目标设立时最需要考虑的是其所处的生命周期的阶段。大多数年轻人开始其成人生活时只有一项资产——赚钱能力。在生命周期的前几个阶段，个人投资者不会有兴趣投资股票和证券。对流动性和本金安全的需要使他们采取保守策略，将资金存于银行或货币市场基金。人们购买人寿保险或伤残保险来保护人力资本的价值。

当劳动收入增长到使保险和住房需求得到满足时，人们开始为退休后的生活存钱，尤其当政府对这部分储蓄提供税收激励时。退休储蓄构成了一个家庭第一笔可投资的基金，这笔资金可以投资股票、债券或其他资产。

28.6.1　人力资本和保险

大多数个人投资者最重要的投资决策是教育，即构建人力资本。最初工作时大多数人的主要资产是通过人力资本赚钱的能力，在这种情形下，疾病和受伤的风险要比与金融财产有关的风险大得多。

对冲人力资本风险最直接的方法是购买保险。劳动收入和伤残保险相结合构成一个投资组合。这个投资组合收益率的风险比劳动收入本身要低很多。人寿保险是对家庭中任何一个能挣钱的人因死亡而带来的所有收入损失的套期保值。

28.6.2　住房投资

许多人起初拥有的最主要的经济资产是自有住房。决定购买而不是租赁住房就成为一个投资决策。

在评估这种投资的风险和收益方面，一个重要的考虑因素是房子作为对冲两种风险的价值。第一种是租金上涨的风险，这使得住房服务更加昂贵。如果你有房子，住房成本的增加（坏消息）将增加你在住房投资的收益（好消息，因此是一种对冲）。

第二种风险是你住的那所房子或公寓可能不会总让你住下去。买了之后就可以保证住在里面了。

28.6.3　为退休储蓄和风险假设

人们储蓄、投资是为了未来的消费以及遗产。终身储蓄的主要目的是退休之后维持原来的生活标准。图 28-2 表明，你退休时的消费取决于当时的预期寿命。一个人 65 岁退休，寿命大约是 85 岁，所以准备 20 年的养老金以及足够的储蓄以满足平均退休生活需求是一笔巨大的资金。投资收入也会增加继承人或其喜爱的慈善机构（或两者）的财富。

图 28-2　长寿是一把双刃剑

资料来源：www.glasbergen.com. Copyright 2000 by Randy Glasbergen. Reprinted by permission of Randy Glasbergen.

调查问卷显示，随着投资者接近退休年龄，风险厌恶情绪会增加。随着年龄的增长，投资者很难从灾难性投资业绩中恢复过来。

当他们年轻时，投资者可以努力工作，储蓄更多的收入来弥补损失。然而当退休临近时，投资者发现很难恢复过来，因此会转而投资安全的资产。

28.6.4　退休金计划模型

网上有很多退休计划。你可以在美国储蓄教育委员会（ASEC）的网站上找到其中一些的链接：www.choosetosave.org/calculators/。（ASEC 是员工福利研究所的一个项目。）这些计算器都遵循类似的逻辑。首先，估计你退休时总资产的价值。这取决于你的流动资产，你的期望储蓄率和期望收益率。利用对退休财富的预测、假设的退休利率和预期寿命，你可以计算出你的退休财富可以产生的年收入年金。然后加上你可能在退休后继续获得的收入，例如，来自社会保障、固定收益养老金计划或兼职工作的收入。然后，将所得的总退休收入估计值与你当前的工资及其预测增长率进行比较，从而得出你的收入的“替代率”预测：你在退休后将继续获得的最后一个工作年度工资的一部分。如果替代率太低，你需要考虑一个更激进的储蓄计划，或者延迟退休。

图 28-3 显示了来自 ASEC 的“Ballpark E$ estimate”计算器的这种分析结果。有 16 个输入

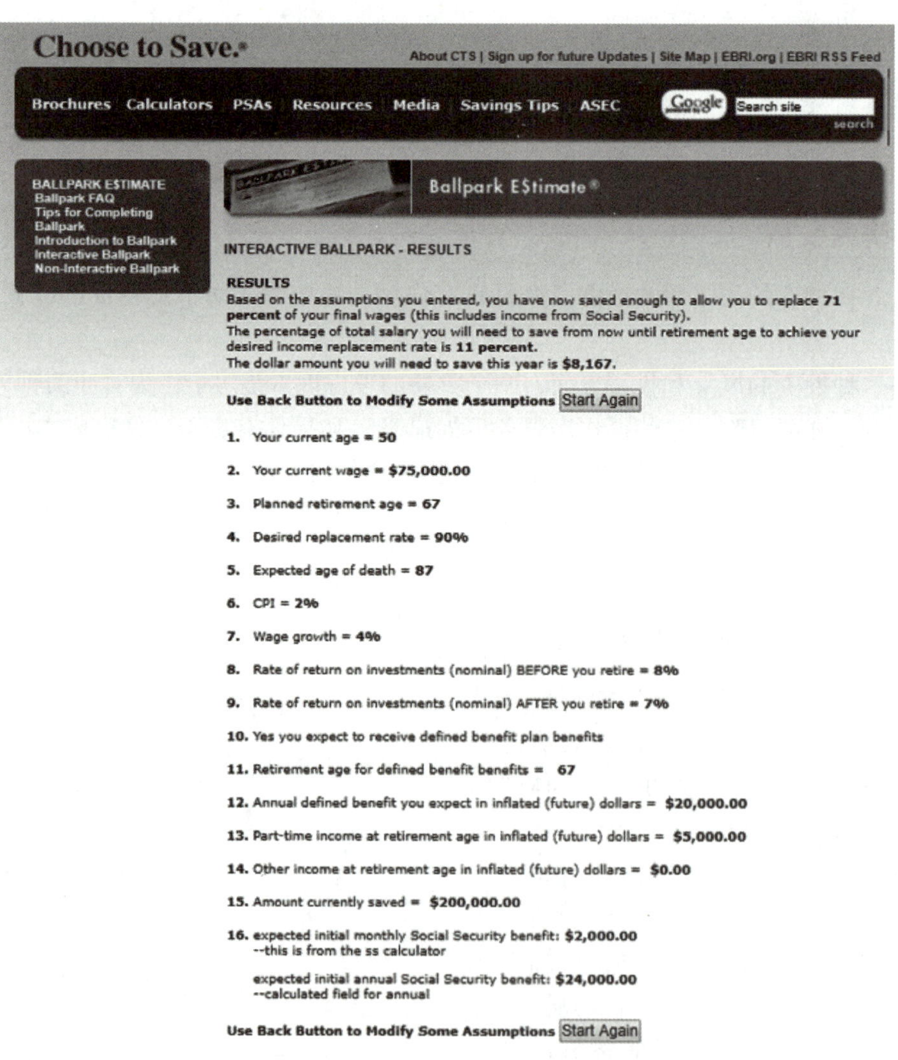

图 28-3　美国储蓄教育委员会（ASEC）退休计算器的示例输出

资料来源：http://www.choosetosave.org/ballpark/index.cfm.

选项。计算器根据当前假设报告你的替换率（在本例中为 71%），以及支持目标替换率所需的储蓄率（在本例中为 10）。这个例子展示了一个非常简单的退休计算器。其他人可以根据市场数据为你确定合适的利率，并可以在你的输入选项之间强制一致性（例如，在利率和通货膨胀率之间）。此外，他们可以执行统计模拟模型，考虑工资增长、收益率、通货膨胀率等方面的不确定性，而不是单一的场景，从而提供实现退休目标可能性的概率评估。

28.6.5　自己管理投资组合还是依赖别人

很多人的资产包括：社会保障福利收益、养老金和团体保险计划以及人寿保险计划中的储蓄部分。但是，投资者对这些计划的投资决策的管理权有限的。这些为养老金和人寿保险计划提供保险的基金是由机构投资者进行管理的。

但是，除了“强制储蓄”计划之外，个人投资者可以自己管理投资组合。自己管理投资组合的成本往往比较低。考虑到金融规划师和专业投资管理人收取的费用，你可能希望自己花费在投资组合管理上所花费的时间和精力能带来相应的价值回报。

专业管理人员面临两个难题。第一，与客户交流他们的投资目标和限制条件需要很高的技巧。这不是一项一次性的任务，因为客户的目标和限制条件不断发生变化。第二，专业人员要明确表达金融计划，不断向客户报告最新结果。由于需要设立一个有效组织使决策权力分散化，信息也能够有效地传播出去，所以对大型投资组合的专业化管理变得更加复杂。当你寻找合适的投资管理人时，图 28-3 提供了一些应当考虑的问题。

对大多数人来说，生命周期金融计划是一项艰难的任务，所以一个为个人投资提供金融建议的行业迅速出现也就不令人吃惊了。

华尔街实战 28-4　核查你的投资顾问资质

在选择投资顾问前，你应当明确：所购买的服务内容、服务费用标准、投资顾问的报酬获取方式，以及投资顾问在提供投资建议时可能存在的利益冲突。若你选择的是注册投资顾问，请务必在首次收到公司披露手册时及后续更新时仔细查阅——该手册包含大量重要信息！如未收到披露手册，应主动索取。你也可以通过美国证券交易委员会“投资顾问公开披露”（IAPD）网站获取该手册。

评估投资顾问资质时，你应该重点询问以下核心问题：

1. 你是否在美国证券交易委员会、州监管机构或美国金融业监管局注册？
2. 你或所属机构是否曾受到监管机构纪律处分？如有，请说明处分原因及后续整改情况。
3. 是否曾有客户因对你的专业服务、咨询建议或推荐产品不满而提起诉讼？
4. 你的服务报酬如何计算？常规收费标准是计时收费、定额费用还是佣金提成？
5. 你有哪些从业经验？特别是针对我这种情况的客户有哪些服务经验？
6. 你的教育背景如何？最近三年的执业机构有哪些？
7. 你提供哪些产品服务？是否只能向我推荐有限范围的产品？若是，请说明原因。

28.6.6　避税

在这一小节，我们将介绍 4 种重要的避税选择权，它们可以彻底地影响个人投资者的最优资产分配。第一，延税选择权。只有在实现资本利得时，个人投资者才需要支付资本利得税。第二，递延纳税退休计划，例如个人退休金账户。第三，递延年金，由人寿保险公司提供。第四，可变人寿保险单和通用人寿保险单，也由人寿保险公司提供。

1. 延税选择权

美国国内收入法的基本特征是只有在资产出售的时候才缴纳资本利得税。这就是**延税选择权**（tax-deferral option）。因此，投资者可以控制缴税时机。这样股票投资就可以从中获利。

为了说明这一点，将 IBM 的股票和债券做一下比较。假设两者的期望总收益率为 12%。股票的股利收益率为 4%，预期价值增值为 8%，但是债券的利率为 12%。债券投资者必须在获得债券利息的当年纳税，但是股票持有者只会对股利纳税，等股票出售以后再支付资本利得税。

假设某投资者将 1 000 美元投资 5 年。尽管在实际生活中，利息同正常所得税率相同，但是对大多数投资者[㊀]而言，资本利得和股利的税率只有 15%。为了分离延迟纳税带来的收益，我们假设所有的投资收入的税率为 15%。债券的税后收益为 12%×（1-0.15）= 10.2%。5 年末税后的累计收益为

$$1\,000\times1.102^5=1\,625.20(\text{美元})$$

至于股票，个人投资者的税后股利收益是 4%×(1-0.15)= 3.4%。因为，直到第 5 年才缴纳 8%的年资本利得税，则税前累计收益是

$$1\,000\times(1+0.034+0.08)^5=1\,000\times(1.114)^5=1\,715.64(\text{美元})$$

第 5 年，投资者出售股票，（现在纳税的）资本利得是

$$1\,715.64-1\,000\times(1.034)^5=1\,715.64-1\,181.96=533.68(\text{美元})$$

应纳税额是 80.05 美元，剩余 1 635.59 美元，比债券的投资收益多 10.39 美元。资本利得税递延缴纳使投资收益在实际支付税费之前以更快的复利增长。注意，价值增值在总收益中占的比例越大，延税选择权的价值越大。

2. 递延纳税退休计划

最近几年，**递延纳税退休计划**（tax-protected retirement plan）的使用不断增加，投资者在这类计划中可以选择如何分配资产。这类计划包括传统的个人退休账户、基奥（Keogh）计划、雇主发起的“有延税资格的”捐助计划，例如 401（k）计划。这些传统计划的共同特点是在个人投资者提取本金和收益之前，不缴纳联邦所得税。

通常，个人投资者的部分投资可能以符合退休账户的形式存在或以普通应纳税账户的形式存在。投资适用的基本避税原则是在退休账户中持有任何想持有的债券，同时在普通账户中持有股票。

你可以通过在退休金账户中持有最没有避税优势的证券使其避税优势最大化。

为了说明这一点，假设某投资者拥有 200 000 美元的财富，其中的 100 000 美元投资于有递延税收资格的退休账户中。目前，她将财富一半投资于债券，一半投资于股票，所

> **概念检查 28-2**
>
> 假设投资者债券的年利率是 10%，股票年收益率是 15%，都是以价格增值的形式出现。5 年后，她会收回所有资金并且花掉。如果她把所有债券转换到退休账户并且在退休账户外持有所有股票，那么最终她的累计收益会增加多少？假设利息收入和普通收入的税率为 28%，资本利得税率为 15%。同时假设股票收益完全以资本收益的形式存在，在投资者五年后将资金收回之前不需要纳税。

㊀ 截至 2019 年，收入在 78 750 美元至 488 850 美元之间的已婚夫妇的资本利得和股利税率为 15%。对于收入超过 25 万美元的人，还要对投资收入征收 3.8%的医疗保险附加税，对于收入超过 488 850 美元的人，税率为 20%（加上 3.8%的附加税）。

以她将一半退休账户和一半非退休账户分别投资于这两种资产。她可以在不改变税前收益的情况下，通过将债券转化成退休账户并且在退休账户之外持有所有的股票以减少纳税金额。

传统的 IRA 和 401（k）计划允许投资者避免对当前收入征税，因为为退休计划提供的资金在当前年度不征税。但所有收益（包括最初的本金和随后的投资收益）都要在提款时纳税。相比之下，罗斯计划（以提出该计划的国会议员的名字命名）允许投资者将税后收入贡献给退休计划（因此在当年没有税费减免），但投资者不用为未来的投资收入缴税。为了比较这两种计划，请考虑一位税率为 30%的员工，他的收入为 10 000 美元，他将投资于传统的计划或罗斯的避税计划。假设所投资的资金每年将获得 8%的收益，并投资 20 年，届时员工将退休。

首先假设这 10 000 美元存在传统的 IRA 或 401（k）计划中。员工实际上只放弃了 7 000 美元的当前消费，因为如果没有在退休计划中得到保护，这笔钱的 30%将被征税。20 年后，10 000 美元将增长到 10 000 美元×1. 082 0＝46 609. 57 美元。但是，当员工提取这些资金时，他要全额纳税，所以他的税后净收入只有 46 609. 57×(1－0. 30)＝32 626. 70 美元。

在罗斯计划中，10 000 美元的收入是在赚到的那一年纳税的。所以只有 7 000 美元可用于投资。但投资收益都是免税的，所以资金将增长到 7 000 美元×1. 082 0＝32 626. 70 美元，没有进一步的纳税义务——与按照传统的计划完全相同。乍一看传统 IRA 计划和罗斯计划似乎同样有吸引力。在一种情况下，你要按原值缴纳 30%的税；在另一种情况下，你支付最终累计价值的 30%。但是还有一些显著的不同。

首先，如果你的税率会随着时间的推移而变化，你可能会更喜欢其中一种计划。对于那些认为他们的收入（因此他们的边际税率）在退休后会明显降低的人来说，传统的计划可能会更受欢迎，因为在缴款时节省的税费大于退休时提取资金时支付的税率。另一方面，如果你预计税率会随着时间的推移而上升，你可能更喜欢罗斯计划。

当可以投入计划的资金受到法律限制时（就像美国的情况一样），罗斯计划提供了一个更微妙的优势。假设你最多可以在 401（k）计划中存入 10 000 美元。按照传统的计划，你最多可以存 10 000 美元的税前存款（相当于按 30%税率计算的税后存款 7 000 美元）。在罗斯计划中，你可以存 10 000 美元的税后资金，相当于 13 333 美元的税前资金。

3. 递延年金

递延年金（deferred annuity）实际上是人寿保险公司提供的避税账户。它们把税收递延和以年金的形式提取资金的选择权联系到一起。可变年金合同提供共同基金投资的额外优势。个人退休账户和可变年金合同的主要差别是：尽管投资者向个人退休账户投入的金额是免税的，但存在最大额度的限制；对递延年金的投入金额是无限制的，但不能免税。

根据定义，终身年金的特征是只要受领者在世，就要继续支付年金，尽管几乎所有的递延年金合同都有多个撤回选项，包括在任何时候一次性支付一大笔现金。你无须担心去世前会用光所有的钱。因此，同社会福利一样，终身年金提供长寿保险，对于已经退休的投资者来说，这无疑是一项理想的资产。的确，理论上，如果没有留下遗产的动机，投资者的最佳投资选择是大量投资于精算、公允的终身基金。㊀

㊀ 该观点的详细阐述请见 Laurence J Kotlikoff and Avia Spivak，“The Family as an Incomplete Annuities Market”，*Journal of Political Economy* 89（April 1981）。

终身年金分为两种：**固定年金**（fixed annuity）和**可变年金**（variable annuity）。固定年金每期（通常为1个月）支付固定的金额，但是可变年金定期支付的金额与一些潜在投资组合的投资业绩有关。

可变年金的设立使得潜在资产组合的投资风险传递给受领者，这和共同基金相同，共同基金份额持有者也需要承担共同基金的风险。可变年金合同分为两个阶段：累计阶段和支付阶段。在累计阶段，将资金定期投入一只或多只开放式共同基金并且积累份额。支付阶段，通常始于退休，此时投资者通常有多种选择权，包括：

- 一次性兑现份额的市值。
- 获取固定年金直到去世。
- 每期获得的资金数量取决于投资组合的投资表现。

4. 可变人寿保险单和通用人寿保险单

可变人寿保险是人寿保险业提供的另一种税收延迟投资工具。可变人寿保险政策将人寿保险和之前描述的税收递延年金联系在一起。

为了投资这项产品，你可以一次性支付保费，也可以分期支付保费。在每种情形下都有指定的死亡保险金，保单持有者可以将所投资的资金分配到几个投资组合，通常包括货币市场基金、债券基金以及至少一种普通股基金。这种分配比例随时可变。

可变人寿保险单提供的死亡保险金是指定面值或投资基础市场价值的较大者。换句话说，死亡收益会随着投资业绩增长而上升，但是不会在面值以下。此外，依然存活的受益人无须对死亡收益支付个人所得税。

投保人可以从许多收入选择权中做出选择，把保单转变成一系列收入，撤回保单或者部分撤回保单。在所有情形下，投资收益都要缴纳个人所得税。

被保险人可以通过把撤保而变现的现金借出获得收益，且不需要支付个人所得税。他们在任何时候都可以以合同规定的固定利率为基础贷出高达撤保额90%的资金。

通用人寿保险单与可变人寿保险单类似，但有一点区别：可变人寿保险单持有人可以获得由保险公司制定，并随着市场状况变动的一定比率的收益，而不是拥有投资组合的选择权。通用人寿保险单的缺点在于保险公司控制了支付给保单持有人的收益率，尽管公司可能会因为竞争压力而改变收益率，但是这种改变并不是自动进行的。不同的公司提供不同的收益率，所以要对各个公司进行充分了解以选择最好的公司。

28.7 养老基金

养老金计划由相关条款决定，该条款详细说明了计划收益和计划投资者是“谁”“什么时候”以及投资“多少”。养老金计划是投资金额以及在此基础上获得的投资收益，减去基金的收益，剩下的资产累计额。在美国雇主或雇员向基金投入的资金是免税的，并且基金投资收益也不需要纳税。支付给雇主或雇员的基金需要像普通收入一样纳税。“纯”养老金计划分为两种类型：固定缴纳计划与固定给付计划。

28.7.1 固定缴纳计划

在固定缴纳计划中，公司可以确定利益由员工享受，但是无法确定具体的支付额。规定的出资额通常是一个薪金的事先确定的比率（譬如雇主将雇员每年薪金的 5%投入此计划），尽管这个比率在一个雇员的整个工作生涯中不一定固定不变。养老金包括一系列个人投资账户，每个雇员有一个。养老金收益是不确定的，通常雇员可以选择其出资额以及账户的投资方式。

原则上，投入的资金可以投资于任何有价证券，但是，在实际操作中大多数计划把投资范围限制于债券、股票以及货币市场基金。雇员承担所有的投资风险，除了定期出资之外，雇主没有其他的法定义务。

概念检查 28-3

某雇员 45 岁，年薪 60 000 美元，其固定缴纳养老金计划的累计金额达 10 万美元。每年她将 5%的工资投入这个计划，雇主支付另外的 5%。她打算 65 岁退休。

该计划提供了两种基金以供选择：一种是有保障的收益基金，每年支付 3%的无风险实际利率；另一种是股指基金，每年的期望实际收益率为 6%，并有 20%的标准差。在现有资产组合中，她有 5 万美元投资于有保障的收益基金，5 万美元投资于股指基金。她计划将每种基金的投资收益在两种基金中进行再投资，并将每年的出资额均等地分配到两种基金上。如果她的工资增长率与生活费用增长率相同（所以她对每个基金的实际贡献是不变的），那么她退休时的期望未来价值是多少？她肯定能得到的收益是多少？

从本质上说，固定缴纳计划的投资策略与有资格延税的个人退休金账户的策略相同。事实上，这些计划的投资产品的重要提供者也是相同的机构，如服务于个人一般投资需求的共同基金与保险公司。所以，在固定缴纳计划中，制定以及完成收入目标的任务很大一部分就落在了雇员自己的身上。

28.7.2　固定给付计划

固定给付计划规定员工为收益人，并且能够确定具体的收益。公司有义务确保基金数额充足，从而保障员工利益。通常，收益公式要考虑为雇主工作的年限以及工资或薪金水平（譬如，雇主从雇员 65 岁开始为雇员支付终生养老金，每年的数额等于为雇主工作的年限乘以最后一年工作年薪的 2%）。雇主（称为“计划发起人”）或发起人雇用的保险公司保证收益水平并承担相应的投资风险。

从养老债务总值方面来看，固定给付计划在世界上大多数国家都占据统治地位。20 世纪 70 年代中期以来，发起人逐渐开始选择固定缴纳计划，但是这两种计划并不相互排斥。许多发起人将固定给付计划作为他们的首选，采取强制参加方式；将固定缴纳计划作为补充，采取自愿方式。

在固定给付计划中，养老金计划与养老基金之间存在一个重要区别：养老金计划是一份列明参与各方权利义务的契约式协议；养老基金将资产单独汇集在一起，并为已承诺收益提供担保。在不存在独立基金的情况下，这种计划不能提供资金。当基金的价值低于承诺收益现值时，计划就不能提供全部资金。如果计划的资产市值高于其债务现值，那么计划提供了过多的资金。

概念检查 28-4

目前年薪 6 万美元的员工 40 岁，在公司工作了 15 年。养老金计划承诺退休时的福利为最终工资的 2%乘以工作年限。如果正常退休年龄为 65 岁，利率为 8%，雇员的预期寿命为 85 岁，那么应计养老金福利的现值是多少？

28.7.3 养老金投资策略

养老基金特殊的税收状况使得固定缴纳计划以及固定给付计划更愿意将资产组合向那些在税前与税后收益间有较大差额的资产投资。由于在固定缴纳计划中，参与者承担了所有的投资风险，所以最优资产组合也取决于参与者的风险承受能力。

在固定给付计划中，由于发起人承担了大部分下行投资风险，最优投资策略可能会有不同。如果发起人需要同计划参与人分享养老金资产的潜在超额收益，他们就更愿意投资于与承诺收益额匹配的有价证券来消除所有的投资风险。例如，如果计划发起人在未来 5 年中每年需要支付 100 美元，他可以通过购买 5 个面值为 100 美元并且顺次到期的零息债券以提供这种收益的支付流。这样做，发起人就消除了支付不足的风险。我们称之为养老金债务的免疫（immunization）。

如果一个公司养老金累计的收益义务超出其资产的市场价值，FASB 第 87 项法令要求公司在其资产负债表上确认其未有资金支持的债务。但是，如果养老金资产价值超出了累计的收益义务值，公司不可以把这项差额列入资产负债表。这种不对称的会计处理体现了对固定给付计划的深层次认识。工会代表、一些政治家甚至少数养老金专家都相信作为累计的养老金收益保证人的发起公司有义务弥补养老金资产不足的情况，但没有收回养老金超额部分的明确权利。

1. 投资于股票

如果公司养老金策略的唯一目标是股东财富最大化，确实很难理解一个在财务上健全的养老金发起人为什么会完全投资于股票。养老基金的税收优势来源于发起人赚取养老金投资所获税前利率的能力。为了使避税的价值最大化，有必要完全投资于可以提供最大的税前利率的资产。由于这些资产不利于纳税，这就意味着公司养老基金应该完全投资于需纳税的债券以及其他固定收益的投资品。

但是我们知道，一般来说，养老基金要把资产组合的 40%～60% 投资到股票之中。即使漫不经心地翻阅一下有关基金管理人的文献也会发现，他们这样做是有许多理由的，有些是合理的，有些却是不合理的，以下有三个理由。

第一个理由是公司管理层把养老金计划看成为雇员建立的一项信托，并把基金资产视为一个固定缴纳计划进行管理。人们相信一项成功的股票投资策略可能会为雇员提供额外的收益，因此值得为此承担风险。

第二个可能正确的理由是管理层相信通过市场时机选择与证券的最优选择，可以创造出除管理费用和其他支出外的价值。注意，有效市场假设的弱有效形式指出，管理者仅仅通过将养老基金投资组合中的债券转换成股票，并不能为份额持有人创造价值。即使所有的额外养老基金都属于份额持有人，投资于股票仅仅是把份额持有人移到资本市场线（对于主动投资者来说，是在风险与收益之间的均衡市场线），并不创造价值。这意味着如果养老基金想通过市场时机选择或证券的最优选择，寻求战胜市场的主动策略，则投资股票才是有意义的。一项完全被动的策略不会增加份额持有人的价值。

当公司处于财务困境，计划的资金不足时，投资于股票和其他风险资产可能有其他可能的原因——联邦养老基金保险。处于财务困境的公司倾向于把养老基金中的资金投资于风险最大的资产。他们可能会认为，如果投资资产表现良好，公司复苏，它就获得了收益，但如果投资表现不佳，公司资不抵债，联邦养老基金保险将继承损失。

2. 投资于股票的错误理由

对于养老基金来说，投资股票的错误理由产生于几个相互关联的错误观点。第一个观点是从长期来看股票没有风险，这种错误观点在第 5 章中有过详尽阐述。另外一个相关的错误观点认为股票可以对通货膨胀进行套期保值。支持这种观点的理由是股票对实际存在的资产享有追索权。当出现未预料的通货膨胀时，实际利润不仅不会受影响，可能还会增加，所以对实物资产的所有人将不会造成伤害。但是实证研究表明，过去几年，股票收益与通货膨胀几乎没有呈正相关的情况，甚至呈负相关。因此，股票对通货膨胀的套期保值作用是有限的。

投资股票的另一个不合理的理由是，养老基金资产组合的期望收益率经常（尽管不恰当）被用来获得用于计算养老金负债现值的贴现率。通过投资于风险较高、期望收益较高的证券，贴现率增加，从而产生较低的负债现值，从而使人们对养老基金的看法更加乐观。但这种推理肯定是不正确的。养老金的适当贴现率取决于它们的风险，而不是为它们提供资金的资产。养老基金的资产构成不应影响对计划资金状况的评估。

28.8　长期投资

全世界老年人口的增长速度比其他年龄人口的增长速度都要快，长期储蓄（大多围绕退休）已经成为投资行业的前沿话题。从传统上说，可以用拇指法则概括长期投资建议，包括随年龄的转变对于从风险型资产到安全型资产的分配转变。“现代”投资组合管理的含义起源于默顿的生命周期消费/投资模型（ICAPM），它表明人们使用对冲资产抵御市场外风险，例如通货膨胀、不确定的长寿产生的需求。

28.8.1　目标日期退休基金

目标日期退休基金（TDRF）是一个将其资金分散投资于股票、债券和货币市场账户的基金。随着投资者退休日期的临近，资产配置变得越来越保守。TDRF 是 401（k）计划、IRA 以及其他的个人投资账户中的资金确定合适的资产分配方案等复杂工作的简单解决方法。在市场中，TDRF 能够使投资者计划自动进行。投资者一旦选择符合自己投资期限的基金，管理人就会在退休期将近时，将部分资金从投资股票转而投资债券。

28.8.2　通货膨胀风险和长期投资者

从短期来看，通货膨胀风险通常很低，但是投资期限很长时，通货膨胀是退休计划的一级风险源。通货膨胀冲击可能会持续好几年，使投资者为退休储蓄的所有货币的购买力存在不确定性。

避免通货膨胀风险的传统方法是投资于 TIPS（见第 14 章）等价格指数债券。这是第一步，它能很完美但是不能完全避免通货膨胀风险。从购买力来说，到期日与投资者的投资期限相符的零息价格指数债券是无风险的投资。这种债券可以通过 CPI 指数储蓄债券得到，但是政府限制投资者每年可以买到的这种债券的数量。不幸的是，在市场交易的 TIPS 债券不是无风险的。随着实际利率的变化，这些债券的价值会上下波动。此外，这些债券支付利息，所以投资组合的累计实际价值处于投资利率风险当中。第16章介绍了上述问题。在这种背景下，投资者通过将债券投资组合的持续时间修改为投资期限，平衡价格风险和再投资利率风险。但在这种情况下，我们需要使用实际利率计算持续时间，并且关注投资的实际支付。

小结

1. 在讨论投资组合管理原则的时候，区分下列8种类型的投资者是非常有用的。
   a. 个人投资者　b. 个人信托
   c. 共同基金　d. 养老基金
   e. 捐赠基金　f. 人寿保险公司
   g. 非人寿保险公司　h. 银行
   总的来说，各种投资者有不同的投资目标、限制条件和投资组合策略。
2. 从某种程度上讲，大多数机构投资者努力将投资组合的风险和收益率特征与负债特征相匹配。
3. 资产分配过程包括以下几步：
   a. 确定要包含的资产类型
   b. 定义资本市场预期
   c. 明确投资者的目标和约束条件
   d. 根据投资者的具体情况，确定能够提供最佳风险收益权衡的资产配置
4. 货币收入固定的人容易遭受通货膨胀风险，可能会想对这种风险进行套期保值。资产对通货膨胀风险套期保值的有效性与非预期通货膨胀相关。
5. 对于必须在投资收益基础上纳税的投资者来说，他们只在特定投资收益上支付所得税的事实使资产分配过程进一步复杂化。市政债券的利息收益可以免税，高税率等级的投资者偏向于持有市政债券而不是长期或短期应纳税债券。但是，税收影响最难解决的部分是，只有在持有期出售某项资产获得资本利得时才需要纳税。
6. 个人投资组合管理生命周期法将个人投资者的生命周期分成几个阶段，投资者在晚年时对风险更加厌恶。这种方法的合理之处在于晚年时，我们用完了自己的人力资本，几乎没有时间通过增加劳动供给偿还可能的投资组合损失。
7. 人们在年轻时购买寿险和伤残险对冲与人力资本（他们未来的赚钱能力）损失有关的风险。
8. 除了投资免税债券，还有三种方法使投资收益免交联邦所得税。第一是通过投资收益形式为价值溢价的资产，比如普通股票或不动产。只要资本利得税是在资产出售时缴纳的，税费就可以无限递延。第二种避税方法是通过投资于递延纳税退休计划，比如IRA。一般投资规则是持有计划中避税优势最小的资产，以及计划外最有避税优势的资产。第三种方法是投资于人寿保险行业提供的有避税优势的产品——递延年金和可变人寿保险或通用人寿保险。它们将共同基金投资的灵活性和延迟纳税的避税优势联系到一起。
9. 当在避税账户和其他账户之间分配投资资金时，投资者将通过在避税账户（如个人退休账户或401（k）计划）中持有最不具避税优势的资产（如债券）来减少总体税负。一般的投资规则是在避税计划中持有最不具避税优势的资产，在避税计划之外持有最具避税优势的资产。
10. 养老基金分为固定缴纳计划和固定给付计划。固定缴纳计划实际上是雇主为雇员在信托中持有的养老基金。这种计划的雇员承受其资产的所有风险，通常可以选择资

产分配。雇员退休后，在固定给付计划中享有固定收益年金的要求权。年金水平由一个公式决定，该公式考虑了工作年限以及雇员的历史工资水平。

11. 如果发行者把养老金负债看作通货膨胀指数，那么使提供收益保障的成本最小化的适当方法是，对与通货膨胀高度相关的证券的收益进行套期保值。投资普通股票不是合适的套期保值方法，因为它们与通货膨胀关联性低。

习题

1. 邻居听说你成功学完了投资学课程，于是向你寻求建议。她和丈夫都是 50 岁，刚还完房贷，付清子女大学学费并计划退休。你会提出怎样的退休储蓄建议？如果他们是风险厌恶型的，你会提出什么建议？
2. 下列投资者的最低风险资产选择各是什么？
   a. 为三岁孩子的大学费用投资。
   b. 固定给付养老基金，平均持续时间为 10 年，收益不受通货膨胀保护。
   c. 固定给付养老基金，平均持续时间为 10 年，收益受通货膨胀保护。
3. 乔治·莫尔是固定缴纳退休计划的参与者，该计划提供固定收入基金和普通股票基金作为投资选择。他现在 40 岁，每只基金累计投资 10 万美元。目前，他每年向每只基金投资 1 500 美元，预计 65 岁退休，寿命为 80 岁。
   a. 假设固定给付基金的年实际收益率为 3%，普通股票的年收益率为 6%，到 65 岁时，乔治每个账户的累计期望收益为多少？
   b. 假设有相同的实际收益率，每个账户的预期实际退休年金是多少？
   c. 如果乔治希望每年从固定收入基金中获得 30 000 美元的退休年金，那么还需要增加多少年金的投入？
4. 罗斯个人退休账户和传统个人退休账户的区别是在罗斯个人退休账户中，要对投资收益征税，但是退休时，不对所提金额征税。但是，在传统个人退休账户中，投资减少了应税收入，而退休时，要对所提金额征税。假设你计划每年拿出 5 000 美元作为退休储蓄。你将在 30 年后退休，退休后预计还能再活 20 年。
   a. 假设税前利率为 5%。如果你选择传统的个人退休账户，你退休后 20 年的退休消费流是多少？假设你的税率固定在 30%。
   b. 如果你选择罗斯个人退休账户，你退休后 20 年的退休消费流是多少？
   c. 如果你期望你的工资和所有投资收入的税率从现在的 30% 降至退休时的 25%，那么哪种投资方式能提供更好的预期结果？

CFA 考题

1. 安格斯·沃克是一名特许金融分析师，正在为 Acme Industries 的固定收益退休计划（见表 28-6～表 28-8）写评论。Acme，总部位于伦敦，业务遍及北美、日本和几个欧洲国家。下个月，该计划所有受益人的退休年龄会从 60 岁降到 55 岁。

表 28-6　Acme 退休计划　（%）

国际股票（MSCI 全球指数，不包括英国）	**10**
英国债券	42
英国小市值股票	13
英国大市值股票	30
现金	5

表 28-7　Acme Industries 选择的金融信息
（单位：百万美元）

Acme Industries 总资产	16 000
退休计划数据	
计划资产	6 040
计划负债	9 850

表 28-8　投资策略说明书

	投资策略说明书（IPS）X	投资策略说明书（IPS）Y
必要收益率	计划的目标是大幅超出相关基准收益	计划的目标是与相关基准收益相匹配
风险承受能力	因为计划与负债的长期性，计划有高风险承受能力	因为承担大量风险的能力有限，计划有低风险承受能力
时间范围	因为计划是无限持续的，所以有很长的时间范围	因为参加计划的人数有变动，计划的时间范围比以前更短
流动性	计划需要中等流动性为每月的收益支付提供资金	计划有最小的流动性需求

Acme 员工年龄的中位数是 49 岁。沃克负责退休计划和战略性资产分配决议。该计划的目标包括获得 8.4% 的最小期望收益，期望标准差不高于 16.0%。

沃克正在评估当前资产分配（见表 28-6），并且为公司选择了金融信息（见表 28-7）。Acme Industries 内部对退休计划的投资策略说明书存在持续性争议。正在考虑中的两个投资策略说明书如表 28-8 所示。

a. 对下列各部分来说，是 IPS X 还是 IPS Y（见表 28-8）适合 Acme Industries 的退休计划？请说明一个理由。

ⅰ. 必要收益率。

ⅱ. 风险承受能力。

ⅲ. 时间范围。

ⅳ. 流动性。

注意：IPS X 的某些组成部分可能合适，同时 IPS Y 的另一些组成部分可能合适。

b. 为协助沃克，Acme 雇用了两个养老基金顾问——卢西·格雷厄姆和罗伯特·迈克尔。格雷厄姆认为养老基金的投资应该反映低风险承受能力，但是迈克尔认为养老基金的投资必须获得最高期望收益。基金当前的资产分配以及格雷厄姆和迈克尔推荐的资产分配如表 28-9 所示。从表 28-9 三种资产组合中选择最适合 Acme 的退休计划。解释你的决定如何满足该计划的下列目标和限制。

表 28-9　资产分配　（%）

	现在	格雷厄姆	迈克尔
英国大市值股票	30	20	40
英国小市值股票	13	8	20
国际股票（除英国外的 MSCI 全球指数）	10	10	18
英国债券	42	52	17
现金	5	10	5
总计	100	100	100
期望投资组合收益率	9.1	8.2	10.6
期望投资组合变动程度（标准差）	16.1	12.8	21.1

ⅰ. 必要收益率。

ⅱ. 风险承受能力。

ⅲ. 流动性。

2. 你的客户说：“加上投资组合中未实现的资本利得，我几乎已经为女儿凑足了 8 年后的大学学费，但是教育成本不断上升。”仅凭以上这个信息，下列哪项对你的客户来说是最不重要的投资决策。

a. 时间范围。

b. 购买力风险。

c. 流动性。

d. 税收。

3. 下列最不可能包括在投资组合管理过程的是：________

a. 识别投资者的目标、限制和偏好

b. 组织管理过程本身

c. 根据将要使用的资产，实施投资策略

d. 监控市场情形、相关价值和投资者情形

4. 萨姆·肖特是一名特许金融分析师，最近加入了 Green、Spence 和 Smith（GSS）投资管理公司。几年来，GSS 的顾客范围广泛，包括雇员收益计划、富人和慈善机构。此外，公司专门投资股票、债券、现金等价物、不动产、风险资本和国际证券。迄今，公司没有正式的资产分配过程而是依赖于顾客的个人需求或投资组合管理人的特定偏好。简单来说，GSS 管理是指：正式的资产分配过程是有益的，并强调投资组合的最终收益的大部分取决于资产分配。公司要求肖特通过为行政管理提供建议将工作更推进一步。

   a. 推荐一种 GSS 可以使用的资产分配方法。

   b. 此方法要应用到中年、富裕人群等非常保守的投资者（有时候是指“监护人投资者”）。

5. Jarvis University（JU）是一所私立、多程序的美国大学。截至 2025 年 5 月 31 日第一个财政年度获得 20 亿美元捐赠基金。由于政府捐赠较少，JU 很大程度上依赖捐赠基金来支持源源不断的支出，尤其是因为近几年来学校的入学增长率和学费没有达到预期。对 JU 的一半收入预算而言，捐赠基金必须每年投入 1.26 亿美元，与通货膨胀挂钩。每年美国的消费者价格指数预期增长 2.5%，美国高等教育成本指数预期增长 3%。2026 年 1 月 31 日到期的捐赠预计为 2 亿美元，相当于建设新图书馆主楼的一期支付数额。

   在近来的资本竞争中，JU 在一位成功的女校友——Valerie Bremner 的帮助下达到了募集基金的目标，Valerie Bremner 于 2025 年 5 月 31 日捐赠了 4 亿美元的 Bertocchi Oil and Gas 普通股票。Bertocchi Oil and Gas 是一家大市值、公开发行股票的美国公司。Bremner 捐赠股票的条件是在第一财政年度内不得卖出大于 25% 的股票。未来预期再没有大量捐赠。

   考虑到对捐赠基金的大量投入和分配，该捐赠基金的投资委员会决定修改该基金的投资策略说明书。投资委员会也意识到修改资产分配可能需要授权。JU 捐赠基金的资产分配从 2025 年 5 月 31 日开始（见表 28-10）。

表 28-10　JU 自 2025 年 5 月 31 日起捐赠基金资产分配情况

资产	当前分配（百万美元）	当前分配比率（%）	当前收益（%）	期望年收益（%）	收益的标准差（%）
美国货币市场债券基金	40	2	4.0	4.0	2.0
中间全球债券基金	60	3	5.0	5.0	9.0
全球股票基金	300	15	1.0	10.0	15.0
Bertocchi 普通股票	400	20	0.1	15.0	25.0
直接房地产	700	35	3.0	11.5	16.5
风险资产	500	25	0.0	20.0	35.0
总计	2 000	100			

   a. 根据已知信息，为 JU 捐赠基金准备自 2025 年 6 月 1 日起实施的适当的投资策略说明书构成要素。

   注意：你的答案中的每个构成要素必须特别强调 JU 捐赠基金的情形。

   b. 决定自 2025 年 6 月 1 日起，表 28-10 中每项资产的最佳修改分配比例。调整每个修改过的分配比例。

6. 苏珊·费尔法克斯是一家以美国为基础的公司——Reston Industries 的主席。Reston 的产品完全在美国国内销售，股票在纽约股票交易所上市交易。下列是关于它目前情形的其他事实：

   - 费尔法克斯是单身，年龄为 58 岁，没有直系亲属，无债务，没有住房。她身

体状况良好。Reston 给她提供了健康保险，这项保险在她预期 65 岁退休时仍然会继续生效。

- 费尔法克斯的基本工资是 50 万美元/年，足够支付她当前生活产生的成本，但是永远不会有剩余资金以供储蓄。
- 早年她有 200 万美元的储蓄，是以短期投资工具的形式持有的。
- Reston 通过大量的股票股利激励计划回报主要雇员，但是不提供退休计划，不发放现金股利。
- 费尔法克斯参与的激励计划使其拥有的 Reston 股票价值 1 000 万美元（目前的市场价）。该股票买入时无须缴税，卖出时缴纳全部收益的 35%，费尔法克斯预计将至少持有这些股票至退休。
- 她当前的支出水平和当前的年通货膨胀率为 4%，预计支出水平和年通货膨胀率在费尔法克斯退休后仍然会以 4%持续下去。
- 费尔法克斯需要就所有工资、投资收入和已实现资本利得纳税。假设她的对应税率在未来保持不变。

费尔法克斯的定位是对所有事情都耐心、细致、保守。她说，如果她的累计储蓄创造的投资组合在任何 12 个月的周期中下降不超过 10%，那么税后年实际收益率为 3%是完全可以接受的。为寻求专业帮助，她找到两家投资咨询公司——HH Counselors（"HH"）和 Coastal Advisors（"Coastal"），寻求对现存储蓄资产创建投资组合的资产分配建议，以及有关投资的总体建议。

a. 基于上述费尔法克斯的特定信息，为其创建投资策略说明书，列示目标和限制。（如果只有一项资产分配，则不需要回答这个问题。）

b. Coastal 对费尔法克斯的 200 万美元的储蓄资产的资产分配如表 28-11 所示。假设只对费尔法克斯计划总收益的当前部分（由投资收益和已实现资本利得组成）征税，并且市政债券完全免税。

评价 Coastal 的建议。根据你创建的投资策略说明书的观点，在回答针对 Coastal 的建议时，说出它的 3 个缺点。

c. HH 为客户的投资组合建立了另外 5 种资产分配（见表 28-12）。基于表 28-12 和你为费尔法克斯创建的投资策略说明书，回答下列问题：

　ⅰ. 决定表 28-12 中的哪种资产分配符合或超出费尔法克斯所述的收益目标。

　ⅱ. 决定表 28-12 中的哪 3 种资产分配满足费尔法克斯的风险承受能力标准。假设需要 95%的置信水平。

d. 假设无风险利率为 4.5%。

　ⅰ. 计算表 28-12 中资产分配 D 的夏普比率。

　ⅱ. 基于夏普比率，决定表 28-12 有最佳风险调整收益的两种资产分配。

表 28-11 Coastal 给费尔法克斯建议的资产分配情况 (%)

资产类别	建议分配	当前收益	计划总收益
现金等价物	15.0	4.5	4.5
公司债券	10.0	7.5	7.5
市政债券	10.0	5.5	5.5
大市值美国股票	0.0	3.5	11.0
小市值美国股票	0.0	2.5	13.0
国际股票（EAFE）	35.0	2.0	13.5
房地产投资信托（REIT）	25.0	9.0	12.0
风险资本	5.0	0.0	20.0
总计	100.0	4.9	10.7
预计通货膨胀率（CPI）			4.0

表 28-12　HH 建议的资产分配情况　(%)

资产类别	计划总收益	希望标准差	资产分配 A	资产分配 B	资产分配 C	资产分配 D	资产分配 E
现金等价物	4.5	2.5	10	20	25	5	10
公司债券	6.0	11.0	0	25	0	0	0
市政债券	7.2	10.8	40	0	30	0	30
大市值美国股票	13.0	17.0	20	15	35	25	5
小市值美国股票	15.0	21.0	10	10	0	15	5
国际股票（EAFE）	15.0	21.0	10	10	0	15	10
房地产投资信托（REIT）	10.0	15.0	10	10	10	25	35
风险资本	26.0	64.0	0	10	0	15	5
总计			100	100	100	100	100

数据汇总

	资产分配 A	资产分配 B	资产分配 C	资产分配 D	资产分配 E
预期总收益	9.9	11.0	8.8	14.4	10.3
期望税后总收益	7.4	7.2	6.5	9.4	7.4
期望标准差	9.4	12.4	8.5	18.1	10.1
夏普比率	0.574	0.524	0.506	—	0.574

7. 最近，约翰·富兰克林的妻子去世了，他在投资上小有经验。在他妻子的丧事和财产处置完之后，富兰克林先生获得了一家业绩相当不错的私营制造公司的控制权，以前富兰克林夫人在这家公司工作很积极。富兰克林先生还拥有一处刚刚竣工的仓库、一处住宅以及股票和债券。他决定将仓库作为分散化投资的一部分，并且出售私营公司的股权。收入的一半捐赠给一个医学研究基金，以纪念他去世的妻子。捐赠将于 3 个月之后进行。现在富兰克林先生要求你帮他评估、计划并构建一个合适的资产组合。

　　富兰克林先生向 3 个月后接受捐赠（4 500 万美元，最后能够获得私营公司的房产）的医学研究基金的财政委员会推荐了你。这项捐赠将大大增加基金的规模（从 1 000 万美元到 5 500 万美元）并能给研究人员带来好处。基金的经费捐助政策（支出）一直是花费掉几乎所有的年投资净收益。因为富兰克林一直比较保守，现在捐赠的资产组合几乎全是由固定收益资产组成的。财政委员会已经意识到因为通货膨胀的影响，这些行动会使基金所拥有的资产的实际价值和将来资助的实际价值减少。直到现在，财政委员会相信这一点，但是没有更好的办法，因为计划研究需要大量的即期经费，而基金的规模太小。基金每年的支出至少要等于资产市值的 5%时才能免税，预计这一要求会一直持续下去，而且未来可能不会有额外的捐赠或基金筹措活动。

　　因为要获得富兰克林先生的捐赠，财政委员会想制定新的经费捐助政策和投资策略。基金的年支出必须达到资产市值的 5%以上才能免税，但是财政委员会不确定是否能达到 5%，也不确定是否应该达到 5%。因为相关的医学研究很重要，财政委员会会保证支出的数额，但是财政委员会也意识到为了保留未来经费捐助的能力，维持基金资产的实际价值同样重要。现要求你帮助委员会制定合适的策略。

a. 识别并简单介绍确定基金经费捐助策略中的3个关键因素。

b. 为基金制定一项投资策略报告，并对富兰克林先生捐赠之后引起资产规模增加的这个因素考虑进去。投资策略报告必须包括所有相关目标、限制条件以及a中的关键因素。

c. 推荐一个与b中投资策略一致的长期资产配置方案，并解释该资产配置方案的期望收益如何满足基金的可行性经费捐助政策的要求。（资产配置比例之和必须为100%，并运用表28-13所列示的资本市场年收益率数据。）

表 28-13 资本市场年收益率数据

(%)

	历史平均水平	中期共同预期
美国国库券	3.7	4.2
美国中期债券	5.2	5.8
美国长期债券	4.8	7.7
美国公司债券（AAA级）	5.5	8.8
非美国债券（AAA级）	N/A	8.4
美国普通股（全部）	10.3	9.0
美国普通股（小盘）	12.2	12.0
非美国普通股（全部）	N/A	10.1
美国通货膨胀率	3.1	3.5

8. Christopher Maclin，今年40岁，是Barnett公司的管理层，每年税前收入80 000英镑。Louise Maclin，今年38岁，在家中照顾刚刚出生的双胞胎。最近，她从父亲的遗产中继承了900 000英镑（税后）。此外，夫妇二人还有以下资产（当前市值）：

- 5 000英镑现金。
- 160 000英镑股票和债券。
- 价值220 000英镑的Barnett公司的普通股。

Barnett公司股票市值增值幅度很大，因为过去10年公司的销售额和利润不断增长。Christopher Maclin相信Barnett公司和其他公司股票的良好业绩会一直持续下去。

Maclin夫妇的房屋首付需要30 000英镑，并且为了纪念Louise Maclin的父亲，两人打算向当地的慈善机构捐赠20 000英镑，不可抵税。Maclin夫妇每年的生活费用为74 000英镑。未来工资的税后增加额可以抵消未来所有的生活费用的增加额。

在与财务顾问格兰特·韦布讨论期间，Maclin夫妇表示他们希望能实现其子女的教育目标和他们的退休目标。他们告诉韦布：

- 他们希望在18年后退休时有足够的资金用来养老并支持子女读4年大学。
- 近年来，他们不希望遭受资产组合波动的影响，并且不希望任何一年的损失超过12%。
- 他们不想投资酒和烟草的股票。
- 他们以后不会再生更多的孩子。

讨论之后，韦布计算出18年后Maclin夫妇共需要200万英镑以满足他们的子女教育目标和退休目标。韦布建议，他们资产组合年收益率下降的幅度控制在12%以内。Maclin的工资、资本利得和投资收益将按40%纳税，而且没有避税策略。下一步，韦布将为Maclin夫妇制定一份投资策略报告。

a. 制定投资策略报告的风险目标。

b. 制定投资策略报告的收益目标。计算相应的税前收益率。写出计算过程。

c. 制定投资策略报告的限制因素，从以下几个方面进行阐述：

ⅰ. 时间期限。

ⅱ. 流动性要求。

ⅲ. 税收。

ⅳ. 特殊环境。

9. Louise Maclin 和 Christopher Maclin（见第 8 题）已经买了房子并且完成对慈善机构的捐赠。现有一份为 Maclin 夫妇制定的投资策略，格兰特·韦布建议他们考虑一下表 28-14 列出的战略性资产配置方案。

表 28-14　Louise Maclin 和 Christopher Maclin 建议的战略性资产配置方案

（%）

资产类别	建议的资产配置占比	当期收益率	预计每年税前总收益率	期望标准差
现金	15.0	1.0	1.0	2.5
英国公司债券	55.0	4.0	5.0	11.0
英国小盘股	0.0	0.0	11.0	25.0
英国大盘股	10.0	2.0	9.0	21.0
美国股票①	5.0	1.5	10.0	20.0
Barnett 公司普通股	15.0	1.0	16.0	48.0
资产组合总计	100.0	—	6.7	12.4

①美国股票数据均以英镑为单位计算。

a. 找出表 28-14 的资产配置方案中与 Maclin 夫妇投资目标和限制因素相矛盾的方面，并证明你的回答。

b. 进行深入讨论之后，韦布和 Maclin 夫妇一致认为合适的战略性资产配置方案应该包含 5%~10%的英国小盘股和 10%~15%的英国大盘股。对于组合中的其他部分，韦布列出了表 28-15 所示的资产类别。

表 28-15 列出了每种资产类别的建议配置范围。基于 Maclin 夫妇的投资目标和限制因素，用一种理由来证明每种资产类别合适的配置范围。注意：不需要计算。

表 28-15　Louise Maclin 和 Christopher Maclin 的资产类别范围

（%）

资产类别	配置范围		
现金	0~3	5~10	15~20
英国公司债券	10~20	30~40	50~60
美国股票	0~5	10~15	20~25
Barnett 公司普通股	0~5	10~15	20~25

概念检查答案

28-1　识别目标和限制方案中受生命周期驱动的要素。

28-2　如果投资者持续持有当前资产分配，从现在起 5 年内，她需要支付的税后数额为：

退休账户：

债券：50 000 美元×(1.1)^5×0.72
=57 978.36 美元

股票：50 000 美元×(1.15)^5×0.72
=72 408.86 美元

小计：130 387.22 美元

非退休账户：

债券：50 000 美元×[1+（0.10×0.72）]^5
=70 785.44 美元

股票：50 000 美元×(1.15)^5−0.15×[50 000×(1.15)^5−50 000]
=92 982.68 美元

小计：163 768.12 美元

总计：294 155.34 美元

如果她把所有债券转到退休账户，把所有股票转到非退休账户，从现在起 5 年，她税后要花费的数额如下。

退休账户：

债券：100 000 美元×(1.1)^5×0.72
=115 956.72 美元

非退休账户：

股票：100 000 美元×(1.15)^5−0.15×[100 000×(1.15)^5−100 000]
=185 965.36 美元

总计：301 922.08 美元

她最终的累计收益将增加 7 766.74 美元。

28-3　以不变美元计算，每只基金每年的投资将为 3 000 美元（例如，60 000 美元的 5%）。退休时，有保障的收益基金的价值为

50 000 美元×$(1.03)^{20}$+3 000 美元×年金因子(20 年，3%)
= 170 917 美元

这是她肯定能得到的收益。因为她的股票投资的价值至少在原则上可能会跌至 0。

除此之外，她的股票账户的期望未来价值为：

50 000 美元×$(1.06)^{20}$+3 000 美元×年金因子(20 年,6%) = 270 714 美元

28-4 他每年积累了 0.02×15×60 000 = 18 000 美元的年金。预计将在 25 年后（65 岁）开始，并持续 20 年（从 65 岁到 85 岁）。从第 25 年开始。该年金（应计养老金福利）的现值为 25 805 美元。

PV = 18 000×年金因子(20 年，8%)×贴现因子(25 年，8%)
= 25 805 美元

术 语 表

A

abnormal return 异常收益　仅依靠市场运动规律难以预测到的股票收益。累积异常收益（CAR）是信息公布期间异常收益的总和。

accounting earning 会计收益　企业在利润表中报告的收益。

acid test ratio 酸性测验比率　参见 quick ratio。

active management 主动型管理　通过预测宏观市场形势或识别市场中某些定价错误的行业或特定证券，取得超额投资组合风险溢价收益。

active portfolio 主动型投资组合　在特雷诺-布莱克模型中，投资组合是由各种已知 α 值非零的股票混合组成的。最终，该投资组合将与被动型管理的市场指数投资组合相结合。

adjusted alpha 调整的 α　通过特定统计方法将 α 调整，以提高分析师预测的准确性。

agency problem 代理问题　股东、债权人和经理人之间的利益冲突。

algorithmic trading 算法交易　用计算机程序来进行交易决策。

alpha transfer α 转移　当投资时 α 为正值所使用的一种策略，用来对冲投资的系统性风险，并最终在负指数时建立市场风险，参见 portable alpha。

alpha value α 值　超出 CAPM 等均衡模型预测的证券的超额收益率。

American depository receipt（ADR）美国存托凭证　在美国国内交易的代表对外国股票份额要求权的证券。

American option 美式期权　美式期权可以在截止日期前任何一天执行期权；相反，欧式期权只能在截止日期当天执行期权。

announcement date 公告日　某公司公开发布特定消息的日期。在事件研究中，研究者用其评价股息事件的经济影响。

annual percentage rate（APR）年化百分比利率　按单利而不是复利计算的年利率。

anomaly 异象　违背有效市场假说的收益模式。

appraisal ratio 估价比率　分析师进行预测时使用的信噪比，即 α 与残值标准差的比率。

arbitrage 套利　零风险、零净投资且会产生利润的策略。

arbitrage pricing theory（APT）套利定价理论　由因素模型推导出的资产定价理论，涉及分散化和套利的概念。该理论描述了在不存在套利机会的假设下，证券期望收益与风险因素之间的关系。

asked price 卖方报价　交易商出售证券的价格。

asset allocation 资产配置　在股票、债券等主要资产类别中分配资金，构建投资组合。

at the money 平值　期权的行权价格与标的资产的价格相等。

auction market 拍卖市场　所有交易者聚集在一起交易同一种资产的一种市场，无论线下或线上。

average collection period 应收账款平均收款期　应收账款与销售收入的比率，也称为 days' receivables。

B

backfill bias 回填偏差　某些基金表现良好时会被加进样本，因包含这部分基金的历史业绩而导致的基金样本的平均收益出现的偏差。

balance sheet 资产负债表　反映公司某特定时间财务状况的财务报表。

bank discount yield 银行贴现收益率　假设每年 360 天，使用证券的面值而不是买价，按照单利计算所投资的每 1 美元收益的年利率。

banker's acceptance 银行承兑汇票　银行保证在指定日期支付特定金额给持票人的票据。

baseline forecast 基准预测　在市场处于均衡状态且当前价格能反映所有信息的假设下对证券收益的预测。

basis 基差　（期货合约中）现货价格减期货价格得到的差额。

basis risk 基差风险 由期货价格和现货价格差额的波动引起的风险。

behavioral finance 行为金融 强调心理因素影响投资者行为的金融市场模型。

benchmark error 基准误差 对真实市场投资组合使用了不合理的替代指标所造成的误差。

benchmark portfolio 基准组合 评价经理人所依据的投资组合。

beta β 用来测量证券的系统性风险。它反映了市场行情波动时证券收益的趋势。

bid price 买方报价 交易商愿意购买某种证券时的价格。

bid-asked spread 买卖价差 交易商买方报价和卖方报价的差额。

binominal model 二项式模型 一种预测期权价值的模型，假设在任意短的时间里，股票价格只有两种可能性。

Black-Scholes pricing formula 布莱克-斯科尔斯定价公式 用股票价格、行权价格、无风险利率、到期日和股票收益率的标准差对期权进行估值的公式。

block，block sale 大宗交易 超过 10 000 股股票的交易。

bogey 基准收益 对投资组合经理进行业绩评估时所参考的投资收益。

bond 债券 是债务人发行的一种证券，在一定持有期后向持有者支付特定款项。息票债券中，发行者在债券存续期间支付利息，在到期日返还面值。

bond equivalent yield 债券等值收益率 根据年百分比率计算的债券收益率，以区别有效年收益率。

bond indenture 债券契约 发行者和债券持有人之间的合约。

bond reconstitution 债券重组 组合零息剥离债券，再造附息债券初始现金流。

bond stripping 债券剥离 将债券的现金流（利息或本金）作为单独的零息证券出售。

book value 账面价值 公司资产负债表所描述的公司普通股净值。

book-to-market effect 账面市值比效应 账面市值比高的公司的股票产生长期超额收益。

breadth 市场广度 个股价格波动对宏观市场指数波动的反映程度。

brokered market 经纪人市场 经纪人为买卖双方提供搜索交易服务的市场。

budget deficit 预算赤字 政府支出超过政府收入的部分。

bull CD，bear CD 看涨存单，看跌存单 看涨存单向持有人支付特定市场指数收益增长额的约定比例收益，同时确保提供最低收益率；看跌存单向持有者支付特定市场指数收益减少额的约定比例收益。

bullish，bearish 看涨情绪，看跌情绪 用来描述投资者态度的词语。看涨情绪意味着投资者的投资态度积极向上；看跌情绪意味着投资者的投资态度消极懈怠。

bundling，unbundling 捆绑，拆分 通过将基础证券和衍生证券组合在一起或者将某项资产的收益率拆分的方式创造证券。

business cycle 经济周期 经济衰退与复苏的循环往复。

C

calendar spread 日历价差 购入一个期权的同时卖出一个到期日不同的期权。

call option 看涨期权 在到期日当天或之前以某一行权价格买入某项资产的权利。

call protection 赎回保护期 可赎回债券刚发行时不可被赎回的那段时期。

callable bond 可赎回债券 投资者可以在特定时期以某一价格赎回的债券。

capital allocation decision 资本配置决策 投资基金在无风险资产和风险资产组合之间的配置方法。

capital allocation line（CAL）资本配置线 风险资产和无风险资产可行性风险收益组合图。

capital gain 资本利得 证券的出售价格超出购买价格的部分。

capital market line（CML）资本市场线 以市场指数作为风险资产组合时所形成的资本配置线。

capital market 资本市场 包括投资期限较长、风险较大的证券市场。

cash equivalent 现金等价物 是短期货币市场证券。

cash flow matching 现金流匹配 是一种免除期限风险的形式，对债券投资组合的现金流和义务进行匹配。

cash ratio 现金比率 用来度量公司的流动性，是现金与市场证券和流动负债的比率。

cash settlement 现金交割 一些期货合约的条款规定根据标的资产的现金价值结算，而不是像农产品期货那样进行现货交易。

cash/bond selection 现金/债券选择 进行资产配置时，在投资期限较短的现金等价物和投资期限较长的债券之间做出选择。

certainty equivalent rate 确定等价收益率 与风险投资组合提供相同效用的确定收益率。

certificate of deposit 大额存单 一种银行定期存款。

clearinghouse 清算所 交易所设立的促进交易证券转让的机构。在期权、期货交易过程中，清算所担任交易双方中间人的角色。

closed-end (mutual) fund 封闭式（共同）基金 份额通过经纪人以市场价格交易的基金；该基金不会以资产净值赎回份额。该基金的市场价格与其资产净值不同。

collar 双限期权 将投资组合的价值限制在两个边界之间的期权策略。

collateral 抵押品 为某种可能有风险的债券做抵押的资产。抵押债券用资产所有权担保。抵押信托债券用其他证券的所有权担保。设备合约债券用设备的所有权担保。

collateralized debt obligation (CDO) 担保债务凭证 根据信用风险水平差异将贷款分成不同份额。

collateralized mortgage obligation (CMO) 担保抵押债务 一种抵押转递证券，把根据约定规则得到的本金作为标的抵押的现金流分别付给债券持有人。

commercial paper 商业票据 大型公司发行的短期、无担保的债务票据。

common stock 普通股 上市公司发行的代表一定所有权份额的权益证券。股东享有投票权，并且可能获得与所有权成比例的分红。

comparison universe 可比领域 收集投资风格相似的货币经理的情况，用来评价投资经理的相对业绩。

complete portfolio 完整资产组合 包括风险资产和无风险资产在内的全部投资组合。

conditional tail expectation (CTE) 条件尾部期望 低于一些阈值的随机变量条件期望，通常用来测度下偏风险。

confidence index 信心指数 高等级公司债券收益与中级债券收益的比率。

conservativism 保守主义 认为投资者对新出现的迹象反应过慢，不能及时改变看法。

constant-growth DDM 固定增长的股利贴现模型 假设股利增长率不变的一种特殊的股利贴现模型。

contango theory 期货溢价理论 认为期货价格一定会超过未来现货价格的期望值。

contingent claim 或有权益 参见 derivative asset。

contingent immunization 或有免疫 如果需要保证最低可接受收益，在不允许采用积极管理的情况下所采用的积极与消极相结合的管理策略，这样形成的组合可以消除风险。

convergence arbitrage 趋同套利 在两个或两个以上的价格发生偏离时进行交易，当价格回归到恰当关系时就能获利。

convergence property 收敛性 期货合约到期时，现货价格与期货价格趋于一致的性质。

convertible bond 可转换债券 债权人有权将债券转换成本公司一定数量的普通股股票。转换率是指可转换多少股票。转换价格是指债券可以交换的股票的现行价格。转换溢价是指债券价值超过转换价格的部分。

convexity 凸性 债券的价格-收益曲线的曲率性质。

corporate bond 公司债券 公司发行的长期债券，通常每半年支付一次利息，到期时支付债券面值。

correlation coefficient 相关系数 由协方差表示的统计量，它的值介于-1（完全负相关）和+1（完全正相关）之间。

cost-of-carry relationship 持有成本关系 参见 spot-futures parity theorem。

country selection 国家选择 投资者在不同国家的投资之间进行选择的资产配置方式。

coupon rate 票面利率 债券单位面值支付的利息。

covariance 协方差 两种风险资产收益关联变动程度的测量方法。协方差为正表明资产收益同方向变化。协方差为负表明两者反向变化。

covered call 抛补看涨期权 出售看涨期权的同时买入其标的资产的投资组合。

covered interest arbitrage relationship 抛补利息套利关系 参见 interest rate parity relation。

credit default swap (CDS) 信用违约互换 关于公司债券或贷款信用风险的保险。

credit enhancement 信用增级 购买相关机构的金融

担保以降低债券或贷款的信用风险。

credit risk 信用风险 债券无法兑现所有承诺付款的风险，即违约风险。

cross-hedging 交叉套期 用一种商品的期货合约为另一种资产套期保值。

cumulative abnormal return 累计异常收益 参见 abnormal return。

currency selection 货币选择 投资者在以不同货币标价的投资品中做出选择的资产配置方式。

current ratio 流动比率 表示公司用当前流动资产偿付当前流动负债的能力（流动资产/流动负债）。

current yield 当期收益率 债券每年支付的利息与其价格的比率，不同于到期收益率。

cyclical industry 周期性行业 是指对经济形势较为敏感的行业。

D

dark pool 暗池 允许参与者匿名进行大宗交易的电子交易网络。

data mining 数据挖掘 为挖掘可用作交易策略的基础的系统性模式而对大量历史数据进行整理。

day order 当日委托指令 当前交易日收盘前有效的买卖交易指令。

day's receivable 日应收款 参见 average collection period。

dealer market 交易商市场 交易商为自己的账户专门从事某种资产买卖的市场。

debenture bond 信用债券 没有抵押品作为担保的债券，也称为无抵押债券。

debt security 债券 即债务证券，也称为固定收益证券。

dedication strategy 量身定做策略 多期现金流匹配的策略。

default premium 违约溢价 与承诺收益的差异，作为对投资者所面临的违约风险的补偿，也称为信用利差。

defensive industry 防御性行业 对经济周期的敏感度低于平均水平的行业。

deferred annuity 递延年金 有纳税利益的寿险产品。延税年金提供税收延缓缴纳的同时还提供了以终身年金的形式提取基金的选择权。

defined benefit plan 固定给付计划 退休收益根据某固定公式计算的养老金计划。

defined contribution plan 固定缴纳计划 雇主根据某一固定公式出资的养老金计划。

degree of operating leverage 经营杠杆系数 销售量变动1%时利润变动的百分比。

delta（of option）（期权）德尔塔 对冲卖出期权时的价格风险所需的股票数量也称为对冲比率。

delta neutral 德尔塔中性 期权组合的价值不受其标的资产价值变动的影响。

demand shock 需求冲击 影响经济中产品和服务需求的事件。

derivative asset 衍生资产 一种资产，其价值直接取决于其他资产的价值。

derivative security 衍生证券 收益取决于股票价格、利率或汇率等其他金融变量的证券。

designated market maker 指定做市商 为一家或多家公司的股票做市并通过亲自交易股票来维持“公平有序的市场”的交易者。

direct search market 直接搜寻市场 买卖双方直接寻找交易对手并且直接交易的市场。

directional strategy 方向性策略 预测某些板块涨幅强于市场中其他板块的投机策略。

discount bond 折价债券 发行价低于面值的债券。

discretionary account 授权账户 是客户授权经纪人代表其买卖证券的一种账户。

disposition effect 处置效应 投资者坚持持有亏损投资的趋势。

diversifiable risk 可分散风险 可通过分散化来消除的非市场风险或公司特有风险，也称为独特风险、公司特有风险或非系统风险。不可分散化风险是指系统或市场风险。

diversification 分散化 使投资组合包含多种投资产品从而避免过度暴露在某种风险之下。

dividend discount model（DDM）股利贴现模型 表明公司的内在价值是所有预期未来股息的现值的模型。

dividend payout ratio 股利支付率 股利占公司盈利的百分比。

dividend yield 股利收益率 以股票价格百分比表示的年度股利支付。

dollar-weighted rate of return 货币加权收益率 投资的内部收益率。

doubling option 双重期权 偿债基金条款规定，允许两次（买入和卖出）以偿债基金的看涨期权价格购买所要求数量。

DuPont system 杜邦体系 将公司的盈利能力分解为多项财务比率乘积并进行分析。

duration 久期 用来测度债券的平均有效期，是债券持有至到期时间的加权平均，其权重与支付现值成比例。

dynamic hedging 动态套期保值 当市场状况发生变化时，不断更新套期保值的头寸。

E

EAFE index EAFE 指数 欧洲、澳大利亚和远东指数，是被广泛应用的非美国股票指数。

earning management 盈余管理 运用会计准则的灵活性原则明显操纵公司收益的行为。

earning retention ratio 收益留存率 利润再投资比率，等于1减股利支付率，相当于盈余再投资率。

earning yield 盈利率 收益与价格的比率。

economic earning 经济利润 在生产能力不降的情况下，公司能够支付的实际现金流。

economic value added（EVA）经济增加值 资产收益率与资本成本之差乘以投入公司的资本，测度了公司收益超出机会成本部分的价值。

effective annual rate（EAR）有效年利率 使用复利计算而非单利计算的年利率。

effective annual yield 有效年收益率 使用复利计算得到的证券的年利率。

effective duration 有效久期 市场利率水平每变动一个百分点，债券价格变动的比例。

efficient diversification 有效分散化 现代投资组合理论的组织原则，描述了投资者为寻求最优风险收益比而做出权衡。

efficient frontier 有效边界 代表一系列使任何风险水平下收益最大化的投资组合。

efficient frontier of risky asset 风险资产的有效边界 位于全部最小方差投资组合之上的最小方差边界的部分。

efficient market hypothesis 有效市场假说 证券价格完全反映市场信息。在有效市场购买证券的投资者期望得到均衡收益率。弱式有效市场假说认为股票价格能够反映所有的历史价格信息。半强式有效市场假说认为股票价格能够反映所有公开的信息。强式有效市场假说认为股价能够反映包括内部信息在内的所有相关信息。

elasticity(of an option)(期权）弹性 股票价值变动1%时期权价值变动的百分比。

electronic communication network(ECN）电子通信网络 用于交易证券的计算机交易网络。一些ECN注册成为正式的证券交易所，另一些ECN被视为场外交易市场。

endowment fund 捐赠基金 依法注册成立，专门为具备免税资格的机构提供投资管理服务的组织。

equity 权益 公司份额的所有权。

equivalent taxable yield 应税等值收益率 是应纳税债券的税前收益率，它使该债券的税后收益率与免税市政债券的收益率相等。

Eurodollar 欧洲美元 国外银行或美国银行在国外的分支机构中以美元计价的存款。

Europe，Australia，Far East（EAFE）index 欧洲、澳大利亚与远东指数 由摩根士丹利资本国际公司编制的被广泛应用的非美国股票指数。

European option 欧式期权 只能在到期日行权的期权。美式期权可以在到期日之前的任何一天行权。

event study 事件研究 测度利率事件对股票收益影响的研究方法。

event tree 事件树 描述事件所有可能的序列。

excess return 超额收益 超过无风险利率的收益率。

exchange rate 汇率 一单位某国货币相对于另一国货币的价格。

exchange rate risk 汇率风险 由于美元和外国货币汇率的变动而导致的美元计价资产收益的不确定性。

exchange 交易所 会员（线下或线上）集中交易证券的拍卖市场。

exchange-traded fund（ETF）交易所交易基金 共同基金的一种，使投资者可以像投资股票那样对证券投资组合进行交易。

exercise or strike price 行权价格 买入或卖出资产的价格。

expectation hypothesis（of interest rate）（利率的）期望假说 是关于远期利率是未来预期利率的无偏估计的理论。

expected return 期望收益 各种可能出现的结果的概率的加权平均。

expected return-beta（or mean-beta）relationship

期望收益-贝塔关系 资本资产定价模型的含义，即证券风险溢价（预期超额收益）与贝塔成比例。

expected shortfall 预期损失 当收益位于概率分布的左尾时，证券的预期损失。

F

face value 面值 债券到期时的价值，参见 par value of bond。

factor beta 因子贝塔 证券收益率对系统因素变动的敏感性，也称因子载荷、因素敏感度。

factor loading 因子载荷 见 factor beta。

factor model 因素模型 将影响证券收益率的因素分解成共有系统性影响和公司特有影响的方法。

factor portfolio 纯因素组合 一个充分分散化的投资组合，其中一种因素的β值为1，其他因素的β值为0。

factor sensitivity 因素敏感度 见 factor beta。

fair game 公平博弈 风险溢价为0的投资项目。

fair value accounting 公允价值会计 在公司财务报表中使用现值而非历史成本的方法。

federal fund 联邦基金 美国联邦储备银行中银行储蓄账户上的资金。

FIFO 先进先出法 一种存货计价的会计方法。

financial asset 金融资产 股票、债券等对真实资产产生的收入以及政府的收入享有所有权。

financial engineering 金融工程 创建和设立有特定性质的证券。

financial intermediary 金融中介 通过接受放款人资金并将其贷给借款人来“连接”借款人与放款人的机构。

firm-specific risk 公司特有风险 可通过分散化来消除的非市场风险或公司特有风险。也被为独特风险、非系统风险或可分散风险。

first-pass regression 一阶回归 估计证券或投资组合贝塔值的时间序列回归。

fiscal policy 财政政策 使用政府支出和税收的方法达到稳定经济的目的。

fixed annuity 固定年金 保险公司定期支付固定数额的年金合约。

fixed-charge coverage ratio 固定费用偿付比率 收益对所有固定现金债务的比率，包括租赁和偿债基金的支付。

fixed-income security 固定收益证券 一定时期支付一定现金流的证券，例如债券。

flight to quality 安全投资补偿 用来描述投资者在逐渐恶化的经济形势下要求较大投资违约补偿的趋势。

floating-rate bond 浮动利率债券 根据特定市场利率定期重置利率的债券。

forced conversion 强制转换 当公司得知债权人将行权转换可转换债券时，就会行使权力赎回债券。

forecasting record 预测记录 证券分析师预测误差的历史纪录。

foreign exchange forward market 远期外汇市场 是银行和经纪人之间的一种网络，允许顾客通过远期合约以当前约定的汇率在未来进行货币买卖。

foreign exchange swap 外汇互换 约定在未来某一个或某几个日期互换约定数量的货币协议。

forward contract 远期合约 要求在未来以约定价格交割某种资产的协议。

forward interest rate 远期利率 是未来一段时间的利率，它可以使长期债券的总收益与采用滚动策略的较短期债券的总收益相等。

framing 框定 对选择的描述方式的不同会影响决策，例如，将不确定性看作基于低基准的潜在收益还是基于高基准值的损失所做出的决策是不同的。

fully diluted earning per share 摊薄后的每股收益 假设所有流通在外的可转换证券和认股权证都行权之后的每股收益。

fundamental analysis 基本面分析 基于收益和股利预测、未来利率预期和风险评价的对公司价值的评估。

fundamental risk 基本面风险 即使资产被错误定价，依然没有套利机会的风险。因为在价格最终回归内在价值之前，错误定价普遍存在。

fund of fund 基金的基金 投资于其他基金（而不是直接投资于股票或债券等证券）的投资基金。

futures contract 期货合约 规定交易商在未来某一时间以约定价格买卖某资产的协议。承诺买入的一方持有多头，承诺卖出的一方持有空头。期货与远期合约的区别在于标准化、交易所交易、需要缴纳保证金以及日结算（每日盯市）。

futures option 期权 未来以约定行权价格购入期货合约的权利。

futures price 期货价格 期货交易商对标的资产的承诺交割价。

G

gamma 伽玛 期权定价函数（标的资产价值的方程）曲线的曲率。

geometric average 几何平均 n 个数乘积的 n 次方根，用来测度给定样本期下收益的跨期复利率。

globalization 全球化 投资环境趋于世界化，各国资本市场趋于一体化。

gross domestic product（GDP）国内生产总值 一个经济体在特定时期内生产的货物和提供的服务的市场价值总和。

H

hedge fund 对冲基金 一种私募基金，面向机构投资者或资金充裕投资者，几乎不受美国证券交易委员会的监管，与共同基金相比，可以采纳更多的投机性策略。

hedge ratio（for futures）期货对冲比率 对冲特定风险所需的合约数量。

hedge ratio（for an option）期权对冲比率 对冲卖出某期权的价格风险所要求的股票数量，在期权领域应用时，也称期权的德尔塔。

hedging 套期保值 投资于某项资产或衍生证券以抵消某特定风险。

hedging demand 套保需求 除了通常的均方差分散化动机之外，证券对冲特定消费风险来源的需求。

high water mark 水位线 对冲基金收取奖励费之前投资组合必须再次达到的价值。

high-frequency trading 高频交易 一个子集的算法交易，依赖于计算机程序从而迅速做出交易决策。

holding-period return 持有期收益率 某一段时期的收益率。

home bias 本土偏好 投资者会倾向于将投资组合的大部分份额投资到国内证券，而非为分散化而平均分配的趋势。

homogenous expectation 同质期望 即假设所有投资者对未来收益的概率分布预期一致，从而在证券分析中使用相同的输入数据。

horizon analysis 水平分析 预测不同持有期和投资范围可以实现的复利收益。

I

illiquidity 非流动性 不折价销售的情况下，要想在短期内销售资产的困难、成本和资产延迟销售时间。

illiquidity cost 非流动性成本 某些证券的不完全流动性造成的成本。

illiquidity premium 非流动溢价 作为对有限流动性补偿的超额期望收益。

immunization 免疫 资产与负债久期相匹配的策略，使净财富不受利率变动的影响。

implied volatility 隐含波动率 期权市场价值一致的股票回报率的标准差。

in the money 实值期权 执行期权时会产生收益的期权；虚值期权（out the money）是指执行期权时不会产生收益的期权。

incentive fee 激励费 对冲基金收取的费用，等于超过规定标准业绩的投资收入的部分。

income statement 利润表 显示公司特定时期收入和费用的财务报表。

indenture 契约 债券发行人和持有人之间签订的合同。

index arbitrage 指数套利 挖掘期货实际价格与理论价格的差额从而获取利润的投资策略。

index fund 指数基金 持有的股票份额与标准普尔500指数等市场指数的股票构成比例的共同基金。

index model 指数模型 使用标准普尔500指数等市场指数代表共有或系统风险因素的股票收益模型。

index option 指数期权 在股票市场指数的基础上建立的看涨或看涨期权。

indifference curve 无差异曲线 在收益和标准差坐标系中，连接所有效用相同的投资组合的曲线。

industry life cycle 行业生命周期 在公司成长过程中通常会经历的几个阶段。

inflation 通货膨胀 产品和服务价格普遍上涨的百分比。

information ratio 信息比率 α 值与可分散风险的标准差的比率。

initial public offering（IPO）首次公开发行 原私有企业第一次公开发行的股票。

input list 输入列表 用来决定最优风险投资组合的期望收益率、方差、协方差等参数列。

inside information 内幕信息 公司高管、主要控制人或其他有特权获得公司信息的个人等掌握的公司尚未公开的信息。

insider trading 内幕交易 公司高管、董事、主要控制人或其他拥有内部消息的人进行股票买卖而获利的交易。

insurance principle 保险原则　平均法则。

interest coverage ratio 利息覆盖倍数　财务杠杆的测量方法。用息税前利润对利息的倍数来表示。

interest rate 利率　每期投入的每单位美元的收入。

interest rate parity relationship (theorem) 利率平价关系　排除套利机会的即期汇率、远期汇率与国内外利率间的关系。

interest rate swap 利率互换　交易双方关于交易不同利率所对应的现金流的合约。

intermarket spread swap 市场间差价互换　从债券市场的一个细分市场向另一个细分市场的转换（例如，从国债转换到企业债券）。

international financial reporting standards (IFRS) 国际财务报告准则　在许多非美国国家适用的会计准则，与美国标准相比注重原则而不注重规则。

intrinsic value (of a firm) (企业的) 内在价值　由必要收益率折现的企业的预期未来净现金流的现值。

intrinsic value (of a share) (股票的) 内在价值　公司以每股为基础向股东提供的预期未来现金流的现值。

intrinsic value (of an option) (期权的) 内在价值　期权即将到期时的价值。

inventory turnover ratio 存货周转率　用已销售货物的成本对平均存货成本的倍数来表示。

investment 投资　为了将来获得更多资源而对当前资源的委托行为。

investment bank 投资银行　通常采用承销方式，专门从事新证券的发行销售的公司。

investment company 投资公司　汇集个人投资者的资金并将其投资于证券或其他资产的金融中介机构。

investment horizon 投资期限　为达到投资决策目的而确定的时间范围。

investment portfolio 投资组合　投资者选择的一系列证券。

investment-grade bond 投资级债券　标准普尔评级为BBB及以上或穆迪评级为Baa及以上的债券。评级较低的债券被归类为投机级或垃圾债券。

issued shares 已发行股票　公司已发行的股票。

J

Jensen's alpha 詹森 α　一项投资的 α 值。

junk bond 垃圾债券　穆迪评级为Ba及以下或标准普尔评级为BB及以下的债券；或未评级的债券。也称为投机级债券。

K

kurtosis 峰度　概率分布肥尾的测度，表示观察到极值的概率。

L

latency 延迟时间　接受、处理和传递交易命令的时间。

law of one price 一价定律　为了排除套利机会，规定相同证券或证券组合必须以相同的价格出售的规则。

leading economic indicator 先行经济指标　先于经济中其他指标上升或下降的经济序列。

leverage ratio 杠杆比率　衡量债务融资与其他资本来源的比率。

LIFO 后进先出法　会计上使用的一种存货计价法。

limit order 限价指令　明确说明投资者愿意在某价格买入或卖出某证券的指令。

limited liability 有限责任　公司破产时，股东不以个人财产偿还债权人的事实。

liquidation value 清算价值　支付债务之后通过销售公司财产可以实现的净值。

liquidity 流动性　某项资产可以转换成现金的速度和难易程度。

liquidity preference theory 流动性偏好理论　投资者要求长期债券提供风险溢价的理论，意味着远期利率通常会超过未来期望利率。

liquidity premium 流动性溢价　远期利率与期望未来短期利率的差额。

load 手续费　购买某些共同基金所收取的销售费用。

load fund 收费基金　收取手续费或佣金的共同基金。

lock-up period 禁售期　投资者无法赎回其在对冲基金中的投资的那段时期。

lognormal distribution 对数正态分布　刻画了变量的对数服从正数（钟形）分布的概率分布。

London interbank offered rate (LIBOR) 伦敦银行同业拆借利率　伦敦市场上银行间的借贷利率。

long position 多头头寸　承诺购买标的资产的交易者。

long position hedge 多头对冲　通过采取多头期货头寸来降低未来购买成本，以防止资产价格变化。

lower partial standard deviation (LPSD) 下偏标准差 收益分布中低于某阈值（例如无风险利率或样本平均值）的部分来计算的标准差。

M

Macaulay's duration 麦考利久期 债券以支付现值为权重的有效到期时间，等于每次支付时的加权平均时间。

maintenance, or variation, margin 维持保证金或可变保证金 交易者保证金的最低值，达到维持保证金要求投资者追加保证金。

margin 保证金 从经纪商处借款买入证券，目前最大额度的保证金比率是 50%。

mark-to-market accounting 参见公允价值会计（或市值会计）。

market capitalization rate 市场资本化率 市场认可的某公司现金流的贴现值。

market model 市场模型 将收益分解为系统性因素和非系统性因素。

market neutral 市场中性 对冲投资组合对市场变动没有净敞口。

market order 市价委托指令 在当前市场价格立即执行的买入或卖出指令。

market portfolio 市场投资组合 包含所有资产的投资组合，其中每项资产按市值大小的比例持有。

market price of risk 风险的市场价格 投资者需要承担的风险的额外收入或风险溢价的度量方法。市场投资组合的风险溢价与其收益方差的比率。

market risk 市场风险 整个经济所共有的风险因素，也称为系统风险或不可分散风险。

market segmentation 市场分割理论 期限不同的债券在不同的细分市场上交易，价格互不影响的理论。

market timer 市场择机者 对整个市场变动进行投机，而不是投机于单个具体证券的投资者。

market timing 市场择时 如果预期市场表现会超过国库券，资产配置中对市场的投资就会增加。

market-book-value (P/B) ratio 市场价值与账面价值比率（市净率） 每股价格与每股账面价格的比率。

market-neutral bet 市场中性交易策略 能够挖掘出市场中定价错误的证券，但是通过套期保值的方式避免整个市场风险的策略。

market-value-weighted index 市值加权指数 通过计算投资组合中每种证券的收益率的加权平均值得到的一组证券的指数，其权重与流通市值成比例。

marking to market 盯市 描绘了期货多头的每日结算责任。

mean return 平均收益 期望收益的另一种说法。

mean-variance analysis 均值-方差分析 基于可能性结果的期望值与方差对风险性预期的估计。

mean-variance (M-V) criterion 均值-方差准则 基于收益率的期望值和方差选择投资组合。在给定的方差水平下选择期望收益率较高的组合，在给定的期望收益率下选择方差较小的组合。

mental accounting 心理账户 个人在心理上将各项资产分成独立的账户而不是把它们看成整个组合的组成部分。

minimum-variance frontier 最小方差边界 对应投资组合的各个期望收益的最小可能标准差的证券组合曲线。

minimum-variance portfolio 最小方差组合 可实现方差最小的风险性资产的投资组合。

modern portfolio theory (MPT) 现代投资组合理论 建立在风险-收益均衡和有效分散化基础上的理性投资组合选择的分析与评估原则。

modified duration 修正久期 麦考利久期除以（1+到期收益），测度债券的利率敏感性。

momentum effect 动量效应 某一时期业绩好的股票和业绩差的股票在下一个时期继续这种非正常业绩的趋势。

monetary policy 货币政策 联邦储蓄体系委员会采取的影响货币供应或利率的行动。

money market 货币市场 包括短期、高流动性和风险相对较低的债券工具。

mortality table 死亡率表 一年内不同年龄段个人的死亡概率。

mortgage-backed security 抵押担保证券 持有人有权从一组抵押组合或这样一组抵押组合所担保的债券中获得现金流的证券，也称为转手证券，因为款项是由最初抵押发起人转给抵押证券的购买者的。

multifactor CAPM 多因素 CAPM 在基本的 CAPM 基础上考虑外部市场套期需求发展得出的 CAPM 模式。

multifactor model 多因素模型 证券收益模型，认为收益会响应几个系统性风险因素以及公司特有影响而发生变化。

municipal bond 市政债券 国家或当地政府发行的免税债券。一般责任债券由发行者的一般税收能力做担保。收益债券由发行筹资建设项目或发行机构担保。

mutual fund 共同基金 汇集并管理投资者资金的投资公司。

mutual fund theorem 共同基金原理 由资本资产定价模型发展得到的结果，认为投资者会选择将所有风险性投资组合投资于一个市场指数共同基金。

N

NAICS code 北美工业分类码 用数字化区分行业的分类码。

naked option writing 裸卖期权 签发没有对冲股票头寸的期权。

NASDAQ stock market 纳斯达克股票市场 以计算机连接的报价和交易执行系统，其中有数以千计的证券进行交易。

neglected-firm effect 被忽略公司效应 投资于不被人注意的公司的股票形成的非正常收益。

net asset value（NAV）资产净值 以每股表示的资产减负债。

nominal interest rate 名义利率 以名义美元（未经购买力调整）表示的利率。

nondirectional strategy 非方向性策略 用来挖掘相关定价暂时偏差的头寸，通常用相关证券的空头对某种证券的多头进行套期保值。

nondiversifiable risk 不可分散风险 整个经济所共有的风险因素，也称为市场风险或系统风险。

nonsystematic risk 非系统风险 可以通过分散化消除的非市场或公司特有的风险因素，也称为特有风险或可分散风险。系统风险指的是整个经济共有的风险因素。

normal distribution 正态分布 钟形概率分布，表现出许多自然现象的特征。

notional principal 名义本金 用来计算互换支付非本金数量。

O

on the run 新发行债券 刚发行债券，以接近面值的价格出售。

on-the-run yield curve 当期债券收益曲线 以面值（或接近面值）出售的新发行的债券的到期收益和到期时间之间的关系。

open interest 未平仓合约数 未清偿期货合约的数量。

open-end（mutual）fund 开放式（共同）基金 以资产净值申购或赎回份额的基金。

optimal risky portfolio 最优风险资产组合 投资者风险性资产的最佳组合，也是使夏普比率最大化的组合。

option elasticity 期权弹性 目标债券价值变动1%时，期权价值增长百分比。

original issue discount bond 最初发行折价债券 折价销售的低利息率的债券。

out of the money 虚值期权 执行期权时会产生负现金流的期权。因此虚值期权从不会被行使。

outstanding shares 流通股 公司已发行并由投资者持有的股份。

over-the-counter market 场外交易市场 经纪商和交易商协商证券销售的非正式网络（不是正式的交易所）。

P

pair trading 配对交易 将价格走势相似的股票进行配对，并且对每对定价错误的股票建立多头或空头统计套利策略。

par value 面值 债券的面值，在债券到期日支付给债券持有人的款项。

passive investment strategy 被动投资策略 投资于分散化的投资组合或市场指数，不试图寻找错误定价的债券。

passive management 被动型管理 购买分散化的投资组合，通常是宽基指数并不试图寻找错误定价的证券。

passive market-index portfolio 被动市场指数投资组合 不用进行证券分析即可形成的市场指数投资组合。

passive strategy 被动策略 不经过任何直接或间接形式的证券分析的投资组合决策，见 passive management。

pass-through security 传递证券 打包出售的一组贷款（例如住房抵押贷款）。传递证券所有人将收到借款人支付的所有的本金和利息。

peak 高峰 从扩张期末期转换到收缩期初期的阶段。

P/E effect 市盈率效应 低市盈率股票比高市盈率股票的平均风险调整收益高。

personal trust 个人信托 托管人代表他人进行盈利的资产管理。

plowback ratio 盈余再投资率 公司利润再投资的比例（因此不会以股利形式发放）。盈余再投资率等于 1 减去股利支付率。

political risk 政治风险 是指资产征收、税收政策变化、外汇管制和一国经济环境的其他变化的可能性。

portable alpha 可携阿尔法 投资于主动的阿尔法头寸，对冲投资的系统风险，最终通过被动指数建立市场风险敞口的策略。

portfolio insurance 投资组合保险 运用期权或动态套期保值策略为投资提供保护，同时保持其增长潜力的行为。

portfolio management 投资组合管理 根据投资者的偏好和需要拥有的投资组合，监督投资组合，评价业绩的过程。

portfolio opportunity set 投资组合机会集 可以由给定的一组资产构成的所有投资组合的期望收益-标准差组合。

posterior distribution 后验分布 按经验可能值调整后的变量的修正概率分布。

preferred habitat theory 优先置产理论 投资人对特定期限有偏好，只有当风险溢价充分大，投资者才会愿意转换非偏好期限的证券。

preferred stock 优先股 在公司中无投票权的股票，支付固定或非固定的股利。

premium (option) (期权) 溢价，期权费 期权的购买价。

premium bond 溢价债券 卖出价高于面值的债券。

present value of growth opportunity (PVGO) 增长机会价值 公司未来投资的净现值。

price-earning (P/E) ratio 市盈率 股票价格与每股收益的比率，也称为 P/E 乘数。

price value of a basis point 基点价值 由于到期收益率 1 个基点的变化带来的固定收益资产价值的变化。

price-weighted average 价格加权平均 权重与证券价格而不是总资本成比例。

primary market 一级市场 向公众公开发行新证券的市场。

primitive security, derivative security 原生证券、衍生证券 原生证券是股票、债券等投资工具，现金流数额仅仅取决于发行者的金融地位。衍生证券是在原生证券的收益基础上产生的，它的收益不取决于发行者的情况，而是与其他资产价格相关。

principal 本金 贷款的未偿余额。

prior distribution 先验分布 按经验可能值调整前的变量的概率分布。

private equity 私募股权 对未在证券交易所公开交易的公司进行的投资。

private placement 私募发行 股份主要直接出售给小部分机构或资金充裕的投资者。

profit margin 利润率 每 1 单位销售额带来的营业利润，也称为销售收益率。

program trading 程式交易 在计算机的帮助下完成全部投资组合的买卖指令的撮合，常常可以达到指数套利的目的。

prospect theory 前景理论 投资者行为效用模型（与理性模型不同）。投资者效用取决于财富的变化而非财富水平本身。

prospectus 招股说明书 对公司及其发行的证券的说明。

protective covenant 保护性条款 载明担保品、偿债基金，股利政策等要求的条款，用来保护债券持有人的利益。

protective put 保护性看跌期权 同时购买资产和其看跌期权，从而保证收益至少等于看跌期权的行权价格。

proxy 投票委托书 授权代理商以股东名义投票的工具。

prudent investor rule 谨慎投资者法则 投资管理人必需的投资行为必须与假设谨慎投资者的行为一致。

pseudo-American call option value 伪美式看涨期权价值 假设期权被持有至到期时得到的最大价值，和假设期权恰好在分红日前行权的期权价值。

public offering, private placement 公开发行、私募 证券在一级市场向公众发售即公开发行，面向特定机构投资者的直接发售即私募。

pure play 纯赌局 押注在两种或多种证券的特定错误定价上，而对冲掉外生风险（例如市场敞口）。

pure yield curve 纯收益曲线 到期收益和零息债券

的到期日之间的关系。

pure yield pickup swap **纯收益获得互换** 转向更高收益、更长期限的债券以获取流动性溢价。

puttable bond **可回卖债券** 债券持有者可以选择在到期前的指定日期以面值进行兑现或者延期若干年。

put option **看跌期权** 在到期日当天或之前以某行权价格出售资产的权利。

put-call parity theorem **看跌-看涨期权平价定理** 反映看跌、看涨价格关系的等式。违背平价关系意味着存在套利机会。

put/call ratio **看跌/看涨期权比率** 某股票未清算看跌期权与看涨期权的比率。

Q

quality of earning **盈余质量** 现实主义和保守主义的收益数额与范围，意味着我们的期望收益可维持在现有的水平上。

quick ratio **速动比率** 一种流动性的测度方法，与流动比率相似，但是排除存货，等于现金加应收账款的和除以流动负债。

R

random walk **随机游走** 认为股票价格变化是随机的、不可预测的。

rate anticipation swap **利率预期互换** 根据利率预期而做的不同期限的债券之间的利率交换。

real asset **实物资产** 用于生产商品和服务的资产，例如土地、建筑物和设备。

real interest rate **实际利率** 名义利率超过通货膨胀率的部分，即投资获得的购买力的增长率。

realized compound reture **实现复利收益率** 假设支付的利息被再投资直至债券到期时所得的复合收益率。

rebalancing **再平衡** 按照需要重新编制投资组合中各个资产的比例。

registered bond **记名债券** 发行商登记所有权和利息支付数额的债券，而不记名债券不登记所有权，持有即获得所有权。

regression equation **回归方程** 描述因变量和一个或多个解释变量之间平均关系的方程式。

regret avoidance **避免后悔** 行为金融的概念，指做出错误决定的人，决定越违反常规越后悔。

reinvestment rate risk **再投资利率风险** 债券利息再投资时所获得的未来累积收益的不确定性。

REIT **房地产投资信托** 与封闭式基金相似，它投资于不动产或由不动产担保的贷款，或者以这样的投资为基础发行股份。

relative strength **相对强度** 某只证券价格表现超过或滞后于整体市场或某一特定行业的程度。

remaindermen **余额继承人** 指当信托解散时收到本金的人。

replacement cost **重置成本** 重新购置企业资产的成本，也称为 reproduction cost。

representativeness bias **代表性偏差** 相信小样本具有可靠的代表性，因而根据小样本的信息过快推断出某种结论的倾向。

repurchase agreement（repo）**回购协议** 销售短期，通常是隔夜证券，并承诺以稍高的价格重新购回的协议。反向回购协议是承诺未来以某一价格重新出售证券的协议。

residual claim **剩余追索权** 是指当公司倒闭或破产时，股东位于公司资产索取次序的最后一位。

residual income **剩余收益** 经济附加值（EVA）的另一种说法。

residual **残值** 部分股票收益无法用解释变量（市场指数收益）解释，残值衡量了特定时期公司特有事件的影响。

resistance level **阻力水平** 是据推测股票或股票指数很难超越的价格水平。

return on asset（ROA）**资产收益率** 一种盈利能力比率，用息税前利润除以总资产得出。

return on captial（ROC）**资本回报率** 用息税前利润除以长期资本得到的一种会计比率。

return on equity（ROE）**净资产收益率** 用净利润除以净资产得到的一种会计比率。

return on sales（ROS）**销售收益率或利润率** 销售1美元所得利润，也称为利润率。

reversal effect **反转效应** 某一时期业绩好的股票和业绩差的股票往往在随后一段时期向反方向变化。

reversing trade **反向交易** 进行反方向的期货头寸交易从而将现有期货头寸平仓。

reward-to-volatility ratio **报酬-波动性比率** 额外收益与投资组合标准差之比。

riding the yield curve **滑动收益曲线** 由于投资收益

随债券到期日的缩短而降低，所以为获得资本利得而购买长期债券。

risk arbitrage 风险套利 发现定价错误的证券并进行投机，通常以收购兼并的企业的股票为目标。

risk averse 风险厌恶 投资者只有在风险溢价能够得到补偿时才会投资风险性投资组合。

risk lover 风险偏好投资者 投资者愿意在期望收益较低的情况下承担较高的风险。

risk neutral 风险中性 投资者不考虑风险水平，只关心风险前景的期望收益。

risk pooling 风险集合 将不相关的风险投资添加到投资组合中。

risk premium 风险溢价 超过无风险证券期望收益的部分，该溢价是对投资风险的补偿。

risk sharing 风险共享 许多投资者共同承担一定规模的投资组合的风险。

risk-free asset 无风险资产 收益率确定的资产，通常是指短期国库券。

risk-free rate 无风险利率 确定能得到的利率，通常取短期国库券的利率。

risk-return trade-off 风险-收益权衡 具有较高期望收益的资产伴随着更大的风险。

S

scatter diagram 散点图 两种证券收益的图示，每个点代表给定持有期内的一组收益。

seasoned new issue 再次发行 上市公司再次发行的股票。

secondary market 二级市场 交易已有证券的证券交易所或场外市场。

second-pass regression 二阶回归 投资组合收益对 β 值的横截回归，估计的斜率测度了一定期限内承担系统风险的回报。

sector rotation 部门转换 是一种投资策略，将投资组合投资于宏观经济预期下业绩较好的行业。

securitization 证券化 把不同类型贷款转换成由这些贷款担保的标准化证券，它们可以像任何其他证券那样交易。

security analysis 证券分析 确定市场中证券的正确价值的行为。

security characteristic line (SCL) 证券特征线 证券（超过无风险利率）的超额收益作为市场超额收益的函数的图形。

security market line (SML) 证券市场线 期望收益与贝塔之间关系的图形表示。

security selection 证券选择 给定资产类别下将特定证券选入投资组合。

semistrong-form EMH 半强式有效市场假说 见 efficient market hypothesis。

separation property 分离特性 投资组合选择可以分为两项独立的工作：第一，确定最优风险投资组合，这是一个纯技术性问题；第二，根据个人偏好配置资本风险投资组合与无风险资产。

Sharpe ratio 夏普比率 报酬-波动性比率，投资组合额外收益与标准差的比率。

shelf registration 上架登记 在证券开始销售前两年就在证券交易委员会登记注册。

short position 空头头寸 承诺交割标的资产的期货交易者。

short rate 短期利率 一期利率。

short sale 卖空 投资者并不拥有所出售的份额，而是从经纪人那里借贷而来之后通过回购偿还贷款。如果初始售价比回购价格高就会获得利润。

single-factor model 单因素模型 将收益变化的来源分解为一个系统性经济因素和公司特有因素的证券收益模型。

single-index model 单指数模型 一种股票收益模型，将收益的影响因素分解成系统因素（用整个市场指数的收益衡量）和公司特有因素。

single-stock future 单一股票期货 关于某只股票而非某个指数的期货合约。

sinking fund 偿债基金 一种债券契约，要求发行人在债券到期前定期回购一定比例的未到期债券。

skew 偏度 衡量概率分布不对称性的指标。

small-firm effect 小公司效应 是指投资小规模公司的股票往往会取得异常收益。

soft dollar 软美元 经纪公司为换取投资经理的业务而向他们提供免费的研究服务的价值。

Sortino ratio 索提诺比率 额外收益除以下行标准差。

specialist 专家做市商 交易所对于特定证券的指定的做市商；此说法已被 designated market maker 取代。

speculation 投机 为获得比无风险投资更高的利润（风险溢价）因而承担风险。

speculative-grade bond 投机级债券 等级在穆迪评

级 Ba 级及以下，或标准普尔评级 BB 级及以下或未评级的债券，也称为垃圾债券。

spot rate 即期利率 可以作为某些给定到期日现金流贴现率的当期利率。

spot-futures parity theorem, cost-of-carry relationship 现货-期货平价定理，持有成本关系 描述了现货-期货价格之间的在理论上正确的关系，违背平价关系增加套利机会。

spread (future) (期货) 买卖价差 建立在同种标的物上，同时持有不同期限的多头期货合约和空头期货合约。

spread (option) (期权) 价差套利 同一种标的物但行权价格或到期日不同的两个或多个看涨期权或看跌期权组合。货币价差是指不同行权价格的价差，时间价差是指不同行权期的价差。

standard deviation 标准差 见 root of the variance。

statement of cash flow 现金流量表 显示公司特定时期现金流入流出情况的财务报表。

statistical arbitrage 统计套利 使用定量系统揭示许多可觉察到的相对定价偏差，并且通过分散化小型交易确保总体上获利。

stock exchange 股票交易所 由会员交易已发行证券的二级市场。

stock selection 股票选择 是一种主动的投资组合管理技术，关注某些股票而不是整个资产配置的最优选择。

stock split 股票拆分 公司发行给定数量的股票以交换股东目前持有的股票。拆分会增加流通股份数量。反向拆分会减少流通股份数量。

stop-loss order 止损指令 股价跌至规定水平以下时发出的销售指令。

straddle 跨式期权 为从预期变动中获得利润而买入行权价格和到期日相同的同一标的看涨期权和看跌期权的策略。

straight bond 普通债券 没有赎回权和可转换权的债券。

street name 经纪人名义 经纪人代表顾客持有的但以公司名义登记的证券。

strike price 行权价格 见 exercise price。

strip, strap 底部条式组合、底部带式组合 跨式期权的变形。底部条式组合包括同一标的的两个看跌期权和一个看跌期权。底部带式组合包括两个看涨期权和一个看跌期权，该期权的行权价格和到期日相同。

stripped of coupon 息票分离债券 有些投资银行出售由附息国债支付的个别款项的“综合”零息债券。

strong-form EMH 强式有效市场假说 见 efficient market hypothesis。

subordination clause 次级条款 规定在破产时优先向高级债券持有人偿付的条款。在优先次序的债务偿付之前，不得对次级或初级债券进行偿付。

substitution swap 替代互换 将一种债券和另一种与其特征相同但价格更吸引人的债券相互交换。

supply shock 供给冲击 影响经济中产能和成本的事件。

support level 支持水平 一种价格水平，据推测股票或股票指数一般都在此价格水平以上。

survivorship bias 生存偏差 失败的基金被从统计样本中剔除，导致基金历史收益率均值统计未能反映全貌，形成偏差。

sustainable growth rate 可持续增长率 公司将收益的固定部分收回并保持固定的净资产收益率和债务比率的股利增长率。

swaption 互换期权 建立在互换合约基础上的期权。

systemic risk 系统风险 金融系统崩溃的风险，特别是当溢出效应从一个市场转移到另一个市场时。

systematic risk 系统性风险 整个经济体共有的风险因素，也称为市场风险或不可分散风险。

T

tail risk 尾部风险 概率分布中尾部的极端事件发生的风险。

tax anticipation note 待付税款票据 实际收税前筹集资金支付费用的短期市政债券。

tax swap 税收互换 买卖一对类似的债券以获得税收优惠。

tax-deferral option 延税选择权 美国国内收入法规定，仅在出售资产时才征收资本利得税。

tax-protected retirement plan 递延纳税退休计划 保护本金或投资收益免受征税影响的雇主支持计划或其他计划，至少在员工退休后才需要缴税。

technical analysis 技术分析 通过研究确认定价错误的证券，特别关注可复现、可预测的股票价格模式及市场买卖压力。

tender offer 招标收购股权　外部投资者主动向某公司的股东购买股票，其规定的价格通常高于市场价格，从而购进大量股票以获得对公司的控制权。

term insurance 定期人寿保险　只提供死亡收益，不提供现金价值增值。

term premium 期限溢价　长期债券到期收益率超过短期债券到期收益率的部分。

term structure of interest rate 利率期限结构　不同期限现金流贴现率与期限关系的模型。到期收益率与到期时间之间的关系。

time value（of an option）（期权的）时间价值　期权价格与其内在价值之间的差异。不要与货币现值或时间价值相混淆。

times interest earned ratio 利息保障倍数　利息覆盖率的同义词。息税前利润与利息费用的比率。

time-weighted average 时间加权收益率　各持有期投资收益的平均值（通常是几何平均值）。

Tobin's *q* 托宾 *q* 值　公司市场价值与重置成本的比值。

total asset turnover（ATO）总资产周转率　单位美元资产所产生的年销售收入（销售收入/资产）。

tracking error 追踪误差　管理下的投资组合的收益与经理评估过的基准投资组合的收益之间的偏差。

tracking portfolio 跟踪证券组合　投资收益与系统性风险因素高度相关的投资组合。

tranche 份额　见 collateralized mortgage obligation。

treasury bill 短期国库券　折价发行的短期、流动性很高的政府债券，到期支付面值。

treasury bond 长期国债　美国联邦政府发行的债券，原始期限为 10~30 年。

treasury note 中期国债　美国联邦政府发行的债券，原始期限为 1~10 年。

treasury stock 库存股　已被发行公司回购并存在公司司库中的股票。

Treynor's measure 特雷诺测度　额外收益与贝塔的比率。

TRIN statistic TRIN 统计量　下跌股票平均交易量与上涨股票平均交易量的比率。常用于技术分析。

trough 谷底　经济萧条与复苏的转折点。

turnover 换手率　投资组合成交量与流通总股数的比率。

12b-1 fee 12b-1 费用　共同基金每年收取的营销、宣传费。

two-stage dividend discount model 两阶段股利贴现模型　允许公司在初期有一个高速增长阶段，然后才进入可持续增长轨迹的股利贴现模型。

U

unbundling 拆分　见 bundling。

underwriter 承销商　帮助公司公开发行证券的投资银行家。

underwriting, underwriting syndicate 承销、承销辛迪加　承销商（投资银行）从发行公司购买证券并出售的行为，投资银行辛迪加通常由一个牵头银行组织。

unemployment rate 失业率　失业人数与劳动力总量的比率。

unique risk 独特风险　可通过分散化来清除的非市场风险或公司特有风险，非系统风险或可分散风险。

unit investment trust 单位投资信托　将货币投资于基金构成终身不变的投资组合。

universal life policy 通用人寿保单　允许在有效期内改变死亡赔付和溢价水平的保单，其现金值的利率与市场利率保持一致。

utility 效用　用来度量投资者的福利和满意度。

utility value 效用值　特定投资者希望从具有某一收益和风险的投资中获得的福利。

V

value at risk（VaR）在险价值　衡量下偏风险，是指在一定的持有期和给定的置信水平下，发生极端不利价格变化事件时造成的损失。

variable annuity 可变年金　保险公司定期支付的金额与标的投资组合的投资业绩相关的年金合同。

variable life policy 可变人寿保单　提供固定死亡保险和可投资于可选基金的现金值的保单。

variance 方差　衡量随机变量的分散程度，等于偏离均值部分的方差的期望值。

variation margin 可变保证金　见 maintenance margin。

vega 引申波幅敏感度　标的资产标准差的变动对期权价格的影响。

venture capical（VC）风险投资　投资于一个新的、尚未上市的公司。

view 观点　分析师对某个股票或行业的可能的业绩或相对市场一致期望的股票的观点。

volatility risk 波动性风险 由于标的资产的波动性产生未预期变化而给期权投资组合带来的风险。

W

warrant 认股权证 某公司为购买本公司股票而发行的期权。

weak-form EMH 弱式有效市场假说 见 efficient market hypothesis。

well-diversified portfolio 充分分散的投资组合 投资组合向许多证券分散风险，以至于每种证券在组合中的权重接近零从而导致可分散风险可以忽略不计。

whole-life insurance policy 终身保险保单 提供死亡收益的同时，也提供某种储蓄计划以应付未来可能的提前支取。

workout period 市场疲软期 临时失调的收益关系的调整期。

world investable wealth 世界可投资财富 正在交易的那部分世界财富，也是投资者可以利用的那部分财富。

writing a call 卖出看涨期权 即出售看涨期权。

Y

yield curve 收益率曲线 到期收益率作为到期时间函数的图形。

yield to maturity（YTM）到期收益率 测度持有债券至到期时所获得的平均收益率。

Z

zero-beta portfolio 零贝塔资产组合 与所选有效资产组合无关的最小方差资产组合。

zero-coupon bond 零息债券 不支付利息，折价销售，到期时只支付面值的债券。

zero-investment portfolio 零投资组合 在套利策略中运用的，通过买入一些证券，同时做空这些证券而建立的净值为零的投资组合。